VÖLKISCHE WISSENSCHAFT

VÖLKISCHE WISSENSCHAFT

Gestalten und Tendenzen der deutschen und österreichischen Volkskunde in der ersten Hälfte des 20. Jahrhunderts

Helmut Paul Fielhauer † gewidmet

Herausgegeben von

Wolfgang Jacobeit
Hannjost Lixfeld
Olaf Bockhorn

in Zusammenarbeit mit

James R. Dow

BÖHLAU VERLAG WIEN · KÖLN · WEIMAR

Gedruckt mit Unterstützung durch
den Fonds zur Förderung der wissenschaftlichen Forschung

Die Deutsche Bibliothek - CIP-Einheitsaufnahme

Völkische Wissenschaft : Gestalten und Tendenzen der deutschen und österreichischen Volkskunde in der ersten Hälfte des 20. Jahrhunderts / hrsg. von Wolfgang Jacobeit ... In Zusammenarbeit mit James R. Dow. – Wien ; Köln ; Weimar : Böhlau, 1994
ISBN 3-205-98208-8
NE: Jacobeit, Wolfgang [Hrsg.]

Umschlagbild:
„Völkische Sinnbildforschung" – Spiralmähen in Lichtenberg, Südtirol
(Aufnahme: R. Wolfram, um 1940.
Bildarchiv des Instituts für Volkskunde der Universität Wien)

Druck: Novographic, A-1238 Wien

INHALT

TEIL II. VOLKSKUNDE IN ÖSTERREICH

Prolog

I. Erster Akt: Von der Donaumonarchie zum "Dritten Reich"

II. Zweiter Akt: Volkskunde im Nationalsozialismus

III. Dritter Akt: Zwischen Geist und Materie - Volkskunde nach 1945

ANHANG

VORWORT

Dieser der Wissenschaftsgeschichte der deutschen und österreichischen Volkskunde gewidmete Sammelband, ein Gemeinschaftswerk von FachvertreterInnen aus der ehemaligen Deutschen Demokratischen Republik, der Bundesrepublik Deutschland, der Republik Österreich und den Vereinigten Staaten von Amerika, hat seine eigene, langjährige Geschichte. Sie ist hier zumindest in Kürze nachzuvollziehen, weshalb dieses Vorwort ungleich persönlicher ausgefallen ist und auch die subjektive Seite besagter Geschichte aufzeigt.

Sie beginnt mit den Jahren 1982/83, in denen Helmut Paul Fielhauer als erster ausländischer Gastdozent über ein Semester lang am Bereich Ethnographie der Humboldt-Universität zu Berlin lehrte. Zahlreiche Privatgespräche, Seminardiskussionen und universitätsoffene Kolloquien mit ihm bestätigten immer wieder die Tatsache, daß die Entwicklung der deutschen und österreichischen Volkskunde zumindest seit dem Ende des 19. Jahrhunderts auf gleichen geisteswissenschaftlichen und ideologischen Grundlagen beruhte. Ja, es waren bisweilen dieselben Personen, die an deutschen und österreichischen Hochschulen lehrten und den gleichen Extrakt ihrer volkskundlichen Erkenntnisse den StudentInnen vermittelten. Es gab kaum prinzipielle Gegensätze zwischen den deutschen und österreichischen Lehrmeinungen über den Gegenstand des Faches. Die in Deutschland und Österreich herrschenden idealistischen Auffassungen von der Existenz und Erhaltung eines imaginären, zeitlosen Volksgeistes inmitten der Erscheinungen einer ausufernden Großindustrie und einer organisierten Arbeiterbewegung waren die Basis eines gemeinsamen Theoriegebäudes, dessen Fundamente durch die Machenschaften der "alten Eliten" in den Jahren der Weimarer sowie der österreichischen Ersten Republik nur noch breiter und fester wurden und das noch bis zur Zerschlagung des Nationalsozialismus 1945 Bestand hatte.

Über diese Entwicklung der Volkskunde bis hin zur ideologischen Vorbereitung des Zweiten Weltkriegs und dessen Zielsetzungen wurde damals in Berlin mit Helmut Paul Fielhauer immer wieder gesprochen. Diese Debatten gewannen noch an Aktualität, als der "Historikerstreit" auch die Volkskundler zu Stellungnahmen über die Geschichte ihrer Disziplin namentlich in der Zeit der Weimarer Republik und während der Periode des Nationalsozialismus herausforderte. Gleichzeitig ventilierte die Deutsche Gesellschaft für Volkskunde die Absicht, den Verknüpfungen zwischen Volkskunde und Nationalsozialismus eine Verbandstagung zu widmen.

All dies führte in jenen Berliner Wochen und Monaten zu Überlegungen von Helmut Paul Fielhauer und Wolfgang Jacobeit, gemeinsam mit zuständigen Fachkollegen die Geschichte der deutschen und österreichischen Volkskunde in der Form von Miniaturen über die maßgeblichen Persönlichkeiten und Institutionen und deren Beziehungen zu den jeweiligen Zeitläuften als einen vergleichbaren Entwicklungsweg darzustellen. Da die Historie unserer Disziplin bis zum Ersten Weltkrieg in genügender Weise erschlossen zu sein schien, aber die Folgezeit in ihren recht komplizierten Bezügen noch viele Lakunen aufwies, meinten beide, ihr Vorhaben im wesentlichen auf die Periode zwischen 1919/20 und 1945 konzentrieren zu sollen, aber auch den danach folgenden Bestrebungen und Auseinandersetzungen um den Neubeginn volkskundlichen Tuns unter gänzlich anderen Voraussetzungen als "Ausblick" Raum zu geben. Diesem zeitlichen Rahmen, der die persönlichen Kompetenzen der Herausgeber für eine solche Geschichte der deutschen und österreichischen Volkskunde des 20. Jahrhunderts und deren Machbarkeit berücksichtigte, stimmten in zahlreichen Gesprächen die potentiellen AutorInnen und MitarbeiterInnen ausnahmslos zu, der Berliner Akademie Verlag - heute Akademie Verlag GmbH - bekundete reges Interesse, und so unterschrieben Fielhauer und Jacobeit 1985 einen Herausgebervertrag für den Titel "Gestalten und Tendenzen. Beiträge zur Wissenschaftsgeschichte der deutschen und österreichischen Volkskunde vom Ende des Ersten Weltkriegs bis um die Mitte der sechziger Jahre." Eine Manuskriptabgabe war für das Ende der 80er Jahre vorgesehen.

Die zahlreichen neuen Erkenntnisse aus den historischen und gesellschaftswissenschaftlichen Forschungen zum deutschen Faschismus, zu den Anfängen und Hintergründen einer konsequenten Massenmobilisierung in den turbulenten und für die Bevölkerung so leidvollen Jahren nach dem Ersten Weltkrieg bis zur Machtübertragung an die Nationalsozialisten - bis zum "Incipit Hitler," wie es Stefan Zweig nannte -, gaben zum Überdenken der ursprünglichen Konzeption Anlaß und führten zu sachlichen, aber notwendigen Erweiterungen zum Beispiel durch die Beiträge von Christoph Daxelmüller zur "Jüdischen Volkskunde" und von Martin Seckendorf über die "Kulturelle Deutschtumspflege [...] am Beispiel des Deutschen Ausland-Instituts." Zu diesen 'Erweiterungen' zählen auch die Rückblicke in die zweite Hälfte des 19. Jahrhunderts, welche den Autoren des Österreich-Teils unerläßlich erschienen und die sie als 'Prologe' ihren Beiträgen vorausgeschickt haben.

Von besonderer Bedeutung für das gemeinsame Bemühen um Aufklärung über die gesellschaftliche Rolle volkskundlicher Forschung und die Anwendung ihrer Ergebnisse in Politik, Gesellschaft, Ideologie, Propaganda, Bildung und Freizeit war die von der Deutschen Gesellschaft für Volkskunde unter Leitung ihres Vorsitzenden, Helge Gerndt, veranstaltete Hochschullehrer-Tagung zum Thema "Volkskunde und Nationalsozialismus" (München 1986). Wir zogen aus diesem Treffen den Schluß, daß es notwendig sei, die materialreichen Untersuchungsergebnisse von Hannjost und Gisela Lixfeld über die Vereinnahmung des volkskundlichen Lehr- und Forschungsbetriebs in die Organisationen und Aktionen des "braunen" "Amtes Rosenberg" und des "schwarzen" "SS-Ahnenerbes" in den Mittelpunkt unseres künftigen Bandes zu stellen. Damit sollte das Dunkel um die NS-Volkskunde, ihre Vertreter und deren Hintermänner, also um den Zusammenhang von "Verstrickung und Schuld" (Kapitel II), eindeutiger erhellt werden.

Der Tod von Helmut Paul Fielhauer im Februar 1987 war für seine Freunde und somit für unseren Arbeitskreis ein herber Verlust. Er schien zunächst auch das gemeinsame Vorhaben selbst in Frage zu stellen. Eine im gleichen Jahr nach Freiburg im Breisgau einberufene Redaktionssitzung erbrachte jedoch - nicht zuletzt ein Akt der Solidarität mit dem Verstorbenen - volle Übereinstimmung in dem Beschluß, das begonnene Werk in seinem Sinne fortzusetzen. Einstimmig erfolgte auch die Bitte an Hannjost Lixfeld, nunmehr zusammen mit Wolfgang Jacobeit als Herausgeber des geplanten Bandes zu fungieren.

Von diesem Zeitpunkt ab wurden auch konkrete Gespräche mit schweizerischen KollegInnen über einen möglichen Beitrag zur Geschichte der Schweizer Volkskunde von Eduard Hoffmann-Krayer bis Arnold Niederer und Rudolf Braun geführt, die sich jedoch aus berufspraktischen und gesundheitlichen Gründen leider nicht in ein Manuskriptpapier umsetzen ließen. Wolfgang Jacobeit hat aber in seinen "Vorbemerkungen" (Kapitel III) zum schweizerischen Einfluß auf die deutsche und österreichische Volkskunde - besonders nach 1945 - Stellung genommen.

Ein Publikationsvorhaben mit einer größeren Zahl von AutorInnen, die zudem meist in den Universitätsbetrieb voll eingebunden sind, führt hinsichtlich einer terminlich festgelegten Manuskriptabgabe erklärlicherweise zu Problemen. Das war auch hier mehrfach der Fall. Die Abgabe der Druckvorlagen hat sich um Jahre verzögert. Viele plausible Gründe im allgemeinen wie für den einzelnen im besonderen sind dafür vorhanden. Daß die Akademie Verlag GmbH trotzdem eine großzügige Geduld mit den sich wiederholenden Terminverschiebungen an den Tag gelegt hat, vermerken Herausgeber und AutorInnen noch heute dankbar.

Lange Fristen für die Herstellung und Abgabe von gemeinsamen Buchmanuskripten können verständlicherweise bei dem(r) einen oder anderen auch neue Überlegungen hervorbringen, die das einmal beschlossene Konzept in seiner Realisierung gefährden. Eine solche Gefahr abzuwenden, sahen wir uns auf einer Redaktionssitzung (Tübingen 1989) veranlaßt, als vorgeschlagen wurde, das Schwergewicht des Bandes doch besser, weil gegenwartsbezogen, auf die Fachentwicklung nach 1945 und deren Implikationen bis in die 80er Jahre zu legen. So einleuchtend ein solcher Gedanke im Prinzip war, hätte es jenseits unserer Kompetenzen und Kapazitäten gelegen, das Gesamtvorhaben letztlich umzupolen. Unsere Prämissen sind von Beginn an andere gewesen. Eine stundenlange Diskussion um das Für und Wider des Vorschlags erbrachte keinen Konsens. Daß es an der Zeit wäre, zumal nach den Ereignissen von 1989/90 und nach der Herstellung der deutschen Einheit, ein solches Vorhaben in Betracht zu ziehen, ist von uns nie angezweifelt worden. Nur war das von unserem Kreis nicht, beziehungsweise nicht mehr zu leisten. Olaf Bockhorn - in Tübingen zum Verantwortlichen für den österreichischen Teil des Sammelwerks und dritten Herausgeber bestimmt - hat unter dem Eindruck der umstürzenden politischen Ereignisse der letzten Jahre in einem Schreiben an seine österreichischen KollegInnen ausdrücklich auf die Notwendigkeit einer zeitlichen Beschränkung, "dem ursprünglichen Plan von Wolfgang Jacobeit und Helmut Fielhauer entsprechend," verwiesen. Er fuhr aber fort, "wir sollten - speziell mit dem 'Ausblick' auf die Nachkriegszeit - einmal die Voraussetzungen" für einen späteren Nachfolgeband schaffen. Dem ist nicht zuletzt unter den Bedingungen von Geschichte und gesellschaftlicher Entwicklung unserer Tage zuzustimmen.

"Volkskunde am Scheideweg" wäre aus diesen Gründen vielleicht eine Metapher, die über unseren nicht nur für Volkskundlerkreise nunmehr zur Diskussion gestellten Band gesetzt werden könnte. - Wie auch immer ist die Diskussion in Tübingen eine Zäsur in der Entstehungsgeschichte des vorliegenden Bandes gewesen, der Bilanz zieht über eine vom Denken in volkskundlich-populistischen Bahnen mitgeprägte Geschichte, über wissenschaftliche Leistungen und über gesellschaftliches Versagen. Dies vorzuführen, darüber zu reflektieren und sich vor dem Durchbrechen von Tabus nicht zu scheuen, konnte dieses Gemeinschaftswerk deutscher, österreichischer und amerikanischer Volkskundler vor allem leisten.

Aus der Diskussion in Tübingen ergab sich auch die Notwendigkeit, die Arbeit am (III.) Kapitel "Auseinandersetzung, Vergangenheitsbewältigung und neue Wege. Volkskunde nach 1945" in einem, wie vorgesehen, relativ knappen Umfang neu zu konzipieren. Wir meinen, in der Zusammensetzung eines Teams, wie es sich in seinen vorliegenden Auffassungen zur Nachkriegs- und Ausblicks-Problematik präsentiert, eine akzeptable Lösung gefunden zu haben, die dem ursprünglichen Anliegen entspricht. - Dankbar vermerken wir an dieser Stelle, daß sich bei notwendig gewordenen Kompetenzverschiebungen Peter Assion als Autor und Verantwortlicher für das Kapitel "Bürgerliche Volkskunde vom Ersten Weltkrieg bis 1933" zur Verfügung gestellt hat.

In einem Vorwort darf der Dank an diejenigen nicht fehlen, die besondere Verdienste um das Zustandekommen eines solchen Unternehmens haben: Es ist ein Zeichen gewachsener Freundschaft, wenn die beiden Mitherausgeber an erster Stelle Hannjost Lixfeld nennen, der unermüdlich die Kontakte zwischen uns allen immer wieder geknüpft und den notwendigen Informationsfluß garantiert, die KollegInnen an die Termine mahnend erinnert, sie mit Hinweisen auf seine Archivkenntnisse in West und Ost versorgt, vor allem aber die entsagungsvollen Mühen der einheitlichen Redaktion aller Beiträge auf sich genommen hat. Seinem steten Einsatz für die Sache verdanken wir letztlich das Zustandekommen dieses Bandes. Hannjost Lixfeld war es auch, der James R. Dow dafür gewinnen konnte, in gleicher Unermüdlichkeit alle Beiträge zu einem Camera-Ready-Manuscript[1] zusammenzufassen, um so eine am Ende schnelle Drucklegung zu erreichen. Wie er dies neben allen seinen Verpflichtungen an der Iowa State University schaffen und leisten konnte, könnte Gegenstand einer eigenen Darstellung sein. Ganz besonders danken die Herausgeber Susan Christiansen aus Iowa, USA, für ihre große Hilfe bei der Erstellung des Manuskripts. Gisela Lixfeld übernahm dessen Schlußbearbeitung und die Einrichtung des Personenregisters - dafür und für langjährige Aufmunterung und Ermutigung sei ihr herzlichst gedankt.

Daß im wesentlichen alle zur Mitarbeit bereiten KollegInnen trotz unvorhersehbarer Irritationen und eigener Überbeanspruchung als Lehrende "bei der Stange geblieben" sind, erfüllt uns nicht nur mit Dankbarkeit, sondern gibt uns auch ein Gefühl der Genugtuung, den schwierigen Weg dieses Werkes gemeinsam bis zum erfolgreichen Abschluß gegangen zu sein. Dieser war im Winter 1992/93 nochmals ernsthaft gefährdet, weil die nicht unbeträchtliche Erweiterung des Umfangs letztlich zur Folge hatte, daß der Akademie Verlag sich nicht mehr in der Lage sah, die Veröffentlichung vorzunehmen. Ein glücklicher Zufall wollte es, daß ein in anderem Zusammenhang bestehender Kontakt zur Verlagsgesellschaft Böhlau in Wien deren spontane Zusage erbrachte, sich um die Publikation bemühen zu wollen. Die Gewährung eines namhaften Druckkostenzuschusses durch den Fonds zur Förderung der wissenschaftlichen Forschung in Wien und die umsichtige Betreuung seitens des Verlags Böhlau (zu nennen sind insbesondere Frau Dr. E. Weisz und Frau U. Dietmayer) ermöglichten schließlich das Erscheinen unseres Bandes.

Unser Dank für die Überlassung von Archivalien an die einzelnen MitarbeiterInnen des vorliegenden Bandes gilt dem Allgemeinen Verwaltungsarchiv in Wien, dem Archiv der Landesstelle für Volkskunde in Freiburg i.Br., dem Archiv der Philosophischen Fakultäten der Universität Freiburg i.Br., dem Archiv des Instituts für Volkskunde der Universität Wien, dem Berlin Document Center der United States Mission in Berlin, dem Bundesarchiv Koblenz, den Central Archives for the History of the Jewish People in

Jerusalem, der Deutschen Gesellschaft für Volkskunde e.V., dem Deutschen Volksliedarchiv in Freiburg i.Br., der Dokumentationsstelle des ehemaligen Instituts für Volkskunstforschung beim Zentralhaus für Kulturarbeit der DDR in Leipzig, dem Hauptstaatsarchiv Düsseldorf, dem Institut für Zeitgeschichte München, der Jewish National and University Library Jerusalem, dem Ludwig-Uhland-Institut für empirische Kulturwissenschaft - Zeitungsarchiv - der Universität Tübingen, dem Österreichischen Staatsarchiv - Archiv der Republik - in Wien, dem Privatarchiv Geramb in Graz, den Staatsarchiven Schwerin und Dresden, dem Universitätsarchiv der Humboldt-Universität zu Berlin, den Universitätsarchiven Frankfurt am Main, Freiburg i.Br., Göttingen, Graz, Greifswald, Halle-Wittenberg, Heidelberg, Innsbruck, Jena, Salzburg und Wien, dem Zentralen Archiv der ehemaligen Akademie der Wissenschaften der DDR in Berlin, dem früheren Zentralen Staatsarchiv der DDR in Potsdam und seiner Abteilung Merseburg, dem Zentralen Historischen Staatsarchiv Riga in Lettland.

Nicht zuletzt aber gebührt unseren österreichischen FreundInnen und MitarbeiterInnen Dank und Anerkennung, mit diesem gemeinsamen Werk die Intentionen von Helmut Paul Fielhauer, dem dieser Band ausdrücklich gewidmet ist, verwirklicht zu haben - sie waren ihm, dem Lehrer und aufrechten Kollegen, länger und persönlich enger verbunden. In diesem Bewußtsein haben wir gemeinsam und parallel zum "Historikerstreit" Stellung gegen den Mißbrauch unserer Disziplin besonders seit dem Ende des Ersten Weltkriegs und dann in der NS-Zeit bezogen. Worauf jene "Väter"-Generation ihre Untersuchungen und Publikationen ausgerichtet hat, war nur zu oft "Völkische Wissenschaft," Wissenschaft auf Abwegen.

Wir haben einen bilanzierenden, die Geschichte der deutschen und österreichischen Volkskunde in der ersten Hälfte des 20. Jahrhunderts reflektierenden Band vorgelegt. Seine Abschlußkapitel mit dem Charakter eines Ausblicks für die Zeit nach der Zerschlagung des NS-Regimes sollten Voraussetzungen für eine Geschichte der Volkskunde in der zweiten Hälfte unseres Säculums schaffen; sie könnte und sollte an unseren Versuch anknüpfen.

1. Aus arbeitstechnischen Gründen erwies es sich als notwendig, die in Europa unübliche amerikanische Zeichensetzung zu wählen, wofür um Verständnis gebeten wird.

TEIL I

VOLKSKUNDE IN DEUTSCHLAND

VOM "BERLINER PLAN" VON 1816 BIS ZUR NATIONALSOZIALISTISCHEN VOLKSKUNDE. EIN ABRISS.

WOLFGANG JACOBEIT

Das bürgerliche 19. Jahrhundert, namentlich dessen erste Hälfte, begreift unter "Volk" nicht eine sozio-kulturell differenzierte Gesamtheit der real existierenden Unterschichten bzw. der werktätigen Bevölkerung, sondern bezieht sich - und das gewinnt mehr und mehr bis weit ins 20. Jahrhundert hinein ideologischen Charakter mit entsprechenden Konsequenzen - lediglich auf einen eingeschränkten, wirklichkeitsfernen Volksbegriff, in dem sich "bäuerliche Vergangenheit und bürgerliche Sehnsüchte vermischen."[1] Daraus entwickelt sich als Konstrukt die Begrifflichkeit einer "gefilterten, von allen Ballaststoffen gereinigten Volkskultur" bäuerlicher Provenienz, die letztlich fungieren sollte und fungiert hat "als eine Art Schutzschild nach unten, als Abpolsterung von Bürgerlichkeit."[2]

Eine wissenschaftlich verstandene Legitimation dafür lieferte dann die *Volkskunde*, die in ihrer irrealen, in Bezug auf den Zeitgeist des kapitalistischen 19. Jahrhunderts anachronistischen Haltung nach immer neuen Gegenstandsbestimmungen meist psychologistischen Charakters suchte, sich darüber in jahrzehntelange Debatten verstrickte und es bis in die jüngere Zeit auf rund 100 Definitionen brachte,[3] worin denn eigentlich Sinn, Zweck und Ziel ihres Bemühens um die alte "Volkskultur" bestünde. Gemessen an kontroversen Auffassungen zu dieser Beschäftigung mit Volk und Volkskultur als historisch undifferenziertes, gleichsam ewig wirkendes bäuerliches Substrat, und dieses in sich noch eingeengt auf die sogenannten geistigen Reliktbereiche mit einer häufigen Ausgrenzung von wirtschaftlich relevanten Teilgebieten materieller Kultur, werden hier bewußt gesetzte Grenzen sichtbar.

Im Gegensatz dazu stehen Komplexität und eine praktische, auf die jeweilige Gegenwart bezogene Anwendungsmöglichkeit als Komponenten einer frühen Beschäftigung mit dem Leben des Volkes, die schon auf die Frühaufklärung im Geiste von Thomasius und auf die Kameralistik oder auf die als Staatswissenschaft gedachte Statistik des 17./18. Jahrhunderts zurückgeht. Diese eher pragmatische Beschäftigung mit Volk und Volksleben unter dem Vorzeichen einer interdisziplinär gedachten und angelegten "Polyhistorie"[4] fand ihre verstärkte Fortsetzung in der sich weiter entwickelnden Aufklärung oder auch der spätfeudalen Ökonomie. Was man erfahren, durch gezielte Erfassungen, Reiseberichte, Enquêten in die Pläne und Absichten der Staatsführung - in welchem Sinn auch immer - einbringen wollte, war das Kennenlernen der Zustände, unter denen ein umfassend begriffenes Volk sein Dasein einrichtete, welche Faktoren seine Verhaltensweisen bestimmten usw.

In den 1787 herausgegebenen "Materialien zur alten und neuen Statistik von Böhmen" schrieb beispielsweise der Prager Gelehrte Josef Mader unter der Überschrift "Verzeichniß einiger gedruckter Hilfsmittel zu einer pragmatischen Landes-, Volks- und Staatskunde Böhmens": Zwar habe die Statistik eigentlich "nur die politische Verfassung zu ihrem Gegenstand. Allein diese ist mit der natürlichen Beschaffenheit des Landes [...] mit der Denkungs- und Lebensart, mit der Religion, mit den Gewerben, Sitten, Gebräuchen der Einwohner usw. innigst verbunden. Man kann diese Gegenstände nicht trennen, da sie ineinander sich gründen, man mithin beständig eins aus den anderen erklären und beurtheilen muß."[5]

Die allseitige Beschäftigung mit allem, was Volksleben und Volkskultur ausmachen kann, zeigt noch deutlicher die große Anzahl von Reiseberichten um die Wende vom 18. zum 19. Jahrhundert als ein Kennzeichen dieser Zeit: "Man" beginnt, über die Grenzen des eigenen kleinen Territoriums hinauszuschauen, wird auch auf Staatskosten zum Kennenlernen und Studieren anderer Verhältnisse zeitweise fortgeschickt, alles zum Zweck, um für den angestrebten Fortschritt des eigenen Landes durch Abgucken beim Nachbarn zu profitieren. Zu den bedeutendsten Berichten dieser Art zählen die 1796 anonym erschienenen, aber, wie man weiß, von dem deutschen Theologen Wölfling verfaßten "Briefe eines reisenden Franzosen" durch Deutschland. Es gibt eigentlich Nichts, was er nicht beschrieben hätte. Aber das sind keine additiven Reihungen von Beobachtungen. Vielmehr werden die von ihm geschilderten Tatsachen auf gesamtgesellschaftlichem Hintergrund in ihrer ganzen Fülle dargestellt, und alles zielt auf eine Synthese ab, indem beispielsweise die charakteristischen Züge aus einzelnen Provinzen mit Überlegungen über den Einfluß von Regierungen auf die Sitten der Bürger verknüpft werden. Das führt dann sogar zu Fragen der "Nationalphysiognomie," der "Nationalempfindlichkeit," zum "allgemeinen Charakter von der deutschen Nation," wobei Wölfling die "altdeutsche Art zu leben," den Konservatismus der Deutschen also, hervorhebt und ihn kritisch bewertet.[6] - Genannt sei ebenso der Schüler von August Ludwig von Schlözer, der Kieler Spätkameralist August Christian Heinrich Niemann, der 1802 im ersten Heft seiner Zeitschrift "Schleswig-Holsteinische Vaterlandskunde" einen vierzig Seiten umfassenden Fragebogen als methodisches Beispiel dafür veröffentlichte, wie eine von ihm erstrebte Landes- oder selbst Ortsbeschreibung nach allen Seiten hin vorzunehmen sei, und da hat die Gesamtheit des Volkslebens als Forschungs- und Darstellungsgegenstand ihren entsprechenden Anteil. Dies ist einer der ersten Versuche interdisziplinärer Kooperation zur allseitigen Erforschung eines Gebietes und seiner Menschen. Es fehlt bei Niemann kaum etwas, das nicht unter Volkskultur zu subsumieren wäre. Sein Vorhaben stellt "einen bemerkenswerten Versuch dar, Sozial-, Wirtschafts- und Kulturwissenschaft zu koordinieren" und darf "mehr als Kuriositätenrang beanspruchen." Wenn man dazu berücksichtigt, daß Niemann schon 1793 an der Gründung einer "Gesellschaft freiwilliger Armenfreunde in Kiel" beteiligt war, entstand durch ihn eine erste, den damaligen Zeitverhältnissen gemäße, engagierte Landes- und Volkskunde, in der - nach Niemanns Worten - "Lebensweise und Sitten des Volkes, der großen arbeitenden Mehrheit, die den Stamm und die Masse der Nation ausmachete," einen konstitutiven Anteil hat.[7]

Johann Gottfried Herder charakterisierte diese Epoche zwischen Feudalismus und Kapitalismus als eine "ökonomische [...]. Die vaterländische Geschichte einzelner Provinzen, die Quellen des Nützlichen und des Reichtums derselben, Handelsvorschläge,

Pläne zur Aufweckung der Industrie, Berechnung der Einwohner und ihrer Kräfte und dergleichen treten häufig ans Licht, von der Regierung veranlasset, teils geduldet [...]. Der Handel aller Nationen, das Interesse der Völker gegeneinander ist eine Wissenschaft worden, die zum feinsten Kalkül reichet."[8]

Diese Einschätzung Herders gibt an dieser Stelle Anlaß, einige Gedanken dem Denken, Fühlen und Wollen des Mannes zu widmen, der sich so oft mit werktätigem Volk und dessen Alltag beschäftigt hat. Von ihm, der sich 1786 brieflich äußerte "Das Volk interessiert mich unendlich,"[9] von Johann Wolfgang Goethe, soll im folgenden die Rede sein: Er war geradezu ein Naturtalent für das Aufspüren und Schildern von Geschehnissen, die er bei allen Schichten des werktätigen Volkes zu den unterschiedlichsten Anlässen beobachten konnte, und stets verstand er es, diese Einzeltatsachen in die allgemeinen historisch-gesellschaftlichen Zustände seiner Zeit meist interpretierend einzuordnen oder sie pragmatisch insbesondere für Verbesserungen der Lebensbedingungen werktätiger Menschen anzuwenden. - Wie ernst es ihm um dieses Volk, aber auch um dessen Geschichte gewesen ist, erhellt aus seinem Gespräch mit dem Jenaer Historiker Heinrich Luden. Dieser hatte sich Goethe gegenüber für ein intensiveres Studium der Geschichte eines Volkes mit dem Bemerken eingesetzt, "die Geschichte eines Volkes ist das Leben des Volkes." Darauf Goethes Erwiderung: "Die Geschichte eines Volkes das Leben des Volkes? Das ist kühn! Wie wenig enthält auch die ausführlichste Geschichte, gegen das Leben eines Volkes gehalten? Und von dem Wenigen, wie weniges ist wahr? Und von dem Wahren, ist irgend etwas über allen Zweifel hinaus? Bleibt nicht vielmehr alles ungewiß, das Größte, wie das Geringste?"[10] Das mag dem entsprechen, was er in "Maximen und Reflexionen über Kunst" zum Ausdruck brachte: "Wir wissen von keiner Welt, als im Bezug auf den Menschen; wir wollen keine Kunst, als die ein Abdruck dieses Bezuges ist."[11] Die Fülle der Äußerungen Goethes über das Leben und Arbeiten, aber auch über das Fröhlichsein des werktätigen Volkes im allgemeinen, keineswegs nur der bäuerlichen Bevölkerung, ist geradezu überwältigend und in der Wiedergabe jeweiliger Beobachtungen so prägnant, daß man kettenartig ein Beispiel hinter das andere reihen könnte. Eines, das Goethes innere Einstellung zu dem immer wieder Erlebten und Erfahrenen so recht zum Ausdruck bringt, ist sein Bericht über den Besuch einer bereits mechanisierten Textilmanufaktur. Er schreibt: "Wenn man zwischen den unzähligen bewegten Spulen und Weberstühlen einer großen Fabrik hingeht," fühlt man "vor lauter Schnarren und Rasseln, vor allem Aug und Sinne verwirrenden Mechanismus, vor lauter Unbegreiflichkeit einer auf das mannigfaltigste in einandergreifenden Anstalt, in Betrachtung dessen, was alles dazu gehört, um ein Stück Tuch zu fertigen, [...] den eigenen Rock selbst verleidet [...], den man auf dem Leibe trägt."[12]

Komplexität, Interdisziplinarität und die praktische Anwendungsmöglichkeit für die Gegenwart sind die Komponenten einer frühen Beschäftigung mit den Dingen des Volkslebens, mit Volk im allgemeinen. Wollte man dies als Volkskunde bezeichnen, so müßte man hervorheben, daß sie ihre wesentlich-eigentliche Bedeutung als Kunde *vom* Volk und als Kunde *für* das Volk hatte, denn das entspräche ihrer Verflochtenheit als Element, als Teil des staatswissenschaftlich-landeskundlichen Wissenschaftssystems der Zeit zwischen den beiden großen Gesellschaftsordnungen. Volkskunde wäre so von Beginn an interdisziplinär und gegenwartsbezogen angedacht, wäre von einem ausgeprägten Realismus getragen gewesen. In einer solchen Volkskunde hätte es dann freilich wenig Raum für idyllisch-romantisierende Verklärung "altehrwürdigen" Volkstums, keine einseitige Überhöhung und Verherrlichung gegeben.

Gerade das aber trat nun mit den ersten Jahrzehnten des 19. Jahrhunderts ein, als mit letztlich politisch und ideologisch motivierter Besinnung auf germanisch-deutsche Ursprünglichkeit, auf vermeintlich ungebrochenes Weiterleben im Untergrund "völkischen Mutterbodens" usw. sich ein schwerwiegender Bruch in der bisherigen Beschäftigung mit Volksleben und Volkskultur vollzog. Was Joseph Schumpeter einmal von der Romantik gesagt hat, läßt sich auf diese Richtung beziehen, aus der heraus sich im Verlauf des bürgerlichen Jahrhunderts die Volkskunde als Wissenschaft entwickelt hat. Schumpeter bemerkte nämlich sehr treffend, daß ein gewisser Zweig der Romantik - und dazu zählt auch diese andere Art von Beschäftigung mit "Volk" und "Volkskultur" - "gelegentlich in die Speichen des wissenschaftlichen Rades" zu greifen versucht habe; "und das Resultat," fährt er fort, "war die unbefangene Verkündigung vorwissenschaftlicher Denkweisen. Aber das änderte nichts im äußeren Erfolg. Und die Romantiker konnten ihre geliebte Entdeckung des Volksgeistes [...] nach Gefallen paradieren. An sich ein wertvoller Gedanke [...] wurde er in ihrer Hand eine Phrase oder ein metaphysischer Schnörkel. Wie immer der forschende Geist auf steilem, schlüpfrigen Pfad einen Schritt zu machen versuchte, da hielten sie ihm ihren Volksgeist wie ein Medusenhaupt entgegen - und damit glaubte man, alles getan zu haben."[13]

Mit dieser Einschätzung ist in gleicher Weise charakterisiert, daß bei einer so veränderten Einstellung zu Volk und Volkskultur die ursprüngliche Beziehung zur Kameralistik im weitesten Sinn abreißen mußte. Dadurch wurde aber auch die Verbindung zu den Menschen, zur werktätigen Bevölkerung der Gegenwart, durchschnitten. Die ehemals komplexe gegenwartsbezogene Kunde *vom* Volk beschränkte sich nunmehr nur noch auf bewußt ausgewählte Teilaspekte aus der ganzen, als solche nicht mehr beachteten Fülle, mit dem sich Kunde *für* das Volk, also in praktischer Anwendbarkeit, nicht mehr oder nur einseitig darstellen ließ. Das somit entstehende Stereotyp von idealisiertem "Volk" und einer entsprechenden "Volkskultur" wurde zum Wissenschaftskanon und zur wissenschaftsgeschichtlichen "Tradition" hochstilisiert.

Auf der anderen Seite war natürlich die Notwendigkeit gegeben, Volksleben und Volkskultur der Gegenwart gerade in einer so umstürzenden Zeit wie dem kapitalistischen 19. Jahrhundert weiterhin zu erfassen und zu erforschen. Von einer soeben als "Volkskunde" apostrophierten romantisierenden Richtung war dies - den Vortrag Wilhelm Heinrich Riehls von 1858 "Die Volkskunde als Wissenschaft" eingeschlossen - nicht zu erwarten, und so traten - pauschalierend bemerkt - die Sozialwissenschaften als weiterführende "Erben" in die entstandene Lücke, die sich mit den alten *und* neuen Sozialschichten, mit den diese betreffenden sozioökonomischen und soziokulturellen Umbildungsprozessen, mit den neuen Lebensbedingungen und ihren Folgerungen für die Verhaltensweisen der Volksmassen und vielem anderen mehr beschäftigten.

Auf wenige Beispiele soll hier hingewiesen werden: Alexander von Lengerke führte bereits Ende der 1840er Jahre eine große Fragebogenaktion über die Situation der Landarbeiter in Preußen durch;[14] von der Goltz wiederholte sie in den 1870er Jahren.[15] Was nicht alles hat der "Verein für Socialpolitik" untersuchen lassen,[16] welche Fundgrube für Soziologie, Sozialgeschichte und auch für Volkskunde von heute stellen Schmollers Jahrbücher, Roschers Abhandlungen und viele andere Publikationen der "Kathedersozialisten" dar? Das alles sind bei aller notwendigen Quellenkritik genuine Beiträge zur umfassend betrachteten Volkskultur im bürgerlichen 19. Jahrhundert! Hierhin gehören genauso und selbstverständlich die Erwähnung von Friedrich Engels' aufrüttelndem Werk "Die Lage der arbeitenden Klasse in England" von 1845,[17] seine Teiluntersuchungen zur Wohnungsfrage,[18] zum Alkoholmißbrauch[19] und zu vielen anderen Themen der Lebensweise werktätiger Bevölkerung. Schließlich sei nicht nur an "Das Kapital" von Karl Marx erinnert, sondern auch daran, daß er 1880 einen 99teiligen Fragebogen zu Erhebungen über die soziale Lage der Arbeiter in Frankreich publizierte, dem ähnliche Untersuchungen 1866 und 1871 vorausgegangen waren.[20] Was in diesem Zusammenhang die Volkskunde als Wissenschaft betrifft, so hat sie in ihrem rund hundertjährigen Dasein letztlich erst in unserer Zeit, als sie sich der Historiographie zu nähern begann, die hier nur angedeuteten Untersuchungen der Sozialwissenschaftler des 19. und 20. Jahrhunderts einschließlich denen der Klassiker des Marxismus als ihrem Anliegen adäquate Quellengattung gewissermaßen erst entdeckt.[21]

Es sei nunmehr zweier Persönlichkeiten gedacht, die bei Behandlung dieses Themas als maßgebliche Angehörige des deutschen Bildungsbürgertums nicht fehlen dürfen: Jacob und Wilhelm Grimm. Was sie und ihr Werk ausmacht, ist eine breite komplexe Anschauung von dem, was Volk und Volkskultur im allgemeinen und als Forschungsgegenstand im besonderen ist.

Bewußte Männer ihrer Zeit sind beide gewesen. Das beweisen nicht nur ihre Zugehörigkeit zu den "Göttinger Sieben" oder ihr Einsatz im kurhessischen Verfassungsstreit, Jacobs Tätigkeit beim Wiener Kongreß oder im Frankfurter Paulskirchenparlament; das erweist auch ihre Mitwirkung am "Berliner Plan für Deutsche Geschichte im Sommer 1816," der von vielen patriotischen Kräften als Denkschrift zur Gründung einer "Gesellschaft für Deutschlands ältere Geschichtskunde" dem Staatskanzler Hardenberg überreicht wurde.[22] Carl Friedrich von Savigny als einer der Aktivisten an diesem Vorhaben schrieb an Jacob unterm 25. Mai 1816 über den Plan, daß er hoffe, damit zu erreichen die "Verbrüderung der Deutschen verschiedenen Staaten, die dann an Einem und demselben großen Werke arbeiteten," zum anderen aber auch "Wecken und Anregen manchen guten Talents, das sonst vielleicht ganz verborgen geblieben wäre, und zugleich Hinleiten so vieler Geschichts- und Sammler-Liebhabereyen reicher Leute sowohl wie ameisenartig fleißiger auf ein bestimmtes und großartiges Ziel, anstatt daß jene Liebhabereyen sich sonst immer ins Unbestimmte zerstreuen und wie im Sande verlieren, ohne Nutzen, Freude und Ehre."[23] Dieser Plan war letztlich auf eine "vita populi" angelegt, und Savigny wußte, warum er sich mit seinem Brief so exklusiv an Jacob Grimm gewandt hatte. Denn der, wie sein Bruder, waren indessen über das hinausgewachsen, was sie noch 1808 mit Clemens Brentano und mit "Des Knaben Wunderhorn" verbunden hatte. Sie entwickelten sich immer mehr zu denen, die meinten, daß man sich mit allen Bereichen des Volkslebens befassen müsse, wenn man eine solche "vita populi" anstrebe.

Das große Interesse, namentlich Jacob Grimms, an einer soliden umfassenden Erarbeitung einer "Volks"-Geschichte geht dann auch über bloße Anregungen für andere hinaus und bezieht den Wunsch ein, selbst mit Hand anzulegen, mehr zu tun als nur zu sammeln. Aus der Vorrede zu den "Rechtsaltertümern" von 1828, aus späteren Briefen an Savigny und an andere geht das eindeutig hervor,[24] und noch vom Anfang der 1860er Jahre gibt es von Jacob Grimm den Entwurf zu einem "Handbuch der deutschen Alterthümer," das in zweiundzwanzig Positionen die ganze Breite dessen aufzeigt, was historisches Volksleben ausmacht.[25] Hier wird man zwar bedauern müssen, daß nicht die Lebensweisen der neuen Sozialschichten Berücksichtigung gefunden haben. Doch die Frage zu stellen, warum das unterblieb, ist müßig. Weit wichtiger ist wohl die Hervorhebung dessen, daß es ein historisches Anliegen war, das die Brüder den Weg zur Erfassung und Erforschung des ganzen Volkslebens, und sei es nur das auf dem Dorfe, geführt hat.

Zur Auffassung von der Komplexität und Historizität des Volkslebens kamen die Brüder über ihre Beschäftigung mit der Sprache. 1848 schrieb Jacob sein berühmt gewordenes Wort: "Sprachforschung, der ich anhänge und von der ich ausgehe, hat mich doch nie in der Weise befriedigen können, daß ich nicht immer gern von den Wörtern zu den Sachen gelangt wäre."[26] Dieser Satz läßt deutlich werden, daß den Grimms nicht die einfache Feststellung der Sachverhalte genügte, sondern daß es sie dazu trieb, hinter die Erscheinungen und ihre großen Zusammenhänge zu blicken. Wer je mit dem "Deutschen Wörterbuch" gearbeitet hat, kann das nachvollziehen. Die grundsätzliche Bedeutung des Grimmschen Prinzips der "Wörter und Sachen" hat dann auch - namentlich nach 1900 - eine größere Rolle gespielt, als es die Grimms je hätten voraussehen können: Volkskultur als ein komplex aufgefaßtes Phänomen.

Hier sind es die Sprachforscher gewesen, die vehement gegen eine auf Psychologistisches, auf sogenanntes Geistig-Seelisches eingeschränkte Volkskunde Stellung nahmen und sich für eine ganz andere Auffassung einsetzten, daß sie "Sache" im Grimmschen Sinn noch umfassender betrachteten. So formulierte 1909 Rudolf Meringer, daß Sachforschung oder Sachwissenschaft "so ziemlich alles sei, was sich auf den Menschen bezieht, die Wissenschaft von allen Kundgebungen und Werken seines Geistes, soweit diese nicht individuell geblieben sind, sondern sich sozial verbreitet haben. Sachwissenschaft ist Völkerkunde, Archäologie, Prähistorie, Volkskunde, Religionswissenschaft, Rechtswissenschaft, Kulturgeschichte - und Sachwissenschaft wäre noch vieles andere, was eigentlich noch gar nicht besteht oder wozu erst Ansätze vorhanden sind. Sachwissenschaft wäre Kulturwissenschaft im weitesten Sinne."[27] Diesen Weitblick, der zur Interdisziplinarität aufruft, konkretisierte der Romanist Hugo Schuchardt in theoretisch-methodologischer Weise so: Wenn z.B. über die Geschichte des Hauses, des Pferdes, des Weinstocks, auch der Nadel, des Topfes usw. gehandelt werden sollte, wäre es richtiger und relevanter, "von der Geschichte des Hausbaus, der Pferdezucht, der Weinkultur, der Schmiedekunst, der Töpferei" zu sprechen; "am richtigsten jedoch von der der Bauenden, der Züchtenden, der Pflanzenden, der Schmiedenden, der Töpfernden." Dem folgt dann jener weise Satz, den man generell über eine Beschäftigung mit Volksleben, Volkskultur, auch über Alltagsgeschichte setzen könnte, gar müßte. Er lautet: "Nicht das einmal gesprochene Wort kann eine Geschichte haben - es verhallt ja sofort -, sondern nur das unzählige Male gesprochene, und diese Geschichte ist im Grunde die der Redenden."[28]

An dieser Stelle ist es nun notwendig, den unmittelbaren Bezug zur Geschichte der Volkskunde als Wissenschaft herzustellen und auf den Germanisten, Kulturhistoriker und Mythologen Karl Weinhold, der um die Jahrhundertwende auch an der Berliner Universität lehrte, zusammen mit Rudolf Virchow und anderen das Berliner Volkskundemuseum 1889 gründete, den ersten organisatorischen Verband für die Jünger der Volkskunde ins Leben rief und auch eine Zeitschrift, die noch heute als zentrales "Zunftorgan" fungiert, erscheinen ließ. In dieser Zeitschrift veröffentlichte Karl

Weinhold 1891 den bekannten Aufsatz, der volkskundlichem Tun wissenschaftlichen Charakter geben sollte; ein programmatischer Aufsatz, der voll in die potentielle Stoffülle hineinleuchtete, mit der es dieses Fach zu tun hatte und die letztlich nur interdisziplinär erforschbar war. Dieser Aufsatz hieß "Was soll die Volkskunde leisten?" Karl Weinhold war Schüler von Jacob Grimm, und es ist darum interessant, wie sicher nicht zufällig, daß sein Programm keine Einseitigkeiten zuließ: "Es gehört zur Volkskunde [...] mehr als die Herren Folkloristen ahnen. Es gehört Vertrautheit mit Geschicht- und Sprachwissenschaft, mit Anthropologie und Psychologie, mit historischer Rechtskunde, mit Geschichte der Volkswirtschaft, der Technik und der Naturkunde, der Literatur und der Kunst dazu, und vor allem ein natürlicher klarer Verstand. Die Volkskunde hat," so fährt er fort, "die Aufgabe, das Volk, das ist, eine bestimmte, geschichtlich und geographisch abgegrenzte Menschenverbindung von Tausenden oder Millionen, in allen Lebensäußerungen zu erforschen." Volkskunde sei "eine nationale und historische Wissenschaft, wenn man sie richtig fasst."[29]

"Wenn man sie richtig fasst" - das ist ein für die weitere Geschichte der Volkskunde zutreffendes Schlüsselwort, das einer gewissen Warnung vor der in Richtung Folklore, besser bäuerlicher Folklore, zielenden Beschäftigung mit "Volkskundlichem" gleichkommt. Hingegen sind die Forderung nach Interdisziplinarität, die Hervorhebung des National-Historischen, der Bezug auf eine allseitige Beschäftigung mit den Volksmassen, einschließlich auch der Beachtung des übernationalen Moments wesentliche Grundlagen dessen gewesen, was für Karl Weinhold und für die seinen Intentionen nahestehenden Anthropologen, Sozial- und Kulturwissenschaftler Volkskunde war bzw. hätte sein können: eine Volkskunde modernen Zuschnitts, die der gegenwärtigen Diskussion um die Stellung des Fachs im geistes- und gesellschaftswissenschaftlichen Bezug nicht fern gewesen ist. Volkskunde also, "wenn man sie richtig fasst!"

Karl Weinhold formulierte an gleicher Stelle auch diesen Satz: "Unvoreingenommenheit in allen nationalen Fragen ist unser Grundsatz." Das mochte in erster Linie wohl der Komparatistik des Sprachwissenschaftlichen und Kulturgeschichtlichen geschuldet sein, dürfte aber genauso eine bewußte Abwendung von dem immer stärker um sich greifenden, eingeengten völkischen Denken der sich mit Volkskunde-Folklore Beschäftigenden bedeuten - und das waren schon damals nicht wenige, denkt man an die große Zahl von Vaterlands- und Kriegervereinen und deren Gesinnung, an den weitverzweigten Kreis um Stefan George, an Houston Stewart Chamberlain, an Sozialdarwinismus und was sich daraus entwickelt hat.

Volkskunde ist also nur ein Bereich dessen gewesen, was Rudolf Meringer "Sachwissenschaft" nannte - und das war für ihn und seine Anhänger letztlich Geschichte. Um nichts anderes aber war es den Grimms in ihrem umfassenden Denken und Herausarbeiten großer Zusammenhänge zu tun. Wohl immer ging es ihnen um dieses eine große Ziel, nämlich das einer Volksgeschichte, besser einer Geschichte der Bevölkerung in der ganzen Komplexität der Aussage. So wirkten sie in ihrer Zeit, so strahlten sie auf ihre Schüler aus, und so mag dann auch dieses Wort das rechte und für uns heute noch zutreffende sein, das Will-Erich Peuckert einst zu einem Grimm-Jubiläum niedergeschrieben hat: "Sie gaben dem Volke seine Geschichte. Nicht die Geschichte der Fürstenhäuser, - die wurde vor ihnen bereits getrieben, - nur die Geschichte des Volkes selbst. *Nur* die des Volkes? Besinnen wir uns. Es *ist* in Wahrheit die deutsche Geschichte [...]. Die einfachen Dinge, das tägliche Leben, das Gut des Volkes wird zur Geschichte,

- nicht nur die Taten besonderer Männer."[30] Und dazu gehört denn wohl auch diese Passage aus der Gedächtnisrede von Georg Waitz, 1863 in Göttingen, in der es heißt: "Die Beschäftigung mit der Vergangenheit, mit dem Alterthum, hat sie nicht gleichgültig gemacht für die Forderungen, die Kämpfe der Gegenwart. Sie lauschten den Äußerungen des Volksgeistes auch, wo sie nur leise und halb verklungen zu ihnen kamen; aber sie gingen auch nicht in vornehmer Zurückhaltung dem aus dem Wege, was von dem Markt des Lebens zu ihnen herüberhallte, und riethen mit und thaten mit, wo es sich um öffentliche Angelegenheiten handelte."[31] In diesem Sinne hatte Jacob schon 1815 in einem Brief an Savigny diese Worte geschrieben: "Für eine practische Wiedereinführung des meisten dessen, was wir bei unseren vorfahren herrliches oder löbliches erkennen, in unser Leben bin ich gar nicht; das Heutige ist anders, muß anders sein und kann nicht wieder zurück."[32]

Anders jene sich um die Wende zum 20. Jahrhundert etablierende Wissenschaft der Volkskunde, deren Anliegen es hätte sein sollen, von Jacob Grimm, Karl Weinhold und anderen sich der Erforschung von Volksleben in dessen ganzer Komplexität zu widmen, sich dabei der Möglichkeiten der Interdisziplinarität zu bedienen usw. Kaum etwas von alledem. Vielmehr muß rückhaltlos vermerkt werden, daß es diese Disziplin "Volkskunde" gewesen ist, die im zunächst restaurativen Sinn ideologische Positionen der Herrschenden des 19. Jahrhunderts eingenommen hat und an deren weiterer reaktionärer Entwicklung bis in den Hitlerfaschismus hinein tatkräftig mitwirkte. Das ist eine so unleugbare Tatsache, wie die Rede allein vom Mißbrauch der Volkskunde durch den Nationalsozialismus nur die halbe Wahrheit und weniger ist.

In gleicher Weise gilt darum auch, daß erst nach der Zerschlagung des Hitlerfaschismus die eigentlichen Grundlagen für eine "neue" Volkskunde gelegt werden konnten, die sich als eigenständige Disziplin mit Lebensweisen und kulturellen Äußerungen der "Vielen" unter den jeweiligen historisch-gesellschaftlichen Bedingungen Leidenden, aber die Geschichte Mitgestaltenden und sie Mittragenden beschäftigt, sich weiterhin beschäftigen wird und dies unter selbstverständlicher Einbeziehung der Gegenwart.

Eine solche Betrachtungsweise im Sinne komplexen aufklärerischen Denkens, so hatten wir festgestellt, reißt in Deutschland mit der Haltung gegen die Französische Revolution und deren Folgen ab, kulminierend in den hochstilisierten Emotionen der sogenannten Befreiungskriege und letztlich gekennzeichnet durch das Verleugnen und Bekämpfen einer neuen Geschichtsperiode, einer neuen sozialen Formation, einer sich etablierenden bürgerlich-kapitalistischen Gesellschaft, durch den reaktionären Flügel der deutschen Romantik in dessen Hinwendung zu einem in fernste Geschichtlichkeit transponierten "Volksgeist." Volk wurde fortan mit undifferenziert gesehenem Bauerntum gleichgesetzt, dessen Weg in den Agrarkapitalismus man eher als Abirrung denn als Realität betrachtete. Zünftlerisches Handwerk kam da bestenfalls hinzu, aber eine Beschäftigung mit den plebejischen Massen in Stadt und Land, gar mit dem Proletariat wird man nur insofern finden, als das neue Bürgertum vor den Paupers, vor dem Pöbel warnt und seine gewonnene Macht in vielfältiger Weise dagegen setzt. Auf dieser Ebene vollziehen sich dann auch erste Formen gemeinsamer Interessen zwischen Aristokratie und Bourgeoisie, Angst vor und unversöhnlicher Kampf gegen das Proletariat im weitesten Sinne prägen seit der Mitte des 19. Jahrhunderts und bis in die NS-Zeit das Verhältnis der Herrschenden zur werktätigen Bevölkerung.

In diesen Zusammenhängen liegen vor allem die vermeintlichen Anfänge von "Volkskunde als Wissenschaft," und Wilhelm Heinrich Riehl ist der erste, der 1858 mit seinem Vortrag "Die Volkskunde als Wissenschaft"[33] und seinen Schriften über die "Bürgerliche Gesellschaft" diese Begrifflichkeit in ihrer ganzen reaktionären Tendenz definiert. Volkskunde soll zur Harmonisierung der bereits unübersehbar vorhandenen und sich zuspitzenden sozialen Gegensätze beitragen, soll auf illusorische Werte aus der Vergangenheit aufmerksam machen. Reliktforschung und "Rettungsgedanke" zeichnen volkskundliches Tun aus, wobei die Hinwendung zum Aufspüren von Äußerungen des "Volksgeistes" im Vordergrund steht. Was in dieser Hinsicht im Gewande sogenannter geistiger Volkskultur an Indoktrination hinzukommt, in nationalistischer Verbrämung bewußt auf die sozialen Gegensätze ausgerichtet, sind beispielsweise eigens erfundene "Dorfgeschichten," voller Deutschtümelei, Franzosenhaß und Antisemitismus, mit überdurchschnittlichen Auflagehöhen bereits seit den 1840er Jahren.[34] Die Riehlsche Lehre vom sogenannten "guten" (= reaktionären) Bauern, der die 1848er Revolution vor den Thronen der deutschen Potentaten aufgehalten habe, fand eine gesteigerte Fortsetzung in Heinrich Sohnrey und dessen Landvolkbewegung.[35] Hier gaben sich Alldeutscher Verband, Stefan-George-Kreis, wüster Teutonismus usw. ein Stelldichein. Hier entstand auch Folklorismus, der sich mit eindeutigen heimattümelnd-reaktionären Zielen allenthalben zu produzieren begann. Gegen die unverrückbare sozialökonomische Tatsache, daß sich Deutschland seit der Mitte des 19. Jahrhunderts mehr und mehr von einem Agrarland zu einem Industriestaat entwickelte, gewann der Geist von "Agrarromantik und Großstadtfeindschaft,"[36] aus dem sich schließlich Parolen wie die vom "Volk ohne Raum" oder gar die von "Blut und Boden" ableiten lassen, an Bedeutung, eine außerordentlich wichtige Traditionslinie auch der Geschichte von deutscher Volkskunde.

In dieser freilich hier nur anzudeutenden, bis 1945 durchgehenden Tradition sind nur wenige Namen zu verzeichnen, die andere Wege der Erkenntnisfindung verfolgten. Eigentlich sind es neben dem von Will-Erich Peuckert, der 1931 den ersten Band einer Volkskunde des Proletariats herausgab[37] und dafür 1933 aus dem Amt gejagt wurde, nur zwei: Das sind der schon genannte Karl Weinhold mit seinem umfassenden ersten wissenschaftlichen Programm von 1891 und Eduard Hoffmann-Krayer mit seiner Lehre vom "Vulgus in Populo,"[38] gleichzeitig einer der wenigen, die es später abgelehnt hatten, Hitlerdeutschland zu besuchen.

Daß Karl Weinholds Programm sich eigentlich nur in großen musealen Sammlungen und der Bildung von Organisationen erschöpft hat, aber dennoch als große Leistung der Materialsichtung und -aufnahme zu bewerten ist, daß seine antifolkloristische Haltung weitgehend auf Ablehnung gestoßen ist, daß nach seinem Tode 1901 ein unter dem Einfluß des Neukantianismus und eines Idealismus Diltheyscher Prägung langanhaltender Theorien- und Methodenstreit um den Gegenstand der Volkskunde aufbrach, in dem es trotz mancher Schärfe meist doch nur um Nuancen in der Auffassung vom Wirken des Volksseelischen ging,[39] hat nicht nur volkskundlichen Bezug, sondern hängt auch mit dem um Karl Lamprecht entfachten deutschen "Historikerstreit" zusammen, in dessen Verlauf eine mit Volks- und Völkerkunde verbundene Kulturgeschichte durch eine nationalistische einseitige Geschichtstheorie im Dienste der Herrschenden zerschlagen wurde. Hier, mit Karl Lamprecht, hätte sich eine so allseitige entwickelte Historiographie (mit bewußtem Einschluß von Volkskunde) herausbilden können,[40] wie sie heute weitgehend erreicht ist.

Vor allem in diesen Zusammenhängen um die Jahrhundertwende, das heißt auf dem Weg in den deutschen Imperialismus, dürfte der eigentliche Ausgangspunkt für die weitere Entwicklung der deutschen Volkskunde liegen, in der nach dem Ersten Weltkrieg namentlich der Germanist Hans Naumann Akzente setzte.[41] Seine geradezu volksfeindlichen, depravierenden Theorien vom "gesunkenen Kulturgut" und "primitiver Gemeinschaftskultur," geprägt durch elitäre Vorstellungen eines Herrenmenschentums sowie eine feindselige Haltung gegenüber der ersten Deutschen Republik von Weimar, schlugen damals in Volkskundlerkreisen hohe Wellen. In den Auseinandersetzungen mit ihm wurden seine Thesen aber bestenfalls modifiziert, und vielleicht hat nur die Schule des Germanisten und Literaturhistorikers Julius Schwietering in Frankfurt am Main eine konsequente Gegenposition mit Befürwortung des konkret-historischen Herangehens an die volkskundliche Forschung eingenommen,[42] wenn sich freilich auch sie - und dies ausdrücklich - auf entsprechende Untersuchungen zum Bauerntum beschränken sollte.

Adolf Spamer, seit 1936 Inhaber des Lehrstuhls für Volkskunde an der Berliner Universität, ist gewiß nicht der Naumannsche Gegenpol gewesen, für den er bisweilen gehalten wurde. Über ihn kann an dieser Stelle nicht reflektiert werden,[43] doch sollte wenigstens eine seiner wesentlichen Formulierungen zum Ziel volkskundlicher Untersuchungen zitiert werden, nämlich, daß für ihn "die Erforschung des Volkstümlichen im Volkhaften der geistig-seelischen Substanz und Lebenshaltung des Volksmenschen in der Volksgemeinschaft" dienen soll. Den "Volksmenschen" selbst bezeichnet er zwar als den "Träger solcher Geistes- und Seelenhaltung [...] seine Haltung selbst, volkstümlich, ohne sich freilich darüber zu täuschen, daß mit solchen idealtypischen Formulierungen nicht das wirkliche Leben erfaßt ist, sondern lediglich zwei Begriffsbehelfe der wissenschaftlichen Terminologie gewonnen sind."[44]

Von solchen Formulierungen, die sich im Grad ihrer Unkonkretheit auch bei anderen Fachvertretern dieser Zeit bis zur Absurdität steigern konnten, hat es in der deutschen Volkskunde an die hundert und mehr gegeben;[45] Formulierungen, die als Gegenstandsbestimmungen für eine wissenschaftliche Disziplin doch so exakt wie möglich hätten sein sollen, es aber nicht waren, aber gerade darum den völkischen, rechtsextremistischen Kreisen und vor allem dann den Nazis nur zupasse kamen, um damit alle ihre Ziele in ahistorisch-mythologistischer Weise zu verbrämen, ihre aggressive und expansive Germanophilie zu verschleiern, Rassenwahn und Antisemitismus zu schüren und schließlich den fürchterlichen Weltkrieg anzuzetteln.[46]

Es verwundert nicht, daß besonders das "Amt Rosenberg" und die Organisation des "SS-Ahnenerbes" einer solchen psychologistisch eingestellten und ideologisch lange darauf vorbereiteten Volkskunde größte Unterstützung zuteil werden ließen. War es doch diese Volkskunde, welche nach dem Kriege die Basis für eine künftige "arteigene" Religion werden sollte, die aber bereits überall zu Propagandazwecken und zur Rechtfertigung dessen gebraucht wurde, was das NS-Regime im Rahmen seiner Weltanschauung auszuführen bestrebt war. Vorstellungen und Handlungen, die - wie schon erwähnt - nicht neu, die zum großen Teil bereits bei den sogenannten Völkischen seit der Jahrhundertwende virulent waren und die nun in die Phase der Perfektion gelangten.[47]

Kritische Stimmen, gar Ablehnung oder zu ziehende Konsequenzen hat es in deutschen Volkskundlerkreisen kaum gegeben, und der Widerstandskämpfer Adolf Reichwein war Ökonom und Pädagoge, der seine spätere Beschäftigung im Berliner

Volkskundemuseum letzten Endes dazu nutzte, um mit - den Nazis genehmen - Ausstellungen und Lehrgängen zur volkskundlichen Praxis seine konspirative Tätigkeit im Kreisauer Kreis und das Vorhaben des 20. Juli 1944 zu tarnen.[48]

Was kein Volkskundler in Hitlerdeutschland zum Ausdruck brachte, war unter Fachleuten des Auslandes jedoch offenbar. So zog der Schwede Sigfrid Svensson von der Universität Lund aus den damaligen volkskundlichen Publikationen den sehr richtigen Schluß, "daß die Volkskunde für die Nazis nur die eine Aufgabe hat, nämlich innerhalb und außerhalb Deutschlands zu zeigen, was deutsch ist und dadurch den nazistischen Aktivismus zu stärken. Die Nazis koppeln Volkskunde mit Expansionspolitik zusammen," schrieb er, und "der Nazismus wird auch in alter volkstümlicher Auffassung eine Tradition für die Existenz der Diktatur suchen," "der Heldenkult der Sagen wird mit Kriechertum vor modernem Despotismus gleichgestellt. Vielleicht soll die Volkskunde auch den Beweis erbringen, daß die alten Dorfversammlungen nach dem Führerprinzip organisiert waren." In diesem Sinne, meinte Sigfrid Svensson, laufe die Volkskunde Gefahr, von einem Forschungszweig in eine Reklamebranche umgewandelt zu werden. Und schließlich hieß es resümierend: "Den Machthabern zuliebe will man jetzt in Deutschland eine kulturhistorische Forschungsdisziplin zu einer praktisch-psychologischen Untersuchung mit Lieferung des erforderlichen Agitationsmaterials machen."[49]

Bereits 1946 forderte der bekannte Soziologe und Mitarbeiter von Ernst Nikisch, Heinz Maus, in einem Aufsatz "Zur Situation der deutschen Volkskunde" eine radikale Umorientierung im marxistischen Sinn oder gar die Auflösung des Faches.[50] Es hat damals kaum einen Volkskundler gegeben, der sich mit den Forderungen und Thesen von Heinz Maus ernsthaft auseinandergesetzt hätte. Man ging nach den Wirrungen der Entnazifizierung zur Tagesordnung über, hielt sich eine Weile der Öffentlichkeit fern und traf sich beim ersten offiziellen Volkskundlertag 1951 in Jugenheim an der Bergstraße so, als sei nichts geschehen gewesen. Doch aus der Vergangenheit wohl bekannte chauvinistische Stimmen waren wieder vernehmbar, diesmal von den Vertretern einer sogenannten Vertriebenenvolkskunde, die bei manchem der Teilnehmer, zumal bei den Jüngeren, z.T. heftige und anhaltende Irritationen auslösten. Von Wolfgang Steinitz' Bemühen in den 1950er Jahren um die Schaffung einer demokratisch begründeten Volkskunde abgesehen,[51] stellten sich erst mit den 1960/1970er Jahren Hermann Bausinger und andere der Kritik von Heinz Maus, lehnten eine Auflösung der Disziplin ab und sahen vielmehr ihre Aufgabe darin, wissenschaftsgeschichtliche Aufklärung darüber zu betreiben, wie es zu einem im Faschismus endenden Mißbrauch der deutschen Volkskunde hatte kommen können, wie sich der im einzelnen vollzogen hat bzw. welche Lehren daraus für die Zukunft zu ziehen seien.[52]

Die deutsche Volkskunde seit ihrer Begründung als Wissenschaft wird durch zwei Fragen determiniert: 1890/1891 hieß es bei Karl Weinhold "Was soll die Volkskunde leisten?" und 1970 wollte Dieter Kramer dezidiert wissen "Wem nützt Volkskunde?"[53] Diese zweite Frage war Ausdruck eines noch im Gang befindlichen Erkenntnisprozesses namentlich von Studenten und jüngeren Wissenschaftlern, der in einer Publikation kulminierte, die den konsequenten und programmatischen Titel "Abschied vom Volksleben" trug.[54] Das entsprach dem Ergebnis einer wissenschaftsgeschichtlichen Bilanz dessen, was Volkskunde tatsächlich geleistet hat, nachdem Karl Weinhold seine drängende Frage von 1890/1891 gestellt hatte, was sie aber auch hätte leisten können und - was sie zu leisten versäumt hat.

Viele Fachvertreter haben sich dem NS-System willig und überzeugt zur Verfügung gestellt, und der Anteil derjenigen, die sich vom nazistischen Alltagsgetriebe in der Wissenschaft zurückgezogen hatten, war so gering, daß von einem Exodus volkskundlicher Wissenschaftler während der Zeit des Nationalsozialismus nicht die Rede sein kann. Diesem Tatbestand entspricht auch, daß das Jahr 1933 für die Entwicklung der Volkskunde als Wissenschaft keine Bedeutung hat, keine Zäsur ist wie in der Geschichte anderer Disziplinen. Die Verquickung volkskundlichen Denkens mit dem Ungeist der "alten" Eliten[55] vor und nach der Machtübertragung an das Hitlerregime war so stark, daß erst mit seiner Zerschlagung der notwendige Umdenkungsprozeß, verbunden mit einem Paradigmenwechsel, möglich wurde und nun feste Gestalt angenommen hat:

Volkskunde als Begrifflichkeit ist seit den 1970er Jahren wegen der Vieldeutigkeit um den Terminus "Volk" sowie der sich daraus ergebenden unglückseligen Assoziationen zu "Wilhelmismus, Nationalismus und Faschismus"[56] aus einer Reihe von Institutsbezeichnungen eliminiert worden und dürfte weiterhin nach und nach verschwinden. Man wendet zu recht andere Termini an, die von vornherein die Beschäftigung mit Volkskundlichem in größere theoretisch-methodologische Bezüge stellen und gleichzeitig das interdisziplinäre Moment in heuristischer Absicht zum Ausdruck bringen: "Empirische Kulturwissenschaft" betreiben die Tübinger, in Marburg beschäftigt man sich mit "Europäischer Ethnologie und Kulturforschung," von "Kulturanthropologie und Europäischer Ethnologie" sprechen die Frankfurter, mit "Ethnographie" wollten einmal die Ostberliner die Zusammengehörigkeit von Volks- und Völkerkunde betonen, in München kennzeichnet man die Notwendigkeit überregionaler und übernationaler Aspekte mit "Deutscher und vergleichender Volkskunde,"[57] oder in Kopenhagen hat man die recht klare und eindeutige Begrifflichkeit "Europaeisk Folkelivsforskning" gewählt.[58] Das führende internationale Wissenschaftsorgan heißt "Ethnologia Europaea." Alle diese Umbenennungen - und andere wären als Beispiele zu nennen - sind keineswegs formaler Art, sondern entsprechen dem angedeuteten Paradigmenwechsel bei der wissenschaftlichen Beschäftigung mit volkskundlicher Problematik; und das ist in erster Linie eine wissenschaftsgeschichtliche Konsequenz aus der Vergangenheit des Faches bis 1945 und bis in die 1960er Jahre.

Dennoch gilt für die keineswegs schon abgeschlossene Reflexion über Geschichte und Aufgabenstellung der deutschen Volkskunde weiterhin die von den Redakteuren des "Abschieds vom Volksleben" aufgestellte These, "das Gebäude als Ganzes mit kritischen Augen zu betrachten und, wenn man es unbewohnbar findet, Platz und Material für einen Neubau zu bestimmen. Das bedeutet zunächst eine Abrechnung im nüchtern rechnerischen Sinne der Bestandsaufnahme und im Sinne der resoluten Kritik am falschen Verbindlichen."[59]

Anmerkungen

1. Bausinger 1987b: 137.
2. Bausinger 1987b; vgl. zu Volkskultur, Bäuerlichkeit, Volkskunde bezüglich deren Position im gesamtgesellschaftlichen Zusammenhang, in der Auseinandersetzung namentlich des frühen Bürgertums mit den pauperisierten Massen und - seit der Mitte des 19. Jahrhunderts - der

Bourgeoisie mit der sich konstituierenden Arbeiterklasse unter anderem Bausinger 1973; Bergmann 1970; Blessing 1979; Lenin 1961b; Moore 1974.
3. Freudenthal 1955: 208-223.
4. Daxelmüller 1979.
5. Mader 1787: 15; Möller 1964; Niemann 1802b; Niemann 1807; Sievers 1988.
6. Wölfling 1796.
7. Vgl. Möller 1964; Sievers 1970.
8. Herder 1877-1913. Bd. 9: 307-408; hier 356-357 ("Vom Einfluß der Regierung auf die Wissenschaften und der Wissenschaften auf die Regierung"); vgl. auch Mühlberg 1984.
9. Goethe 1887-1919. Bd. 3,1: 248.
10. Zitiert nach Freitag 1980: 575; vgl. Freitag 1987.
11. Goethe o.J. 5. Abt. 19. Teil: 153.
12. Goethe 1959: 487 ("Aus meinem Leben. Dichtung und Wahrheit." 3. Teil. 11. Buch).
13. Stadelmann und Fischer 1955.
14. Lengerke 1849.
15. Goltz 1875.
16. Behrens 1979a.
17. Engels 1845.
18. Engels 1964.
19. Diese Problematik wird von Friedrich Engels in den verschiedenen Zusammenhängen immer wieder thematisiert. Hier sei nur hingewiesen auf Engels 1865; ferner Engels 1965.
20. Marx 1962a; Marx und Engels 1962; Marx 1962b.
21. Ausweis dafür dürfte unter anderem die nicht mehr zu übersehende Tendenz der Wechselseitigkeit zwischen Volkskunde und Völkerkunde, Sozialgeschichte, allgemeiner Geschichte, Demographie, Soziologie usw. sein; vgl. zum Gesamtkomplex Sievers 1988.
22. Harnack 1900: 678.
23. Steig 1892: 131.
24. Jacobeit 1965b: 24-33.
25. Jacobeit 1965b: 30-31,
26. Grimm 1848: XI.
27. Meringer 1909: 595.
28. Schuchardt 1912: 831.
29. Weinhold 1890: 1-2; vgl. Weinhold 1891.
30. Peuckert 1935: 3.
31. Waitz 1863: 8.
32. Grimm 1953: 192.
33. Riehl 1859a; Riehl 1958; vgl. dazu unter anderem neuerdings Könenkamp 1988b.
34. Vgl. Müller-Salget 1984.
35. Zu Heinrich Sohnrey (1859-1948), "Vater des Landvolks" und langjähriger Herausgeber von *Das Land. Zeitschrift für die sozialen und volkstümlichen Angelegenheiten auf dem Lande*, vgl. besonders Bergmann 1970: 63-70 ("Heinrich Sohnrey und der Beginn des Kampfes gegen die 'Landflucht'").
36. Bergmann 1970.
37. Peuckert 1931.
38. Hoffmann-Krayer 1902; Hoffmann-Krayer 1946b; Hoffmann-Krayer 1946c.
39. Vgl. Lutz 1958: 38-101.
40. Vgl Jacobeit 1965b: 52-65.
41. Vgl. hierzu Schmook 1988 und im vorliegenden Band das Kapitel: Von der Weimarer Republik ins "Dritte Reich."
42. Schwietering 1927.
43. Vgl. im vorliegenden Band die Kapitel: Von der Weimarer Republik ins "Dritte Reich" und Verstrickung und Schuld, Volkskunde im Nationalsozialismus.

44. Spamer 1934c: 4.
45. Freudenthal 1955: 208-223.
46. Emmerich 1971, vor allem 95-131; Scholze 1988; Scholze 1990; Jacobeit 1965b: 112-143, Anm. 24.
47. Vgl. Gerndt 1987; Oesterle 1987; Bausinger 1987a; Lixfeld 1987a und im vorliegenden Band das Kapitel: Verstrickung und Schuld, Volkskunde im Nationalsozialismus.
48. Vgl. unter anderem Jacobeit 1974.
49. Svensson 1935.
50. Maus 1946; Maus 1988; vgl. im vorliegenden Band das Kapitel: Nationalsozialistische Volkskunde und Vergangenheitsbewältigung.
51. Steinitz 1955.
52. Bausinger 1965b; Emmerich 1971.
53. Kramer 1970.
54. Abschied 1970.
55. Vgl. zum Begriff der "alten" Eliten u.a. neuerdings Broszat und Schwabe 1989.
56. Vgl. Eley 1991.
57. Vgl. Dow und Lixfeld 1986: 1-25.
58. Vgl. Stoklund und Holbek 1981.
59. Geiger, Jeggle und Korff 1970: 8.

I. BÜRGERLICHE VOLKSKUNDE VOM ERSTEN WELTKRIEG BIS 1933

VON DER WEIMARER REPUBLIK INS "DRITTE REICH". BEFUNDE ZUR VOLKSKUNDE DER 1920er UND 1930er JAHRE

PETER ASSION mit einem Beitrag von REINHARD SCHMOOK

Die Jahre der Weimarer Republik sind nach 1945 oft für "gute Jahre" der Volkskunde gehalten worden: für eine hoffnungsvolle Zwischenphase des Faches, in der das im 19. Jahrhundert selbstzweckhaft gewordene Zusammentragen volkskundlicher Materialien überwunden worden sei und sich Entwicklungen angebahnt hätten, die im Gegensatz zu dem gestanden hätten, was dann als NS-Volkskunde praktiziert wurde. Man berief sich dazu auf Leistungen, die im ersten Hinblick tatsächlich für die Volkskunde jener Zeit sprechen. An den Hochschulen noch unzureichend verankert, gelang es damals doch außeruniversitär, den "Verband deutscher Vereine für Volkskunde" (gegr. 1904) als organisatorisches Rückgrat des Faches zu stabilisieren und mit seiner Hilfe - unter dem Protektorat des 1911 gewählten Vorsitzenden John Meier - die volkskundlichen Kräfte auf große Sammel- und Editionsprojekte zu konzentrieren. Das von Meier 1914 in Freiburg i. Br. gegründete Deutsche Volksliedarchiv band die Volkskunde in die flächendeckende Dokumentation mündlicher Liedüberlieferung ein und bereitete international beachtete historisch-kritische Editionen vor.[1] Gleichzeitig wurde das "Handwörterbuch des deutschen Aberglaubens" erarbeitet und ab 1927 als Leistungsnachweis des Faches ediert.[2] Und es trat der "Atlas der deutschen Volkskunde" ins Leben, indem 1928/29 mit der systematischen Erfragung volkstümlichen Tradierungsgutes für die kartographische Darstellung begonnen wurde (Karten-Editionen ab 1936).[3] Über das naive "Sammeln und Retten" der älteren Volkskunde[4] ging dies alles weit hinaus: durch den systematischen Zugriff auf bestimmte Objektbereiche, der mit dem Versuch verbunden war, auf Fragen zur Genese und Diffusion typischer "Volkskultur" neue Antwort bereitzustellen. Dazu zeigten sich Fortschritte, indem die Theorie- und Methodendiskussion der Vorkriegszeit[5] wiederaufgenommen wurde und die Theorie-"Klassiker" Hans Naumann, Julius Schwietering und Adolf Spamer Fachkonzepte vorlegten, wie sie der Volkskunde als problemorientierte Zielentwürfe bisher gefehlt hatten.

Nach 1933 war bekanntermaßen dann vieles anders. Die Fachdiskussion brach ab bzw. schwenkte auf die ideologischen Vorgaben des NS-Systems ein. Die noch laufenden Großprojekte der Volkskunde, vor allem der "Atlas," wurden tendenziell verbogen, und Neues wurde - z.T. auch von neuen "Größen" des Faches - ganz im Sinne jener nationalsozialistischen "Volksforschung" begonnen, die nun als Hilfswissenschaft des faschistischen Staates zu fungieren hatte. Und doch ist es nicht möglich, von dieser

Volkskunde jene andere, die im republikanischen Kontext gedieh, säuberlich abzusetzen. Denn schon grundsätzlich steht dem entgegen, daß der Katastrophenfall der deutschen Geschichte, das "Dritte Reich," die historischen Realitäten vor 1933 mit in die Haftung nimmt und fragen läßt, was auch die Wissenschaften - und speziell die Volkskunde - zum Machtgewinn des Faschismus beigetragen haben: durch Versäumnisse wie durch aktive Beiträge. Und einer Segmentierung der Fachgeschichte widerspricht andererseits, daß es zwischen der Volkskunde von vor und nach 1933 durchaus auch Kontinuitäten gab: personelle, organisatorisch-institutionelle und ideelle. Die fachgeschichtliche Forschung arbeitet dies zunehmend heraus, und sie muß dabei auch Versuchen eine Absage erteilen, die Fachdiskussion der 1920er Jahre in teils fortschrittliche (mit modernen Positionen zu verknüpfende) "Diskussionsstränge" und in andere zu zerlegen, von denen klar ist, daß sie "mitten hinein[führten] in die Weltanschauung des Nationalsozialismus."[6] Denn was in dieser Weise wertend getrennt wird, war oft genug zu Ideenkonstrukten von einheitlicher ideologischer Schieflage verwoben und steht für Geisteshaltungen, deren Nachweis quer durch die Breite des Faches jüngst zu sagen berechtigte: "Die deutsche Volkskunde der Weimarer Zeit war in hohem Maße disponiert, wenn nicht gar prädestiniert, unter faschistischer Herrschaft als systemstabilisierende Staatswissenschaft angewandt und, wie sich zwangsläufig daraus ergeben mußte, mißbraucht zu werden."[7]

Gegen diesen kritischen Befund spricht auch nur vordergründig das sachliche Profil, das die Volkskunde mit den eingangs genannten Leistungen zeigte. Tiefere Sondierungen treffen hier ebenfalls auf Fragwürdigkeiten und vorab auf einen bemerkenswerten Mangel der Wissenschaft "vom Volk," sich realistisch auf ihre Bezugsgröße "Volk" einzustellen: zugunsten gesellschaftlicher Aufklärung und politischen Widerspruchs gegen die ja schon vor 1933 erkennbare faschistische Fehlentwicklung. Wie schon früher ideologiekritisch herausgearbeitet wurde,[8] hatte dieser Mangel mit Traditionsverhaftungen zu tun, die durch die "Fortschritte" der 1920er Jahre keineswegs außer Kraft gesetzt wurden. Und es kam hinzu, daß die Volkskunde vermeinte, den Weg der Verwissenschaftlichung abseits von den Niederungen des Tagesgeschehens suchen zu müssen: auf geisteswissenschaftlicher Bahn Probleme verfolgend, die sie selber als "wesentlich" definierte und sich nicht als solche von der Wirklichkeit aufdrängen ließ. Schon der Erste Weltkrieg, der dem deutschen Volk Leiden größten Ausmaßes abverlangte und in moralischer Hinsicht den "Zusammenbruch der europäischen, zumal der deutschen Gesittung"[9] bedeutete, hatte das Fach erstaunlich wenig berührt. Die Fiktion von einer ungeschichtlichen Volkswelt pflegend, erlebte die Volkskunde den Krieg als ein diese Volkswelt nur streifendes Geschichtsereignis, das zu eigenem Vorteil genutzt werden konnte, weil es Traditionsgüter wiederbelebte und zum Aufsammeln verfügbar machte: Soldaten- bzw. im Feld gesungene Volkslieder,[10] soldatischen Glauben und Brauch[11] sowie die deutsche Soldatensprache.[12] Entsprechende "Kriegsaufgaben" formulierte maßgeblich John Meier, der vom Krieg auch sonst zu profitieren hoffte, indem er in den euphorischen Kriegsjahren die Stunde für gekommen hielt, ein zentrales "Reichsinstitut für deutsche Volkskunde" gründen und mit Hilfe potenter Geldgeber des nationalen Lagers finanzieren zu können.[13] Näher am Kriegselend, zumindest an Angst und Feindeshaß war der junge Adolf Spamer. Doch auch sein Verhältnis zum Krieg mutet merkwürdig distanziert an. Denn er deklarierte diesen zur seltenen Möglichkeit, das Volk in einem "Erregungs- und Vermassungszustand" beobachten und so auf den "Mutterboden menschlichen Seelenlebens" blicken zu können.[14] Von ihm gesammelte

Kriegsfolklore nutzte er dann während seiner Frankfurter Dozentenzeit, d.h. zwischen 1921 und 1926, für Vorlesungen über die "Volkskunde des Weltkrieges,"[15] bei denen der Krieg zur Exemplifizierung seiner volkspsychologischen Theorien herzuhalten hatte.

Solche politikferne Gelassenheit war Prinzip auch in den Jahren, die durch die Kriegsfolgen, durch Revolution, Inflation, Massenarbeitslosigkeit, politische Radikalisierung usw. gekennzeichnet waren. Die Fachprobleme blieben traditionelle bzw. auf Traditionsbasis modifizierte, und man sah keine Veranlassung, sie im Hinblick auf die Problematik des Zeitgeschehens ganz neu zu formulieren. Doch besaß natürlich auch die Negation oder fachliche Verharmlosung dieser Problematik eine politische Qualität, und es muß zusätzlich angemerkt werden, daß Stellungnahmen gegen die Linke als Gelegenheitsäußerungen durchaus nicht fehlten und als Warnungen vor der "zerstörerischen" Sozialdemokratie seit dem 19. Jahrhundert Fachtradition besaßen, sogar als Bestandteil programmatischer Entwürfe.[16] Als entsprechend scheinhaft ist das "rein" wissenschaftliche Reservat der Volkskunde einzuschätzen, und wüßte man nicht, daß das Interesse des Faches für die "Volkskultur" seit jeher auf konservativen Grundeinstellungen basierte und mit einem - bis dato unwiderrufenen - Engagement für "Volk" und Nation verbunden war, so beglaubigten dieses Urteil andererseits auch die soziologischen und ideologischen Befunde, die sich für die Kriegs- und Nachkriegszeit gewinnen lassen. Diesbezüglich ist hervorzuheben, daß die maßgeblichen Fachvertreter sämtlich dem Bürgertum entstammten (oder als Akademiker in dieses aufgestiegen waren), mit ihrem gehobenen sozialen Umfeld in den Denkmustern und Werthaltungen übereinstimmten und mit wenigen Ausnahmen (zu denen man den "liberalen" Spamer rechnen mag) politisch im konservativ-nationalen Lager standen. Dies befestigte innerfachlich eine kongruente Parteilichkeit und bedeutete im übrigen den steten Mitvollzug bürgerlicher Politik- und Geistesgeschichte, auch wenn sich dieses Mitgehen inner- und außerfachlich mit wechselnder Deutlichkeit zeigte. Der Kriegspropaganda enthielt man sich im Ersten Weltkrieg, aber die Volkskundler waren gleichwohl - wie vorsichtig gesagt wurde - "keine Pazifisten."[17] Und nach dem Krieg waren sie - was sich klarer abzeichnet - schlechte Republikaner, indem sie nun den Zukunftspessimismus ihrer Sozialschicht bzw. des ganzen Mitte-Rechts-Spektrums teilten und im Rahmen der Republik nur gesellschaftlichen und kulturellen "Verfall" fortschreiten sahen.

Dieser "Verfall" war früher schon, und nicht nur von Volkskundlern, als Abkehr von bewährt scheinenden Lebensformen und Sitten beobachtet und der Industrialisierung und Verstädterung Deutschlands angelastet worden. Was solcherweise als bürgerlich hilfloser Antikapitalismus ohne Einsicht in die geschichtlichen Notwendigkeiten und ihre Zukunftspotentiale existiert hatte, belebte sich neu als Kritik am Primat des Materiellen, an modernem Gruppenegoismus und staatlich zugelassenem Interessen- und Parteienpluralismus: Erscheinungen, die als Bedrohung des schon durch den Krieg geschädigten Nationalwohls interpretiert, aber vor allem als Gefahr für die bürgerliche Mittelschicht empfunden und mit den Augen einer vom Abstieg bedrohten Klasse wahrgenommen wurden.[18] In reaktionärer Wendung erschien nun "die Vergangenheit erst recht als Idylle der Stabilität, der Sicherheit und Ordnung, der Einheit und der relativ problemlosen Ausrichtung auf allen Deutschen gemeinsame Leitbilder,"[19] und folgerichtig wurde in der bürgerlichen Öffentlichkeit, im breiten Umfeld der Volkskunde, die Rückkehr zu angeblich bewährten Formen des ökonomischen, sozialen, politischen und kulturellen Lebens diskutiert und propagiert. Daß dabei die argumentative Beanspruchung des

Soziologen Ferdinand Tönnies eine besondere Rolle spielte, ist bekannt, aber als Kennzeichen für den Theoriebedarf wie die Theorieschwäche jener Wendung nach rückwärts erneut zu betonen. War Tönnies' typisierende Gegenüberstellung von "Gemeinschaft und Gesellschaft" schon 1887 erschienen, so erlebte sie zwischen 1920 und 1926 fünf neue Auflagen, und indem ihr marxistischer Interpretationsansatz ignoriert wurde, bezog man daraus die Rechtfertigung für eine rein reaktionäre Disqualifikation strukturiert-modernen Gesellschaftslebens.[20] Daß gleichzeitig Wilhelm Heinrich Riehl wiederentdeckt, nachgedruckt[21] und seit der Feier seines hundertsten Geburtstages 1923 mit ehrenden Artikeln (u.a. aus der Feder des Volkskundlers Viktor von Geramb) überhäuft wurde,[22] lag auf derselben Linie, nur daß man in ihm einen Gesellschaftstheoretiker neu ans Licht brachte, der von Grund auf antimodern eingestellt gewesen war und jetzt wiederum einem ständischen Gesellschafts- und Staatsverständnis sowie der Hoch- und Überschätzung "beharrender" Sozialformen (Bauerntum, Familie) die Argumente zu liefern vermochte.[23]

Als Erbin romantischer Ideen des 19. Jahrhunderts hatte die Volkskunde indessen auch schon ohne Riehl konservative soziale Anschauungen gepflegt und in ihrer Bezugsgröße "Volk" das ganzheitliche Gegenprinzip zur sich ausdifferenzierenden sozialen Wirklichkeit gefunden. Daß "Volk" nur eine - schon für die Vergangenheit fragwürdige - Abstraktion war, störte sie dabei um so weniger, als sie sich ihren Volksbegriff mit der Projektion einer ursprünglichen Volksgemeinschaft und "empirisch" mit dem Bauerntum beglaubigte, das ihr als lebendes Abbild jener Gemeinschaft galt. Geschichtliche Entwicklungen wurden dabei negiert bzw. insofern zur Seite gestellt, als eine deutsch-völkische, zum Teil vom Germanentum hergeholte und immer wieder bäuerlich verifizierte Wesens- und Kulturkontinuität behauptet wurde: vertiefend begründet mit der romantischen Vorstellung von einer dem Volk eingebornen ewigen "Volksseele," zu der sich auch schon - Jahre vor 1933 - die Kategorien der Rasse und der "Rassenseele" einstellten.[24] Auf all dies ist hier erneut zu verweisen, weil sich die Grundideen der Volkskunde in die Überzeugung umsetzten, die dem deutschen Volk frommenden Heilmittel zu "heilloser" Zeit am besten zu kennen.

Mit entsprechendem Impetus schaltete sich die Volkskunde in die bürgerlich-konservative Diskussion der Nachkriegsverhältnisse ein: unter der Devise "Volkserneuerung" für die Rückbesinnung auf völkische Eigenart, die Rückkehr zu den Werten der bäuerlichen Kerngemeinschaft, die Rückbindung der verstädterten Gesellschaft an die heimatliche Scholle und ihr Volkstum plädierend. Und sie ging noch weiter, indem sie die eigene Arbeit volkserzieherisch ausrichtete, im Bündnis - und in personeller Verzahnung - mit dem organisierten Heimatschutz und den regionalen und lokalen Geschichtsvereinen.[25] Volksforschung und Volkstumspflege vermischten sich, aber es wurde kein Widerspruch darin gesehen, daß Volkskundler alte Bräuche nicht nur beschrieben und deuteten, sondern auch mitinszenieren halfen, als in den Nachkriegsjahren eine - sich zu genauerer Untersuchung empfehlende - Brauch-Restauration vonstatten ging. Im Museumsbereich wurde versucht, über die Sachgüter die "Volkserneuerung" zu befördern, und Wilhelm Peßler erarbeitete Vorschläge, das traditionelle Heimatmuseum zur völkischen Bildungsanstalt auszubauen.[26] Auch deutschtümelnde Anleitungen für den Heimatkunde-Unterricht der Schule entflossen volkskundlicher Feder.[27] Zusammen mit Materialaufbereitungen für die Schule und die Jugend ordneten sie sich der Fülle populär aufgemachter Schriften zu, mit denen die Volkskunde - und nicht selten prominente Autoren vorweg - auf breiter Linie in die Öffentlichkeit drang, schon seit den frühen 1920er Jahren. Verbindendes Anliegen war auch hier der Rückruf zu deutscher Art und Sitte, propagandistisch unterstützt durch die Distanzierung vom angeblich Artfremden und Volksfeindlichen in "städtischer Unkultur"[28] und in älteren "Fremdeinwirkungen" auf Sitte und Brauch, wobei der germanophile Otto Lauffer nicht anstand, bereits 1920 das Christentum in dieser Weise zu qualifizieren.[29]

Andererseits wurde versucht, die Volkskunde wissenschaftlich voranzubringen. Dabei ergaben sich auch Vorbehalte gegen jenes ausufernde Engagement, und von anspruchsvolleren Fachvertretern wurde als rufschädigend empfunden und erlebt, daß sich unter dem Dachbegriff "Volkskunde" auch viel Dilettantismus breit machte, namentlich durch die ungeschulten Amateure des Faches im bürgerlichen Vereins- und Museumswesen. Doch hatte die Volkskunde - an den Hochschulen noch randständig - in diesen Kreisen eine Basis, die auch wiederum erwünscht war und für Hilfs- und Zubringerdienste gebraucht wurde, vor allem beim Atlas-Unternehmen. Und einschränkend ist auch zu sagen, daß die Kritik derer, die eine stärkere "Verwissenschaftlichung" der Volkskunde erstrebten, der mangelnden Systematik der Laien-Volkskunde galt, während durchaus gemeinsame Grundpositionen bestanden und es eine Frage des Niveaus war, was daraus entwickelt wurde. Man kann dies an den wissenschaftlichen Großprojekten des Faches nachvollziehen. War das "Handwörterbuch des deutschen Aberglaubens" auf Hebung des fachlichen Ansehens hin angelegt und bereitete für den Gebrauch der Kulturwissenschaften eine immense Stoffülle auf, so krankte es doch entscheidend daran, daß es die Vorstellung von einer einheitlich-urtümlichen "Volkskultur" reproduzierte[30] und der gängigen Bauernverherrlichung huldigte.[31] Und war der "Atlas der deutschen Volkskunde" ein Unternehmen, das flächendeckend Kulturräume und Kulturbewegungen abbilden sollte, so kamen auch hier soziale Differenzierungen zu kurz und ländliche Belegorte zu einer Bevorzugung, die die Kartenbilder zu einem Zerrspiegel der aktuellen kulturellen Verhältnisse machten. Dazu standen der "Atlas" und John Meiers Volkslied-Erhebungen, für die dies analog anzunehmen ist, in der fragwürdigen Tradition volkskundlicher "Volkserziehung," indem das Nebenziel verfolgt wurde, durch das Abfragen von Volksüberlieferungen auch wieder mehr Sinn für das alte "Volksgut" zu erwecken.[32]

Daß alle seinerzeitigen Aktivitäten auch jeweils mit dem Streben nach stärkerer institutioneller Präsenz verbunden waren, versteht sich bei der Volkskunde als noch kleinem, entwicklungsbedürftigem, aber in eigener Sicht bedeutungsvollem Fach von selbst. Doch sind dabei nur Teilerfolge erzielt worden. Zwar fanden sich - was nur logisch war - politische Mäzene wie auch Förderer, die von der wissenschaftlichen Grundberechtigung volkskundlicher Arbeit von der Sache her überzeugt waren. Und beides vermehrte in den späteren 1920er Jahren die Anzahl der Archiv- und Forschungsstätten des Faches. Mit Finanzmitteln der "Notgemeinschaft der deutschen Wissenschaft" wurde die Berliner Zentralstelle des "Atlas" eingerichtet und in den Ländern das Netz der "Atlas"-Sammelstellen aufgebaut. Aus einer schon 1923 geschaffenen "Abteilung Volkstum" des Württembergischen Landesamtes für Denkmalpflege ging 1929 die erste volkskundliche Landesstelle als staatliche Dauereinrichtung hervor.[33] Und als seinerzeit bedeutendste Institution für die Regionalforschung wurde 1928 durch die Westfälische Provinzialregierung die "Volkskundliche Kommission für Westfalen" gegründet.[34] Doch waren dies alles Einrichtungen des außeruniversitären Bereichs, die sich privat gegründeten Forschungsstellen wie Meiers Volksliedarchiv in Freiburg i. Br. oder dem "Deutschen Institut für Volkskunde" (gegr. 1930) des Münsteraner Kirchenhistorikers und Frömmigkeitsforschers Georg Schreiber zur Seite stellten. Hier wie dort gab es zwar dadurch, daß die Leiter in forschender und lehrender Doppelfunktion tätig waren, Querverbindungen zum Hochschulwesen. Aber diese erfüllten nicht den Anspruch der Volkskunde auf Gleichbehandlung mit anderen Lehrfächern oder gar auf eine - mit der "nationalen Bedeutung" des Faches unterstrichene - bevorzugte Berücksichtigung. Entsprechend wurde immer wieder für eine verstärkte akademische Präsenz der Volkskunde plädiert, besonders von den volkskundlichen Regionalvereinen. Zu deren Wortführer machte sich der "Verband deutscher Vereine für Volkskunde," indem er mit seiner Denkschrift vom 30. Dezember 1925 für Lehrer und sonstige Funktionsträger des öffentlichen Lebens die Möglichkeit einforderte, sich während der Ausbildung ein Grundwissen vom "Volk," von seiner Wesens- und Handlungsart erwerben zu können.[35] Wo es nicht schon einen volkskundlichen Lehrauftrag (wie seit 1920 in Jena) gab, ist dann an einer Reihe von Universitäten ein solcher erneuert oder erstmals vergeben worden (so 1926 in Heidelberg und Leipzig, 1927 in Freiburg i. Br.), und in den Ländern, die nach dem Ersten Weltkrieg Pädagogische Akademien gegründet hatten, wurde die Volkskunde integrativer Bestandteil der Ausbildung der Grundschullehrer.[36] Den Durchbruch zu eigenen Lehrstühlen erreichte das Fach - sieht man von Lauffers Hamburger Professur ab[37] - jedoch nicht.

Dafür ist sowohl die ideologische Befangenheit der Volkskunde wie der unter ihrem Namen laufende Dilettantismus verantwortlich zu machen. Herkömmlicherweise wurde im etablierten Wissenschaftssystem unter "Volkskunde" die altertumskundliche Betrachtung vorwiegend sprachlicher Volksüberlieferungen und damit eine Subvariante der Germanistik verstanden. Eigene Lehrstühle hätten die Abspaltung von der Deutschen Philologie bedeutet, und hiergegen brachte diese - von eigener Deutschtümelei nicht frei - im wesentlichen vor, eine ihrer Dominanz und Kontrolle entglittene Hochschul-Volkskunde würde den gleichen Weg wie die unwissenschaftliche Volkstums- und Heimatpflege einschlagen und sich mit systemloser Faktenhuberei ohne wirkliche nationale Bedeutung verzetteln. Gerade Germanisten mit eigenen volkskundlichen Neigungen argumentierten in diesem Sinne oder empfahlen - so Schwietering - die Beheimatung des Faches bei der Geschichtswissenschaft oder der Gesellschaftslehre. Aber die Volkskunde traf an den Hochschulen und bei Kulturpolitikern des demokratisch-republikanischen Spektrums auf noch prinzipielleren Widerspruch, indem sie als ebenso unwissenschaftlich wie ideologisch-politisch gefährlich abgelehnt wurde. Rückblickend bestätigte dies John Meier, als er 1947 in einem für den "Verband deutscher Vereine für Volkskunde" abgegebenen Rechenschaftsbericht schrieb, die Volkskunde sei zunächst (d.h. vor 1933) "der Wissenschaft eine Torheit und den herrschenden politischen Parteien ein Ärgernis" gewesen.[38] Dafür gab es - wie oben dargelegt - gute Gründe. Doch waren diese noch 1947 Meier nicht einsichtig und erst recht zu ihrer Zeit kein Anlaß für volkskundliche Selbstkritik.

Ein gewisser Legitimationsdruck wurde im Fach immerhin empfunden und ließ die Berufung auf die ältere Fachgeschichte zur argumentativen Praxis werden. Dies hieß, daß man bis zu den Brüdern Grimm und zu Riehl zurückgriff, um die Daseinsberechtigung bzw. das wissenschaftliche Eigenrecht der Volkskunde zu beglaubigen. Aber es konnte nicht verborgen bleiben, daß man eben auch bei romantischen Positionen stehengeblieben war und Riehl - was zur Riehl-Renaissance der 1920er Jahre für die Volkskunde nachzutragen ist - erst wiederentdeckte, als sich dessen Vortrag "Die Volkskunde als Wissenschaft" (1858) und dessen empirische Kulturstudien zur Unterstützung volkskundlicher Ansprüche anzubieten schienen. Viel Nutzen erwuchs daraus - und aus der verspäteten Weiterverarbeitung Riehlscher Ideen (so bei Schwietering) - nicht. Denn für die akademische Qualifikation fehlte es am entscheidenden: am Nachweis, auf dem theoretischen und methodischen Niveau bürgerlich-aufgeklärter Wissenschaft eigenwertige Erkenntnisbeiträge zur Geschichte, Gesellschaft und Kultur erbringen zu können.

Es gilt dies jedenfalls für die Volkskunde, wie sie sich in den 1920er Jahren in ihrer Breite darbot. Was davon abwich, waren vereinzelte Versuche, dem Fach einen weiteren sozialen Horizont zu verschaffen: so Spamers Vorstoß zu einer gegenwartsorientierten Großstadtforschung[39] und Will-Erich Peuckerts Anlauf zu einer Arbeitervolkskunde.[40] Und es waren die Theorie-Beiträge Naumanns, Schwieterings und Spamers, die darauf angelegt waren, die Volkskunde als Problemwissenschaft auf ein höheres Niveau zu bringen. Doch konnte dies kaum gelingen, waren doch auch die Konzepte der Genannten vom fundamentalen Antimodernismus und Antihistorismus konservativ bis reaktionären Denkens durchwirkt und lieferten für irrationale Setzungen der Volkskunde zum Teil nur "modernere" Begründungen. Entsprechend wenig waren sie hilfreich, die Volkskunde gegen ihre Beanspruchung durch das NS-System widerstandsfähig zu machen, wie auch die Autoren selbst keine inneren Probleme hatten, sich auf dieses einzulassen und es teilweise überzeugt zu propagieren. Dies im ideengeschichtlichen und biographischen Nachvollzug zu zeigen und dabei Grundbefindlichkeiten des Faches bei seinem Übergang in den Faschismus offenzulegen, ist die Aufgabe der nachfolgenden Kapitel.

Hans Naumann

REINHARD SCHMOOK und PETER ASSION

An den vier Universitäten, an denen Hans Naumann (1886-1951) nacheinander lehrte, vertrat er die ältere germanische Philologie und verstand sich stets in erster Linie als Germanist. Doch hielt er schon als junger Privatdozent in Straßburg nebenher auch volkskundliche Vorlesungen, ebenso später in Jena und in Frankfurt/Main aufgrund entsprechender Lehraufträge.[41]

Als Sohn eines Rittergutspächters in Leontinenhof bei Görlitz geboren, hatte Naumann in Görlitz die Schule und in Zittau das humanistische Gymnasium besucht. Nach dem Abitur (1907) studierte er in München, Kiel, Berlin und Straßburg Germanistik, Vergleichende Sprachwissenschaft, Latein, Mittellatein und Geschichte. 1911 promovierte er in Straßburg in Germanistik, Sanskrit und Vergleichender Sprachwissenschaft bei Rudolf Henning mit einer Untersuchung über altnordische Personennamen. Danach setzte er seine Studien in Straßburg, Bonn, Bern, St. Gallen und Einsiedeln fort und habilitierte sich bereits 1913, ebenfalls bei Rudolf Henning in Straßburg, mit einer Arbeit über Notkers Boethiusübersetzung für Germanische Philologie und Mittellatein.

Als Privatdozent hielt Naumann dann Vorlesungen und Übungen über deutsche und gotische Grammatik, Syntax, Altnordisch, deutsche Literaturgeschichte, Volkskunde und Mittellatein. Wovon die volkskundlichen Vorlesungen handelten, ließ sich bisher nicht feststellen. Es ging möglicherweise um elsässische Volkskunde, über die er 1925 einen Aufsatz veröffentlichte.[42]

Im Ersten Weltkrieg leistete Naumann als Unteroffizier Kriegsdienst. Seit 1916 war er Schriftleiter zweier Frontzeitungen in Lida und Wilna (Litauen). In der Zeitung der 10. Armee "Die Nacht im Osten" erschien erstmals sein Aufsatz "Bauernhaus und Kornkammer in Litauen," eine Arbeit, der die praktische Anschauung der ländlichen Lebensweise im Balitkum zugrundeliegt und die 1921 in der "Primitiven Gemeinschaftskultur" erneut gedruckt wurde. Erfahrungen der Kriegszeit, philologische Interessen, die u.a. auch der Herkunft der Erscheinungen galten, sowie vermutlich schon während des Studiums aufgenommene Einflüsse müssen zusammengenommen dazu geführt haben, daß sich Naumann nach dem Krieg so intensiv volkskundlichen Überlegungen zuwandte.

Die Basis dazu bot ihm zunächst die Universität Jena. Noch 1918 in Straßburg zum Titularprofessor ernannt, war Naumann aus Straßburg ausgewiesen worden, nachdem das Elsaß wieder französisch geworden war. Mit der Probevorlesung "Wesen und Geschichte des Bänkelsangs" habilitierte er sich 1919 neu an der Jenaer Universität für Germanische Philologie. Die Ernennung zum außerordentlichen Professor folgte im gleichen Jahr. In Jena trat Naumann durchweg positiv in Erscheinung, sowohl als beliebter Hochschullehrer wie auch als Förderer moderner Literaten und Dichter. 1920 ehrte er den in Flandern gefallenen Expressionisten Ernst Stadler mit der Schrift "Jüngste deutsche Dichtung," und 1923 erschien dann "Die deutsche Dichtung der Gegenwart 1885-1923," die ein ausgesprochener Erfolg wurde und sechs Auflagen erlebte. Die Hinwendung zur Gegenwartsliteratur war dabei wohl mitbestimmt durch Naumanns Freundschaft mit dem Verleger Eugen Diederichs, der ihn möglicherweise schon dazu ermuntert hatte, sich an der Universität Jena zu bewerben.

Am 27. Oktober 1919 überwies Eugen Diederichs der Universität Jena 50 000 RM mit dem Auftrag, den Zinsertrag zur Verfügung eines Lehrauftrages für deutsche und besonders thüringische Volkskunde (Mythologie, Sagen, Märchen, Sprichwort, Namenskunde, Dialekte, Trachten- und Waffenkunde, Hausbau, Siedlung usw.) zu verwenden. Damit war die Verpflichtung verbunden, daß in jedem Semester wöchentlich eine zweistündige Vorlesung über deutsche Volkskunde gehalten werden sollte. Diesen Lehrauftrag erhielt Hans Naumann am 1. Januar 1920, nachdem er schon vorher von sich aus die Verpflichtung zu Vorlesungen über deutsche Volkskunde übernommen hatte. Die Fakultät hielt ihn ausdrücklich "für diesen Zweig der deutschen Philologie durchaus qualifiziert." Der volkskundliche Lehrauftrag sei lediglich eine Erweiterung seiner bisherigen Lehrtätigkeit. Dieser Lehrauftrag war der erste volkskundliche an der Universität Jena und einer der ersten besoldeten überhaupt an deutschen Universitäten.

Im Jahre 1920 hatte der Germanistik-Student Martin Freytag in Jena eine Vereinigung für praktische Volkskunde gegründet, ab 1922 "Vereinigung für praktische und wissenschaftliche Volkskunde." Freytag hörte Naumanns Volkskundevorlesungen und äußerte sich dazu folgendermaßen: "Wie alle seine Vorlesungen, so waren auch die und zwar ganz besonders anregend. Mit sicherer Hand führte er uns ein in das Entstehen und Vergehen des Volksliedes, wies er uns Heldenlied und Volksballade in ihrem ursächlichen Zusammenhang zu erkennen, gab er uns tiefen Einblick in die volkskundlichen

Schätze besonders unseres Landes. Dann wanderten wir auch hinaus, um unter seiner Anleitung den Blick in Hinsicht dieser Wissenschaft zu schärfen."[43] Naumanns Bestreben war, ein Publikationsorgan für thüringische Volkskunde zu schaffen, ähnlich den Blättern für hessische Volkskunde. Dieses Vorhaben scheiterte an den ungünstigen Zeitumständen. Als Ersatz für eine selbständige Zeitschrift sollten als Beilage der Jenaischen Zeitung etwa alle vier Wochen die Blätter für Thüringer Volkskunde und verwandte Gebiete erscheinen, von denen lediglich die ersten beiden Nummern nachweisbar sind. Die Vereinigung für praktische Volkskunde war unter Naumanns Einfluß sehr aktiv, verschickte Fragebögen an Lehrer und Pfarrer in thüringischen Orten und hatte sich vorgenommen, "das Gute, Wertvolle und darum das Bleibende aus der Fülle unseres deutschen Volkstums und Volksguts herauszuschälen, es in anspruchsloser Form wieder aufleben zu lassen."[44]

1921 erschien in Jena bei Eugen Diederichs Naumanns "Primitive Gemeinschaftskultur" mit dem Untertitel "Beiträge zur Volkskunde und Mythologie." Aus dem ersten und titelgebenden Beitrag dieses Buches gingen dann ein Jahr später die "Grundzüge der deutschen Volkskunde" hervor, in denen Hans Naumann, aufbauend auf Gedanken des französischen Ethnologen und Philosophen Lucien Lévy-Bruhl, einer aufgeschreckten Fachwelt den Begriff des gesunkenen Kulturgutes präsentierte. Beide Publikationen lösten eine Flut von Stellungnahmen aus und hatten großen Einfluß auf die folgenden Diskussionen. Von den brillant geschriebenen "Grundzügen" sagte Adolf Spamer später: "Naumanns schlankes, aber inhaltschweres Büchlein wird auch noch späteren Zeiten als ein Markstein volkskundlicher Forschung gelten."[45]

Um den theoretischen Stellenwert der Naumannschen Veröffentlichungen würdigen und ihre inhaltliche Genese nachvollziehen zu können, muß in die Fachgeschichte zurückgeblendet werden. Schon in den Jahren 1902 und 1903 hatte eine breite Diskussion um Zielsetzungen und Methoden der Volkskunde begonnen. Den Ausgangspunkt hierzu bildete ein Aufsatz des schweizerischen Volkskundlers Eduard Hoffmann-Krayer, der 1902 in Zürich unter dem Titel "Die Volkskunde als Wissenschaft" erschien. Hierin schlug er vor, zwei Volksbegriffe zu unterscheiden: einen politisch-nationalen (populus) und einen sozial-zivilisatorischen (vulgus in populo). Im Gegensatz zur Kulturgeschichte, die das "individuell-zivilisatorische Moment" der Kultur untersuche, befasse sich die Volkskunde mit dem "generell-stagnierenden Kulturmoment" im vulgus. An Hoffmann-Krayers vielzitiertem Satz, daß das Volk nicht produziere, sondern reproduziere, knüpften viele der folgenden Diskussionen um Gegenstand, Ziele und Methoden der Volkskunde an. Auch Hans Naumanns Thesen haben hier eine ihrer Wurzeln.

Ebenfalls im Jahre 1902 äußerte Adolf Strack in seinem programmatischen Aufsatz "Volkskunde"[46] die völkerpsychologische Auffassung einer Gemeinschaftsseele, während Albrecht Dieterich in seinen Gedanken "Über Wesen und Ziele der Volkskunde"[47] die Auffassung vertrat, "daß für die Lösung der Probleme um das Werden der religiösen Riten und Mythen die Analogien, die Ethnologie und Volkskunde bieten, nicht entbehrt werden können, nur so waren die 'Grundformen des religiösen Denkens' zu ergründen." Diese "Grundformen" seien Ausdruck einer organisch zusammengehörigen Unterschicht alles geschichtlichen Volkslebens, aus deren Mutterboden alle individuelle Gestaltung und persönliche Schöpfung herausgewachsen sei.[48] Nach Dieterich sollte das Erkennen der Seelen- und Vorstellungswelt der Unterschicht Anliegen der Volkskunde sein. Deutlich kann man sowohl bei Strack als auch bei Dieterich Gedankengut erkennen, das wir später bei Hans Naumann wiederfinden.

Schon von Hause aus beschränkte Eugen Mogk die Volkskunde auf die Untersuchung unterschichtlichen Geistes- und Seelenlebens. In seinem Sinne bezeichnet er als Forschungsaufgabe der Volkskunde, "alle Äußerungen der Volksseele in Wort und Werk, soweit diese von höherer Kultur unberührt sind, darzulegen; die Äußerungen im Wandel der Zeiten geschichtlich und kritisch zu verfolgen; den physiologischen und geschichtlichen Gründen nachzugehen, die sie hervorgebracht und haben wachsen lassen."[49]

Beginnend mit Hoffmann-Krayer, Strack, Dieterich und Mogk führt eine gedankliche Linie direkt zu Hans Naumann, der die vom Ersten Weltkrieg unterbrochene theoretisch-methodologische Diskussion wiederaufnahm und sie dadurch weitertrieb, daß er das vom Volk kulturell Produzierte als "primitives Gemeinschaftsgut" bestimmte und davon entschieden das "gesunkene Kulturgut" abhob, das vom Volk ständig aus der Oberschicht übernommen werde. Die Begriffe "Gemeinschaftsgut" und "gesunkenes Kulturgut" bezog Hans Naumann von den Ergebnissen der seinerzeit modernen Volksliedforschung. "Der langwierige Streit um die Begriffsbestimmung des Volkslieds hat zwei, wie ich glauben möchte, ungemein fruchtbare Begriffe zutage gefördert: die Begriffe Gemeinschaftslied und gesunkenes Kunstlied." So beginnt Naumann das erste Kapitel der "Primitiven Gemeinschaftskultur," und er bezieht sich damit auf Ausführungen John Meiers über das Volkslied und dessen Abgrenzung vom Kunstlied.[50] Meier hatte in seinen Arbeiten eine Unzahl von Volksliedern als "gesunkene Kunstlieder" nachgewiesen.

In der Einleitung zu den "Grundzügen der deutschen Volkskunde" legt Hans Naumann 1922 seine Theorie umfassend dar und beginnt mit einer Absage an die romantizistische Volkskunde. Mit Recht weist er dieser traditionellen Forschungsrichtung aus den Kindertagen der noch jungen Wissenschaft den Mangel an historischen Standpunkten nach. Die Klagen der Vertreter dieser Richtung über das Schwinden von Erscheinungen der geistigen und materiellen Volkskultur wie Volkslied, Tracht, Hausrat usw. führt er zum einen auf mangelhafte Sorgfalt und Methoden in der Sammlungsarbeit zurück. Zum anderen betont er, daß "Volksgut" so lange nicht schwinden könne, wie es Volk gebe. Es ändere nur sein Aussehen und seinen Charakter, weil die "Oberschicht" von Kulturform zu Kulturform weiterschreite und auch das Geringste, was sie tue, sein Echo in der "Unterschicht" finde. "Volksgut wird in der Oberschicht gemacht." Auf der Grundlage dieses Lehrsatzes entwickelt Naumann dann seine Theorie: In die große Menge volkskundlicher Objekte könne man eine Ordnung nur dann hineinbringen, wenn man mit der Grundfrage an sie herantrete, ob es sich bei jeder Einzelheit um von unten gekommenes "primitives Gemeinschaftsgut" oder von oben gekommenes "gesunkenes Kulturgut" handele. Das eine sei urtümlich gewachsen und psychisch bedingt, das andere historisch geworden und bewußt geschaffen und umgeformt.[51]

Auf dieser Grundlage teilt Naumann "das Volk in eine progressive, geistig-kulturell inspirierende Oberschicht und eine beharrende, geistige Güter nur empfangende Unterschicht - die 'primitive Gemeinschaft'" ein.[52] Damit wendet er sich klar ab von den Kernthesen der romantizistischen Produktionstheorie, die vom Volk als einer schöpferischen Gemeinschaft ausgeht. Das war neu, und hieran entzündeten sich die Geister, sowohl die zustimmenden als auch die ablehnenden. Nach Naumann sollte die moderne

Volkskunde die Brücke schlagen zwischen der Völkerkunde und der Geistes- oder Kulturgeschichte. "Die Gegenstände, mit denen sie sich befaßt, sind wie bei der Völker- und Altertumskunde ideeller und materieller Art."[53] Neben den Erscheinungen der geistigen Volkskultur sollten auch diejenigen der materiellen wie Haus, Hof, Agrarwesen usw. im Blickpunkt des wissenschaftlichen Interesses stehen. Dies war ebenfalls neu und seit Rudolf Meringer und Karl Weinhold so explizit nicht wieder gefordert worden.

Im folgenden kommen wir zu einer weiteren Wurzel der Naumannschen Ideen. Lucien Lévy-Bruhl zeigt in seinem Werk "Les fonctions mentales dans les sociétés inférieures,"[54] das kurz vor Erscheinen der "Grundzüge" in deutscher Übersetzung unter dem Titel "Das Denken der Naturvölker"[55] erschienen war, interessante Parallelen zwischen der Gedanken-, Glaubens- und der kultischen Welt der "Primitiven" und ähnlichen Erscheinungen im Volksleben der "Kulturvölker" auf. Lévy-Bruhl trennt scharf zwischen dem komplexen Denken der Naturvölker und dem logischen des "Kulturmenschen." Von dort hat Naumann die Vorstellung von der "primitiven Geistigkeit," den Begriff der vom Gesetz der Partizipation bestimmten mystischen Kollektivvorstellungen sowie die Denk- und Verhaltensmuster "prälogisch" im Sinne von teillogisch und "prämoralisch." All dies, die Psyche und Kultur der "primitiven Gemeinschaft," deren Denkweise und deren Geist, glaubte er in der bäuerlichen Sphäre wiederzufinden. So bildet denn auch bei ihm "die bäuerliche Gesellschaft notwendig das Hauptobjekt der deutschen Volkskunde."[56] Allerdings sah er auch in den städtischen und gebildeten "Oberschichten" Reste und Rudimente der "primitiven Gemeinschaftskultur."

Bei der Charakterisierung des "primitiven Gemeinschaftsgutes," das Naumann für urtümlich gewachsen und psychologisch erklärbar hielt, werden also die Einflüsse der Primitivenpsychologie Lévy-Bruhls und der älteren Völkerkunde sichtbar. Jene Völkerkundler suchten, wie auch Adolf Bastian mit seiner Lehre von den Elementargedanken, einen begrenzten, unwandelbaren und allgemeingültigen Grundbestand an Kulturpraktiken primitiver Gesellschaften auf dem Wege des Ethnienvergleichs herauszuarbeiten. Von einer solchen Auffassung "des Immergleichen und einer dementsprechend ambivalenten Einschätzung, die eigentümlich zwischen respektvoller Mythisierung und elitärer Geringschätzung hin- und herschwankt, ist auch Naumanns Wahrnehmung der Volkskultur bestimmt: Sie stellt sich ihm als ein Natursubstrat, gleichsam als unverzichtbarer 'Mutterboden' (A. Dieterich) dar, aus dem dann durch 'heroische Abdifferenzierung' die 'Blüten' der Elitenkulturen hervortreiben."[57]

Die "primitive Gemeinschaft" wird also von Naumann als "Wurzelstock" und tragender "Mutterboden" deklariert, auf dem die Kultur der gebildeten "Oberschicht" in allen ihren materiellen wie ideellen Erscheinungen immer nur eine besondere Blüte sei. "Das Bauerntum als 'Träger der primitiven Komponente' sei zwar 'unschöpferischer veranlagt als jene [anderen Stände], aber dafür mit den heiligen Mächten des Lebens und den gesunden Kräften der Erde inniger verbunden' [...]."[58]

Aus all dem leitet Naumann ab, daß es die Aufgabe der Volkskunde sei, den Zug von oben nach unten zu verfolgen, während die Kulturgeschichte umgekehrt den Zug von unten nach oben zu verfolgen habe und die materiellen wie die ideellen Dinge aus der Primitivität bis an ihre kulturelle Differenzierung, Verfeinerung und individuelle Sonderform heranführen müsse.[59]

Am Ende der Einleitung zu den "Grundzügen der deutschen Volkskunde" faßt Naumann den Prozeß der Kulturdynamik, so wie er ihn versteht, folgendermaßen zusammen: "Alles 'Volkstümliche', so schön und vertraut es sein mag, gehört Überwundenem und Versunkenem an; aber aus den Gütern der primitiven Gemeinschaftskultur strömt eine köstlich-frische, erdhaft-junge, ewig-urwüchsige Kraft. Geist steht über der Masse, und den Fortschritt erringen im Zwiespalt mit der Gemeinschaft nur Persönlichkeit, Gewissen und Geist, die aber Produkte der Oberschicht sind und diese zur Oberschicht machen. Das Persönliche macht das Wesen der höheren Kultur aus, aber deren Wurzeln liegen, dessen möge man sich bewußt sein, in der primitiven Gemeinschaft, die ihr ewiger, tiefer und starker Mutterboden ist."[60]

Naumanns Auffassungen vom kulturellen Fortschritt, als dessen Triebkräfte allein Persönlichkeit, Gewissen und Geist gesehen werden, gehen von idealistischen Grundpositionen aus; seine Theorie ist historisch-dialektisch falsch. Sein Ansatz selbst aber ist wesentlich, und es basiert z.B. die These, daß Volksgut in der sogenannten Oberschicht gemacht werde, auf durchaus richtigen Beobachtungen. Sie implizieren die Vorstellung von einem kulturellen Austausch zwischen herrschenden Klassen und den Klassen und Schichten der Beherrschten und Ausgebeuteten, in dem das schöpferische Moment eine wesentliche Rolle spielt. Wie dieser kulturelle Austausch abläuft und welche Rolle er bei der Auseinandersetzung zwischen den Klassen spielt, sind wichtige Fragen, die wir bei einschlägigen Untersuchungen berücksichtigen müssen.

Doch enthielt Naumanns Theorie auch Elemente, die dazu geeignet waren, Herrschafts- und Führungsansprüche zu legitimieren bzw. neu zu begründen. Diesbezüglich hat man von einer "Modernisierung" der konservativen Volkskunde durch die "präfaschistische Vorwegnahme eines Führer- und Gefolgschaftsmodells"[61] gesprochen. Daß Naumann in dieser Richtung dachte und politisch-ideologisch auf einem Weg war, der sein späteres Eintreten für den faschistischen Herrschaftsapparat folgerichtig erscheinen läßt, belegen in seinen beiden Grundsatzschriften politische Äußerungen zur Genüge. 1921 schrieb er: "Wir erleben [...], wie der demokratische Gedanke, der im Grunde ein Erbteil der Romantik ist [...], auf der romantischen Überschätzung des Volkes beruht."[62] Und 1922 markieren ihm der Kampf des Volkes um politische Freiheit, besonders die "sozialistisch-kommunistischen Bestrebungen auf dem Gebiete der Politik" lediglich "eine mehr oder minder bewußte Rückkehr vom Individualismus zur Primitivität."[63]

Die Hauptwirkung der Naumannschen "Grundzüge der deutschen Volkskunde" war indessen die, daß die Grundsatzdiskussion um Gegenstand und Ziel der Volkskunde in einem Maße neu entbrannte, wie es vorher noch nie der Fall war. Im Mittelpunkt dieser Diskussion stand die Frage, ob das "Volk" eigene schöpferische Fähigkeiten besitze oder ob es hauptsächlich auf "gesunkenes Kulturgut" aus den herrschenden Klassen und Schichten angewiesen sei. Diese Art der Fragestellung mußte dazu führen, Einzelphänomene der geistigen und materiellen Kultur in den Vordergrund zu stellen und deren Entstehung mehr Bedeutung beizumessen als ihrem Leben. Dabei traten die sozialen Prozesse und Zustände, denen sie ihre Existenz verdanken, wie auch ihre Funktionen in den einzelnen Klassen und Schichten in den Hintergrund. Die Geschichte dieser Kreativitätsdiskussion und deren Niederschlag in Theorien und Methoden der Volkskunde muß noch geschrieben werden.

1922 trat Hans Naumann in Frankfurt a.M. sein erstes Ordinariat für ältere germanische Philologie an. Auch hier hielt er nebenher eine Reihe volkskundlicher Vorlesungen und Übungen. Den Vorlesungsverzeichnissen sind folgende Lehrveranstaltungen zu entnehmen: Germanische Mythologie und deutscher Volksglaube (SS 1923), Grundzüge der deutschen Volkskunde (SS 1924), Volkspoesie in Lied, Sage, Märchen usw. (WS 1926/27), Deutschkunde für Anfänger und Nichtgermanisten (SS 1929) und Deutsche Volkspoesie (SS 1930). Wegen seiner fesselnden Redekunst wurde Naumann gern als Festredner angenommen und sprach zu Themen wie "Die Götter Germaniens als Spiegelungen des germanischen Menschen" (1930) oder anläßlich der Feier zur 60. Wiederkehr des Reichsgründungstages am 18. Januar 1931 in Frankfurt a.M. über "Der Mythos vom Gotte Balder und das altgermanische Lebensgefühl." Über solchen Beanspruchungen und den Lehrverpflichtungen blieb ihm kaum mehr die Zeit, seine volkskundlichen und philologischen Ansätze in Einzeluntersuchungen zu überprüfen und auszubauen. Das Faszinierende an ihm blieb die wegweisende Anregung, das Geben von Denkanstößen.

Sehr bald genoß Hans Naumann unter den Kennern seiner Schriften auch im Ausland den Ruf eines hervorragenden Wissenschaftlers, Redners und Hochschullehrers. Im Wintersemester 1928/29 weilte er auf Einladung in den USA, wo er auf der Carl-Schurz-Memorial-Professur in Madison/Wisconsin sowie als Gastprofessor an verschiedenen anderen großen US-Universitäten Vorlesungen und Vorträge hielt. In Madison bot er eine 24stündige Vorlesungsreihe zum Thema "Deutschkunde und Volkskunde." "Deutschkunde" ist ein im Vorfeld faschistischer Ideologie entstandener und dann zu ihrem Begriffsystem gehörender Terminus, der so etwas wie eine Kulturgeschichtsforschung und -lehre bezeichnet, die den Mythos germanisch-deutscher Kontinuität zum Inhalt hat. "Deutschkunde lehrt, wie die Oberschicht bei uns zu ihrer Kultur kam oder anders ausgedrückt: wie das Germanische in die europäische Kontinuität geriet." Volkskunde Naumannscher Prägung dagegen lehre, "in welchem Ausmaß diese Kultur dann zur Unterschicht herabsinkt, in welcher Auswahl auch diese in die Kontinuität geriet, um aus der Primitivität heraus in ihrer Art gleichfalls deutsch zu werden."[64]

In den USA wurde Hans Naumann begeistert aufgenommen, so daß er 1929 erneut nach Amerika eingeladen wurde, diesmal nach Toronto in Kanada. Auch in späteren Jahren hielt sich Naumann recht häufig im Ausland auf, und zwar mehrmals in Kopenhagen, 1934 in Oxford, Cambridge und Rom, 1941 in Stockholm, 1942 in Paris. Auf diese Weise wurde er überall bekannt. Auch in Deutschland gab es kaum eine größere Stadt, in der er nicht geredet hätte. Universitäten, literarische Gesellschaften, zentrale Lehrerbünde luden ihn ein. All seinen Zuhörern konnte er so seine Ideen, seine literaturgeschichtlichen Forschungsergebnisse, seine volkskundlichen Thesen und nicht zuletzt faschistische Ideologismen auf seine fesselnde Art nahebringen.

Zu Beginn der 30er Jahre konnte man in Naumanns Vorlesungen dessen zunehmende Hinwendung zur später mit Vehemenz verfochtenen These von der germanischen Wiedererstehung in Form des faschistischen Herrschaftssystems beobachten. Als Augenzeuge schildert Karl Korn dieses Phänomen wie folgt: "Als wir uns dem auch innerhalb der Universität unruhig werdenden Jahr 1931 näherten, konnte man in Naumanns Vorlesungen Andeutungen einer politischen Wendung wahrnehmen. Der Mann, der in seiner 'höfischen Kultur' noch eine Kulturtheorie vertreten hatte, in der das Staufische als Verschmelzung antiker Philosophie mit christlicher Tugendlehre und germanischem Unterbau gesehen war, wurde unversehens 'germanischer'. Hatte es auf dem etwa zwei Jahre dauernden Gipfel der Studien zur höfischen Kultur noch den

Horizont der Kreuzzüge und ihrer zivilisierenden Verfeinerung des Rittertums gegeben, insbesondere in dem großartigen Seminar über Wolframs Kulturideal des toleranten Ritters oder in der Ausdeutung des 'Tristan' als eines Höhepunkts erster Säkularisierung christlicher Wertvorstellungen, so floß jetzt die Nornenformel von 'germanischer Wiedererstehung', die ausgerechnet aus dem Basel eines Jacob Burckhardt von dem Schweizer Germanisten Andreas Heusler ins Reich kam, in den Kathedervortrag ein. Der geniale Scharlatan, der Naumann auch war, ließ sich leicht von Schwingungen des Gefühls leiten. Nicht wenige seiner Studenten waren denn doch erschrocken, als er Walthers von der Vogelweide Anruf an den Kaiser, der solle die Reichsfeinde 'hengen bí der wide' (sie am weidenen Strick aufknüpfen), kokett und doch wohl mehr als kokett mit des Doktor Josef Goebbels frechem Schlagwort 'Köpfe müssen rollen' übersetzte. - Was war in dem Manne vorgegangen, der sich seines faszinierenden Einflusses auf die Fakultät sicher war oder es zu sein schien? Wie vereinbarte sich der Vulgarismus, daß ein Universitätsprofessor die braunen Kolonnen mit germanischen Heerscharen - Sturmbann ist Sturmbann - identifizierte, mit dem ansonsten zur Schau getragenen Elitarismus, als dessen Urheber immer wieder Stefan George gefeiert wurde?"[65]

Tatsächlich nahm Naumann den Dichter George für sein eigenes elitäres Denken in Anspruch und suchte Anschluß an den George-Kreis, in dessen Ideal einer Elite-Herrschaft er Geistesverwandtschaft erspürte. Heil und Heilung wurden im George-Kreis vom "unbedingten" Menschen erwartet, der allein innerer Sendung folgt. Humanität galt als gefühlsbetonte Herrschaft des Mittelmaßes. Wahres Menschenrecht sah man nicht in der Verwirklichung allgemeiner Gleichheit, sondern in der Anerkennung natürlicher Unterschiede zwischen Führer und Gefolgschaft, Herr und Knecht ausgedrückt. Doch gelang es Naumann offenbar nicht, zu dem Gelehrten- und Dichterzirkel um George den direkten Zugang zu finden. Um so mehr buhlte er geradezu um die Gunst Georges. Das Bild des staufischen Ritters stilisierte er nach dessen Bild, und in Walther von der Vogelweide glaubte er Züge eines Stefan George der Stauferzeit erkennen zu können. Als er 1933 eine Sammlung seiner germanistischen Arbeiten mit dem Titel "Wandlung und Erfüllung - Reden und Aufsätze zur germanisch-deutschen Geistesgeschichte" herausgab, widmete er sie George als "dem Führer und Dichter." Doch geschah dies in gewisser Fehleinschätzung Georges, der noch kurz vor seinem Tod emigrierte und dagegen Protest erhob, zum Propheten der reaktionär-faschistischen Neuordnung Deutschlands deklariert zu werden.

Mehr noch als in "Wandlung und Erfüllung" kommt in Naumanns politischer Bekenntnisschrift "Deutsche Nation in Gefahr" (1932) seine Affinität zur faschistischen Ideologie zum Ausdruck. Diese Schrift unterrichtet über die Hoffnungen, die Naumann auf die Nazipartei und Hitler setzte. Er sah in ihr, insbesondere durch die Wiederbelebung des Gefolgschaftsgedankens, den Durchbruch der germanischen Kontinuität und in der Vereinigung des nationalen und sozialen Gedankens gegenüber den Irrwegen der Vergangenheit den Weg zur Rettung der deutschen Nation.

1931 hatte Naumann einen Ruf nach Bonn erhalten, wo er auf dem Lehrstuhl für ältere germanische Philologie die Nachfolge Rudolf Meissners antrat. Im Juli 1932 gehörte er zu den drei Bonner Universitätslehrern, die zusammen mit rund fünfzig anderen deutschen und österreichischen Professoren vor den Reichstagswahlen einen Aufruf im "Völkischen Beobachter" erließen, um das intellektuelle Bürgertum zu beschwören, sich dem Nationalsozialismus anzuschließen. Dieser sogenannte Tübinger

Aufruf ging von der Überzeugung aus, daß die als notwendig erachtete Gesundung des öffentlichen Lebens und Rettung des deutschen Volkstums durch die faschistische Führung des Staates zu erwarten sei.[66] Dieser Überzeugung gemäß trat Naumann am 1. Mai 1933 der NSDAP bei, "auf den Tag von Potsdam hin," wie er 1947 bekundete. Auch dem NSLB gehörte er seit 23. Juli 1933 an und wurde später in den NSDoB übernommen.[67]

Ein erster Höhepunkt im öffentlichen Propagieren faschistischer Ideologismen durch Naumann nach der Machtergreifung Hitlers war sein Auftritt als Hauptredner bei der Bücherverbrennung auf dem Bonner Marktplatz am 10. Mai 1933. Diese Bücherverbrennung wurde einheitlich in fast allen Universitätsstädten des Reiches am selben Tag mit genau bezeichneten Autoren durchgeführt, deren Bücher unter vorgeschriebenen Sprüchen ins Feuer geworfen wurden. Organisiert hat sie die faschistische Führung der Deutschen Studentenschaft im Verein mit dem neuernannten Reichspropagandaminister Goebbels. Naumann hielt die Verbrennungsrede im Stil und Ton einer kultisch-religiösen Weihehandlung und ließ sie in den Worten gipfeln: "Dies Feuer ist ein Symbol und soll auch eine Aufforderung sein an uns selbst, unsere eigenen Herzen zu läutern. Wir haben das allzumal nötig, alle ohne Ausnahme; richten wir alle auch über uns selbst! [...] Kühnheit wollen wir und Geist, so ist es germanische, so ist es deutsche Art [...]. Wir rufen nach dem neuen künstlerischen Geist der völkischen Aktivität. Heil denn also dem neuen deutschen Schrifttum! Heil dem obersten Führer! Heil Deutschland!"[68]

In den folgenden Jahren der faschistischen Herrschaft spielte Naumann noch bei vielen Gelegenheiten in der Öffentlichkeit geradezu die Rolle eines Paradenazi und verstieg sich zu oratorischen Huldigungen Hitlers. Das förderte seine Karriere. Am 4. November 1934 übernahm er das Rektorat der Rheinischen Friedrich-Wilhelms-Universität Bonn. Seine Rektoratsrede über das Thema "Der hohe Mut und das Freie Gemüte" war eine seiner schlimmen und schwülstigen Verherrlichungen Adolf Hitlers mit Sätzen wie diesen: "Er hat dem deutschen Bauern, dem deutschen Soldaten, dem deutschen Arbeiter seinen Hohen Mut zurückgegeben, er wird - das ist unser felsenfester Glaube - auch der deutschen Wissenschaft ihren Hohen Mut wiedergeben, dessen sie zu ihrer Arbeit bedarf."[69]

Doch schon im Februar 1935 wurde der als profilierter Nationalsozialist geltende Hans Naumann als Rektor wieder abgesetzt, weil er den Fall des Theologen Karl Barth, der als Schweizer den Eid auf Hitler in der vorgeschriebenen Form abgelehnt hatte und daraufhin von seinem Bonner Lehrstuhl vertrieben wurde, anders behandelt hatte, als es den Vorstellungen der braunen Machthaber entsprach. Weil er nicht in deren Sinne durchgriff, wußte man eine Neuwahl des Rektors zu einem vorgezogenen Termin in die Wege zu leiten. Bei dieser letzten nach alter Tradition durchgeführten Rektorwahl - danach erfolgte die Einsetzung des Rektors durch Ministererlaß - erhielt Hans Naumann am 15. Februar 1935 eine 6/7-Mehrheit der Stimmen, wurde aber letztlich nicht vom Reichswissenschaftsminister Rust bestätigt.

Um diese Zeit bekam Naumann außerdem zu spüren, daß er als Volkskundler von den Nazis abgelehnt wurde. Trotz seiner eindeutigen Bekenntnisse zum Nationalsozialismus bestand Mißtrauen gegen seine als "liberal" eingestufte Zweischichtentheorie. Besonders wurden die sogenannten Rückschlüsse aus der südländischen Primitivenforschung moniert und seine Lehre zurückgewiesen, weil sie der nazistischen Blut-und-Boden-Ideologie und dem Konzept von der "Volksgemeinschaft" zuwiderlief. Naumann war sichtlich bemüht, die Vorwürfe zu entkräften und sich anzupassen. So tauchen z.B. in der 3. Auflage der "Grundzüge," die 1935 erschien, Sätze wie: "An eine wesentliche Änderung der Massen glauben wir nicht" oder "Vernunft ist stets bei wenigen nur gewesen; die Masse bleibt konstant primitiv, unpersönlich und bildet ein großes Ganzes" nicht mehr auf.

Die heftigste Kritik schlug Naumann aus der 1934 durch Führerbefehl gegründeten "Dienststelle des Beauftragten des Führers für die Überwachung der gesamten geistigen und weltanschaulichen Schulung und Erziehung der Nationalsozialistischen Deutschen Arbeiterpartei (NSDAP)" des Reichsleiters Alfred Rosenberg, auch "Amt Rosenberg" genannt, entgegen. Hier war es "des Reichsleiters Spezialist für Volkskunde und Religionswissenschaften"[70] Matthes Ziegler, mit dessen Namen sich bis Mitte 1941 alle aus dem Amt Rosenberg kommenden Aktivitäten in Richtung Volkskunde verbinden. Schon in der 1. Auflage von Zieglers Leitabhandlung "Volkskunde auf rassischer Grundlage" heißt es 1934: "Die deutsche Volkskunde ist heute entweder nationalsozialistisch und damit Trägerin einer ungeheueren politischen und weltanschaulichen Verantwortung oder sie schaltet sich selbst aus dem Leben der Nation aus."[71] Dies richtete sich vor allem gegen Hans Naumann, der mit seiner Lehre vom gesunkenen Kulturgut an anderer Stelle zu einem der gefährlichsten jener "weltanschaulichen Gegner" abqualifiziert wurde, die den "Quell arteigener Volksüberlieferung" verschütteten und irreleiteten.[72] "Es ist keineswegs eine bloße Frage des Geschmacks, ob man, wie Hans *Naumann*, von den deutschen Bauern als von 'unseren Primitiven' (Grundzüge S. 141), von 'sozial gebundenen Herdentieren' (Grundzüge S. 58) spricht oder sie gar mit den 'Wilden' (Grundzüge S. 70) vergleicht. Sondern es ist einzig und allein eine Frage der Weltanschauung. Nicht zufällig gilt gerade der Jude *Lévy-Brühl* als der Vater des volkskundlichen Primitivitätsdenkens, auf das nur eine in ihrer Grundhaltung liberalistische Wissenschaft aufbauen konnte. Das liberalistische Entwicklungsschema, das in der säkularisierten Gestalt der christlichen Heilsgeschichte oder als naturschwärmerische Gesellschaftslehre eines alles gleichmachenden Menschheitsglaubens ebenso begegnet wie in der Form aufgeklärter Naturwissenschaftlichkeit, muß letztlich theoretische Konstruktion bleiben, weil es die Tatsache der Rassenverschiedenheit leugnet. Die utopistische Lehre von der Gleichheit alles dessen, was Menschantlitz trägt, hat sich in unserer Frühgeschichtsforschung und Volkskunde in gleicher Weise verhängnisvoll ausgewirkt. [...] *Eine deutsche Volkskunde, die auf dem Rassegedanken aufgebaut ist, denkt nicht in Ober- und Unterschicht, sondern geht aus von dem Gegensatz arteigener Wesenhaftigkeit und artfremder Einflußnahme*, dem Geschichte gewordenen Widerstreit des nordischen Kulturbereiches im allgemeinen und des deutschen Seelentums im besonderen, mit den Überfremdungen durch andersrassische Gesittungen. [...] Die nationalsozialistische Volkskunde kann Volk niemals mehr einer 'Unterschicht' gleichsetzen. Ihr ist Volk die Ganzheit der Nation. [...] Sie beschäftigt sich mit den geistigen und stofflichen Schöpfungen der Gestaltungskraft, die jeder völkischen Gemeinschaft innewohnt."[73] Das Bauerntum stelle sie nur deshalb in den Vordergrund, "weil der blut- und bodengebundene Bauer arteigener Wesenhaftigkeit am nächsten steht" und weil es Aufgabe einer angewandten Volkskunde sein müsse, zur "Neubildung deutschen Bauerntums aus Blut und Boden" beizutragen, das "der Bürge der deutschen Zukunft" sei.[74] Solcherart Bemerkungen machten bei den Parteigängern der Nazis natürlich bald Schule und wurden gläubig nachgebetet.

Als 1935 Naumanns "Deutsche Volkskunde in Grundzügen" in dritter Auflage erschienen war, steigerte sich die Kritik gegenüber seinen Thesen erheblich. Diese nicht ganz unveränderte Neuauflage beweise, daß Naumann seinen früher vertretenen Standpunkt inzwischen nicht geändert habe. "Gegen diese Neuauflage wollte man nichts sagen, bliebe das Buch in den Händen von Fachgelehrten. Bei der gewaltigen Bedeutung aber, die der deutschen Volkskunde heute innerhalb der gesamten Volksbildung und -erziehung zukommt, ist damit zu rechnen, daß auch ahnungslose Volksgenossen nach diesem Buch greifen in der Erwartung, in ihm etwas zu finden etwa über die Bedeutung der Volkskunde für die Erziehung zum Gemeinschaftswillen oder ähnliches. Sie werden aber erstaunt sein, wenn sie - um nur ein Beispiel zu nennen - im Vorwort lesen, daß Naumann unter 'primitiver Gemeinschaft' das verstanden wissen will, was man heute mit 'Blut und Boden' bezeichnet; [...] Hans Naumann hätte es bei zwei Auflagen seiner 'Grundzüge' bewenden lassen sollen. Mit dieser Neuauflage schädigt er seinen Gelehrtenruf. Unsere Studenten aber, die durch Hitlerjugend und Arbeitsdienst gegangen sind, werden sein Büchlein kopfschüttelnd beiseite legen."[75]

Nach wiederum scharfer Kritik aus dem Amt Rosenberg begann sich die Geheime Staatspolizei verstärkt für Naumann zu interessieren. Auf Veranlassung der Reichsschrifttumskammer beschlagnahmte sie am 16. Oktober 1937 bei der Verlagsbuchhandlung Quelle & Meyer in Leipzig sämtliche vorhandenen Bestände der "Deutschen Volkskunde in Grundzügen." Einige Jahre später vernichtete die Gestapo Leipzig alle sichergestellten Exemplare von Naumanns Buch.[76]

Zuvor war Naumann schon im Zusammenhang mit dem Fall Thomas Mann ins Visier der Geheimen Staatspolizei geraten und wegen "deutschfeindlicher Haltung" beim Reichswissenschaftsministerium angezeigt worden. Infolge der staatlichen Ausbürgerung des Nobelpreisträgers hatte der Dekan der Philosophischen Fakultät der Universität Bonn am 19. Dezember 1936 Thomas Mann die früher erteilte Ehrendoktorwürde aberkannt, und Naumann, der den Dichter bewunderte und mit ihm (über 1945 hinaus) in Verbindung stand, hatte sich dazu kritisch geäußert: in einem Interview mit der Kopenhagener Zeitung "Ekstrabladet" (Nr. 24 vom 11. März 1938). Danach leiteten der Bonner Rektor wie auf anderer Ebene die Geheime Staatspolizei Untersuchungen gegen Naumann ein. Die Sache endete mit einer Maßregelung Naumanns durch das Wissenschaftsministerium, indem ihm am 17. April 1937 eine "Mißbilligung über unklare Rede" übermittelt wurde.[77] Wie es nach all diesen Affären 1938 um Naumann stand, erinnert sein Schüler Prof. Dr. Gerhard Lohse (Aachen) wie folgt: "Wir Bonner Studenten haben damals für die Existenz Naumanns gefürchtet. Eine Folge dieser Ereignisse dürfte auch gewesen sein, daß Naumann 1938 nicht, wie von ihm wohl erwartet, den Ruf auf den Berliner Lehrstuhl (Nachfolge von Arthur Hübner) erhielt. Berufen wurde vielmehr Julius Schwietering."[78]

Gleichwohl blieb Naumann gläubiger Nationalsozialist und - um ihn mit Thomas Mann zu charakterisieren - "der Typus des sinnigen Edel-Nazi und betörten Germanisten," der zu den "unglückseligen Intellektuellen" gehörte, "die die schmutzigste Travestie ihres Traumes von hohem und reinem Deutschtum [...] mit diesem ihrem Traum" verwechselten.[79] Seine großen Reden zu den Führer-Geburtstagen 1937[80] und 1939 sind Belege dazu. Daß ihm darüber seine "verfehlten" wissenschaftlichen Ansätze nicht verziehen wurden, mußte er als tragisch empfinden. Noch Ende 1943 empörte man sich beim SS-Ahnenerbe darüber, daß Naumann zu einer jener "Germanischen

Tagungen" eingeladen worden war, die die "Germanische Leitstelle" der SS in der Junkerschule Tölz zur weltanschaulichen Schulung der SS-Kader veranstaltete. Und dabei hieß es, es könne kein Zweifel darüber bestehen, "daß Prof. Naumann aus seiner ganzen Haltung heraus, wie sie in seinen wissenschaftlichen Veröffentlichungen niedergelegt ist, so gut wie garnichts mit unserer Einstellung der Germanenkunde gegenüber zu tun hat."[81] Seinen Lehrstuhl durfte der Angefeindete immerhin behalten, bis er 1945 auf Anordnung der britischen Militärregierung amtsenthoben wurde.[82]

Julius Schwietering

PETER ASSION

Nachfolger Naumanns auf dem Frankfurter Germanistik-Lehrstuhl wurde 1932 Julius Schwietering (1884-1962).[83] Im Berufungsschreiben des Preußischen Ministers für Wissenschaft, Kunst und Volksbildung vom 3. März 1932 war dabei von einer Professur für "Deutsche Sprache und Literatur, insbesondere ältere Deutsche Philologie" die Rede, nicht aber von einer solchen auch für Volkskunde.[84] Gleichwohl erwartete die Universität Frankfurt/Main, daß Schwietering so wie Naumann und noch früher Friedrich Panzer die Volkskunde mitvertreten würde. Im Berufungsvorschlag vom 28. November 1931 war ausdrücklich darauf hingewiesen worden, daß der Gelehrte "auch die Volkskunde unter kritischer Auffassung ihrer Eigenberechtigung und Methode in den Umkreis seiner wissenschaftlichen Arbeit und des Unterrichts einbezieht,"[85] und dies liest sich zusammen mit Hinweisen auf Schwieterings weiten germanistischen Horizont als Erklärung zu der Feststellung, er besitze "jene Haltung, die ihn, abseits von einer im engeren Sinne philologischen Richtung, in Anbetracht der Bedürfnisse in Frankfurt und der bisherigen Art des dortigen germanistischen Unterrichts als Nachfolger Professor Naumanns besonders empfiehlt." Indessen war damit auch angedeutet, daß man keine verselbständigte Volkskunde wünschte, sondern eine solche, wie Schwietering sie tatsächlich auch fachkritisch-theoretisch vertrat: als kulturwissenschaftlicher Integrationist mit - in Frankfurt vorrangig zählender - philologisch-mediävistischer Interessendominanz.

In Schwieterings breiter wissenschaftlicher Orientierung spiegelte sich dabei deutlich sein persönlicher Werdegang. Einer norddeutschen Pfarrersfamilie entstammend, hatte er 1903 in Freiburg i.Br. und von 1903 bis 1909 in Göttingen Deutsch und Englisch, Mittellatein und Kunstgeschichte studiert und bei Edward Schröder - als dessen Assistent am Göttinger Deutschen Seminar - 1908 mit der Dissertation "Singen und Sagen" promoviert. Bis 1906 hatte er in Göttingen auch noch den Germanisten Moriz Heyne hören und bei diesem Grundkenntnisse in sachgebundener "deutscher Altertumskunde" erwerben können.[86] Für fast anderthalb Jahrzehnte wechselte er dann zur musealen Altertums- und Realienkunde über: als Mitarbeiter (1909-1914) bzw. Assistent (1919-1923) am Museum für Hamburgische Geschichte, wo er durch den Heyne-Schüler Otto Lauffer, Museumsdirektor seit 1908, beeinflußt wurde. Er spezialisierte sich in dieser Zeit auf die historische Waffenkunde[87] und gewann die Überzeugung, daß die Philologie des Mittelalters "der Stütze einer eigenen Archäologie,"[88] d.h. einer zu erarbeitenden Bekanntschaft mit den Realien bedürfe bzw. über die Sachkunde (und auch Kunstwissenschaft) - dem Vorbild der Klassischen Altertumswissenschaft folgend - zu einer Grunddisziplin von mittelalterlicher Geistigkeit und Kultur auszubauen sei. In diesem Sinne strebte Schwietering in Kiel die Habilitation für das Doppelfach "Deutsche Philologie und Altertumskunde" an. Und auch wenn er mit dieser Absicht scheiterte, blieb ihm die Realienkunde wichtig, wozu er noch als hochrangiger Germanist in einem Interview bekannte: "Ich bin, wenn Sie das recht verstehen wollen, weniger vom Wort, als von der Sache her an die Geschichte unserer deutschen Vergangenheit gegangen!"[89]

Statt in Kiel erwarb Schwietering nach der Gründung der Universität Hamburg (1919) die Lehrbefugnis am Ort: als traditionell germanistische 1921 mit der Studie "Die Demutsformel mittelhochdeutscher Dichter." Daraus folgerte eine Nebentätigkeit als Privatdozent, während ihn seine Museumslaufbahn 1923 nach Bremen führte, wo ihm die Leitung des Kunstgewerbemuseums und des Historischen Museums übertragen wurde. Schon Ende des gleichen Jahres übernahm er jedoch das Extraordinariat für deutsche Sprache und Literatur in Leipzig und kehrte damit endgültig in den Hochschulbereich zurück. 1928 wechselte er auf das Ordinariat für Deutsche Philologie in Münster über, als Nachfolger des nach Berlin gegangenen Arthur Hübner. Seine Frankfurter Zeit schloß von 1932 bis 1938 an, also mit das Jahr 1933 überdauernder Kontinuität und beendet durch eine nochmalige Steigerung der akademischen Karriere. Denn 1938 wurde Schwietering nach Berlin berufen, wo er als Spitzengermanist - dem angefeindeten Hans Naumann vorgezogen - wiederum Arthur Hübner im Amt beerbte.

Mit der Volkskunde war Schwietering sicher schon in Hamburg in Berührung gekommen. In Leipzig fiel ihm dann nach der Emeritierung Eugen Mogks ein entsprechender Lehrauftrag zu,[90] und als er ordentlicher Professor in Münster wurde, war ihm auch dort die Aufgabe zugedacht, eine Verbindung zwischen Germanistik und Volkskunde herzustellen bzw. als ortsüblich zu wahren: in der Tradition Hübners und Franz Jostes.[91] Jedoch waren seine volkskundlichen Interessen am schwächsten ausgeprägt und keineswegs mit seinen altertumskundlichen Neigungen - wie es die einstige Nähe zu Otto Lauffer suggerieren mag - deckungsgleich. Bis 1937/38 waren fast alle seine Lehrveranstaltungen der älteren deutschen Literatur und Sprache, vorrangig den mittelhochdeutschen Klassikern, gewidmet.[92] Und hatte Mogk in Leipzig mit gewisser Regelmäßigkeit (so noch 1924 und 1926/27) über "Deutsche Volkskunde" gelesen, so trat der ihn ersetzen sollende Schwietering nur einmal mit "Übungen zur deutschen Volkskunde a. d. H. v. Hans Naumann, Primitive Gemeinschaftskultur (Jena 1921)" hervor (1926/27).[93] Für Münster weisen die Vorlesungsverzeichnisse überhaupt nichts Volkskundliches mehr aus. Und in Frankfurt führte sich Schwietering zwar u.a. mit einem Seminar über "Gemeinschaftssprache und Gemeinschaftsdichtung" ein (1932/33), das volkskundliche Schwerpunkte vermuten läßt. Erst als jedoch am Germanischen Seminar ausdrücklich eine "Volkskundliche Abteilung" bestand, folgten noch einmal in deren Rahmen "Übungen zum Problem der Volkssprache" (1937/38) und ein Seminar mit Exkursionen über "Volkstracht und Volkssitte" (1938), vermutlich unter entscheidender Mitwirkung seiner Assistentin Mathilde Hain.[94] Doch geben die Vorlesungsverzeichnisse kein vollständiges Bild von Schwieterings Wirken, weil sich Nebentätigkeitsfelder nicht darin abbilden, in die der Gelehrte - die Ranghöhe der germanischen Philologie wahrend - seine volkskundlichen Aufgaben und Interessen sozusagen "auslagerte." Man hat dabei an den diskursiven Austausch mit der Volkskunde zu denken, der über Aufsätze und

Vorträge lief, außerdem an volkskundliche Schülerkreise, die er inspirierte und in Münster wie in Frankfurt als "Schwietering-Schule" Fachprofil gewinnen ließ. In Münster war letzteres mit seiner Tätigkeit für die "Volkskundliche Kommission für die Provinz Westfalen" verbunden, deren Vorsitz er im Gründungs- und Berufungsjahr 1928 übernahm und bis zum 3. Januar 1933 (Wahl Jost Triers zum Nachfolger) beibehielt.[95]

Was Schwietering unter "Volkskunde" verstand, legte er 1927 in dem Aufsatz "Wesen und Aufgabe der deutschen Volkskunde" dar.[96] Der Beitrag richtete sich kritisch gegen die Systemlosigkeit, mit der in der Breite des Faches Erzählungen und Lieder gesammelt und Trachten und Bräuche beschrieben wurden, aber auch gegen Versuche, den volkskundlichen Eifer um disparate Objekte durch Bezugsgrößen wie "primitive Geistigkeit" oder "triebhaft bestimmte Volksseele" als bedeutungsvoll auszuweisen - Abgrenzungen gegenüber Naumann und Spamer, ohne daß Schwietering sich herbeiließ, die theoretischen Entwürfe der Kollegen genauer zu erörtern oder auch nur zu zitieren. Stattdessen wurden sie zusammen mit völkerkundlich und völkerpsychologisch getönten Ansätzen, in denen ziemlich kurzschlüssig Fernwirkungen der englischen Folklore gesehen sind,[97] 150 Jahren volkskundlicher Fachgeschichte zugeschlagen. Und in dieser sah Schwietering vor allem eines wirken: eine "verhängnisvolle Identifikation von Primitivität und Bauerntum."[98] Dieses Urteil stützte ein gewisses Spiel mit dem Begriff "Primitivität," der teils als Fachbegriff verwendet, teils mit eigener inhaltlicher Füllung polemisch benutzt ist. Daß das "Primitive" - als so Bezeichnetes wie als nur Gedachtes - für das Fach durchaus positiv konnotiert war (durch Sinnbezüge zu Urwüchsigkeit, Naturnähe, geistiger Unschuld usw.), blieb dabei auf der Strecke. Doch so entschieden Schwietering die Volkskunde als "Primitivitätsforschung" ins Abseits stellte, so überzeugt verknüpfte er sich mit ihr auch wiederum durch den Objektansatz. Denn für den Versuch, allen fachlichen Unzulänglichkeiten das Modell einer systematischen und sinnvoll zielgerichteten Volkskunde entgegenzusetzen, nahm auch er das "Bauerntum" in Anspruch: als soziologische Grundkategorie, die bisher mehr erahnt als in ihrer Bedeutung für die Konstitution des Faches begriffen worden sei, und als mit Primitivitätskonzepten nicht zu erfassende historische Realität. Entsprechende Überlegungen liefen auf den Lehrsatz hinaus: "Deutsche Volkskunde ist Erforschung der kulturellen Bedeutung des deutschen Bauerntums."[99]

Trotz rhetorischer Bemühungen der Soziologie - für die sich Schwietering als weiter nicht zuständig erklärte[100] - nimmt sich diese bauernkundliche Verifizierung der Volkskunde ziemlich konventionell aus und erscheint als Versuch, aus der ohnehin schon bestehenden Praxis des Faches - auf die argumentativ stets mitabgehoben ist - die theoretische (besser: fachdefinitorische) Konsequenz zu ziehen. Genau besehen bedeutete Schwieterings Volkskunde-Konzeption jedoch mehr. Denn indem sie aus der Fülle der Kulturphänomene eine Monokultur - eben die bäuerliche - ausgrenzte und zum alleinigen Forschungsobjekt der Volkskunde erklärte, trug sie dem Fach im Grunde auch an, seinen auf das Volksganze gerichteten Anspruch aufzugeben und Volks- als Bauernkunde nicht länger so zu betreiben, als wenn sich vom Bäuerlichen her das Wesen der Nation erkennen und heilend beeinflussen ließe. Zwar fehlen auch bei Schwietering nicht bekenntnishafte Sätze wie diese: "Aus bäuerlichem Boden steigen je und je volkerneuernde Kräfte empor, um die Nation gesund zu erhalten."[101] Aber es ging ihm nicht um den Nachvollzug solcher Kräfte, sondern - und in diese Richtung weist auch die Problematisierung seiner Einzelbeispiele - um die geschlossene "bäuerliche Gemeinschaft" als einer eigenkulturellen "geschichtlichen Gegebenheit."[102] Bei dieser Konzeption blieb die gesamtgesellschaftliche Perspektive der Volkskunde auch so, wie sie von Naumann radikal erneuert worden war, auf der Strecke. Aber kritische Weiterentwicklung hätte immerhin dazu führen können, sich neben der bäuerlichen Kultur auch anderen "Volkskulturen" zu stellen und mit einem entsprechend multikulturellen Ansatz der strukturierten Gesellschaft gerecht zu werden, statt mittels des traditionellen Monokultur-Konzeptes der Volkskunde soziale und kulturelle Differenzen ständig zu verwischen.

Doch hat Schwietering selbst solche Konsequenzen vereiteln helfen, indem er die bäuerliche Kultur - die er mehr "aus dem Jugenderlebnis"[103] erinnerte und mit den Augen des Pfarrerssohnes wahrnahm, als tatsächlich kannte - verklärend über alles andere stellte. Obwohl einige nüchterne Sätze über den "höchst zweckbewußt und zielstrebig denkenden und arbeitenden Bauern" und den "bäuerlichen Gemeinschaftsgeist, der in der Arbeit wurzelt,"[104] fallen, ging er konzeptionell nicht von der ökonomischen Basis des "Bauerntums" aus, sondern setzte seine "bäuerliche Gemeinschaft" als religiöse und durch das Christentum fundierte an. Und als solche sprach er ihr einen singulären Rang zu, indem er sie zum lebendigen Überbleibsel und Abbild der christlichen Volksgemeinschaft des Mittelalters erklärte: nicht betroffen von der geistigen "Entwurzelung" der Oberschichten,[105] über die hinweg Schwietering - Geistesgeschichtler und Germanist seiner Zeit - das Heil ganzheitlichen Seins in der Vergangenheit anvisierte. Die Verknüpfung mit Christentum und Kirche verstand er dabei als entschiedene Historisierung des "Bauerntums," und gegenüber volkskundlichen Auffassungen, die das Bäuerliche mit dem frühgeschichtlichen Altertum oder der geschichtslosen Natur gleichsetzten, war dies nicht ganz ohne Belang, deuteten sich doch wenigstens Perspektiven für eine religiöse, mit dem Faktor "Kirche" rechnende Volkskunde an. Eine solche hatte im Fach bisher wenig Chancen gehabt, und sieht man von Karl Meisen und dem jungen, von der Religionswissenschaft inspirierten Rudolf Kriss ab, so hatte im wesentlichen nur der Münsteraner Theologe Georg Schreiber die germanophile Retrospektive der Volkskunde aufgegeben, um für die Volkskultur die Kirchengeschichte in Anschlag zu bringen. Mit Schreiber kam Schwietering ab 1928 in der "Volkskundlichen Kommission für Westfalen" in Kontakt,[106] und er stimmte mit ihm dadurch, daß auch Schreiber dem "gläubigen Bauern" einen besonderen kulturellen Rang zuwies,[107] in einem fachlichen Grundprinzip überein. Doch war dies zugleich Symptom dafür, daß man nicht nur einen fortschrittlichen Ansatz, sondern auch idealistische Projektionen teilte, die die Perspektiven für eine religiös-kirchliche Volkskunde a priori entscheidend verkürzten. Bei Schwietering drückte sich dies in seiner Fixierung auf das Mittelalter und in einer Realitätsferne aus, die ihn "Bauerntum" und Dorfbevölkerung für dasselbe nehmen und ein Konzept entwerfen ließ, in dem alle Substrukturen der agrarischen Gesellschaft im einheitlich Christlichen verschwanden.

Fachpolitisch aber war wenig hilfreich, was Schwietering aus seiner "Historisierung" der Volks- bzw. Bauernwelt für die Wissenschaftssystematik folgerte: nämlich daß die Volkskunde "in die Hand des Soziologen oder Historikers zurückzulegen ist, aus der sie der Philologe einst bekommen hat."[108] Diese Schlußpointe des Aufsatzes von 1927 überrascht nach dem zuvor an den Tag gelegten Engagement für die volkskundliche Forschung. Doch lag sie auf der Linie eines von jeher gepflegten Wissenschaftsverständnisses, das eine hochrangige Geistes- und Kulturkunde der deutschen Vergangenheit erstrebte, dazu die Volkskunde nicht brauchte und sie um so leichter zu anderen Fächern "abschieben" konnte, als das Stoffgebiet der Sachen - entsprechend nicht als ein volkskundliches definiert - bei jener "Deutschen Philologie und Altertumskunde" aufgehoben sein sollte.

In 1929 und 1933 nachgereichten Grundsatzartikeln ließ Schwietering die Zuordnungsproblematik auf sich beruhen, um jedoch noch nachdrücklicher für eine "soziologische" Volkskunde zu plädieren und deren Überlegenheit über andere Ansätze an zentralen Forschungsobjekten des Faches, am Lied und immerhin auch an der Tracht als "Sache," zu exemplifizieren.[109] Neu war dabei, daß er seinen Begriff von "Gemeinschaft" nicht mehr strikt an das "Bauerntum" band, sondern allgemeiner faßte und dadurch übertragbar machte auf jede größere oder kleinere Gruppe, die ihm soziale Erscheinungsform einer "inneren Verbundenheit" zu sein schien. Folglich war nun die Rede von einem volkskundlichen Durchschreiten der "Gemeinschaftskreise verschiedener soziologischer Schichten,"[110] wobei sogar die Beachtung von primitivkulturellen "Verbänden" nicht mehr ausgeschlossen wurde (im Zusammenhang mit dem Versuch, kritisch zurechtgestutzte Elemente der Theorien Naumanns in den eigenen Entwurf zu integrieren).[111] Jedoch ist diese soziale Offenheit nicht durchgehalten. Denn für weitergehende Überlegungen setzte Schwietering doch immer wieder im Bauerndorf an, und er verabsolutierte auch seine dort gewonnenen Ansichten zu dem, was "Gemeinschaft" angeblich formiert: nämlich "über alle ökonomische, politische und soziale Bindung hinaus" das Heimatliche und das Religiöse.[112] So hatte er sich schon 1927 geäußert, nur daß jetzt das Religiöse nicht mehr eindeutig vom Kirchlichen abgeleitet und das "Erlebnis der ländlichen Heimat"[113] zum Mitfaktor der Gemeinschaftsbildung erklärt ist.

Das eigentliche Anliegen Schwieterings war es indessen, noch entschiedener als früher die Sozialbindung der volkstümlichen Kulturgüter zu betonen und mit dem, was er als "Gemeinschaft" ansetzte, der Volkskunde den Schlüssel zum richtigen Verständnis ihrer Forschungsobjekte an die Hand zu geben. Fest ins gemeinschaftliche Leben eingebunden, können - so Schwietering - Lieder, Erzählungen, Gegenstände, Handlungen usw. auch nur von dorther erklärt werden und sind als "Lebensfunktion" aufgrund ihrer sozialen "Lebensbedingungen" zu erforschen: eine Hinwendung zur Kontext- und Funktionsanalyse, die abrückte von phänomenologischen, kulturhistorischen und sonstigen isolierenden Betrachtungsweisen und Schwietering dazu brachte, im Zusammenhang mit objektbezogenen Erörterungen auch neue soziale Einsichten zu gewinnen. Ist ihm "Gemeinschaft" die entscheidende Vor- und Lebensbedingung allen Volkskulturgutes, so sieht er umgekehrt, daß dieses Kulturgut auch wiederum die "Gemeinschaft" bedingt und erhält. Demgemäß spricht er in dem Aufsatz "Vom zeichenhaften Sinn der Volkskunst" von der die "Gemeinschaft fundierenden Bedeutung" des Volksliedes (und vergleichbarer Phänomene),[114] und zwar umso nachdrücklicher, als sich ihm ansatzweise auch die Existenz und Relevanz binnenorientierter kultureller Zeichensysteme erschloß.[115] Ein Lied - so wird beispielhaft herausgestellt - fungiert im gemeinschaftlichen Gebrauch oft als "zeichenhafte Gebärde," deren Sinn nicht aus der Liedaussage, sondern nur aus den Handlungs- und Bedeutungszusammenhängen des Singens zu ermitteln ist und deren genaue Kenntnis erfordert.

Dies griff Erkenntnissen voraus, die sich in der Volkskunde erst Jahrzehnte später, und dann unter dem Einfluß der sprach- und kommunikationswissenschaftlichen Semiotik, stärker durchgesetzt haben. Doch bei aller Fortschrittlichkeit krankte Schwieterings soziologisch-funktionalistischer und semiotischer Ansatz an der Schwachstelle der soziologischen Setzung "Gemeinschaft." Vage als - vorwiegend dörfliche - Religions- und Erlebnisgemeinschaft bestimmt und als solche zugleich Wertprämisse, verstellte sie den Blick auf die Komplexität der soziokulturellen Bezugsfelder und ließ Funktionsfragen immer nur im verkürzenden Rückbezug auf das vorweg Gesetzte, eben die "Gemeinschaft" zu. So wurden selbst für die dörfliche Welt "Möglichkeiten der Differenzierung innerhalb eines kleinen Systems und Möglichkeiten der Kritik an diesem System" verspielt.[116] Und dies auch deshalb, weil in Schwieterings Forschungskonzept, früheren Historisierungsbedürfnissen zum Trotz, die Geschichte ausgespart bleibt. Daß Gemeinschaften wandel- und veränderbar sein könnten, fehlt als Gesichtspunkt völlig, und bei den kulturellen Gemeinschaftsgütern wird der Aspekt der Genese - bei Naumann zentral - für zweitrangig erklärt, da für die funktionale Fortexistenz dieser Güter angeblich ohne Belang.[117]

Als Schwietering diese Gedanken zu Papier brachte, schrieb er gleichzeitig an seinem Hauptwerk "Die deutsche Dichtung des Mittelalters" (erschienen ab 1932 in Lieferungen), in dem die kirchlich-religiöse Bindung der hohen Literatur stark akzentuiert ist und der Gemeinschaftsgedanke in seiner Hauptthese wiederkehrt, der Übergang von der Romanik zur Gotik sei derjenige von einer streng liturgisch gebundenen Gemeinschaft zu einer solchen mit Freiräumen für "individualistische Frömmigkeit" gewesen.[118] Damit zusammenhängende und andere literaturgeschichtliche Fragen - nebenbei auch das Thema der Umwandlung volkstümlicher Literaturformen (Lied, Spruch, Sprichwort) in weltliche "Kunstdichtung"[119] - beschäftigten ihn als forschenden Germanisten. Dazu hatte er in Münster die Arbeiten am Westfälischen Provinzial-Wörterbuch zu leiten und als Vorsitzender der Volkskundlichen Kommission die westfälische Landesforschung voranzubringen, gemäß der eigenen Forderung nach "programmatischer Umorientierung der volkskundlichen Forschung."[120] Mit Hilfe interessierter Schüler - Schwietering selbst enthielt sich der Feldforschung - und dank der Förderung durch die Provinz Westfalen konnte diese Umorientierung angebahnt werden, und es entstand für fünf Jahre "ein neues volkskundliches Zentrum in Deutschland,"[121] dessen Arbeiten - wie dann nachfolgend auch in Frankfurt veranlaßte Studien gleicher Methodik - sogar internationalen Ruf erlangten.

Die Untersuchungen der "Schwietering-Schule" waren darauf angelegt, den soziologisch-funktionalistischen Ansatz in überschaubaren Milieus bzw. in Dorfgemeinschaften mit kirchlichem Mittelpunkt zu erproben: der Rangstellung bäuerlich-christlicher Gemeinschaftskultur in Schwieterings Konzept gemäß. Nachdem die Volkskunde zuvor wenig Sinn für empirische Mikroanalysen entwickelt, sondern fast stets nur große räumliche und soziale Einheiten (letztlich das ganze "Volk" in seiner "Volkhaftigkeit") anvisiert hatte, bedeuteten diese Studien - meist im eigenen Heimatdorf erarbeitet - den Beginn volkskundlicher Gemeindeforschung.[122] Aber sie reproduzierten zugleich die Mängel der Schwieteringschen Systemkonzeption und Methodik. Eine differenzierte Analyse der Dorfgesellschaft unterblieb ebenso wie eine kritische Bestimmung der eigenen Rolle im Forschungsfeld.[123] Stattdessen wurde objektgläubig vorgegangen, ins Dorfleben über die traditionelle Dorfkultur - Volkslied,[124] Volkserzählungen,[125] Tracht[126] und Sprichwort[127] - eingestiegen und mit den offengelegten Funktionszusammenhängen eine bäuerliche Kerngemeinschaft beschrieben, deren Homogenität zu guten Teilen idealistischer Vorausentwurf, im Notfall auch fragwürdige historische Rekonstruktion war. "Heute [...] ist in unseren Dörfern die Gemeinschaft bereits stark zersetzt, die Tracht verschwunden und das Lied hat sich auf wenige kleine Kreise zurückgezogen," mußte Martha Bringemeier - Assistentin bei der Volkskundlichen Kommission für Westfalen von 1929 bis 1932 und erste volkskundliche Doktorandin Schwieterings - bei ihren Liedstudien feststellen.[128] Aber statt ihr münsterländisches Beispieldorf Riesenbeck als Dorf im Wandel zu beschreiben (und sich dem Schlager, dem Operettenlied, überhaupt den modernen Kulturformen zuzuwenden), holte sie sich das Frühere aus den Erinnerungen einer Gewährsfrau als "Idealfall einer ganz geschlossenen Siedlungsgemeinschaft mit blühendem Lied- und Sagenleben"[129] zurück. Ganz auf teilnehmender Beobachtung konnte hingegen Mathilde Hain ihre Mardorfer Studie zum - in Oberhessen noch sehr lebendigen - Trachtenbrauch aufbauen. Aber bei aller Realistik macht sich auch hier ein idealisierender Grundzug bemerkbar, indem die "gemeinschaftsbindende Kraft der Tracht" überschätzt und die in Vollbauern und "geringe Leute" fast hälftig geteilte Dorfgesellschaft[130] als eine einzige große Brauch- und Glaubensgemeinschaft erlebt und dargestellt wurde.

Weiter ist anzumerken, daß den Studien der "Schwietering-Schule" auch stets die historische Tiefendimension abging und die disparaten Lokal- und Objektansätze die Verallgemeinerung der Befunde problematisch machte. Immerhin war beabsichtigt, von Dorf zu Dorf (und bei konfessionell unterschiedlichen Gruppen) eine Serie von Vergleichsstudien zu schaffen und Weiterarbeit unter historischem Aspekt zu betreiben, "da es sich ja doch bei der Weltanschauung einer jeden kleineren oder größeren bäuerlichen Lokalgruppe um eine historisch bedingte, ganz individuelle Aufgipfelung einer allgemein bäuerlich gegebenen Disposition handelt."[131] Doch wurde weder dieser Schritt getan, noch "die geplante vergleichende Betrachtung [...] geleistet."[132]

Schwietering und seinem Kreis blieb indessen der Ruhm, in der Volkskunde eine "sozial-anthropologische Wendung"[133] - von den Objekten der Volkskultur hin zum Menschen - vollzogen und das Fach erstmals soziologisch ausgerichtet zu haben. Soweit letzteres als ein Türaufstoßen zur Soziologie verstanden wurde und wird, ist jedoch eine wissenschaftsgeschichtliche Korrektur überfällig, zu der Schwietering selbst schon Winke gab, indem er 1934 davon sprach, daß "unser noch in den Anfängen stehendes volkssoziologisches Bemühen [...] mit der Gesellschaftssoziologie leider den Namen teilt und daher immer wieder mißverstanden wird."[134] Demnach unterschied Schwietering zwei "Soziologien:" die bei ihm (und in anderen Geisteswissenschaften) gepflegte und die hauptfachliche "Gesellschaftssoziologie," zu der er stets deutlich Distanz hielt. Weder interessierten ihn in Leipzig und Münster noch im Soziologie-Zentrum Frankfurt (wo Karl Mannheim, Paul Tillich und Max Horkheimer wirkten)[135] die soziologischen Richtungen seiner akademischen Umgebung, um sie der Volkskunde nutzbar zu machen. Stattdessen vollzog er (auch als Germanist, vgl. oben) jene "interne Soziologisierung" mit, die gegen Ende der Weimarer Republik - unter gesellschaftlich-politischen Impulsen - in vielen philologisch-historischen Fächern, auch in der Volkswirtschaft, der Rechtswissenschaft usw. erfolgte: als Orientierung an den sozialen Größen "Volk" oder "Gemeinschaft."[136] Mit der eigentlichen Soziologie hatte dies nur nominell bzw. dadurch zu tun, daß man mit dieser die wissenschaftliche Grundeinstellung zu teilen vermeinte. Engere Beziehungen stellten sich lediglich zu (vor 1933) randständigen Soziologen wie Gunther Ipsen, Max Hildebert Boehm, Max Rumpf usw. her, die als "Volkssoziologen" - um eine organologische Interpretation "volkhaft"-sozialer Gegebenheiten bemüht - dem ideologiebefrachteten Soziologisieren der Geisteswissenschaftler entgegenkamen.[137] Allenfalls bei diesen Vordenkern einer "neuen" Soziologie holte man sich Anregungen und Bestätigung. Das sonstige Verhältnis zur Gesellschaftslehre kennzeichnete die Retrospektive: bis zurück zu Riehl, der als Lehrmeister aller "Volkssoziologie" wiederentdeckt und gegen den "zersetzenden Gesellschaftssoziologen" Marx und seine Adepten ins Feld geführt wurde.

Bei Schwietering und seinen Schülern ist neben der Pflege des eigenen volkskundlich-soziologischen Reservats der gleiche Eklektizismus festzustellen. Zitiert und rezipiert wurden lediglich Sozialkundler mit ausgeprägt kollektivistischen Grundanschauungen wie Alfred Vierkandt, Gunther Ipsen und Hans Freyer,[138] wobei die Spärlichkeit der Zitate - in Schwieterings volkskundlichen Aufsätzen ist nur an zwei Stellen je ein Soziologe zitiert[139] - es erschwert zu entscheiden, was jenen Größen verdankt wurde und was ohnehin gegebene Üereinstimmung aufgrund gleicher Denkansätze war. Am deutlichsten ist bei Schwietering noch die Rezeption Vierkandts, mit dessen Hilfe er der "Gemeinschaft" eine "Kollektivpsyche" verschrieb und den er gegen Spamer und Naumann aufbot,[140] weil Vierkandt die "Gemeinschaft" - und nicht das Individuum oder elitäre Kräfte - als kulturschöpferisch angesetzt hatte.[141] Nachvollziehbare Spuren hinterließ außerdem Ipsens Dorfsoziologie - als qualitative Gleichmacherei aller Dorfbewohner unter dem Primat des Bäuerlichen gleich Naturhaften[142] - in den Gemeindestudien der "Schwietering-Schule" und Ipsens allgemeine Bauernverherrlichung in Schwieterings vorletztem, von 1933 stammenden Programmbeitrag zur Volkskunde. Die besondere Pointe dabei war, daß man Ipsen und Hans Freyer, auf den sich mehrfach Martha Bringemeier bezog,[143] als Soziologen huldigte, mit denen es die Volkskunde ab 1933 auch in der Gegenrichtung zu tun bekam. Denn während die "Machtergreifung" das Ende der seriösen Soziologie bedeutete, begriffen Freyer, Ipsen u.a. sie als Chance für ein Überfach "Deutsche Soziologie" - vorschlagsweise auch "Lehre vom Volk" oder "Kunde von der Gemeinschaft" genannt -, und darin sollte die Volkskunde aufgehen, um "volkssoziologisch" die neue "Volkwerdung" der Deutschen zu unterstützen.[144] Solche Überlegungen knüpften an den ideologischen Potentialen der Volkskunde im allgemeinen an, wirkten aber um so logischer, als durch die Volkskunde Schwieteringscher Prägung schon selbst der Weg zur Fächersynthese eingeschlagen erschien und Schwietering 1933 eine Standortbestimmung der Volkskunde vornahm, mit der er sich - frühere Postionen revidierend - vollends den "Volkssoziologen" auf NS-Linie an die Seite stellte.

Dies geschah auf dem Volkskundetag in Weimar, der als zweiter des Verbandes deutscher Vereine für Volkskunde und als erster im "Dritten Reich" veranstaltet wurde. An Stelle Hans Naumanns, der über "Nationalsozialismus und Volkskunde" hatte sprechen sollen, doch abgesagt hatte,[145] trat Schwietering mit einem Grundsatzreferat auf. Es enthielt einleitend sein Bekenntnis zum neuen Staat und scheint dadurch besonders willkommen gewesen zu sein, druckte doch der NS-Volkskundler Fehrle den Text umgehend in seiner Hauszeitschrift.[146] Zwar fehlte der übliche Treueschwur zum Führer. Doch war beredt genug, daß Schwietering vom "Erlebnis einer neuen Revolution" sprach und an die Volkskunde appellierte, sich in historischer Stunde ihrer besonderen Aufgaben bewußt zu werden. Geschickt wurden diese Aufgaben mit denen identifiziert, die bisher schon die soziologische Volkskunde durch die Erforschung der "tragenden Volksschicht des Bauerntums"[147] wahrgenommen habe. Aber weit über frühere Erklärungen ging Schwietering dadurch hinaus, daß er die Bauernforschung nun auf ein politisches

Fundament stellte und als wissenschaftliche Variante konservativer Sozialpolitik praktiziert sehen wollte. Ganz im Sinne der NS-Machthaber hob er dazu auf die angeblich fortgeschrittene soziale Auflösung und Entsittlichung des deutschen Volkes ab, um mit Blick auf die noch "geschlossene Totalität" des Bauerntums zu folgern: "Es gilt die heilenden Gemeinschaftskräfte des letzten auf uns gekommenen, durch Sitte gebundenen nationalen Standes zu beschwören!"[148] Als "wissenschaftliche" Forderung zum Nutzen neu entstehender "Volksgemeinschaft" traf sich dies genau mit der Programmatik der NS-Soziologie, wobei die Beanspruchung Riehls den Brückenschlag zu den "Volkssoziologen," und überhaupt zur "nationalen Bewegung," noch entscheidend verstärkte. In seinen früheren Entwürfen hatte sich Schwietering nur beiläufig auf Riehl bezogen. Nun schob er dessen naturgeschichtliche Auffassung vom Bauern der eigenen unter, sprach vom "einzigen natürlichen Stand" und dekretierte fern aller christlichen Historisierung des bäuerlichen Gemeinschaftswesens: "Die Gemeinschaft, aus der heraus der Bauer denkt, denken muß, hat eine Dauer, eine ewige Dauer, aber keine Geschichte."[149] So blieb dann für die Kirche nur noch die Rolle übrig, den ethischen Grundcharakter naturwüchsiger "Gemeinschaftskreise" erhöhen und steigern zu können.[150]

Beim dritten Volkskundetag 1934 in Heidelberg sprach Schwietering themengebunden über das Volksmärchen, und wie ein Rückfall in seine ursprüngliche Vorstellungswelt mutete dabei seine These an, lebendiges Erzählen - und überhaupt Volkskultur - sei am lohnendsten zu erforschen in "Dorfgemeinschaften [...], in denen das religiöse Leben blüht."[151] Doch darf nicht übersehen werden, daß er gleichzeitig den Anschluß an Riehl und die "Volkssoziologie" wahrte, indem er jene Gemeinschaften als naturwüchsig (statt als kirchlich formiert) ansetzte. Und indem er wiederum die Volkskunde über den dörflichen Horizont, auf den er sie einst eingeschworen hatte, hinauswies: mit der Aufgabenstellung, von der Erforschung "natürlicher Volksgruppen" zur Erkenntnis des "Volksganzen" zu gelangen. Solche Äußerungen unterstrichen auch für NS-Partei-Ideologen die "Entwicklungsmöglichkeiten der Thesen Schwieterings," von denen Matthes Ziegler - im "Amt Rosenberg" für Kirchenfragen und die Überwachung der Volkskunde zuständig - in einer Sammelrezension der bei Schwietering in Münster entstandenen Dissertationen sprach.[152] Diese Arbeiten wurden freilich fast durchweg kritisch beurteilt, und ebenso die Darstellung der soziologischen Methode, die Martha Bringemeier 1934 - Schwieterings ältere Progammatik zusammenfassend - in Wilhelm Peßlers "Handbuch der Deutschen Volkskunde" einbrachte.[153] Bemängelt wurden dabei die Nichtbeachtung des Blut-und-Boden-Prinzips bei der Definition von "Gemeinschaft," die stattdessen von der Kirche - und auch noch von der "römischen" - hergeleitete Sinnerfüllung vergemeinschafteten Lebens, die Mißachtung germanischer Kulturkontinuität und der fehlende Blick für die "Ganzheit" von Volk und Nation. Daß aufgrund dieser Kritik die Karriere-Aussichten der Schwietering-Schüler keine guten waren, versteht sich. Zumal Martha Bringemeier - per Lehrauftrag 1933 zur Dozentin an der Hochschule für Lehrerbildung in Dortmund avanciert - hing die Einschätzung als konfessionell gebundener Wissenschaftlerin an. Mit Bezug hierauf wurde ihr 1937 gestellter Antrag auf NSDAP-Mitgliedschaft abgelehnt, und als sie ihren Fall vor das zuständige Parteigericht brachte, wurde aus dem Amt Rosenberg neues Sperrfeuer gegen sie eröffnet, bis sie mit Hilfe von Zeugen glaubhaft machen konnte, eine "brauchbare Parteigenossin" zu sein.[154] Daß sie "nicht die Richtung der parteiamtlichen Arbeitsgemeinschaft für Deutsche Volkskunde vertrete," nahm das Gericht dabei mit einer für

Ziegler nicht schmeichelhaften Gelassenheit hin. Schwietering selbst blieb von vergleichbaren Auseinandersetzungen verschont, aber mit der Erwartung in Zieglers Visier, er würde den Wink mit den "Entwicklungsmöglichkeiten" seiner Volkskunde schon richtig verstehen und darauf fachlich reagieren. Dergleichen geschah jedoch nicht. Auffälligerweise nach 1934 nichts mehr zur Volkskunde veröffentlichend, fundierte Schwietering sein Gemeinschaftskonzept weder rassenbiologisch und rassenpsychologisch, noch gab er ihm nationalistische Akzente. Für Ziegler saß er damit auf "halben Wahrheiten" fest und war mitgemeint, als der Oberzensor der Volkskunde in seiner Programmschrift "Volkskunde auf rassischer Grundlage" 1936 die "Unfähigkeit" der seitherigen Volkskunde-Wissenschaft geißelte und hervorhob: "Den Schlüssel zu einem nationalsozialistischen Verständnis der Volkskunde gibt weder die Soziologie, noch die Völkerkunde, noch irgendein konfessionelles System, sondern einzig und allein das biologische und rassische Denken."[155]

Noch direktere Angriffe aus dem "Amt Rosenberg" zog Schwietering durch die Lieferungen seiner "Deutschen Dichtung des Mittelaltes" auf sich: seine einzigen germanistischen Veröffentlichungen bis 1941, an denen die Rückführung der mittelalterlichen Literatur auf Antike und Christentum gerügt wurde.[156] Anfeindungen im Kollegenkreis kamen offenbar hinzu. Denn nach Kriegsende über seine Haltung zum "Dritten Reich" befragt, machte Schwietering geltend, während seiner Frankfurter Zeit von Hermann Gumbel verfolgt und aufgrund von Gutachten, die dieser über seine "antinationalsozialistische Haltung" verschickte, aus Berufungsverfahren in Heidelberg und Freiburg ausgeschlossen worden zu sein.[157] Und dies war wohl mehr als eine Schutzbehauptung, ließ Schwietering doch inner- wie außerfachliches Engagement für das "Dritte Reich" vermissen, hielt keine Propagandareden (wie Naumann) und wurde kein Mitglied der NSDAP.[158] Wie sich dies mit seiner anfänglichen Hinwendung zum Faschismus vereinbarte und mit Dispositionen vertrug, die in vergleichbaren Fällen durchaus zum erwünschten Engagement führten, bleibt als Frage. Eine Antwort könnte bei jenem oberschichtsspezifischen Konservatismus gefunden werden, der von der "nationalen Revolution" die Wiederherstellung altbewährter Ordnungen und Ideale erwartete und sich in seinen idealistisch-weltfremden Hoffnungen dann durch die Vulgarität der braunen Bewegung, den Röhm-Mord 1934, die zunehmende Kirchenverfolgung u.a.m. getäuscht sah. Daß Schwietering ein Wertkonservativer war, ist kaum zu bezweifeln, und daß er als solcher eine Art "Bekehrungserlebnis" hatte, ist jedenfalls die plausibelste Erklärung für den Wandel seines Verhaltens nach anfänglichem politischen Schwanken. Als Konservativen elitärer Prägung kennzeichnet ihn dabei die Lösung, die er für die Bewahrung seiner Ideale und seine existentielle Behauptung fand: Er hielt sich ganz aus der Politik heraus, richtete sich - für die gesamte Dauer der NS-Diktatur - im Reservat der Wissenschaft ein und verschrieb sich hier germanistischen Fachproblemen bei deutlicher Distanz auch zur chauvinistischen NS-Germanistik. Trotz der erwähnten Anfeindungen konnte Schwietering diese Linie durchhalten, offenbar geschützt durch seinen großen Namen und wohl auch dazu gut, als liberales Aushängeschild des faschistischen Staates zu fungieren, pflegte er doch fachliche Kontakte mit dem Ausland und wurde dorthin zu Vorträgen eingeladen (so noch 1944 in die Schweiz).

Erneute Angriffe aus dem "Amt Rosenberg" richteten sich gegen die Art, wie er als Herausgeber (ab 1939) die "Zeitschrift für deutsches Altertum und deutsche Literatur" gestaltete.[159] Aber als es zuvor (1938) darum gegangen war, ihn nach Berlin zu berufen -

auf den vakanten Hübner-Lehrstuhl, der als "Gradmesser für den Stand und die Höhe der Wissenschaft von unserer Sprache und Literatur" galt[160] -, hatte allein seine Fachkompetenz gezählt. Politische Vorbehalte gab es damals, wie die Akten ausweisen, nur gegen den Mitkandidaten Hans Naumann.[161] Auch fällt auf, daß Schwietering relativ maßvoll beurteilt wurde, als 1941 dem Amt Rosenberg die "Lage auf dem Gebiet der Germanistik" geschildert wurde, wie man sie in der Münchner Parteizentrale sah. Während eine Reihe von Kollegen heftig abgelehnt wurde, vor allem wegen konfessioneller Bindungen, kommt Schwietering mit der Bemerkung davon, daß bei ihm nach vorliegendem Bericht "von irgendeiner weltanschaulichen Klarheit [...] nicht die Rede sein" könne.[162]

In Berlin wurde Schwietering zugleich Mitglied der Preußischen Akademie der Wissenschaften und führte in der Nachfolge Hübners die Arbeit am (Grimmschen) "Deutschen Wörterbuch" weiter. Dadurch und aufgrund der Tatsache, daß in Berlin ein eigener, seit 1936 mit Adolf Spamer besetzter Volkskunde-Lehrstuhl bestand, konnte er sich auch aus Gründen der Arbeitsbelastung und Kompetenzverteilung aus der Volkskunde heraushalten. Daß ihn indessen Spamers Lehrtätigkeit nicht gleichgültig ließ, muß vermutet werden, und ebenso, daß das Verhältnis zwischen ihm und Spamer nicht spannungsfrei war, hatte er dessen psychologistischen Ansatz doch stets für verfehlt erklärt. Zum offenen Konfliktfall wurden die gegensätzlichen Positionen, als der Wiener Volkskundler Leopold Schmidt - wiewohl damals Frontsoldat - in Berlin 1942 die Habilitation erstrebte, das Verfahren eröffnet wurde und Spamer wie Schwietering Schmidts "Wiener Volkskunde" als Habilitationsschrift zu begutachten hatten. Erkannte Spamer die "klarstrebigen volkskundlichen Fragestellungen und Zielsetzungen" Schmidts an, so verwarf Schwietering - noch einmal ganz die soziologische Autorität hervorkehrend - die "Wiener Volkskunde" mit der Begründung, daß ihr "jede soziologische Grundlage" fehle und sie nichts biete als "eine Aufreihung von Volksgütern, nach dem üblichen Schema verbrämt mit Kulturgeschichte."[163] Die Habilitationskommission folgte Spamer und nahm die Schrift an. Doch kam es zu keinem Abschluß des Verfahrens, weil Spamer erkrankte und das Habilitationskolloquium nicht durchgeführt werden konnte.[164]

Für eine gewisse Kooperation zwischen Spamer und Schwietering zeugt andererseits die Hilfe, die in Berlin Mathilde Hain zuteil wurde, nachdem sie ihre Frankfurter Assistentenstelle verloren hatte. Als Frau hatte sie von 1936 bis 1938 diese Stelle nur "verwalten," aber nicht rechtskräftig einnehmen dürfen: trotz 1933 erworbener Parteimitgliedschaft und späterer Bemühungen der Reichsfrauenführung sowie des Reichsdozentenbundführers.[165] Nach Schwieterings Berufung nach Berlin wurde auch der Verwaltungsauftrag nicht mehr erneuert und eine mögliche Dozentur für sie abgelehnt,[166] obwohl gleichzeitig das erste Frankfurter Volkskunde-Ordinariat geschaffen und mit Zusatzstellen ausgestattet wurde.[167] Frauen sollte die Hochschullaufbahn verwehrt bleiben, und es kam wohl hinzu, daß M. Hain auch als Schwietering-Schülerin nicht länger erwünscht war. Jedenfalls setzte Heinrich Harmjanz, der sich das Ordinariat verschafft hatte, ohne dafür seine Leitungsstelle für die Geisteswissenschaften im Berliner Reichserziehungsministerium aufzugeben, Erich Röhr[168] als Assistenten ein. M. Hain widmete sich ab Herbst 1938 in dem hessischen Ort Ulfa dem Studium des Sprichwortgebrauchs in einer Dorfgemeinschaft[169] und folgte in der Hoffnung, sich dort habilitieren zu können, 1939/40 nach Berlin. Wohl auf Empfehlung Schwieterings gab ihr Spamer eine Stelle als wissenschaftliche Hilfskraft am volkskundlichen Seminar und ließ sie volkskundliche Übungen abhalten,[170] als er selber ab 1942 immer mehr durch Krankheit ausfiel und sich nach Dresden zurückzog. Schwieterings volkskundliche Auffassungen flossen so dann auch wieder in die Lehre ein, blieb M. Hain doch seine treue Schülerin und polemisierte in seinem Sinne gegen Spamers "psychologische Vorgehensweise" und Schmidts "Wiener Volkskunde," als sie 1942 einen Bericht über "Sitte und Brauch in volkskundlicher Forschung"[171] veröffentlichte. Als schon der allgemeine Zusammenbruch absehbar war, setzte Schwietering noch im Eilverfahren M. Hains Habilitation durch: im Februar 1945.[172]

Nach Kriegsende kehrten Schwietering und M. Hain an die Universität Frankfurt zurück. Als politisch Unbelasteter erhielt Schwietering schon im März 1946 dort wieder den Lehrstuhl, den er 1938 verlassen hatte, und im April 1946 zusätzlich den Auftrag, auch den vakanten Lehrstuhl für Volkskunde wahrzunehmen. M. Hain wurde im gleichen Jahr Assistentin am Deutschen Seminar, mit dem das volkskundliche Institut vereinigt wurde. Bis zur Emeritierung Schwieterings 1952 blieb es bei diesen Lösungen. Dann erhielt das Volkskunde-Institut - wenn auch ohne Lehrstuhl - seine Selbständigkeit zurück und wurde bis 1969 von M. Hain, die sich 1947 nach Frankfurt umhabilitiert hatte, geleitet.[173]

Adolf Spamer

PETER ASSION

Adolf Spamer (1883-1953) gehörte der gleichen Generation wie Naumann und Schwietering an, kam wie diese aus der Germanistik und teilte mit beiden gemeinsame Hochschuljahre: mit Schwietering in Berlin (vgl. oben), mit Naumann zuvor in Frankfurt, nachdem er sich dort 1921 - ein Jahr vor Naumanns Berufung - für Deutsche Philologie und Volkskunde habilitiert hatte.[174] Doch ging Spamer stets deutlich seinen eigenen Weg, auf dem er - bevor er zum "Primus" der deutschen Volkskunde aufstieg - wiederholt Mißerfolge und Zurückstellungen zu erdulden hatte. Die Naumann-Nachfolge in Jena, für die er vorgesehen war, scheiterte nach seiner eigenen Darstellung an politischen Intrigen.[175] Als Frankfurter Privatdozent aber stand er fünf Jahre im Schatten Naumanns. Während der rhetorisch begabte Ordinarius mit germanistischen und volkskundlichen Vorlesungen brillierte und durch seine provokante Lehre vom "gesunkenen Kulturgut" im Mittelpunkt fachlicher Diskussionen stand, mußte sich Spamer mit wenigen Schülern und dem Status eines mehr privat seinen Neigungen lebenden Gelehrten begnügen.[176] Nach produktiven Anfängen verzichtete er jahrelang auf jede Publikation.[177] Brückenschläge zwischen Naumann und Spamer gab es offenbar nicht. Dazu waren beide sich schon ihrem Wesen nach zu fremd, und konträre Fachpositionen - bei Spamer vor mehr als einem Jahrzehnt in Gießen angelegt und der dort einst gepflegten "Volksseelenkunde" verpflichtet - kamen trennend hinzu.

Als Sohn eines in der Psychiatrie tätigen und zeitweise in Gießen dozierenden Mediziners in Mainz geboren und in Darmstadt aufgewachsen, hatte Spamer von 1902 bis 1908 in Freiburg i. Br., München, Berlin und Gießen Germanistik studiert, dazu die Nebenfächer Geschichte, Geographie, Kunstgeschichte und Nationalökonomie. Geprägt wurde er dabei vor allem von den auch volkskundlich tätigen Germanisten Friedrich von der Leyen in München und Otto Behagel in Gießen. Nach mehrjährigem Studium mittelalterlicher Handschriften promovierte er 1908 bei letzterem mit einer Studie "Über die Zersetzung und Vererbung in den deutschen Mystikertexten" (gedruckt Gießen 1910). Weiterarbeit auf dem noch neuen Gebiet der Mystikforschung war geplant, u.a. mit dem Ziel, die Werke Meister Eckharts in kritischer Edition vorzulegen.[178] Doch ging Spamers Entwicklung dann mehr in die volkskundliche Richtung: gelenkt durch Behagel, der in Basel schon Eduard Hoffmann-Krayer volkskundlich angeregt hatte,[179] und erst recht unter dem Eindruck der Aktivitäten, die mit Behagels Beteiligung die Gießener Volkskunde-Schule entfaltete. Während Spamers Studienzeit wirkte in Gießen bekanntlich ein prominenter Kreis von Altphilologen, Altgermanisten und Theologen - ihrerseits durch die klassisch-religionsgeschichtliche Lehre Hermann Useners beeinflußt - in der "Hessischen Vereinigung für Volkskunde" (gegr. 1901) zusammen, trieb für die Volkskunde insgesamt die Theorie- und Methodendiskussion voran und stellte nach Gründung des "Verbandes deutscher Vereine für Volkskunde" (1904) mit Adolf Strack dessen ersten Vorsitzenden.[180] Nach Spamers eigenem Bekenntnis[181] war es hauptsächlich dieser Kreis, der ihn für die Volkskunde einnahm. Äußerlich richtunggebend kam hinzu, daß ihm 1908 eine volkskundliche Stelle in München angeboten wurde: auf Vorschlag seines Lehrers von der Leyen[182] beim "Verein für Volkskunst und Volkskunde" (gegr. 1902, ab 1916: "Bayerischer Landesverein für Heimatschutz / Verein für Volkskunst und Volkskunde e.V."), für den er ein Volkskunde-Archiv aufbauen sollte.[183]

Es folgten aktive Jahre, in denen sich Spamer diesem Archiv widmete, mit von der Leyen 1914 die "Bayerischen Hefte für Volkskunde" begründete und bis 1919 herausgab sowie auch schon Pläne "zu einem volkskundlichen Forschungsinstitut, dem ersten in Deutschland" entwickelte: dokumentiert in einer Denkschrift für ein bayerisches Freilichtmuseum, die er 1915 auf Anregung Friedrich von der Leyens verfaßte und mit der er vorschlug, ein großes Volkskundemuseum zugleich als Forschungsstätte aufzubauen.[184] Nebenher frönte Spamer - vom bunten bayerischen Volksleben sinnlich stark angesprochen - "seiner Liebe zu den kleinen Erscheinungen des volkhaften Lebens:" als "leidenschaftlicher Sammler der volkskundlich so wichtigen Kleinliteratur und Bilddrucke"[185] und schließlich Experte für Trivialzonen volkstümlicher Kultur, die vor ihm noch kaum beachtet worden waren. Davon zeugten erste Veröffentlichungen in den Münchner Vereinszeitschriften sowie später sein Standardwerk "Das kleine Andachtsbild vom 14. bis 20. Jahrhundert" (München 1930) und der "Bilderatlas," der 1935 in Leipzig als Band II des von ihm herausgegebenen Sammelwerkes "Die deutsche Volkskunde" erschien. Gegen eine Habilitation auf dieser Grundlage (oder derjenigen seiner Mystikforschungen) gab es jedoch an der Münchner Universität Widerstände,[186] und Friedrich von der Leyen fiel als Förderer aus, da er 1920 einem Ruf an die 1919 neugegründete Universität Köln folgte. Nachdem die Dienststelle beim "Heimatschutz" im Umbruch 1918/19 zu einem "Zentrum nationalistischer Umtriebe"[187] geworden war, beendete auch Spamer die Arbeit in München und kehrte nach Hessen zurück. Hier nahm für ein Jahr Karl Helm das Frankfurter Ordinariat für ältere Deutsche Philologie ein: Germanist, Experte für altgermanische Religionsgeschichte und wie Spamer der Gießener Volkskunde-Schule verbunden.[188] Helm verhalf dem jüngeren Kollegen zur eingangs erwähnten Habilitation in Frankfurt (mittels seiner bisherigen Arbeiten). Grundlegend besserte sich Spamers Situation fünf Jahre später, als er zum 1. Mai 1926 als planmäßiger außerordentlicher Professor für Deutsche Philologie und Volkskunde an die Kulturwissenschaftliche Abteilung der Technischen Hochschule Dresden berufen und mit der besonderen Aufgabe der wissenschaftlichen Ausbildung der Volksschullehrerstudenten in den Fächern Volkskunde und Deutsch betraut wurde.[189]

Zuvor hatte sich Spamer auch wieder publizistisch zurückgemeldet: mit einem Aufsatz, der sich mit Naumanns volkskundlichen Ansichten auseinandersetzte[190] und eine Serie prinzipieller Fachbeiträge einleitete, mit denen Spamer nun auch als neuer, ja führender Theoretiker der Volkskunde Geltung erlangte, über den engeren fachlichen Bereich hinaus. Übereinstimmend propagierten diese Aufsätze die Vorstellung, daß aller Kultur menschlich-elementare, naturgesetzliche Denk- und Empfindungsweisen vorgelagert seien, und sie deklarierten es zur spezifischen Aufgabe der Volkskunde, kulturanalytisch-reduktionistisch zu diesen vorzustoßen, sich also auf eine absolute Erkenntnisgröße einzustellen, statt sich an kulturelle Relativitäten aller Art zu verlieren oder an Teilaspekte soziokultureller Wirklichkeit, wie sie Naumann und Schwietering benannt hatten, auszuliefern.[191] Dies klang schon deshalb bestechend, weil so ein unbezweifelbares Eigenrecht volkskundlicher Wissenschaft begründet schien, wiewohl hätte bemerkt werden können, daß Spamers Lehren keine völlig neuen waren. Mit philosophischen, völkerkundlichen und naturwissenschaftlichen Gedanken angereichert, bedeuteten sie in wesentlichen Punkten eine Reaktualisierung der Theorien seiner Gießener Lehrer und hatten im übrigen auch schon in seinem älteren Werk - lange vor ihrer programmatischen Ausformulierung - ihren Niederschlag gefunden.

Der Grundidee nach, jenseits aller kulturellen und sozialen Differenzierungen volksverbindende geistig-seelische "Urkräfte" anzusetzen, war Spamers theoretische Lehre letztlich sogar noch mit der "Volksgeist"-Theorie der Romantik verknüpft. Ohnehin im Fach wirksam, war diese Theorie in Gießen besonders gehütet, mit ihren sozialen Folgerungen gegen moderne Zergliederungen der Bezugsgröße "Volk" verteidigt, dabei aber auch modernisiert worden. War die ins ganze Volk ausstrahlende Grundkraft des "Volksgeistes" oder der "Volksseele" den Romantikern (und zuvor Herder) ein einheitliches, nicht in Einzelelemente zerlegbares, gläubig hinzunehmendes Mysterium gewesen, so vermischten sich bei Adolf Strack "die romantischen Vorstellungen eines Jacob Grimm [...] mit den Forderungen einer um Verhaltensgesetze ringenden Naturwissenschaft."[192] Die "Volksseele" mutierte zur "Kollektivpsyche" bzw. zur kollektivierenden geistig-seelischen Grundsubstanz in jedem Menschen, wurde offen für Fragen nach den Urdominanten menschlichen Verhaltens, blieb aber zugleich idealistische Projektion mit vorweg vorgenommenen positiven Qualifizierungen und sozio-kulturellem Totalitätsanspruch. Als der Basler Eduard Hoffmann-Krayer 1902 seine antiromantische (bei Naumann später wiederkehrende) Zweischichtentheorie vortrug und das "Volk" in eine gebildete Oberschicht und eine rezeptiv eingestellte, "generell-stagnierende" Unterschicht ("vulgus in populo") einteilte,[193] widersprach Adolf Strack in jenem Sinne "volkspsychologisch": gegen den soziologischen Bodengewinn bei Hoffmann-Krayer die These vom kollektivgebundenen Wesen auch der Gebildeten aufbietend und das "Volksleben" der sozialen Basis als reines und naives "Naturleben" verklärend.[194] Stracks Kollege Albrecht Dieterich - Gießener Professor für Klassische Philologie bis 1903, dann nach Heidelberg berufen und dort den nachmaligen NS-Volkskundler Eugen Fehrle prägend[195] - deklarierte ebenso das "Volkstümliche" zu einer soziopsychologischen Grundkategorie und sprach ihm zu, in der Volkskultur den "Mutterboden" für jede höhere Kultur zu produzieren.[196]

In Spamers Theorie- und Methodenlehre gingen aus diesen Diskussionszusammenhängen über: das Postulat "urtümlicher Denk- und Gefühlskräfte," die daraus abgeleitete Anschauung vom Volk als einer in allen Schichten und Gliedern wesensgebundenen Totalität und die Forderung, die großen "Aufgaben einer philologisch-psychologischen, vergleichenden Volkskunde" - so Dieterich[197] in Vorwegnahme fast gleichlautender Spamerscher Formulierungen[198] - in Angriff zu nehmen. Daß die Volkskunde die verlangte volkspsychologische Wesensschau auf dem Wege der Analyse auch höherer Kulturformen - geisteswissenschaftlich im Sinne von historisch-philologisch - vornehmen sollte, verstand er dabei als entscheidenden Fortschritt gegenüber der Ethnopsychologie Adolf Bastians.[199] Gleichwohl verbürgten ihm auch dessen Theorien die Existenz "psychologischer Urelemente," nachdem Bastian - schon auf Spamers Gießener Lehrer einwirkend und sie des Naturgesetzlichen im Urgrund allen Volkslebens versichernd - wirkungsmächtig eine "Wissenschaft vom Menschen" entwickelt hatte, die von einer "allgemeingültigen mathematischen Zahl psychologischer Urelemente" und deren vergleichender Ermittelbarkeit bei den Naturvölkern ausgegangen war.[200] Sich 1928 auf Bastian beziehend, ließ Spamer diesen immerhin als wichtigen Vordenker einer psychologisch ausgerichteten modernen Volkskunde gelten und gab bei gleicher Gelegenheit Hinweise, wem er sich im engeren Fachkreis verbunden wußte, nämlich Strack und Dieterich, auch Hoffmann-Krayer (dessen "Vulgus"-Theorie er integrationistisch aufnahm und entschärfte) sowie Eugen Mogk.[201]

Letzterer lehrte als Germanist und Volkskundler in Leipzig, war 1907 Adolf Strack als Vorsitzender des "Verbandes deutscher Vereine für Volkskunde" nachgefolgt und vertrat - mit gewissen Abweichungen von der Gießener Schule - ebenfalls psychologistische Volkskunde-Theorien.[202] Ursprünglich streng zwischen "Natur- oder Gemütsmenschen" (dem eigentlichen "Volk") und "Kultur- oder Verstandesmenschen" unterscheidend, hatte er 1907 diesen Gegensatz mit der an Strack angelehnten These von untergründig doch verbindenden, als "assoziativ" qualifizierten Denkweisen überbrückt, dazu mit dem Eingeständnis kulturellen Austausches zwischen beiden gesellschaftlichen Sphären bei Betonung des Aspektes, daß im "Volk" aufgenommene höhere Kulturgüter ebendort "assimiliert" würden.[203] Allem Anschein nach nahm Spamer dies zum Ansatzpunkt für seine Lehre vom kreativen, über bloße Nachahmung hinausgehenden, aber "volksgeistig" determinierten Umbilden und Neuschaffen rezipierten Bildungs- und Modegutes: für seine Reproduktionstheorie, die 1924 den Kern seiner Erwiderungen auf Naumanns Lehre vom "gesunkenen Kulturgut" bildete.[204]

Vorgedacht und erprobt hatte Spamer diese Theorie schon im Zusammenhang mit seinen Mystikforschungen, und wiewohl als philologische Studie angelegt, zeigt bereits seine Dissertation 1908 den Einschlag psychologistischer Volkskunde. Denn die über Textvergleiche ermittelte "Zersetzung" mystischer Erbauungsschriften deutete er als Ergebnis schöpferischer Umbildungspozesse, die im einfachen Volk aus "herrenlosem Gemeingut" hoher Abkunft literarische Neukompositionen von Eigenwert gemacht hätten.[205] Auch ging er schon damals von der Existenz urtümlicher Gefühlskräfte aus. Die ganze spätmittelalterliche Mystik-Bewegung galt ihm als anti-intellektueller, antischolastischer Gefühlsausbruch aus dem Volk heraus: zwar durch äußere Umstände (die "Verschiebung der sozialen Schichtung" des Volkes) verursacht, aber letztlich ein elementares Ereignis gesellschaftlicher "Erregungszustände."[206] Damit war ein Begriff geprägt, den Spamer dann alsbald auch auf die Gefühlsaufwallungen des Ersten Weltkrieges anwandte[207] und der sich kontinuierlich durch seine Schriften zog, indem die Ausnahmezustände der Volkserregung zur besonderen Chance volkspsychologischen Studiums erklärt wurden.[208] Von Anfang an war sich Spamer dabei auch sicher, daß dieses Studium mit kulturwissenschaftlicher Methodik geleistet werden müsse: über die Analyse einfacher, höherer und selbst höchster Kulturformen, nicht aber durch unmittelbare Verhaltensforschung. Bestimmend blieben diesbezüglich sein philologischer Hintergrund und seine Erfahrungen mit der Geschichte der Mystik, und noch 1933 baute er sich Friedrich von der Leyen zum Vorbild auf: am Werk des Gönners seiner Münchner Jahre die ideale Verbindung von Philologie, Volkskunde und volkstümlicher Wesensschau bei konsequenter Blickrichtung auf die "Wurzeltiefe geistigen Gestaltens und primären seelischen Kräftespiels" rühmend.[209] Mit diesen und früheren Äußerungen gleicher Tendenz distanzierte sich Spamer andererseits von philologischer Einseitigkeit und volkskundlicher Faktentreue der oberflächlichen Art. Denn sein wissenschaftliches Anliegen war seit seinen Studienjahren, hinter der verwirrend vielgestaltigen Erscheinungswelt des Lebens das "Wesen" der Dinge zu ergründen - ein Grundbedürfnis, dem über sonstige Einflüsse hinaus die Phänomenologie Edmund Husserls[210] und die geisteswissenschaftliche Theorie Wilhelm Diltheys[211] die Perspektive gaben.

In seinen von 1927 bis 1934 vorgelegten theoretischen Arbeiten baute Spamer seine frühen Ansätze aus. Er verband damit das Bemühen, konkurrierende Lehren zu adaptieren: kompromißwillig, aber sich auch zum überlegenen Integrator volkskundlichen Theoretisierens aufschwingend. Daraus ergaben sich widersprüchliche Aussagen, die es zusammen mit der variantenreichen und verschwommenen Formulierung seiner Grundvorstellungen erschweren, ein Resümee seiner Gesamtlehre zu ziehen[212]. Auf Wiederholungen und Strukturzusammenhänge achtend, ist dies dennoch möglich, wie auch jeweils die Einflüsse von anderer Seite zu benennen sind. Was Spamers soziale Perspektive angeht, so unterschied er stets deutlich zwischen einer Ober- und Führungsschicht intellektueller, "gemeinschaftsgelöster" Individuen und einer "breiten Volksmasse," gelegentlich auch "Vulgus" genannt.[213] Inhaltlich und verbal schloß er sich hier Hoffmann-Krayer und Naumann an. Doch war ihm "Volk" als Objekt volkskundlichen Erkenntniswillens zugleich die gesamte "geistig-seelisch gebundene Menschengemeinschaft im Volksraum,"[214] im realen Leben - so 1924 gegen Naumann argumentierend - durch eine Vielzahl vertikaler und diagonaler Bindungen miteinander verknüpft und vor allem durch die Grundstruktur menschlichen Seelenlebens geeint.[215] Mit Naumann wiederum sprach er von einer "primitiven Geistigkeit,"[216] ortete deren Präsenz aber nicht mehr nur in "Vulgus" und Unterschicht, sondern - was ihm den Anschein "demokratischen" Denkens gab[217] - in allen Individuen bzw. der Menschennatur. So hatte für ihn dann auch der Gebildete und Intellektuelle untergründige Wesens- und Kollektivbindungen (vgl. Strack) und war insofern "Volksmensch:" ein Begriff, den Spamer 1929 für das Individuum "in seinen allgemeinen oder gruppenhaften Bindungen"[218] erfand und 1934 präzisierend auf den "Träger" primärer "Geistes- und Seelenhaltung"[219] anwandte. Nach seiner Theorie setzte sich das ganze Volk aus "Volksmenschen" zusammen und war als soziales Gebilde auch aus deren urtümlicher Geistigkeit entstanden: durch "naturhafte Bindung von Mensch zu Mensch" über Menschengruppen (mit spezifischer "Gruppengeistigkeit") hin zum Ganzen.[220] Wirtschaftskundliche und soziologische Einsichten in die

Formierung und Strukturierung der gesellschaftlichen Realität interessierten ausdrücklich nicht. Wiederholt sprach sich Spamer - den Anti-Marxisten hervorkehrend - gegen den "Glaubenssatz von den alles Leben regelnden und formenden Kräften der wirtschaftlichen Prozesse" und gegen die "abstrakten Kategorien" der Soziologie aus, hinter denen "Mensch und Volk" als die "realen Gestalter des Lebens" verblaßten.[221] Und im Kollegenkreis wußte er am wenigsten mit dem soziologischen Ansatz Schwieterings und seiner Schüler etwas anzufangen - dies freilich auch deshalb, weil deren Verengung der Volks- zur Bauernkunde seiner ganzheitlichen Sicht des Volkes widersprach.[222]

Mit dieser Sicht blieb für Spamer die Forderung verbunden, daß die Volkskunde als umfassende volkspsychologische "Tiefenschau"[223] zu betreiben sei. An den höheren Kulturleistungen wollte er dabei das aus Urtiefen Mitgestaltende, andererseits das nachträgliche Sichabarbeiten der volkstümlichen Geistigkeit studiert wissen: das Umschaffen und auch Zertrümmern, das dazu führe, daß das "geistige und seelische Leben eines Volkes [...] ein ewiges Sichwiederfinden in einer primitiven Gemeinschaftswelt" sei.[224] Als deren noch lohnender zu untersuchenden Ausdruck nahm er andererseits die einfache Volkskultur: "Lied, Brauchtum, Glaubensvorstellung und das volkstümliche Werk der Hand" als "äußere Ansatzpunkte" zum "Vorstoß in die Seelentiefe."[225] Doch rückte Spamer auch hierbei den Aspekt der volkspsychologischen Assimilation in den Vordergrund: des Zutuns zu schon Vorhandenem. Woher dieses dem Volk zukam, war dabei nicht wichtig. Die von Naumann als zentral benannte Frage nach der sozialen Herkunft volkstümlicher Traditionsgüter verwies Spamer in den Bereich sichtender volkskundlicher Vorarbeit.[226] Und die Entstehung von Kulturgut blieb mit ihren Bedingungen ebenso außer Betracht wie die Tradierung und Funktion mit ihren jeweiligen Gesetzmäßigkeiten: kulturtheoretische Defizite, die Spamers einseitigem und einengendem Psychologismus geschuldet waren.

Sofern er in empirischen Zusammenhängen die Entstehungs- und Herkunftsfrage überhaupt berührte, bezog er sich vage auf oberschichtliche Einflüsse und schöpferische Einzelpersönlichkeiten, die er zunehmend auch - bestärkt durch die Befunde seiner Volkskunst-Recherchen[227] - im breiten Volk ausmachte. Dieses selbst aber blieb ihm "zum überwiegenden Teil nicht Produzent, sondern Konsument"[228] von Kulturgütern und mit lediglich "umschöpferischer Kraft"[229] begabt: ein mit John Meier[230] konform gehendes Abrücken von der romantischen Kreativitätstheorie, die dem Volk die Urproduktion seiner Lieder, Märchen und Sagen zugeschrieben hatte, und gleichzeitig eine Weichenstellung für die Volkskunstforschung, deren Objekte "bildnerischen Volksschaffens" überhaupt erst durch Spamer "in den Bannkreis seiner Disziplin" gezwungen wurden.[231] Doch gehört es zu den Spamerschen Widersprüchlichkeiten, daß er ins "Umschöpferische" noch Reste romantischer Kreativitätsgläubigkeit hineinrettete, während er als spezieller Volkskunst-Theoretiker so weit ging, ganz vom Kreativen abzusehen und Volkskunst funktionalistisch zu definieren: als künstlerisches Gebrauchsgut des Volkes und seiner Gruppen, gleich welcher Herkunft und Art.[232] Was so dann auch mit industriell gefertigter Massenkunst der Erforschung empfohlen wurde und die Volkskunde inhaltlich und methodisch weiterzubringen schien, blieb jedoch bei Spamer dem Gravitationsgesetz seiner psychologischen "Wesensschau" unterworfen. Nicht die Funktion des volkstümlichen Kunstgutes in historischen Zusammenhängen interessierte, sondern das, was auch der Gebrauch an Gruppen- und Volksgeistigkeit vorspiegeln sollte. Und indem den Kunstgütern eine epochenübergreifende Funktionsäquivalenz unterstellt wurde, löste sich ihre Geschichtlichkeit mitsamt jener Ästhetik auf, die in der modernen Volkskunstforschung als gesellschaftlich vermittelte und wandelbare thematisiert wird.[233] Als einem Kenner der Kulturgeschichte ist Spamer selbstverständlich nicht entgangen, daß das Volkskulturgut aller Art in jeweiligen - wie er es nannte - "Zeitformen" existierte. Aber stets suchte er dahinter das Wesenhaft-Zeitlose, von dem aus ihm Geschichte im allgemeinen nur als Gegenkraft, ja feindliches Gegenprinzip zum Ewig-Volkhaften denkbar wurde.[234]

Doch gingen die theoretisch-methodischen Einengungen, die Spamers Psychologismus der Volkskunde brachte, noch weiter. Er selektierte auch die Erscheinungsformen der Volkskultur nach ihrer Eignung für die "Volksseelenkunde" und wies einen Teil der Realien (Siedlung, Hausbau, Hausrat, Arbeitsgerät usw.) wegen "methodischer Unzuträglichkeiten"[235] anderen Wissenschaften zu: eine Ausgrenzung der noch relativ jungen und für den Realitätsgewinn der Volkskunde wichtigen Ergologie, die den Widerspruch der Museologen hervorrief und offenbar selbst Otto Lauffer dazu brachte, von den "Gespenstern" des primitiven Menschen und der Volksseele im "Haus der Volkskunde" zu sprechen.[236] Und er relativierte die fachliche Bedeutung der bäuerlichen und sonst bei sozialen Mehrheiten zu findenden Kultur, indem er erklärte, daß das Wesen der primitiven Geistigkeit am besten bei den Asozialen, bei "Verbrechern, Dirnen, den Wandernden und Fahrenden aller Art,"[237] ja auch bei Geisteskranken oder den Kindern zu studieren sei. Den gewiesenen Weg ging Spamer dann selber, indem er ab etwa 1926 eine Studie zur Tätowierung in den deutschen Hafenstädten erarbeitete[238] und seine Dresdner Studenten auf Themen der Kinder- und der Großstadtkultur ansetzte.[239]

Für sich genommen bedeutete dies erst recht das Aufreißen neuer Forschungsfelder, und nachdem im Fach stets bevorzugt die bäuerliche Volkskunde gepflegt worden war, hatte Spamers Abkehr von dieser Einseitigkeit auch einen positiven Aspekt. Noch mehr scheint aus heutiger Sicht für ihn zu sprechen, daß er die Volkskunde betont als "Gegenwartswissenschaft"[240] und nicht als retrospektive Altertumskunde des Reliktesammelns und -deutens auffaßte: auch insofern immer wieder auf die Großstadt, dazu auch auf die Arbeiterbevölkerung verweisend.[241] Doch interessierten ihn in den Städten das Fortleben und Neuaufkommen magischen Denkens und alter Naturverbundenheit und nicht die zeit- und sozialspezifischen Lebens- und Kulturformen. Und alle Offenheit für Neues lief letztlich wieder in der Enge seiner anti-soziologischen und anti-historistischen Fixierung auf das Ewig-Menschliche zusammen und ging am Erfordernis einer systematisch als Kultur- und Sozialgeschichte angelegten Volkskunde vorbei.

Seinen Kritikern und sich selbst verschleierte Spamer die Unfruchtbarkeit dieser Fixierung, indem er die Erkenntnis des Wesens der primitiven Geistigkeit zum volkskundlichen Fernziel erklärte, dem erst eine Phase intensiven Materialsammelns und -sichtens vorauszugehen habe.[242] So wurde es obsolet, den volkspsychologischen Ansatz in empirischen Zusammenhängen direkt zu überprüfen, und so half sich Spamer über die Kluft hinweg, die sich zwischen seinen Veröffentlichungen zur Volks- und trivialen Massenkunst, zum Brauchtum usw. und seinen programmatischen Äußerungen auftat. Wiewohl dank theoretischen Interesses entstanden und mit Bezügen zur Lehre von den geistig-seelischen Grundkräften durchwirkt, blieben die praktischen Fachbeiträge Spamers auf weiten Strecken Materialsammlungen, und es ist mit Recht gesagt worden, daß er es nicht vermochte, "den gesamten empirischen Befund mit seinen subjektivistischen Begriffen und Kategorien lebensphilosophischer Herkunft zu verbinden und zu interpretieren."[243] Im besonderen gilt dies von den Wesensbestimmungen der primitiven Geistigkeit, die er - dem Postulat der erst später möglichen Wesenserkenntnis widersprechend - doch auch schon vorweg vornahm. Sie liefen auf die Benennung bestimmter Grundaffekte hinaus, und schon als er 1915 in München Kriegsfolklore sammelte, sprach er von einem Volk, das "liebt und haßt, hofft und fürchtet und [...] diese starken Empfindungen seines ungebrochenen Lebensstromes sich formt oder geformt haben will"[244] - von einer triebgelenkten Volksmasse mithin, die die naive Unschuld romantischen Volksverständnisses abgestreift hatte und auch bereits für Spamers Abstriche an der romantischen Kreativitätstheorie stand.

Im Hinblick auf die 1924 wiederholten Äußerungen gleichen Tenors[245] ist Spamer jüngst nachgerühmt worden, er habe "mit wirklich psychologischer Scharfsicht die Volksseele entzaubert" und diese auf die Triebgebundenheit des Menschen zurückgeführt, im vermutlichen Anschluß an die Psychoanalyse Sigmund Freuds.[246] Doch hatte schon Dilthey, auf den sich Spamer 1915 indirekt und in anderem Kontext direkt bezog, als Zentrum der seelischen Struktur des Menschen "ein Bündel von Trieben und Gefühlen" angesetzt und alle Geisteswissenschaften über den "Zusammenhang des Seelenlebens" fest miteinander verbunden.[247] Mit entsprechender Plausibilität ist Spamers "Triebtheorie" von Dilthey herzuleiten. Und auch wenn sie offenbar mit psychoanalytischem Vokabular ("das Unterbewußte", "Verdrängung")[248] angereichert wurde, das Spamer die öffentliche Diskussion der Lehren Freuds zugetragen haben dürfte, so blieb sie doch eine geisteswissenschaftliche Setzung und eine philosophische Projektion ohne naturwissenschaftliche Forschungsstringenz. Als analytisches Mittel zum Aufdecken geheimer Wirkungszusammenhänge in der Kultur - siehe Freuds Studie zum Witz (1905) - ist sie von Spamer nicht genutzt worden, und man tut ihm gewiß kein Unrecht mit der Feststellung, daß sein Psychologisieren so wenig mit Psychologie und Tiefenpsychologie zu tun hatte wie Schwieterings Soziologisieren mit der seriösen Soziologie.

Fern psychoanalytischen Wollens reflektierte Spamer als "Triebtheoretiker" auch nicht auf einen möglichen Ausgleich zwischen Trieb und Vernunft und eine über das Bewußtsein hergestellte Kontrolle des Irrationalen. Denn nur die primitive Geistigkeit hatte für ihn Echtheitscharakter und Ewigkeitswert, während Fortschritt und Vernunft - "Europens übertünchte Geistigkeit"[249] - ironisiert und grundsätzlich in Frage gestellt wurden.[250] Man könnte Spamer zugute halten, mit diesem Kulturpessimismus alsbald durch den Faschismus bestätigt worden zu sein,[251] bliebe da nicht festzuhalten, daß aus Kulturzweifeln, wie Spamer und bedeutendere Denker bis hin zu Heidegger sie pflegten, der Faschismus auch miterstanden ist. Denn die Denunziation der Ratio - Ausdruck einer bürgerlichen Bewußtseinskrise, die sich bei Spamer als Klage über "unser zerrissenes Weltbild"[252] oder die "Zerrissenheit des Daseins"[253] artikulierte - wertete die irrationalen Angebote faschistischer Ideologie mit Notwendigkeit zur Heilshoffnung auf. Und nicht von ungefähr vollzogen große Teile der bürgerlichen Intelligenz den nazistischen Bruch mit Aufklärung, Liberalismus und Humanismus mit: die Geschehnisse von 1933 als befreienden Ausbruch des Authentischen, Ewigen und Volkhaften erlebend und zu aktiver Unterstützung bereit.

Spamer verfiel zwar nicht den gleichen Extremen.[254] Aber auch er hatte im Glauben an unveränderliche Urmächte des Daseins seinen ideologischen Halt gefunden, und was er als Volkskundler lehrte, war bei aller Harmlosigkeit des stofflichen Bezuges dazu angetan, "den Glauben an Vernunft und geschichtlichen Fortschritt [...] zugunsten einer Irrationalisierung alltäglicher Verhältnisse [zu] untergraben."[255] Kritisch hat man dazu Spamers Einfluß im Rahmen der sächsischen Lehrerbildung ab 1926 zu bedenken[256] und fernerhin zu beachten, daß er seine Volks- und Lebensphilosophie in die gesamte Öffentlichkeit vermittelt sehen wollte: durch eine Volkskunde, der er mit Berufung auf Riehl den Rang einer Grund- und Schlüsselwissenschaft zuschrieb[257] und die er aufgrund ihres Wissens um die geistigen Gegebenheiten des Volkes zu "führender Verantwortung"[258] aufgerufen sah.

Als selbstbewußter Mentor seines Faches, der in Dresden große Lehrerfolge zu verzeichnen hatte und sich im Kollegenkreis zunehmend als theoretische Autorität anerkannt sah, appellierte Spamer mit wachsendem Nachdruck an die Volkskunde, diese "Verantwortung" wahrzunehmen und die "versteckten Pfade stiller Forscherliebe"[259] zu verlassen. Und er verband damit weitreichende organisatorische Vorschläge und Forderungen, die erkennbar machten, daß das Fach in ihm nicht nur seinen theoretischen "Primus," sondern auch seinen Chefplaner gefunden hatte: offensichtlich mit dem Einverständnis John Meiers, des Vorsitzenden des "Verbandes deutscher Vereine für Volkskunde." Dieser stand Spamer positiv gegenüber, suchte seine Karriere zu fördern und wußte es wohl zu schätzen, daß sich der jüngere Kollege für Zielvorstellungen, die er selber hegte, in die Bresche schlug, besonders für das von ihm seit 1917 gewollte zentrale "Reichsinstitut für Volkskunde."[260] Denn Spamer, der schon 1915 eine bayerische Forschungsstätte von Modellcharakter (vgl. oben) projektiert hatte und gewiß auch mit Meiers Reichsinstitutsidee vertraut geworden war, plädierte seinerseits für eine solche Zentralinstitution. 1928 schlug er sie als "Deutsches Forschungsinstitut für Volkskunde" mit flankierenden "Landesinstituten für Volkskunde" der Fachöffentlichkeit vor,"[261] wobei er freilich sein spezifisches Verständnis von Volkskunde mit in Anschlag brachte und mehr wollte als Sammelstätten von Material zu historischer Durchleuchtung. Zu wissenschaftlichem wie pädagogischem Nutzen sollten jene Einrichtungen gegenwartsnahe "Beobachtungsstellen" sein, um im Volk "laufend den geistigen Barometerstand abzulesen und auch die feinsten geistigen Bewegungen innerhalb eines Volkskörpers abzuhorchen."[262] 1929 ließ Meier zum 25jährigen Bestehen des "Verbandes deutscher Vereine für Volkskunde" Spamer in der Aula der Berliner Universität den Festvortrag halten,[263] und bei dieser Gelegenheit wiederholte Spamer seine Forderung nach "Landesämtern für Volkskunde" zur Dauerbeobachtung jener "geistigen Gegebenheiten," von der sich die Überzeugung durchgesetzt habe, daß sie "des Volkes [...] Schicksal seien."[264] Im fachtheoretischen Kontext war dabei neu, daß er sich erstmals positiv auch auf die Rassenforschung bezog und ihr die Leistung zuschrieb, beim Volk die "Einheit des physischen Aufbaues mit der psychischen Veranlagung" erkannt zu haben.[265]

Rassenideologisches Gedankengut wurde seinerzeit durch die Volkskundler Eugen Fehrle, Adolf Helbok, Wilhelm Peßler u.a. - seit 1926 im Herausgebergremium der Zeitschrift "Volk und Rasse" vereinigt[266] - propagiert, und in Reaktion hierauf hatte Spamer noch 1928 einen Zusammenhang zwischen körperlichen und seelischen Rassemerkmalen und damit die Existenz einer volks- und kulturprägenden "Rassenseele" geleugnet.[267] Mit der Kehrtwendung bei seinem Berliner Vortrag ging er nun auf jene Fachkreise zu: wohl um die gesamte Volkskunde unter seiner Führung integriert zu halten, aber auch schon eine Probe für jene Anpassungsbereitschaft liefernd, die er ab 1933 gegenüber der NS-Ideologie und ihren nicht nur innerfachlichen Vertretern an den Tag legte. Nachdem seine Pläne bis 1933 nicht über ihr projektives Stadium hinausgekommen waren, erlebte Spamer die Machtübernahme des Faschismus als die historische Stunde seines Faches. Und indem er die nun offiziell gewollte Instrumentalisierung der Volkskunde für die Volkserziehung mit seinen Absichten identifizierte, gab er sich der Illusion hin, im Bündnis mit den politischen Machthabern den volkskundlichen Führungspart weiterspielen, ja seinen Einfluß verstärken zu können. Daß dies nicht ohne inhaltliche Zugeständisse möglich sein würde, war ihm offensichtlich klar. Aber nicht nur aus Opportunismus war er hierzu bereit. Er war auch in einer geistigen Welt befangen, die ihn für die innere Annäherung an das NS-System disponierte. Nicht umsonst stellte er 1934 fest, daß die mit dem "Dritten Reich" gekommene "Berufung der Volkskunde zu öffentlicher Verantwortung" seine Disziplin "als Forschungsfach nicht unvorbereitet" getroffen habe.[268]

Zwar ist hier festzuhalten, daß seine ursprüngliche Lehre in wesentlichen Punkten nicht der Volkstumsideologie nazistischer Prägung entsprach. Statt vom Völkisch-Artgemäßen und nur dem deutschen Volk wesenhaft Eigenen ging Spamer in ethnopsychologischer "Rückständigkeit" vom völkerverbindenden Allgemein-Menschlichen aus und betonte noch 1928, daß es keinen prinzipiellen Grund gebe, die Volkskunde auf die europäischen Kulturländer bzw. den deutschsprachigen Siedlungsraum einzuschränken.[269] Entsprechend fehlten der Rückbezug aufs Germanentum und ein damit verbundenes Kontinuitätsdenken. Auch hatte für Spamer die Kategorie der "Gemeinschaft" keinen primären Rang, und sein Postulat der primitiven Geistigkeit kollidierte - ganz wie bei Naumann - mit der chauvinistischen Ein- und Überschätzung deutschen Wesens. Andererseits aber erhob er das im Volk wirkende Grundgeistige zu einer übergeschichtlich-absoluten Größe, so daß zwischen seiner und der NS-Lehre vom Ewig-Volkhaften doch auch eine kongeniale Nähe bestand. Von geistig-seelischen Urquellen des Volkstums wurde hier wie dort gesprochen, und was ideologisch trennte, schien im wesentlichen - so Spamers Anstrengungen ab 1933 zufolge - mit der Anerkenntnis arteigener Sonderformen des Grundgeistigen überbrückbar.

Als günstige Gelegenheit für geistige Brückenschläge zur NS-Ideologie nutzte Spamer das große Sammelwerk "Die deutsche Volkskunde", das er 1934 nach wohl längerer Vorbereitungszeit herausgab. Zur Mitarbeit hatte er ein breites Spektrum von Fachspezialisten gewonnen, mit Einschluß von NS-Größen wie Helbok und Fehrle, wobei letzterem die Möglichkeit eingeräumt wurde, sich in einer Art Nachtragsartikel über die "Ziele der Deutschen Volkskunde" zu äußern.[270] Spamer selber lieferte in seinem programmatischen Einleitungsaufsatz ein Konzentrat seiner theoretischen Lehre: durchwoben mit Korrekturen und Differenzierungen, die auch um den Preis verkrampft wirkender Formulierungen ideologische Linientreue demonstrieren sollten. Um den Begriff des "Primitiven" aus dem Zwielicht zu rücken, sprach er jetzt von "primärer und nicht etwa nur primitiver" Menschenbindung.[271] Dem rezenten Brauchtum schrieb er "größtenteils allgemeine, primäre Züge" zu, ließ aber - sich auf das "Arteigene" umstellend - auch gelten, daß es "zuweilen [...] auf die wesenseigenen Sonderformen frühgermanischer Kultur zurückgehen dürfte."[272] Durch das Christentum sah er - eine spezielle Verbeugung vor Fehrle und den Kulturpolitikern des Amtes Rosenberg - "altgermanisches Lebensgefühl und Weltbild" bis auf die Gegenwart hindurchwirken.[273] Das sei zwar "im einzelnen bisher noch schwer faßbar."[274] Aber es sei einer Volkskunde zu vertrauen, die sich zunehmend auf die "volkhafte Gemeinschaft" einstelle und längerfristig "eine Kunde von der weltanschaulichen Einheit, Schichtung und Aufspaltung der Menschenvielheit im Volksraum" werde[275] - eine völkische Wissenschaft mithin. Die Kehrseite aller rhetorischen und inhaltlichen Vermittlungsangebote war Spamers Festhalten an der eigenen theoretischen Basis. Aber gerade dadurch entstand ein gefährliches Ideologiegemisch, indem die alte Lehre das nun mitvertretene Neue sanktionierte und die vorgeführte Vereinbarkeit volkskundlicher und polit-ideologischer Überzeugungen objektiv die Akzeptanz der letzteren beförderte. Es ist zu Spamer prinzipiell gesagt worden, daß er mit seiner Lehre für die erste, noch mit demagogischen Verhüllungen arbeitende Phase faschistischer Herrschaft eine nützliche Persönlichkeit war,[276] und im Hinblick auf sein bemühtes Einschwenken auf die Linie der NS-Ideologie kann diese Feststellung nur unterstrichen werden.

Spamers "Nützlichkeit" war im übrigen in seiner schon vor 1933 errungenen fachlichen Führungsposition begründet, und suchte er selber den Kontakt zu den Realpolitikern des "Dritten Reiches," so kam ihm umgekehrt deren Interesse an der Volkskunde mit gewisser Zwangsläufigkeit entgegen. Als Folge ergab sich, daß er in die Lage versetzt wurde, den Part eines "Führers der deutschen Volkskundeforschung" auch im Sinne eines NS-Kulturfunktionärs zu spielen, mit Beauftragung und Unterstützung einflußreicher Parteikreise bis hin zum Amt Rosenberg. Daß er nicht in die NSDAP eintrat, sah man ihm nach, engagierte er sich doch bald nach der "Machtergreifung" im NS-Lehrerbund (NSLB) des Gaues Sachsen und organisierte mit Volksschullehrern, die durch seine Dresdner Schulung gegangen waren, eine als musterhaft zu bewertende Volksforschung und Volkstumspflege in seinem damaligen Wirkungsbereich.

Als Organisationszentrum war dazu um die Mitte des Jahres 1933 die "Landesstelle für Volksforschung und Volkstumspflege" des sächsischen NSLB geschaffen worden. Deren politische Führung oblag dem Spamer-Schüler und NS-Funktionär Karl Ewald Fritzsch, während Spamer zum Wissenschaftlichen Leiter bestellt wurde[277] und mit dieser Funktion bereitwillig ein Parteiamt übernahm, war der NSLB doch eine Untergliederung der NSDAP und als sächsischer Verband in die regionale Parteiorganisation integriert. In der Folgezeit wurden nach einem Zehnjahresplan mittels Fragebogen, die sich am traditionellen Fachkanon orientierten, volkskundliche Materialien in Sachsen erhoben und zentral in Dresden und Leipzig gesammelt, wo sie wissenschaftlich ausgewertet, aufbereitet und so wiederum der Schulung des Lehrernachwuchses zugeführt werden sollten.[278] Die sammelnden Lehrer wurden zu "verantwortlichen Volkstumswarten" bestellt und angehalten, die von der NSLB-Landesstelle ausgehenden Impulse auch vor Ort in eine aktive "Volkstumspflege" umzusetzen. Diese band Spamer an seine nun "völkisch" akzentuierte und mit Gemeinschaftsrhetorik angereicherte Prämisse schicksalhaften "Seelenlebens" der Nation, und er wurde nicht müde, den "Volkstumswarten" ihre Aufgabe sowohl als wissenschaftlich höchst bedeutsam, als auch als berufsnotwendig "einzuhämmern" - so (mit diesen Worten) bei den Jahrestagungen des engeren Zirkels leitender "Kreisvolkstumswarte."[279] Durchschlagende Erfolge wurden dabei auch deshalb verlangt, weil Spamer hoffte, "daß aus unserem Beispiel die große allgemeine volkskundliche Reichsorganisation erwächst."[280]

Das in Sachsen Aufgebaute verstand Spamer demnach nur als Etappe auf seinem Weg zur Zentralisierung der gesamten Volkskunde unter dem Dach eines "Reichsinstituts." Aber nicht durch den NSLB, sondern durch die gleichgeschaltete "Deutsche Forschungsgemeinschaft" (DFG) kam er seinem Hauptziel näher. Denn Mitte 1934 erfolgte bei der DFG in Berlin die Gründung einer in fünf Sektionen gegliederten

"Reichsgemeinschaft für deutsche Volksforschung" mit der Aufgabenstellung, "die Erforschung des deutschen Volkstums im Sinne der nationalen Erhebung mit größerem Nachdruck zu betreiben und die gewonnenen Ergebnisse dem deutschen Volke in geeigneter Weise zu übermitteln."[281] Und es war Spamer, der am 29. August 1934 zum "Führer" der (wichtigsten) Abteilung "Volkskunde" ernannt wurde. Damit war er erstmals mit reichsweit gültigen Leitungsfunktionen für sein Fach ausgestattet und hatte die Perspektive, das "Reichsinstitut" mit Hilfe höchster Gönner und Geldgeber schaffen zu können: aufbauend auf dem von der DFG geführten und dort als wissenschaftliches "Prunkstück" gehandelten "Atlas der deutschen Volkskunde" (ADV).[282] Die entscheidende Helfer- und Partnerrolle spielte bei diesen Entwicklungen Dr. Eduard Wildhagen: ein Freund oder doch Bekannter Spamers, der schon vor 1933 bei der DFG die Geschäfte der Berliner Zentralstelle des ADV geführt und gemeinsam mit Spamer Vorschläge entwickelt hatte, das ADV-Befragungsunternehmen in revidierter Form zu einem erfolgreichen Abschluß zu bringen.[283] Als Partei-Karrierist war Wildhagen 1934 aus dem Reichserziehungsministerium zur DFG als deren Vizepräsident zurückgekehrt: zu eigenem Machterhalt mit dem Amt Rosenberg verbündet.[284] Daß die Berufung Spamers zum "Volkskunde-Führer" auf seinen Einfluß zurückging, darf als sicher gelten, wobei sich versteht, daß Wildhagen nicht ohne die Zustimmung seiner Hintermänner handelte und mit der Ernennung auch die zwischenzeitlich in Sachsen gezeigten "Führungsqualitäten" Spamers gewürdigt wurden.

Spamers neue Machtbefugnisse zeigten sich dann darin, daß er beim "Atlas" mit dem berühmt-berüchtigten fünften Fragebogen[285] seine volkstumstheoretischen Auffassungen als Vorstoß zu den "Kräften der Volksseele" durchsetzte: gegen die kulturgeographischen und kulturgeschichtlichen Tendenzen des Unternehmens, die er früher schon zusammen mit Wildhagen kritisiert hatte. Aber er unterlag auch weiterhin der Observanz der "Rosenbergianer" und wurde mit seinen für die "Reichsgemeinschaft" werbenden Vorträgen und seinen Publikationen an deren weltanschaulichen Zielsetzungen gemessen: mit zunehmend für ihn negativen Ergebnissen. Dies ist an den Rezensionen seiner Schriften nachzuvollziehen, die der im Hause Rosenberg für die Volkskunde vorrangig zuständige Matthes Ziegler verfaßte. Hatte Ziegler das Spamersche Handbuch "Die deutsche Volkskunde" zunächst noch weitgehend positiv beurteilt,[286] so fand er - nachdem das Sammelwerk 1934/35 in Neuauflage in der Reihe "Das deutsche Volk" der "Reichsgemeinschaft" erschienen war[287] - zu bemängeln, daß "eine einheitliche weltanschauliche Linie" fehle und im Bildband "die Herausstellung kirchlicher Gesichtspunkte" auffällig sei.[288] Gleichlautend wurden Spamers sonstige Veröffentlichungen von 1935 bis 1937 als weltanschaulich "unklar" und ihr Autor als "noch wesentlich der alten Schule verbunden" abqualifiziert: zunächst in den von Ziegler "vertraulich" verbreiteten "Mitteilungen zur weltanschaulichen Lage"[289] und dann - mit daraus übernommenen Kernsätzen - in dem Leitfaden "Die deutsche Volkskunde" seines Hauses.[290] Dieser erschien allerdings erst 1938 und damit zu einer Zeit, als Spamer auf die Anwürfe bereits reagiert, 1936 ein erstes Rücktrittsgesuch bei der DFG eingereicht und am 4. Mai 1937 endgültig sein Amt niedergelegt hatte.[291] Nach kurzer Blüte ist damals zugleich die "Reichgemeinschaft" wiederaufgelöst worden: im Zuge einer machtpolitischen Überrollung der DFG, die vom Reichserziehungsministerium bzw. den dort der SS verbundenen Kulturpolitikern mit Einschluß des für die Geisteswissenschaften zuständigen Heinrich Harmjanz ausging.[292]

Fortan hatte Spamer mit Gegnern sowohl im Hause Rosenberg wie im Reichserziehungsministerium zu rechnen: hier wie dort schon vor der "Wende" bei der DFG kritisch ins Visier genommen. Auch gab es Konkurrenten im Fach, die ihm schon länger die Geltung eines "Führers der deutschen Volkskundeforschung"[293] geneidet hatten, wobei vor allem an Fehrle in Heidelberg und dessen Ambitionen zu denken ist, das zu schaffende "Reichsinstitut" selber zu übernehmen.[294] Zusammenwirkend belasteten diese Widrigkeiten auch Spamers Hochschulkarriere im "Dritten Reich." Um die Gunst der Zeit zu nutzen, liefen 1935 in Freiburg i. Br. und in Berlin Initiativen zur Schaffung neuer Volkskunde-Ordinariate an, in beiden Fällen mit dem Versuch verbunden, Spamer für die Besetzung zu gewinnen. In Freiburg machte sich dabei besonders John Meier für ihn stark. Der Dekan der Philosophischen Fakultät hatte zunächst Fehrle und Spamer "in gleicher Rangordnung" ins Gespräch gebracht.[295] Danach holte Staatsarchivrat Dr. Engel vom Reichserziehungsministerium bei Meier ein Gutachten über Spamer, und zusätzlich über Karl von Spieß und Lutz Mackensen, ein. Am 27. August 1935 abgeliefert, nannte es Spamer an "weitaus erster Stelle," und in einem gesonderten Begleitschreiben betonte Meier, daß man Spamer gerade in Freiburg brauche, damit er hier - in der katholischen Bischofsstadt - mit seinen Auffassungen zur religiösen Volkskunde "ultramontan angehauchten Forschern" Widerpart biete.[296] Da aber Fehrle - von 1933 bis Ende 1935 neben seiner Heidelberger Lehrtätigkeit als Hochschulreferent im badischen Unterrichtsministerium tätig - den Lehrstuhl der Universität Heidelberg und damit sich selbst zuzuschlagen verstanden hatte,[297] verliefen die Freiburger Bemühungen im Sande. Für Spamer ungünstige Tendenzen im Reichserziehungsministerium dürften dabei mit eine Rolle gespielt haben.

Deutlicher zeigten sich diese Tendenzen bei der zeitgleichen Berliner Initiative.[298] Die treibende Kraft für das Ordinariat und Spamer war an der Friedrich-Wilhelm-Universität der Germanist Arthur Hübner, der zum Amt Rosenberg tendierte und 1937 zu einem der Hauptlektoren von dessen "Reichsstelle zur Förderung des deutschen Schrifttums" bestellt wurde.[299] Hübner empfahl Spamer als den "besten theoretischen Kopf unter den Volkskundlern" und präjudizierte so einen Berufungsantrag, der am 27. Februar 1935 an das Reichserziehungsministerium gestellt wurde.[300] Dieses lehnte mit dem Vorwand fehlender Mittel am 9. April 1935 den Antrag ab, brachte aber gleichzeitig - wie in Freiburg - den Wiener Mythologen Karl von Spieß für weitere Überlegungen in Vorschlag und wollte zu diesem die Meinung der Philosophischen Fakultät hören. Es sind daraufhin von verschiedenen Volks- und Rassekundlern Gutachten über von Spieß, Mackensen und Spamer eingeholt worden, die uneinheitlich ausfielen und am meisten Kritik an von Spieß, aber auch Einwände gegen Spamer enthielten.[301] Überraschenderweise und bisher ohne genügende Aufhellung der Hintergründe kam es jedoch dann zur Berufung Spamers am 1. April 1936. Möglicherweise hatten Hübners Autorität und Verbindungen noch einmal ausgereicht, Spamer an der führenden Universität des Reiches in die neue Spitzenposition zu bringen. Daß er sie nur zu gerne annahm, muß vermutet werden, auch wenn es seit 1935 in Dresden Bestrebungen gegeben hatte, ihn am Ort zu halten und durch einen "vereinigten Lehrstuhl für Germanistik, deutsche Philologie und Volkskunde" von der Lehrerbildung zu entlasten.[302]

Bald nach der Berufung, d.h. im Juni 1936, begannen Spamers erste Versuche, sich von seinem schwierig gewordenen DFG-Ehrenamt zu trennen. Und in Berlin gab er sich wohl der Hoffnung hin, sein wissenschaftliches Ansehen neu festigen zu können.

Dabei vermied er auch weiterhin, sich mit letzter Konsequenz auf die vom Amt Rosenberg bzw. dem mächtiger werdenden SS-Ahnenerbe propagierte Weltanschauung einzulassen und seine Lehre auf die von Ziegler geforderte "rassische Grundlage" zu stellen. Andererseits aber setzte er sein vermittelndes Bemühen fort und machte in allen seinen Veröffentlichungen bis 1943 weitreichende Zugeständnisse an die NS-Ideologie. So waren in seinem Fastnachtsbüchlein von 1936[303] wörtliche Anklänge an die antichristliche Fastnachtspropaganda des "Völkischen Beobachters" zu finden.[304] Als ihm der einflußreiche, die Volkskunde in Hessen-Nassau dirigierende Ministerialrat Friedrich Ringshausen 1939 die Möglichkeit bot, seine ab 1926/28 wiederholt überarbeitete "Hessische Volkskunst" zu veröffentlichen, interpolierte er in die Druckfassung eine Serie von Stellen, die mit Schlüsselbegriffen wie "arteigene Züge der volkskünstlerischen Gestaltungen," weltbildhafte "Sinnerfüllung" der Ornamente, "Einzelstamm und Gesamtvolk," "bildhaft gestaltende Lebenskraft der Volksgemeinschaft" usw. gesucht den Bogen zu den nationalsozialistischen Auffassungen von Volk und Volkskunst schlagen.[305] Und noch in seinem (als Dokumentation schätzenswert gebliebenen) Volkskunst-Band "Sachsen"[306] rief er 1943 volkspädagogisch nach einer "Verwurzelung der heimatgebundenen Kräfte von Geist und Seele im schöpferischen Gemeinschaftserleben."[307]

Doch reichten derlei Bekenntnisse für die Rehabilitierung und Akzeptanz Spamers bei den NS-Machthabern nicht aus. Gegen die "Hessische Volkskunst" zirkulierte beim SS-Ahnenerbe eine Stellungnahme des Sinnbildforschers Karl Theodor Weigel, die sich in Übereinstimmung mit Harmjanz gegen die volksfremde Herleitung sinnbildhafter Ornamente aus der Antike und dem Mittelmeerraum richtete.[308] Und in Spamers Beitrag "Sitte und Brauch" zu dem von Wilhelm Peßler 1934 herausgegebenen "Handbuch der deutschen Volkskunde"[309] fand Matthes Ziegler nachträglich so viel an unvölkischen, "allgemein psychologischen, völkerkundlichen Gesichtspunkten," daß er 1938 wütend gegen die Ergebnisse einer "heute geradezu unverständlichen liberalistischen Einstellung" polemisierte, die den Gegnern der NS-Weltanschauung "die besten Dienste" leiste, und dies ausgerechnet von Seiten einer "heute noch amtlichen Volkskunde."[310] Anstoß erregte Spamer folglich nicht nur als eigensinnig an seinem Vorverständnis vom Volksseelischen festhaltender Wissenschaftler, sondern auch und erst recht als Lehrstuhlinhaber.

Sollte Spamer, dem diese Angriffe gewiß nicht entgingen, schließlich die Illusion gehegt haben, konzentriert auf Forschung und Lehre bessere Zeiten abwarten zu können, so trog auch diese Hoffnung. Denn sein Lehrstuhl wurde von den NS-Kulturpolitikern als so wichtig eingeschätzt, daß Spamer ein Rückzug ins Innerfachliche am wenigsten in Berlin aus dem politischen Schußfeld bringen konnte.[311] Indem der SS-Faschismus und seine Repräsentanten im Reichserziehungsministerium - seit 1937 agierte ebendort Harmjanz - den Lehrstuhl an sich zu bringen trachteten, wurde Spamer strikt beobachtet. Durch Spitzel in seinen Lehrveranstaltungen wurde versucht, das ihn belastende Material zu vermehren. Und offene Ablehnung schlug ihm 1938 entgegen, als er zum Mitglied der Preußischen Akademie der Wissenschaften gewählt worden war und das Reichserziehungsministerium die Bestätigung dieser Wahl verweigerte. Als rettender Ausweg schien sich 1942 eine Berufung nach Freiburg abzuzeichnen. Fehrle hatte damals einen Ruf an die Reichsuniversität Straßburg erhalten, und Freiburg hoffte, den badischen Volkskunde-Lehrstuhl aus Heidelberg zurückerhalten und jetzt doch noch mit Spamer besetzen zu können.[312] Doch gelang dies wie schon 1935 nicht: wegen alsbaldiger Querschüsse von Harmjanz[313] und schließlich Fehrles Verbleiben in Heidelberg. Auch sprach gegen Spamer sein Gesundheitszustand. Infolge psychischen Druckes verschlechterte sich dieser seit 1942 rapide, so daß er dann auch in Berlin bei der Lehre ausfiel.[314]

Auf jener unglücklichen Zeit und dem politischen Freispruch, der ihm 1946 in der sowjetischen Besatzungszone durch die Einsetzung in seine Akademie-Rechte zuteil wurde,[315] baute später die von der Nachkriegsvolkskunde gepflegte "Spamer-Legende" vom untadeligen, stets humanen Grundsätzen treu gebliebenen Wissenschaftler auf. Sie war Teil der Weigerung, sich mit den Verstrickungen des Faches in die NS-Politik offen und schonungslos auseinanderzusetzen. Und sie hatte die Funktion, der Volkskunde einen echten Neuanfang "ersparen" zu helfen. Entsprechend lebten auch Spamers volkspsychologische Theorien nach 1945 wieder auf: bei so wichtigen Fachvertretern wie Richard Weiß, Leopold Schmidt, Walter Hävernick und selbst Hans Moser in seinen frühen Jahren. Zu recht ist gesagt worden, daß man "in weiten Kreisen einfach wieder bei Riehl und Spamer angeknüpft" hat, und eingedenk der Dienste, die Spamers Lehren einst einem politisch herrschenden Irrationalismus leisteten, ist hinzugefügt worden, daß dies geschah, "ohne sich bewußt zu werden, daß damit alle Potenzen für den gleichen Kreislauf erhalten blieben."[316]

Anmerkungen

1. Vgl. Holzapfel 1989.
2. Zur Entstehungsgeschichte siehe Daxelmüller 1987d.
3. Grober-Glück 1988 (mit Bibliographie); Lixfeld 1989: 104-110; Gansohr-Meinel 1991.
4. Dazu Schöck 1970.
5. Vgl. Weber-Kellermann und Bimmer 1985: 70-72.
6. Jeggle 1988a: 52-58, hier 58.
7. Lixfeld 1989: 133.
8. Emmerich 1968; Bausinger 1971b.
9. So Ferdinand Tönnies 1920 im Vorwort (S. 16) der dritten Auflage seiner Hauptwerkes "Gemeinschaft und Gesellschaft" (Erstauflage 1887).
10. Meier 1916; Künzig 1927.
11. Kronfeld 1915; Bächtold 1917.
12. Maußer 1917.
13. Lixfeld 1989: 110-115.
14. So rückblickend Spamer 1933a: 10-11; vgl. dazu Spamer 1915.
15. Weber-Kellermann und Bimmer 1985: 77.
16. Vgl. Jeggle 1988a: 54 (zu Karl Weinhold).
17. Jeggle 1988a: 53.
18. Vgl. Sontheimer 1964.
19. Bergmann 1970: 178.
20. Vgl. Bausinger 1971a: 91-94; siehe zu Tönnies auch König 1955 und Zimmermann 1991.
21. Vgl. Zaunert 1922.
22. Siehe die Auflistung bei Geramb 1954: 543-562 (in dem Kapitel "Fortwirken und Vermächtnis").
23. Vgl. Bergmann 1970. Entsprechend trifft nicht zu, daß Riehl erst ab 1933 ideologisch beansprucht worden sei, wie angegeben ist bei Wiegelmann 1979b: 95-96.
24. Vgl. Lixfeld 1989: 121-127; siehe auch Assion 1985: 225-226.
25. Vgl. zu diesen Querverbindungen und ihrer ideologischen Basis Bausinger 1982.

26. Peßler 1927; zum Museumswesen in der Weimarer Republik Roth 1990: 17-82.
27. Fehrle 1920; dazu Assion 1985: 224.
28. Fehrle 1924: 183.
29. Lauffer 1920: 27-28; dazu Lixfeld 1989: 122-124.
30. Dazu Daxelmüller 1987d.
31. Vgl. im Handwörterbuch des deutschen Aberglaubens 1 (1927) Sp. 939-941 den Artikel "Bauer" mit Sätzen wie diesem: "Der Bauernstand bildet den Kern des ganzen Volkes und eine Quelle gesunder Lebenskraft, aus der die übrigen Schichten der Bevölkerung immer wieder schöpfen."
32. Vgl. Hübner 1930: 10; dazu Lixfeld 1989: 105.
33. Hampp 1972; Roller 1964.
34. Sauermann 1986.
35. Vgl. Künzig 1934: 314.
36. Wimmer 1983: 115.
37. Lauffer war seit 1908 Direktor des Museums für Hamburgische Geschichte, seit 1919/1925 ordentlicher Professor für Deutsche Altertums- und Volkskunde an der Universität Hamburg und damit der einzige volkskundliche Lehrstuhlinhaber in Deutschland; vgl. Lixfeld 1989: 122.
38. Meier 1947: 26, zitiert nach Lixfeld 1989: 133.
39. Dazu Scholze 1990: 27-81.
40. Peuckert 1931; dazu Kramer 1987: 52-56; Assion 1988: 187.
41. Ausführlicher zu Naumann: Schmook 1988; Schmook 1991a; Schmook 1991b.
42. Naumann 1925.
43. Freytag 1922.
44. Vgl. *Blätter für Thüringer Volkskunde* Nr. 2 vom 1.4.1922.
45. Spamer 1924: 67.
46. Strack 1902b.
47. Dieterich 1902.
48. Dieterich 1902.
49. Vgl. *Korrespondenzblatt des Gesamtvereins der deutschen Geschichts- und Altertumsvereine* 50 (1902), 4; Plaul 1981; Plaul 1966.
50. Meier 1906; Meier 1917; vgl. Linder-Beroud 1989.
51. Naumann 1922: 1-6.
52. Weber-Kellermann 1969: 55.
53. Naumann 1922: 1.
54. Lévy-Bruhl 1910: 323 ff.
55. Lévy-Bruhl 1921.
56. Naumann 1922: 4.
57. Schindler 1984: 33.
58. Emmerich 1971: 103.
59. Naumann 1922: 4.
60. Naumann 1922: 6. Vgl. dazu auch Naumann 1921: 17, wo noch ein Satz mehr zu lesen steht: "So betrachtet führt die Volkskunde ab von der Demokratie, wenigstens wie diese vulgär verstanden wird, führt hin zur Anerkennung der Bildungsaristokratie und der schöpferischen Persönlichkeit, in deren Händen Führerschaft und Kulturentwicklung beschlossen liegen."
61. Assion 1987a: 157. Ähnlich sprach schon Steinitz 1955: 15 von der Vorbereitung der späteren Herrenmenschenideologie, "deren Gefahr um so größer war, als es sich bei Naumann um einen gedanken- und kenntnisreichen Universitätslehrer handelte, dessen Theorie und dessen Bücher die volkskundliche Ausbildung der deutschen Lehrerschaft bestimmen." Dazu auch Weber-Kellermann und Bimmer 1985: 81-82.
62. Naumann 1921: 14.
63. Naumann 1922: 3.
64. Naumann 1929b: 641.
65. Korn 1979: 121-122.

66. Vgl. die Erklärung deutscher Universitäts- und Hochschullehrer, in: *Völkischer Beobachter* Nr. 211 vom 29.7.1932.
67. BDC Naumann, Hans, geb. 13.5.1886.
68. Naumann und Lüthgen 1933.- Nach 1945 versuchte Naumann, das Wesen dieser Bücherverbrennung zu verharmlosen, und war nicht bereit, für seine Rolle dabei irgendwelche Verantwortung zu übernehmen. In einer Selbstrechtfertigung vom 22. April 1947 schrieb er dazu u.a.: "Es waren die Korporationen, die mich baten, die Ansprache zu übernehmen, sie liegt gedruckt vor, ist wiederum fachwissenschaftlicher Art, lenkt gleich zu Beginn mit einem Bertramzitat das Ganze in die maßvollsten und tolerantesten Bahnen, und betroffen wurde schließlich nur, dank meinem Einwirken gegen ein paar damals stadtbekannte dunklere Kräfte, einige obskure ausländische politische Literatur und, in der Hauptsache, niedrigstes sexuelles Aufklärungsschrifttum, herbeigeholt einzig und allein aus kleinen Winkelleihbibliotheken. Man wußte sehr wohl, in dem man sich an *mich* wandte, daß Exzesse ausgeschlossen sein würden. Das gute Bürgertum, selbst hohe kirchliche Kreise, lobten das Ganze damals als geradezu vorbildlich." Hauptstaatsarchiv Düsseldorf. Bestand NW 1049/48957. Entnazifizierungsakte Prof. Dr. Hans Naumann. Das Engagement Naumanns bei der Bücherverbrennung war einer der Punkte, die man ihm nach dem Kriege während des Entnazifizierungsverfahrens immer wieder vorgeworfen hat und die den Ausschlag dafür gaben, ihn nicht wieder in die alte Position einzusetzen.
69. Naumann 1934: 15.
70. Kater 1974: 141.
71. Ziegler 1934a: 711.
72. Ziegler 1935a: 675.
73. Ziegler 1934a: 712, 715.
74. Ziegler 1934a: 717; vgl. im vorliegenden Band die Abhandlung von H. Lixfeld über "Die weltanschauliche Volkskunde des Amts Rosenberg."
75. Mahlberg 1937: 37-40. Joseph Mahlberg beruft sich ausdrücklich auf Ziegler, der den Naumannschen Standpunkt schon mit der notwendigen Schärfe abgetan habe. - Trotz der seit 1934 gegen ihn laufenden Kampagne und der Nichtbestätigung seiner Wahl zum Bonner Universitätsrektor 1935 blieb Naumann indessen bei Teilen der Partei in Gunst. Dies wird dadurch deutlich, daß zu seinem 50. Geburtstag 1936 in der parteiamtlichen Gauzeitung ein lobender Artikel seines Schülers Werner Betz erscheinen durfte; siehe Betz 1936.
76. Bundesarchiv Koblenz R 58/920. Fol. 20-25, 31, 48-49. Schriftwechsel von Oktober 1937 bis März 1942 zwischen der Verlagsbuchhandlung Quelle & Meyer in Leipzig, der Geheimen Staatspolizei in Leipzig und Berlin, dem Reichssicherheitshauptamt, der Reichsschrifttumskammer und der Parteiamtlichen Prüfungskommission zum Schutze des NS-Schrifttums in Berlin.
77. Vgl. Hübinger 1974: 277. - Paul Egon Hübinger behandelt in seinem Buch die gesamte Affäre Thomas Mann in aller Ausführlichkeit.
78. Briefliche Mitteilung unter dem 19.6.1987 von Prof. Dr. Gerhart Lohse, Aachen, an den Verfasser.
79. Thomas Mann: Leiden an Deutschland (XII: 688; MK 117: 256), zitiert nach Hübinger 1974: 270-271.
80. Siehe Naumann 1937.
81. Bundesarchiv Koblenz NS 21/285. Schreiben des SS-Hauptsturmführers Dr. Hans Schneider vom "Germanischen Wissenschafts-Einsatz" des Ahnenerbes an den Ahnenerbe-Kurator Prof. Dr. Walther Wüst vom 8.12.1943.
82. Es schloß sich ein Entnazifizierungsverfahren an, das sich bis 1948 hinzog und mit Naumanns Entlastung endete. Dazu Hauptstaatsarchiv Düsseldorf. Bestand NW 1049/48957. Entnazifizierungsakte Prof. Dr. Hans Naumann. Nach dem für ihn günstigen Urteil kämpfte Naumann um seine Wiedereinstellung als Hochschullehrer, doch ohne Erfolg. Nur um ordnungsgemäß in den Ruhestand versetzt werden zu können, wurde er mit Kultusministerschreiben vom 31.8.1949

zunächst in seine am 31.1.1933 bekleideten Ämter wiedereingesetzt. Gleichzeitig wurde mit Wirkung vom 1.4.1949 der Ruhestand verfügt.

83. Zur Biographie Schwieterings vgl. Ohly 1969; Hain 1959; Bringemeier 1962.
84. Archiv der Universität Frankfurt a.M. Philosophische Fakultät. Lehrstühle. Julius Schwietering.
85. Wie Anm. 84.
86. Ohly 1969: I; dazu Brednich 1983: 85-86.
87. Vgl. sein Schriftenverzeichnis in Schwietering 1969: 544-548.
88. Ohly 1969: IV.
89. Anonym: "In Berlin traf ein: Prof. Schwietering aus Frankfurt a.M." *Völkischer Beobachter* Nr. 194 vom 13.7.1939.
90. Ohly 1969: I. Zum Engagement Mogks für die Volkskunde, das diesen Lehrauftrag verpflichtend machte, vgl. Weber-Kellermann und Bimmer 1985: 72-73.
91. Ohly 1969: I.
92. Dies ergab eine Durchsicht der Vorlesungsverzeichnisse der Universitäten Leipzig, Münster und Frankfurt a.M. Auch als Altertumskundler trat Schwietering nicht mehr lehrend hervor, worauf hingewiesen ist bei Brückner 1977: 134-135 sowie Brückner 1984d: 26-27.
93. Vgl. Universität Leipzig. Verzeichnis der Vorlesungen Winter-Halbjahr 1926-27: 24.
94. Als Assistentin am Deutschen Seminar baute Mathilde Hain ab 1936 die Volkskundliche Abteilung auf und hielt volkskundliche Seminare und Übungen ab, so Hammerstein 1989: 319.
95. Sauermann 1986: 64-69.
96. Schwietering 1927; Nachdruck bei Lutz 1958: 143-157.
97. Namen wie Bastian, Wundt, Virchow usw. fallen bei Schwietering nicht. Zum tatsächlichen Verhältnis zwischen Volkskunde und Ethnopsychologie vgl. Weber-Kellermann und Bimmer 1985: 55-65.
98. Schwietering 1927, zitiert nach Lutz 1958: 145.
99. Schwietering 1927, zitiert nach Lutz 1958: 156.
100. "Für eine tiefere soziologische Durchdringung der Materie bin ich nicht gerüstet;" Schwietering 1927, zitiert nach Lutz 1958: 147-148.
101. Schwietering 1927, zitiert nach Lutz 1958: 147. Als Gewährsmann wird hierzu Albrecht Dieterich zitiert; vgl. zu dessen bäuerlich-kultureller "Mutterboden-Theorie" Dieterich 1902.
102. Schwietering 1927, zitiert nach Lutz 1958: 147.
103. Zender 1977: 30.
104. Schwietering 1927, zitiert nach Lutz 1958: 144-145, 156.
105. Schwietering 1927, zitiert nach Lutz 1958: 145.
106. Schreiber gehörte zu den Gründungsmitgliedern der Kommission; siehe Sauermann 1986: 64.
107. Vgl. Freckmann 1987: 287. Schwietering ist hierauf in seinen Schriften nicht eingegangen. Wohl aber ließ er zu, daß sich seine Schülerin Martha Bringemeier zu Schreiber bekannte und in ihrer Dissertation angab, von ihm "sehr viel Anregung" empfangen zu haben; siehe Bringemeier 1931: 4, Anm. 11.
108. Schwietering 1927, zitiert nach Lutz 1958: 157. Fachgeschichtlich hatte Schwietering dabei die vorromantische Volkskunde der Statistik und Landesbeschreibung im Blick. Weber-Kellermann und Bimmer 1985: 87 urteilen, daß die Äußerungen Schwieterings dazu angetan waren, "der Volkskunde als einer eigenständigen Wissenschaft den Todesstoß zu versetzen." Das empfanden schon die zeitgenössischen Kollegen so, und sie widersprachen dem defizitären Bild, das Schwietering von der Volkskunde gezeichnet hatte; siehe vor allem Geramb 1928.
109. Schwietering 1929; Schwietering 1933a.
110. Schwietering 1933a: 63.
111. Schwietering 1929: 243. Am Beispiel des Volksliedes wird exemplifiziert, daß auch die autochthon primitive Welt schöpferische Potentiale enthalte, ablesbar an kulturellen Eigenleistungen wie an der Umformung rezipierter Kulturformen. So argumentierte auch Spamer gegen Naumann; vgl. Spamer 1924.
112. Schwietering 1929: 243.

113. Schwietering 1929: 242. Da Schwietering fast stets auf Anmerkungen verzichtete, ist nicht beweisbar, daß er diesen Aspekt Eduard Sprangers berühmtem Vortrag "Der Bildungswert der Heimatkunde" (1923) verdankte. Doch ist dies wahrscheinlich, hatte doch auch Spranger dem tiefen "Heimaterlebnis" gemeinschaftsbildende Kraft zugeschrieben und dieses als etwas "tief Religiöses" angesetzt.
114. Schwietering 1933a: 59.
115. Dies allerdings aufgrund der Dissertation seiner Schülerin Martha Bringemeier; vgl. Bringemeier 1931.
116. Bausinger 1971a: 212 (zugleich für die Schwietering-Schule).
117. Schwietering 1933a: 60.
118. Schwietering 1932/41: 130-132.
119. Schwietering 1932/41: 264, 268-269, 280.
120. Sauermann 1986: 67.
121. Sauermann 1986: 69; dazu auch Weber-Kellermann und Bimmer 1985: 87. Zu den Wirkungen über Deutschland hinaus vgl. Weiss 1946: 50.
122. Wiegelmann 1979a: 67-86; Sauermann 1986: 67-69.
123. Dazu Jeggle 1984a: 29-31.
124. Bringemeier 1931: Hagemann 1931; Mahr 1939.
125. Brinkmann 1933.
126. Hain 1936.
127. Hain 1951; Ohly 1960.
128. Bringemeier 1931: 3.
129. Bringemeier 1931: 3.
130. Vgl. Hain 1936: 13-14.
131. Hagemann 1931: 2.
132. Wiegelmann 1979a: 69; Sauermann 1986: 69.
133. So Weber-Kellermann und Bimmer 1985: 87 (im Anschluß an Hain 1959: 133). Vgl. auch Emmerich 1968: 142 mit der günstigen Einschätzung, daß Schwieterings "der Soziologie nahestehende Anregungen [...] der deutschen Volkskunde theoretisch und praktisch bedeutend weitergeholfen" hätten.
134. Schwietering 1935: 77.
135. Zur Präsenz der Soziologie an den Hochschulen, denen Schwietering angehörte, siehe Stölting 1986: 117-124 (Frankfurt a.M.), 129-133 (Münster), 133-140 (Leipzig).
136. Siehe Rammstedt 1986: 57-59.
137. Rumpf 1931; Boehm 1932; Ipsen 1933 a.
138. Vierkandt 1908 und 1928; Ipsen 1933 a und b; Freyer 1928 und 1930.
139. Schwietering 1929: 238 (Vierkandt 1928); Schwietering 1933b: 3 (Ipsen 1933a).
140. Schwietering 1929: 238.
141. Vierkandt 1908 liest sich wie eine vorweggenommene Kritik an Naumann.
142. Vgl. Stölting 1986: 138-139, 218-219. Siehe zu Ipsen auch die "Biographischen Notiz" und das Schriftenverzeichnis bei Jürgensen 1967: 167-174.
143. Bringemeier 1931: 2-6. Zu Freyer vgl. Stölting 1986: 113-114.
144. Dazu Rammstedt 1986: 47-48. Zur NS-Soziologie und ihrer Verbindung mit der Volkskunde auch Rammstedt 1985 (zu Martha Bringemeier hier: 290). Kennzeichnend für die Amalgamierung beider Fächer unter ideologischem Vorzeichen war, daß ab 1934 der "Volksspiegel" als (ab damals) offizielles Organ der Deutschen Gesellschaft für Soziologie volkskundliche Aufsätze brachte, während der Soziologe Ipsen von 1938 bis 1941 als Mitherausgeber der "Zeitschrift für Volkskunde" fungierte. Das dabei wirksame Verständnis von der Volkskunde als (volks-) soziologischem Fach vertrat noch nach 1945 Wilhelm Brepohl. Vgl. Brepohl 1953. Entsprechend muß auch hier davor gewarnt werden, am plakativen Gebrauch der Begriffe "Soziologie" und "soziologisch" den Forschritt der Volkskunde zu einer Sozialwissenschaft festzumachen.

145. Vgl. Lixfeld 1989: 135. Ob die Absage bereits mit den Anfeindungen zu tun hatte, denen Naumann von Parteikreisen her unterlag, ist ungeklärt. Die Kampagne des Amtes Rosenberg setzte erst 1934 gegen ihn ein; siehe dazu oben Schmook/Assion.
146. Schwietering 1933b; siehe dazu auch Strobach 1987: 26-27, der die inhaltlichen Unterschiede zwischen dem Schwietering-Referat und dem penetrant faschistischen Vorwort herausarbeitet, das Fehrle dem Abdruck voranstellte.
147. Schwietering 1933b: 5.
148. Schwietering 1933b: 7.
149. Schwietering 1933b: 8.
150. Schwietering 1933b: 9.
151. Schwietering 1935: 69.
152. *Nationalsozialistische Monatshefte* 6, Heft 69 (1935): 1156-1157.
153. Bringemeier 1934; dazu *Nationalsozialistische Monatshefte* 7, Heft 71 (1936): 198 (Rezension von K. H. Henschke).
154. BDC Bringemeier, Martha, geb. 15.2.1900. NSDAP-Gaugericht Westfalen-Süd, Akt.-3, I Da. 2/39, Beschluß in Sachen der Dr. Bringemeier. Aus dem Schlußurteil geht hervor, daß das zuständige Kreisgericht der NSDAP am 21.4.1938 ihre Mitgliedschaft abgelehnt hatte, weil sie die zur Volkskunde gehörende Erforschung der Volksfrömmigkeit "vom konfessionellen und nicht ausschließlich vom wissenschaftlichen Standpunkt aus betreibe." Danach hatte M. Bringemeier Dienstaufsichtsbeschwerde gegen das Kreisgericht erhoben (15.12.1938). Beim Gaugericht Westfalen-Süd sprachen die Rezensionen der *Nationalsozialistischen Monatshefte* und ein beim Amt Rosenberg eingeholtes, von Prof. Dr. Georg Fischer verfaßtes Gutachten gegen sie. Gleichwohl wurde am 19.8.1939 günstig für sie entschieden.
155. Ziegler 1936a: 9.
156. Ohly 1969: XV.
157. Archiv der Universität Frankfurt a.M. Philosophische Fakultät. Lehrstühle. Julius Schwietering. Personal-Fragebogen für Hochschulbeamte, ausgefüllt von Schwietering am 20.11.1945. Den Angaben Schwieterings zufolge hatte Gumbel negative Gutachten über ihn an das Braune Haus in München und an verschiedene Universitäten geschickt.
158. BDC Schwietering, Julius, geb. 25.5.1884 (kein NSDAP-Eintritt).
159. Ohly 1969: XV.
160. Archiv der Humboldt-Universität Berlin. Personalsachen. Schreiben des Dekans der Philosophischen Fakultät an den Rektor und den Reichserziehungsminister vom 19.6.1937 mit Begründung der Berufungsvorschläge.
161. Nach Hermann Schneider (Tübingen) und Julius Schwietering - der nach einer Absage Schneiders zum Zuge gekommen zu sein scheint - nahm Naumann immerhin den dritten Platz auf der Berufungsliste ein. Doch hieß es über ihn in dem Schreiben des Dekans vom 19.6.1937 (wie Anm. 160), daß bei aller anregenden Art die "innere Festigkeit des Standpunktes" fehle.
162. Bundesarchiv Koblenz NS 8/185. Fol. 132-133. Schreiben des Braunen Hauses - gezeichnet Steiger - vom 26.3.1941 an das Amt Rosenberg in Berlin zum Betreff: "Lage auf dem Gebiet der Germanistik."
163. Archiv der Humboldt-Universität Berlin. Habilitationsakte Leopold Schmidt. Gutachten Spamers vom 27.8.1942, Gutachten Schwieterings vom 15.12.1942.
164. Siehe dazu den Beitrag von Liesenfeld/Nikitsch in vorliegendem Band.
165. Archiv der Universität Frankfurt a.M. Philosophische Fakultät. Personalsachen. Schreiben des Reichsdozentenbundführers in Sachen M. Hain an den Frankfurter Dozentenbundführer vom 27.4.1938.
166. Darauf bezügliche Aktenvorgänge im Archiv der Universität Frankfurt a.M.
167. Nach Schwieterings Abgang beantragte die Universität schon am 9.9.1938 die Verselbständigung der Volkskunde und die Besetzung des erwünschten Lehrstuhls mit Heinrich Harmjanz (Königsberg), der dann mit Wirkung vom 1.10.1938 berufen wurde; siehe Archiv der

Universität Frankfurt a.M. Philosophische Fakultät. Lehrstühle. Harmjanz hatte an seiner Berufung kräftig mitgewirkt; dazu Hammerstein 1989: 371-373.

168. Vgl. Harmjanz 1943.
169. Siehe Hain 1951.
170. Archiv der Universität Frankfurt a.M. Philosophische Fakultät. Personalsachen. Selbstverfaßter Lebenslauf von M. Hain vom 15.5.1947.
171. Hain 1942.
172. Wie Anm. 170. Als Habilitationsschrift lag die Ulfaer Sprichwortstudie vor mit dem Titel "Sprichwort und Bild im Sprachleben eines oberhessischen Dorfes" (gedruckt Hain 1951).
173. Archiv der Universität Frankfurt a.M. Philosophische Fakultät. Institut für Volkskunde.
174. Zur Biographie Spamers vgl. Weber-Kellermann 1953; Sieber 1955a; Weber-Kellermann 1984; Burde-Schneidewind und Geissler 1984; Sokol 1985b: 9-16.
175. Spamer soll damals von einem Münchner Kollegen in Jena als "Kommunist" denunziert worden sein. Er selbst macht diese Angabe in einem 1946 in der sowjetischen Besatzungszone geschriebenen Lebenslauf, aus dem ausgiebig bei Weber-Kellermann 1984 zitiert ist, siehe hier: 199. Ohne quellenkritische Bewertung sind Spamers Aussagen auch sonst immer wieder herangezogen worden, um für ihn den Nachweis "linker," demokratischer Gesinnungskontinuität zu führen.
176. Vgl. Weber-Kellermann 1984: 199-200. Um die damalige Lage der Volkskunde zu kennzeichnen, schrieb Spamer im Rückblick 1934, daß für ihn durch die Frankfurter Universität ein Lehrauftrag für Volkskunde beantragt, vom Ministerium aber nur ein solcher für ein germanistisches Proseminar bewilligt worden sei, weil man die Volkskunde noch nicht als Wissenschaft, "sondern als Sonntagsjägerei auf geistigem Gebiet" betrachtet habe, siehe Spamer 1934g: 2. Die Frankfurter Vorlesungsverzeichnisse jener Zeit weisen aus, daß er regelmäßig zwei, ab Sommersemester 1925 drei Lehrveranstaltungen anbot, die überwiegend der älteren deutschen Literatur und Sprache mit Schwerpunktsetzung bei der Mystik gewidmet waren. Nur mit folgenden Übungen und Vorlesungen wurde auch die Volkskunde berücksichtigt: "Anleitung zu wissenschaftlichen Arbeiten auf dem Gebiet der Volkskunde" (SS 1921), "Einführung in die Volkskunde" (WS 1921/22), "Deutsche Volkskunde des Weltkriegs" (WS 1922/23), "Deutsche Volkskunde" (WS 1923/24), "Volkskundliches Kolloquium: Problemstellungen und Forschungsstand an Hand der neuen Literatur" (SS 1935).
177. Vgl. sein Schriftenverzeichnis bei Bellmann 1953.
178. Seine diesbezüglichen Vorarbeiten überließ Spamer später Josef Quint für dessen im Auftrag der DFG herausgegebene Eckhart-Edition (Stuttgart 1936 ff.).
179. Vgl. Weber-Kellermann und Bimmer 1985: 70.
180. Vgl. Höck 1976; Kramer 1980; 131-132; Weber-Kellermann und Bimmer 1985: 70-71; Sokol 1985b: 9-10; siehe außerdem den Rückblick auf die Anfänge der "Hessischen Vereinigung für Volkskunde" bei Martin 1961: 158-159. Zunächst war von Behagel unter dem Dach des "Oberhessischen Geschichtsvereins" (gegr. 1878) eine "Sektion für hessische Volkskunde" (gegr. 1897) geschaffen und geleitet worden, die sich auf Drängen Stracks und Albrecht Dieterichs 1901 als "Hessische Vereinigung für Volkskunde" verselbständigte.
181. Siehe seinen Lebenslauf von 1946 bei Weber-Kellermann 1984: 198.
182. Zu Friedrich von der Leyen, der 1894 bei Karl Weinhold in Berlin promoviert und sich 1899 in München habilitiert hatte, siehe *Neue Deutsche Biographie* 14, 1985: 433-434.
183. Weber-Kellermann 1984: 198; Wimmer 1987d: 129; Möhler 1987: 42-43; vgl. dazu Spamer 1914; Spamer 1915.
184. Wimmer 1987d: 132-133.
185. Weber-Kellermann 1953: 94.
186. Vgl. Weber-Kellermann 1984: 199.
187. So Spamer in seinem Lebenslauf von 1946, siehe Weber-Kellermann 1984: 199.
188. Karl Helm hatte sich 1899 mit Behagels Hilfe in Gießen habilitiert und von 1904 bis 1919 als außerordentlicher Professor in Gießen gewirkt, war Mitbegründer der "Hessischen Vereinigung

für Volkskunde" und von 1904 bis 1919 Schriftleiter der "Hessischen Blätter für Volkskunde." 1919 wurde er nach Würzburg, 1920 nach Frankfurt a.M., 1921 nach Marburg berufen, siehe *Neue Deutsche Biographie* 8, 1969: 491-492 sowie Martin 1961.

189. Weber-Kellermann 1984: 199.
190. Spamer 1924.
191. Spamer 1928a; 1928b; 1929; 1933a; 1934e; 1934d; 1935a.
192. Weber-Kellermann und Bimmer 1985: 71.
193. Hoffmann-Krayer 1902.
194. Strack 1902a, 1902b; dazu Weber-Kellermann und Bimmer 1985: 71.
195. Vgl. Assion 1985: 221-223.
196. Dieterich 1902.
197. Dieterich 1902: 191; zur vergleichenden Methode der Gießener siehe auch Höck 1976: 8-9.
198. Vgl. Spamer 1928a: 29.
199. Vgl. Spamer 1928a: 27-28.
200. Dazu Lutz 1969: 70-72; Bausinger 1971a: 49-50; Weber-Kellermann und Bimmer 1985: 58-59.
201. Spamer 1928a: 28-29.
202. Vgl. Plaul 1981; siehe zu Mogk auch Weber-Kellermann und Bimmer 1985: 72-73.
203. Plaul 1981: 41.
204. Spamer 1924; siehe auch Spamer 1934e: 6.
205. Spamer 1910: 14.
206. Spamer 1910: 9.
207. Schon 1915 sprach er vom Krieg als einer "erregten Zeit," siehe Spamer 1915: 72; vgl. dazu dann Spamer 1933a [1929]: 10-11.
208. Spamer 1933a [1929]: 10-11.
209. Spamer 1933e: 84-85.
210. Vgl. Sokol 1985b: 29.
211. Vgl. Jacobeit 1965b: 125; Scholze 1990: 29, 30-40.
212. Als bisherige Versuche hierzu sind die kritischen Arbeiten von Strobach 1973: 66-70, Sokol 1985b, Scholze 1990: 31-47 und Scholze 1991b: 53-60 schätzenswert. Bei Emmerich 1968 ist Spamer im wesentlichen übergangen. Die sonstige fachgeschichtliche Literatur hebt - mit meist positiver Bewertung - nur Teilaspekte der Spamerschen Lehre und Forschungspraxis hervor.
213. Siehe Spamer 1934c: 7 und 1935a [1932]: 85.
214. Spamer 1933a [1929]: 8.
215. Spamer 1924.
216. Spamer 1924: 93.
217. Sollte es zutreffen, daß Spamer schon seit den 1920er Jahren als "linker" Volkskundler gegolten hat (vgl. Weber-Kellermann 1953: 94 und Weber-Kellermann 1984: 199), so war an dieser oberflächlichen Einschätzung wohl das ihn von Naumann Trennende maßgeblich beteiligt. Noch Sokol 1985b: 22 erkennt an, daß Spamers Verallgemeinerung des Grundgeistigen "jeder bürgerlichen Theorie einer geistigen Elite und einer Herrenmenschenideologie" widersprochen habe.
218. Spamer 1933a [1929]: 8.
219. Spamer 1934c: 4.
220. Spamer 1935a [1932]: 79.
221. Spamer 1933a [1929]: 34. Ähnlich Spamer 1928a: 11 und 1935a [1932]: 78.
222. Zur Kritik an Schwietering siehe Spamer 1928a: 16 und 1934c: 8 (hier ohne Namensnennung des Kollegen).
223. Spamer 1934c: 4.
224. Spamer 1934c: 11.
225. Spamer 1934c: 3.
226. Spamer 1924: 28 und 1928a: 18.
227. Deren wichtigste Ergebnisse siehe bei Spamer 1939 und 1943.

228. Spamer 1935a [1932]: 82.
229. Spamer 1935a [1932]: 82.
230. Vgl. dessen Volksliedstudien und ihren theoretischen Ertrag: Meier 1906a; Meier 1906b; Meier 1917.
231. So Friedrich Sieber im Vorwort zur Neuauflage Spamer o.J.: 10. (nach 1952) von Spamer 1943.
232. Spamer 1928b.
233. Scharfe 1974b (mit ausführlicher Diskussion des Spamerschen Ansatzes).
234. Vgl. Spamer 1934c: 10-11, wo Geschichte und Kulturgeschichte als ein "ewiger Kampf" zwischen "übergeschichtlichen Strebungen" und "geschichtlichen Bildungen" interpretiert sind. Für Spamers Programmatik war die Zurückgewinnung des Ewigen aus dem Historischen maßgeblich, und nur so ist zu verstehen, daß er der Volkskunde auch zuschrieb, "in erster Linie und in ihrem Arbeitskern ein historisches Fach" zu sein (Spamer 1928a: 32). Wie wenig ihm die Historizität der Volkskultur prinzipiell galt, wird allein schon an seinem laxen Umgang mit Epochenbegriffen, Stilbezeichnungen, Datierungen usw. sichtbar, vor allem in seinen Volkskunst-Büchern, vgl. Spamer 1939; Spamer 1943.
235. Spamer 1933a [1929]: 16-17. Vgl. auch Jacobeit 1965b: 134-137.
236. Siehe Jacobeit 1965b: 126-127.
237. Spamer 1924: 93.
238. Spamer 1934 f.
239. Scholze 1990: 41, Anm. 22.
240. Spamer 1927; Spamer 1933a [1929]; Spamer 1935a [1932].
241. Spamer 1933a [1932]: 30-32; Spamer 1934c: 9-10; Spamer 1935a [1932]: 81, 84.
242. Vgl. Spamer 1928a: 17, 19, 32-33, 35, 49.
243. Scholze 1990: 46.
244. Spamer 1915: 72.
245. Spamer 1924: 93.
246. Jeggle 1988a: 57.
247. Dazu Scholze 1990: 29, 37-38.
248. Vgl. Spamer 1924: 93.
249. Spamer 1928a: 12.
250. Vgl. etwa Spamer 1935a [1932]: 77, 79.
251. So argumentiert Jeggle 1988a: 56 mit Bezug auf kongeniale Äußerungen Hoffmann-Krayers und Mogks.
252. Spamer 1928a: 61.
253. Spamer 1935a [1932]: 77.
254. Zu Spamers Aktivitäten ab 1933 vgl. unten.
255. Scholze 1990: 31.
256. Vgl. Lixfeld im vorliegenden Band im Kapitel "Die Abteilung Volkskunde der Reichsgemeinschaft - Adolf Spamers unvollendetes Reichsinstitut für deutsche Volkskunde."
257. Spamer 1928a: 50, 63-64.
258. Spamer 1933a [1929]: 39.
259. Spamer 1933a [1929]: 39.
260. Vgl. Lixfeld 1989.
261. Spamer 1928a: 47-50.
262. Spamer 1928a: 49.
263. Spamer 1933a [1929].
264. Spamer 1933a [1929]: 39.
265. Spamer 1933a [1929]: 9; zu Äußerungen Spamers von 1936, die die "erbeigenen Lebenskräfte" und "rassischen Anlagen" als forschungsrelevante Faktoren herausstellen, siehe Scholze 1991b: 60 Anm. 10.
266. Vgl. Bausinger 1965b: 183, Anm. 19; Assion 1985: 226. Zum Vordringen rassenideologischen Gedankenguts in der Volkskunde siehe auch Trümpy 1987.

267. Spamer 1928a: 10.
268. Spamer 1934d: 435.
269. Spamer 1928a: 9.
270. Fehrle 1934a.
271. Spamer 1934c: 4.
272. Spamer 1934c: 10.
273. Spamer 1934c: 11.
274. Spamer 1934c: 11.
275. Spamer 1934c: 12.
276. Vgl. Strobach 1973: 70.
277. Ausführlich hierzu Lixfeld (wie Anm. 256); vgl. auch Strobach 1973: 67.
278. Lixfeld (wie Anm. 256).
279. Siehe Spamer 1934g.
280. Spamer 1934g: 5.
281. Zitiert nach Lixfeld 1991b: 93. Nach Lixfeld auch das folgende.
282. Vgl. dazu Spamer 1936a.
283. Siehe Vorschläge 1933: 94-150 (Frageplan der Herren Professoren Dr. Spamer-Dresden und Dr. Wildhagen-Berlin); dazu Gansohr-Meinel 1991: 119-126.
284. Zu Wildhagen und seinen Verbindungen zum Amt Rosenberg ausführlich Lixfeld 1991b: 92-93.
285. Dazu Jacobeit 1965b: 140-141; Gansohr-Meinel 1991: 183-185; Lixfeld (wie Anm. 256).
286. Vgl. Lixfeld im vorliegenden Band im Kapitel "Die Zerschlagung der Abteilung Volkskunde und Verfolgung Adolf Spamers durch die nationalsozialistischen Machthaber."
287. Ebendort.
288. Deutsche Volkskunde im Schrifttum 1938: 17-18, I/33.
289. Z.B. *Mitteilungen zur weltanschaulichen Lage* 7, Dezember 1937: 4. Bundesarchiv Koblenz NSD 16/4a.
290. Deutsche Volkskunde im Schrifttum 1938: 17-18, 52, I/30, I/33, IV 60-61.
291. Lixfeld 1991b: 116.
292. Lixfeld 1991b: 116-117.
293. So ist seinerzeit Spamer allgemein bezeichnet worden, wie mit einer Rezension seiner "Deutschen Fastnachtsbräuche" (Spamer 1936b) zu belegen ist, die der badische Volkstumspfleger Hermann Eris Busse veröffentlichte, siehe Busse 1936.
294. Mit einer an Rosenberg übersandten Denkschrift vom 13. Januar 1935 warb Fehrle für ein "Reichsinstitut für Volkskunde" mit Sitz an der Universität Heidelberg, wobei er mit indirekten Angriffen auf Spamer und Naumann ("heimatlose Intellektualisten") nicht sparte, siehe Lixfeld (wie Anm. 256).
295. Schreiben an das Rektorat der Universität Freiburg i. Br. vom 14.4.1935, zitiert bei Dehnert 1989: 150-151.
296. Deutsches Volksliedarchiv Freiburg i. Br. Aktenordner 118. Reichs- und Preußisches Ministerium für Wissenschaft, Erziehung und Volksbildung A - Z vom 1.1.1935 bis 31.12.1940. Schreiben Meiers vom 27.8.1935 an Engel.
297. Vgl. Assion 1985: 229-230. Eine erste Entscheidung für Heidelberg war schon 1934 gefallen, aber offenbar in Freiburg wegen älterer Anrechte an der Professur nicht akzeptiert worden. Als der Freiburger Rektor 1937 erneut auf einen Freiburger Volkskunde-Lehrstuhl drang, schrieb er am 30.11.1937 an das Badische Unterrichtsministerium, die Universität Heidelberg habe "eine Professur freizumachen für die von Freiburg dorthin übertragene volkskundliche Professur." Archiv der Philosophischen Fakultäten der Universität Freiburg. Akte "Institut für Volkskunde." Schreiben des Rektors vom 30.11.1937 an Frank.
298. Dazu Jacobeit und Mohrmann 1982.
299. Vgl. *Bücherkunde* 4, 1937: 63 - Prof. Dr. Hübner Hauptlektor für "Mittelalterliche Literatur- und Geistesgeschichte."
300. Jacobeit und Mohrmann 1982: 286-287.

301. Jacobeit und Mohrmann 1982: 288-289.
302. Briefl. Mitteilung W. Jacobeits vom 23.7.1986.
303. Spamer 1936b.
304. Dietz-Rüdiger Moser 1982: 216.
305. Spamer 1939: 109-113.
306. Spamer 1943.
307. Zitiert nach der Neuauflage Spamer o. J. (nach 1952): 113.
308. Bundesarchiv Koblenz NS 21/301. Schreiben Weigels vom 3.8.1939 an das SS-Ahnenerbe in Berlin.
309. Spamer 1934b.
310. Besprechung von Spamer 1934b. *Mitteilungen zur weltanschaulichen Lage* Nr. 9, Februar 1938: 1-3. Bundesarchiv Koblenz NSD 16/4a.
311. Zum folgenden vgl. Spamers eigene Darstellung bei Weber-Kellermann 1984: 202-203.
312. Vgl. Dehnert 1989: 156-158.
313. Vgl. dazu die Hinweise Spamers bei Weber-Kellermann 1984: 203.
314. Vgl. dazu oben das Kapitel "Julius Schwietering."
315. Zu Spamers Wirken ab 1946 in Ost-Berlin vgl. den Beitrag von Ute Mohrmann im vorliegenden Band; siehe auch Strobach 1991b: 208-209.
316. W. Spiewok in: *Weimarer Beiträge* 1961: 358, zitiert nach Strobach 1973: 48.

JÜDISCHE VOLKSKUNDE IN DEUTSCHLAND ZWISCHEN ASSIMILATION UND NEUER IDENTITÄT. ANMERKUNGEN ZUM GESELLSCHAFTLICHEN BEZUG EINER VERGESSENEN WISSENSCHAFT

CHRISTOPH DAXELMÜLLER

"Unsere Zionisten klammern sich aus Angst, sie könnten sie verlieren, an ihre jüdischen Sitten und Gebräuche, als bedeute für sie Vergessen - und sei es auch nur ein Bruchteil ihrer Tradition - die Vertreibung aus dem Gelobten Land, den Verlust der Verheissung."[1]

Dieses Zitat, das die geistige Situation des Zionismus nach der Jahrhundertwende ebenso zutreffend zu beschreiben wie dessen Beteiligung an der jüdischen Volkskunde zu erklären scheint, entstammt nicht einem jüdisch-volkskundlichen Manifest, sondern der Feder Fania Fénelons, eines Mitglieds des sog. "Auschwitzer Mädchenorchesters," die in ihren Erinnerungen kurz auch jene aus Verzweiflung und Todesangst geborene Frömmigkeit im Konzentrationslager streift. Daß es nicht nur zufällig auf die Charakterisierung jener Phase übertragbar ist, in der eine auf abgesicherter institutioneller Basis betriebene jüdische Volkskunde in Deutschland und Österreich tätig war, zeigt die historische Situation; sie unterschied sich lediglich in einer Hinsicht von der Zeit zwischen 1933 und 1945: Noch bedeutete es keine akute oder gar extreme Lebensgefahr, Jude zu sein.

Volkskunde, Institution, Individuum

Die Selbstverständlichkeit, mit der heute im deutschsprachigen Raum die Disziplin "Volkskunde" (Europäische Ethnologie, Empirische Kulturwissenschaft, Kulturanthropologie) an den Universitäten unterrichtet wird, hat zu einer einseitigen Lähmung des Bewußtseins geführt: Während man viele Jahre lang immer wieder über Theorien, Methoden und Ziele des Faches, über das Unbehagen am Kanon, der die Erzähl- wie die Sachkulturforschung, museologische, literarische, alltags-, sozial- und wirtschaftsgeschichtliche Aspekte zu einer vielköpfigen monströsen Hydra vereinigt, nachdachte, vergaß man schlichtweg die eigene Standesgeschichte. Erst als man sich mit der *Institution* "Volkskunde" auseinanderzusetzen begann, nahm die Bouillabaisse, jene aus Abfällen wie dem vom Germanisten vereinzelt behandelten Märchen, dem vom Kunsthistoriker traktierten Bauernmöbel oder den magischen und abergläubischen Anschauungen des Volkes, über die der Religionswissenschaftler in einem Mußesemester seine Vorlesung bestritt, Geschmack und Gestalt als eine polyhistorische Unterrichts- und Forschungsdisziplin an. Denn plötzlich ergab die Kanonvielfalt als Summe pluralistischer und meist sehr individueller Interessen einen Sinn. Doch obwohl das gegenwärtige Berufsfeld "Volkskunde" eine Präzisierung erfahren hat, bleibt die Berufsbezeichnung "Volkskundler" - letztlich als Folge der fach- und wissenschaftshistorischen Entwicklung - weiterhin ungeschützt. Im Gegensatz zu Ärzten und Juristen darf sich jeder, der sich einmal in der Festtagsbeilage einer Tageszeitung Gedanken über den germanisch-heidnischen Ursprung einer rezenten Brauchform gemacht hat, mit diesem Titel schmücken und unter bestimmten Voraussetzungen in das von Eva Heller auf eine Anregung von Wolfgang Brückner hin bearbeitete Heft "Volkskundler in und aus Bayern heute" aufnehmen lassen.[2]

Allerdings ist Brückner mit dem Würzburger Institutionen-Symposion von 1982 einer der wichtigsten Denkanstöße der vergangenen Jahre zur Fachgeschichte zu verdanken; er lenkte nämlich den Blick auf die Entstehungs*bedingungen* und machte dadurch deutlich, daß Volkskunde nicht nur aus Inhalten und Methoden, sondern auch aus alltäglichen Lebensbedingungen und oft sehr konkreten Situationen wie z.B. Arbeitsmöglichkeiten besteht; kurzum: Am Beginn der akademischen Forschungs- und Ausbildungsgeschichte befanden sich erst einmal fachfremde Dilettanten.[3]

Gestalten, Tendenzen, Ziele

Auf die jüdische Volkskunde übertragen heißt dies, daß Dr. Max (Meir) Grunwald (1871-1953), der 1898 nach zweijähriger Vorbereitung und mit Unterstützung der Henry Jones-Loge U.O.B.B. in Hamburg die "Gesellschaft für jüdische Volkskunde" sowie ein "Museum für jüdische Volkskunde" gründete, das erste Museum der Welt, das diese Bezeichnung trug, weder von seiner akademischen Ausbildung noch von seinem Broterwerb her "Volkskundler" war.[4] Er hatte nämlich neben jüdischer Theologie am "Jüdisch-Theologischen Seminar (Fraenckelscher Stiftung)" in Breslau auch an der dortigen Universität Lehrveranstaltungen u.a. in Kunstgeschichte und Germanistik belegt, seine Interessen erstreckten sich von der Musikwissenschaft bis hin zur arabischen Philologie, die zu studieren ihm allerdings einer seiner Lehrer, der berühmte Historiker Heinrich Graetz (1817-1891), abgeraten hatte. Breslau spielte in zweifacher Hinsicht eine wichtige Rolle: Zum einen erwuchsen aus dem Lehrer- und Schülerkreis neben Grunwald selbst der "Gesellschaft für jüdische Volkskunde" etwa mit dem Historiker Marcus Brann (1849-1920), dem Sprachwissenschaftler und Folkloristen Moses Gaster (1856-1939), dem Polyhistoren David Kaufmann (1852-1899) oder dem späteren Kopenhagener Oberrabbiner und Bibliophilen David (Jacob) Simonsen (1853-1932) eine Reihe aktiver Mitglieder und Mitarbeiter, zum anderen wurde, wie Alexander Altmann betonte, jene zweite Generation wissenschaftlich ausgebildeter Rabbiner von unschätzbarer Bedeutung für die "Wissenschaft des Judentums" generell:

> "*The latter group included such brilliant scholars as Wilhelm Bacher, Adolf Büchler, Ismar Elbogen, Ismar Freund, and Julius Guttmann among others. From the ranks of practising rabbis about thirty made occasional contributions to scholarship and more than twenty were outstanding scholars in*

the Judaic field. To the latter category belonged men like Leo Baeck, Philipp Bloch, Max Freudenthal, Max Grunwald, Moritz Güdemann, Jakob Guttmann, Benno Jacob, Adolf Kober, Felix Perles, David Simonsen, Max Wiener and Moses Samuel Zuckermandel."[5]

Grunwald promovierte 1892 mit einer vielbeachteten Arbeit über den Philosophen Baruch Spinoza[6] und hatte zuvor seine ersten volkskundlichen Gehversuche in der vom Germanisten Friedrich Vogt geleiteten "Schlesischen Gesellschaft für Volkskunde" unternommen.[7] Seinen Lebensunterhalt verdiente er sich seit 1895 an der im gleichen Jahr eingeweihten Neuen Dammtor-Synagoge in Hamburg als deren erster Rabbiner und von 1903 bis 1931 zuerst an kleineren Synagogen und schließlich am Großen Leopoldstädter Gemeindetempel in Wien, inmitten der "Mazzesinsel."[8] Sein organisatorisches Engagement für den Aufbau einer jüdischen Volkskunde und sein umfangreiches wissenschaftliches Gesamtwerk[9] stellten folglich bestenfalls eine Neben- und Freizeitbeschäftigung neben seinen anderen zahlreichen Aufgaben als Seelsorger dar. Doch eben dieser Beruf ließ ihn im Brennpunkt des politischen und gesellschaftlichen Alltags stehen.[10]

Es scheint berechtigt, die Historiographie der jüdischen Volkskunde in Mitteleuropa zwischen 1898 und 1933 auf die *Gestalt* Max Grunwalds zu konzentrieren und von dieser aus Entwicklungen und *Tendenzen* nachzuvollziehen, andere, oft nur vereinzelte volkskundliche Aktivitäten in lokalen historischen und ethnographischen Vereinen, etwa in Frankreich, England, Polen oder Ungarn, aber hier erst einmal unberücksichtigt zu lassen.[11] Dagegen mag man einwenden, daß Grunwald wegen seiner nur kurzen Amtstätigkeit in Hamburg bestenfalls die Anfänge der "Gesellschaft für jüdische Volkskunde" hätte mitbestimmen können. Doch er blieb nicht nur für die Herausgabe der "Mitteilungen (der Gesellschaft) für jüdische Volkskunde" verantwortlich, sondern er prägte auch maßgeblich das Profil dieser Wissenschaft, während das Engagement seiner Nachfolger in der Leitung der Hamburger Gesellschaft eher organisatorischer Natur war. Nach Grunwalds Umzug nach Wien übernahm Paul Rieger (1870-1939) den Vorsitz. Er hatte wie sein Vorgänger in Breslau studiert, dort 1894 mit der im gleichen Jahr in Berlin erschienenen Arbeit "Versuch einer Technologie und Terminologie des Handwerks in der Mischna" promoviert, 1896 eine Stelle als Rabbiner in Potsdam angetreten und war im April 1902 als Prediger des Tempelverbandes nach Hamburg berufen worden.[12] Rieger behielt den Vorsitz bis 1916, ihm folgte der Rabbiner an der Dammtor-Synagoge, Dr. Abraham Löwenthal (1868-1928), der jedoch bereits zum 1. April 1917 nach Berlin ging.[13] Von 1917 bis 1942 leitete der 1879 geborene Nathan Max Nathan die Geschicke der Gesellschaft. Er hatte 1905 mit der Schrift "Ein anonymes Wörterbuch zur Mishna und Jad hahazaka" promoviert und 1906 in Berlin das Rabbinatsdiplom erworben, wirkte seit 1912 als Syndikus der Deutsch-Israelitischen Gemeinde in Hamburg, betreute u.a. das Gemeindeblatt und wurde am 19. Juli 1942 ins Konzentrationslager Theresienstadt deportiert und kurz später umgebracht.[14] Die Zahl der von ihnen in den "Mitteilungen (der Gesellschaft) für jüdische Volkskunde" veröffentlichten Beiträge nimmt sich im Vergleich zu Grunwalds Œuvre eher bescheiden aus; dennoch fügen sie sich nahtlos in das kulturhistorisch-pluralistische Konzept der jüdischen Volkskunde ein.

Bei einer Verbindung von Wissenschaft mit der sie bedingenden und stützenden Organisationsform erübrigt sich die Frage nach der "Vor- und Frühgeschichte." Jüdische Volkskunde in Mitteleuropa begann im November 1896 mit der Versendung eines Fragebogens, 1898 mit der Gründung eines Vereins, dem Aufbau eines Archivs, einer Bibliothek, eines Museums und dem Erscheinen des ersten Heftes der "Mitteilungen der Gesellschaft für jüdische Volkskunde," die unter wechselnden Titeln (auch: "Mitteilungen für jüdische Volkskunde," "Jahrbuch für jüdische Volkskunde" 1923-1925) und zuletzt als Beiheft der "Menorah" bis 1929 ohne Unterbrechung erschienen, sowie mit einer - unterschiedlich intensiven - Öffentlichkeitsarbeit durch Vorträge, Sonderausstellungen und Volksliederabende.[15]

Diese Daten zwingen zur wissenschaftshistorischen Vorsicht bei der Etikettierung als "Volkskundler." Zwar veröffentlichte der am 29. August 1787 in Szenicz geborene, am 29. Dezember 1852 in Pest verstorbene Baruch Schönfeld in dem hebräischen Periodicum "Bikure ha-Ittim" 1825 einen Aufsatz über "Anthropologisches,"[16] ein Jahr später einen Artikel "Über den Gesang. Eine ethnologische Betrachtung mit Proben Nadowessischer Lieder,"[17] doch läßt sich hier von systematischer Forschungsarbeit noch ebenso wenig sprechen wie etwa bei Abraham Tendlau (1802-1878), dessen Sammlungen von "Sagen und Legenden"[18] sowie von "Sprichwörter und Redensarten"[19] vor allem der Erkenntnis einer im Schwinden begriffenen Welt und des gesellschaftlich verpönten "Jargons" (Jüdischdeutsch) als eines kultur- und sprachhistorisch wertvollen "Relikts" entstammten. Vorsicht ist auch bei dem Literaturwissenschaftler und Bibliographen Moritz Steinschneider (1816-1907) angebracht, der seit 1898 der "Gesellschaft für jüdische Volkskunde" angehörte und dessen kleine Arbeit "Ueber die Volkslitteratur der Juden" von 1872 man gerne als Beginn der Erforschung populären jüdischen Schrifttums feiert.[20] Entschieden aber sind bei der Suche nach dem "Anfang" der jüdischen Volkskunde die Schriften der "Judenmission" des 17. und 18. Jahrhunderts auszuschließen, die bisweilen behutsam und objektiv wie Johann Jakob Schudt (1664-1722)[21] oder Johann Christoph Georg Bodenschatz (1717-1797),[22] manchmal einseitig-plakativ und deswegen für die spätere antijüdische Argumentation gefährlich wie Johann Andreas Eisenmenger (1654-1704)[23] das Leben, die Alltagsrituale und die religiösen Bräuche (*minhagim*) beschrieben. Auch wenn sich diese Kompendien als Quellenwerke zum jüdischen Leben der Vergangenheit in der Bibliothek der "Gesellschaft für jüdische Volkskunde" in Hamburg nachweisen lassen, so handelt es sich dennoch keinesfalls um mögliche Vorläufer einer jüdischen Kulturanalyse.

Doch auch in die frühe jüdische Volkskunde drängten mit Theologen, Literaturwissenschaftlern, Historikern, Sammlern, Ärzten und Rechtsanwälten ausschließlich Fachfremde. Wer allerdings den sich eng an den nichtjüdischen volkskundlichen Kanon anlehnenden, die Bereiche "*Namenkunde und Mundartliches,*" "*Dichtung,*" "*Glaube und Sage,*" "*Sitte und Brauch,*" "*Weissagung, Zauber, Volksheilkunde*" und "*Hausbau und Volkstracht*" umfassenden, im November 1896 verschickten Fragebogen "Sammlungen zur jüdischen Volkskunde"[24] als Programm und Maßstab für inhaltliche Grenzziehungen nimmt, sieht sich angesichts des breiten Spektrums der jüdischen Volkskunde von der Gemeindeforschung über die Kriegsvolkskunde bis hin zur Arbeiterkultur, zur Lebenslaufforschung und zu genealogischen Studien bald irritiert. Erklärbar wird diese Bandbreite ausschließlich durch die unterschiedliche geistige Herkunft und Position der Mitarbeiter Grunwalds.

Hier aber ist scharf zwischen dem Eigenverständnis der jüdischen Volkskunde um und nach der Jahrhundertwende und modernen Ansprüchen und Erwartungen zu trennen. Die Bibliographie Eli Yassifs z.B. verzeichnet zwar die - im modernen Verständnis - "folkloristischen" Veröffentlichungen Grunwalds,[25] nicht jedoch dessen bis heute wichtige Untersuchungen zu den jüdischen Gemeinden in Hamburg und Wien.[26] Auch ein familiengeschichtlicher Beitrag David Kaufmanns (1852-1899) in den "Mitteilungen der Gesellschaft für jüdische Volkskunde" 1898 bleibt unerwähnt.[27] 1988 bestritt Barbara Kirshenblatt-Gimblett anläßlich des deutsch-amerikanischen Volkskunde-Symposiums "Folklore and Social Transformation in the 19th and 20th Centuries" in Bloomington u.a. jegliche Bedeutung des bereits in jungem Alter verstorbenen Kaufmann für die Geschichte der jüdischen Volkskunde, da aus heutiger Sicht Forschungen zur Genealogie nicht zum volkskundlichen Aufgabenbereich zählten. Damit aber verkannte sie grundlegend das Selbstverständnis Grunwalds und das spezifische Wesen der frühen jüdischen Volkskunde; denn zu den folkloristischen Feldern zählte von Beginn an die Namen- und Familienforschung. Grunwalds frühe Monographie über die "Eigennamen des Alten Testamentes" von 1895 enthielt bereits Ansätze eines volkskundlichen Manifestes, wenn er etwa in den Namen die *"ältesten Zeugnisse des Volksgeistes"*[28] sah und feststellte:

> *"Diese theophoren Eigennamen geben uns nun ein bei weitem vollständigeres und wahreres Bild des hebräischen Volksglaubens als die Nachrichten, welche uns sonst das Alte Testament darüber an die Hand gibt."*[29]

1912 kam das erste, von ihm herausgegebene Heft des "Archivs für jüdische Familienforschung," das bezeichnenderweise den "Mitteilungen zur Jüdischen Volkskunde" beigeheftet war,[30] auf den Buchmarkt, und bezeichnenderweise trug das in Wien redigierte, 1927 erstmals erschienene "Jüdische Archiv" den Untertitel "Zeitschrift für jüdisches Museal- und Buchwesen, Geschichte, Volkskunde und Familienforschung." Wie eine Reihe brieflicher Anfragen zeigt, die sich im Nachlaß Grunwalds in Jerusalem befinden, war bis zuletzt sein Rat in genealogischen Problemen gefragt, und daß die "Mitteilungen" selbst als Fundgrube zur Familienforschung betrachtet wurden, geht u.a. aus dem Brief eines J. Feinstein vom 6. April 1913 an Grunwald hervor: Sie seien für seine *"Wenigkeit geradezu ein Schatz geworden,"* da er in ihnen z.B. auf den Künstler Eichel, den Onkel seiner Mutter gestoßen sei.[31]

Rahmenbedingungen

Um sich den Blick nicht zu verstellen, heißt es daher zuvorderst, den inhaltlichen Rahmen der jüdischen Volkskunde nicht unzulässig aufgrund moderner Kanonansprüche zu verengen und zugleich die äußeren politischen und gesellschaftlichen Bedingungen in ihrer Einwirkung auf die jüdische Volkskunde wahrzunehmen: den Identitätsverlust der jüdischen Bourgoisie als Folge von Emanzipation und Assimilation vor der Jahrhundertwende, den kollektiven, sich im Zweiten Kaiserreich spürbar verstärkenden Antisemitismus, den Ersten Weltkrieg und das sich spätestens mit dem Jahr 1933 abzeichnende Ende nicht nur der jüdischen *Volkskunde*, sondern generell der jüdischen *Kultur* in Mittel- und Osteuropa. Die Geschichtsschreibung einer Wissenschaft gerät damit zur Alltagsgeschichte ihrer Vertreter. Denn weder die Menschen, deren Denk- und Verhaltensmuster, Lebensbedingungen und -formen die Volkskunde untersucht, noch die Forscher, die sich mit ihnen auseinandersetzen, leben im sterilen Vakuum. Der Antrieb, sich z.B. an einem speziellen Brauchgeschehen zu beteiligen, ergibt sich ähnlich wie die Absicht, dessen Struktur und Ablauf zu analysieren, aus konkreten individuellen wie gesellschaftlichen Bedingungen und Entwicklungen. Dies aber erfordert Modelle, die Inhalte, Methoden und Ziele einer Wissenschaft aus der persönlichen Prädisposition des Wissenschaftlers und dem Zustand einer Gesellschaft ableiten lassen.

Ein Blick auf die jüdische Bevölkerungsentwicklung seit 1871, dem Beginn des Zweiten Kaiserreichs, deutet auf einen auffallenden Identitätsverfall. Zwar vervierfachte sich die Zahl der in Deutschland lebenden Juden von 112 000 auf 615 000, doch sank der prozentuale Anteil an der Gesamtbevölkerung von 1,25 % auf 0,95 %. Dazu führte u.a. als Konsequenz assimilatorischer Bestrebungen wie als Reaktion auf die sich unvermindert fortsetzende Diskriminierung im beruflichen und gesellschaftlichen Leben der Übertritt zum Christentum, der die jüdischen Gemeinden und ihre Rabbiner vor ein gravierendes Problem stellte. So diskutierte ein Beitrag in der Zeitschrift "Ost und West" von 1905 über "Das Judentum und das Wesen des Christentums," mit "-M-G-" unterzeichnet, die wachsende Zahl von Konversionen Wiener Juden. Als Verfasser dieser Apologie kommen nur Max Grunwald oder der Wiener Oberrabbiner Moritz Güdemann (1835-1918) in Frage. In dessen kulturhistorischem, bis heute gültigem Standardwerk über die "Geschichte des Erziehungswesens und der Cultur der abendländischen Juden"[32] hatte Friedrich Salomon Krauß seine Zielvorstellung für eine Volkskunde des europäischen Judentums vorformuliert gesehen.[33] Die jüdische Volkskunde sah sich in einer Verteidigungsposition nach innen wie nach außen: Historische Untersuchungen sollten einer säkularisierten Gesellschaft die Sinnwerte der Tradition als Bausteine für das Überleben in der Gegenwart und für den Aufbruch in die Zukunft neu entdecken helfen. Dem Identitätsverlust, der in der Taufe seinen letzten und absoluten Ausdruck fand, war mit einem neuen, jüdisch-kulturell definierbaren Bewußtsein entgegenzuwirken.

In den drei letzten Jahrzehnten des 19. Jahrhunderts wuchs der politische Antisemitismus merklich an.[34] Zwar bezog er seine Bilder weiterhin aus den über Jahrhunderte hinweg überlieferten Vorurteilen, seine Motivation nun jedoch aus schweren Wirtschaftskrisen infolge der überstürzten Industrialisierung. Der Historiker Heinrich von Treitschke (1834-1896), einer der prominentesten Ideologen des Antisemitismus dieser Zeit, formulierte im November 1879 kurz und bündig: *"Die Juden sind unser Unglück."*[35] In ähnliche Richtung zielte die Agitation Wilhelm Marrs, der 1879 die "Antisemiten-Liga" gründete. Das Argumentationsvokabular der nationalsozialistischen Judenhetze nahm hier bereits Gestalt an; die Vertreter eines deutschen, germanomanischen Nationalismus reichten Verfechtern einer rassischen Lehre wie Eugen Karl Dühring (1833-1921) die Hand. Dessen Werk "Die Judenfrage als Racen-, Sitten- und Culturfrage" von 1881 beabsichtigte die Konsolidierung der Antisemitismustheorie auf physiologischer Grundlage.[36] In solcher Judenfeindlichkeit vereinigten sich Intellektuelle wie Houston Stewart Chamberlain, der Komponist Richard Wagner, der Berliner Hofprediger Adolf Stöcker oder der Theologe Paul de Lagarde mit Arbeitern, Bauern und Angestellten; unter den politischen Parteien traten lediglich die Sozialdemokraten entschieden gegen den Antisemitismus ein, der sich u.a. des populären Glaubens an die Ermordung von Christen durch Juden zu kultischen Zwecken bediente. Ob in Osteuropa oder in Deutschland und England, ob 1882 in Tiszaeszlar, 1888 in London oder 1891 in Xanten, die Spekulationen um vermeintliche Ritualmorde häuften sich, unterstützt von Akademikern wie dem katholischen Theologen und Prager Universitätsprofessor August Rohling (1839-1931), der hierfür sogar den Nachweis für ein ausdrückliches Gebot im Talmud zu erbringen versuchte.[37]

Damit aber stoßen wir auf die Familie Grunwald als direkt Betroffene. Denn Joseph Samuel Bloch (1850-1923), Rabbiner in Floridsdorf bei Wien, Parlamentsabgeordneter und Herausgeber der "Österreichischen Wochenschrift," zwang zuerst 1882, dann ein weiteres Mal 1883 durch ebenso wüste wie bewußt öffentlich ausgesprochene Beleidigungen Rohling zur Gegenklage, die dieser 1884 einreichte, jedoch 1885 wenige Tage vor Beginn der Gerichtsverhandlung wieder zurückzog und dadurch stillschweigend die Unsinnigkeit der Blutbeschuldigung eingestand.[38] Blochs Schwiegersohn aber war Max Grunwald, der sorgsam zahlreiche Prozeßgutachten und -dokumente nach Jerusalem retten konnte. Die jüdische Volkskunde sah sich zur Aufklärungsarbeit verpflichtet, wie die von "Jack the Ripper" seit 1888 in London verübten Morde zeigen, die man ebenfalls den vorwiegend im Stadtviertel Whitechapel wohnenden Juden anlasten wollte: In seiner Funktion als *chacham* (Oberrabbiner) der Spanisch-Portugiesischen Gemeinde hatte der berühmte Folklorist, Literatur- und Sprachwissenschaftler Dr. Moses Gaster (1856-1939) zusammen mit seinem Amtskollegen, dem in Hannover geborenen Hermann Adler (1839-1911), Oberrabbiner der aschkenasischen Gruppe, diese Anschuldigungen zu dementieren.

Wissenschaftliche und hier nicht zuletzt volkskundliche Apologetiken verbanden sich mit Institutionen wie dem 1892 gegründeten "Verein zur Abwehr des Antisemitismus" und dem am 26. März 1893 ins Leben gerufenen "Centralverein deutscher Staatsbürger jüdischen Glaubens," der sowohl Öffentlichkeitsarbeit leistete wie Rechtsschutz gewährte. Der Hamburger Bankier Max M. Warburg (1867-1946), Mitglied und Förderer der "Gesellschaft für jüdische Volkskunde," sprach in einer auf der Generalversammlung des Hilfsvereins der deutschen Juden am 23. Januar 1933 in Berlin verlesenen, in der Zeitung des Centralvereins veröffentlichten Rede "gegen die Schande des Antisemitismus," die er am 23. Januar 1933 gehalten hatte, von den im Mittelalter entstandenen "*alten Lügen und Verleumdungen*":

> "*Welch ein trauriger Anblick! Mühsam erkämpfte zivilisatorische Errungenschaften gefährdet, der natürliche Gerechtigkeitssinn weiter Kreise des Volkes zerstört und ihr Kulturempfinden in die finsterste Vergangenheit zurückgeworfen.*"[39]

An der Universität Hamburg machte sich etwa der Ordinarius für Geographie, Siegfried Passarge (1867-1958), mit Aussprüchen in Lehrveranstaltungen wie "*Das* ***wurzellose Judentum*** *spielt bei allen entarteten Völkern eine führende Rolle*" oder Aufforderungen zur "*Reinigung des Volkskörpers*" einen unrühmlichen Namen als Antisemit.[40] Es gehört zu den kuriosen Zügen einer unreflektierten Fachgeschichtsschreibung, daß sein nationalsozialistischer Wissenschaft als Handbuch dienendes, antisemitisch-rassistisches Machwerk "Das Judentum als landschaftskundlich-ethnologisches Problem" von 1929 noch 1986 von Eli Yassif in völliger Verkennung des Inhalts und der Wirkung positiv eingeschätzt wurde:

"*Although some presentations are of folkloristic importance (e.g. Jewish folk beliefs, festivals and customs in the Ghetto and influence of foreign beliefs on Jewish folk-life), the attempt to include so many topics in one book is doomed to failure.*"[41]

Die Trostlosigkeit der Stimmung aber ebnete den Weg für Gedanken über eine Zukunft, in der die Juden nicht mehr nur als "Volk unter den Völkern," sondern friedlich in ihrem eigenen Staat leben sollten. Die anfänglich in Deutschland ohne Nachhall gebliebenen Ideen eines Moses Hess (1812-1875) und des Wiener Publizisten Theodor Herzl (1860-1904) stehen für diesen Aufbruch, an dem sich zahlreiche Mitglieder der "Gesellschaft für jüdische Volkskunde" wie der Rechtsanwalt Max Isidor Bodenheimer (1865-1940), der 1896 in Köln die "Nationale jüdische Vereinigung" gründete, Gaster, der Herzl zum Durchbruch in England verhalf,[42] oder Otto Warburg (geb. 1859), der nach dem Tode David Wolffsohns (1856-1914) die "Zionistische Organisation" in Berlin leitete, aktiv beteiligten. Ein Nachruf Grunwalds auf Warburg, in dem er ihm und seiner Familie u.a. "*messianischen Glauben an eine Kulturmission des Judentums unter den Voelkern*" bescheinigte, zeugt von der engen geistigen Bindung, die zwischen beiden bestand.[43]

Der Erste Weltkrieg sah viele Juden als überzeugte, wenn auch durch den Zensus von 1916 und durch willkürliche Beförderungspolitik diskriminierte Soldaten. Daß Persönlichkeiten des öffentlichen Lebens wie der Reeder und Wirtschaftsberater Albert Ballin (1857-1918) oder der Bankier Max M. Warburg die deutsche Kriegsidee unterstützten, hinderte die Antisemiten nicht, die Juden als "Drückeberger" zu klassifizieren und sie für die Niederlage und den Zusammenbruch ("Dolchstoßlegende") verantwortlich zu machen.[44] Andererseits führte der Krieg die jüdische Volkskunde zu einer aus heutiger Sicht auffallend modernen Kriegs- und Soldatenvolkskunde sowie zur Entdeckung des orthodoxen osteuropäischen Judentums, hier vor allem der *Chassidim*, vor Ort.

In der Weimarer Zeit setzten sich die Entwicklungen, die sich bereits im Kaiserreich abzuzeichnen begonnen hatten, fort. Der Anteil der Juden an der Gesamtbevölkerung ging infolge von Konversionen, Mischehen, Auswanderung und Geburtenrückgang weiter zurück: 1925 gab es unter 70 Millionen Deutschen 564 379 Juden, was einem Schwund auf 0,9 % gegenüber 1,25 % von 1871 entspricht. Zugleich aber war der Anteil ausländischer, insbesondere polnischer und russischer Juden von 7 % im Jahre 1900 auf 19,1 % im Jahre 1925 gestiegen. Dies sollte nicht spurlos an der jüdischen Volkskunde vorübergehen.

Assimilation und jüdisches Selbstbewußtsein. Zur Ohnmacht von Begriffen

"Jüdische Volkskunde" zu definieren heißt angesichts so widersprüchlich erscheinender Entwicklungen wie den Assimilationsbestrebungen auf der einen, dem Antisemitismus auf der anderen Seite zuerst einmal, die Begriffe "Jude" und "jüdisch" zu präzisieren, angesichts der geistigen und gesellschaftlichen Situation seit der zweiten Hälfte des 19. Jahrhunderts wie der modernen Hilflosigkeit im Umgang mit historisch verfestigten

Sprachgebilden eine nahezu unlösbare Aufgabe. Wie aber ließ sich "jüdische Volkskultur" an der Wende vom 19. zum 20. Jahrhundert abgrenzen und zugleich inhaltlich bestimmen? Eine Antwort muß in jedem Falle Theodor H. Gaster widersprechen, der es 1950 ablehnte, von einer eigenständigen jüdischen Folklore in nachbiblischer Zeit zu sprechen und dies mit Akkulturationsprozessen begründete.[45]

Im Gegensatz zu assimilationistischen Versuchen, das Verbindende - und nicht das Trennende - zwischen Juden und Nichtjuden zu betonen, zweifelte Grunwald keinen Augenblick daran, daß "*Israel*" auch ohne "*Heimat und ohne Landbesitz*" ein "*Volkstum*" besäße.[46] Gegen eine Methode jedoch, den Juden zu definieren, verwahrte er sich bereits 1898 entschieden: Die Rassenlehre hielt er für die Erkenntnis der Eigenart des jüdischen Volkes für völlig ungeeignet, da sie lediglich zur "*Kampfeslust blindwütigen 'Rassen'hasses*" führe.[47]

Die historische wie räumliche Spannbreite seines Verständnisses wurzelte letztendlich in der traditionellen Idee von *Eretz Israel*:

> "*Oder wie sollen wir anders diese Gemeinschaft nennen, die die äussersten Gegensätze in Wuchs und Gestalt, in Bildung und Beruf, in Charakter und Lebensweise in sich vereint? Einzig, wie der Begriff, ist auch sein Zeichen: 'Israel.' 'Das Unzulängliche, hier wird's Ereignis.'*"[48]

Das *reale* "Volk" Israel und ein *mythischer* "Staat" Israel führten ihn zu recht weit gesteckten Grenzen, innerhalb derer sich auch die Sekten der "Pseudo-Juden" wiederfanden. Im Gegensatz zu anderen Wissenschaftlern bestand für ihn nicht der geringste Zweifel daran, neben den Karäern auch die äthiopischen Falascha, die Negerjuden an der Loangoküste und auf Madagaskar sowie die Juden Indiens und Chinas dem jüdischen Volk zuzurechnen. Jüdische Volkskunde war somit von Beginn an sowohl kulturgeschichtlich wie ethnographisch orientiert. Auch wenn diese Gruppen zwischen 1898 und 1933 nur am Rande ins wissenschaftliche Blickfeld gerieten und vereinzelt in westlichen Veröffentlichungen wie denen des Arztes, Sexualwissenschaftlers, Anthropologen, Kulturhistorikers, Folkloristen und Mitglieds der "Gesellschaft für jüdische Volkskunde," Samuel A. Weissenberg (1867-1928) aus Elisabethgrad behandelt wurden, so hatte dennoch die jüdische Volkskunde infolge der "Zerstreuung unter den Völkern" (*Galut*) universal zu sein: Eigen- und Sonderentwicklungen innerhalb des religiösen und alltäglichen Lebens, der Denkmuster und Verhaltensformen erschienen solcher Analyse nicht als sektiererische Apostasien, sondern als ethnographische Varianten.

Insgesamt aber wandte sich die jüdische Volkskunde vorrangig der Kultur Mittel- und Osteuropas zu. Die ostjüdische Orthodoxie geriet nicht nur wegen ihrer altartigen Lebensweisen, sondern auch infolge der Wirren der Zeit ins Gesichtsfeld der mitteleuropäischen Intellektuellen. Zum einen stand das jüdische Bürgertum vor der Aufgabe, die meist bettelarmen, durch Pogrome und einen brutalen Antisemitismus vor allem aus dem spätzaristischen Rußland vertriebenen Flüchtlinge, die man nicht nach Amerika weiterschicken konnte, in den westlichen Metropolen zu integrieren. Trotz erheblicher sozialer Spannungen, die sich in den neuen *Shteidls*, in Kopenhagen etwa oder im "Scheunenviertel" in Berlin und in der "Mazzesinsel" in der Wiener Leopoldstadt infolge wirtschaftlicher Not und religiöser Konfrontationen ergaben, trug die Volkskunde wesentlich zum Ausgleich zwischen der assimilierten Bourgoisie und dem Ostjudentum bei.[49]

Im Gegensatz hierzu resultierte die Auseinandersetzung mit der populären Kultur und Literatur der Sephardim in Süd- und Südosteuropa aus Grunwalds eigenem Lebensweg. Nachdem er 1892 über den Philosophen Baruch Spinoza (1632-1677) promoviert hatte, führte ihn sein erstes Rabbinat mit Hamburg in eine Stadt, die einst in Altona über eine bedeutende sephardische Gemeinde mit eigenen Kultusinstitutionen wie Synagoge und Friedhof verfügt hatte. 1902 veröffentlichte er die "Portugiesengräber auf deutscher Erde," die bis heute zu den Pionier- und Standardwerken über die Sephardim in Mitteleuropa zählen.[50] Seit diesem Zeitpunkt beschäftigte er sich bis zu seinem Tode regelmäßig mit sephardischer Folklore, und es verstrich kaum ein Jahr, in dem er nicht zumindest einen Artikel darüber veröffentlichte. Damit schloß er eine wesentliche Forschungslücke; denn vor dem Zweiten Weltkrieg standen die aschkenasischen und arabisch sprechenden Juden im Mittelpunkt der jüdischen Geschichtswissenschaft und Volkskunde. Grunwald besuchte von Wien aus Spanien; in Wien selbst lebte er in einem Schmelztiegel der unterschiedlichsten Völker und Kulturen, in einer "*Bouillabaisse*," wie es sein Schwager Leon Kolb, der ehemalige Direktor des Jüdischen Museums in Wien, einmal formulierte.[51] In Jerusalem, wohin er 1938 emigrierte, fand diese Beschäftigung ihre Fortsetzung. Den umfangreichsten Teil seines Materials mit insgesamt 150 Erzählungen (*consejas*) und 35 Liedern hatte er bereits in Wien während und nach dem Ersten Weltkrieg gesammelt; es gelang ihm, diese Notizen nach Palästina mitzunehmen, nicht jedoch, sie noch vor seinem Tode zu publizieren. Sie stehen inzwischen in einer von Dov Noy 1982 herausgegebenen Auswahl zur Verfügung.[52] Es kennzeichnet die Arbeitsweise wie die Absichten Grunwalds, daß er die Aufzeichnungen teils selbst, teils mit fremder Hilfe aus dem Spaniolischen ins Deutsche übertragen hatte[53]; ihre Veröffentlichung war also ursprünglich für ein deutschsprachiges Publikum vorgesehen gewesen. Nun aber sind sie als Konsequenz der tragisch verlaufenen europäischen Geschichte der jüdischen Volkskunde wiederum nur in einer hebräischen Rückübersetzung durch Manfred Winkler verfügbar.[54]

Zionsliebe. Volkskunde und Zionismus zwischen Utopie und Wirklichkeit

Die Vielgestaltigkeit der jüdischen Kultur Süd-, Mittel- und Osteuropas läßt dennoch die Frage nach der nationalen Identität letztlich unbeantwortet. Dov Noy hob 1982 die "Zionsliebe" Grunwalds (*Lover of Zion)* hervor,[55] ohne diesen Begriff angesichts der oft widersprüchlichen nationalen Ideen, über die sich die einzelnen jüdischen Gruppen und Gruppierungen nach der Jahrhundertwende recht heftig stritten, zu präzisieren. Die Antwort auf das Problem, ob Grunwald als aktiver Zionist tätig war, ob er nationalstaatlichen Forderungen anhing oder lediglich jüdisch-nationales Gedankengut vertrat, das sich mit einer religiös-kulturellen Definition begnügte, scheint als Verständnisschlüssel für das Wesen und die Absichten der frühen jüdischen Volkskunde von zentraler Bedeutung zu sein.

Um es vorwegzunehmen: Grunwald verstand sich nie als Vertreter einer extremen Position, sondern stets als Mann der Mitte und des Ausgleichs. So schien er prädestiniert für sein erstes Rabbinat in Hamburg zu sein. Wie Jacob Sonderling am 29. August 1920 anläßlich des 25jährigen Bestehens der Neuen Dammtor-Synagoge rückblickend ausführte, verdankte der Bau nicht nur der Verlagerung der jüdischen Wohngebiete seinen Ursprung:

> *"Hamburg ist seit dem Anfange des 19. Jahrhunderts die Stätte der heftigsten religiösen Kämpfe gewesen. Die 'Alten' und die 'Neuen' rangen um ihre Geltung und Berechtigung, und die von ihnen geschaffenen religiösen Schöpfungen atmeten die Frontluft des Parteikrieges. Tempel und Synagoge trugen und tragen den Stempel des Dogmas. Aber stärker als das Prinzip ist das Leben, und diese Wahrheit wird uns nirgends klarer wie im Reiche der Religion. Die am Alten hangen, sie können sich dem gebieterischen Einfluß des Lebens nicht entziehen, er ist stärker. Stehen die Väter noch ungebrochen und ungebeugt auf dem Boden der religiösen Forderung ohne Einschränkung und Zugeständnis, so zeigt sich bei ihren Söhnen der gewaltige Einfluß des Lebens. Die dem Neuen anhangen, lassen ihrerseits wieder erkennen, daß beim Radikalsten Erinnerung, Pietät, Gewohnheit, die Sehnsucht nach dem Alten immer wieder weckt. Bei diesem Zwiespalt links und rechts setzt die Bedeutung unserer Gemeinde ein."*[56]

Zudem bedarf der Umgang mit den Begriffen "Volk," "Nation" und "Nationalismus" der Unterscheidung zwischen exogenen und endogenen Bildern, zwischen äußeren und inneren, oft emotionalen Definitionen. Achad Ha'am (pseud. für Ascher Ginzberg, 1856-1927), der als erster versucht hatte, die Ideen des jüdischen Nationalismus und des Zionismus auf eine philosophisch-historische Grundlage zu stellen, skizzierte die Schwierigkeit, "*das nationale 'Ich' eines jeden Volkes*" zu bestimmen, das "*schon seit langem Gegenstand subtiler Forschungen und tiefsinniger Hypothesen*" gewesen sei,[57] und Grunwald wies in seiner 1952 in Auszügen veröffentlichten Autobiographie zum einen auf die Gefahr der von außen herangetragenen, letztlich antisemitisch benutzbaren Verallgemeinerungen und Kategorisierungen, zum anderen auf die Unmöglichkeit hin, den Begriff "Jude" allgemeinverbindlich zu beschreiben:

> *"Die Antisemiten erleichterten sich hierbei die Aufgabe. Mit echten oder falschen Zitaten aus der Weltliteratur schufen sie ein abstoßendes Schreckbild mit dem Namen 'Jude.' Andere zogen auf der Grundlage persönlicher Erfahrungen mit einem Juden verallgemeinernde Schlüsse über die Gesamtheit der Juden: dies erinnert an die Geschichte eines Mannes, der einen roten französischen Kellner kennenlernte und daraus folgerte, daß alle französischen Kellner rot seien. Völkerpsychologen analysierten die aus Geschichte und Literatur berühmten Juden, wobei sie die Tatsache übersahen, daß die Intelligenz ebenso wie die Aristokratie international ist. Man jagte dem Phantom 'Jude' in einer Form nach, in der sich der 'Mensch' noch nie gezeigt hatte. Der Jude ließ sich nicht in Begriffe einschließen, er entzog sich allen Definitionen. Wer jedoch den Juden verstehen will, muß in die jüdische Seele eindringen, muß das 'Volk' erforschen, wie es in seinem ursprünglichen Zustand, autarkisch, einfach und verständlich sein jüdisches Leben lebt, muß sich vertiefen in sein Singen und Sagen, in seine*

Bräuche und Sitten, in seine Freude und Trauer, in sein Vermögen zu lieben und zu hassen, in sein Schaffen und Tun."[58]

Die Ursachen für diese Kapitulation beruhen auf historischen Entwicklungen, die von der politischen, sozialen und kulturellen Entrechtung hin zur Emanzipation und Assimilation geführt hatten. Die Erfassung der Juden als *natio* im 17. und 18. Jahrhundert unterlag dem Beschreibungsmodell einer sich durch gemeinsame religiöse Überzeugungen, Verhaltensweisen, Brauchformen und äußere Kennzeichen wie Kleidungsgewohnheiten, nicht jedoch durch staatliche Territorien auszeichnenden Gruppe. Das Merkmal religiöser Überzeugungen und Traditionen als Bindeglied verlor allerdings spätestens durch die Assimilationsprozesse seine Gültigkeit, während das Argument der Abstammung, das schließlich zur Rassentheorie führen sollte, keine Neuerung durch eine anthropologisch orientierte Ethnologie, sondern ein Ergebnis historischer Ausschlußkriterien seitens der Theologie und der Geschichtswissenschaft darstellt, wie Jacob Katz zeigen konnte.[59]

Zu solchen äußeren Bestimmungsversuchen tritt das gruppeninterne Selbstverständnis, das sich vor allem an der Art der Einstellung der nichtjüdischen Majorität zu den Juden mißt: Während liberale Epochen den Identitätsverlust beschleunigten, wirkten Notzeiten bewußtseinsverstärkend. Die Jahre zwischen 1898 und 1933 erreichten dennoch beides; anhaltende Diskriminierungen und der offene Antisemitismus führten den einen Teil der Juden zur Flucht in den trügerischen Schutz der Säkularität, den anderen auf den Weg zurück in eine durch traditionale Eckwerte erfahrbare und damit letztlich historische Kultur. Die jüdische Volkskunde und der Zionismus aber trafen sich in einem Punkt, wo der Rückzug aus der Gegenwart in die Vergangenheit und zugleich in die Zukunft hinein einsetzte; denn nur aus der Vergangenheit heraus ließ sich die Zukunft des jüdischen Volkes und damit auch eines Staates aufbauen, wie Grunwald rückblickend in seinen Memoiren betonte:

"*Die jüdische Folklore darf auch - und dies mit guten Aussichten auf Erfolg - dabei mithelfen, eine feste Grundlage für die Zukunft unseres Volkes zu erbauen. Treue zur Tradition heißt nicht, Mumien zu konservieren, sondern Leben zu bewahren.*"[60]

Damit aber beginnen sich jene Schwierigkeiten aufzulösen, die mit der Sprachkonvention "jüdisch" und ihrer Eingrenzung ausschließlich auf die religiöse Ebene verbunden sind.[61]

Unsicherheiten über die eigene Identität innerhalb der jüdischen Gesellschaft treten nach der Jahrhundertwende immer wieder zutage. So definierte Richard Rappaport, Führer des "Jüdischen Volksvereins," einer nichtzionistischen jüdisch-nationalistischen Gruppe, die Juden antiassimilatorisch nicht nur als eine "*Confessionsgemeinschaft*," sondern als "*durch ihre Abstammung, ihre Tausendjährige Geschichte, ihre Cultur [...], und vor allem ihr eigenes Gefühl, eine Nation.*"[62] Dem Zionisten Heinrich York-Steiner zufolge sind die Juden "*von Nationalität weder Deutsche noch Tschechen, auch keine Franzosen oder Engländer*;" mögen sie deutsch sprechen, denken oder fühlen, so seien sie deswegen noch längst keine Deutschen, sondern Juden deutscher Kultur, eben Juden.[63]

Wo aber sah Grunwald seine eigene Position im Geflecht orthodoxer und liberal-assimilierter, traditionalistischer und säkularer, deutschnationaler und jüdisch-nationalistischer sowie zionistischer Ideen? Im Herbst 1912 organisierte er eine Gruppenreise nach Palästina, wozu im August 1912 in "Ost und West. Illustrierte Monatsschrift für das gesamte Judentum" folgende Anzeige erschien:

> "*Herr Rabb. Dr. M. Grunwald, Wien XV, Mariahilferstr. 167 beabsichtigt Anfang Oktober in kleinerer Reisegesellschaft - bis zu 20 Personen - die dem jüdischen Interesse näher liegenden Stätten Palästinas (älteren und neueren Datums) zu besuchen und ist bereit, einige Anmeldungen zur Teilnahme noch entgegenzunehmen. Durch die Gesellschaftsreise ist es möglich, erhebliche Vorteile zu geniessen. Die Anmeldungen müssen aber möglichst umgehend erfolgen. Die Palästina-Reisen-Gesellschaft e.V. in Hamburg (Adresse: Dr. Chwolles, Hamburg-Bahrenfeld) ist bereit, kostenlos die Einschreibung und Vermittelung zu übernehmen.*"[64]

Es ist einmal mehr charakteristisch für die Doppelfunktion der jüdischen Volkskunde als einer Gesellschaftswissenschaft wie als einer Wissenschaft *in* und *für* die Gesellschaft, daß Grunwald seine Reiseeindrücke 1913 in zwei Aufsätzen beschrieb: Mit dem Artikel "An biblischen Staetten auf den Spuren Maimonis" verfolgte er kulturhistorische Absichten,[65] während der Bericht über "Das neue Palästina" die eigentliche Intention der Reise offenlegte: Es handelte sich nämlich weder um eine biblisch-archäologische noch um eine folkloristische Entdeckungsfahrt, sondern um die Besichtigung von Schulen und Ausbildungsinstitutionen für nach Palästina ausgewanderte Juden, von Kolonien, Ansiedlungen und landwirtschaftlichen Mustergütern, die von verschiedenen europäischen und amerikanischen Kreisen gegründet und finanziert wurden.[66] Aus seiner positiven Einstellung zur jüdischen Kolonisationsarbeit in Palästina machte Grunwald kein Hehl:

> "*Auch über das Wesen des Judentums kann man heute eine Bibliothek zusammenlesen. Mancher studiert es am Golus-Juden und erfährt dabei vielleicht ganz genau, was das Golus ist, was es imstande ist, aus einem geraden, aufrechten Juden zu machen. Den natürlichen Juden wird er aber trotz aller Künste niemals daraus destillieren. Wer den Juden sehen will, wie er wirklich und wahrhaftig ist, wie er sich frei und ungebunden in seinem natürlichen Milieu bewegt und entfaltet, der halte es mit dem Engländer, der greife, wenn auch nicht gerade zu Büchse und Blitzlicht, so doch zu Zeiss und Kodak und reise nach Palästina.*"[67]

Grunwalds Sympathie gehörte also jenen Juden, die *Eretz Israel* als ihre rechtmäßige Heimat betrachteten, und er fühlte sich angesichts des Selbstbewußtseins der Siedler in "*die Tage Gideons oder in die Zeiten der Makkabäer*" zurückversetzt.[68] Zusammenfassend stellte er fest:

> *"Noch mehr aber bedeuten diese Leistungen für uns Juden im Abendland. In der Förderung dieser Rückgewinnung Palästinas für die jüdische Kultur ersteht uns Juden, uns allen, gleichviel welcher Partei und welchen Lagers, eine grosse praktische* ***Kulturaufgabe****. Eine* ***Kulturarbeit****, die gerade jetzt, wo Fragen des* ***Kultus*** *die Judenheit in feindliche Sekten zu spalten drohen, als einigendes Moment für die gesamte Judenheit von doppelter Wichtigkeit ist. Diese Arbeit für Palästina halte ich für eine Pflicht, die jeder* ***Sohn des jüdischen Stammes als Jude*** *sich auferlegen sollte.*
>
> *Es ist keine Frage, dass von denen, die ihre Heimat ihres Judentums wegen verlassen, viele in anderen Ländern leichter ihr Fortkommen finden. Aber für das Judentum bedeuten diese Elemente, wenn nicht einen Verlust, so sicherlich keinen Gewinn. Jeder Tropfen eines planmässig regulierten Auswandererstromes hingegen, der auf palästinischen Boden fällt, ist ein Fortschritt des Judentums, ein Umsichgreifen und Erstarken des jüdischen Kulturgedankens. Und um dieser zuströmenden Einwanderung ein sicheres Bett zu graben, müssen wir dahin streben, dass die Erwerbsmöglichkeiten zunächst für die jüdischen Landarbeiter erweitert werden. Das ist eine Pflicht, der sich kein Jude entziehen darf."*[69]

Folgerichtig forderte Grunwald einen "*Beitrag zur Erstarkung des jüdischen Elementes in Palästina,*" da "*jeder Fussbreit jüdischen Landes in Palästina*" so schwer wiege "*wie alles Reden und Schreiben über Erhaltung und Förderung des Judentums.*"[70] Auf der Rückreise nach Wien faßte er den Plan, dem dortigen Kultusvorstand die Einrichtung eines "Palästina-Komitees" vorzuschlagen, ein Unternehmen, das sowohl "*jüdisch*" wie auch insofern "*patriotisch*" sei, als damit "*Oesterreich vertreten wäre unter jenen Faktoren, die an der jüdischen Kultivierung Palästinas arbeiten.*"[71] Als Pragmatiker schlug er zur Förderung eines "*gesunden und selbständigen Palästina-Judentums*" die nachhaltige Unterstützung des dortigen Gewerbes durch die Einrichtung von Verkaufsbazaren in den westlichen Städten vor:

> "*Geradeso wie es in unseren Grossstädten* [sic!] *türkische, japanische und andere Basare gibt, würde sich auch mit Erfolg ein jüdischer halten lassen, in dem man die prächtigen gewerblichen Erzeugnisse des 'Bezalel' und des übrigen jüdischen Palästina, ferner die bekannten Arbeiten der Juden in Damaskus u.a. zu kaufen bekäme.*"[72]

Grunwald schloß seine Reisenotizen mit einer Vision:

> "*Gewiss, noch bescheiden ist, was bis jetzt in Neu-Palästina geschaffen worden, winzig, an amerikanischem Massstab* [sic!] *gemessen, aber - es ist* ***jüdisch*** *und eröffnet weite Perspektiven für die Zukunft des Judentums.*"[73]

Es fällt nicht schwer, hieraus die Nähe Grunwalds zum Zionismus zu erschließen. Fest steht in jedem Falle, daß ihm und zahlreichen Leidensgenossen der Traum von der jüdischen Zukunft Palästinas das Leben retten sollte. Denn 1938 emigrierte er buchstäblich im letzten Augenblick von Baden bei Wien nach Jerusalem, wo sein Sohn Kurt bereits seit einiger Zeit lebte.

Man kann allerdings die Begriffe "jüdisch" und "patriotisch" auch aus anderem Blickwinkel betrachten und die - theoretische - Frage stellen, warum Grunwald nicht bereits 1931, nach seiner Versetzung in den Ruhestand, nach Palästina ausgewandert war und ob er nicht zu jenen Juden gehörte, die sich zwar zum Abschluß des *Seder Pessach* gegenseitig "*Ha-shanah ha-bo'ah bi-yerushalayim*" ("*Zum kommenden Jahr in Jerusalem*") wünschten, am folgenden Morgen aber glücklich waren, aus diesem Traum von *Eretz Israel* wieder in Wien, Berlin, Hamburg, Paris oder London aufzuwachen. Auch Grunwald sah bis zuletzt die Erforschung der historischen jüdischen Kultur in Mittel- und Osteuropa als die Hauptaufgabe der jüdischen Volkskunde an. Der Bruch, den der Holocaust (*shoah*) nach sich zog, betraf die Fortexistenz der Flüchtlinge in Palästina ebenso wie den Fortgang der jüdischen Volkskunde. Chajim Nachman Bialik (1873-1934), Schriftsteller, Folklorist und Redakteur der in Odessa erschienen volkskundlichen Zeitschrift "Reschummot,"[74] habe, wie Grunwald in seiner Autobiographie beklemmend formulierte, die Ansicht vertreten,

> *"daß sich in Israel ein neues Volksleben entwickeln und auch eine neue jüdische Kultur entstehen würde. Ich machte ihn auf die Hypothese Darwins aufmerksam, daß die Fische nach und nach ihre Kiemen und Flossen verloren und auf ihre Art und Weise Lungen und Füße entwickelt hätten, um wie Landgeschöpfe leben zu können. Aber wer half ihnen, sich dem gewohnten Element zu entfremden und sich dem neuen Element anzupassen? Womit war die Zwischenzeit, die 'schöpferische Pause' angefüllt gewesen? Wie also kann ein Volk seine Tradition über Bord werfen und nur aus neuen Theorien seine Lebenskraft schöpfen? Wie kann es moralischen Halt nach dem Übergang, nach dem Auswechseln seiner traditionellen Identität zugunsten einer rein rationalistisch geprägten 'Ordnung' aller Lebensbeziehungen finden?"*[75]

Öffentlichkeitsarbeit. Die Apologetik jüdischer Existenz

Grunwalds Idee, die Erzeugnisse jüdisch-palästinensischen "Hausfleißes" durch Verkaufsausstellungen dem Westen bekannt zu machen und dadurch gleichzeitig für die Kolonisation zu werben, steht im Einklang mit den Zielen der jüdischen Volkskunde. Er verstand die wissenschaftliche Arbeit nie als gesellschaftsferne Kulturanalyse für einen kleinen elitären Akademikerzirkel, sondern als Voraussetzung für und als integralen Bestandteil von öffentlicher Bildungsarbeit. Die Lied-, Brauch- und Erzählforschung wurden ebenso in ihrer erzieherischen Funktion erkannt wie die musealen Aktivitäten. Die Einrichtung eines "Museums für jüdische Volkskunde" in Hamburg, die Teilnahme an der "Internationalen Hygiene-Ausstellung" 1911 in Dresden, zahlreiche kleinere Ausstellungen und die Zusammenarbeit mit Justus Brinckmann (1843-1915), dem Direktor des Hamburgischen Museums für Kunst und Gewerbe, sowie mit Heinrich Frauberger (gest. 1920), dem Leiter des Kunstgewerbemuseums in Düsseldorf, verfolgten nicht zuletzt apologetische Absichten. Sie galten weniger dem Buhlen um Anerkennung der jüdischen Volkskunde als wissenschaftlicher Disziplin, sondern der Aufklärung der

Öffentlichkeit über den Sinn und die Bedingungen jüdischen Lebens mit dem Ziel, alte Vorurteile abzubauen und neuen entgegenzuwirken.

Nach 1900 wuchs das Bewußtsein um die Bedeutung einer Verbesserung der allgemeinen Gesundheitsfürsorge und -pflege. Der Wunsch, die Bevölkerung hierüber intensiver zu informieren, fand 1911 seinen Niederschlag in der "Internationalen Hygiene-Ausstellung" in Dresden, die zum Vorbild für ähnliche, wenn auch kleinere Ausstellungen an anderen Orten wurde. Am 30. November 1909 wandten sich die Organisatoren mit der Bitte an Grunwald, eine Abteilung über die Geschichte der jüdischen Hygiene einzurichten. Nach kurzer Bedenkfrist wegen seiner zahlreichen beruflichen Verpflichtungen in Wien sagte er zu und erarbeitete innerhalb weniger Monate ein Konzept, das einer der Hauptverantwortlichen des Projekts und Vorstand der "Historischen Abteilung," Dr. Otto Neustätter, am 7. Januar 1910 in einem Brief an Grunwald als "*vorzüglich*" pries: "*Es ist von kaum einem anderen der Nichtärzte ein die Sache so klar erfassender Entwurf uns zugegangen.*"[76]

Die Gründe, die ihn zur Mitarbeit bewogen hatten, liegen ähnlich wie die ihm gerade von jüdischer Seite entgegengebrachten Schwierigkeiten, die ihn zur Modifizierung des ursprünglichen Plans zwingen sollten, in der Stimmung der Zeit. Denn Vorurteile betrafen vor allem die hygienischen Vorschriften der Juden, das Nahrungsverhalten (*Kaschrut*, Schächten), die Beschneidung (*Brith Mila*) und die Reinheitsgebote für die Frau (z.B. Geburt, Menstruation). Von einer Erläuterung der Diskussion um den Sinn der Beschneidung und der Speisegesetze innerhalb des radikalen Reformjudentums sei hier einmal abgesehen. Denn von vorrangiger Bedeutung scheinen in diesem Zusammenhang die Eingriffe der nichtjüdischen Obrigkeit zu sein, für die das Schlagwort des "Schächtstreits" entstand. Für Grunwald wog "*eine Rücksicht* [...] *schließlich alle Bedenken auf und entschied meine Entschließung: Die Ausstellung sollte in Dresden stattfinden, und damals, als ich die Einladung erhielt, stand in Sachsen noch das staatliche Verbot des rituellen Schächtens in Kraft.*"[77] Es bot sich also die Möglichkeit, dem vorwiegend nichtjüdischen Ausstellungsbesucher den Sinn jüdischen Verhaltens nicht nur durch Berufung auf die Tradition, sondern auch in Anlehnung an die Erkenntnisse der modernen Bakteriologie verständlich zu machen. So merkte die ansonsten nicht immer als judenfreundlich zu bezeichnende "Gartenlaube" zur jüdischen Abteilung an, daß der "*größte Hygieniker,*" nämlich Moses, bereits gewußt habe,

> "*daß die Infektion großer Schlachttierteile auf dem Blutgefäßweg vor sich geht, was die Bakteriologen erst vor kurzem aufs neue entdeckt haben. Es gab deshalb die Vorschrift, daß man aus Fleisch, das dem Verderben nahe ist, die großen Blutgefäße herausschneiden solle, um es länger zu erhalten.*"[78]

Die "Posener Zeitung" erkannte in einer Besprechung vom 23. Mai 1911 die mit der Ausstellung verbundenen Absichten:

> "*Wir sind der festen Ueberzeugung, daß die jüdische Abteilung dazu beitragen wird, manchen unberechtigten Vorwurf gegen Juden und Judentum zurückzuweisen. Das wird auch der schönste Lohn sein für den verdienstvollen Herrn Dr. Grunwald in Wien.*"[79]

Diesen Lohn aber hatte sich Grunwald mühsam verdienen müssen. Die Ausstellungspläne schreckten nämlich die unterschiedlichsten jüdischen Gruppen, unter ihnen nicht nur die Reformer, auf. Zahlreiche Institutionen entzogen sich der Unterstützung der Ausstellung durch Geldspenden oder Leihgaben; Grunwald fragte sich schließlich resigniert, ob die "*Erfolglosigkeit meiner umfassenden zähen Agitation*" nicht "*in meiner Person*" zu suchen sei.[80] Die Absagen bereits zugesagter Geldmittel, ausbleibende Antworten auf seine Bitten - nach eigener Aussage hatte er "*viele Monate hindurch fast täglich zwanzig bis dreißig Postsendungen*" zu erledigen[81] - und unverhohlen ausgesprochene Kritik wie die des Pariser Rabbiners Israel Lévi hatten ihre Wirkung hinterlassen:

> "*Vous ne trouverez à Paris aucune institution ou personne disposée à faire le moindre dépense pour cette exposition. Nous sommes ici très sceptiques en ce qui concerne l'utilité de ces exhibitions.*"[82]

In solchen Aussagen bündelten sich die den radikalen Reformern wie den Assimilierten gemeinsamen Ängste, daß eine öffentliche Präsentation von Frömmigkeit wie von traditionellen Lebens- und Verhaltensmustern die Stigmatisierung als "Jude" innerhalb der Gesellschaft wieder verstärken und dadurch den mühsam erreichten Status gefährden könne, eine Angst, die sich auch aus der Konfrontation mit der osteuropäischen Orthodoxie ergab. Denn gerade die äußeren Zeichen der Tradition, ob Beschneidung oder Kaftan und Schläfenlocken, hatten, wie Grunwald im Vorwort der von ihm herausgegebenen Schrift "Die Hygiene der Juden" zugeben mußte, zu jener "*herben Kritik*" geführt, "*die das Judentum von alters her erfahren hat.*"[83] Doch er sah auch die konkrete Chance:

> "*Zum erstenmal seit seinem Bestehen sollte der jüdische Volksstamm in den Hallen einer Internationalen Ausstellung auf deutschem Boden in Reih und Glied neben anderen Völkern, aber gesondert sich präsentieren und seine, auf einem der bedeutendsten und wichtigsten Lebensgebiete geschaffenen eigenartigen Kulturwerte den Schwesternationen vorzeigen.*"[84]

Der Erfolg und die Folgen von Dresden sollten ihm recht geben. Denn am 15. Mai 1914 wurde in Stuttgart die Ausstellung für Gesundheitspflege feierlich eröffnet. Auch sie verfolgte das Ziel, die Öffentlichkeit über Hygiene und Körperpflege zu informieren, und wiederum waren an ihr Juden beteiligt. Diesmal betrafen die Schwierigkeiten weniger die Erarbeitung eines Konzepts oder die Organisation als vielmehr die inhaltliche Abgrenzung: Man wollte zum einen Dresden nicht kopieren, zum anderen sich auf württembergische Exponate beschränken. Man stellte Beschneidungsgeräte, Mohelbücher[85] und einschlägige Schriften aus; ferner errichtete man eine nach dem Gemälde Moritz Daniel Oppenheims (1800-1882) gestaltete "Sabbatstube," in der das *Lichterbenschen* dargestellt war, sowie eine "Ritualküche" mit der getrennten Aufbewahrung des "milchigen" und "fleischigen" Geschirrs. Mit solchen räumlichen Inszenierungen war man einem zu diesem Zeitpunkt üblichen musealen Präsentationsschema wie auch der Jüdischen Abteilung in der Dresdener Hygiene-Ausstellung gefolgt, wo nach den Entwürfen des jüdischen Künstlers Isidor Kaufmann ebenfalls eine Stube aufgebaut worden war. Seinem Bericht über die Stuttgarter Ausstellung fügte Rabbiner Dr. Theodor Kroner (1845-1923), ebenfalls Mitglied der "Gesellschaft für jüdische Volkskunde," den Wunsch hinzu, daß "*diese Hygiene-Ausstellung dem Judentume neue Gönner und Verehrer zufügen*" möge.[86]

Dresden und Stuttgart sind Beispiele für den Öffentlichkeitsauftrag nicht nur der jüdischen Volkskunde, sondern insgesamt der "Wissenschaft des Judentums" seit der zweiten Hälfte des 19. Jahrhunderts.[87] Aber neben der apologetischen Funktion in einer sich den Juden weiterhin teils reserviert, teils feindlich verhaltenden Gesellschaft verstanden sie sich auch als Leistungsschauen, als Demonstration des jüdischen Beitrags zur abendländischen Kultur. Wie in Dresden fiel in Stuttgart die Formulierung vom "*Sozialhygieniker*" Moses,[88] doch der Stolz über die kulturelle Leistung beschränkte sich keinesfalls nur auf die *Kaschrut*, sondern betraf gleichermaßen die theologischen, philologischen, technischen, wirtschaftlichen und kulturgeschichtlichen Errungenschaften als jüdische Beteiligung an der abendländischen Geschichte. Spuren dieses Denkens in Leistungsbilanzen finden sich auch im wissenschaftlichen Werk Grunwalds, der sich intensiv mit - volkskundlich abseitig erscheinenden - Themen wie dem technischen Erfindungsgeist der Juden beschäftigte,[89] darüber u.a. in Wien, Berlin, Leipzig und Hamburg öffentliche Vorträge hielt und während einer Sitzung des Wiener *B'nai B'rith*-Ordens mit Sigmund Freud ins Gespräch kam:

> "*Später, nachdem ich Rabbiner in Wien geworden war, referierte ich einmal über jüdische Kultur. Freud war sehr darüber verwundert, daß es grundsätzlich eine solche Art von jüdischer Kultur gäbe. Er hatte nur von einem Mendelssohn gehört gehabt, der 'gewisse Beziehungen zu Lessing unterhalten hätte.' Da meldete sich der Dermatologe Prof. Ehrmann zu Wort: 'Obwohl wir Juden die Dynamo-Maschine nicht erfunden haben, so gaben wir dennoch der Menschheit eine Sache mehr - nämlich die Bibel.' Ich sagte daraufhin in meinem Schlußwort: 'Ich will Ihnen beweisen, daß wir Juden tatsächlich auch die Dynamo-Maschine erfunden haben,' wobei ich mich auf Popper-Lynkeus berief, der beim Wiener Ministerium ein Manuskript über das Projekt einer Dynamo-Maschine eingereicht hatte. Aber erst einige Jahrzehnte später, als auf einer Frankfurter Ausstellung eine solche Maschine allgemeine Begeisterung hervorrief, wischte man rasch den Staub von Poppers Manuskript ab und verlieh ihm das Erstgeburtsrecht als Erfinder [...].*"[90]

Im handschriftlichen Vorwort seiner bis heute unveröffentlichten, nur in einem maschinenschriftlichen Exemplar erhaltenen "Kulturgeschichte der Juden" schrieb Grunwald:

> "*Dieses Buch ist der erste Versuch, die Elemente der jüdischen Kultur, ihre weltkulturelle Bedeutung und ihre geschichtlichen Auswirkungen nach innen wie nach aussen sowie die kulturelle Betätigung der Juden in verschiedenen Ländern und Zeiten zusam[m]enhängend darzustellen.* [...] *Beim Lesen dieser Blätter bleibe man dessen inne, dass hier Kulturgeschichte geboten werden soll, d.h. nicht so sehr Detail als Typen, nicht Tatsachen, sondern*

Perspektiven, nicht Helden- und Märtyrer-Chronik, sondern ***Geistesgeschichte*** [von Grunwald im Original unterstrichen]*; nicht eine Fülle interessanter Berichte, sondern vor allem ein Grundriss jüdischer Seelenkunde und jüdischen Volkslebens als Spiegel einer Eigenart, die mit einzigartiger Zähigkeit sich gegen die bösartigsten Gegner seit Jahrtausenden bis heute behauptet hat.*

Wenn nach dem Dichter die Geschichte den Zweck hat, Enthusiasmus zu erzeugen, so wünschen diese Skizzen, weit entfernt von so hoch zielender Hoffnung, nur eines: für die Kulturgeschichte der Juden auf allen Seiten ***Gerechtigkeit*** [von Grunwald im Original unterstrichen]."[91]

An diesem Punkt setzte der Antrieb sowohl zur Beteiligung an Ausstellungen wie zur Gründung jüdischer Museen ein. Bis an den Rand der Gegenwart betrachtete (und betrachtet) die Kunstgeschichte die Juden als Rezipienten und argumentierte z.B. mit den Beschaumarken Nürnberger oder Augsburger Werkstätten an liturgischen Geräten aus Edelmetall: Ausgeschlossen vom zünftischen Handwerk seien die Juden auf Fremdprodukte angewiesen gewesen. Otto Lauffer sprach 1918 gar von der Überlegenheit deutschen Kunstschaffens über die jüdische Kultur,[92] und noch der jüdische Kunsthistoriker Rudolf Hallo (1896-1933) zeigte sich mit seinem Begriff der "*medialen Volkskunst*" der Juden beeindruckt vom überkommenen Ausklammerungsvokabular.[93]

Auch auf weiteren Ausstellungen konnte sich die Gesellschaft über jüdische Kunst und Kultur informieren. 1914 errichtete man in der Haupthalle der Kölner "Werkbundausstellung" neben einer katholischen und einer protestantischen Kirche eine Synagoge und zeigte liturgische Gegenstände, die nach Entwürfen des 1878 in Laupheim bei Ulm geborenen, seit 1907 als Lehrer an der Kunstgewerbeschule Hamburg tätigen Bildhauers Friedrich Adler angefertigt worden waren. Er hatte sich durch seinen kunstgewerblichen Unterricht, die sog. "Adler-Kurse," einen Namen sowohl in München, wo er von 1904 bis 1907 gelehrt hatte, wie in Hamburg gemacht. Dennoch blieb der Leistungsdruck, unter dem die jüdischen Teilnehmer an solchen Ausstellungen standen, enorm, wie dem Bericht Kroners zu entnehmen ist: "*Möchte der 'Adlerschwung' des Geistes und der Kunst das Judentum stets in der vordersten Reihe aller Kulturen stehen sehen.*"[94]

Die Selbstverständlichkeit, mit der nach der Jahrhundertwende der jüdische Künstler zum kulturellen Leben gehörte, darf nicht darüber hinwegtäuschen, daß seine Existenz noch wenige Jahrzehnte zuvor angezweifelt worden war. Die Entstehung jüdischer Museen und Sammlungen in Großstädten wie Berlin (1917),[95] Danzig (1904),[96] Frankfurt a.M. (1901),[97] Prag (1906)[98] oder Wien[99] ergab sich nicht nur aus elitärem Kunstsinn oder aus der Entdeckung der eigenen Geschichte. Am 18. Februar 1917 wurde in Berlin in der Oranienburger Straße 29 die Kunstsammlung der Jüdischen Gemeinde eröffnet, deren Grundstock die Sammlung des 1907 in Dresden verstorbenen Sammlers Albert Wolf bildete. Seit 1898 gehörte er als aktives Mitglied der "Gesellschaft für jüdische Volkskunde" in Hamburg an, für deren "Mitteilungen" er eine Reihe einschlägiger kunst- und kulturhistorischer Beiträge verfaßte.[100] Wolf trug all die Münzen, Medaillen, Kunst- und Kultusgeräte, Zeichnungen, Fotografien, illustrierten Manuskripte, Autographen und Drucke nicht zusammen, um damit, so Moritz Stern, "*zu prunken oder sich egoistisch an ihrem Besitz zu ergötzen,*" sondern um sie "*in den Dienst des Judentums*" zu stellen. "*Es war ihm Bedürfnis* [sic!], *zu zeigen, was die Welt der jüdischen Kultur verdanke, wie selbst auf dem unbeachteten Gebiete der Kunst die Juden Erhebliches leisteten.*"[101]

Tatsächlich hatte Wolf immer wieder auf die bislang nicht zur Kenntnis genommenen jüdischen Künstler und Kunsthandwerker aufmerksam gemacht und dadurch all diejenigen Lügen gestraft, die ein eigenständiges jüdisches Kunstschaffen bezweifelt, es bestenfalls als Ausdruck kultureller Partizipationsprozesse betrachtet und etwa die Synagogenmalereien eines Elieser Sussmann[102] oder die Mizrach-Scherenschnitte aus Polen[103] als inferior abgetan hatten. Der Beginn der jüdischen Kunstgeschichte fällt folglich nicht nur mit der Entstehung jüdischer Museen und mit Sammlern und Mäzenen wie Albert Wolf oder Lesser Gieldzinski (1830-1910), sondern letztlich auch mit dem Arbeitsfeld der jüdischen Volkskunde zusammen, wie z.B. die Zusammenarbeit Grunwalds mit dem Jüdischen Museum in Wien zeigt.[104]

Über die jüdischen Museumsaktivitäten aber darf das Engagement des 1920 verstorbenen Heinrich Frauberger aus Düsseldorf nicht vergessen werden. Sein Interesse entsprang aufgrund einer Anfrage von 1895 zum Entwurf eines Umfassungsgitters für ein jüdisches Grab, die er nicht beantworten konnte, der Erkenntnis, daß man bislang schlichtweg in den kulturhistorischen Museen vergessen hatte, jüdische Objekte zu erwerben. Bei einer Durchsicht der annähernd 30 000 Blätter umfassenden Vorbildersammlung des Kunstgewerbemuseums stellte er fest, daß für die katholische und protestantische Kirche, aber auch für den Islam und den Buddhismus zahlreiche Unterlagen vorhanden waren, "*obwohl weder Mohammedaner noch Buddhisten am Rheine wohnen.*"[105] Er gründete daher 1896 die "Gesellschaft zur Erforschung jüdischer Kunstdenkmäler," die in Frankfurt a.M. ihren Sitz hatte und in den Folgejahren eine beachtliche Forschungs- und Publikationstätigkeit entwickelte.[106] 1908 veranstaltete er im Düsseldorfer Kunstgewerbemuseum eine Ausstellung jüdischer Bauten und Kultusgegenstände. Trotz der Mitgliedschaft Fraubergers in der "Gesellschaft für jüdische Volkskunde" kam es eigenartigerweise zwischen der Frankfurter Gesellschaft und der jüdischen Volkskunde offenbar zu keinen engeren Kontakten, wie einem Brief des Frankfurter Bankiers und Philanthropen Charles L. Hallgarten (1838-1908) zu entnehmen ist. Grunwald hatte der "Gesellschaft zur Erforschung jüdischer Kunstdenkmäler" einige Bände seiner "Mitteilungen" vorgelegt, wahrscheinlich verbunden mit der Bitte um einen Druckkostenzuschuß. Laut Antwort Hallgartens sei die Zeitschrift den anwesenden Herren unbekannt gewesen, hätte jedoch früher "*durch ihren nicht sorgfältig gewählten Inhalt direkt Anstoss*" erregt; daher müßten, um der Förderung der Wünsche des "*Herrn Rabbiner Grunwald*" entgegenkommen zu können, weitere Hefte abgewartet werden.[107]

Der Widersinn des Krieges

Der Ausbruch des Ersten Weltkrieges 1914 verschärfte den Zwiespalt jüdischer Existenz unter extremen Bedingungen. Juden hatten plötzlich als deutsche, französische und russische Staatsbürger gegeneinander zu kämpfen. Ein Beispiel mag den Wahnwitz dieser Situation bezeugen. Der junge russisch-jüdische Boris Dawidowicz hatte gezwungenermaßen, da in Rußland Juden nicht zum Studium an den Universitäten zugelassen waren, in Wien Medizin studiert. Der Krieg aber zwang ihn, auf Österreicher zu schießen:

> *"In diesem Lande hatte ich nur Gutes erfahren. Hier durfte ich unbehelligt überall wohnen und studieren, was mir mein eigenes Vaterland versagt, und nun stattete ich dem Lande meinen Dank ab, indem ich seine Söhne erschoß oder erstach. Gemordet, gebrannt und geplündert haben - das muß ebenfalls betont werden - die jüdischen Soldaten im russischen Heere nicht; wir brachten in geplünderten Ortschaften den Bewohnern, Christen wie Juden, die von unseren lieben Kameraden geraubten Sachen zurück. Aber kriegsmäßig habe ich doch viele Oesterreicher auf dem Gewissen."*[108]

Schwer verwundet geriet Dawidowicz in deutsch-österreichische Gefangenschaft; die lebensrettende Amputation seines linken Beines wurde ausgerechnet von seinem ehemaligen Universitätslehrer durchgeführt:

> *"Mir ist nun das Merkwürdige passiert, daß mein Bein, welches in meinem Vaterlande nicht die Schwelle einer Hochschule übertreten durfte, im Kampfe für eben dieses mein Vaterland auf dem Schlachtfelde geblieben ist, und daß das 'Feindesland' Oesterreich, gegen welches ich mehr als zwei Monate lang die Mordwaffe geschwungen habe, mir die Möglichkeit bietet, von neuem mein Leben einzurichten. Ich weiß, daß sehr viele jüdische junge Leute in derselben oder in einer ähnlichen Lage sind. An uns Juden stellt das Schicksal gar seltsame Fragen, die zu beantworten manchmal über die Kraft des Menschen geht."*[109]

Die jüdische Volkskunde war - wie auch andere Sparten innerhalb der "Wissenschaft des Judentums" - in mehrfacher Hinsicht von den Kriegswirren betroffen: Einerseits fielen verständlicherweise die Hefte der "Mitteilungen" zwischen 1914 und 1918 recht dünn aus, andererseits entdeckten kulturhistorisch interessierte jüdische Kriegsteilnehmer die traditionalistisch-orthodoxe Kultur der Juden in Polen und Rußland mit zunehmender Faszination, und schließlich setzte sich die "Gesellschaft für jüdische Volkskunde" in Hamburg für eine "Kriegsvolkskunde" ein. Vorträge über das Frontleben wie über die populäre jüdische Kultur des Kriegsschauplatzes überstiegen in ihrem Wirklichkeitsbezug bei weitem das, was etwa John Meier oder Hanns Bächtold-Stäubli unter "Soldatenvolkskunde" verstanden. So referierte anläßlich der Jahresversammlung der "Gesellschaft für jüdische Volkskunde" am 1. Mai 1917 Dr. Jacob Sonderling (geb. 1878) über "Volkskundliches aus dem Leben der Ostjuden,"[110] und am 21. März 1918 sprach Benas Levy aus Berlin auf Einladung des Vorstandes der "Gesellschaft" über "Juden und Judentum im Weltkrieg;" in seinem Lichtbildervortrag wies er auf die Bedeutung einer Bilddokumentation jüdischer Lebensbedingungen im Weltkrieg hin.[111]

Man kann die jüdische Bewußtseinssituation zwischen 1914 und 1918 als Spaltung der Einheit "Jude" in die Vielheit "Nation," "Aliierte" und "Feinde" charakterisieren. Dennoch ergab sich mit der Kriegsfront ein neues Forschungs- und Beobachtungsfeld. So erreichte Max Grunwald in Wien ein Brief des Gefreiten und Angehörigen des Fernsprechbetriebszuges 1024, Dr. Schwarzschild aus Frankfurt a.M., vom 20. August 1918. Darin berichtete er über eine von Kriegsberichterstatter Scheuermann herausgegebene Broschüre über das nordfranzösische Charleville (Charleville-Mezières), in der auch eine "Rue des Juifs" verzeichnet sei: In der 1606 durch Karl von Gonzaga,

Herzog von Nevers, neugegründeten Stadt seien die mit zahlreichen Freibriefen und Privilegien ausgestatteten Juden angesiedelt worden. Ferner beschrieb Schwarzschild ein Wappen von 1615 an der Stelle der ehemaligen Synagoge in der "Rue des Juifs;" von den Bewohnern des Gebäudes hätte er gehört, daß die liturgischen Gegenstände vermutlich in die Museen von Paris und Reims geschafft worden seien. Dann fuhr er unter Hinweis auf Grunwalds Interesse an der sephardischen Volkskultur fort:

> *"Da Sie mir aus verschiedenen Ihrer Werke als bedeutender Kenner jüdischen Altertums bekannt sind und insbesondere durch Ihre Veröffentlichung über die Altonaer Portugiesengräber ein Forscher auf heraldischem Gebiete sind, so glaubte ich, mir die Freiheit nehmen zu dürfen, Ihnen eine Beschreibung dieses Wappens zu übermitteln, das vielleicht ein solches meiner jüdischen Familie, vielleicht spaniolosch-holländischer Abkunft ist. Oder sollte es nur ein Hoheitszeichen der Gonzagas sein?"*[112]

Man könnte solchen Zeugnissen entnehmen, daß Grunwald, zu diesem Zeitpunkt längst Ehrenvorsitzender der "Gesellschaft für jüdische Volkskunde," als Folklorist seine Materialerhebungen mittels Feldpostbriefen von soldatischen Kulturtouristen durchführen ließ. Doch auf der anderen Seite des Krieges herrschte die nackte Angst, die Grunwald nicht als Wissenschaftler, sondern als Seelsorger forderte. Am 9. Januar 1916 schickte ihm Saul Glaser eine Feldpostkarte mit der Bitte um Zusendung von "*Tefilin*" und einem "*Thilimgebettbuch*:"

> "*Ich bin vom Felde in die Heilstätte gekomen* [sic!] *und habe ich hier* [Syntax sic!] *die beste Gelegenheit mein Gebet zu verrichten.*"[113]

Flüchtige Begegnungen

Ein Gang durch die Geschichte der jüdischen Volkskunde zwischen 1898 und 1933 legt offen, daß sie nicht auf einer fernen Insel am Ende der Welt in einer exotischen Sprache, sondern in Hamburg und Wien mit vorwiegend deutschsprachigen Veröffentlichungen betrieben wurde, sieht man einmal von den jiddischen "Jiwobletern" (YIVO Bleter) ab, die das "Jidishe Visnshaftlekhe Institut" (YIVO) im litauischen Wilna seit 1931 herausgab.[114] Warum aber, so frägt man sich, weiß man dann bis heute so wenig über diesen speziellen Bereich der Kulturanalyse? Warum nahm die deutschsprachige Volkskunde in der fraglichen Zeit keine oder nur oberflächliche Notiz vom Schaffen eines Max Grunwald, Alfred Landau (1850-1935) oder Samuel A. Weissenberg?

Die wenigen Berührungspunkte und Begegnungen zwischen der jüdischen und nichtjüdischen Volkskunde sind bizarr und schärfen zugleich den Blick auf das Eigenverständnis der deutschen Volkskunde als einer nationalen, in letzter Konsequenz nationalistischen Wissenschaft.

1918 erschien in Wien und Leipzig die "Praktische Grammatik der Jiddischen Sprache für den Selbstunterricht. Mit Lesestücken und einem Wörterbuch" von Salomo A. Birnbaum (2. Aufl. Hamburg 1966). Als Birnbaum 1921 nach Hamburg kam, nahm er Kontakt mit Conrad Borchling auf, der sich für Jiddisch interessierte und anhand von

Hermann L. Stracks "Jüdischdeutschen Texten" (1917) an der dortigen Universität eine Lehrveranstaltung über die jiddische Sprache hielt. Auf seinen Vorschlag hin wurde Birnbaum ein Lehrauftrag für Jiddisch verliehen, der erste seiner Art an einer deutschen Universität. 1927 entwickelten er, Heinz Kloss, Assistent am Deutschen Ausland-Institut, sowie Dr. Franz Thierfelder von der "Akademie zur wissenschaftlichen Erforschung und Pflege des Deutschtums - Deutsche Akademie" den Plan zur Gründung eines Instituts für Sprachen, die dem Deutschen eng verwandt waren; der hierfür vorgesehene Begriff "Nebensprachen" wurde später von Birnbaum in "Nahsprachen" geändert. Anfang 1933 ergriff Birnbaum die Initiative zur Gründung eines eigenen Instituts zur Erforschung der jiddischen Sprache und für aschkenasische Studien, wozu er einen Aufruf folgenden Wortlauts versandte:

> *"Das Jiddische, früher die Sprache der Juden Deutschlands, heute die ihrer Nachkommen außerhalb des deutschen Sprachgebiets, gehört nicht nur in den Rahmen der Wissenschaft des Judentums, sondern ist auch Gegenstand allgemeiner Sprach- und Literaturforschung, der Hebraistik und insbesondere der Germanistik. So enthalten z.B. die handschriftlichen Denkmäler des Altjiddischen erwünschte Beiträge aus Zeiten, für die man im Deutschen nicht allzuviel Stoff hat; in ihnen besitzt man auch - infolge der Verschiedenheit des Alphabets - ein nicht zu unterschätzendes Hilfsmittel zur Klärung lautlicher Fragen aus der älteren deutschen Sprachgeschichte.*
>
> *Die Aufgabe, die der Wissenschaft mit der Erforschung der jiddischen Sprache und Literatur gesetzt ist, erscheint darum besonders bedeutsam. Leider ist bisher wenig getan worden, um dieser Aufgabe gerecht zu werden. Allerdings sei nicht verkannt, daß es gewichtige Gründe gibt, die dieses Versäumnis begreiflich machen. Einer der ersten ist wohl in den sachlichen Schwierigkeiten zu sehen: eine ganze Reihe von Stoffgebieten und Disziplinen findet sich auf diesem Grenzgebiet zusammen. Soll seine Bearbeitung Erfolg haben, so setzt sie Forscher voraus, welche die verschiedenen Fächer zugleich überblicken.*
>
> *Es ist nun endlich soweit, daß diese Lücke sich schließt, indem ein Mittelpunkt für aschkenasische Studien geschaffen wird. Die Gründung des Institutum Germano-Judaicum ist wärmstens zu begrüßen und es steht zu hoffen, daß es in vollem Maß die moralische und materielle Förderung all derer finde, die sich nach irgend einer Richtung hin für den Kreis seiner Aufgaben interessieren."*[115]

Birnbaum versandte den Text 1933 an zahlreiche prominente Wissenschaftler in Deutschland, Österreich und in der Schweiz mit der Bitte um Unterstützung. Sechzig Unterschriften kamen bis Ende Februar zurück, zu einem Zeitpunkt, als Adolf Hitler bereits zum Reichskanzler ernannt worden war; dreizehn trafen im März, die letzten vier eine Woche nach dem Wahlsieg der Nationalsozialisten ein.[116] Die Gründung des Forschungsinstituts scheiterte jedoch, da Birnbaum wenige Wochen später Deutschland in Richtung London verließ.

Unter denjenigen, die den Plan guthießen, befanden sich auch Personen, die im Mittelpunkt oder zumindest im intellektuellen Umfeld der deutschsprachigen Volkskunde standen. Daß Eduard Hoffmann-Krayer aus Basel nicht fehlte, verwundert nicht; denn er hatte nach einem Besuch des "Museums für jüdische Volkskunde" in Hamburg im April 1914 den Anstoß zur Gründung einer "Kommission für jüdische Volkskunde" innerhalb der "Schweizerischen Gesellschaft für Volkskunde" gegeben.[117] Man stößt auf die Namen des Heidelberger Germanisten und Sagenforschers Friedrich Panzer, bei dem Jechiel Fischer noch 1936 mit einer Untersuchung über "Das Jiddische und sein Verhältnis zu den deutschen Mundarten" promovieren konnte,[118] des Breslauer Professors und Geheimen Rats Dr. Theodor Siebs, der in der "Schlesischen Gesellschaft für Volkskunde" tätig war, des Greifswalder Germanisten Wolfgang Stammler, des Gießener Otto Behaghel oder des Barockspezialisten Helmut de Boor aus Bern. Johannes Bolte spendete Beifall aus Berlin. Man mag den Unterzeichnern des Aufrufs Mut in den von Tag zu Tag gefährlicher werdenden Zeiten bescheinigen, doch man ist irritiert, wenn man auf die Namen Michael Haberlandt aus Wien oder John Meier, Vorsitzender des Gesamtverbandes der volkskundlichen Vereine und Gründer des "Deutschen Volksliedarchivs" in Freiburg i.Br., stößt; Meier bemühte sich weder um die Integration der "Gesellschaft für jüdische Volkskunde," deren Vorstand am 20. November 1905 unter dem Vorsitz Paul Riegers u.a. die Frage eines Beitritts zum "Verband deutscher Vereine für Volkskunde" diskutiert hatte, noch betrachtete er es als Aufgabe seiner Freiburger Forschungs- und Dokumentationsstätte, sich um jüdisches Liedgut zu bemühen, wie es im südwestdeutschen Grenzraum, in der Schweiz, im Elsaß und in Südbaden in überreichem Maße vorhanden gewesen war. Das Desinteresse Meiers läßt sich tatsächlich aus einem Brief vom 20. Februar 1928 erschließen, den Franz Doubek, Dozent an der Universität Wilna, Polen, an Grunwald geschrieben hatte: Meier habe ihn wegen der Publikation eines Liedes abschlägig beschieden und an Grunwald weiterverwiesen.[119]

Die wenigen Beziehungen zwischen nichtjüdischen und jüdischen Volkskundlern, etwa zwischen Richard Andree (1835-1912) und Grunwald, verwirren in ihrer Zufälligkeit eher, als daß sie ein eindeutiges Bild ergäben. Denn auch Juden wie der Syndikus der Berliner Jüdischen Gemeinde, Dr. Georg Minden (1850-1928), der über eine Reihe von Jahren hinweg dem Vorstand des Vereins für Volkskunde in Berlin angehörte, kleine Beiträge für die "Zeitschrift des Vereins für Volkskunde" verfaßte und kaum eine Sitzung versäumte, kritisierten die Gründung einer eigenen "Gesellschaft für jüdische Volkskunde" in Hamburg.[120] Sie alle aber übertraf an Schärfe der ebenso geniale wie umstrittene und streitbare Friedrich Salomon Krauß (1859-1938), der in der Institutionalisierung einer selbständigen jüdischen Volkskunde nicht nur einen Schlag gegen seine Vorstellungen von Volkskunde als einer nationen- und konfessionenübergreifenden "Wissenschaft vom Menschen," sondern auch den Rückzug in die Isolation des mittelalterlichen Ghettos sah. Doch er erkannte auch die Zwangssituation, die sich aus dem offenen wie latenten Antisemitismus für eine jüdische Volkskunde ergab. Sarkastisch geißelte er die Zustände innerhalb der deutschen Volkskunde:

> "*Dass sich in Hamburg eine Gesellschaft für jüdische Volkskunde bilden konnte, ist eine bittere Anklage wider alle, vornehmlich die deutschen Gesellschaften und Vereine für Volkskunde, die samt und sonders den Umfang und die Tiefe ihrer Pflichten und Aufgaben gegenüber allen Bewohnern Mitteleuropas ohne Unterschied von Confession und sprachlicher Zugehörigkeit nicht begriffen haben. Man gründet so einen Verein oder eine*

> *Gesellschaft und wählt in den Ausschuss zwei, drei Paradejuden hinein, denen eine schmähliche Rolle zugewiesen wird. Ab und zu redet man oder druckt man eine infame antisemitische Injurie ab, und wenn sich ein naiver Mitarbeiter jüdischer Confession darüber aufhält, sucht man ihn augenverdreherisch zu beschwichtigen: 'Aber, mein Lieber, seien Sie doch nicht gar so empfindlich! Sie sind ja nicht genannt worden. Ja, wenn alle Juden so wären wie Sie (scilicet so dumm) etc.'"*[121]

Als Erkenntnis bleibt folglich eine vereinzelte, zögernde Kontaktaufnahme in der ersten Zeit nach 1898 neben der nationalistischen Aus- und Abgrenzung durch die deutsche Volkskunde. Die Situation war fatal: Den Kampf Grunwalds und seiner Mitstreiter gegen den Traditionsverlust betrachteten viele assimilierte Juden als Auffrischung des Kainsmales, das in der Gesellschaft verwundbar machte. Jüdische Volkskunde war vor dem Holocaust zwischen öffentlicher Bildungsarbeit und Totschweigen angesiedelt gewesen, oder wie Birnbaum am Beispiel eines der wesentlichsten jüdischen Identitätsmerkmale, des Jiddischen (Jüdischdeutschen), und der Resonanz der Hamburger Juden auf seine Lehrveranstaltungen feststellen mußte: "*With the Jewish population of Hamburg being what it was, only a modest attendance was to be expected.*"[122] Die jüdische Volkskunde war bereits während ihrer europäischen, beinahe vierzigjährigen Geschichte zwischen 1898 und 1938, zwischen Vereinsgründung in Hamburg und der Flucht Grunwalds, dazu bestimmt gewesen, in der Vergessenheit verloren zu gehen.

Anmerkungen

1. Fénelon 1988: 301.
2. Heller 1985; zur Kritik vgl. Lauterbach 1986/87: 189.
3. Brückner und Beitl 1983.
4. Zu Grunwald s. Daxelmüller 1983, 1986b, 1987a-c, 1988a-c, 1991a-b; Noy 1980 und 1982.
5. Altmann 1974: 48; zu Breslau s. u.a. Kisch 1963.
6. Grunwald 1892.
7. Daxelmüller 1988c: 14-15.
8. Daxelmüller 1987c.
9. S. Narkiss 1941; Patai 1946/47a: 13-16.
10. Dem Umstand, daß die jüdische Volkskunde in ihren Anfängen eine Nebenbeschäftigung ursprünglich fachfremder Interessenten war, versucht auch die Bibliographie dieses Beitrags gerecht zu werden.
11. Vgl. hierzu demnächst Christoph Daxelmüller, Geschichte der jüdischen Volkskunde in Mittel- und Osteuropa [in Vorbereitung].
12. Vgl. Rieger 1907.
13. Vgl. Löwenthal 1905.
14. Gedenkbuch 1965: 71; die Angabe bei Lorenz 1987: 1400, daß Nathan nach dem 19.7.1942 in Auschwitz ermordet worden sei, ist wohl fehlerhaft. Vgl. auch Nathan 1910, 1911 und 1918a-b.
15. Vgl. Daxelmüller 1989a.
16. Schönfeld 1825: 85-87.
17. Schönfeld 1826: 139-144.
18. Tendlau 1845.

19. Tendlau 1860.
20. Steinschneider 1872: 1-21.
21. z.B. Schudt 1714-1718.
22. z.B. Bodenschatz 1756.
23. Eisenmenger 1711.
24. Ein Originalexemplar befindet sich unter der Signatur 4° 1182/XX im Nachlaß Dr. Max Grunwalds in der Jewish National and University Library Jerusalem.
25. Yassif 1986: 90-93, 276.
26. z.B. Grunwald 1904, 1926 und 1936.
27. Kaufmann 1898: 94-98.
28. Grunwald 1895: 3.
29. Grunwald 1895: 14; vgl. auch Grunwald 1897a: 667-671.
30. *Mitteilungen zur Jüdischen Volkskunde* 15. Jg., Heft 41-44, 1912.
31. Brief von J. Feinstein, Wien, vom 6. April 1913 an Grunwald; Nachlaß Dr. Max Grunwald, Jewish National and University Library Jerusalem, Sign. 4° 1182/2-4: 28.
32. G., M. [= Grunwald oder Güdemann?] 1905: 73-84; Güdemann 1880-1888.
33. Krauß 1897a: 27.
34. Stellvertretend für die nahezu unüberschaubar gewordene Literatur über den Antisemitismus s. hier Poliakov 1977-1988 genannt. Einen trotz mancher fehlerhaften Zuschreibungen informativen Überblick vermittelt der von der Kölnischen Gesellschaft für Christlich-Jüdische Zusammenarbeit herausgegebene, von Christiane Hoss, Sabine Hahn, Margot Komann und Andreas Leven redigierte Ausstellungskatalog "100 Jahre deutscher Rassismus" (Köln 1988).
35. Vgl. Boehlich 1965: 11.
36. Dühring 1881; vgl. auch Dühring 1886 und 1881-1901.
37. Rohling 1871 u. ö.
38. Daxelmüller 1988a: 20-32.
39. Rede Max M. Warburgs "gegen die Schande des Antisemitismus" vom 23. Januar 1933; CV-Zeitung vom 26. Januar 1933: 25 (die Zeitung erschien im Berliner Philo-Verlag, den der CV = "Centralverein deutscher Staatsbürger jüdischen Glaubens" gegründet hatte).
40. Hamburger Familienblatt für die israelitischen Gemeinden Hamburg, Altona, Wandsbek und Harburg, 1. März 1923: 3.
41. Yassif 1986: 182-183.
42. Vgl. Gaster 1904.
43. Max Grunwald: Otto Warburg, geboren am 20. Juli 1859; Manuskript (maschinenschriftlich), Nachlaß Dr. Max Grunwald, Jewish National and University Library Jerusalem, 4° 1182/XX.
44. Vgl. hierzu u.a. Deutsche Jüdische Soldaten 1984 und 1987.
45. Gaster 1950: 981-989.
46. Grunwald 1898: 3.
47. Grunwald 1898: 4.
48. Grunwald 1898: 4.
49. Vgl. Daxelmüller 1989a; s. auch Maurer 1986 (mit weiterer Literatur).
50. Grunwald 1902b; vgl. auch Grunwald 1894, 1902c. Ausführliche Bibliographien zur sephardischen Volkskultur enthalten u.a. Bunis 1981: 99-168 sowie Haboucha 1982: 571-588.
51. Kolb 1967.
52. Grunwald 1982.
53. Die Originaltexte sind nicht mehr auffindbar.
54. Noy 1982: XV.
55. Noy 1982: IX.
56. Central Archives for the History of the Jewish People, Jerusalem AHW (Jüdische Gemeinden Altona, Hamburg, Wandsbek und Oberrabbinat Altona) 793: Vereine, Statuten, Jahresberichte und Festschriften von Vereinen und Institutionen der DIG, 1850-1927.
57. Haam 1913, Bd. 1: 204.

58. Grunwald 1952: 241-251, Zitat 245 (Übersetzung des Verfassers).
59. Katz 1982a: 97.
60. Grunwald 1952: 246 (Übersetzung des Verfassers).
61. Die Vorbelastung des Begriffes "jüdisch" mit religiösen Inhalten führte in der Literatur zu solch wahnwitzigen Formulierungen wie "jüdische liturgische Geräte," "jüdisches Haus" oder gar "jüdische Sachkultur," die in ihrem Irrsinn erst durch die Übertragung ins Gegenteil deutlich werden; denn kaum ein Forscher würde von einem "christlichen Bauernschrank" oder einem "christlichen Kruzifix" sprechen.
62. Jüdisches Volksblatt, 10. Jänner 1902: 2-3; Neuzeit, 19. November 1897: 476; zitiert nach Rozenblit 1989: 174.
63. Österreichische Wochenschrift 24, Nr. 57, 5. Juli 1907: 440-441; zitiert nach Rozenblit 1989: 174.
64. *Ost und West. Illustrierte Monatsschrift für das gesamte Judentum* 12, Heft 8 (August 1912): 774.
65. Grunwald 1913b: 621-630.
66. Grunwald 1913a: 457-488.
67. Grunwald 1913a: 457.
68. Grunwald 1913a: 481.
69. Grunwald 1913a: 487.
70. Grunwald 1913a: 487.
71. Grunwald 1913a: 487-488, Zitat 488.
72. Grunwald 1913a: 488.
73. Grunwald 1913a: 488.
74. Zu Leben und Werk Bialiks s. u.a. Simon 1935.
75. Grunwald 1952: 245-246.
76. Grunwald 1911: 4.
77. Grunwald 1911: 3.
78. Zitiert nach Grunwald 1911: 36-37.
79. Zitiert nach Grunwald 1911: 27.
80. Grunwald 1911: 8.
81. Grunwald 1911: 6.
82. Zitiert nach Grunwald 1911: 6-7.
83. Grunwald 1911 (1912): 1.
84. Grunwald 1911: 8.
85. Beschneidungsbücher.
86. Kroner 1914b: 569-572, Zitat 572.
87. Zur "Wissenschaft des Judentums" vgl. den von Wilhelm 1967 zusammengestellten Sammelband.
88. Kroner 1914b: 571.
89. z.B. Grunwald 1902a.
90. Grunwald 1952: 241-242 (Übersetzung des Verfassers). Josef Popper (pseud. Lynkeus, 1838-1921) war Physiker und Erfinder. Sein Interesse galt jüdischen Problemen sowie der Psychoanalyse; Freud schätzte Popper sehr. Das Selbstverständnis Freuds als Jude wird u.a. aus einem Brief vom 20. Februar 1930 an Abraham Aaron Roback deutlich: "Es wird Sie interessieren zu hören, daß mein Vater tatsächlich aus chassidischem Milieu stammte. Er war einundvierzig Jahre alt, als ich geboren wurde und seinen heimatlichen Beziehungen seit fast zwanzig Jahren entfremdet. Ich wurde so unjüdisch erzogen, daß ich heute nicht einmal imstande bin, Ihre offenbar in jüdischer Schrift gehaltene Widmung zu lesen"; Freud 1960: 390-391, Zitat 391.
91. Jewish National and University Library Jerusalem, Nachlaß Dr. Max Grunwald, Sign. 4° 1182/I:2.
92. Lauffer 1918: 126-131.
93. Hallo 1983: 331; vgl. Hallo 1928.

94. Kroner 1914a: 501-504; Zitat 504.
95. Vgl. Simon 1983.
96. Vgl. Busch 1982.
97. Vgl. Schönberger 1961.
98. Vgl. Dodwell 1980.
99. Vgl. Kolb 1967.
100. Wolf 1900, 1902, 1904.
101. Stern 1917: 89-96; Zitat 90.
102. Vgl. hierzu Davidovicz 1969.
103. Vgl. Metken 1978: 200-203.
104. Wischnitzer-Bernstein 1967.
105. Frauberger 1900: 3.
106. Frauberger 1900; s. auch Lustiger 1988a: 345-347.
107. Jewish National and University Library Jerusalem, Nachlaß Dr. Max Grunwald, Sign. 4° 1182/2-4.
108. Dawidowicz 1914: 667-672, Zitat 671.
109. Dawidowicz 1914: 672.
110. Nathan 1918a: 30-32.
111. S. Daxelmüller 1988c: 25.
112. Jewish National and University Library Jerusalem, Nachlaß Dr. Max Grunwald, Sign. 4° 1182/V:15.
113. Jewish National and University Library Jerusalem, Nachlaß Dr. Max Grunwald, Sign. 4° 1182/2-4.
114. Zu volkskundlichen Forschungsaktivitäten in Osteuropa s. u.a. Greenbaum 1978, Mlotek 1977/78 und Soifer 1978.
115. Birnbaum 1972: 243-249, Zitat 247-248.
116. Birnbaum 1972: 244.
117. Vgl. hierzu Guggenheim-Grünberg 1964; Daxelmüller 1987a: 12-14.
118. Fischer, Jechiel 1936.
119. Jewish National and University Library Jerusalem, Nachlaß Dr. Max Grunwald, Sign. 4° 1182/2-4.
120. Minden 1898.
121. Krauß 1897a: 284-285.
122. Birnbaum 1972: 243.

KULTURELLE DEUTSCHTUMSPFLEGE IM ÜBERGANG VON WEIMAR ZU HITLER AM BEISPIEL DES DEUTSCHEN AUSLAND-INSTITUTS (DAI). EINE FALLSTUDIE

MARTIN SECKENDORF

Zur Deutschtumspolitik in der Weimarer Republik

Am 13. Januar 1925 stellte Reichsaußenminister Gustav Stresemann in einer Denkschrift fest: "Das deutsche Volk ist in der einzigartigen Lage, daß kaum drei Viertel seiner Angehörigen in eigenen Staatsgebilden - im Reich und in Deutsch-Österreich - vereinigt sind, während der Rest [...] unter fremder Staatshoheit lebt."[1] Das betraf etwa 25 Millionen Deutsche,[2] davon nach Stresemann etwa neun Millionen in Europa.[3] Zur deutschen Minderheit rechnete man Menschen deutscher Nationalität, aber ohne Staatsangehörigkeit eines deutschen Bundesstaates oder des Reiches. Vornehmlich nach 1933 wurden diese Menschen als Volksdeutsche bezeichnet. Sie bildeten die mit Abstand größte Gruppe der *Auslanddeutschen*. Eine zweite Gruppe waren deutsche Staatsangehörige, die für längere Zeit oder dauernd im Ausland lebten.

Die Ursprünge der deutschen Minderheiten im Ausland liegen teilweise viele Jahrhunderte zurück. Die Zahl der Deutschen im Ausland wurde jedoch erheblich durch die Auswanderung im 19. und 20. Jahrhundert erhöht.[4] Wichtige Motive der Auswanderung waren akute wirtschaftliche Not, Perspektivlosigkeit, politische oder religiöse, auch rassische Verfolgung.[5] Um ca. drei Millionen Menschen wurde das Auslanddeutschtum durch die territorialen Veränderungen nach dem Ersten Weltkrieg verstärkt.[6] Für die Bewertung aller Deutschtumspolitik ist von erheblicher Bedeutung, daß es die von den jeweils herrschenden Eliten zu verantwortenden Bedingungen waren, die viele Millionen Deutsche zu Ausländern werden ließen.

Trotzdem war Deutschtumspolitik niemals vorrangig caritativen Zielen gewidmet. Schon ein flüchtiger Blick belegt: Für die Eliten in der Zwischenkriegszeit, auch für alle Kabinette seit 1918, waren die Auslanddeutschen hauptsächlich Instrument der Außenpolitik. Stresemann beispielsweise wies wiederholt auf ihren "Wert in politischer, kultureller und wirtschaftlicher Beziehung"[7] hin und betonte deren Bedeutung als "Aktivposten für die Außenpolitik."[8] Als es am 7. April 1933 zur ersten außenpolitischen Grundsatzdebatte im Kabinett Hitler kam, um den politischen Gegenpol zu Stresemann zu nennen, forderte Reichsaußenminister Konstantin v. Neurath, zur Durchsetzung grundsätzlicher außenpolitischer Ziele müßten "die Pflege und Erhaltung des Deutschtums im Ausland in erster Linie gefördert werden."[9]

Aufbau eines "Deutschtumsapparates" nach 1918

Vor 1918 spielten die Auslanddeutschen in der Politik kaum eine Rolle.[10] Das wilhelminische Deutschland stützte sich in der Außen- und Kolonialpolitik auf eine expandierende Wirtschaft und hochgerüstete Streitkräfte. Subtilere Methode, u.a. die Deutschtumspolitik, glaubte man, nicht nötig zu haben.[11] Erst im Verlauf des Krieges setzte sich in den herrschenden Kreisen die Erkenntnis durch, daß das "Auslandsdeutschtum ein wichtiger Faktor unserer künftigen Politik sein" müsse.[12]

Wesentliches Ergebnis des durch die katastrophalen Folgen der Nachkriegsregelung beschleunigten Umdenkungsprozesses war der schnelle Aufbau eines gewaltigen Deutschtumsapparates in Deutschland. Zu den bestehenden beiden großen Organisationen - dem 1881 gegründeten Verein für das Deutschtum im Ausland (VDA)[13] und dem 1917 geschaffenen Deutschen Ausland-Institut (DAI) - kamen über tausend neue Vereine.[14] Daneben entstand eine große Zahl volkswissenschaftlicher Einrichtungen, wie das von Georg Schreiber geleitete Deutsche Institut für Auslandskunde in Münster[15] oder das Berliner Institut für Grenz- und Auslandstudien unter Max Hildebert Böhm.[16] Außerdem gab es wohl an jeder Universität oder Hochschule Institute, Seminare oder Arbeitskreise für Deutschtums- oder Grenzlandkunde bzw. entsprechende Vorlesungsreihen.[17]

Zu Beginn der 20er Jahre entstand auf Länder- und Reichsebene auch ein staatlicher Deutschtumsapparat, dessen Spitze je eine Abteilung des Auswärtigen Amtes und des Reichsministeriums des Inneren bildeten. Da die staatlichen Stellen im Ausland nicht unmittelbar tätig werden konnten, wurden drei große Tarngesellschaften als private Einrichtungen des Reiches geschaffen. Im Oktober 1919 entstand der Pressekonzern "Konkordia" für das deutschsprachige Schrifttum vornehmlich in Ost- und Südosteuropa.[18] Im September 1920 wurde die Deutsche Stiftung gebildet. Sie nahm bis 1940 entscheidenden Einfluß auf die Formierung, Finanzierung und politische Ausrichtung deutscher Minderheitsorganisationen im Ausland.[19] Zur getarnten Vermittlung großer Geldbeträge aus dem Reichshaushalt an die deutschen Minderheiten entstand im April 1926 die Ossa Vermittlungs- und Handelsgesellschaft m.b.H. mit zahlreichen in- und ausländischen Tochtergesellschaften. Bis 1935 transferierte die Ossa mehr als 130 Millionen RM an Deutschtumsorganisationen im Ausland.[20]

Unter Leitung des staatlichen Deutschtumsapparates begann sehr früh die Zentralisierung des ausufernden, politisch vielseitigen (meist jedoch rechtslastigen) Vereinswesens mit dem Ziel, Mittel einzusparen, die sachliche Effizienz zu erhöhen und den Einfluß des Staates auf die Verbände zu sichern. Schon im März 1922 gelang mit der Bildung des "Zweckverbandes der freien Deutschtumsverbände" unter der Meinungsführerschaft von VDA, DAI und Deutschem Schutzbund[21] die Zusammenfassung von mehr als 90 % aller in Deutschland bestehenden Deutschtumsorganisationen.[22]

Ständiger Arbeitsschwerpunkt: Kulturelle Deutschtumspflege

Seit Mitte der 20er Jahre war die Kulturarbeit der entscheidende Teil deutscher Minderheitspolitik.[23] Ausgangspunkt bildete die Überlegung, daß mit (verbal) politisch neutraler, daher unverdächtiger Kulturarbeit ungestört Minderheitenpolitik im Ausland betrieben, der Argwohn der Wirtsvölker besänftigt werden könne, zumal Machtmittel für lange Zeit gar nicht und wirtschaftliche Kräfte zunächst nur begrenzt zur Verfügung standen. Außerdem war man der Ansicht, mit kultureller Deutschtumspolitik, flankiert von finanzieller Hilfe (s.Ossa), das Hauptproblem deutscher Minderheitenpolitik - die Verhinderung einer Assimilierung der Auslanddeutschen in die Wirtsstaaten - lösen zu können. Die intensive Vermittlung materieller und geistiger Kulturleistungen der Deutschen und die Förderung der Kulturarbeit der deutschen Minderheiten sollten der Propagierung einer weltweiten, deutschen Kultur-, Wesens-, Bluts- oder Volksgemeinschaft dienen und die Erhaltung bzw. *Wieder*erweckung deutscher Gesinnung, d.h. die Besinnung darauf, ein Deutscher, daher anders, (zumindest zivilisatorisch) höherwertiger als die Wirtsvölker zu sein, befördern.

Ziel und Wege kultureller Deutschtumspflege sind in der o.g. Stresemann-Denkschrift vom Januar 1925 abgesteckt.[24] Die deutschen Minderheiten könnten nur Bestand haben, wenn ihre "kulturelle Erhaltung" gelänge, ihre deutsche Gesinnung erhalten bliebe und sie im als unvermeidlich angesehenen "Kulturkampf mit dem Staatsvolke, bei dem es um Leben oder Sterben geht" obsiegten. Anzustreben sei eine weitgefaßte Kulturautonomie der deutschen Minderheiten sowohl hinsichtlich ihrer eigenen Tätigkeit als auch in ihren Beziehungen zum Deutschen Reich. Nach Stresemann galt die deutsche Schule, in der die Kinder von deutschen Lehrern "nicht nur in deutscher Sprache, sondern auch in deutscher Gesinnung erzogen werden," als "unerläßliche Vorbedingung einer dauernden Erhaltung" der deutschen Minderheiten. Dementsprechend wurde das Minderheitenschulwesen ausgebaut, ohne andere Komponenten und Instrumentarien, wie das Vereinsleben, die Kunst, das Buch- und Zeitschriftenwesen, die Kranken-, Alten- und Kinderfürsorge oder die Pflege volkskultureller Traditionen zu vernachlässigen. Das Schulsystem einer deutschen Minderheit reichte vielfach vom Kindergarten bis zur Lehrerbildungsanstalt, in einigen Fällen (u.a. in Riga und Prag) bis zur Hochschule. Dieses System arbeitete im Regelfall nach deutschen Lehrplänen, deutschen Prüfungsordnungen, deutschen Lehrbüchern und häufig mit reichsdeutschen Lehrkräften. In den meisten Siedlungsgebieten war die Schule zusammen mit der Kirche kultureller, gesellschaftlicher und politischer Mittelpunkt der deutschen Minderheit.[25]

Über die Organisationen der deutschen Minderheit wurden nach 1918 zunehmend Volksdeutsche zur Ausbildung (von der Handwerkerlehre bis zur Promotion) nach Deutschland geschickt. Die Bedeutung einer Ausbildung in Deutschland "für die Bewahrung einer geistigen Führerschicht in den deutschen Volkstumsgebieten" habe die Reichsregierung veranlaßt, heißt es in einer Aufzeichnung des Reichsinnenministeriums vom 31. Oktober 1924, über die Deutschtumsverbände "beträchtliche Mittel" u.a. als Studienbeihilfen zur Verfügung zu stellen.[26] Berichte deutscher Konsuln zeigen, daß ein beträchtlicher Teil der zur Ausbildung in Deutschland weilenden Volksdeutschen lange vor 1933 mit der Nazi-Bewegung in Kontakt kam und nach Rückkehr in die Heimat die Faschisierung der deutschen Minderheit betrieb.[27] Diese Tatsache ist ein deutlicher Hinweis auf die Affinität maßgebender Volkstumskonzepte in der Weimarer Republik zu faschistoiden Ideologien, die sich in der Feindschaft gegen sozialistische, sozialdemokratische und kommunistische Gruppierungen, im Antiparlamentarismus, in der Demokratiefeindlichkeit und im übersteigerten Nationalismus trafen.

Beträchtlich verstärkt wurde die kulturpolitische Ausstrahlungskraft und die reichsdeutsche Beeinflussung des deutschen Minderheitenschulwesens dadurch, daß zunehmend wissenschaftlich ausgewiesene Lehrkräfte und Studenten aus Deutschland an die volksdeutschen Einrichtungen kamen. Eine derart aufgewertete Einrichtung war das Herder-Institut in Riga, das 1927 zugelassen worden war und sich, vornehmlich durch reichsdeutsche Protektion, zu einem bedeutenden Zentrum deutscher Kulturpolitik in Osteuropa entwickelte.[28] Die entscheidend von reichsdeutschen amtlichen Stellen und Deutschtumsorganisationen (das Institut hatte besonders enge Verbindung zur Deutschen Akademie München[29]) verfolgten Pläne zielten jedoch weiter. Der Rektor, Wilhelm Klumberg, berichtete dem Rat des Instituts laufend über seine seit Ende der 20er Jahre eingeleiteten Bemühungen, neben Studenten aus Deutschland und dem Baltikum zunehmend Angehörige auch anderer deutscher Volksgruppen zur Aufnahme eines Studiums in Riga zu bewegen. Als "Endziel" werde für das Institut der Status einer deutschen "Volksgruppenhochschule" angestrebt.[30]

Schließlich ist auf die innere Funktion der kulturellen Deutschtumspflege hinzuweisen. Nur wenige der ungezählten Verbände in Deutschland wirkten nach außen. Die Mehrzahl der Vereine sollte in Deutschland um Verständnis und Opferbereitschaft für das "notleidende Deutschtum im Ausland" werben. Die Beschäftigung mit den Auslanddeutschen und ihrer vielfach als feindselig dargestellten Umwelt, aber besonders die vielfältige Unterstützung der deutschen Minderheiten wurden als gesamtnationale, parteipolitisch neutrale und klassenübergreifende Aufgabe deklariert. So heißt es in einer Aufzeichnung des Auswärtigen Amts vom 14. Februar 1922, die Vereine sollten in Deutschland Propaganda betreiben, damit der "Gedanke des Deutschtums im Ausland von einer starken Stimmung im Volk" getragen werde.[31] Kulturelle Deutschtumspflege nach innen sollte einen Resonanzboden für die nach außen gerichtete Politik der Eliten schaffen. Gleichzeitig zielte sie auf Beeinflussung des "Reichsvolks" zu übersteigertem Nationalismus und zum Haß gegen fremde Völker. Zudem war sie geeignet, konservativ-nationalistische, autoritär-antiparlamentarische Bestrebungen und Herrschaftsmechanismen in Deutschland ideologisch zu stützen.

Das Deutsche Ausland-Institut zwischen Kaiserreich und Hitlerdiktatur

Eine eigenartig herausragende Position in der Deutschtumspolitik nahm das Stuttgarter Deutsche Ausland-Institut ein. Es wurde im Januar 1917 als "Museum und Institut zur Kunde des Auslanddeutschtums und zur Förderung deutscher Interessen im Ausland" gegründet.[32] Seit dieser Zeit betreibt es - bis heute - als Kombination von Lehr- und Forschungseinrichtung, Archiv und Museum, Gutachter- und Beratungsstelle, Propagandazentrale und bürgerlichem Verein weltweit Deutschtumsarbeit.

Die Stellung des DAI in der Deutschtumspolitik

Zur Zeit der Gründung galt das Institut als Einrichtung ohne Konkurrenz. Diese Stellung resultierte zunächst daraus, daß es wegen der allgemeinen Geringschätzung des Auslanddeutschtums vor 1918 nur den VDA als zentrale Organisation gab. Zwar betrieben auch der Alldeutsche Verband (gegr. 1890) und studentische Organisationen vor dem Krieg Deutschtumsarbeit, im Grunde jedoch nur als Nebenzweig und zudem regional eingegrenzt (vornehmlich in Richtung Österreich-Ungarn und Osteuropa). Ebenso waren das 1916 in Königsberg gegründete Institut für Ostdeutsche Wirtschaft und das 1917 geschaffene Breslauer Osteuropa-Institut in ihren Deutschtumsaktivitäten regional auf Ost- und Südosteuropa spezialisiert.[33] Zum anderen ergab sich die herausragende Stellung des DAI aus der aufsehenerregenden Anteilnahme der politischen, militärischen und wirtschaftlichen Oberschicht des wilhelminischen Deutschland an der Neugründung. So übernahm der König von Württemberg die Schirmherrschaft.[34] Dem Ehrenausschuß stand der deutsche Kronprinz vor, und Reichskanzler Theobald v. Bethmann Hollweg war Ehrenvorsitzender im Verwaltungsrat.[35] Unverhohlene Be- und Verwunderung spricht aus dem Bericht des renommierten Periodikums "Weltwirtschaftliches Archiv" über die Gründung des Instituts. Mit Blick auf die vor allem zu Kriegszeiten außergewöhnlichen Startbedingungen heißt es, daß in Stuttgart "eine in ihrer Großzügigkeit durchaus neuartige Organisation" geschaffen worden sei.[36] Die Ausnahmestellung behielt das DAI auch nach 1918, als neue Verbände und Institute entstanden. Bis etwa 1938/39, bis die SS durch ihre Hauptämter "Volksdeutsche Mittelstelle" und "Reichskommissar für die Festigung deutschen Volkstums" im Grunde alle Deutschtumspolitik vereinnahmte, blieb das Stuttgarter Institut die bedeutendste nichtamtliche Deutschtumseinrichtung.

Das DAI-Konzept

In der Zwischenkriegszeit beruhte der herausragende Platz des DAI im System der Deutschtumspolitik vornehmlich darauf, daß die Institutsleitung und die am Institut interessierten potenten Kräfte im Hintergrund hohe politische Adaptionsfähigkeit besaßen und die günstigen Startbedingungen unter Berücksichtigung der sich schnell wandelnden Situation zielgerichtet weiterentwickelten. Dabei war die Erarbeitung einer flexiblen, pragmatischen Deutschtumstheorie von besonderem Gewicht. Sie unterschied sich im zentralen Punkt aller Deutschtumskonzepte, nämlich in der Bewertung der dem deutschen Staat in dem komplexen Beziehungs- und Wirkungsgeflecht "deutsche Minderheiten im Ausland - Deutsches Reich" zugedachten Rolle, deutlich von anderen maßgebenden Auffassungen.

So stellten beispielweise die Alldeutschen, der Ostmarkenverein, die NSDAP[37] und ähnliche Kräftegruppen das Reich in den Mittelpunkt. Die deutschen Minderheiten sollten Instrumente des Reiches sein und Weisungen der deutschen Regierung folgen. Nach dieser Auffassung waren die deutschen Minderheiten im geographisch näheren Bereich entweder "selbstverschuldet" (Auswanderung) oder durch einen unglücklichen Geschichtsverlauf vom deutschen Staat getrennt worden und sollten über kurz oder lang wieder zu Deutschland kommen. Dieses Konzept bedeutete ein kurzatmiges Irredentaprogramm und verlangte den starken, expansiven, ja aggressionsbereiten deutschen "Kernstaat."

Eine andere Deutschtumstheorie wurde in den 20er und 30er Jahren von Kräften getragen, deren politischer Repräsentant Hans Steinacher (1933-1937 Bundesleiter des VDA) war. Sie betrachtete, stark verkürzt gesagt, Binnen- und Außendeutschtum gleichwertig und gleichberechtigt. Die deutschen Minderheiten sollten nicht vorrangig Instrument eines veränderlichen, zudem nach 1918 äußerst geschwächten, instabilen deutschen Staates, sondern Teil des "ewigen" deutschen Gesamtvolkes, der von Staat und

Staatsgrenzen unabhängigen deutschen "Wesensgemeinschaft" sein. Dem deutschen Staat fiel vorläufig die Aufgabe zu, den deutschen Minderheiten Hilfe zur Selbsthilfe und zur Erringung einer von allen staatlichen Eingriffen unabhängigen, autonomen Existenz zu gewähren. Diese "volkliche" Theorie war auf lange Sicht angelegt unter Verzicht auf vordergründige politisch-aktuelle Instrumentalisierung der Deutschtumsarbeit. Sie sollte zunächst den Bestand der deutschen Minderheiten sichern, durch Regermanisierung die Zahl der Volksdeutschen sogar erhöhen ("*Wieder*erweckung der deutschen Gesinnung" bei den "gesinnungsmäßig schwebenden" Teilen der Minderheit) und ein Überlegenheitsgefühl gegenüber den vielfach als Feind angesehenen Wirtsvölkern schaffen. Nur "gesinnungsmäßig," wirtschaftlich und kulturell stabile Volksgruppen waren nach diesem Konzept - unabhängig sowohl vom Zustand des deutschen Staates als auch vom Befinden des Wirtsstaates und seinen Beziehungen zu Deutschland - aktionsfähig, konnten für das "deutsche Volkstum," für die gesamte deutsche "Kultur- und Wesensgemeinschaft" von Nutzen sein. Eine allzu offenkundige, vor allem zu frühzeitige Anlehnung der Minderheit an den deutschen Staat, an eine deutsche Regierung gleich welcher Couleur, konnte den Prozeß der Formierung und Kräftigung der deutschen Volksgruppen im Ausland nur erschweren. Daher forderte Steinacher bis zu seiner Ablösung 1937 nachdrücklich eine von der Regierung nach außen unabhängige Volkstumsarbeit in Deutschland und in den Minderheitengebieten.[38]

Anders die DAI-Konzeption, für bis 1933 vornehmlich der Generalsekretär Fritz Wertheimer und der Vorstandsvorsitzende Theodor Wanner standen. Sie gingen von einer "Synthese des Reichs- und Volkstumsgedanken" aus.[39] Auch Wanner beschwor die weltweite "Kultur- und Blutsgemeinschaft" des deutschen Volkes[40] und betonte dessen angebliche zivilisatorische Höherwertigkeit. Schon dadurch lief im Grunde auch das DAI-Konzept, wie andere Deutschtumstheorien, letztlich auf die Schürung von Feindschaft zwischen den Auslanddeutschen und ihrer andersnationalen Umwelt, auf die Erziehung sowohl der Deutschen im Ausland als auch jener im Reichsgebiet zu nationalem Größenwahn hinaus. Anders als die VDA-Doktrin maß das DAI dem deutschen Staat jedoch eine erheblich größere Bedeutung bei, sah aber, im Gegensatz zu den "Etatisten" im Alldeutschen Verband oder in der NSDAP, zumindest verbal das "Außenvolkstum" nicht vorrangig als Instrument der Reichspolitik. Konzentriert erscheint das DAI-Konzept im Tätigkeitsbericht für 1930/31. Das Institut orientierte sich am "Wohle des gesamten Volkstums als eines *Ganzen*," heißt es dort, und betrachtete das "Muttervolk" und seine staatliche Organisation als "Kernstück, Sammel- und Mittelpunkt für das weithin zertreute Volkstum." Vom "politischen und wirtschaftlichen Wohlbefinden und Blühen" des deutschen Staates hänge "letzten Endes doch auch das Schicksal der Auslanddeutschen in aller Welt" ab. "Nur die Synthese," heißt es zusammenfassend, "Reichs- *und* Volkstumsgedanke darf und muß unsere Losung sein!"[41] Die Konzeption bedeutete vom theoretischen Ansatz her einen Kompromiß zwischen den Auffassungen der Alldeutschen und jenen Steinachers (um die Antipoden zu nennen) und näherte sich der katholischen Volkstumstheorie, für die der einflußreiche Zentrumsabgeordnete des Reichstages, Georg Schreiber, der zugleich dem Wissenschaftlichen Beirat des DAI angehörte, stand.[42]

Das DAI-Konzept fand bei den in Deutschland politisch und wirtschaftlich dominierenden Kräften breite Akzeptanz, da es die Gewichtung der Komponenten im Verhältnis "Reich - Außendeutschtum" realistisch widerspiegelte. Hinzu kam, daß sich diese Konzeption als in hohem Maße flexibel und politisch praktikabel erwies. Das DAI-

Konzept war für kurz- und mittelfristige Deutschtums*politik* jeder bürgerlichen Regierung ebenso geeignet wie für längerfristige Planungen und Projekte in Bezug auf die deutschen Minderheiten im Ausland.

Vor allem aber erwies sich diese Konzeption gesellschaftlich und parteipolitisch als außerordentlich konsensfähig, was wesentlich das große Ansehen des Instituts in Regierungskreisen und in der deutschen bürgerlichen Öffentlichkeit bewirkte. Die Mitgliederliste des Verwaltungsrates liest sich wie ein Handbuch prominenter Personen aus Wirtschaft, Politik, Wissenschaft, Vereinswesen, der Reichswehr und konfessioneller Organisationen, wie ein Blick auf die Zusammensetzung dieses Gremiums im Geschäftsjahr 1931/32 belegt.[43] In jenen Jahren, in denen die politische und soziale Polarisierung mit großer Beschleunigung dem Höhepunkt, dem 30. Januar 1933, zustrebte, vereinte das höchste Aufsichtsorgan des Instituts - wie in allen Jahren zuvor - hohe Beamte wichtiger Reichsministerien, fast aller deutschen Länder, großer Städte und der Reichsbank. Einige Behörden, u.a. das Reichswehrministerium und die Reichsbank, wurden von den Ressortschefs vertreten (General Wilhelm Groener und Hans Luther). Ebenso gehörten Repräsentanten der großen politischen Parteien von ganz Rechts bis weit Links (ohne die KPD) dem Verwaltungsrat an. So war der Direktor der Deutschen Bank, Georg Emil v. Stauß, 2. Vorsitzender des Verwaltunsrates. Stauß war einer der frühesten Förderer der NSDAP aus den Reihen der Hochfinanz.[44] Zur nazistischen Fraktion im Verwaltungsrat ist auch Herrmann Neubacher aus Wien zu zählen, der den österreichisch-deutschen Volksbund vertrat. Neubacher war in den 40er Jahren Sonderbevollmächtigter des Auswärtigen Amtes für Südosteuropa.[45] Von den Vertretern der Rechtsparteien ist der langjährige Vorsitzende der deutschnationalen Reichstagsfraktion Kuno Graf v. Westarp zu erwähnen. Die Parteien der politischen Mitte waren u.a. durch den Reichstagsabgeordneten der Deutschen Demokratischen Partei und Leipziger Historiker Walter Goetz vertreten. Goetz war zugleich Vorsitzender des Wissenschaftlichen Beirats des DAI. Wichtigster Vertreter der Sozialdemokratie im Verwaltungsrat war Reichstagspräsident Paul Löbe. Auch im wirtschaftlich-sozialen Bereich waren die Antipoden im Verwaltungsrat vertreten, wenngleich die Unternehmerseite ein deutliches zahlenmäßiges Übergewicht hatte. Neben großen Industriefirmen, Banken und Reederei-Unternehmen traten - beginnend beim Reichsverband der Deutschen Industrie und beim Deutschen Industrie- und Handelstag - zahlreiche Unternehmerorganisationen auf. Von besonderer Bedeutung war, daß der wohl mächtigste Unternehmerverband der Weimarer Republik, der Verein zur Wahrung der gemeinsamen wirtschaftlichen Interessen in Rheinland und Westfalen (Langnam-Verein), den politisch und sozialpolitisch weit rechts stehenden Paul Reusch von der Gute Hoffnungshütte Oberhausen in den Verwaltungsrat delegiert hatte. Der Langnam-Verein beschäftigte sich seit Mitte der 20er Jahre intensiv mit dem Deutschtum im Ausland als möglichem Instrument seiner weitausgreifenden Expansionspolitik.[46]

Von den Arbeiterorganisationen waren die drei größten Gewerkschaftsverbände vertreten: der Allgemeine Deutsche Gewerkschaftsbund, der Gesamtverband der christlichen Gewerkschaften und der Verband der Deutschen Gewerkvereine (Hirsch-Duncker).

Die große politische Bandbreite des Instituts setzte sich - verkleinert - in der Administration fort. Pfarrer Manfred Grisebach, einer der einflußreichsten Abteilungsleiter des DAI, war Mitglied des alldeutschen Verbandes, während Generalsekretär Fritz

Wertheimer der Deutschen Demokratischen Partei angehörte.[47] Die von Wertheimer repräsentierte liberale Grundhaltung bildete - bei aller Breite des politischen Spektrums in den Gremien des Instituts - die politische Dominante für die Arbeit des DAI bis 1933.

Zielstrebig nutzte die Institutsleitung die breite Übereinstimmung in politischen und wirtschaftlichen Grundfragen, um die jeweils dominierenden Kräfte in Deutschland in besonderer Weise an der Arbeit des DAI und seiner Wohlfahrt zu interessieren, sich mit jenen Gruppen zu verbünden, ohne andere zu verprellen und ohne die Unabhängigkeit des Instituts aufzugeben. Dieses Vorhaben ist den Leitern und Hintermännern des DAI bis 1933 hervorragend geglückt. Auch nach Errichtung der faschistischen Diktatur konnte das Institut - nun unter Anlehnung an die jeweils stärkste Fraktion in der Nazi-Bewegung - seine Selbständigkeit bis in die Kriegszeit hinein, bis es 1943 Bestandteil des geheimen Auslandsmeldedienstes der SS wurde,[48] weitgehend behaupten.

Die enge Anlehnung des DAI an die führenden Kräfte und deren Bindung an das Institut wurde auch durch die Bildung von Beratungsgremien institutionalisiert. So entstand mit Gründung des Instituts ein Wissenschaftlicher Beirat, in den bis zu dreißig vielfach führende Vertreter des deutschen akademischen Lebens berufen wurden. Dem Beirat gehörten 1931 u.a. die Völkerrechtler Albrecht Mendelssohn-Bartholdy (Heidelberg) und Karl Strupp (Frankfurt a.M.), der Hamburger Tropenmediziner Peter Mühlens, der Berliner Germanist, Literatur- und Theaterwissenschaftler Julius Petersen, die Geographen Alfred Hettner (Heidelberg), Karl Sapper (Würzburg) und Carl Uhlig (Tübingen) sowie der bereits erwähnte katholische Volkstumswissenschaftler Georg Schreiber (Münster) an. Von Bedeutung war, daß auch führende Wissenschaftspolitiker wie der Präsident der Notgemeinschaft der Deutschen Wissenschaft, Friedrich Schmidt-Ott, und der Direktor des Vereins Deutscher Ingenieure, Conrad Matschoß, in dem Gremium mitwirkten.[49] Der Beirat hob durch seine Zusammensetzung das Ansehen des Instituts und verschaffte dem DAI beträchtlichen Einfluß auf die Forschungs-, Lehr- und Publikationstätigkeit im Hochschulbereich. 1927 wurde ein Wirtschaftsbeirat gebildet, 1934 entstand ein Kulturrat.

Die Struktur des DAI

Von der Institutsleitung wurde das hohe Ansehen erfolgreich zur materiellen Absicherung des DAI eingesetzt. Schon 1927 hatte Vorstandsvorsitzender Wanner öffentlich darauf verweisen können, daß das DAI hinsichtlich der hauptberuflichen Mitarbeiter die größte Deutschtumsorganisation im Reich sei (damals waren 51 Mitarbeiter im DAI fest angestellt).[50]

Selbst in den Jahren der Weltwirtschaftskrise waren einschneidende Sparmaßnahmen nicht erforderlich, ging der aufgeblähte Mitarbeiterstab nur geringfügig zurück (58 im April 1929, 59 im April 1930, 54 im April 1931 und 50 im April 1932;[51] Mitte 1933 war die Mitarbeiterzahl wieder auf 54 angestiegen).[52] Die Institutsleitung konnte die schon 1917 artikulierte Absicht zielstrebig verwirklichen, eine "Zentralstelle" zu schaffen, "an welcher alle kulturellen Interessen des ausländischen Deutschtums zusammenlaufen und in gegenseitigen Austausch zu treten vermögen."[53] Im Gegensatz zu anderen Organisationen arbeitete das DAI weltweit, wenngleich (zeitlich wechselnd) regionale Schwerpunkte (Baltikum, Südosteuropa, Amerika) gesetzt wurden. Im Unterschied zu anderen Deutschtumseinrichtungen beschäftigte sich das DAI mit *allen*

Auslanddeutschen - mit den Angehörigen der deutschen Minderheiten ebenso wie mit den im Ausland (ständig oder vorübergehend) weilenden deutschen Staatsangehörigen. Außerdem sammelte und vermittelte es Kenntnisse über das natürliche und gesellschaftliche Umfeld der Auslanddeutschen, über die Wirtsvölker, betrieb intensiv Auslandskunde.

Zur Umsetzung der institutsspezifischen Deutschtumstheorie und des großflächigen Arbeitsgegenstandes entstanden im DAI Arbeitsstrukturen, die durch sachliche Effizienz wesentlich die herausragende Stellung des Instituts im Geflecht der Deutschtumsorganisationen begründeten und fortlaufend sicherten.

Die im Grunde dreigeteilte Aufgabenstellung ist bereits in der Satzung von 1917 festgeschrieben worden und wurde bis 1945, bei Ausdehnung der Arbeitsgebiete, im Prinzip beibehalten. Nach § 1 der Satzungen hatte das Institut folgende Aufgabe:[54]

1. Es sollte Informationen über Deutsche im Ausland, über deren andersnationale Umwelt und über die Beziehungen der Auslanddeutschen zur alten sowie zu ihrer neuen Heimat sammeln und aufbereiten.

2. Die Informationen waren mit dem Ziel zu verbreiten, "die Kenntnis der Bedeutung des Auslanddeutschtums" zu vertiefen.

3. Zwischen den Auslanddeutschen und dem "Mutterland" wollte man enge Beziehungen herstellen bzw. festigen. Reichsdeutsche, die auswandern oder vorübergehend im Ausland tätig sein wollten, waren zu beraten.

In der Rede am 11. Mai 1929 ging der Vorstandsvorsitzende Wanner explizit auf die für eine Deutschtumseinrichtung neuartige Zusammenfassung von bürgerlichem Verein und wissenschaftlichem Institut ein: "Unsere Besonderheit hier besteht in der engen Verbindung wissenschaftlicher und praktischer Arbeit, in der raschen und sorgfältigen Ausmünzung wissenschaftlicher Tätigkeit zugunsten der Praxis des Alltags."[55]

Entsprechend der Aufgabenstellung wurde das DAI in fünf grundsätzliche Bereiche gegliedert, die eng zusammenarbeiteten:

- die Bücherei
- das Archiv
- die Karten- und Bildabteilung
- die Presseabteilung
- die Auskunfts- und Vermittlungsstelle.

Hinzu kam für lange Zeit eine renommierte Auswanderberatungsstelle, die auch als Zweigstelle des Reichswanderungsamtes fungierte.

Alle Arbeitsgebiete des Instituts nahmen seit der Gründung einen steilen, fast ununterbrochenen Aufschwung, wie ein Blick auf die Entwicklung der drei wichtigsten Abteilungen des DAI, der Bücherei, des Archivs und der Presseabteilung belegt.[56]

Die *Bücherei* verfügte 1932 über 53 000 Bände. Das DAI besaß die größte Spezialbibliothek zu Fragen des Auslanddeutschtums und der Auslandkunde. Daneben leistete die Bücherei eine immense bibliographische Arbeit. Diese schlug sich hauptsächlich im "Bibliographischen Handbuch des Auslanddeutschtums" (1932 ff.) und in dem seit 1926 monatlich in einer Auflage von ca. 20 000 Exemplaren herausgegebenen Buchanzeiger "Neue Bücher" (mit fast 600 Annotationen pro Ausgabe) nieder.

Das *Archiv* sammelte hauptsächlich Zeitungsausschnitte, Zuschriften an das Institut sowie Drucksachen deutscher Organisationen vornehmlich im Ausland. Bis Mai 1932 hatte die Abteilung 28 000 Vereinsdrucksachen und 92 600 Zeitungsausschnitte archiviert. Das umfangreiche Material wurde im wesentlichen über zwei Karteien erschlossen - eine Kartei von Deutschtumsvereinen im In- und Ausland sowie eine Kartei im Ausland *lebender* Deutscher. In der Vereinskartei waren im Mai 1932 über 38 000 Organisationen vornehmlich der Auslanddeutschen (vom Kirchenchor bis zur großen politischen Partei in Minderheitengebieten) erfaßt. Die Personenkartei enthielt im Mai 1920 schon Angaben zu 4 500 im Ausland lebenden Personen deutscher Herkunft. Obwohl in den Akten für die folgenden Jahre (bis Mitte der 30er Jahre) Zahlen fehlen, gibt es Anhaltspunkte für den raschen und differenzierten Ausbau dieser Kartei. So wird im Bericht des Verwaltungsrates für 1928/29 erwähnt, daß das Archiv für den Reichs-Medizinal-Kalender ein Verzeichnis der im Ausland praktizierenden deutschen Ärzte erarbeitete, "das nicht weniger als 14 Druckseiten umfaßt" habe.[57] Dem Archiv oblag daneben die Aufgabe, mit Vereinen und Einzelpersonen im Ausland Verbindung aufzunehmen. In dem erwähnten Verwaltungsratsbericht für 1928/29 heißt es dazu, daß die Arbeit des Archivs ganz "im Zeichen systematischen Ausbaues vor allem der persönlichen Beziehungen" zu Deutschen im Ausland gestanden habe. Dabei sei es vorrangig um Verbindungen zu solchen Auslanddeutschen gegangen, die "für unsere Arbeit [...] wichtig sind," also um Verbindungen zur Elite des Auslanddeutschtums.

Darin zeigt sich eine weitere Besonderheit des DAI. Im Gegensatz zu anderen Deutschtumsorganisationen wollte das DAI nicht Massenorganisation, sondern Sammel- und Mittelpunkt der an Deutschtumsarbeit interessierten Meinungsführer, der politischen, wirtschaftlichen und wissenschaftlichen Eliten des weltweit siedelnden gesamten Volkes der Deutschen sein.

Von besonderer Bedeutung war, daß vom Archiv ein dichtes, weltweites Netz von Vertrauensleuten geführt wurde. Die V-Leute versorgten das DAI entweder auf Anfrage oder selbständig mit Informationen und Einschätzungen. Sofort nach dem Ersten Weltkrieg war mit dem Aufbau des Netzes begonnen worden, das 1923 schon 450 Personen umfaßte. 1933 zählte das DAI 1 600 Auslanddeutsche zu seinen V-Leuten.[58] Der Wert dieses V-Mann-Systems für alle Deutschtumsarbeit, aber auch für deren Mißbrauch durch Propaganda-Zentralen, Spionagedienste - ja für die Gestapo -, wie es vornehmlich ab 1933 allenthalben geschah, liegt auf der Hand.

Die Stellung, das Renommée des DAI wurden wesentlich durch die Tätigkeit der *Presseabteilung* bestimmt. Wichtigstes Arbeitsergebnis bildete seit Oktober 1918 die Halbmonatszeitschrift des Instituts, die zunächst als "Mitteilungen," aber schon bald unter dem Titel "Der Auslanddeutsche" im institutseigenen Verlag erschien. Die Zeitschrift hatte seit Mitte der 20er Jahre einen Jahresumfang von etwa 800 Seiten und erschien in ca. 8 000 Exemplaren.[59] Sie war reich illustriert. Zu bestimmten Anlässen - beispielsweise im "Goethe-Jahr" 1932 - wurden Sondernummern herausgegeben. "Der Auslanddeutsche" wandte sich an Leser mit gehobenen Ansprüchen, die die Informationen und Meinungen weiter verbreiten sollten. Die Zeitschrift wurde sehr bald das bedeutendste Periodikum für Deutschtumsfragen und erwies sich als wirkungsvolles Instrument zur Anknüpfung und Pflege von Kontakten zwischen einflußreichen Deutschen des In- und Auslandes mit dem DAI als Schaltstelle. Daneben gab die Presseabteilung seit Oktober 1919 wöchentlich eine Pressekorrespondenz heraus, die Anfang der 30er Jahre eine Auflage von 4 000 Exemplaren erreichte und allen wichtigen deutschen Zeitungen und Zeitschriften im In- und Ausland zugesandt wurde.[60]

"Volkliche Einheit"[61] durch kulturelle Deutschtumspflege

Die Schwerpunkte der nach außen gerichteten Tätigkeit des DAI ergaben sich aus dem Selbstverständnis des Instituts, an exponierter Stelle bei der Erhaltung und Stärkung des "Deutschbewußtseins" mitzuwirken und so die "kulturelle und wirtschaftliche Gemeinschaft" aller Deutschen zu fördern.[62] Als nachhaltig wirksames, zudem als in der Weimarer Republik politisch praktikables Mittel, das "Deutschbewußtsein" und den "Sinn für das deutsche Volkstum und für deutsche Sonderart" zu entwickeln,[63] wurde eine inhaltlich wie methodologisch großflächige kulturelle Deutschtumspflege gesehen. Ziel der in dieser Richtung verrichteten Tätigkeit war die Schaffung bzw. Stärkung der Volksgemeinschaft, der, wie es Gustav Stresemann am 26. Mai 1927 im Institut formulierte, "Kultur- und Blutsgemeinschaft" der Deutschen in allen Ländern.[64] Diese Volksgemeinschaft stünde über dem Streit der politischen Parteien, über den sozialen Kämpfen der Klassen und Schichten, über den Gegensätzen der Konfessionen. Sie würde Ländergrenzen und Ozeane überwinden. Die "Kultur- und Blutsgemeinschaft" der Deutschen unterscheide sich vornehmlich durch ihre kulturell-zivilisatorische Überlegenheit, ja Höherwertigkeit von anderen Ethnien, wodurch, so Wanner, das deutsche Volk zum Kampf um die "geistige Führungsstellung" zumindest in Europa anzutreten berufen sei.[65]

Zu einem Höhepunkt in der Propagierung der These von der kulturellen Überlegenheit des deutschen Volkes wurde vielfach das Goethe-Jahr 1932 mißbraucht. Im Bericht des DAI über die Tätigkeit im Jahr 1932 wird nachdrücklich auf die auch unter maßgeblicher Mitwirkung des Instituts weltweit organisierten Veranstaltungen, auf die "erhebenden Feiern im Inland und Ausland" zu Ehren Goethes verwiesen, "in dessen Person das deutsche Volkstum sich und der Welt das Beste und Größte gegeben hat, was an Kulturleistung nur denkbar ist."[66]

Zwei inhaltliche Schwerpunkte

Ein Schwerpunktbereich der kulturellen Deutschtumspflege des DAI war die Erforschung, Pflege und Propagierung von Volkskunst und Brauchtum jedes "deutschen Stammes" im In- und Ausland. Dieser Themenbereich gehörte von Anfang an zum Arbeitsgegenstand des Instituts und umfaßte das gesamte Spektrum volkskultureller Traditionen - vom Volkslied bis zur profanen und sakralen Baukunst. Maßgebende Kräfte des DAI, wie der Meinungsführer im Wissenschaftlichen Beirat des Instituts, Georg Schreiber, waren der Ansicht, dadurch nachhaltig die Besinnung auf "deutsche Sonderart" zu fördern, da "der neubelebte künstlerische Sinn für Volkskunst und das Bauernhaus, für Heimisches und Unstandardisiertes, für Wahrhaftigkeit und Echtheit" volkstumsstärkend wirke.[67] Zugespitzt, aber durchaus im Kontext mit den Auffassungen der führenden Kräfte im DAI, wird die Instrumentalisierung volkskundlicher Deutschtumsarbeit in der Festschrift zum 50. Geburtstag von Georg Schreiber beschrieben. Unter dem Titel "Die Volkskunst in der Internationalität" schreibt dort der Altonaer Museumsdirektor Otto Lehmann, daß "der Sinn für nationales Bewußtsein" wachse. In diesem Prozeß müsse "die Volkskunst eine bedeutsame Rolle spielen." Es sei oberflächlich, der Volkskunst eine Rolle im Sinne der Völkerverständigung, im Sinne einer "gegenseitige[n] kulturelle[n] Annäherung" der Nationen beizumessen. "Die Rolle der Volkskunst ist eine ganz andere." Sie sei "die gesunde Kampfstellung des sich behaupten wollenden Volkes." Besonders dort, "wo in einem staatlichen Gebilde mehrere Völker politisch gebunden und zusammengefaßt sind," schreibt Lehmann, stünden sie sich "in ihrer Volkskunst ganz bewußt wie Mensurgegner, ohne Binden und Bandagen, gegenüber, die einen Kampf mit geistigen Waffen ausfechten, die immer wieder von neuem geschärft werden."[68]

Die Tätigkeit des DAI auf volkskundlichem Gebiet spiegelt sich - sehr verkürzt - in den Jahresberichten wider. Diese enthalten u.a. Angaben über Neuerwerbungen von Ausstellungsgut, von Modellen, Photographien u.ä. und darüber, wie dieser Fundus im musealen Bereich und in der Öffentlichkeitsarbeit verwandt wurde. So heißt es beispielsweise im Bericht über das Jahr 1926/27, das Institut habe durch eine größere Geldspende "eine vollständige siebenbürgisch-sächsische Bauernstube mit allem Zubehör an Einrichtungen des Hausfleißes, Modellen und Trachten" erwerben können. Außerdem sei die Sammlung durch das Modell einer Kirchenburg aus Siebenbürgen sowie durch "eine Reihe von Trachtengruppen" aus Mähren bereichert worden. Die volkskundlichen Neuerwerbungen würden dem DAI helfen, seinen "Plan einer musealen Darstellung des gesamten Auslanddeutschtum" zu verwirklichen.[69] Zwar bildete die museale Tätigkeit schon seit Gründung des Instituts einen wesentlichen Arbeitszweig,[70] doch die Realisierung der in dem Bericht angesprochenen großen Museumskonzeption begann erst Ende 1933/Anfang 1934 und konnte im August 1936 mit der Einweihung des "Ehrenmals der Deutschen Leistung im Ausland" als auslanddeutsches Volksmuseum im Stuttgarter Wilhelmspalast weitgehend abgeschlossen werden.[71]

Obwohl die volkskulturellen Traditionen vornehmlich in der Propaganda des DAI einen hohen Stellenwert einnahmen, wurde größeres Gewicht auf die Vermittlung materieller und geistiger Kulturgüter der jüngeren deutschen Geschichte gelegt. Damit sollte noch nachhaltiger der Stolz darauf, ein Deutscher zu sein, wie Wanner 1927 betonte, das "Deutschsein und Deutschbleibenwollen," der Wunsch nach Zugehörigkeit zur deutschen Kulturgemeinschaft, gestärkt werden.[72] Noch kurz vor seiner Verdrängung aus dem Amt durch die Nazis sagte Wanner, das DAI wolle vor allem "das Bewußtsein vom Werte des Schaffens des eigenen Volkes erhalten, mehren und stärken."[73] Prälat Schreiber faßte die Aufgabe des DAI auf diesem Sektor auslandsdeutscher Kulturpropaganda in die Worte, das Institut sei "gleichsam eine große Sendestation deutschen Lebens und Geistes."[74]

Entsprechend dieser Konzeption rückten die deutsche Gegenwartskultur, die Leistungen deutscher Wissenschaftler und Techniker in den Mittelpunkt der kulturellen Deutschtumspflege. Im Bericht für das Jahr 1930/31 heißt es beispielsweise, die Berliner Funkstunde habe "auf unsere Anregung und mit unserer Mitwirkung" eine Sendereihe den "technischen Leistungen des deutschen Ingenieurs in aller Welt gewidmet."[75] Mit der Propagierung moderner materieller und geistiger Kulturleistungen des deutschen Volkes hoffte man, die jüngeren Generationen der Auslanddeutschen stärker anzusprechen. So berichtete die Institutszeitschrift z.B. über eine Tagung des Deutsch-chilenischen Bundes in Temuco im September 1930. Im Mittelpunkt der Tagung hätte die Frage gestanden, wie der deutsch-chilenischen Jugend, die Deutschland nicht kenne, ein "lebendiges Gefühl für die Größe Deutschlands und für seine Kultur" vermittelt werden könne.[76]

Kulturelle Deutschtumspflege überparteilich und an Eliten gewandt

Die kulturelle Deutschtumspflege erfolgte, wie alle Tätigkeit des DAI bis 1933, verbal unpolitisch und gemäß der Volksgemeinschaftsdoktrin sowie angesichts der heftigen politischen Kämpfe im Weimarer Deutschland tatsächlich überparteilich. Das gebot zudem das Institutsinteresse an politisch stabilen Volksgruppen im Ausland, auf die der Parteienkampf in Deutschland zunehmend übergriff.[77] Außerdem trübte der zugespitzte Parteienstreit die Ausstrahlungskraft des Reiches und schwächte den deutschen Staat, die Stütze und den Förderer der Auslanddeutschen. In dieser Hinsicht kam der überparteilichen, an die Solidarität des ganzen, weltweit siedelnden Volkes, an die Opferbereitschaft des Muttervolkes appellierenden Propaganda des Instituts auch eine eminent wichtige innenpolitische, staatserhaltende Funktion zu, die bei der Betrachtung der Deutschtumsverbände vielfach übersehen wird. Am 31. Mai 1931 beschrieb der stellvertretende Vorsitzende des Verwaltungsrates, Wilhelm Solf, der sich im ersten Weltkrieg einen Namen als "Burgfriedenspolitiker" gemacht hatte, die auf politischen wie sozialen Ausgleich zielende Politik des Instituts. In einer Festrede im DAI wandte er sich vehement gegen das Parteiengezänk, gegen das Mißtrauen in der Gesellschaft und einen "zersetzenden Pessimismus." Er forderte, "der Deutsche soll wieder Vertrauen haben zum Deutschen und alle Deutschen zum deutschen Volke!"[78]

Gegen Ende der Weimarer Republik schlichen sich verstärkt Rechtstendenzen in die Propagandatätigkeit des Instituts. Ein Hinweis darauf war u.a. die herausragend plazierte, ausführliche Besprechung des Heftes 23 der NS-Bibliothek mit dem Titel "Unser Grenz- und Auslanddeutschtum" in der Institutszeitschrift. Der Rezensent, Hermann Rüdiger, Leiter der Presseabteilung des DAI, begrüßte die programmatische Arbeit der NSDAP und stellte bei deren Grundgedanken weitgehende Übereinstimmung mit den gängigen Deutschtumsthesen, auch mit denen des DAI, fest.[79]

Auffällig war die zunehmende, dabei wohlwollend neutrale Berichterstattung über nazistische Gruppierungen in den deutschen Minderheiten in der Institutszeitschrift ab 1932. In drei Ausgaben dieses Jahres wurde z.B. über nazistische Jugendgruppen der Sudetendeutschen berichtet.[80]

Gravierender scheint, daß 1932 selbst das "liberale Urgestein" Wanner sich in öffentlichen Reden eines Vokabulars bediente, das dem Sprachschatz der Deutschnationalen oder dem der Nazis entnommen sein konnte. Ein Jahr vor seiner Verdrängung aus dem DAI propagierte auch er die "Volk-ohne-Raum"-Theorie und sprach in Zusammenhang mit den europäischen Zolldiskussionen von der Gefahr einer "Verengung des an und für sich schon beschränkten Lebensraumes" des deutschen Volkes. Einige Sätze weiter begrüßte er die Ostsiedlungsprogramme Weimarer Kabinette, um einen "deutschen Menschenwall im Osten gegen die hereindrängende slawische Flut" zu schaffen.[81] Wenngleich Überparteilichkeit und eine liberale Grundeinstellung bis Anfang 1933 für die Arbeit des Instituts nach außen maßgebend blieben, zeigen diese Beispiele doch die Anfälligkeit auch der DAI-Konzeption für Parolen der Alldeutschen und der Nationalsozialisten.

In der kulturellen Deutschtumspropaganda wandte sich das DAI vorrangig an Führungskräfte, an sogenannte Multiplikatoren. Eine Zielgruppe waren Lehrer. So beteiligte sich das DAI seit 1928 verstärkt mit Referenten an Schulungskursen für Lehrer, die vom Berliner Zentralinstitut für Erziehung und Unterricht regelmäßig in vielen

Städten veranstaltet wurden.[82] Große Aufmerksamkeit schenkte das Institut der deutschtumspolitischen Aus- und Weiterbildung jener reichsdeutschen Lehrkräfte, die an eine Schule im Ausland gingen. Im Oktober 1931 fand beispielsweise im DAI bereits der dritte Lehrgang für den Auslandschuldienst mit sechzig Teilnehmern statt. Bei der Eröffnung des Lehrgangs wies Theodor Wanner die Lehrer nachdrücklich darauf hin, daß sie "nicht nur Schularbeiter, sondern zugleich Deutschtumsarbeiter" seien.[83] Sehr früh begann das Institut auch mit der studentischen Schulungsarbeit. Seit 1929 wurden vom DAI größere Tagungen über auslandsdeutsche Fragen in Zusammenarbeit mit der Deutschen Studentenschaft durchgeführt. Daran nahmen bis zu 320 Personen teil, von denen mehr als die Hälfte Ausländer waren.[84]

Eine intensive Beeinflussung künftiger Führungskräfte versprach man sich mit der Einrichtung eines subventionierten Studentenheimes in Tübingen. In der "volksdeutschen Burse," die maßgeblich auf Initiative des DAI entstanden war, sollten etwa dreißig Studenten einige Semester wohnen und neben ihrem Studium in volksdeutschen Fragen unterrichtet werden. Im Bericht des Verwaltungsrats für das Jahr 1928/1929 heißt es, daß in der Burse Studenten aus Deutschland und aus "den verschiedensten Splittern unseres Volkstums [...] in die gesamtdeutsche Gemeinschaft hineinwachsen" und die Auslanddeutschen gründlich auf ihre spätere "Führungsarbeit" vorbereitet würden.[85]

Neben der vielfältigen Arbeit mit etablierten und zukünftigen Führungskräften suchte das DAI in einigen Bereichen der Deutschtumspropaganda im In- und Ausland auch direkten Zugang zu einem Massenpublikum. Dies erfolgte einmal über seinen reich illustrierten Abreißkalender, der in einer Auflage von über 20 000 Exemplaren (1932) erschien.[86] Vor allem aber nutzte das Institut sehr früh und in zunehmendem Umfang die modernen Medien Film (seit 1932) und Funk (seit 1925).[87] Dem Institut kam entgegen, daß Wanner Vorsitzender des Aufsichtsrates der Süddeutschen Rundfunk AG und der Sender im Institutsgebäude, dem "Haus des Deutschtums," untergebracht war.[88] Ab 1927/28 strahlten die deutschen Sender jährlich hunderte von Vorträgen aus, die das DAI erarbeitet hatte. Gleichzeitig vermittelte das Institut den Versand von hochwertigen Geräten in die deutschen Minderheiten für den Gemeinschaftsempfang.[89]

Kontinuität und Bruch. Das DAI 1933/34

Der 30. Januar 1933 bedeutete auch für die Deutschtumsarbeit einen tiefen Einschnitt. Die entsprechenden Einrichtungen wurden binnen kurzem ideologisch, organisatorisch und personell "gleichgeschaltet," nazifiziert. Die "Gleichschaltung" erfolgte in der Mehrzahl der Fälle ohne größere Reibungen, meist auf Eigeninitiative der Verbandsleitungen und ohne sichtbaren Druck durch Parteistellen. Eine Vorreiterrolle mit großen Wirkungen übernahmen solche zentralen Vereine wie Deutscher Schutzbund, VDA, Ostmarkenverein, Bund der Auslanddeutschen u.a.[90] Neben einer gehörigen Portion Opportunismus und Anpassungsbestrebungen waren es vor allem die ideologische Nähe der meisten Verbandsführer zum Nationalsozialismus, ihr ausgeprägter Antiparlamentarismus und ihre Feindschaft gegenüber dem "Weimarer System," welche die schnelle und fast reibungslose "Gleichschaltung" stark begünstigen.[91]

Die "Gleichschaltung"

Etwas anders verlief die Entwicklung im DAI. Die Machtergreifung durch die NSDAP mußte auf eine Einrichtung, die auch personell derart eng mit den Führungsschichten des von den Nazis geschmähten "Weimarer Systems" verflochten war und als Hort des von der Partei verfemten Liberalismus galt, gravierende Auswirkungen haben. Tatsächlich geriet das Institut sechzehn Jahre nach der Gründung in eine Existenzkrise.

Die "Gleichschaltung" des DAI vollzog sich unter großen Konflikten und dauerte erheblich länger.[92] Der Prozeß war erst mit der Jahrestagung im September 1933 weitgehend abgeschlossen. Auf dieser Veranstaltung wurden der Stuttgarter NS-Oberbürgermeister Karl Strölin (NSDAP seit 1923) neuer Vorsitzender (später Präsident), Richard Csaki, bis dahin Leiter des Deutschen Kulturamtes für Rumänen, neuer Generalsekretär mit der Dienstbezeichnung "Leiter" und das Führerprinzip für die Unterstellung und Arbeitsweise des Instituts eingeführt.[93]

Die scharfen Kontroversen bei der "Gleichschaltung" entzündeten sich vorrangig am Generalsekretär Fritz Wertheimer (der außer wegen seiner politischen Haltung auch als Jude angefeindet wurde) und am Vorstandsvorsitzenden Theodor Wanner, der sich weigerte, das DAI den Nazis auszuliefern und weiterhin maßgeblichen Einfluß auf die Tätigkeit des Instituts ausüben wollte. Es ging aber bei den harten Auseinandersetzungen im Gegensatz zur Meinung von Ernst Ritter[94] nicht nur um Personen. Im Juni 1933 versuchten maßgebende Kräfte (u.a. Steinacher) im inzwischen faschisierten VDA und im ebenfalls bereits "gleichgeschalteten" Deutschen Schutzbund (Robert Ernst),[95] im Zuge der "Gleichschaltung" den Arbeitsgegenstand und die Stellung des DAI im Netzwerk der Deutschtumsorganisationen entscheidend zu verändern. Sie wollten das unabhängige Institut den beiden großen Deutschtumsorganisationen unterstellen. Darüber hinaus sollte das DAI alle aktive Deutschtumsarbeit im In- und Ausland dem VDA und dem Schutzbund überlassen und nur noch als politisch unbedeutende, rein wissenschaftliche Einrichtung tätig sein.[96] Daß dieser von Hans Steinacher nach dem Krieg bestrittene[97] Versuch einer grundlegenden Veränderung des Charakters des Instituts mißlang, geht vermutlich auf Ambitionen der württembergischen und Stuttgarter NS-Prominenz zurück, das DAI als Renommierobjekt im Schwabenland zu erhalten.

Neue Grundsätze

Im Zuge der Gleichschaltung" flossen einige neue Züge in Konzeption und Arbeitsweise des DAI ein.

Ein neuer Grundzug war der aktuell-politische Einsatz des DAI zugunsten der Auslandspropaganda mit dem Ziel, kurzfristig außenpolitisch verwertbaren Einfluß zu erlangen - ein Unterfangen, das vor 1933 kaum denkbar gewesen wäre. Bereits im März 1933 appellierte das Institut an "unsere treuen und bewährten Freunde im Ausland," sich "für das neugeeinte und dadurch mächtige Vaterland" unter "Führung Adolf Hitlers" einzusetzen. "Ebnet dem Reich, das im neuen Gewande vor Euren Augen ersteht, draußen die Wege des Verständnisses, der Geltung, der deutschen Kultur."[98] Als das Regime wegen seiner terroristischen Politik außenpolitisch immer stärker in die Isolierung geraten war, rief das DAI alle Auslanddeutschen auf, den "Hetzversuchen" entgegenzutreten und ihre andersnationalen Mitbürger "über die wahre Lage in

Deutschland, über die Friedensabsichten des deutschen Volkes und den Sinn seines Kampfes" aufzuklären.[99] Der Vorsitzende des Instituts erhob den politisch-aktuellen Einsatz sogar zur grundsätzlichen Aufgabe des DAI. Am 20. September 1933 erklärte Strölin vor der Jahrestagung, das Institut sähe "seine vordringlichste Aufgabe" in der Aufklärung der Auslanddeutschen über die "geistige Haltung und die neuen Wesensformen" des deutschen Volkes. "Besonders wichtig" sei die Abwehr der von ihm als Greuelpropaganda diffamierten antifaschistischen Aufklärungsarbeit im Ausland.[100]

Eine wesentliche Neuerung war der Einzug des Rassismus, besonders des biologischen Antisemitismus in die Arbeit des Instituts. Bereits in seiner ersten Rede im Institut, am 20. September 1933, verwandte der neue Leiter, Csaki, fortgesetzt Termini wie nichtarisch, fremdartig oder fremdrassig.[101] Der neue Schirmherr des DAI, der württembergische Ministerpräsident Christian Mergenthaler, formulierte auf der gleichen Veranstaltung als wichtigstes Arbeitsprinzip des Instituts: "Die Deutschtumsarbeit muß in Zukunft auf rassischer Grundlage stehen."[102]

In Zusammenhang mit der Einführung des Rassegedankens in die Deutschtumsarbeit erfuhr auch die "Volkswissenschaft" im Institut erhöhte Aufmerksamkeit. Seit Ende 1933/Anfang 1934 wurde die Sippenkunde als Unterbau und Teilbereich einer "gesamtdeutsch ausgerichteten Volksforschung"[103] im DAI (zunächst noch in Verbindung mit dem VDA) intensiv betrieben.[104] Von der Sippe, dem Stamm her sollten die Auslanddeutschen erfaßt und abgebrochene Verbindungen auf "blutmäßiger" Grundlage wieder aufgenommen werden. Die dabei enstandenen Karteien wiesen auch Emigranten und die "entdeutschten Familien" als politisch unzuverlässige Auslanddeutsche aus.[105] "Sippenkunde als Wissenschaft von der Blutgemeinschaft" sollte "vom Mutterland her" den Auslanddeutschen den Blutzusammenhang bewußt und sie "immer stärker mit der Ideenwelt des Nationalsozialismus" vertraut machen. Sippenkunde führe den "Kampf um die Erhaltung der einzelnen Volksgruppen vom Biologischen her." Die neue volkswissenschaftliche Disziplin könne ihrer Aufgabe nur gerecht werden, wenn sie die tradierten "einseitigen Bindungen zur Geschichtswissenschaft abstreift und sich dem organisch biologischen Denken nähert."[106] Dadurch käme es zu "einer Vertiefung des Sippen- und Stammesbewußtseins und damit des Zugehörigkeitsgefühls zu Rasse und Gesamtvolkstum."[107]

Die Einführung des Rassegedankens in die Institutsarbeit war mit einer beträchtlichen Steigerung des Nationalismus bei deutlicher Abwertung anderer Völker und deren Kulturleistungen verbunden. Dabei wurde die schon vor 1933 propagierte These von der zivilisatorischen Überlegenheit der Deutschen in aller Welt immer offener mit rassistischen Argumenten gestützt. Der wesentlich auf dem Rassegedanken basierende, extrem gesteigerte Nationalismus im DAI trat zum ersten Male konzentriert während der Jahrestagung im September 1933 öffentlich in Erscheinung. Richard Csaki behauptete in seiner Rede beispielsweise, die Auslanddeutschen lebten mehrheitlich unter Völkern, die nach Organisationstalent und in zivilisatorischer Hinsicht "abgrundtief unter dem Deutschen stehen" würden. Das "Weimarer System" habe aus Kostengründen zwar kein Ehrenmal für die "gewaltigen Leistungen" der Deutschen in aller Welt errichtet, stattdessen aber den "Pergamonaltar, Zeuge einer fremden Kultur," mit großem Aufwand in Berlin aufgebaut.[108]

Die rasche Nazifizierung des Institus zeigt sich auch an dem starken Zustrom der Mitarbeiter zur NSDAP. Während vor 1933 nur der Pförtner Nazi gewesen sein soll, meldete 1937 die Institutsleitung, daß 78% der männlichen Angestellten Parteimitglieder seien. Dabei sei zu berücksichtigen, fügte die Leitung hinzu, "daß das Institut mehrere Mitarbeiter mit ausländischer Staatsangehörigkeit beschäftigt, die überhaupt nicht in die Partei aufgenommen werden können."[109]

Bewährtes auf neuen Grundlagen

Flankiert und durchwoben von den neu eingeführten Leitungs- und Arbeitsprinzipien und auf der Grundlage einer allgemeinen politischen Aufwertung der Volkstumsideologie durch das Nazi-Regime konnten die traditionellen, das DAI prägenden Strukturen und Arbeitsmethoden kontinuierlich weiterentwickelt und ausgebaut werden. Das betraf vornehmlich die Informationsbeschaffung und -aufbereitung (Bücherei, Archiv, Karten- und Bildabteilung, Karteisysteme) sowie die nun verstärkte und auf nationalsozialistischer Grundlage durchgeführte Auswertung der Materialien im In- und Ausland. Dabei erfolgte die Beeinflussung der Auslanddeutschen vor allem wegen der erhöhten Sensibilität des Auslands gegenüber den Vorgängen in Deutschland in noch stärkerem Maße als vorher unter dem Rubrum "kulturelle Deutschtumspflege."[110]

Zu den von der Machtergreifung kaum tangierten Grundlagen des DAI gehörte die seit 1917 erfolgreich praktizierte Deutschtumskonzeption. In dem bedeutsamen Beziehungsgeflecht "Reich - Auslanddeutschtum" trat de facto eine leichte Verschiebung zugunsten der Komponente "Reich" ein bei verbal verstärkter Komponente "Volk" bzw. "Volkstum."[111]

Auf nationalsozialistischer Grundlage beträchtlich ausgeweitet wurde der volkskundliche Arbeitszweig des DAI sowohl auf dem Gebiet der Sammlung als auch bei der Ausstellungs- und Publikationstätigkeit. Die neuen weltanschaulichen und methodologischen Leitlinien legte der Volkskundereferent im DAI, Dr. Werner Lincke, in einem Aufsatz in der Institutszeitschrift dar. Unter dem Titel "Deutsche Volkskunde als politische Wissenschaft" charakterisierte er die Volkskunde in der Weimarer Republik als "objektiv," "voraussetzungslos," als "reine Forschung," die weitgehend nur dem wissenschaftlichen Durchdringen "des primitiven Denkens" gewidmet und dabei "international ausgebildeten Methoden" erlegen gewesen wäre. Dagegen sei die Volkskunde nach 1933 gerade in den auslanddeutschen Gebieten voll in den Dienst des Volkstums gestellt worden, hätte sich ausschließlich an völkischen Notwendigkeiten orientieren können, sei im letzten Sinne täglicher Kampf um "deutsche Art" gegen kulturelle Überfremdung. Bei den vermehrt anzulegenden Volksgutsammlungen (Sagen, Märchen, Schwank, Lied und Spruch, Sachgut, Brauchtum, Sinnbilder) gehe es um die "Erhaltung deutscher Volkskultur und der deutschen Volksseele." Seit der Machtergreifung sei das deutsche Volk eindeutig als Gegenstand der deutschen Volkskunde definiert worden. Erst der "starke völkische Wille des Neuen Deutschland" habe diese "echte Volkskunde" als eine praxisorientierte politische Wissenschaft, als Lehre vom "Lebenskampf des Volkes" ermöglicht. In diesem Sinne betreibe auch das DAI Volkskunde, habe es die besondere Verpflichtung, sich "der volkskundlichen Lebensäußerungen der Grenz- und Auslanddeutschen anzunehmen."[112]

Einen ersten öffentlichen Nachweis, daß im DAI deutsche Volkskunde auf neue Art und in größeren Dimensionen betrieben wurde, lieferte die (weitgehend) vom Institut organisierte Stuttgarter Festwoche "Deutsches Kulturschaffen jenseits des Reichs" vom

8. bis 16. September 1934. Sie sollte, so der Text der Einladung, "tiefe Einblicke in das Wesen der deutschen Seele" gewähren und bei aller Vielfalt des Volksgutes die "an Blut und Sprache gebundene Geschlossenheit unseres Volkes" demonstrieren.[113]

Im musealen Bereich erlebte die volkskundliche Arbeit des DAI mit der Einrichtung des "Ehrenmals der deutschen Leistung im Ausland" im August 1936 einen ersten Höhepunkt. Zwei der zwölf Räume waren ausschließlich der Ausstellung von Trachten und Bauernstuben vorbehalten. Darüber hinaus waren auch in den anderen Sälen volkskundliche Gegenstände und Texte ausgestellt.[114]

Durch die volle Hinwendung zum NS-Regime[115] erlebte das DAI ab Anfang 1934 einen steilen Aufschwung. So stieg zwischen Ende 1933 und Mitte 1938 die Zahl der Mitarbeiter von 54 auf 130.[116] Das V-Mann-Netz wuchs von 1 600 Personen Ende 1933 auf 2 366 im April 1935.[117] Die finanziellen Zuschüsse aus dem Reichshaushalt stiegen von 79 000 RM 1933 auf 378 000 RM 1936 (davon 130 000 RM aus der "Adolf-Hitler-Spende").[118]

Das DAI war wie andere Deutschtumseinrichtungen nicht nur Objekt der "Gleichschaltung," sondern wegen seiner Autorität im Ausland ein höchst wirkungsvolles Instrument zur Faschisierung der Auslanddeutschen. Auf der Jahreshauptversammlung 1934 bezeichnete es Strölin als wichtige und längerfristige Aufgabe des DAI, die Nazi-Ideologie den Deutschen im Ausland nahe zu bringen, denn "das Deutschtum im In- und Ausland kann nur gegründet sein auf nationalsozialistischem Geiste."[119] Im Jahresbericht 1934 heißt es, für die Arbeit des DAI mit den Auslanddeutschen gebe es "nur eine unverrückbare und eindeutige Haltung," nämlich jene, "die aus dem Geiste des Neuen Reiches und seines Führers" entspringe.[120]

Nach Überwindung der Krise im Jahr 1933 erreichte das DAI bald wieder alten Glanz. Zu Hilfe kamen ihm dabei die zunehmend härter werdenden Auseinandersetzungen der VDA-Spitze (Steinacher) mit dem neu entstehenden volksdeutschen Apparat der NSDAP, vor allem der SS, über die Führung der Volkstumspolitik.[121] Begünstigt durch den dadurch rapide schrumpfenden Einfluß des VDA festigte das DAI seine Stellung und war bis in die Kriegszeit hinein die bedeutendste "parteiunabhängige" Deutschtumseinrichtung.

1949 wurde das DAI unter dem Namen "Institut für Auslandsbeziehungen" in Stuttgart wieder gebildet. Das weitgehend dem Auswärtigen Amt unterstellte neue Institut trat mit erstaunlicher Selbstverständlichkeit in die Nachfolge des DAI ein.[122]

Anmerkungen

1. Staatsarchiv Dresden (StAD). Gesandtschaft Berlin, Nr. 276, fol. 23.
2. Gauß 1935: 7.
3. StAD. Gesandtschaft Berlin, Nr. 276, fol. 23.
4. Brode 1924 sowie Gauß 1935: 6.
5. Brode 1924.
6. Errechnet nach Gauß 1935: 6.
7. StAD. Gesandtschaft Berlin, Nr. 276 (Denkschrift von Januar 1925).
8. Zentrales Staatsarchiv Potsdam (ZStAP). Reichsministerium des Inneren (RMdI), Nr. 5960, fol. 477 (Rede am 27. Mai 1927 im Deutschen Ausland-Institut).

9. ZStAP. Film Nr. 19670.
10. Dazu u.a. Fensch 1968.
11. Dazu der Brief Reichskanzlers von Bethmann Hollweg vom 21.6.1913 an den Heidelberger Historiker Karl Lamprecht in Düwell 1976: 19-20.
12. Brode 1924: 47.
13. Zum Verein für das Deutschtum im Ausland (VDA) siehe Bell, Karl: VDA-Geschichte in Stichworten (Aufzeichnung aus dem Jahr 1930 für das Auswärtige Amt) in ZStAP. Film Nr. 10467 sowie Possekel 1967.
14. Krekeler 1973: 30.
15. Zu diesem Institut und zur Konzeption seines Leiters Georg Schreiber siehe u.a. die allerdings einseitige Darstellung von Siebert 1971: 19 ff. und 316; Der Reichsverband 1932; Schreiber 1932; Schreiber 1929; Schreiber 1949.
16. Zu diesem Institut siehe u.a. eine kurze Übersicht in *Der Auslanddeutsche* 4, 1931: 140.
17. Die Zeitschrift des Deutschen Ausland-Instituts (DAI) wies etwa 50 Vorlesungsreihen pro Semester nach, u.a. in *Der Auslanddeutsche* 9, 1931: 342 und *Der Auslanddeutsche* 21, 1932: 677.
18. Krekeler 1973: 22 ff.
19. Zur Deutschen Stiftung siehe Opitz 1973.
20. ZStAP. Film Nr. 15813 ("Bericht über die Prüfung der Ossa Vermittlungs- und Handelsgesellschaft m.b.H."). Der Name "Ossa" war eine fiktive Abkürzung.
21. Zum Schutzbund siehe Fensch 1968.
22. Barta und Bell (1930): 230.
23. Zusammenfassend dazu Seckendorf 1980: 54 ff. und 86 ff.
24. Wie Anm. 7 (alle folgenden Zitate aus der Denkschrift).
25. Zur Bedeutung der Kulturautonomie u.a. Schwab 1931.
26. ZStAP. Film Nr. 3891.
27. Miege 1972: 283-284 sowie ZStAP. Film Nr. 16216 (Bericht des Konsulats in Temesvar vom 26.3.1924).
28. Siehe dazu die fast vollständig erhaltene Aktenüberlieferung des Instituts im Zentralen Historischen Staatsarchiv Riga, Lettland (Fonds 4772).
29. Zur deutschen Akademie siehe vor allem Schlicker 1977 sowie Harvolk 1990.
30. Zentrales Historisches Staatsarchiv Riga (Lettland) 4772/2/4, fol. 79 (Ratsprotokoll vom 29. Oktober 1935).
31. Zitiert nach Krekeler 1973: 23.
32. Ausführlich zu Vorgeschichte und Gründung Lienert 1989.
33. Ritter 1976: 23-24.
34. ZStAP. RMdI, Nr. 5962, fol. 34 (Liste des Gründungsausschusses 1916).
35. StAD. Ministerium für Volksbildung, Nr. 14414, fol. 24 (Prospekt des Instituts von Anfang 1917).
36. *Weltwirtschaftliches Archiv. Zeitschrift für allgemeine und spezielle Weltwirtschaftslehre* 2, Jena 1917: 441.
37. Dazu u.a. Rimscha 1957.
38. Steinacher 1970.
39. *Der Auslanddeutsche* 11-12, 1932: 284-296 (Rede Wanners am 1. Mai 1932).
40. ZStAP. RMdI, Nr. 5960, fol. 470 *R.* (Rede auf der Jahresversammlung des DAI am 26. Mai 1927).
41. Wie Anm. 40 (Hervorhebung im Original).
42. Dazu u.a. Ausführungen Schreibers auf dem 70. Katholikentag 1931 in *Der Auslanddeutsche* 19, 1931: 602-603.
43. ZStAP. RMdI, Nr. 5960 ("Bericht über die Jahresversammlungen des Deutschen Ausland-Instituts am 30. April und 1. Mai 1932").
44. Omgus 1985: 45-46.

45. Neubacher 1956.
46. Winschuh 1932: 165.
47. Ritter 1976: 46-47 sowie Lienert 1989, Bd.2: Anlage 4.
48. ZStAP. Film Nr. 2952 (Erlaß des RMdI vom 29.12. 1943).
49. ZStAP. Deutscher Schutzbund, Nr. 50, fol. 24, Mitgliederliste abgedruckt bei Lienert 1989, Bd.2: Anlage 7.
50. ZStAP. RMdI, Nr. 5960, fol. 460 *R.* (Rede Wanners am 26.5.1927 im DAI).
51. ZStAP. RMdI, Nr. 5960 ("Bericht über die Jahresversammlungen des DAI" 1929: 17; 1930: 23; 1932: 22).
52. ZStAP. Film Nr. 1666 ("Zahlen aus der Entwicklung des DAI seit 1933").
53. *Export. Organ des Centralvereins für Handelsgeographie, Berlin* 6-9, 1917: 19-20.
54. ZStAP. RMdI, Nr. 5958, fol. 386.
55. ZStAP. RMdI, Nr. 5960 ("Bericht über die Jahresversammlungen des DAI vom 9. bis 12.5.1929: 6).
56. Siehe dazu die Angaben in den meist veröffentlichten "Berichten über die Jahresversammlungen des DAI," u.a. in ZStAP. RMdI, Nr. 5958, 5959 und 5960.
57. ZStAP. Film Nr. 1669.
58. ZStAP. RMdI, NR. 5959, fol. 207 (Jahresbericht 1923/24) sowie ZStAP. RMdI, Nr. 25013, fol. 18 (Schreiben Strölins vom 13.12.1933).
59. Ritter 1976: 40.
60. Jahresbericht 1933.
61. So Wanner am 16.5.1931 im DAI in *Der Auslanddeutsche* 11, 1931: 350-362.
62. Wanner am 1.5.1932 vor dem Verwaltungsrat des DAI in *Der Auslanddeutsche* 11-12, 1932: 284-296.
63. Schreiber auf der "Volksdeutschen Tagung" während des 70. Katholikentages am 28.8.1931 in *Der Auslanddeutsche* 19, 1931: 602-603.
64. ZStAP. RMdI, Nr. 5960.
65. Wanner auf der Jahresversammlung des DAI am 16.5.1931 in *Der Auslanddeutsche* 11, 1931: 350-362.
66. *Der Auslanddeutsche* 11-12, 1932: 284-296.
67. Aus der Wiedergabe der Rede Schreibers auf dem 70. Katholikentag in *Der Auslanddeutsche* 19, 1931: 602-603.
68. Lehmann 1932.
69. ZStAP. Film Nr. 18302.
70. Das DAI wurde als "Museum zur Kunde des Auslanddeutschtum [...]" gegründet.
71. Ausführlich zum "Ehrenmal" in *Nationalsozialistische Monatshefte* 7, Heft 79, 1936: 939-945.
72. ZStAP. RMdI, Nr. 5960, fol. 475 *R.* (Rede Wanners am 25.5.1927).
73. Wanner am 4.2.1933 im Süddeutschen Rundfunk in *Der Auslanddeutsche* 5, 1933: 139-140.
74. ZStAP. RMdI, Nr. 1881, fol. 114 (Rede am 10.2.1927).
75. *Der Auslanddeutsche* 11, 1931: 350-362.
76. *Der Auslanddeutsche* 2, 1931: 59-60.
77. Dazu vor allem der Bericht über die Tätigkeit des DAI 1930/31 in *Der Auslanddeutsche* 11, 1931: 350-362.
78. ZStAP. RMdI, Nr. 5960 (Rede am 31.5.1930).
79. *Der Auslanddeutsche* 14, 1931: 481.
80. *Der Auslanddeutsche* 5-6, 1932: 153; 20, 1932: 548-550; 21, 1932, 570-571.
81. Wanner am 1. Mai 1932 vor dem Verwaltungsrat des DAI in *Der Auslanddeutsche* 11-12, 1932: 284-296.
82. ZStAP. Film Nr. 1669 (Tätigkeitsbericht für 1928/29).
83. *Der Auslanddeutsche* 22, 1931: 712.
84. Dazu u.a. Tätigkeitsbericht für 1930/31 in *Der Auslanddeutsche* 11, 1931: 350-362.
85. ZStAP. Film Nr. 1669.

86. Zur Breitenwirkung des Abreißkalenders siehe u.a. *Der Auslanddeutsche* 22, 1932: 617-618.
87. Dazu Lienert 1989, Bd. 2: 112 sowie *Der Auslanddeutsche* 3, 1926: 36.
88. Lienert 1989, Bd. 2: 111.
89. ZStAP. Film Nr. 1669 (Tätkeitsbericht für 1928-29).
90. Ausführlicher dazu Jacobsen 1968: 167-169.
91. Jacobsen 1968: 162-163.
92. Zur "Gleichschaltung" des Instituts siehe auch Ritter 1976: 54 ff.
93. Ausführlich zur Jahrestagung in *Der Auslanddeutsche* 19-20, 1933: 478-496.
94. Ritter 1976: 54.
95. Zu Robert Ernst siehe vor allem Kettenacker 1973: 76 ff.
96. Siehe dazu die Aufzeichnung des Auswärtigen Amts vom 15.6.1933 über die Reorganisation des DAI, abgedruckt in Steinacher 1970: 95-96.
97. Steinacher 1970: 28.
98. Das Auslanddeutschtum 1933.
99. *Der Auslanddeutsche* 7, 1933: 168.
100. *Der Auslanddeutsche* 19-20, 1933: 488-489.
101. *Der Auslanddeutsche* 19-20, 1933: 481-488.
102. *Der Auslanddeutsche* 19-20, 1933: 490-491.
103. Lincke 1937.
104. ZStAP. Deutsche Stiftung, Nr. 1153, fol. 233 ff. ("Protokoll der 1. Jahrestagung des großen Arbeitsausschusses der Hauptstelle für auslanddeutsche Sippenkunde am 23.10.1935").
105. ZStAP. Film Nr. 16800 (Halbjahresbericht Juli-Dezember 1936).
106. Sippenkunde 1937.
107. *Der Auslanddeutsche* 3, 1936: 252.
108. *Der Auslanddeutsche* 19-20, 1933: 481-488.
109. ZStAP. Film Nr. 1666 ("Zahlen aus der Entwicklung des DAI seit 1933").
110. Siehe dazu die Ausführungen des Reichsaußenministers auf der Jahreshauptversammlung 1934 des DAI in *Der Auslanddeutsche* 10, 1934: 596-597.
111. Siehe dazu die Berichte über die Jahreshauptversammlung 1934 in *Der Auslanddeutsche* 10, 1934: 522-599.
112. Lincke 1937.
113. ZStAP. Deutsche Stiftung, NR. 1141, fol. 89 *R*.
114. Auslanddeutsche Rundschau 1936.
115. Strölin bekräftigte auf der Jahreshauptversammlung 1934, das DAI lege "entschiedenen Wert darauf," sich "in restloser Übereinstimmung mit den Grundsätzen" der NSDAP zu befinden, in *Der Auslanddeutsche* 10, 1934: 522-525.
116. ZStAP. Film Nr. 16800 (Halbjahresbericht Juli-Dezember 1936); ZStAP. Film Nr. 1666 (Tätigkeitsbericht 1937/38).
117. ZStAP. Film Nr. 1665 (Monatsbericht April 1935).
118. ZStAP. Film Nr. 2952 ("Übersicht über die Leistungen des Reiches in den Jahren 1933-37").
119. *Der Auslanddeutsche* 10, 1934: 522-525.
120. *Der Auslanddeutsche* 10, 1935: 506-515.
121. Steinacher 1970: XXVI ff.
122. Siehe dazu u.a. die umfassende Berichterstattung über die Feiern zum 50. Jahrestag des Instituts in *Zeitschrift für Kulturaustausch* Heft 2, Stuttgart 1967, und *Zeitschrift für Kulturaustausch* Heft 1, Stuttgart 1968, sowie Herter 1968.

II. VERSTRICKUNG UND SCHULD. VOLKSKUNDE IM NATIONALSOZIALISMUS 1933 BIS 1945

INSTITUTIONALISIERUNG UND INSTRUMENTALISIERUNG DER DEUTSCHEN VOLKSKUNDE ZU BEGINN DES DRITTEN REICHS

HANNJOST LIXFELD

Die zwölf Jahre von 1933 bis 1945 stellen einen der grundlegenden Zeitabschnitte in der Wissenschaftsgeschichte der deutschen Volkskunde dieses Jahrhunderts dar, der allerdings bis heute nur unzureichend aufgearbeitet wurde. Erst sehr spät begannen überwiegend jüngere Fachvertreter, die sogenannten 'Nachgeborenen,' sich eingehender mit ihm zu befassen. Denn die im Dritten Reich lebenden und forschenden Fachgelehrten verfielen in der Zeit nach dem Zweiten Weltkrieg in seltener Einmütigkeit dem Trend, das Geschehene im wesentlichen zu verschweigen und es damit zu verschleiern und zu bagatellisieren. Es schwiegen die durch den Nationalsozialismus belasteten, es schwiegen jedoch auch diejenigen Volkskundler, die zu ihm in Opposition gestanden hatten und von denen ein solches Verhalten nicht zu erwarten gewesen war. Umso schwieriger gestaltete und gestaltet sich die Aufarbeitung der rund ein halbes Jahrhundert zurückliegenden, im eigentlichen Sinne institutionellen Gründungsepoche des Fachs.[1]

Gab es vor 1933 im gesamten Deutschen Reich nur eine ordentliche und eine weitere außerordentliche Professorenstelle für Volkskunde in Hamburg und Dresden, so verfügten bis 1944/1945 so gut wie alle Universitäten und viele Hochschulen über volkskundliche Professuren,[2] welche großenteils die Grundlage für die Weiterexistenz des Fachs in der Nachkriegszeit bildeten. Die Institutionalisierung[3] und damit zwangsläufig verbundene Instrumentalisierung der deutschen Volkskunde durch die Nationalsozialisten konzentrierte sich vor allem in den Dachverbänden der wissenschaftlichen Disziplin, von denen es im Dritten Reich gleich mehrere gab. Denn schon bald nach dem Machtantritt des nationalsozialistischen Regimes, der am 30. Januar 1933 mit der Ernennung Adolf Hitlers zum Kanzler des Deutschen Reichs erfolgte, traten neben die bislang einzige volkskundliche Dachorganisation, die in den folgenden Jahren bis zur Bedeutungslosigkeit gebracht werden sollte, den bürgerlich-nationalen "Verband deutscher Vereine für Volkskunde" unter dem Vorsitz von Professor John Meier,[4] politische Interessenten oder Interessengruppen aus den "führenden Kreisen"[5] der Nationalsozialistischen Deutschen Arbeiterpartei (NSDAP). Mit ihrer Hilfe entstanden die weiteren Dachverbände, die "Abteilung Volkskunde der Reichsgemeinschaft für deutsche Volksforschung" unter Professor Adolf Spamer, die "Forschungs- und Lehrgemeinschaft 'Das Ahnenerbe'" des Reichsführers SS Heinrich Himmler mit ihren volkskundlichen Unterabteilungen, die "Dienststelle des Beauftragten des Führers für die Überwachung der gesamten geistigen und weltanschaulichen Schulung und Erziehung der

Nationalsozialistischen Deutschen Arbeiterpartei" des Reichsleiters Alfred Rosenberg, auch "Amt Rosenberg" oder "Reichsüberwachungsamt" genannt, mit mehreren Volkskundeinstitutionen.

Alle diese wissenschaftlichen Organisationen verstanden sich als gesamtdeutsche Dachverbände für eine in der Volkstumspflege angewandte Volkskunde. Allen waren die im Dritten Reich übliche innere Struktur nach dem autokratischen "Führerprinzip" und das Bestreben gemeinsam, die alleinige Führung der gesamten reichsdeutschen und später, nach dem Anschluß Österreichs 1938, der großdeutschen Volkskunde zu gewinnen. Im Interesse dieser Zielsetzung, die jedoch bis zum Ende des nationalsozialistischen Regimes von keinem Dachverband erreicht wurde, gingen alle an die Planung oder Einrichtung, Angliederung bzw. "Gleichschaltung"[6] von Fachinstituten, Vereinen, Verbänden, Zeitschriften, Schriftenreihen, Verlagen usw. sowie bemühten sich, möglichst eindrucksvolle Forschungsergebnisse vorzulegen, die unter dem Begriff "Volkstumspflege" auf die breiten Bevölkerungsschichten angewendet werden sollten und auch angewandt wurden. Diese ideologische oder weltanschauliche "Volkserziehung" oder "Volkserneuerung" war für alle unverzichtbarer Bestandteil einer wissenschaftlichen Volkskunde und machte das Fach für die Nationalsozialisten erst eigentlich interessant.

Miteinander heftig rivalisierend wollten alle Dachverbände ihre jeweils spezielle deutsche Volkskunde betreiben, dieser repräsentative Geltung verschaffen und die Konkurrenten aus dem Felde schlagen. Wie so oft im "Tausendjährigen Reich" ging es auch hier nicht um eine einheitliche Volkskundewissenschaft, sondern - wenn man den damaligen Fachvertretern Glauben schenken will - um mehrere, ihrem theoretisch-methodischen Anspruch nach recht verschiedene, die miteinander im Kampf um die absolute Vorherrschaft lagen.

In diese für den Nationalsozialismus systemimmanenten Auseinandersetzungen um das "Recht des Stärkeren" waren sehr viele Fachgelehrte verwickelt, so daß fast jeder von seinen Gegnern beruflich angegriffen, geschädigt oder auch persönlich verfolgt wurde und viele diese systembedingte Benachteiligung in der Zeit nach dem Zweiten Weltkrieg fälschlich als Beweis für ihre Gegnerschaft zum Nationalsozialismus schlechthin ausgeben konnten. Sehr wenige Ausnahmen bestätigen diese Regel und bezeugen - wenn auch nicht immer uneingeschränkt - indirekt die Affinität der großen Mehrheit der bürgerlich-nationalen deutschen Volkskundler zum nationalsozialistischen Regime, Ideologien- bzw. Weltanschauungskonglomerat und zu den daraus resultierenden Verhaltensprinzipien.

Der Machtkampf hatte zunächst zum Ziel, die ökonomische Basis der beteiligten Volkskundeverbände und Interessengruppen sichern zu helfen. Naheliegendstes Mittel dazu war die Einflußnahme auf die nach dem für Deutschland verlorenen ersten Weltkrieg im Jahre 1920 als "Notgemeinschaft der deutschen Wissenschaft" gegründete Wissenschaftsstiftung, die später den Namen "Deutsche Forschungsgemeinschaft" (DFG)[7] annahm. Sie entwickelte sich als wichtiger Geldgeber aller Dachverbände zu einer 'ökonomischen Schaltstelle' der Volkskundewissenschaft im Nationalsozialismus. Alle Dachverbände waren nacheinander an der Kontrolle über die Stipendienvergabe dieser zentralen deutschen Wissenschaftsstiftung beteiligt. Gelang es einem Dachverband nicht, seinen Einfluß auf die DFG aufrechtzuerhalten, weil er von seinen Konkurrenten verdrängt worden war, so mußten eben andere Wege zur Finanzierung der wissenschaftlichen Forschungsvorhaben und ihrer Anwendung als Volkstumspflege gesucht und beschritten werden. Der Machtkampf der Rivalen ging indessen weiter, lediglich von gelegentlichen Bündnisabschlüssen des einen mit dem anderen unterbrochen. Der Geschichte, den Hintergründen und Zielsetzungen dieser wissenschaftlich-ideologischen und letztlich machtpolitischen Auseinandersetzung um das Fach Volkskunde nachzugehen, ist Absicht dieser Untersuchung.

Die Reichsgemeinschaft für Deutsche Volksforschung unter dem Einfluß des Amts Rosenberg

Präsident der Notgemeinschaft der deutschen Wissenschaft oder Deutschen Forschungsgemeinschaft (DFG) war in der Weimarer Republik der ehemalige königlich-preußische Kultusminister Dr. Friedrich Schmidt-Ott. Er sah sich im ersten Jahr der nationalsozialistischen Herrschaft in Deutschland zu einem Rechenschaftsbericht veranlaßt, in dem er sich mit einer Absage an den untergegangenen demokratischen Staat und einer Ergebenheitsadresse an die Nationalsozialisten zur Weiterverwendung in seinem Amt empfahl: Um das Parlament und die Regierung vor 1933 von der Notwendigkeit der "Notgemeinschaft" zu überzeugen und an die für sie beanspruchten hohen Summen zu gewöhnen, habe er Verhandlungen mit den Vertretern der verschiedensten Parteien führen und engere Fühlung mit den Mitgliedern der sonst maßgebenden Regierungsinstanzen aufnehmen müssen.

> "Wollte man daraus herleiten, daß die Notgemeinschaft oder ihr Präsident durch solche Verbindungen auch nur im geringsten ihrer *nationalen Gesinnung* entfremdet worden wären, so müßte dagegen schärfste Verwahrung eingelegt werden. Auch die persönlichen Beziehungen haben nur dazu dienen müssen, unsere Anforderungen für die Wissenschaft durchzusetzen und sie haben hierin überall ihre Grenze und ihr Ende gefunden. Ich persönlich fühle mich dem früheren Regiment und seinen Trägern gegenüber vollkommen frei und ich bekenne, daß ich *hohe Bewunderung für den Führer* hege, dem es gelungen ist, uns aus dem jahrhundertelangen elenden Parteiwesen herauszuretten und als Volk zusammenzuschmieden. Es ist mein inniger Wunsch, daß es ihm gelinge, unser Volk frei und glücklich zu machen."[8]

Dieser beschämende Versuch, auch unter nationalsozialistischer Herrschaft Präsident der DFG zu bleiben, war jedoch von vorneherein zum Scheitern verurteilt. Die DFG verfiel im Dritten Reich der faschistischen Gleichschaltung, die sich in mehreren Etappen vollzog. In der ersten gelang es offensichtlich Reichsleiter Alfred Rosenberg, der sich selbst als "Chefideologe" der NSDAP sah,[9] seine Hand auf die Wissenschaftsstiftung zu legen und allfälligen Interessenten aus den führenden Kreisen der Partei zunächst zuvorzukommen.

Ende Juni 1934 mußte Dr. Friedrich Schmidt-Ott bei Reichserziehungsminister Bernhard Rust seinen Rücktritt als Präsident der DFG erklären. An seine Stelle trat - angeblich auf Wunsch Adolf Hitlers - der Professor der Physik und Nobelpreisträger

Johannes Stark.[10] Stark war ein 'alter Kämpfer' der NSDAP und aus der Zeit vor der Machtübernahme ein persönlicher Bekannter nicht nur Hitlers, sondern auch Alfred Rosenbergs, dessen "Kampfbund für deutsche Kultur" er mitbegründet hatte.[11]

Zum Vizepräsidenten der DFG wurde am 2. Juli 1934 Dr. Eduard Wildhagen ernannt.[12] "Wildhagen besaß zumindest freundliche Beziehungen zum Nordischen Ring," einer völkischen Kulturorganisation, die mit Rosenberg in der Kampfzeit engen Kontakt gehalten hatte.[13] Sehr bald nach der Machtübernahme, am 1.4.1933, war er Mitglied der NSDAP geworden.[14] Er hatte der Notgemeinschaft oder DFG bereits in der Weimarer Republik jahrelang angehört,[15] unter anderem als Geschäftsführer oder Technischer Leiter der Berliner Zentralstelle des Atlas der deutschen Volkskunde.[16] Nun kehrte er als "Nationalsozialist der Tat"[17] aus dem Forschungsreferat der Hochschulabteilung des Reichserziehungsministeriums[18] zurück und wurde zum "großen nationalsozialistischen Gleichschalter,"[19] zur "grauen Eminenz"[20] der DFG. Denn Präsident Stark war durch seine Dienstaufgaben als Leiter der Physikalisch-Technischen Reichsanstalt gebunden, suchte die Forschungsgemeinschaft täglich nur für kurze Zeit auf und "ließ im übrigen Wildhagen schalten und walten."[21]

Vizepräsident Wildhagen stellte die für die Geisteswissenschaften und damit für die Volkskunde zuständige, für Reichsleiter Rosenberg und dessen NS-Dienststelle eigentlich wichtige Persönlichkeit im Vorstand der Wissenschaftsstiftung dar. Er dominierte offensichtlich auch bei der Planung von fünf oder sechs "Reichsgemeinschaften" einzelner Fächer oder Fachgruppen durch Stark und Wildhagen. Von diesen konnte jedoch nur eine, die "Reichsgemeinschaft für deutsche Volksforschung," ins Leben gerufen werden, allerdings nicht ohne Widerstände seitens anderer maßgebender Partei- oder Regierungsstellen und Personen.[22]

"Um seine Lieblingsidee einer zentralen, übergeordneten Forschungsinstitution zu verwirklichen" - dokumentiert Helmut Heiber, dem wir diese bereits 1966 veröffentlichten und vom Fach Volkskunde lange übersehenen Erhebungen verdanken -, hätte Wildhagen, laut eigener Aussage nach dem Zweiten Weltkrieg, "sich auch mit dem Teufel verbunden."[23] Stark und Wildhagen, die einen einflußreichen Schirmherren aus den führenden Kreisen der Partei benötigten, trugen dem ihrer Ansicht nach mächtigen Reichsleiter Rosenberg das Ehrenpräsidium der DFG an. Alfred Rosenberg nahm "nur zu gerne" an und gewann somit Einfluß auf die Stiftung und zugleich ihre finanzielle Hilfe für die wissenschaftlichen Projekte seiner Dienststelle. Im Hause Rosenberg wurden nun "die Pläne für eine Umgestaltung der Gemeinschaft konzipiert."[24]

Leiter der "Hauptstelle Weltanschauung" des Amts Rosenberg war seit 1. April 1934 der Volkskundler, Germanist und Religionswissenschaftler Matthes Ziegler. Ihm wurde vom 1.11.1935 bis 1.12.1936 als einem der Nachfolger John Meiers "im Auftrag von Reichsleiter Rosenberg das Referat Volksforschung in der Deutschen Forschungsgemeinschaft"[25] übertragen. In dieser Eigenschaft war Ziegler Mittelsmann oder "Verbindungsoffizier" zwischen Rosenberg und der DFG bzw. ihrem Vizepräsidenten Wildhagen. Ziegler, des Reichsleiters "Beauftragter für alle volkskundlichen Fragen,"[26] und Wildhagen, der bis 1932 Geschäftsführer und Technischer Leiter der Zentralstelle des Atlas der deutschen Volkskunde gewesen war und diesem auch als Vizepräsident seine tätige Aufmerksamkeit schenkte, brachten gute Voraussetzungen für eine Zusammenarbeit mit. Sie besaßen beide volkskundliche Interessen und Kenntnisse und waren darüber hinaus durch ihr Bekenntnis zur völkischen Idee und zum Nationalsozialismus unter besonderer Berücksichtigung des Hauses Rosenberg verbunden. Von den Mitarbeitern Rosenbergs wurde, außer dem Vorgeschichtler Hans Reinerth, denn auch namentlich Matthes Ziegler mit DFG-Stipendien bedacht. Insgesamt flossen die finanziellen Hilfen für die im Amt Rosenberg aufgestellten und vergebenen Forschungsprogramme und Forschungsaufträge überaus reichlich[27] und dokumentierten dessen von den neidischen Konkurrenten ungerne gesehenen dominanten Einfluß auf die Stiftung.

Bereits im Sommer bzw. Frühherbst 1934 wurde von der DFG die "Reichsgemeinschaft für deutsche Volksforschung" (auch "Reichsgemeinschaft der deutschen Volksforschung") gegründet. Sie umfaßte die fünf "Abteilungen" der "Vor- und Frühgeschichte," der "Rassenkunde," der "Volkssprache," der "Siedlung" (ursprünglich "Grenz- und Auslandsdeutschtum") und der "Volkskunde."[28]

Der Zweck dieser im "Einvernehmen mit dem Reichsministerium für Wissenschaft, Erziehung und Volksbildung" ins Leben gerufenen Reichsgemeinschaft war, "die Erforschung des deutschen Volkstums im Sinne der nationalen Erhebung mit größerem Nachdruck zu betreiben und die gewonnenen Ergebnisse dem deutschen Volke in geeigneter Weise zu übermitteln," also wissenschaftliche Volksforschung durchzuführen und mit dieser auf die angewandte Volkstumspflege einzuwirken. Ziel war, "für das Gedeihen unseres deutschen Volkstums zu wirken," und das 'im Sinne der nationalen Erhebung,' womit der Nationalsozialismus gemeint war. Die genannten Abteilungen sollten "in engstem persönlichen und sachlichen Einklang zusammenarbeiten."[29]

Das Konzept einer Verbindung speziell dieser fünf Fächer oder Fachgebiete bzw. der Kernfächer Vorgeschichte, Rassenkunde und Volkskunde zu gemeinsamer wissenschaftlicher Arbeit entspricht dem ideologischen Leitbild einer rassischen Germanenkunde, wie sie im Amt Rosenberg - allerdings auch andernorts im NS-Staat - gepflegt wurde. Parteiideologe Alfred Rosenberg, der als Doktrinär auftrat und von Mitarbeitern und Anhängern auch bereitwillig als solcher akzeptiert wurde, hatte jedoch eine besondere Form der rassisch-germanischen Weltanschauung kreiert und in seinem 1930 erstmals erschienenen Grundwerk "Der Mythus des 20. Jahrhunderts"[30] verkündet.

Die nicht allein von der Dienststelle Rosenbergs in der Reichsleitung der NSDAP, dem sogenannten 'Amt Rosenberg,' sondern von so gut wie allen Untergliederungen der Partei betriebene Schulung beziehungsweise Volkstumspflege oder Volkserziehung propagierte manifest oder latent, ganz oder teilweise den "Rosenbergianismus,"[31] die Ideologie des "Mythus des 20. Jahrhunderts." Insofern gewinnt der Titel Rosenbergs als "Beauftragter des Führers für die Überwachung der gesamten geistigen und weltanschaulichen Schulung und Erziehung der NSDAP" und, wie Michael H. Kater ergänzt, "des Volkes"[32] eine gewisse Berechtigung, ist der Übernahme "Reichsüberwachungsamt" für die Dienststelle Rosenbergs ungeachtet der ihr fehlenden Exekutivrechte[33] keine leere Formel und konnten die in der Reichsgemeinschaft der DFG zusammengeschlossenen, in der Volkstumspflege angewandten Wissenschaften, vor allem die Kernfächer Rassenkunde, Vorgeschichte und Volkskunde, durchaus Teil des nationalsozialistischen Rosenbergschen Schulungs- und Erziehungsprogramm werden. Denn hinter der Reichsgemeinschaft stand "das Reichsüberwachungsamt der Partei."[34]

Die Reichsgemeinschaft der deutschen Volksforschung und ihre Abteilungen unterlagen ohne Zweifel einer ständigen ideologisch-politischen Beeinflussung durch das Amt Rosenberg. Eine zentrale Vermittlerposition nahm für gut ein Jahr der 'Verbindungsoffizier' und 'gläubige' Rosenbergianer Matthes Ziegler ein. Sein Referat

"Volksforschung in der Deutschen Forschungsgemeinschaft" fiel namentlich mit dem der Reichsgemeinschaft zugewiesenen Fach- und Arbeitsbereich überein, und Ziegler "konnte dadurch einen umfassenden Überblick über die sachlichen, personellen und organisatorischen Fragen auf den Gebieten der Volkskunde, Vorgeschichte und Rassenkunde gewinnen."[35] Daß er gleichzeitig auch Fachpolitik im Sinne Rosenbergs betrieb, belegen allein schon seine einschlägigen Veröffentlichungen.

Die Rosenberg-Präsenz kann ebenso aus der Besetzung der Abteilungsleiterstellen teilweise erschlossen, wenn nicht deutlich nachgewiesen werden. Die als "Führer" der Abteilungen Volkssprache und Siedlung ausgewählten Professoren, der Germanist Walther Mitzka (Universität Marburg an der Lahn) und der Geograph Friedrich Metz (Universität Erlangen, dann Freiburg im Breisgau) hatten sich bereits im Frühjahr 1933 um Aufnahme in die NSDAP beworben und sich damit zum Regime bekannt.[36] Professor Hans F.K. Günther (Universität Berlin, dann Freiburg i.Br.) war für das Amt Rosenberg der seit langem ideologisch anerkannte rassistische Germanenforscher und überdies NSDAP-Mitglied seit 1. Mai 1932,[37] so daß für die Abteilung Rassenkunde im gesamten Deutschen Reich kein besser geeigneter Leiter hätte gefunden werden können.[38] Vor allem ist jedoch der "Führer" der Abteilung Vor- und Frühgeschichte als Gefolgsmann Rosenbergs ausgewiesen.

Professor Hans Reinerth (Universität Berlin) war Schüler des in Rosenbergs "Nationalsozialistischen Monatsheften" vielgerühmten Vorgeschichtlers Gustaf Kossinna, eines der ersten Mitglieder von Rosenbergs "Kampfbund für deutsche Kultur."[39] Bereits 1932 leitete Reinerth die "Reichsfachgruppe für Vorgeschichte" im "Kampfbund für deutsche Kultur" und versuchte, "sämtliche deutschen Prähistoriker, einschließlich der Anhänger der entgegengesetzten Strömung, um sich zu scharen."[40] Diesen Versuch wiederholte er drei Wochen nach Hitlers Machtergreifung, "indem er beim preußischen Kultusminister Bernhard Rust die Gründung eines 'Reichsinstituts für Vor- und Frühgeschichte' vorschlug, [...] das in Wahrheit aber den Charakter eines Rosenbergschen Reichsamtes tragen sollte." Als Vorstufe zum Reichsinstitut gründete Reinerth im selben Jahr seinen "Reichsbund für Deutsche Vorgeschichte."[41] 1934 erhielt er dann die Abteilung Vor- und Frühgeschichte in der Reichsgemeinschaft der DFG und wurde zusätzlich zum "Beauftragten für Vor- und Frühgeschichte" im Amt Rosenberg ernannt.[42] Seine späteren Auseinandersetzungen mit den Kollegen der SS-Ahnenerbe-Vorgeschichtsforschung lassen ihn seinem mit dem Reichsführer-SS Heinrich Himmler rivalisierenden Reichsleiter Rosenberg nacheifern.[43]

Die Karriere Hans Reinerths und die in seiner Person kulminierende Geschichte seines Fachs in der NS-Zeit sind nicht nur deshalb aufschlußreich, weil hier einer der personellen Brückenschläge zwischen dem Amt Rosenberg und der DFG-Reichsgemeinschaft sichtbar wird. Reinerth hatte darüber hinaus einen "Plan zur totalitären Neugestaltung der deutschen Vorgeschichte"[44] entwickelt und in den damals noch von Adolf Hitler herausgegebenen und von Alfred Rosenberg redigierten "Nationalsozialistischen Monatsheften," der "Wissenschaftlichen Zeitschrift der NSDAP," erstmals veröffentlicht. Dieses Konzept von 1932 "Die deutsche Vorgeschichte im Dritten Reich"[45] zeigt an, daß für eines der wissenschaftlichen Fächer,[46] die Rosenbergs rassisch-germanischer Weltanschauung dienstbar gemacht werden sollten, die nationalsozialistische Organisationsstruktur schon vor dem Machtantritt festgelegt worden war. So konnten die Parteiideologen Rosenbergs gleich nach dem 30. Januar 1933 zur

Verwirklichung des Vorgeschichtsplans schreiten, wie es z.B. Reinerth dann auch tat, indem er den Wissenschaftsminister Rust für sein "Reichsinstitut" zu gewinnen suchte. Das von Michael H. Kater als "Rosenbergisches Reichsamt" umschriebene Projekt läßt die Absicht einer Gleichschaltung der gesamten wissenschaftlichen Disziplin Vor- und Frühgeschichte im Dritten Reich erkennen.

Wenn auch aus dem 'Fall Vorgeschichte' nicht ohne weiteres gefolgert werden darf, solche speziellen Konzepte totalitärer Art habe es vor 1933 ebenfalls für andere Fächer gegeben, so lag doch die Grundstruktur Rosenbergscher Wissenschaftsorganisation allen Eingeweihten deutlich vor Augen. Das Reinerthsche Konzept dürfte auch für die DFG-Vorsitzenden Stark und Wildhagen eine Vorbildfunktion besessen und ihre Planungen von "Reichsgemeinschaften" mitbeeinflußt haben. Und es galt wohl ebenso beispielhaft für die dann gegründete "Reichsgemeinschaft für deutsche Volksforschung" und die in ihr - adäquat Rosenbergs rassischer Germanenkunde - zusammengeschlossenen weiteren vier Fachgebiete Rassenkunde, Volkssprache, Siedlung (Grenz- und Auslandsdeutschtum) und Volkskunde, begann doch die Vorgeschichte als fünftes Fach alsbald mit der Verwirklichung ihres totalitären Plans.

Manche der im Reinerthschen Konzept enthaltenen Absichtserklärungen und organisatorischen Zielsetzungen finden sich jedenfalls bei der Abteilung Volkskunde wieder, wie noch zu zeigen sein wird. Neben der vorgeschichtlichen entwickelte sich in der gut zwei Jahre bestehenden Reichsgemeinschaft offenbar nur noch die volkskundliche Abteilung institutionell erfolgversprechend. Auch das Fach Volkskunde brachte von Hause aus John Meiers Entwurf eines zentralen deutschen 'Reichsinstituts' mit, der in seinen fachgeschichtlichen Entwicklungsstufen von 1917, 1926, 1928 und 1933[47] dem DFG-Vizepräsidenten Eduard Wildhagen zweifelsohne geläufig war.

Von 1929/1930 bis 1932, dem Jahr seines Ausscheidens aus der Notgemeinschaft oder DFG, hatte Wildhagen durch seine verantwortliche Mitarbeit in der Zentralstelle des Atlas der deutschen Volkskunde[48] seine volkskundlichen Kenntnisse und Fähigkeiten vertiefen können und war - in dieser Zeit und davor, als zeitweilig 'rechte Hand' des DFG-Präsidenten Schmidt-Ott - mehr noch mit den fachpolitischen Interna der Volkskunde bekannt geworden. Der Atlas selbst, dessen Geschäftsführer und Technischer Leiter er gewesen war, stellte ja die "Keimzelle"[49] des volkskundlichen Reichsinstituts dar. Dieser Atlas befand sich im Besitz der DFG, die im Sommer/Herbst 1934 die Reichsgemeinschaft für deutsche Volksforschung gründete. Mit der Vorbildfunktion des volkskundlichen Reichsinstitutsplans von John Meier für die neue reichsweite DFG-Gründung muß folglich ebenso gerechnet werden wie mit der des vorgeschichtlichen Konzepts von Hans Reinerth. Die Abteilung Volkskunde der Reichsgemeinschaft erhielt zudem einen Leiter, der aus dem fachlichen Umfeld John Meiers kam, mit diesem persönlich befreundet war und zukünftig auch mit Hans Reinerth zusammenarbeiten sollte.

Die Abteilung Volkskunde der Reichsgemeinschaft - Adolf Spamers unvollendetes Reichsinstitut für Deutsche Volkskunde

Zum "Führer" der Abteilung Volkskunde ernannte DFG-Präsident Stark am 29. August 1934 den bürgerlich-nationalen Volkskundeprofessor Adolf Spamer, damals noch Extraordinarius an der Technischen Hochschule Dresden, ab 1. April 1936 dann

Ordinarius für Volkskunde auf dem neugeschaffenen Lehrstuhl an der Friedrich-Wilhelms-Universität in der Reichshauptstadt Berlin.[50] Der neue "Primus" der deutschen Volkskunde stellt eine der problematischsten Persönlichkeiten des Faches im Dritten Reich dar. An seinem von persönlicher Tragik begleiteten Gelehrtenschicksal im Nationalsozialismus manifestiert sich in greller Form das Unheilvolle der Alliance zwischen bürgerlich-nationaler und nationalsozialistischer Wissenschaft.

Spamer kam aus der traditionellen deutschen Volkskunde, die er in der Weimarer Republik als Fachtheoretiker und in kritischer Auseinandersetzung mit der Lehre Hans Naumanns vom "Gesunkenen Kulturgut" weiter ausgebaut hatte.[51] "Spamers Volkskundekonzeption, von ihm in mehreren Artikeln innerhalb eines Jahrzehnts im wesentlichen unverändert dargelegt, sollte zur Entwicklung einer eigenständigen volkskundlichen Wissenschaft, die ihre Einzeldisziplinen unter einem einheitlichen theoretischen und methodologischen Aufbau verbindet, beitragen."[52] In der Zusammenfassung Wolfgang Jacobeits lief seine Theorie und Methodologie "auf den Versuch der Bestimmung des 'Volksseelischen'" hinaus und gipfelte "in der Hypostasierung einer Fiktion vom 'Volksmenschen.'" Er vertrat eine "psychologistische Fragestellung vom Gegenstand der Volkskunde,"[53] das heißt, die Fragestellung wurde auf die fiktiven idealistischen Begriffe der "Volksseele" und des "Geistig-Seelischen" beschränkt,[54] die sich naturgemäß hervorragend für ideologische Manipulationen eigneten.

Spamers Grundpositionen empfahlen ihn teils den Nationalsozialisten, teils entfernten sie sich weit von deren Auffassungen. Nach Hermann Strobachs kursorischer Auflistung der Aspekte von Spamers wissenschaftlichem Gedankengebäude waren dies einerseits die Rückbesinnung auf Wilhelm Heinrich Riehl[55] und dessen konservatives Konzept, "die Ablehnung der historisch realen Gliederung der Gesellschaft in ökonomisch-sozial bedingte Klassen und Schichten und des gesellschaftlichen Gegensatzes von Herrschenden und Beherrschten im kapitalistischen System" - der nach Spamer wirtschaftlichen Gruppen, denen er die "Typik der geistigen Gruppen" entgegensetzte - und ein betonter Antimarxismus. Andererseits sei "für Spamers wissenschaftliches Denken und seine persönliche Haltung eine immer erneut betonte, nie aufgegebene bürgerlich-humanistische Grundeinstellung letztlich bestimmend gewesen."[56]

Eine der Realität gerecht werdende Analyse der Rolle und des Schicksals von Spamer im Dritten Reich ist von volkskundlicher Seite bis in die unmittelbare Gegenwart nicht geleistet worden. Erste bahnbrechende Abhandlungen legten die DDR-Wissenschaftler Hermann Strobach und Wolfgang Jacobeit über vierzig Jahre nach Kriegsende 1986 auf der Münchner Tagung "Volkskunde und Nationalsozialismus" vor.[57] Alle vorangegangenen volkskundlichen Nachkriegsveröffentlichungen über Spamer sind durch das Schutz- und Schweigekartell seiner Freunde, Schüler und Fachgenossen aus dem Dritten Reich in entscheidenden Punkten realitätsfremd beeinflußt worden.

Am "Fall Spamer" entfaltet sich beispielhaft das Trauerspiel der volkskundlichen Nachkriegsgeschichtsschreibung über die eigentliche institutionelle Gründerzeit der Disziplin im Nationalsozialismus. Da ist in west- und ostdeutschen Stellungnahmen vom hochintelligenten, liebenswert-gütigen, aber lebensunpraktischen Spamer zu lesen, der das Beste für die Volkskunde wollte, in seiner Integrität und Ahnungslosigkeit schlimm getäuscht und hintergangen wurde, das Schlechte für das Fach nicht mehr verhindern konnte und schließlich selbst der Verfolgung durch die Handlanger der faschistischen Diktatur anheimfiel.[58] Die selbstverständliche Pietät und Achtung vor einem derartigen, angeblich unverschuldeten Schicksal eines Großen der deutschen Volkskunde ließ kritische und unkritische volkskundliche Wissenschaftshistoriker von weiteren Nachforschungen absehen und in die Grundtendenz einer 'Apotheose' Spamers einstimmen. Diese kam indes ursprünglich durch bewußte Täuschung zustande, an der er selbst nicht unbeteiligt war.[59] Der Disziplin Volkskunde wie dem Wissenschaftler und Menschen Spamer ist jedoch besser gedient durch möglichst objektive, kritische und gründliche Analysen seiner Tätigkeit und seines Verhaltens im Dritten Reich, mit denen Hermann Strobach und Wolfgang Jacobeit begannen.

Adolf Spamer, eine seine Umgebung vielfach menschlich beeindruckende und seinerzeit fachlich hervorragende Persönlichkeit, beabsichtigte in den Jahren 1934 bis 1936/37, 'seine' deutsche Volkskunde nicht nur, wie kurz zuvor John Meier, mit Unterstützung, sondern mehr noch in engagierter Zusammenarbeit mit dem faschistischen Regime zu einer im Dritten Reich führenden geisteswissenschaftlichen Disziplin auszubauen. Er ging dabei von seiner dominierenden Rolle als bedeutender Fachtheoretiker und "Führer" eines bislang einzigartigen Fachinstituts, des künftigen Reichsinstituts der deutschen Volkskunde, aus. Was er nicht bedacht hatte und vielleicht auch nicht vorauszusehen vermochte, war, daß dieses Unternehmen letztlich an der Unvereinbarkeit entscheidender gegensätzlicher Grundpositionen scheitern mußte.

Spamer schätzte die Voraussetzungen und Folgen seiner geistigen und sehr praktischen Kollaboration mit dem Nationalsozialismus falsch ein. Er glaubt offenbar, diesen dem Fach und seinen Zielsetzungen dienstbar machen zu können, was ihm zunächst auch scheinbar gelang. Der Nationalsozialismus erforderte indes getreu seinem totalitären Anspruch die absolute Unterordnung der Wissenschaften und ihrer Vertreter unter seine spezifischen ideologischen und machtpolitischen Absichten und setzte sich aufgrund des gegebenen Kräfteverhältnisses schließlich durch. Die Kompromisse, die Spamer in der Zwischenzeit einging und an denen sowie an deren Folgen er später dann psychisch und physisch zerbrach, lassen seinen 'Fall' zu einem eindringlichen 'Lehrstück' der Fachgeschichte werden.

Gerade in Anbetracht der ihm nachdrücklich bestätigten "bürgerlich-humanistischen Grundeinstellung" erhebt sich die entscheidende Frage, ob Spamer wirklich "auf Grund seines bürgerlichen Klassenstandpunktes [...] trotz seiner Differenz zur offen faschistischen Ideologie und auch seines späteren Gegensatzes zur Politik des Hitlerfaschismus doch das eigentliche Wesen des deutschen Faschismus letztlich nicht erkennen" konnte.[60] Hier sind erhebliche Zweifel angebracht, war doch der "terroristische Charakter des Hitlerregimes," seine inhumane innenpolitische Gewaltherrschaft, bereits in den ersten beiden Jahren der von führenden Volkskundlern begrüßten "nationalen" oder "nationalsozialistischen Revolution" "unverhüllt in Erscheinung getreten."[61]

Auch im persönlichen Umfeld Spamers hatten sich, politisch bedingt, existentielle Krisen ergeben, die ihm sehr wohl bekannt waren. Im Zuge der nationalsozialistischen Gleichschaltung und des Strukturwandels der Technischen Hochschule Dresden verloren in der kulturwissenschaftlichen Abteilung vier Spamer befreundete Kollegen, darunter der jüdische Romanist Victor Klemperer, ihre Professuren und damit die materielle Grundlage ihrer wissenschaftlichen Arbeit.[62] Professor Klemperer protokollierte in seinen Lebenserinnerungen wiederholt private Gespräche mit Spamer, die, wie das folgende, Aufschluß über dessen persönliche Beurteilung der politischen Situation geben:

"Mein Kollege Spamer, der Volkskundler, der so gut über Entstehen und Weiterleben von Legenden Bescheid weiß, sagte mir einmal im ersten Jahr des Hitlertums, als ich mich über den Geisteszustand des deutschen Volkes entsetzte: 'Wenn es möglich wäre - (er hielt das damals noch für einen irrealen Konditionalsatz) -, die gesamte Presse, die gesamte Publikation und Lehre auf einen einzigen Ton festzulegen, und wenn dann überall doziert würde, es habe keinen Weltkrieg zwischen 1914 und 1918 gegeben, so würde nach drei Jahren alle Welt glauben, es habe ihn wirklich nicht gegeben.' Als ich Spamer bei unserem ersten ausführlichen Wiederbeisammensein hieran erinnerte, da verbesserte er mich: 'Ja, ich weiß noch; Sie haben nur eines falsch behalten; ich sagte damals und meine das heute erst recht: nach einem Jahr!'"[63]

Die Verlogenheit der politischen Propaganda im Dritten Reich und die totalitäre Meinungsgleichschaltung der Bevölkerung durch den Nationalsozialismus waren Spamer also durchaus bewußt. Bedenklich stimmt die Beantwortung der Frage, wie er denn über dieses deutsche Volk, das sich so bereitwillig manipulieren ließ, ganz persönlich dachte, wie er den eigentlichen Gegenstand der Volkskunde in der alltäglichen Wirklichkeit beurteilte. Auch hierüber gibt Victor Klemperer in seinen Tagebüchern über den "Alltag einer Diktatur" in Form einer scharfen Verurteilung Spamers Auskunft. Klemperer schreibt am 29. April (offenbar des Jahres 1936) an einen Freund:

"Vergiß in deiner Vita nicht die Bequemen und nach beiden Seiten Vorsichtigen! Den Biedermann Spamer nicht, der uns besuchte und den *Stürmer* ein unwichtiges Skandalblättchen nannte, wie es solche immer gegeben habe, und der ein großes Volkskundetier bei den Nazis ist und damit seine Wissenschaft verrät; der mir so unverhüllt von der Dummheit des Volkes sprach, dem man alles eintrichtern kann."[64]

Spamers im Grunde unaufrichtiger und taktloser Versuch, die Bedeutung der berüchtigten antisemitischen Zeitung "Der Stürmer" des Nürnberger Gauleiters Julius Streicher zu bagatellisieren und dadurch die Besorgnis seines jüdischen Kollegen zu beschwichtigen, rief bei diesem begreiflicherweise eine heftige emotionale Reaktion hervor, die sich auch im Tagebucheintrag niederschlug. Das krasse Verdikt über den 'Primus' der deutschen Volkskunde, der so geringschätzig über die breiten Bevölkerungsschichten denke und sein Fach durch Kollaboration mit den Nazis verrate, ist deshalb mit einiger Vorsicht auf seinen Realitätsgehalt zu werten.

Andererseits arbeitete Spamer in der Tat mit den deutschen Faschisten zusammen und wurde von ihnen zumindest anfangs protegiert. In der Sicht des rassisch benachteiligten Kollegen Klemperer, der von den Nazis mit Berufsverbot belegt worden war und zu Recht um seine persönliche Sicherheit, ja um sein Leben fürchten mußte, war Spamer deshalb durchaus "ein großes Volkskundetier bei den Nazis" und, da er gleichzeitig seinen Kontakt zu jüdischen Freunden aufrechterhalten wollte, ein zweifelhafter "Biedermann." Denn Spamer mußte diese zwiespältige Haltung vor sich selbst und dem jüdischen Freunde zu rechtfertigen versuchen, und er tat dies in illusionistischer Weise, indem er beispielsweise Gauleiter Streichers einflußreiches Hetzblatt, den "Stürmer," unwichtig nannte.

Victor Klemperer sah das 'eigentliche Wesen des deutschen Faschismus' und die Verstrickung des Freundes zweifelsohne klarer und illusionsloser. Seine verzweifelte Empörung über das im Grunde unaufrichtige Verhalten Adolf Spamers ist nur zu verständlich. Von seinem Urteil werden jedenfalls dort keine Abstriche gemacht werden dürfen, wo es um den "nach beiden Seiten Vorsichtigen" geht, der es sich illusionistisch und opportunistisch 'bequem' machte mit seiner persönlichen Einstellung zur inhumanen politischen Realität zugunsten einer idealistisch begründeten freiwilligen Zusammenarbeit mit nationalsozialistischen Partei- und Regierungsstellen auf Länder- und Reichsebene.[65]

Adolf Spamer ist nie der NSDAP beigetreten.[66] Er war auch kein Anhänger des Nationalsozialismus und der faschistischen Weltanschauung. Konform mit der bürgerlichen Gelehrtenideologie hielt er sich für 'wissenschaftlich objektiv' und im übrigen für 'unpolitisch.'[67] Wissenschaftliche Objektivität kennzeichnete für ihn seine Volkskundetheorie und -methodologie und unterschied sie von einschlägigen nationalsozialistischen, die er sich nicht zu eigen machte. Nationalsozialistische Volkskundeauffassung war zwar nicht zuletzt aus der bürgerlich-nationalen hervorgegangen und teilte mit ihr manche Gemeinsamkeiten, nicht jedoch das unverkennbar Eigene, eine später noch zu erläuternde spezifisch faschistische Volkskundeideologie.

Als ideologisch in der Bedeutung falschen Bewußtseins müssen ebenso Spamers wissenschaftliche Ausgangsposition und vor allem die Begriffe 'wissenschaftlich objektiv' und 'unpolitisch' gewertet werden. Das Bewußtsein, sich im Besitz der wissenschaftlichen Objektivität zu befinden, die ohnehin keine feste Größe sein kann,[68] paarte sich mit dem Gemeinplatz, Politik sei nicht Sache der Wissenschaftler, sondern ausschließlich derer, die regierten, der Politiker.

Ungeachtet dieser Selbsteinschätzung war Spamers Wirken als Volkskundler, als Wissenschaftstheoretiker und -praktiker von eminent politischer Bedeutung, und spätestens mit Beginn des Dritten Reichs wurde er vollends zum 'homo politicus,' der mit den Realpolitikern der Zeit im Interesse der Etablierung seines Fachs als eigenständiger Wissenschaft vielfältigen Umgang pflog. Daß er dabei zum ausgezeichneten Kenner kultur- und wissenschaftspolitischer Interna geriet und diese Kenntnis nebenbei zur Förderung der eigenen Karriere benutzte, sollte bei einer kritischen Wertung nicht unberücksichtigt bleiben. Auf jeden Fall trifft hier das Verdikt Klemperers vom "nach beiden Seiten Vorsichtigen" zu. Denn Spamer setzte sich für die Förderung der bürgerlich-nationalen deutschen Volkskunde und Volkstumspflege bei den faschistischen Machthabern ein. Diese wiederum hatten ein hohes Interesse an der für ihre ideologischen und machtpolitischen Zielsetzungen hervorragend geeigneten Wissenschaft und nicht minder an dem fachlich führenden Gelehrten, der für eine Übergangszeit von noch nicht einmal drei Jahren zur Mittlerperson, zum Wanderer auf nicht ungefährlichem Pfad zwischen zwei sich gegenseitig ausschließenden Welten wurde.

Spamers Dresdner Lehrtätigkeit verlief ganz im Gegensatz zu seiner Zeit als Privatdozent in Frankfurt, in der er wenige und gelegentlich nur einen einzigen Schüler in seiner Privatwohnung unterrichtete,[69] sehr erfolgreich. Die Zahl der Volksschullehrerstudenten, die das Wahlfach Volkskunde - das damals noch nicht Pflichtfach war - bei ihm belegten, stieg von Jahr zu Jahr und erreichte im Sommersemester 1932 bereits 328. In den zehn Jahren von 1926 bis 1936 an der Kulturwissenschaftlichen Abteilung der

Technischen Hochschule Dresden betreute er fast 190 Staatsexamensarbeiten.[70] Die sächsischen Lehrerstudenten und späteren Lehrer bildeten einen Stamm von ihm ausgebildeter Volkskundler, den er bei der Volksforschung und Volkstumspflege, die in Sachsen nach der nationalsozialistischen Machtergreifung rasch institutionalisiert wurde, mit Erfolg einsetzen konnte.

Unter der politischen Führung seines Schülers, des NS-Funktionärs Karl Ewald Fritzsch,[71] entstand um die Mitte des Jahres 1933 die "Landesstelle für Volksforschung und Volkstumspflege im NS-Lehrerbund des Gauverbandes Sachsen," der ein Jahr darauf "zweieinhalbtausend Lehrer als verantwortliche Volkstumswarte im Dienst des Sammelns und Beobachtens" zuarbeiteten,[72]geleitet von fünfundzwanzig ausgewählten Kreisvolkstumswarten.[73] Die ständige Beobachtung dieser Volkstumswarte galt den Ausdrucksformen des Volkslebens, um so getreu Wilhelm Heinrich Riehl "eine 'Statistik der Sitten' neben die Wirtschaftsstatistiken" stellen zu können.[74] An die Lehrer versandte Fragebogen wurden erhoben, die Ergebnisse an die Kreisarchive und das Gauarchiv zurückgesandt.[75]

Die Themen der Erhebung reihten sich nach einem Zehnjahresplan und betrafen die traditionellen Kanonbereiche vom Lebenslaufbrauchtum über Jahreslaufbrauchtum und Feste, Volksglaube, Volksmedizin, Erzählgut, Sprache, Lied, Kinderlied und Kinderspiel, Volkskunst bis zu Haus und Hof. Das gesammelte Material wurde in den volkskundlichen Seminaren der Landeshochschulen Dresden und Leipzig wissenschaftlich bearbeitet und stand dort den Lehrerstudenten aller Schulgattungen zur Verfügung - so lautete zumindest die Absichtserklärung.[76]

Mit der wissenschaftlichen war die volkstumspflegerische Aufgabe verbunden. Jeder Volkstumswart hatte für seinen Wirkungsort eine "Volkskunde" mit Ortsarchiv, Ortsgeschichte, einem Heimatzimmer oder Heimatmuseum selbständig aufzubauen. Die zugesandten Fragebogen sollten dazu Anregung geben, die Materialaufnahmen nicht etwa nur Selbstzweck sein. Ihre eigentliche Sinngebung erfuhr die Arbeit durch die Deutung und Auswertung für Unterricht und Erziehung.

Da die Beteiligten ausnahmslos Lehrer waren, konnten sie über ihren Beruf ohne weiteres "bewußt Anteil an der Aufgabe der deutschen Volkswerdung" nehmen und freudig die Erkenntnis verwirklichen, "daß im neuen Deutschland alle Erziehung nur auf dem bodenständigen Volkstum aufbauen kann und zielmäßig zu einer edleren Form deutschen Volkstums hinführen muß."[77] Die Feste und Feiern der sächsischen Schulen, um nur ein Beispiel für diese Volkstumspflege zu erwähnen, standen "im Dienste völkischer Erziehung und deutscher Charakterbildung" und wurden "zum klaren Bekenntnis für das Dritte Reich."[78]

Wissenschaftlicher Leiter der "Landesstelle für Volksforschung und Volkstumspflege" im NS-Lehrerbund (NSLB) Sachsen, einer Untergliederung der NSDAP, war 1934 der inzwischen auch in Berlin zum "Reichsleiter für Volkskundeforschung" aufgestiegene Adolf Spamer, seit dem 1. Januar 1934 selbst Mitglied des NSLB.[79] Der Organisationsplan der regionalen sächsischen Parteiinstitution gründete sich auf die von Adolf Spamer "schon seit Jahren erhobene Forderung nach Landesämtern für Volkskundeforschung,"[80] die offensichtlich als Vorstufe des von ihm dann in der "Reichsgemeinschaft für deutsche Volksforschung" erstrebten "Reichsinstituts für deutsche Volkskunde" gedacht waren. Die "Landesstelle" des NSLB im Gau Sachsen war körperschaftlich dem "Reichsbund Volkstum und Heimat" und der "NS-Gemeinschaft 'Kraft durch Freude'" angeschlossen, die beide dem NS-Reichsorganisationsleiter und Chef der faschistischen Arbeitergewerkschaft Dr. Robert Ley unterstanden. Viele Volkstumswarte der "Landesstelle" versahen in Personalunion beim "Reichsbund" Parteifunktionen[81] und kurze Zeit später ebenso bei der "Abteilung Volkstum und Heimat" der "NS-Kulturgemeinde" des Reichsleiters Alfred Rosenberg.[82]

Adolf Spamer bot sich in diesem Geflecht in Sachsen miteinander kooperierender, aber auch konkurrierender NS-Parteiinstanzen eine Chance, sich noch mehr einzubinden, die er wie selbstverständlich wahrnahm. So wurde er Leiter der "Landesfachstelle für Volkskunde im Reichsbund Volkstum und Heimat," die aus der Gleichschaltung des von ihm und Fritz Karg 1931 gegründeten "Sächischen Verbandes für Volkskunde" hervorgegangen war.[83] Die "Landesfachstelle" wurde wenig später in die "Gaufachstelle für Volkskunde in der Abteilung 'Volkstum und Heimat' der NS-Kulturgemeinde (Gau Sachsen)" umgewandelt,[84] die Reichsleiter Alfred Rosenberg unterstand. Spamer war folglich im Jahre 1934 "Führer" regionaler Parteiorganisationen in Sachsen, die nicht zuletzt der Kulturpolitik und Volkstumspflege des Amtes Rosenberg dienten. Seine Parteifunktionen und seine Beziehungen zu Rosenberg dürften ihm, der erstaunlicherweise nicht Mitglied der NSDAP war, den Weg nach Berlin in seine zentrale Position bei der "Reichsgemeinschaft für deutsche Volksforschung" geebnet haben.

Obwohl der eindeutige Beweis für diese naheliegende Folgerung noch aussteht, geht aus der angeführten Indizienkette doch hervor, daß Spamer nicht der weltverlorene Wissenschaftler war, als der er bisher hingestellt wurde. Die mehrfach zitierte Beurteilung durch den Germanisten Arthur Hübner, die stets für bare Münze genommen wurde, scheint so nicht zuzutreffen:

> "Er ist der beste theoretische Kopf unter den Volkskundlern und in erster Linie in Erwägung zu ziehen, wenn man daran dächte, in Berlin ein Ordinariat speziell für Volkskunde zu schaffen. Er ist freilich unpraktisch und unbeweglich und würde unbedingt einer Ergänzung bedürfen, die durch einen geschickten Privatdozenten zu geben wäre."[85]

Spamer als "unbeweglich" und "unpraktisch" zu bezeichnen, steht im Widerspruch dazu, daß dieser "beste theoretische Kopf" ab Mitte des Jahres 1933 in Dresden zielbewußt die politische Karriere seines Faches und auch die eigene betrieben und sich dabei in hohem Maße als befähigter Wissenschaftsorganisator erwiesen hatte. Das Gutachten Arthur Hübners aber ist vom 22. Mai 1933 datiert. Es steht in Zusammenhang mit der erst zum 1. April 1936 erfolgten Berufung Spamers auf den Berliner Volkskunde-Lehrstuhl, nunmehr freilich gegen den Widerstand des Amts Rosenberg und der diesem verbundenen Gutachter.[86]

In der Vorstudie zu ihrer von Wolfgang Jacobeit betreuten Diplomarbeit bestätigt auch Kristin Sokol den Eindruck eines recht weltgewandten und bestens informierten Spamer. Er sei nicht schlechthin nur ein Theoretiker gewesen, der "politisch nicht abzuschätzen vermochte, was ihn mit der Übernahme der Abteilung Volkskunde in der Reichsgemeinschaft für Deutsche Volksforschung erwarten könnte." Ihm seien "die Ideen und strategischen Vorhaben der Mitarbeiter im Ministerium um Bernhard Rust und in der 'Notgemeinschaft [...],' wo er regelmäßig ein- und ausging, bestens vertraut" gewesen. "Er wußte im Detail über die politischen Erwartungen Bescheid, die seitens des

Präsidenten der Notgemeinschaft der Deutschen Wissenschaft, Stark, an seine 'Führer der Abteilungen der Reichsgemeinschaft' schriftlich gereicht worden sind."[87] Und nicht zuletzt seien "die Entscheidungen Spamers nach Berlin zu gehen, ebenfalls von wissenschaftsorganisatorischen Vorgängen, die ihm durch seine Ministeriumskontakte bekannt wurden, beeinflußt" gewesen.[88]

Es war der bis vor kurzem im Reichserziehungsministerium tätige DFG-Vizepräsident Dr. Eduard Wildhagen, der Spamer als "Mann seines Vertrauens"[89] für die Leitung der Abteilung Volkskunde der Reichsgemeinschaft der deutschen Volksforschung gewann. Präsident Stark unterschrieb die Ernennung am 29. August 1934.[90] Sie wird kaum ohne die Zustimmung der Hintermänner aus dem Hause Rosenberg zustandegekommen sein, während das Reichserziehungsministerium von der Gründung der Reichsgemeinschaft angeblich "überhaupt nicht unterrichtet worden"[91] war und Spamer erst gegen Ende des Jahres weniger zurückhaltend behandelte.[92]

Wildhagen und Spamer waren nach Helmut Heiber befreundet.[93] Gemeinsam hatten sie zum Abschluß des Frageplans des Atlas der deutschen Volkskunde (ADV) Vorschläge für fast 150 Fragen ausgearbeitet, die 1933 noch von Friedrich Schmidt-Ott veröffentlicht worden waren[94] und nun die Grundlage für den 5. Fragebogen des ADV bildeten.[95] Wildhagen und Spamer widmeten sich auch in der Reichsgemeinschaft beide dem Atlas, der in der DFG als des Vizepräsidenten "etwas kurioses Steckenpferd" galt.[96] Wildhagen hat die Atlasarbeit in der Tat ganz entscheidend vorangetrieben. Davon zeugt nicht allein sein Buch, das er später über den ADV veröffentlichte.[97]

Zum nominellen Leiter der Berliner Atlaszentrale und Mitarbeiter Spamers wurde zeitgleich mit diesem am 29. August 1934 der Direktor des "Vaterländischen Museums" der Stadt Hannover und Atlasspezialist Wilhelm Peßler[98] ernannt. Laut Berufungsschreiben erhielt er ein monatliches Forschungsstipendium in Höhe von 200 Reichsmark für seine Mühewaltung und sollte dafür "etwa alle vier bis sechs Wochen für ein oder zwei Tage" nach Berlin reisen. Peßler vermochte bei diesen seltenen Besuchen kaum, die ihm nominell aufgetragenen "nötigen Anordnungen zu treffen und die unerläßliche Kontrolle auszuüben."[99] Das lag auch von Anfang an nicht in der Absicht des DFG-Präsidiums und Spamers.

Spamer hat sich dennoch in einem Brief an John Meier, der Peßler als Atlas-Referenten für den Vierten Deutschen Volkskundetag 1936 in Bremen gewinnen wollte, über Peßlers ausbleibende Leistung für den ADV lustig gemacht und dessen persönliche Eignung zum 'Strohmann' betont: "Daß Sie Peßler über den Atlas sprechen lassen wollen, ist ebenso korrekt wie boshaft. Er ist zwar (honoris causa) der offiz.[ielle] Leiter, hat aber keine Ahnung von dem, was geschehen ist, noch von dem, was geschieht (dies aber vertraulich, da P. sonst ein guter Kerl ist)."[100] Wildhagen drückte Peßler einmal sein ironisches Befremden darüber aus, daß "der nach außen hin zeichnende Leiter des Unternehmens" eine Landesstellenleitertagung des ADV als einziger sehr frühzeitig verlassen und nicht den "nötigen Ernst" für die Atlasangelegenheiten aufgebracht habe.[101] Peßlers geringes Engagement ging jedoch darauf zurück, daß in Wirklichkeit die Atlasspezialisten Spamer und Wildhagen seine Funktionen ausübten.

Einer der Vorgänger Peßlers als Leiter der Atlaszentrale unter Präsident Schmidt-Ott war Adolf Helbok gewesen, der jetzt gegen Wildhagen agierte, ähnlich Arthur Hübner und anderen vom Atlas "Ausgeschlossenen."[102] Das bei der DFG geführte 'Prunkstück' des Faches Volkskunde, um dessen Besitz im Dritten Reich sämtliche volkskundlichen Dachverbände miteinander konkurrierten (und darüber hinaus die Berliner Universität, der Germanist Arthur Hübner und sogar der Vorgeschichtler Hans Reinerth),[103] war 1934 als 'Beutestück' in die Hände Wildhagens gefallen, der es verteidigen mußte und wahrscheinlich auch aus diesem Grund die renommierten Gelehrten Spamer und Peßler als seine Stützen berufen ließ.

Absicherungen empfahlen sich indes nicht nur gegenüber den wissenschaftlichen, sondern ebenso den politischen Konkurrenten. So wandten sich Spamer und Wildhagen an den einflußreichen Volkskundler und NS-Parteifunktionär Eugen Fehrle.[104] Spamer lud ihn am 8. September 1934 ein, "sich an den Arbeiten dieser Reichsgemeinschaft leitend" zu beteiligen,[105] und Wildhagen eröffnete ihm am 2. Januar 1935, es sei nach Gesprächen mit dem Stabsleiter des Amts Rosenberg, Gotthard Urban, beabsichtigt, Fehrle als "Vertrauensmann" Alfred Rosenbergs in die DFG zu berufen. Vielleicht sei es möglich, die Gelegenheit von Fehrles Anwesenheit in Berlin zu einer Aussprache entweder mit Herrn Rosenberg selbst oder mit Herrn Urban zu benutzen.[106]

Bei Fehrle gerieten Wildhagen und Spamer an den Falschen. Er schlug nicht nur die schmeichelhafte Widmung eines volkskundlichen Bandes an Präsident Stark vor[107] oder verlangte einen DFG-Zuschuß für seine "Oberdeutsche Zeitschrift für Volkskunde,"[108] sondern biederte sich mehr noch bei Reichsleiter Rosenberg an, dem er eine anläßlich seines Besuches in Berlin am 13. Januar 1935 in Eile verfaßte Denkschrift einreichte. In dem mit "Der Ausbau der Volkskunde für die nationalsozialistische Erziehung"[109] überschriebenen, dreiseitigen maschinenschriftlichen Entwurf fordert Fehrle unter Angriffen gegen "heimatlose Intellektualisten," mit denen Adolf Spamer und Hans Naumann gemeint sind, ferner gegen die "schlimmsten Feinde" der nationalsozialistischen Volkskundler, die katholischen Volksfrömmigkeitsforscher, namentlich den Prälaten Georg Schreiber, ein "Reichsinstitut für Volkskunde" mit Sitz an seiner eigenen Universität Heidelberg. Diesem Reichsinstitut müsse auch der Verband deutscher Vereine für Volkskunde des Altmeisters John Meier angegliedert werden, "der auch jetzt noch keineswegs nationalsozialistisch geleitet" sei. Führer des Heidelberger Reichsinstituts will, wie könnte es anders sein, Eugen Fehrle selbst werden, obwohl er diesen Wunsch, der dem Leser seines Pamphlets förmlich in die Augen springt, 'vornehm' umschreibt.

Eine Antwort von Reichsleiter Rosenberg habe er bisher nicht erhalten, berichtet Fehrle am 22. Januar 1935 an Wildhagen, dem er in Verkennung der Interessen des atlasbegeisterten Vizepräsidenten seinen Entwurf zugänglich gemacht hatte.[110] Sie interessiert auch weniger, da Fehrle dem DFG-Präsidium kaum noch als zuverlässiger "Vertrauensmann" gegolten haben dürfte und Spamer seine als Vorstufe des Reichsinstituts gedachte Abteilung Volkskunde in den nächsten Jahren weiterführte. Fehrles machthungriger Versuch, Spamer und dazu John Meier durch politische Denunziation auszuschalten und auf einen Schlag die wichtigsten Fachpositionen selbst einzunehmen, ist charakteristisch für faschistische Verhaltensweisen. Andere Strategen fingen es nur klüger an und hatten mehr Aussicht auf Erfolg.

Eduard Wildhagen war derartigen nationalsozialistischen 'Vorkämpfern' durchaus gewachsen. Er verhielt sich kongenial, nicht nur bei der würdelosen Absetzung seines ehemaligen Vorgesetzten Schmidt-Ott,[111] sondern auch bei sonstigen Gelegenheiten. Wildhagen hatte eine "Unzahl von Feinden,"[112] die er, soweit es Wissenschaftler waren, auch noch mit gewissen sarkastischen, aus jahrelanger Erfahrung in der Wissenschaftsstiftung geschöpften Bonmots gegen sich aufbrachte, z.B.: "Es gibt keine wissenschaftliche Ehre, die Kerle wollen alle nur Geld."[113] Fritz Boehm, dem Leiter der Atlaszentrale, hatte er seinerzeit gesagt, Professoren und Dirnen stünden auf der gleichen Stufe, für Geld könne man alles von ihnen haben. Als Professor Arthur Hübner, dem Boehm diesen Ausspruch hinterbrachte hatte, Wildhagen deshalb erregt zur Rede stellte, erklärte er zynisch, nur eine Äußerung des Königs von Hannover beim Auszug der 'Göttinger Sieben'[114] und nicht die eigene Meinung wiedergegeben zu haben.[115] Das Verhalten eines Eugen Fehrle dürfte ihm kaum anormal vorgekommen sein.

Wildhagen "verfügte über eine gewisse Klientel, die von ihm gefördert wurde, den Rest behandelte er en canaille."[116] Spamer war sein Freund, der "Mann seines Vertrauens,"[117] er wurde protegiert. Viele andere lagen mit Wildhagen in Streit und hatten Schlimmes zu erwarten, auch in der Berliner Atlaszentrale. Mit deren Arbeit in der Ägide Schmidt-Ott war Wildhagen häufig nicht einverstanden gewesen[118] und hatte sich mit manchen beteiligten Volkskundlern in arroganter Weise auseinandergesetzt. Arroganz und Ironie verrät seine nachträgliche Beurteilung der Zeit, zu der er noch Geschäftsführer und Technischer Leiter des ADV war:

> "Nachdem ich die faulen Brüder im Atlas zum Arbeiten gezwungen hatte, und zwar mit Ergebnissen, die trotz aller Renitenz um ein Vielfaches über meine Vorausberechnungen hinausgingen, war keineswegs innerer Friede, geschweige denn Freundschaft und Nächstenliebe eingekehrt in dieses Mausoleum deutschen Gemüts."[119]

Unter dem Vizepräsidenten Wildhagen wurden 1934 gleich zehn wissenschaftliche Mitarbeiter[120] aus diesem "Mausoleum deutschen Gemüts" entlassen, darunter Richard Beitl, der konträre wissenschaftliche Auffassungen vertreten,[121] sich der Renitenz schuldig gemacht und auch weiterhin unter der karriereschädigenden Verfolgung Wildhagens zu leiden hatte.[122] "Friede, Freundschaft und Nächstenliebe" waren damit noch lange nicht in die Atlaszentrale eingekehrt. 1935 wurde ein weiterer 'disziplinloser' Wissenschaftler mit wenig schmeichelhaftem Zeugnis abgeschoben,[123] und gegen Anneliese Bretschneider prozessierte Wildhagen, den Richard Beitl als den "von der Partei gestützten Usurpator" des ADV bezeichnet hat,[124] gar vor Gericht.[125] Bei diesen nach dem Weltkrieg gerne als Alibi für eine angebliche NS-Gegnerschaft verwendeten Auseinandersetzungen existenzschädigender Art spielte es keine Rolle, ob die Gegner überzeugte Nationalsozialisten und früh in die Partei eingetreten, wie Anneliese Bretschneider,[126] oder, wie Richard Beitl, Mitglied von Rosenbergs "Kampfbund für deutsche Kultur" und, solange dieser bestand, im Hause Rosenberg gut angesehen waren.[127]

Es ging im Faschismus auf allen parteiideologisch beeinflußten Ebenen, seien es die DFG, die Ministerien, die Reichsleitung der NSDAP oder sonstige, um die Macht und nicht um das Recht, vielmehr um das 'Recht des Stärkeren.' Um sich durchzusetzen, mußten die Machtmittel, auf welchem Weg auch immer, erworben werden, so wie es Eduard Wildhagen und - 1935 erfolglos - Eugen Fehrle praktizierten. Ob ethische Normen dabei verletzt wurden, war gleichgültig. Diese sozialdarwinistisch bestimmten Verhaltensweisen griffen selbstredend auch auf die Universitätsgesellschaft über, wie nicht nur Fehrle beweist. Sie wendeten sich schließlich gegen das DFG-Präsidium selbst, das ja personell und institutionell Teil dieser Universitäts- und Wissenschaftsgesellschaft war, bewirkten 1936 seinen Sturz und im Jahr darauf die Zerschlagung von Wildhagens "Lieblingsidee,"[128] der Reichsgemeinschaft der deutschen Volksforschung, ihrer Abteilung Volkskunde, und die Absetzung und Verfolgung Adolf Spamers.

Wildhagen leistete über seinen Beitrag zum organisatorischen Aufbau der Abteilung Volkskunde hinaus ebenso wie Spamer wissenschaftliche Arbeit auf dem Gebiet der Volksforschung. Im Mittelpunkt ihres gemeinsamen persönlichen Interesses stand die Beschäftigung mit dem Atlas der deutschen Volkskunde, des volkskundlichen Prunkstücks, der Keimzelle des Reichsinstituts. Wolfgang Jacobeit hat die wissenschaftlichen Zielsetzungen Wildhagens scharf kritisiert.[129] Wildhagen habe im ADV die Möglichkeit zur "Lösung mancher schwebenden Germanenfragen" durch einen "Vorstoß in das Gebiet des Rassenseelischen"[130] gesehen. In diesem Sinne habe er auf seine Art die Karten interpretiert, um als "Nationalsozialist der Tat" sehr reale Ziele zu verfolgen, nämlich Rückschlüsse "auf die alten germanischen Siedlungsgebiete" zu ziehen, wie bei Wildhagen nachzulesen ist:

> "Dann wird noch klarer beweisbar werden, was andere Wissenschaften auf schwierigen Umwegen für die Bodenständigkeit des Germanentums in umstrittenen Gebieten beigebracht haben, und schon dem ersten Überblick zeigt sich die fast völlig fehlende Nachwirkung des slavischen Einsickerns in deutsches Volkstum, das nur noch in wenigen Aberglaubensvorstellungen und -bräuchen nachweisbar ist [...]. Ein Übergreifen des Atlas über die Westgrenzen würde demgegenüber bessere Belege für die Nachwirkungen der frühgermanischen Einflüsse erbringen!"[131]

Wildhagens Absicht und Auftrag beim ADV war "bewußte Verfälschung des Atlasmaterials und der Karten zum Zwecke der 'Heimführung' angeblich ehemaliger germanischer Siedlungsräume zur ideologischen Mithilfe bei der Schaffung 'Großdeutschlands,'"[132] d.h. bei der von Hitler angestrebten kriegerischen Unterwerfung der Nachbarvölker, der Annektierung von Teilen ihrer Staatsgebiete und der Herrschaft des deutschen 'Herrenmenschen' über Europa. Tendenziell gleichlautende Bestimmungen der politischen Funktion des ADV vertraten bereits bürgerlich-nationale Volkskundler wie Richard Beitl[133] und Otto Lauffer.[134] John Meier und die Seinen hatten mit der ADV-Aufgabe der 'Bewahrung des Eigenen vor der Aneignung des Fremden' als wichtigstem Problem volkskundlicher Forschungsarbeit[135] die Basis für diese Politisierung geschaffen.

Wildhagen, der John Meiers weitgehendes Verdienst zumindest beim organisatorischen Aufbau des ADV ausdrücklich anerkennt,[136] tritt auch ideologisch nur in die Fußstapfen seiner Vorgänger. Volkskunde und Volkskundeatlas sollen die völkischen Kräfte des deutschen Volkstums aufdecken. Bei dieser Beweisführung stützt er sich auf John Meiers Reichsinstitutspläne, die er ausschnittsweise paraphrasiert.[137] Er tut dies im Zusammenhang seiner Betrachtungen zur Helferrolle des Atlas bei der Aufdeckung der Verfremdung germanischer und deutscher Eigenart durch das Christentum, insbesondere die katholische Kirche.[138] Neu bei ihm ist, daß er hier ganz auf der Linie der speziellen Ideologie Alfred Rosenbergs liegt.

Die politisch mißbrauchbare pangermanische Ideologie der Volksforschung und des Volkskundeatlas der Reichsgemeinschaft führte zur Gründung einer kurzlebigen wissenschaftlichen Gesellschaft. Unter reger Beteiligung Wildhagens, Spamers, von Vertretern der Abteilung Volkskunde und des Amtes Rosenberg, darunter Matthes Ziegler, wurde der ab 1935 im Entstehen begriffene "Internationale Verband für Volksforschung"[139] mit der Zeitschrift "Folk" gefördert. Sein geschäftsführender Ausschuß war im April 1936 zu einer Sitzung im Haus der DFG in Berlin eingeladen.[140]

Der Internationale Verband umfaßte Fachgelehrte aus den als 'germanisch' geltenden Ländern Mittel- und Nordeuropas. Eine seiner Zweckbestimmungen bestand in der Ausdehnung der Fragebogenerhebungen des ADV auf diese 'germanisch-nordischen' Völker einschließlich der baltischen.[141] Diese Expansionsplanung des Atlas kam nicht mehr zum Tragen, da nach dem Ende der Reichsgemeinschaft auch der Internationale Verband für Volksforschung, zumindest seine Zeitschrift "Folk," von der Bildfläche verschwanden.[142] Festzuhalten ist, daß manche der ausländischen Mitglieder im Zweiten Weltkrieg als Kollaborateure nunmehr der Lehr- und Forschungsgemeinschaft "Das Ahnenerbe" in Erscheinung treten.

Über Adolf Spamers Beteiligung an der speziellen germanophilen und die nationalsozialistische Außenpolitik unterstützenden Atlasarbeit seines Freundes Wildhagen ist bisher wenig die Rede gewesen. Seine zustimmend Mitwirkung steht nicht fest, seine wissenschaftstheoretischen Intentionen finden indes ihren Niederschlag im 5. Fragebogen des ADV, der bekanntlich eine überarbeitete Auswahl der Wildhagen-Spamerschen Vorschläge für fast 150 Fragen von 1933[143] darstellt. Der Fragebogen wurde im Januar 1935 von der DFG mit Erläuterungen zur Reichsgemeinschaftsgründung, zum ADV, zur Gegenwartsvolkskunde und zur Beantwortung der Fragen veröffentlicht.[144] Obwohl die Beiträge nicht namentlich abgezeichnet sind, ist die Gedankenführung Adolf Spamers unübersehbar. Auch wird von einer Mitwirkung Eduard Wildhagens auszugehen sein.

Das Forscherteam hatte sich mit seiner "psychologistischen Fragestellung vom Gegenstand der Volkskunde" und der "Hypostasierung einer Fiktion vom 'Volksmenschen'"[145] nun endgültig beim ADV durchgesetzt. Forschungsziel der Spamerschen und Wildhagenschen Gegenwartsvolkskunde war der "Mensch des Alltags," der Volksmensch "in der nüchternen Wirklichkeit," sein gegenwärtiges Brauchtum, das, was "allen Volksgenossen eigen ist, was gewissermaßen ihren seelischen Besitz bildet" und "volkskundlich bedeutsam ist."[146] "Dieses Selbstverständliche im täglichen Leben" sollte erhoben werden. Es reiche "aus der Gegenwart bis in die Anfänge der Geschichte des Volkes hinab" und lasse "das in allen Zeiten Unveränderliche unserer Volksseele durch allen Wandel des Zeitgewandes hindurch ahnen und erkennen."[147]

Konkret bezogen sich die Fragen in einem ersten Block auf "Merkmale und Hilfsmittel einfachster Art zur unmittelbaren Erlangung richtiger Menschenkenntnis."[148] Hier wurde beispielsweise nach Meinungen des Volkes gefragt, welche die Form der Nase eines Menschen mit bestimmten Eigenschaften seines Charakters in Zusammenhang bringen, und sofort eine vorbildhafte Antwort beigesteuert: "Spitze Nase und spitzes Kinn, da sitzt der lebendige Teufel drin!" Es liegt auf der Hand, daß diese angeblich zwingende Übereinstimmung des äußeren mit dem inneren menschlichen Erscheinungsbild auch rassistisch interpretierbar war und ist.

Der Charakter des Menschen interessierte auch in den folgenden Fragekomplexen,[149] z.B. bei Sprichwörtern und Redensarten über die Beurteilung eines Menschen nach dem ersten Eindruck, den man von ihm gewinnt. Es drücke sich "eine vortreffliche Beobachtungsgabe und ein köstlicher Humor des Volkes" in vielfältigen kurzen Redensarten über den Charakter von Menschen aus, z.B. in "Angsthase," "Altes Waschweib," "Schnapsnase," "Klatschbase," "Schlampe." Die Verfasser fügen hinzu: "Die Kürze und die Sicherheit dieser Urteile sind so treffend, wie sie kein Dichter besser sagen kann."

Fragen mit gleich hinzugefügten vorbildgebenden Antworten "nach festgeprägten Urteilen über einzelne menschliche Eigenschaften" ("schlau wie ein Fuchs," "dumm wie Bohnenstroh"),[150] Fragen nach Zukunftsdeutungen: "hat jemand schlechte Laune, so sagt man, er sei mit dem linken Bein zuerst aus dem Bett aufgestanden; läuft eine Katze von links über den Weg, so soll diese Begegnung glückbringend sein;" "Jemand stolpert über einen Stein (oder ähnliches) [...]. Was sagt man dazu? (z.B. hier liegt ein Jude begraben),"[151] Fragen nach Berufsspottnamen wie "Heringsbändiger" für einen Kaufmannsgehilfen[152] und zum Abschluß ganz wenige Fragen nach Hochzeitssitten.[153]

Spamer und Wildhagen erheben mit dem 5. Fragebogen nicht etwa harmlose Kuriositäten, die ein aufgeklärter Mensch belächeln mag,[154] sondern vorwiegend primitive Vorurteile, die, teils rassistisch interpretierbar und anwendbar, sich im alltäglichen menschlichen Zusammenleben bis zur inhumanen Aggression steigern können. Sie betreiben diese Vorurteilskunde jedoch nicht in aufklärerischer Absicht, etwa um die herrschenden Verhaltenweisen zu verbessern. Denn das erhobene Volksgut spiegelt ja das positiv gewertete "Unveränderliche unserer Volksseele" wider. Im Zuge einer angewandten Volkskunde und Volkstumspflege soll es zudem nach seiner gezielten Sammlung in mehr als 20 000 Orten des deutschen Sprachgebiets und seiner wissenschaftlichen Interpretation der "völkischen Gemeinschaft"[155] zurückgegeben, sollen diese Objektivationen einer "subintellektuellen"[156] Vorurteilshaltung zu Revivals werden und, nunmehr wissenschaftlich sanktioniert, weiterwirken.

Diese das Bestehende stabilisierende Gegenwartsvolkskunde Spamers und Wildhagens entspricht einer Anti-Aufklärung zur Verdummung des deutschen Volkes, sie steht jeglicher Bewußtseinsmanipulation offen und ist insofern auch hervorragend für den nationalsozialistischen Propagandaapparat geeignet. Nicht umsonst stellt der Volkskundler des Amts Rosenberg, Hans Strobel, in seiner Besprechung der ersten Kartenlieferung des ADV durch Spamer, Wildhagen, Peßler und Erich Röhr ausdrücklich fest:

> Gerade der neue Fragebogen (Nr. 5) verrät die große, zum Wesentlichen vorstoßende Linie. Ja, mit seinen Fragen mehr rassekundlicher und rassenseelenkundlicher Prägung wird er gleichsam die Grundlage schaffen, auf die alle weiteren Feststellungen und Auswertungen, nach den Erkenntnissen einer nationalsozialistischen Volkskundewissenschaft, erst aufgebaut werden können.[157]

Um dem Wissenschaftler und Menschen Spamer gerecht zu werden, müssen wir selbstredend erwägen, ob ihm der irrationale Kern seiner psychologistischen Volkskunde überhaupt bewußt war. Die Anwendung sozialwissenschaftlicher Methodologie seiner Zeit hätte ihm zu dieser Erkenntnis verhelfen können. Dann wäre Victor Klemperers Behauptung, Spamer habe ihm so unverhüllt von der Dummheit des Volkes gesprochen, dem man alles eintrichtern könne,[158] durchaus glaubhaft. Spamer lehnte jedoch nachweislich "die soziologische Betrachtungsweise des deutschen Volkstums"[159] ab und wandte sozialwissenschaftliche Begriffe und Methoden, die seiner psychologistischen Volkskundeauffassung fremd waren, nicht an. Auch aus diesem Grund werden wir mit großer Wahrscheinlichkeit von seiner Befangenheit in der Volkstumsideologie seiner Zeit auszugehen haben, die ihm eine objektivere und realistischere Erkenntnis seines Untersuchungsfeldes und wissenschaftlichen Ansatzes verwehrte. An der Beurteilung seiner Einstellung zur politischen Realität des Dritten Reiches und Zusammenarbeit mit dem Nationalsozialismus als illusionistisch und opportunistisch ändert dies freilich nichts.

Adolf Spamer ging wiederholt auf Vortragsreisen, um den Fachkollegen und volkskundlich interessierten Laien draußen im Lande das Projekt der Abteilung Volkskunde der Berliner Reichsgemeinschaft der deutschen Volksforschung zu erläutern und um ihre Mithilfe zu werben. Im Oktober 1934 hat er auf der Leipziger Tagung des NS-Lehrerbundes (NSLB) in Sachsen noch wenig über den organisatorischen Aufbau dieses "Geschenks des Staates" zu berichten.[160] Wurden dort nur der ADV und die "Landesstelle für Volksforschung und Volkstumspflege im NSLB des Gauverbandes Sachsen" gewürdigt, so kommen im Juni 1935 auf der von ihm mitgeleiteten Tagung der "Gaufachstelle für Volkskunde in der Abteilung 'Volkstum und Heimat' der NS-Kulturgemeinde (Gau Sachsen)" in Plauen einige hochinteressante Aspekte hinzu.

Spamer wendet sich unter anderem gegen die vom Amt Rosenberg, dem die NS-Kulturgemeinde angehört, protegierte Wiener mythologische Schule, ohne allerdings die Namen ihrer Vertreter wie Karl von Spieß oder Edmund Mudrak auszusprechen,[161] und widmet sich des längeren der Bedeutung der Rassenkunde für die Volkskunde. Eine "Volkskunde auf rassischer Grundlage" erscheint ihm erst dann möglich, wenn einmal "bis ins einzelne gehende Rassenkarten innerhalb des deutschen Volksraumes" vorliegen, wie sie der ADV "heute schon für das deutsche Brauchtum und die deutschen Glaubensvorstellungen besitzt." Er akzeptiert ein "Hand-in-Hand-arbeiten" der beiden Disziplinen Volks- und Rassenkunde, nicht deren Vermischung.[162]

Spamer spricht hier innerhalb seiner Schilderung des Aufbaus der Reichsgemeinschaft nicht etwa vorrangig über die Abteilung Rassenkunde, sondern über die rassistische Volkskunde des Rosenbergschen Hauptstellenleiters Matthes Ziegler. Von ihm und seiner von Spamer zitierten grundlegenden Schrift "Volkskunde auf rassischer Grundlage"[163] grenzt er seine eigene Volkskunde ab, wiederum ohne Namen zu nennen. Sein Angebot des "Hand-in-Hand-arbeitens" gilt nur der Abteilung Rassenkunde unter Hans F. K. Günther, kaum Ziegler, der auch nicht als Rassenkundler ausgebildet ist und über den der 'Primus' der deutschen Volkskunde sich hinwegsetzen zu können glaubt.

Spamer begrüßt "die enge Zusammenarbeit mit der Vorgeschichte"[164] unter Hans Reinerth. Die Abteilung Volkssprache unter Walther Mitzka gehört nach seiner Fachauffassung zur Volkskunde und wurde lediglich aus praktischen Erwägungen verselbständigt, da sie den "Deutschen Sprachatlas" (Universität Marburg an der Lahn) und die Mundartwörterbücher betreut.[165] Die Abteilung Siedlung (ehemals Grenz- und Auslandsdeutschtum) unter Friedrich Metz mit ihrem Aufgabenbereich der Untersuchung der Volksstämme im volksdeutschen Raum wird indes nicht als Teil der Volkskunde reklamiert.[166]

Über den Aufbau und die Ziele seiner volkskundlichen Dachorganisation, der Abteilung Volkskunde in der Reichsgemeinschaft, spricht Spamer im Oktober 1936 auf dem Vierten Deutschen Volkskundetag des Verbandes deutscher Vereine für Volkskunde in Bremen.[167] Aus diesem aufschlußreichen Vortrag geht das Konzept der DFG-Abteilung in der Spamerschen Version klar hervor. Es war allerdings durch die politischen Ereignisse der Monate zuvor, die Amtsenthebung von DFG-Vizepräsident Wildhagen am 15. August 1936,[168] längst überholt, wie sich wenig später bewahrheiten sollte. Auch hatte Spamer schon Anfang Juni 1936 um Entpflichtung von seinen Aufgaben in der Reichsgemeinschaft gebeten, weil das Amt Rosenberg einen seiner wissenschaftlichen Aufsätze diskreditierte.[169]

Spamers "Rechenschaftsablage vor der Öffentlichkeit" nach "zweijähriger Arbeitsleistung" läßt bei aller Konkretheit der Daten und Zahlen manche Informationslücke offen. So ist nicht ganz verständlich, warum "diese Arbeitsstätte bisher mit voller Absicht nur selten vor die weitere Öffentlichkeit getreten ist und darum vielfach auch dem engeren Kreis der Fachgenossen in ihrem Wollen und ihrem Tun nur vom Hörensagen bekannt wurde," warum die fünf Abteilungen der Reichsgemeinschaft durch "äußere und innere Gründe" daran gehindert wurden, "in einer engen Arbeitsgemeinschaft die Fragen nach dem Wesen und dem Werden des deutschen Volkstums" zu erhellen.[170]

Abgesehen von solchen, vorläufig noch nebelhaften Ausführungen, treten die Untergliederungen der auf ihrem Höhe- und zugleich Endpunkt angelangten Abteilung Volkskunde deutlich hervor. Es sind - als 'Prunkstück' an erster Stelle - der Atlas der deutschen Volkskunde, 1936 das "größte Gemeinschaftsunternehmen auf geisteswissenschaftlichem Gebiet, das jemals auf deutschem Boden erwuchs,"[171] unter Wilhelm Peßlers (nomineller) Leitung. Ferner die unter anderem für den Atlas arbeitenden Landesstellen, die "Landesstelle Kurmark für deutsche Volksforschung" für die "Provinzen Brandenburg" und die "Grenzmark Posen-Westpreußen," die "Landesstelle für Volksforschung und Volkstumspflege im NSLB (Gau Sachsen)"[172] und der "Niederdeutsche Verband für Volkskunde." Von diesen drei Landesstellen stehen die erste unter der Führung des dem Amt Rosenberg eng verbundenen Ernst Otto Thiele,[173] die zweite und dritte unter der des Spamerschülers und NS-Funktionärs Karl Ewald Fritzsch bzw. des Hamburger Volkskundeordinarius Otto Lauffer.

Weitere Landesstellen über den mittel- und nordwestdeutschen Raum hinaus gibt es erstaunlicherweise nicht, sieht man von denen des ADV ab, die nicht der Reichsgemeinschaft gehören. Dafür existieren eine Reihe zentraler Forschungsprojekte oder sind in Planung bzw. im Aufbau begriffen: das "Corpus der deutschen Hausinschriften," zu dem in Hessen unter der Leitung Bernhard Martins, in Sachsen und "Kurmark" Vorarbeiten geleistet werden, an denen sich u.a. die NS-Studentenschaft, Parteistellen wie die "SS-Schule Haus Wewelsburg in Westfalen," der NS-Frauenarbeitsdienst beteiligen oder beteiligen sollen; das "Handwörterbuch der deutschen Sachkunde" unter der Leitung von Otto Lauffer und besonderer Mitarbeit von Herbert Freudenthal und Ernst Bargheer mit einer "Hauptstelle für deutsche Sachforschung;" die "Errichtung eines zentralen Wort- und Bildarchivs" und des "Zentralarchivs der deutschen Volkserzählung" unter dem Leiter Gottfried Henßen; die "Volkskundliche Bestandsaufnahme der deutschen Archive" unter Hans Moser und Otto Gebhard; die "Volkskundliche Bestandsaufnahme der deutschen Bildersammlungen" sowie die "der deutschen Museen;" die vom Gefolgsmann Wildhagens und des Amts Rosenberg,[174] dem SS-Offizier und Laienforscher Karl Theodor Weigel geleitete "Hauptstelle für Sinnbildforschung"[175] sowie ein

"Filmarchiv" bei der Zentrale der Abteilung Volkskunde in Berlin. Waren es sehr wenige Landestellen, so wurde doch eine größere Anzahl von Forschungsprojekten durch Adolf Spamer an die DFG-Abteilung angegliedert, die keineswegs nur auf dem Papier existierte.[176]

Die genannten, vorwiegend leitenden Mitarbeiter stammten meist aus der bürgerlich-nationalen Volkskunde bzw. fühlten sich dieser verbunden. Otto Lauffer war sogar stellvertretender Vorsitzender des Verbandes deutscher Vereine für Volkskunde. Lauffer, Herbert Freudenthal, Ernst Bargheer und Spamer selbst hatten 1933 dem Vorstand, Wilhelm Peßler dem Beirat des erfolglosen Bundes für deutsche Volkskunde angehört,[177] Gottfried Henßen und Hans Moser stellte Spamer als die besten jüngeren Fachleute auf ihrem Gebiet vor. Freudenthal, Bargheer, Karl Ewald Fritzsch und Ernst Otto Thiele hatten sich als nationalsozialistisch überzeugte Wissenschaftler profiliert. Die beiden letzteren und Karl Theodor Weigel standen dem Amt Rosenberg nahe, das damit auf der Führungsebene schwach vertreten war. Insgesamt setzten sich die führenden Mitarbeiter aus Gelehrten, Parteifunktionären und Dilettanten zusammen.

Im Vergleich mit dem Konzept Hans Reinerths für die benachbarte, Spamers DFG-Volkskunde zeitweilig in einer Berliner Hausgemeinschaft verbundene Abteilung Vorgeschichte,[178] ergeben sich einige Übereinstimmungen. Reinerth verfocht ebenfalls eine in der Volkserziehung angewandte Wissenschaft. Er hatte noch vor 1933 "eine völlige Umgestaltung unseres deutschen Bildungswesens" im Dritten Reich als Folge der freudig bejahenden Grundeinstellung des Nationalsozialismus zu Volk und Boden und seines Kampfes gegen alles Volksfremde und Unechte proklamiert. Zur Ausstattung der deutschen Jugend "mit dem Rüstzeug bodenständiger, wurzelechter Kultur" forderte er den weitgehenden Ausbau der "Wissenschaften vom deutschen Menschen," "der deutschen Rassenkunde, Vorgeschichte, Geschichte, Volkskunde und Landeskunde in engster Verbindung mit der Pflege deutscher Kunst, deutschen Schrifttums, deutscher Sprache und Musik." Diese auf einen rassisch-germanischen Nenner zu bringenden Wissenschaften sollten sogar "in Zukunft zur tragenden Grundlage im Bildungsgange unserer Jugend werden!"[179] Hier haben wir ein schlechthin Rosenbergsches Konzept vor uns, das zu seiner völligen Verdeutlichung nur noch um die kulturpolitischen Absichtserklärungen des "Mythus"-Ideologen ergänzt werden müßte, gleichzeitig eindeutige Entsprechungen zu den Zielvorstellungen der DFG-Reichsgemeinschaft als Ganzes wie der Abteilung Volkskunde aufzeigt.

Adolf Spamers volkskundlicher Organisationsplan kennt wie der Reinerths Film- und Bildstelle, Landesstellen (bei Reinerth "Landesämter für Bodendenkmalspflege") sowie den NS-Arbeitsdienst, der sich an dem Werk beteiligen soll. Ebenso wie Reinerth erwartet auch Spamer an allen deutschen Hochschulen Professorenstellen für das Fach[180] und die Mitarbeit fachlich ausgebildeter Lehrer an den Schulen, geht er von der praktischen, erzieherischen Auswertungsmöglichkeit "aller volkskundlichen Arbeit" aus.[181] Selbst die Forderung eines "Reichsinstituts für deutsche Vorgeschichte als Zentralstelle vorgeschichtlicher Forschung"[182] hat ihre Entsprechung in Spamers volkskundlich-fachhistorisch vorgegebener Zielvorstellung "einer streng disziplinierten und wohl ausgewogenen zentralen Forschungsstätte, einem 'Reichsinstitut für Deutsche Volkskunde' oder wie sich immer in der Zukunft (und wir hoffen heute in einer nahen Zukunft) dieses Arbeitszentrum der deutschen Volkskunde nennen wird."[183]

Aus dem Plan eines für Gesamtdeutschland zentralen volkskundlichen Reichsinstituts, den Spamer auch nach Kriegsende in der späteren Deutschen Demokratischen Republik unentwegt weiterverfolgte,[184]ist nie etwas geworden. Man fragt sich heute, wie Spamer im Oktober 1936, angesichts der bereits laufenden machtpolitischen Umwälzungen im Präsidium der DFG, vor seinen versammelten Fachkollegen überhaupt noch derartig optimistisch zu sein vermochte, oder ob er eine Art Vorwärtsverteidigung betrieb und mit dem öffentlichen Vortrag seine Besitzstandsrechte an der Abteilung Volkskunde dokumentierten wollte.

Unter den Fachkollegen saß der zwei Jahre zuvor von den NS-Konkurrenten benachteiligte Vorsitzende des die Bremer Tagung ausrichtenden Verbandes deutscher Vereine für Volkskunde, John Meier.[185] Er konnte sich bei Gelegenheit des Spamerschen Vortrages anhören, welche finanziellen Mittel die DFG für die Arbeit der Abteilung Volkskunde aufbrachte. Es waren nach Angabe des akribischen Abteilungsleiters jährlich 85 000 Reichsmark (RM) für den Atlas, davon rund 50 000 RM als Gehälter (Stipendien) und 7 000 RM für die Landesstellen, die noch durch Zuschußbeträge der einzelnen Länder ergänzt wurden. Der Jahresetat der Landesstelle Kurmark betrug ohne Zuschüsse für Einzelaufgaben 19 000 RM. Die jährlichen Betriebskosten des Zentralarchivs der deutschen Volkserzählung beliefen sich ohne Stipendien (Gehälter) auf etwa 35 000 RM. Damit ist nicht alles aufgezählt, aber die genannten Beträge runden sich zu einer für den Geldwert der Vorkriegszeit recht hohen Summe.

In seiner nicht für die Öffentlichkeit bestimmten Denkschrift "Erste Hinweise auf den Aufgabenkreis sowie die Aufbaumöglichkeiten eines Reichsinstituts für deutsche Volkskunde" von 1936[186] konkretisiert Spamer die DFG-Mittel und kommt, ohne Berücksichtigung der Kosten für den Aufbau einer "volkskundlichen Zentralbücherei" (geplant ist u.a. der Aufkauf der Bibliothek Johannes Boltes), auf eine jährliche Gesamtsumme von 158 000 Reichsmark.[187] In dieser 'Reichsinstitutsdenkschrift' wird zum Kartenwerk des ADV bemerkt, daß "dessen erste Lieferungen jetzt vorliegen," "der Atlas von allem Anfang an als ein einmaliges Unternehmen gedacht war," demgegenüber in der von Spamer mitbegründeten "Landesstelle für Volksforschung und Volkstumspflege im NSLB (Gau Sachsen)" die erste - regional begrenzte - Dauerorganisation zur Beobachtung der Ausdrucksformen des Volkslebens geschaffen wurde.[188]

Eine Dauerorganisation soll auch das Reichsinstitut werden, auf das von Beginn der DFG-Abteilung Volkskunde an hingearbeitet worden sei. Seiner Begründung dürften "keine besonderen Schwierigkeiten entgegenstehen, nachdem ein solches Reichsinstitut lediglich durch die Übernahme, Zusammenfassung und Weiterführung vorhandener Institute errichtet werden kann."[189] Beabsichtigt ist eine Art 'Gleichschaltung' von "zunächst örtlich getrennt und selbständig verwaltet" bleibenden Forschungseinrichtungen, darunter die Sammlungen zur Volkssprache des "Deutschen Sprachatlas" in Marburg an der Lahn und das "Deutsche Volksliedarchiv" in Freiburg im Breisgau, das zusammen mit dem "Zentralarchiv der deutschen Volkserzählung" in Berlin "einen beachtlichen Grundstock deutscher archivalischer Sammelarbeit" bilde.[190] Das machtpolitische NS-Instrument der 'Gleichschaltung' findet sich also auch bei Spamer.

"Heimat und Mutterhaus," schreibt er euphemistisch, will das geplante Reichsinstitut "der gesamten, im Lande zerstreuten deutschen Volksforschung"[191] und selbstredend auch den im Bremer Vortrag aufgezählten Untergliederungen der DFG-Abteilung Volkskunde sein, zu denen noch eine von Eduard Wildhagen ins Leben gerufene und nach Spamer dessen "geistiges Eigentum" bleibende "Hauptstelle der deutschen Hausforschung" kommt.[192] Allerdings geht es dem Reichsinstitut nur um die Pflege der "Kerngebiete volkskundlicher Forschung" und nicht um den "Ballast wirklicher oder vermeintlicher Grenzfächer." Es wird, zumindest anfangs, "weitgehend von den schon vorhandenen Forschungsbeständen bestimmt,"[193] das heißt, auch von der Fachauffassung Spamers und der traditionellen Volkskunde, denn Adolf Spamer will zweifelsohne der Vorsitzende werden.

"Eine Außerachtlassung der finanziellen Möglichkeiten würde jeden gedanklich noch so schönen Plan nicht über ein nutzloses, im Papierkorb endendes Denkschriftenstadium hinauswachsen lassen."[194] Mit diesem Satz schneidet Spamer sein Hauptanliegen an, die Suche nach dem Geldgeber. Die Deutsche Forschungsgemeinschaft scheint in finanzielle Schwierigkeiten geraten zu sein, da "allem Anschein nach" die in Zukunft für ihre Aufgaben jährlich zufließenden Mittel "nicht mehr die bisherige Höhe erreichen werden." Reichserziehungsministerium, Reichspropagandaministerium, Auswärtiges Amt und Landesregierungen werden deshalb von Spamer als denkbare neue und zusätzliche Finanziers in seiner Denkschrift ins Spiel gebracht, von der wir noch nicht wissen, an welche und wieviele Empfänger außer der Universität Freiburg i.Br. sie versandt wurde.

Die gesellschaftspolitische Funktion seiner psychologistischen Volkskunde und des Reichinstituts umreißt Spamer in aller Deutlichkeit. Seine Überzeugung von der "Bedeutung volkskundlicher Arbeit für die Pflege und Erhaltung des Volkstums" faßt er in der Forderung zusammen: "Keine Volkstumspflege ohne Volkskunde, keine Volkskunde ohne Volkstumspflege!"[195] Auf Seiten der Volkskundler wie der Volkstumspfleger bestehe dabei Übereinstimmung "über die dienende Rolle der Volkskunde als Wissenschaft" mit der Aufgabe, "die erkenntnistheoretischen Unterlagen für die Volkstumspflege zu liefern."[196]

Unter der Voraussetzung des Primats aller Theorie vor der Praxis wird in Wirklichkeit die Wissenschaft die Volkstumspflege bestimmen, wird der wissenschaftliche Leiter des Reichsinstituts Adolf Spamer die dominierende Rolle bei diesem Zusammenspiel einnehmen wollen. Nach seiner Überzeugung kann die volkskundliche Gegenwartsforschung nur dadurch "an die unmittelbare praktische Auswertungsmöglichkeit ihrer Ergebnisse herangeführt"[197] werden, daß sie sich - und das bleibt "das unverrückbare Ziel" - eine "feste Helferorganisation" schafft, "die (gleichsam in einer geistigen Statistik) laufend die geistig-seelischen Lebensprozesse unseres Volkes verfolgt,"[198] welche als "stärkere und zeitlosere Mächte des Geistes und der Seele [...]" "hinter und über den wirtschaftlichen Lebensprozessen" stehen.[199]

In der von Spamer zu seiner Dresdener Zeit wissenschaftlich geleiteten "Landesstelle für Volksforschung und Volkstumspflege" in Sachsen versahen die Angehörigen des sächsischen NS-Lehrerbundes diese Aufgabe, beim Reichsinstitut für deutsche Volkskunde soll es die Nationalsozialistische Deutsche Arbeiterpartei (NSDAP) als Ganzes sein. Deren Zersplitterung in eine große Zahl von Volkstumspflege betreibende Untergliederungen bemängelt Spamer, um dann die erwartungsvolle, aber nicht erst Ende 1936 illusionistische Folgerung zu ziehen:

> "Aus all dieser Zersplitterung geht wenigstens das Eine klar hervor, dass die kommende volkskundliche Sammler- und Helferorganisation (zumindest im Reich) weder von einem wissenschaftlichen Zentralinstitut noch von

landschaftlichen Heimatvereinigungen, sondern nur von der Bewegung selbst [d.h. der NSDAP] aufgezogen werden kann, die zu einer klaren Aufgabenverteilung innerhalb ihrer einzelnen Organisationen kommen muß."[200]

Spamer ist sicher nicht der Mann, um das systemimmanente "Führungschaos im Führer-Staat"[201] aufzuheben, aber er fordert es illusionistisch und stellt sich opportunistisch für eine weitere Zusammenarbeit mit den faschistischen Machthabern zur Verfügung, ungeachtet aller bisher gemachten widrigen Erfahrungen.

Die Zerschlagung der Abteilung Volkskunde und Verfolgung Adolf Spamers durch die nationalsozialistischen Machthaber

Adolf Spamer war im Dritten Reich der einzige bürgerlich-nationale, nicht-nationalsozialistische Volkskundler, dem der Parteiapparat, wenn auch nur auf wenige Jahre, die wissenschaftlich führende Position in einem reichsweiten volkskundlichen Dachverband unter nationalsozialistischer Observanz überließ. Die Zusammenarbeit des führenden deutschen Volkskundetheoretikers und -organisators mit den die spezielle Ideologie Alfred Rosenbergs in angewandte Wissenschaft umsetzenden Parteifunktionären brachte für beide Seiten Enttäuschungen. Da Spamer sich nicht auf die weltanschaulichen Zielsetzungen des Amts Rosenberg einließ,[202] wie man anfangs sicher noch gehofft hatte, gingen die Parteigänger Rosenbergs allmählich zu massiver Kritik über. Spamer mußte diese Taktik als unangemessen und intrigant empfinden.

Als der Leiter der Abteilung Schrifttum im Amt Rosenberg, Hans Hagemeyer, zugleich Mitglied der die "Nationalsozialistische Bibliographie"[203] betreuenden parteiamtlichen Prüfungskommission, im Alleingang einen der Aufsätze Spamers als "nicht förderungswürdig" bezeichnet hatte, "da man seine volkskundliche Grundhaltung nicht billigen könne,"[204] kam Spamer Anfang Juni 1936, also noch vor seinem Bremer Vortrag, bei der DFG um seine Entpflichtung ein, behielt jedoch seine Führungsposition bei. Spamer hatte Matthes Ziegler, den Rosenbergschen Starvolkskundler und DFG-Referenten für Volksforschung, hinter der Aktion vermutet.[205] Von Ziegler erwartete er also derartige Angriffe und Beurteilungen.

Dabei hatte Matthes Ziegler - gemessen an seinem sonst bei Kontrahenten üblichen aggressiven Stil - 1934 mit eher sanften Disziplinierungsversuchen begonnen. Spamer brachte damals sein bedeutendes Handbuch "Die deutsche Volkskunde"[206] in die Reichsgemeinschaft ein, das in zweiter Auflage in deren Reihe "Das deutsche Volk"[207] erschien. In seiner Besprechung des ersten Bandes fand Ziegler[208] viel Lobenswertes. Gerühmt wurden die Beiträger Georg Fischer, Arthur Haberlandt, Adolf Helbok, Lutz Mackensen, Friedrich Maurer, Friedrich Panzer, Friedrich von der Leyen, Konrad Hahm, ja neben Wolfgang Schuchardt und Walther Bernt selbst Joseph Maria Ritz und Oswald A. Erich, die späterhin üble Häme zu erdulden hatten.

Friedrich Ranke, Friedrich Pfister und Georg Koch wurden dagegen wegen ihrer "Geisteshaltung," ihrer weltanschaulichen Art gerügt, aus der heraus sie ihre Beiträge "sub specie orientis" geschrieben hätten und nicht dem hier noch verschleiert angedeuteten "Mythus" Rosenbergs folgend. Konkret bedeutete "sub specie orientis" oder "Zwangsdogma des 'ex oriente lux,'" daß die Herleitung von Volksgut aus dem Orient und die Fachrichtung der konfessionellen Volkskunde den Betroffenen zur Last gelegt wurde. Immerhin bringt Ziegler Geduld auf. Seine Belehrungen zur "rassenseelenkundlichen Betrachtung," zur Volkskunde "auf der Grundlage rassischen Denkens"[209] sind umfangreich. Die gesamte Rezension umfaßt in den NS-Monatsheften vier Spalten. Und auch den zweiten Band des Handbuchs bespricht Ziegler ein Jahr später zunächst noch sehr positiv.[210]

Neben dem "Zwangsdogma des 'ex oriente lux'" lehnt Ziegler ein zweites, von ihm so genanntes "Dogma vom primitiven Gemeinschaftsgeist" ab. Damit ist Hans Naumanns Theorie vom "Gesunkenen Kulturgut" gemeint. Mit Naumann beschäftigt sich jedoch Spamer in seinem Handbuchbeitrag über "Wesen und Aufgaben der Volkskunde," für Ziegler "eine erfreulich nüchterne Beurteilung der Naumannschen Begriffssprache." Ihre Überwindung durch Spamer kann er aber "leider nicht erkennen."[211] Spamers in der Tat anfechtbare und im Dritten Reich auch sachlich angefochtene[212] Definition, Ziel der Volkskunde sei "die Erforschung des Volkstümlichen im Volkshaften, der geistigen und seelischen Substanz und Lebenshaltung des Volksmenschen in der Volksgemeinschaft," scheint Ziegler "noch zu sehr" auf der "weltanschaulichen Ebene" des Naumannschen Dogmas zu liegen.[213] Mit diesem "noch zu sehr" ist Spamer zum Einschwenken auf die weltanschauliche Ebene Rosenbergs aufgefordert.

Kennt man Zieglers üblichen Stil, so wird klar, daß hier noch nachsichtig mit Spamer umgegangen wird. Dieser 'Kompromiß auf Zeit' erübrigte sich dann später, als Spamer nicht auf die Linie der NS-Volkskunde Zieglers eingeschwenkt und schließlich auch nicht mehr Leiter der Abteilung Volkskunde in der Reichsgemeinschaft war. Im berühmt-berüchtigten "Leitfaden" des Amts Rosenberg "Deutsche Volkskunde im Schrifttum,"[214] für den Ziegler die Hauptverantwortung trägt, heißt es 1938 kompromißlos zu Spamers Schrift "Weihnachten in alter und neuer Zeit" von 1937, daß Spamer keine klare weltanschauliche Haltung einnehme und seine Ausdeutung und Begriffssprache trotz Ansätzen zu neuerer volkskundlicher Betrachtung noch wesentlich der alten Schule verbunden seien;[215] im Fastnachtsbüchlein von 1936 ist nach parteiamtlicher Ansicht die Sinndeutung der Fastnacht "falsch," sind die dämonologischen Deutungen zahlreicher Fastnachtssinnbilder "unhaltbar," werden die germanisch-bäuerlichen Grundlagen des Brauchtums "unterschätzt;"[216] in der theoretischen Leitabhandlung "Die Volkskunde als Wissenschaft" von 1935 bekenne sich Spamer "mit der Forderung nach vollkommener Wertfreiheit und Vorurteilslosigkeit" zur liberalen Volkskundeepoche;[217] zum Handbuch "Die deutsche Volkskunde" wird nach einem positiv urteilenden Satz nur noch bemerkt: "Leider läßt es aber eine einheitliche weltanschauliche Linie nicht erkennen und gibt auch Anschauungen Raum, die jede weltanschauliche Ausrichtung vermissen lassen. Im [von Spamer erarbeiteten zweiten oder] Bildband fällt die Herausstellung kirchlicher Gesichtspunkte auf."[218]

Für Spamer begann im Dritten Reich, wie er in seinem Rechenschaftsbericht nach Kriegsende aussagt, "ein hinter den Kulissen mit teilweise niedrigsten Mitteln geführter Kampf gegen alle deutschen Hochschullehrer der Volkskunde (mit Ausnahme ganz weniger) und insbesondere gegen mich, der wohl in erster Linie der erstrebten Berliner Professur galt. Er wurde zunächst von einer Gruppe junger Leute im Amt Rosenberg geführt, die sich unter der Leitung des Reichsamtsleiters Matthes Ziegler in einer 'Arbeitsgemeinschaft für deutsche Volkskunde' zusammengetan hatten und weniger ein wissenschaftliches als ein politisch-propagandistisches Ziel verfolgten."[219]

Spamer hat auch im nachhinein die damalige Situation nicht konkret auf ihre Hintergründe analysiert und damit zu einer Verschleierung der Geschichte der Volkskunde im Dritten Reich beigetragen. Es stimmt, daß der "Kampf" des Amtes Rosenberg und Matthes Zieglers gegen viele Hochschullehrer der Volkskunde und manche anderen Volkskundler geführt wurde, daß Spamer als dem Amte wohlbekannter 'theoretischer Kopf' besonders darunter zu leiden hatte und um seine Professur an der Berliner Universität und mehr noch um seine Abteilungsleiterstelle bei der Reichsgemeinschaft der deutschen Volksforschung fürchten mußte. Aber die nicht einmal 'ganz wenigen' Verschonten waren diejenigen, deren volkskundliche Forschung nach dem "Mythus" Alfred Rosenbergs ausgerichtet war oder nahtlos in dessen ideologisches Konzept hineinpaßte. Sie stellten die weltanschaulichen Gefolgsleute Rosenbergs oder wenigstens die seinem Amte Genehmen dar. Alle anderen wurden von den doktrinären Ideologen unter Anführung von Matthes Ziegler bekämpft, mochten sie nun bürgerlich-nationale Volkskundler, nationalsozialistische Mitläufer, überzeugte Nationalsozialisten oder SS-Angehörige und Mitarbeiter im "Ahnenerbe" Heinrich Himmlers sein. Sie galten den Rosenbergianern als Gegner oder - schlimmer noch - als Sektierer der 'reinen' Lehre.

Spamer liefert in seinem Rechenschaftsbericht nach 1945 selbst den Schlüssel zum ideologischen Hintergrund: Zieglers "Organisation betonte immer wieder im 'Völkischen Beobachter' und anderwärts, 'daß die NSDAP für das Forschungsgebiet der Volkskunde ihr geistiges Hoheitsrecht angemeldet und zur Durchführung gebracht habe.'"[220] Hinter Zieglers" "Organisation" stand der Herausgeber der NS-Zeitung "Völkischer Beobachter" und "Beauftragte des Führers für die Überwachung der gesamten geistigen und weltanschaulichen Schulung und Erziehung der NSDAP," Alfred Rosenberg. Er wollte seine im "Mythus" niedergelegte spezielle Ideologie Partei und Volk vermitteln. Diesem Ziel hatte auch die Volkskunde ausschließlich dienstbar zu sein. Der Wissenschaftsbegriff des Amtes Rosenberg ging überein mit der von Spamer gerügten politisch-propagandistischen Zielsetzung und teilte nicht das 'falsche Bewußtsein' bürgerlich-nationaler Gelehrter von 'objektiver' und 'unpolitischer' Forschung.

Mittelsmann zwischen Rosenberg und der Volkskunde war Matthes Ziegler. So wie Spamer im wesentlichen nur seine Fachauffassung kannte und akzeptierte, hatte auch Ziegler die Disziplin im Rosenbergschen Sinn verinnerlicht. Ein Brückenschlag zwischen den beiden Welten war unmöglich, wie Spamers Verständnislosigkeit und Zieglers ideologische Intoleranz beweisen. Spamer gibt nach 1945 an, man habe ihn bald wegen seiner Interessen für religiöse Volkskunde als Mitglied der "actio catholica," bald als "Typus des liberalen Professors hingestellt."[221] Beides ist richtig, man kann es anläßlich der Beurteilung seiner Schriften im "Leitfaden" von 1938[222] nachlesen. Die "Katholische Aktion"[223] und der "Liberalismus" waren zwei der herausragenden Angriffsziele der Polemik Rosenbergs und Zieglers, auf die noch näher einzugehen ist. Adolf Spamer fiel in beide Sparten dieses ideologischen Rasters und wurde deshalb strengstens kritisiert und verfolgt.

Spamers Rücktritt vom DFG-Amt, die Auflösung der Reichsgemeinschaft und der Abteilung Volkskunde wurden indes nicht vom Amt Rosenberg verursacht. Sie waren eine Folge des im Nationalsozialismus gängigen Machtkampfes aller gegen alle. Einer der Konkurrenten Reichsleiter Rosenbergs auf kulturpolitisch-weltanschaulichem Gebiet, Reichsführer-SS Heinrich Himmler, hatte es verstanden, maßgebliche Stellen im Reichserziehungsministerium Bernhard Rusts mit Beamten seines Vertrauens zu besetzen. Nicht zuletzt aus diesem Kreis der Gefolgsleute Himmlers, unter Beteiligung des Ministerialbeamten, SS-Offiziers und Professors für Wehrchemie Rudolf Mentzel,[224] wurde eine der im Dritten Reich nicht unüblichen politischen Intrigen ausgelöst, die am 15. August 1936 die Entlassung Dr. Eduard Wildhagens bewirkte,[225] des Vizepräsidenten und der 'grauen Eminenz' der DFG, des Freundes Spamers.[226] Im Anschluß daran, am 15. November 1936, erklärte DFG-Präsident Professor Johannes Stark seinen Rücktritt.[227] Vierzehn Tage später, am 1.12. 1936, verlor auch Rosenbergs Verbindungsmann Matthes Ziegler sein DFG-Referat für Volksforschung.[228] Starks Nachfolger wurde Rudolf Mentzel, der die finanziellen Hilfen der Stiftung in der Folgezeit weitgehend an das SS-Ahnenerbe umleitete.

Adolf Spamer reichte im November 1936 eine erneute Rücktrittserklärung ein, blieb wieder, übernahm noch Anfang März 1937 die nominelle Leitung der Atlasarbeiten von Wilhelm Peßler, und übergab dann alles zwei Monate später, am 4. Mai 1937, an den neuen DFG-Präsidenten. "Endgültiger Rücktrittsgrund war, daß er bei der Unterzeichnung der Verträge für den Atlas als 'Privatunternehmer' auftreten müsse und die Forschungsgemeinschaft eine Haftung für irgendwelche finanziellen Belastungen abgelehnt habe - dies ein Vorwand, mit dem man den überfällig Gewordenen vermutlich hatte abschrecken und ausboten wollen."[229] Dieselben intriganten Scheinargumente über finanzielle Schwierigkeiten der DFG greift Spamer ja auch in seiner Reichsinstitutsdenkschrift von 1936 auf.

Noch beim Rücktritt wird sichtbar, wie stark sich Spamer an seine Position klammerte. Es war der Atlas, die 'Keimzelle' des Reichsinstituts, das 'Prunkstück' der deutschen Volkskunde, den er - vergeblich - glaubte fortführen und retten zu müssen. Spamers Traum vom Reichsinstitut für deutsche Volkskunde war zerstoben. Die Stelle eines Leiters der Abteilung Volkskunde wurde nicht erneut besetzt, die Reichsgemeinschaft für deutsche Volksforschung zerschlagen. Den Bestand an maßgeblich geförderten und fortgeschrittenen volkskundlichen Forschungsprojekten, darunter den ADV, das ZA und das Weigelsche Sinnbildarchiv, verteilte die DFG größtenteils an Interessenten, die ihre 'Beutestücke' nicht in das Amt Rosenberg, sondern in das SS-Ahnenerbe einbrachten, vor allem an Mentzels Ministeriumskollegen, den Volkskundeprofessor Heinrich Harmjanz. Die Mitarbeiter der Abteilung Volkskunde wechselten zum SS-Ahnenerbe, zum Amt Rosenberg oder sonstigen Stellen. Reichsführer-SS Heinrich Himmler hatte die Macht in der DFG übernommen.

Adolf Spamer blieb seine Volkskundeprofessur an der Universität Berlin, allerdings nicht unangefochten. Er war nun vollends zur 'persona ingrata' bei den Faschisten geraten, mit denen er in egozentrischer Verblendung gemeinsame Sache hatte machen wollen. Neben dem Amt Rosenberg übte jetzt auch das SS-Ahnenerbe psychischen Terror auf den allseits mißliebig Gewordenen aus. Auf Seiten der SS war sein Verfolger namentlich Heinrich Harmjanz, der - psychologisch gesehen - damit seine Usurpierung des Atlas der deutschen Volkskunde und des Zentralarchivs der deutschen Volkserzählung kompensieren und sich wohl selbst zum 'Primus' der deutschen Volkskunde aufschwingen wollte. Seit 1937 Volkskundeordinarius an der Universität Königsberg in Ostpreußen, seit 1938 in der gleichen Position an der Universität Frankfurt am Main, war er vor allem Faschist, und sein Verhalten richtete sich danach aus.

Schon 1936 hatte Harmjanz in seiner Habilitationschrift Spamers Volkskundetheorie von seinem konträren fachwissenschaftlichen Standpunkt aus widerlegt[230] und den bis dahin führenden deutschen Fachtheoretiker sozusagen entthront. 1938 versagte das Reichserziehungsministerium, in dem Harmjanz eine für die Geisteswissenschaften leitende Position einnahm, Spamers Wahl zum ordentlichen Mitglied der Preußischen Akademie der Wissenschaften in Berlin die erforderliche Bestätigung.[231] Dann wurde Spamer aufgrund einer Anzeige des Amts Rosenberg bei der Geheimen Staatspolizei (Gestapo), er vertreibe kommunistische Lehren und habe Umgang mit "berüchtigten" Personen - genannt werden die Volkskundler Joseph Maria Ritz und Leopold Schmidt - vom Berliner Universitätsrichter verhört und, als dabei nichts Belastendes herauskam, von Gestapo und Sicherheitsdienst (SD) polititisch überwacht.[232]

1942 verhinderte das Reichserziehungsministerium unter der Federführung von Heinrich Harmjanz Spamers Berufung als ordentlicher Professor für Volkskunde an die Universität Freiburg im Breisgau, die ihn an die erste Stelle ihrer Berufungsliste gesetzt hatte und auch weiterhin an seiner Wahl festhielt.[233] Eine Übersiedlung in den Südwesten Deutschlands, auf die er offensichtlich vorbereitet war, hätte Spamer vielleicht ein weniger angefeindetes Leben und Arbeiten ermöglicht. So aber ertrug er den psychischen Terror, der absichtlich zur Ausschaltung eines der 'Großen' des Faches inszeniert wurde, nicht mehr und verfiel im Herbst 1942 in eine schwere, vermutlich psychosomatische Krankheit, von der er erst zu Ende des Krieges und Dritten Reiches, genaß, um bis zu seinem Tode im Jahre 1953 körperlich und gesundheitlich nur mehr ein Schatten seiner selbst zu sein.[234]

Der physische und psychische Zusammenbruch sowie der Verlust der Hoffnung auf eine reichsweite Karriere des Faches Volkskunde unter seiner Leitung waren die persönlichen Folgen für Adolf Spamer aus seiner illusionistischen und opportunistischen Kollaboration mit dem deutschen Faschismus, die eine ihm ehemals zugesprochene "bürgerlich-humanistische Grundeinstellung" für seine "persönliche Haltung"[235] in Frage stellt. Die Nationalsozialisten nutzten die Kompetenz und das Prestige des bürgerlich-nationalen Gelehrten lediglich für die ersten Jahre ihrer Gewaltherrschaft aus, in denen sie selbst zum Aufbau einer zentralen deutschen Volkskundeinstitution noch nicht in der Lage waren. Sobald diese von Spamer und Wildhagen[236] in ein erfolgversprechendes Entwicklungsstadium geführt worden war, übernahmen sie das Geschaffene unter systembedingten internen Konkurrenzkämpfen in eigene Regie und ließen ihre Helfer nicht nur fallen, sondern setzten den Gelehrten Spamer einer erbarmunglosen Verfolgung aus. Als Fazit ist festzuhalten, daß Adolf Spamer an der "Wegbereitung einer faschistischen Volkskundewissenschaft in Deutschland nicht unbeteiligt"[237] war.

Die Amtsentlassung Dr. Eduard Wildhagens, des Vizepräsidenten und großen Mannes[238] der Deutschen Forschungsgemeinschaft, sowie die Umbesetzung des DFG-Präsidiums im Interesse Heinrich Himmlers und seines SS-Ahnenerbes trafen auch das Amt Rosenberg und wurden dort "nahezu als eine Katastrophe" empfunden.[239] In der Folge verschärfte sich der Konkurrenzkampf zwischen den beiden kulturpolitschen NS-Organisationen Himmlers und Rosenbergs. Fürs erste war nicht nur in Frage gestellt, "ob die Zuschüsse, die das Amt dem Wohlwollen Wildhagens verdankte, in Zukunft weitergezahlt,"[240] sondern wem die wissenschaftlichen Abteilungen der in Auflösung begriffenen Reichsgemeinschaft für deutsche Volkforschung zufallen würden.

Von diesen hatten bis zum Machtwechsel im DFG-Präsidium lediglich zwei institutionell prosperiert: Die vom Rosenberg-Funktionär Hans Reinerth geleitete Abteilung Vorgeschichte unterstand dem Amt ohnehin 'de facto.' Anders war es um die nominell ebenfalls selbständige Abteilung Volkskunde bestellt. Obwohl unter dem Einfluß des Parteidogmatikers Rosenberg und seines "Spezialisten für Volkskunde und Religionswissenschaften"[241] Matthes Ziegler stehend, waren die personellen Verbindungen mit dem Amt Rosenberg auf der Ebene der Unterabteilungsleiter zahlenmäßig schwach und durch den betont eigenen Fachkurs des Abteilungsführers Adolf Spamer zusätzlich getrübt gewesen. Nun gingen auch noch einige der begehrtesten Bestandteile der volkskundlichen Abteilung an Fachwissenschaftler, die nicht dem Amt Rosenberg, sondern der Konkurrenz des SS-Ahnenerbes nahestanden und ihm später auch angehören sollten.

Die Dienststelle des Reichsleiters hatte folglich auf dem kulturpolitisch wichtigen Sektor der Volkskunde eine gravierende Einflußeinbuße hinzunehmen, die gleichfalls "nahezu als eine Katastrophe"[242] gewirkt haben dürfte. Vor diesem Hintergrund sind die von nun an erfolgenden Gründungen reichsweiter volkskundewissenschaftlicher Institutionen zu verstehen, an denen in einer ersten Phase der Rosenbergsche Fachtheoretiker Matthes Ziegler führend beteiligt war.

Anmerkungen

1. Vgl. dazu die Abhandlung von James R. Dow und Hannjost Lixfeld "Nationalsozialistische Volkskunde und Vergangenheitsbewältigung" im vorliegenden Band.
2. Vgl. Volkskunde an den Hochschulen 1986.
3. Vgl. die grundlegenden Ausführungen zur Institutionalisierung eines wissenschaftlichen Fachs bzw. zur Disziplingenese bei Könenkamp 1991: 172-176.
4. Vgl. Lixfeld 1989.
5. Nach Meier 1947: 27.
6. Vereine, Verbände, Universitäten usw. wurden nach 1933 "gleichgeschaltet," d.h. dem autoritären Leitungs- oder "Führerprinzip" ohne demokratische Mitbestimmungsrechte ihrer Mitglieder unterworfen. Zum Teil kamen diese Organisationen der von oben angeordneten "Gleichschaltung" durch "Selbstgleichschaltung" zuvor, vgl. Reimann 1984. "Gleichschaltung" ist folglich der Begriff für die Annektierung von Organisationen durch NS-Institutionen.
7. Schöne 1981; zur Namensänderung vgl. Heiber 1966: 784-785.
8. *Bericht der Notgemeinschaft* 12, 1933: 12. Hervorhebungen durch Schmidt-Ott.
9. Vgl. dazu die kritische Stellungnahme bei Bollmus 1989.
10. Heiber 1966: 796-797.
11. Heiber 1966: 800; zum "Kampfbund für deutsche Kultur" vgl. Brenner 1963: 7 ff.
12. Heiber 1966: 797.
13. Heiber 1966: 800, vgl. 792.
14. BDC Wildhagen, Eduard, geb. 15.11.1890. NSDAP-Mitglied Nr. 1 668 634 seit 1.4.1933.
15. Vgl. Heiber 1966: 787.
16. Heiber 1966: 789-790; Wildhagen 1938: 10, 13.
17. Heiber 1966: 840.
18. Heiber 1966: 247.
19. Heiber 1966: 793.
20. Heiber 1966: 786.

21. Heiber 1966: 799, vgl. 841.
22. Heiber 1966: 802-803.
23. Heiber 1966: 800.
24. Heiber 1966: 800.
25. UA Jena, Bestand U Abt. IV, Nr. 30. Lebenslauf Matthes Ziegler von 1940. Den Lebenslauf und weitere Informationen aus dem UA Jena/DDR verdanke ich Wolfgang Jacobeit, Berlin-Birkenwerder, und Reinard Schmook, Wriezen an der Oder, vgl. Lixfeld 1987a: 74, 81 Anmerkung 31.
26. Heiber 1966: 800.
27. Vgl. Heiber 1966: 834, 779; 946: Ziegler, der "als Rosenbergs Statthalter in Wildhagens Forschungsgemeinschaft residierte und dort seine Forschungsplanungen finanzierte."
28. *Mitteilungen des Atlas der deutschen Volkskunde* 5, Januar 1935: 82.
29. Archiv der Landesstelle für Volkskunde, Freiburg i.Br. Aktenordner "Atlas Zentrale," Schreiben des DFG-Präsidenten vom 7.9.1934 an die Landesstelle Baden des Atlas der deutschen Volkskunde, Heidelberg.
30. Rosenberg 1934a; vgl. Baumgärtner 1977: 42-81 und das Kapitel der vorliegenden Untersuchung "Nationalsozialistische Volkskunde und Volkserneuerung."
31. Zur Wortprägung vgl. Ponti 1950.
32. Kater 1974: 21; vgl. Biedermann 1944a: 1.
33. Vgl. Bollmus 1970: 249.
34. Landesstelle für Volkskunde Freiburg i.Br. Aktenordner: Betr. Flurnamen. Ministerium 1933-1934. Protokoll über die Sitzung der Reichsgemeinschaft der Deutschen Volksforschung, Abteilung Volkskunde, am 15. September 1934, Bl. 4. Diesen Fund verdanke ich Jens Hamer, Freiburg i.Br.
35. UA, Jena, Bestand U Abt. IV, Nr. 30. Lebenslauf Matthes Ziegler von 1940; vgl. Lixfeld 1987a: 74, 81 Anmerkung 31.
36. BDC Metz, Georg Friedrich, geb. 8.3.1890. NSDAP Nr. 1 604 506 seit 14.4.1933; BDC Mitzka, Walther, geb. 27.2.1888. NSDAP-Mitgliedschaft vom 1.5.1933 nicht in Kraft getreten; NSDAP-Mitglied Nr. 5 401 771 seit 1.5.1937.
37. BDC Günther, Hans F.K., geb. 16.2.1891. NSDAP-Mitglied Nr. 1 185 391 seit 1.5.1932.
38. Vgl. Stengel-von Rutkowski 1935a; Stengel-von Rutkowski 1935b: Stengel-von Rutkowski 1941.
39. Vgl. Reinerth 1932b.
40. Kater 1974: 22.
41. Kater 1974: 23; Ziegler 1934a.
42. Kater 1974: 23.
43. Vgl. zum Beispiel Kater 1974: 140-142.
44. Kater 1974: 22.
45. Reinerth 1932a.
46. Zur späteren ideologischen Einbindung vgl. Rüdiger 1938a.
47. Vgl. Lixfeld 1989.
48. Vgl. zum Beispiel Wildhagen 1938: 10, 13; Heiber 1966: 789.
49. *Mitteilungen des Verbandes deutscher Vereine für Volkskunde* 37, Dezember 1928: 14.
50. Vgl. Jacobeit und Mohrmann 1982.
51. Zu Spamer und seiner Fachtheorie vgl. die grundlegende Abhandlung von Peter Assion im vorliegenden Band.
52. Sokol 1985c: These Nr. 2; für die Zugänglichmachung der unveröffentlichten Untersuchungen von Kristin Sokol danke ich Wolfgang Jacobeit und Thomas Scholze, Berlin.
53. Jacobeit 1987: 303; Sokol 1985b.
54. Vgl. Jacobeit 1965b: 112-125, besonders 120.
55. Vgl. Dow und Lixfeld 1986: 7-8.
56. Strobach 1987: 31-34.
57. Strobach 1987; Jacobeit 1987.

58. Vgl. Ritz 1953; Sieber 1955b; Steinitz 1955: 16-18; Beiträge zur sprachlichen Volksüberlieferung 1953; Bartel 1983; Burde-Schneidewind und Geissler 1984; Zippelius 1978; Weber-Kellermann 1969; Weber-Kellermann 1984; Weber-Kellermann und Bimmer 1985: 103-113.
59. Vgl. Jacobeit 1987: 308.
60. Strobach 1973: 70; auch abgedruckt bei Jacobeit und Mohrmann 1982: 293.
61. Strobach 1987: 25.
62. Sokol 1985a: 3-4.
63. Klemperer 1987: 121.
64. 12. Fortsetzung des Abdrucks aus den Tagebüchern Victor Klemperers von 1936 bis 1940 in der Zeitung *Die Union*, Dresden, 22. Mai 1987. Für die freundliche Übermittlung dieses Fundes habe ich Wolfgang Jacobeit zu danken.
65. Vgl. Sokol 1985a: 1. Sokol spricht hier von einer "idealistisch begründeten freiwilligen Selbstgleichschaltung gegenüber dem faschistischen Ideologienapparat." Dies ist nur bedingt richtig, da Spamer weder persönlich noch fachwissenschaftlich die NS-Ideologie vertrat.
66. Vgl. BDC Spamer, Adolf, geb. 10.4.1883.
67. Sokol 1985b: 41-42; vgl. Abendroth 1984: 21-22.
68. Vgl. Myrdal 1971.
69. Weber-Kellermann 1984: 199-200.
70. Vgl. Fritzsch 1936: 88, 90-95; Fritzsch 1956b.
71. BDC Fritzsch, Karl Ewald, geb. 27.7.1894. NSDAP-Mitglied Nr. 2 447 988 seit 1.5.1933.
72. Spamer 1934a: 147.
73. Vgl. zu den Namen und Tätigkeitsorten der Kreisvolkstumswarte Fritzsch 1934: 153-154.
74. Spamer 1934a: 147.
75. Fritzsch 1934: 149.
76. Fritzsch 1934: 151.
77. Fritzsch 1934: 149, 152.
78. Aufbau der Landesstelle 1936: 25.
79. Fritzsch 1934: 153; Jacobeit 1987: 303; BDC Spamer, Adolf, geb. 10.4.1883.
80. Fritzsch 1934: 149.
81. Fritzsch 1934: 152; Tagung 1934: 100-101.
82. Aufbau der Landesstelle 1936: 25; zur Verflechtung der genannten NS-Organisationen vgl. das Kapitel in der vorliegenden Abhandlung: "Kulturpolitische Institutionen Rosenbergs."
83. *Mitteldeutsche Blätter für Volkskunde* 9, 1934: 153; Fritzsch 1936: 88.
84. *Mitteldeutsche Blätter für Volkskunde* 10, 1935: 60; Fritzsch 1935: 2; zu Spamers Leitung der Gaufachstellentagung in Plauen i.V. vgl. *Mitteldeutsche Blätter für Volkskunde* 10, 1935: 124-125; zu Spamers Vortrag auf dieser Tagung vgl. Spamer 1935b: 97; zur Entstehung der "Abteilung Volkstum und Heimat in der NS-Kulturgemeinde" vgl. das Kapitel der vorliegenden Untersuchung "Kulturpolitische Institutionen Rosenbergs."
85. Jacobeit und Mohrmann 1982: 282-286; Weber-Kellermann 1984: 201.
86. Vgl. Jacobeit und Mohrmann 1982: 286-289.
87. Sokol 1985a: 3. Sokol verweist hier auf das Archiv der Humboldt-Universität zu Berlin (Ost), Sign. 163, Bd.1, Bl.39; vgl. auch Heiber 1966: 802-804.
88. Sokol 1985a: 3 mit Verweis auf das Archiv der Humboldt-Universität zu Berlin (Ost), Sign. 163, Bd.1, Bl. 44; gemeint ist hier die Umstrukturierung der Technischen Hochschule Dresden, doch werden Spamer mit Sicherheit auch die Pläne zur Errichtung der DFG-Reichsgemeinschaft für deutsche Volksforschung in Berlin bekannt gewesen sein, war er doch mit Eduard Wildhagen befreundet.
89. Heiber 1966: 802.
90. Jacobeit 1987: 315 Anmerkung 12.
91. Heiber 1966: 803.
92. Heiber 1966: 803-804.

93. Heiber 1966: 802-803 gewann diese Einsicht aus der Analyse der Archivalien BA R 73/161, die 1986/1987 im Bundesarchiv Koblenz nicht mehr auffindbar waren.
94. Vorschläge 1933: 94-150.
95. Vgl. *Mitteldeutsche Blätter für Volkskunde* 11, 1936: 89; Wildhagen 1938: 61.
96. Heiber 1966: 803.
97. Wildhagen 1938.
98. Vgl. *Mitteilungen des Atlas der deutschen Volkskunde* 5, Januar 1935: 83; Gansohr-Meinel 1991: 179-181.
99. BA R 73/302. Berufungsschreiben der DFG für Wilhelm Peßler vom 29.8.1934.
100. Akten der DGV im DVA. Ordner "Volkskundetag 1936 in Bremen." Brief Spamers an John Meier vom 16.7.1936.
101. BA R 73/302. Brief Wildhagens an Peßler vom 9.6.1936.
102. Heiber 1966: 803; zu Helbok vgl. die Abhandlungen von Reinhard Johler im vorliegenden Band.
103. Vgl. Heiber 1966: 803, 141.
104. Vgl. Assion 1985. Fehrle war als Altnazi der NSDAP mit der Mitglieds-Nr. 729 466 am 1.12.1931 beigetreten, vgl. BDC Fehrle, Eugen, geb. 7.8.1880.
105. BA R 73/318. Brief Spamers an Fehrle vom 8.9.1934.
106. BA R 73/318. Brief Wildhagens an Fehrle vom 2.1.1935.
107. Vgl. BA R 73/318. Brief Wildhagens an Fehrle vom 2.1.1935.
108. BA R 73/318. Brief Fehrles an Wildhagen vom 22.1.1935.
109. BA R 73/318. Denkschrift Fehrles vom 13.1.1935.
110. BA R 73/318. Brief Fehrles an Wildhagen vom 22.1.1935.
111. Vgl. Heiber 1966: 797 und öfter.
112. Heiber 1966: 787.
113. Heiber 1966: 780.
114. Vgl. Bönisch, Gloistein, Gohde, Weinitschke und Wiese 1986; Grimm 1864a.
115. BA R 73/45. Nachkriegsbericht Eduard Wildhagens (Oktober 1965), Blatt 19.
116. Heiber 1966: 786.
117. Heiber 1966: 802.
118. Vgl. Wildhagen 1938: 13-15.
119. BA R 73/45. Nachkriegsbericht Eduard Wildhagens (Oktober 1965), Blatt 13.
120. Vgl. Beitl und Beitl 1982: 168.
121. Vgl. Wildhagen 1938: 9-10, 13-15, Beilage des Buches 10-20.
122. BA R 73/318. Briefwechsel Wildhagen - Fehrle vom 24.4.1935 und 29.4.1935.
123. BA R 73/318. Briefwechsel Wildhagen - Fehrle vom 18.12.1935 und 23.12.1935.
124. Beitl und Beitl 1982: 168.
125. Heiber 1966: 831-832; zu den Vorgängen vgl. auch Gansohr-Meinel 1991: 85-91, 158-159, 164-165, 181-183.
126. BDC Bretschneider, Anneliese, geb. 24.8.1898. NSDAP-Mitglied Nr. 1 277 168 seit 1.8.1932; siehe auch ebendort den Lebenslauf.
127. BDC Beitl, Richard, geb. 14.5.1900. Akte Reichsschrifttumskammer.
128. Vgl. Heiber 1966: 800.
129. Jacobeit 1965b: 138-142.
130. Jacobeit 1965b: 138.
131. Wildhagen 1938: 167.
132. Jacobeit 1965b: 139.
133. Beitl 1934: 117-118; vgl. Lixfeld 1989: 130-131.
134. Lauffer 1934; vgl. Lixfeld 1989: 131-133.
135. Vgl. die bei Lixfeld 1989: 129-130 besprochene Propagandaschrift der Notgemeinschaft der Deutschen Wissenschaft für den ADV, Deutsche Forschung 1928a, Deutsche Forschung 1928b.
136. Wildhagen 1938: 15.
137. Wildhagen 1938: 168.

138. Wildhagen 1938: 167-170.
139. Campbell 1937.
140. *Folk. Zeitschrift des Internationalen Verbandes für Volksforschung* 1, 1937: 17-23.
141. *Folk* 1, 1937: 21; Bellmann 1937: 208.
142. Vgl. Weber-Kellermann 1984: 201; Gansohr-Meinel 1991: 174.
143. Vorschläge 1933: 94-150; Gansohr-Meinel 1991: 119-126.
144. *Mitteilungen des Atlas der deutschen Volkskunde* 5, Januar 1935: 81-96. Zum 5. Fragebogen vgl. Grober-Glück 1988: 54, 62 und die methodisch vernichtende Kritik bei Cox 1988; Gansohr-Meinel 1991: 181-185.
145. Vgl. Jacobeit 1987: 303.
146. *Mitteilungen des Atlas der deutschen Volkskunde* 5, Januar 1935: 84-85.
147. Ebendort: 88.
148. Ebendort: 88-89.
149. Ebendort: 90-92.
150. Ebendort: 91-92.
151. Ebendort: 92-94.
152. Ebendort: 95.
153. Ebendort: 96.
154. So macht sich Heiber 1966: 790 über die seiner Ansicht nach generell sonderbaren Fragen des ADV lustig.
155. *Mitteilungen des Atlas der deutschen Volkskunde* 5, Januar 1935: 85.
156. Vgl. Adolf Spamers "Vorbemerkung" in Vorschläge 1933: 94.
157. Strobel 1936b: 920.
158. Vgl. 12. Fortsetzung des Abdrucks aus den Tagebüchern Victor Klemperers von 1936-1940 in der Dresdner Zeitung *Die Union* vom 22. Mai 1987.
159. Fritzsch 1936: 88.
160. Spamer 1934a: 148.
161. Spamer 1935b: 99.
162. Spamer 1935b: 103.
163. Ziegler 1934a.
164. Spamer 1935b: 102.
165. Spamer 1935b: 103.
166. Spamer 1935b: 104.
167. Spamer 1936a.
168. Vgl. Heiber 1966: 842.
169. Vgl. Heiber 1966: 804.
170. Spamer 1936a: 145.
171. Spamer 1936a: 146.
172. Vgl. Spamer 1934a.
173. Vgl. Thiele (ed.) 1939.
174. Vgl. Kater 1974: 140.
175. Vgl. Brednich 1983: 90-91; Brednich 1985: 26-29.; Brednich 1987a.
176. Wie Brückner 1987c: 125 glauben machen will.
177. Lixfeld 1989: 141.
178. Vgl. Spamer 1936a: 145.
179. Reinerth 1932a: 256.
180. Spamer 1936a: 149.
181. Spamer 1936a: 146.
182. Reinerth 1932a: 257.
183. Spamer 1936a: 145.
184. Nach freundlicher Mitteilung von Wolfgang Jacobeit.

185. Vgl. Oesterle 1987: 84; DVA Allgemeine Korrespondenz 1932-1934. Nr. 47; Gansohr-Meinel 1991: 164.
186. UA Freiburg i. Br., Reg. Akten XVI/4/27. Die Denkschrift wurde nach der Entlassung von DFG-Vizepräsident Wildhagen (15.8.1936) bei dem Rektor der Universität Freiburg i.Br., Friedrich Metz, eingereicht, der auch Leiter der Abteilung Siedlung der Reichsgemeinschaft für deutsche Volksforschung war. Metz ließ die Denkschrift am 16.12.1936 an John Meier zu dessen Einsichtnahme senden.
187. UA Freiburg i.Br., Reg. Akten XVI/4/27. Denkschrift Adolf Spamers von 1936, Blatt 16 und 9.
188. Ebendort: Blatt 4.
189. Ebendort: Blatt 6.
190. Ebendort: Blatt 8, vgl.14.
191. Ebendort: Blatt 7.
192. Ebendort: Blatt 12.
193. Ebendort: Blatt 6.
194. Ebendort: Blatt 6-7, 17.
195. Ebendort: Blatt 2.
196. Ebendort: Blatt 2.
197. Ebendort: Blatt 12.
198. Ebendort: Blatt 13.
199. Ebendort: Blatt 2.
200. Ebendort: Blatt 13.
201. Bollmus 1970: 236.
202. Vgl. Spamer 1935b: 99, 103.
203. Nationalsozialistische Bibliographie 1936-1943; zur Prüfungskommission vgl. Schier 1988: 143-144.
204. Heiber 1966: 804.
205. Heiber 1966: 804.
206. Spamer 1934-1935a.
207. Spamer 1934-1935b.
208. Ziegler 1934c.
209. Vgl. Ziegler 1934c.
210. Vgl. Ziegler 1935b: 1156.
211. Ziegler 1934c: 1165.
212. Harmjanz 1936a: 128, 133-134, 141 ff.
213. Ziegler 1934c: 1165.
214. Deutsche Volkskunde im Schrifttum 1938.
215. Ebendort: 52, IV 61.
216. Ebendort: 52, IV 60.
217. Ebendort: 17, I 30.
218. Ebendort: 17-18, I 33.
219. Weber-Kellermann 1984: 202.
220. Weber-Kellermann 1984: 202.
221. Weber-Kellermann 1984: 202.
222. Deutsche Volkskunde im Schrifttum 1938: 17-18, I 30, I 33; 52, IV 60, IV 61.
223. Zur Katholischen Aktion vgl. Rosenberg 1940: 34-40; Zipfel 1965: 60-67.
224. Heiber 1966: 814-821.
225. Heiber 1966: 821-843, besonders 842.
226. Zu Zieglers vergeblichem Einsatz für Wildhagen vgl. Heiber 1966: 834-835.
227. Heiber 1966: 843.
228. UA Jena. Bestand U Abt. IV, Nr.30, Lebenslauf Matthes Ziegler von 1940.

229. Heiber 1966: 804-805; die erste Lieferung von Karten des ADV war bereits 1936 erschienen; vgl. auch Strobel 1936b; Gansohr-Meinel 1991: 185-189.
230. Harmjanz 1936a: 128, 133-134, 141 ff.
231. Jacobeit 1987: 303-304; Jacobeit und Mohrmann 1982: 289.
232. Weber-Kellermann 1984: 202.
233. Archiv der Philosophischen Fakultät der Universität Freiburg i.Br. Akte "Institut für Volkskunde," Schreiben des Dekans an das Ministerium des Kultus und Unterrichts Karlsruhe vom 7.2.1942; Schreiben des Reichserziehungsministeriums (REM) an das Ministerium des Kultus und Unterrichts Karlsruhe vom 28.3.1942; Schreiben des Dekans an das REM vom 20.4.1942; Dehnert 1989 übersieht, daß Harmjanz Spamer von Freiburg fernhielt.
234. Vgl. Weber-Kellermann 1984: 203-205.
235. Strobach 1987: 32.
236. Eduard Wildhagens organisatorische Leistung und wissenschaftliches Verständnis für die Volkstumsforschung bescheinigten noch 1936 die Professoren Hans F. K. Günther, Adolf Spamer, Eugen Fehrle, Friedrich Metz, Walther Mitzka, Wilhelm Peßler und Ernst Bargheer in einer "geharnischten Demarche" an das Reichserziehungsministerium zur Abwehr der Entlassung des DFG-Vizepräsidenten, vgl. Heiber 1966: 840.
237. Sokol 1985a: 2; vgl. Sokol 1985b: 2.
238. Heiber 1966: 841.
239. Nach Aussage von Matthes Ziegler, vgl. Bollmus 1970: 94 und 283 Anm. 209; Heiber 1966: 834.
240. Bollmus 1970: 94.
241. Heiber 1966: 834.
242. Vgl. Bollmus 1970: 94 und 283 Anm. 209.

NATIONALSOZIALISTISCHE VOLKSKUNDE UND VOLKSERNEUERUNG

HANNJOST LIXFELD mit einem Beitrag von GISELA LIXFELD

Wissenschaftliche und in der Volkstumspflege beziehungsweise Volkserneuerung angewandte Volkskunde wurde im Dritten Reich von mehreren Gliederungen und angeschlossenen Verbänden der Nationalsozialistischen Deutschen Arbeiterpartei (NSDAP) betrieben.[243] Unter allen ragen jedoch die Partei-Dienststelle des "Beauftragten des Führers für die Überwachung der gesamten geistigen und weltanschaulichen Schulung und Erziehung der NSDAP," des Reichsleiters Alfred Rosenberg,[244] auch Amt Rosenberg oder Reichsüberwachungsamt genannt, und die "Forschungs- und Lehrgemeinschaft 'Das Ahnenerbe'" des Reichsführers-SS Heinrich Himmler hervor.[245] Nur diese beiden großen Kulturorganisationen der NSDAP mit ihren Fachinstituten können neben dem bürgerlich-nationalen "Verband deutscher Vereine für Volkskunde" und der bis 1937 existierenden "Abteilung Volkskunde der Reichsgemeinschaft für deutsche Volksforschung" als volkskundliche Dachverbände reichsweiten Geltungsanspruchs angesehen werden.

Die von der Verwendbarkeit der Volkskunde für ihre ideologischen und machtpolitischen Intentionen überzeugten hohen Parteifunktionäre Rosenberg und Himmler übernahmen von der bürgerlich-nationalen Disziplin nicht nur Forschungsinstitutionen und Arbeitsergebnisse, um sie unter speziellen nationalsozialistischen Zielsetzungen weiterzuführen und auszubauen, sondern ebenso fachlich ausgebildete und für ihre Dienststellen benötigte Leiter, Mitarbeiter und Zuarbeiter, sowie vor allem bestimmte, in die sich nunmehr grundlegend wandelnde und doch nicht gänzlich neue Fachauffassung passende traditionelle Theoreme und Ideologeme.

Die nationalsozialistische Volkskunde des Amts Rosenberg wie des Ahnenerbes und die bürgerlich-nationale Volkskunde weisen ideologisch, methodologisch und personell grundsätzlich Unterschiede, jedoch ebenso Gemeinsamkeiten auf. Die Verdeutlichung der trennenden und verbindenden Kriterien, über die bereits während des Dritten Reichs wie in der Nachkriegszeit kontrovers diskutiert wurde, stellt ein prekäres und noch heute virulentes Problem dar.

Utz Jeggles Feststellung, einzelne Stränge der vor 1933 ausgetragenen methodologischen Fachdiskussion[246] führten "mitten hinein in die Weltanschauung des Nationalsozialismus,"[247] ist durchaus zuzustimmen. Ob aber die in der Tat existierenden anderen Diskussionsstränge,[248] wären sie in der Zeit nach 1933 fortgesetzt worden, "unserem Fach vielleicht Jahrzehnte früher die Eigenständigkeit und Souveränität beschert hätten, um die wir uns heute noch immer bemühen,"[249] bleibt in mehr als einer Hinsicht fraglich. Zum einen dürften die mit der methodologischen Fachdiskussion verbundenen traditionell-ideologischen Verkrustungen[250] auch bei einem Fortbestehen der Weimarer Demokratie über 1933 hinaus eine weitgehende Änderung der Fachauffassung verhindert haben. Zum anderen verdankt die wissenschaftliche Disziplin Volkskunde ihre "Eigenständigkeit," die das fachpolitische Ziel namhafter bürgerlich-nationaler Volkskundler wie Adolf Spamer und John Meier war, ihre entscheidende institutionelle Etablierung ja nicht der Weimarer Republik, sondern dem am 30. Januar 1933 an die Macht gelangten nationalsozialistischen Regime. Selbst die Re-Institutionalisierung der Volkskunde in den Nachkriegsstaaten, der Bundesrepublik Deutschland, der Deutschen Demokratischen Republik und der Republik Österreich, wäre ohne den grundlegenden Aufschwung während der zwölf Jahre des Dritten Reichs nicht denkbar gewesen.

Das Erbe des Nationalsozialismus bedeutet für die Volkskunde der Nachfolgestaaten des Dritten Reichs eine schwere Hypothek, umso mehr, als in der Weimarer Republik und der Zeit der nationalsozialistischen Diktatur bürgerlich-nationale Volkskunde und Volkskundler - allerdings teils unbeabsichtigt - auch Wegbereiter der nationalsozialistischen Disziplin waren. Aufgrund breiter Übereinstimmungen auf dem ideologischen und methodologischen Sektor gab es ebenso fließende Übergänge auf dem personellen, das heißt, gar nicht wenige bürgerlich-nationale Fachgelehrte nicht allein der jüngeren Generation traten zur nationalsozialistischen Volkskunde über oder arbeiteten ihr absichtlich zu. Insoweit ist zu differenzieren zwischen willentlichen und unwillentlichen, vom Nationalsozialismus überzeugten und nicht überzeugten Wegbereitern, und seit der Institutionalisierung einer nationalsozialistischen Volkskunde zwischen ihren engagierten Vorkämpfern und Vertretern, den Mitläufern, den Indifferenten und schließlich den Gegnern.

Volkskundliche Fachgelehrte machten sich absichtlich und unabsichtlich zu Wegbereitern der nationalsozialistischen Volkskunde, und nicht aus allen wurden Wegbereiter gemacht, wie Utz Jeggle formuliert, obwohl diejenigen nicht vergessen werden dürfen, für die "der ideologische und persönliche Zwang, der vom Nationalsozialismus ausgeübt wurde, so übermächtig war, daß er auch noch jene Biographien befleckte, die sich vor ihm scheuten und den Rückzug versuchten."[251] John Meier ist hier ein sprechendes Beispiel.[252]

Nicht zu übersehen ist jedoch das ehrgeizige Bestreben vieler Volkskundler, unter dem nationalsozialistischen Regime, das nach seinem Machtantritt sehr bald gefestigt war und für eine unabsehbare Zeit anzudauern schien, beruflich Karriere zu machen; erlebte doch das Fach Volkskunde erstmals einen breiten institutionellen Aufschwung und wurden eine nicht geringe Anzahl von neuen Stellen an Universitäten, Hochschulen für Lehrerbildung und Forschungsinstituten eingerichtet. Um sich hier profitabel einzubinden, waren politische Bekenntnisse oder opportunistische Zugeständnisse an die alle Bereiche des öffentlichen Lebens mehr und mehr kontrollierende Staatspartei unumgänglich. Aus anfänglich kleinen Schritten des Entgegenkommens oder Kompromissen konnten dann rasch gravierend große werden, konnte der Karrierist bis zur nahtlosen Übereinstimmung mit nationalsozialistischen Einstellungen und Verhaltensweisen gelangen oder aber, falls ihm diese Konsequenz denn doch unannehmbar erschien, wie beispielsweise Adolf Spamer, von den Nationalsozialisten fallengelassen und existentiell gefährdet werden.

Das Spektrum der individuellen wie auch der kollektiven Verhaltensweisen deutscher - und betroffener ausländischer - Volkskundler in der Zeit der nationalsozialistischen Gewaltherrschaft ist einerseits breit, andererseits aber auch wieder von bemerkenswerter Konformität geprägt. Es ist bisher noch kaum mit der gebotenen Differenziertheit analysiert worden, obwohl hier ein nicht unwichtiger Schlüssel für die Erhellung und Erklärung der Fachgeschichte weit über das Dritte Reich hinaus vorliegt. Nachträgliche Verschleierungsversuche zur Exkulpierung der betroffenen Wissenschaftler und wissenschaftlichen Disziplin sowie letzlich nur durch das "Nestbeschmutzersyndrom"[253] erklärbare Abwehrhaltungen und leichtfertige Verallgemeinerungen, wie das von Wolfgang Brückner konstruierte abwegige Verhaltensmodell für die Volkskundewissenschaftler der damaligen Zeit,[254] herrschen vor. Sie lassen fast übersehen, daß allein schon die Zahl der von den Nationalsozialisten aus rassischen Gründen verfolgten und ermordeten Fachgelehrten, der deutschen und deutschsprachigen, auch von der bürgerlich-nationalen Fachvertretung meist ausgeklammerten Juden,[255] sehr hoch ist,[256] daß die aktive Beteiligung von Volkskundlern an den Unrechtstaten des deutschen faschistischen Regimes mehr und mehr aufgedeckt wird.[257]

Relativ klein ist dagegen die Gruppe derjenigen auf volkskundlichem Gebiet Forschenden und Lehrenden nicht jüdischer Herkunft, die offen eine weltanschauliche, theoretische oder individuell-ethische Gegenposition zur nationalsozialistischen Volkskunde oder zum Nationalsozialismus schlechthin bekundeten und denen aufgrund ihres Verhaltens und Schicksals die hohe Achtung der Nachgeborenen gebührt. Stellvertretend seien genannt:

Der Münsteraner Professor der katholischen Theologie, Prälat Georg Schreiber, dem der ununterbrochene gehässige Terror und die lebensbedrohende Verfolgung des faschistischen Regimes galten;[258] der Mentor der Münchner Widerstandsgruppe "Die weiße Rose" und bürgerlich-nationale Professor der Philosophie, Psychologie und Volksliedkunde Kurt Huber, den die Nationalsozialisten vom Volksgerichtshof verurteilen und hinrichten ließen;[259] der mit dem Verlust der Lehrbefugnis bestrafte und von der Einweisung in das Konzentrationslager bedrohte Breslauer Privatdozent für Volkskunde und ehemalige Sozialdemokrat Will-Erich Peuckert, den Christoph Daxelmüller als "fast einzigartige Persönlichkeit" würdigt;[260] der durch den Volksgerichtshof zum Tode verurteilte, jedoch beim Einmarsch der Alliierten aus dem Gefängnis befreite bayerische Volksfrömmigkeitsforscher und Wiener Privatdozent Rudolf Kriss;[261] der in Zusammenhang mit dem Attentat auf Adolf Hitler vom 20. Juli 1944 durch den Volksgerichtshof zum Tode verurteilte und hingerichtete sozialdemokratische Widerstandskämpfer Adolf Reichwein, Professor für Geschichte und Staatsbürgerkunde und nach der erzwungenen Aufgabe seiner Hochschullaufbahn als Volksschullehrer, später als Mitarbeiter im Berliner Volkskundemuseum tätig.[262]

Die Analyse des schillernden Verhaltens der Mehrheit der deutschen und deutschsprachigen Volkskundler unter der NS-Diktatur bleibt schwierig[263] und ist noch für die heutigen Fachvertreter, die Schüler und Nachfolger jener im Dritten Reich, ein emotional heftig umstrittenes Fachpolitikum. Eine "individualisierende Betrachtung des Geschehens" im Sinne Helge Gerndts ist jedoch unumgänglich, "denn nur in Individuen und ihrem individuell gestalteten Werk konkretisiert sich ein Abstraktum, ein wissenschaftliches Fach wie die Volkskunde, und wird so der Analyse zugänglich."[264]

Von "der unlösbaren Aufgabe einer Beurteilung des Verhaltens volkskundlicher Wissenschaftler in der Zeit des Nationalsozialismus" auszugehen, wie dies Ingeborg Weber-Kellermann unternimmt,[265] widerspricht hingegen den Prinzipien ernstzunehmender Geschichtsschreibung, den Untersuchungsergebnissen der sich seit langem individualisierend mit den Wissenschaften unter dem Nationalsozialismus beschäftigenden Fachhistoriker[266] und nicht zuletzt den Versuchen heutiger Volkskundler, zur Aufhellung der Geschichte ihres Fachs in seiner eigentlichen institutionellen Gründerzeit beizutragen.

Die Wissenschaft von der deutschen Volkskunde ist unter dem faschistischen Regime der Pervertierung anheimgefallen, der Pervertierung "des wissenschaftlichen Grundprinzips, daß nur die besseren *Argumente* zählen,"[267] und der Pervertierung des ethischen Grundprinzips, daß die Unterstützung offenkundig inhumaner Handlungen individuell zu verweigern ist. Denn deutsche Volkskundler wurden "- instrumentell - durch wissenschaftliche Legitimierung politischer Ansprüche zum Handlanger eines menschenverachtenden Machtwillens,"[268] dessen ideologische Grundlagen von der akademischen Disziplin teilweise mitvorbereitet worden und an dessen Umsetzung in die Praxis des Dritten Reichs mitzuwirken allzu viele bereit waren.

An der Anerkennung dieser schweren Hypothek des Faches führt kein Weg vorbei, und zu Recht richtet sich die Faschismuskritik[269] auch auf die beteiligten Volkskundler. Eine Stellungnahme zu ethischen Fragen, zu der wir als Wissenschaftler verpflichtet sind, "nicht, um anzuklagen, sondern als Mahnung zur Wachsamkeit, Selbstkritik und Trauerarbeit,"[270] findet heute keineswegs ihr definitives Ende in einer "Dimension von illusionsarmer Einsicht in die Möglichkeiten und Grenzen wissenschaftlicher Haltung, illusionsarm deshalb, weil die Forderung nach Helden nicht wissenschaftlich, sondern auch nur quasi-relgiös zu legitimieren ist."[271] Denn von uns und anderen Wissenschaftlern ist zu verlangen, daß die "Aufrichtung eines moralisch-politischen Maßstabes anerkannt" wird, "zumal das Ideal nicht völlig utopisch gewesen ist: eine Reihe von Volkskundlern hat ihm auch entsprochen [...],"[272] nämlich die verfolgten, mit Berufsverbot belegten, verurteilten und ermordeten Gegner und Opfer der faschistischen Gewaltherrschaft.

Waren ihre fachtheoretischen und ideologischen Einstellungen auch divergierend und gelegentlich zwiespältig,[273] die Formen ihres Widerstands auch heterogen, so dokumentieren sie doch stellvertretend für andere die Existenz einer Gruppe von Wissenschaftlern mit einem individuellen Verhalten, das sich grundlegend von dem jener unterschied, die sich an die nationalsozialistische Volkskunde und den Nationalsozialismus angepaßt hatten oder als deren engagierte Vertreter und Förderer auftraten.

Gab es Gegner und Befürworter unter den Volkskundlern, so konnten auch unterschiedliche Fachauffassungen existent sein. Das Schlagwort von den "zwei Volkskunden," der nationalsozialistischen und der von dieser durch divergierende Grundzüge geschiedenen nicht-nationalsozialistischen, diente zunächst einmal den politisch belasteten Fachvertretern der unmittelbaren Nachkriegszeit als Schutzbehauptung, sie hätten im Dritten Reich unbeirrt von der Parteivolkskunde ihre spezifisch wissenschaftliche, d.h. objektive und unpolitische Arbeit weitergeführt.[274] Wolfgang Emmerich hat diesen zu undifferenzierten und deshalb ominösen Rechtfertigungsversuch entschieden zurückgewiesen und stattdessen lediglich eine einzige Volkskunde postuliert - "mit ganz verschiedenen Graden der Ideologisierung freilich" - die eine "grundsätzliche Fragwürdigkeit des Wissenschaftsbegriffs" besessen habe und im Blut- und Bodenfolklorismus der Nationalsozialisten aufgegangen sei.[275]

Für den Historiker Reinhard Bollmus gab es "nach dem gegenwärtigen Forschungsstand" (von 1987) "unter historischem Aspekt zwei Volkskunden im Dritten Reich."[276] Bollmus beruft sich auf das Konzept Will-Erich Peuckerts[277] von einer "wissenschaftlichen Volkskunde" "nach nicht-nationalsozialistischen Maßstäben," fügt aber einschränkend hinzu: "das heißt: gab es unter historischem Aspekt und in der erlebten Realität der NS-Zeit 'zwei Volkskunden,' so mag dieser Befund unter einem Gesichtspunkt der Irrtümer des Faches an Bedeutung verlieren."[278] Die Geschichte der "Irrtümer des Faches" belegt allerdings auch nur die auffallende Nähe 'beider Volkskunden,' von denen bei einem anderen Ausgang des Weltkriegs und des NS-Regimes ohnehin nur eine nationalsozialistische Disziplin übriggeblieben wäre.

Die Postulierung von "mehreren Volkskunden" im Dritten Reich geht indessen auf die Nationalsozialisten selbst zurück. Vor allem die NS-Volkskundler des Amts Rosenberg, an ihrer Spitze Matthes Ziegler, des Parteiideologen Alfred Rosenberg "Volkskundeprimus," verfochten sie unentwegt. Ihr Anspruch war, der auf Rosenbergs Ideologie fußenden Fachauffassung den absoluten Vorrang, ein parteiamtlich sanktioniertes Alleinvertretungsrecht zu sichern. Deshalb grenzten sie alle anderen Volkskunden 'per definitionem' aus und bekämpften sie, die bürgerlich-nationale ebenso wie die der sonstigen Gliederungen und Verbände der NSDAP, insbesondere die des Ahnenerbes der SS, das sich auf Grund durchaus adäquater Intentionen und der politischen Machtansprüche seines Kurators und späteren Präsidenten Heinrich Himmler wie selbstverständlich in die erbitterten Auseinandersetzungen um das 'Recht des Stärkeren' einschaltete.

Der für den deutschen Faschismus systemimmanente, vulgär-sozialdarwinistische[279] Konkurrenzkampf hatte fach- und machtpolitische Zielsetzungen und war weltanschaulich-ideologisch untermauert. Obwohl die nationalsozialistische Ideologie selbstredend instrumentell - als Mittel oder Vorwand - zur Durchsetzung bestehender Ansprüche verwandt wurde, hatte sie doch nicht nur die vordergründige Funktion, diese zu verhüllen oder zu verbrämen.[280] Die fach- und machtpolitischen Ansprüche und Zielsetzungen ergaben sich vielmehr erst aus ihr, und ebenso die "weltanschaulichen" Einstellungen und individuellen Verhaltensformen der beteiligten Personen, auch der Wissenschaftler. Sie wirkte schlechthin verhaltensprägend.

Die nationalsozialistische Ideologie diente darüber hinaus mit Hilfe der Wissenschaften, die ihren Inhalt zu systematisieren und für seine Anwendung in der politischen Praxis aufzubereiten hatten, der Volkserziehung, Volkstumspflege oder Volkserneuerung, der sich ebenfalls die bürgerlich-nationale Volkskunde mit ihrer speziellen, in manchem, jedoch nicht in allem übereinstimmenden Volkstumsideologie[281] seit langem verschrieben hatte. Hier vor allem, in der Volkstumsideologie und ihrer politischen Verwirklichung, liegt das Verbindende, aber auch das Trennende zwischen herkömmlicher Volkskunde und nationalsozialistischer, die die traditionellen volkskundlichen Ideologeme aufgriff, sie ins Hypertrophe steigerte und sich unter staatlicher Sanktion zu ihrer Umsetzung in die faschistische Wissenschafts- und Alltagspraxis anschickte.

Die nationalsozialistische Volkskunde konnte sich folglich zu Recht als Fortsetzung der bürgerlich-nationalen betrachten, die bürgerlich-nationale als Teil der nationalsozialistischen, beide jedoch als ideologisch wieder voneinander abgehobene Fachrichtungen, von denen die nationalsozialistische die eigentlich innovatorische war.

Weltanschauung und politische Zielsetzung in Alfred Rosenbergs "Mythus des 20. Jahrhunderts"

HANNJOST LIXFELD

Eine eminente Bedeutung für die Ideologie des Nationalsozialismus besaß Alfred Rosenbergs erstmals im Jahr 1930 veröffentlichtes Buch "Der Mythus des 20. Jahrhunderts. Eine Wertung der seelisch-geistigen Gestaltenkämpfe unserer Zeit."[282] Nach Adolf Hitlers "Mein Kampf[283] war es "das zweite Standardwerk der Naziideologie," von dem mehr als eine Million Exemplare gedruckt und verbreitet wurden. "Sein Verfasser galt als 'die weltanschauliche Autorität' der Partei," er war "der nächst Hitler führende Naziideologe."[284]

Angesichts der entscheidenden "Tatsache, daß die Ideologie des Nationalsozialismus ihre *instrumentale* Funktion als herrschaftstechnisches Hilfsmittel ausgezeichnet erfüllte," erscheint es müßig, darüber "zu rechten, ob es sich hier um ein konsistentes ideologisches System oder einen Mischkessel, einen 'Ideenbrei' handle." Diese generelle Feststellung Wolfgang Emmerichs[285] kann mit einigem Recht auch auf den "Mythus des 20. Jahrhunderts" bezogen werden. Dessen bunt zusammengewürfelte Ideen sind von der Forschung längst schlüssig auf ihre wesentlichen Vorlagen im 19. und 20. Jahrhundert und ihre Klitterung durch den Philosophie-Autodidakten Rosenberg ausgewiesen worden.[286] Das auf diese Weise entstandene, dem Irrationalismus und der Inhumanität verpflichtete ideologische Konglomerat sollte jedoch nach dem Willen seines Schöpfers als ein geschlossenes Ganzes betrachtet werden, das mit allen seinen einzelnen Teilen stringente Handlungsanweisungen zum Aufbau einer einzigartigen nationalsozialistischen Weltanschauung zu geben imstande war.

Entstehungsgeschichte und Inhalt des "Mythus" belegen, daß Rosenbergs abstruse Ideologie oder Weltanschauung einer logischen Überprüfung nicht standhält. Dennoch - oder gerade deshalb - übte sie auf viele Zeitgenossen eine starke Faszination aus. Im Dritten Reich wurden sogar Versuche unternommen, unter anderem von Volkskundlern, aus ihr eine nationalsozialistische Wissenschaftslehre zu entwickeln,[287] die dem Ausbau des "Mythus" zum herrschaftstechnischen Instrument in der nationalsozialistischen Alltagspraxis dienen sollte. Allerdings ging diese 'Wissenschaft,' wie am Beispiel der Volkskunde ersichtlich wird, induktiv vor. Sie verzichtete, ebenso wie der 'Ideologietheoretiker' Rosenberg bei seinen intuitiv gewonnenen Einsichten, von vornherein darauf, "Hypothesen empirisch oder analytisch nachzuprüfen"[288] und verifizierte als angewandte Auftragswissenschaft die a priori feststehenden Thesen des "Mythus." Die Methodenparallele zur bürgerlich-nationalen Volkskunde, die ihre im einzelnen zwar abweichende, in vielem jedoch wiederum übereinstimmende Volkstumsideologie ebenfalls a priori setzte und fortwährend verifizierte, ist unübersehbar.

Inhalt und Aussage des "Mythus des 20. Jahrhunderts" galten als unverrückbar wahr, sowohl für Rosenberg, der "an seine Weltanschauung wirklich geglaubt hat,"[289] wie für seine Mitarbeiter und Anhänger, von denen bedingungslose Loyalität der Lehre des "Mythus" und der 'weltanschaulichen Autorität' seines 'genialen' Schöpfers gegenüber verlangt und erreicht wurde. Insoweit ist die Kennzeichnung der Rosenbergschen Volkskunde als "gläubige Wissenschaft"[290] durchaus gerechtfertigt, wobei jedoch zu fragen ist, ob die Einstellung der bürgerlich-nationalen Volkskunde zu ihrer Volkstumsideologie nicht ebenfalls eine gläubige Haltung repräsentierte.

Der Versuch, den Inhalt der im "Mythus" niedergelegten und in weiteren Schriften[291] von Alfred Rosenberg ergänzten Weltanschauung systematisch zu bestimmen, ist nicht so aussichtslos, wie noch Reinhard Bollmus annahm.[292] Ihre Grundzüge sind im Dritten Reich und in der darauf folgenden Zeit wiederholt analysiert worden.[293] Eine erneute Inhaltsanalyse unter Hervorhebung volkskundlich-kulturwissenschaftlich relevanter Aspekte ergibt deshalb durchaus eine systematische, überblicksartige Zusammenfassung des weltanschaulichen und politischen Grundsatzprogramms, wie es sich seinerzeit ebenfalls den Anhängern, den Mitarbeitern - und den Gegnern - des "Chefideologen" darbot.[294]

Alfred Rosenbergs Weltbild gründet auf der Annahme eines rassisch bestimmten, nordisch-arischen oder germanisch-deutschen Volkstums mit arteigener Weltanschauung und Hochkultur, das sich seit den Anfängen seiner Geschichte über das Mittelalter bis zur Gegenwart in einem unaufhörlichen Kampf mit feindlich gesonnenen fremdrassigen Mächten andersartiger Weltanschauung und Kultur befunden habe. Das letzte historische Zeugnis für diesen Überlebenskampf des germanisch-deutschen Volkstums, zugleich aber auch für den erneuten Sieg der gegnerischen Mächte, stelle der "für das Deutschtum" verlorenen Erste Weltkrieg dar.

Der Erste Weltkrieg bedeutet für Rosenberg in mehr als einer Hinsicht eine entscheidende historische Zäsur. In ihm beginnt der spätere "Chefideologe" des Nationalsozialismus angeblich mit der Konzipierung seiner Weltanschauung, baut sie in der Weimarer Republik weiter aus und veröffentlicht sie schließlich 1930 im "Mythus des 20. Jahrhunderts" als immer noch unvollendete Fassung des "vom Schicksal gestellten Themas."[295]

So verhängnisvoll der verlorene Weltkrieg sich auch auf ein rassisch bestimmtes Deutschtum auswirke, so wenig ist er für Rosenberg umsonst gewesen, sondern im Gegenteil der Beginn einer "Weltrevolution" germanisch-deutschen Volkstums und seiner Weltanschauung "auf allen Gebieten." Denn die Toten des Weltkriegs sind zwar die Opfer einer Epoche, die durch Aufgabe arteigener Werte die Katastrophe der Niederlage mitverschuldet habe, aber als "Märtyrer eines neuen Tages, eines neuen Glaubens"[296] zugleich die Garanten einer von nun an einsetzenden neuen Epoche, in der die arteigene Weltanschauung siegen werde.

Mit dieser neuen Epoche sind die Weltkriegstoten auf rassisch-geheimnisvolle Weise verbunden: Ihr "Blut, welches starb, beginnt lebendig zu werden. In seinem mystischen Zeichen geht ein neuer Zellenbau der deutschen Volksseele vor sich."[297] Das heißt, es kommt über das die Rasse konstituierende Merkmal des "Bluts" zu einer "mythischen Volkserneuerung" angeblich germanisch-deutscher, in Wirklichkeit nationalsozialistischer Provenienz, die Rosenberg, der Seher der neuen Zeit, im 'Schicksalsauftrag' verkündet. Dies ist die Grundaussage des "Mythus des 20. Jahrhunderts" und gleichzeitig die Legitimation der 'Sendung' seines 'genialen' Schöpfers.

Konstitutiv für Rosenbergs Weltanschauung ist die Annahme einer blutgebundenen "Rassenseele" mit spezifischen "Werten" oder "Seelenwerten." Er definiert diese Rassenseele in einem irrationalen Zirkelschluß, der für die aus der Physiognomie des

Menschen seine "seelischen Werte" ablesende Rassenkunde der damaligen Zeit jedoch durchaus Gültigkeit besaß: "Seele aber bedeutet Rasse von innen gesehen. Und umgekehrt ist Rasse die Außenseite einer Seele." Die durch alle Zeiten unveränderliche Rassenseele ist ein "Höchstwert," unter dessen Primat allen anderen Werten ihre "organische Stellung" in Staat, Kunst und Religion zugewiesen wird.[298]

Die fundamentale Neuordnung der deutschen Kultur "auf allen Gebieten" gemäß den Wertsetzungen der Rassenseele und in Überwindung eines seit dem Ersten Weltkrieg konstatierten "inneren Zusammenbruchs," einer "wertelos gewordenen Epoche," vollzieht sich nach der vulgär-sozialdarwinistischen Überzeugung des faschistischen Ideologen nur im Kampf gegen die entgegengesetzten Mächte anderer Rasse und Weltanschauung, in der "Auseinandersetzung zwischen Blut und Blut, Rasse und Rasse, Volk und Volk. Und das bedeutet: Ringen von Seelenwert gegen Seelenwert."[299]

Das aus diesem "neuen Weltbild" einer rassischen Geschichtsbetrachtung[300] sich ergebende Prinzip der unaufhörlichen kämpferischen Auseinandersetzung[301] mit einmal ausgemachten Gegnern ist signifikant für die Methode des generellen Vorgehens - und für das Verhalten der daran beteiligten Individuen.

In der Verwirklichung der "Aufgabe unseres Jahrhunderts"[302] soll die Mythus-Weltanschauung - wo nötig nach dem ‘Recht des Stärkeren’ - im öffentlichen wie privaten Lebensbereich durchgesetzt und mit ihren im speziellen ideologischen Kontext pseudo-ethischen Werten für alle Deutschen verbindlich gemacht werden. Denn Rosenberg beabsichtigt, aus dem "neuen Lebens-Mythus einen neuen Menschentypus" zu schaffen: den neuen Menschen des faschistischen Dritten Reichs oder, wie Rosenberg selbst zutreffender ausdrückt, des "Ersten *Deutschen* Reichs,"[303] den über allen anderen Völkern stehenden ‘deutschen Herrenmenschen.’

Dessen Weltanschauung bedeute Haltung zur Welt, zum äußeren Schicksal und zu den seelischen Antrieben, d.h. zu den Werten seiner Rassenseele. Diese Haltung sei durch Mut, Stolz und Freiheit bestimmt. Da Weltanschauung als wieder herzustellende "germanische Einheit" Religion, Wissenschaft und Kunst umfasse und aus diesen "Urbetätigungen des Menschen" alle übrigen Zweige des Wirkens erwüchsen, müsse die weltanschauliche Haltung überall die gleiche sein und alle Ausdrucksformen von Religion, Wissenschaft und Kunst bestimmen. Erst dann könne die Harmonie von Volk und Leben geschaffen werden,[304] d.h. erst dann sind nach Rosenbergs Absicht die deutsche Kultur und das deutsche Volk total gleichgeschaltet, um von einem totalitären faschistischen Regime in Übereinstimmung mit den rasseseelischen Wertsetzungen geführt zu werden.

Ebenso wie das germanisch-deutsche Volkstum ist auch der aus dem "Mythus" entstehende Weltanschauungsstaat der Zukunft ständig durch die fremdrassigen Feinde bedroht, die deshalb bekämpft und vernichtet werden müssen. Ihre international gesteuerten Wertsetzungen stehen in absolutem Gegensatz zu den nationalen der deutsch-nordischen Rassenseele. Feindliche Mächte sind in erster Linie das Judentum, für den maßgebenden Antisemiten des NS-Regimes die jüdische "Gegenrasse" schlechthin,[305] und von dieser dominant beeinflußt weitere, die allesamt in enger geistiger Verbindung stehen.

Der Marxismus oder, wie Rosenberg formuliert, der Bolschewismus zersetzt mit seiner "Lehre des Internationalismus" die volksmäßigen Grundlagen alles Denkens und Fühlens, zerstört mit seinem "Klassenkampf" den "lebendigen Organismus" der Nation und vollendet dieses Zerstörungswerk durch seinen "Pazifismus," der die Außenpolitik lähmt bzw. entmannt, und durch seine Verwerfung des "Eigentumsbegriffs," der aufs innigste mit dem germanischen Persönlichkeitsideal zusammenhängt.[306] Liberalismus und freimaurerische "Humanität" vertreten die "Lehre vom demokratischen rasselosen und von keinem nationalverwurzelten Ehrgedanken getragenen 'Menschenrecht,'"[307] das heißt, von den unveräußerlichen Grundrechten und der Gleichheit aller Menschen vor dem Gesetz. Die dem rassischen Postulat widersprechende "Gleichheit alles Menschlichen vor Gott," den "Zwangsglaubenssatz der schrankenlosen Liebe," des Mitleids, lehren die christlichen Kirchen. "'Liebe' plus 'Humanität'" seien zu einer "alle Lebensgebote und Lebensformen eines Volkes und Staates zersetzenden Lehre geworden," die europäische Gesellschaft habe sich "geradezu als Hüterin des Minderwertigen, Kranken, Verkrüppelten, Verbrecherischen und Verfaulten 'entwickelt.'"[308]

Insbesondere die römisch-katholische, aber auch die protestantische Kirche werden als in der Tat existente Gegenmächte im "Weltanschauungskampf im Dritten Reich"[309] von Rosenberg scharf attackiert und als "jüdisch-asiatische Konfessionen" der falschen Religion, der Vergewaltigung der Wissenschaft durch biblische Dogmen oder Zwangsglaubenssätze und der Herabminderung der Kunst allein zur Verherrlichung der Bibel sowie der römischen Kirche bezichtigt.[310] Die Kirchen hätten den menschlichen Wert von ihren Zwangsglaubenssätzen abhängig gemacht, die Menschen also seelisch an die jeweilige kirchliche Organisation gefesselt.[311]

Den kirchlichen "Zwangsglaubenssätzen" stellt Rosenberg die "Charakterwerte" seines zu schaffenden Menschentyps entgegen, der christlichen *Liebe* im Sinne von Demut, Barmherzigkeit oder Mitleid, Unterwürfigkeit und Askese die germanisch-deutsche *Ehre* mit Mut, Pflicht, Stolz, Freiheit und Kampfbereitschaft. Diese zwei Werte der Liebe und der Ehre seien es vor allen anderen, an welchen sich seit bald zwei Jahrtausenden die ganze Gegensätzlichkeit zwischen Kirche und Rasse, Theologie und Glauben, Zwangsglaubenssatz und Charakterstolz offenbarten.[312]

Der Idee "Liebe" wohne "keine [menschen-] typenbildende Kraft" inne, "denn selbst die Organisation der 'Religion der Liebe' ist ohne Liebe aufgebaut gewesen" (d.h. die römisch-katholische Kirche).[313] Die Idee der "Ehre" jedoch sei, wenn irgendwo, so im nordischen, im *germanischen* Abendland Zentrum des ganzen Daseins gewesen.[314] Um diesen Ehrbegriff sei denn auch letzten Endes der bereits Jahrtausende dauernde Kampf gegangen, "als das nordische Europa sich dem bewaffneten römischen Süden gegenüber sah und schließlich im Namen der Religion und der christlichen Liebe unterjocht wurde."[315]

Die christliche, inbesondere die römisch-katholische Kirche ist es also, die seit Jahrtausenden die nordisch-germanische Hochkultur bekämpft, unterdrückt und durch rassisch entgegenstehende kulturelle Werte asiatisch-jüdischer und afrikanischer Herkunft überdeckt und verfremdet hat. Sie verchristlichte die germanischen Götter und setzte an deren Stelle ihre Heiligen ein, sie wandelte die ehemals 'heidnischen' in christliche Feste um, konnte aber die "Urkraft altnordischer Überlieferung" nicht ganz vernichten.[316]

Im Zuge dieses Akkommodationsverfahrens führte sie neben vielem anderen, dem Germanentum ursprünglich Fremden, auch Zauberei, niedere Ekstase, Opferwesen und Aberglauben ein,[317] die der "Zauberwelt Afrika-Asiens" ebenso entstammten wie die "christlichen Legenden, die allen Ernstes noch heute den Europäern verkündet werden: 'Jungfrauengeburt', stoffliche 'Auferstehung' Christi, 'Himmel- und Höllenfahrt', dazu die verschiedenen 'Gesichte' katholischer Heiliger, denen die Jungfrau Maria ebenso wirklich erschien, wie Jesus Christus [...]."[318] Dem stehe als größte Leistung in der Geschichte des nordischen Menschen die "germanische Erkenntnis" gegenüber, "daß die Natur sich nicht durch Zauberei [...] aber auch nicht durch Verstandesschemen [...] sondern nur durch innigste Naturbeobachtung" meistern ließe.[319]

Die in Deutschland vom "Mythus des 20. Jahrhunderts" ausgehende Erneuerungsbewegung hat nun die "geschichtliche Aufgabe," "die bisherigen *Grundlagen* unserer Kultur, soweit sie durch römisch-jüdische Kirchenlehren und syrisch-afrikanische Weltanschauung umgewandelt worden sind, vollbewußt zu festigen und ihren tragenden Werten zum Siege zu verhelfen." Dabei spielen "germanische Religion," "germanische Wissenschaft" und "nordische Kunst" eine gewichtige Rolle.[320] Ziel ist die Wiederherstellung der weltanschaulichen "germanischen Einheit."[321]

Die ideologisch-fiktive "Wiedergeburt des Deutschtums," die Schaffung des einen deutschen Volks und der einen echten deutschen Volkskultur aus dem "Mythus unseres Jahrhunderts" sind durch das nicht mehr zu hinterfragende Axiom der "Organischen Wahrheit" legitimiert,[322] einen Begriff, den Reinhard Bollmus als den "'archimedischen Punkt' des Rosenbergschen Denkens" bezeichnet hat[323] und der Rosenbergs Ideologie vom Rasse-Mythus zur Glaubensform erhebt.

Die von Alfred Rosenberg behauptete "Gesamtwahrheit" besteht aus einem von der Erkenntniskritik mit Verstand, Vernunft dargestellten 'logischen Teil,' einem in der Kunst, im Märchen und im religiösen Mythus offenbar werdenden 'anschaulichen Teil' und einem durch Sittenlehre und Religionsformen symbolisierten 'willenhaften Teil.' "Sie alle stehen - wenn sie echt sind - im Dienste der organischen Wahrheit, das heißt: im Dienst des rassegebundenen Volkstums [...]. Und ihr entscheidendes Kriterium finden sie alle darin, ob sie Gestalt und innere Werte dieses Rasse-Volkstums steigern, es zweckmäßiger ausbilden, es lebenskräftiger gestalten oder nicht."[324]

Die "Organische Wahrheit" wird folglich durch die Rasse oder das arteigene germanisch-deutsche Volkstum dargestellt, dieses zum Mittelpunkt und Verehrungsgegenstand des 'neuen Glaubens' hypostasiert. Die im Volkstum verkörperte "Organische Wahrheit" ist nicht als Angelegenheit und Ergebnis eines ständig suchenden Wissens, "d.h. als eine Sache eines technisch wenn nicht Möglichen, so doch annähernd Erreichbaren" aufzufassen. Denn das "letztmögliche 'Wissen' einer Rasse liegt schon in ihrem ersten religiösen Mythus eingeschlossen."[325] Sie ist für Rosenberg die einzigartige, absolute, ewige Wahrheit des Glaubens an seine Weltanschauung vom Blutmythus des germanisch-deutschen Volkstums, die sich nicht durch den erkenntniskritischen Verstand nachweisen, sondern nur emotional durch die Stimme des Bluts erfühlen läßt. So schreibt er in diesem Zusammenhang: "Die selbsterlebte weisheitsvolle Weltbetrachtung und organische Selbstvollendung bedeuten das Erleben jenes Blutstromes, der die altgermanischen Dichter, die großen Denker und Künstler, die deutschen Staatsmänner und Feldherren verbindet. Es ist mythische Rückerinnerung [...]."[326]

Wissenschaftliche Erkenntniskritik, künstlerische Hervorbringung, sittliche Norm und religiöse Einstellung werden allein nach ihrem Nutzen für das imaginäre Axiom der "Organischen Wahrheit" bzw. des arteigenen Volkstums und seiner Weltanschauung bewertet, dem sie absolut untergeordnet sind. Wissenschaft, Kunst, Ethik und Religion haben die ausschließliche Aufgabe, an der "Erneuerung" von Volkstum und Weltanschauung beziehungsweise beim Aufbau des totalitären Weltanschauungsstaats Rosenbergscher Prägung mitzuwirken und dessen Bestehen auf unabsehbare Zeit sichern zu helfen.

Es ist Reinhard Bollmus zuzustimmen, daß der Verfasser des Mythus "eine naive utilitaristische Ideologie" verkündete, "aus welcher jegliche Forderung zugunsten der 'germanischen Rasse' im Namen eines vermeintlich höheren Rechts abgeleitet werden konnte,"[327] das heißt, im Namen der "Organischen Wahrheit" des germanophilen Blutmythus.

"Was unpolitische Bildungsbürger der Weimarer Republik verkündet hatten, ohne je an die Folgen zu denken," schreibt Wolfgang Emmerich,[328] nämlich die Bindung an Blut und Boden und das Postulat germanisch-deutscher Kontinuität, "wird nun zum Kernstück faschistischer Ideologie und, in der Konsequenz, Machtausübung [...]. Der *Mythos* als eine Weise des Bedeutens, die wirkliche Geschichte und wirkliche Gesellschaft in sie verschleiernde Ideologie aufhebt, ist sicherlich nicht ein Spezifikum des Faschismus allein. Jedoch setzte der Faschismus soziale und historische Mythen erstmals auf eine Weise gezielt politisch ein, die ihn von vorausgehenden Tendenzen zum Mythischen [...] radikal unterscheidet."[329]

Handlungsanweisungen für die politische Umsetzung der Lehre Alfred Rosenbergs finden sich allenthalben im "Mythus des 20. Jahrhunderts" und seinen Nachfolgeschriften. Sie betreffen die Bekämpfung der ideologischen Gegner und den Aufbau des neuen Weltanschauungsstaats und ergeben insgesamt ein recht deutliches Bild der politischen Absichten des "Chefideologen" der NSDAP. In den "Thesen aus dem Mythus" von 1939 faßt Rosenberg die auf den faschistischen Weltanschauungsstaat bezogene bejahende sowie die an dieser Stelle auf das Christentum eingeengte verneinende Tendenz seiner Kulturpolitik mit - wie bei ihm üblich - martialischen Worten zusammen:

> "Die Geburt des Volkstums und die Rasseidee zerstören heute den internationalen Leib Christi mit innerer Notwendigkeit und setzen an seine Stelle wieder die völkische Gemeinschaft als überhöhte Sippengemeinschaft, geschützt von einem Kriegerbund, der heute nationalsozialistisches Reich heißt."[330]

Als kennzeichnendes Merkmal Rosenbergscher Aussagetaktik fällt in diesem Zitat die Kaschierung der politischen Absicht auf. Die 'innere Notwendigkeit' der Zerstörung der christlichen Kirchen, die hier gemeint sind, ergibt sich nämlich nur aus Rosenbergs und der Nationalsozialisten Willen zur Ausschaltung des ideologisch als artfremd Definierten. Die sogenannte Rechtfertigung dieser Maßnahme und die in Wirklichkeit Betroffenen handelt Rosenberg bereits im "Mythus des 20. Jahrhunderts" von 1930 in aller Deutlichkeit ab.

Da heißt es, im Unterschied zur christlich-kirchlichen Ethik des Mitleids und der "Liebe" und zur freimaurerischen der "Humanität" werde als Höchstwert alles Handelns die "Ehre" und damit verbunden der Schutz der nordisch-abendländischen Rasse gesetzt. Eine Nation, deren Mittelpunkt Ehre und Pflicht darstellten, würde nicht Faule und Verbrecher erhalten - das Minderwertige, Kranke, Verkrüppelte, Verbrecherische und Verfaulte -, sondern ausschalten, würde "diese rassisch und seelisch für nordische Lebensform Untauglichen" notgedrungen aussondern.[331]

Faule und Verbrecher im Sinne des 'Verfaulten,' 'Kranken' und 'Verkrüppelten' sind für Rosenberg nicht etwa nur die unheilbar Geisteskranken, die andersartigen Homosexuellen und rückfälligen Kriminellen oder Gewohnheitsverbrecher, die im Dritten Reich in Euthanasie-Aktionen[332] und in Konzentrationslagern[333] erfaßt und ermordet wurden. Es sind generell die 'Minderwertigen,' welche dem germanisch-deutschen Volkstum "rassisch und seelisch" nicht entsprechen, ihm nicht angehören sollen. Zu ihrer 'Aussonderung' oder 'Ausschaltung,' kurz zu ihrer Liquidierung, proklamiert Rosenberg ein *Recht als Rasseschutz*. Es stützt sich auf den ominösen ideologischen Begriff der "Ehre," ist "für ewig an ein gewisses Blut geknüpft,"[334] dessen unumschränktes Vorrecht es sichern soll, und wurde in der Gesetzgebung des Dritten Reichs, unter anderem durch die Nürnberger Rassegesetze, weitgehend verwirklicht.

Dieses "im Dienst unseres rassischen Höchstwerts" stehende sogenannte Recht verlangt "als Wichtigstes die rücksichtsloseste Durchführung des Volks- und Rasseschutzes,"[335] der weiter gezogen ist, als allein die "hemmungslose Aufzucht der Idioten, der Kinder von Syphilitikern, Alkoholikern, Irrsinnigen" zu unterbinden, erbkranke Menschen fortpflanzungsunfähig zu machen, jüdischen Deutschen den sexuellen Verkehr mit nicht-jüdischen zu untersagen und die Staatsbürgerschaft abzuerkennen, die Einwanderung nach Deutschland "in Zukunft nach nordisch-rassischen und hygienischen Gesichtspunkten durchzuführen."[336] Denn Rosenberg will mit einem neuen deutschen Gesetz "das Wertgefälle zwischen ehrenhaft und ehrlos wiederherstellen, die Strafe für ehrlose Vergehen verschärfen," weil nur auf diese Weise "wieder ein deutscher Menschentyp entstehen" kann.[337]

Da dem angestrebten, jedoch durch die germanisch-rassische Kontinuität bereits vorgegebenen deutschen Menschentyp der Begriff der "Ehre" oder des 'Ehrenhaften' grundsätzlich zugeordnet ist, bezieht sich das mit Strafe zu ahndende 'Ehrlose' in der Konsequenz Rosenbergschen Denkens auf die Gegner des rassegebundenen deutschen Volkstums oder schlechthin auf alle "rassisch und seelisch für nordische Lebensform Untauglichen."[338] Deren "ehrlose Verbrechen" bestehen in der Weigerung und im Unvermögen, "Volkstum und Volksehre" als Höchstwert anzusehen, in der "Ablehnung des germanistischen Ideals in Deutschland," und werden letztlich als Volks- und Landesverrat gewertet. Die für diese 'Verbrechen' vorgesehenen Strafen reichen von der "Aussonderung fremder Typen und artfremden Wesens" bis zu Zuchthaus und Tod[339] und sollen von den Geisteskranken über die Juden bis zu den christlichen Kirchen sämtliche vermeintlichen und tatsächlichen Opponenten der Lehre vom "Mythus des 20. Jahrhunderts" treffen und vernichten.

Rosenbergs 'Recht als Rasseschutz' ist ein politisches Instrument zur Absicherung des "germanistischen Ideals" vom rassegebundenen deutschen Volkstum als 'Organischer Wahrheit,' "das keinen Kompromiß anerkennen kann, sondern seine *Vorherrschaft* fordert," auch gegenüber den christlichen Konfessionen. Sie sollen "nicht Zweck an sich, sondern wandelbare Mittel im Dienste des nationalsozialistischen Lebensgefühls und der germanischen Charakterwerte" sein, aus denen "Gesittung" erwächst. Denn 'Gesittung' wurde den Deutschen nicht durch das Christentum gebracht, das selbst "seine dauernden Werte dem germanischen Charakter zu verdanken hat." Eine "echte Gesittung" oder arteigene Lebensweise beginnt erst dann, wenn "das völkische Dasein seine Lebensgesetze den Kirchen aufgezwungen hat," wenn die ewigen germanischen Charakterwerte sich in einer deutschen Wiedergeburt durchgesetzt haben.[340]

"Ein Mann aber oder eine Bewegung, welche diesen Werten zum vollkommenen Siege verhelfen wollen, haben das sittliche Recht, das Gegnerische nicht zu schonen." Alfred Rosenberg und die Nationalsozialisten sind folglich verpflichtet, das Gegnerische und damit auch die christlichen Kirchen "geistig zu überwinden," "organisatorisch verkümmern zu lassen und politisch ohnmächtig zu erhalten."[341] Die Vernichtung der christlichen Kirchen als selbständiger Institutionen und die Umwandlung ihrer Lehre in eine nationalsozialistische sind die Voraussetzung "für eine kommende Deutsche Volkskirche, deren wesentliche Grundlage schon heute klar umrissen erscheint."[342]

Diese zu gründende *Deutsche Volks- oder Nationalkirche* erhebt Rosenbergs rassistische Lehre zur "Religion des Blutes" und der Rassenseele,[343] zur Religion des rassegebundenen Volkstums, der 'Organischen Wahrheit.' Die späteren nationalsozialistischen Anhänger dieser Religion oder religiösen Weltanschauung, die sich als "gottgläubig" bezeichneten, verehrten mit der Rassenseele und dem blutgebundenen Volkstum im Grunde sich selbst, verkündete Rosenberg doch ausdrücklich: "Der Gott, den wir verehren, wäre nicht, wenn unsere Seele und unser Blut nicht wären [...]."[344] Das 'Göttliche' des 'neuen Glaubens' lebt folglich im Blut, es ist mit der Rassenseele und dem Volkstum identisch, der germanisch-deutsche 'Herrenmensch' ist Gott gleichgesetzt.

"Das Gottvertrauen wird zum Selbstvertrauen, der Glaube an Gott wird zum Glauben an sich selbst," kritisierte der christliche Theologe und Gegner Rosenbergs, Walter Künneth, 1935 zu Recht in seiner "Antwort auf den Mythus."[345] Dieser totalen Umkehrung christlicher Lehre entsprechen die politisch-ideologischen Aufgaben, die Rosenberg seiner "Pseudokirche"[346] zuweist. Die "Hochzucht *aller* Werte der Ehre, des Stolzes, der inneren Freiheit, der 'adeligen Seele' und des Glaubens an ihre Unzerstörbarkeit"[347] und die "*Schaffung eines hohen Wertgefühls*" im Sinne tiefen innerlichen Vertrauens in die eigene Art und heroischer Lebensauffassung[348] dienen der Herausbildung des neuen faschistischen Menschentypus, der fern jedem "Individualismus" und "Universalismus" ein einerseits totalitär gleichgeschalteter Volks- und Rassenmensch,[349] andererseits ein herrischer Eroberermensch sein soll.

Der "nordischen Rassenseele im Zeichen des Volksmythus ihre Form als Deutsche Kirche zu geben," ist für Rosenberg "mit die größte Aufgabe unseres Jahrhunderts."[350] Mit der das ganze deutsche Volk umgreifenden sakralen Institution wäre seine Weltanschauungslehre auch politisch für eine lange Zeit etabliert und er selbst als "Chefideologe" des deutschen Faschismus, ja als "Religionsstifter" ausgewiesen. Umso mehr ist die Deutsche Volkskirche als zentraler Bestandteil seines politischen Konzepts im Dritten Reich zu begreifen, über deren konkrete Struktur und Kultgestaltung der "Mythus des 20. Jahrhunderts" allerdings nur wenige und meist ansatzweise Vorstellungen vermittelt.

Die nordische Religionsgeschichte soll "den Sauerteig bilden, der die ehemaligen katholischen und ehemaligen lutherischen Bestandteile der Deutschen Kirche durchsetzen wird," die "nordischen Sagen und Märchen" werden, anfangs schlicht erzählt, später als Symbole zu begreifen sein. In Ermangelung präziser Einsichten in die germanische Kultur und Religion wird es jedoch einer "genialen Hand" vorbehalten bleiben, "aus dem seelischen Niederschlag der Jahrtausende die bisher nur kümmerlich behandelten Edelsteine deutschen Geistes herauszulesen und sie organisch zu verbinden."[351]

Muß Rosenberg hier zurückstecken, so ahmt er andererseits das von der christlichen Kirche angeblich bei der Bekehrung heidnischer Germanen angewandte

Akkommodationsverfahren nach und kehrt es gegen den christlichen Kult. Anstelle der die quälende Kreuzigung darstellenden Kruzifixe in Kirchen und auf Dorfstraßen will er in den seiner Deutschen Kirche nach und nach überwiesenen Sakralbauten, in den ehemals christlichen Gotteshäusern "den Helden im höchsten Sinne darstellen" lassen,[352] der "stets schön," das heißt "von bestimmter rassischer Art" ist.[353] Die Kirchen und Gemeinden seiner Deutschen Kirche sollen von deutschen Künstlern "an den altheiligen Wallfahrtsorten" nach und nach "die Bastardkunststücke der Barockzeit jesuitischer Prägung durch Gemälde und Standbilder des Lebensbringers" ersetzen lassen, so "daß nebenbei der Gott mit dem Speer wieder erscheint [...]."[354]

Nicht um Mariensäulen, sondern um die in deutschen Städten und Dörfern errichteten Gedenksteine und Heldenstandbilder der gefallenen deutschen Frontsoldaten des deutsch-französischen Kriegs von 1870-1871 und des Weltkriegs von 1914-1918 sollen sich am Sonntag die Menschen versammeln, ist es doch Pflicht eines kommenden deutschen Geschlechts, "die Namen jener, die [...] für des deutschen Volkes Größe und Ehre stritten, nur mit Ehrfurcht zu nennen und sie als das zu verehren, was sie sind: Märtyrer des völkischen Glaubens."[355] Die gefallenen deutschen Soldaten ersetzen als völkische Blut- und Glaubenszeugen die Heiligen der katholischen Kirche. Ihre "Heldendenkmäler und Gedächtnishaine werden durch ein neues Geschlecht zu Wallfahrtsstätten einer neuen Religion gestaltet werden."[356]

Unter den "Helden" der Deutschen Kirche spielen die Weltkriegstoten eine hervorgehobene Rolle. Als "Märtyrer eines neuen Tages, eines neuen Glaubens" sind sie über ihr Blut auf mystische Weise mit der von Rosenberg verkündeten "Weltrevolution" des germanisch-deutschen Volkstums und seiner arteigenen Weltanschauung verbunden.[357] Ihnen widmet er sein Buch vom "Mythus des 20. Jahrhunderts," ihnen vor allem soll durch die religiöse Verehrung des 'neuen Geschlechts' Unsterblichkeit gesichert werden. Ebenso jedoch ist von den Angehörigen dieses 'kommenden deutschen Geschlechts' "jeder 'auf seine Art unsterblich.' Jeder trägt das Vermächtnis seiner Ahnen auf dieser Welt und ist zugleich Ahnherr der Taten seiner Nachfolger."[358]

Die "Hochzucht" des durch seine Ahnen prädestinierten neuen Menschentyps konzentriert sich auf die Epoche des Nationalsozialismus. Die Elite des aus dem germanisch-deutschen Volkstum entstehenden Weltanschauungsstaats, in dem der Rosenbergschen Volks- und Nationalkirche eine hervorragende Bedeutung zufällt, wird durch die Vorkämpfer des deutschen Faschismus gestellt. Aufgabe des Staatsgründers - womit "Hitler, der Erwecker der Rassenseele" gemeint ist - soll es sein, "einen Männerbund, sagen wir einen deutschen Orden, zu gestalten, der sich aus Persönlichkeiten zusammensetzt, die führend an der Erneuerung des deutschen Volkes teilgenommen haben."[359] Durch jene "Männer aber, die im Kampf um das kommende Reich in den vordersten Stellungen - geistig, politisch, militärisch - gestanden haben," ist zudem "die Grundlage für das Entstehen eines *neuen Adels* gegeben." Blut und Leistung begründen die Zugehörigkeit zu diesem 'deutschen Adelsorden,' der in erster Linie ein *Bauernadel* und *Schwertadel* wird sein müssen.[360]

Rosenberg, der Seher und Künder einer 'deutschen Volksreligion der Zukunft,' 'einer echten Deutschen Kirche' und 'einer einheitlichen deutschen Volkskultur,'[361] betrachtete sich allem Anschein nach als Weltanschauungs- und Religions-Stifter, obwohl er diesen Anspruch sorgfältig zu verbergen suchte und seine Schrift von 1930 nicht als "eine Vollendung des großen uns heute vom Schicksal gestellten Themas" ausgab, wohl aber als Klarstellung und zusammenhängende Beantwortung von Fragen als Grundlage für die Zukunft.[362] Die Behauptung, vom 'Schicksal' mit einem Konzept für die zukünftige Neuordnung der deutschen Kultur beauftragt worden zu sein, legt jedoch ein monomanisches und geltungssüchtiges Sendungsbewußtsein nahe, eine messianische Selbsteinschätzung Rosenbergs als eines der von den Völkern dereinst verehrten "großen Träumer" und gleichzeitig "größten Tatsachenmenschen,"[363] als "religiöses Genie,"[364] als "kommender *deutscher* Staatsmann und Denker," als "*eines Mannes*," dem die Schöpfung des "fünften Evangeliums" zu verdanken ist[365] und der als der "Größte unserer Zeit [...] aus machtvollster mythischer Neugestaltung [...] den Grundstein legt zu dem, was noch *nie* war, was aber die Sehnsucht aller unserer Sucher beflügelt hat: ein deutsches Volk und eine echte deutsche Volkskultur."[366]

Alfred Rosenberg hat freilich an keiner Stelle im "Mythus des 20. Jahrhunderts" diese paranoiden 'Epitheta ornantia' offen auf sich selbst bezogen. Er durfte dies in Anbetracht seiner doch untergeordneten Stellung in der Hierarchie der nationalsozialistischen Partei auch nicht ohne Gefährdung seines politischen Einflusses wagen. Sein Geltungsdrang, nicht nur im eigenen Namen, sondern zugleich offiziell für die faschistische Partei seine Lehre zu verkünden, wurde schon beim ersten Erscheinen des "Mythus" im Jahr 1930 eingeschränkt, als er aus innenpolitischen Rücksichten seine "Gedanken und Schlußfolgerungen" als "durchaus *persönliche* Bekenntnisse, nicht Programmpunkte der politischen Bewegung, welcher ich angehöre,"[367] ausweisen mußte. Es dokumentiert indes die allenthalben von Rosenberg angewandte Verschleierungstaktik, daß diese seinem Selbstverständnis widersprechende Behauptung im "Mythus" gründlich widerlegt und als lediglich taktisches Manöver ausgewiesen wird. Da schreibt er nämlich in aller Offenheit: "Das Symbol der organischen germanischen Wahrheit ist heute bereits unumstritten das schwarze Hakenkreuz."[368]

Rosenberg sah sich selbst als "Chefideologen" des Nationalsozialismus, als Künder des biologistischen, auf die "Naturgesetze" bezogenen[369] "Mythus des Blutes," den er im Dritten Reich zur Deutschen National- und Volkskirche, zu einem alle Bereiche des öffentlichen wie privaten Lebens beherrschenden politischen Instrument auszubauen beabsichtigte. Es war *seiner* "genialen Hand" vorbehalten, mit Unterstützung der seinen Kulturinstitutionen angehörenden und ihnen zuarbeitenden Wissenschaftler "aus dem seelischen Niederschlag der Jahrtausende die bisher nur kümmerlich behandelten Edelsteine deutschen Geistes herauszulesen und sie organisch zu verbinden" und "die Einzelheiten der Durchführung" seines vermessenen Unternehmens zu klären und zu bestimmen.[370] Dessen Gelingen hätte ihm eine in der Tat einzigartige Position in Partei und Staat verschafft.

Wissenschaft und Forschung, auf die Rosenberg zur Verwirklichung seiner Zielsetzungen vielfältig angewiesen war und die er in den ihm unterstellten Kulturinstitutionen auch in sehr spezifischer Weise anwandte, hatten nach seinem plakativ geäußerten Verständnis frei zu sein.[371] Allerdings bezog sich diese Forderung lediglich auf die sogenannte "Freiheit" der Wissenschaften, ihre herkömmlichen Prinzipien abzuwerfen und bedingungslos der Vorgabe des "Mythus" zu folgen. "Glaube," den der "Mythus" verlangte, und "Wissen" waren für Rosenberg "überhaupt nicht in Gegenstellung zu bringen." Denn die "europäische Wissenschaft" entstand, "weil große Forscher nach Gesetzen *suchten*, sie also voraussetzten."[372] Folglich existierte "keine voraussetzungslose Wissenschaft, sondern nur Wissenschaft mit Voraussetzungen,"[373] die in den Vorgaben seiner Weltanschauung, in den nur noch zu verifizierenden Thesen des "Mythus" bestanden.

Dieser neue wertende[374] oder wertorientierte Wissenschaftsbegriff[375] unterschied sich gründlich von dem bürgerlich-nationalen mit seinem Festhalten an den Prinzipien der - letztlich auch nur vermeintlichen - wissenschaftlichen Objektivität und Politikferne. Es war eine vorsätzlich subjektive und politisch angewandte Zweckwissenschaft, wie sie nicht nur von Rosenbergs Gefolgsleuten, sondern auf breiter Front von nationalsozialistischen Forschern und unter diesen selbstredend auch von den Angehörigen des "Ahnenerbes" des Reichsführers SS Heinrich Himmler betrieben wurde.[376]

Rosenbergs dem rassistischen Organismusdenken verpflichtetes mythisches Wissenschaftsverständnis grenzte den Kreis der zur Forschung fähigen Wissenschaftler zugleich auf die germanischen ein. So wie Kunst immer die Schöpfung eines bestimmten Blutes sei und das formgebundene Wesen der Kunst nur von Geschöpfen des gleichen Blutes verstanden werde, sei auch "die Wissenschaft" eine Folge des Blutes. "Alles, was wir heute ganz abstrakt Wissenschaft nennen, ist ein Ergebnis der germanischen Schöpferkräfte."[377] Nicht der nordisch-germanischen Rasse angehörende, artfremde Gelehrte waren folglich von der Erforschung und "Erneuerung" der deutschen Kultur grundsätzlich ausgeschlossen.

Mit Hilfe dieser in seinen kulturpolitischen Institutionen eingesetzten parteilichen oder schlechthin "gläubigen Wissenschaft" beabsichtigte der "Chefideologe" der NSDAP Alfred Rosenberg die Wiederherstellung der "germanischen Einheit" aus Wissenschaft, Kunst und Religion und ihre Etablierung als nationalsozialistische Weltanschauung des deutschen Volks für das kommende Jahrtausend.

Kulturpolitische Institutionen Rosenbergs. Ein Überblick

HANNJOST LIXFELD

Schon Jahre vor der Errichtung des "Amts Rosenberg," seiner zentralen kulturpolitischen Dienststelle in der Reichsleitung der NSDAP, hatte Alfred Rosenberg Institutionen mit reichsweitem Geltungsanspruch ins Leben gerufen, in denen Kultur- und Volkstumspflege und in geringerem Ausmaß wissenschaftliche Volkskunde getreu der Weltanschauung des "Mythus des 20. Jahrhunderts" betrieben wurden. Der in seinen Anfängen bis auf das Jahr 1927 zurückreichende, 1929 gegründete "Kampfbund für deutsche Kultur" (KfdK)[378] setzte sich zum Ziel, "inmitten des heutigen Kulturverfalls die Werte des deutschen Wesens zu verteidigen und jede arteigene Äußerung kulturellen deutschen Lebens zu fördern" und unter anderem "die Voraussetzungen für eine das Volkstum als ersten Wert anerkennende Erziehung in Schule und Hochschule zu schaffen."[379] Seine völkischen Proklamationen[380] entsprechen der Leitlinie der 'Bewahrung des Eigenen vor der Aneignung des Fremden'[381] und lesen sich streckenweise wie John Meiers 'Reichsinstitutsplan' von 1917[382] oder wie die Einleitung des 1926 veröffentlichten 'Klassikers' "Germanische Wiedererstehung."[383]

Aus der Führungsgruppe des Kampfbundes gingen leitende Funktionäre des späteren Amts Rosenberg hervor wie Gotthard Urban, Walter Stang, Hans Hagemeyer[384] und Hans Reinerth, der 1932 die Kampfbund-Fachgruppe für Vorgeschichte gründete und seinen Plan zur totalitären Neugestaltung der deutschen Vorgeschichte veröffentlichte.[385]

Auf volkskundlichem Gebiet arbeiteten, soweit bisher bekannt, das Gründungsmitglied Robert Mielke,[386] Richard Beitl, der dem Kampfbund für deutsche Kultur angehörte, "so lange er bestand,"[387] und Anneliese Bretschneider, die das "Fachreferat für Sprachwissenschaft und Volkskunde" innehatte.[388] Auf der "Nordischen Tagung," der ersten großen, öffentlichen Landestagung des Kampfbundes im Rhein-Saargebiet im Sommer 1933 in Bonn sprachen unter anderem der Wiener Mythologe Karl von Spieß über "Schicksalsgestalten in der arischen Uberlieferung," Hans Naumann über "Führertum und Gefolgschaft als deutsches Schicksal" und Richard Eichenauer über "Musik und Rasse."[389]

Im April 1933 entstand unter Alfred Rosenbergs Schirmherrschaft und Franz Lüdkes Leitung der "Bund deutscher Osten" (BDO) zur Gleichschaltung der verschiedenen Grenzlandvereine.[390] Diese "ostdeutsche Einheitsorganisation" gliederte sich "in 16 Landesgruppen mit einer großen Zahl von Untergruppen und Ortsgruppen" und diente der "Pflege des grenzmärkischen Deutschtums."[391] In Arbeitsteilung mit dem Kampfbund für deutsche Kultur wurden Volkshochschulen, Kindergärten, Musik, Laienspiel, Volkstanz, Volkstracht, Museen, Schrifttum und Kunst der Grenzlande sowie das Grenzlandbüchereiwesen betreut.[392] Führend tätig beim BDO war der spätere Mitarbeiter Adolf Spamers in der Abteilung Volkskunde der Reichsgemeinschaft für deutsche Volksforschung und Mitkämpfer Matthes Zieglers im Amt Rosenberg, Ernst Otto Thiele;[393] Anneliese Bretschneider übernahm die historische Untersuchung einer Grenzlandgemeinde unter Berücksichtigung des Nationalitätenproblems und volkskundlicher Kriterien.[394]

Im Sommer und Herbst 1933 traten verschiedene nationalsozialistische Kulturorganisationen auf, die durch ihre Volkstumspflege in Konkurrenz zu denen Reichsleiter Rosenbergs standen.[395] Der "Reichsbund Volkstum und Heimat" wurde von Werner Haverbeck geleitet, einem Studenten, der späterhin als Doktorand Adolf Spamers vorgesehen war und schließlich bei Eugen Fehrle in Heidelberg promovierte.[396] Der Reichsbund unterstellte sich Mitte Dezember 1933 der nationalsozialistischen Staatsgewerkschaft "Deutsche Arbeitsfront" (DAF) des Reichsleiters Dr. Robert Ley, der für Haverbeck das "Amt Volkstum und Heimat" in der DAF schuf.[397]

Ley gründete im November 1933 die Freizeitorganisation "Nationalsozialistische Gemeinschaft 'Kraft durch Freude,'"[398] und mit Leys Hilfe wurde Alfred Rosenberg am 24. Januar 1934 von Adolf Hitler zum "Beauftragten des Führers für die Überwachung der gesamten geistigen und weltanschaulichen Schulung und Erziehung der NSDAP" ernannt.[399] Rosenberg errichtete daraufhin seine kulturpolitische Dienststelle in der Reichsleitung der NSDAP, das Amt Rosenberg.[400] Dieses "Reichsüberwachungsamt," wie es auch offiziell genannt wurde, war die zentrale kulturpolitische Institution für die Propagierung des "Rosenbergianismus,"[401] der Lehre des "Mythus des 20. Jahrhunderts," durch den "Chefideologen"[402] des Nationalsozialismus und seine gläubigen Mitstreiter.

Alfred Rosenberg "verfügte am 6. Juni 1934 den Zusammenschluß des Kampfbundes für deutsche Kultur mit der Deutschen Bühne [einer Theaterbesucherorganisation] zur Nationalsozialistischen Kulturgemeinde." Auf Grund einer Übereinkunft zwischen Rosenberg und Ley vom selben Tage wurde die NS-Kulturgemeinde der NS-Gemeinschaft "Kraft durch Freude" körperschaftlich angeschlossen.[403] Dadurch entstand Rosenbergs "Abteilung Volkstum und Heimat der NS-Kulturgemeinde," die nach der Auflösung des Reichsbundes Volkstum und Heimat und dem Ausscheiden Werner Haverbecks ab 1936 für kurze Zeit dessen ehemalige Zeitschrift "Volkstum und Heimat"[404] herausgab.[405]

Volkskunde und Volkstumsarbeit der "Abteilung Volkstum und Heimat der NS-Kulturgemeinde" waren dem "Totalitätsanspruch der nationalsozialistischen Welt- und Kulturanschauung, wie sie Alfred Rosenberg in seinem 'Mythus des 20. Jahrhunderts' gestaltet" hatte, verpflichtet. Die "praktische Kulturarbeit" bezog alle "Gebiete des volkskulturellen Lebens in die Aufbauarbeit" bzw. in den "Kampf um die geistige und seelische Erneuerung des deutschen Volkes" ein. Ziel war "das Werden einer umfassenden Volkskultur [...]. Musik, Theater, Architektur und Malerei bauen sich auf den Grundlagen des Volkstums auf: vom einfachen Brauchtum bis zum Werk des Genies führt die große einheitliche Linie, die aus Blut und Art sich ergibt."[406]

Dieses umfassende Konzept Rosenbergscher Volkstumsarbeit überschritt bei weitem die traditionelle Volkskundeauffassung, worauf Hermann Bausinger hingewiesen hat.[407] Es entsprach als Ganzes auch keineswegs dem volkskundlichen Fachverständnis Matthes Zieglers, der in einer ersten und entscheidenden Phase des Aufbaus einer weltanschaulichen Volkskunde im Amt Rosenberg zum überragenden Fachtheoretiker und Fachorganisator werden sollte.

Die weltanschauliche Volkskunde des Amts Rosenberg und ihr Wissenschaftstheoretiker Matthes Ziegler

HANNJOST LIXFELD

Auf Matthes Zieglers Fachkompetenz war Reichsleiter Alfred Rosenberg bei der Etablierung einer reichsweiten Volkskundeinstitution vorrangig angewiesen, nachdem die Reichsgemeinschaft für deutsche Volksforschung der Deutschen Forschungsgemeinschaft (DFG) durch die Kontrahenten aus den Reihen Reichsführer SS Heinrich Himmlers zerschlagen worden war. Im ersten Halbjahr 1937 wurde infolge der Rivalität zwischen Robert Ley und Rosenberg zudem die Nationalsozialistische Kulturgemeinde auf Befehl Adolf Hitlers aufgelöst und ihr institutioneller Bestand von Ley übernommen.[408] Zum Ausgleich dieser Machteinbußen des Amts Rosenberg betätigte sich Ziegler, Rosenbergs "Spezialist für Volkskunde und Religionswissenschaften,"[409] seit Ende 1936 als volkskundlicher Wissenschaftsorganisator. Die als Verbindungsmann zum Präsidium der Deutschen Forschungsgemeinschaft erworbenen einschlägigen Erfahrungen kamen ihm beim Aufbau der neuen Rosenbergschen "Arbeitsgemeinschaft" oder "Reichsarbeitsgemeinschaft für deutsche Volkskunde" zu Hilfe, deren Wissenschaftstheoretiker Ziegler selbst war.

Johann Matthäus - genannt Matthes - Ziegler war am 11. Juni 1911 als Sohn eines Werkmeisters in der ehemaligen Reichsstadt Nürnberg geboren worden. Nach dem Schulabschluß belegte er für drei Semester die Fächer Evangelische Theologie und Germanistik an der nahegelegenen Universität Erlangen. Zum Wintersemester 1931/32 wechselte der soeben zwanzig Jahre alte Franke an die Universität Greifswald in Pommern. Hier wurde sein Studiengang "entscheidend bestimmt von meinem verehrten Lehrer, Herrn Professor L. Mackensen."[410] Dem Germanisten und Volkskundler - sowie späteren nebenamtlichen Mitarbeiter des Amts Rosenberg - Lutz Mackensen[411] folgte Ziegler von Herbstsemester 1932 bis Frühlingssemester 1933 an das Herderinstitut bzw. die Herder-Hochschule nach Riga in Lettland.[412]

Wohl auch unter dem Einfluß von Mackensen wechselte Ziegler vom Studium der evangelischen Theologie zu den Fächern Volkskunde, Nordische Philologie und Germanistik sowie Religionsgeschichte über und gab den "Plan, Theologe zu werden, aus grundsätzlichen Überlegungen" auf.[413] Und Mackensen war es auch, der den offensichtlich begabten und strebsamen Studenten weiter förderte: "Auf Grund meiner mit Auszeichnung bewerteten Seminararbeit über die 'Familienverhältnisse im Märchen' wählte ich für meine Doktorarbeit das Thema 'Die Frau im Märchen.' Prof. L. Mackensen übertrug mir gleichzeitig für das Handwörterbuch des deutschen Märchens die Stichworte 'Familie,' 'Frau' und 'Geschwister' zur Bearbeitung,"[414] die ungeachtet ihrer späteren Veröffentlichung Zieglers wahrscheinlich früheste volkskundewissenschaftliche Arbeiten darstellen.[415]

Im Sommer 1933 hält sich Ziegler für drei Monate in Kopenhagen bei Archivar Magister Hans Ellekilde und in Lund bei Dozent Dr. Carl Wilhelm von Sydow auf, "um die dortigen Archive für meine Doktorarbeit durchzuarbeiten und um meine Kenntnisse der lebenden nordischen Sprachen zu erweitern."[416] In dieser Zeit wird ihm, der bei Mackensen in Riga schon volkskundlicher Hilfsassistent gewesen war,[417] eine Stelle als deutscher Assistent bei dem schwedischen Dozenten für Volkskunde Dr. Waldemar Liungman in Stockholm angeboten, die er ausschlägt.[418] Es sind folglich mehrere namhafte Volkskundler, in erster Linie der verehrte wissenschaftliche Lehrer Lutz Mackensen, die Ziegler beratend fördern oder zu fördern bereit sind und bestimmenden Einfluß auf sein Fachverständnis ausgeübt haben könnten. Hinweise auf Einflüsse von seiten dieser Universitätsgelehrten und ihrer Schulen lassen sich im späteren wissenschaftlichen Werk des allseits protegierten jungen Mannes auch deutlich ausmachen. Sie betreffen jedoch weniger sein spezielles volkskundliches Erkenntnisziel und methodisches Vorgehen, deren eigentliche Vorlagen in anderen, politisch-ideologischen und fachwissenschaftlichen Bereichen zu suchen sind.

Ziegler traf die Vorbereitungen für seine Abschlußarbeit bereits im Sommer 1933 in Dänemark und Schweden, kehrte aber nicht mehr zum Studium bei Mackensen an das Herderinstitut nach Riga zurück, sondern belegte sein letztes Semester im Winter 1933/34 an der Universität Berlin[419] und promovierte erst im Winter 1936 an der Universität Greifswald zum Dr. phil. Ziegler reichte seine Dissertation "Die Frau im Märchen. Eine Untersuchung deutscher und nordischer Märchen"[420] im Fach Deutsche Philologie ein. Nomineller Doktorvater[421] war der Dozent für Germanistik und Volkskunde Karl Kaiser,[422] zugleich nebenamtlicher Mitarbeiter des Amtes Rosenberg. Die zwischen

1933 und 1936 liegenden drei Jahre beruflicher Karriere und wissenschaftlicher Arbeit in der Reichsleitung der NSDAP waren für die spezifische Fortentwicklung von Zieglers volkskundlichem Fachverständnis von ausschlaggebender Bedeutung.

Der erste Abschnitt seiner politischen Laufbahn verlief nicht untypisch für einen völkisch gesinnten, begabten und strebsamen Studenten in der Weimarer Republik,[423] der sich dem Faschismus verschrieben hatte. Noch als Schüler des Nürnberger Reform-Realgymnasiums trat Ziegler 1929 dem nationalistischen Jugendbund der "Adler und Falken," in seiner Erlanger Studienzeit am 1.11.1930 dem Nationalsozialistischen Deutschen Studentenbund und am 1.3.1931 der NSDAP bei, in der er die Mitgliedsnummer 786 463 erhielt und bis zum 30.9.1933 der SA angehörte.[424]

Im Bund der "Adler und Falken," der seit 1930/31 mit Rosenbergs "Kampfbund für deutsche Kultur" zusammenarbeitete,[425] nach Zieglers Worten bereits "seit 1929 eindeutig nationalsozialistisch war," hatte der Erlanger Student "die Führung des Rasseamtes und des Gaus Franken" inne; gleichzeitig war er "in der vollkommen nationalsozialistisch ausgerichteten Burschenschaft 'Germania' aktiv." In Greifswald machte er neben seinem "SA-Dienst und der Arbeit im Bunde der 'Adler und Falken' (rassenkundliche und weltanschauliche Aufsätze und Vorträge) [...] in der Reichswehrkaserne den Ausbildungsdienst der Studentenschaft mit und besuchte Ostern 1932 eines der ersten studentischen Wehrlager in Wünsdorf, Mark Brandenburg." In Riga erschien ihm die "Bekanntschaft mit dem baltischen Leben und die sehr bewegte Zeit im praktischen Grenzkampf" als für seine "Entwicklung sehr wertvoll [...]. Während meiner Rigaer Zeit stand ich mit dem Rasse- und Siedlungsamt der SS in Verbindung und arbeitete unter anderem durch kleinere Beiträge in den NS-Monatsheften mit."[426]

Wenige Monate nach der Machtergreifung der Nationalsozialisten folgte die zweite, jedoch recht außergewöhnliche Phase seines politischen Werdegangs. Ebenso wie zuvor seinen akademischen Lehrern verstand es Ziegler, sich durch Gesinnung, Intelligenz und Begabung auch einflußreichen Parteiführern zu empfehlen. Die Unversitäts-Assistentenstelle bei dem schwedischen Volkskundler Waldemar Liungman in Stockholm nahm er deshalb nicht an, weil er "einem Rufe des Rasse- und Siedlungshauptamtes des Reichsführers SS ins Reich zu folgen"[427] vorzog. Immer noch in der Hoffnung, sein Universitätsstudium baldigst abschließen zu können, kehrte er im August 1933 nach Deutschland zurück und wurde "von Herrn Dr. Rechenbach, dem damaligen stellvertretenden Chef des Rasse- und Siedlungsamtes SS in den Stab des Reichsführers SS übernommen und Herrn Reichsminister Darré vorgeschlagen. Herr Reichsminister Darré berief mich nach Berlin und beauftragte mich mit dem Aufbau einer Abteilung nordisch-skandinavisches Bauerntum in Vergangenheit und Gegenwart in seinem Stabsamt."[428]

Da Ziegler am 1.10.1933 der SS beitrat,[429] kann dies auch der Zeitpunkt seiner Übernahme in das Stabsamt des Reichsministers und Reichsbauernführers R. Walther Darré gewesen sein.[430] Als Mitarbeiter dieses Amtes leitete er den Aufbau der Sonderausstellung "Bäuerliche Kultur" auf der "Grünen Woche 1934" in Berlin und stellte ein "Deutsches Namenbuch" zusammen.[431]

Die Blitzkarriere setzte sich wenig später fort: "Mit Wirkung vom 1.Mai 1934 ernannte mich Reichsleiter Alfred Rosenberg zum verantwortlichen Schriftleiter der NS-Monatshefte, der zentralen wissenschaftlichen und kulturpolitischen Monatsschrift der NSDAP,"[432] die bis 1933 von Adolf Hitler herausgegeben und von Rosenberg redaktionell betreut worden war, zur Zeit des Eintritts Zieglers ebenso wie die NS-

Zeitung "Völkischer Beobachter" allein in die Zuständigkeit des Reichsleiters fiel. Rosenberg "berief mich ferner kurze Zeit darauf im Range eines Hauptstellenleiters in der Reichsleitung der NSDAP als Abteilungsleiter in sein Amt zur Überwachung der gesamten Schulungs- und Erziehungsarbeit der NSDAP. Auf Grund dieser neuen Tätigkeit verfügte der Reichsführer SS meine Überstellung in das Sicherheitshauptamt des Reichsführers SS mit einer unmittelbaren Sonderaufgabe."[433]

Der dreiundzwanzigjährige Student Matthes Ziegler war am 1. April 1934 zum Reichshauptstellenleiter der Hauptstelle "Weltanschauung" des am 24.1.1934 auf Führerbefehl gegründeten Amts Rosenberg[434] aufgestiegen. Die Hauptstelle wurde zwei Jahre später, am 1. April 1936, zum "Amt Weltanschauliche Information" erhoben,[435] Ziegler am 1.11.1937 zum Reichsamtsleiter befördert.[436] Die "unmittelbare Sonderaufgabe" bestand im Anfang Dezember 1934 von Rosenberg an Ziegler erteilten Auftrag, "eine zu schaffende Verbindungsstelle zwischen dem Geheimen Staatspolizeiamt und dem Reichsüberwachungsamt der NSDAP in kirchenpolitischen Fragen zu übernehmen. Ich hatte Gelegenheit, dem Reichsführer SS diesen Plan persönlich vorzutragen; der Reichsführer hieß diesen Plan gut und ordnete meine Überstellung in den Sicherheitsdienst zur Bearbeitung dieser Fragen unmittelbar an."[437]

Ziegler fungierte also als "Verbindungsführer des Reichsleiters zum SD-Hauptamt,"[438] das heißt als Mittelsmann auf kirchenpolitischem Gebiet zwischen Alfred Rosenberg, seinem Reichsüberwachungsamt oder Amt Rosenberg, und der Geheimen Staatspolizei (Gestapo) sowie dem Sicherheitsdienst (SD) der SS Heinrich Himmlers.

Die sehr rasch von dem jungen Ziegler erreichten, erstaunlich hohen Positionen als Mitarbeiter und Gesprächspartner gleich mehrerer einflußreicher Vasallen Hitlers lassen die Frage nach dem eigentlichen Grund für eine solche Bevorzugung offen. Allein die Tatsache, daß der früh der Partei beigetretene, begabte und ehrgeizige Student einige für die NS-Kulturpolitik passende wissenschaftliche Studienfächer belegt hatte, dürfte zur Erklärung der im akademischen Bereich jedenfalls undenkbaren Schnellkarierre noch nicht ausreichen.

Persönliche Verbindungen, von denen die eine die andere nach sich zog, schuf sich der aus der unteren Mittelschicht stammende Ziegler im Jugendbund der "Adler und Falken," in der NSDAP und ihren Untergliederungen, insbesondere im Rasse- und Siedlungshauptamt der SS, dessen "ehrenamtlicher Mitarbeiter" er seit Sommer 1932 war[439] - als aussichtsreicher Anwärter für den hohen Parteidienst konnte er im Sommer 1933 bei seinem Studienaufenthalt in Schweden das Angebot einer wissenschaftlichen Stelle durch Waldmar Liungman getrost ausschlagen. Als er die persönliche Bekanntschaft Reichsleiter Rosenbergs 1934 "bei einer Führung durch die Ausstellung 'Grüne Woche' machen durfte" und dieser ihn in sein Amt berief, erfolgte der Wechsel in "vollem Einverständnis" mit seinen bisherigen Parteivorgesetzten.[440] Und Zieglers Zwischenstellung während der gesamten Zeit seiner Zugehörigkeit zum Amt Rosenberg, einerseits Himmler als SS-Angehöriger, andererseits dessen Konkurrenten Rosenberg als "Politischer Leiter" untergeben, erschwerte - nach dem ungebrochenen Optimismus seiner vielen autobiographischen Bekundungen zu urteilen - auch keineswegs seine Karriere.

Der eigentliche Grund für Zieglers steilen Aufstieg in die Reichsleitung der NSDAP bis zum hohen Funktionär im Amt Rosenberg und, damit verbunden, zum Verbindungsmann zwischen Rosenberg und Himmler, ist in seiner überzeugten Parteinahme und einzigartigen Verwendbarkeit für die nationalsozialistische Ideologie und innerhalb derer für die besondere Spielart Reichsleiter Rosenbergs zu sehen. Das beweisen seine kulturpolitischen und wissenschaftlichen Schriften, die er von nun an in schneller Folge publiziert, sein amtlicher Briefwechsel, sein Eintreten für die Belange der Dienststelle und für die Durchsetzung der in des Reichsleiters Hauptwerk "Der Mythus des 20. Jahrhunderts"[441] niedergelegten "Weltanschauung," der das Amt Rosenberg zu dienen verpflichtet war.

Rosenberg wurde auf Zieglers kulturpolitische Schriftstellertätigkeit durch dessen Hölderlin-Abhandlung in den NS-Monatsheften[442] und mehr noch durch eine Broschüre aufmerksam,[443] die den Titel "Kirche und Reich im Ringen der jungen Generation" trug und deren Veröffentlichungsjahr 1933 nur anhand der beigegebenen Verlagsanzeigen erschlossen werden kann.[444] Ein leider undatiertes Begleitschreiben Zieglers an Rosenberg könnte sich auf die Übersendung dieser weltanschaulichen Streitschrift beziehen: "Sehr geehrter Herr Rosenberg! Im Gedenken an Ihre baltische Heimat, die mir zur zweiten Heimat wurde, gestatte ich mir, Ihnen das beiliegende Heft zu überreichen, das ich im Herbst 1933 zu Riga im Auftrage des Zentralinstituts für Erziehung und Unterricht zusammengestellt habe. In treuer Ergebenheit Ihr Matthes Ziegler."[445]

Das vorrangig gegen die christlichen Kirchen gerichtete Pamphlet des ehemaligen Theologie- und späteren Germanistik-, Volkskunde-, Nordistik- und Religionsgeschichte-studenten enthält bereits die zentralen Thesen des kommenden Rosenberg-Mitarbeiters: Marxismus, Liberalismus und Christentum, in Sonderheit die auf kulturellem Gebiet angeblich eine Vormachtstellung anstrebende sogenannte "Katholische Aktion," werden als artfremde Wesenshaltungen zugunsten einer einzig akzeptierbaren nordischen Weltanschauung abgewertet und in ihrem dem nordisch-deutschen Staats- und Reichsgedanken sowie dem "germanischen Sittlichkeitsgefühl" widersprechenden Materialismus (=Marxismus, Bolschewismus), Rationalismus (=Liberalismus) und orientalisch-jüdisch-christlichen Dogmatismus (=Kirchen) bekämpft. Die nordische Weltanschauung kennt ein artgemäßes religiöses Erleben, denn in ihrem Mittelpunkt "steht die Gottesbeziehung, und zwar die ungebrochene reine Verbindung mit Gott durch das Leben."[446] Leben aber unterliegt dem ewigen Gesetz des Stirb und Werde, heißt Kampf, den der Nationalsozialismus und mit ihm die glaubensstolz ringende junge Generation unerbittlich im Schicksalsauftrag führen. Die ihnen gestellte Aufgabe heißt "das Reich," und zwar das auf andere "germanische" Staaten expandierende "nordische Reich deutscher Nation."[447]

Ziegler erweist sich hier als Kenner und Anhänger des "Mythus des 20. Jahrhunderts," dessen Ideologie er folgt und aus dem er signifikante Begriffe entnimmt. Reichsleiter Rosenberg war deshalb gut beraten, dem sich bestens als ideologischer Gefolgsmann und begabter Schriftsteller empfehlenden angehenden Wissenschaftler die Leitung und den Aufbau der für den Kirchenkampf vorgesehenen Hauptstelle "Weltanschauung," des späteren "Amtes weltanschauliche Information," und die Redaktion der ebenfalls im Dienste des "Mythus" stehenden Nationalsozialistischen Monatshefte anzuvertrauen. Überdies hatte Ziegler seine Fähigkeit bereits im Stabsamt des Reichsbauernführers unter Beweis gestellt.

Überwachung und Bekämpfung internationaler und nationaler weltanschaulicher Gegenströmungen[448] war nur die eine, einem verneinenden Akt entsprechende Seite der kulturpolitischen Aktivität des ab 1934 mit seinen vielen Abteilungen innerhalb und bald auch außerhalb der Reichsgrenzen agierenden Amtes Rosenberg. Die andere Seite mit bejahender Tendenz betraf die spezielle nationalsozialistische Weltanschauung Reichsleiter Rosenbergs, den "neuen Glauben" vom "Mythus des Blutes, der Glaube, mit dem Blute auch das göttliche Wesen des Menschen überhaupt zu verteidigen. Der mit hellstem Wissen verkörperte Glaube, daß das nordische Blut jenes Mysterium darstelle, welches die alten Sakramente ersetzt und überwunden hat."[449]

Zu dieser Rosenbergischen Ideologie bzw. Weltanschauung bekennt sich Ziegler in seinem Pamphlet unter anderem mit der These von der Gottesverbundheit des Germanen durch das Leben,[450] d.h. durch das Blut, und setzt somit ebenso wie Rosenberg Gott und nordischen Menschen gleich. Um diese eigenartige faschistische Ersatzreligion - oder rassistische Religion des 'Herrenmenschen' - vollends auszubauen und durchzusetzen, benötigte das Amt Rosenberg die Hilfsdienste einer Reihe wissenschaftlicher Disziplinen wie der Philosophie, Rassenkunde, Vorgeschichte, Religionsgeschichte u.a., darunter an hervorragender Stelle der Volkskunde.[451]

Es spricht für Zieglers Weitsicht, daß er dieses Desiderat in seiner Broschüre berücksichtigt, neben anderen von ihm studierten Fächern die Volkskunde und indirekt wiederum sich selbst Rosenberg empfiehlt. Im vorletzten Kapitel "Unsere Aufgabe: Das Reich" postuliert er "nordisch bestimmte Kultur als Aufgabe" sowie "nordisches Bauerntum" als "blutbewußte und bodenbewußte Gottesunmittelbarkeit" und als Voraussetzung für die Existenz des als Gegensatz zur Kirche gedachten "Reichs,"[452] d.h. des nationalsozialistischen Staats der Zukunft. Im letzten Kapitel "Wege und Notwendigkeiten" zeigt er "Grundlinien für den Ganzheitsanspruch des totalen Staates gerade auf den Gebieten" auf, "welche die Kirche als ihre einzigartige kulturelle Aufgabe, als ihren unentbehrlichen Dienst an Volk und Staat" bezeichne.[453] Es sind die drei großen Kreise der "Feste der Sippe im Lebenslauf," der "Feste des Volkes im Jahreslauf" und der "Feste der Nation," für welche die Volkskunde neue, allerdings organisch gewachsene und "aus den Notwendigkeiten unserer unmittelbaren Gegenwart" geborene Festformen prägen soll, um "die Brücken vom arteigenen Geist der Vergangenheit zum lebendigen Heute zu schlagen."[454] Dabei sollen deutsche "Künstler der Vergangenheit und Gegenwart" mitwirken. "Mit Worten und Gesängen, die von dem nordischen Lebensgesetz künden, mit schaubarer Schöpfung und dramatischer Gestaltung, die dem Kampfeswillen der Nation machtvoll Ausdruck verleiht," können sie "die vornehmsten Führer zum totalen Volk werden."[455]

Zieglers verhüllende Sprache drückt nicht präzise aus, daß mit dem "totalen Staat" offensichtlich die totalitäre Weltanschauung, die neugermanische Religion Alfred Rosenbergs identifiziert wird, die durch Erziehungs- und Schulungsarbeit zum uniformen oder, mit Zieglers Worten, zum "totalen Volk" führen soll.[456] Dies ist die Aufgabe, die sich das Amt Rosenberg oder Reichsüberwachungsamt, wie es sich selbst nannte, in der Tat stellte. Der Volkskunde war dabei, auch mit der Schaffung funktioneller Feste und Feiern, eine zentrale Aufgabe zugedacht.[457]

Matthes Ziegler hatte mit seinem exorbitanten Pamphlet "Kirche und Reich im Ringen der jungen Generation" noch vor Dienstantritt eine Art Rahmenbeschreibung und ideologischer Grundlegung seiner kulturpolitischen und wissenschaftlichen Tätigkeit in der Hauptstelle "Weltanschauung," im späteren Amt "Weltanschauliche Information" sowie in der Anfang 1937 gegründeten "Arbeitsgemeinschaft für Deutsche Volkskunde"[458] bei Reichsleiter Rosenberg eingereicht. Die Bekämpfung der christlichen

Kirchen und der Aufbau einer nationalsozialistischen Volkskunde getreu dem "Mythus des 20. Jahrhunderts," die zwei weltanschaulich aufeinander abgestimmten und sich gegenseitig ergänzenden Hauptarbeitsgebiete Zieglers, können für die ersten Jahre weniger aus den spärlich überlieferten Amtsakten erschlossen werden. Die Veröffentlichungen Zieglers, seiner Kollegen und Untergebenen im Amt Rosenberg und der mitarbeitenden Fachgelehrten geben jedoch genügend Aufschluß.

Als Publikationsforum boten sich zunächst die Nationalsozialistischen Monatshefte an, die Ziegler redigierte. Deren Lektüre mußte jedem zeitgenössischen Wissenschaftler - ganz abgesehen von den sonst noch bestehenden Informationsmöglichkeiten - die Augen über die Zielsetzung der hier betriebenen Kultur- und Wissenschaftspolitik öffnen. Den in unserem Zusammenhang nicht primär interessierenden Kirchenkampf führte Ziegler mit rücksichtslos-entschlossener Offenheit.[459] Die ununterbrochenen Angriffe aus dem Amt Rosenberg veranlaßten die Kirchenführer zu Demarchen bei hohen Regierungsstellen und zur Bekämpfung des "Mythus des 20. Jahrhunderts," dessen Geschichtsklitterung, aber auch dessen gefährliches ideologisches Potential bekannt waren. Die tatsächliche Wirkung des Rosenbergschen Hauptwerks im Dritten Reich ist stark bezweifelt worden,[460] obwohl es eine Auflagenhöhe von über einer Million erreichte und seine Lehre auf dem Wege der direkten und der massenmedialen Kommunikation durch die vielen Untergliederungen der NSDAP, die Schulung und Erziehung der Partei und des Volkes betrieben, vielfältig verbreitet wurde.[461] Der "Mythus" mußte gegen die kirchliche Kritik von seinem Autor und dessen Mitstreitern, darunter Ziegler, in mehreren Veröffentlichungen eigens verteidigt werden,[462] so daß des "Reichsleiters Spezialist für Volkskunde und Religionswissenschaften"[463] allein schon auf diesem Tätigkeitssektor zu einer zweifelhaften Berühmtheit gelangte.[464]

In kirchenpolitischen und volkskundlichen Abhandlungen, Berichten und Rezensionen bedienten Ziegler, seine Kollegen und Untergebenen sich teilweise, wenn es um das letzte Ziel der ersatzreligiösen Funktion des "Mythus" ging, einer mehr oder minder verhüllenden Sprache, ließen es aber andererseits an Klarheit in ihren eine nationalsozialistisch gewünschte Volkskundeausrichtung betreffenden Aussagen nicht fehlen. Der verneinende Akt der Kulturpolitik Rosenbergs wiederholte sich im volkskundlichen Schriftum. Er richtete sich gegen die vermeintlichen oder tatsächlichen Opponenten einer rassischen deutschen Volkskunde auf der Basis des "Mythus," vornehmlich gegen die konfessionelle, insbesondere die katholisch-konfessionelle, die liberalistische und die marxistisch-bolschewistische Volkskunde, wobei zwischen diesen drei gegnerischen Hauptlagern oder Feindbildern zahlreiche Verbindungslinien konstruiert und in das liberalistische sogar nationalsozialistische Forscher anderer Richtung eingeordnet wurden. Die Palette des Bekämpfungsprogramms war folglich sehr breit, die Angegriffenen hatten um ihre berufliche Position und materielle Existenz zu fürchten, schlossen sich teils anderen nationalsozialistischen Kulturorganisationen wie dem 1935 gegründeten "Ahnenerbe" des Reichsführers SS Heinrich Himmler[465] an und wurden ihrerseits zu Feinden der Volkskundler des Amts Rosenberg.

Eine marxistische Richtung der deutschen Volkskunde gab es vor und nach der Machtergreifung der Nationalsozialisten im Jahre 1933 praktisch nicht. Entsprechend selten sind die Angriffe auf sie, meist knappe Feindbilderwähnungen, in den ersten Jahren des Aufbaus der Rosenbergschen Volkskunde - sozusagen stereotype Pflichtübungen, hatte doch der Reichsleiter den Marxismus-Leninismus in diversen Schriften eigens verurteilt.[466] Erst mit Beginn des Rußlandfeldzugs wird der "bolschewistischen Volkskunde"[467] in der Sowjetunion entschieden mehr Aufmerksamkeit gewidmet. Zur Legitimation der deutschen Eroberung sowjetischer Territorien und der Unterwerfung des slawischen "Untermenschen" wird der ursprünglich angeblich arischen Volksüberlieferung und dem germanischen Kultureinfluß in Rußland nachgegangen.

Die kirchlich-konfessionelle Volkskunde bedenkt Ziegler schon 1934 mit dem Verdikt, sie stehe unter dem "Zwangsdogma des ex oriente lux," wissenschaftliche Beiträge ihrer Vertreter seien "sub specie orientis" geschrieben.[468] Ihre angeblich orientalisch-jüdisch-christliche Ausrichtung steht für Ziegler in absolutem Gegensatz zu einer germanozentrischen, nordischen Volkskunde. In seiner lange Zeit nicht als solcher erkannten Leitabhandlung "Kirchliche oder religiöse Volkskunde?" von 1935 erklärt er die deutsche Volkskunde zu einem Gebiet, "das wie kaum ein zweites heute noch Operationsbasis unserer weltanschaulichen Gegner darstellt," und die deutsche Volkskundewissenschaft als "nur dann nationalsozialistisch, wenn sie in rassischem Denken gründet."[469] Sie hat "die entscheidende Aufgabe, den vielfach [d.h. eben auch von der kirchlich-konfessionellen Fachsparte] verschütteten und irregeleiteten Quell arteigener Volksüberlieferung in Saggut und Sachgut freizulegen und sein ungestörtes Fließen für alle Zeiten zu sichern. Die Notwendigkeit einer baldmöglichsten Verwirklichung dieser Forderung erhellt am unmittelbarsten angesichts der Totalitätsansprüche, die von konfessioneller Seite vom Gebiete der religiösen Volkskunde aus erhoben werden."[470] An der Spitze der angeblich totalitären kirchlichen Volkskundler steht "der der nationalsozialistischen Öffentlichkeit hinreichend bekannte Prälat Professor Dr. Georg Schreiber, Münster."[471] Ihm folgen namentlich der "Universitätsdozent Dr. Karl Meisen, Bonn,"[472] und der österreichische Volkskundler Hanns Koren.[473]

Als Leitfigur der liberalistischen Volkskunde gilt "Professor Hans Naumann, Bonn," der "in der Scheidung von Oberschicht und Unterschicht, von kulturtragender Bildungsschicht und kulturloser Primitivitätsschicht das große methodische Ordnungsprinzip der Volkskunde" sieht.[474] Naumann gerät mit seiner innovativen Rezeptionstheorie oder Lehre vom gesunkenen Kulturgut[475] zu einem der gefährlichsten jener "weltanschaulichen Gegner," die den "Quell arteigener Volksüberlieferung" verschütten und irreleiten.[476] Ihn attackiert Ziegler, noch ohne Hinzufügung Schreibers, Meisens oder Korens, bereits 1934 in der Leitabhandlung "Volkskunde auf rassischer Grundlage"[477] und hält seiner Theorie die Volkskunde des Amts Rosenberg entgegen. Diese "denkt nicht in Ober- und Unterschicht, sondern geht aus von dem Gegensatz arteigener Wesenhaftigkeit und artfremder Einflußnahme, dem Geschichte gewordenen Widerstreit des nordischen Kulturbereiches im allgemeinen und des deutschen Seelentums im besonderen [...] mit den Überfremdungen durch andersrassische Gesittungen."[478]

Diese "Überfremdungen" bewirkt eben auch das liberale, international ausgerichtete Bildungsbürgertum, vor allem Naumann, dessen Volkskunde in deutlicher Beziehung zu den Untersuchungen des jüdischen Gelehrten Lucien Lévy-Brühl über die Geistesart und das Denken der Primitiven steht.[479] "Nationalsozialistische Volkskunde kann Volk niemals mehr einer 'Unterschicht' gleichsetzen. Ihr ist Volk die Ganzheit der Nation."[480] Sie stellt das Bauerntum nur deshalb in den Vordergrund, "weil der blut- und bodengebundene Bauer arteigener Wesenhaftigkeit am nächsten steht" und weil die als Aufgabe einer angewandten Volkskunde verstandene "Neubildung deutschen Bauerntums aus Blut und Boden [...] der Bürge der deutschen Zukunft" ist.[481]

"Arteigene Wesenhaftigkeit" konnte schlechthin nicht mit "kulturloser Primitivitätsschicht" übereinstimmen.

In "Kirchliche oder religiöse Volkskunde?" von 1935 konstruiert Ziegler dann eine enge weltanschauliche Verbindung und gegnerische Einheitsfront des "Liberalismus" und der "katholischen Aktion"[482] durch die Parallelsetzung der Begriffe Oberschicht-Unterschicht Hans Naumanns und Hochreligion-Primitivreligion Georg Schreibers und der konfessionellen Volkskundler, "wobei beide Begriffe total gefaßt sind, mit dem Anspruch auf Gültigkeit für alle Völker, alle Rassen und alle Zeiten."[483] Die personifizierten Feindbilder des Amts Rosenberg stehen somit fest. Naumann und Schreiber fungieren erst recht in den erweiterten Auflagen der "Volkskunde auf rassischer Grundlage" von 1936 und 1939 als Stellvertreter der beiden per definitionem getrennten, gegen die nationalsozialistische Volkskunde jedoch kollaborierenden Fachgelehrtengruppen "totalitären" Anspruchs.

Primitive Unterschicht und Primitivreligion auf die breiten Schichten der "germanischen" Völker und insbesondere des deutschen Volkes zu beziehen, war für die Volkskundler Rosenbergs ein Widerspruch in sich selbst. Ebensowenig wurden die bürgerliche Oberschicht als im eigentlichen Sinne kulturtragend und das Christentum als Hochreligion anerkannt. Zieglers Volkskunde, "die auf dem Gebiet der religiösen Volkskunde sinngemäß an den Fragestellungen und Ergebnissen der Germanenkunde" anknüpfte, sollte - diesmal in bejahender Tendenz - "in Brauch und Saggut Quellen religiösen Lebens und sittlicher Haltung erschließen, die bisher absichtlich oder leichtfertig verschüttet wurden."[484] Sie sollte als "religiöse Volkskunde" die neugermanische Hochreligion Reichsleiter Rosenbergs bzw. die nationalsozialistische Weltanschauung der Gegenwart aufrichten helfen.

Den parteipolitisch-ideologischen Rahmen für Zieglers wissenschaftliche und angewandte Volkskunde lieferte zweifelsohne Alfred Rosenbergs "Mythus des 20. Jahrhunderts." Da Rosenberg Architekt, Schriftsteller, Politiker und, in seiner Sicht, Chefideologe der NSDAP, aber kein Fachgelehrter war, geht aus seinem Grundwerk selbstverständlich nicht hervor, auf welchen methodischen Wegen die volkskundlich-wissenschaftlichen Zielsetzungen im einzelnen erreicht, welche ausgewählten Fachtraditionen vorrangig aufgegriffen und fortgesetzt werden sollten. Diese Entscheidung mußte wohl Ziegler treffen. Seine "Volkskunde auf rassischer Grundlage" war, wie in der frühen Programmschrift "Kirche und Reich" von 1933 schon angekündigt,[485] auf Feste und Feiern, auf den Brauchtumsbereich zentriert.

Zur Erschließung der "Quellen religiösen Lebens und sittlicher Haltung" in Brauch und Saggut[486] mußte methodologisch auf fachwissenschaftliche Theoretiker zurückgegriffen werden, die in den Veröffentlichungen Zieglers auch aufscheinen. Es sind in erster Linie nicht die akademischen Lehrer und Ansprechpartner seiner Studienzeit und ebensowenig die in den frühen dreißiger Jahren maßgebenden und anerkannten Fachgelehrten, die ihm aus dem Studium und aus seiner kulturpolitischen Tätigkeit in Amt Rosenberg wohlbekannt waren und mit denen er teilweise in der Reichsgemeinschaft der deutschen Volksforschung zusammengearbeitet hatte. Die Deutsche Forschungsgemeinschaft, deren Ehrenpräsident Alfred Rosenberg war, hatte Ziegler ja vom 1.11.1935 bis 1.12.1936 als DFG-Referenten für Volksforschung berufen, und er "konnte dadurch einen umfassenden Überblick über die sachlichen, personellen und organisatorischen Fragen auf den Gebieten Volkskunde, Vorgeschichte und Rassenkunde gewinnen."[487]

Fachlich richtungsweisend waren für den nicht unversierten Volkskundler Ziegler vielmehr die Vertreter der Wiener mythologischen Schule Leopold von Schroeder, Georg Hüsing, Wolfgang Schultz und vor allem Karl von Spieß und Edmund Mudrak.[488] Schultz leitete die - wahrscheinlich nur auf dem Papier bestehende - Abteilung für "Arische Weltanschauung und Volkskunde" des Amtes Rosenberg,[489] in dem Spieß und Mudrak später wichtige Fachpositionen übernehmen sollten. Ziegler verband ihre Lehrmeinungen mit der Weltanschauungslehre Alfred Rosenbergs, der jene allerdings bereits zugearbeitet hatten. Nur auf dieser fachtheoretisch-ideologischen Grundlage wird die Volkskunde Zieglers und des Amts Rosenberg verständlich.

Karl von Spieß veröffentlichte im Herbst 1934 seine "Deutsche Volkskunde als Erschließerin deutscher Kultur," in der er seine und der Wiener mythologischen Schule Theorie, Methoden und Untersuchungsergebnisse zusammenfaßte.[490] Bereits im Dezember desselben Jahres würdigte Matthes Ziegler das Buch des, wie er bemerkte, von anderen Fachwissenschaftlern kritisch abgestempelten Verfassers als verheißungsvollen Auftakt einer "neuen volkskundlichen Betrachtungsweise." So selbstverständlich Spieß' Vorgehen jedem Nationalsozialisten erscheine, so revolutionär wirke es sich auf dem Gebiete der heutigen Volkskundewissenschaft aus.[491] In den beiden noch folgenden Auflagen von Zieglers "Volkskunde auf rassischer Grundlage" wird Karl von Spieß' Volkskundeeinführung denen von Adolf Spamer, Wilhelm Peßler und Artur Haberlandt vorgezogen,[492] weil sie "den ersten und bisher einzigen Versuch einer organischen Gesamtdarstellung des Wesens und der Spannweite deutscher Volkskunde" unternommen habe.[493]

Spieß geht es um die Frage nach dem Sinn der deutschen Volkskunde, deren Grundlagen ihm durch die drei innig verbundenen Bereiche der Rasse, Sprache und Überlieferungswelt gegeben sind, denen er jeweils eigene Abteilungen in seinem Buch widmet. Haupttraktandum ist die Überlieferungswelt, "weil sie derzeit das unbekannteste Gebiet ist, weil sie eine Weltanschauung in sich schließt, weil von hier aus der Aufbau erfolgen muß."[494] Die wissenschaftlichen Aufgaben der deutschen Volkskunde sind die Erschließung, die praktischen der Wiederaufbau der einstmals geschlossenen Einheit der nordischen Überlieferungswelt - die nicht nur deutsches, "sondern darüber hinaus germanisches und letzthin arisches (indogermanisches)" Überlieferungsgut umfaßt[495] - und der darin beschlossenen arteigenen Weltanschauung. Das alles verpflichte zur Pflege des Gebietes der Überlieferungswelt, einer Pflege, deren Richtlinien die gleichen seien wie bei der Rassenfrage. Dem Erhalten der gesunden Erbstämme und dem allmählichen Beseitigen des Erbkranken stehe hier ein Erhalten des Arteigenen und ein Beseitigen des Artfremden gegenüber.[496]

Der überzeugte Rassist Spieß unterteilt die so verstandenen "Erbgüter" der nordischen oder arischen Überlieferungswelt in die drei Bereiche des Sagguts, der Zeitordnung[497] und des Brauchtums. Zeitordnung und Brauchtum stehen in engem Zusammenhang mit dem Saggut. Vor allem das den Mittelpunkt des Brauchtums bildende, alte volkseigene oder "arische Fest"[498] mit gemeinsamem Mahle und dramatischer Vorführung unter Gesang und Tanz schlage sich im Saggut nieder, denn seiner Handlung habe das Geschick jener Gestalten zu Grunde gelegen, die uns im Saggute der Hauptsache nach erhalten geblieben seien.[499] Das von Generation zu

Generation mündlich überlieferte Erzähl- oder Saggut bezeugt folglich das altarische Fest, dient zu dessen Erschließung und Wiederbelebung in der Gegenwart.[500]

Das gesamte Werk des jungen Kulturpolitikers in der Reichsleitung der NSDAP ist unverkennbar vom Gedankengut der Wiener mythologischen Schule und Alfred Rosenbergs geprägt. Grundlegende Anregungen zur Übernahme der mythologischen Prämissen gab dem Schüler und Studenten Ziegler der nationalistische Jugendbund der "Adler und Falken."

Zur Entwicklung "einer tümlichen deutschen Bildung" hatte Georg Hüsing, der Begründer der Wiener Mythologenschule "im engeren Sinn,"[501] den "Laich" kreiert, eine dramatische Vorführung unter Gesang und Tanz, einen Singtanz, "aus dem von arischer Urzeit her alle redenden Künste sich entwickelt" hätten[502] und der Ausdruck eines Empfindens sei, "das wir heute wol am ehesten als ein ‘religiöses’ bezeichnen würden. Es vertritt, so zu sagen, den Kirchgang und die Kulthandlung, die bei den arischen Völkern sich später wol auch wirklich an den Laich angeschlossen hat."[503] Aus diesem "Gesamtkunstwerk der arischen Urzeit" hätten "sich dann einzeln gesondert der Volkstanz, das Volkslied, das mythische Märchen und der Kinderreigen." Hüsing stellte "mit Hilfe wissenschaftlicher Vergleichung aller verwandten Stücke [...] elf Laiche stilecht" wieder her,[504] die nach seinem Tod von seiner Frau Emma 1932 veröffentlicht wurden. Völkische Jugendbünde halfen im Laufe der vorangegangenen Jahre mit, "unsere erarbeiteten Laiche durch fröhliche, tänzerische Betätigung wieder lebendig erstehen zu lassen,"[505] so auch die "Adler und Falken," denen Matthes Ziegler 1929 beigetreten war.

Der Neunte Bundestag der "Adler und Falken" fand vom 28. Juli bis 4. August 1930 in Koblenz statt und wurde von neunhundert Jugendlichen besucht. Auf dem Programm standen eine Volkstums-, Stammes- und Rassenkunde-Ausstellung,[506] Vorträge zur "artgemäßen nordischen Weltanschauung im Gegensatz zur orientalisch verdorbenen" unter anderem der Redner Wolfgang Schultz und R. Walther Darré, ein Kriegsspiel der Jungen und Mädchen sowie eine Heldengedenkfeier auf dem Friedhof. Einen besonders tiefen Eindruck auf die Versammelten machte die "Bundesspielschar, die durch Neubelebung der uralten Sing-Spiel-Tanzform des ‘Laiches’ eine kultische Ausdrucksform vor uns erstehen ließ."[507] Zwei Jahre später, nach Erscheinen des Lehrbuches von Georg und Emma Hüsing, feierte der Jugendbund der "Adler und Falken," in dem Ziegler es bis zum Führer des Rasseamtes und des Gaues Franken gebracht hatte, kein Fest ohne Aufführung des eigenartigen Weihespiels.[508]

Der von Hüsing erdichtete Laich und das in ihm beschlossene Saggut bezeugten nach der Lehre der Wiener Mythologen das altarische Fest und dienten zu dessen Erschließung und Wiederbelebung in der Gegenwart. Der Student Ziegler promovierte sicher nicht zufällig auf dem gewichtigen Gebiet des Sagguts und der mündlichen Erzählüberlieferung[509] und rückte bereits in seinem frühen Pamphlet "Kirche und Reich im Ringen der jungen Generation" von 1933 die Feste in den Mittelpunkt seiner Volkskunde und behielt diese Priorität auch später bei.

Getreu der Wiener Schule spielen die Erbgüter der nordischen Überlieferungswelt eine gewichtige Rolle als inhaltlich aussagekräftige Zeugen für das a priori vorausgesetzte Erkenntnisziel, die arteigene Weltanschauung. In den zwei letzten, sich nur noch wenig voneinander unterscheidenden Auflagen der Leitabhandlung "Volkskunde auf rassischer Grundlage" von 1936 und 1939 macht Ziegler im Anschluß an die nach Kanongebieten knapp behandelten praktischen Aufgaben der deutschen Volkskunde die signifikante Bemerkung: "Es kommt beileibe nicht darauf an, aus diesen Resten einer einstmals geschlossenen Weltanschauung durch vorschnelle Deutungen [baldmöglichst[510]] ein Religionssystem zu schaffen. Das wäre der unorganische Weg und der Beginn eines neuen Dogmatismus."[511] Die mit dem Rosenbergschen Begriff des Dogmatismus oder (kirchlichen) Zwangsglaubensatzes begründete Einschränkung kehrt sich im Selbstverständnis der Zieglerschen Volkskundtheorie ohne weiteres in ihr Gegenteil. Es bedarf nur der richtigen Deutung, und der organische Weg zum Wiederaufbau der einstmals geschlossenen Weltanschauung ist beschritten. Die das übergeordnete Erkenntnis- und Arbeitsziel aus politischen Rücksichten verhüllende Sprache der Rosenbergianer findet sich auch andernorts wieder.[512]

Zieglers Volkskunde, die "mit dem frühesten Auftreten der nordischen Rasse beginnt" und deren Einteilung in verschiedene Zeiträume "mit den Entwicklungsstufen der nordischen Rasse und der Herausbildung des deutschen Volkes aus den Völkern nordischer Rasse gegeben" ist,[513] hat ja die Bestimmung, diese bereits in der vorchristlichen Geschichtsstufe vermeintlich existente Weltanschauung aus ihren "Resten" oder Survivals, aus den volkstümlichen Überlieferungen zu erschließen und in der nationalsozialistischen Gegenwart zu verwirklichen.

Gegenstand der Zieglerschen Volkskunde sind vor allem fünf große Gruppen des Überlieferungsguts oder Kanonbereiche:[514]

1. Die Siedlungskunde und Sachgutforschung.
2. Die Erzähl- oder Saggutforschung.
3. Die Brauchtumsforschung und Sinnbilderkunde.
4. Die Pflege der Volkssprache.
5. Die Erforschung von Geschichte und Form der Gemeinschaften, die Träger und Gestalter dieses Überlieferungsguts waren und sind.[515]

Spezielle Kanonaufgaben der Volkskunde sind:

In der ersten Gruppe die "Pflege edler und zweckmäßiger Formen des Gerätes," "die Beachtung echter Farbenharmonien in der Tracht," "die Sorge für den Gleichklang von Bauform, Siedlung und Landschaft."[516]

In der zweiten Gruppe "in ganz besonderem Maße" die Erschließung und Nutzbarmachung der "mythischen Stoffe dramatischer Gestaltung" "für die Festgestaltung des Jahreslaufes."[517]

In der dritten Gruppe die Bezeugung "der Wirklichkeit deutschen Volksglaubens und volksgeborener wahrer Frömmigkeit."[518]

In der vierten Gruppe die Hervorhebung der Bedeutung der "Erziehungs- und Formkraft der wurzelechten deutschen Sprache" und ihre Pflege.

In der fünften Gruppe die Bezeugung der Kontinuität "von der germanischen Sippe und den germanischen Gefolgschaftsverbänden zu den Berufs- und Arbeitsgemeinschaften" und zur Familie der Gegenwart.[519]

Zieglers Volkskunde auf rassischer Grundlage hatte innerhalb dieses Kanons die germanisch-deutsche Überlieferungswelt zu erheben, wissenschaftlich zu bearbeiten und in nationalsozialistische Volkstumspflege bzw. Volkserneuerung umzusetzen. An die Stelle der "Scheidung in Oberschicht und Unterschicht, in Bildungskultur und Primitivitätskultur" hatte die "Scheidung in arteigene und artfremde Wesenhaftigkeit" zu treten, wobei als "Maßstab," als in der Praxis freilich niemals exakt zu handhabendes methodisches Hilfsmittel "das Wertgefühl der nordischen Rasse" galt.[520] Gerade dieses rassistische Postulat enthüllt aufs deutlichste die willkürliche Vorgehensweise und den ideologisch-utopischen Charakter der Zieglerschen Volkskundewissenschaft und Volkstumspflege.

Die politisch-praktischen Aufgaben[521] dieser Volkskunde sind in den speziellen Kanonaufgaben schon enthalten oder wenigstens angeklungen. Alle fünf Kanonbereiche sind auf die nationalsozialistische Fest- und Feiergestaltung ausgerichtet. In ihr kulminiert alles, und sie umschreibt Ziegler unter Paraphrasierung der Metapher der Brüder Grimm von den allen Märchen gemeinsamen Überresten eines in die älteste Zeit hinaufreichenden Glaubens, vom Mythischen, das kleinen Stücken eines zersprungenen Edelsteins gleiche, die "vielfach verstreut und verborgen liegen"[522] und zur ursprünglichen Form wieder zusammengesetzt werden können:

> "Nationalsozialistische Feiergestaltung ist zusammengeballte Darstellung der Glaubenskräfte unserer Nation. Germanische Frömmigkeit und nordischer Gottglaube sind gleich dem bunten Edelstein eingesprengt in die Überlieferungswelt der Sagen, Märchen und Lieder ebenso, wie in die Welt des Volksbrauches und abzulesen an den heiligen Zeichen und Sinnbildern, die wir allenthalben an unseren Bauernhäusern und an den Schöpfungen unserer Handwerkskunst finden können."[523]

Jacob und Wilhelm Grimm sind für Ziegler die Ahnherren seiner Fachtheorie. Instinktsicher hätten die Brüder "die Erkenntnis von der weltanschaulichen Einheit unserer gesamten geistigen und sachlichen Überlieferungswelt in ihrem nordisch-arischen Ursprung" ausgesprochen.[524] Diese Welt sei "für die Grimm die Welt des Mythus und - des Glaubens" gewesen. In kühnem Anspruch fügt Ziegler hinzu: "Von dieser Auffassung des Mythischen, die der Folgezeit mit ihrer philologischen Enge mehr und mehr verloren ging, führt ein gerader Weg zu dem Mythus-Begriff Alfred Rosenbergs."[525]

Damit schließt sich für den NS-Mythologen Ziegler der Kreis von der Vergangenheit zur Gegenwart, wird seine Volkskunde, deren Ideologie vom "Mythos germanischer Kontinuität" Wolfgang Emmerich analysierte,[526] mit einem Zirkelschluß fachhistorisch legitimiert.

Gegen Ende des Jahres 1936, nach nur zweijähriger Tätigkeit im Amt Rosenberg und nach Abschluß seiner Promotion an der Universität Greifswald in Pommern, hatte der fünfundzwanzigjährige Vordenker die theoretische Grundlegung seiner nationalsozialistischen Volkskunde im Großen und Ganzen abgeschlossen. Ihre reichsweite Institutionalisierung, an der er sich als Wissenschaftsorganisator maßgebend beteiligte, konnte nun in Angriff genommen werden. Sie war unter dem Druck der kulturpolitisch für das Amt Rosenberg nachteiligen Ereignisse, der Auflösung der DFG-Reichsgemeinschaft der deutschen Volksforschung und der Rosenbergschen Nationalsozialistischen Kulturgemeinde, gerade zu diesem Zeitpunkt notwendig geworden.

Aufbau und Aufgaben von Rosenbergs Reichsarbeitsgemeinschaft für Deutsche Volkskunde

HANNJOST LIXFELD

Auf Zieglers Anregung erfolgte am 5. Januar 1937 die Gründung der "Arbeitsgemeinschaft" oder auch "Reichsarbeitsgemeinschaft für deutsche Volkskunde," die von den Reichsleitern der NSDAP R. Walther Darré (Amt für Agrarpolitik; Reichsbauernführer), Heinrich Himmler (Reichsführer SS), Konstantin Hierl (Reichsarbeitsführer), Baldur von Schirach (Reichsjugendführer) getragen und von Alfred Rosenberg geleitet wurde.[527] Sie sollte die Volkskundeinstitution der Partei im Deutschen Reich schlechthin werden, weshalb außer den genannten noch weitere an Volkskunde, Volkstumspflege und Feiergestaltung interessierte Reichsleiter umworben wurden,[528] um der neuen Institution innerhalb der Reichsleitung der NSDAP eine möglichst breite Zustimmung zu verschaffen. Bis 1939 traten der Arbeitsgemeinschaft für deutsche Volkskunde aus dem Kreis der "Chefs der übrigen Gliederungen und der angeschlossenen Verbände" der Partei nochmals zehn Personen bei, darunter Robert Ley,[529] die teilweise ebenfalls den Titel eines Reichsleiters trugen, ohne dieses hohe Gremium insgesamt zu vertreten, und lediglich als nominelle Schirmherren fungierten. Reichsorganisationsleiter Robert Ley und Reichsführer SS Heinrich Himmler, Rosenbergs engagierte Konkurrenten auf dem Gebiet der Kulturpolitik, waren der schlagende Beiweis dafür, daß man sowohl 'Träger' als, wie sich noch zeigen sollte, auch 'Gegner' der Arbeitsgemeinschaft sein konnte.

Aufgaben und Ziele der Arbeitsgemeinschaft für deutsche Volkskunde sind von ihren eigentlichen Initiatoren aus dem Amt Rosenberg variierend formuliert und aus politischen Rücksichten teilweise auch verhüllt worden. So sollte sie "von vornherein keine eigene Dienststelle darstellen, sondern eine *Beratungs- und Mittelstelle*, deren Arbeitsergebnisse der ganzen Partei, all ihren Gliederungen und sämtlichen angeschlossenen Verbänden zur Verfügung stehen, ohne deren Eigenständigkeit und Selbstverantwortlichkeit irgendwie zu beschränken," und war deshalb noch Jahre später nicht der Dienststelle, sondern Reichsleiter Rosenberg unmittelbar untergeordnet.[530] In Zieglers Amt "Weltanschauliche Information" existierte jedoch eine "Hauptstelle Volkskunde" mit "Politischen Leitern," die - wie Ernst Otto Thiele, Hans Strobel, Erich Kulke und Karl Heinz Henschke - in Personalunion der Arbeitsgemeinschaft als wissenschaftliche Referenten dienten.[531] Zieglers Amt dirigierte in der Tat die volkskundliche Arbeitsgemeinschaft, die als Aufbauorganisation für das 'Reichsinstitut für deutsche Volkskunde' in der zukünftigen "Hohen Schule der NSDAP" Reichsleiter Rosenbergs bestimmt war, deren Planung im selben Jahr 1937 einsetzte.

In dem von Rosenberg unterzeichneten Gründungsschreiben der Arbeitsgemeinschaft vom 5.1.1937 liegen ihre Aufgaben - neben "der Beratung aller an volkskundlichen Fragen interessierten Parteidienststellen" - wie nicht anders zu erwarten "in der Abwehr der weltanschaulichen Gegner des Nationalsozialismus auf dem Gebiete der volkskundlichen Forschung und der praktischen Volkskundearbeit,"[532] womit ein absoluter Alleinvertretungsanspruch umschrieben ist, da alle nicht der Rosenbergschen Mythus-Ideologie entsprechenden Volkskundler als Gegner oder zumindest als Abweichler von der 'reinen Lehre' und somit als gefährliche Sektierer galten. Konform damit erklärte Ziegler die Arbeitsgemeinschaft für "parteiamtlich." Durch ihre Gründung habe die NSDAP - d.h. die Dienststelle Rosenberg - "ihren Hoheitsanspruch über das Gebiet der deutschen Volkskunde zum Ausdruck gebracht" und werde ihn "niemals aufgeben.[533] Und in einem späteren Lebenslauf formuliert er als Arbeitsgrundlage der Volkskundeorganisation des Amts Rosenberg: "Sie hatte die Ergebnisse der wissenschaftlichen Forschung für die praktischen Aufgaben der Partei nutzbar zu machen und umgekehrt parteiwichtige Forschungsaufgaben an die Wissenschaft zu vergeben."[534]

Die "praktischen Aufgaben" bestanden, wie bereits der erste Satz des erwähnten Gründungsschreibens vom 5.1.1937 ausweist, in der "Schulungs- und Erziehungsarbeit der Partei," für die der Volkskunde eine ständig wachsende Bedeutung zuerkannt wurde. Mit der "Überwachung der gesamten geistigen und weltanschaulichen Schulung und Erziehung der NSDAP" - und des deutschen Volkes - hatte Adolf Hitler, der Führer der NSDAP, Alfred Rosenberg beauftragt. Rosenberg begnügte sich keineswegs mit der Rolle eines Kontrolleurs und Zensors nationalsozialistischer Ideologie, sondern strebte mehr noch eine dominierende Machtposition im Dritten Reich an. Er selbst vergab nun "parteiwichtige Forschungsaufgaben" an die Mitarbeiter und Zuarbeiter der von ihm geleiteten Arbeitsgemeinschaft für deutsche Volkskunde, um die Ergebnisse dieser wissenschaftlichen Forschung im Sinne des "Mythus des 20. Jahrhunderts" den praktischen Aufgaben seiner Dienststelle, d.h. dem Aufbau des geplanten faschistischen Weltanschauungsstaats nutzbar zu machen.

Rosenbergs und Zieglers Reichsarbeitsgemeinschaft für deutsche Volkskunde - und später das Institut für deutsche Volkskunde in der Hohen Schule der NSDAP - sollte die gesamte, sowohl bürgerlich-nationale wie nationalsozialistische Fachwissenschaft und Volkserziehung ohne Ausnahme der faschistischen oder - besser gesagt - der speziellen Ideologie und den machtpolitischen Ambitionen des von Hitler einmal als "Parteidogmatiker"[535] apostrophierten Reichsleiters unterwerfen und dienstbar machen.

Daß dieser monomane 'Sendungsdrang' im "Führungs-Chaos im Führer-Staat"[536] bei anderen ihre Volkskundepfründe verteidigenden und vorerst einmal trügerisch zur Zusammenarbeit eingeladenen Reichsleitern seine Grenzen finden mußte, wurde von den Rosenbergianern offensichtlich nicht ausreichend realisiert. Der in missionarischem Eifer selbstauferlegte Erfolgszwang hieß sie die allenthalben auftretenden tatsächlichen und vermeintlichen Hindernisse und Rückschläge durch ungehemmte Wahl der Vorgehensmittel kompensieren und ihre ohnehin faschistisch geprägten Verhaltensweisen noch übersteigern.

Bei der Gründung der Arbeitsgemeinschaft für deutsche Volkskunde benannten die beteiligten Reichsleiter hohe Funktionäre ihrer Dienststellen als ihre Beauftragten, Darré und Himmler Hauptamtsleiter SS-Brigadeführer Reischle, Hierl Generalarbeitsführer Decker, von Schirach Oberbannführer Brennecke und Rosenberg den eigentlich wichtigen Kopf SS-Obersturmführer Ziegler. Der 'Spiritus rector' der neuen Institution war gleichzeitig ihr Geschäftsführer und Leiter der wissenschaftlichen "Sachreferate."[537]

Von den wissenschaftlichen Referenten hatte nur der ehemalige Greifswalder Student und nunmehrige Dr. Karl Heinz Henschke,[538] der das "Referat Wissenschaft" übernahm, dem Amt Rosenberg bereits früher angehört. Rosenbergs Mitstreiter im "Bund deutscher Osten" und Spamer-Mitarbeiter Dr. Ernst Otto Thiele[539] erhielt das "Referat Presse und Schrifttum" und brachte die von ihm geleitete "Landesstelle Kurmark für Volksforschung" als einziges größeres 'Beutestück' aus der Abteilung Volkskunde der DFG-Reichsgemeinschaft für deutsche Volksforschung mit. SS-Hauptsturmführer Dr. Hans Strobel,[540] der wichtigste Volkskundefunktionäre nach Ziegler und wie dieser "Adler und Falke," ehemaliger Student an der Universität Erlangen, wo er bei dem Germanisten und Volkskundler Friedrich Maurer promovierte,[541] kam vom Stabsamt Darrés und leitete das "Referat Schulung," während Dr. Karl Haiding-Paganini[542] vom Kulturamt der Reichsjugendführung, ein Auslandsdeutscher aus Österreich und von dort her Anhänger der Wiener mythologischen Schule, das "Referat Volkstumsarbeit" besorgte. Der Leiter des "Referats Feiergestaltung," Generalarbeitsführer Dr. Will Decker, schied 1938 aus der Arbeitsgemeinschaft aus. Sein Nachfolger wurde Arbeiterführer Thilo Scheller vom Reichsarbeitsdienst, ein verdienstvoller Mitorganisator der Feiern der Nürnberger Reichsparteitage der NSDAP.[543]

Diese wissenschaftlichen Referenten, die später bis auf Decker alle festangestellte Funktionäre der Dienststelle Rosenberg waren, bildeten zusammen mit Ziegler den Kern der Streitschar der "Mythus-Volkskundler." Sie hatten teilweise in dem ein Jahr vor Entstehen der Arbeitsgemeinschaft gebildeten kleinen Arbeitskreis "wissenschaftlich und weltanschaulich tüchtiger Volkskundler" des von Ziegler gegründeten und geleiteten "Hauptlektorats Volkskunde" in der Rosenbergschen "Reichsstelle zur Förderung des deutschen Schriftttums" als Rezensenten gewirkt.[544]

Die Gründung der Arbeitsgemeinschaft für deutsche Volkskunde wurde in der deutschen Presse und in einer Reihe von Zeitschriften - unter anderem des Amts Rosenberg - angezeigt,[545] die deutsche Volkskunde dabei als das Kerngebiet jeglicher Erziehungs- und Schulungsarbeit herausgestellt, durch das die gesamte Volkstumsarbeit der NSDAP eine nachhaltige Ausprägung erfahren solle.[546] Franz Alfred Six, der Beauftragte für den Reichsberufswettkampf der deutschen Studenten,[547] bezeichnete die Volkskundearbeit als das vordringlichste Gebiet des studentischen Einsatzes an den Lehrerhochschulen, der im besten Sinne in das Arbeitsgebiet der Arbeitsgemeinschaft für deutsche Volkskunde hineingehe.[548] Der NS-Lehrerbund richtete eine Unterabteilung "Volkstumspädagogik" ein, um in Zusammenhang mit der Arbeitsgemeinschaft für deutsche Volkskunde die volkskulturellen Güter zu erforschen.[549]

Die Arbeitsgemeinschaft vereinbarte schon im Jahr 1937 Arbeitsabkommen mit NS-Studentenschaft, NS-Lehrerbund, NS-Dozentenbund, NS-Frauenschaft, NS-Rechtswahrerbund, der Obersten SA-Führung, der Deutschen Arbeitsfront, dem Hauptamt für Kommunalpolitik, der Prüfungskommission zum Schutze des NS-Schrifttums und dem Rassepolitischen Amt der NSDAP.[550] Mit dieser regen Aktivität im Abschließen von Abkommen zur Zusammenarbeit ist selbstredend nicht bewiesen, daß die Beratung in volkskundlichen Fragen der Schulungs- und Erziehungsarbeit auch jederzeit durch die volkskundliche Arbeitsgemeinschaft des Amts Rosenberg erfolgte. Es waren aber zunächst einmal die notwendigen vertraglichen Voraussetzungen geschaffen, um einen bestimmenden Einfluß auf die genannten und später noch weitere Untergliederungen der NSDAP ausüben zu können.

Die erste Sitzung der Mitglieder der Arbeitsgemeinschaft für deutsche Volkskunde fand am 5. Mai 1937[551] in Berlin anläßlich einer Tagung der "Reichsstelle zur Förderung des deutschen Schrifttums" mit Referaten Zieglers über "Aufgaben und Planungen für die nächste Zeit" und Deckers über NS-Feiergestaltung statt, eine zweite am 22. Oktober 1937. Auf der Oktober-Sitzung konnten bereits die ersten Ergebnisse der gemeinsamen Aufbauarbeit vorgelegt werden.[552] Karl Heinz Henschke berichtete über das "Referat Wissenschaft." Unter der Voraussetzung "wissenschaftlicher Gründlichkeit und weltanschaulicher Tüchtigkeit" könne die deutsche Volkskunde "die hervorragende nationale Wissenschaft" werden. Der Einsatz der Arbeitsgemeinschaft auf wissenschaftlichem Gebiet gliedere sich in drei Aufgaben: 1. Durch eigene systematische, einwandfreie Forschungsarbeit "Grundlage und Stoff für die Schulung, Erziehung und Neugestaltung des deutschen Gemeinschaftslebens durch die Partei und ihre Gliederungen" zu gewinnen. 2. die weltanschaulichen Gegner des Nationalsozialismus "auf dem Felde der Wissenschaft zu widerlegen und ad absurdum zu führen." 3. Die Volkskundewissenschaft "zu einem Bollwerk der nationalsozialistischen Weltanschauung" auszubauen. Für alle diese bereits aufgenommenen Arbeiten habe man einen wissenschaftlichen Mitabeiterkreis schaffen und die erforderlichen - finanziellen - Mittel erlangen müssen.

Im Hinblick auf ihre Bedeutung für die praktische Arbeit in der Partei und ihren Gliederungen seien vorerst die Forschungsgebiete Bauernhausforschung (unter der Leitung von Dr. Erich Kulke), deutscher Volksbrauch, insbesondere im Hinblick auf die neue Feiergestaltung (unter der Leitung von Dr. Decker und Dr. Strobel), Volkslied, Volks- und Kinderspiel sowie Volkstanz (unter der Leitung von Dr. Haiding) in Angriff genommen worden.

> "Die wissenschaftlichen Arbeiten sind in der Weise organisiert, dass unter den jeweiligen Gruppenleitern mit Hilfe von Stipendiaten, Reise- und Sachbeihilfen (für Archive) einzelne Forschungsthemen im Rahmen des Ganzen selbständig behandelt werden. Die Auswertung geschieht durch die Gruppenleiter. Auf diese Weise gewinnt die Arbeitsgemeinschaft einen entscheidenden Einfluss auf die gesamte volkskundliche Forschungsarbeit."

Die genannten wissenschaftlichen Arbeiten dienten hauptsächlich der praktischen Volkskunde-Arbeit, seien aber gleichzeitig unmittelbar und mittelbar auch für die Auseinandersetzung mit den konfessionellen Gegnern bestimmt.

Die Arbeitsgemeinschaft will sich aktivierend dafür einsetzen, daß die deutsche Volkskunde als Wissenschaft zur Geltung gebracht wird und die ihr gestellten Aufgaben erfüllen kann, d.h. an den deutschen Universitäten gesicherte Forschungs- und Lehrstätten findet, damit sich eine wissenschaftliche Tradition herausbilden kann (bisher gebe es nur fünf Lehrstühle für deutsche Volkskunde), und zum selbständigen Prüfungsfach erhoben wird, daß die Beschäftigung mit der deutschen Volkskunde Berufsziel sein kann und planmäßige Stellen an Forschungsinstituten, Museen,

Bibliotheken usw. eingeräumt werden (auf dem letzteren Gebiet werde noch die meiste Arbeit zu leisten sein).

Erich Kulke,[553] der die "Mittelstelle für deutsche Bauernhausforschung" vom Stabsamt des Reichsbauernführers Darré in die Arbeitsgemeinschaft eingebracht, Karl Haiding, der die "Mittelstelle Spielforschung" errichtet hat, Hans Strobel und Will Decker erläutern ihre Forschungsvorhaben und deren Fortschritte. Zumindest Kulke und Strobel verfügen über finanzielle Zuschüsse der Deutschen Forschungsgemeinschaft, die auch in Zukunft die Arbeitsgemeinschaft für deutsche Volkskunde fördern wird.

Erich Kulke benennt als seine Aufgaben: "1. Entwicklungsgeschichte des germanischen Bauernhofes vom nordischen, nicht vom römisch-keltischen Standpunkt aus. 2. Herausbildung des Bauern*hof*-Begriffes im Gegensatz zu der bisher betriebenen einseitigen *Haus*forschung. Betrachtung des Hofes als ein Bestandteil der Dorfgemeinschaft und der dörflichen Gemarkung (Hofordnung, Gemeindeordnung, Flurordnung, Siedlungsordnung). 3. Erweiterung der bisher gewonnenen Ergebnisse der germanisch-deutschen Landnahme und der damit verbundenen deutschen Siedlungsgeschichte. 4. Reinigung und Erneuerung der bäuerlichen Bauweisen. Herausstellung einer neuen Bauüberlieferung. Kampf gegen die bauliche Verstädterung des Dorfes. 5. Pflege wertvoller alter Bauerngehöfte im Sinne des staatlichen Denkmalsschutzes, da das Bauerngehöft einen mindestens genau so bedeutsamen nationalen Gemeinbesitz darstellt wie Klöster, Schlösser, Kirchen und Burgen."[554]

In Angriff genommen sind Untersuchungen der Blockbauweisen, zur Siedlungsgeschichte, über den Rundling, das Vorlaubenhaus in der Kurmark, die Vorarbeit für ein Wörterbuch zur deutschen Bauernhauskunde, die Mitarbeit an dem neu herauszugebenden grossen Bauernhauswerk, Untersuchungen über die Wohnverhältnisse auf dem Lande und Vorschläge zur Gestaltung des Dorfhauses, außerdem die Vorbereitung einer Ausstellung "Haus und Hof des deutschen Bauern," der Aufbau einer Bildsammlung und einer Schrifttumssammlung.

Hans Strobel bezeichnet als Ziel seiner Forschungsaufgabe, "eine systematische Stoffzusammentragung für das Verhältnis der Kirchen zum Volksbrauch vorzunehmen, von deren Darstellung und Auswertung insbesondere auch in der Schule sowie in wissenschaftlicher wie in politischer Hinsicht wertvolle Ergebnisse zu erwarten sind." Strobel stellt ein Bildarchiv "Lebendiges Brauchtum" auf.

Karl Haiding beschäftigt sich mit Erhebungen, Untersuchungen und Veröffentlichungen zu Spiel, Tanz, Lied und Brauchtum und bearbeitet die Abschnitte Märchen, Lied, Spiel, Tanz in der Bibliographie der Arbeitsgemeinschaft für deutsche Volkskunde. Besonders ins Auge fallen seine "Untersuchung über die kirchliche Gleichschaltung deutscher Volkslieder" und die "Vorbereitung einer Veröffentlichung später verchristlichter Lieder in ihrer ursprünglichen Fassung" sowie seine "Stoffsammlung für die rassische Untersuchung von Tanzmelodien."

Will Decker gibt einen Überblick über die Gestaltung der großen politischen Feiern, "die mehr sind als ein Aufmarsch, die eine Bekenntnisfeier der nationalsozialistischen Weltanschauung darstellen" wie der "Feiertag der deutschen Arbeit" (1.Mai), der "Reichsparteitag" der NSDAP in Nürnberg, der "9. November" in München (Festakt zur Erinnerung an den Novemberputsch Hitlers von 1923). Auf dem Sektor der Familienfeste und Sippenfeiern soll die Arbeitsgemeinschaft für deutsche Volkskunde erst noch Vorarbeiten in Form von Untersuchungen leisten, "wo bereits Sippenfeiern (Taufe,

Hochzeit, Begräbnis) im Sinne nationalsozialistischer Weltanschauung durchgeführt wurden," um daraus "Vorschläge für Sippenfeiern deutscher Art" zu gewinnen. Mit der Einrichtung einer einschlägigen Bücherei und eines Bildarchivs wurde begonnen.

Ernst Otto Thiele kündigt als Leiter des "Referats Presse und Schrifttum" ein "Verzeichnis des volkskundlichen Schrifttums," den 1938 erscheinenden "Leitfaden"[555] an und resümiert die im laufenden Jahr von Mitarbeitern der Rosenbergschen Arbeitsgemeinschaft, des Stabsamts des Reichsbauernführers Darré und des "Ahnenerbes" des Reichsführers SS Himmler gehaltenen volkskundlichen Informationsvorträge der Arbeitsgemeinschaft für die Berliner und die in Berlin vertretene deutsche Presse.

Um "noch gängige falsche Ansichten über Erscheinungsformen des Volkstums richtigzustellen," sprachen vor jeweils 25 bis 30 Vertretern der Tagespresse neben Strobel, Thiele, Haiding, Karl von Spieß auch Friedrich Rehm vom Stabsamt des Reichsbauernführers und Heinrich Appel vom Rasse- und Siedlungshauptamt der SS, Karl Theodor Weigel sowie Otto Huth vom SS-Ahnenerbe über Jahresbrauchtum, Sinnbild, Tanz, Bauernkunst, Tracht und deren Erneuerung und über Volkstumspflege.

Aus der Arbeit von Thieles "Landesstelle Kurmark für deutsche Volksforschung" ist die dem Zieglerschen "Amt für weltanschauliche Information" angegliederte "Versuchsstelle für Volkstumskunde" hervorgegangen. Ihre Aufgabe ist es, "Untersuchungen durchzuführen, deren Ergebnisse für die praktische Volkstumsarbeit von Wert sind, bzw. neue Erkenntnisse für die Beurteilung der Entwicklung unseres Volkstums und der Zusammenhänge zu verwandten Volksgruppen zu ermöglichen." Die zur Zeit in Arbeit befindliche Untersuchung über "ländliche Wohnverhältnisse" solle dazu beitragen, das Wechselverhältnis von Mensch und Haus zu klären und sei vor allem für die künftige Siedlungsarbeit wichtig, diejenige über das "Brauchtum der Weihnachts- und Neujahrszeit" werde in Zusammenarbeit mit dem NS-Lehrerbund im ganzen Reich durchgeführt und beruhe auf Erlebnisberichten der Schuljugend. Mit der Herstellung volkskundlicher Filme und Diaserien für Unterrichtszwecke beschäftigen sich Thiele und Strobel.

Hans Strobel, der Leiter des "Referats Schulung," hat in einer "Mitarbeiterkartei" über 500 Personen erfaßt, die teils hauptamtlich, teils nebenamtlich innerhalb der NSDAP und der angeschlossenen Verbände volkskundliche Fragen bearbeiten und deren Eignung und Fähigkeiten allerdings zumeist noch überprüft werden müssen.[556] Eine vorläufige "Rednerliste" der Arbeitsgemeinschaft für deutsche Volkskunde für den "Rednereinsatz" "bei den verschiedensten Veranstaltungen, teils öffentlicher Art, teils im Rahmen der verschiedensten Gliederungen der Bewegung," liegt vor und vermittelt mit ihren dreiunddreißig Namen einen ersten Überblick der meist wissenschaftlich ausgebildeten Anhänger und Helfer der Rosenbergschen Volkskunde.[557] Außer den Rosenbergianern selbst wie Haiding, Henschke, Kulke, Karl Ruprecht, Scheller, Strobel, Thiele und Ziegler sind es mit dem Amt Rosenberg auf volkskundlichem oder volkspflegerischem Gebiet zusammenarbeitende NS-Funktionäre und Fachwissenschaftler:

Aus den Dienststellen Darrés und Himmlers kommen zum Beispiel SS-Untersturmführer Dr. Heinrich Appel (Rasse- und Siedlungshauptamt SS), SS-Standartenführer Dr. Wilhelm Kinkelin, Dr. Hans Lorenzen, Friedrich Rehm, SS-Brigadeführer Dr. Hermann Reischle (alle aus dem Stabsamt des Reichsbauernführers), Dr. Siegfried Lehmann und SS-Sturmbannführer Karl Theodor Weigel (beide aus dem SS-Ahnenerbe), aus der Dienststelle Leys Wolfgang Hirschfeld und Otto Schmidt (NS-Gemeinschaft "Kraft durch

Freude"), aus der Dienststelle Hierls Generalarbeitsführer Dr. Will Decker, der vorübergehend Referent der Arbeitsgemeinschaft für deutsche Volkskunde war.

Als volkskundliche Fachwissenschaftler finden sich Gustav Bebermeyer (Universität Tübingen),[558] Heinz Diewerge (Hochschule für Lehrerbildung Lauenburg/-Pommern),[559] Eugen Fehrle (Universität Heidelberg),[560] Georg Fischer (Hochschule für Lehrerbildung Frankfurt/Oder),[561] Herbert Freudenthal (Hochschule für Lehrerbildung Hirschberg/Schlesien),[562] Gerhard Heilfurth (Universität Leipzig),[563] Karl Kaiser (Universität Greifswald),[564] Gustav Friedrich Meyer (Kiel),[565] Bruno Schier (Universität Leipzig)[566] und Martin Wähler (Erfurt).[567] Die bürgerlich-nationalen, der NSDAP beigetretenen Volkskundler der Rednerliste werden auch zukünftig dem Amt Rosenberg zur Verfügung stehen und seine faschistische Volkskunde teils übernehmen.

Einige der mit dem Amt Rosenberg sympathisierenden Volkskundewissenschaftler waren gemeinsam mit den Rosenbergianern auf dem bereits vom 30. August bis 4. September 1937 in Lübeck abgehaltenen "Zweiten Nordischen Wissenschaftlichen Kongreß 'Tracht und Schmuck'"[568] aufgetreten. Dieser Kongreß wurde von der unter dem Einfluß Alfred Rosenbergs stehenden "Nordischen Gesellschaft,"[569] dem Rosenbergschen "Reichsbund für deutsche Vorgeschichte" unter Hans Reinerth und der Reichsarbeitsgemeinschaft für deutsche Volkskunde unter Matthes Ziegler veranstaltet.

In der Abteilung "Tracht und Schmuck der Germanen in geschichtlicher Zeit und in der Gegenwart" referierten unter anderem Hans Strobel über "Tracht und Mode,"[570] Ernst Otto Thiele über Nordische Spinngeräte,[571] Bruno Schier über "Vorgeschichtliche Elemente in den europäischen Volkstrachten,"[572] Josef Hanika (Deutsche Karls-Universität Prag, Tschechoslowakei) über "Gestalttypen in den europäischen Kopftrachten,"[573] Eugen Fehrle über "Die Brautkrone,"[574] Arthur Haberlandt (Österreichisches Museum für Volkskunde, Wien, Österreich) über "Textilkunst bei Germanen und Indogermanen,"[575] Rudolf Helm (Germanisches Nationalmuseum in Nürnberg) über "Germanische Schmuckformen in der deutschen Bauerntracht,"[576] Misch Orend (Hermannstadt/Siebenbürgen-Transsilvanien, Rumänien) über "Schmuck der Siebenbürger Sachsen."[577]

Neben einigen wenigen Vortragenden aus den Niederlanden, Skandinavien und dem Baltikum finden sich 1937 in Lübeck unter den Volkskundlern wiederum Vertreter des SS-Ahnenerbes, und zwar Siegfried Lehmann mit dem Referat "Sinnbild an Tracht und Schmuck"[578] und Joseph Otto Plassmann mit "Der Schmuck im nordischen Volksglauben."[579] Sie beschließen die stattliche Reihe der meist namhaften, im übrigen jedoch ausschließlich 'nordischen' Referenten des Rosenbergschen Kongresses, an dem Vertreter verschiedener Wissenschaften aus fast allen "nordisch-germanischen" Staaten Europas teilnehmen[580] und der auf der Oktobersitzung von 1937 auch als Erfolg der Arbeitsgemeinschaft für deutsche Volkskunde hervorgehoben wird.[581]

Dem internationalen Kongreß "Tracht und Schmuck" folgten nationale Tagungen, unter anderem der "Mittelstelle deutscher Bauernhof" in der Reichsarbeitsgemeinschaft unter Erich Kulke. Die erste "Reichsarbeitstagung" der Mittelstelle fand vom 17. bis 19. März 1938 in Berlin statt, um "der Hof- und Hausbauforschung Großdeutschlands neue Wege" zu weisen und den "Bauernhof vergangener Jahrhunderte" als "Wegweiser zur Erkenntnis unserer germanisch-deutschen Wesensart [...] in seinen besten Erscheinungsformen auch kommenden Geschlechtern zu überliefern."[582] Die zweite "Reichsarbeitstagung" wurde in Kooperation mit dem Reichsernährungsministerium und der

Parteidienststelle Reichsbauernführer Darrés vom 31. Mai bis 3. Juni 1939 nach Eger im Sudetenland (Cheb/Tschechoslowakei) einberufen.

Auf der ersten Reichsarbeitstagung der Hausforscher war der wenige Tage zuvor erfolgte Anschluß Österreichs, nunmehr die "Ostmark" genannt, an das Deutsche Reich zu feiern, auf der zweiten die Zerschlagung der Tschechoslowakei, die Schaffung des Reichsprotektorats Böhmen und Mähren und die Eingliederung dieser beiden tschechischen Länder im März 1939 in Hitlers Großdeutschland.

Der zweiten Reichsarbeitstagung in Eger ging es vornehmlich darum, "das heute vielleicht brennendste Problem der deutschen Landwirtschaft," die Landflucht, durch Volkstumspflege in Form von "Baupflege" zu lösen. Dazu sollte die Frage erörtert werden, "wieweit das Baufach berufen ist, an der Bezwingung einer Notlage mitzuhelfen, die an der Wurzel unserer Volkskraft zehrt." Das heiße nichts anderes als: "Wie weit kann gesundes, wahrhaft bäuerliches Bauen helfen, dem deutschen Landarbeiter und Bauern - wie dem deutschen Menschen überhaupt - auf dem Lande eine Heimat erstehen zu lassen, die ihn aus inneren Werten heraus unlöslich an den Boden bindet."[583]

Landfluchtverhinderung hatte bereits John Meier in seinem "Reichsinstitutsplan" von 1926 als Aufgabe von Volkskunde und Volkstumspflege propagiert.[584] Sie soll jetzt, zur Zeit des totalitären nationalsozialistischen Regimes, von hohen Partei- und Staatsdienststellen mit Hilfe der zur Reichsarbeitstagung in Eger geladenen "Bausachverständigen Großdeutschlands, die in irgendeiner Verbindung zum ländlichen Bauschaffen der Gegenwart stehen,"[585] erfolgreich in die Tat umgesetzt werden.

Das von der Reichsarbeitsgemeinschaft für deutsche Volkskunde maßgeblich geförderte sozialreaktionäre Projekt zur Verhinderung der ländlichen Mobilität hat allerdings im Vergleich mit dem bürgerlich-nationalen Entwurf von 1926 eine neue Dimension gewonnen. Zwar hebt auch Erich Kulke wie seinerzeit John Meier neben dem ideologisch-verhüllenden Aspekt der die dauernde Seßhaftmachung der Landbevölkerung angeblich garantierenden "inneren Werte" den wesentlich bestimmenderen ökonomischen Gesichtspunkt hervor. Dies sind bei ihm "die *arbeits- und betriebswirtschaftlichen Anforderungen* bei der Neugestaltung unserer Bauernhöfe, um auch gleichzeitig die Leistungssteigerung bei der Intensivierung der deutschen Landwirtschaft erzielen zu können."[586] Kurz vor Ausbruch des Zweiten Weltkriegs und im Zuge der Verwirklichung von Hitlers Raumpolitik, Darrés Verbäuerlichungskonzept und Rosenbergs Mythus-Weltanschauung dominieren indes die national- oder besser machtpolitischen Zielsetzungen, steht für Kulke "zwangsläufig die '*Neubildung deutschen Bauerntums*' im Vordergrund" der großen Bauaufgaben auf dem Lande, "als Beleg dafür, wie die neu zu errichtenden Höfe in ihrer Gestaltung, ihrer Wirtschaftsleistung, ihren handwerklichen Einzelheiten usw. für das Bauerntum den Widerschein unserer Zeit abgeben können."[587]

Damit sind die politisch intendierte Neuansiedlung deutscher Bauern auf "Neubauernhöfen" - zuerst im Deutschland der Vorkriegszeit,[588] später dann im eroberten Ausland, im "wiedergewonnenen ostdeutschen Lebensraum"[589] - und letztlich die "Hochzucht" des an Blut und Boden gebundenen neuen deutschen Menschentyps Rosenbergscher Prägung gemeint. Auf das Aufgabengebiet der in der Volkserneuerung angewandten nationalsozialistischen Hausforschung übertragen, bedeutet dies, daß mit Erich Kulkes 1938 veröffentlichten Konzepten vom "Wunschbilde eines nationalsozialistischen Siedlerdorfes"[590] und vom "Dorfhaus" als "Zukunftsaufgabe des dörflichen

Gemeinschaftslebens"[591] ein weiterweisender fachwissenschaftlicher Beitrag zu einer den Zielsetzungen Rosenbergscher wie Darréscher Weltanschauung und Hitlerscher Eroberungspläne konsequent unterworfenen Siedlungs- und Baupolitik geleistet wurde.

Kulkes "Wunschbild eines nationalsozialistischen Siedlerdorfes" stellt den Entwurf für den Ausbau eines kleinen Gutsdorfes in einer zunehmend industrialisierten und städtisch beeinflußten Region Mitteldeutschlands dar: Alt- und Neubauten umgeben in strenger Systematik den Dorfkern. Die so entstandene Gesamtanlage oder "neue Einheit" vermittelt aus der Vogelperspektive einen militärisch-straffen, fast festungsartigen Eindruck.[592] Sie soll Bauern, Landarbeiter, "aber zugleich Industriearbeiter, Angestellte, Handwerker und Gewerbetreibende an die Heimat binden," womit die Landfluchtverhinderung bzw. Verbäuerlichung des "deutschen Menschen" gemeint ist. Den Mittelpunkt der Anlage und "des dörflichen Lebens überhaupt" bildet ein "neuartiger Dorfkern" mit einem Dorfanger als "Festplatz der Dorfgemeinschaft," eingerahmt von einem Gemeindehaus mit Diensträumen für die Partei, einem "Kraft und Freude"-Haus sowie einem Glockenturm mit Ehrenmal und Fahnen und der benachbarten "Feierhalle."[593]

Die Feierhalle "ist als geistiger und kultureller Mittelpunkt der Gesamtanlage gedacht, nicht von heute auf morgen errichtet, sondern - wie einst oft die alten Gotteshäuser - nach vorbedachtem Plane langsam aus Opfern der Gemeinde wachsend." Schul-, Feuerwehrgebäude und "NS-Volkswohlfahrt"-Kinderheim schließen an den Dorfkern an, während Friedhof und Kapelle, Hitlerjugendheim und Sportplatz sowie ein Gasthaus mit Post und Omnibushaltestelle an die Ränder des Dorfes gelegt sind.[594] Eine Kirche für den christlichen Gottesdienst fehlt. An ihre Stelle ist ganz offensichtlich die als "geistiger und kultureller Mittelpunkt" hervorgehobene Feierhalle getreten, und den Kirchturm mit seinem Geläut vertritt der "Glockenturm mit Ehrenmal und Fahnen" zum Gedenken an die Gefallenen der Kriege und der NSDAP.[595]

Stadt- und industriefern gelegene Dörfer mit überwiegender Altbausubstanz oder unter den einschränkenden finanziellen Belastungen des Neuaufbaus können im Unterschied zum vorgestellten "nationalsozialistischen Siedlerdorf" nicht auf eine Reihe von zentralen Neubauten zurückgreifen, sondern müssen sich mit einem einzigen begnügen. Diesen Umstand berücksichtigt Erich Kulke in seinem Entwurf zum "Dorfhaus" als "Zukunftsaufgabe des dörflichen Gemeinschaftslebens."[596] Vorschläge zur Gestaltung dieses Dorfhauses wurden schon 1937 auf der Oktobersitzung der Reichsarbeitsgemeinschaft in Aussicht gestellt.[597] Nun erscheinen sie in "Odal," Reichsbauernführer Darrés "Monatsschrift für Blut und Boden."

Im multifunktionalen "Dorfhaus" sollen konzentriert werden: als Feierhalle die "Dorfhalle," ferner das Hitlerjugend-Heim, die Diensträume der Bürgermeisterei, die Dorfbücherei, der Kindergarten, die "Dorfschau" (= das Museum), das Dorfbad für die Hygiene und die NS-Gemeindeschwester-Stelle für die Gesundheitspflege. Beim Dorfhaus ist ein großer Spiel-, Aufmarsch-, Belustigungs- und Festplatz vorgesehen. Die Hereinnahme des Hitlerjugend-Heims und des Kindergartens fördere auch die spätere Bindung der Heranwachsenden an das Dorfhaus. In der die Geschichte des Dorfes, die Arbeits- und Lebenswelt der Bauern sichtbar machenden und kommenden Geschlechtern überliefernden "Dorfschau" mit ihrem volkserzieherischen Wert können die standesamtlichen Eheschließungen stattfinden, "denn nichts kann einen schöneren Rahmen für die Durchführung einer solchen Feier bieten, als jene an den Wänden und im Raume aufbewahrten Zeugnisse vorvorväterlicher Lebensweisheit."[598]

Wichtigste Einrichtung des Dorfhauses ist ohne Zweifel die Dorfhalle, ein in seiner Größe für die Erfassung der gesamten Dorfgemeinde ausreichender Raum, in dessen würdevollem Rahmen die Elternabende der Hitlerjugend, die Rundfunkübertragungen der Reden Adolf Hitlers und "alle zum Dorfleben gehörigen Feste des Jahreslaufes" durchgeführt werden sollen.[599] Dazu zählen der 1. Mai als "Feiertag der deutschen Arbeit" und das Erntefest im Herbst,[600] jedoch ebenso, wie man einem beigegebenen speziellen Feierraumentwurf entnehmen kann, der 9. November als Tag des Hitlerputsches von 1923 in München. In jeden Pfeiler der Feierhalle dieses Entwurfs soll der Name eines der 16 Gefallenen von der Münchner Feldherrenhalle[601] eingeschlagen werden, und am Fuße des neben der Feierhalle vorgesehenen Glockenturms "ist ein schlichtes Ehrenmal für die Gefallenen des Weltkrieges und der Bewegung angeordnet."[602]

Damit sind beweiskräftige Indizien für Erich Kulkes eigentliche Absicht gegeben, mit seinem Entwurf für die Feierhalle des nationalsozialistischen Siedlerdorfs oder schlicht "Dorfhalle" die ländlichen Sakralbauten der "Deutschen Volks- und Nationalkirche" der Mythus-Ideologie Alfred Rosenbergs vorzubereiten. Kulke vermeidet aus innenpolitischen Gründen wohlweislich, diese dominierende Intention in einer jedermann zugänglichen Zeitschrift mit letzter Deutlichkeit zu nennen. Aber auch andere Passagen seines Dorfhaus-Entwurfs von 1938 legen sie nahe:

Es sei "eine nicht zu widerlegende Tatsache, daß unzählige Gotteshäuser in den Dörfern ihre bindende Aufgabe nicht mehr erfüllen [...]," es sei festzustellen, "*daß die Kirchen heute fast nirgends mehr als Mittelpunkt des Dorflebens angesprochen werden können [...]. Stark und bindend*" stehe demgegenüber "*heute die politische, aus dem Volkstum gewachsene Lebenskraft der deutschen Heimat und damit auch des deutschen Bauernvolkes*. Die Gläubigkeit des deutschen Menschen ringt auch hier um neue, für uns gültige Werte."[603] "Weil nun aber unsere Zeit Ausdruck einer neuen Gläubigkeit und eines hohen Gemeinschaftsbewußtseins der im Nationalsozialismus geeinten Nation ist, so verlangt die auf dem Boden völkischer Lebenswerte gewachsene innere Bindung in Stadt und Land, in den Hörsälen und Fabriken, in den Wohnungen und Festräumen ein neues Gesicht," weshalb auch zur "Veredelung des Dorfbildes" in gemeinsamer freiwilliger Arbeit der gesamten Dorfbevölkerung aufgerufen wird. Als "Krönung dieses Willens, als ein neuer Ausdruck der gläubigen Gemeinschaftsbejahung unseres Dorfvolkes" erwächst nunmehr "als Mittelpunkt" das "Dorfhaus."[604] Seine wichtigste Einrichtung ist die vornehmlich der Parteipropaganda und den Jahreslauffesten, das heißt der Rosenbergschen neuheidnischen Religion und der Heranzüchtung des germanisch-deutschen Herrenmenschen dienende "Dorfhalle." Das ähnlich den alten Dorfgotteshäusern vielleicht erst in jahrelanger Bautätigkeit entstehende "Dorfhaus" darf "*in seiner Erscheinung niemals ein Abklatsch städtischer Baueigenarten sein.*" Es "muß sich ganz den dörflichen oder landschaftlichen Baueigenarten einfügen. *Es wird nicht viel anders aussehen, wie ein großes, sauber gepflegtes Bauernhaus.*"[605]

Die Abkehr vom städtisch-modernen Baustil, etwa des international renommierten 'Bauhauses,' und Hinwendung zum traditionell-bäuerlichen und landschaftsgebundenen Baustil sind nur scheinbar. Zwar werden, nicht zuletzt in einer größeren Zahl von Publikationen Kulkes, ästhetisch mißlungene Übernahmen städtischer Bauweisen auf dem

Lande zu Recht bekämpft und herkömmliche Bauernhaustypen von der "Mittelstelle deutscher Bauernhof" und den mit ihr kooperierenden Institutionen in ganz Deutschland wissenschaftlich erhoben[606] und als mustergültige Prototypen herausgestellt. Aber das Postulat der arteigenen Kontinuitätstreue des neuen faschistischen Baustils auf dem Lande ist ebenso ideologisch-vordergründig und realitätsverhüllend wie jenes von der unveränderlichen Bindung des deutschen Menschen schlechthin an Blut und Boden.

Rosenbergs Mitstreiter Erich Kulke gibt dies indirekt selbst zu. Ungeachtet industrieller und städtischer Einflüsse werde, so behauptet er, der "weitaus überwiegende Teil unserer Dörfer [...] sein ausgesprochen bäuerliches Wesen wahren," wenn auch in ihnen die nichtbäuerlichen Berufe zunehmen. Denn alle diese Wandlungen "sollen und werden behutsam und klar nationalsozialistisch gelenkt und geformt werden. So wird das deutsche Dorf der Zukunft als Gestaltung der neuen Zeit ein neues Gesicht gewinnen, aber stets bekunden, daß es aus dem Erbgut der Jahrtausende sinnvoll gewachsen ist."[607] Das bedeutet im Klartext, daß die NS-Weltanschauungs-Strategen den sozialen und kulturellen Wandel auf dem Lande zu überwachen und in eine Richtung zu dirigieren gedenken, die nur scheinbar traditionell, in Wirklichkeit aber innovativ ist und ideologie- bzw. machtpolitisch bestimmt wird. Ganz folgerichtig bedient sich der von der "Mittelstelle deutscher Bauernhof" propagierte faschistisch-monumentale Baustil für öffentliche Gebäude herkömmlicher bäuerlicher Bauelemente nur noch als Versatzstücke,[608] sehen die von Kulke für seine "Dorfhäuser," "Dorfhallen" und dörflichen Feierräume als Muster vorgelegten Entwürfe und Modelle eher wie für ländliche Verhältnisse verkleinerte und zurechtgemodelte Ausgaben städtischer Monumentalbauten des Dritten Reichs aus.[609]

Dies also ist das "neue Gesicht" des nationalsozialistischen Dorfes, das vorgeblich aus germanisch-deutscher Baukontinuität erwuchs. Die ideologische Scheinwelt ist Fassade für zweckrationale politische Zielsetzungen, der angeblich traditionell-bäuerliche Baustil dient ebenso wie die behauptete Bindung des nordischen Menschen an Blut und Boden und an die inneren Werte seiner Rassenseele nur der vom "Chefideologen" der NSDAP und seinem Amt Rosenberg beabsichtigten Errichtung des totalitären Weltanschauungs-Staats, für den eine nach dem "Mythus des 20. Jahrhunderts" total gleichgeschaltete Bevölkerung benötigt wird.

Ähnlich Erich Kulkes Hausforschung und Baupflege entfalteten auch die anderen im Protokoll der Oktobersitzung der Arbeitsgemeinschaft von 1937 aufgeführten Referate oder späteren "Mittelstellen," deren Leiter und Mitarbeiter eine rege wissenschaftliche und volkstumspflegerische Tätigkeit. Die Ergebnisse wurden teilweise publiziert, unter anderem in der 1939 begründeten Vierteljahresschrift "Deutsche Volkskunde"[610] der Rosenbergschen Arbeitsgemeinschaft. Hauptschriftleiter waren zunächst einmal Matthes Ziegler und der im selben Jahr zum Leiter des Referats "Wissenschaft" der Reichsarbeitsgemeinschaft ernannte Georg Fischer.[611]

Die ideologischen Vorgaben und ebenso die wissenschaftlich-politischen Aufträge kamen von Reichsleiter Rosenberg selbst. Ihre Umsetzung in die volkskundliche Arbeitspraxis hatte Reichsamtsleiter Matthes Ziegler zu überwachen oder selbst zu besorgen. Der gewandte Wissenschaftstheoretiker und -organisator Ziegler war der eigentlich ausführende Kopf des Unternehmens. Er stand aufsichtsführend und anleitend hinter der Tätigkeit der Reichsarbeitsgemeinschaft, ihn kann man mit Recht als den 'Volkskundeprimus' des Amts Rosenberg bezeichnen.

In seinem Jenenser Lebenslauf von 1940 nimmt Ziegler denn auch neben manchem anderen für sich in Anspruch, nicht nur die Anregung zur Gründung der Reichsarbeitsgemeinschaft gegeben, sondern selbst deren Zeitschrift "Deutsche Volkskunde" begründet und eine Reihe von Buchausstellungen und Sondertagungen der wissenschaftlichen Mittelstellen geleitet zu haben. Dazu rechnet er ausdrücklich die beiden Arbeitstagungen der "Mittelstelle deutscher Bauernhof" 1938 in Berlin und 1939 in Eger. Außerdem habe sein besonderes Augenmerk der Pflege enger Verbindungen zu den skandinavischen Ländern auf der Grundlage der "Nordischen Gesellschaft" in Lübeck gegolten. Ein Ergebnis dieser Arbeit sei der Deutsch-Nordische Wissenschaftskongreß für Vorgeschichte und Volkskunde 1937 in Lübeck gewesen.[612] Es mag sein, daß Ziegler im Vollgefühl der bisherigen Leistungen der Reichsarbeitsgemeinschaft sein eigenes Verdienst hier in ein zu grelles Licht rückt. Aber ihm legte das im Faschismus selbstverständliche "Führerprinzip" die strikte Befehlsgewalt und Verantwortung bei allen Tätigkeiten der Reichsarbeitsgemeinschaft auf, und er mußte öfter, wie bei der zweiten Sitzung im Oktober 1937, auf der er lediglich die Anwesenden begrüßte und den einzelnen Sachbearbeitern das Wort erteilte, hinter seinen Mitarbeitern oder auch Rosenberg selbst zurückstehen.

Die wissenschaftlichen, organisatorischen und volkspflegerischen Anfangserfolge der Reichsarbeitsgemeinschaft für deutsche Volkskunde im Amt Rosenberg waren jedenfalls unbestreitbar. Nun galt es, sie weiter auszubauen, die Volkskundeinstitution systematisch auf ganz Deutschland auszudehnen und ihren angeblich parteiamtlich sanktionierten, in Wirklichkeit aber nirgendwo festgeschriebenen Alleinvertretungsanspruch gegenüber den Konkurrenten durchzusetzen. Dies waren - nach der Liquidierung der Reichsgemeinschaft für deutsche Volksforschung mit ihrer Abteilung Volkskunde unter Adolf Spamer - der noch immer existierende und mehrere Lager von weltanschaulichen Gegnern repräsentierende Verband deutscher Vereine für Volkskunde John Meiers und Heinrich Himmlers im Aufstieg befindliches und deshalb zum Gegner werdendes SS-Ahnenerbe mit seinen volkskundlichen Abteilungen.

Die räumliche Ausdehnung ihrer Volkskundeinstitution begannen Ziegler und die seinen unter tätiger Mithilfe Alfred Rosenbergs mit der reichsweiten Etablierung von "Gauarbeitsgemeinschaften für deutsche Volkskunde" in Angriff zu nehmen. Sie sollten nach dem Muster der Reichsarbeitsgemeinschaft und ihrer Sachreferate bzw. Mittelstellen gestaltet, vor allem jedoch arbeitsfähig sein und deshalb nur vorsichtig und unter "besonders überlegter Auswahl der Beteiligten" - in Frage kamen lediglich einwandfreie und verantwortliche Mitarbeiter - gegründet werden.[613] Seit Juli 1937 hatte sich das Amt Rosenberg bei den Gauschulungsleitern der zweiunddreißig NSDAP-Gauleitungen des Deutschen Reichs für ihre Einrichtung verwendet. Da Reichsleiter Rosenbergs Weisungskompetenz für die Gauschulungsleiter, die er als seine Vertreter oder Stellvertreter in den einzelnen Gauen betrachtete,[614] nicht eindeutig geregelt war,[615] dürften sich diese Gründungen kaum ohne Schwierigkeiten vollzogen haben. Hans Strobel, der Leiter des "Referats Schulung" in der Reichsarbeitsgemeinschaft, konnte in der Sitzung am 22. Oktober 1937 immerhin sieben Gauarbeitsgemeinschaften in Danzig, Düsseldorf, Halle-Merseburg, Hamburg, Hessen-Nassau, Mecklenburg-Lübeck und Württemberg-Hohenzollern melden.[616] Später kamen weitere hinzu. Geplant war, durch die Verankerung der von der Berliner Zentrale zu dirigierenden Gauarbeitsgemeinschaften für deutsche Volkskunde bei den Gauschulungsleitern ein reichsweites Instrument für die Volkstumsarbeit oder Volkserneuerung des Amts Rosenberg zu etablieren und den politisch-fachwissenschaftlichen Primat der Reichsarbeitsgemeinschaft, aus der das volkskundliche Reichsinstitut erwachsen sollte, wirksam abzusichern. Dabei war allerdings, wie sich bald zeigen sollte, mit dem mächtigen Konkurrenten Reichsführer SS Heinrich Himmler zu rechnen, der durchaus übereinstimmende ideologisch-politische Absichten verfolgte und mit Hilfe der in seinem "Ahnenerbe" zusammengefaßten wissenschaftlichen Fächer, darunter an hervorragender Stelle der Volkskunde, verwirklichen wollte.

Das "Ahnenerbe" Heinrich Himmlers und die ideologisch-politische Funktion seiner Volkskunde

GISELA LIXFELD

Zur Ideologie Heinrich Himmlers

Helmut Heiber schildert den jungen Heinrich Himmler als Pedanten, dessen zunächst "mäßiger Nationalismus" schließlich in "deutschtümelnden Fanatismus" umschlug, dessen "Gelegenheits-Antisemitismus" sich zur "Überzeugung von *dem* Juden als dem Erzfeinde des um seine Existenz ringenden deutschen Bauern, ja des deutschen Menschen schlechthin" wandelte, dessen Zweifel an der Kirche den strenggläubigen katholischen Kirchengänger zum Bruch mit der Religion veranlaßten und dessen "landwirtschaftliches Schulwissen" sich zum "Biologismus" entwickelte.[617] Der Diplomlandwirt Heinrich Himmler, 1900 als Sohn einer königstreuen Lehrersfamilie in München geboren,[618] hatte in der NSDAP rasch Karriere gemacht. 1926 war er bereits stellvertretender Reichspropagandaleiter, 1927 stellvertretender Reichsführer der Schutzstaffel (SS), 1929 schließlich Reichsführer SS geworden.[619] An die Stelle des katholischen Glaubens treten für Himmler nun als neuer Gott Adolf Hitler und als Ersatzkirche die Nationalsozialistische Deutsche Arbeiterpartei. Ihr wird er "einen neuen Orden aufbauen [...] in exakter Kopie des Vorbilds,"[620] d.h. der christlichen Kirchen.

Himmler hatte sich ein "glaubensersatz-ähnliche[s] Germanenbild"[621] geformt, aus dem er die "Notwendigkeit einer praktischen Ahnenpflege"[622] ableitete. Er glaubte, "von den Germanen gehe unablässig ein Strom geistiger und kultureller Überlegenheit"[623] aus. Überdies hatte er sich die verworrene Ansicht zueigen gemacht, die germanischen Vorfahren stammten nicht etwa wie die anderen Menschen vom Affen ab, sondern seien "göttergleich vom 'Himmel' auf die Erde herniedergestiegen."[624] Schon aufgrund ihrer göttlichen Herkunft betrachtete er sie als "Vorkämpfer einer hochentwickelten Kultur und eines herrschaftlichen-politischen Systems."[625] Als Grundvoraussetzung für ihre Überlegenheit erschien ihm ihre "rassische Beschaffenheit." Die "Rassereinheit der deutschen Volksgenossen" wurde deshalb sein wichtigstes Anliegen. Denn in ihnen sah er "die unmittelbaren Nachkommen der Germanen"[626] - und allen Ernstes wollte er sie wieder zu reinrassigen Germanen hochzüchten.[627] Die Germanenromantik faßte er als praktischen Auftrag auf: "Er war bereit, die Vision der Weltherrschaft der germanischen 'Herrenrasse' bis zur letzten Konsequenz durchzusetzen."[628]

Wie sein Vorbild und Gegner Alfred Rosenberg[629] beabsichtigte auch Himmler, die christlichen Religionen aufzulösen und durch eine neu-germanische Religion zu ersetzen.[630] Dem "deutschen Volk" sollten die "außerchristlichen arteigenen weltanschaulichen Grundlagen"[631] für seine Lebensgestaltung gegeben werden. Dies hatte nicht allein durch die "Überwindung des weltanschaulichen Gegners," d.h. der christlichen Kirchen zu geschehen, sondern durch die "Erschließung des germanischen Erbes,"[632] aus dem eine "artgemäße Religion und Sittenlehre"[633] zu entwickeln war, die ihren Ausdruck in "praktischer Ahnenpflege"[634] fand. Als exklusiven Orden dieser neuen Kirche eines neu-germanischen Ahnenkultes dachte er sich die SS - "ein soldatischer, nationalsozialistischer Orden, nordisch bestimmter Männer und eine beschworene Gemeinschaft ihrer Sippen."[635] Gewissermaßen als Heiligtum sollte jede SS-Standarte über eine germanische Ausgrabungsstätte verfügen - "als kultureller Mittelpunkt deutscher Größe und deutscher Vergangenheit,"[636] so der Reichsführer SS, der wünschte, daß die neu-germanische Weltanschauung Bestandteil der Lebenspraxis aller SS-Männer und ihrer Familien wurde.[637] Mit "untrüglichem Gespür historischer Religionsstifter" habe Himmler erkannt, so Michael Kater, "daß bei der Neuschaffung einer 'germanischen' Religion" außer der "Verkündigung des völkischen Dogmas" durch Schulungsvorträge und Weihestunden auch "die kultischen Formen unerläßlich waren."[638]

Für die Feier der "kultischen Höhepunkte im Leben [...] konfessionell nicht gebundene[r] SS-Angehörige[r]"[639] strebte Himmlers Schutzstaffel ein eigenes, neugermanisches Jahres- und Lebenslaufbrauchtum an. An die Stelle der christlichen Taufe trat die "SS-Namensweihe."[640] In einer den kirchlichen Taufakt imitierenden Zeremonie[641] und in einem Weiheraum, dessen Atmosphäre Josef Ackermann mit der eines christlichen Altarraums vergleicht,[642] konnten Säuglinge in die SS aufgenommen werden - angesichts eines mit Hitler-Bild und Hakenkreuz geschmückten "Altars" und inklusive "Glaubensbekenntnis."[643] Katholische Kommunions- wie evangelische Konfirmationsfeiern ließen sich durch Aufnahmerituale in die Hitlerjugend und die Schutzstaffel kompensieren, das Sakrament der christlichen Eheschließung durch die "Eheweihe" und das christliche Begräbnis durch die "Totenweihe" ersetzen. Auch die christliche Jenseitsvorstellung vom ewigen Leben wurde aufgegriffen und zum "ewigen Leben in Walhalla"[644] umgeformt: "so herb der Tod im Augenblick ist," dozierte Himmler 1936 anläßlich einer SS-Gruppenführerbesprechung, "so sehr wissen wir aus urältester, blutsmäßiger Überzeugung, daß er lediglich ein Hinüberwechseln in eine andere Ebene ist; denn wir haben uns alle schon einmal irgendwo gesehen und wir werden uns in der anderen Welt ebenso wiedersehen."[645] Schließlich glaubte Himmler, "daß über uns ein Gott sei, der diese Riesenwelt durch das Gesetz der Auslese und des Kampfes geschaffen habe und der mit diesem Gesetz der Selbsterhaltung die ganze Natur in Bewegung halte."[646]

Auch für christliche Jahresbrauchtermine hielt Himmler neue Feierformen und kultische Zeremonien bereit. Ein Frühlingsfest - das Ostara-Fest - sollte die Stelle des christlichen Osterfestes, das Sommersonnwendfest die des christlichen Pfingstfestes einnehmen. Wintersonnwend- und Julfest vertraten Weihnachten und Neujahr.[647] Kultische Requisiten ersetzten die christlichen.[648] Durch den Gebrauch kunstvoll gefertigter Kultwerkzeuge sollte germanische Religiosität beschworen und somit neues Brauchtum geschaffen und gefestigt werden. Diesem Zweck dienten der Julleuchter ebenso wie der SS-Totenkopfring. Die christliche Symbolik wollte man durch germanische Runen und Sinnbilder verdrängen.[649] Als neue Gotteshäuser stellte der "Religionsstifter" sich Feierhäuser vor, in denen der Vorfahren gedacht, ihre Hinterlassenschaften gewissermaßen als Reliquien aufbewahrt und ebenfalls als kultische Requisiten in Gottesdienst-ähnlichen Gemeinschaftsfeiern verwendet wurden.

Aufgabe der in Himmlers Diensten stehenden Wissenschaftler war es, "wissenschaftliche" Beweise für das "germanozentrische" Weltbild Himmlers zu erbringen, es durch weltanschauliche Schulung der SS zu verbreiten - mit dem Ziel einer neuen "säkularisierten Religiosität"[650] - und durch praktische Verwertung "wissenschaftlicher" Erkenntnis bei der weiteren Ausgestaltung der Lebens- und Ausdrucksformen der SS mitzuwirken.[651] Wissenschaft war für Himmler bloße "Zweckwissenschaft:" Er "ordnete jede geistige Erkenntnis den 'mystisch-romantischen Vorstellungen der nationalsozialistischen Weltanschauung' unter."[652] Auch die Wissenschaft in Himmlers 1935 gegründeter Forschungsvereinigung "Ahnenerbe" war nur dazu da, "weltanschaulich bereits fixierte Axiome durch immer neue Prozesse scheinbarer Wissenschaftlichkeit nachträglich zu beweisen."[653] Von seinen Wissenschaftlern erwartete Himmler, daß sie in Aufhebung der "liberalistischen" Trennung von Geistes- und Naturwissenschaften "die Einheit von Seele und Leib, Geist und Blut, Gott und Welt als Voraussetzung einer neuen indo-germanischen Weltanschauung"[654] gewährleisten halfen.

Der Plan zur "Erschließung des germanischen Erbes"[655] von ca. 1937 macht deutlich, daß "historische Forschungen" über die Germanen innerhalb der SS stets ausschließlich mit rein weltanschaulicher Zielsetzung zu betreiben waren, um das "Weltbild der vorchristlichen Ahnen richtungweisend für [... die] eigene Daseinsformung zu erwecken."[656] Letztlich ging es Himmler darum, die nationalsozialistische Ideologie historisch zu begründen, indem die "*Kontinuität*" des "*germanischen Weltbildes* [...] *durch die Jahrhunderte* bis in die nationalsozialistische Weltanschauung"[657] bewiesen wurde, und diese durchzusetzen. Germanische Geschichte diente Himmler zur Rechtfertigung seiner Politik.[658] Seine Kulturorganisationen erhielten ihre Richtlinien ausschließlich von ihm selbst,[659] waren sie doch "als Instrumente zur Durchsetzung 'kultureller' und 'weltanschaulicher' Ziele der SS errichtet worden."[660] Joseph Otto Plaßmann, Kulturwissenschaftler und gläubiger Gefolgsmann Himmlers, formulierte denn auch ganz im Himmler'schen Sinne, "eine wirklich wissenschaftliche [...], nämlich geistige [...] Erkenntnis" könne nur "aus einem völkischen Aktivismus" kommen, der "Voraussetzung" für die "wissenschaftliche Methodik" sei. "Voraussetzung" der Forschung im SS-Ahnenerbe solle ein "germanozentrische[r] Standpunkt" sein, von dem aus "wir Germanenkunde wirklich nach den eigenen Gesetzen des Forschungsgegenstandes, und das heißt wissenschaftlich treiben."[661] Und weiter: "Erst dann können wir für die *spontane* Erkenntnis auch den *exakten* Nachweis führen: der nordische Kulturkreis hat seine eigene, arteigene hohe Geisteskultur besessen und besitzt sie heute noch als Überlieferungsgut."[662]

Bevor auf die Funktion des Faches Volkskunde in diesem System Himmler'scher Zweckforschung eingegangen wird, soll zuvor Himmlers SS-Forschungsvereinigung "Ahnenerbe" kurz vorgestellt werden.

Die Institution des SS-Ahnenerbes

Auf Betreiben und unter Mitwirkung des Privatgelehrten Herman Wirth riefen Reichsführer SS Heinrich Himmler und fünf Mitarbeiter[663] des Reichsbauernführers Richard Walther Darré am 1. Juli 1935 die "Studiengesellschaft für Geistesurgeschichte 'Deutsches Ahnenerbe'" - die spätere "Forschungs- und Lehrgemeinschaft 'Das Ahnenerbe'" - ins Leben. In dem "Germanomanen"[664] Himmler und dem von Hans F.K. Günthers Rassegedankengut beeinflußten "Blut-und-Boden"-Ideologen Darré[665] hatte der völkisch-national gesinnte, sich von der sogenannten liberalistischen Wissenschaft abgrenzende Wirth[666] geeignete Partner gefunden, sein 1932 in Bad Doberan gegründetes, aus Mangel an finanziellen Mitteln jedoch bald wieder eingestelltes "Forschungsinstitut für Geistesurgeschichte"[667] neu zu beleben und ihm zu Einfluß zu verhelfen. "Himmlers mystizistischen Gedankengebilden, seinem glaubensersatz-ähnlichen Germanenbild und seinem Mißtrauen in Bezug auf die Schulweisheit der Ordinarien, die er im Verdacht hatte, die eigentlichen germanischen Wurzeln der deutschen Kultur den Prinzipien der Aufklärung zu opfern, entsprachen sowohl die gedanklichen Inhalte wie auch das Persönlichkeitsbild des Deutsch-Niederländers."[668] Wirths Engagement für die "Ura Linda-Chronik"[669] - eine in der Wissenschaft längst als Fälschung entlarvte Schrift - konnte ihn in den Augen Himmlers nicht etwa diskreditieren,[670] sondern es mußte ihn im Gegenteil als einen Germanen-Gläubigen ausweisen, der sich dafür zu eignen schien, mit Hilfe des Studiums der germanischen Frühgeschichte eine "Bewußtmachung und Neuschöpfung vermeintlicher Werte aus der längst vergangenen Welt der germanischen Altvorderen" in Gang zu setzen und zugleich die "Nutzbarmachung des so gewonnenen 'Erbes' auf der praktisch-ideologischen Ebene des nationalsozialistischen Alltags"[671] zu bewerkstelligen. Für Himmlers kulturpolitische Ziele - "die politische Macht der SS auch auf den Bereich des geistigen Lebens auszudehnen"[672] - gab Wirth zunächst den idealen Partner ab, vertrat er doch Himmlers Gedankengut sehr verwandte Auffassungen über das Germanentum. Auf Darrés Wohlwollen konnte Wirth ohnehin zählen, da sich seine Ansichten über den germanischen Bauern mit Darrés Vorstellungen deckten.[673] Folgerichtig wurde Wirth erster Präsident der neuen, am 19. November 1935 ins Berliner Vereinsregister eingetragenen SS-Kulturorganisation. Himmler selbst behielt sich den Vorsitz des Kuratoriums vor, wenngleich er sich stets durch den Stellvertretenden Kurator Dr. Hermann Reischle, Hauptamtsleiter im Reichsnährstand, vertreten[674] bzw. seine Interessen durch den "Sonderbeauftragten des Reichsführers SS" Bruno Galke wahrnehmen ließ.[675] Seinem zeitweiligen Weggefährten, Bewunderer und Privatsekretär, dem gelernten Kaufmann Wolfram Sievers, schanzte Wirth den wichtigen Organisationsposten des Generalsekretärs und späteren Geschäftsführers zu.[676]

Erklärte Absicht der Gesellschaft war es laut der ersten Satzung, "die Wissenschaft der Geistesurgeschichte zu fördern."[677] Das Vereinsziel schien zunächst stark auf Wirths Forschungsabsichten zugeschnitten zu sein. Noch vor dem Eintrag ins Vereinsregister wurde als erste Abteilung die "Pflegstätte für Schrift- und Sinnbildkunde" eingerichtet, die Wirth leitete.[678] Parallel zur Bildung eines Arbeitsstabes ging man daran, sich eigene Publikationsorgane zu schaffen bzw. bereits bestehende in die neue SS-Organisation zu überführen d.h. gleichzuschalten. Noch im Juli 1935 erfolgte die Gründung der vereinseigenen Schriftenreihe "Deutsches Ahnenerbe." Wenige Monate später war bereits eine vertragliche Vereinbarung bezüglich der gemeinsamen Herausgabe der Zeitschrift "Germanien" mit der "Vereinigung der Freunde germanischer Vorgeschichte" geschlossen:[679] eine Verbindung, die bald zur völligen Vereinnahmung der Zeitschrift und überdies der gleichfalls der Vereinigung gehörenden Detmolder "Pflegstätte für Germanenkunde" führen sollte - und schließlich zur völligen Entmachtung ihres Leiters, des Laienforschers Wilhelm Teudt.[680] Der promovierte Germanist und Religionswissenschaftler Joseph Otto Plaßmann, ebenfalls ein früherer Mitarbeiter Wirths[681] und zugleich Teudts, war schon 1935 Schriftleiter der von ihm und Teudt 1928 mitbegründeten Zeitschrift "Germanien:"[682] Er sollte künftig auch eine gewichtige Rolle bei der Popularisierung des NS-Gedankengutes durch das Ahnenerbe spielen - ebenso wie bei der Konzeptionierung und der angestrebten Verwissenschaftlichung der SS-Kulturorganisation. Vorerst lebte jedoch Wirth noch seine Wissenschaftsphantasien aus,[683] wenn sie auch Ahnenerbe-intern zunehmend auf Kritik stießen.

Mangels anderer Finanzen war die Gesellschaft anfangs fast völlig auf die Haushaltsmittel des Reichsnährstands angewiesen und daher von der Gunst des Reichsbauernführers abhängig, der gleichzeitig Leiter des Rasse- und Siedlungshauptamtes-SS (RuSHA) war, an welches das Ahnenerbe zunächst institutionell angelehnt war.[684] Der Einfluß der Darré-Leute Hermann Reischle, Wilhelm Kinkelin[685] und Erwin Metzner, die Wirth stützten, war entsprechend groß. Durch Angliederung des Wissenschaftsvereins an das im Herbst 1936 geschaffene SS-Hauptamt "Persönlicher Stab, Reichsführer SS," dessen Leiter Karl Wolff, ein Freund Galkes, nun Darré als obersten Befehlshaber der SS nach Himmler ersetzte, tat Himmler den ersten Schritt, den Einfluß des Reichsnährstandes im Ahnenerbe zu mindern.[686] Der endgültige Bruch zwischen Himmler und Darré erfolgte schließlich im Februar 1938,[687] nachdem das RuSHA-SS an Macht verloren[688] und die Allgemeine SS durch die NSDAP voll mit Etatmitteln versorgt wurde,[689] so daß sich diesbezügliche Rücksichten ohnehin erübrigt hatten.

Parallel zur Entfernung vom Reichsnährstand und der Entmachtung Wirths setzte der Drang zur Verwissenschaftlichung der Ahnenerbe-Organisation und zur stärkeren Integration in den SS-Apparat ein. Im Juni 1936 wurde der Münchner Universitätsprofessor Dr. Walther Wüst, nach Kater ein "wissenschaftlich sehr angesehener Indogermanist,"[690] der "in seinem Fach als Koryphäe"[691] galt, gleichzeitig langjähriger engagierter Anhänger des Nationalsozialismus war,[692] zum Korrespondierenden Mitglied des Ahnenerbes berufen, im Oktober schließlich zum Leiter der neugebildeten "Pflegstätte für Wortkunde" im Ahnenerbe ernannt.[693] Bereits im Juli 1936 übernahm das Ahnenerbe die Detmolder "Pflegstätte für Germanenkunde," die im Oktober desselben Jahres offiziell eröffnet wurde - vorerst noch unter ihrem alten Leiter Wilhelm Teudt.[694] Im Februar 1937 kamen gleich drei neue Abteilungen hinzu: die "Pflegstätte für Märchen- und Sagenkunde" unter Leitung Dr. J. O. Plaßmanns, die "Pflegstätte für indogermanisch-finnische Kulturbeziehungen" und die "Abteilung für Wetterkunde."[695] Gleichzeitig ernannte Himmler zum 1. Februar 1937 Walther Wüst zum Präsidenten des Ahnenerbes[696] und verfügte, die Verwaltung des Vereins den SS-Richtlinien anzupassen. Es unterstand nun dem SS-Verwaltungschef Oswald Pohl und geriet quasi zu einer Dienststelle im "Persönlichen Stab, RFSS."[697] Die Ahnenerbe-Mitarbeiter wurden jetzt - sofern nicht bereits SS-Mitglieder - "ehrenamtlich in die SS übernommen" und hatten sich dem "vom Führerprinzip durchdrungenen hierarchischen Gefüge" einzupassen.[698]

Übersicht 1

Die Abteilungen des Ahnenerbes zur Zeit der Satzungsänderung im März 1937[699]

Pflegstätte für Schrift- und Sinnbildkunde
eingerichtet im Juli 1935
Leiter: SS-Obersturmführer Prof. Dr. Herman Wirth
Mitarbeiter: Dr. Siegfried Lehmann, Dr. Otto Huth, Dr. Fernholz
Hauptstelle für Sinnbildforschung, übernommen im März 1937
von der DFG-Reichsgemeinschaft für deutsche Volksforschung
Abteilungsvorstand: SS-Sturmbannführer Karl Theodor Weigel

Pflegstätte für Germanenkunde
übernommen am 18.7.1936 von der Vereinigung der Freunde germanischer Vorgeschichte
eröffnet am 5.10.1936 (mit Sitz in Detmold)
Leiter: Prof. Wilhelm Teudt
Stellvertretender Leiter: Dr. Paul Gerhard Beyer
MitarbeiterInnen: Ulrich v. Motz, Frl. Beyer, Frl. Pollmann
Germanische Heiligtümer, Externsteine
Germanische Heiligtümer, Gollenstein
Germanische Heiligtümer, Angelau

Lehr- und Forschungsstätte für Wortkunde
eingerichtet im Oktober 1936
Leiter: SS-Hauptsturmführer Prof. Dr. Walther Wüst
Mitarbeiter: Karl Hoffmann, Hans Hartog, Dr. Paul

Pflegstätte für Märchen- und Sagenkunde
eingerichtet am 1.2.1937
Leiter: SS-Hauptsturmführer Dr. Otto Plaßmann
MitarbeiterInnen: Dr. Otto Huth, Lore Plate

Pflegstätte für indogermanisch-finnische Kulturbeziehungen
eingerichtet im Februar 1937
Leiter: Yrjö von Grönhagen
Mitarbeiterin: Gertraut Schlarb
Nordische Kunst

Pflegstätte für Wetterkunde, WEL [Welteislehre]
eingerichtet am 1.2.1937
Leiter: SS-Untersturmführer Dr. Hans Robert Scultetus
7 Mitarbeiter
Archiv für Arktiskunde

Am 11. März 1937 proklamierte Himmler eine neue Satzung, die den Einfluß des Reichsnährstandes zugunsten der SS auch formal einengte und dem Reichsführer SS unbeschränkte Macht verlieh. Himmler wurde "alleiniges Aufsichtsorgan der Gemeinschaft"[700] und übertrug die Rechte der Mitgliederversammlung auf den Vorsitzenden des Kuratoriums. Dies war laut Satzung der Reichsführer SS selbst.[701] Gleichzeitig wurde das "Generalsekretariat" unter Wolfram Sievers in "Reichsgeschäftsführung" umbenannt.

Wirth hatte man zwar mit dem Posten des Ehrenpräsidenten abgefunden.[702] Doch daß seine Linie nicht mehr gefragt war, kommt schon in der Namensänderung der Gesellschaft zum Ausdruck, die jetzt nur noch als "Deutsches Ahnenerbe" firmiert.[703] Auch dürfte es Wirth nicht entgangen sein, daß das Forschungsziel des Vereins dem Fachgebiet des neuen Präsidenten angepaßt worden war. Von "Geistesurgeschichte" ist nicht mehr die Rede. In der Satzung heißt es stattdessen: "Das Ahnenerbe hat die Aufgabe, Raum, Geist und Tat des *nordischen Indogermanentums* [Hervorhebung G.L.] zu erforschen; die Forschungsergebnisse lebendig zu gestalten und dem deutschen Volke zu vermitteln."[704]

Nach Ausscheiden der Darré-Anhänger im Februar 1938[705] wurde das Überleben im Ahnenerbe für Wirth immer schwieriger. Ehemalige Freunde wie Plaßmann hatten ihn längst fallengelassen. Ganz offensichtlich hat Plaßmann, die Zeichen der Zeit erkennend, selbst bei der Absetzung seines früheren Gönners mitgewirkt und sich für dessen Gegenspieler Wüst stark gemacht. In einem Gespräch,[706] das er wenige Tage vor der Einsetzung Wüsts als Präsident mit Metzner über den Ausbau des Ahnenerbes führt und dessen Verlauf er umgehend an Galke weitermeldet, argumentiert er jedenfalls nicht nur gegen die Beibehaltung Wirths als Präsident, sondern bekundet sogar, er halte ihn nicht einmal als Leiter für "eine SS-mäßige Organisation wie eine Pflegstätte" für geeignet, da er einen "Zickzackkurs" steuere, "der für eine soldatische Gemeinschaft unmöglich" sei. Wüst dünkt ihm hingegen "nicht nur ein Mann von großem nationalen und internationalen Rufe, ein echter Nationalsozialist, sondern auch eine ganz einzigartige Erscheinung unter den deutschen Geisteswissenschaftlern überhaupt" zu sein, und er nennt ihn "den bisher einzigen Vertreter des künftigen deutschen Gelehrtentyps." Auch Reichsgeschäftsführer Sievers, ebenfalls mit Wirth in früheren Jahren eng verbunden, setzt nun alles daran, seinen ehemaligen Förderer loszuwerden.[707] Im Dezember 1938 scheidet Wirth schließlich aus der Organisation aus[708] - was allerdings nicht bedeutet, daß Himmler seine schützende Hand völlig von ihm zurückzieht: Immerhin erhält er noch 1944 mit des Reichsführers Hilfe am Seminar für Volkskunde der Universität Göttingen ein Kustodiat.[709]

Schon im Laufe des Jahres 1937 hatten die neuen führenden Leute im Ahnenerbe - Wüst, Sievers, Plaßmann - einen "Aufbau- und Arbeitsplan"[710] aufgestellt, der sowohl die Zielrichtung der im Ahnenerbe betriebenen Forschung als auch das Streben nach Wissenschaftlichkeit und nach Ausweitung des Machtbereichs offenlegt. Aufgabe eines Forschungsrates sollte es nun sein, "*namhafte Wissenschaftler, deren Mitarbeit für das 'Ahnenerbe' wertvoll ist* [Hervorhebung G.L.], in eine enge Verbindung zum 'Ahnenerbe' zu bringen." In einen Förderer- und Stifterkreis sollten berufen werden: "1. *Persönlichkeiten von Bedeutung*, in erster Linie SS-Führer, *in hohen und wichtigen Stellungen* der Wirtschaft, des Handels und der Industrie; 2. Personen, deren *Einflussnahme auf bestimmte kulturpolitische Einrichtungen des Staates und der Partei von*

Bedeutung sind [Hervorhebungen G.L.]." Auch die intensiven Bemühungen des "Ahnenerbes" um Integration des im Reichserziehungsministerium an maßgeblicher Stelle tätigen Volkskundlers Professor Heinrich Harmjanz[711] erklären sich aus der Absicht, an Macht und zugleich an wissenschaftlichem Ansehen zu gewinnen. Für *Laienforscher* vom Schlage Teudts war hingegen kein Platz mehr, stand doch dem wissenschaftlichen Anspruch der Ruch des Dilettantismus im Wege. Da dergleichen im "Ahnenerbe" nicht mehr gefragt war, wurden sie - wie Wirth - nach und nach entmachtet und schließlich abgesetzt.

Ein typisches Beispiel für diesen Sachverhalt ist die schrittweise Ausschaltung Teudts und die Umwandlung seiner "Pflegstätte für Germanenkunde" in zwei in das Ahnenerbe integrierte Lehr- und Forschungsstätten. Das Ahnenerbe hatte die von dem nicht akademisch ausgebildeten Professor Wilhelm Teudt und seiner "Vereinigung der Freunde germanischer Vorgeschichte" 1928 gegründete Detmolder Pflegstätte 1936 übernommen.[712] Wenig später wurden ihre Ziele neu formuliert.[713] Gleichzeitig dachte man über "grundsätzliche Personalveränderungen in der Leitung"[714] nach und stattete die neue Ahnenerbe-Einrichtung mit nicht geringen Haushaltsmitteln aus.[715] Dann ging man daran, ihr einen wissenschaftlichen Anstrich zu verleihen. Zu diesem Zweck wurde zunächst Studienrat Dr. Paul Gerhard Beyer und ab 1. Dezember 1937 der Germanist Dr. Bruno Schweizer als Stellvertreter des offiziellen Leiters Teudt eingesetzt.[716] "Infolge der sich steigernden Unverträglichkeit Prof. Teudts, die eine fruchtbare wissenschaftliche Arbeit in der Pflegstätte und eine erträgliche Zusammenarbeit mit dem 'Ahnenerbe' unmöglich machte, wurde Prof. Teudt auf Befehl des Reichsführers SS von seinem Posten als Leiter der Pflegstätte [...] am 25.2.38 abberufen."[717]

Auch der Begriff "*Pflegstätte*," den Wüst bei seiner Rede anläßlich der Neueröffnung der Detmolder Abteilung im Oktober 1936 noch als Zeichen für "ehrfurchtsvolle Arbeit an der Gesamterscheinung unserer germanischen Altvorderen"[718] gepriesen hatte, paßte nicht mehr recht ins Programm. An seine Stelle traten im März 1938 generell die wissenschaftlich klingenden Bezeichnungen "*Forschungsstätte*" bzw. für Abteilungen, die von Universitätsprofessoren geleitet wurden, "*Lehr- und Forschungsstätte*."[719] Damit betonte man zugleich den Charakter des Ahnenerbes als universitätsnaher Institution.[720] Nach Teudts Absetzung konnte auch die "Pflegstätte für Germanenkunde" in eine Forschungsstätte umbenannt und die Leitungsfunktion mit den beiden Wissenschaftlern Schweizer und Plaßmann besetzt werden.[721] Schon zu diesem Zeitpunkt gliederte man in zwei Abteilungen,[722] die beide den Begriff *Wissenschaft* im Titel führten: "Germanische *Kulturwissenschaft* [Hervorhebung G.L.] und Landschaftskunde," deren Leitung Plaßmann erhielt;[723] "Germanische *Sprachwissenschaft* [Hervorhebung G.L.] und Landschaftskunde," in der Schweizer Vorstand wurde. 1939 firmierten beide Abteilungen noch gemeinsam als "Lehr- und Forschungsstätte für Germanenkunde;"[724] spätestens 1944 waren daraus zwei eigenständige Lehr- und Forschungsstätten geworden - besetzt mit den früheren Abteilungleitern.[725] Auch Wüst, der seine "Pflegstätte für Wortkunde" schon 1937 als "*Lehr- und Forschungsstätte* [Hervorhebung G.L.] für Wortkunde München (im Seminar für arische Kultur- und Sprachwissenschaft)" bezeichnet hatte,[726] stellte qua Namensänderung 1938 die Wissenschaftlichkeit noch deutlicher heraus, indem er seine Abteilung in "Lehr- und Forschungsstätte für indogermanisch-arische *Sprach- und Kulturwissenschaft*" (Hervorhebung G.L.) umbenannte.[727] Hinter dem Wechsel in Bezeichnungen und Leitungsfunktionen, von Kater als Kompetenzwirrwarr gedeutet,[728] steckte durchaus Methode. Zumindest diente er dem Ziel, von dem pseudowissenschaftlichen Ruf des früheren Präsidenten Wirth wegzukommen und der SS-Kulturorganisation ein wissenschaftliches Gepräge zu geben.

Zum 1. Januar 1939 änderte Himmler nochmals die Satzung.[729] In der neuen Fassung wird das Führerprinzip auch formal weiter verstärkt, im Grunde jedoch nur längst Bestehendes fixiert. Diese dritte und letzte Satzung spricht offen aus, daß die Leitung des Wissenschaftsvereins einem Triumvirat obliegt, bestehend aus dem Präsidenten Himmler, dem Kurator Wüst und dem Reichsgeschäftsführer Sievers.[730] Die Kompetenzverteilung zwischen Sievers und Wüst ist klarer festgeschrieben als zuvor, indem Sievers[731] organisatorische und verwaltungsmäßige Entscheidungen überlassen sind, während Wüst für alle wissenschaftlichen Belange verantwortlich zeichnet. In dem Bestreben, seinen Anspruch auf Wissenschaftlichkeit kenntlich zu machen, nennt sich der Verein jetzt "*Forschungs- und Lehrgemeinschaft* 'Das Ahnenerbe'" (Hervorhebung G.L.).[732] Die Absicht, vom Image des Dilettantismus wegzukommen und als seriöse Forschungseinrichtung zu gelten, drückt sich auch im geänderten Vereinsauftrag aus. Wurde 1937 noch gefordert, "*jeden Volksgenossen aufzurufen, hierbei* [bei Forschung und Lehre] *mitzuwirken* [Hervorhebung G.L.],"[733] so soll dies jetzt Wissenschaftlern vorbehalten sein: "Die Durchführung dieser Aufgabe hat unter Anwendung *exakt-wissenschaftlicher Methoden* [Hervorhebung G.L.] zu erfolgen."[734]

Unter Sievers und Wüsts Regie und Plaßmanns eifriger Mitarbeit wurde seit 1937 der Ausbau des Ahnenerbes zum SS-Forschungsinstitut tatkräftig vorangetrieben. Uns sollen im Folgenden insbesondere die Tätigkeitsfelder für VolkskundlerInnen beschäftigen.

Volkskundliche Tätigkeitsfelder in der SS-Forschungs- und Lehrgemeinschaft "Das Ahnenerbe"

Von 1937 bis 1939 - während der ersten beiden Jahre unter Wüsts Leitung - wurden im Ahnenerbe diejenigen Wissenschaftszweige bevorzugt ausgebaut, von denen am ehesten zu erwarten war, daß sie Himmlers Auftrag erfüllen würden, dem "Nachweis [...] der geistigen Weltherrschaft des arischen Germanentums näherzukommen."[735] Zu den für diesen Zweck nützlichen Hilfswissenschaften der "Religiositätsforschung," "die an der Bearbeitung und Aufhellung indogermanischer Religiosität mitbeteiligt"[736] seien, zählte Wüst neben Vor- und Frühgeschichte, Rassenforschung und -seelenkunde, Religionsgeschichte und -wissenschaft, Philologie, Sprachwissenschaft und Völkerkunde auch die Volkskunde.[737] Diese Wissenschaften hielt er für besonders geeignet, in den Dienst der Erforschung "indogermanischer Religiosität" gestellt zu werden, in der er den "durch die schöpferische Haltung nordischer Menschen bedingten Vollzug einer Lebensordnung" sah, "die gleichzeitig Glaubens- und Weltordnung ist, und somit gewachsene, nicht geoffenbarte oder gestiftete Religiosität:"[738] "Volksgemeinschaft und Glaubensgemeinschaft sind wirklich eins."[739] Darin kommt auch zum Ausdruck, daß Wüst sämtliche geisteswissenschaftlichen Abteilungen des Ahnenerbes als seinen Forschungsinteressen untergeordnet betrachtete - und alle dort tätigen Wissenschaftler als ihm zuarbeitende Hilfswissenschaftler. So war es nur konsequent, zunächst diejenigen

Bereiche auszuweiten, die seinen - und zugleich Himmlers - Zielen dienlich erschienen. Im Juli 1937 hatten bloß fünf Pflegstätten und eine Lehr- und Forschungsstätte bestanden.[740] Nicht einmal ein Jahr später, im März 1938, arbeiteten bereits acht Lehr- und Forschungsstätten, vier weitere waren geplant.[741] Das Geschäftsjahr 1937/38 war offenbar ein Jahr der Expansion der Ahnenerbe-Organisation. Das belegen nicht allein die Haushaltsmittel,[742] sondern vor allem die wachsende Zahl der Mitarbeiter: Waren zum 1. Januar 1937 erst achtzehn Personen hauptamtlich und zwanzig ehrenamtlich für das Ahnenerbe tätig, so sind am 31. März 1938 bereits zweiundfünfzig hauptamtliche und fünfzig ehrenamtliche im Einsatz.[743] Daß der Aufbau noch keineswegs abgeschlossen war, zeigen Wüsts Arbeitsberichte sowie die Ahnenerbe-Denkschriften. Zum 1. April 1939 sind die Lehr- und Forschungstätten bereits auf vierundzwanzig angeschwollen, davon fast die Hälfte mit volkskundlicher Fragestellung.[744]

Übersicht 2

Lehr- und Forschungsstätten des Ahnenerbes mit volkskundlicher Aufgabenstellung 1938/1939[745]

Lehr- und Forschungsstätte für Schrift- und Sinnbildkunde
eingerichtet im Juli 1935 als Pflegstätte für Schrift- und Sinnbildkunde
Leiter: Herman Wirth
Hauptstelle für Sinnbildforschung, übernommen im März 1937 von der DFG-Reichsgemeinschaft für deutsche Volksforschung
Abteilungsvorstand: Karl Theodor Weigel

Lehr- und Forschungsstätte für Germanenkunde
übernommen am 18.7.1936 von der Vereinigung der Freunde germanischer Vorgeschichte als Pflegstätte für Germanenkunde, eröffnet am 5.10.1936 (mit Sitz in Detmold)
nach Ausscheiden Wilhelm Teudts im März 1938 geteilt in
Abt.I: Germanische Kulturwissenschaft und Landschaftskunde
Leiter: Joseph Otto Plaßmann
Abt. II: Germanische Sprachwissenschaft und Landschaftskunde
Leiter: Bruno Schweizer

Lehr- und Forschungsstätte für indogermanisch-arische Sprach- und Kulturwissenschaft
eingerichtet im Oktober 1936 als Pflegstätte für Wortkunde (mit Sitz in München)
Leiter: Walther Wüst

Lehr- und Forschungsstätte für Volkserzählung, Märchen und Sagenkunde
eingerichtet unter Plaßmann am 1.2.1937 als Pflegstätte für Märchen- und Sagenkunde
Leiter: Heinrich Harmjanz (seit Herbst 1938)
Zentralarchiv der deutschen Volkserzählung (ZA), übernommen im Sommer 1938 von der DFG-Reichsgemeinschaft für deutsche Volksforschung

Forschungsstätte für Hausmarken und Sippenzeichen
eingerichtet im Herbst 1937
Leiter: Karl Konrad Ruppel

Forschungsstätte für indogermanische Glaubensgeschichte
eingerichtet 1938
Leiter: Otto Huth

Forschungsstätte für Musikwissenschaft
Abteilung Nordische Musik:
ehrenamtlich tätig: Fritz Bose

Lehr- und Forschungsstätte für germanisch-deutsche Volkskunde
eingerichtet im September 1938 (mit Sitz in Salzburg)
Leiter: Richard Wolfram

Forschungsstätte für germanisches Bauwesen
eingerichtet im Frühjahr 1939
Leiter: Martin Rudolph

Lehr- und Forschungsstätte für Volkskunde und Volksforschung
eingerichtet im April 1939 (mit Sitz in Frankfurt)
Atlas der Deutschen Volkskunde (ADV), übernommen im Sommer 1938
von der DFG-Reichsgemeinschaft für deutsche Volksforschung
Leiter: Heinrich Harmjanz

Forschungsstätte für Volksmedizin
Leitung: noch offen (Bemühungen seit 1938)

Das SS-Ahnenerbe bot der Volkskunde[746] seit seiner Gründung im Jahre 1935 ein reiches Betätigungsfeld. Die Mitwirkungsmöglichkeiten reichten von Beiträgen in den wissenschaftlichen wie populärwissenschaftlichen Zeitschriften der SS über die Tätigkeit in Ahnenerbe-eigenen Lehr- und Forschungsstätten bis zu Sammelaktionen und Forschungsaufenthalten der "Kulturkommissionen" in Südtirol und der Gottschee und dem sogenannten "Germanischen Wissenschaftseinsatz" in Belgien, den Niederlanden, Dänemark und Norwegen, dem Einsatz der SS-Wissenschaft im Krieg.

Nicht wenige Wissenschaftler beteiligten sich an maßgeblicher Stelle an der SS-Volkskunde. Dazu gehörten Joseph Otto Plaßmann, Otto Huth, Bruno Schweizer, Heinrich Harmjanz, Erich Röhr, Wilhelm Mai, Martin Rudolph, Karl-Konrad Ruppel, Richard Wolfram und Alfred Quellmalz - um nur diejenigen zu nennen, die sich durch die Übernahme von Leitungsfunktionen im Ahnenerbe hervortaten. Unter den volkskundlich arbeitenden Wissenschaftlern nehmen Plaßmann, Harmjanz und Wolfram eine herausragende Stellung ein.[747] Sie können als tonangebende Exponenten der SS-Volkskunde gelten. Ihr beruflicher Werdegang im Dritten Reich und ihre Auffassung von Wissenschaft sind repräsentativ für die Volkskunde in der SS-Kulturorganisation. Sie alle waren engagierte NS-Ideologen und Agitatoren im Dienste des SS-Ahnenerbes. Ihre NS- und SS-Beziehungen förderten ihre Karriere bis hin zum Ordinariat. Ihnen verdankten sie Macht und Posten, die Herrschaft über populär- und fachwissenschaftliche Publikationsorgane, Archive, Institute. Sie alle waren auch an maßgeblicher Stelle an den

Raubzügen des NS-Regimes beteiligt:[748] sei es wie Harmjanz als "Generaltreuhänder" in Polen, sei es wie Plaßmann und Wolfram als Sonderführer der Waffen-SS im "Germanischen Wissenschaftseinsatz."

Da im Rahmen dieser Abhandlung nicht den Spuren sämtlicher ins Ahnenerbe integrierter VolkskundlerInnen und ihrer Tätigkeit im Dienste der SS-Wissenschaft im Detail nachgegangen werden kann, konzentriere ich mich im Folgenden beispielhaft einerseits auf den wissenschaftlichen Werdegang und das vielfältige Ahnenerbe-Engagement einer Person - des bereits seit ihrer Gründung im Jahr 1935 für die Forschungsgesellschaft tätigen und gewissermaßen dienstältesten Ahnenerbe-Volkskundlers Joseph Otto Plaßmann -, andererseits auf ein SS-Forschungsprojekt, an dem zahlreiche VolkskundlerInnen maßgeblich beteiligt waren und als kriegswichtig eingestufte Arbeiten verrichteten - die "Kulturkommission Südtirol."

Volkskundler-Sein im SS-Ahnenerbe - zum Beispiel: Joseph Otto Plaßmann

Plaßmanns Tätigkeit im Dienste nationalsozialistischer Ideologie, seine Forschungen und Veröffentlichungen sind kennzeichnend für die Kulturwissenschaft des Ahnenerbes, in dem er bald zum wichtigsten Mitarbeiter nach Wüst und Sievers aufgestiegen war[749] und einen beispielhaften Einfluß auf die SS-Volkskunde ausübte.

1895 als Sohn eines Arnsberger Oberlehrers und späteren Universitätsprofessors für Astronomie in Warendorf/Westfalen geboren, erhielt Plaßmann[750] eine streng katholische Erziehung. Nach dem Abitur meldete er sich als Kriegsfreiwilliger, nahm am Winterfeldzug 1914/15 in Rußland teil und wurde schwer verwundet. 1917 ging er freiwillig zur Deutschen Zivilverwaltung in Brüssel, wo er als Hilfsreferent arbeitete und Herman Wirth kennenlernte. Seine Aufgabe war es, an der Feststellung der Sprachgrenze mitzuwirken. "Meine aus dieser Tätigkeit gewonnene Erkenntnis war die, dass das Volkstum das tragende Element alles Nationalismus ist, und dass in ihm der radikale Nationalismus erst seine metaphysische Begründung findet, ohne die er niemals zu den internationalen Kirchen und Konfessionen in Konkurrenz treten kann. Aus diesem Grunde erweiterte ich nach dem Kriege mein Studium auch nach der Seite der Religionswissenschaft."[751] Während des Studiums der Germanischen Sprache und Kulturgeschichte, das er mit dem Staatsexamen für das Höhere Lehramt und der Promotion 1921 abschloß, beteiligte er sich 1919/20 in der Einwohnerwehr Münster am Einsatz gegen die Rote Armee an der Ruhr. Nach Beendigung des Studiums betätigte er sich zunächst publizistisch, da er als Kriegsversehrter nicht für den Staatsdienst zugelassen worden war. Nach eigenen Angaben verfaßte er in dieser Zeit zahlreiche "Aufsätze und Bücher völkischen, volkskundlichen und germanenkundlichen Inhalts."[752] 1923 wirkte er ferner in der Pressestelle Ruhr und Rhein für den "Abwehrkampf an der Ruhr" gegen das französische Besatzungsheer mit. Seit 1927 arbeitete er mit Wilhelm Teudt zusammen. 1928 war er unter den Mitgliedern des Gründungsausschusses der "Vereinigung der Freunde germanischer Vorgeschichte" und ihres Publikationsorgans "Germanien." Ferner gehörte er zu den ersten, welche die Forschungen von Herman Wirth anerkannten, sich für ihre Verbreitung einsetzten und bei dessen Ausstellungen mithalfen. 1929 in die NSDAP eingetreten, wirkte er seit 1934 in verschiedenen Ämtern der Partei mit: Von Januar 1934 bis März 1935 diente er als Referent in der Reichsführung des Reichsbundes Volkstum und Heimat, anschließend bis Oktober 1935 in der Amtsleitung der NS-Kulturgemeinde Alfred Rosenbergs, von wo er ins Stabsamt des Reichsbauernführers wechselte. Dort blieb er bis Dezember 1936 als Abteilungsleiter. Gleichzeitig hatte er - schon seit 1935 ehrenamtlich für das Ahnenerbe tätig - ab März 1936 die Hauptschriftleitung der seither zum Ahnenerbe gehörenden Zeitschrift "Germanien" übernommen.

Hauptamtlich immer noch in Diensten des Reichsnährstandes, arbeitet er zunächst weiterhin ehrenamtlich für das Ahnenerbe. Offenbar versteht er es aber, sich schnell für die SS-Kulturorganisation unentbehrlich zu machen bzw. zu vermitteln, daß er der richtige Mann zur richtigen Zeit am richtigen Platz ist. Bereits im September 1936 setzt sich Generalsekretär Sievers bei Himmler dafür ein, daß Plaßmann dem Aufbau der Zeitschrift "Germanien" und seiner wissenschaftlichen Publikationstätigkeit künftig mehr Zeit widmen kann. Sievers begründet dieses Anliegen wie folgt:[753] "Der Auftrieb, den die Zeitschrift 'Germanien' unter der neuen Führung bekommen hat, und andererseits die Konkurrenz, die ihr durch die von Professor Reinerth herausgegebene Zeitschrift 'Germanenerbe' gemacht wird, machen es notwendig, dass 'Germanien' noch stärker als bisher zu einem stosskräftigen Kampfblatt für die weltanschauliche Schulung nach den Grundgedanken der SS ausgebaut wird." Ferner sei "es nunmehr dringend notwendig, dass das 'Deutsche Ahnenerbe' seiner Aufgabe, eine weltanschauliche Richtung im Sinne der SS in breiteste Kreise zu tragen, im grösseren Umfange gerecht wird." Die wissenschaftlichen Arbeiten Plaßmanns seien "nach den Urteilen der Herren Professor Wüst und Professor Wirth für die wissenschaftliche Unterbauung und Aktivierung der Germanenkunde im Sinne des 'Deutschen Ahnenerbes' von grösster Wichtigkeit."

Sievers Motive sind also Profilierung des Ahnenerbes, Verbreitung seiner Ideologie, Konkurrenz zum Amt Rosenberg und das Bemühen um Verwissenschaftlichung der SS-Kulturorganisation. Die nunmehrige SS-Zeitschrift "Germanien" soll dem "Germanenerbe," der Zeitschrift des Konkurrenzunternehmens Amt Rosenberg, zumindest ebenbürtig sein. Plaßmann garantiert als Wissenschaftler und zugleich als geübter Schriftsteller, der mit dieser Tätigkeit jahrelang seinen Lebensunterhalt verdiente,[754] beide Ziele: die Popularisierung des Ahnenerbe-Gedankenguts ebenso wie die Verwissenschaftlichung dieser Organisation.[755] Prompt leitet Galke Sievers Gesuch befürwortend an Himmler weiter:[756] "Soll die Zeitschrift 'Germanien' in Nichts der Zeitschrift 'Germanen-Erbe' von Reinerth nachstehen, ist es unerläßlich, daß der Hauptschriftleiter Dr. Plaßmann für die Aufbauarbeiten halbtags beurlaubt wird." Himmlers Chefadjutant Wolff tritt nun in Verhandlungen mit Hermann Reischle vom Reichsnährstand,[757] dem das Ahnenerbe-Anliegen durch ein Gespräch mit Himmler bereits bekannt ist.[758] Aus haushaltsrechtlichen Gründen sieht Reischle keine Möglichkeit, Plaßmann vom Reichsnährstand ans Ahnenerbe zu delegieren, er plädiert für einen völligen Wechsel Plaßmanns vom Stabsamt des Reichsnährstands zum Rasse- und Siedlungshauptamt der SS. Plaßmann soll mit Hans Strobel die Stelle tauschen, indem er die Leitung des Rasseamts II übernimmt. Dieser Vorschlag wird akzeptiert: Galke schildert Wolff wenig später die künftigen Aufgaben Plaßmanns und betont nochmals deren Dringlichkeit.[759] Zum 1. Januar 1937 wird Plaßmann schließlich in die SS aufgenommen, um bis November 1937 im Rasse- und Siedlungshauptamt-SS den Posten eines Hauptabteilungsleiters zu bekleiden und gleichzeitig als hauptamtlicher Abteilungsleiter im Ahnenerbe zu arbeiten, denn Wolff hatte ihn sogleich zum "1.1.37 zur Dienstleistung beim 'Ahnenerbe' [...] kommandieren"[760] lassen.

Ursprünglich einer der Leute Darrés im Ahnenerbe, hatte sich Plaßmann von Beginn an als williger Zuarbeiter der SS empfohlen. Schon sein programmatischer Leitaufsatz "Vereint marschieren,"[761] anläßlich der Gleichschaltung der Zeitschrift "Germanien" und der Übernahme der Hauptschriftleitung durch Plaßmann im März 1936 herausgekommen, hatte ihn als überzeugten Anhänger der nationalsozialistischen Lehren ausgewiesen - wie sie auch Wüst immer wieder vertrat - und für konzeptionelle wie propagandistische Arbeit im SS-Ahnenerbe geeignet erscheinen lassen. In einer Zeit, in der es um Verwissenschaftlichung und Profilierung der SS-Kulturorganisation ging, war er der richtige Mann für einen hauptamtlichen Ahnenerbe-Posten.

Plaßmann enttäuscht seine Förderer nicht: Schon im Frühjahr 1937 liefert er in seiner Denkschrift als "Führer der Geschäfte [der Abteilung] RA II"[762] im Rasse- und Siedlungshauptamt-SS Leitgedanken für sein neues Amt, die Sievers "in vielem auch für die Arbeit des Ahnenerbes richtungweisend"[763] hält. Ebenso geht das Konzept vom Februar 1937 für die unter seiner Regie gegründete "'Ahnenerbe'-Pflegstätte für Märchen- und Sagenkunde"[764] unverändert in die Gesamtkonzeption der SS-Kulturorganisation ein.[765] Plaßmann wird sich in der Folge als williger Zuarbeiter Wüsts erweisen, dieser sich mit einem freundlichen Gutachten über Plaßmanns Gelehrsamkeit für die treuen Dienste revanchieren, indem er seine Bildungs- und Forschungsgrundlage als "besonders erfreulich und gediegen" bezeichnet, seine trotz Behinderung und wirtschaftlicher Unsicherheit umfangreiche Publikationstätigkeit lobt und ausführt: "Plaßmann muss auf Grund seiner wissenschaftlichen Gesamtleistung unbedingt der alten, großen Schule von Germanisten zugerechnet werden, die von den Gebrüdern Grimm begründet worden ist." Ferner stellt er seine umfangreichen, vielseitigen Kenntnisse der Text- und Sprachgeschichte, der deutschen, gesamtgermanischen, indogermanischen Geistesgeschichte ebenso lobend heraus wie seine Sprachbeherrschung (Alt- und Neuenglisch, Gesamt-Skandinavisch, Niederländisch-Flämisch, Gesamt-Deutsch - Alt-, Mittel-, Neuhochdeutsch -, Gotisch), seine Kenntnisse in der Mythologie, der Märchen- und Sagenkunde und der Sinnbilderforschung. "Plaßmann ist also Vertreter einer umfassenden Germanistik, wie sie der Nationalsozialismus für die geistigen Entscheidungen der kommenden Jahrzehnte braucht."[766]

Plaßmann wirkte durch seine Schriftleitertätigkeit wie durch zahlreiche eigene Beiträge in den Ahnenerbe-Zeitschriften und anderen Organen des NS-Staates propagandistisch für die Ziele der nationalsozialistischen Ideologie. Dies kommt nicht allein in seiner Wissenschaftsauffassung[767] zum Tragen, es tritt für jedermann sichtbar in seinen Leitartikeln in populären Zeitschriften zutage, die unverhohlen für NS-Ziele werben, nationalsozialistische Politik rechtfertigen und sie wissenschaftlich untermauern.

Bereits 1935 Schriftleiter "Germaniens" geworden - der populären Zeitschrift, die wenig später das erste Ahnenerbe-Publikationsorgan werden wird -, redigiert Plaßmann 1937 vier der fünf vom Ahnenerbe herausgegebenen Zeitschriften. Er ist Schriftleiter von GERMANIEN und NORDLAND, der FM-ZEITSCHRIFT und von DAS THEMA VON MORGEN.[768]

Seine Aufgabe bei "Nordland" ist es, die "im Ahnenerbe erarbeiteten weltanschaulichen Erkenntnisse der Germanenkunde für die weltanschauliche Beeinflussung und Ausrichtung weiter Volkskreise in volkstümlicher Form nutzbar zu machen."[769] Bei der "FM-Zeitschrift" kommt ihm als Schriftleiter die "Regelmässig[e] monatliche Lieferung des weltanschaulich gestalteten Leitaufsatzes" zu;[770] bei "Das Thema von

Morgen" hat er für die "Lieferung von weltanschaulich grundsätzlich aus Geist und Haltung des 'Ahnenerbe' bestimmten Beiträgen" zu sorgen.[771] Plaßmann begnügt sich jedoch nicht damit, in den von ihm selbst konzeptionell bestimmten Zeitschriften zu schreiben. Er liefert ideologische Beiträge auch für andere NS-Organe. 1940 begleitet er beispielsweise das Kriegsgeschehen mit propagandistischen Artikeln nicht allein in "Germanien:" In der Zeitschrift "Neues Bauerntum" schreibt er zeitgemäß über "Die Erneuerungskraft des deutschen Ostens,"[772] "Landgestaltung durch volkhafte Siedlung"[773] und "Deutsches Bauerntum im Westen und Osten des Reiches."[774]

Plaßmanns vordringliche Aufgabe wird jedoch die Herausgabe der Zeitschrift "Germanien" sowie ihr weiterer Aufbau. Im Unterschied zu den anderen Ahnenerbe-Zeitschriften unterbleibt eine konkrete Aufgabenstellung an die Redaktion.[775] Präzisiert wird nur im Hinblick auf den aus Spenden gespeisten Sonderfonds "Studentenkampfschatz,"[776] über den man Studierende, die im Sinne der SS-Forschung indoktriniert werden sollen, kostenlos mit "Germanien"-Heften zu beliefern beabsichtigt. Plaßmann hat umfangreiche Handlungsfreiheit bzw. er weiß, was er zu tun hat. Anläßlich der Ernennung zum Abteilungsleiter der "Pflegstätte für Märchen- und Sagenkunde" war er schon im Februar 1937 von Himmler persönlich ermahnt worden: "Als Hauptschriftleiter der Zeitschriften 'Germanien' und 'Nordland' haben Sie sich im besonderen Maße dafür einzusetzen, daß diese Zeitschriften nach den von mir gegebenen Richtlinien ausgebaut, gestaltet und gefördert werden. Sic sind mir [...] persönlich für den Inhalt und Ausbau der Zeitschriften verantwortlich."[777] In seinem Arbeitsbericht 1937/38 kann der Ahnenerbe-Präsident Wüst denn auch befriedigt feststellen, daß der Hauptschriftleiter Plaßmann die Zeitschrift "Germanien" "im Jahre 1937 fortschreitend zielbewusst ausgebaut [hat], das Echo kann als durchaus erfreulich gewertet werden. Besonderen Widerhall haben die einheitlich ausgerichteten Leitaufsätze Dr. Plaßmanns gefunden, die in klarer Weise wirklich 'zur Erkenntnis deutschen Wesens' wertvollste Beiträge liefern."[778]

Plaßmanns Leitartikel in "Germanien" stellen sich in der Tat deutlich in den Dienst der NS-Propaganda. Recht genau verfolgen sie die jeweilige politische Lage. Unter dem Motto "Zur Erkenntnis deutschen Wesens" schreibt Plaßmann in Friedenszeiten beispielsweise zu Themen wie "Das verschüttete Erbe,"[779] "Der dürre Baum grünt,"[780] "Dauerhaftigkeit oder Überfremdung,"[781] "Mehr sein als scheinen."[782] Den Anschluß Österreichs begleitet er 1938 mit dem Artikel "Deutschösterreichs germanische Sendung."[783] Im selben Jahr philosophiert er über die Ansprüche des deutschen Bauern im Osten. Den Kriegsbeginn feiert er im Herbst 1939 mit dem Artikel "Die Göttlichen sind bei den Kämpfenden."[784] 1940 rechtfertigt er in Beiträgen wie "Germaniens europäische Sendung"[785] und "Germaniens Sendung und ihre Erfüllung"[786] den Kriegseinsatz. Während des Krieges folgen Durchhalteleitartikel wie "Ehre ist Zwang genug"[787] und "Freudig wie ein Held zum Siegen."[788]

Plaßmann unterscheidet zwischen "Volkskunde" und "Volkstumskunde."[789] Seine politisch-progagandistischen Leitaufsätze, die das Zeitgeschehen seit 1937 in "Germanien" kommentierend begleiten, ordnet er der "Volkstumskunde" zu. Zur "Volkskunde und Germanenkunde" zählt er dagegen seine Beiträge über Sinnbildliches, Runen, den Weihnachtsbaum, das Brauchtum. Eine - offenbar im Zusammenhang mit der Habilitation in Tübingen von Plaßmann selbst zusammengestellte - Veröffentlichungsliste[790] von 1942 bezeugt durch ihren Umfang nicht nur seinen Schreibfleiß, sie gibt zugleich

Einblick in die Arbeitsschwerpunkte: Plaßmann rechnet allein vierzig seiner "Aufsätze in wissenschaftlichen Zeitschriften" zur "Volkskunde und Germanenkunde," fünf zur "Germanenkunde," vier zur "germanischen Geschichte." Lediglich vierzehn der aufgeführten Titel sind der "Volkstumskunde" gewidmet, was seinen Grund darin hat, daß seine Artikel in nicht-"wissenschaftlichen" Zeitschriften - wie den SS-Leitheften und der FM-Zeitschrift - hier nicht genannt werden.

Die Zeitschrift "Germanien," die Plaßmann redigiert und in der er bevorzugt veröffentlicht, wird von ihm - ebenso wie "Volkstum und Heimat" - als "wissenschaftliche" Zeitschrift eingestuft.[791] In ihr legt Plaßmann nicht nur sein politisches Bekenntnis ab. Schon kurz nach der Übernahme der Hauptschriftleitung publiziert - und popularisiert - er hier seine Auffassung von Wissenschaft in dem Beitrag "Völkisches Wollen und exaktes Forschen."[792] Von den über siebzig im Zeitraum 1925 bis 1942 verfaßten wissenschaftlichen Aufsätzen Plaßmanns wurden nur zehn nicht in seinem Hausblatt abgedruckt.[793] Dazu kommen fast achtzig selbst geschriebene Buchbesprechungen,[794] mit deren Hilfe er in "Germanien" Wissenschaftspolitik betreibt. Da wird beispielsweise ein Werk Erhard Riemanns[795] zur Lektüre empfohlen oder der Freund Otto Huth[796] protegiert. Auch von Gleichgesinnten läßt der Hauptschriftleiter Freund und Feind rezensieren. So verreißt Huth, enger Mitarbeiter Plaßmanns seit 1937, Georg Schreibers[797] Arbeit.

"Germanien" war kein einflußloses Blättchen: Es erschienen immerhin zwölf Hefte im Jahr, Ende 1937 schon in einer Auflage von 12.000 Exemplaren, die man bestrebt war, 1938 weiter zu erhöhen.[798] Regelmäßig ging einmal im Monat ein neues Heft an die Abonnenten, vorwiegend SS-Mitglieder. Außerdem wurde die Zeitschrift als Schulungsmaterial für die Fachgruppe Kulturwissenschaft in der Reichsstudentenführung eingesetzt. Nach Kriegsausbruch abonnierte sie schließlich auch die Waffen-SS in 5.000 Exemplaren zwecks ideologischer Beeinflussung von Soldaten.[799]

Die Zugehörigkeit zum SS-Ahnenerbe sicherte jedoch nicht nur einen festen Abnehmerkreis, sondern auch die finanziellen Mittel. Im Etat des Ahnenerbes vom 1.4.37 bis 31.3.38 waren beispielsweise rund 24.000 Mark allein für die Produktion und Vermarktung von "Germanien" eingestellt - was immerhin 10% der damaligen Haushaltsmittel entsprach.[800] Die hohen Beträge, die das Ahnenerbe für sein erstes Sprachrohr aufwendete, deuten an, daß diesem Organ große Wirksamkeit beigemessen wurde. Man will politisch wirken - und offensichtlich will Plaßmann es auch. In der publizistischen Tätigkeit sah er anscheinend Chancen, einen Teil seiner schon zu Beginn der hauptamtlichen Tätigkeit im Ahnenerbe geäußerten konzeptionellen Ideen zu verwirklichen: "unseren Überlieferungen gegenüber die gleiche selbstverständliche Ehrfurcht [zu wecken], die etwa dem Katholiken gegenüber seinen Kirchen, Heiligtümern und Wallfahrtsorten suggeriert worden ist. Der SS-Mann soll auf diese Weise Träger und Verbreiter des deutschen Lebensgefühls werden, das alle fremdvölkische Suggestion auf die Dauer von selbst ausscheidet." Plaßmann beabsichtigte ferner, beizutragen zur "Aufdeckung der Marschrichtung des Gegners unter Herausstellung seiner volkstumsfeindlichen Zielrichtung, Prägung wirksamer Gegenparolen, die leicht verständlich sind, und die dem SS-Mann eingehämmert werden können: Schlagwort gegen Schlagwort."[801]

Einen so eifrigen und offenkundig von der Sache überzeugten Agitator mochte das Ahnenerbe nicht verlieren. Als schon kurz nach seinem Beitritt zur SS ein Streit

Plaßmanns mit der Hitler-Jugend im April 1937 zum SS-Disziplinarverfahren führte, setzten sich maßgebliche Ahnenerbe-Mitarbeiter vehement für ihn ein. Die im Zusammenhang mit dem SS-Ehrengerichtsverfahren verfaßten Gutachten und Fürsorge-Schreiben werfen ein eindrucksvolles Licht auf die augenscheinliche Wichtigkeit Plaßmanns für den SS-Wissenschaftsverein. Beispielsweise schreibt Sievers sogleich an Bruno Galke im Persönlichen Stab RFSS: "Sein Verlust als Mitarbeiter wäre für das Ahnenerbe wie die Zeitschrift 'Germanien' vorläufig ganz unersetzlich."[802] Nachdem Sievers auch noch Plaßmanns konzeptionelle Vorstellungen zum Ausbau seiner Abteilung - die Denkschrift als "Führer der Geschäfte RA II" - nachgeschoben hat,[803] bittet Galke den Reichsführer SS Heinrich Himmler unverzüglich, vom Ausschluß Plaßmanns aus der SS abzusehen und ihn, sofern er "auf Grund des Vorfalles [...] im Rasse- und Siedlungshauptamt SS nicht weiterbeschäftigt werden kann, [...] ganz, d.h. hauptberuflich zum Ahnenerbe e.V. zu übernehmen." Schließlich sei "zu bedenken, daß Plassmann moderner Wissenschaftler ist" und auch "SS-Hauptsturmführer Wüst Plassmann für einen der fähigsten Köpfe auf dem Gebiet der Germanistik (in unserem Sinne) hält."[804]

Plaßmann, der wenige Monate vorher bei Wirths Entmachtung und Wüsts Inthronisation als Ahnenerbe-Präsident mitgewirkt hatte,[805] schuf sich allerdings durch seine Aktivitäten, sein Machtstreben und seine Pedanterie nicht nur Freunde. Mitarbeiter im Rasseamt sahen offenbar in der drohenden SS-Degradierung Plaßmanns eine günstige Gelegenheit, einen unliebsamen Kollegen und Vorgesetzten[806] loszuwerden. Jedenfalls wurde ihm dort rüde der Abgang nahegelegt, indem man seinen Arbeitsplatz räumte und die Gehaltszahlungen einstellte.[807]

Um Plaßmanns wissenschaftliche wie agitatorische Fähigkeiten für die SS zu erhalten, gab es nunmehr nur noch die Möglichkeit der festen Anstellung im Ahnenerbe. Um dies zu erreichen, fährt Sievers starkes Geschütz auf. Galke bescheinigt, Plaßmann sei "neben SS-Hauptsturmführer Wüst einer der fähigsten und besten Mitarbeiter des Ahnenerbes."[808] Ahnenerbe-Präsident Wüst seinerseits stellt ein überschwenglich lobendes, wissenschaftliches Zeugnis aus, indem er Plaßmann als "unersetzlich" und seinen Verlust als "unerträglich" bezeichnet. Sodann preist er sein Engagement bei der Ahnenerbe-Zeitschrift "Germanien" seit 1935: "In dieser Zeit hat er nicht nur durch die Fülle grösserer und kleinerer wertvoller Aufsätze die Wissenschaft zugleich in edler volkstümlicher Form, bereichert und angeregt, sondern auch der Zeitschrift den Stempel echt völkischer Wissenschaft aufgeprägt. Er hat es verstanden, die Grundregeln eines streng wissenschaftlichen Denkens mit den politischen und geistesgeschichtlichen Erfordernissen Deutschlands in festen Einklang zu bringen." Ferner würdigt Wüst Plaßmanns Beiträge zu den Leitheften der SS und der FM-Zeitschrift als "vorbildliche Muster- und Kabinettstücke dieser [i.e. der oben genannten, G.L.] Fähigkeiten, die ja letzten Endes nur darauf abzielen, den deutschen Volksgenossen wieder als ehrfürchtigen Enkel an den Schatz deutschen Ahnenerbes heranzuführen."

Dem Reichsführer SS Heinrich Himmler sucht Wüst, Plaßmanns Verbleib im Ahnenerbe mit dem Hinweis auf dessen - noch gar nicht eingereichte, Wüst aber "in den Grundzügen" bereits bekannte - Habilitationsschrift schmackhaft zu machen: "Sie wird mit Hilfe einer geradezu verblüffenden und ergebnisreichen Methode das Geschichtsbild der Sachsenkaiser auf altgermanischer Grundlage aufbauen, dieses Geschichtsbild so der römischen Geschichtsklitterung endgültig entreissen und damit die Absichten des

Reichsführers SS in einer Weise und Stärke mit verwirklichen helfen, wie sie eindrucksvoller nicht gedacht werden kann."[809] Auch Hermann Reischle und Wilhelm Kinkelin verwenden sich für Plaßmann, wenngleich aus anderen Gründen: Sie halten den Ausschluß Plaßmanns aus der SS für "nicht ratsam," weil sie befürchten, daß er "dann außerordentlichen Angriffen seiner wissenschaftlichen Gegner (z.B. Kummer) ausgesetzt" werde, was wiederum "für das Ahnenerbe nicht tragbar"[810] sei.

Obwohl das Verfahren - ungeachtet aller Appelle an Himmler - im November 1937 mit der vorübergehenden Entlassung Plaßmanns aus der SS endet, gestattet der Reichsführer SS ihm die ununterbrochene Weiterarbeit bei seiner Kulturorganisation und stellt ihm überdies die baldige Wiederaufnahme in die SS in Aussicht.[811] Plaßmann ist also trotz kleiner Blessuren die Festanstellung und somit die volle Integration in das Ahnenerbe geglückt - und dadurch zugleich die Aufnahme in den "Persönlichen Stab Reichsführer SS." Auch der schon länger schwelende Streit mit dem Rosenbergianer Bernhard Kummer,[812] Redakteur der Zeitschrift "Nordische Stimmen," der Plaßmann als dem Katholizismus nahestehend gebrandmarkt und seine Entlassung aus der SS als "Degradierung und schimpfliche Ausstossung"[813] bezeichnet hatte, endet für Plaßmann zunächst einmal siegreich: Da das Ahnenerbe Plaßmanns Auseinandersetzungen mit Kummer, die in direktem Zusammenhang mit der Kontroverse zwischen Kummer und dem Ahnenerbe-Volkskundler Otto Höfler stehen,[814] zur Ahnenerbe-Sache macht, muß sich der Kontrahent sowohl in "Nordische Stimmen" wie in "Germanien" öffentlich entschuldigen und überdies seine Redaktionstätigkeit niederlegen.[815] Der erfolgreiche Abschluß der Affäre Kummer/Höfler/Plaßmann bzw. Amt Rosenberg/SS-Ahnenerbe führt jedoch nicht allein zur Rehabilitierung Plaßmanns. Wie das SS-Ehrengerichtsverfahren trägt sie dazu bei, sowohl seine Stellung im Ahnenerbe als auch seine Bindung an den SS-Wissenschaftsverein zu festigen. Wenige Tage nach Kummers "Erklärung" in "Germanien" wird Plaßmann jedenfalls zusätzlich zu seinen sonstigen Aufgaben zum Leiter der Abteilung "Germanische Kulturwissenschaft und Landschaftskunde" innerhalb der "Forschungsstätte für Germanenkunde" ernannt.[816]

Daß Macht und Einfluß der SS-Kulturorganisation nicht grenzenlos waren, zeigt Plaßmanns erster Habilitationsversuch. Der Ahnenerbe-Präsident Professor Wüst, damals Dekan der Universität München, hatte Plaßmann bereits 1937 zur Habilitation aufgefordert, "weil ich der Ueberzeugung bin, dass eine derart wertvolle Kraft unter allen Umständen in das neue deutsche Hochschulleben eingebaut werden muss."[817] Schon ein Jahr später, im Dezember 1938, reichte Plaßmann seine Habilitationsschrift in München ein.[818] Als Hauptgutachter fungierte der mit Hilfe des Ahnenerbes zum Wintersemester 1938 von Kiel nach München gewechselte Otto Höfler.[819] Das Verfahren schleppte sich bis März 1940 hin.[820] Trotz hochrangiger Verbündeter - Sievers hatte immerhin den Münchner Präsidenten der Bayerischen Akademie der Wissenschaften auf seiner Seite[821] - gelang es dem Ahnenerbe nicht, Plaßmann in München zu habilitieren. Aus dem Scheitern des Münchner Verfahrens sowie den wiederholten Anläufen zur Habilitation Plaßmanns folgert Kater, der Plaßmann zu den minder begabten Wissenschaftlern im Ahnenerbe rechnet: "Der ganze Vorgang ließ berechtigte Zweifel an den tatsächlichen Fähigkeiten dieses Wissenschaftlers aufkommen."[822] Dieses Urteil - wohl auch in der von Kater immer wieder vorgenommenen strikten Scheidung in Koryphäen und Dilettanten begründet - läßt sich mit Hilfe der überlieferten Akten nicht erhärten. Vielmehr legen die Umstände den Schluß nahe, daß weniger mangelnde wissenschaftliche Begabung Plaßmanns und verzögerte Fertigstellung der Arbeit für das Scheitern des Münchner Verfahrens verantwortlich waren, als Streitigkeiten unter den verschiedenen Lagern der Münchner Wissenschaftler. Höfler hatte unter seinen Münchner Kollegen nicht nur Freunde gewonnen. Einer seiner Gegenspieler war Erich Gierach, dessen Arbeitsgebiete sich mit denen Höflers überschnitten.[823] Gierach - "ein scharfer persönlicher Gegner" des Habilitationsvaters[824] - wirkte zugleich als Zweitgutachter. So erschien es Sievers schließlich angebracht, sich wegen der "Spannung, die inzwischen in München aufgetreten ist, [...] von diesem Kriegsschauplatz"[825] zurückziehen, bevor die Angelegenheit eskalierte. Auf Anraten Sievers bittet Plaßmann daher um Rückgabe der Arbeit - mit der Begründung, sie erweitern zu wollen, und der Aussicht, es an wohlgesonnenerer Stelle erneut zu versuchen.[826] Sievers erkundigt sich daraufhin bei dem Ahnenerbe-Wissenschaftler Prof. Herbert Jankuhn, Ur- und Frühgeschichtler in Kiel, der ihm Königsberg empfiehlt.[827] Fortan ruht die Angelegenheit beinahe weitere drei Jahre. An habilitierten und habilitationswilligen Wissenschaftlern herrschte im Ahnenerbe damals kein Mangel: Plaßmanns schriftstellerische und agitatorische Fähigkeiten wurden allem Anschein nach dringender benötigt als seine wissenschaftliche Qualifizierung. Die Habilitation Plaßmanns ist dem Ahnenerbe jedenfalls nicht sonderlich eilig - und Plaßmann selbst hat genügend anderes zu tun.

Neben seinen Aufgaben als Zeitschriftenredakteur und Forschungsstättenleiter reist er durchs Land, um populäre Vorträge zu halten und dem Ahnenerbe neue Bündnispartner zu gewinnen.[828] Ferner wirkt er an diversen Tagungen mit und beteiligt sich auch weiterhin an der Fortschreibung von Ahnenerbe-Konzepten. Zusätzlich ist er als Herausgeber und Verfasser von mehreren Buchprojekten beschäftigt. Passend zur politischen Lage, dem Anschluß Österreichs, gibt er zusammen mit seinem Kollegen Trathnigg "Deutsches Land kehrt heim" heraus. 1939 erscheinen "Der Jahresring - Ein Wegweiser zum deutschen Ahnenerbe" und 1940 "Briefe von Dunkelmännern - Übersetzung der Epistolae obscurorum virorum, mit Einführung und Erläuterungen." 1940 veröffentlicht er außerdem "Kleine Kostbarkeiten aus Kunst und Geschichte" und 1941 "Ehre ist Zwang genug - Gesammelte Reden und Aufsätze." Nebenbei verfaßt er eine populäre Schrift über die Externsteine,[829] die von der Detmolder "Forschungstätte für Germanenkunde" als "germanisches Heiligtum" mitbetreut werden. Auf persönlichen Wunsch Himmlers arbeitet er überdies an einem Führer für den König-Heinrich-Dom in Quedlinburg.[830] Im Frühjahr 1939 unternimmt er außerdem eine Forschungsreise nach Oberitalien, um langobardische Kunst- und Kulturdenkmäler zu sichten und neues Bildmaterial für "Germanien" zu beschaffen.[831] Seinem Bericht an Wüst fügt er sogleich einen "Gesamtplan zur Erforschung der germanischen Lebenszeugnisse der Völkerwanderung in Italien" bei.[832]

Wenige Wochen nach Kriegsausbruch hat Plaßmann bereits einen "Arbeitsplan für die Mitarbeit des Ahnenerbes in dem Sektor Holland des Reichsministers für Volksaufklärung und Progaganda" parat, in dem er Vorschläge zur Beeinflussung der Presse "in deutschem Sinne" vorbringt.[833] Im Juni 1940 bittet er schließlich darum, am "Germanischen Wissenschaftseinsatz" mitwirken zu dürfen.[834] Wenig später gibt man seinem Antrag auf Einsatz im besetzten Belgien und Holland statt.[835] Zunächst wird er jedoch zur "Sicherung von Kulturgütern" nach Frankreich geschickt.[836] Ebenso wie auch die anderen Ahnenerbe-Wissenschaftler versteht es Plaßmann, seine Aufenthalte im besetzten Gebiet für eigene Forschungszwecke zu nutzen. Kaum in Paris eingetroffen, kann er melden, er habe die französischen Dokumente über den Westfälischen Frieden gefunden - wohl nicht zufällig Unterlagen, welche er für eine Veröffentlichung zu diesem Thema gebrauchen kann, die er zusammen mit dem Münsteraner Archivdirektor Schulte plant.[837] Plaßmann hat sich offenbar auch im "Germanischen Wissenschaftseinsatz" bewährt: Jedenfalls wird er 1941, als die "Germanische Freiwilligen Leitstelle" - das Amt VI des SS-Hauptamtes - in Kooperation mit dem SS-Ahnenerbe zum "Amt für volksgermanische Führung" ausgebaut werden soll, für den Posten des Ahnenerbe-Verbindungsführers ausgewählt,[838] eine Aufgabe, die Plaßmann auf den Leib geschrieben ist: "Das Amt ist als Leitstelle für die aus den germanischen europäischen Ländern stammenden Freiwilligen der Waffen-SS gedacht. [... Es] sollen die grossen Gedanken der gemeinsamen germanischen Kultur (Vorgeschichte, Volkskunde und verwandte Zweige) gefördert werden; ferner ist beabsichtigt, nach Rückkehr der Freiwilligen in ihr Heimatland dort Pflegstätten zu errichten, von denen aus die Gedanken weitergetragen werden sollen."[839]

Die Stunde der Belohnung für Plaßmanns vielseitiges Ahnenerbe-Engagement schlägt schließlich 1943 - als Himmlers Kulturverein durch den plötzlichen Ausfall gleich zweier habilitierter Volkskundler in ernsthafte Personalnot für wissenschaftliche Führungsposten gerät. Heinrich Harmjanz, Lehrstuhlinhaber in Frankfurt und mächtiger Ahnenerbe-Vertreter im Reichserziehungsministerium, wo er seit Frühjahr 1942 die Stellung des persönlichen Referenten des Ministers innehat,[840] wird des Plagiats beschuldigt und muß im März 1943 seine Posten räumen.[841] Zur selben Zeit trifft das Ahnenerbe ein weiterer Schicksalsschlag: Am 1. März 1943 fällt der seit 1941 habilitierte Atlas-Volkskundler Erich Röhr, langjähriger enger Mitarbeiter Heinrich Harmjanz', seit 1942 dessen Stellvertreter im Amt Wissenschaft des Reichserziehungsministeriums und als Ordinarius für den neu geschaffenen Bonner Lehrstuhl vorgesehen, einem Bombenangriff auf Berlin zum Opfer.[842] Gleich zwei Lehrstühle für Volkskunde stehen also zur Disposition, ohne daß das Ahnenerbe qualifizierte Bewerber vorzuweisen hat. Es benötigt dringend einen habilitierten Volkskundler aus den eigenen Reihen: Plaßmann gerät zum neuen Hoffnungsträger. Sein Habilitationsverfahren wird jetzt eilig vorangetrieben.

Gleichzeitig kommen ihm nun auch die durch seine umfangreiche schriftstellerische Tätigkeit gewonne Popularität und seine Beziehungen im Rheinland zugute. Der Oberpräsident der Rheinprovinz, SA-Oberführer Landesrat Dr. Apffelstaedt, erinnert sich sogleich seiner und schlägt ihn von sich aus sowohl dem Reichserziehungsministerium wie auch dem Ahnenerbe als Ersatzkandidaten für Röhr vor.[843] Sievers verständigt sich sofort mit Wüst.[844] Mitte April erklärt sich Plaßmann mit der "Aufnahme von Berufungsverhandlungen der Universität Bonn" einverstanden.[845] Anfang Mai teilt Sievers Apffelstaedt mit, daß Plaßmann sich in Tübingen habilitiere und gern nach Bonn käme, was das Ahnenerbe begrüßen würde. Die Bonner Fakultät solle mit Plaßmann Verbindung aufnehmen.[846] Im August 1943[847] reicht Plaßmann, der inzwischen samt Zeitschrift und Forschungsstätten von Berlin nach Tübingen umgezogen ist,[848] schließlich seine Habilitationsschrift "Untersuchungen zur germanischen Sagen- und Religionsgeschichte bei Widukind von Corvey" an der Universität Tübingen ein und wird dort bereits im Oktober habilitiert.[849]

Seine Arbeitsweise ist jedoch unter den Gutachtern nicht unumstritten. Sein Habilitationsvater, der Germanist Hermann Schneider, beurteilt die Arbeit zwar insgesamt positiv, doch charakterisiert er Plaßmanns Vorgehen zugleich als "monographisch:" "Die Einseitigkeit und Beschränkung, das Aufgehen im Detail, die man ihm nach dieser neuesten Leistung noch immer nachsagen könnte, wird aber m.E. durchaus wettgemacht durch die Weite des Blicks, der Belesenheit und germanistischen Allgemeinbildung. [...] Musterhaft ist das Verfahren der allseitig um- und ausblickenden Einzelinterpretationen [...]. Er ringt in unverdrossener Akribie um das letzte Verständnis [...]. Besonders angenehm fällt seine vollkommene Sicherheit in allen philologischen und literaturhistorischen Fragen auf. [...] Zu den üblichen Themen und Lehrmethoden des akademischen Lehrers führt von diesem gründlich fundierten und höchst verfeinerten Spezialistentum allerdings kein direkter Weg."[850] Der Korreferent Genzmer schließt sich dem Urteil des Hauptgutachters an.[851] Der Historiker Dannenbauer bescheinigt Plaßmann eine "antiquarische" Art von Gelehrsamkeit, die für eine Dozentur nicht geeignet sei, eine "magazinartige Anhäufung von Stoff" bei zu kleinem wissenschaftlichen Problem: "Die Gelehrsamkeit des Verf. gedenke ich nicht anzuzweifeln. [...] mir wurde nicht wohl bei dieser Art von Gelehrsamkeit. Sie macht mir einen durchaus antiquarischen Eindruck. Der Verf. entfaltet ein ungemeines Wissen, er kommt dabei aber vom Hundertsten ins Tausendste. [...] daß das wissenschaftliche Ergebnis der beiden Untersuchungen mir in keinem rechten Verhältnis zu dem aufgewandten gelehrten Apparat zu stehen scheint." Bezogen auf andere Aufsätze Plaßmanns urteilt er: "viel rühmenswerte Kenntnisse, großer Scharfsinn, mitunter auch etwas zu viel Hypothesen, aber alles das überwiegend verwandt an kleinste Probleme meist antiquarischen Charakters." Und bezüglich einer Dozentur: "Auf dem Katheder kann ich mir jedenfalls eine solche magazinartige Anhäufung von Stoff nicht als erfolgreich vorstellen." Dennoch empfiehlt er, die Arbeit als Habilarbeit zuzulassen wegen der "besonderen wissenschaftlichen Qualitäten des Verfassers."[852] Diese sind, wie es Gutachter Genzmer in schöner Offenheit ausdrückt, auch in Plaßmanns Grundüberzeugung zu sehen: "Er hat mit dieser Arbeit [...] den Beweis geliefert, dass er seine wissenschaftliche Arbeit so anfassen wird, wie wir es auch vom Standpunkt einer völkisch-orientierten Wissenschaft erwarten müssen. [...] Die Zulassung zur Habilitation ist unbedingt zu bejahen."[853]

Obwohl das Ahnenerbe in Bonn aufgrund seiner guten Beziehungen zu Landesrat Apffelstaedt die Nase vorn hat, zieht sich die Berufung Plaßmanns hin. Schon gleich zu Anfang der Verhandlungen stößt die Nennung Plaßmanns auf Widerstand. Der Bonner Dekan Prof. Hagen hat erklärt, er hielte Plaßmann für den Bonner Lehrstuhl für Deutsche Volkskunde wegen seiner einseitigen Ausrichtung in Germanistik für ungeeignet.[854] Sievers bedauert diese Äußerung: "Sie entspricht der alten Auffassung. [...] sollten die Bonner froh sein, einen solchen Mann zu bekommen, der wie kein anderer es verstanden hat, Germanistik und Volkskunde [...] zur Wirkung zu bringen. [...] daß gerade Plaßmann mit der ihm eigenen Art der Forschungsrichtung für Bonn einen großen Gewinn bedeuten würde, weil der dann von ihm geleitete Lehrstuhl einzig in seiner Art dastehen und gewiß Ausgangspunkt einer volkskundlichen Schule werden könnte."[855] Danach gab es in Bonn offenbar noch länger anhaltenden Widerstand: Zumindest kolportierte Otto Huth, inzwischen Extraordinarius an der Reichsuniversität Straßburg,[856] seinem Freund Plaßmann im Dezember 1943 eine Bonner Information, die darauf schließen läßt, daß Plaßmann dort nach wie vor unerwünscht war: Adolf Bach, der im Sommer 1943 von der Hochschule für Lehrerbildung Bonn auf das Straßburger Ordinariat für Deutsche Volkskunde gewechselt war,[857] hatte auf die Frage nach dem Stand der Verhandlungen berichtet, Hans Naumann[858] habe behauptet, der Bonner Lehrstuhl solle erst nach dem Krieg besetzt werden.[859] Das Ahnenerbe fand allem Anschein nach dennoch genügend Verbündete für die Berufung Plaßmanns nach Bonn.[860] Zum 1. Mai 1944 scheidet Plaßmann dann aus den hauptamtlichen Diensten des Ahnenerbes aus,[861] um für ein Semester die Vertretung des Bonner Lehrstuhls wahrzunehmen,[862] bevor er schließlich zum Wintersemester 1944 endgültig auf die "Planstelle eines außerordentlichen Professors mit der Verpflichtung, Dt. Vkde. in Vorlesungen und Übungen zu vertreten," berufen wird.[863]

Da der Lehrbetrieb in Bonn kriegsbedingt reduziert ist, kann Plaßmann sich auch weiterhin Ahnenerbe-Aufgaben widmen.[864] Noch im Januar 1945 wird ihm die Redaktion eines provisorischen wissenschaftlichen Nachrichtenblattes übertragen, welches dazu dienen soll, die Kommunikation unter den Ahnenerbe-Wissenschaftlern aufrechtzuerhalten.[865] Die Zeitschriften waren inzwischen eingestellt worden; die Buchproduktion stockte. Daher ist der "wissenschaftliche Gedankenaustausch" stark eingeschränkt. "Der totale Krieg hat auch für die Wissenschaft einschneidende Maßnahmen gebracht"[866] - stellt Reichsgeschäftsführer Wolfram Sievers wenige Monate vor dem Zusammenbruch bedauernd fest.

Kriegswichtige volkskundliche Forschungsprojekte im SS-Ahnenerbe - zum Beispiel: die "Kulturkommission Südtirol"

Der Zweite Weltkrieg brachte den Ahnenerbe-Wissenschaftlern nach vorübergehender Stillegung der meisten Abteilungen zu Kriegsbeginn zunächst einmal große Vorteile. Der Ausbau der für kriegswichtig erklärten[867] SS-Kulturorganisation wurde eher beflügelt als behindert. Bis 1943 sind jedenfalls die wissenschaftlichen Abteilungen des Ahnenerbes auf vierzig angeschwollen.[868] Auch die Denkschrift von 1944 führt immerhin noch vierunddreißig wissenschaftliche Abteilungen auf, wovon sich ein gutes Drittel mit volkskundlichen Problemstellungen befaßt.[869] Trotz des Krieges, der viele Mitarbeiter zu den Waffen rief, sind noch sechsundzwanzig Lehr- und Forschungsstätten arbeitsfähig - "fast ausschließlich auf kriegswichtige Aufgaben umgestellt,"[870] wie die Ahnenerbe-Mitarbeiterin Gisela Schmitz-Kahlmann im Juli 1943 an die Ahnenerbe-Stiftung meldet.

Unter den noch aktiven Abteilungen befindet sich die "Lehr- und Forschungsstätte für Germanisch-Deutsche Volkskunde," die "zum überwiegenden Teil auf dem Gebiet der Volkstumspolitik tätig"[871] ist: "Der Abteilungsleiter [Richard Wolfram, G.L.] hat bei der Aufnahme und Erfassung des deutschen Kulturgutes in Südtirol und in der Gottschee mitgewirkt und ist gegenwärtig mit seinen Mitarbeitern an der Ausarbeitung dieses Materials tätig."[872] Die "Abteilung Volksmusik" ist "ebenfalls mit der Ausarbeitung des in Südtirol und in der Gottschee gesammelten Materials beschäftigt,"[873] desgleichen die "Forschungsstätte für germanisches Bauwesen" sowie die "Forschungsstätte für germanische Sprachwissenschaft."

Übersicht 3

Lehr- und Forschungsstätten des Ahnenerbes mit volkskundlicher Aufgabenstellung 1944[874]

Lehr- und Forschungsstätte für indogermanisch-arische Sprach- und Kulturwissenschaft
Leiter: SS-Oberführer Dr. Walther Wüst, o. Prof. und Rektor der Universität München

Lehr- und Forschungsstätte für germanische Kulturwissenschaft und Landschaftskunde
Leiter: SS-Obersturmbannführer Dr. phil. habil. Otto Plaßmann, a.o. Prof. an der Universität Bonn

Forschungsstätte für germanische Sprachwissenschaft und Landschaftskunde
Leiter: Dr. Bruno Schweizer, München

Lehr- und Forschungsstätte für indogermanische Glaubensgeschichte
Leiter: SS-Obersturmführer Dr. phil. habil. Otto Huth, a.o. Prof. an der Universität Straßburg, z. Zt. Waffen-SS

Lehr- und Forschungsstätte für Runen- und Sinnbilderkunde
Leiter: Dr. Wolfgang Krause, o. Prof. an der Universität Göttingen, und SS-Obersturmbannführer Karl Theodor Weigel

Forschungsstätte für Hausmarken und Sippenzeichen
Leiter: z. Zt. nicht besetzt

Lehr- und Forschungsstätte für Volksforschung und Volkskunde mit ADV
Leiter: SS-Obersturmbannführer Dr. Heinrich Harmjanz, o. Prof. an der Universität Frankfurt, z. Zt. im Felde

Lehr- und Forschungsstätte für Volkserzählung, Märchen- und Sagenkunde mit ZA
Leiter: [SS-Untersturmführer Dr. Wilhelm Mai] gefallen, z. Zt. unbesetzt

Lehr- und Forschungsstätte für germanisch-deutsche Volkskunde
Leiter: Dr. Richard Wolfram, o. Prof. an der Universität Wien, z. Zt. Waffen-SS

Lehr- und Forschungsstätte für germanisches Bauwesen
Leiter: SS-Obersturmführer Dr. Martin Rudolph, Dozent an der TH Braunschweig, z. Zt. Waffen-SS

Forschungsstätte für indogermanisch-deutsche Musik
Leiter: SS-Untersturmführer Dr. Alfred Quellmalz, Berlin

Lehr- und Forschungsstätte für Volksmedizin
Komm. Leiter: SS-Hauptsturmführer Dr. habil. Alexander Berg, Dozent an der Universität Berlin, z. Zt. Waffen-SS

Da die volkskundliche Arbeit im SS-Ahnenerbe als kriegswichtig galt, entfalteten die Ahnenerbe-Volkskundler seit den ersten Kriegsmonaten hektische Aktivitäten, wobei jeder darauf bedacht schien, seinen Vorteil aus der Situation zu ziehen. Niemand läßt die Gelegenheit ungenutzt verstreichen, Forschungswünsche vorzubringen, um nunmehr auch an Ahnenerbe-Projekten im Ausland mitwirken zu können. Als "volkspolitische Notwendigkeit" werden die Ahnenerbe-Sammelaktionen überdies als "gleichbedeutend mit einer Kriegsdienstverpflichtung"[875] anerkannt: Mit Hilfe ihres mächtigen Dienstherrn Heinrich Himmler können sich die Teilnehmer vom Wehrdienst beurlauben lassen. Himmlers Ahnenerbe nahm ab 1939 an der "Bergungsaktion zugunsten deutscher Kulturgüter" in den baltischen Staaten Lettland und Estland teil, die nach dem Nichtangriffspakt zwischen Hitler und Stalin zur sowjetischen Interessensphäre erklärt worden waren,[876] ferner von 1939 bis 1941 an der Beschlagnahme öffentlichen und privaten Kulturbesitzes in Polen. Leiter dieser polnischen Aktion, "einem schlichten Raub fremden Eigentums,"[877] waren der "Generaltreuhänder" Heinrich Harmjanz und sein geschäftsführender Stellvertreter Wolfram Sievers. Zu den Mitarbeitern dieses und späterer organisierter Raubzüge in der ab dem 22. Juni 1941 von deutschen Truppen überfallenen Sowjetunion gehörten weitere Volkskundewissenschaftler.

Himmler, der Chef der allgemeinen SS, der militärischen Elite-Einheit der Waffen-SS und der deutschen Polizei, war zu Beginn des Krieges "Reichskommissar für die Festigung deutschen Volkstums" geworden.[878] In dieser Funktion setzte er zwei Spezialdienststellen des Ahnenerbes in der norditalienischen Provinz Bozen (Bolzano) und im nordjugoslawischen, damals unter italienischer Herrschaft stehenden Gebiet um Laibach (Ljubljana) ein. Die "Kulturkommission Südtirol" unter der Leitung von Wolfram Sievers, des Reichsgeschäftsführers des Ahnenerbes, und die "Kulturkommission Gottschee" unter dem Geographieprofessor Hans Schwalm hatten ab 1940 bzw. 1941 nach entsprechenden Vereinbarungen mit den italienischen Behörden den privaten "Kulturbesitz" der Südtiroler und Gottscheer Auslandsdeutschen, welche in von Deutschland eroberte europäische Regionen umgesiedelt werden sollten, zu registrieren, sicherzustellen und in die neue Heimat zu überführen.[879]

Unter "Kulturbesitz" verstanden sich vor allem die Güter der traditionellen Volkskultur wie Erzählung, Lied, Brauch, Tanz, Sinnbild usw., die in volkskundlicher Feldforschung in Südtirol und der Gottschee von mehreren themenorientierten Arbeitsgruppen erhoben wurden.[880] In der neuen Heimat sollten diese unter weltanschaulich-wissenschaftlichen Auswahlkriterien gesammelten "traditionellen" Überlieferungen nach ihrer sachkundigen Überarbeitung durch Ideologie-Experten dem Aufbau und der Praktizierung einer nationalsozialistischen Weltanschauung und Religion dienen. Sie sollten in Überwindung der christlichen Glaubenslehre den faschistischen "Herrenmenschen" schaffen helfen. Dieses Konzept der SS-Wissenschaftler Himmlers für eine germanische Volkserneuerung entspricht mit Brauch-, Fest- und Feiergestaltung bis hin zum Feierhaus im Dorfzentrum und zur Ahnen- respektive Totenverehrungsstätte in allem den konkurrierenden Zielsetzungen der Mythus-Volkskunde.[881] Die auffällige Übereinstimmung ist ein Hinweis darauf, daß Himmler und die Ahnenerbe-Wissenschaftler auf dem Gebiet der NS-Volkskunde und NS-Volkserneuerung Epigonen des "Chefideologen" Rosenberg und seiner Mitstreiter waren, und begründet umso mehr die machtpolitische Rivalität beider Lager. Deren ständiger Streit wurde selbst noch in Südtirol ausgetragen, als die von Himmler auf Rosenbergs Bitte gestattete anfängliche

Mitarbeit einer kleinen Gruppe von Mythus-Volkskundlern unter Ernst Otto Thiele durch eine Intrige der Ahnenerbe-Kollegen ein schnelles Ende fand.[882]

Ein anderes ideologisch wie machtpolitisch intendiertes Projekt Himmlers war der "Germanische Wissenschaftseinsatz" des Ahnenerbes in den militärisch besetzten "germanischen" Staaten Belgien, Niederlande, Norwegen und Dänemark. Er sollte die Vision eines Großgermanischen Reiches unter deutscher Führung in die Tat umsetzen helfen. Programmatisches Ziel war, die gemeinsamen Wurzeln des europäischen Germanentums, seine geschichtliche Kontinuität bis zur Gegenwart und wirkliche räumliche Ganzheit unter anderem in Rasse und Familie, Recht, Sprache, Volkstum, Volksglaube und Volksbrauch, in Mythe, Sage und Lied, in Haus und Hof und in den schöpferischen, künstlerischen Zeugnissen des Volksgeistes aufzuzeigen und "die aus dieser Einsicht erwachsenden Kräfte des Willens mit einzusetzen in dem Kampf um die Erneuerung der germanischen Gemeinschaft."[883] Nach der Sprachregelung der Ahnenerbe-Wissenschaftler war unter dieser "Erneuerung" die weltanschauliche Umerziehung und totalitäre Gleichschaltung des belgischen, niederländischen, norwegischen und dänischen Volkes zu verstehen.

An der weitgefächerten Tätigkeit des "Germanischen Wissenschaftseinsatzes," der parallel zu den auf italienischem bzw. von Italien besetzten Gebiet tätigen "Kulturkommissionen" in Gang gesetzt wurde, beteiligten sich unter der Leitung von Hans Ernst Schneider sowohl deutsche Kulturwissenschaftler und Volkskundler als auch wissenschaftliche Kollaborateure aus einigen der betroffenen Staaten.[884] Seit Sommer 1940 ist Schneider auf Befehl des Reichsführers SS im "Germanischen Wissenschaftseinsatz" nach Den Haag abkommandiert, sein Kollege Plaßmann weilt von Juni bis Dezember mit Sonderauftrag in Paris.[885] Im April 1941 wird die "Germanische Freiwilligen-Leitstelle" gegründet.[886] Richard Wolfram erweist sich als besonders reiselustig: Er ist nicht nur in Südtirol und der Gottschee mit von der Partie, ihn zieht es auch nach Norden. Mehrfach bereist er im Auftrag des "Germanischen Wissenschaftseinsatzes" Norwegen, stets auf den eigenen Vorteil und möglichst lange Verweildauer bedacht.[887]

Doch auch die anderen SS-Wissenschaftler stehen ihm kaum nach. Der Krieg ermöglichte es ihnen, eigene Forschungsinteressen durchzusetzen, indem sie diese als kriegswichtig deklarierten, Ahnenerbe-Vorhaben konzeptionell bestimmten oder bei der Durchführung aktiv mitmischten. Mit Hilfe des SS-Ahnenerbes konnten finanziell aufwendige Forschungsunternehmungen gestartet werden.[888] Auch volkskundliche Mammutprojekte - wie etwa die langwierigen Erhebungen in Südtirol, von denen manche der damals Tätigen bis heute zehren[889] - wurden hierdurch realisierbar. Am Beispiel des Unternehmens "Kulturkommission Südtirol"[890] sollen im Folgenden Arbeitsweise und -ziele der SS-Volkskundeforschung während des Krieges näher beleuchtet werden.[891]

Mit Anordnung vom 2.1.1940, in der Reichsführer SS Heinrich Himmler in seiner Eigenschaft als Reichskommissar für die Festigung deutschen Volkstums die "Forschungs- und Lehrgemeinschaft das 'Ahnenerbe'" mit der "Aufnahme und Bearbeitung des gesamten geistigen und dinglichen Kulturgutes aller umsiedelnden Volksdeutschen" beauftragt,[892] sind die Vorbedingungen für das SS-Ahnenerbe-Projekt Südtirol geschaffen. Im März 1940 unternimmt der Reichsgeschäftsführer des Ahnenerbes, SS-Obersturmbannführer Sievers eine längere Dienstreise nach Südtirol, "um in Vorbesprechungen Aufgabe und Umfang der Erfassung und Sicherstellung der gesamten geistigen und dinglichen Kulturwerte in Südtirol festzustellen."[893] In seinem anschließenden Bericht an Himmler schlägt er vor, "die Sachbearbeiter der einzelnen Arbeitsgruppen" zu einer "Kommission" zusammenzufassen und "eine einheitliche Arbeitsrichtung festzulegen." Das breit angelegte, zunächst auf fünf Millionen Lire veranschlagte Forschungsvorhaben, um dessen Genehmigung im geplanten Umfang er "nachdrücklich bitte[t]," versucht er Himmler mit Superlativen schmackhaft zu machen: "Bei der Durchführung der kulturellen Aufgaben ist in besonderem zu berücksichtigen, dass Südtirol *volkstumsmässig und volkskundlich bisher nur ungleichmässig erforscht* wurde. Da Südtirol *eine einmalige Erscheinung* im deutschen Volksgebiet mit einem *unerhörten Reichtum an Überlieferungen* ist, ist für eine ganze Reihe von *bedeutenden wissenschaftlichen Fragen eine Lösung gerade mit Hilfe des Südtiroler Materials zu erwarten*. Vor der Auflösung dieser Stammessiedlung muss deshalb ihr Reichtum allseitig erfasst werden; deshalb gilt es jetzt, diese *einzige und letzte Gelegenheit* [Hervorhebungen G.L.] restlos auszuschöpfen."

Bruno Schweizer, der Leiter der "Forschungsstätte für germanische Sprachwissenschaft und Landschaftskunde" im Ahnenerbe, hat schon im Februar 1940 "vom Feldheer aus Anregungen zu einem wissenschaftlichen Arbeitsplan zur restlichen Erforschung des Südtiroler Volkstums"[894] an Sievers gesandt. Auch die anderen Kommissionsmitglieder haben ihre ehrgeizigen Pläne rasch parat. Als erster reicht der Wiener Volkskundeprofessor Richard Wolfram, der sich schon im November 1939 bei Sievers dafür eingesetzt hatte, "daß die gesamten Kulturgüter (einschließlich des Hausrates) mitgenommen werden,"[895] Mitte April seinen Fragebogenentwurf zur Erfassung des Brauchtums ein,[896] gefolgt von dem Berliner Volksmusikforscher Alfred Quellmalz, der seinen Lied-Fragebogen mit Wolfram abgesprochen hat.[897] Quellmalz, der bereits auf Antrag bei der "Volksdeutschen Mittelstelle Berlin" im März die Gelegenheit bekommen hatte, in den Lagern der umsiedelnden Wolhynien- und Galiziendeutschen Lieder und Instrumentalmusik aufzuzeichnen, hat sich nun auch erfolgreich beim Reichsgeschäftsführer des Ahnenerbes um Mitwirkung in Südtirol beworben.[898] Die Fragebögen, die dem Zweck dienen, Gewährsleute ausfindig zu machen,[899] werden sogleich nach der ersten Kommissionssitzung Anfang Juli verschickt.[900]

Bei ihren Erhebungen bedienen sich die Wissenschaftler des Herrschaftsapparats der Regierungsstellen. Die Fragebögen werden zwar von ihnen selbst ausgearbeitet, der Versand erfolgt jedoch "amtlich" durch die Leitung der "Kulturkommission," die bei der Hauptstelle der "Amtlichen Deutschen Ein- und Rückwandererstelle" (ADEuRSt) angesiedelt ist. Von dort beordert der Kommissionsleiter Sievers die Fragebögen an die Zweigstellen, die sie über die Beauftragten der "Arbeitsgemeinschaft der Optanten für Deutschland" (AdO) und die örtlichen Vertrauensleute der AdO im Zweigstellenbereich zu verteilen haben.[901] Damit nicht genug: Ebenso wie die Fragebögen werden auch die Begleitbriefe von den Wissenschaftlern formuliert, doch Sievers selbst unterschreibt sie in seiner Eigenschaft als vom "Reichskommissar für die Festigung Deutschen Volkstums" eingesetzter Kommissionsleiter und SS-Führer. Sie sind, wie Sievers gegenüber dem geschäftsführenden Leiter der AdO Peter Hofer feststellt, "in durchaus amtlicher Form abgefasst, so dass die Arbeit keinerlei Schwierigkeiten begegnen dürfte."[902]

Insgesamt sind zunächst vierzehn Arbeitsgruppen vorgesehen, deren Aufgabe es u.a. sein sollte, "möglichst viel an Kulturgut zu retten."[903] Grundlage der Arbeit ist das deutsch-italienische Abkommen, "demzufolge Möbel, alte Vertäfelungen, Wandschränke,

Kachelöfen, Hausrat, Kunstgegenstände, Stoffe für die Anfertigung von Trachten, Grabsteine, Archive, Kirchenbücher [...] zur Mitnahme ins Deutsche Reich freigegeben sind."[904]

Übersicht 4

Am 1.7.1940 vorgesehene Besetzung der Arbeitsgruppen der "Kulturkommission Südtirol"[905]

1. Gruppe: *Brauchtum und Volkstanz*
Sachbearbeiter: Prof. Dr. Richard Wolfram, Universität Wien

2. Gruppe: *Geräte und Hausrat*
Sachbearbeiter: Dr. Ernst Otto Thiele

3. Gruppe: *Trachtenbearbeitung*
Sachbearbeiterin: Gertrud Pesendorfer, Volkskunstmuseum Innsbruck

4. Gruppe: *Sinnbilder und Heilszeichen*
Vorarbeiten durch Dr. Hoeniger

5. Gruppe: *Volksmusik, Lied und Tanz*
Sachbearbeiter: Dr. Alfred Quellmalz, Institut für Deutsche Musikforschung Berlin

6. Gruppe: *Hausforschung und Bauwesen*
Sachbearbeiter: noch nicht benannt

7. Gruppe: *Aufbauplanung und Siedlungskultur*
Sachbearbeiter: Dr. Ing. Martin Rudolph, TH Braunschweig

8. Gruppe: *Sprachwissenschaft, Mundarten*
Sachbearbeiter: Dr. Insam; Mitarbeiter: Dr. Bruno Schweizer, Dr. Elwert, Dr. Alber

9. Gruppe: *Archive*
Sachbearbeiter: Staatsarchivrat Dr. Huter, Staatsarchiv Wien

10. Gruppe: *Kirchenbücher*
Sachbearbeiter: Prof. Weber

11. Gruppe: *Vorgeschichte*
Vorarbeiten durch Dr. Ing. G. Innerebner

12. Gruppe: *Museen, Kunstschätze*
Sachbearbeiter: Dr. Posse, Leiter der Gemäldegalerie Dresden

13. Gruppe: *Volksgeschichte, Stammeskunde*
Sachbearbeiter Karl Felix Wolff

14. Gruppe: *Foto, Film*
Sachbearbeiter: Bousset

Übersicht 5

Am 15.10.1940 vorgesehene Besetzung der Arbeitsgruppen der "Kulturkommission Südtirol"[906]

I. Volkskunde und Volksforschung

1. Brauchtum, Volksglaube, Volkstanz/Bewegungsformen: Prof. Dr. Richard Wolfram, Wien

2. Geräte und Hausrat: Dr. Thiele, Amt Rosenberg

3. Trachten: Gertrud Pesendorfer, Volkskunstmuseum Innsbruck

4. Volkserzählung, Märchen, Sage: Dr. Wilhelm Mai, Ahnenerbe

5. Sinnbilder, Hausmarken, Sippenzeichen: Dr. Otto Plaßmann, Ahnenerbe

II. Volksmusik, Volkslied, Volkstanz/musikalischer Teil
Dr. Alfred Quellmalz, Staatl. Inst. f. Dt. Musikforschung

III. Hausforschung und Bauwesen
Doz. Dr. Martin Rudolph, TH Braunschweig

IV. Aufbauplanung und Siedlungskultur
Prof. Sachs, Bozen

V. Mundarten, Flur- und Familiennamen
Dr. Insam, München, Dr. Schweizer, Ahnenerbe

VI. Archive
Dr. Huter, Staatsarchiv Wien

VII. Kirchenbücher und Sippenkunde
Dr. Kayser, Reichsstelle für Sippenforschung Berlin

VIII. Vorgeschichte
Dr. Innerebner, Bozen

IX. Museen, Kunstschätze, bildende Kunst und Volkskunst
Dr. Posse, Leiter der Gemäldegalerie Dresden, Dr. Graf Trapp-Innsbruck, Landeskonservator von Tirol, Dr. Frodel-Klagenfurt, Landeskonservator von Kärnten, Dr. Ringler, Innsbruck

X. Film
SS-Hauptsturmführer Bousset, Berlin

XI. Volksgeschichte, Stammeskunde
[unleserlich: Karl Felix Wolff?]

Die personelle Besetzung der Arbeitsgruppen konnte offenbar in der im Juli 1940 vorgesehenen Form nicht vollends durchgeführt werden. Auch waren augenscheinlich einige Bereiche vergessen worden. Schon Mitte Oktober hat sich daher eine leicht veränderte Zusammensetzung ergeben (siehe die Übersichten 4 und 5).

Die Arbeitsgruppenleiter wetteifern darin, ihr Forschungsgebiet als den wichtigsten Indikator zur Erforschung der Südtiroler Volkskultur anzupreisen. Der Sprachforscher Schweizer erklärt zum Beispiel, daß der "Dialekt das feinste Meßinstrument für die Beschaffenheit der landschaftlichen Volkskultur"[907] sei, da "die volkseigene urwüchsige Sprache jenes Werkzeug ist, das sich der Mensch der verschiedenen Talschaften im Laufe der Jahrhunderte und Jahrtausende geschaffen hat, um damit all sein Denken, Wollen und Fühlen zum besten *arteigensten* [Hervorhebung G.L.] Ausdruck zu bringen." Der Volksmusikforscher Quellmalz meint, daß "die Grundlagen einer *musikalischen Stammeskunde* [Hervorhebung G.L.] [...] nur von der Volksmusik her aufzubauen" seien, da "in dem ständigen Neuschaffen [...] der Stammescharakter seinen unmittelbaren künstlerischen Ausdruck"[908] finde.

Die Wissenschaftler verstehen es, den gewünschten Ton zu treffen. Als Erkenntnisinteresse ihrer Forschung heben sie in zahlreichen Arbeitsberichten immer wieder den Beweis germanischer Kontinuität hervor: "Insbesondere wird dieser *Kontinuitätsbeweis* [Hervorhebung G.L.] sinnfällig, wenn nicht nur *ein* Forschungszweig, sondern gleichzeitig mehrere wie Volkskunde, Volksmusik, Bauwesen, Mythe und dazu noch die Mundartforschung in die nämliche Richtung weisen."[909] Schweizer beabsichtigt mit den Methoden, die der Sprachatlas und der Atlas der Deutschen Volkskunde anwenden, "vor allem die Erkenntnis großer Zusammenhänge über den ganzen germanischen Raum hin [zu gewinnen], wie sie z.B. für die Beweisung zeitlicher und räumlicher *Kulturkontinuität* [Hervorhebung G.L.] gefordert werden müssen."[910] Der Erzählforscher Wilhelm Mai, der aufgrund seiner vorausgehenden Tätigkeit in Reval erst im August 1940 zur Kulturkommission stößt, wo er für die Arbeit der "Gruppe Volkserzählung, Märchen, Sage" verantwortlich zeichnet, konnte "eine ganze Auswahl wertvoller Überlieferungen aus *germanischem* [Hervorhebung G.L.] Lebensbereich aufzeichnen."[911] Auch Quellmalz und Wolfram erkennen "überall Linien zum germanischen Norden."[912] Quellmalz sieht in den Südtiroler Musikaufzeichnungen gar eine einzigartige "Grundlage zu einer musikalischen Stammes- und *Rassenkunde*"[913] (Hervorhebung G.L.). Sie "*beweisen*" (Hervorhebung G.L.), so Quellmalz weiter, "gegenüber den anders lautenden Behauptungen der Italiener auch für das musikalische Gebiet die *rein deutsche Herkunft der Südtiroler*" (Hervorhebung G.L.). Wolfram hat schließlich sogar "im Vintschgau, der erst vor einigen Jahrhunderten sprachlich eingedeutscht wurde, an den Häusern, Geräten und im Brauch allenthalben die alten Heilszeichen (Malkreuz, Sechsstern usf.) [... als] *indogermanisches Erbe*"[914] (Hervorhebung G.L.) entdeckt. Reichsgeschäftsführer Sievers kann denn auch in seinem Tätigkeitsbericht über die von Ende Juni 1940 bis Anfang März 1941 geleistete Forschungsarbeit melden: "Die Ergebnisse der Forschungen weisen schon jetzt die *eindeutig germanische* Substanz des Südtiroler Volkes aus und sind ein hervorragender *Beweis für die germanische Kontinuität*"[915] (Hervorhebungen G.L.).

Auch wenn mehrfach betont wird, daß die "Arbeitsergebnisse [...] Eigentum des Reichskommissars als Treuhänder für die Volksgruppe [bleiben],"[916] wachen doch alle Beteiligten über ihr Forschungsgebiet und das in ihren Kompetenzbereich fallende Sammlungsgut. Schon durch die teilweise Überschneidung der Arbeitsbereiche sind

Konflikte unter den Kommissionsmitgliedern vorprogrammiert: so beispielsweise zwischen Tanz- und Musikaufnahmen und Brauchtumserhebungen. Schon Monate vor Reiseantritt äußert der bei dem Südtirolprojekt in erster Linie für die Erfassung des Brauchtums zuständige Richard Wolfram Einmischungsabsichten bezüglich des Themas Tanz.[917] Die von ihm geleitete Arbeitsgruppe firmiert dann auch tatsächlich als "Gruppe Brauchtum und Volkstanz,"[918] obwohl das Gebiet Tanz von der "Gruppe Volksmusik, Lied und Tanz" abgedeckt werden könnte. Die Arbeitsteilung sollte so geregelt werden, daß Wolfram die "Bewegungsformen" und die Musikforscher den "musikalischen Teil" erheben.[919]

Auch Alfred Quellmalz, Vorsteher der Abteilung Volksmusik des Staatlichen Instituts für Deutsche Musikforschung, in der "Kulturkommission" Leiter der "Gruppe Volksmusik, Lied und Tanz", sucht sich frühzeitig gegen die Konkurrenz abzusichern, indem er beansprucht, daß das "Ergebnis der Aufnahme [...] als Leihgabe des 'Ahnenerbes' beim Staatlichen Institut für Deutsche Musikforschung verbleiben" wird, freilich "ohne daß jedoch das 'Ahnenerbe' sich seiner Rechte an den Aufnahmen und am Ergebnis der Arbeiten begeben wird."[920] Die Forderung Quellmalz' nach Einverleibung des Sammlungsmaterials ins Berliner Staatliche Institut für Musikforschung war insoweit sinnvoll und möglicherweise selbstverständlich, als dies im Interesse seines eigentlichen Arbeitgebers liegen mußte; denn Quellmalz und seine direkte Mitarbeiterin Dr. Gertraud Wittmann - respektive nach ihrer Heirat Simon - standen während des Ahnenerbe-Einsatzes in Südtirol weiterhin im Staatsdienst und wurden aus Mitteln des Reichserziehungsministeriums bezahlt, wie im übrigen die meisten anderen Kommissionsmitglieder ebenfalls.[921] Daß jedoch selbst die Arbeitsergebnisse des Kollegen Fritz Bose vom Institut für Lautforschung der Universität Berlin an das Quellmalz-Institut abgegeben werden sollen,[922] erscheint schon weniger selbstverständlich.

Richard Wolframs Empfehlung an den Leiter der "Kulturkommission" Wolfram Sievers, den ihm als eifrigen Sammler gut bekannten ostmärkischen Studienrat Karl Horak in die "Kulturkommission" zu integrieren, war wohl ebenfalls nicht frei von Eigennutz. Da dessen Erforschung der Tiroler Tänze bezahlt worden sei, meint Wolfram gegenüber Sievers feststellen zu müssen: "Es wäre nur recht und billig, wenn sein jetziges Material - falls er eingesetzt werden kann - auch dem 'Ahnenerbe' zur Verfügung gestellt wird. Das soll nicht ausschliessen, dass Horak eventuell etwas publiziert, aber unter unserer Marke."[923] Als Horak schließlich tatsächlich eine kleine Veröffentlichung herausbringt, beklagt sich Wolfram offensichtlich sogleich bei Sievers über Eigenmächtigkeit, mangelnde Absprache und Übergriffe in *sein* Forschungsgebiet. Sammlungsmaterial muß "dem 'Ahnenerbe' zur Verfügung" übergeben werden: Das sollte wohl heißen, es dem Tanzspezialisten des Ahnenerbes - eben Richard Wolfram - zur Auswertung und Publikation zu überlassen. Sievers tadelt Horak auch prompt und wirft ihm vor, er habe ihm bekannt gewordene Volksschauspiele nicht an den hierfür zuständigen Sachbearbeiter Wolfram weitergemeldet, "obwohl sämtliche Mitglieder der Kulturkommission verpflichtet waren, Material, auf das die einzelnen zufällig stießen, den zuständigen Sachbearbeitern namhaft zu machen."[924] Der Konflikt Wolfram/Horak verdeutlicht, daß in solchen Fällen im Ahnenerbe das Recht des Stärkeren gilt. Horak weist die Vorwürfe zurück - und wird daraufhin nochmals gemaßregelt: "Selbst die Probetanzhefte gaben Sie ohne Wissen von Prof. Wolfram heraus. [...] Sie haben Prof. Wolfram [...] selbst Sachen weggenommen, die Prof. Wolfram bereits vorbereitet hatte und suchten in glatter Konkurrenz ihm bei der Aufzeichnung von Volksschauspielen zuvorzukommen."[925]

Im Laufe der Erhebungen ergeben sich mehrfach unter den Wissenschaftlern Streitigkeiten, die vor allem um die Erstveröffentlichungsrechte kreisen. Horak hatte in der "Kulturkommission" die Aufgabe, Kinderlied und -spiel zu sammeln: Damit bestand von vorneherein die Möglichkeit der Kollision mit den Interessen Wolframs, der sich u.a. mit Volksschauspiel und -tanz befaßte, und Quellmalz', der für den gesamten Bereich der Volksmusik zuständig war.[926] Horak, der "Kinderlied und Kinderspiel" als Unterabteilung[927] der "Gruppe Volksmusik, Lied und Tanz" betreute, war von den Arbeitsgruppenleitern augenscheinlich die Rolle des bloßen Zuarbeiters - und nicht eines gleichberechtigten Partners - zugedacht. So kam er auch Quellmalz in die Quere, der daraufhin offenbar vorsichtshalber bei Sievers auf seinem Erstveröffentlichungsrecht bestanden hat. Jedenfalls rügt der Reichsgeschäftsführer den Liedersammler Horak: "Noch eigenwilliger gingen Sie bei den Aufzeichnungen der Volkslieder vor. [...] Ihr Grundfehler war eben, daß Sie ohne Fühlungnahme mit dem Leiter der Gruppe Volksmusik Ihre Aufzeichnungen durchführten - und nur darauf ausgingen, eine möglichst große Anzahl von Volksliedern zu sammeln. [...] Durch diese egoistische Grundhaltung ist [...] eine für die Kulturkommission untragbare Doppelarbeit gemacht worden. [...] Es ist selbstverständlich, daß bei den Volksliedern, die durch Ihre Aufzeichnung doppelt erfaßt wurden, das *geistige Eigentumsrecht und die Priorität des Fundes* [Hervorhebung G.L.] Dr. Quellmalz zukommen müssen."[928] Außerdem macht Sievers Horak zur Auflage, seine Notizen umgehend ins Reine zu schreiben und die Reinschriften sowie die Originalaufzeichnungen in der Abteilung Volksmusik des Staatlichen Instituts abzuliefern - bevor er weiterhin sammeln darf.

Horak sucht sich zu verteidigen: "Ich betone noch einmal, daß ich nie die Absicht gehabt habe, um des persönlichen Erfolges willen in das Arbeitsgebiet anderer hinein zu kommen. [...] als ich bisher stets um der Sache willen gearbeitet habe. Meine unaufgeforderten Einsendungen an verschiedene [...] Archive und die immer selbstverständlich gewährte Bearbeitung meines Sammelgutes durch Andere [...] können dies beweisen. Allerdings mußte ich schon des öfteren während meiner volkskundlichen Arbeit die Erfahrung machen, daß es im allgemeinen unter Wissenschaftlern noch nicht üblich ist, in diesem Sinn zu wirken, sondern daß bei manchen nur der persönliche Ehrgeiz die Arbeit leitet."[929] Auch in diesem Fall schenkt die Kommissionsleitung Horaks Rechtfertigungsversuchen kein Gehör, sondern kündigt ihm stattdessen die Mitarbeit auf.[930]

Zwar wird von Sievers beschworen, daß es sich bei den Erhebungen der Kulturkommissionsmitglieder um eine Gemeinschaftsarbeit handeln soll, bei der es nicht auf "die Befriedigung des Ehrgeizes einzelner, sondern [...] die Sicherung des gesamten südtiroler Volksgutes"[931] ankommt, doch geht es im Grunde keineswegs kollegial, sondern streng hierarchisch zu. Unstimmigkeiten unter den Wissenschaftlern im SS-Ahnenerbe werden stets zugunsten des Ranghöchsten - eben des jeweiligen Arbeitsgruppenleiters - entschieden. Auch der Streitfall Quellmalz/Horak belegt dies.

Der Kampf um die besten Positionen zeigt sich unterschwellig schon bei der Verteilung der Leitungsfunktionen. Quellmalz beispielsweise sichert sich den Führungsposten - gegenüber seinem Kollegen Dr. Fritz Bose vom Institut für Lautforschung an der Universität Berlin, der zunächst in der "Arbeitsgruppe Volksmusik, Lied und Tanz" unter Quellmalz Regie mitzuwirken hat[932] und dann als untauglich für diese Tätigkeit schon im Dezember 1940 zum Kriegsdienst abgeschoben wird.[933] Dafür hat man sogar in Kauf genommen, daß statt mit zwei "Schallaufnahmegeräten" künftig nur noch mit einem gearbeitet werden kann.[934] Unter den 253 Tonbändern, die im August 1941 an das Staatliche Institut für Deutsche Musikforschung gelangten, befanden sich immerhin 78 von Bose aufgezeichnete.[935]

Doch nicht allein Quellmalz achtet darauf, daß er bei einer Gruppe die Oberhand gewinnt. Der Sprachforscher Bruno Schweizer, der sich unversehens in Konkurrenz zu seinem Kollegen Insam sieht, bemüht sich ebenfalls um einen Führungsposten, statt die für ihn vorgesehene Aufgabe eines Mitarbeiters des Studienrats Dr. Insam zu akzeptieren, dem nach den ersten Plänen die Leitung der "Gruppe Sprachwissenschaft, Mundarten" angetragen worden ist.[936] Sofort nach seiner Ankunft in Bozen Ende September 1940 schlägt Schweizer sich selbst als den für diesen Posten geeignetsten vor, da er als Leiter der "Forschungsstätte für germanische Sprachwissenschaft und Landschaftskunde" ohnehin im Ahnenerbe für diese Fragen zuständig ist.[937] Zwar würdigt er die Arbeit Insams bezüglich des Wörterbuchs, er hält sie jedoch nicht für eine Gemeinschaftsarbeit passend. Auch dieses Abgrenzungsproblem unter gleichgewichtigen Wissenschaftlern wird auf Ahnenerbe-bewährte Weise gelöst. So wie seinerzeit für Plaßmann und Schweizer die "Lehr- und Forschungsstätte für Germanenkunde" in zwei Abteilungen mit gleichberechtigten Leitern aufgeteilt wurde, verfährt man auch in diesem Falle, indem zwei sprachwissenschaftliche Gruppen gebildet werden: "Sprachwissenschaft-Dialektgeographie" unter Schweizers und "Sprachwissenschaft-Südtiroler Wörterbuch" unter Insams Regie.[938] Schweizer erhält die von ihm gewünschte Aufgabe, den "geographischen Aufbau der Mundarten Südtirols" zu untersuchen, während Insam sich auf lexikalische Fragen konzentrieren soll.[939]

Ehrgeiz - wenngleich anderer Art - zeigt sich auch, als es um die Rückkehr nach Hause geht. Um jeden Preis wollen die Forscher ihre begonnene Arbeit so lange wie irgend möglich weiterführen. Zu diesem Zweck orakelt Quellmalz: "Die Gegenwart bietet die *letzte* [Hervorhebung G.L.] Möglichkeit zu derartigen in größerem Ausmaße durchführbaren Sammlungen. Rundfunk, Schallplatte und zahlreiche andere Einflüsse des modernen Lebens haben die bodenständige Volksmusik in Gefahr gebracht."[940] Schweizer fühlt sich gegenüber den anderen Wissenschaftlern, die zum Teil noch länger bleiben dürfen, benachteiligt und äußert trotzig gegenüber der Sekretärin, Frau Siebeneicher, er weigere sich einfach, vor Abschluß seiner Forschungen nach Hause zurückzukehren. Notfalls wolle er auf eigene Kosten so lange bleiben, bis ihm das Geld ausgehe. Als er schließlich mit seinen guten Beziehungen zum Reichsführer, den er schon von der Schule kenne, droht, wird es der Sekretärin mulmig; sie erstattet Gisela Schmitz-Kahlmann in der Ahnenerbe-Zentrale in Berlin Bericht: "Ich möchte [...] Schweizer keine Unannehmlichkeiten bereiten. [...] Bis jetzt hat es mich kalt gelassen, denn es geht mich ja nichts an, wenn er einen Befehl übertritt. Aber die Sache mit dem Reichsführer hat mir doch einen ziemlichen Stoss versetzt und ich wusste nicht, ob ich das für mich behalten soll oder nicht. Nun habe ich mein Herz wenigstens Ihnen gegenüber entlastet."[941] Von der Ahnenerbe-Geschäftsstelle wird Schweizer denn auch ermahnt: "Dass Sie, nachdem Ihnen der Termin zum Abschluss Ihrer Arbeiten bekannt gegeben war, Ihr 'Aufnahmenetz wesentlich dichter gestalteten, als Sie es ursprünglich planten,' bestätigt mir nur, dass keine Notwendigkeit vorliegt, den Abschluss weiter hinauszuschieben. [...] Die Arbeit in den zimbrischen Gebieten habe ich Ihnen längst untersagt [...]. Ich habe jetzt keine eigenen Mittel für die Fortführung der zimbrischen Forschungen, im Rahmen der Kulturkommission kann und darf ich Sie nicht unterbringen."[942]

Im Juli 1940 hatte die "Kulturkommission Südtirol" ihre Tätigkeit aufgenommen.[943] Ursprünglich sollte die Arbeit bis Dezember 1941 abgeschlossen sein;[944] die Abreise kann jedoch immer wieder verzögert werden und erfolgt schließlich erst im Herbst 1943.[945] Die lange Verweildauer in Südtirol wird mit den üblichen Begründungen gerechtfertigt: einzigartiges Material, letzte Gelegenheit des Einsammelns - und nicht zuletzt mit der Nützlichkeit einer "volkspolitische[n],"[946] angewandten Zweckforschung. Denn die Wissenschaftler der "Kulturkommission" haben keinesfalls nur das Ziel, Material für ihre Forschungen einzuheimsen - sie beabsichtigen darüber hinaus, volkstumspolitisch zu wirken. Schon bei der ersten Sitzung der Kommission am 1. Juli 1940 in Bozen hatte Sievers darauf hingewiesen, daß es nicht allein "die Aufgabe aller Mitarbeiter sei, möglichst viel an Kulturgut zu *retten*" (Hervorhebung G.L.). "Es wird die Lebendigerhaltung der Kulturgüter angestrebt, alles muß wieder *erweckt* [Hervorhebung G.L.] und neu belebt werden, wie z.B. das Volkslied wieder zum erlebten Volksgut werden soll. Die Kommission ist eingesetzt, um tatkräftige Mithilfe im Interesse der Volksgruppe zu leisten - auch für die neue Heimat, wo das Erinnerungsgut als Kulturmittelpunkt etwa im 'Hause der Heimat' verbleiben würde."[947]

Dem SS-Ahnenerbe ging es bei der Sammelaktion nicht bloß um die Erhebung Südtiroler Kulturgutes, das die "germanische Kontinuität" beweisen sollte, sondern ganz wesentlich auch um die "politisch-propagandistische Nutzung:"[948] die Dienstbarmachung des Sammelgutes für NS-Ziele. Im "Haus der Heimat" - gleichsam einem Kirchenersatz - der neuen Dörfer der Umgesiedelten sollten die "Überlieferungen," das heißt, das "Ahnenerbe" der "Feiergestaltung" und "Brauchtumsneubildung" im Sinne nationalsozialistischer Ideologie und Religionsstiftung dienen.[949] "Ziel" der "Arbeit ist ein *praktisches und wissenschaftliches* [Hervorhebung G.L.]: das Volksgut zu erhalten und *wieder aufleben zu lassen* [Hervorhebung G.L.], was sonst bei der nächsten Generation vergessen sein würde."[950]

In zahllosen Auslassungen weisen die Wissenschaftler selbst immer wieder darauf hin, wie wichtig ihnen die kultur*praktische* Arbeit ist. Quellmalz beispielsweise schreibt über "die Auswirkung" der Tätigkeit seiner Gruppe "auf die Musikkultur Südtirols: "Wesentliche Grundlagen konnten dadurch für die Volksbildungsarbeit geschaffen werden. [...] war es möglich, dass der Gruppenleiter wesentlichen Anteil an der Schulung der Musikgruppen und an der Erhaltung des echten Südtiroler Sing- und Spielgutes nahm. Erst unsere Arbeit gab einen genauen Überblick über den Stand der Volksmusikkultur, konnte *Gefahrenherde* [Hervorhebung G.L.] aufzeigen und Anregungen geben. Besonders wertvoll war es, dass wir bei den Schallaufnahmen *unmittelbar auf die Sängergruppen und Instrumentalkapellen einwirken* [Hervorhebung G.L.] konnten. All diese Möglichkeiten wurden in jeder Weise ausgenutzt, so dass sich schon heute sichtbare Erfolge zeigen. Durch die Kameraden Wolfram [im Original gesperrt] und Horak [im Original gesperrt] *konnten nahezu verschollene alte südtiroler Tänze den Tanzgruppen der A.D.O. erneut übermittelt* [Hervorhebung G.L.] werden. [... Die] Tätigkeit der Gruppe Volksmusik [...] wirkte sich in fruchtbarer Weise auch auf die *Hebung der Volksmusikkultur Südtirols* [Hervorhebung G.L.] aus."[951]

Bereits erzielte Erfolge der Volkskulturpflege können auch die anderen Arbeitsgruppenleiter schon auf der ersten Tagung der Kulturkommission im Februar 1941 bekannt geben. "Damit die Südtiroler wieder ihre alten Tänze lernen," wird, berichtet Wolfram, "als praktisches Ergebnis der Arbeit [...] ein Südtiroler Volkstanzheft mit genauen Tanzbeschreibungen und Melodien zusammengestellt."[952] Und Gertrud Pesendorfers Gruppe ist dabei, "auf Grund der gefundenen oder erschlossenen alten Vorbilder eine den Erfordernissen der neuen Zeit *angepasste Tracht zu schaffen*"[953] (Hervorhebung G.L.). Noch deutlicher wird die angewandte Volkskunde bei der musikalischen Schulungswoche, die im August 1941 in Seis[954] stattfand und welche "die musikalische und tänzerische Volksbildungsarbeit des Landes zu fördern"[955] beabsichtigte: Hier treten die Volkskunde-Wissenschaftler Quellmalz, Wolfram und Horak unverblümt als die für die Volkskultur Kompetenten auf. Wie weit die Beeinflussung ging, schildert Quellmalz selbst in seinem Bericht an Sievers: "Als unmittelbare praktische Auswirkung des Lagers ergibt sich folgendes: Vom Sachbearbeiter für Jugend- und Volksmusik des Volksbildungsdienstes der A.D.O. werden in Zusammenarbeit mit der Kulturkommision, Gruppe Volksmusik, in Bälde einheitliche *Richtlinien* für die Lied- und Volkstanzpflege herausgegeben. [...] Für die Winter- und Sommerarbeit werden jeweils bestimmte Lieder und Tänze, die möglichst alle Gattungen umfassen, ausgewählt und *als verpflichtend vorgeschrieben*"[956] (Hervorhebungen G.L.).

Verschollenes wiedererwecken - das zieht sich wie ein roter Faden durch die angewandte SS-Volkskunde in Südtirol. Auch in den Tätigkeitsberichten der Wissenschaftler wird dies deutlich, wenn etwa Wolfram betont: "Das Wilde-Mann-Spiel aus Kortsch brachte ich nach über 60-jähriger Pause durch Befragen der ältesten Leute noch mit allen Reimreden zustande. Es wird heuer *wieder aufgeführt*"[957] (Hervorhebung G.L.). Ebenso entlarvend für die Sammelpraxis einer Volkskunde insgesamt, die auf germanische Relikte - im Falle der Musikforschung auf "alte Brauchtumslieder mit urtümlichen Weisen," "im Reich fast schon verschollene Balladen älteren Stiles" oder "die alte Art mehrstimmigen Singens"[958] - und Kontinuitätsbeweise aus war, ist eine Äußerung Horaks über das methodische Vorgehen bei Tonaufnahmen: Da "gerade die wertvollsten Lieder, wie Balladen usw., nurmehr schwach im Gedächtnis der Gewährsleute haften[, ist] ein *gerätewürdiges Vorsingen* [...] *oft erst nach mehreren Proben* [Hervorhebung G.L.] der Gewährsleute, bei welchen sie sich Text und Melodie wieder fest in das Gedächtnis zurückrufen konnten, möglich."[959] Daß die Musik nicht einfach ohne Bezug zu den MusikantInnen aufgezeichnet wurde, sondern man Wert darauf legte, die Menschen in ihrer Umgebung zu fotografieren, mag auf den ersten Blick methodisch sehr modern anmuten - etwa im Sinne von Kontexterfassung. In diesem Zusammenhang sollte die Fotografie jedoch "von besonderer Bedeutung für eine musikalische Stammes- und *Rassenforschung* [Hervorhebung G.L.] werden,"[960] eine Bemerkung Quellmalz', die uns Wissenschaftler wie Untersuchungsergebnisse in besonderem Maße suspekt erscheinen lassen - während Quellmalz fest davon überzeugt ist, "daß das wissenschaftliche Ergebnis der Tätigkeit der Gruppe Volksmusik zu großen Erwartungen berechtigt."[961] Die Forschungsziele - Zweckforschung im Auftrag des SS-Ahnenerbes -, die Erhebungssituation - das Auftreten der Wissenschaftler als SS-Männer - sowie die Auswahlkriterien - in diesem Fall "altartig," "vorchristlich-germanisch" - bestimmen auch die Qualität des Gesammelten.[962]

Zum Wissenschaftsbegriff Heinrich Himmlers und seines "Ahnenerbes"

Das Ahnenerbe bot WissenschaftlerInnen die Möglichkeit zu angemessen bezahlter Forschungsarbeit in den Grenzen einer Zweckwissenschaft,[963] der die NS-Ideologie zugrundelag. Wie VolkskundlerInnen sich diese Möglichkeiten zunutze machten, wurde vorausgehend geschildert. Im Folgenden sollen der diesen Volkskundeforschungen zugrundeliegende Wissenschaftsbegriff[964] nochmals zusammenfassend anhand programmatischer Äußerungen zweier maßgeblicher Ahnenerbe-Volkskundler - Joseph Otto Plaßmanns und Heinrich Harmjanz' - näher beleuchtet sowie einige Beispiele aus Himmlers "wissenschaftlichen" Anfragen skizziert werden.

Anläßlich des Übergangs der "Pflegstätte für Germanenkunde" und der Zeitschrift "Germanien" an das Ahnenerbe 1936 hält Plaßmann eine richtungweisende Rede - "Vereint marschieren"[965] -, die das Wissenschaftsverständnis des SS-Ahnenerbes offenbart und zugleich Plaßmanns persönliches Wissenschaftsbekenntnis darstellt. Als Ziel nennt er, "aus den Forschungsergebnissen, die unsere Wissenschaft zusammengebracht hat, Folgerungen zu ziehen, und zwar ernste Folgerungen für die Erkenntnis des deutschen Wesens und damit für eine Erneuerung des deutschen Volkes aus ewigen, alten unzerstörbaren Wurzeln." Es geht darum, "*ob für das deutsche Volk die Wissenschaft von seinen Ursprüngen* eine *Spezialwissenschaft* wie jede andere mit dogmatischer Ausschließlichkeit sein solle, oder ob an eine solche Wissenschaft auch *Forderungen* gestellt werden könnten, die sie im Dienste der Nation zu erfüllen habe." In dem wenig später erschienenen Beitrag "Völkisches Wollen und exaktes Forschen" heißt es weiter: "Erst der *abseits aller wissenschaftlichen Schulweisheit* erfolgte Durchbruch eines dynamischen, *völkischen Lebensgefühles* hat hier aus dem eigengesetzlichen, voraussetzungslosen Wollen heraus auch die anzuwendende *Methode* geändert. Wenn wir heute wissen, daß das deutsche Volkstum niemals nur ein voraussetzungsloses Objekt einer angeblich voraussetzungslosen Wissenschaft sein kann, das man mit allen Mitteln der Sezierkunst in soziologische, nationalökonomische oder gar in die unvermeidlichen psychoanalytischen Komplexe aufteilen kann, so verdanken wir diese Erkenntnis dem *Siege eines urtümlichen, keinem logischen Gesetze unterworfenen Willens*, und nicht einer auf *'exaktem' Wege gewonnenen Erkenntnis*"[966] (Hervorhebungen G.L.).

Diese 1936 formulierte Absage Plaßmanns an die "liberalistische" Wissenschaft ließe sich als aus der Zeit des Dilettantismus Wirth'scher Prägung stammend abtun. Sie behält jedoch weiterhin Gültigkeit für die Forschung im Ahnenerbe, nachdem man sich längst von dem Laienforscher getrennt hatte und bemüht war, vom Image des Dilettantismus wegzukommen und als seriöse Forschungseinrichtung zu gelten. Die Ablehnung der "wissenschaftlichen Schulweisheit," ihrer Untersuchungsmethoden und der "auf 'exaktem' Wege gewonnenen Erkenntnis" steht in nur scheinbarem Widerspruch zur in der letzten Vereinssatzung von 1939 geforderten "Anwendung *exakt-wissenschaftlicher Methoden*"[967] (Hervorhebung G.L.): Innerhalb des SS-Forschungsvereins impliziert der Begriff "Wissenschaftlichkeit," daß es sich um "*völkische* Wissenschaftlichkeit" handelt.

Das zeigt sich auch in aller Deutlichkeit an den volkskundlichen Beiträgen der Ahnenerbe-Tagung in Kiel 1939. In seinem unter anderem die damalige Zielsetzung des Atlas der Deutschen Volkskunde als "Gemeinschaftswerk" betreffenden Referat - "Die Aufgaben unserer wissenschaftlichen Gemeinschaftswerke"[968] - bringt ein prominenter

Vertreter der "Forschungs- und Lehrgemeinschaft 'Das Ahnenerbe,'" der Volkskundler Heinrich Harmjanz, das im Ahnenerbe erwünschte Verständnis von Wissenschaft recht deutlich auf den Punkt: "Die Betrachtung [...] ist nicht Selbstzweck, sondern Ausgangspunkt und ein Mittel, die Volksgemeinschaft und schließlich den Träger dieser Gemeinschaft, den Menschen, zu erkennen. Es geht in der deutschen Volkskunde immer um den Menschen, auch wenn es sich z.B. um die Erforschung von Sachgütern handelt. Kurz, die deutsche Volkskunde will und soll auf weite Sicht mit ihren Ergebnissen *Erkenntnisgrundlagen für eine zukünftige praktische Volkstumspflege* geben. Sie will als Wissenschaft dem *Staatswohl dienen*"[969] (Hervorhebungen G.L.). Wissenschaft ist für die Ahnenerbe-Volkskunde nicht "voraussetzungslos," sondern "mit der völkischen Frage verbunden:"[970] "Voraussetzung" der Entstehung "wissenschaftlicher Arbeiten" ist "die gemeinsame Idee eines ganzheitlich-heroischen, politisch-geschichtlichen Weltbildes."[971] Wissenschaft, "die allein in der Idee des Volkes gipfelt," ist nicht nur als "heiliger, ernster Beruf" und als "Gemeinschaftswerk" zu betreiben, sondern auch - quasi religiös - zu "*bekennen*"[972] (Hervorhebung G.L.). "Volk" ist allerdings nicht jedermann, sondern in "unserer Wissenschaft geht es uns allein [...] um unser *deutsches* [Hervorhebung G.L.] Volk,"[973] konkreter: um das "*nordrassige Indogermanentum.*"[974]

Wenn angeführt wird, daß Forschung im Ahnenerbe "unter Anwendung *exakt-wissenschaftlicher Methoden* [Hervorhebung G.L.] zu erfolgen"[975] habe, dann sind diese immer in den Grenzen der Zweckwissenschaft Himmler'scher Prägung zu sehen, die sich auf germanische Relikte und Kontinuitätsbeweise richtete. Mit ihrer Reliktforschung lieferten Volkskundler der SS die "ideologische Rechtfertigung der Bereicherungsabsichten sowohl in materieller wie auch in machtpolitischer Richtung,"[976] wie Anka Oesterle feststellt. Volkskundler trugen zur Ideologiebildung[977] bei, sie dienten als "Instrument nationalsozialistischer Kulturpolitik"[978] und wirkten an den Kriegsvorbereitungen mit.[979]

Michael Kater unterscheidet drei Ebenen, auf denen im Ahnenerbe gearbeitet wurde:[980] Die erste berücksichtigte Himmlers "absurdeste Fragestellungen," die "dilettantischsten Anfragen" des Reichsführers SS; auf der zweiten wurde "ideologische Zweckwissenschaft" betrieben, unter Anerkennung des "Primats der nationalsozialistischen Weltanschauung über die Wissenschaft;" auf der dritten wirkten "seriöse" Wissenschaftler, die "zwischen der herkömmlichen Auffassung von Wissenschaftlichkeit und den ideologischen Erfordernissen einen Kompromiß zu schließen" bereit waren.

Diese Scheidung der Ahnenerbe-Wissenschaftler in "seriöse" Forscher einerseits und Dilettanten andererseits[981] erscheint problematisch und stimmt in dieser Form wohl kaum mit der Wirklichkeit überein: Denn die als Dilettanten eingestuften waren nicht so dilettantisch und die als seriös eingeschätzten waren nicht so seriös, wie es auf den ersten Blick erscheinen mag. Die Übergänge zwischen beiden Extremen sind fließend, und die generell ebenso dilettierenden wie wissenschaftlich vorgehenden Ahnenerbe-Forscher lassen sich eher nach dem Grad und den Gründen ihres Engagements für die nationalsozialistische oder SS-"Weltanschauung" unterscheiden.

Es gab die von der NS-Ideologie offensichtlich voll Überzeugten, die sich gläubig für deren agitatorische Verbreitung und Anwendung einsetzten. Es gab die skrupellosen Karrieristen, die vorrangig an der Steigerung ihrer Macht und ihres Einflusses interessiert waren und deshalb der faschistischen Ideologie vorbehaltlos dienten. Es gab die ehrgeizigen Spezialisten, die bei ihren Erhebungen unter anderem im Feld vornehmlich die reiche Ernte an Sammelgut für sich selbst im Auge hatten, wobei sie allerdings auftragsgemäß nur das zusammentrugen, was für die Bestätigung der "germanistischen Volkstumsideologie"[982] brauchbar erschien, und dem System zugleich durch volkstumspolitische Schulungsarbeit nützten. Zwischen diesen Extremen waren zahlreiche Überlappungen und Zwischenstufen möglich. Ob man sich im Ahnenerbe nun vehement oder weniger vehement für NS/SS-Ziele engagierte - letztlich arbeitete jeder diesen zu. Was es aber offenkundig nicht gab, war das Unschuldslamm, das - auf der Flucht vor den Rosenbergianern - ganz naiv in den noch nach dem Krieg und Untergang des Regimes als akademischen "Naturschutzpark"[983] gepriesenen SS-Wissenschaftsverein Ahnenerbe geschlittert war, den Anka Oesterle so treffend als "Höhle des Löwen"[984] charakterisiert hat.

Die bemühte Scheidung in ernsthafte Wissenschaftler und Dilettanten oder Koryphäen und Mittelmaß bringt bei der Bewertung der SS-Wissenschaft nicht weiter. Sie verführt jedoch zu der Annahme, auch unter dem im Ahnenerbe gesetzten Axiom des Primats der Volkstumspolitik wäre seriöse Forschung möglich gewesen - was wiederum den irrigen Schluß nahelegt, daß sich die gewonnen Forschungsergebnisse von den Erkenntniszielen und Untersuchungsbedingungen, unter denen sie zustandekamen, als gewissermaßen "wertfrei" abkoppeln ließen. Das Ahnenerbe wurde zwar nicht müde, sich "als Hort *freien* [Hervorhebung G.L.], großzügigen geistigen Schaffens"[985] zu rühmen, doch handelte es sich hier um "Freiheit" in den Grenzen einer "völkischen Wissenschaft," die unverblümt auf öffentlichen Tagungen, in wissenschaftlichen wie populärwissenschaftlichen Organen und in der Presse - und somit für jedermann ersichtlich - ihre ideologische Basis kundtat. Kater selbst schreibt über Himmlers Wissenschaftsauffassung: "dadurch, daß die (weltanschauliche) 'Gesinnung und Haltung' alle Arbeit im 'Ahnenerbe' bestimmten, wurde diese gerade jener Objektivität beraubt."[986] Wissenschaft wird zur Fassade, indem "'das angebliche Resultat' die konkrete Forschung methodologisch vorwegnimmt."[987] Himmlers Vorstellung, "daß von den 'Germanen,' Ahnen oder Enkeln, unablässig ein Strom geistiger und kultureller Überlegenheit ausgehe,"[988] prägte das manomane Ziel der gesamten Ahnenerbe-Organisation, wie es Himmler selbst einmal ausdrückte: dem "Nachweis der arischen von der Zentrale Deutschland und dem Ostseebecken ausgehenden nordischen Menschheit in fast *allen Teilen unserer Erde* und dem Nachweis auch, heute wenigstens der geistigen *Weltherrschaft* [Hervorhebungen G.L.] des arischen Germanentums näherzukommen."[989]

Wie Ahnenerbe-VolkskundlerInnen sich Himmlers Herrschaftsansprüchen beugten, verdeutlichen unter anderem die ständigen Beteuerungen, etwa in Südtirol Beweise für die germanische "Kontinuität"[990] oder gar die "rein deutsche Herkunft der Südtiroler"[991] gefunden zu haben. Daß sie sich aller möglichen abstrusen Ideen Himmlers annahmen, wird in der Behandlung von Himmlers "wissenschaftlichen Anfragen" sichtbar, von denen abschließend einige kurz vorgestellt werden sollen.

1938 läßt Himmler über Wüst bei den Ahnenerbe-Wissenschaftlern "Nachforschungen über ein germanisches System der Geburtenregelung anstellen."[992] Zumindest die Volkskundler Wolfram und Plaßmann befassen sich allen Ernstes mit dieser Frage. Wolfram antwortet umgehend, devot und diplomatisch: "Zu der vom Reichsführer SS aufgeworfenen und *sehr wichtigen Frage* wäre von der *Volkskunde* [Hervorhebungen G.L.] aus folgendes zu sagen: Es hat bestimmt gewisse Termine gegeben, an denen vor allem Kinder gezeugt wurden. Sie stimmen mit Frühlingsterminen überein, jedoch scheinen sie nicht auf die Sommersonnenwende beschränkt zu sein"[993] - wie Himmler angenommen hatte. Während Wolfram weitschweifig gutachtet und noch mögliche andere Zeugungstermine - wie die Fastnachtszeit - aus dem Frühlingsbrauchtum ableitet, beschränkt sich sein Kollege Plaßmann auf einen knappen Negativbescheid mit der Nachricht, es seien "keine Tatsachen bekannt, nach denen nur zu bestimmten Terminen bei den germanischen Stämmen Kinder gezeugt wurden. Nach allem, was wir wissen, ist das auch unwahrscheinlich."[994]

1942 wünscht Himmler mit Schreiben aus dem Führer-Hauptquartier eine Zusammenstellung von Bräuchen, "die den Gedanken, daß die Toten noch mit teilhaben am Leben der Sippe, bis in unsere heutige Zeit versinnbildlichen."[995] Wolfram und Harmjanz werden zur Auskunft aufgefordert, die diesmal - mitten im Krieg - auf sich warten läßt. Harmjanz delegiert die Anfrage an seine Atlas-Mitarbeiterin Dr. Erna Andersen.[996] Wolfram immerhin gibt nach zweieinhalb Monaten einen Zwischenbericht, den er sogleich mit Werbung für seine Arbeit verbindet: "In der betreffenden Sache bin ich eben eifrig beim Sichten des Materials. [...] Ich schreibe einen kurzen, zusammenfassenden Überblick [...]. Damit hoffe ich dem Reichsführer ungefähr zeigen zu können, was auf Anhieb schon alles beigebracht werden kann. Der Gegenstand *verdient weitere Erforschung* [Hervorhebung G.L.], die auch auf dem Arbeitsprogramm meiner Lehr- und Forschungsstätte steht. Es mangelte vorläufig noch an Zeit und geeigneten Arbeitskräften."[997] Offenbar arbeitete man zu Himmlers Zufriedenheit. Jedenfalls meldet SS-Obersturmbannführer Brandt einige Monate nach erfolgter Übergabe des Wolfram-Textes "Ahnenverehrung im deutschen Volksbrauch"[998] von der Feld-Kommandostelle: "Der Reichsführer hat die Ausführungen [...] gelesen. Er hält sie für sehr gut."[999]

Im Februar 1943 wird eine dänische Zeitungsmeldung, vermutlich eine Zeitungs-"Ente," über "Kimbrische Strickkunst" zum Anlaß eines Himmler-Auftrags an seine Wissenschaftsorganisation: Auf Jütland lebe eine Greisin, "die als einzige Zeitzeugin noch über genaue Kenntnis der uralten Stricktechnik der Wikinger verfüge."[1000] SS-Obersturmbannführer Brandt schickt die Notiz auf Befehl Himmlers an das Ahnenerbe mit der Aufforderung, "jemanden nach Jütland zu schicken, um diese Stricktechnik zu erlernen und sie uns nutzbar zu machen."[1001] Reichsgeschäftsführer Sievers erkundigt sich daraufhin bei der in Ahnenerbe-Diensten stehenden Wiener Trachtenzeichnerin Erna Piffl, ob sie den Auftrag übernehmen könne.[1002] Diese antwortet zwar umgehend, "die Aufgabe auf Jütland würde [... sie] sehr freuen;"[1003] gleichzeitig zweifelt sie jedoch an ihrer Qualifikation. Für alle Fälle schickt sie ihren Dienstpaß zur Verlängerung mit und bittet noch vorsorglich darum, "dass die Auswertung für die praktische Arbeit auch der Mittelstelle Deutsche Tracht zugut kommt," der sie ehrenamtlich zuarbeitet. In intensivem Schriftwechsel mit noch anderen MitarbeiterInnen versucht die Ahnenerbe-Geschäftsstelle, möglichst rasch Genaueres über den Aufenthaltsort der jütischen Gewährsfrau herauszubekommen, da "angesichts des Alters der Greisin besondere Eile geboten ist."[1004] Doch die monatelangen Bemühungen sind anscheinend nicht von Erfolg gekrönt. Ende Mai muß die Geschäftsstelle melden, daß die nach Wikingerart strickende Greisin immer noch nicht gefunden wurde; für die Aufzeichnung des Strickmusters hat man inzwischen jedoch immerhin eine Webmeisterin vom Museum für Deutsche Volkskunde gewonnen.[1005]

Uns Heutige mögen die "wissenschaftlichen" Anfragen des Reichsführers SS Himmler und die mehr oder weniger ernsthaften Bemühungen seiner WissenschaftlerInnen und sonstigen MitarbeiterInnen, ihren obersten Chef zufriedenzustellen, belustigen und möglicherweise zugleich zu dem Urteil verleiten, das alles sei lächerlich - also harmlos -, dilettantisch - folglich nicht wissenschaftlich -, daher für uns nicht weiter relevant. Die sich hier scheinbar dokumentierende Harmlosigkeit des Wissenschaftsdilettanten Himmler sollte jedoch nicht darüber hinwegtäuschen, daß Wissenschaft im SS-Ahnenerbe auch und vor allem den machtpolitischen Absichten eines Menschheitsverbrechers diente und infolgedessen zutiefst pervertiert war.

Rosenbergs "braune" und Himmlers "schwarze" Volkskunde im Kampf um die Vorherrschaft

HANNJOST LIXFELD

Für Reichsführer SS Heinrich Himmler bedeutete der "Kampf [...] ein Grundgesetz der Natur," ein "allgemeines Lebensprinzip, ja ein 'Gottesgesetz'"[1006] das individuelles und kollektives Überleben und damit die menschliche Existenz schlechthin sicherstellte. So habe sich die nordisch-germanische Rasse in einem über viele Jahrtausende sich erstreckenden unbarmherzigen, nüchternen und grausamen, jedoch natürlichen Ausleseprozeß herausgeschält. Im "Kampf ums Dasein" werde alles Schwache und Minderwertige vernichtet, und nur das Starke und Kräftige komme zur Fortpflanzung.[1007]

Die auch von Adolf Hitler geteilte[1008] und von Heinrich Himmler zur Leitschnur seines Handelns erhobene vulgär-sozialdarwinistische Auffassung vom 'Recht des Stärkeren im Überlebenskampf' entsprach ebenso der von Alfred Rosenberg im "Mythus des 20. Jahrhunderts" niedergelegten und für seine Dienststelle, das Amt Rosenberg, verbindlich gemachten Weltanschauungslehre.[1009]

Das Prinzip der ständigen 'kämpferischen' Auseinandersetzung in so gut wie allen Lebensbereichen und unter Anwendung aller nur denkbaren, allein nach ihrem Nutzen gewerteten Hilfsmittel geriet im Dritten Reich zu einem Kernstück faschistischen Verhaltenskonsenses. Es teilte sich den Angehörigen von Himmlers "Schutzstaffel" (SS) ebenso mit wie den Funktionären Rosenbergs -[1010] und über die von beiden Lagern betriebene Schulung und Erziehung der gesamten Partei.

Es ist gewiß keine Übertreibung, die Millionen der durch das deutsche faschistische Regime aus rassistischen und ideologisch-machtpolitischen Gründen Ermordeten als unterlegene 'Schwache' und Opfer dieses jeglichen ethischen Maßstäben spottenden Denk- und Verhaltensmusters zu betrachten. Es basierte, wie der Faschismus überhaupt, auf Menschenverachtung.

Das ideologische 'Gesetz' faschistischer Verhaltensweise betraf die Wissenschaftler des Ahnenerbes und des Amts Rosenberg, darunter selbstverständlich die Volkskundler. Sie versahen ihren Dienst in den schwarzen (oder feldgrauen) Uniformen der SS und den braunen der Parteileitung und erhielten deshalb ihre Übernamen als Vertreter einer "schwarzen" beziehungsweise "braunen" Volkskunde. Es griff weiterhin konsequent auf zentrale Teile der deutschen Wissenschafts- und Universitätsgesellschaft über, wie aus den Rivalitätskämpfen um das Präsidium der Deutschen Forschungsgemeinschaft und um die Reichsgemeinschaft für deutsche Volksforschung und ihre Abteilung Volkskunde ersichtlich wird. Seine Spuren sind noch heute an deutschen Universitäten auffindbar.

Existenz- und berufsschädigend betroffen waren vor allem die zu "weltanschaulichen Gegnern" abgestempelten wissenschaftlichen Konkurrenten wie beispielsweise die bürgerlich-nationalen Volkskundler und Volksfrömmigkeitsforscher Adolf Spamer oder Georg Schreiber. Zwangsläufig wurde das als 'Natur- und Gottesgesetz' ausgegebene faschistische Prinzip des rücksichtslosen Kampfes aber auch im gegenseitigen Umgang der Rivalen Himmler und Rosenberg angewandt. Denn die gleichermaßen von ehrgeizigem Sendungsbewußtsein getriebenen Reichsleiter wollten beide - jeder für sich - eine neue nationalsozialistische Religion stiften[1011] und ihren ideologisch-machtpolitischen Intentionen und wissenschaftlichen Institutionen, darunter den volkskundlichen Abteilungen, im Dritten Reich die absolute Vorherrschaft sichern. Folgerichtig teilten sich die Mitarbeiter des SS-Ahnenerbes und des Amts Rosenberg in zwei miteinander verfeindete Lager auf. Es kann nicht davon geredet werden, daß Vertreter des einen Lagers den Streit durch ihre Machenschaften bevorzugt schürten oder die des anderen die Verfolgten aus uneigennützigen Motiven unter ihren Schutz stellten.[1012] Die Auseinandersetzung und die Form ihrer Austragung war prinzipiell ideologisch vorbestimmt.

Die Gründung von Rosenbergs und Zieglers Reichsarbeitsgemeinschaft für deutsche Volkskunde zu Beginn des Jahres 1937 stand zunächst noch unter dem günstigen Stern einer teilweisen Zusammenarbeit mit Himmlers anderthalb Jahre zuvor, am 1. Juli 1935, ins Leben gerufenen Ahnenerbe. Denn neben Himmler waren der volkskundlichen Reichsarbeitsgemeinschaft des Amts Rosenberg mit Richard Walther Darré ein Förderer und mit Hermann Reischle ein weiteres Gründungsmitglied des Ahnenerbes beigetreten, arbeiteten ihr mit Erwin Metzner nochmals ein Gründungs- und mit Wilhelm Kinkelin ein Präsidiumsmitglied des Ahnenerbes zu.[1013]

Reischle, Metzner und Kinkelin stellten die Fraktion Darrés dar. Dieser fungierte nicht nur als Reichsbauernführer der NSDAP und Ernährungsminister der Reichsregierung, sondern war zudem von Himmler, der Darrés 'Blut- und Boden'-Ideologie[1014] anfangs anhing, von ihr profitierte und ihrem Einfluß die SS und das Ahnenerbe öffnete, zum Leiter des "Rasse- und Siedlungshauptamtes" der SS eingesetzt worden. Reischle bekleidete unter anderem die Position eines "Stellvertretenden Kurators" und somit Stellvertreters Himmlers im Präsidium des Ahnenerbes, außerdem die des Leiters von Darrés "Stabsamt des Reichsbauernführers," in dem Metzner einer der maßgeblichen Mitarbeiter war[1015] und aus dessen kulturpolitisch-wissenschaftlichen Abteilungen mehrere führende Funktionäre der volkskundlichen Reichsarbeitsgemeinschaft wie Matthes Ziegler, Hans Strobel oder Erich Kulke, aber auch des SS-Ahnenerbes wie Joseph Otto Plassmann hervorgegangen waren.

Zur anfänglich erträglichen Zusammenarbeit zwischen der Reichsarbeitsgemeinschaft und dem Ahnenerbe leistete folglich die Fraktion Darrés, insbesondere das Stabsamt des Reichsbauernführers, den Brückenschlag. Ziegler und Strobel, beides SS-Offiziere wie Wolfram Sievers, der Reichsgeschäftsführer des Ahnenerbes,[1016] organisierten offensichtlich die Kooperation. Ziegler meldete z.B. Sievers seine grundsätzliche Bereitwilligkeit, einen Vortragsdienst des Ahnenerbes durch seine Mitarbeiter unterstützen zu lassen;[1017] Strobel, der sich mit dem SS-Kameraden Sievers duzte,[1018] bat um Überlassung von Lichtbildern zum "Aufbau eines wissenschaftlichen Bildarchivs über lebendes Brauchtum."[1019] Vertreter der "schwarzen" Volkskunde wirkten auf den Tagungen und beim Rednereinsatz der "braunen" Volkskunde mit.[1020]

Der Reichsführer SS hatte schon im Februar 1937 auf eine Anfrage hin entschieden, daß eine Zusammenarbeit des Ahnenerbes mit der Arbeitsgemeinschaft für deutsche Volkskunde "soweit möglich" erfolgen solle.[1021] Die Periode einer vom Taktiker Himmler von vornherein eingeschränkten Kooperation lief dann spätestens mit der Beendigung des Einflusses Darrés und seiner Fraktion auf die SS und das Ahnenerbe aus. Aufgrund ideologischer Differenzen mit Darré hatte Himmler den Wirkungsbereich des Reichsbauernführers und seiner Leute in der SS mehr und mehr beschnitten.[1022] Die dadurch entstehenden persönlichen Spannungen führten im Februar 1938 zum Austritt Darrés aus Himmlers "Schutzstaffel" und zur Aufgabe seiner Funktion als Chef des Rasse- und Siedlungshauptamtes der SS.[1023] Reischle, Metzner und Kinkelin schieden im selben Jahr aus dem Ahnenerbe aus, in dem ein Jahr zuvor, im Februar/März 1937, Walther Wüst anstelle des eigentlichen Gründervaters Herman Wirth zum Präsidenten aufgestiegen war.[1024] Gestützt vor allem auf seine getreuen Kombattanten Wüst und Sievers konnte Reichsführer SS Himmler nunmehr eine entschieden kontroversere Politik gegenüber Reichsleiter Rosenbergs Amt einschlagen. Hierzu waren allerdings bereits einschlägige Vorarbeiten erbracht worden.

Mit Datum vom 5. Januar 1937 hatte Alfred Rosenberg in einem Schreiben an den Reichserziehungsminister Bernhard Rust auch im Namen der am selben Tage gegründeten Arbeitsgemeinschaft für deutsche Volkskunde vorgeschlagen, die Leitung des Atlaswerks der deutschen Volkskunde dem Privatdozenten der Universität Greifswald Dr. Karl Kaiser zu übertragen.[1025] Das Briefdatum wurde sicher nicht zufällig gewählt, sondern läßt darauf schließen, daß Rosenbergs Arbeitsgemeinschaft, über deren Gründung der Minister durch ein beiliegendes Rundschreiben in Kenntnis gesetzt wird, als Nachfolgeinstitution der Abteilung Volkskunde der Reichsgemeinschaft der deutschen Volksforschung gedacht ist.

Rosenberg bezieht sich in seinem Antrag, den Atlas (ADV), das 'Prunkstück' der deutschen Volkskunde, Karl Kaiser zu überantworten, der seit einem Jahr freier Mitarbeiter seiner Dienststelle und überdies Doktorvater Matthes Zieglers ist,[1026] auf die "Neuregelung der Verhältnisse der deutschen Forschungsgemeinschaft" (DFG). Er richtet sein Schreiben mit Bedacht an den Dienstvorgesetzten des seit November 1936 kommissarischen und zu Ende Januar 1937 definitiv ernannten neuen Präsidenten der DFG Rudolf Mentzel.[1027] Reichserziehungsminister Rust wird jedoch als schwache Persönlichkeit von seinen Mitarbeitern dirigiert, sein Ministerialbeamter Mentzel steht als SS-Offizier Himmler nahe, an dessen Ahnenerbe die maßgeblichen Bestandteile der in Auflösung begriffenen Abteilung Volkskunde der DFG-Reichsgemeinschaft später Stück für Stück vergeben werden.[1028]

Da nützt auch weder die Klage des Ideologie-Sachverständigen Rosenberg, die verschiedenen weltanschaulichen Einflußperioden, die der Atlas durchmachen mußte, hätten die Art und den Inhalt der einzelnen Fragebogen entscheidend bestimmt und bedingten auch zwangsläufig die Ergebnisse, die nunmehr der Veröffentlichung harrten, noch des Reichsleiters Angebot, "die weltanschaulich zielsichere Siebung und geschickte

Auswertung des unterschiedlichen Materials," die bei "der großen volkspolitischen Bedeutung des Atlaswerkes und seiner steigenden Beachtung im Ausland" von entscheidender Wichtigkeit sei, von Karl Kaiser und damit von der hinter diesem stehenden volkskundlichen Arbeitsgemeinschaft des Amts Rosenberg durchführen zu lassen.[1029]

Kaiser, dessen wissenschaftliche Meriten, vor allem auf dem Gebiet der Atlasvolkskunde,[1030] und weltanschauliche Zuverlässigkeit gebührend hervorgehoben werden und der Rosenberg am ehesten den Anforderungen der "Leitung dieses wissenschaftlichen Grossunternehmens" gewachsen erscheint,[1031] wird mit dieser Empfehlung indessen ein schlechter Dienst erwiesen, wie die Folgeereignisse schnell zeigen sollen. Der 1906 geborene, an der Universität Greifswald 1928 promovierte und 1933 habilitierte junge Germanist und Volkskundler arbeitete von Februar 1931 bis Dezember 1932 in der Zentralstelle des ADV in Berlin. Er übernahm darauf von Lutz Mackensen die Leitung des Volkskundlichen Archivs für Pommern[1032] und der Landesstelle Pommern des ADV in Greifswald,[1033] an dessen Universität er als Privatdozent - d.h. ohne feste Stelle und ausreichendes Gehalt - erfolgreich lehrte. Seine zahlreichen Veröffentlichungen zur Atlasvolkskunde[1034] krönte er 1936 mit der Herausgabe des "Atlas der Pommerschen Volkskunde."[1035] Ungeachtet seines Alters von knapp dreißig Jahren war Kaiser in hohem Maße als Spezialist für die ihm von Rosenberg zugedachte Aufgabe ausgewiesen, galt jedoch als 'menschlich schwierig' - wie man in deutschen Wissenschaftlerkreisen unkonventionelle, d.h. nicht angepaßte oder eigensinnige Kollegen zu bezeichnen pflegt. Durch des Reichsleiters Protektion geriet er nun dem Volkskundler Harmjanz und später auch dem SS-Ahnenerbe zum gefährlichen Konkurrenten und bevorzugten Angriffsziel, zum"Hund, den man vor dem Löwen schlägt."[1036]

Den Atlas der deutschen Volkskunde, das Bildarchiv und das Zentralarchiv der deutschen Volkserzählung (ZA) übernahm am 5. Mai 1937 Heinrich Harmjanz[1037] aus dem herrenlosen Bestand der DFG-Abteilung Volkskunde, genau einen Tag nach dem Rücktritt Adolf Spamers,[1038] aber viele Monate vor dem endgültigen Zugriff des Ahnenerbes. Nachdem Harmjanz die ersten ADV-Kartenveröffentlichungen[1039] des von ihm mitverfolgten Adolf Spamer[1040] hatte einziehen lassen, gab er sie zusammen mit seinem willigen Helfer Erich Röhr, dessen berufliche Karriere bis zum Ordinarius für deutsche Volkskunde an der Universität Bonn und zum Referenten im Reichserziehungsministerium er dafür protegierte,[1041] als beider geistiges Eigentum wieder heraus.[1042] Harmjanz und der frühere Spamer-Mitarbeiter Röhr standen somit als Usurpatoren am Ende der langen Reihe von Gelehrten, die den ADV aufgebaut hatten und nun um die Früchte ihrer Arbeit gebracht worden waren.

Harmjanz spielte im Dritten Reich eine gewichtige Rolle für das Fach Volkskunde und die Geisteswissenschaften schlechthin. Im Jahr 1904 geboren, war er schon 1930 Mitglied der NSDAP und Führer des Nationalsozialistischen Deutschen Studentenbundes an der Universität Königsberg in Ostpreußen. Hier trat er 1931 auch der SS bei, die er 1933 aus nicht bekannten Gründen wieder verließ.[1043] Als Schüler des Königsberger Germanisten Walther Ziesemer promovierte er mit einer Arbeit über die deutschen Feuersegen,[1044] habilitierte sich 1935 im Alter von einunddreißig Jahren[1045] mit einer volkskundlich-wissenschaftstheoretischen Untersuchung[1046] und wurde sehr schnell ordentlicher Professor für Volkskunde, 1937 zuerst an der Universität Königsberg, 1938 dann an der Universität Frankfurt am Main.[1047] Seine eigenen Veröffentlichungen zur

Atlasvolkskunde reichten an Zahl und Gewicht bei weitem nicht an diejenigen des Greifswalder Privatdozenten Karl Kaiser heran.[1048]

Von den Verpflichtungen des Professorenberufs war Harmjanz beurlaubt für seine Tätigkeit als Referent für die geisteswissenschaftlichen Disziplinen der Hochschulabteilung des Reichserziehungsministeriums in Berlin, in das er am 22. März 1937 eintrat und in dem er bald zum Chef des Ministerbüros und persönlichen Referenten Rusts aufsteigen sollte.[1049] Er zeichnete unmittelbar verantwortlich für die Berufung der meisten geisteswissenschaftlichen - darunter der volkskundlichen - Professoren an den deutschen Hochschulen[1050] und konnte aufgrund seines Amtes in die Dienstaufsicht aller dieser Gelehrten eingreifen. Der bedeutende wissenschaftspolitische Einfluß dieses Volkskundlers war einmalig und wurde in der gesamten Geschichte der Disziplin von keinem anderen Fachangehörigen erreicht.

Harmjanz' Umgang mit anderen Menschen ist von der Forschung unterschiedlich beschrieben worden. Er soll - wie oft in solchen Fällen - seinen Anhängern und Freunden gegenüber von sehr einnehmender, burschikoser, unbürokratischer und kameradschaftlicher Art gewesen sein. Hervorgehoben wird aber ebenso sein Geltungsdrang,[1051] unter dem diejenigen zu leiden hatten, die er als seine Kontrahenten betrachtete und unerbittlich verfolgte.

Im Jahre 1937 hatte er sich zunächst als Gegner des Ahnenerbes und dessen in Wissenschaftlerkreisen nicht unbedingt angesehenen, ja verrufenen Gründervaters Herman Wirth herausgestellt.[1052] Doch schon ein Jahr später konnte Walther Wüst eine erhebliche Verbesserung der Beziehungen an Reichsführer SS Himmler melden,[1053] und im Herbst 1938 trat Harmjanz, nachdem er vorher um Wiederaufnahme in die SS ersucht hatte, dem Ahnenerbe bei.[1054] In diesem leitete er die Berliner "Lehr- und Forschungsstätte für Volkserzählung, Märchen- und Sagenkunde" mit dem ZA und die "Lehr- und Forschungsstätte für Volksforschung und Volkskunde" mit dem ADV in Frankfurt am Main.[1055] Seine 'Beutestücke' aus Spamers DFG-Abteilung Volkskunde hatte er also mit ins Ahnenerbe gebracht.

Rosenberg und seine Mitstreiter sahen in dem Himmler-Paladin Harmjanz mit Recht einen ihrer gefährlichsten Gegner, der sie im Verbund mit seinem Ministeriumskollegen, dem Naturwissenschaftler Rudolf Mentzel, nicht nur um den ADV und weitere 'Beutestücke' aus der Erbmasse Adolf Spamers gebracht hatte, sondern ihrer Dienststelle, speziell der "braunen" Volkskunde, aufgrund seiner Abneigung und wissenschaftspolitischen Machtfülle generell im Wege stand und den Mitarbeitern der Arbeitsgemeinschaft für deutsche Volkskunde Schwierigkeiten bei Berufungen bereitete.[1056] Das Amt Rosenberg ließ keine Gelegenheit aus, den Usurpator Harmjanz anzugreifen und nach Möglichkeit aus seiner politischen wie wissenschaftlichen Position zu verdrängen, schon um den Rosenbergschen Wissenschaftlern den ungehinderten Zugang zu Professorenstellen an deutschen Universitäten zu ermöglichen.

Heinrich Harmjanz schoß sich im Gegenzug auf die ungeliebten Rosenbergianer ein, unter anderem auf seinen Atlas-Rivalen Karl Kaiser, der, was nicht unwichtig gewesen zu sein scheint, zwei Jahre jünger war, aber zwei Jahre früher habilitiert hatte und ihn an Bedeutung in der Atlasvolkskunde bei weitem übertraf. Aus dem Antrag des Reichsleiters vom 5. Januar 1937 auf Überlassung des ADV hatte sich nämlich ein erbitterter Austausch von Briefen zwischen dem Amt Rosenberg und dem Reichserziehungsministerium ergeben, die Rosenberg und Rust unterschrieben, ihre Referenten jedoch formulierten.

Auf eine erneute Anfrage Rosenbergs vom 19. Oktober 1937 antwortete Rust am 10. März 1938 mit einem Schreiben,[1057] das beispielhaft für die faschistische Methode der Berufsschädigung von Gelehrten - auch aus den eigenen Reihen der NSDAP - steht. Kaiser habe, so lautete die spitzfindige Auskunft, auf den Vorschlag Rosenbergs vom 5. Januar 1937 hin nicht zum ADV-Leiter ernannt werden können, da die Stelle bereits mit Adolf Spamer besetzt gewesen sei. Außerdem hätten Rückfragen des Ministeriums ergeben, daß Kaiser sich selbst dieser Aufgabe wissenschaftlich und menschlich nicht gewachsen fühlte. Anläßlich einer erst nach längerem Zögern eingegangenen Teilnahme an einem NS-Dozentenlager sei sein nationalsozialistisches Verständnis als unzulänglich, die allgemeine ethische Veranlagung als mäßig und die charakterliche als pedantisch, die allgemeine Dienstfreudigkeit als widerwillig, er selbst jedoch als formal-ästhetischer Einzelgänger ohne Schwung und charakterliche Befähigung bezeichnet worden.

Da Kaiser damals auch von Greifswalder Stellen dem Reichserziehungsministerium als zurückgezogener, völlig unpolitischer und menschlich schwieriger Typ geschildert worden sei, habe man ihm bereits im Mai 1936 amtlich mitgeteilt, "daß er keine Aussichten habe, beamteter Hochschullehrer zu werden," und seine finanzielle Unterstützung durch das Ministerium, nachdem der Reichsdozentenbundführer in München im Oktober 1937 jede weitere Förderung Kaisers als unhaltbar bezeichnet habe, eingestellt.

Damit nicht genug, habe Kaiser in neuester Zeit "erhebliche Mängel in der Fähigkeit bewiesen, auf dem Gebiete der deutschen Volkskunde im nationalsozialistischen Sinne volkspolitisch zu arbeiten." Er habe unmittelbar vor dem Erscheinen des Atlas der deutschen Volkskunde[1058] das Ausland davor gewarnt und Pommern als ursprünglich slawischen Boden bezeichnet, und zwar in einer Abhandlung[1059] in der von dem niederländischen Freimaurer und angeblichen Freimaurer-Großmeister Jan de Vries herausgegebenen internationalen Zeitschrift "Folk."[1060]

Die "Parteiamtliche Prüfungskommission"[1061] und das "Geheime Preußische Staatsarchiv" hätten gegen diese Handlungsweise Einspruch erhoben und Kaisers Maßregelung verlangt. Reichsminister Rust habe ihm seine schärfste Mißbilligung ausgesprochen sowie die Entziehung der Lehrbefugnis im Wiederholungsfalle angedroht und nur "mit Rücksicht auf Kaisers sonst befriedigende Leistungen in der Pommerschen Volkskunde und in der Hoffnung, daß er sich den Fall zur Lehre dienen lassen wird," davon abgesehen.[1062]

Die "schärfste Mißbilligung" Kaisers wurde in einem streckenweise wortgleichen Erlaß des Ministeriums vom selben Tag an den Kurator der Universität Greifswald ausgesprochen. Der Erlaß verneint ausdrücklich, daß dem Gemaßregelten "zugleich neben seinen Kolleggebühren besondere Unterstützungen zugebilligt werden können," es sei denn durch die Deutsche Forschungsgemeinschaft.[1063] Der in materielle Not geratene Privatdozent wird dann ab Mai 1938 vom Amt Rosenberg auf Honorarbasis beschäftigt.[1064]

Hinter dem Komplott gegen Kaiser steht zweifellos der bereits an der Verfolgung Adolf Spamers beteiligte zuständige Sachbearbeiter des Reichserziehungsministeriums Heinrich Harmjanz. Er verweigerte noch Anfang 1939 die finanzielle Absicherung Kaisers, um die die Universität Greifswald gebeten hatte,[1065] und verriß im selben Jahr dessen von nationalsozialistischem Geist durchtränktes "Lesebuch zur Geschichte der deutschen Volkskunde"[1066] in übler Weise.[1067]

Harmjanz wendet sich im Ministerschreiben Rusts vom 10. März 1938 indirekt in dreist-arroganter Weise gegen Reichsleiter Rosenberg selbst und verhöhnt ihn. Denn er denunziert die von dessen Amt und der inzwischen liquidierten Reichsgemeinschaft der deutschen Volksforschung geförderte internationale Zeitschrift "Folk" als Produkt des Freimaurertums, des erklärten ideologischen Gegners der Mythus-Weltanschauung. Außerdem versucht er grundsätzlich, ausgerechnet dem 'Chefideologen' der NSDAP und Verfasser des "Mythus" zu unterstellen, in Karl Kaiser den eigenen weltanschaulichen Gegner gefördert zu haben. Seine skrupellose Taktik ist jedoch insoweit erfolgreich, als sie die Universitätskarriere des Rosenbergschen Protegés vorläufig unterbindet und dadurch Kaisers und seiner Familie finanzielle Verhältnisse nachhaltig zerrüttet, um den Rivalen auch fernerhin unter psychischem Terror zu halten.

Nicht die wissenschaftliche Leistung Kaisers wird gutachterlich verurteilt - diese stuft der Ministerbrief an Rosenberg, auf die Pommersche Volkskunde und damit indirekt auf den Pommerschen Volkskundeatlas bezogen, ja als 'befriedigend' ein -, sondern seine unabdingbare politische Zuverlässigkeit wird unter massiven Vorwürfen angezweifelt, die bis zur Unterstellung der 'Staatsgefährdung' reichen. Gegen diese in der Tat haltlosen, aber gleichwohl im Dritten Reich äußerst brisanten Denunziationen wenden sich der Rosenbergianer Karl-Heinz Henschke in einem Schutzbrief für Kaiser an den NS-Dozentenführer der Universität Greifswald[1068] und Rosenberg selbst in einem erneuten Schreiben vom 11. April 1938 an Reichsminister Rust,[1069] in dem Punkt für Punkt alle Anklagen überzeugend widerlegt werden, ohne daß dadurch die mißliche Situation des betroffenen Wissenschaftlers zum Besseren gewendet werden konnte.[1070]

Karl Kaiser war Nationalsozialist, seit 1.11.1933 Angehöriger der SA, seit 1.7.1934 Mitglied der Hochschullehrergruppe des NS-Lehrerbundes und seit 1.5.1937 der NSDAP.[1071] Er näherte sich nicht erst aufgrund der gefährlichen Intrigen von Harmjanz dem Amt Rosenberg,[1072] zu dem er vielmehr seit den frühen Monaten des Jahres 1936 "in engerer Mitarbeit" stand[1073] und dessen Chef und 'Gralshüter' der nationalsozialistischen Weltanschauung ihm voller Überzeugung ein glänzendes Zeugnis seiner politischen Zuverlässigkeit gegen alle schwerwiegenden Vorwürfe des Reichserziehungsministeriums ausstellte.[1074] Als Konsequenz ist daher festzuhalten, daß Kaiser nur deshalb verfolgt wurde, weil er - stellvertretend für die "braune" Volkskunde - eine ernsthafte Konkurrenz für Harmjanz und das Ahnenerbe darstellte und getreu faschistischer Verhaltensnorm bekämpft und nach Möglichkeit ausgeschaltet werden mußte.

An der Affäre Kaiser mag uns heute manches befremden, nicht jedoch die Wahrnehmung, daß auch des Reichsleiters 'Volkskundeprimus' Matthes Ziegler tief in sie verwickelt war. Ziegler und Harmjanz werden als zuständige Sachbearbeiter die mit vielen volkskundlichen Fachdetails versehenen Schreiben ihrer Vorgesetzten aufgesetzt oder ihre Abfassung überwacht haben. Sie wirkten auf den ihnen persönlich vorbehaltenen Gebieten an der Austragung des Kampfes nach Kräften mit. So verwahrt sich Rust bei Rosenberg, in einer ihm von Ziegler überreichten Zusammenstellung zum Fall Kaiser, die der Reichsleiter vermutlich kenne, seien "u.a. auch Verdächtigungen gegen die unvoreingenommene Sachlichkeit meines Sachbearbeiters enthalten." Rust habe dessen Handlungsweise durch zwei Juristen seines Ministeriums prüfen lassen. Diese hätten beide festgestellt, "daß dem Sachbearbeiter auch nicht der geringste Vorwurf in irgendeiner Richtung gemacht werden kann, daß er vielmehr völlig korrekt und dabei menschlich mit größtem Entgegenkommen gegenüber Kaiser gehandelt hat."[1075] Selbst diese unverfrorene Scheinheiligkeit gehörte zum Auseinandersetzungsstil des Heinrich Harmjanz, der seine Kontrahenten bis aufs Blut gereizt haben dürfte.

Ziegler betonte, daß ihn nicht persönliche, sondern sachliche Motive von Harmjanz trennten.[1076] Die strittigen Probleme der Vorherrschaft der einen oder anderen Volkskunderichtung führten indes zwangsläufig immer wieder zu persönlichen Empfindsamkeiten und Abneigungen. Ziegler hatte nach dem Amtsantritt von Harmjanz im Reichserziehungsministerium einen Besuch gemacht, um als Vertreter "der zuständigen Parteistelle über die gemeinsame Gestaltung des Sektors Volkskunde" zu beraten, aber bei dem neuen Referenten keine Resonanz gefunden. Dieser täuschte im Gegenteil sein Unverständnis über das Anliegen Zieglers und des Amts Rosenberg vor und kleidete, später daran erinnert, seine Aversion in die beleidigenden Worte: "Ich hatte keine Zeit, um mich auch noch darum zu kümmern, ob hier oder dort Herr Müller oder Herr Meier Blähungen habe." Da Harmjanz nach Zieglers Aussage die Arbeit der Arbeitsgemeinschaft für deutsche Volkskunde auch weiterhin herzlich wenig kümmerte,[1077] sagten ihm die zu 'Hinz und Kunz' abgestempelten Rosenbergianer den Kampf an, und Ziegler verfolgte ihn spätestens nach der Übernahme des begehrten 'Prunkstücks' der deutschen Volkskunde, des ADV, "auf Schritt und Tritt."[1078] Allein die Affäre Kaiser beweist aber, daß Harmjanz sich durchaus kongenial zu verhalten wußte.

Bereits ein Jahr vor der Gründung der volkskundlichen Arbeitsgemeinschaft war im Amt Rosenberg "ein kleiner Arbeitskreis wissenschaftlich und weltanschaulich tüchtiger Volkskundler" unter Matthes Ziegler entstanden, der dann 1937, ergänzt um weitere Mitarbeiter, "für die neuen wissenschaftlichen Aufgaben der Arbeitsgemeinschaft eingesetzt" wurde.[1079] Er bildete das von Ziegler - ebenso wie das "Hauptlektorat Religionswissenschaft" - gegründete und geleitete "Hauptlektorat Volkskunde"[1080] in der Rosenbergschen "Reichsstelle zur Förderung der deutschen Schrifttums" bzw. im "Amt Schrifttumspflege," einer Zensurstelle unter Reichsamtsleiter Hans Hagemeyer.[1081] Als Lektoren oder besser Zensoren kritisierten hier Ziegler und Genossen das deutsche volkskundliche Schrifttum nach den Richtlinien der Mythus-Fachauffassung und veröffentlichten ihre Ergebnisse in Form von Rezensionen in verschiedenen Partei-Zeitschriften. Mitglieder dieses wohl nur anfänglich kleinen Arbeitskreises von Volkskundlern, auf den Ziegler stolz war, während ihn Harmjanz nicht ohne Grund verdächtigte, "Pläne gegen ihn auszubrüten,"[1082] waren außer den Wissenschaftlern der Reichsarbeitsgemeinschaft wie beispielsweise Ziegler selbst, Hans Strobel oder Ernst Otto Thiele, unter anderem der Greifswalder Privatdozent Karl Kaiser[1083] und der Leipziger Volkskundeprofessor Bruno Schier,[1084]ein überaus rühriger freier Mitarbeiter und häufiger Referent auf Tagungen der Rosenberg-Volkskunde.[1085]

Im Oktober 1936 unterzog Heinz Diewerge[1086] die Habilitationsschrift Heinrich Harmjanz' in den Nationalsozialistischen Monatsheften einer der Bedeutung dieser erkenntniskritischen Untersuchung zur Begriffsbildung der Volkskunde[1087] angemessenen, umfangreichen Besprechung,[1088] die ungeachtet auch scharfer Kritik an Einzelpunkten die theoretische Leistung dieses volkskundlichen 'Neutöners' durchaus würdigte. Kritisiert wird unter anderem, daß Harmjanz mit keinem Wort die konfessionelle Einflußnahme auf die Gestaltung der Volkskunde behandelt und die Werke verschiedener

Volkskundetheoretiker, darunter Karl von Spieß und Matthes Ziegler, gar nicht oder in zu geringem Umfang einbezogen hat. Dem Autor wird zum Schluß mahnend und herablassend vorgehalten, "daß er mit seinen Überzeugungen und Diskussionen nicht alleine und bahnbrechend dasteht, sondern in einer Reihe mit einer Anzahl ähnlich ausgerichteter Kräfte"[1089] - ganz offensichtlich eine Aufforderung, sich der volkskundlichen Phalanx der Rosenbergianer anzuschließen. Aber gerade dies tat Harmjanz nicht.

Im April 1938 erscheint die schon im Oktober des Vorjahrs von Ernst Otto Thiele angekündigte[1090] und nun in Verbindung mit dem "Amt Schrifttumspflege" von der "parteiamtlichen 'Arbeitsgemeinschaft für deutsche Volkskunde'" herausgegebene, berühmt-berüchtigte "Deutsche Volkskunde im Schrifttum."[1091] Sie faßt mehrheitlich bereits früher von den Lektoren des "Hauptlektorates Volkskunde" veröffentlichte Rezensionen über so gut wie alle namhaften volkskundlichen Autoren der damaligen und früheren Zeit in überarbeiteter und verkürzter Form zusammen. Die deutsche Volkskunde wird in diesem - ausweislich des Untertitels - "Leitfaden für die Schulungs- und Erziehungsarbeit der NSDAP" auf den Zieglerschen 'archimedischen' Punkt gebracht, das heißt, nach den Richtlinien der Mythus-Volkskunde in die verschiedenen weltanschaulichen Lager aufgeteilt. Der "Leitfaden" ist aber nicht nur von Parteimitgliedern, sondern von jedem beliebigen Interessenten für Reichsmark 1.80 über den "Zentralverlag der NSDAP., Frz. Eher Nachf. GmbH." zu beziehen.

Der 'Spiritus rector' dieses Verzeichnisses Ziegler erklärte getreu der im Hause Rosenberg geübten Verhüllung der Realität, die im Untertitel und in der Einleitung deutlichst zum Ausdruck gebrachte Absicht sei es, nicht eine wissenschaftliche, sondern eine weltanschauliche Qualifikation für die praktische Schulungsarbeit zu geben, "so einfach und klar, aber auch so eindeutig geschrieben [...], daß auch der einfachste Mann draussen an der Schulungsfront etwas damit anfangen kann." Zu einer solchen Eindeutigkeit sei der Verfasser derartiger Beurteilungen verpflichtet, auch auf die Gefahr hin, sich unpopulär zu machen.[1092]

Doch die Verfasser der einzelnen Rezensionen wurden vorsichtshalber nicht genannt. Unpopulär machen konnten sich zunächst nur Ziegler, der die Einleitung unterzeichnete, und der Leiter seines Referats Schrifttum, Thiele, der im Unterschied zu den kursorisch erwähnten Sachbearbeitern der Arbeitsgemeinschaft namentlich hervorgehoben wurde.[1093] In aggressivem Stil gehaltene Rezensionen und ebenso die Einleitung diffamierten nämlich wissenschaftlich und persönlich die dem Amt Rosenberg nicht genehmen und deshalb zu verfolgenden Fachkollegen, vor allem, wie Harmjanz monierte, "die massgebenden deutschen Volkskundler."[1094] Das Beispiel Adolf Spamers beweist es zur Genüge.[1095]

Neben anderen dieser 'massgebenden Volkskundler' war selbstverständlich auch Harmjanz eindeutig abgeurteilt worden. Wie seinerzeit Adolf Spamer durch die SS-Kamarilla des Reichserziehungsministeriums, sollte nun auch der nationalsozialistische 'Neutöner' des Fachs durch das Amt Rosenberg zu Fall und um seinen wissenschaftspolitischen Einfluß und seine volkskundlichen 'Beutestücke' gebracht werden. Seine vordem von Heinz Diewerge[1096] breit gewürdigte Habilitationsschrift findet im "Leitfaden" eine kurze Anerkennung als "vernichtende Auseinandersetzung mit der liberalen Volkskundeforschung, vor allem der völkerkundlichen Richtung," um dann wegen der fehlenden Darstellung der konfessionellen Einflußnahme auf die Volkskunde und rassischen Betrachtungsweise bündig abgetan zu werden.[1097] Noch schlimmer ergeht es einer zweiten Veröffentlichung, seiner "Volkskunde und Siedlungsgeschichte Altpreußens."[1098] Ihr siedlungsgeschichtlicher Teil bringe brauchbares Material, der volkskundliche Teil falle demgegenüber stark ab, erscheine zusammenhanglos und lasse die erforderliche Wertung völlig vermissen. Abzulehnen sei die Grundthese des Verfassers: "Jede Tatsache volkskundlicher Natur ist zuerst im Volksboden, dann in der Volksgeschichte und dann erst im Volksmenschen begründet." Dadurch werde die früher übliche Überschätzung der Umwelteinflüsse gefördert und die entscheidende Bedeutung des gestaltenden Menschen für das Werden und Wachsen der Kultur unberechtigt in den Hintergrund gerückt.[1099]

Durch den glücklichen Fund dieser "Grundthese" war die Rosenberg-Volkskunde in die Lage versetzt, Harmjanz als ewig-gestrigen und die Blut- und Rassetheorie ablehnenden Volkskundler abzustempeln. In der Einleitung zum "Leitfaden" wird er - noch ohne Namensnennung - als Verfechter einer der Mythus-Weltanschauung entgegengesetzten "Raumideologie" apostrophiert,[1100] in den Nationalsozialistischen Monatsheften - diesmal mit Namen - als Vertreter der "Umwelt-These" und liberalistischen Volkskunde in die Nähe Hans Naumanns gestellt.[1101] Das war starkes Geschütz, und es blieb nicht ohne Wirkung auf den Gescholtenen.

Harmjanz gab offensichtlich unter dem Eindruck der Kanonaden aus dem Amt Rosenberg seine Abneigung gegen das Ahnenerbe auf und rettete sich und seinen volkskundlichen 'Besitzstand,' den ADV, das ZA und das Bildarchiv, in den wissenschaftlichen Dachverband Reichsführer SS Heinrich Himmlers. Nach Harmjanz' Behauptung hatte nicht zuletzt Rosenbergs Stabsleiter Gotthard Urban im Namen der Zieglerschen Arbeitsgemeinschaft beim Reichserziehungsministerium die personelle Neubesetzung des von Harmjanz verwalteten Referats gefordert und dafür den Mythus-Volkskundler Karl Heinz Henschke vorgeschlagen. Angeblich war von der Zieglerschen Arbeitsgemeinschaft sogar der Versuch gemacht worden, durch telefonische Anrufe seine Wiederaufnahme in die SS zu verhindern.[1102] Dies gelang nicht, und in seinem Dankesbrief an Himmler vom 16. Juni 1938 schreibt Harmjanz: "Als Angehöriger der SS bitte ich Sie, Reichsführer, mir den Schutz der SS angedeihen zu lassen. Seit Monaten bin ich den schwersten Anfeindungen in Wort und Schrift durch Dr. M. Ziegler oder eines seiner Beauftragten ausgesetzt."[1103]

Aus dem Vorgang der Bekehrung von Harmjanz zum Ahnenerbe-Wissenschaftler wird ersichtlich, wie berufs- und existenzgefährdend die aktive Gegnerschaft des Amts Rosenberg und seiner 'parteiamtlichen' Volkskunde selbst von einem hohen Ministerialbeamten und NS-Volkskundler eingeschätzt wurde. Harmjanz sah seine Bedrohung nicht falsch. Den nur wenige Jahre später gelang den Rosenbergianern sein endgültiger Sturz. Vorläufig jedoch nahm sich erst einmal Heinrich Himmler seiner an, der mit seiner vorsichtigeren und klügeren Taktik im Kampf um Harmjanz den Sieg davongetragen hatte.

Matthes Ziegler, Hans Strobel und Karl Ruprecht hielten gerade einen Lehrgang über die deutsche Volkskunde für Schulungsleiter aus dem im Anfang des Jahres 'heim ins Reich' gekehrten Österreich in Gmunden am Traunsee ab, als am 26. Juli 1938 der Reichsführer SS das Lager unerwartet besuchte. Himmler ließ sich in einer fast einstündigen Unterredung mit Ziegler und Strobel über volkskundliche Fragen Bericht erstatten, auch über den "Leitfaden," das Verzeichnis "Deutsche Volkskunde im

Schrifttum." Da Ziegler erklärte, dessen Korrekturfahnen auch an den Beauftragten des Reichsführers in der volkskundlichen Arbeitsgemeinschaft, an Hermann Reischle gesandt zu haben, sprach ihn Himmler von dem Vorwurf seiner Umgehung frei, bat jedoch um Änderung der Professor Harmjanz betreffenden Stellen in einer zweiten Auflage und um deren Vorlage vor Erscheinen. Weiterhin forderte er Ziegler auf, mit Harmjanz zur Vorbereitung einer Zusammenarbeit eine Aussprache zu suchen.[1104]

Himmler wußte bei dieser Unterredung den Eindruck zu erwecken, als sei er mit dem Bestehen der Reichsarbeitsgemeinschaft zufrieden und wünsche eine Kooperation zwischen ihr und seinem Ahnenerbe[1105] sowie "ein denkbar gutes Einvernehmen" mit Reichsleiter Rosenberg persönlich und mit dessen Dienststelle. Der Rosenbergianer und SS-Offizier Ziegler scheint dies für bare Münze genommen zu haben, zumal es seinem Wunschdenken entsprach. Jedenfalls berichtet er seinem Reichsleiter ganz euphorisch die gute Nachricht und bietet sich selbst als Mittler zwischen 'Szylla und Charybdis' an.[1106]

Wie zwangsläufig die Auseinandersetzungen zwischen Rosenbergianern und Ahnenerblern durch den "fundamentalen Streit zwischen Rosenberg und Himmler"[1107] bedingt waren, wie verfahren bereits die Situation ungeachtet der taktischen Vorspiegelungen Himmlers war,[1108] hätte Ziegler wissen und auch aus der unerfreulichen Unterredung mit Harmjanz schließen können, die am 1. August 1938 in Kopenhagen am Rande des von beiden Kombattanten besuchten Internationalen Kongresses für Anthropologie und Ethnologie stattfand.[1109] Der unbezähmbare Drang von Harmjanz, sich an Ziegler und dem Amt Rosenberg für die erlittenen Unbilden zu rächen, legt die Vermutung nahe, Himmler habe sich seinen neuen Vasallen ganz bewußt als brauchbare 'Speerspitze' gegen die Konkurrenz ausgewählt.

Nach dem Bericht des erzürnten Ziegler verlief die Begegnung ohne positives Ergebnis. Man besprach eine Reihe anliegender Streitfälle unter gegenseitigen Schuldzuweisungen, taktischen Verschleierungen der eigenen Handlungsweisen und Intentionen, kurzum in rechthaberischer Einseitigkeit. Ziegler beklagte unter anderem die seit Monaten andauernden Schwierigkeiten, von der Deutschen Forschungsgemeinschaft die für die wissenschaftlichen Aufgaben seiner Arbeitsgemeinschaft beantragten Gelder zu erhalten. Im vergangenen und laufenden Haushaltsjahr handele es sich um Summen von 80.000 bis 100.000 Reichsmark. Harmjanz gab vor, von diesen wissenschaftlichen Arbeiten - und damit von den Anträgen - keine Ahnung zu haben, obwohl ihm - so Ziegler - alle Anträge an die DFG über 300 Reichsmark vorgelegt werden mußten. Mit dem Fall Kaiser habe Harmjanz nicht das geringste zu tun gehabt. Versuche Zieglers und seiner "Komplicen," redselige Professoren wie Adolf Helbok,[1110] Bruno Schier und Otto Maußer[1111] als Zeugen gegen ihn aufzustellen, ihn und seine Veröffentlichungen im "Index," dem Schrifttumsverzeichnis von 1938, zu diffamieren, entsprächen "säuischen Methoden."[1112]

Wenn wir Zieglers bemühter Rechtfertigungsschrift glauben dürfen, ließ Harmjanz schließlich das Maß überlaufen, indem er als Vorbedingung einer Zusammenarbeit mit ihm von Ziegler und dessen Arbeitsgemeinschaft eine offizielle, öffentliche Erklärung forderte. Sie sollte das Eingeständnis der Anwendung von "säuischen Methoden" ihm gegenüber und die Anerkennung seiner Auffassung in allen Streitfragen als der einzig wahren enthalten. Zu dieser bedingungslosen Kapitulation war Ziegler natürlich nicht bereit, wie er anklagend und gleichlautend an Reichsführer SS Himmler, SS-Gruppenführer und Chef des Sicherheitshauptamts der SS Heydrich sowie Reichsleiter Rosenberg berichtete.[1113]

Ziegler hatte sich aus ideologischen Gründen wiederholt und unwiderruflich gegen eine volkskundliche Kernmannschaft des Ahnenerbes gewandt, gegen die bei Himmler in hohem Ansehen stehenden Vertreter der Wiener "männerbündischen" Schule der germanischen Volks- und Altertumskunde.[1114] Deren traditionelle Opponenten waren die der Mythus-Volkskunde verbundenen Vertreter der Wiener mythologischen Schule wie Karl von Spieß, Edmund Mudrak und Karl Haiding.[1115] Auf die Wiener Mythologen hatte sich Ziegler bei der Entwicklung seiner Volkskundetheorie gestützt[1116] und schon 1936 in einer Abhandlung mit dem sprechenden Titel "Germanische Religionsforschung im Weltanschauungskampf"[1117] u.a. mit Otto Höfler[1118] einen führenden Exponenten der Männerbundschule und freien Mitarbeiter von Himmlers Ahnenerbe verurteilt.

Höflers für seine Schule dominante Habilitationsschrift "Kultische Geheimbünde der Germanen"[1119] entsprach in entscheidenden Axiomen weder der Lehre der Wiener Mythologen noch der Rosenbergs. Höfler sehe - so sein Kritiker Ziegler - in der dramatischen Handlung des kultischen Brauches die Quelle aller Mythen- und Sagenüberlieferungen. So richtig diese These sei, so sehr sei der Anspruch ihrer ausschließlichen Geltung zu bezweifeln, umso mehr, wenn sie mit den im germanischen Altertum nicht nachweisbaren, ausschließlich aus Männern bestehenden Geheimbünden verknüpft werde. Die Mitglieder dieser Bünde seien nach Höfler von dämonischer Besessenheit erfüllt, nicht nur Darsteller von Kultdämonen, sondern in einem ekstatischen Rauscherlebnis von der Gewißheit ihrer Wesensgleichheit mit diesen Dämonen erfüllt gewesen. Sie hätten sich aber nicht nur als solche gefühlt, sondern auch so gehandelt und wie die Wilden raubend und mordend die friedliche Welt überfallen. In den Sagen vom Wilden Heer und vom Werwolf könne man nach Höfler das Abbild solchen germanischen Geheimbundkultes erkennen.[1120]

Ziegler bezichtigt Höfler der Abhängigkeit von der konfessionellen Betrachtungsweise, nach der die heidnischen Germanen von primitiver Dämonenfurcht befallen waren, und zusätzlich noch der Entlehnung des bündischen Prinzips bei der Völkerkunde. Höfler und die seinen werden in die Feindkategorie des Liberalismus eingeordnet. Es geht Ziegler um die weltanschauliche Auswirkung der "mißverständlichen Begriffssprache" der Höflerschen Untersuchung. Denn das germanische Weltbild war für die Rosenbergianer getreu dem "Mythus" "ein Bild der Ordnung," germanischer Geist "zu allen Zeiten ein Geist schöpferischer Klarheit" und der Germane selbst "weder Priester noch Nomade, noch Räuber, sondern Künstler, Bauer und Krieger."[1121] Höfler hatte sich also gegen diese unumstößliche Glaubenswahrheit versündigt, seine Verfehlungen wirkten durch sein Buch und seine Schule leider fort.

Otto Höflers Untersuchungsergebnisse oder -voraussetzungen sind wegen ihrer unbewiesenen Thesenhaftigkeit und ihres germanophilen Vorurteils ohnehin zweifelhaft und wurden bis heute weniger aus gläubigen als aus rationalen Erwägungen von bürgerlich-nationalen und nicht-nationalsozialistischen Wissenschaftlern vielfach angezweifelt.[1122] Am Beispiel von Zieglers Verdammungsurteil wird aber deutlich, wie zwanghaft die spezifische Ideologie Rosenbergs - und der Wiener Mythologen - Einstellungen und Verhaltensweisen derer bestimmte, die sie als Glaubensersatz verinnerlicht hatten. Eine tragbare Zusammenarbeit der "braunen" Volkskunde mit ihren "weltanschaulichen Gegnern," eben auch mit den im Ahnenerbe organisierten "schwarzen" Volkskundlern, war deshalb von vornherein unmöglich, es sei denn, der Primat der Mythus-Weltanschauung mit allen daraus für die Mythus-Volkskunde ableitbaren Folgerungen wäre anerkannt worden. Der volkskundlich interessierte Reichsführer SS Himmler verhielt sich da flexibler, taktisch geschickter, diplomatischer, obwohl auch bei ihm die speziellen ideologisch-politischen Vorstellungen und Machtansprüche letzlich unabdingbaren Vorrang besaßen.

Zieglers und seiner Glaubensgenossen parteiamtlicher Schrifttumsindex von 1938 wies die weltanschaulich linientreuen und die in ihrer nationalsozialistischen oder traditionell-völkischen Grundeinstellung keinen Anstoß bietenden Autoren einschließlich der Herausgeber von reinen Stoffsammlungen als einwandfrei positiv gewertete Gruppe aus. Alle anderen blieben ganz oder teilweise im Raster der Mythus-Kriterien hängen und wurden in die Schubladenkategorien des Liberalismus, des Konfessionalismus und des weltanschauungsfernen Konjunkturschrifttums eingeordnet. Überschneidungen mehrerer Kategorien bei einem Autor waren nicht selten, die bolschewistische bzw. marxistische fehlte völlig. Dafür gab es die Zwischenkategorie der "politischen Aktualisten," die einerseits "einer sogenannten politischen Aktualisierung der Volkskunde das Wort" redeten, um im Widerspruch dazu "gleichzeitig im Verein mit den Vertretern der liberalen Forschungsepoche die Volkskunde als romantisch abzutun,"[1123] wobei mit "Volkskunde" die Zieglersche gemeint ist.

Als "politische Aktualisten" werden der NS-Volkskundler Harmjanz und sehr wahrscheinlich ebenfalls die Wiener "männerbündische" Gruppe im SS-Ahnenerbe - und nicht etwa die "schwarzen" Volkskundler schlechthin indiziert. Lily Weisers Büchlein "Jul, Weihnachtsgeschenke und Weihnachtsbaum" verfahre in der "Deutung aus der germanisch-bäuerlichen Weltanschauung [...] nicht folgerichtig,"[1124] ihre Habilitationsschrift "Altgermanische Jünglingsweihen und Männerbünde" von 1927 stelle "eine Sammlung sehr verschiedenwertiger und bedenkenlos aus der Völkerkunde übernommener Belege" dar, baue "auf falschen wissenschaftlichen und weltanschaulichen Voraussetzungen" auf und müsse "als eine verfehlte Konstruktion" angesprochen werden.[1125] Richard Wolframs Habilitationsschrift "Schwerttanz und Männerbund" ziehe "nun auch auf dem Gebiete des Schwerttanzes die Anschauungen Otto Höflers" heran,[1126] und Höflers "Dämonisierung der Glaubenswelt unserer Vorfahren" führe "zu abwegigen und gefährlichen Schlußfolgerungen,"[1127] was Ziegler ja bereits anderthalb Jahre zuvor behauptet hatte.[1128]

Otto Höfler war der "Vertrauensmann" des Ahnenerbes in der Ostmark, dem soeben annektierten Österreich. Richard Wolfram[1129] sollte im Juli des Jahres 1938 in der "Außenstelle Süd-Ost" des Ahnenerbes die Salzburger "Abteilung für germanisch-deutsche Volkskunde" leiten. In Salzburg faßte 1938 auch die konkurrierende "braune" Volkskunde Fuß.[1130] Nach Himmlers Überlegung war es für die Arbeit des Ahnenerbes und für die eigene Machtposition "von unschätzbarer Bedeutung," sich in der neugewonnenen Ostmark des Reiches zu verankern.[1131] Rosenberg dachte ebenso. Ziegler selbst war es, der die "braune" Volkskundeinstitution, gestützt auf seine Trabanten der Wiener mythologischen Schule, als Machtinstrument seines Reichsleiters auf Österreich ausdehnte.

Über diesen Machtkampf um die Vorherrschaft von Himmlers und Rosenbergs Volkskunde, der nunmehr im gesamten 'Großdeutschen Reich' stattfand, enthalten die im übrigen in jeder Hinsicht parteiischen und deshalb mit Vorsicht auszuwertenden "Geheimen Lageberichte des Sicherheitsdienstes" (SD) der SS für das Jahr 1938 und das erste Vierteljahr 1939 kein einziges Wort.[1132] Da heißt es für 1938, die parteiamtliche "Reichsgemeinschaft für deutsche Volkskunde" sei in steigendem Maße bestrebt, den liberalen und konfessionellen Kräften entgegenzuarbeiten. Der Verband deutscher Vereine für Volkskunde vertrete unter der Führung von John Meier nach wie vor eine Volkskunde in liberaler Weise und auf völkerkundlicher und damit internationaler Grundlage. Durch seine im September in Basel abgehaltene Verbandstagung habe er erneut unter Beweis gestellt, "daß er das Sammelbecken der alten liberalen und konfessionellen Volkskunderichtung bildet und nicht willens und fähig ist, nationalsozialistische Gedankengänge durch seine Arbeit zu fördern."[1133]

Diesen Satz hätte auch Reichsleiter Rosenberg schreiben können, der über den von ihm nicht mehr zu verhindernden "Volkskundetag" im schweizerischen Basel und in Freiburg im Breisgau sehr erbost war.[1134] Rosenbergs "braune" Volkskunde beantwortete diese letzte Demonstration der Eigenständigkeit des bürgerlich-nationalen Dachverbandes mit dem kurz darauf nach Braunschweig einberufenen "Ersten nationalsozialistischen deutschen Volkskundetag."[1135] Auf diesem wurden "zum erstenmal sämtlichen Gauschulungsleitern und sonstigen Parteistellen des Reiches einheitliche Richtlinien für eine nationalsozialistische rassebedingte Volkskundearbeit gegeben."[1136] Die Tagung scheint erfolgreich gewesen zu sein, meldeten doch die "Geheimen Lageberichte" des SD, aufgrund des Tagungsergebnisses seien verschiedene Vereine, Gesellschaften und Institute aus dem Verband deutscher Vereine für Volkskunde ausgetreten und hätten sich der Reichsarbeitsgemeinschaft für deutsche Volkskunde angeschlossen.[1137]

Ob allerdings, wie es für das erste Vierteljahr 1939 heißt, der von der volkskundlichen Reichsarbeitsgemeinschaft vorgebrachte Führungsanspruch "bisher in keinem Gau durchgesetzt werden" konnte, muß vorläufig dahingestellt bleiben. Die Mythus-Volkskunde hatte zweifelsohne ihr Hauptanliegen der absoluten Vorherrschaft in Deutschland nicht erreicht, jedoch immerhin beachtliche Erfolge auf Reichsebene aufzuweisen.

Dasselbe galt von den volkskundlichen und volkskundlich relevanten Abteilungen in Himmlers Ahnenerbe. Die Wissenschaftler der "schwarzen" Volkskunde waren 1939 in Konkurrenz zur "braunen" noch auf zwei öffentlichen Tagungen des Ahnenerbes in Kiel[1138] und Salzburg vertreten. Während der "Salzburger Wissenschaftswochen",[1139] die Rosenberg ähnlich wie ein Jahr zuvor den Volkskundetag John Meiers in Basel und Freiburg im Breisgau vergeblich zu verhindern gesucht hatte, begann am 1. September 1939 mit dem Überfall Nazi-Deutschlands auf Polen der Zweite Weltkrieg. Er sollte mit der bedingungslosen Kapitulation Großdeutschlands 1945 auch das Ende für die nationalsozialistischen Volkskundeorganisationen bringen. Zunächst jedoch griffen die Braintrusts Himmlers und Rosenbergs im Krieg auf die Auslandsdeutschen und die militärisch unterworfenen Völker Europas aus, verstärkten ihre wissenschaftlichen und 'volkspflegerischen' Anstrengungen und fuhren fort, ihre Fachwissenschaften, darunter die Volkskunde, zu Reichsinstitutionen auszubauen.

Der bürgerlich-nationale Verband deutscher Vereine für Volkskunde, das eigentliche Opfer der nationalsozialistischen Konkurrenten, verkümmerte dagegen im Verlauf des Zweiten Weltriegs bis zur Bedeutungslosigkeit. Bei einem anderen Ausgang des Kriegs und einem Fortbestehen der totalitären Gewaltherrschaft wäre er mit an Gewißheit grenzender Wahrscheinlichkeit nicht reaktiviert worden, sondern noch vor dem Ableben seines hochbetagten Vorsitzenden John Meier zusammen mit dem Deutschen Volksliedarchiv in Freiburg im Breisgau vom SS-Ahnenerbe übernommen worden.[1140] Das vom Ahnenerbe offensichtlich unter Einschluß des Deutschen Volksliedarchivs mit Sitz im Freiburg geplante, jedoch nie verwirklichte "Reichsinstitut für deutsche Volkskunde"[1141] mußte den SS-Wissenschaftsorganisatoren auch die Berufung des bürgerlich-nationalen Gelehrten Adolf Spamer auf den volkskundlichen Lehrstuhl der Universität Freiburg als inopportun erscheinen lassen. Wohl aus diesem Grund ist sie von Heinrich Harmjanz, dem Erfüllungsgehilfen der Ahnenerbe-Politik im Reichserziehungsministerium, verhindert worden.[1142] An eine staatliche Förderung der nicht-nationalsozialistischen Volkskunde, ihrer führenden Vertreter und fachpolitischen Ziele, etwa der bürgerlich-nationalen Reichsinstitutspläne, war jetzt erst recht nicht mehr zu denken.

Aufstieg und Niedergang von Rosenbergs Reichsinstitut für Deutsche Volkskunde

HANNJOST LIXFELD

Die Volkskunde im Kriegseinsatz

Im Zweiten Weltkrieg nahm die Ämter- und Machtfülle der beiden Reichsleiter und Paladine des Führers Alfred Rosenberg und Heinrich Himmler - wenn auch in unterschiedlichem Ausmaß - noch zu, was sich nicht zuletzt auf die in ihren Braintrusts zusammengefaßten wissenschaftlichen Disziplinen fördernd auswirkte.

Die nationalsozialistischen Volkskundedachverbände Rosenbergs und Himmlers wurden nach einer ersten kurzen Phase der Unsicherheit über ihren Verwendungszweck für "kriegswichtig" erklärt[1143] und mit hohen Geldsummen von der Deutschen Forschungsgemeinschaft für das Ahnenerbe und vom Reichsschatzmeister der NSDAP für das Amt Rosenberg sowie von anderen öffentlichen Stellen subventioniert. Im Rahmen des "Kriegseinsatzes der Geisteswissenschaften"[1144] setzten sie ihre Tätigkeit engagiert fort, die bei Reichsleiter Rosenberg und Reichsführer SS Himmler gleichermaßen dem Aufbau des germanischen oder nationalsozialistischen Weltanschauungsstaats sowie der Abwehr der in- und ausländischen weltanschaulichen Gegner galt und jeweils von zentralen "Reichsinstituten für deutsche Volkskunde" gelenkt werden sollte. Im Zusammenhang damit kamen die ebenfalls ideologisch und machtpolitisch intendierten reziproken Rivalitätskämpfe der beiden NS-Lager auch in einem nach den militärischen Anfangserfolgen Hitlers auf große Teile Europas erweiterten Aktionsraum keinesfalls zum Erliegen, ergaben sich doch im Gegenteil mehr und mehr Gelegenheiten zur Anwendung des grundlegenden faschistischen Verhaltensprinzips vom 'Recht des Stärkeren im Überlebenskampf.'

Ebenso wie Himmler[1145] beteiligte sich Rosenberg an der systematischen Beraubung der von Hitlerdeutschland unterworfenen Völker. Sein zu diesem Zweck im Jahr 1940 gegründeter "Einsatzstab Reichsleiter Rosenberg"[1146] erfüllte seine Aufgaben zunächst in Frankreich und dehnte sie nach Rosenbergs Ernennung zum "Reichsminister für die besetzten Ostgebiete" vom 17. Juli 1941 auf das östliche Europa aus. Im ideologischen Selbstverständnis der Rosenbergianer ging es dabei um "die Erfassung von Material zur planmäßigen geistigen Bekämpfung der weltanschaulichen Gegner des Nationalsozialismus."[1147] Ein "Führererlaß" Hitlers vom 1. März 1942 benannte als diese weltanschaulichen Gegner die Juden, Freimaurer und ihre Verbündeten, erklärte sie zu Urhebern des Zweiten Weltkriegs und ihre "geistige Bekämpfung" zur kriegsnotwendigen Aufgabe, und sprach Rosenberg das uneingeschränkte Recht zu, "Bibliotheken, Archive, Logen und sonstige weltanschauliche und kulturelle Einrichtungen aller Art nach entsprechendem Material" durchforschen und beschlagnahmen zu lassen.[1148]

Mit diesem Freibrief war der Einsatzstab in die Lage versetzt, gezielt Kunst- und Kulturgegenstände aller Art, in Sonderheit wissenschaftliche Bibliotheken zu konfiszieren und zum Ausbau der fachwissenschaftlichen Institute Rosenbergs nach Deutschland zu verbringen. Im Sommer 1943 bestanden Außenstellen zur Erfassung des ausländischen Kulturbesitzes in den Niederlanden (Amsterdam), in Belgien (Brüssel), Frankreich (Paris), Jugoslawien (Belgrad), Lettland (Riga), Estland (Dorpat, Reval), Polen (Wilna), in der Sowjetunion (Minsk, Gorki, Smolensk, Kiew, Charkow, Dnjepropetrowsk, Simferopol) sowie in Deutschland selbst (Füssen-Hohenschwangau). Geplant waren zusätzliche Außenstellen in Afrika, Griechenland, Südfrankreich und Schweden. Das Zentralamt saß in Berlin.[1149] Die Mitarbeiter des Einsatzstabs waren in "Sonderstäben" für Kunst, Musik, Vorgeschichte usw. zusammengefaßt, die vielfach den Ämtern der Dienststelle Rosenberg entsprachen. Es verwundert nicht, daß sie auf ihren Dienstreisen selbst noch auf der russischen Halbinsel Krim[1150] in Konflikte mit den Kollegen des konkurrierenden Ahnenerbes gerieten.

Im Einsatzstab Reichsleiter Rosenberg existierte auch ein "Sonderstab Volkskunde," über den auf einer Dienstbesprechung im Dezember 1941 berichtet wird.[1151] Der Sonderstab gab der Mythus-Volkskunde im Zweiten Weltkrieg die Gelegenheit, ihre kriminelle Tätigkeit auf die besetzten Gebiete zu erstrecken und "in eingehenden wissenschaftlichen Untersuchungen den Einfluß deutscher Kultur in den Ostgebieten" aufzuzeigen.[1152] Einige dieser Untersuchungen sind publiziert worden und verunglimpfen die marxistisch-leninistische Folkloreforschung und die Völker der Sowjetunion in übler Weise.[1153] Deutlicher noch enthüllt Karl Haidings Denkschrift-Entwurf für Reichsleiter Rosenberg "Die Aufgaben der Volkskunde bei der politischen Neuordnung Europas" vom 4. Juli 1941[1154] die mit der militärischen Niederwerfung der Sowjetunion verbundenen wahren Absichten und die politische Helferrolle der Volkskunde. An die Stelle des Bolschewismus müsse in Osteuropa "teilweise eine straffe Fremdherrschaft treten, zum Teil aber auch eine *kulturelle Neuordnung*."[1155] Drei Gründe seien es, die vor allem auf eine planmäßige Erfassung der reichen volkskundlichen Bestände Petersburgs (Leningrads) und der zahlreichen Forschungs- und Sammelergebnisse der letzten Jahrzehnte hinwiesen: "1. die *kulturpolitische Lenkung* und Beherrschung der Völker Osteuropas. 2. Die *Herausarbeitung der ursprünglich arischen Volksüberlieferung*, die sich in gewissen Gegenden Russlands besonders gut erhalten zu haben scheint [...]. 3. *Der germanische Kultureinfluß auf Russland*," dem auch bei den baltischen Völkern und den Finnen nachzugehen sei. Haiding schlägt deshalb vor, einen "Sonderstab Volkskunde zu schaffen, der in enger Verbindung *mit der Außenstelle (Institut) Volkskunde der Hohen Schule* alle geeigneten Kräfte" wie die namentlich genannten Volkskundler Karl von Spieß, Edmund Mudrak, Erich Kulke zusammenfassen und, wie auch die "Außenstelle (Institut) Volkskunde," unter der "*Gesamtleitung durch Dr. Hans Strobel*" stehen soll.[1156]

Der von Haiding Reichsleiter Rosenberg vorgeschlagene Sonderstab Volkskunde wurde offensichtlich im zweiten Halbjahr 1941 eingerichtet und von Hans Strobel[1157] geleitet; Mitarbeiter waren Karl Haiding,[1158] Hans Lorenzen, Karl Ruprecht, Kurt Speth,[1159] Ernst Otto Thiele, Arthur Haberlandt, Karl von Spieß[1160] und andere. Das von Haiding erwähnte Institut für deutsche Volkskunde der Hohen Schule Rosenbergs wurde erst im Jahr 1942 gegründet. Sonderstab und Institut kennzeichnen die zweite Phase des institutionellen Aufbaus der Mythus-Volkskunde, mit der sich insbesondere die Namen der politischen Leiter und Fachwissenschaftler Hans Strobel und Karl Haiding verbinden.

Matthes Ziegler wird bei diesen Planungen nicht mehr erwähnt. Er hatte den Reichsleiter einen Monat zuvor, in einer Unterredung am 4. Juni 1941, um dessen Einverständnis zu seinem Ausscheiden aus dem Amt Rosenberg gebeten. Als Grund gab er seine Kritik an anderen politischen Leitern der Dienststelle an, mit denen er offenbar in hausinternen Auseinandersetzungen stand, nicht etwa eine Kritik am Reichsleiter selbst; war er sich doch nur zu deutlich bewußt, "was ich unter Ihnen und von Ihnen gelernt habe; die innere Bindung, die ich zu Ihnen und zu Ihrem Werk gewonnen habe, ist unlösbar."[1161] Diese sicher aufrichtige geistige Verbundenheit und darüber hinaus die einzigartige Verwendbarkeit Zieglers dürften es gewesen sein, die Rosenberg vier Tage später, am 10. Juni 1941, die offizielle Entlassung in einem seine persönliche Verletzung verratenden, knappen und abweisenden Ton aussprechen ließ.[1162]

Der Reichsleiter sollte wenig später noch gekränkter reagieren, als er mehr durch Zufall erfahren mußte, daß Ziegler sich mit der Parteikanzlei der NSDAP in Verbindung gesetzt und bei Reichsleiter Martin Bormann, der sein im Sonderauftrag verfaßtes NS-Soldatenbrevier hoch schätzte,[1163] eine Denkschrift mit dem Plan der Errichtung einer "Zentralstelle für Europäische Religions- und Kirchenfragen" eingereicht hatte.[1164] Da Rosenberg dieses weltanschaulich-konfessionelle Kampffeld eifersüchtig als seine ureigene Domäne hütete und sofort bei der Parteikanzlei scharf gegen Zieglers Plan protestierte,[1165] versuchte der den Rosenbergianern in seiner Sophistik gewachsene Bormann, den Protest in einem Antwortschreiben voller Ausflüchte und Verhüllungen abzuwiegeln.[1166] Ob er Rosenberg damit wirklich beschwichtigte, bleibt dahingestellt. Ziegler jedenfalls wechselte in die Parteikanzlei der NSDAP über und erledigte fortan für Bormann und Himmler antikonfessionelle Arbeiten.[1167]

Hans Strobels Brauch- und Feiertheorie

Hans Strobel, der mit dem Ausscheiden seines jahrelangen Vorgesetzten Matthes Ziegler zum nunmehr wichtigsten Volkskundler des Amts Rosenberg aufgestiegen war, hatte sich längst einen Namen als Mythus-Wissenschaftler und politischer Funktionär gemacht. Sein Werdegang gleicht auf weiten Strecken dem Zieglers. Am 28.11.1911 als Sohn eines Gendarmerie-Wachtmeisters im fränkischen Dorf Heinersreuth geboren, legte

Strobel[1168] das Abitur an der Oberrealschule der benachbarten Stadt Bayreuth ab und studierte von 1931 bis 1933 an den Universitäten München und Erlangen die Fächer Germanistik, Volkskunde, Geschichte, Kunstgeschichte, Geographie und Geopolitik. In Erlangen promovierte er am 18.12.1933 bei Professor Friedrich Maurer mit einer germanistisch-volkskundlichen und von nationalsozialistischem Geist geprägten Dissertation über die Flurnamen seines Heimatdorfs Heinersreuth zum Dr. phil.[1169]

Strobel war gleich seinem fränkischen Landsmann Ziegler Mitglied und Funktionsträger des völkischen Jugendbundes der "Adler und Falken," in dem er es 1931/32 zum Führer (Gauwart) des Gaus Franken brachte. Einen Monat später als Ziegler trat er am 1.12.1930 der NSDAP bei und am 1.11.1931 in München der SS. Im Rahmen der Schulungsarbeit im Bund der "Adler und Falken" wie auch in den Seminaren seiner Studienfächer fand er nach eigenen Worten laufend Gelegenheit, sich mit der Rassenfrage auseinanderzusetzen und zu Themen wie Rasse und Kunst, Rasse und Kultur, Bevölkerungspolitik usw. zu sprechen und zu schreiben. In Wahlkampfzeiten trat er gelegentlich als Redner und Versammlungsleiter der NSDAP auf.[1170]

Die bei seiner politischen Tätigkeit geknüpften Beziehungen führten Strobel in die Reichshauptstadt Berlin. Unmittelbar nach seinem Studienabschluß berief ihn der "Reichskommissar für bäuerliches Brauchtum" Erwin Metzner zum 1.1.1934 als seinen Mitarbeiter in das Stabsamt des Reichsbauernführers Darré. Strobel stieg dort zum Abteilungsvorstand in Matthes Zieglers Abteilung für nordisch-skandinavisches Bauern- bzw. Brauchtum auf, trat Anfang 1935 aus der evangelischen Kirche aus und bekannte sich wie sein Vorgesetzter als "gottgläubig." Von einer vorübergehend hauptamtlichen Beschäftigung im Rasse- und Siedlungshauptamt der SS[1171] in das Stabsamt Darrés zurückgekehrt, engagierte er sich ab ungefähr 1936 verstärkt und stets unter der Leitung Zieglers stehend im Amt Rosenberg.

Er wurde Lektor im "Hauptlektorat Volkskunde" der Rosenbergschen Reichsstelle zur Förderung des deutschen Schrifttums bzw. des Amts Schrifttumspflege[1172] und Mitverfasser des Leitfadens "Deutsche Volkskunde im Schrifttum,"[1173] Leiter des Referats Schulung der Reichsarbeitsgemeinschaft für deutsche Volkskunde[1174] sowie in Personalunion Leiter des Referats Schulung der "Hauptstelle Volkskunde" in Zieglers Amt Weltanschauliche Information.[1175] Am 24.6.1939 bestätigte ihn Reichsleiter Rosenberg als Leiter dieser Hauptstelle,[1176] die früher unter der kommissarischen Führung durch Ernst Otto Thiele gestanden hatte und im Verlauf ihrer wechselvollen Geschichte über die Referate Schulung (Strobel), Germanenkunde (Eberhart Achterberg), Volkstum und Kirche (Karl Ruprecht), die Mittelstellen zur Pflege wissenschaftlicher Verbindungen (Karl Heinz Henschke), Spielforschung (Erich Kulke, später Karl Haiding), Deutscher Bauernhof (Erich Kulke), Volksbrauch (Strobel), Fest- und Feiergestaltung (Thilo Scheller) und die Versuchsstelle für Volkstumskunde (Ernst Otto Thiele) verfügte.[1177]

Nach Zieglers Entlassung aus der Dienststelle Rosenberg wurde sein Amt Weltanschauliche Information zum "Hauptamt Überstaatliche Mächte" unter Hans Hagemeyer[1178] und die Hauptstelle Volkskunde noch im Jahr 1941 zum "Amt Volkskunde und Feiergestaltung"[1179] unter Hans Strobel erhoben. Strobel übernahm außerdem noch das Hauptlektorat Volkskunde im Hauptamt Schrifttumspflege[1180] und die Leitung des Sonderstabs Volkskunde im Einsatzstab Reichsleiter Rosenberg[1181] und erhielt den Titel eines Reichsamtsleiters,[1182] den auch Ziegler getragen hatte.

Der Schwerpunkt der weltanschaulich-wissenschaftlichen Arbeit des politischen Multifunktionärs und Volkskundlers Strobel lag auf dem Gebiet der rassisch-germanischen, bäuerlichen Brauchtumsforschung und ihrer Anwendung für die nationalsozialistische Fest- und Feiergestaltung. Er folgte dabei den ideologischen und methodologischen Vorgaben des Rosenbergschen "Mythus des 20. Jahrhunderts," der Wiener mythologischen Schule und der Volkskundetheorie Matthes Zieglers. Ziegler hatte ja schon 1933 in seiner Schrift "Kirche und Reich im Ringen der jungen Generation" die Prägung neuer, organisch gewachsener Festformen der Gegenwart aus dem arteigenen Geist der Vergangenheit durch die Volkskunde gefordert, um den Ganzheitsanspruch des totalen Staates gegenüber der Kirche durchzusetzen,[1183] und dann in seiner Leitabhandlung von 1936/1939 alle fünf Kanongebiete seiner Mythus-Volkskunde auf die nationalsozialistische Fest- und Feiergestaltung ausgerichtet.[1184]

Sein Schüler, jahrelanger Mitarbeiter und späterer Nachfolger Strobel schloß hier nahtlos an und widmete sich engagiert diesem zentralen Aufgabengebiet Rosenbergscher Weltanschauungswissenschaft und Volkserneuerungspraxis. In mehreren selbständigen Veröffentlichungen[1185] und einer großen Zahl von Abhandlungen, die in Parteiblättern und wissenschaftlichen Zeitschriften bis fast zu Ende des Krieges erschienen und von denen einige 1943 wieder als Sammelband aufgelegt wurden,[1186] und in vielen Vorträgen setzte er die Ergebnisse seiner weltanschaulichen Forschung in die Schulung der Partei, ihrer Formationen, der Wissenschaftler und des deutschen Volkes um.

Hans Strobels Verwendbarkeit resultierte aus seiner politischen und ideologischen Gesinnungstreue, seiner universitären Fachausbildung und nicht zuletzt aus seinen organisatorischen, didaktischen und schriftstellerischen Fähigkeiten.[1187] Er wurde durch Ziegler und das Amt Rosenberg stetig gefördert. So übertrug man ihm z.B. auch den zentralen Brauchtumsvortrag des ersten nationalsozialistischen deutschen Volkskundetags 1938 in Braunschweig,[1188] das richtungsweisende Grundsatzreferat der ersten Arbeitswoche für Feiergestaltung der Arbeitsgemeinschaft für deutsche Volkskunde 1939 in Berlin,[1189] gemeinsam mit dem Praktiker für Feiergestaltung in der volkskundlichen Arbeitsgemeinschaft, Thilo (Theodor) Scheller, die programmatische Vorstellung des Fest- und Feierkonzepts im ersten Band der hauseigenen Zeitschrift *Deutsche Volkskunde*[1190] oder die Artikel über Brauchtumsfragen in Rosenbergs von Ziegler redigiertem "Handbuch der Romfrage."[1191] Strobel konnte seine weltanschauliche Schulung auch auf Studenten und Studentinnen der Universität Berlin ausdehnen, an der er mehrmals Lehraufträge für deutsche Volkskunde wahrnahm und auch Schüler Adolf Spamers unterrichtete, der ihn "als eine ausgesprochene 'Hoffnung'" des Fachs bezeichnen zu können glaubte.[1192]

Für Hans Strobel war arteigenes Brauchtum in Glauben und Weltanschauung verankert, gebunden an die natürlichen Gemeinschaften von der Familie und Sippe über die Dorfgemeinschaft bis zum Volksganzen sowie an die Zeitordnung des Lebens oder Jahres. Brauchtum als Teil der Lebensgestaltung bedeute mehr als Spiel, Zeitvertreib oder Belustigung, es trage "den denkbar tiefsten sittlichen Ernst in sich: den Auftrag, stets dem Leben zu dienen."[1193] Es dokumentiere die zum germanischen Weltbild gehörige ewige Ordnung des Alls "im Widerspiel der lebensfördernden und lebensfeindlichen Kräfte, in dem ewigen Kampf zwischen Sommer und Winter, Tag und Nacht, Saat und Ernte, Leben und Tod." Diese Gegenpole bestimmten beide zusammen "das wirkliche, das *ganze* göttliche Leben." Der Sinn dieses ewigen kämpfenden Widerspiels sei aber immer der Sieg des Lebens und die ständige Lebenserneuerung.[1194]

Strobel übertrug folglich das ideologisch bestimmte faschistische Verhaltensprinzip der unaufhörlichen kämpferischen Auseinandersetzung auf Brauchtum - und Feiern. Er begründete es 'naturgesetzlich' im Sinne des "Sterbens und Wiedergeborenwerdens" beziehungsweise des "Stirb und Werde," rassistisch als "göttliche Offenbarung," als vom Blut vorgeschriebener "sittlicher Lebensauftrag," sich in diese "schicksalsbestimmte Ordnung" einzufügen, und leistete mit dieser theoretischen Grundlegung brauchtümlichen Handelns und Feierns einen hervorragenden Beitrag zur nationalsozialistischen Manipulation des "Menschen der Tat," des Helden als einer der "höchsten Offenbarungen des Göttlichen, Willensträger der heiligen Vorsehung" und "arteigenes Wesensmerkmal." "Germanische Bauernfrömmigkeit und deutsche Volksfrömmigkeit" schloß hier nahtlos an und äußerte sich bei Jahreslauf- und Lebensfesten "in tätigen *Handlungen*, in gestalteten Bräuchen," in Sinnbildern.[1195]

Die nationalsozialistischen Feiern unterschieden sich nach Strobels Theorie in ihren wesentlichen Kennzeichen grundsätzlich nicht vom arteigenen Brauchtum. Wie dieses waren sie Ausdruck der Weltanschauung, durch den Glauben an diese begründet, nur aus innerer Notwendigkeit heraus gestaltet, an ihre Träger, die natürlichen Gemeinschaften, gebunden und Teil der nationalsozialistischen Lebensgestaltung.[1196] Lediglich ihre allgemein verbindliche Einrichtung in Deutschland stand - bis auf die politischen oder nationalen Feiern im Jahreslauf - noch weitgehend aus. Sie sollte unter weltanschaulich-wissenschaftlicher Anleitung durch das Amt Rosenberg und hier speziell durch die Volkskunde im Geiste des "Mythus des 20. Jahrhunderts" erfolgen.

Die Mythus-Volkskunde griff in ihrer Feiertheorie bevorzugt auf die Vorarbeiten der Wiener mythologischen Schule zurück. Karl von Spieß habe in seinem Werk "Das arische Fest" im geschichtlichen wie im gegenwärtigen Brauchtum "als seit urdenklichen Zeiten gültige Bestandteile unserer Feiern" folgende einwandfrei herausgestellt: Feuer, Wasser, Baum, Sinnbildliche Handlung (dramatische Vorführung), Lied, Tanz, Spruch, Mahl (Speise und Trank), Ahnenverehrung.[1197]

Diese in ihrer vorurteilsvoll wertenden Zusammenstellung bereits bei Karl von Spieß zu einem ideologischen Bild der Realität geronnenen "altüberlieferten Sinnbilder unserer Weltanschauung"[1198] ziehen sich wie ein roter Faden durch die Feierveröffentlichungen Hans Strobels. Sie werden in der programmatischen Vorstellung des Feierkonzepts der Arbeitsgemeinschaft für deutsche Volkskunde von 1939 den Festen des Bauernjahrs (Jahreslauffeste) und den Sippenfesten (Lebenslauffeste) unterstellt.[1199]

In den theoretischen Abhandlungen Strobels werden seltener konkrete Anweisungen zur Organisation arteigener Feiern gegeben, da diese ja alle aus der lebendigen Überlieferung der jeweiligen Gemeinschaften hervorgehen, "nur aus innerer Notwendigkeit"[1200] und dann auch nur vom Führer oder Mitglied der Gemeinschaft, nicht etwa von externen Schulungsleitern oder berufsmäßigen Mittlern gestaltet werden sollen.[1201] Wohl aber verurteilt Strobel gelegentlich in seinen Augen mißlungene Beispiele von Feiern,[1202] die in aller Regel den Gegnern und Konkurrenten der Mythus-Ideologie anzulasten sind, und vermittelt durch diese Kritik indirekt Hinweise für arteigene Gestaltung.

An der Spitze der weltanschaulichen Gegner des Amts Rosenberg und seiner Feiergestaltung stehen selbstredend auch für Strobel die christlichen Kirchen und die konfessionelle Volkskunde. Ihnen wirft er in einer Streitschrift von 1938 "Bekämpfung und Gleichschaltung des Volksbrauches" vor, d.h. historische und gegenwärtige Vernichtung, Verächtlichmachung, Verbote bzw. "Kirchliche Gleichschaltung" des arteigenen Brauchtums.[1203] Auf die römisch-katholische Kirche gemünzt erklärt er ein andermal, die weltanschauliche, sprich nationalsozialistische Feiergestaltung bedürfe ebensowenig eines "eigenen neuen Mittlertums," wie "die Lösung der deutschen Glaubensfrage die Angelegenheit einer eigens zu diesem Zwecke zu schaffenden Organisation ('Ersatzkirche' mit 'Weihewarten')" sein könne.[1204]

Damit ist - wie üblich verhüllend - die eigentliche politische Zielsetzung der Deutschen Volks- und Nationalkirche des nationalsozialistischen Weltanschauungsstaats nach dem "Mythus des 20. Jahrhunderts" angesprochen. Auf sie ist die gesamte Feier- und Lebensgestaltung des Amts Rosenberg ausgerichtet. Hans Strobel bestätigt diese Zweckbindung indirekt selbst. In einer seiner späten und wichtigsten Abhandlungen, der Bekenntnisschrift "Zur deutschen Lebensgestaltung" von 1943, faßt er wiederum zentrale Postulate seines Schulungsprogramms zusammen, entwickelt sie weiter und bespricht dabei auch Teile des geplanten Mythus-Kults wie die Verehrungsformen der im Zweiten Weltkrieg gefallenen Soldaten oder Helden und den Baustil der Feierhallen mit Glockenturm in den deutschen Gemeinden.[1205] Und hier geht es Strobel darum, "*den artfremden Mythos wieder durch den arteigenen organisch zu überwinden*," worauf er hinzufügt: "Und in diesem Bestreben kann uns die Feiergestaltung die denkbar besten Dienste leisten."[1206]

Hatte der führende Vertreter des zweifellos wichtigsten Arbeitsgebiets der Mythus-Volkskunde jahrhundertelange "Kirchliche Gleichschaltung"[1207] germanischen Brauchtums feststellen müssen, so bot sich jetzt - unter den Machtverhältnissen des Dritten Reichs und getreu den von Rosenberg im "Mythus" gegebenen Richtlinien - die Umkehrung des kirchlichen Akkommodationsverfahrens als politisch durchführbar an. Hans Strobel fordert folglich in seinen Handlungsanweisungen an die Schulungsleiter der Partei die nationalsozialistische Gleichschaltung kirchlicher Feste und Feiern. Die zum kirchlichen Allerseelenfest verschleppten Totengedenkbräuche sollen auf den 9. November übergehen, die auf das Pfingstfest verschobenen "alten" Maibräuche zurückverlegt,[1208] die zu Wallfahrten und Prozessionen verfremdeten "alten" Umzüge, Umritte und Flurgänge "in entsprechend bereinigter Form für unsere nationalsozialistische Lebensgestaltung" "heimgeholt" werden.[1209]

Die Beispiele derartiger "Heimholungen" ließen sich beliebig vermehren, gibt Strobel doch unumwunden zu, für die "politische Volkstumsarbeit" eröffne sich hier ein weites Betätigungsfeld, "nämlich die Wiedergutmachung, die Entkonfessionalisierung und die *Wiederaneignung des volkseigenen Brauchtums.*"[1210] Es drängt sich der Eindruck auf, daß die von den volkskundlichen Dienststellen des Amts Rosenberg geplante Feiergestaltung der "nationalsozialistischen Religion"[1211] mangels anderer innovativer Ideen und ungeachtet aller ideologischen Verhüllungen im wesentlichen in der Aneignung und Umwandlung der traditionellen Feste und Feiern der christlichen Kirchen bestehen sollte.

Im Mai 1940 nutzte die Mythus-Volkskunde vermutlich erstmals die gerade günstige Gelegenheit, ihre theoretischen Forderungen in der Praxis zu erproben und an der faschistischen Gleichschaltung kirchlichen Brauchtums mitzuwirken. Ernst Otto Thiele wurde eingeladen, beratend an den Vorbesprechungen zur Umgestaltung des Fronleichnamsfests in Kirchberg im ostmärkischen Kreis Kitzbühel teilzunehmen. Dabei sollte die katholische Kirche völlig ausgeschaltet und der "Brixentaler Flurumritt," das angeblich auf vorchristlichen Ursprung zurückgehende größte und schönste Reiterfest Tirols, statt wie bisher von der Geistlichkeit, von politischen Leitern der NSDAP angeführt werden. Thiele meldete den erfolgverheißenden Verlauf der Vorbesprechungen in Kirchberg dem Amt Rosenberg und erbat Reisegenehmigung, um diese nationalsozialistische 'Premiere' "für unsere Schulungsarbeit im Schmalfilm festhalten" zu können.[1212]

Dem am 26. Mai 1940, einem Sonntag, in 'bereinigter Form' durchgeführten Flurumritt widmete Thiele eine mit instruktiven Fotos versehene Schilderung in der hauseigenen Volkskundezeitschrift:[1213] Auf festlich geschmückten Pferden ritten rund hundertfünfzig Bauern der Umgebung in Begleitung von NS-Funktionären sternförmig auf Kirchberg zu. An der Spitze des Zuges wurden anstelle der Kirchenfahnen eine Sturmfahne aus den Tiroler Freiheitskämpfen zu Beginn des 19. Jahrhunderts und die Hakenkreuzfahne, das "Banner des Reiches," mitgeführt. Im freien Feld sprach nicht mehr der Geistliche den Wettersegen, sondern der Kreisbauernführer einen Segensspruch. Im Ort Kirchberg zogen alle Reiter am Gauleiter und Reichsstatthalter von Tirol vorbei und umrundeten dann, statt wie früher die Kirche, den Maibaum. Politische Ansprachen von Gauleiter und Kreisleiter ersetzten Messe und Predigt. Nach einem "Sieg-Heil" auf Adolf Hitler und seine deutschen Soldaten erfolgte auf der Festwiese die Prämierung der besten Pferde.

Thiele versäumt zum Abschluß seiner Abhandlung nicht, die lokalen vorchristlichen Wurzeln des Umritts und dessen ehedem abwegige "kirchliche Gleichschaltung" wissenschaftlich-kritisch aufzuzeigen.[1214] Der Versuch, die Brixentaler Geistlichkeit vom Fronleichnamsumritt auszuschließen, dessen formale Elemente schlicht zu übernehmen und dem Fest einen total veränderten Sinn zu geben, verlief offensichtlich erfolgreich. Es ist zu vermuten, daß er in dieser oder ähnlicher Form auch andernorts fortgesetzt wurde.

Die Lebensfeiern des Amts Rosenberg

Daß die Kirchen nach einem für die Nationalsozialisten siegreichen Ende des Zweiten Weltkriegs endgültig vernichtet werden sollten, daran kann kein Zweifel bestehen. Adolf Hitler selbst verkündete diesen Entschluß in den Kriegsjahren 1941/1942, und Rosenberg wußte vom Vernichtungswillen des "Führers."[1215] Er hatte ihn bereits im "Mythus des 20. Jahrhunderts" programmatisch vorgedacht, um seine eigene Kirche an die Stelle der christlichen zu setzen. Unter führenden Ideologen und Machtpraktikern des Dritten Reichs, wie etwa Himmler, Rosenberg und Martin Bormann,[1216] scheint auch prinzipielles Einvernehmen über die Zerstörung der Institution 'christliche Kirchen' und einen nationalsozialistischen Ersatz bestanden zu haben. Die bekennenden Kirchen und ihre Anhänger hatten bald nach der NS-Machtübernahme unter dem für sie existentiellen "Weltanschauungskampf"[1217] zu leiden, der Verdrängung ihres religiösen Bekenntnisses und ihrer Bedeutung im privaten und öffentlichen Leben.[1218]

'Chefideologe' Alfred Rosenberg war allerdings, vor allem während des Kriegs, an innenpolitische Rücksichten gebunden, um die dem NS-Regime inopportun erscheinende Beunruhigung kirchentreuer Teile der Bevölkerung zu vermeiden. Mehr noch legten ihm die in der faschistischen Führungsgruppe konkurrierenden Machtansprüche und existierenden Machtverhältnisse einschneidende Beschränkungen bei der Verwirklichung seiner weltanschaulich-politischen Absichten auf.

Die gegenüber den Konfessionen gebotene Rücksichtnahme umging Rosenberg nach Möglichkeit mit der ihm eignenden, doppelzüngigen Taktik der Verhüllung. So verbot er in seiner "Anordnung" vom 27.1.1942 im "Einvernehmen mit dem Leiter der Partei-Kanzlei" Martin Bormann "bis auf weiteres" die Behandlung konfessioneller Fragen in der allgemeinen Schulungsarbeit, um keinen politisch unerwünschten konfessionellen Streit zu entfachen. In derselben Anordnung verfügte er jedoch, die weltanschauliche Schulung müsse auf das entschiedenste weitergeführt werden, und gestattete wiederum die Behandlung historisch- und politisch-konfessioneller Schulungsfragen unter nichtssagenden Einschränkungen.[1219] Das Beispiel Hans Strobels, seiner Reden und Abhandlungen, beweist zur Genüge die bis zum Kriegsende ungebrochene Polemik der Rosenbergianer gegen die Kirchen.

Schwieriger war es für Reichsleiter Rosenberg, sich gegenüber den Machtansprüchen einflußreicher Parteiführer durchzusetzen, die wie Reichsführer SS Heinrich Himmler, Reichsorganisationsleiter Dr. Robert Ley oder Reichspropagandaleiter Dr. Joseph Goebbels mit ihm auf dem Sektor der Schulung von Partei und Volk konkurrierten. Aber auch hier verstand er es, einmal vertraglich verteilte Kompetenzen, wo immer es ihm geboten und machbar erschien, skrupellos zu unterlaufen und seine innerparteilichen Gegner zu düpieren.

Immerhin betrachtete sich Rosenberg als "Chefideologen" der Partei, als Künder einer unerreicht einzigartigen Weltanschauung und dereinstigen Stifter der "nationalsozialistischen Religion." Seine im Dritten Reich weithin anerkannte ideologische Kompetenz verschaffte ihm und der seinen politischen Willen ausführenden Institution in der Reichsleitung der NSDAP, dem Amt Rosenberg oder Reichsüberwachungsamt, bei hohen Funktionären des Regimes zumindest Achtungserfolge, auf der mittleren und unteren Funtionärsebene aber die von Raimund Baumgärtner hervorgehobene "starke Resonanz,"[1220] welche Rosenberg auch ohne die ihm fehlenden administrativen Weisungskompetenzen gegenüber den Dienststellen von Partei und Staat für sich verbuchen konnte.[1221]

Auf dem Gebiet der Feiergestaltung schlossen Goebbels, Rosenberg und Ley am 23. Mai 1942 ein Abkommen,[1222] das vom Leiter der NSDAP-Parteikanzlei Martin Bormann vermittelt wurde und Goebbels die Zuständigkeit für die "Feiern des Reiches und des Jahreslaufs"[1223] und öffentlichen Kundgebungen überließ, Rosenberg die parteiinternen Morgenfeiern,[1224] ferner die sogenannten "Weltanschaulichen Feierstunden" nicht-öffentlicher Art[1225] und die "Lebensfeiern." Ley leistete bei einigen Feiern Goebbels organisatorische Hilfsdienste, nachdem seine weiter gesteckten Ansprüche durch ein "Führerwort"[1226] zunichte gemacht worden waren.

Rosenberg war beim Abkommen von Mai 1942 nicht schlecht weggekommen. Er erhob zwar grundsätzlich Anspruch auf die von seinen Mitarbeitern seit langem "zum großen Teil" bearbeiteten Jahresfeiern, zeigte sich aber dennoch im Großen und Ganzen mit der von Bormann vorgeschlagenen Abgrenzung zwischen Goebbels und ihm einverstanden. Er verwahrte sich indessen gegen die Einmischung Leys, dessen Dienststelle niemals einen unmittelbaren Beitrag zur Bearbeitung der Lebensfeiern geliefert habe, die für Rosenberg "von entscheidender weltanschaulicher Bedeutung" sind und ihn "dienstlich unmittelbar angehen müssen."[1227] Aufgrund steigender Anfragen gottgläubiger Parteigenossen an die Parteikanzlei mit der Bitte um Bekanntgabe von "Richtlinien" für Lebensfeiern entsprach es nämlich "einem Wunsch des Führers, hier eine Klärung herbeizuführen." Bormann hatte Rosenberg schon am 6. April 1939 von Hitlers Wunsch berichtet, eigene Verwirklichungsvorschläge hinzugefügt, jedoch offengelassen, welche Parteidienststelle außer der Parteikanzlei mit der Aufgabe betraut werden sollte.[1228] Damit aber beschäftigte sich bereits damals das Amt Rosenberg. Nach jahrelangem Schriftwechsel und der stetigen Unterstützung Bormanns wurde sie ihm im Abkommen vom Mai 1942 auch offiziell im Auftrag von Partei und Staat zugewiesen.

Für die "Lebensfeiern" Rosenbergs war Hans Strobels inzwischen zum Amt Volkskunde und Feiergestaltung erhobene Hauptstelle Volkskunde - beide Institutionen sozusagen identisch mit der Arbeitsgemeinschaft für deutsche Volkskunde - weltanschaulich-wissenschaftlich zuständig. Die Arbeitsgemeinschaft hatte 1938 einen vertraulichen Fragebogen an sämtliche Gauschulungsleiter und die der Arbeitsgemeinschaft angeschlossenen Gliederungen der NSDAP versandt, um die "ausserkirchliche Fest- und Feiergestaltung" zu erheben. Ein Jahr später lagen rund 1.600 Rückantworten vor.[1229] Im Juni 1939 befand sich bei der Arbeitsgemeinschaft ein "Handbuch zur Feiergestaltung im Lebenskreis" in Vorbereitung.[1230] Und vor Mitte des Jahres 1942 gingen die vom Amt Volkskunde und Feiergestaltung fertiggestellten, sogenannten "Richtlinien für die Gestaltung der Lebensfeiern"[1231] an "die Dienststellen der Partei bis zur Ortsgruppe und einzelne Dienststellen der Gliederungen" heraus.[1232]

Die Richtlinien für die Lebensfeiern wurden folglich reichsweit bis in jede deutsche Gemeinde verbreitet. Ihre Bestimmung "nur für den Dienstgebrauch" der NSDAP - sie sollten in der Öffentlichkeit nicht behandelt werden - hob sich gewissermaßen von selbst auf, da sie in minutiösen Anweisungen die Geburtsfeier, Hochzeitfeier und Totenfeier unter Beteiligung der örtlichen Hoheitsträger der Partei und der staatlichen Standesämter für die Familien der "Gottgläubigen" regelten.[1233] Den "Richtlinien," die allein für sich genommen zu umfangreich, zu kompliziert und daher für den einfachen Parteifunktionär nur schwer zu handhaben waren, folgten wie angekündigt noch allgemeinverständliche Gestaltungsbeispiele[1234] für die verschiedenen Lebensfeiern, die teils in den Reichsgauen erprobt worden waren.

Für die richtliniengetreue Organisation oder Gestaltung dieser Feiern waren die Ortsgruppenleiter der NSDAP beziehungsweise ihre Schulungsleiter verantwortlich. Sie hatten die Feierräume zu beschaffen, für Musik, Chor, Dichtung und Raumschmuck zu sorgen, die Partei- und Volksgenossen bei der Durchführung der Feiern zu beraten, die "Ehrung" der Kinder bzw. ihrer Mütter und Eltern, der Hochzeitspaare und Toten mit einer Anrede und einem "Führerwort" vorzunehmen sowie darüber Urkunden oder Gedenkblätter auszustellen, bodenständiges und wesensgemäßes Volksbrauchtum zu pflegen, die artgerechte und weltanschaulich entsprechende Form der Lebensfeiern zu überwachen sowie Kitsch, Auswüchse und Verzerrungen zu bekämpfen.[1235]

Die von Hans Strobel und seiner Dienststelle im Amt Rosenberg weltanschauungskonform festgelegten Gestaltungsmittel für die von der NSDAP getragenen "Lebensfeiern der Bewegung'[1236] wie Handlung,[1237] Wort und Ehrung, Musik und Lied, Raum, Schmuck, Uniform und Festkleid, Urkunden und Gedenkblätter, Geschenke und Gaben[1238] bedienten sich bei Geburt, Hochzeit und Tod[1239] einer Reihe von Entlehnungen und Umwandlungen kirchlichen Feierbrauchtums.

Nach den Verlautbarungen Alfred Rosenbergs und seiner volkskundlichen Mitstreiter war keinesfalls beabsichtigt, "die Lebensfeiern dogmatisch festzulegen und sie von vornherein in zu starre Formen zu fassen."[1240] Es sollte "ein gesundes Gleichgewicht aus lebensfähiger völkischer Tradition und neuem nationalsozialistischem Gestaltungswillen" geschaffen, "jedes neue Mittlertum oder nationalsozialistische Ersatzpriestertum ein- für allemal" ausgeschlossen, "die Familie wieder zur Trägerin der Lebensfeier" gemacht werden und die NSDAP "nur ratend oder tätig mitwirken, wo Volksgenossen aus eigenem Wunsch und Antrieb es erbitten."[1241]

Diese programmatischen Absichtserklärungen lassen das Gedankengut des "Mythus" und der Fest- und Feiertheorie Hans Strobels erkennen, der in der Tat gemeinsam mit Thilo Scheller im konzeptionellen "Aufsatz 'Gedanken zur Feiergestaltung' gleichsam den Grundstein zu diesen Richtlinien" gelegt[1242] und sie später federführend ausgearbeitet hatte. Nach Strobels axiomatischer Annahme wurden die Lebensfeiern in der "Frühzeit unseres Volkes" durch die nordische Sippe gestaltet, war der Führer der Sippe - ebenso wie der Führer des Stammes oder Volkes bei den Feiern der größeren Gemeinschaften - "der geborene Wahrer des Sippenbrauchtums." Infolge der Übernahme der Feiern durch die christliche Kirche sei die Sippengemeinschaft im Laufe der Jahrhunderte jedoch untüchtig geworden, die Lebensfeiern von sich aus zu gestalten,[1243] ein Zustand, der nun im Dritten Reich unter Mithilfe der nationalsozialistischen Volkskunde wieder aufgehoben werden soll.

Die nationalsozialistische Volkskunde hat durch die Scheidung des Brauchtums in arteigen und artfremd "die für die Volkstumsarbeit und Feiergestaltung brauchbaren Werte des Überlieferungsgutes herauszustellen," damit lebens- und überlieferungsfähiges, arteigenes Brauchtum "wieder zum unverfälschten Gut des ganzen Volkes"[1244] und auch die Sippe oder die Familie wieder zur "Trägerin der Lebensfeiern" gemacht werden kann. Vorläufig indes hat die NSDAP die Aufgabe, die weitere Ausgestaltung dieser Lebensfeiern zu übernehmen und nationalsozialistische Formen zu entwickeln, "die später einmal Brauchtum des deutschen Volkes werden können."[1245]

Hans Strobels innovative Absichtserklärungen stellen einen Musterfall für die ideologische Befangenheit der Rosenbergianer dar. Die "Richtlinien" und Gestaltungsbeispiele für die Feiern sind selbstredend weniger aus "lebensfähiger" d.h. überlieferungsgeeigneter "völkischer Tradition" und ausschließlicher aus "nationalsozialistischem Gestaltungswillen" erwachsen, der fern jeder Feiergestaltung "nur aus innerer Notwendigkeit" der privaten Familien-Gemeinschaft[1246] das öffentliche Mittler- und "Ersatzpriestertum," den totalitären Herrschaftsanspruch des Nationalsozialismus, sprich Rosenbergs und seiner Weltanschauung, über das der "Gottgläubigkeit" zuzuführende deutsche Volk dokumentiert.

Es verbleibt, nach der Resonanz der so aufwendig gestalteten und reichsweit verbreiteten "Richtlinien" oder auch der Gestaltungsbeispiele für die Lebensfeiern zu fragen, nach ihrer Rezeption im Deutschland der letzten Jahre des faschistischen Regimes. Genaue Angaben über die Praxis aller lokalen Parteidienststellen und Standesämter liegen nicht vor und müßten nach Möglichkeit erst erhoben werden, um den Anteil der Rosenbergschen Festformen bei Geburt, Hochzeit und Tod verläßlich bestimmen zu können. Deren Übernahme mag auch durch den Streit mit dem beim Abkommen von Mai 1942 durch höchste Stelle benachteiligten und daher mißgünstigen Reichsorganisationsleiter Ley behindert worden sein. Wie Rosenberg sich im Juli 1942 bei Bormann beschwerte, versuchte Ley, die für die Organisation der Lebensfeiern in den einzelnen Gauen benötigte Mitwirkung der "Feierbeaufragten bei den Gauschulungsleitern" zu hintertreiben."[1247] Gemessen an der "starken Resonanz," die Rosenberg im allgemeinen auf der mittleren und - im Fall der Lebensfeiern besonders bedeutsam - auf der unteren Funktionärsebene in den Gemeinden zu verbuchen hatte, ist jedoch eine nicht unerhebliche Rezeption der volkskundlichen Feierformen des Amts Rosenberg, die schließlich vom Führer Adolf Hitler gewünscht und von der Parteikanzlei unter dem einflußreichen Reichsleiter Martin Bormann befürwortet wurden, durchaus denkbar.[1248]

Statistisch gesehen hing die Einführung der "Lebensfeiern der Bewegung," die "streng von allen konfessionellen, kultischen Feiern zu trennen" waren,[1249] vom Bevölkerungsanteil der "Gottgläubigen" ab, der nach dem Endsieg und der Vernichtung der christlichen Kirchen zu steigern war. Die Mythus-Volkskunde kleidete diese Zukunftsaufgabe indirekt in die Worte: "Im Kriege wird diese Entwicklung naturgemäß langsam weitergehen, aber nach dem Kriege wird das Problem der Lebensfeiern für Gottgläubige nicht zuletzt auch in Bezug auf Feierhallen gelöst werden müssen. Diese Richtlinien sind eine Vorarbeit dazu."[1250]

Der Einbruch in den Bereich der Universitäten

Dem nicht zuletzt machtpolitisch intendierten Anspruch auf Einsetzung ideologiekonformer privater und öffentlicher Feiern als Instrumenten zur Herausbildung der "nationalsozialistischen Religion" bzw. des Weltanschauungskultes Alfred Rosenbergs im gesamten Deutschen Reich entsprach die Einrichtung von Instituten mit reichsweitem Geltungsbereich für die dem Amt Rosenberg wichtigen wissenschaftlichen Disziplinen, die von diesen "Reichsinstituten" aus dirigiert und dem "Mythus" dienstbar gemacht werden sollten

Für das Fach Volkskunde war zu Beginn des Jahres 1937 als Vorläuferin des Reichsinstituts die Reichsarbeitsgemeinschaft für deutsche Volkskunde gegründet und zur Verschleierung ihrer eigentlichen fach- und machtpolitischen Zielsetzungen gegenüber den anderen an ihr beteiligten hohen Dienststellen der NSDAP nicht dem Amt, sondern Rosenberg selbst unterstellt worden. Sie wurde jedoch bereits damals von der Hauptstelle Volkskunde in Zieglers Amt Weltanschauliche Information flankiert und von Rosenbergschen Mythus-Direktiven dominiert. Die Hauptstelle Volkskunde und das 1941 aus ihr entstandene Amt Volkskunde und Feiergestaltung unterschieden sich in den häufig in Personalunion tätigen Politischen Leitern und Fachwissenschaftlern kaum und in der ideologisch-politischen Zielsetzung überhaupt nicht von der Reichsarbeitsgemeinschaft. Deren struktureller Aufbau mit Referaten bzw. Mittelstellen, die später in das Reichsinstitut für deutsche Volkskunde übernommen werden sollten, war grundsätzlich mehr auf die fachwissenschaftlich-politischen Kanonbereiche konzentriert. Doch finden sich diese Bereiche gleichermaßen in der Hauptstelle Volkskunde und im Amt Volkskunde und Feiergestaltung wieder, wo sie als Stellen bzw. Hauptstellen ausgewiesen sind. Man kann deshalb mit einiger Berechtigung von einer gewissen Identität aller dieser, wie es hieß, "parteiamtlichen" Volkskunde-Institutionen ausgehen.[1251]

War von der Reichsarbeitsgemeinschaft in der Vorkriegszeit begonnen worden, die Mythus-Volkskunde über die Gauarbeitsgemeinschaften bei den Gauschulungsleitern der

NSDAP reichsweit zu etablieren, so erfolgte nun, in der zweiten Phase des institutionellen Aufbaus in der Kriegszeit, der Versuch, mit der Gründung des Reichsinstituts für deutsche Volkskunde den "Einbruch in den Bereich der Universitäten"[1252] des Großdeutschen Reichs zu erzielen. Die Universitätsprofessoren waren nämlich, wie man im Amt Rosenberg immer wieder feststellen mußte und in dessen kulturpolitischen und wissenschaftlichen Zeitschriften in Abhandlungen und Rezensionen sowie im Leitfaden "Deutsche Volkskunde im Schrifttum" von 1938 unschwer nachlesen kann, bis auf etliche Ausnahmen noch nicht zur Mythus-Wissenschaft übergetreten bzw. durch ihr traditionelles Wissenschaftsverständnis davon abgehalten worden, deren speziellen ideologischen Prämissen bedingungslos zu folgen. Mit diesen nur "gläubig" zu erfassenden Wissenschaftsprämissen galt es nun, auch die deutschen Universitäten totalitär zu überziehen und sie für alle Zukunft dem "Mythus" zu unterwerfen und dienstbar zu machen.

Reichsleiter Rosenberg schuf sich dazu zwei unterschiedliche, jedoch beides gewichtige und vor allem in der kombinierten Anwendung äußerst wirkungsvolle Instrumente. Das eine war die ihm seit 1941 von der Parteikanzlei unter Martin Bormann zugestandene offizielle Mitwirkung bei der Besetzung von Professorenstellen an deutschen Hochschulen, die er durch das Amt Wissenschaft seiner Dienststelle wahrnehmen ließ.[1253] Sie erbrachte insoweit keinen durchgängigen Erfolg, als noch andere Dienststellen der Partei und des Staats wie der NS-Dozentenbund, die Parteikanzlei oder das Reichserziehungsministerium - und hier vor allem die SS-Kamarilla und der Ahnenerbe-Angehörige Heinrich Harmjanz - teils konkurrierend an der Auslese regimegenehmer Professoren beteiligt und die Rosenbergianer im Bewerberfeld um die Hochschulstellen unterrepräsentiert und zudem - wie der im Jahre 1943 bzw. Anfang 1944 auf dieser Schiene zur Volkskundeprofessur der Reichsuniversität Posen gelangte Edmund Mudrak - zunächst meist unhabilitiert waren.[1254]

In den späteren Jahren des Dritten Reichs trat indessen ein Umstand ein, der die Berufung von Mythus-Wissenschaftlern wie Edmund Mudrak auf Professorenstellen wesentlich erleichtert haben dürfte. Dem Amt Rosenberg gelang der Sturz seines Erzrivalen im Reichserziehungsministerium, Heinrich Harmjanz', des federführenden Ministerialbeamten für die meisten geisteswissenschaftlichen Disziplinen der Hochschulabteilung, Persönlichen Referenten und Chef des Ministerbüros Bernhard Rusts. Die Auswirkung dieser vom Hauptamt Wissenschaft in Rosenbergs Dienststelle vorbereiteten Intrige auf die Kulturpolitik des Ministeriums zum Vorteil des Amts Rosenberg darf nicht unterschätzt werden.

Reichsleiter Rosenberg bezichtigte in zwei Schreiben vom 16. Juli 1942 an den Leiter der Parteikanzlei Martin Bormann und an Reichsführer SS Heinrich Himmler den SS-Sturmbannführer Professor Harmjanz des Plagiats und, was noch schlimmer war, der Abhängigkeit von jüdischen Autoren in mehreren seiner wissenschaftlichen Veröffentlichungen, versuchte den schwerwiegenden Vorwurf mit in der Anlage beigefügten Nachweisen zu belegen und verlangte kategorisch, den Beschuldigten streng zu bestrafen sowie aus seiner Stellung im Reichserziehungsministerium zu entfernen und "vor Neubesetzung dieses Postens eine Abstimmung mit den Vorschlägen meiner Dienststelle herbeizuführen."[1255]

Harmjanz wurde mit geheimer Verfügung des Hauptamts SS-Gericht vom 27. Juni 1944 im Namen des Reichsführers SS mit sofortiger Wirkung vom SS-Dienst beurlaubt und sämtlicher SS-Ehrenämter, darunter seiner leitenden Positionen im SS-Ahnenerbe, vorläufig enthoben. Der noch ausstehenden SS-Disziplinar-Untersuchung hatte er sich bereits im April des Jahres 1943 durch die Beurlaubung von seinen Funktionen im Reichserziehungsministerium und den Eintritt in die Wehrmacht entzogen. Die Rosenbergianer gingen als Sieger aus dem jahrelangen und erbitterten Streit mit ihrem Intimfeind Harmjanz hervor und setzten ihre Hoffnungen auf seinen Nachfolger im Ministerium. Das ohnehin nicht mehr allzu starke Bündnis zwischen der SS beziehungsweise dem Ahnenerbe Himmlers und dem Reichserziehungsministerium verschlechterte sich weiter durch die Affäre Harmjanz, die in nationalsozialistischen Augen eminent skandalös war. Auch Rudolf Mentzel, nach Harmjanz' Abgang die "Machtreserve" des Ahnenerbes im Ministerium, scheint von den Rosenbergianern unter Druck gesetzt worden zu sein, um ihn ihren machtpolitischen Intentionen gefügig zu machen.[1256]

Das andere Instrument Reichsleiter Rosenbergs zur Eroberung der deutschen Universitäten erschien noch erfolgversprechender. Er plante nämlich seit 1936 bzw. 1937[1257] eine Alternativ-Universität, die von ihm so genannte "Hohe Schule." Diese sollte "die Spitze der gesamten Erziehungsarbeit für die NSDAP, aller ihrer Gliederungen und aller angeschlossenen Verbände bilden, praktisch damit eine geistige Erziehungs- und Lenkungszentrale für das ganze deutsche Volk" werden.[1258] Mehr noch sollten die Ergebnisse der Hohen Schule, "soweit die nationalsozialistische Idee in Frage steht, verpflichtend für Partei *und* Staat werden [...]." Rosenberg nahm dabei in Aussicht, "bestimmte Institute unabhängig von Universitäten, die meisten jedoch in engster Verbindung mit den Hochschulen einzurichten." Er ging davon aus, "dadurch *beiden* Teilen zu helfen: der Hohen Schule durch Heranziehen des akademischen Nachwuchses, den Hochschulen durch konkret gestellte Aufgaben neues wissenschaftliches Leben im Sinn unserer Weltanschauung zuzuführen. Die späteren Ergebnisse der nationalsozialistischen Forschung würden ferner die Voraussetzung aller Hochschulreform abgeben [...]."[1259]

Es ist nicht daran zu zweifeln, daß mit dieser "Hochschulreform" die totalitäre Einsetzung der Mythus-Wissenschaft gemeint war. Reinhard Bollmus spricht deshalb zu Recht von dem "Versuch einer Universitätsgleichschaltung," der "in der umfassenden Weise, wie er hier vorgesehen war," bekanntlich mißlungen sei.[1260] "Im Falle eines nationalsozialistischen Sieges wäre es wohl nur eine Frage der Zeit gewesen, bis die Alternativ-Universität in den corpus der traditionellen Hochschulen an zahlreichen Stellen eingedrungen wäre, um von dort aus die von Rosenberg angekündigte 'Hochschulreform' [...] zumindest versuchsweise in Angriff zu nehmen."[1261]

Rosenbergs Hohe Schule sollte einerseits eine Zentrale in einem monumentalen Bau am bayerischen Chiemsee erhalten, andererseits in Form von Außenstellen oder Außeninstituten für bestimmte Fachgebiete vornehmlich in deutschen Universitätsstädten untergebracht und dort an den Universitäten verankert werden.[1262] Begünstigt wurde dieser unmittelbare Einbruch in die staatlichen Hochschulen durch die angestrebte und teilweise auch erreichte Personalunion der Außenstellenleiter als Hohe Schule-Direktoren und als durch das Reichserziehungsministerium - nicht zuletzt unter Mitwirkung des Amts Rosenberg - an die jeweilige Universität berufene Professoren. Hier waren sie und ihre Mitarbeiter vorrangig "Glieder der Hohen Schule und damit einer Parteidienststelle," hatten allen Stellen der Partei und des Staates gegenüber "als Gefolgsmänner des Reichsleiters Rosenberg" aufzutreten und deshalb nur scheinbar die, wie es so schön hieß, Aufgabe einer "friedensstiftenden Funktion" gegenüber der Universität und ihren

Fakultäten. Ihre wirkliche Aufgabe war, getreu der Zielsetzung der Hohen Schule, "die Wissenschaft, die an den Universitäten mit ihren erstarrten Überlieferungen weltanschaulich nicht vorwärtskommt, in Bewegung zu setzen" und "unter der geistigen Führung des Reichsleiters vorhandene Ansätze zu entwickeln und eine wissenschaftliche Gemeinschaftsarbeit zu organisieren, die weltanschaulich klar ausgerichtet ist."[1263]

Die architektonische Planung des niemals ausgeführten monumentalen Baus am Chiemsee[1264] sah nach einer 1937 von Rosenberg für Adolf Hitler verfaßten Denkschrift einen zentralen großen Vortragsraum vor, der mit allen technischen Mitteln wie Orgel, Filmvorrichtung, Fernsehen usw. ausgestattet werden sollte; eine eigene Sendestation; Seminar-, Vortrags- und Arbeitsräume für die vier großen fächerübergreifenden Gebiete oder Arbeitszentralen der "Forschungen für Geschichte des deutschen Volkes und der Partei, die weltanschaulichen Gegner unserer Zeit und ferner die philosophisch-rassenkundlich-pädagogischen Einzelforschungen und die allgemeine Kulturpflege;"[1265] Arbeits-, Schlaf- und Wohnzimmer - ungefähr zweihundert Einzelzimmer - für jeden Hohe Schule-Insassen außer den in Häusern abseits des Hauptgebäudes wohnenden Lehrern; einen großen Bibliotheksflügel für hunderttausende von Büchern; Arbeits- und Aufenthaltsräume für Hitler, Rosenberg und den Kommandanten der Hohen Schule; Nebengebäude unter anderem für ein Schulungslager für die Partei, ihre Gliederungen und angeschlossenen Verbände und für eine Adolf-Hitler-Schule; ferner Sportplätze, Motorboothafen usw. Als allererstes wird jedoch kennzeichnenderweise eine ebenfalls mit allen technischen Mitteln zu versehende große Festhalle genannt, deren Orgelspiel mit einem Glockentrum zu verbinden ist und "die vielleicht später zu einer Gedenkstätte der geistigen und weltanschaulichen Kämpfer der deutschen Geschichte auszugestalten wäre,"[1266] im Klartext den Weiheraum für Rosenbergs Weltanschauungskult abzugeben hatte.

Nach einer anderen programmatischen Verlautbarung aus dem Amt Rosenberg[1267] gliedert sich die Hohe Schule in eine Abteilung "Forschung und Lehre" sowie in eine Abteilung "Schulung und Lehre" bzw. "Schulung und Erziehung." In der Forschungsabteilung wird nach Kernfächern und Sonderfächern unterschieden. Kernfächer, die zugleich Hauptforschungsämter bilden sollen, sind 1. Philosophie, 2. Erziehungswissenschaft und Soziologie, 3. Volkskunde, 4. Religionswissenschaft, 5. Anthropologie und Rassenkunde, 6. Biologie, 7. Vorgeschichte, 8. Die alte germanische Welt, 9. Deutsche Geschichte, 10. Deutsche Gegenwart (NSDAP.), 11. Die neue europäische Welt - Italien, der Südosten, der Osten, der Norden, der Westen -, 12. Die außereuropäische Welt. Es überwiegen folglich bei weitem die sogenannten geisteswissenschaftlichen Fächer.

Sonderfächer sind verschiedene Sparten der Orientalistik wie "Indologie, Iranistik, Orientalische Sprachen, aber auch Naturwissenschaft und Technik," die teils in den Außeninstituten der Hohen Schule vertreten sein werden. "In jedem Falle ist dafür gesorgt, daß in allen weltanschaulichen Disziplinen ein vollständiges wissenschaftliches Studium innerhalb des Rahmens der Hohen Schule und ihrer Außenstellen durchgeführt werden kann."[1268]

Dieser wie so viele andere nicht verwirklichte Plan sieht eine Aufgliederung der Studierenden in zwei Hauptgruppen vor, die beide durch die Forschungsabteilung hindurchgehen müssen, um einen wissenschaftlichen Grad, etwa den des Doktors zu erwerben. Die Studierenden der ersten Gruppe werden "zum wissenschaftlichen

Nachwuchs der Hohen Schule (und der Hochschulen des Reiches) gehören," diejenigen der zweiten Gruppe dagegen "die Forschungsarbeit der Hohen Schule der Erziehungstätigkeit der NSDAP. zur Verfügung stellen."[1269] Sie treten nach Abschluß des Studiums eines der Kernfächer der Forschungsabteilung und nach "genügender praktischer Erprobung an der Front der Schulung" in die Abteilung Schulung und Erziehung der Hohen Schule über. Hier erwerben sie den wissenschaftlich-politischen Grad des "Reichsschulungsbildners," der sie in Zusammenarbeit mit den Gauschulungsleitern überall, wo sie eingesetzt werden, zur Schulung berechtigt,[1270] das heißt zur Erziehung der NSDAP und des deutschen Volkes in der Mythus-Lehre Alfred Rosenbergs.

Nach jahrelangen Verhandlungen, aber auch kontroversen Auffassungen zwischen Rosenberg und anderen hohen Parteiführern über die Verwirklichung des Hohe Schule-Projekts kam es zu zwei bahnbrechenden Abschlüssen. In einer schriftlichen "Vereinbarung" zwischen den Reichsleitern Rosenberg, Ley und Schwarz vom 18. Januar 1939 wurde Rosenberg die Zuständigkeit für die Planung und Gestaltung der Hohen Schule - "soweit der Führer hierzu nicht eigene Entscheidungen trifft" - zugesprochen, Reichsorganisationsleiter Ley Mitbestimmungsrechte bei der Einsetzung des Kommandanten, beim Aufbau und der Erziehungsarbeit, Reichsschatzmeister Schwarz alle mit der Erbauung und Verwaltung der Hohen Schule am Chiemsee anfallenden Angelegenheiten.[1271]

Ein Jahr darauf, am 29. Januar 1940, unterschrieb Adolf Hitler die ihm von Rosenberg vorgelegte Anordnung über die vorbereitenden Arbeiten zur Hohen Schule, sozusagen ihre Gründungsurkunde. Dieser Führererlaß beinhaltete, daß die Hohe Schlule als zukünftige "zentrale Stätte der nationalsozialistischen Forschung, Lehre und Erziehung" erst nach dem Kriege errichtet werde, daß aber, um die begonnenen Vorarbeiten zu fördern, Reichsleiter Alfred Rosenberg diese Vorbereitungsarbeiten "vor allem auf dem Gebiet der Forschung und Errichtung der Bibliothek" weiterführen und dabei jede Unterstützung seitens der Dienststellen von Partei und Staat erhalten solle.[1272] Für die Finanzierung des Unternehmens war nicht der Staat, sondern die Partei und hier Reichsschatzmeister Schwarz zuständig.[1273]

In den folgenden Kriegsjahren wurde die Erbauung der Zentrale am Chiemsee zurückgestellt und mit Nachdruck erst einmal die Errichtung von Außenstellen betrieben. Rosenberg schuf am 26. Juni 1940 eine eigene Dienststelle für die vorbereitenden Arbeiten mit den Abteilungen für Organisation (Leiter Hans-Wilhelm Scheidt), Forschung (Leiter Alfred Baeumler), Verwaltung (Leiter Kerksiek) und Bibliothek (Leiter Walter Grothe), der späteren Zentralbibliothek der Hohen Schule.[1274] Den Erlaß vom 26. Juni ergänzend, ordnete er am 1. November 1940 an, daß "alle zur Vorbereitung der Forschung der Hohen Schule notwendigen Maßnahmen" nach seinen, des Reichsleiters Weisungen von Alfred Baeumler durchzuführen und "alle Planungen, Personalien und Forschungsentwürfe" an diesen zu senden waren, der sie zu sammeln und an Rosenberg weiterzugeben hatte.[1275]

Nach Scheidts Wechsel in das Reichsministerium für die besetzten Ostgebiete entstand 1942 das von Baeumler und stellvertretend von Kurt Wagner geleitete und für alle vorbereitenden Arbeiten zuständige "Aufbauamt der Hohen Schule in Vorbereitung."[1276] Der Philosophie-Professor Baeumler und ehemalige Chef des Amts Wissenschaft in Rosenbergs Dienststelle[1277] war gewissermaßen Gründungsrektor der

"Hohen Schule in Vorbereitung (i.V.)," falls man diese Funktion nicht Rosenberg selbst zusprechen muß. Aber ausgerechnet Baeumler und sein Stellvertreter Dr. Kurt Wagner[1278] lehnten die sich auf die Theorien der Wiener mythologischen Schule beziehende Mythus-Volkskunde entschieden ab, was nicht ohne Folgen für die volkskundliche Außenstelle der Hohen Schule bleiben sollte. Neben persönlichen Auseinandersetzungen, die aus der Ära Ziegler[1279] in die Ära Strobel hinübergereicht wurden,[1280] führte die abschätzige Kritik Baeumlers und Wagners an den Wiener Mythologen Spieß, Mudrak und Haiding zu einer grundsätzlichen Frontenbildung. Man kann deshalb davon ausgehen, daß das Aufbauamt der Hohen Schule i.V. von den Vorstellungen Hans Strobels und Karl Haidings teilweise abweichende Konzepte beim Aufbau eines Instituts für deutsche Volkskunde verfolgte.

Unter Berufung auf den Führererlaß vom 29. Januar ordnete Rosenberg am 30. Oktober 1940 die Errichtung von Außenstellen der Hohen Schule an. Sie waren Forschungsinstitute und erhielten ihre Forschungsaufgaben vom "Chefideologen" persönlich zugewiesen, der auch die Leiter und Mitarbeiter ernannte und abberief. Die Verwaltung, d.h. alle finanziellen Angelegenheiten unterstanden Reichschatzmeister Schwarz.[1281]

Bis Kriegsende entstanden die Außenstellen oder Institute zur Erforschung der Judenfrage in Frankfurt am Main (unter Leitung von Wilhelm Grau bzw. Klaus Schickert), für Religionswissenschaft in Halle/Saale (unter Wilhelm Brachmann), für Überseeforschung - und weltanschauliche Kolonialforschung - in Hamburg (unter Adolf Rein), für nationalsozialistische Volkspflege in Marburg an der Lahn (unter Richard Benzing), für indogermanische Geistesgeschichte in München (unter Richard Harder), für Biologie und Rassenlehre in Stuttgart bzw. Schelklingen/Württemberg (unter Walter Gross, vertreten durch Werner Hüttig), für deutsche Volkskunde in Berlin bzw. Stift Rein bei Graz (unter der kommissarischen Leitung auf Kriegsdauer von Karl Haiding), ferner die Forschungsstelle für Erziehungswissenschaft in Nürnberg (unter Karl Seiler), die Zentralbibliothek der Hohen Schule in St. Andrä bei Villach/Kärnten (unter Walter Grothe)[1282] und zu Ende des Dritten Reichs auch das Institut zur Erforschung des Bolschewismus (unter dem stellvertretenden Leiter des Amts Wissenschaft in Rosenbergs Dienststelle, Heinrich Härtle).[1283] Mindestens fünf der Außenstellenleiter - Brachmann, Rein, Benzing, Harder, Seiler - waren in Personalunion Professoren der örtlichen Universitäten.[1284]

Geplant wurden Institute für Erforschung der Freimaurerei in Frankfurt am Main, für Ostforschung in Prag, für Erforschung von Germanismus und Gallikanismus in Straßburg, für germanische Forschung bzw. deutsch-skandinavische Beziehungen in Kiel, für Volkswohlfahrtspflege in Tübingen, für Kunsterziehung in Leipzig, München oder Dresden.[1285] Es fanden Verhandlungen statt zur Übernahme des Instituts für Ostarbeit in Krakau[1286] und über den Aufbau von Außenstellen in Wien, Agram (Zagreb/Jugoslawien) und Amsterdam.[1287] Die vorbereitenden Planungen umfaßten den Hoheneichen-Verlag[1288] als "Verlag der Hohen Schule, Hoheneichen-Verlag,"[1289] zwei Arbeitsgemeinschaften des Amts Rosenberg für "Kontinentaleuropäische Forschung" und für "Erforschung der Zusammenhänge zwischen Weltanschauung und praktischer Lebensgestaltung"[1290] und sechs Sachgebiete der Hohen Schule für Musik, Bildende Kunst, Theater, Vor- und Frühgeschichte, Philosophie und Erziehungswissenschaft - übereinstimmend mit der bereits angeführten Nürnberger Forschungsstelle für

Erziehungswissenschaft[1291] - sowie eine Arbeitsstelle für Keltenforschung[1292] als offensichtliche Vorstufen von Außeninstituten.

Die vollständigen Planungsvorlagen sind indessen nicht mehr vorhanden, da bei einem Luftangriff auf Berlin am 22. November 1943 das Hauptgebäude des Amts Rosenberg vollkommen zerstört und ein großer Teil der Akten des Aufbauamts der Hohen Schule vernichtet wurde.[1293] Die Versuche der Rosenbergianer, ihre Volkskunde an gleich mehreren Universitäten zu etablieren, und die Entstehung des Instituts für deutsche Volkskunde lassen sich jedoch anhand der bruchstückhaft überlieferten Unterlagen zumindest in groben Zügen rekonstruieren.

Das Reichsinstitut für deutsche Volkskunde

Bereits in der Vorkriegsphase der Hohe Schule-Planungen schrieb Matthes Ziegler - für Außenstehende verschleiernd - von einer "vielleicht noch gar nicht übersehbaren gesunden, weil notwendigen Entwicklung und Neugestaltung der geisteswissenschaftlichen und vor allem der volksgeschichtlichen wissenschaftlichen Disziplinen."[1294] Im Februar 1939 hatte ihm ein Berliner Ministerialrat J. Roth "ganz *vertraulich*" mitgeteilt, durch die demnächst aus kirchenpolitischen Gründen erfolgende Aufhebung der katholisch-theologischen Fakultät der Universität München würden etwa zehn ordentliche Lehrstühle erledigt, und empfohlen, einige davon für Geisteswissenschaften speziell der kommenden Hohen Schule am Chiemsee zu beanspruchen, für die München die nächstliegende Universität sei. Roth gab zu erwägen, "dies dem Herrn Reichsleiter vorzutragen, um sofort eine Aktivität entfalten zu können in dem Augenblick, in dem die Aufhebung der kath. Fakultät perfekt und öffentlich bekannt ist." Ziegler antwortete seinem Ideenlieferanten mit Dank und dem Anspruch auf zwei Lehrstühle für Religionswissenschaft/Volkskunde und Religionsgeschichte.[1295]

Rosenberg, der indes seit Beginn der Aktion von ihrem Drahtzieher Martin Bormann ständig unterrichtet worden war,[1296] gelang es tatsächlich, die durch die Schließung der Münchner katholisch-theologischen Fakultät Ende Februar 1939 freigewordenen Lehrstühle von Reichserziehungsminister Rust für Wissenschaftler, die seiner Dienststelle nahestanden, zugesprochen zu erhalten. Von diesen wurde allerdings bis auf den Kieler Graecisten Richard Harder, der daraufhin die Hohe Schule-Außenstelle für indogermanische Geistesgeschichte an der Universität München leitete, offensichtlich niemand mehr berufen. Die jahrelangen Bemühungen Rosenbergs um die restlichen Lehrstühle verliefen im Sand. Der Widerstand der Rosenberg-Gegner, darunter Rudolf Mentzel aus dem Reichserziehungsministerium und der Rektor der Universität München und Wissenschaftschef des SS-Ahnenerbes Walther Wüst, war offenbar erfolgreicher, und das Reichsfinanzministerium weigerte sich in bis ins Jahr 1943 weitergeführten Verhandlungen standhaft, noch weitere der erledigten Professorenstellen mitten im Krieg zur Wiederbesetzung freizugeben.[1297]

In einem von Wilhelm Brachmann, dem Mitarbeiter Zieglers im Amt Weltanschauliche Information und späteren Leiter des Außeninstituts für Religionswissenschaft an der Universität Halle/Saale,[1298] 1940 vorgeschlagenen Hohe Schule-Institut "zur Erforschung der arischen Geistesgeschichte (innerhalb der philosophischen Fakultät) der Universität München" war auch ein Lehrstuhl für Volkskunde vorgesehen[1299] beziehungsweise in dem von Brachmann skizzierten Hohe Schule-Projekt "einer neuen

Fakultät in München" mit dem "Ziel einer revolutionär umgestalteten Universität" ein Lehrstuhl für "Volkskunde (deutsche Volkskunde der Gegenwart)."[1300] Die Berufung des von Rosenberg für diese volkskundliche Professur vorgeschlagenen Fachwissenschaftlers hatte der Reichserziehungsminister Anfang 1942 bereits eingeleitet.[1301] Es handelte sich um Kurt Ranke, damals Dozent an der Universität Kiel,[1302] den, wie auch Kandidaten aus anderen Fächern, möglicherweise Richard Harder geworben hatte.[1303]

Ranke sollte unter den zuletzt sechs vorgesehenen Professuren für Klassische Altertumswissenschaft (Professor Harder, Universität Kiel), Vorindogermanische Kulturen des Mittelmeerraumes (Dozent Heidenreich, Universität Leipzig), Assyriologie (Professor Falkenstein, Universität Göttingen), Indoiranische Altertumswissenschaft (Dr. habil. Anatol Waag, z.Zt. deutscher Lektor in Agram/Zagreb) und der zweiten Fachvertretung für Slawische Volks- und Altertumskunde (Dr. Alois Schmauß, z.Zt. Leiter des Deutschen wissenschaftlichen Instituts in Belgrad) das Ordinariat für Deutsche Volks- und Altertumskunde erhalten,[1304] um gemeinsam mit den anderen neuen Inhabern der Planstellen der ehemaligen theologischen Fakultät "positive Beiträge zu einer Ablösung fremder weltanschaulicher Traditionen durch eine indogermanische leisten zu können."[1305] Wohl aufgrund seiner Eignung für diese Aufgabe war Ranke 1939 auch als Referent auf der Kieler Tagung des sich ebenfalls für ihn interessierenden SS-Ahnenerbes aufgetreten.[1306] Die von ihm in München angestrebte Professur sollte indes nicht von einem zentralen "Reichs"-Institut für deutsche Volkskunde flankiert, der Volks- und Altertumskundler Kurt Ranke vielmehr in das Rosenbergsche Institut für indogermanische Geistesgeschichte integriert werden.

Der Versuch, die Mythus-Volkskunde als eigenes Institut der Hohen Schule an einer Universität zu verankern, wurde im westfälischen Münster unternommen. Hier waren die Institute für Volkskunde und für Auslandskunde Professor Georg Schreibers von der Geheimen Staatspolizei geschlossen und einschließlich der umfangreichen Buchbestände, darunter die Görres-Bibliothek aus Freiburg i.Br., sowie eines beträchtlichen Barvermögens von 300.000 - 350.000 Reichsmark beschlagnahmt worden.[1307] Die Aktion ging auf eine von Matthes Ziegler konzipierte Anzeige Rosenbergs vom 22. Oktober 1938 an die Parteikanzlei zurück.[1308] Rudolf Heß, Stellvertreter des Führers, hatte daraufhin entschieden, "daß gegen eine Beendigung der politisch und weltanschaulich bedenklichen Tätigkeit des Prälaten Dr. Schreiber in seinem deutschen Institut für Volkskunde, aber auch in seinem deutschen Institut für Auslandskunde keine Bedenken" bestünden. Heß wünschte jedoch, daß das von Schreiber in seinen Instituten gesammelte "umfangreiche Material" und "vor allem auch die umfangreichen Beziehungen dieser Institute im Inland und nach dem Ausland" soweit als möglich erhalten blieben. Rosenberg solle baldmöglichst seine Vorschläge mitteilen, "in welcher Form die wertvollen Errungenschaften dieser Institute unter nationalsozialistischer Führung am zweckmäßigsten erhalten bleiben" könnten, schrieb Martin Bormann am 4. Februar 1939 in einem Brief, dessen Abschrift von der Kanzlei Rosenberg umgehend an Ziegler weitergegeben wurdc.[1309]

Und Rosenberg wünschte, mit Hilfe der Institutsbestände des verfolgten und enteigneten katholischen Prälaten die Hohe Schule-Außenstelle für deutsche Volkskunde, zunächst in Verbindung mit Himmlers Ahnenerbe in Detmold,[1310] dann in der Universitätsstadt selbst einzurichten, damit, wie es der Rosenbergianer Hans-Wilhelm

Scheidt ausdrückte, "in der Kette der Entwicklung der Volkskundefrage in Münster ganz demonstrativ das letzte Glied geschlossen wird, indem die nationalsozialistische Wissenschaft das Gebäude des katholischen Volkskundepapstes bezieht."[1311]

Übereinstimmend mit dieser Absicht war in Münster auch der zweite nationalsozialistische Deutsche Volkskundetag des Amts Rosenberg vom 1. bis zum 8. Oktober 1939 vorgesehen, verbunden mit einem Erfahrungsaustausch der Gauschulungsleiter über die Fest- und Feiergestaltung im Laufe des letzten Jahres und mit einer Sonderausstellung über "Volkskunstgeräte für Fest- und Feiergestaltung," für die um Exponate aus den Gauen gebeten wurde.[1312] Der Ausbruch des Zweiten Weltkriegs am 1. September 1939 machte die Tagung undurchführbar.

Die ursprünglich vorgesehene Ansiedlung des Instituts in Detmold wurde wohl deshalb zu Gunsten Münsters verworfen, weil Reichsführer SS Heinrich Himmler seine in einer Unterredung mit Rosenberg geäußerte Bereitschaft zu einer möglichen Zusammenarbeit zwischen Ahnenerbe und Hohe Schule-Institut für Volkskunde[1313] nicht wahr gemacht, sondern im Gegenteil die für Aufgaben der Hohen Schule angeforderte Schreibersche Bibliothek als Chef der deutschen Polizei nicht freigegeben hatte.[1314] An Himmlers Widerstand dürfte auch der Plan einer Außenstelle für deutsche Volkskunde in Münster gescheitert sein, ungeachtet weiterer Verhandlungen mit dem dortigen Gauschulungsleiter, dem Universitätskurator und dem Oberbürgermeister sowie in Aussicht genommener Eingaben beim Preußischen Finanzminister und beim Reichserziehungsminister.[1315]

Der Ende April 1941 die Verhandlungen führende Leiter der Hohe Schule-Organisationsabteilung Hans-Wilhelm Scheidt hatte bei Reichsleiter Rosenberg angeregt, der Chef des Amts Wissenschaft Alfred Baeumler müsse "umgehend Verhandlungen anknüpfen wegen Übergabe des Lehrstuhls für Volkskunde an der Universität Münster durch den Herrn Reichsminister für Volkserziehung an Pg. Dr. Strobl [sic!]. (Hier müsse genau so vorgegangen werden wie im Falle Brachmann)."[1316] Auf die Schwerpunkte der wissenschafts-politischen Arbeit Hans Strobels ausgerichtet scheint auch der aus der Feder Reichsleiter Rosenbergs stammende Entwurf einer "Aufgabenbeschreibung der Außenstelle der Hohen Schule, Münster. Institut für deutsche Volkskunde" von 1941 zu sein:[1317]

Das offenbar Strobel zugedachte Institut erhält die "zentrale Aufgabe, die verschiedenen Elemente der deutschen Symbolik des deutschen Brauchtums zu erforschen, sie zu trennen von jeweiligen konfessionellen Überlagerungen und die Fortbeständigkeit ältester Überlieferungen bis auf die Gegenwart hin darzustellen." Aus diesen Forschungen werde sich dann "eine Auswahl jener Elemente ermöglichen lassen, die für eine moderne nationalsozialistische Brauchtumsgestaltung in Frage kommen." Aber auch das neueste NS-Brauchtum müsse erforscht werden, da es ebenfalls in die Zukunft des deutschen Brauchtums eingehen werde.[1318]

Weitere Aufgaben des Münsteraner Instituts sind die Sammlung des gesamten Schrifttums über die deutsche Volkskunde, die Einfügung aller großen Einzelforschungen (Volkskundeatlas usw.) in die gestellten Aufgaben, die Anfertigung umfangreichen Bild- und Kartenmaterials, darüber hinaus die Einrichtung von Verbindungsstellen in einer Anzahl deutscher Gaue, "um unmittelbar die Forschungen durchzuführen und jede rein literarische Arbeit zu vermeiden." Über die Grenzen des Deutschen Reiches hinaus werde es notwendig sein, "das Brauchtum des Volksdeutschtums auch in anderen Staaten neu zu überprüfen und als gesamten Reichtum des deutschen Volkslebens hinauszugeben." Hier sei eine Verbindung mit der Deutschen Akademie aufzunehmen, welche die Aufgabe habe, deutsche Kulturleistungen im Auslande zu erforschen.[1319]

Dies ist Alfred Rosenbergs Reichsinstitutsplan für das Fach Deutsche Volkskunde, der sich einerseits in manchem den früheren Entwürfen bürgerlich-nationaler Gelehrter wie John Meier oder Adolf Spamer anschließt,[1320] andererseits jedoch auch deutlich die spezifische ideologische Gedankenführung des Autodidakten Rosenberg und seiner Volkskunde verrät. Da der Plan an der westfälischen Universität Münster fürs erste nicht zu verwirklichen war, wurde ein anderer Weg gefunden und unter den einschränkenden Bedingungen der Kriegsjahre ein vorläufiges Institut für deutsche Volkskunde am Sitz der Dienststelle Rosenberg in der Reichshauptstadt Berlin gegründet. Es konnte später immer noch als Hohe Schule-Außenstelle an eine Traditionsuniversität verlegt werden - wie Rosenberg und seine Mitarbeiter planten, etwa in die ostmärkische Universitätsstadt Graz,[1321] in deren Nähe es für die ersten Jahre seines Bestehens, die zugleich seine letzten sein sollten, auch tatsächlich untergebracht wurde.[1322]

Noch vor der Gründung des Instituts für deutsche Volkskunde in der "Zentrale der Hohen Schule i.V." am 5. Juni 1942[1323] entstanden im Januar 1942 seine Forschungsstellen aus den Mittelstellen der Reichsarbeitsgemeinschaft für deutsche Volkskunde und wurden aus einem vom Reichsschatzmeister der NSDAP bewilligten festen Haushalt finanziert:

"Volksglaube und Volksbrauch" bzw. "Volksbrauchtum" unter dem Leiter Dr. Hans Strobel in Berlin mit monatlich 935,- Reichsmark; "Volksspiel (Spielforschung)" bzw. "Spiel und Spruch" unter Dr. Karl Haiding in Berlin mit monatl. 1.425,- RM; "Volkssprache" unter Prof. Dr. Bernhard Martin in Marburg an der Lahn mit monatl. 3.260,- RM; "Tracht und Schmuck" unter der Leiterin Dr. Gertrud Pesendorfer in Innsbruck mit monatl. 1.270,- RM; "Deutscher Bauernhof" bzw. "Bauernhof und Siedlung" unter Dr. Erich Kulke in Berlin bzw. Schöneiche bei Berlin mit monatl. 700,- RM; "Volksglaube" bzw. "Bäuerliche Lebensformen" unter Dr. Karl Ruprecht in Salzburg mit monatl. 1.215,- RM; "Volkskunst und Handwerk," früher die Versuchsstelle für Volkstumskunde, unter Dr. Ernst Otto Thiele in Berlin und als Neugründung "Mythenkunde" unter Prof. Dr. Karl von Spieß und der Mitarbeit von Dr. Edmund Mudrak in Wien, beide Forschungsstellen mit einem beantragten Monatshaushalt von 2.100,- bzw. 1.680,- RM.[1324]

Aus der Mittelstelle für Fest- und Feiergestaltung in der Arbeitsgemeinschaft für deutsche Volkskunde[1325] wurde die "Lehrstätte für Feiergestaltung" mit einem beantragten Monatshaushalt von 33.300 RM, um gemäß dem Rosenberg vom "Führer" erteilten Auftrag "die *Lebensfeiern* innerhalb der Bewegung zu steuern." Sie sollte in den - Rosenbergs Duzfreund, Gauleiter und Reichsstatthalter Röver unterstehenden - Räumen und Einrichtungen der Feierstätte Stedingsehre im Gau Weser-Ems ihren Sitz nehmen,[1326] wurde aber laut Anordnung Rosenbergs vom 2. Juli 1942 vorläufig in Berlin belassen, der Leitung Thilo (Theodor) Schellers unterstellt und wieder aus der Hohen Schule i.V. und damit aus dem Institut für deutsche Volkskunde ausgegliedert und in das Amt Rosenberg übernommen. Dort war sie "sachlich dem Amt Volkskunde und Feiergestaltung verantwortlich," d.h. dessen Leiter Hans Strobel. Aufgabe der Lehrstätte war, "die Grundlagen und Gestaltungsmittel für die nationalsozialistischen Feiern zu erarbeiten, zu erproben und die zuständige Führerschaft der gesamten Bewegung danach auszurichten. Es ist dabei vordringlich, die Voraussetzungen für die Gestaltung der Lebensfeiern zu schaffen. Zur Erfüllung dieser Aufgaben werden Lehrgänge durchgeführt."[1327]

Hans Strobel war maßgeblich an der Planung und später dann an der Arbeitsorganisation des Instituts für deutsche Volkskunde beteiligt. So legte er Ende 1941 den Monatshaushalt für die Forschungsstellen vor, der - ohne die Lehrstätte Feiergestaltung - mit 8.805 RM, d.h. jährlich 105.660 RM abschloß, sowie den für das noch zu gründende Institut beantragten jährlichen Kriegshaushalt in Höhe von 156.840 RM (die Lehrstätte Feiergestaltung eingeschlossen insgesamt 399.600 RM).[1328] Die Leitung des neuen Instituts übernahm jedoch nicht Strobel. Die Gründe für diese Entscheidung Rosenbergs und wohl auch Strobels selbst liegen auf der Hand: Die Verlegung von Strobels in späteren Kriegsjahren fast nicht mehr aufscheinender und deshalb kaum noch aktiver Forschungsstelle "Volksbrauchtum" bzw. "Volksglaube und Volksbrauch"[1329] nach Münster in Westfalen[1330] und seine von den Rosenbergianern geplante Berufung auf die Volkskundeprofessur der dortigen Universität waren nicht zustandegekommen. Der 'Primus' der Mythus-Volkskunde wurde durch seine sonstigen wichtigen Aufgaben davon abgehalten, zusätzlich die lediglich administrativen Pflichten der Leitung des - ohnehin ein Provisorium darstellenden - "Reichsinstituts" zu übernehmen, wie dies Karl Haiding vorgeschlagen hatte.[1331] Strobel stand für diese weniger aktuelle Aufgabe schlechthin nicht zur Verfügung.

Zum Leiter des Instituts für deutsche Volkskunde wurde stattdessen am Gründungstag des 5. Juni 1942 Dr. Karl Haiding ernannt, allerdings nur "für die Dauer des Krieges."[1332] Diese Einschränkung mochte einerseits auf die Machenschaften Baeumlers und Wagners zurückgehen. Sie war andererseits ebenso in der Person und in der vom Aufbauamt der Hohen Schule i.V. zu Recht bestrittenen wissenschaftlichen Eignung Haidings begründet. Noch Ende 1943 empfahl Kurt Wagner, da ein "Nachfolger für Dr. *Haiding* zurzeit nicht vorhanden" sei, diesen "vorerst zu belassen, aber a) seine Funktionen auf die technische Seite der Vorbereitung des Volkskunde-Instituts zu beschränken, und b) ihn als Leiter immer nur auf 1 Jahr, also jetzt zunächst bis zum 31. Dezember 1944, zu bestätigen. Wir erreichten damit, daß das Institut weiter einen Leiter hat, aber die nicht zum Zentralplan der Hohen Schule passenden wissenschaftlichen Pläne *Spieß'* und seines Kreises nicht zum Zuge kämen."[1333]

Dies war nicht das einzige abschätzige Urteil über den kommissarischen Institutsleiter. Maßgebend für seine Berufung waren der Mangel der Dienststelle Rosenberg an besser geeigneten Fachwissenschaftlern, sein desolater Gesundheitszustand, der ihn im Unterschied zu den meisten anderen Politischen Leitern für den Militär- bzw. Kriegsdienst untauglich machte,[1334] seine vielfach bezeugte, unwandelbare Treue zur politischen Idee des "Mythus"[1335] und sein unbestreitbarer Pflichterfüllungseifer. Bis zu seiner Einsetzung als Verweser des fortwährend im Vorbereitungsstadium befindlichen "Reichsinstituts" hatte er stets im zweiten Glied gestanden, wenngleich auch wichtige politische Aufgaben versehen. Aber selbst sein Familienname war nichts anderes als zweite Wahl.

Karl Paganini wurde am 3. Juli 1906 in Wien geboren, legte seine erste Reifeprüfung an der Technischgewerblichen Bundeslehranstalt für Hochbau ab, finanzierte die zweite oder Ergänzungsreifeprüfung für das 1929 an der Universität Wien begonnene und 1936 mit der Dissertation über Kinderspiel[1336] bei Arthur Haberlandt und der Promotion zum Dr. phil. abgeschlossene Volkskundestudium als Bauarbeiter. Bereits 1923 wurde er in Wien Mitglied der NSDAP und führte vorübergehend die NS-Jugendortsgruppe Gersthof. 1924 trat er dem Freicorps Oberland und 1929, zeitgleich mit der Aufnahme des Studiums, dem österreichischen Bundesheer bei, aus dem er 1933 aus politischen Gründen, d.h. als Sympathisant der Nationalsozialisten, wieder entlassen wurde. Die zumindest während dieser gut vierjährigen Berufssoldatenzeit aufgegebene NSDAP-Mitgliedschaft erneuerte er 1933. Im Frühjahr 1935 erreichte er beim Wiener Magistrat die Änderung seines italienischen Familiennamens Paganini in Haiding, weil, so seine an den Haaren herbeigezogene Begründung, die Kirche "früher die ländliche Bevölkerung, die das Christentum nicht annehmen wollte, als 'Paganini,' als Heiden" bezeichnet habe.[1337]

Nach dieser sich hervorragend in Reichsleiter Rosenbergs "Mythus"-Ideologie einfügenden argumentativen Aufnordung seines Namens[1338] und gleichzeitig der Herkunft seiner Familie emigrierte der überzeugte Anhänger der Wiener Mythologischen Schule[1339] nach Nazi-Deutschland, das ihm die in seiner österreichischen Heimat nicht gesicherte berufliche Existenz im Kulturamt von Baldur von Schirachs Reichsjugendführung bot. Dieser gehörte Karl Haiding - 1938 im Rang eines Obergefolgschaftsführers und Hauptreferenten -[1340] ununterbrochen bis in die erste Hälfte des Jahres 1943 an. Erst dann wurde er auch formal in Rosenbergs Hohe Schule versetzt und dort - übrigens zum erstenmal in seinem beruflichen Werdegang in erheblicher Höhe - besoldet.[1341] Die Reichsjugendführung hatte ihn allerdings schon seit dem 5. Januar 1937 der an diesem Tage gegründeten Reichsarbeitsgemeinschaft für deutsche Volkskunde und ihrem Leiter Alfred Rosenberg als wissenschaftlichen Mitarbeiter und politischen Funktionär zur Verfügung gestellt. Reichsleiter Rosenberg war es denn auch, der dem bis dahin vielfach zurückgesetzten und benachteiligten Ostmärker Haiding-Paganini mit der Ernennung zum kommissarischen "Reichsinstituts"-Leiter am 5. Juni 1942 die, wie dieser vermeinte und stets dankbar anerkannte, große Chance seines Lebens bot.

Nach einer Entscheidung Rosenbergs von 1942 sollte das Institut für deutsche Volkskunde "nicht wie die anderen Institute der Hohen Schule i.V. einen eigenen umfangreichen Forschungsapparat aufbauen, sondern [...] die wissenschaftlichen Arbeiten im wesentlichen von den bereits bestehenden Forschungsstellen durchführen lassen. Nur das, was zur einheitlichen Leitung der Arbeiten der Forschungsstellen und zur politischen Auswertung von deren Arbeit (Schaffung wissenschaftlicher Grundlagen für die politische Volkskundearbeit, u.a. in der Feiergestaltung) geleistet werden muss, soll vom Institut selbst in die Hand genommen werden." Für diese eingeschränkte Tätigkeit reichte ein relativ kleiner Personalbestand aus, neben dem Leiter ein wissenschaftlicher Sachbearbeiter, eine wissenschaftliche Assistentin, eine Bibliothekarin, eine Fotografin, eine Sekretärin und eine Schreibkraft.[1342]

Schon im Gründungsjahr beabsichtigte Rosenberg nicht mehr, das Institut während des Krieges zu einer Außenstelle zu machen. Über den endgültigen Sitz sollte erst nach Kriegsende eine Entscheidung gefällt werden, das Institut vorerst zur Zentrale der Hohen Schule gehören. Da der kommissarische Direktor neben dem Institut und seiner Forschungsstelle Spiel und Spruch gleichzeitig die volkskundlichen Forschungen im Gau Steiermark leitete und dessen Gauleiter Uiberreither Wert auf seine Anwesenheit legte, erklärte Rosenberg sich mit der Verlegung des Dienstsitzes von Haiding und der wenigen Mitarbeiter dorthin einverstanden. Reichsschatzmeister Schwarz sagte zu, die notwendigen Räume zu mieten,[1343] die im Stift Rein bei Graz gefunden wurden.[1344] Die Forschungsstelle "Spiel und Spruch" zog mit Haiding von Berlin in die Steiermark um.

Die von den zerstreuten, in und bei Berlin, in Marburg an der Lahn, Wien, Salzburg, Innsbruck und Stift Rein ansässigen Forschungsstellen des Instituts für deutsche Volkskunde bis Kriegsende geleisteten Arbeiten müßten noch im einzelnen untersucht werden.[1345] Institutsleiter Haidings Tätigkeit war durch eine Vielzahl von politischen Aufträgen und entsprechende Zersplitterung gekennzeichnet. Ab Anfang 1942 war er als Kriegsschriftleiter[1346] für die Rosenbergsche Zeitschrift *Deutsche Volkskunde* bis zu deren Ende verantwortlich[1347] und seit Gründung für den Sonderstab Volkskunde im Einsatzstab Reichsleiter Rosenberg geschäftig.[1348] Im März 1943 meldete er, alsbald "mit dem praktischen Einsatz in den volksdeutschen Walddörfern in den Karpathen beginnen" zu wollen,[1349] was auch immer darunter zu verstehen war. Im April 1943 berichtete er "auf Grund seiner Reise über das Verhältnis zwischen Litauen und dem Reich,"[1350] bewegte ihn unter anderem die Frage, ob in einer von der Rosenberg-Volkskunde geplanten "Friedhofsfibel" noch "Denkmäler mit Kreuzform" berücksichtigt werden sollten.[1351]

Im November 1943 ist die Einrichtung des Instituts in Stift Rein "soweit gediehen, daß von jetzt ab eine Planung der Arbeit für sämtliche Forschungsstellen stärker einsetzen kann."[1352] Diese Arbeitsplanung besteht jedoch leider auch in Auseinandersetzungen Haidings mit Ernst Otto Thiele - beide konnten sich nicht leiden -, dem er während dessen zeitweiliger Beschäftigung im Ministerium für die besetzten Ostgebiete sämtliche Mitarbeiter seiner Forschungsstelle "Volkskunst und Handwerk" ungefragt abgezogen hat,[1353] um sie für seine Zwecke arbeiten zu lassen, oder mit dem leicht kränkbaren, weil von seiner Fachkompetenz als Professor überzeugten Bernhard Martin, dem er auszureden versucht, ein Buch über die Namen der Kartoffel als wertvolle Institutsveröffentlichung herauszubringen.[1354] Erst das Einschreiten des Reichsleiters bzw. Hans Strobels, der eigens nach Marburg an der Lahn reist, vermag die aufgeregten Wogen des Zorns zu glätten.

Andererseits muß Haiding selbst, der "zur Durchsetzung unserer Arbeit in der wissenschaftlichen Auseinandersetzung [...] umgehend mit Werken an die Öffentlichkeit" treten will,[1355] vom Aufbauamt der Hohen Schule daran gehindert und vor blindem Aktionismus bewahrt werden. Ein beigefügtes Verzeichnis[1356] weist die Veröffentlichungsvorhaben Haidings nämlich vorwiegend als Wiederauflagen bekannter Erzählanthologien aus. Kurt Wagner hält Haiding die Auffassung des Reichsleiters vor Augen, die Herausgabe von "Märchensammlungen und dergl. sei nicht Aufgabe der Hohen Schule."[1357]

Haidings pflichtbewußte Arbeitsberichte aus Stift Rein an das Aufbauamt der Hohen Schule oder an seinen Duzfreund Hans Strobel sprechen für sich und gegen eine wissenschaftlich oder politisch bedeutsame Tätigkeit der Zentrale des Instituts für deutsche Volkskunde. Da ist die Rede von Besprechungen über Besprechungen mit Parteifunktionären und Wissenschaftlern über dies und jenes, volkskundlichen Vorträgen und Übungen des Herrn Direktors im kleineren Kreis etwa von Studenten, Lehrern, steirischen Schulungsleitern, volksdeutschen Kindergärtnerinnen, Angehörigen der Führerinnenschule des Bund Deutscher Mädel bei Rein, von volkskundlichen Aufzeichnungen in Lagern von Umsiedlern aus dem Osten, von Haidings Mitarbeit am

Steirischen Sonntagsblatt, von einer Feier zu "Führers Geburtstag" und - nach Abschluß volkskundlicher Übungen - einem Kinderfest in Rein.[1358]

Das alles wird überwölbt von Haidings Sorgen um die Zukunft des Rosenbergianismus. Da er bei seinem letzten Berliner Aufenthalt den persönlichen Referenten des Reichsleiters, Dr. Koeppen, nicht hat sprechen können und - so wörtlich - "die Verhältnisse im kleinen Leben der Ortsgruppe und der Gemeinde [in Rein - der Verf.] aber eine bedenkliche Schwäche gegenüber den weltanschaulichen Gegnern [der katholischen Kirche - der Verf.] bezeugen, die mit Propaganda nicht überwunden werden kann," entschließt Haiding sich zu einem privaten Brief an Koeppen. Es geht ihm hier um die zentrale Frage: "Gelingt es noch in den allernächsten Jahren die Folgerungen aus dem Mythus zu ziehen, indem einige Männer, die klar sehen, sauber und befähigt sind, auf den Einzelgebieten die Grundlagen schaffen und deren politische Durchsetzung erreichen? Denn das gesamte Lebenswerk Rosenbergs ist eine der unerlässlichen Voraussetzungen dafür, dass der Nationalsozialismus in unserem Volke Wirklichkeit wird und wir dann auch den Frieden mit einem Siege krönen."[1359]

Haidings Sorgen waren mehr als berechtigt. Der Zweite Weltkrieg und mit ihm das totalitäre nationalsozialistische Regime, dessen Inhumanität und zukunftsorientierter weiterer Ausbau zum rassisch-religiösen Weltanschauungsstaat ganz wesentlich Alfred Rosenbergs geistige Schuld waren, neigten sich ihrem Ende zu. Im Interesse des totalen Kriegs und der Mobilisierung aller noch verfügbaren Kräfte für den "Endsieg" hatte Rosenberg auf Drängen Bormanns[1360] so gut wie alle Mitarbeiter und Mitarbeiterinnen seiner Dienststellen in der Reichsleitung der NSDAP, darunter der Hohen Schule i.V., für den unmittelbaren Kriegseinsatz freigegeben.

Den umfänglichen Personallisten bzw. Stellenplänen von 1944[1361] sei nur soviel entnommen, daß im Arbeitsbereich der Hohen Schule in den letzten drei Jahren insgesamt 22 Einrichtungen aufgebaut wurden, für die der "Reichsschatzmeister im Einvernehmen mit der Partei-Kanzlei - bereits unter der Berücksichtigung der Kriegsverhältnisse - 272 Planstellen" bewilligt hatte. Davon waren im August 1944 nur noch 123 (und 28 Honorarstellen) besetzt, da frühere kriegsbedingte Maßnahmen vom Februar 1943 zu einer Einschränkung "des ohnehin unter Berücksichtigung des Kriegsnotstandes sehr kleinen Personalapparates auf weniger als 50% geführt" hatten. Nach dieser Aufstellung Dr. Kurt Wagners vom Aufbauamt der Hohen Schule am 12. August 1944 hatte das Institut für deutsche Volkskunde "zusammen mit seinen 7 Forschungsstellen insgesamt nur 22 Kräfte beschäftigt."[1362] Nach einer zweiten Zusammenstellung mit Stand vom 1. November 1944, also nach der Stillegung der Einrichtungen der Hohen Schule, wurden vom Institut für deutsche Volkskunde und seinen sieben Forschungsstellen jedoch alles in allem "111 Kräfte" oder Personen freigegeben, die einschließlich der sehr wenigen verbliebenen in präzisen Listen aufgeführt und nach Tätigkeit und Institutionenzugehörigkeit aufgeschlüsselt sind.[1363] Die beachtliche Differenz könnte sich dadurch erklären, daß die Mehrzahl des Personals aus anderen Haushalten als dem der Hohen Schule bezahlt wurde - eine im Hause Rosenberg nicht unübliche Maßnahme.

Dem zum unmittelbaren Kriegseinsatz untauglichen kommissarischen Institutsleiter Karl Haiding wurden im November 1944 auf Antrag Hans Strobels "für die Dauer meiner Abwesenheit" und "in meiner Vertretung die volkskundlichen Belange" des Amts Rosenberg "einschließlich des Sonderstabes Volkskunde im Einsatzstab RR" zur

Wahrnehmung von Rein bei Graz aus überantwortet, zu Haidings Unterstützung in Berlin Parteigenossin Dr. Rosemarein Rossbach und Parteigenosse Dr. Kurt Speth vorgesehen.[1364]

Die dem Dritten Reich noch verbleibenden wenigen Monate verbrachte Reichsleiter Rosenberg mit Sitz in der Reichshauptstadt Berlin, Reichsinstitutsverweser Haiding im steiermärkischen Stift Rein, beide inmitten einer feindseliger werdenden Umwelt in zunehmender Isolierung. Dennoch entbot Haiding seinem Reichsleiter zum Weihnachtsfest 1944 und Jahresbeginn 1945, "auch im Namen aller Mitarbeiter des Instituts, die besten Wünsche" und das letzte gläubige Bekenntnis: "Mehr denn je haben die vergangenen Monate gezeigt, welch entscheidende Bedeutung der Weltanschauung zukommt, um die wir als Ihre Gefolgsleute kämpfen. So soll uns auch das neue Jahr unbeirrbar an der Arbeit finden."[1365]

Haidings Wünsche und Hoffnungen trogen freilich, der Traum vom Reichsinstitut der deutschen Volkskunde war nach der nunmehr rasch hereinbrechenden nationalsozialistischen "Götterdämmerung,"[1366] dem Untergang des Dritten Reichs, endgültig ausgeträumt.

Anmerkungen

243. U.a. NS-Gemeinschaft "Kraft durch Freude" in der Deutschen Arbeitsfront, Reichsjugendführung, Stabsamt des Reichsbauernführers, Reichspropagandaleitung, NS-Lehrerbund, NS-Studentenbund, NS-Dozentenbund, Reichsfrauenschaft usw.
244. Zur Person Alfred Rosenbergs vgl. Bollmus 1970: 17-20; Baumgärtner 1977: 134-137.
245. Zur Person Heinrich Himmlers und seiner engsten Mitarbeiter im SS-Ahnenerbe vgl. Oesterle 1988: 25-37.
246. Vgl. Jeggle 1988a: 52-58.
247. Jeggle 1988a: 58.
248. Vgl. Dow und Lixfeld 1986: 7-14.
249. Jeggle 1988a: 58.
250. Vgl. Lixfeld 1989.
251. Jeggle 1988a: 58.
252. Vgl. Oesterle 1991a.
253. Vgl. Brückner 1988c, Brückner 1988b und als Entgegnung darauf den Offenen Brief von Hannjost Lixfeld und James R. Dow vom 8. Mai 1988, unveröffentlichtes Manuskript.
254. Brückner 1987b: 30.
255. Daxelmüller 1987a.
256. Daxelmüller 1987b.
257. Vgl. Oesterle 1988: 73-97.
258. BDC Schreiber, Georg, geb. 5.1.1882; Freckmann 1987; Bausinger 1965b: 194-196.
259. Gilch 1986: 27; Bausinger 1965b: 200-202.
260. BDC Peuckert, Will-Erich, geb. 11.5.1895; Daxelmüller 1987b: 153.
261. BDC Kriss, Rudolf, geb. 5.3.1903; Vgl. Bockhorn 1989; Kriss 1948.
262. Vgl. Korff 1978: 43.
263. Vgl. Gilch 1986: 27-29.
264. Gerndt 1987b: 18.
265. Weber-Kellermann und Bimmer 1985: 108.
266. Vgl. Heiber 1966; Bollmus 1970; Kater 1974; Baumgärtner 1977.
267. Gerndt 1987b: 18; Hervorhebung durch Gerndt.
268. Ebendort.
269. Vgl. Emmerich 1968; Emmerich 1971.
270. Gerndt 1987b: 18.
271. Jeggle 1988a: 61.
272. Bollmus 1987: 52.
273. Vgl. zum Beispiel die Bemerkungen zu Georg Schreiber und Kurt Huber bei Bausinger 1965b: 194-196, 200-202.
274. Vgl. Emmerich 1971: 11-12.
275. Emmerich 1971: 110-131; hier 110.
276. Bollmus 1987: 54.
277. Peuckert 1948.
278. Bollmus 1987: 54.
279. Vgl. Zmarzlik 1963; Zmarzlik 1970b.
280. Vgl. Lixfeld 1987a: 70.
281. Vgl. Emmerich 1971.
282. Rosenberg 1934a; zum Ideologiebegriff vgl. Hunger 1984: 21-36, 364-399.
283. Vgl. Petzold 1982a: 164-191.
284. Petzold 1982b: 192 und 198; vgl. Bausinger 1971b: 62-63; Bollmus 1989.
285. Emmerich 1971: 108; Hervorhebung durch Emmerich.
286. Vgl. zum Beispiel Studien 1934 and 1935; Zipfel 1965: 54-60; Bollmus 1970: 20-23; Bausinger 1971b: 62-63; Baumgärtner 1977: 56-72; Petzold 1982b.

287. Vgl. die von einem idealtypischen Wissenschaftsverständnis ausgehenden Zweifel an dieser Möglichkeit bei Bollmus 1970: 9.
288. Bollmus 1970: 21.
289. Bollmus 1970: 24.
290. Vgl. Brückner 1988d; den Begriff "Gläubige Wissenschaft" verwendete die katholische Volksfrömmigkeitsforschung, die Volkskunde als religiöse Aufgabe ansah, Koren 1936.
291. Vgl. die Aufzählung bei Baumgärtner 1977: 73-81.
292. Bollmus 1970: 17.
293. Vgl. zum Beispiel Studien 1934 und 1935; Künneth 1935; Künneth 1947; Bollmus 1970: 17-26; Baumgärtner 1977: 56-72; Petzold 1982b.
294. Vgl. ebenso BA NS 8/22. Alfred Rosenbergs "Thesen aus dem Mythus."
295. Rosenberg 1934a: 3 (Einleitung).
296. Rosenberg 1934a: 1 (Einleitung).
297. Ebendort.
298. Rosenberg 1934a: 2 (Einleitung).
299. Rosenberg 1934a: 1-2 (Einleitung).
300. Vgl. Rosenberg 1934a: 125-144 (1. Buch,II,7); Emmerich 1971: 148.
301. Vgl. Rosenberg 1934a: 2 (Einleitung).
302. Rosenberg 1934a: 2 (Einleitung).
303. Rosenberg 1934a: 2 (Einleitung); Hervorhebung durch Rosenberg.
304. BA NS 8/22. Alfred Rosenbergs "Thesen aus dem Mythus."
305. Vgl. Rosenberg 1934a: 459-466 (3. Buch, I, 2); Daxelmüller 1987b: 154-158.
306. Rosenberg 1934a: 587 (3. Buch, IV, 4).
307. Rosenberg 1934a: 169 (1. Buch, II, 3).
308. Ebendort.
309. Vgl. Baumgärtner 1977.
310. BA NS 8/22. Alfred Rosenbergs "Thesen aus dem Mythus."
311. Rosenberg 1934a: 145 (1. Buch, II, 1).
312. Rosenberg 1934a: 146, 155 (1. Buch, II, 1-2); Hervorhebungen durch Lixfeld.
313. Bei Rosenberg 1934a: 156 (1. Buch, II, 2) gesperrt gedruckt.
314. Hervorhebung bei Rosenberg 1934a: 152 (1. Buch, II, 1).
315. Rosenberg 1934a: 155 (1. Buch, II, 1).
316. Rosenberg 1934a: 163-168; Zitat 166 (1. Buch, II, 2).
317. Vgl. Rosenberg 1934a: 29, 121, 164 (1. Buch, I, 6; II, 2).
318. Rosenberg 1934a: 132-133 (1. Buch, I, 7).
319. Bei Rosenberg 1934a: 141-142 (1. Buch, I, 7) gesperrt gedruckt.
320. Rosenberg 1934a: 134-135 (1. Buch, I, 7); Hervorhebung durch Rosenberg.
321. BA NS 8/22. Alfred Rosenbergs "Thesen aus dem Mythus."
322. Rosenberg 1934a: 684-685 (3. Buch, VII, 2); vgl. Bollmus 1970: 238-239; Kater 1974: 49; Baumgärtner 1977: 70, 260.
323. Bollmus 1970: 24.
324. Rosenberg 1934a: 684 (3. Buch, VII, 2); zur "organischen Wahrheit" vgl. auch Baumgärtner 1977: 260.
325. Bei Rosenberg 1934a: 684 (3. Buch, VII, 2) gesperrt gedruckt.
326. Rosenberg 1934a: 684-685 (3. Buch, VII, 2).
327. Bollmus 1970: 24.
328. Emmerich 1971: 134 - es erscheint allerdings fraglich, ob diese Bildungsbürger "unpolitisch" waren.
329. Emmerich 1971: 134; Hervorhebung durch Emmerich; vgl. auch Zischka 1986.
330. BA NS 8/22. Alfred Rosenbergs "Thesen aus dem Mythus."
331. Rosenberg 1934a: 169-170 (1. Buch, II, 3).
332. Vgl. Volk und Gesundheit 1982.

333. Vgl. Broszat 1984.
334. Rosenberg 1934a: 572 (3. Buch, IV, 3); Hervorhebung durch Lixfeld.
335. Rosenberg 1934a: 574-575 (3. Buch, IV, 3).
336. Rosenberg 1934a: 578-579 (3. Buch, IV, 3).
337. Rosenberg 1934a: 580 (3. Buch, IV, 3).
338. Rosenberg 1934a: 169-170 (1. Buch, II, 3).
339. Rosenberg 1934a: 580 (3. Buch, IV, 4); 635 (3. Buch, V, 6).
340. Rosenberg 1934a: 635-636 (3. Buch, V, 6); Hervorhebung durch Rosenberg.
341. Rosenberg 1934a: 636 (3. Buch, V, 6).
342. Rosenberg 1934a: 602 (3. Buch, V, 1).
343. Vgl. Rosenberg 1934a: 22-23 (1. Buch, I, 1); Künneth 1947: 135; Hervorhebung durch Lixfeld.
344. Rosenberg 1934a: 701 (3. Buch, VII, 6).
345. Künneth 1935: 15.
346. Künneth 1935: 209.
347. Hervorhebung bei Rosenberg 1934a: 602 (3. Buch, V, 1).
348. Hervorhebung bei Rosenberg 1934a: 611 (3. Buch, V, 2).
349. Vgl. Rosenberg 1934a: 386-387 (2. Buch, III, 5); 2 (Einleitung).
350. Bei Rosenberg 1934a: 614-615 (3. Buch, V, 2) gesperrt gedruckt.
351. Rosenberg 1934a: 614 (3. Buch, V, 2).
352. Rosenberg 1934a: 616 (3. Buch, V, 3).
353. Rosenberg 1934a: 280 (2. Buch, I, 1).
354. Rosenberg 1934a: 617 (3. Buch, V, 3).
355. Rosenberg 1934a: 618-619 (3. Buch, V, 3).
356. Rosenberg 1934a: 450 (2. Buch, IV, 6).
357. Rosenberg 1934a: 1 (Einleitung).
358. BA NS 8/22. Alfred Rosenbergs "Thesen aus dem Mythus."
359. Rosenberg 1934a: 546 (3. Buch, III, 4); vgl. Rosenberg 1934a: 485-486 (3. Buch, II, 2).
360. Rosenberg 1934a: 596 (3. Buch, IV, 5); Hervorhebungen durch Rosenberg.
361. Vgl. Rosenberg 1934a: 621 (3. Buch, V, 3).
362. Rosenberg 1934a: 3 (Einleitung).
363. Rosenberg 1934a: 453 (3. Buch, I, 1)
364. Rosenberg 1934a: 599 (3. Buch, V, 1).
365. Rosenberg 1934a: 602-603 (3. Buch, V, 1); Hervorhebungen durch Rosenberg.
366. Rosenberg 1934a: 685 (3. Buch, VII, 2); Hervorhebungen durch Rosenberg.
367. Rosenberg 1934a: 2 (Einleitung); Hervorhebung durch Rosenberg.
368. Rosenberg 1934a: 689, vgl. 688 (3. Buch VII, 3).
369. Vgl. Rosenberg 1934a: 131, 134, 141-142 (1. Buch, I, 7); 597-598 (3. Buch, IV, 5) und öfter.
370. Vgl. Rosenberg 1934a: 614-615 (3. Buch, V, 2); Hervorhebung durch Lixfeld.
371. Vgl. Rosenberg 1935b; Rosenberg 1937b; Rosenberg 1938a.
372. BA NS 8/22. A. Rosenbergs "Thesen aus dem Mythus"; Hervorhebung durch Rosenberg.
373. Bei Rosenberg 1934a: 119 (1. Buch, I, 6) gesperrt gedruckt.
374. Bausinger 1971b: 64.
375. Hunger 1984: 400.
376. Vgl. Hunger 1984: 400-420; Oesterle 1988: 46-66; Kater 1974: 48-51; in der vorliegenden Abhandlung das Kapitel "'Das Ahnenerbe' Heinrich Himmlers."
377. Rosenberg 1934a: 120 (1. Buch, I, 6).
378. Bollmus 1970: 27; vgl. Brenner 1963.
379. BA NS 8/122. Fol. 78-79 Rs., hier Fol. 79: Aufruf des Kampfbundes für deutsche Kultur, München, Januar 1929; vgl. *Nationalsozialistische Monatshefte* 2, Heft 11, 1931: 61-65.
380. Vgl. BA NS 8/122. Fol. 78: "Gefährdet ist, zum Teil schon schwer geschädigt, was die Vergangenheit an lebendigem Gut hinterlassen hat; zersetzt und erstickt wird das Werteschaffen der Gegenwart; die Zukunft aber, das heilige Anrecht unserer Jugend, wird preisgegeben." Der

Kampfbund für deutsche Kultur soll "retten, was noch zu retten ist," "das ganze *Problem der in ihrer Substanz bedrohten deutschen Kultur aufrollen.* Hier tut als erstes die Erkenntnis not, daß durch treulose Preisgabe eigener und durch Duldung fremder, ja feindlicher Art wir selbst schwere Schuld auf uns geladen haben; denn gerade aus dieser Erkenntnis erwächst uns die zweite: daß es auch in *unsere* Herzen und Hände gelegt ist, den Wiederaufstieg, die innere und äußere Wiedergeburt durch eigene Kraft zu vollziehen," BA NS 8/122. Fol. 78 Rs; Hervorhebung im Original.

381. Vgl. von See 1970: 73 und Lixfeld 1989: 119-130.
382. Deutsches Volksliedarchiv (DVA) J 189 und Lixfeld 1989: 110-115.
383. Vgl. Nollau 1926: Einleitung 1-16 und Lixfeld 1989: 120-126.
384. Bollmus 1970: 31-32, 37-38.
385. Bollmus 1970: 38; Kater 1974: 22; Reinerth 1932a.
386. BA NS 8/122. Fol. 79 Rs.; BDC Mielke, Robert, geb. 1.12.1863.
387. BDC Beitl, Richard, geb. 14.5.1900, Akte Reichsschrifttumskammer.
388. BDC Bretschneider, Anneliese, geb. 24.8.1898, Akte Reichsschrifttumskammer, Lebenslauf, Blatt 4.
389. *Die Sonne. Monatsschrift für nordische Weltanschauung und Lebensgestaltung* 10, 1933: 466-467; kurz darauf versuchte der Kampfbund für deutsche Kultur in Schleswig-Holstein die Frauentracht als alltägliche Kleidung wieder einzuführen, vgl. *Die Sonne* 11, 1934: 44-45.
390. Bollmus 1970: 50.
391. BA NS 8/37. Fol. 35.
392. BA NS 8/123. Fol. 213-214.
393. BA NS 8/123. Fol. 211-212.
394. BDC Bretschneider, Anneliese, geb. 24.8.1898, Akte Reichsschrifttumskammer, Lebenslauf, Blatt 3.
395. Bollmus 1970: 47.
396. BDC Haverbeck, Werner, geb. 28.10.1909, NSDAP-Mitglied Nr. 142 009 seit 1.8.1929. Akte Ahnenerbe, Briefe vom 9.4.1936 und 14.4.1936.
397. Bollmus 1970: 50.
398. Bollmus 1970: 52.
399. Bollmus 1970: 54-60; zur Beauftragung 'in aller Form' vgl. Kater 1974: 21; Biedermann 1944a: 1.
400. Zur Organisationsstruktur und Geschichte des Amts vgl. Bollmus 1970 und Baumgärtner 1977: 25-41; zum Amt Rosenberg in der Sicht der Rosenbergianer vgl. Biedermann 1944a, Biedermann 1944b.
401. Zur Wortprägung vgl. Ponti 1950.
402. Dazu kritisch Bollmus 1989.
403. Bollmus 1970: 66-71; hier 66-67.
404. Vgl. Bausinger 1987a.
405. Vgl. *Volkstum und Heimat* 3, Heft 1, Januar 1936; vgl. die in der vorliegenden Abhandlung im Kapitel "Die Abteilung Volkskunde der Reichsgemeinschaft für deutsche Volksforschung" beschriebene, auf regionaler Ebene parallel verlaufende Entwicklung in Sachsen mit der Umwandlung der von Adolf Spamer geleiteten "Landesfachstelle für Volkskunde im Reichsbund Volkstum und Heimat" in die "Gaufachstelle für Volkskunde in der Abteilung Volkstum und Heimat der NS-Kulturgemeinde (Gau Sachsen)."
406. BA NS 15/91. G.U.: Auf dem Wege zur deutschen Volkskultur. "Volkstum und Heimat" in der NS-Kulturgemeinde. *Völkischer Beobachter*, Berlin, 24.11.1934.
407. Bausinger 1987a: 136.
408. Bollmus 1970: 101-102.
409. Nach Heiber 1966: 834.
410. Brückner 1986b: 190.
411. BDC Mackensen, Lutz, geb. 15.6.1901. NSDAP-Mitglied Nr. 3 391 290 seit 1.11.1933.

412. Vgl. Brückner 1986b: 189-190.
413. UA Greifswald. Promotionsakte Nr. 931, Lebenslauf Matthes Ziegler von 1936.
414. Ebendort.
415. Ziegler 1934-1940a-c.
416. UA Greifswald. Promotionsakte Nr. 931, Lebenslauf Matthes Ziegler von 1936; vgl. Ziegler 1937 a: 10.
417. BDC Ziegler, Johann Matthäus, geb. 11.6.1911, SS-Akte, Lebenslauf vom 1.2.1935.
418. UA Greifswald. Promotionsakte Nr. 931, Lebenslauf Matthes Ziegler von 1936.
419. Brückner 1986b: 190.
420. Titelblatt des Dissertationsexemplars mit Lebenslauf (=Brückner 1986b: 189-190) in der Universitätsbibliothek Freiburg i. Br.; vgl. Ziegler 1937a und Lixfeld 1987b.
421. Vgl. Lixfeld 1987b.
422. BDC Kaiser, Karl, geb. 29.9.1906. NSDAP-Mitglied Nr. 4 104 926 seit 1.5.1937.
423. Vgl. Kater 1975; Kater 1984; Broszat 1958.
424. BA NS 8/141. Fol. 105; Bollmus 1970: 320 Anmerkung 246.
425. Brenner 1963: 18, 251 Anmerkung 29.
426. BDC Ziegler, Johann Matthäus, geb 11.6.1911, SS-Akte, Lebenslauf vom 1.2.1935.
427. Wie Anmerkung 413.
428. Wie Anmerkung 417.
429. BA NS 8/141. Fol. 105.
430. Zum Stabsamt des Reichsbauernführers Darré und zu Darrés Leitung des Rasse- und Siedlungsamtes der SS sowie zur Überstellung sämtlicher Mitglieder des Reichsnährstandes Darrés in die SS Heinrich Himmlers vgl. Kater 1974: 24-28.
431. Wie Anmerkung 417; Brückner 1988d: 36 vermutet, daß das "Namenbuch" Zieglers unter der Autorschaft Erwin Metzners (Metzner 1934, Metzner 1939) erschien.
432. UA Greifswald. Promotionsakte Nr. 931, Lebenslauf von 1936. Nach UA Jena, Bestand U Abt. IV, Nr.30, Lebenslauf von 1940, und BA NS 8/141. Fol. 103 und 105 fand die Ernennung zum (Haupt-) Schriftleiter der NS-Monatshefte schon am 1. April 1934 statt, trat nach einer in allen Zeitschriften und Zeitungen des Zentralverlags der NSDAP, Franz Eher Nachf., München, zu veröffentlichenden Bekanntmachung (BA NS 8/128. Fol. 4) aber erst zum 1. Mai 1934 in Kraft.
433. Wie Anmerkung 413.
434. Kater 1974: 21.
435. BA NS 8/141. Fol. 103.
436. BA NS 8/141. Fol. 105.
437. Wie Anmerkung 417.
438. Bollmus 1970: 290 Anmerkung 51; zur Konkurrenz der SD-Ämter für weltanschauliche Forschung und Auswertung zu Zieglers Hauptstelle bzw. späteren Amt vgl. Bollmus 1970: 274 Anmerkung 49; allerdings muß hier berücksichtigt werden, daß SS-Mitglied und gleichzeitig Rosenberg-Mitarbeiter Ziegler seit Dezember 1934 auf Anordnung des Reichsführers SS aus dem Rasse- und Siedlungsamt der SS in den Sicherheitsdienst SS (SD) überstellt worden war und seit Februar 1935 den Dienstausweis des SD führte, vgl. BDC Ziegler Johann Matthäus, geb. 11.6.1911, SS-Akte, Brief Zieglers vom 2.7.1935 an das Rasse- und Siedlungshauptamt der SS.
439. BDC Ziegler (wie oben), SS-Akte, Lebenslauf vom 10.3.1940.
440. Ebendort, Lebenslauf vom 1.2.1935.
441. Rosenberg 1934a.
442. Ziegler 1934d.
443. Vgl. Bollmus 1970: 290 Anmerkung 51.
444. Ziegler 1933.
445. BA NS 8/111. Fol. 201.
446. Ziegler 1933: 49.
447. Ziegler 1933: 61-63.
448. Bollmus 1970: 22.

449. Rosenberg 1934a: 114 (1. Buch, I, 5); vgl. Bollmus 1970: 21.
450. Ziegler 1933: 49.
451. Bollmus 1970: 22.
452. Ziegler 1933: 62.
453. Ziegler 1933: 64.
454. Ziegler 1933: 64.
455. Ziegler 1933: 65.
456. Ziegler 1933: 65-66.
457. Bollmus 1970: 215.
458. Vgl. Heilfurth 1937.
459. Vgl. Ziegler 1935c; Ziegler 1935d; Ziegler 1935e; Ziegler 1937b; Ziegler 1937c; Ziegler 1939c.
460. Vgl. Bollmus 1970: 17-26.
461. *Nationalsozialistische Monatshefte* 13, Heft 152/153, 1942: 322; vgl. Baumgärtner 1977: 260-265.
462. Vgl. Ziegler 1935f.
463. Kater 1974: 141.
464. Vgl. Bollmus 1970: 113-119.
465. Kater 1974.
466. Vgl. Rosenberg 1935a; Rosenberg 1937a.
467. Lorenzen 1942.
468. Ziegler 1934c: 1166.
469. Ziegler 1935a: 675.
470. Ebendort.
471. Ziegler 1935a: 679.
472. Ziegler 1935a: 676.
473. Ziegler 1935a: 680.
474. Ziegler 1935a: 678.
475. Naumann 1922; vgl. Dow und Lixfeld 1986: 9-10.
476. Ziegler 1935a: 675.
477. Ziegler 1934a.
478. Ziegler 1934a: 715.
479. Bach 1937: 44.
480. Ziegler 1939a: 715.
481. Ziegler 1934a: 716-717.
482. Zur Katholischen Aktion vgl. Zipfel 1965: 60-67; Rosenberg 1940: 34-40.
483. Ziegler 1935a: 679.
484. Ziegler 1935a: 683.
485. Ziegler 1933: 63-66.
486. Ziegler 1935a: 683.
487. UA Jena. Bestand U Abt. IV, Nr. 30, Lebenslauf Matthes Ziegler von 1940.
488. Vgl. Lüthi 1979: 4,23, 64-65; Leopold Schmidt 1951a: 133-137; Bockhorn 1988 und Bockhorn 1989.
489. Bollmus 1970: 273 Anmerkung 36; 308-309 Anmerkung 70; ZStA Potsdam 62 Di 1. Film 4055. Aufn. 55843-55846. Vorläufiger Aufbau der Dienststelle.
490. Spieß 1934; vgl. Spieß 1938a.
491. Ziegler 1934c: 1167.
492. Spamer 1934-1935b; Peßler 1934-1938; Haberlandt 1935b.
493. Ziegler 1936a: 11; Ziegler 1939a: 13.
494. Spieß 1934: 231.
495. Spieß 1938a: 381; Spieß 1934: 237.
496. Spieß 1934: 235, vgl. 231-232.
497. Schultz 1924; vgl. Lüthi 1979: 64.

498. Spieß 1933a.
499. Spieß 1938a: 382; Spieß 1934: 161, 167, 170.
500. Zur nationalsozialistischen Erzählforschung Zieglers vgl. Lixfeld 1987b.
501. Leopold Schmidt 1951a: 134.
502. Georg und Emma Hüsing 1932: I.
503. Ebendort: 9.
504. Bublitz 1932.
505. Georg und Emma Hüsing 1932: III.
506. Konopath 1930: 425.
507. Konopath 1930. 426.
508. Vgl. Bublitz 1932.
509. Vgl. Lixfeld 1987b.
510. Zusatz bei Ziegler 1936a: 13.
511. Ziegler 1939a: 16.
512. *Nationalsozialistische Monatshefte* 7, Heft 77, 1936: 774: "Die Volkskunde will kein 'neues Religionssystem,' keinen 'neuen Dogmatismus' schaffen, wohl aber will sie feinfühlig vom Volkstum her die Glaubenseinheit des deutschen Volkes vorbereiten helfen."
513. Ziegler 1934a: 717.
514. 1936 waren es noch drei große Gruppen: die Sachgut-, die Erzähl- und Brauchtumsforschung/Sinnbilderkunde, vgl. Ziegler 1936a: 11-12. Ziegler hatte schon 1934 die Gruppe "Sachgut" (vgl. Ziegler 1934c: 1167) als Erweiterung der von Spieß 1934 vorgelegten Gliederung empfohlen, die er bis 1939 ständig ergänzte.
515. Ziegler 1935a: 13-14.
516. Siedlungskunde und Sachgutforschung, Ziegler 1939a: 13.
517. Erzähl- und Saggutforschung, Ziegler 1939a: 13.
518. Brauchtumsforschung und Sinnbilderkunde, Ziegler 1939a: 13.
519. Volkssprache/Überliefererungsgemeinschaften, Ziegler 1939a: 14.
520. Ziegler 1939a: 14.
521. Ziegler 1939a: 15.
522. Ziegler 1939a: 15, vgl. 5; vgl. auch die Edelstein-Metapher bei Rosenberg 1934a: 614 (3. Buch, V, 2).
523. Ziegler 1939a: 15-16; Ziegler 1936a: 13.
524. Ziegler 1939a: 5; vgl. Spieß 1934: 19-20, 236.
525. Ziegler 1937a: 6.
526. Emmerich 1971: 132-161.
527. Vgl. Heilfurth 1937 und UA Jena. Bestand U Abt. IV, Nr.30, Lebenslauf Matthes Ziegler von 1940; zum Namen "Reichsarbeitsgemeinschaft" vgl. z.B. *Deutsche Volkskunde* 1, 1939: 244.
528. Vgl. zum Beispiel BA NS 8/170. Fol. 157-158, Schreiben Rosenbergs an Rust vom 6.3.1937; BA NS 8/181. Fol. 11-12, Schreiben Rosenbergs an Bormann vom 28.6.1939.
529. Ziegler 1939b: 8.
530. Ziegler 1939b: 8, Hervorhebung durch Ziegler; zur Einordnung der "Arbeitsgemeinschaft" im Amt Rosenberg vgl. z.B.: Der Reichsorganisationsleiter der NSDAP 1943: 312b.
531. BA NS 8/245. Fol. 1; BA NS 8/238. Fol. 5.
532. BA NS 8/128. Fol. 45-47; abgedruckt bei Kley 1937.
533. Ziegler 1938a: 6.
534. UA Jena. Bestand U Abt. IV, Nr. 30, Lebenslauf Matthes Ziegler von 1940.
535. Bollmus 1970: 60; vgl. jedoch Bollmus 1989.
536. Bollmus 1970: 236.
537. BA NS 8/128. Fol. 45-47.
538. BDC Henschke, Karl-Heinrich, geb. 16.10.1910. NSDAP-Mitglied Nr. 5 804 535 seit 1.5.1937.
539. BDC Thiele, Ernst Otto, geb. 23.2.1902. NSDAP-Mitglied Nr. 1 278 325 seit 1.8.1932.

540. BDC Strobel, Hans, geb. 28.11.1911. NSDAP-Mitglied Nr. 387 719 seit 1.12.1930; zu Strobel vgl. auch Gajek 1986 und Brückner 1988f: 209.
541. Strobel 1934a; vgl. Strobel 1938a: 195 Anmerkung 144.
542. BDC Haiding (Paganini), Karl, geb. 3.7.1906. NSDAP-Mitglied Nr. 332 498 seit 1.6.1933 (Nr. 26 787 seit 1923).
543. BDC Scheller, Theodor (Thilo), geb. 9.12.1897; BA NS 8/139. Fol. 74; vgl. Gajek 1990: 129; Vondung 1971: 61-62; zu den Reichsparteitagsfeiern vgl. Reimers 1979.
544. UA Jena. Bestand U Abt. IV, Nr. 30, Lebenslauf Matthes Ziegler von 1940.
545. Vgl. *Nationalsozialistische Monatshefte* 8, Heft 83, 1937: 164; *Germanen-Erbe* 2, 1937: 30.
546. *Volkstum und Heimat* 4, 1937: 61-62.
547. Vgl. Martin 1983.
548. *Volk im Werden* 5, 1937: 103.
549. *NS-Bildungswesen* 4, 1939: 45.
550. *Volk im Werden* 5, 1937: 381; 1939 traten die "Nationalsozialistischen Erziehungsanstalten" der Arbeitsgemeinschaft bei, Baumgärtner 1977: 117.
551. Vgl. Heilfurth 1937.
552. BA NS 21/281. Bericht über die 2. Sitzung der "Arbeitsgemeinschaft für deutsche Volkskunde" am 22. Oktober 1937.
553. BDC Kulke, Erich, geb. 3.1.1908. NSDAP-Mitglied Nr. 4 827 122 seit 1.5.1937.
554. Wie Anm. 552. Diese fünf Arbeitsgrundsätze sind auch abgedruckt bei Kulke 1939a: 18; zur Arbeit der nationalsozialistischen Bauernhofforschung vgl. auch Freckmann 1982, besonders 174-175, und Freckmann 1985.
555. Deutsche Volkskunde im Schrifttum 1938.
556. BA NS 21/281. Bericht über die zweite Sitzung [...] am 22.10.1937.
557. BA NS 21/293. Aus der Arbeitsgemeinschaft für Deutsche Volkskunde. Mit Begleitschreiben der NSDAP, Reichsleitung, Der Beauftragte des Führers [...] vom 24.9.1937 an Ahnenerbe, Wolfram Sievers, gesandt.
558. BDC Bebermeyer, Gustav, geb. 16.10.1890. NSDAP-Mitglied Nr. 2 090 576 seit 1.5.1933; vgl. Hesse and Schröter 1985; Jeggle 1988c.
559. BDC Diewerge, Heinz, geb. 14.1.1909. NSDAP-Mitglied Nr. 3 445 244 seit 1.4.1934.
560. BDC Fehrle, Eugen, geb. 7.8.1880. NSDAP-Mitglied Nr. 729 466 seit 1.12.1931; vgl. Assion 1982; Assion 1985.
561. BDC Fischer, Georg, geb. 4.1.1897. NSDAP-Mitglied Nr. 2 445 985 seit 1.5.1933; Alzheimer 1989.
562. BDC Freudenthal, Herbert Johann Wilhelm August, geb. 9.7.1894. NSDAP-Mitglied Nr. 2 731 981 seit 1.5.1933.
563. BDC Heilfurth, Gerhard Friedrich, geb. 11.7.1909. NSDAP-Mitglied Nr. 2 960 284 seit 1.5.1933.
564. BDC Kaiser, Karl, geb. 23.9.1906. NSDAP-Mitglied Nr. 4 104 926 seit 1.5.1937.
565. BDC Meyer, Gustav Friedrich, geb. 28.2.1878. NSLB-Mitglied Nr. 307 739 seit 20.9.1934.
566. BDC Schier, Bruno, geb. 17.2.1902. Mitglied der Sudetendeutschen Partei Nr. 139 338 seit 15.9.1934; NSDAP-Mitglied Nr. 5 450 848 seit 15.7.1937.
567. BDC Wähler, Martin, geb. 5.5.1889. NSDAP-Mitglied Nr. 4 493 015 seit 1.5.1937.
568. Vgl. Rothert 1937; L. 1937; Emil Lehmann 1937.
569. Die "Nordische Gesellschaft" war Rosenbergs "Außenpolitischen Amt" in der Reichsleitung der NSDAP untergeordnet, vgl. Baumgärtner 1977: 17-19.
570. Strobel 1938b; Strobel 1937a; vgl Schmitt 1987.
571. Thiele 1938a.
572. Schier 1938a; Schier 1937b.
573. Hanika 1938; BDC Hanika, Josef, geb. 30.10.1900, Mitglied der Sudetendeutschen Partei Nr. 1 023 986 seit 1.1.1938.
574. Fehrle 1938c.

575. Haberlandt 1938a; BDC Haberlandt, Arthur, geb. 9.3.1889.
576. Helm 1938; BDC Helm, Rudolf, geb. 22.8.1899. NSDAP-Mitglied Nr. 8 210 910 seit 1.10.1940.
577. Orend 1938a.
578. Siegfried Lehmann 1938; BDC Lehmann, Siegfried, geb. 18.3.1906, SS-Mitglied Nr. 291 028.
579. Plassmann 1938d; BDC Plassmann, Josef Otto, geb. 12.6.1895. SS-Mitglied Nr. 278 272.
580. *Nationalsozialistische Monatshefte* 8, Heft 89, 1937: 749.
581. Wie Anmerkung 552.
582. Kulke 1939d; vgl. Kulke 1939.
583. Kulke 1939f: 103.
584. Vgl. "Das Plädoyer von 1926 für ein Forschungsinstitut für deutsche Volkskunde" bei Lixfeld 1989: 115-118.
585. Kulke 1939f: 102.
586. Kulke 1939f: 103; Hervorhebung durch Kulke.
587. Kulke 1939f: 103; Hervorhebung durch Kulke, der sich hier auf das Gesetz vom 14.7.1933 über die "Neubildung deutschen Bauerntums" bezieht; zur politischen Funktion der Blut- und Boden-Ideologie Darrés vgl. Corni 1989.
588. Vgl. zum Beispiel Söhrnsen-Petersen 1937.
589. Kulke 1941b: 129.
590. Kulke 1938b.
591. Kulke 1938c.
592. Abbildungen bei Lindner, Kulke und Gutsmiedl 1938: 231.
593. Kulke 1938b: 219.
594. Ebendort.
595. Vgl. hierzu den Plan für das Gebäude der Hohen Schule am Chiemsee im Kapitel der vorliegenden Abhandlung "Aufstieg und Niedergang von Rosenbergs Reichsinstitut."
596. Kulke 1938c.
597. Wie Anmerkung 552.
598. Kulke 1938c: 190.
599. Kulke 1938c: 188.
600. Vgl. Kulke 1938c: 191.
601. Vgl. Scharf 1985.
602. Kulke 1938c: Abbildungen 5 und 6.
603. Hervorhebung bei Kulke 1938c: 186.
604. Kulke 1938c: 187.
605. Hervorhebungen bei Kulke 1938c: 191-192.
606. Vgl. Freckmann 1982; Freckmann 1985.
607. Kulke 1938b: 219.
608. Vgl. Kulke 1939e: 235, 237, 253, 256-262, 270-271, 277, 279-297.
609. Vgl. Kulke 1938c: Abbildungen; Lindner, Kulke und Gutsmiedl 1938: 231 und öfter.
610. *Deutsche Volkskunde* Jahrgang 1, 1939 - Jahrgang 6, Heft 1/2, 1944.
611. Vgl. *Nationalsozialistische Monatshefte* 10, Heft 107, 1939: 166; zu Fischer vgl. Anmerkung 561 und Alzheimer 1989.
612. UA Jena, DDR. Bestand U Abt. IV Nr. 30. Lebenslauf Ziegler (1940).
613. BA NS 21/281. Bericht über die zweite Sitzung der "Arbeitsgemeinschaft für deutsche Volkskunde" am 22. Oktober 1937.
614. Vgl. Baumgärtner 1977: 94, 130-133.
615. Bollmus 1970: 124.
616. BA NS 21/281. Bericht über die zweite Sitzung der "Arbeitsgemeinschaft für deutsche Volkskunde" am 22. Oktober 1937.
617. Heiber 1968: 12; zur Charakterisierung Himmlers vgl. auch Fest 1963b: 156-174.
618. Zum Lebenslauf Himmlers siehe Heiber 1968: 9-15; Ackermann 1970: 17-39; Ackermann 1989.

619. Himmlers Aufstieg setzt sich weiterhin steil fort. 1928 vertritt er als stellvertretender Reichspropagandaleiter Hitler persönlich. 1933 wird er Reichsleiter der NSDAP, 1936 Chef der gesamten deutschen Polizei, 1939 Reichskommissar für die Festigung deutschen Volkstums, 1943 Reichsminister des Innern und Generalbevollmächtigter für die Reichsverwaltung, 1944 Oberbefehlshaber des Ersatzheeres und Chef der Heeresrüstung. Ihm unterstanden die Allgemeine SS, die Waffen SS, die Umsiedlung der Volksdeutschen und die Aussiedlungen aus den eroberten Gebieten, die Sicherheits- und die Ordnungspolizei, der Trust der SS-Wirtschaftsunternehmen, die gesamte Verwaltungsbürokratie des Reiches, der Länder und der neuen "Reichsgaue", der militärische und der "zivile" Nachrichtendienst, die Ersatz- und Ausbildungseinheiten des Heeres in der Heimat und die Heeresrüstung sowie teilweise der Volkssturm. Zu den Machtposten Himmlers siehe Heiber 1968: 15.
620. Heiber 1968: 13; vgl. Ackermann 1989: 124-125.
621. Oesterle 1988: 39.
622. Kater 1974: 18.
623. Kater 1974: 47.
624. Kater 1974: 50.
625. Kater 1974: 18.
626. Ebendort.
627. Ackermann 1970: 36; vgl. Ackermann 1989: 126-129.
628. Hunger 1984: 415.
629. Siehe Hannjost Lixfeld, Weltanschauung und politische Zielsetzung in Alfred Rosenbergs "Mythus des 20. Jahrhunderts," in diesem Band.
630. Ackermann 1970: 40; Ackermann 1989: 125.
631. BA NS 19/320. Plan der Reichsführung-SS zur Erschließung des germanischen Erbes, undatiert (1937), abgedruckt als Dokument 8 in Ackermann 1970: 253-255, hier 254.
632. Ebendort: 255.
633. Zitiert nach Ackermann 1970: 42.
634. Kater 1974: 18.
635. Auszug aus einer Rede Himmlers anläßlich der Hochzeit des SS-Obersturmführers Luitpold Schallmeier vom 4.3.1937, zitiert nach Dokument 16 in Ackermann 1970: 261-262, hier 261; vgl. Ackermann 1989: 128.
636. Zitiert nach Kater 1974: 54.
637. Kater 1974: 56.
638. Ebendort.
639. BA NS 17/120. "Kultische Höhepunkte im Leben eines konfessionell nicht gebundenen SS-Angehörigen. Streng vertraulich. Der Aufbau des kultischen Brauchtums in der SS," zitiert nach Hunger 1984: 144.
640. Zum Ritus der Namensweihe vgl. ausführlich Ackermann 1970: 84-88.
641. Ackermann 1970: 85 und Abbildung 4.
642. Ackermann 1970: 88.
643. Ackermann 1970: 87.
644. BA NS 19/HR3. Rede Himmlers anläßlich der SS-Gruppenführerbesprechung vom 8.11.1936 in Dachau, zitiert nach Dokument 7 in Ackermann 1970: 242-253, hier 245.
645. Ebendort.
646. Ackermann 1970: 83.
647. BA NS 19/HR3. Rede Himmlers anläßlich der SS-Gruppenführerbesprechung vom 8.11.1936 in Dachau, zitiert nach Dokument 7 in Ackermann 1970: 242-253, hier 250.
648. Kater 1974: 56.
649. Hunger 1984: 145.
650. Kater 1974: 53; Ackermann 1970: 11.
651. Kater 1974: 53.
652. Kater 1974: 19.

653. Kater 1974: 47.
654. BA NS 19/1850. Denkschrift [1944]. Die Forschungs- und Lehrgemeinschaft "Das Ahnenerbe." Aufgaben und Aufbau; vgl. Kater 1974: 50.
655. BA NS 19/320. Plan der Reichsführung-SS zur Erschließung des germanischen Erbes, undatiert (1937), abgedruckt als Dokument 8 in Ackermann 1970: 253-255.
656. Ebendort: 254; vgl. Ackermann 1970: 42.
657. BA NS 19/320. Plan der Reichsführung-SS zur Erschließung des germanischen Erbes, undatiert (1937), abgedruckt als Dokument 8 in Ackermann 1970: 253-255, hier 254, kursive Hervorhebungen im Original unterstrichen.
658. Ackermann 1970: 55.
659. Ackermann 1970: 43.
660. Georg 1963: 15; die nicht aus wirtschaftlichen Erwägungen, sondern weltanschaulichen Zielsetzungen Himmlers gegründeten kulturpolitischen Wirtschaftsunternehmungen der SS wie das AE "gingen sämtlich mehr oder weniger auf die persönliche Initiative Himmlers zurück," was "organisatorisch [...] zur Folge [hatte], daß [sie ...] sämtlich dem sogenannten Persönlichen Stab Reichsführer-SS unterstellt wurden." Der Persönliche Stab RFSS wurde später eines der 12 Hauptämter und zentrale Befehlsstelle der Reichsgeschäftsführung-SS, ebendort: 14, vgl. 32 Anm. 76.
661. Plaßmann 1936b: 130-133, hier 132.
662. Kursive Hervorhebungen bei Plaßmann 1936b: 133 unterstrichen.
663. Kater 1974: 455; bei Kater 1974: 366 Anm. 162 sind die Vertreter Darrés genauer mit Funktionen benannt: Dr. Hermann Reischle, Hauptamtsleiter im Reichsnährstand; Dr. Adolf Babel, Geschäftsführer der Hauptabteilung Rasseamt (RA) II im Rasse- und Siedlungs-Amt (RuS); George Ebrecht, seit Mai 1935 im RuS-Amt, zuerst als Stabsführer des Rasseamtes, dann, vom 1.4.1937 - 30.7.1938, als Stabsführer des Rasse- und Siedlungshauptamtes (RuSHA); Erwin Metzner, Stabhauptabteilungsleiter F im Reichsnährstand; Dr. Richard Hintmann, Hauptabteilungsleiter, Stabsamt des Reichsbauernführers.
664. Ackermann 1970: 35-36, 53-54; Ackermann 1989.
665. Kater 1974: 25; zu seinem Werdegang vgl. Kater 1974: 24-28; Corni 1989.
666. Kater 1974: 12; Wirth hatte niederländische Philologie, Germanistik, Geschichte, Musikwissenschaft studiert und 1910 bei John Meier mit einer Arbeit über den "Untergang des niederländischen Volksliedes" promoviert, Kater 1974: 11; näheres zu seinem Werdegang und Wirken im AE siehe Kater 1974: 11-16 und 41-42; vgl. ferner Hunger 1984: 180-203, und Oesterle 1988: 37-42.
667. Kater 1974: 13-15.
668. Oesterle 1988: 39.
669. Kater 1974: 15-16; vgl. Hübner 1934.
670. Sowohl Himmler wie Darré zweifelten zum damaligen Zeitpunkt nicht an ihrer Echtheit, Kater 1974: 26.
671. Kater 1974: 7.
672. Ebendort.
673. Kater 1974: 42.
674. Kater 1974: 27.
675. Kater 1974: 40.
676. Zum Werdegang Wolfram Sievers vgl. Kater 1974: 28-36, und Oesterle 1988: 30-34.
677. Satzung vom 1.7.1935, zitiert nach Kater 1974: 27; nach Kater 1974: 25 entstammte der Begriff "Geistesurgeschichte" dem völkischen Vokabular Herman Wirths.
678. Kater 1974: 42 und 455.
679. Kater 1974: 455; hier war das AE Reinerth und Rosenberg zuvorgekommen.
680. Kater 1974: 45.
681. Kater 1974: 46.
682. Vgl. Plaßmann 1938c.

683. Kater 1974: 42.
684. Kater 1974: 37-41.
685. Dr. Wilhelm Kinkelin trat im Mai 1936 ins Präsidium des AE ein, Kater 1974: 27. Der SS-Standartenführer, 1937 Hauptabteilungsleiter im Stabsamt des Reichsnährstands, bekleidete noch zur Zeit der zweiten Satzung 1937 das Amt des stellvertretenden Präsidenten und vertrat somit Wüst; Gründungsmitglied Reischle war zu dieser Zeit stellvertretender Vorsitzender des Kuratoriums und vertrat Himmler; Gründungsmitglied Metzner war Mitglied des Kuratoriums, BA NS 21/17. Aufbau- und Arbeitsplan "Das Ahnenerbe," undatiert [1937]; vgl. die diesem Plan vorausgehende Fassung, ebendort. Wüst, 15.7.37, Arbeitsplan "Das Ahnenerbe."
686. Kater 1974: 40-41.
687. Kater 1974: 39.
688. Vgl. Kater 1974: 66-67.
689. Kater 1974: 37; seit 1936 war es Wolfram Sievers bereits gelungen, auch DFG-Gelder für das Ahnenerbe zu erwirken und damit den Weg zu größerer Unabhängigkeit vom Reichsnährstand zu ebnen, Kater 1974: 37, Anm. 7; das war auch insoweit notwendig, als das "Ahnenerbe" statt eines eigenen SS-Etats nur unregelmäßige Zuwendungen von hier erhielt, so daß es auf die Mittel von DFG und Ahnenerbe-Stiftung angewiesen blieb, Kater 1974: 91, bis es schließlich 1942 als SS-Amt vom Parteietat profitierte, Kater 1974: 303.
690. Kater 1974: 43, zu seinem Werdegang vgl. besonders 43-45.
691. Kater 1974: 45.
692. Kater 1974: 43.
693. Kater 1974: 45 und 455.
694. Kater 1974: 455; vgl. auch die Reden und Beiträge zur Eröffnung der Pflegstätte in "*Germanien*," Wüst 1936a; Plaßmann 1936c; Reischle 1936a und b; Teudt 1936; Sievers 1936.
695. Kater 1974: 45-46 und 456.
696. BA NS 21/669. Wüst, Arbeitsbericht 1.1.37-31.3.38.
697. Kater 1974: 65; seit 1939 wurde der Verein offen als Dienststelle der SS geführt, Kater 1974: 91; ab April 1942 ist er als Amt A innerhalb des Hauptamtes Persönlicher Stab, Reichsführer SS, offiziell zum SS-Amt erhoben, Kater 1974: 302 und 463; zum Werdegang des damaligen SS-Gruppenführers Oswald Pohl, des Leiters des Verwaltungsamtes-SS, und der organisatorischen Entwicklung seines Amtes siehe Georg 1963: 25-33, 124-129.
698. Kater 1974: 66, vgl. 91.
699. Zusammengestellt nach BA NS 21/17. Aufbau- und Arbeitsplan "Das Ahnenerbe," undatiert [1937], und Kater 1974: 455-457; als einzige wird Wüsts Abteilung hier bereits als Lehr- und Forschungsstätte bezeichnet; am 8.3.1938 wird sie schließlich umbenannt in "Lehr- und Forschungsstätte für indogermanisch-arische Sprach- und Kulturwissenschaft."
700. Satzung vom 11.3.37, § 8, zitiert nach Kater 1974: 59; vgl. BA NS 21/567. Niethammer, 31.3.37, Wirtschaftsprüfungsbericht.
701. Kater 1974: 456 und 58-65, hier 59.
702. Kater 1974: 60 und 456.
703. BA NS 21/567. Niethammer, 31.3.37, Wirtschaftsprüfungsbericht; vgl. Kater 1974: 60 und 456.
704. Zitiert nach BA NS 21/567. Niethammer, 31.3.37, Wirtschaftsprüfungsbericht.
705. Kater 1974: 61, 64-65 und 457.
706. BDC Plaßmann, Joseph Otto, geb. 12.6.1895. Personalakte Plaßmann. Plaßmann, 27.1.37, an Galke, die folgenden Zitate beziehen sich auf dieses Dokument.
707. Kater 1974: 62-63.
708. Kater 1974: 63.
709. Kater 1974: 64; vgl. Brednich 1983: 92.
710. BA NS 21/17. Die folgenden Zitate beziehen sich auf dieses Dokument.
711. Über Harmjanz siehe Heiber 1966: 647-653; vgl. Bollmus 1970: 212-218; Hannjost Lixfeld, Rosenbergs "braune" und Himmlers "schwarze" Volkskunde im Kampf um die Vorherrschaft, in diesem Band.

712. Plaßmann 1936a. Vgl. die Beiträge zur Neueröffnung der Pflegstätte in "*Germanien*," Wüst 1936a; Plaßmann 1936c; Reischle 1936a und b; Teudt 1936; Sievers 1936.
713. BA NS 21/17. Wüst, 15.7.37, Arbeitplan "Das Ahnenerbe:" S. 8-8a (Aufgabe, Aufbau, Ziel).
714. Ebendort. Aufbau und Arbeitsplan "Das Ahnenerbe," undatiert [1937]: S. 15.
715. BA NS 21/669. Wüst, Arbeitsbericht Ahnenerbe 1.1.37-31.3.38: S. 3. Vom 1.4.37 bis zum 31.3.38 verfügt diese Pflegstätte immerhin über einen Etat von rund 17.500 Mark - damit ist sie einer der größeren Posten im Haushalt des AE. Sieht man von Wirths Abteilung für Schrift- und Sinnbildkunde ab, wendet das AE unter den geisteswissenschaftlichen Abteilungen für sie die meisten Mittel auf.
716. Ebendort: S. 6-7.
717. Ebendort: S. 6.
718. Wüst 1936a: 369.
719. BA NS 21/669. Wüst, Arbeitsbericht Ahnenerbe 1.1.37-31.3.38.
720. Kater 1974: 134.
721. BA NS 21/669. Wüst, Arbeitsbericht Ahnenerbe 1.1.37-31.3.38: S. 7.
722. Ebendort: S. 5.
723. Im April 1938 wird Plaßmann die Ernennung zum Leiter der Abt. I. "Germanische Kulturwissenschaft und Landschaftskunde" im Rahmen der "Forschungsstätte für Germanenkunde" mitgeteilt, BDC Plaßmann, Joseph Otto, geb. 12.6.1895. AE-Personalakte Plaßmann. Wüst, 6.4.38, an Plaßmann; dieser Auftrag lag nicht nur deshalb nahe, weil Plaßmann einst Gründungsmitglied gewesen war, ebendort. Plaßmann, 11.2.37, "Weltanschaulicher und politischer Lebenslauf;" Plaßmann hatte bereits beim Übergang der Pflegstätte an das Ahnenerbe die Hände im Spiel gehabt und war zum 1. März 1936 Hauptschriftleiter der ehemaligen Pflegstätten-Zeitschrift "*Germanien*" geworden, die nun zum ersten Sprachrohr des SS-Ahnenerbes wurde, BDC Personalakte Plaßmann. Rasse- und Siedlungshauptamt, RuS-Fragebogen, Handschriftlicher Lebenslauf Plaßmanns 1944.
724. BA NS 21/666. Denkschrift 1939. Die Forschungs- und Lehrgemeinschaft "Das Ahnenerbe." Werden, Wesen, Wirken, 1.4.39: S.9.
725. BA NS 19/1850. Denkschrift [1944]. Die Forschungs- und Lehrgemeinschaft "Das Ahnenerbe." Aufgaben und Aufbau.
726. BA NS 21/17. Wüst, 15.7.37, Arbeitplan "Das Ahnenerbe."
727. BA NS 21/669. Wüst, Arbeitsbericht Ahnenerbe 1.1.37-31.3.38.
728. Kater 1974: 112.
729. Kater 1974: 91-92.
730. Kater 1974: 92, die Umbenennung hat auf die Machtbefugnisse Himmlers und Wüsts keinen Einfluß.
731. BA NS 21/17. Aufbau- und Arbeitsplan "Das Ahnenerbe," undatiert [1937], dort hat der Reichsgeschäftsführer bereits alle wesentlichen Verwaltungsaufgaben wie Organisation, Leitungswesen, Satzungen ausarbeiten etc. in der Hand.
732. BA NS 21/666. Denkschrift 1939. Die Forschungs- und Lehrgemeinschaft "Das Ahnenerbe." Werden, Wesen, Wirken.
733. Zitiert nach BA NS 21/567. Niethammer, 31.3.37, Wirtschaftsprüfungsbericht.
734. Zitiert nach ebendort. Hohberg, 31.3.40, Wirtschaftsprüfungsbericht; vgl. "*Germanien*" 11, 1939: 91.
735. Himmler, 10.12.1937, an Wüst, zitiert nach Kater 1974: 47.
736. Wüst 1942b: 53-91, hier 71.
737. Wüst 1942b: 71-72.
738. Wüst 1942b: 78.
739. Wüst 1942b: 79.
740. BA NS 21/17. Wüst, 15.7.37, Arbeitplan "Das Ahnenerbe;" vgl. auch ebendort. Aufbau- und Arbeitsplan "Das Ahnenerbe," undatiert [1937].
741. BA NS 21/669. Wüst, Arbeitsbericht Ahnenerbe 1.1.37-31.3.38: S. 5.

742. Ebendort: S. 3.
743. Ebendort: S. 11.
744. BA NS 21/666. Denkschrift 1939. Die Forschungs- und Lehrgemeinschaft "Das Ahnenerbe." Werden, Wesen, Wirken.
745. 1938 bestehen insgesamt 8 LuFs, 4 sind in Planung, BA NS 21/669. Wüst, Arbeitsbericht Ahnenerbe 1.1.37-31.3.38; 1939 sind 24 LuFs genannt, BA NS 21/666. Denkschrift 1939. Die Forschungs- und Lehrgemeinschaft "Das Ahnenerbe." Werden, Wesen, Wirken; Wüsts Lehr- und Forschungsstätte für Wortkunde wurde am 8.3.38 umbenannt in Lehr- und Forschungsstätte für indogermanisch-arische Sprach- und Kulturwissenschaft, Kater 1974: 457; Harmjanz wird im Herbst 1938 Mitarbeiter des Ahnenerbes, seine Lehr- und Forschungsstätte für Volkskunde und Volksforschung wird im Frühjahr 1939 gegründet, nachdem er zuvor zum Ordinarius für Volkskunde an der Universität Frankfurt a.M. berufen worden war; in Frankfurt soll auch die schon "bisher von Harmjanz durchgeführte Herausgabe des 'Atlas der deutschen Volkskunde' [...] weitergeführt [werden], nachdem die Herausgabe und die gesamten Materialien des 'Atlas der deutschen Volkskunde' dem 'Ahnenerbe' übertragen wurden," BA NS 21/309. Wüst, 2.4.39, an Himmler; vgl. Hannjost Lixfeld, Rosenbergs "braune" und Himmlers "schwarze" Volkskunde im Kampf um die Vorherrschaft, in diesem Band; vgl. Kater 1974: 458; zur Gründung der einzelnen LuFs vgl. Kater 1974: 455-458; zu Martin Rudolph vgl. Kater 1974: 95-96.
746. Vgl. Gerndt 1987; Oesterle 1988; Schwinn 1989.
747. Zu Harmjanz vgl. Heiber 1966: 647-653; Bollmus 1970: 212-218; Oesterle 1987: 89; Hannjost Lixfeld, Rosenbergs "braune" und Himmlers "schwarze" Volkskunde im Kampf um die Vorherrschaft, in diesem Band; zu Wolfram vgl. Bockhorn 1987: 229-237, hier 231-232; Bockhorn 1989; Kap. II.2. im vorliegenden Band.
748. Vgl. Oesterle 1988: 75-97.
749. Kater 1974: 46.
750. Die Angaben zum Lebenslauf sind den nachstehend aufgeführten Quellen entnommen, BDC Plaßmann, Joseph Otto, geb. 12.6.1895. Personalakte Plaßmann. Rasse- und Siedlungshauptamt, RuS-Fragebogen, Handschriftlicher Lebenslauf 1944; BDC AE-Personalakte Plaßmann. Plaßmann, 11.2.37, "Weltanschaulicher und politischer Lebenslauf;" BDC REM-Personalakte Plaßmann. Bd. 1, Nov. 1943 -: fol. 5353-5355; siehe auch Kater 1974: 46; eine ausführliche Darstellung von Biographie und akademischer Laufbahn siehe bei Gajek 1991: 121-155. Esther Gajek hat insbesondere die BDC Personalakten Plaßmann ausgewertet, aus der sie einige wichtige Belegstellen detailliert zitiert, u.a. aus dem "Weltanschauliche[n] und politische[n] Lebenslauf," Gajek 1991: 123-127. Gajeks Arbeit entstand parallel zu der vorliegenden Untersuchung, so daß ihre Ergebnisse nur noch in den Anmerkungen berücksichtigt werden konnten.
751. BDC AE-Personalakte Plaßmann. Plaßmann, 11.2.37, "Weltanschaulicher und politischer Lebenslauf."
752. BDC Personalakte Plaßmann. Rasse- und Siedlungshauptamt, RuS-Fragebogen, Handschriftlicher Lebenslauf 1944.
753. BDC AE-Personalakte Plaßmann. Wolfram Sievers, 11.9.36, an Himmler über Galke, "Ausbau unserer Zeitschrift 'Germanien.'"
754. BDC Personalakte Plaßmann. Rasse- und Siedlungshauptamt, RuS-Fragebogen, Handschriftlicher Lebenslauf Plaßmanns 1944; vgl. ferner BDC AE-Personalakte Plaßmann. Plaßmann, 11.2.37, "Weltanschaulicher und politischer Lebenslauf."
755. Siehe auch die Vorgänge um die Entmachtung Wirths als Vorsitzender des AE, BDC AE-Personalakte Plaßmann. Plaßmann, 27.1.37, an Galke. Betr. Gespräch Erwin Metzner (= Siegelbewahrer des Reichsbauernrates) mit Plaßmann über den Ausbau des AE, Wirth, Wüst, Haverbeck, Weigel.
756. Ebendort. Galke, 19.9.36, an RFSS, "Ausbau der Zeitschrift 'Germanien', Halbtagsweise Beurlaubung des Hauptschriftleiters im Stabsamt des Reichsbauernführers, Dr. J. Plaßmann."

757. Ebendort. Wolff, 12.10.36, an Reischle: "Der Reichsführer SS lässt Sie bitten, Dr. Plaßmann halbtags zu beurlauben, damit [...]."
758. Ebendort. Reischle, 17.10.36, an Wolff, Chefadjutant des RFSS.
759. Ebendort. Galke, 19.11.36, an Wolff.
760. Ebendort. Wolff, 18.12.36, an Rasse- und Siedlungshauptamt-SS.
761. Plaßmann 1936a.
762. BDC AE-Personalakte Plaßmann. Plaßmann, 16.4.37, Denkschrift als "Führer der Geschäfte RA II," Tätigkeit der Hauptabt. II.
763. Ebendort. Wolfram Sievers, 5.5.37, an Galke.
764. BDC AE-Personalakte Plaßmann; vgl. auch BA NS 21/713. Undatierte Aufgabenbeschreibung der Pflegstätte für Märchen- und Sagenkunde, gez. Pl.; teilweise abgedruckt bei Gajek 1991: 129.
765. Vgl. BA NS 21/17. Wüst, 15.7.37, Arbeitsplan "Das Ahnenerbe;" außerdem ebendort. Aufbau- und Arbeitsplan "Das Ahnenerbe," undatiert [1937].
766. BDC Personalakte Plaßmann. Wüst, AE, 27.9.37, an Galke, Persönlicher Stab RFSS, Abt. Wirtschaftliche Hilfe, "Wissenschaftliche Beurteilung des Dr. Plassmann."
767. Vgl. Plaßmann 1936b.
768. BA NS 21/17. Aufbau und Arbeitsplan "Das Ahnenerbe," undatiert [1937]: S. 34-35 (*Germanien*), 38 (*Nordland*), 40 (*FM-Zeitschrift*), 42 (*Das Thema von morgen*).
769. Ebendort: S. 38; zur Zielsetzung von "*Nordland*" vgl. ferner BA NS 21/17. Wüst, 15.7.37, Arbeitsplan "Das Ahnenerbe:" S. 31-32; zu "*Nordland*" außerdem BA NS 21/669. Wüst, Arbeitsbericht Ahnenerbe 1.1.37-31.3.38; vgl. auch Kater 1974: 106-107.
770. BA NS 21/17. Aufbau und Arbeitsplan "Das Ahnenerbe," undatiert [1937]: S. 40; vgl. ferner: ebendort. Wüst, 15.7.37, Arbeitsplan "Das Ahnenerbe:" S. 33-34; außerdem BA NS 21/669. Wüst, Arbeitsbericht Ahnenerbe 1.1.37-31.3.38.
771. BA NS 21/17. Aufbau und Arbeitsplan "Das Ahnenerbe," undatiert [1937]: S. 42.
772. Plaßmann 1940b.
773. Plaßmann 1940a.
774. Plaßmann 1940c.
775. BA NS 21/17. Aufbau- und Arbeitsplan "Das Ahnenerbe," undatiert [1937]: S. 35; ebendort. Wüst, 15.7.37, Arbeitsplan "Das Ahnenerbe:" S. 28-30.
776. Ebendort. Wüst, 15.7.37, Arbeitsplan "Das Ahnenerbe:" S. 30.
777. BDC AE-Personalakte Plaßmann. Himmler, 1.2.37, an Plaßmann.
778. BA NS 21/669. Wüst, Arbeitsbericht Ahnenerbe 1.1.37-31.3.38: S. 13.
779. Plaßmann 1937a.
780. Plaßmann 1937d.
781. Plaßmann 1938b.
782. Plaßmann 1939a.
783. Plaßmann 1938a.
784. Plaßmann 1939b.
785. Plaßmann 1940d.
786. Plaßmann 1940e.
787. Plaßmann 1941a.
788. Plaßmann 1942a.
789. BDC REM-Personalakte Plaßmann: fol. 5373-5380, Veröffentlichungsliste 1925-1942.
790. Ebendort. Die Liste nennt für einen Zeitraum von achtzehn Jahren neunzig Veröffentlichungen, darunter siebzehn Bücher. Seine Beiträge in populären, nicht-"wissenschaftlichen" Zeitschriften - wie den SS-Leitheften und der FM-Zeitschrift - sind hier nicht mitgerechnet; dazu kommen seit 1933 achtundsiebzig Buchbesprechungen für "*Germanien.*" Vgl. auch die von Esther Gajek zusammengestellte Plaßmann-Bibliographie, Gajek 1991: 142-154.
791. Siehe BDC REM-Personalakte Plaßmann: fol. 5373-5380, Veröffentlichungsliste 1925-1942; vgl. Kater 1974: 105-107, der "Germanien" jede Wissenschaftlichkeit abspricht. Gajek folgt Katers

Argumentation, indem sie annimmt, daß die Zeitschrift "in Fachkreisen [...] nicht geschätzt" worden sei, Gajek 1991: 128.

792. Plaßmann 1936b.
793. BDC REM-Personalakte Plaßmann: fol. 5373-5380, Veröffentlichungsliste 1925-1942.
794. Ebendort.
795. Plaßmann 1941b.
796. Plaßmann 1937b.
797. Huth 1938.
798. BA NS 21/669. Wüst, Arbeitsbericht Ahnenerbe 1.1.37-31.3.38: S. 13; 1935 hatte "*Germanien*" erst 2000 Abonnenten, Kater 1974: 109.
799. BDC AE-Personalakte Plaßmann. Wolfram Sievers, AE, 4.3.40, an Plaßmann.
800. BA NS 21/669. Wüst, Arbeitsbericht Ahnenerbe 1.1.37-31.3.38: S. 13 und 3 (Haushaltsmittel).
801. BDC AE-Personalakte Plaßmann. Plaßmann, 16.4.37, Denkschrift als "Führer der Geschäfte RA II."
802. Ebendort. Wolfram Sievers, AE, 27.4.37, an Galke, Persönlicher Stab RFSS.
803. Ebendort. Die Denkschrift Plaßmanns als "Führer der Geschäfte RA II" vom 16.4.37 sandte Wolfram Sievers am 5.5.37 an Galke mit der Bemerkung, daß er diese Arbeit auch für das Ahnenerbe für "richtungweisend" hält.
804. Ebendort. Galke, Persönlicher Stab RFSS, 13.5.37, an RFSS; vgl. ferner Aktenvermerk Wolfram Sievers, AE, 5.8.37, sowie Galke, Persönlicher Stab RFSS, 6.8.37, an RFSS.
805. Ebendort. Plaßmann, 27.1.37, an Galke, Persönlicher Stab RFSS.
806. Schon bei Plaßmanns Wechsel vom Stabsamt des Reichsbauernführers zum Rasse- und Siedlungshauptamt-SS freuten sich Kollegen ganz offen über seinen Weggang, siehe hierzu ebendort. Plaßmann, Germanien, 5.11.36, an AE.
807. Ebendort. Aktenvermerk Plaßmann, 11.9.37.
808. Ebendort. Galke, Persönlicher Stab RFSS, 6.8.37, an RFSS.
809. Ebendort. Wüst, AE, 27.9.37, an Galke, Persönlicher Stab RFSS, "Wissenschaftliche Beurteilung des Dr. Plassmann."
810. Ebendort. Galke, Persönlicher Stab RFSS, 3.11.37, an RFSS.
811. Ebendort. Wolff, Persönlicher Stab RFSS, 13.11.37, an Galke, Persönlicher Stab RFSS. Plaßmann hätte bereits Anfang 1939 um Wiederaufnahme in die SS ersuchen dürfen. Zum 1.7.40 trat er mit seinem alten Rang als Hauptsturmführer wieder in die SS ein. 1941 wurde er zum Sturmbannführer befördert, 1944 zum Obersturmbannführer, BDC Personalakte Plaßmann. Karteikarte SS-Offizier, Mitgliedsnummer 278 272; vgl. Gajek 1991: 131.
812. Vgl. z.B. Plaßmann 1937c; Kummer hatte Plaßmann vorgeworfen, 1925 im Katholischen Literaturkalender aufgeführt zu sein. Zum Fall Kummer/Plaßmann vgl. auch BDC AE-Personalakte Plaßmann. Aktennotiz Rampf, AE, 2.2.38, und Wolfram Sievers, AE, 2.1.38, an Löw.
813. BDC AE-Personalakte Plaßmann. Wolfram Sievers, AE, 2.1.38, an Löw.
814. Plaßmann hatte sich bei diesem Schlagabtausch auf die Seite Höflers geschlagen, ihm nicht nur breiten Raum für den Streit mit Kummer in der von ihm redigierten Zeitschrift "*Germanien*" eingeräumt, sondern sich auch selbst daran beteiligt. Zur Auseinandersetzung Kummer/Höfler siehe die Magisterarbeit von Barbara Schier, Schier 1990: 43-115, hier 75-78; vgl. auch Hunger 1984: 422-426.
815. Bernhard Kummer, "Erklärung, 1.4.38," "*Germanien*" 10, 1938: 144; vgl. Schier 1990: 78; zur Biographie Kummers vgl. Schier 1990: 71-73.
816. BDC AE-Personalakte Plaßmann. Wüst, AE, 6.4.38, an Plaßmann.
817. Ebendort. Wüst, AE, 27.9.37, an Galke, Persönlicher Stab RFSS, "Wissenschaftliche Beurteilung des Dr. Plassmann."
818. BDC REM-Personalakte Plaßmann: fol. 5392. Plaßmann, 18.9.43, "Erklärung über frühere Habilitationsversuche;" Kater, der bezüglich der Vorgänge um Plaßmanns Habilitation überwiegend aus Befragungen der 1960er Jahre schöpft, war offenbar nicht bekannt, daß die

Habilitationsarbeit bereits 1938 in München eingereicht wurde. So kam er zu dem Schluß, daß Plaßmann als weniger guter Wissenschaftler einzustufen sei, der nicht imstande war, die an ihn "gestellten Anforderungen zeitgerecht zu erfüllen." Kater 1974: 135.

819. Kater 1974: 138; Schier 1990: 74; zur Biographie und zum Wirken Höflers siehe die Studien von Carmen Schramka und Barbara Schier, Schramka 1986: 43-64, hier 54-64; Schier 1990: 73-75; vgl. Heiber 1966: 551-553.

820. BDC REM-Personalakte Plaßmann: fol. 5392. Plaßmann, 18.9.43, "Erklärung über frühere Habilitationsversuche."

821. BDC AE-Personalakte Plaßmann. Wolfram Sievers, 4.3.40, an Plaßmann. Wolfram Sievers teilt mit, daß er "Zusagen von K. A. v. M. gehabt habe." K. A. v. M. läßt sich zweifelsfrei als Karl Alexander von Müller identifizieren, der damals mehrere einflußreiche Ämter innehatte, darunter die Präsidentschaft der Bayerischen Akademie der Wissenschaften. Mit der Volkskunde an der Münchner Universität hat sich Eva Gilch befaßt, Gilch 1986: 13-39, zur Arbeit Karl Alexander von Müllers siehe ebendort: 21-22, 32.

822. Kater 1974: 135; auch Esther Gajek sieht das Scheitern der Habilitation in München "in der mangelnden Qualität der Arbeit" begründet, Gajek 1991: 136.

823. Schramka 1986: 59-60.

824. BDC AE-Personalakte Plaßmann. Plaßmann, 29.2.40, an Wüst.

825. Ebendort. Wolfram Sievers, AE, 4.3.40, an Plaßmann.

826. Ebendort; vgl. ebendort. Plaßmann, 29.2.40, an Wüst.

827. Ebendort. Wolfram Sievers, AE, 25.4.40, an Plaßmann.

828. Vgl. z.B. ebendort. Aktenvermerk Plaßmann, 24.10.38, Betr. "Mein Vortrag 'Grundsätzliches zur Sinnbildforschung' vor den Fachstellen des Westf. Heimatbundes im Dorfhause zu Wewelsburg." Der Heimatbund zieht eine Zusammenarbeit mit dem AE der Kooperation mit Reinerth vom Amt Rosenberg vor. Zu diesem Zweck soll eine gemeinsame Fachstelle "Bauerntum" geschaffen werden, deren Vorsitz man Plaßmann angetragen hat.

829. Ebendort. Nordland-Verlag, 9.12.39, an Friedhelm Kaiser, AE.

830. Ebendort. Wolfram Sievers, AE, 26.5.39, an Plaßmann.

831. Ebendort. AE, 1.3.39, an Wolff, Chef des Persönlichen Stabs RFSS, Antrag bezüglich Forschungsreise Plaßmanns nach Oberitalien; vgl. ferner Plaßmann, 9.3.39, an Wüst, AE-Kurator, Forschungsreise nach Italien.

832. Ebendort. Plaßmann, 4.5.39, "Gesamtplan zur Erforschung der germanischen Lebenszeugnisse der Völkerwanderung in Italien."

833. Ebendort. Plaßmann, 3.10.39, "Vertraulich! Arbeitsplan für die Mitarbeit des Ahnenerbes in dem Sektor Holland des Reichsministers für Volksaufklärung und Progaganda."

834. Ebendort. Plaßmann, 6.6.40, an Wolfram Sievers, AE.

835. Ebendort. Brandt, Persönlicher Stab RFSS, 20.6.40, an Sievers, AE.

836. Ebendort. Komanns, Germanischer Wissenschaftseinsatz, 21.6.40, an RFSS.

837. Ebendort. Plaßmann aus Paris, 28.6.40, an Komanns, Germanischer Wissenschaftseinsatz; vgl. Gajek 1991: 133.

838. Ebendort. Aktenvermerk Komanns, 3.4.41, und Komanns, 16.4.41, an SS-Hauptamt.

839. Ebendort. Aktenvermerk Komanns, 3.4.41.

840. BDC Harmjanz, Heinrich, geb. 22.5.1904. REM-Personalakte Harmjanz: fol. 143, Ernennung Harmjanz zum Persönlichen Referenten des Reichserziehungsministers Rust mit Wirkung vom 1.4.42; siehe auch ZStAP 49.01/12208. REM-Geschäftsverteilungspläne April 1939 - Sept. 1944, insbesondere den Geschäftsverteilungsplan für das Ministeramt vom 22.2.1943: Daraus geht hervor, daß Harmjanz Amtschef des Ministeramts war, die Leitung des gesamten Ministerbüros innehatte, dort als Sachbearbeiter zuständig für die Vorlage aller von außen oder vom REM an das Ministerbüro gelangenden Eingänge war und ihm die Entscheidung über die geschäftsmäßige Bearbeitung oblag usw.; demnach ging alles - nicht allein die Wissenschaftsangelegenheiten -, was Minister Rust zu sehen bekam, zuerst über Harmjanz'

Schreibtisch, der entschied, was damit weiter geschehen sollte, vgl. auch Kater 1974: 75, 83, 136-137.

841. Kater 1974: 289; vgl. BDC REM-Personalakte Harmjanz, Research-Teil I: fol. 151, Harmjanz, 30.3.43, an Rust, Urlaubsgesuch; vgl. BDC SS-Hängeordner 617. Diensttagebuch Wolfram Sievers, Aufzeichnungen über Verhandlungen im Zusammenhang mit dem SS-Ehrengerichtsverfahren gegen Harmjanz, u.a. 7.1.43: S. 8; 15.2.43: S. 50; 19.3.43: S. 85; 30.3.43: S.97; 21.4.43: S. 125: Harmjanz meldet seine Einberufung, rückt am 21.4.43 ein.

842. ZStAP 49.01/R 278. REM-Personalakte Erich Röhr, Bd. 1, Juni 1942 - März 1943. Röhr war zum 1. Juli 1942 als Entlastung für Harmjanz, der "mit den Aufgaben des persönlichen Referenten des Herrn Ministers beauftragt worden ist," im REM eingestellt worden, ebendort. Bergholter, REM, 13.7.42, an Wehrbezirkskomm.; vgl. ebendort. Bergholter, 1.7.42, an Röhr, Berufung Röhrs zur aushilfsweisen Beschäftigung ins REM; als Lehrstuhlinhaber und Direktor des zu errichtenden Seminars für Deutsche Volkskunde an der Universität Bonn (seit September 1942) war er beurlaubt, ebendort. Harmjanz, REM, 12.11.42, an Röhr. Die Geschichte der Volkskunde an der Universität Bonn zeichnete Adelheid Schrutka-Rechtenstamm anhand der Akten des Universitätsarchivs Bonn nach, Schrutka-Rechtenstamm 1989/90: 69-87, zu Röhr siehe 77, 80-82.

843. BDC Plaßmann, Joseph Otto, geb. 12.6.1895. AE-Personalakte Plaßmann. Apffelstaedt, Oberpräsident der Rheinprovinz, 11.3.43, an Harmjanz, REM (Durchschlag an Wolfram Sievers, AE).

844. BDC SS-Hängeordner 617. Diensttagebuch Wolfram Sievers. 15.3.43: S. 81.

845. Ebendort. 14.4.43: S. 116.

846. BDC AE-Personalakte Plaßmann. Wolfram Sievers, AE, 3.5.43, an Landesrat Apffelstaedt.

847. Ebendort. Plaßmann, 2.10.43, an Wolfram Sievers, AE.

848. Ebendort. AE, 1.9.43 (aus Waischenfeld), an Fernsprechamt Tübingen, AE von Berlin versetzt: "Die Abt. 'German. Kulturwissenschaft,' die Schriftleitung der Zs. 'Germanien,' das Bildarchiv und das Archiv für Volkserzählung sind nach Tübingen verlegt worden."

849. BDC REM-Personalakte Plaßmann. Bd. 1, Nov. 1943 -: fol. 5381-5382, Dekan Weinreich, 4.11.43, an Rektor Universität Tübingen, Bericht über die Habilitation Plaßmanns; zu Plaßmanns Habilitation in Tübingen vgl. auch Gajek 1991: 136-139.

850. Ebendort: fol. 5393-5394, Gutachten Hermann Schneider, 8.9.43.

851. Ebendort: fol. 5396-5399, Gutachten der Korreferenten Genzmer (28.9.43: fol. 5396), Dannenbauer (8.10.43: fol. 5397-5399) und Genzmer (14.10.43: fol. 5399).

852. Ebendort: fol. 5397-5399, Gutachten des Korreferenten Dannenbauer, 8.10.43.

853. Ebendort: fol. 5396, Gutachten des Korreferenten Genzmer, 28.9.43.

854. BDC AE-Personalakte Plaßmann. AE-Reichsgeschäftsführer, 22.5.43, "Auszugsweise Abschrift einer Abschrift." Daß man in Bonn keine germanistische Ausrichtung für das neue volkskundliche Extraordinariat wünschte, hatte man schon zuvor mehrfach bekräftigt; auch Adolf Bach war 1941 wegen der "Gewichtung seiner Forschungen auf germanistischem Gebiet" nicht berücksichtigt worden, Schrutka-Rechtenstamm 1989/90: 81.

855. BDC AE-Personalakte Plaßmann. AE-Reichsgeschäftsführer, 22.5.43, "Auszugsweise Abschrift einer Abschrift." Nach Schrutka-Rechtenstamm 1989/90: 82 Anm. 72 schrieb Wolfram Sievers diese Bemerkungen mit Schreiben vom 22.5.43 auch an Landesrat Apffelstaedt.

856. Volkskunde an den Hochschulen im Dritten Reich 1986: 32.

857. Ebendort: 7, 32; vgl. Schrutka-Rechtenstamm 1989/90: 72-73.

858. Hans Naumann war Mitglied der Berufungskommission, Schrutka-Rechtenstamm 1989/90: 82, obwohl ihm 1938 die Lehrbefugnis für Volkskunde in Bonn entzogen worden war, siehe Volkskunde an den Hochschulen im Dritten Reich 1986: 7; Bollmus 1970: 320-321, Anm. 249. Naumann, der sich schließlich auf die ältere Germanistik zurückziehen mußte, hatte es 1934 abgelehnt, Volkskunde als eigenständiges Prüfungsfach einzuführen, da er die Volkskunde philologischen Fächern wie Germanistik und Romanistik unterordnete; bei den Begründungen zur Institutionalisierung des Faches Volkskunde an der Bonner Universität von 1939 war von

vorneherein nicht an eine Besetzung dieses Extraordinariats mit den damals in Bonn lehrenden Wissenschaftlern Naumann und Bach gedacht: Naumann wurde als volkskundlich "umstritten," Bach als an der Hochschule für Lehrerbildung zu engagiert abgelehnt, Schrutka-Rechtenstamm 1989/90: 79. Über Naumann und seine Engagement für den Nationalsozialismus siehe den Beitrag von Reinhard Schmook und Peter Assion im vorliegenden Band.

859. BDC AE-Personalakte Plaßmann. Plaßmann, 4.12.43, (vertraulich) an Wolfram Sievers. Adelheid Schrutka-Rechtenstamm hat herausgefunden, daß die erste, bereits im Juli 1943 eingereichte Liste tatsächlich im August 1943 vom Ministerium zurückgewiesen wurde, weil der eine Kandidat - Bruno Schier - schon Ordinarius war und daher für ein Extraordinariat nicht mehr in Betracht käme, der andere Kandidat - Plaßmann - noch nicht habilitiert wäre; beim zweiten Anlauf im Januar 1944 war Plaßmann inzwischen habilitiert, so daß formal nichts mehr gegen den "Wunschkandidat[en] der Fakultät" einzuwenden war, Schrutka-Rechtenstamm 1989/90: 83. Auch das vorausgehende Berufungsverfahren Röhrs hatte recht lange gedauert, obwohl auch er der erklärte Kandidat der Fakultät war und überdies in Harmjanz einen mächtigen Verbündeten im Ministerium hatte, vgl. Schrutka-Rechtenstamm 1989/90: 80-82.

860. Der Verhandlungsspielraum muß sehr eng gewesen sein: Dafür spricht die Tatsache, daß Plaßmann sich durch den Wechsel vom AE auf den Bonner Lehrstuhl finanziell verschlechterte. Der Lehrstuhl stattete ihn mit einem Jahresgehalt von 7.700 M aus, BDC REM-Personalakte Plaßmann: fol. 5412, Hofmann, REM, 10.11.44, an Plaßmann, Berufung; seine Abteilungsleitertätigkeit im AE wurde schon 1942 mit 8.780 M entgolten, darüber hinaus hatte er 1942 Honorareinkünfte aus schriftstellerischer Tätigkeit in Höhe von 8.810 M, ebendort: fol. 5355. Das große Interesse Plaßmanns an dem Bonner Lehrstuhl drückt sich auch in seiner umfangreichen, mit Mitgliedern der Universität Bonn geführten Korrespondenz aus, Schrutka-Rechtenstamm 1989/90: 83.

861. BDC AE-Personalakte Plaßmann. Wolfram Sievers, 6.5.44, an Plaßmann, Gratulation zur Berufung nach Bonn. Plaßmann bleibt Abteilungsleiter im AE, Sitz der Abteilung bleibt auf Vorschlag Plaßmanns für die Dauer des Krieges Tübingen.

862. BDC REM-Personalakte Plaßmann: fol. 5386, REM, 10.5.44, an Kurator der Universität Straßburg; vgl. Schrutka-Rechtenstamm 1989/90: 77 und 83.

863. BDC REM-Personalakte Plaßmann: fol. 5412-5413, Hofmann, REM, 10.11.44, an Plaßmann, Berufung auf die Planstelle mit Wirkung zum 1.9.44, mit Urkunde zur Ernennung zum a.o. Prof. vom 26.10.44, unterzeichnet von Hitler und Rust. Zur Berufung Plaßmanns nach Bonn vgl. auch Gajek 1991: 139; Schrutka-Rechtenstamm 1989/90: 77-78, 82-84.

864. BDC AE-Personalakte Plaßmann. Plaßmann, 8.9.44, an Wolfram Sievers; vgl. Schrutka-Rechtenstamm 1989/90: 83.

865. BDC AE-Personalakte Plaßmann. Schmitz-Kahlmann, AE, 11.1.45, an Plaßmann; ebendort. Rundschreiben Wolfram Sievers, AE, Januar 1945, an alle AE-Mitarbeiter.

866. Ebendort. Rundschreiben Wolfram Sievers, AE, Januar 1945, an alle AE-Mitarbeiter.

867. Kater 1974: 145-146, 191-204.

868. BA NS 21/255. G. Schmitz-Kahlmann, AE, 7.7.1943, an Dr. Fitzner, AE-Stiftung.

869. BA NS 19/1850; vgl. Kater 1974, Anhang. Neue Abteilungen mit volkskundlichen Tätigkeiten sind allerdings gegenüber 1939 nicht mehr zu verzeichnen. Zwischenzeitlich gab es zum Teil personellen Wechsel in den Leitungsfunktionen. Ablesbar sind ferner die gegenüber 1938/39 erfolgten SS- und Wissenschaftlerkarrieren. Plaßmann und Huth beispielsweise haben sich inzwischen habilitiert und besetzten mit Hilfe der SS Lehrstühle.

870. BA NS 21/255. G. Schmitz-Kahlmann, AE, 7.7.1943, an Dr. Fitzner, AE-Stiftung.

871. Ebendort.

872. Ebendort.

873. Ebendort.

874. Zusammengestellt nach BA NS 19/1850. Denkschrift [1944]. Die Forschungs- und Lehrgemeinschaft "Das Ahnenerbe." Aufgaben und Ausbau; vgl. Kater 1974, Anhang; die LuF für Runen- und Sinnbilderkunde ist aus Krauses Abteilung für Runenkunde und Wirths Abteilung

für Schrift- und Sinnbildkunde hervorgegangen, Kater 1974: 465. Wilhelm Mai hatte seit Ende 1942 den Rang eines SS-Untersturmführers der Waffen SS, BA NS 21/285. Sievers, AE, 2.10.42, an Rauter, Germanischer Wissenschaftseinsatz. Quellmalz war seit Winter 1943/44 Leiter der Forschungsstätte für indogermanisch-deutsche Musik, Kater 1974: 466.

875. BDC Personalakte Quellmalz. Quellmalz, 20.2.41, an Leiter des Staatlichen Instituts für Deutsche Musikforschung, Prof. D. Dr. Max Seiffert.

876. Kater 1974: 147.

877. Kater 1974: 149-154, hier 154.

878. Vgl. Kater 1974: 150-151.

879. Vgl. Kater 1974: 159-170; Stuhlpfarrer 1985; Waibl 1985: 734-742; über die Kulturkommission Südtirol bereitet Peter Schwinn, Marburg an der Lahn, über die Kulturkommission Gottschee Olaf Bockhorn, Wien, eine größere Untersuchung vor.

880. Vgl. beispielsweise das Kapitel "Das Ahnenerbe im Kriege in Bezug auf aktive Beteiligung der Volkskundler" in Anka Oesterles Magisterarbeit, Oesterle 1988; Schwinn 1989.

881. Zum SS-Konzept vgl. Assion und Schwinn 1988: 233 als Entgegnung auf Grießmair 1988; Schwinn 1989; zum Rosenberg-Konzept vgl. das Kapitel "Aufbau und Aufgaben von Rosenbergs Reichsgemeinschaft für deutsche Volkskunde" in der vorliegenden Abhandlung.

882. Vgl. Kater 1974: 161, 401 Anm. 145.

883. BA NS 19/1850. Denkschrift [1944]. Die Forschungs- und Lehrgemeinschaft "Das Ahnenerbe." Aufgaben und Aufbau: S. 5-6.

884. Kater 1974: 170-190; vgl. BDC Schneider, Hans Ernst, geb. 15.12.1909. Personalakte Schneider.

885. Kater 1974: 460.

886. Kater 1974: 461.

887. Vgl. z.B. BDC Wolfram, Richard Angelus Albert, geb. 16.9.1901. AE-Personalakte Wolfram. Wolfram, 14.4.44, Arbeitsbericht Norwegen 12.8.-20.10.43.

888. Wie zum Beispiel Herbert Jankuhns Haithabu-Grabung, Herman Wirths Expeditionen nach Skandinavien, Schäfers Tibetexpedition, vgl. Kater 1974: 455-467.

889. Das Südtirol-Unternehmen genauer zu betrachten, erscheint umso wichtiger, als mit damals gesammelten Materialien nicht allein Lehre und Veröffentlichungen in der Nachkriegszeit bestritten wurden, sondern daraus bis heute publiziert wird, ohne Sammlungsumstände und -ziele zu benennen. Vgl. Wolframs Veröffentlichungen in der Nachkriegszeit, z.B. Wolfram 1987b; vgl. auch Acker-Sutter 1986; Quellmalz 1968-1976; auch Quellmalz' Kommentar zum geplanten Bd. 4 seiner "Südtiroler Volkslieder"-Ausgabe, abgedruckt bei Stief 1990, geht hauptsächlich auf technische Schwierigkeiten der Tonaufnahmen ein. Daß es sich bei den Erhebungen um SS-Auftragsarbeit handelte, wird zudem verschleiert: Die Fachgelehrten hätten ihre Forschungen "völlig selbständig [...] bearbeiten" können und "keinesfalls im Auftrag der Kulturkommission," Quellmalz 1990b: 140.

890. Zur Tätigkeit der "Kulturkommission Südtirol" vgl. Kater 1974: 159-168; Stuhlpfarrer 1985; Oesterle 1988: 81-91; Assion und Schwinn 1988; Schwinn 1989; Schwinn 1990. Auf die nach Abschluß meines Manuskripts erschienenen Arbeiten von Olaf Bockhorn, Anka Oesterle und Peter Schwinn sei verwiesen; Bockhorn 1991a untersucht die Tätigkeit der Filmgruppe, soweit sie mit Richard Wolfram zusammenarbeitete, Oesterle 1991b faßt Teilergebnisse ihrer Magisterarbeit von 1988 zusammen, wobei sie insbesondere auf die Frage der Wissenschaftlichkeit eingeht, und Schwinn 1991 gibt eine erweiterte Fassung von Schwinn 1989.

891. Zur Tätigkeit der SS-Volkskunde im Krieg vgl. Oesterle 1988: 73-97; Kater 1974: 147-190.

892. BA NS 21/164. Bericht über die Tätigkeit der Kommission zur Aufnahme und Bearbeitung des geistigen und dinglichen Kulturgutes (Kulturkommision) der umsiedelnden Volksdeutschen in Südtirol vom 2.1.1940 bis zum 1.3.1941; vgl. Schwinn 1989.

893. BA NS 21/410. Wolfram Sievers, 10.4.40, an RFSS, "Aufnahme und Erfassung der kulturellen Werte in Südtirol," auch die folgenden Zitate beziehen sich auf dieses Dokument; Wolfram Sievers sprach mit den Verantwortlichen vor Ort: Dr. Luig, Leiter der amtlichen Ein- und

Rückwandererstelle (ADEuRSt); Dr. Altpeter, Leiter der Kulturabteilung der ADEuRSt; Peter Hofer, Vertreter der Arbeitsgemeinschaft der Optanten für Deutschland (AdO), sowie seinen Sachbearbeitern; mit dem Gauleiter Franz Hofer; vgl. Kater 1974: 159-160; Schwinn 1989: 85-87.

894. BDC Schweizer, Bruno, geb. 3.5.1897. Personalakte Schweizer. Schweizer, 13.3.41, Arbeitsbericht über die bisherige Tätigkeit der Arbeitsgruppe für dialektgeographische Forschungen (Schweizer) bis 1. März 1941.

895. BDC Personalakte Wolfram. Wolfram 18.11.39, an Sievers, zitiert nach Assion und Schwinn 1988: 222 und Schwinn 1989: 86.

896. BDC AE-Personalakte Wolfram. Wolfram, 12.4.40, an Wolfram Sievers.

897. BA NS 21/220. Quellmalz, 16.4.40, an Wolfram.

898. BDC Quellmalz, Alfred, geb. 25.10.1899. Personalakte Quellmalz. Quellmalz, 15.10.40, an Reichserziehungsminister, "Bericht über die Schallaufnahmen südtirolischer Volksmusik im Rahmen der Deutschen Kulturkommission bei der Amtlichen Deutschen Ein- und Rückwandererstelle, erstattet vom Vorsteher der Abt. Volksmusik im Staatlichen Institut für Deutsche Musikforschung Dr. Alfred Quellmalz;" zu Quellmalz und der Tätigkeit der Gruppe Volksmusik vgl. Schwinn 1990; Quellmalz 1990b; Horak 1990.

899. BA R 49/2129. Wolfram Sievers, ADEuRSt-Hauptstelle, Kulturkommision, 10.7.40, an Zweigstellengebiet der ADEuRSt, "Aufnahme und Sammlung der deutschen Volksbräuche;" mit angeheftetem Fragebogen auch in BA NS 21/209; zur Arbeit nach dem Gewährsmannprinzip der Kulturkommission vgl. auch Schwinn 1989: 90; Schwinn 1990: 171; Quellmalz 1990b: 138-150, hier 141-142.

900. BA R 49/2129. Wolfram Sievers, Amtliche Deutsche Ein- und Rückwandererstelle (ADEuRSt), Hauptstelle, Kulturkommission, 9.7.40, an Zweigstellen des ADEuRSt.

901. Ebendort.

902. Ebendort. Wolfram Sievers, Kulturkommission, 10.7.40, an Peter Hofer, geschäftsführenden Leiter der AdO.

903. BA NS 21/433. Protokoll der 1. Sitzung der Kommission zur Bergung der Kulturgüter für Südtirol am 1.7.1940 in Bozen.

904. Ebendort.

905. Ebendort; vgl. auch die Auflistung der Gruppen bei Stuhlpfarrer 1985: 399-401.

906. Nach BDC Personalakte Quellmalz. Quellmalz, 15.10.40, an Reichserziehungsminister, "Bericht über die Schallaufnahmen südtirolischer Volksmusik im Rahmen der Deutschen Kulturkommission bei der Amtlichen Deutschen Ein- und Rückwandererstelle, erstattet vom Vorsteher der Abt. Volksmusik im Staatlichen Institut für Deutsche Musikforschung Dr. Alfred Quellmalz;" zur Zusammensetzung der Gruppen vgl. auch Kater 1974: 161; Oesterle 1988: 85 Anm. 196; Schwinn 1989: 89 Anm. 16; Schwinn 1990: 169; zur Besetzung der Arbeitsgruppen am 31.10.1942 siehe Kater 1974: 401 Anm. 144; auch abgedruckt bei Schwinn 1990: 175 Anm. 7.

907. BDC Personalakte Schweizer. Schweizer, 13.3.41, Arbeitsbericht über die bisherige Tätigkeit der Arbeitsgruppe für dialektgeographische Forschungen (Schweizer) bis 1. März 1941.

908. BA NS 21/164. Quellmalz, Leiter der Gruppe Volksmusik, Tätigkeitsbericht über die Zeit vom 1.7.1940-31.1.1941.

909. BDC Personalakte Schweizer. Schweizer, 13.3.41, Arbeitsbericht über die bisherige Tätigkeit der Arbeitsgruppe für dialektgeographische Forschungen (Schweizer) bis 1. März 1941.

910. Ebendort.

911. BDC Mai, Friedrich Wilhelm, geb. 21.11.1912. AE-Personalakte Mai. Mai, 10.3.41, Bericht über die Aufnahme der Volkserzählungen in Südtirol (20.8.40-4.3.41).

912. BA NS 21/164. Bericht über die erste Arbeitstagung der Kulturkommission am 9. und 10.2.1941.

913. BDC Personalakte Quellmalz. Quellmalz, 20.2.41, an Leiter des Staatlichen Instituts für Deutsche Musikforschung, Prof. D. Dr. Max Seiffert.

914. BDC Wolfram Sievers, Heinrich Friedrich Wolfram, geb. 10.7.1905. AE-Personalakte Sievers: fol. 393-398, undatiert, Wolfram, Arbeitsbericht Südtirol: Abteilung Volksbrauch, Volksglaube, Volkstanz, Volksschauspiel; auch in BDC AE-Personalakte Wolfram.
915. BA NS 21/164. Bericht über die Tätigkeit der Kommission zur Aufnahme und Bearbeitung des geistigen und dinglichen Kulturgutes (Kulturkommission) der umsiedelnden Volksdeutschen in Südtirol vom 2.1.1940 bis zum 1.3.1941.
916. Bei der ersten Mitarbeiterbesprechung vor Ort weist Sievers nochmals nachdrücklich darauf hin, BA NS 21/433. Protokoll der 1. Sitzung der Kommission zur Bergung der Kulturgüter für Südtirol am 1.7.1940 in Bozen.
917. BDC AE-Personalakte Wolfram. Wolfram, 12.4.40, an Wolfram Sievers.
918. BA NS 21/433. Protokoll der 1. Sitzung der Kommission zur Bergung der Kulturgüter für Südtirol am 1.7.1940 in Bozen.
919. BDC Personalakte Quellmalz. Quellmalz, 15.10.40, an Reichserziehungsminister, "Bericht über die Schallaufnahmen südtirolischer Volksmusik im Rahmen der Deutschen Kulturkommission bei der Amtlichen Deutschen Ein- und Rückwandererstelle, erstattet vom Vorsteher der Abt. Volksmusik im Staatlichen Institut für Deutsche Musikforschung Dr. Alfred Quellmalz."
920. BA NS 21/220. Komanns, AE, 18.6.40, Aktenvermerk über "Einsatz Dr. Quellmalz in Südtirol."
921. BA NS 21/93. Komanns, AE, 12.7.40, an Ministerialrat Göttling, Bayerisches Staatsministerium für Kultus und Unterricht. Komanns teilt mit "dass folgende Reichs- bzw. Staatsbeamte mit vollem Gehalt für den Einsatz in Südtirol beurlaubt worden sind: 1.) Dozent Dr. Ing. M. Rudolph, Technische Hochschule Braunschweig 2.) Staatsarchivrat Dr. Huter, Staatsarchiv Wien 3.) Univ. Prof. Dr. Richard Wolfram, Universität Wien 4.) Archivrat Kayser dazu 4 technische Beamte, Reichsstelle für Sippenforschung, Berlin [...] 5.) Dr. Quellmalz, Staatl. Institut für deutsche Musikforschung, Berlin [...] 6.) Fräulein Dr. Wittmann, Staatl. Institut für deutsche Musikforschung, Berlin;" Wolfram Sievers hatte bei dem "weitaus grössten Teil erreicht [...], dass die Beurlaubung aus dem Staatsdienst unter Fortzahlung der Bezüge erwirkt werden konnte," BA R 49/2129. Wolfram Sievers, 12.7.40, Vermerk "Besoldung der Mitarbeiter der Kulturkommission."
922. Bose werden Kopien für sein Institut zugesichert, BA NS 21/220. Komanns, AE, 18.6.40, Aktenvermerk über "Einsatz Dr. Quellmalz in Südtirol."
923. BDC AE-Personalakte Wolfram. Wolfram, 12.4.40, an Wolfram Sievers.
924. BDC Horak, Karl, geb. 7.3.1908. AE-Personalakte Horak. Wolfram Sievers, 4.3.42, an Horak.
925. Ebendort. Wolfram Sievers, 10.6.42, an Horak.
926. Zur Arbeit der Quellmalz-Gruppe vgl. Schwinn 1989: 94-96; Schwinn 1990; Quellmalz 1990b; Horak 1990.
927. BA NS 21/220. SS-Untersturmführer [Quellmalz], 11.12.42, "Bericht über den Abschluß der Arbeiten der Gruppe Volksmusik in der Deutschen Kulturkommission Südtirol;" vgl. die in Stief 1990: 119-129 abgedruckte Abschrift dieses Dokuments aus dem Quellmalz-Nachlaß, in welcher der SS-Grad fehlt, stattdessen jedoch die Unterschrift vorhanden ist. Die für das AE bestimmte Fassung aus dem BA enthält ferner gegenüber der für das REM bestimmten aus Quellmalz' Privatbeständen einen Vorspann, der die Forschungsabsichten im Dienste der SS verdeutlicht: "Auf Veranlassung des Führers setzte der Reichskommissar für die Festigung deutschen Volkstums, Reichsführer-SS Himmler, eine Kulturkommission ein, die die Aufgabe hatte, auf wissenschaftlicher Grundlage die gesamten dinglichen und geistigen Kulturgüter Südtirols zu erfassen. Dadurch sollte verhütet werden, daß bei der Umsiedlung wertvolles Kulturgut zugrunde ginge. Mit der Organisation der Kulturkommission wurde die SS-Forschungs- u. Lehrgemeinschaft 'Das Ahnenerbe' betraut und die Leitung dem Reichsgeschäftsführer des Ahnenerbe, SS-Standartenführer W. Sievers, übertragen."
928. BDC AE-Personalakte Horak. Wolfram Sievers, 4.3.42, an Horak.
929. BDC Personalakte Horak. Horak, 26.4.42, an Wolfram Sievers, AE; vgl. Horak 1990.
930. BDC AE-Personalakte Horak. Wolfram Sievers, 10.6.42, an Horak.

931. Ebendort. Wolfram Sievers, 4.3.42, an Horak.
932. BA NS 21/220. Komanns, AE, 18.6.40, Aktenvermerk über "Einsatz Dr. Quellmalz in Südtirol."
933. BDC Personalakte Quellmalz. Quellmalz, 20.2.41, an Leiter des Staatlichen Instituts für Deutsche Musikforschung, Prof. D. Dr. Max Seiffert; vgl. BA NS 21/220. SS-Untersturmführer [Quellmalz], 11.12.42, "Bericht über den Abschluß der Arbeiten der Gruppe Volksmusik in der Deutschen Kulturkommission Südtirol."
934. BA NS 21/220. SS-Untersturmführer [Quellmalz], 11.12.42, "Bericht über den Abschluß der Arbeiten der Gruppe Volksmusik in der Deutschen Kulturkommission Südtirol."
935. Ebendort. Wolfram Sievers, AE, 15.8.41, an Staatliches Institut für Deutsche Musikforschung Berlin, "Aufbewahrung der Südtiroler Schallaufnahmen."
936. BA NS 21/433. Protokoll der 1. Sitzung der Kommission zur Bergung der Kulturgüter für Südtirol am 1.7.1940 in Bozen.
937. BDC Personalakte Schweizer. Schweizer, Bozen, 26.9.40, Bericht - Bemerkungen zur sprachlichen Aufnahme; vgl. auch Schweizer, 13.3.41, Arbeitsbericht über die bisherige Tätigkeit der Arbeitsgruppe für dialektgeographische Forschungen (Schweizer) bis 1. März 1941.
938. BDC AE-Personalakte Wolfram Sievers. Tagungsfolge der ersten Arbeitstagung der Kulturkommission am 9. und 10.2.1941.
939. BDC Personalakte Schweizer. Schweizer, 13.3.41, Arbeitsbericht über die bisherige Tätigkeit der Arbeitsgruppe für dialektgeographische Forschungen (Schweizer) bis 1. März 1941.
940. BDC Personalakte Quellmalz. Quellmalz, 20.2.41, an Leiter des Staatlichen Instituts für Deutsche Musikforschung, Prof. D. Dr. Max Seiffert.
941. BA NS 21/216. Ohne Namen [Frau Siebeneicher, siehe Antwort Gisela Schmitz, 13.3.42, an "Siebeneicherin"], undatiert [vor 13.3.42].
942. Ebendort. Wolfram Sievers, AE, 13.4.42, an Schweizer: "Abschluss der Aufnahme-Arbeit in Südtirol;" zu Schweizers Rückkehrunwilligkeit vgl. auch Kater 1974: 164.
943. BA NS 21/433. Protokoll der 1. Sitzung der Kommission zur Bergung der Kulturgüter für Südtirol am 1.7.1940 in Bozen.
944. Ebendort; Kater nimmt Herbst 1942 als ursprünglich geplanten Endtermin an, Kater 1974: 462.
945. Kater 1974: 167, 465; vgl. Schwinn 1990: 169.
946. BDC Personalakte Quellmalz. Quellmalz, 20.2.41, an Leiter des Staatlichen Instituts für Deutsche Musikforschung, Prof. D. Dr. Max Seiffert.
947. BA NS 21/433. Protokoll der 1. Sitzung der Kommission zur Bergung der Kulturgüter für Südtirol am 1.7.1940 in Bozen.
948. Assion und Schwinn 1988: 222; vgl. Schwinn 1989: 86.
949. BA NS 21/809. Wolfram Sievers, ca. Mai 1940, Grundsätze zur Aufnahme und Erfassung der kulturellen Werte in Südtirol, zitiert nach Schwinn 1989: 88; vgl. Assion und Schwinn 1988: 223; vgl. Stuhlpfarrer 1985: 403.
950. BA R 49/2157. Niederschrift über die Arbeitstagung am 5.1.1941 in Bozen.
951. BA NS 21/164. Quellmalz, Leiter der Gruppe Volksmusik, Tätigkeitsbericht über die Zeit vom 1.7.1940-31.1.1941.
952. Ebendort. Bericht über die erste Arbeitstagung der Kulturkommission am 9. und 10.2.1941.
953. Ebendort; vgl. Schwinn 1989: 91.
954. Vgl. Assion und Schwinn 1988: 225; Schwinn 1989: 96.
955. BDC AE-Personalakte Quellmalz. Quellmalz, 24.4.41, an Wolfram Sievers, Bericht über die musikalische Schulungswoche vom 3.-8.4.41 in Seis; vgl. ferner BA NS 21/220. SS-Untersturmführer [Quellmalz], 11.12.42, "Bericht über den Abschluß der Arbeiten der Gruppe Volksmusik in der Deutschen Kulturkommission Südtirol."
956. BDC AE-Personalakte Quellmalz. Quellmalz, 24.4.41, an Wolfram Sievers, Bericht über die musikalische Schulungswoche vom 3.-8.4.41 in Seis; vgl. Schwinn 1990: 172-173.
957. BDC AE-Personalakte Wolfram Sievers: fol. 393-398, undatiert, Wolfram, Arbeitsbericht

Südtirol: Abteilung Volksbrauch, Volksglaube, Volkstanz, Volksschauspiel; auch in BDC AE-Personalakte Wolfram.

958. BA NS 21/220. SS-Untersturmführer [Quellmalz], 11.12.42, "Bericht über den Abschluß der Arbeiten der Gruppe Volksmusik in der Deutschen Kulturkommission Südtirol."
959. BDC Personalakte Horak. Horak, 26.4.42, an Wolfram Sievers, AE; vgl. Schwinn 1990: 172.
960. BA NS 21/220. SS-Untersturmführer [Quellmalz], 11.12.42, "Bericht über den Abschluß der Arbeiten der Gruppe Volksmusik in der Deutschen Kulturkommission Südtirol;" vgl. auch Schwinn 1989: 95 Anm. 40; Schwinn 1990: 176 Anm. 15.
961. BA NS 21/220. SS-Untersturmführer [Quellmalz], 11.12.42, "Bericht über den Abschluß der Arbeiten der Gruppe Volksmusik in der Deutschen Kulturkommission Südtirol."
962. Vgl. Assion und Schwinn 1988: 224.
963. Vgl. Kater 1974: 47 und 73; Oesterle 1988: 46 und 53.
964. Vgl. Kater 1974: 47-53, 72-82; vgl. auch Anka Oesterles "Überlegungen zur Frage der Wissenschaftlichkeit" der Ahnenerbe-Forschungen, Oesterle 1988: 46-66.
965. Plaßmann 1936a: 66-67, die folgenden Zitate wurden diesem Aufsatz entnommen, kursive Hervorhebungen im Original unterstrichen.
966. Plaßmann 1936b: 130-133, hier 130; vgl. Kater 1974: 106; zu Plaßmanns "extrem ideologisierter Wissenschaft" vgl. auch Gajek 1991: 140-142, hier 141.
967. Zitiert nach BA NS 21/567. Hohberg, 31.3.40, Wirtschaftsprüfungsbericht.
968. Harmjanz 1944: 9-15, Harmjanz bezeichnet hier in einer Volkskunde-Wissenschaft, die "dem Staatswohl dienen" will (13), den "Atlas der deutschen Volkskunde" (ADV) als "ein Arbeitsmittel erster Art" (14); über die Kieler Tagung vgl. Kater 1974: 114; Gajek 1991: 121-122; über den ADV vgl. Lixfeld 1987a: 74-77; Lixfeld 1991c: 91-119, hier 100-105, 108, 111, 116-117; Hannjost Lixfeld, Rosenbergs "braune" und Himmlers "schwarze" Volkskunde im Kampf um die Vorherrschaft, im vorliegenden Band; mit der Geschichte des ADV von 1928 bis 1945 befaßt sich Heidrun Gansohr-Meinel in ihrer Dissertation, Gansohr-Meinel 1991.
969. Harmjanz 1944: 13.
970. Harmjanz 1944: 9.
971. Harmjanz 1944: 10.
972. Harmjanz 1944: 9.
973. Harmjanz 1944: 10.
974. Harmjanz 1944: 9, Harmjanz beruft sich hier auf die letzte Satzung des Ahnenerbes von 1939, in welcher der zuvor verwendete Begriff "nordisches Indogermanentum" bereits durch "nordrassiges Indogermanentum" ersetzt ist.
975. Zitiert nach BA NS 21/567. Hohberg, 31.3.40, Wirtschaftsprüfungsbericht; vgl. "Germanien" 11, 1939: 91.
976. Oesterle 1988: 47; vgl. Kater, 1974: 47.
977. Oesterle 1988: 46-47.
978. Oesterle 1988: 52.
979. Oesterle 1988: 57.
980. Kater 1974: 73.
981. Vgl. Kater 1974: 201-204.
982. Dem von Emmerich geprägten, sehr zutreffenden Begriff folgend, Emmerich 1968.
983. Kater 1974: 74, Anm. 125, Kater hat diesen Vergleich von seinem Interviewpartner Friedrich Hielscher aufgegriffen, Gespräch Kater/Hielscher, 26. und 27.7.62; Oesterle meint hierzu, daß Kater bei der Bewertung der Gefährlichkeit des Ahnenerbes "zu unreflektiert die Rechtfertigungsstrategien seiner Gesprächspartner übernimmt," Oesterle 1988: 55, vgl. auch 53-56.
984. Oesterle 1988: 56.
985. Harmjanz 1944: 10.
986. Kater 1974: 111.
987. Kater 1974: 47; vgl. Oesterle 1988: 47.

988. Kater 1974: 47.
989. Himmler, 10.12.37, an Wüst, zitiert nach Kater 1974: 47 Anm. 90.
990. Beispielsweise BDC Schweizer, Bruno, geb. 3.5.1897. Personalakte Schweizer. Schweizer, 13.3.41, Arbeitsbericht über die bisherige Tätigkeit der Arbeitsgruppe für dialektgeographische Forschungen (Schweizer) bis 1. März 1941; BDC Mai, Friedrich Wilhelm, geb. 21.11.1912. AE-Personalakte Mai. Mai, 10.3.41, Bericht über die Aufnahme der Volkserzählungen in Südtirol (20.8.40-4.3.41); BA NS 21/164. Bericht über die erste Arbeitstagung der Kulturkommission am 9. und 10.2.1941; vgl. auch Schwinn 1989.
991. BDC Quellmalz, Alfred, geb. 25.10.1899. Personalakte Quellmalz. Quellmalz, 20.2.41, an Leiter des Staatlichen Instituts für Deutsche Musikforschung, Prof. D. Dr. Max Seiffert.
992. Rundschreiben Wüst, 30.9.38, zitiert nach Kater 1974: 71 Anm. 111; vgl. Oesterle 1988: 52; weitere Beispiele bei Kater 1974: 71-72; vgl. auch die Dokumente bei Heiber 1968.
993. BA NS 21/229. Wolfram, 10.10.38, an AE.
994. Ebendort. Plaßmann, 5.11.38, an Wüst.
995. BA NS 21/227. SS-Sturmbannführer R. Brandt, RFSS, Persönlicher Stab, Führer-Hauptquartier, 8.4.42, an AE.
996. Ebendort. AE, 1.9.42, an Andersen.
997. Ebendort. Wolfram, 24.6.42, an Wolfram Sievers.
998. Ebendort. Wolfram, 23.7.42, an Wolfram Sievers.
999. Ebendort. Brandt, 17.2.43, an AE.
1000. BA NS 21/228. "Wikingerhandschuhe im Zug gestrickt." Abschrift einer telegrafischen Meldung über "Kimbrische Strickkunst," Kopenhagen 26.2.1943.
1001. Nach ebendort. Brandt, 21.5.43, an AE.
1002. Ebendort. Wolfram Sievers, 8.3.43, an Erna Piffl.
1003. Ebendort. Piffl, 13.3.43, an Wolfram Sievers.
1004. Ebendort. Wolff, AE, 23.4.43, an Pg. Studienrat Dr. Wäsche, Kopenhagen.
1005. Ebendort. Wolff, AE, 25.5.43, an Brandt, RFSS Persönlicher Stab.
1006. Ackermann 1970: 123.
1007. Ackermann 1970: 122.
1008. Vgl. Ackermann 1970: 122 Anmerkung 131; vgl. Bollmus 1987: 57.
1009. Vgl. das Kapitel der vorliegenden Abhandlung "Weltanschauung und politische Zielsetzung in Alfred Rosenbergs 'Mythus des 20. Jahrhunderts.'"
1010. Vgl. Ackermann 1970: 120-121.
1011. Vgl. Kater 1974: 21.
1012. Vgl. die gegenteilige Behauptung z.B. zu Ziegler und Harmjanz bei Kater 1974: 141 und Bollmus 1970: 217-218.
1013. Vgl. das Kapitel der vorliegenden Abhandlung "Aufbau und Aufgaben von Rosenbergs Reichsarbeitsgemeinschaft für deutsche Volkskunde."
1014. Vgl. Corni 1989.
1015. Vgl. Kater 1974: 24-28.
1016. Zu Wolfram Sievers vgl. Kater 1974: 28-36 und Oesterle 1988.
1017. BA NS 21/281. Schreiben Zieglers vom 13.8.1937 an Wolfram Sievers.
1018. BA NS 21/297. Schreiben Strobels vom 15.9.1936 an Wolfram Sievers.
1019. Ba NS 21/281. Schreiben Strobels vom 20.9.1937 an Ahnenerbe.
1020. Wie Anmerkung 1013.
1021. BA NS 21/281. Schreiben Galkes vom 24.2.1937 an Ahnenerbe.
1022. Vgl. Kater 1947: 37-43, 58.
1023. Kater 1974: 64.
1024. Kater 1974: 58, 65; zu Herman Wirth und Walther Wüst vgl. Kater 1974: 11-16, 41-45 und Oesterle 1988.
1025. BA NS 8/170. Fol. 159-161. Brief Rosenbergs vom 5.1.1937 an Rust.
1026. Vgl. Lixfeld 1987b: 37, 53-55.

1027. Vgl. Heiber 1966: 843, 848.
1028. Vgl. das Kapitel der vorliegenden Abhandlung "Die Zerschlagung der Abteilung Volkskunde und die Verfolgung Adolf Spamers durch die nationalsozialistischen Machthaber."
1029. Wie Anmerkung 1025.
1030. Vgl. auch Röhr 1938: 69, 76-78; Scheidt-Lämke 1942; Hepding 1940.
1031. Wie Anmerkung 1025.
1032. Wie Anmerkung 1025: Fol. 161.
1033. Röhr 1938: 73, vgl. 74.
1034. Vgl. Röhr 1938: 64-69, Nr. 118, 147-166.
1035. Kaiser 1936; vgl. Mackensen 1937c; Röhr 1938: 76-78.
1036. Zu dieser Sprichwörtlichen Redensart vgl. Röhrich 1973, Bd. 1: 451-453.
1037. Archiv der Landesstelle für Volkskunde Freiburg i.Br. Aktenordner "Atlas Zentrale." Schreiben Erich Röhrs vom 2.7.1937 an Eugen Fehrle; BDC Harmjanz, Heinrich, geb. 22.5.1904. REM-Personalakte. Fol. 37.
1038. Heiber 1966: 804.
1039. Vgl. Strobel 1936b; Gansohr-Meinel 1991: 185-189.
1040. Wie Anmerkung 1028.
1041. BDC Röhr, Erich, geb. 17.2.1905. NSDAP-Mitglied Nr. 8 822 999 seit 1.7.1941; ZStA Potsdam 49.01/R 278. REM-Personalakte Erich Röhr; Harmjanz 1943.
1042. Harmjanz und Röhr 1937-1939; vgl. Heiber 1966: 804-805.
1043. Vgl. Oesterle 1987: 89.
1044. Harmjanz 1932.
1045. Heiber 1966: 648.
1046. Harmjanz 1936a.
1047. BDC Harmjanz, Heinrich, geb. 22.5.1904. REM-Personalakte. Fol. 38, 41, 91.
1048. Wenn ich richtig sehe, beschränkten sie sich auf die gemeinsam mit Röhr herausgegebenen ADV-Karten, Harmjanz und Röhr 1937-1939, und Harmjanz 1937.
1049. Heiber 1966: 647, 649; BDC Harmjanz, Heinrich, geb. 22.5.1904. REM-Personalakte. Research-Teil. Fol. 143, 150.
1050. Wie Anmerkung 1043.
1051. Heiber 1966: 648.
1052. Vgl. Bollmus 1970: 212-213; Kater 1974: 137.
1053. Vgl. Bollmus 1970: 214-215.
1054. Bollmus 1970: 216.
1055. Vgl. BA NS 21/309. Schreiben Walther Wüsts vom 2.4.1939 an Himmler; BDC Harmjanz, Heinrich, geb. 22.5.1904. AE-Akte. Fol. 46.
1056. Vgl. Heiber 1966: 650.
1057. BA NS 8/170. Fol. 139-140 Rs. Brief Rusts vom 10.3.1938 an Rosenberg.
1058. Harmjanz und Röhr 1937-1939.
1059. Kaiser 1937.
1060. Vgl. *Folk. Journal of the International Association for Folklore and Ethnology*. Editoral Board: Åke Campbell, Uppsala/ G.R. Gair, Edinburgh/ Lutz Mackensen, Riga-Berlin/ J. de Vries. Leiden. Jahrgang 1, 1937.
1061. Vgl. Schier 1988: 143-144.
1062. Wie Anmerkung 1057; vgl. Gansohr-Meinel 1991: 147-151.
1063. UA Greifswald, DDR. Nr. 81, Personalakte Karl Kaiser. Erlaß des Reichserziehungsministers "Wp Nr. Kaiser/v 37 (a)" vom 10.3.1938.
1064. BDC Kaiser, Karl, geb. 23.9.1906. Karteikarte Amt Rosenberg.
1065. Vgl. BA NS 8/170. Fol. 46.
1066. Kaiser 1939.
1067. Harmjanz 1939.

1068. UA Greifswald, DDR. Vermutlich Personalakte Karl Kaiser. Schreiben Henschkes vom 25.3.1938.
1069. BA NS 8/170. Fol. 121-126. Brief Rosenbergs vom 11.4.1938 an Rust.
1070. Kaiser wurde erst zu Beginn des Zweiten Weltkriegs Dozent an der Universität Greifswald und fand 1940 im Alter von noch nicht 34 Jahren den Tod als Soldat in Frankreich; vgl. Scheidt-Lämke 1942.
1071. BDC Kaiser, Karl, geb. 23.9.1906.
1072. Vgl. Bollmus 1970: 217, 320 Anmerkung 237a.
1073. Wie Anmerkung 1025: Fol. 161.
1074. Wie Anmerkung 1069.
1075. Wie Anmerkung 1057: Fol. 140-140 Rs.
1076. BA NS 8/238. Fol. 11-23, hier Fol. 12. Zieglers Bericht vom 10.8.1938 an Himmler über seine Aussprache mit Harmjanz am 1.8.1938 in Kopenhagen.
1077. Ebendort: Fol. 13-14.
1078. Vgl. Kater 1974: 141.
1079. BA NS 21/281. Bericht über die 2. Sitzung der "Arbeitsgemeinschaft für Deutsche Volkskunde" am 22.10.1937, Blatt 1-2.
1080. UA Jena, DDR. Bestand U Abt. IV Nr. 30. Lebenslauf Ziegler (1940).
1081. Vgl. Schier 1988: 142-143.
1082. Wie Anmerkung 1076: Fol. 19.
1083. Wie Anmerkung 1025: Fol. 161.
1084. BDC Schier, Bruno, geb. 17.12.1902. Brief Schiers vom 9.9.1939 an den Reichsschatzmeister der NSDAP.
1085. Vgl. das Kapitel der vorliegenden Abhandlung "Aufbau und Aufgaben von Rosenbergs Reichsarbeitsgemeinschaft für deutsche Volkskunde."
1086. Wie Anmerkung 559.
1087. Wie Anmerkung 1046.
1088. Diewerge 1936.
1089. Hervorhebung durch Diewerge 1936: 966.
1090. Vgl. den Text zu Anmerkung 555.
1091. Deutsche Volkskunde im Schrifttum 1938.
1092. Wie Anmerkung 1076: Fol. 16-17.
1093. Wie Anmerkung 1091: 5-8.
1094. Wie Anmerkung 1076: Fol. 16.
1095. Vgl. das Kapitel der vorliegenden Abhandlung "Die Zerschlagung der Abteilung Volkskunde und Verfolgung Adolf Spamers."
1096. Diewerge 1936.
1097. Wie Anmerkung 1091: 13, I/15.
1098. Harmjanz 1936b.
1099. Wie Anmerkung 1091: 115, X/8.
1100. Ebendort: 7.
1101. Achterberg 1938: 539.
1102. Wie Anmerkung 1076: Fol. 21-22.
1103. Bollmus 1970: 216; BDC Harmjanz, Heinrich, geb. 22.5.1904. AE-Akte. Fol. 22-24.
1104. BA NS 8/238. Fol. 9-10. Bericht Zieglers vom 10.8.1938 an SS-Gruppenführer Reinhard Heydrich.
1105. Ebendort.
1106. BA NS 8/238. Fol. 8. Zieglers Aktennotiz vom 10.8.1938 für Reichsleiter Rosenberg.
1107. Vgl. Kater 1974: 139.
1108. Vgl. Bollmus 1970: 218.
1109. Wie Anmerkung 1076.
1110. Vgl. Jacobeit 1965a.

1111. Vgl. Schramka 1986.
1112. Wie Anmerkung 1076: Fol. 14-16, 20-22.
1113. Ebendort: Fol. 23.
1114. Vgl. Bockhorn 1988: 66-77.
1115. Vgl. Bockhorn 1989.
1116. Vgl. das Kapitel der vorliegenden Abhandlung "Die weltanschauliche Volkskunde des Amts Rosenberg und ihr Wissenschaftstheoretiker Matthes Ziegler."
1117. Ziegler 1936b.
1118. BDC Höfler, Otto, geb. 10.5.1901. NSDAP-Mitglied Nr. 5 443 927 seit 1.5.1937; vgl. Schramka 1986.
1119. Höfler 1934; zur Kritik der für das Ahnenerbe bedeutsamen Lehre Höflers durch den dem Amt Rosenberg nahestehenden Jenaer Religionshistoriker Bernhard Kummer vgl. Hunger 1984: 422-426 und Schier 1990: 69-78.
1120. Ziegler 1936b: 820-821.
1121. Ebendort: 820, 822, 824.
1122. Vgl. Staubach 1974; Birkhan 1988.
1123. Deutsche Volkskunde im Schrifttum 1938: 6-7; zum Romantik-Vorwurf gegenüber der Zieglerschen Volkskunde vgl. Achterberg 1938: 539.
1124. Deutsche Volkskunde im Schrifttum 1938: 55, IV/72.
1125. Ebendort: 56, IV/73.
1126. Ebendort: 94, VI/69.
1127. Ebendort: 43, IV/24.
1128. Ziegler 1936b.
1129. BDC Wolfram, Richard, geb. 16.9.1901. NSDAP-Mitglied Nr. 1 088 974 seit 1.6.1932.
1130. Kater 1974: 83-84 und Bockhorn 1989.
1131. Kater 1974: 83.
1132. Boberach 1984, Bd. 2: 104-106, 268.
1133. Ebendort: 104.
1134. Vgl. Bollmus 1970: 218-220; Holzapfel 1990a.
1135. Rüdiger 1938b; vgl. Thiele 1939.
1136. Boberach 1984, Bd. 2: 105.
1137. Ebendort.
1138. Vgl. Jankuhn 1944; Kater 1974: 113-116.
1139. Vgl. Salzburger Wissenschaftswochen 1939; Kater 1974: 116-119, 143-144; Bollmus 1970: 227; das Kapitel "Überlegungen zur Frage der Wissenschaftlichkeit des Ahnenerbes" in Oesterle 1988.
1140. Vgl. Oesterle 1987: 86-88; dazu Schreiben Meiers vom 22.4.1944 an Süß, abgedruckt bei Holzapfel 1989: 104-108; BA NS 21/777. Schreiben Wolfram Sievers vom 22.4.1939 an Kurator des Ahnenerbes; BA NS 21/217. Schreiben Wolfram Sievers vom 28.3.1942 an Quellmalz. Holzapfel 1989: 66-67 hält dagegen die mögliche Übernahme des Deutschen Volksliedarchivs durch das SS-Ahnenerbe für eine müßige Spekulation; dazu Oesterle 1991a: 158-160.
1141. BA NS 21/11. Diensttagebuch Wolfram Sievers unter dem 5.6.1944; vgl. Oesterle 1987: 86-88.
1142. Vgl. das Kapitel der vorliegenden Abhandlung "Die Zerschlagung der Abteilung Volkskunde und Verfolgung Adolf Spamers."
1143. Vgl. Kater 1974: 145-146, 191-204 und - unter anderem - BA NS 15/102. Führererlaß vom 1.3.1942.
1144. Kater 1974: 193; vgl. Bollmus 1970: 104-152; Hunger 1984: 441-442.
1145. Vgl. das Kapitel von Gisela Lixfeld "Das 'Ahnenerbe' Heinrich Himmlers" in der vorliegenden Abhandlung.
1146. Kater 1974: 170-190, 294-296; Bollmus 1970: 145-152; Hunger 1984: 171-179; Baumgärtner 1977: 33-35; Brenner 1963: 142-153.

1147. BA NS 15/102. Tätigkeit des Einsatzstabes Reichsleiter Rosenberg für die besetzten Gebiete (nach dem 30.9.1942).
1148. BA NS 15/102. Führererlaß vom 1.3.1942.
1149. Brenner 1963: 240-241.
1150. Vgl. Kater 1974: 158, 295-296; Hunger 1984: 442-443.
1151. BA NS 8/259. Fol. 123-124, hier 124. Erste Dienstbesprechung der Arbeitsgruppenleiter des Einsatzstabes Reichsleiter Rosenberg am 18. und 19.12.1941 im Hause Bellevuestr. 3.
1152. Wie Anmerkung 1147.
1153. Vgl. Lorenzen 1942; Ruprecht 1943a; Ruprecht 1943b; Wolfgramm 1943; Wolfgramm 1944a; Wolfgramm 1944b; Redlich 1942.
1154. BA NS 8/245. Fol. 60-62.
1155. Ebendort: Fol. 60. Hervorhebung durch Haiding.
1156. Ebendort: Fol. 60-62. Hervorhebungen durch Haiding.
1157. BA NS 8/260. Fol. 28. Aktennotiz für Rosenberg vom 9.4.1942; BA NS 8/260. Fol. 54-55. Aktenvermerk für Rosenberg vom 4.1.1943.
1158. BA NS 8/260. Fol. 55.
1159. BA NS 15/79. Amt Volkskunde am 6.6.1944 an Zentralamt.
1160. BA NS 30/152. Vertraulicher Bericht Hans Strobels vom 10.6.1944 über die "Volkskundliche Lage im Ostland."
1161. BA NS 8/141. Fol. 109-110. Ziegler am 6.6.1941 an Rosenberg; vgl. Bollmus 1970: 118-119 mit Vermutungen über weitere Austrittsgründe Zieglers; der zur kämpfenden Truppe eingezogene Stabsleiter des Amts Rosenberg, Gotthard Urban, hatte bereits am 19. April 1941 in seinem Abschiedsbrief an Rosenberg erwähnt, das Amt weltanschauliche Information sei "in seiner Arbeitsleistung gegenüber früher ganz wesentlich zurückgeblieben. Es liegt dies zweifelsohne daran, dass der Amtsleiter Dr. Ziegler eine Zeit lang eine innerliche Unsicherheit über Ziel und Aufgabe seines Amtes hatte [...]. Es wäre zu überlegen, ob man nicht doch Dr. Ziegler, der ohnehin bei einer Propaganda-Kompanie tätig ist [...], zurückholt und ihn alsdann zwingt, so systematisch und gut wie früher seine Arbeit wieder aufzunehmen," BA NS 8/140. Fol. 146-154, hier 150; zur Frontenbildung zwischen den Politischen Leitern des Amts Rosenberg vgl. Heiber 1966: 943-944.
1162. BA NS 8/141. Fol. 11. Rosenberg am 10.6.1941 an Ziegler.
1163. Ziegler 1939d; vgl. Baumgärtner 1977: 84.
1164. BA NS 8/238. Fol. 95-96. Klopfer am 19.7.1941 an Ziegler; BA NS 8/238, Fol. 94. Frank am 30.7.1941 an Rosenberg; BA NS 8/238. Fol. 97. Amt Rosenberg am 31.7.1941 an Ziegler; die Denkschrift Zieglers konnte leider nicht aufgefunden werden.
1165. BA NS 8/238. Fol. 98-99. Rosenberg am 1.8.1941 an Bormann.
1166. BA NS 8/186. Fol. 132-133. Bormann am 21.8.1941 an Rosenberg; vgl. auch Bollmus 1970: 119 und Baumgärtner 1977: 39-40 mit dem Hinweis auf die ab Ende 1943 von Ziegler wieder aufgenommene Schriftleitung des Rosenbergschen "Handbuchs der Romfrage," die Rosenberg ihm im Entlassungsschreiben vom 10.6.1941 noch versagt hatte, vgl. BA NS 8/141. Fol. 111; zum "Handbuch der Romfrage," dessen erster Band veröffentlicht wurde (Rosenberg 1940), vgl. Baumgärtner 1977: 85-86.
1167. BDC Ziegler, Matthes, geb. 11.6.1911. SS-Akte. Ziegler war bis Ende 1944 im Einverständnis mit Himmler als Dienstleiter in der Parteikanzlei der NSDAP sowie als nebenamtlicher Mitarbeiter des SD der SS und ab Ende 1943 auch des Amts Rosenberg tätig, vgl. Anm. 1166; gegen Ende des Kriegs sollte er "die gesamten Aufgaben der Propaganda als Verbindungsoffizier der SS" beim Oberkommando der Wehrmacht vertreten, vgl. Briefvermerk von SS-Standartenführer Gunter d'Alquen vom 1.11.1944. Ziegler war in der allgemeinen SS zuletzt Obersturmbannführer (Oberstleutnant) und als Reserveführer der Waffen-SS Hauptsturmführer (Hauptmann) in der SS-Standarte Kurt Eggers.
1168. BDC Strobel, Hans, geb. 28.11.1911; vgl. Gajek 1986 und Brückner 1988f: 209.
1169. Strobel 1934a.

1170. BDC Strobel, Hans, geb. 28.11.1911. Lebensläufe in SS-Personalakte, SSO-Akte, Akte Reichskulturkammer.
1171. Ebendort: SS-Personalakte, Akte Reichskulturkammer.
1172. BA NS 8/170. Fol. 159-161, hier 161.
1173. Deutsche Volkskunde im Schrifttum 1938; vgl. Bollmus 1970: 215 und das Kapitel "Alfred Rosenbergs 'braune' und Heinrich Himmlers 'schwarze' Volkskunde im Kampf um die Vorherrschaft" in der vorliegenden Abhandlung.
1174. Vgl. das Kapitel "Aufbau und Aufgaben von Rosenbergs Reichsarbeitsgemeinschaft für deutsche Volkskunde" in der vorliegenden Abhandlung.
1175. BA NS 8/245. Fol. 1.
1176. BA NS 8/245. Fol. 10.
1177. BA NS 8/245. Fol. 1 und 57; BA NS 8/238. Fol. 5.
1178. Vgl. Baumgärtner 1977: 29; Bollmus 1970: 122; BA NS 8/128. Verfügung Rosenbergs vom 22.4.1942; BA NS 15/102. Hauptämter und Ämter der Dienststelle [1944]; vor Hagemeyer war Strobel vertretungsweise Leiter des "Hauptamts Weltanschauliche Information," vgl. BA NS 8/187. Fol. 201-210, hier 203. Organisationsplan der Dienststelle, 2.
1179. Vgl. BA NS 8/245; BA NS 8/140. Fol. 77. Begutachtung Strobels durch Rosenberg vom 23.11.1941.
1180. BA NS 8/245. Fol. 69. Ernennung durch Rosenberg am 10.11.1941.
1181. Wie Anmerkung 1157.
1182. Vgl. BA NS 15/20. Personalliste vom 8.8.1944.
1183. Ziegler 1933: 64; vgl. Anm. 453-455.
1184. Vgl. Anm. 514-523.
1185. Vgl. Strobel 1938a; Strobel 1938d; Strobel 1943a.
1186. Vgl. die Bibliographie des vorliegenden Bands und Strobel 1943a.
1187. Vgl. BA NS 8/140. Fol. 77-77 Rs. Begutachtung Strobels durch Rosenberg am 23.11.1941.
1188. Strobel 1939b.
1189. Strobel 1939a; vgl. Scheller 1939b.
1190. Scheller und Strobel 1939.
1191. BA NS 8/132. Fol. 28. Stichwort-Protokoll des Termins von Ziegler und Bernatzky beim Reichsleiter am 23.3.1944 und Anm. 1166.
1192. BDC Strobel, Hans, geb. 28.11.1911, REM-Karteikarte zur Personalakte. Lehrauftrag Deutsche Volkskunde 1934, 1938, 1939; zu Adolf Spamers eigenartigem Gutachten von 1937 über den Wissenschaftler Strobel, der einerseits "eine gewisse Neigung zu vorschnellen Thesensetzungen hat und autoritative Behauptungen da aufstellt, wo die Dinge mindestens problematisch sind und einer sorgfältigeren Abwägung aller Möglichkeiten [...] bedürfen," andererseits aber "wohl heute schon als eine ausgesprochene 'Hoffnung'" bezeichnet werden könne, vgl. Jacobeit und Mohrmann 1982: 296-297 Anm. 19.
1193. Strobel 1939a: 87.
1194. Strobel 1943e: 44. Hervorhebung durch Strobel.
1195. Hervorhebung durch Strobel 1939b: 116-119.
1196. Strobel 1939a: 87-88.
1197. Scheller und Strobel 1939: 18.
1198. Strobel 1943e: 44-54; Strobel 1939b: 120-126.
1199. Scheller und Strobel 1939. *Jahreslauffeste* sind dort Weihnachten, Fasnächte, Frühlingsgleiche (Ostern), Maien (Pfingsten), Sommersonnenwende, Ernte (Kirwe), Vorweihnachten. Als *Lebenslauffeste* werden beispielsweise erwähnt Taufe, Hochzeit, Beerdigung, Totengedenken. Zum *nationalsozialistischen* - politischen - *Feierjahr* gehören unter anderem der Tag der Machtergreifung am 30. Januar, der Tag der nationalen Arbeit (1. Mai), der Reichsparteitag (in Nürnberg), der Erntedanktag, der Tag des - gescheiterten - Hitlerputsches in München am 9. November. Außerdem werden gesondert die Feiern des sogenannten *Kleinen Festjahrs* aufgeführt

wie z.B. der Muttertag, der Tag der Auslandsdeutschen, der Tag des deutschen Handwerks oder die Opferfeiertage des Winterhilfswerks sowie die Eintopfsonntage.

1200. Strobel 1939a: 87.
1201. Scheller und Strobel 1939: 16.
1202. Strobel 1943h: 222-223, 226-229; vgl. die erweiterte Fassung dieser Veröffentlichung bei Strobel 1943d.
1203. Strobel 1938d: 24-39.
1204. Scheller und Strobel 1939: 16; vgl. Strobel 1939b: 113-114.
1205. Strobel 1943e: 47-49, 50-51; zum Feierhallen-Projekt der Rosenbergschen Arbeitsgemeinschaft für deutsche Volkskunde vgl. den Text zu Anm. 593-605.
1206. Strobel 1943e: 59. Hervorhebung durch Strobel.
1207. Strobel 1938d: 28.
1208. Strobel 1939a: 90; vgl. Strobel 1943e: 43.
1209. Strobel 1943h: 226; Strobel 1943d: 32.
1210. Strobel 1943e: 54. Hervorhebung bei Strobel.
1211. Zu diesem Begriff Rosenbergs vgl. Baumgärtner 1977: 261.
1212. BA NS 8/245. Fol. 23-24. Aktenvermerk Thiele vom 14.5.1940.
1213. Thiele 1940; vgl. auch die Kurzerwähnung in *Die neue Gemeinschaft* 10, 1944: gegenüber 208.
1214. Thiele 1940: 144.
1215. Bollmus 1970: 117-118.
1216. Vgl. das Kapitel von Gisela Lixfeld "Zur Ideologie Heinrich Himmlers" in der vorliegenden Abhandlung; BA NS 8/183. Fol. 54-57. Bormann am 22.2.1940 an Rosenberg, abgedruckt bei Poliakov und Wulf 1983: 201-205; BA NS 8/183. Fol. 43-45. Rosenberg am 27.2.1940 an Bormann.
1217. Vgl. Baumgärtner 1977.
1218. Vgl. zum Beispiel die Materialsammlung über "Entchristlichung der Jugend" bei Immer 1936.
1219. BA NS 8/128. Fol. 102-103.
1220. Vgl. Baumgärtner 1977: 260-262, hier 262.
1221. Vgl. das Beharren auf den fehlenden Weisungsrechten und den daraus zu ziehenden Folgerungen einer marginalen Bedeutung Rosenbergs und seines Amtes bei Bollmus 1970: 236-250 und die Kritik dieser Auffassung bei Baumgärtner 1977: 4, ferner die Kritik an Baumgärtner bei Bollmus 1980: 131; vgl. auch Anm. 1248 dieser Abhandlung.
1222. Vgl. Bollmus 1970: 110; Baumgärtner 1977: 102.
1223. BA NS 8/186. Fol. 129-131. Entwurf von August 1941. Feiern des Reiches und des Jahreslaufes waren danach: Tag der Machtübernahme, Heldengedenktag, Verpflichtung der Jugend, Geburtstag des Führers, Nationaler Feiertag des deutschen Volkes, Muttertag, Sommersonnenwende, Erntedankfest, Gedenktag der Gefallenen der Bewegung am 9. November, Gefallenen-Ehrungsfeiern, Wintersonnenwende und Vorweihnachten; vgl. Vondung 1971: 74-87.
1224. Vgl. die Programmbeispiele in *Die neue Gemeinschaft* 10, 1944; 202-205; vgl. Vondung 1971: 87-97 und zusammenfassend zu NS-Feiern Gebhardt 1987b.
1225. Vgl. die Programmbeispiele in *Idee und Tat* 1, 1944; 17-31; *Idee und Tat* 2, 1944: 36-47; *Idee und Tat* 5, 1944; 40-53. In die vom Hauptamt Kunstpflege des Amts Rosenberg besorgten "Weltanschaulichen Feierstunden" sind keineswegs, wie Baumgärtner 1977: 101 irrtümlich annimmt, die "Vorarbeiten der Volkskunde-Arbeitsgemeinschaft" eingegangen. Die Programme dieser Feiergattung entsprachen nicht der Feiertheorie der Mythus-Volkskunde.
1226. BA NS 8/186. Fol. 126-128. Bormann am 25.8.1941 an Rosenberg.
1227. BA NS 8/186. Fol. 125-126 *Rs*. Rosenberg am 5.9.1941 an Bormann.
1228. BA NS 8/181. Fol. 106-108. Bormann am 6.4.1939 an Rosenberg.
1229. BA NS 8/181. Fol. 90. Amt Rosenberg am 2.5.1940 an Bormann; vgl. die teils abweichenden Angaben bei Bollmus 1970: 110.
1230. BA NS 8/181. Fol. 11-12. Rosenberg am 28.6.1939 an Bormann.

1231. Die Gestaltung der Lebensfeiern 1942. - Wie unbekannt diese "Richtlinien für Lebensfeiern" der bisherigen volkskundlichen Forschung waren, erhellt aus der irrigen Unterstellung bei Brückner 1989b: 83, das Gauschulungsamt Bayreuth habe sie unter der kompetenten Mitarbeit oder alleinigen Autorenschaft von Friedrich Schmidt-Ebhausen herausgegeben; vgl. jedoch Vondung 1971: 97-104.
1232. Vgl. *Mitteilungen zur weltanschaulichen* Lage 8/Nr. 4, 15.4.1942: 2.
1233. Vgl. ebendort: 3.
1234. Vgl. die Gestaltungsbeispiele in *Idee und Tat* 5, 1944: 54-56 (Geburtsfeier im Gau Wien) und in *Die neue Gemeinschaft* 10, 1944: 58-61 (Geburtsfeier im Gau Kurhessen); *Die neue Gemeinschaft* 10, 1944: 62-63 (Hochzeitsfeier im Gau Kurhessen); *Die neue Gemeinschaft* 8, 1942: 304-309 (Totenfeier, mit Betrachtungen Alfred Rosenbergs und Edmund Mudraks über Unsterblichkeit); *Die neue Gemeinschaft* 10, 1944: 252-255 (Totenfeier auf dem Dorfe, von Kurt Speth). Über die Mitwirkung des Amts Volkskunde und Feiergestaltung an der vom Hauptkulturamt der Reichspropagandaleitung herausgegebenen Zeitschrift *Die neue Gemeinschaft* ab 1942 vgl. Bollmus 1970: 288 Anm. 30, Baumgärtner 1977: 102 Anmerkungen 255-256 und BA NS 8/245. Fol. 162-162 RS. Brief Strobels vom 24.7.1944 an Liese.
1235. Die Gestaltung der Lebensfeiern 1942: 8-10.
1236. Ebendort: 4.
1237. Ebendort: 12. Zu den Handlungen gehörten zum Beispiel: Umzug, Festzug oder Trauerzug; Aufzüge und Spalier; der Deutsche Gruß bei der Totenfeier; Erheben von den Plätzen bei feierlichen Vorgängen; Glockenläuten, soweit es nicht im konfessionellen Sinn ausgedeutet werden kann; Sinnbildliche Brauchtumshandlungen wie Baumpflanzen, Ringwechsel, Blumengabe in das Grab des Toten usw.
1238. Ebendort: 11-15.
1239. Vgl. ebendort: 15-18, 18-20, 20-24 die Richtlinien für die verschiedenen Feiern.
1240. Ebendort: Vorwort von Alfred Rosenberg.
1241. *Mitteilungen zur weltanschaulichen Lage* 8/Nr. 6, 15.6.1942: 14-19, hier 15-16.
1242. Ebendort: 15; Scheller und Strobel 1939.
1243. Die Gestaltung der Lebensfeiern 1942: 3-4.
1244. Ebendort: 6-7.
1245. Ebendort: 4.
1246. Vgl. Strobel 1939a: 87; Scheller und Strobel 1939: 16.
1247. BA NS 8/187. Fol. 136-136 Rs. Rosenberg am 24.7.1942 an Bormann; zur Rolle der Gauschulungsleiter als Stellvertreter Rosenbergs vgl. Baumgärtner 1977: 94, 130-133; Bollmus 1970: 124.
1248. Die relativ niedrigen Zahlenangaben bei Bollmus 1970: 113-114 für den Gau Thüringen im 1. Halbjahr 1943 und die sehr niedrige Angabe des SD der SS vom 9.12.1943 von "nur 1% aller Feiern" bei Hunger 1984: 132 und Vondung 1971: 108 stehen vereinzelt und müßten auf alle Reichsgaue bezogen überprüft werden. Bollmus und Hunger sind überdies Vertreter der These von der fehlenden Weisungskompetenz und daraus zu folgernden marginalen Bedeutung des Amts Rosenberg auf Partei- und Staatsebene. Gegen diese generell strittige These hat bereits Baumgärtner 1977: 4, 261-262 und öfter überzeugende Argumente vorgebracht, vgl. dazu auch Anm. 1221; Überlegungen zur Rezeption von nationalsozialistischen Lebensfeiern für den Gau Steiermark bei Brückner 1987b: 31-32, die sich auf Hoffer 1942 stützen, betreffen weitgehend die Zeit vor der Herausgabe der "Richtlinien" des Amts Rosenberg im Jahre 1942.
1249. *Mitteilungen zur weltanschaulichen Lage* 8/Nr. 4, 15.4.1942: 2.
1250. Ebendort.
1251. Aufbau des Amtes Volkskunde und Feiergestaltung nach BA NS 15/102. Amt Volkskunde und Feiergestaltung [1944]; BA NS 15/90. Stellenbesetzungsplan für 1944, 21.3.1944; BA NS 15/102. Organisationsplan der Dienststelle Rosenberg vom 4.8.1944: Leiter Dr. Hans Strobel (h). *Hauptstelle* Volkskunde und Wissenschaft - Dr. Karl Haiding (n); Stelle Germanische Volkskunde - Dr. Edmund Mudrak (n); Stelle Großdeutsche und Volksdeutsche Volkskunde -

nicht besetzt; Stelle Volkskunde der nichtgermanischen Völker Europas - nicht besetzt. *Hauptstelle* Politische Volkskunde-Auswertung - Friedrich Kortkampf (h); Stelle Archiv und Bücherei - Dr. Lieselotte Heil (h); Stelle Schulung, Veranstaltungen - nicht besetzt; Stelle Veröffentlichungen, Schrifttum - Dr. Rosemarein Roßbach (h). *Hauptstelle* Volkstumsarbeit - Dr. Erich Kulke (n); Stelle Volksglaube und Brauch - nicht besetzt; Stelle Spiel, Lied, Tanz, Musik - nicht besetzt; Stelle Volkskunst, Handwerk, Heim, Hof, Siedlung - Richter (e). *Hauptstelle* Feiergestaltung - Theodor (Thilo) Scheller (n); Stelle Feiern des Jahreslaufes - Dr. Kurt Speth (e); Stelle Feiern des Lebenslaufes - Kenntmann (e). *Hauptstelle* Volkskunde Abwehr - Dr. Karl Ruprecht (n); Stelle Konfessionelle Volkskunde - Dr. (Heinrich?) Müller (n). (h = hauptamtlich, n = nebenamtlich, e = ehrenamtlich).

1252. Zu dieser Begriffsprägung vgl. Bollmus 1980: 138.

1253. Baumgärtner 1977: 92, 124; Kater 1974: 280.

1254. BA NS 8/245. Fol. 114-115 und BA NS 15/243. Fol. 251-253. Den zweiten Platz der Posener Berufungsliste hatte Richard Wolfram inne, den dritten teilten sich Gerhard Heilfurth und Alfred Karasek. Edmund Mudrak wurde im Zusammenhang seiner Berufung noch schnell in Posen habilitiert. Da die Habilitation an deutschen Universitäten in der Regel für eine Professur vorausgesetzt wurde, war auch Matthes Ziegler daran interessiert und unternahm den Versuch dazu, soweit bekannt, 1940 an der Universität Jena. Aus noch unbekannten Gründen zog er seinen vom Amt Rosenberg und vom NS-Dozentenbund befürworteten Habilitationsantrag jedoch wieder zurück. Für freundliche Nachforschungen bin ich dem Universitätsarchiv Jena sowie Wolfgang Jacobeit und Reinhard Schmook zu Dank verpflichtet; vgl. BA NS 8/141. Fol. 97. Gaudozentenführer Jena am 6.3.1940 an Rosenberg, und UA Jena. Bestand U Abt. IV Nr. 30: NS-Dozentenbund, Gauleitung Thüringen, W-Z 1933-1945.

1255. BA NS 8/130. Fol. 28-28 Rs. Rosenberg am 16.7.1942 an Bormann; BA NS 8/130. Fol. 99. Rosenberg am 16.7.1942 an Himmler. Durchschläge beider Schreiben, aber ohne die mitgesandten Anlagen, mit der Aufschrift "Geheim."

1256. Zur SS-Gerichtsverfügung vgl. BDC Harmjanz, Heinrich, geb. 22.5.1904. Ahnenerbe-Akte. Fol. 25; zum Ausscheiden von Harmjanz aus dem Reichserziehungsministerium vgl. ebendort: REM-Personalakte, Teil III. Fol. 151-152; zur Diskussion im Amt Rosenberg über den Nachfolger von Harmjanz im Ministerium und über Rudolf Mentzel vgl. BA NS 8/131. Fol. 81-82, 93, 99-100, 109-110. Stichwort-Protokolle von Terminen beim Reichsleiter am 7.4., 15.4., 27.4. und 30.4., 1943; vgl. ferner Kater 1974: 288-289 und die ausführliche Schilderung der "Affäre Harmjanz" bei Heiber 1966: 647-655.

1257. Bollmus 1980: 132-135.

1258. National Archives Washington EAP 99/340. Fol. 1138-1141: Grundzüge für den Erbau der Hohen Schule, zitiert nach Bollmus 1980: 131, der die undatierte Archivalie zeitlich vor dem 1.3.1938 ansetzt.

1259. National Archives Washington EAP 99/285. Rosenberg am 12.8.1940 an Rust, zitiert nach Bollmus 1980: 125. Hervorhebungen durch Rosenberg.

1260. Bollmus 1980: 126.

1261. Bollmus 1980: 143; vgl. ebendort: 143-149 zur Frage der Folgen für die Wissenschaft.

1262. Vgl. Bollmus 1980: 126 Anm. 2, letzter Satz.

1263. BA NS 8/264. Fol. 92-93. Aktennotiz Alfred Baeumlers vom 14.7.1941 für den Reichsleiter. Betr. Stellung der Direktoren der Außeninstitute der Hohen Schule.

1264. Fotografien des von Professor Giesler geschaffenen Modells in: *Die Kunst im Dritten Reich* 3, 1939: 18-19; vgl. Rosenberg 1939b.

1265. BA NS 8/175. Fol. 45-65, hier 60-61. Die Hohe Schule der NSDAP und ihre Aufgaben. Denkschrift Roscnbcrgs für Hitler von 1937.

1266. Ebendort: Fol. 60-65, hier 60.

1267. BA NS 8/128. Fol. 153-161. Grundlinien des Aufbaus der Hohen Schule, undatiert und ohne Nennung des Verfassers.

1268. Ebendort: Fol. 154-155, hier 155.

1269. Ebendort: Fol. 156.
1270. Ebendort: Fol. 156 und 161.
1271. BA NS 8/182, Fol. 210-211; vgl. BA NS 8/206. Fol. 168-170, 185-187 und Bollmus 1980: 131-136.
1272. Poliakov und Wulf 1983: 131; vgl. die kritische Kommentierung bei Bollmus 1980: 136-137.
1273. Ebendort.
1274. BA NS 8/128. Fol. 80-83. Anordnung über die vorläufige Arbeit der Hohen Schule vom 26.6.1940: eine "Abteilung für Schule und Lager-Erziehung" blieb unbesetzt.
1275. BA NS 8/128. Fol. 90. Anordnung vom 1.11.1940.
1276. BA NS 8/128. Fol. 104. Anordnung Rosenbergs vom 7.4.1942.
1277. BDC Baeumler, Alfred, geb. 19.11.1887, NSDAP-Mitglied Nr. 2 459 241 seit 1.5.1933; zu seinem Nachfolger als Leiter des Hauptamts Wissenschaft ernannte Rosenberg am 13.8.1942 Walter Gross, zu dessen Vertreter Heinrich Härtle, vgl. BA NS 8/128. Fol. 121 und Bollmus 1980: 144-145 Anm. 27.
1278. BDC Wagner, Kurt, geb. 29.6.1911, NSDAP-Mitglied Nr. 907 370 seit 1.2.1932.
1279. Vgl. den erbitterten Streit zwischen Baeumler und Ziegler um nebensächliche Fragen, ZStA Potsdam 62 Di 1, Film 731, Aufn. 919-925. Baeumler am 4.6. und 23.6.1937 an Ziegler. Ziegler am 16.6.1937 an Baeumler; zu den sich im Amt Rosenberg bekämpfenden Mitarbeiterfraktionen vgl. Heiber 1966: 943-944 und Zieglers Begründung seiner Kündigung bei Anmerkung 1161 oben.
1280. Baeumler hatte persönlich verunglimpfende Kritik an Edmund Mudrak und dessen Berufung an die Reichsuniversität Posen geübt, BA NS 8/245. Fol. 114-115. Strobel am 6.1.1944 an Rosenberg und am 18.1.1944 an Koeppen; ZStA Potsdam 62 Di 1, Film 730, Aufn. 1285-1286. Strobels Aktenvermerk über die Ergebnisse der Aussprache mit Baeumler am 18.1.1944.
1281. BA NS 8/265. Fol. 125. Anordnung über die Errichtung von Außenstellen der Hohen Schule vom 30.10.1940, vgl. den von Rosenberg unterschriebenen Entwurf BA NS 8/206. Fol. 152; spezielle Außeninstitute wurden nicht genannt, die näheren Durchführungsbestimmungen sollten in Kürze erlassen werden.
1282. BA NS 15/102. Hauptämter und Ämter der Dienststelle, Blatt 3. Institute der Hohen Schule [1944], vgl. auch die nachfolgenden Anmerkungen. Die Zentralbibliothek erfaßte und inventarisierte einen Großteil der durch den Einsatzstab Reichsleiter Rosenberg geraubten Bibliotheken, mit deren Hilfe die Errichtung der Außenstellen erst ermöglicht wurde, vgl. Bollmus 1970: 146, 151 und BA NS 8/267. Fol. 133-134 Rs. Jahresbericht der Zentralbibliothek der Hohen Schule 1943. Anlage 1.
1283. ZStA Potsdam 62 Di 1, Film 732, Aufn. 470. Ziele und Aufbau des Instituts, 8.6.1944.
1284. Vgl. auch Bollmus 1980: 141-143.
1285. BA NS 8/206. Fol. 147-151. Rosenberg am 30.10.1940 an Schwarz; Poliakov und Wulf 1983: 132-139; BA NS 8/202. Fol. 189-198; BA NS 8/265. Fol. 194-194 Rs.
1286. BA NS 8/217. Fol. 141. Aktennotiz Leibbrandt vom 29.6.1940. Betrifft: Besprechung mit Generalgouverneur Reichsleiter Hans Frank. Hohe Schule.
1287. BA NS 8/264. Fol. 67-69. Aktennotiz Scheidt vom 17.10.1941 für Rosenberg.
1288. Vgl. Rüdiger 1939a.
1289. BA NS 8/140. Fol. 146-186, hier 156-157. Urban am 19.4.1941 an Rosenberg, Anlage 2; vgl. Baumgärtner 1977: 82.
1290. BA NS 8/184. Fol. 105-108. Rosenberg am 25.6.1940 an Bormann.
1291. BA NS 15/102. Entwurf Wagner vom 12.8.1944 für ein Schreiben des Reichsleiters an den Leiter der Parteikanzlei.
1292. BA NS 8/264. Fol 1.
1293. BA NS 8/264. Fol. 15. Rundschreiben Wagner vom 15.11.1943.
1294. Ziegler bei Thiele 1939: 6.
1295. ZStA Potsdam 62 Di 1, 56/4. Fol. 11 und 10. J. Roth am 11.2.1939 an Ziegler. Ziegler am 2.2.1939 an J. Roth. Hervorhebung duruch Ziegler. Im Antwortschreiben schlug Ziegler für

"Religionswissenschaft mit besonderer Berücksichtigung der Volkskunde" Herbert Grabert aus Tübingen, für "Religionsgeschichte mit besonderer Berücksichtigung der Religionsgeschichte des Ariertums" Josef Denner aus München und für einen "Lehrstuhl für Religionsrecht" innerhalb der juristischen Fakultät den Adressaten, Ministerialrat J. Roth, Berlin W.8, Leipziger Strasse 3 bzw. Berlin NW.87, Cuxhavener Str. 2, vor.

1296. Kater 1974: 276; vgl. Baumgärtner 1977: 112.

1297. Vgl. Bollmus 1980: 125-126, 139-143; Kater 1974: 275-280, 298-299; Losemann 1977b: 139-153.

1298. Vgl. Bollmus 1980: 142; Baumgärtner 1977: 40.

1299. BA NS 8/264, Fol. 98-100. Denkschrift Brachmann von März 1940.

1300. BA NS 8/265. Fol. 116-118. Aktennotiz Brachmann. Betr.: Die Errichtung einer neuen Fakultät an der Universität München, undatiert; vgl. die Kommentierung einer eventuell identischen Aktennotiz vom 23.8.1940 bei Bollmus 1980: 125-126 Anm. 2.

1301. BA NS 15/243. Fol. 187. Rust am 19.1.1942 an Rosenberg.

1302. BDC Ranke, Kurt, geb. 14.4.1908, NSDAP-Mitglied Nr. 1 048 574 seit 1.3./1.4.1932.

1303. Vgl. Bollmus 1980: 144, nach dessen Recherchen Harder von Alfred Baeumler gewonnen wurde, ebendort: 144 Anm. 27; zu Kurt Rankes Münchner Kandidatur vgl. auch Losemann 1977b: 152, 245-246 Anm. 80 und Kater 1974: 277.

1304. BA NS 15/112. Aktenvermerk für den Reichsleiter von Dr. Wa. vom 18.12.1942; BDC Ranke, Kurt, geb. 14.4.1908. Reichserziehungsminister am 31.5.1943 an Rosenberg; zu noch anderen vorgeschlagenen Lehrstuhlinhabern vgl. Losemann 1977b: 143.

1305. BA NS 15/243. Fol. 173-173 Rs. Rosenberg am 11.3.1943 an Rust.

1306. Ranke 1944; vgl. die 1938 an der Universität Kiel vorgelegte, jedoch erst nach dem Zweiten Weltkrieg veröffentlichte Habilitationsschrift, Ranke 1951, sowie die Vorveröffentlichungen Ranke 1938 und Ranke 1939; Kurt Ranke wurde in der Nachkriegszeit von der Universität Kiel auf den Lehrstuhl für Volkskunde der Universität Göttingen berufen. Er war Gründer und erster Präsident der International Society for Folk-Narrative Research und hochangesehener Erzählforscher, vgl. Moser-Rath 1985a und Moser-Rath 1985b.

1307. Zur Beschlagnahme der Institute Schreibers vgl. auch die folgenden Anmerkungen und das Kapitel "Hochschulpolitische Planungen des Ahnenerbes" in Oesterle 1988.

1308. Vgl. BA NS 8/181. Fol. 172. Bormann am 4.2.1939 an Rosenberg. Daß Ziegler das Rosenberg-Schreiben vom 22.10.1938 konzipiert hatte, ergibt sich aus dem im Antwortschreiben Bormanns vom 4.2.1939 wiederholten Aktenzeichen des Amts Rosenberg. Die heftigen öffentlichen Angriffe der Rosenberg-Volkskunde auf Georg Schreiber, die sogenannte konfessionelle Volkskunde und Katholische Aktion hatten kein Ende genommen, vgl. beispielsweise Ruprecht 1937a, Ruprecht 1937b, Müller 1938a, Müller 1938b, Rosenberg 1940: 34-40 (Artikel "Aktion, Katholische").

1309. BA NS 8/181. Fol. 172-172 Rs. Bormann am 4.2.1939 an Rosenberg. Die Weitergabe an Ziegler ist handschriftlich auf dem Schreiben vermerkt.

1310. Poliakov und Wulf 1983: 139; Rosenberg hatte angeboten, den Leiter der volkskundlichen Außenstelle in Detmold-Münster auf Vorschlag des Reichsführers SS Himmler zu ernennen, vgl. Kater 1974: 298.

1311. BA NS 8/265. Fol. 190-193, hier 192. Aktennotiz Scheidts vom 3.5.1941 für Reichsleiter Rosenberg. Betrifft: Außenstelle Münster: Institut für Volkskunde.

1312. BDC Scheller, Theodor (Thilo), geb. 9.12.1897. Scheller am 29.7.1939 an den Stellvertreter Rosenbergs (Gauschulungsleiter) in Franken.

1313. BA NS 8/206. Fol. 115-116. Bericht über weitere Institutsplanungen vom 28.1.1941.

1314. BA NS 8/169. Fol. 136. Rosenberg am 2.7.1940 an Frick; nach Baumgärtner 1977: 34 stellte Himmler die Bibliothek seinem Ahnenerbe zur Verfügung.

1315. Wie Anmerkung 1311 oben.

1316. Ebendort: Fol. 193. Brachmann war unhabilitiert zum Außenstellenleiter aufgestiegen und hatte die Habilitation nachträglich an der Universität Halle, unter anderem mit Hilfe Baeumlers, abgelegt, vgl. Baumgärtner 1977: 40 Anm. 159.

1317. BA NS 8/265. Fol. 189-189 Rs.
1318. Ebendort.
1319. Ebendort. Zur Deutschen Akademie vgl. Harvolk 1990, zu Rosenbergs Interesse an ihr Kater 1974: 282.
1320. Vgl. Lixfeld 1989 und das Kapitel "Die Abteilung Volkskunde der Reichsgemeinschaft, Adolf Spamers unvollendetes Reichsinstitut" in der vorliegenden Untersuchung.
1321. BA NS 8/264. Fol. 1. Bestehende und geplante Institute der Hohen Schule, undatiert, jedoch aus dem Anfang der 40er Jahre; vgl. BA NS 8/207. Fol. 97-99. Rosenberg am 30.9.1942 an Schwarz, und BA NS 8/207. Fol. 93-93 Rs. Schwarz am 21.10.1942 an Rosenberg.
1322. *Wiener Zeitschrift für Volkskunde* 49, 1944: 32. Bericht über die Eröffnung des Instituts für deutsche Volkskunde in Stift Rein bei Graz.
1323. BA NS 8/128. Fol. 110; BA NS 8/137. Fol. 103; BA NS 8/264. Fol. 44. Gleichlautende Gründungsanordnungen Rosenbergs.
1324. BA NS 8/206. Fol. 37-39. Rosenberg am 12.12.1941 an Schwarz. Die Monatshaushalte ohne Gehälter und nur mit Aufwandsentschädigungen für die Leiter; BA NS 8/264. Fol. 50-57. Aktennotiz Scheidt vom 13.1.1942 für Rosenberg und die Entwürfe der Berufungsschreiben mit Datum vom 8.1.1942 für Martin, Spieß, Haiding, Thiele, Kulke, Ruprecht und Scheller; zur Mittelstelle "Deutsche Tracht" bzw. Forschungsstelle "Tracht und Schmuck" vgl. Pesendorfer 1940: 90; BA NS 8/207. Fol. 97-99. Rosenberg am 30.9.1942 an Schwarz.
1325. Vgl. BDC Scheller, Theodor (Thilo), geb. 9.12.1897. Scheller am 29.7.1939 an den Stellvertreter Rosenbergs (Gauschulungsleiter) in Franken.
1326. BA NS 8/206. Fol. 37-39, hier 38. Rosenberg am 12.12.1941 an Schwarz, Hervorhebung durch Rosenberg; vgl. den Entwurf Hans Strobels vom 8.10.1941 für einen Brief Rosenbergs an Röver.
1327. BA NS 8/264. Fol. 40. Anordnung Rosenbergs vom 2.7.1942.
1328. BA NS 8/245. Fol. 72-76. Strobel am 13.11.1941 an Rosenberg. Mit Ausnahme der Lehrstätte für Feiergestaltung lediglich mit einer Aufwandsentschädigung für die Forschungsstellenleiter, deren Gehälter offensichtlich aus anderen Etats bezahlt wurden. Kriegsetats für vier weitere Forschungsstellen, deren Arbeit augenblicklich wegen Personalmangel unmöglich sei, sollten unter Umständen nachgereicht werden, vgl. BA NS 8/245. Fol. 75.
1329. Vgl. BA NS 15/102. Ämter und Hauptämter der Dienststelle, Blatt 4: Forschungsstellen des Instituts für deutsche Volkskunde [1944].
1330. BA NS 8/207. Fol. 97-99, hier 97. Rosenberg am 30.9.1942 an Schwarz; zu Strobels wissenschaftspolitischem Konzept vgl. den Artikel "Brauchtum" in Rosenberg 1940: 227-229, den Strobel verfaßte, vgl. Anmerkung 1191 oben.
1331. Wie Anmerkung 1156 oben.
1332. Wie Anmerkung 1323 oben.
1333. BA NS 8/264. Fol. 6. Aktenvermerk Dr. Wagner vom 15.12.1943 für den Persönlichen Referenten des Reichsleiters, Dr. Koeppen, Hervorhebungen durch Wagner.
1334. Vgl. Beitl 1986.
1335. Vgl. zum Beispiel Haiding 1943.
1336. Haiding 1939c; vgl. Moser-Rath 1985c.
1337. BDC Haiding, Karl, geb. 3.7.1906. NSDAP-Mitglied Nr. 332 498 seit 1.6.1933 (Nr. 26 787 seit 1923). Lebenslauf vom 23.4.1937. Unvollständiges Schriftenverzeichnis sowie lückenhafter und irreführender Lebenslauf Haidings bei Hänsel und Walter 1981.
1338. Vgl. dazu Brückner 1988e mit einigen weiteren ungesicherten, teils widerlegbaren Behauptungen.
1339. Vgl. Bockhorn 1989 und Haiding 1939c.
1340. BDC Haiding, Karl, geb. 3.7.1906. Parkeikanzlei-Korrespondenz.

1341. BA NS 8/267. Fol 33-34. Haiding am 15.1 (15.2.) 1944 an Rosenberg und rückwirkende Besoldungsfestsetzung für Haiding vom 4.2.1944.
1342. BA NS 8/207. Fol. 97-99. Rosenberg am 30.9.1942 an Schwarz.
1343. Ebendort; BA NS 8/207. Fol. 93-93 Rs. Schwarz am 21.10.1942 an Rosenberg.
1344. *Wiener Zeitschrift für Volkskunde* 49, 1944: 32. Bericht über die Eröffnung des Instituts für deutsche Volkskunde in Stift Rein bei Graz.
1345. Zu Erich Kulkes Forschungsstelle "Bauernhof und Siedlung" vgl. Freckmann 1982, Freckmann 1985; vgl. auch die Etatanforderungen des Aufbauamts der Hohen Schule beim Reichsschatzmeister der NSDAP für das Institut für deutsche Volkskunde und seine Forschungsstellen von Dezember 1943 bis März 1944 und von Oktober bis Dezember 1944 in monatlicher Gesamthöhe von 23.200 bis rund 40.000 Reichsmark, BDC 0.386 (Hohe Schule). Etatanforderungen vom 6.3., 11.9. und 8.11.1944.
1346. BA NS 8/245. Fol. 78-78 Rs. Strobel am 5.1.1942 an Rosenberg.
1347. *Deutsche Volkskunde* 3, Heft 3/4, 1941 bis 6, Heft 1/2, 1944.
1348. Vgl. Anmerkungen 1151 ff.
1349. BA NS 8/131. Fol. 67. Stichwort-Protokoll des Termins beim Reichsleiter am 31.3.1943.
1350. BA NS 8/131. Fol. 92. Stichwort-Protokoll des Termins beim Reichsleiter am 15.4.1943.
1351. BA NS 8/131. Fol. 102. Stichwort-Protokoll des Termins beim Reichsleiter am 28.4.1943.
1352. BA NS 8/264. Fol. 8-8 Rs. Haiding am 5.11.1943 an Rosenberg.
1353. BA NS 8/131. Fol. 16. Stichwort-Protokoll des Termins beim Reichsleiter am 10.3.1943.
1354. BA NS 8/267. Fol. 22-23. Martin am 23.11.1943 an Haiding; BA NS 267. Fol. 24. Haiding am 2.12.1943 an Martin; BA NS 8/267. Fol. 25. Martin am 11.5.1944 an Haiding; BA NS 8/267. Fol. 21. Haiding am 28.6.1944 an Rosenberg.
1355. BA NS 8/264. Fol. 8-8 Rs. Haiding am 5.11.1943 an Rosenberg.
1356. BA NS 8/264. Fol. 9-10.
1357. BA NS 8/264. Fol. 7. Wagner am 6.12.1943 an Haiding.
1358. BA NS 8/267. Fol. 28-28 *Rs*. Bericht über Arbeiten im April 1944, von Dr. Haiding; ZStA Potsdam 62 Di 1, Film 730, Aufn. 1223-1224. Haiding am 19.9.1944 an Strobel.
1359. BA NS 8/267. Fol. 19-19 Rs. Haiding am 20.8.1944 an Koeppen.
1360. BA NS 15/20. Bormann am 16.9.1944 an Rosenberg.
1361. Vgl. BA NS 15/102. Übersicht über die vom Reichsschatzmeister und der Parteikanzlei genehmigten und die am 8. August 1944 tatsächlich in Anspruch genommenen Planstellen.
1362. BA NS 15/102. Entwurf für ein Schreiben des Reichsleiters an den Leiter der Parteikanzlei. Betr. Planung der Stillegungsmaßnahmen im Bereich der Hohen Schule, Dr. Wagner, Berlin, den 12. August 1944.
1363. BA NS 15/102. Personalstand der Einrichtungen der Hohen Schule nach der Stillegung, Stand 1. November 1944, und Liste der ausgeschiedenen Mitarbeiter der Hohen Schule. Die verbliebenen Kräfte waren die Honorarbeauftragten Prof. Karl von Spieß, Karl und Olga von Koeppen, Prof. Bernhard Martin, Prof. Gotthold Frotscher, Prof. Lutz Mackensen und fünf Bibliothekarinnen. An volkskundlichen Einrichtungen werden neben der Institutszentrale folgende sieben Forschungsstellen angeführt: Volksbrauchtum, Mythenkunde, Deutsche Volkssprache, Bäuerliche Lebensformen, Volkskunst und bäuerliches Handwerk, Spiel und Spruch, Deutscher Bauernhof.
1364. ZStA Potsdam 62 Di 1, Film 730, Aufn. 1203. Strobel am 31.10.1944 an Rosenberg; ebendort: Aufn. 1202. Koeppen am 4.11.1944 an Strobel mit dem Einverständnis Rosenbergs.
1365. BA NS 8/267. Fol. 17. Haiding am 22.12.1944 an Rosenberg.
1366. Vgl. das wegweisende Bekenntnis des bürgerlich-nationalen Volkskundewissenschaftlers Otto Lauffer zur Ideologie der germanischen "Götterdämmerung" bei Lauffer 1920: 25, wiederabgedruckt bei Lixfeld 1989: 123.

III. AUSEINANDERSETZUNG, VERGANGENHEITSBEWÄLTIGUNG UND NEUE WEGE. VOLKSKUNDE NACH 1945

VORBEMERKUNGEN[1]

WOLFGANG JACOBEIT

Mit der Zerschlagung des deutschen Faschismus 1945 waren auch die Grundlagen für eine Volkskunde zerbrochen, die sich, wie dargelegt werden konnte, seit dem Ende des Ersten Weltkriegs in einem widerspüchlichen, letztlich aber konsequenten Prozeß zur Handlangerin eines politischen Systems hatte machen lassen, dessen Unmenschlichkeit bis zum Genozid an Millionen von Menschen reichte. Es setzte auch die Existenz des deutschen Volkes kaltblütig aufs Spiel.

Sicher können der Volkskunde "an sich" die unsäglichen Verbrechen des NS-Regimes nicht angelastet werden; fest steht aber, daß die meisten ihrer profilierten Vertreter darum wußten, wie mit den volkskundlichen Fragestellungen bis hin zu Ergebnissen bloßer Objektivationsforschung Politik nach innen und nach außen getrieben werden konnte. Nur wenige Volkskundler vermochten, der Faszination der Macht dieses "Dritten Reichs" zu widerstehen. Wenn meist auch nicht unmittelbar in den Reihen der zahlreichen militanten Organisationen des Systems, so marschierten sie doch "im Geiste" mit zu den vorgegebenen Zielen des Hitlerstaats. Bezeichnenderweise hat es kaum Fachvertreter gegeben, die sich zum Exodus so vieler deutscher Wissenschaftler nach 1933 veranlaßt gesehen hätten.

Der Zusammenbruch des "Reiches" nach zwölf Jahren, wohl aber noch mehr das Ende der Einheit Deutschlands nach knapp einem dreiviertel Jahrhundert, wurde als so total empfunden, daß sich die vordem so beredten Volkskundler erst einmal in Schweigen hüllten, selbst den massiven und begründeten Vorwürfen des Soziologen Heinz Maus[2] nichts zu entgegnen wußten - es wohl auch nicht wollten -, statt dessen aber nach Erklärungen, Entschuldigungen und "Persilscheinen" für ihre "Entnazifizierung" suchten. In der Tat hat diese "Aktion" so manchen lange Zeit in Atem gehalten und ihn wohl auch an einer Stellungnahme zur Geschichte der Disziplin oder zur eigenen Vergangenheit gehindert.

Die Teilung Deutschlands bedeutete eine ideologisch-moralische Belastung allgemeiner und für die in der Sowjetischen Besatzungszone (SBZ) Zurückgebliebenen teilweise unmittelbar existentieller Art. Auch dies waren Gründe, die das Schweigen über die Vergangenheit, aber ebenso zur Zukunft von Volkskunde verursacht haben. Das lange Zögern der ehemals Verantwortlichen trug schließlich zu einer Polarisierung der späteren Volkskundler-Generationen mit jeweils unterschiedlichem Bewußtseinsgrad bei.

Es war letztlich die akademische Jugend, die in aller Öffentlichkeit die Initiative ergriff und den Weg zu "neuen Ufern" geradezu provozierte. Ein Kongreß der deutschen Volkskundler 1967 in Würzburg bot den rechten Anlaß, ihren für das künftige Profil und damit für das Schicksal des Faches verantwortungsbewußten Unmut in einem schriftlich verfaßten "Ausdruck des Bedauerns" dahingehend zu äußern, daß die Verurteilung der Volkskunde durch Heinz Maus nach zwanzig Jahren noch immer keine konsequente Stellungnahme zur Selbstfindung und Neubestimmung erfahren hätte. Ihre Kritik war hart. Sie verbanden sie aber in erfrischend konstruktiver Weise mit neuen Aufgabenstellungen für die Volkskunde und fragten:

> "Warum [...] hat Heinz Maus immer noch oder schon wieder recht? Warum fällt es uns [...] so schwer, ihn zu widerlegen? Warum hat noch kein Kongreß uns dabei weitergeholfen? Lag es an uns? Lag es am Kongreß? Oder lag es gar an der Volkskunde selber? Es liegt, meinen wir, an der Volkskunde. Wir meinen nämlich:
> 1. Die Volkskunde hätte Selbstbewußtsein nötig. Voraussetzung wäre, daß sie anfinge, auf sich selbst zu reflektieren.
> 2. Ein volkskundlicher Kongreß sollte eine institutionalisierte Plattform für wissenschaftliche Auseinandersetzungen sein. Voraussetzung wäre: Weniger persönliche Liebenswürdigkeit, mehr sachliche Kontroverse.
> 3. Endlicher Ausgang aus der Provinzialität. Voraussetzung wäre: Eine überfällige Kenntnisnahme und Rezeption der Nachbarwissenschaften, wie etwa der Soziologie, der Kultur- und Sozialanthropologie, der Psychologie etc.
> 4. Statt bloß ins Detail zu gehen, sollte sie von Problemen handeln. Voraussetzung wäre: Die Erkenntnis, daß wir Probleme nicht zu machen brauchen, sondern daß sie da sind."[3]

Diese Studenten, Assistenten und jungen Dozenten - Initiatoren und Verfasser jener mahnend-anregenden Kritik - beließen es nicht beim schriftlichen Protest. Sie drängten auf Entscheidungen, zogen Bilanz bis dahin gültiger Vorstellungen und sagten sich los von einer Volkskunde, die sich noch immer schwer tat, Mitverantwortung bei der Lösung namentlich soziokultureller Probleme in Geschichte und Gegenwart zu tragen. Ein Generationenkonflikt war aufgebrochen, in dessen Folge der "Abschied vom Volksleben" die Grenzen volkskundlicher Marginalität durchstieß und die Öffnung des Fachs in die Interdisziplinarität sowie in die gesellschaftliche Mitverantwortung bewirkte.[4] Die das am konsequentesten taten, waren die Tübinger Fachvertreter. Mit der offiziellen Profilierung ihres Instituts auf "Empirische Kulturwissenschaft"[5] setzten sie Maßstäbe für die künftige volkskundliche Arbeit.

Wir konzidieren aber, daß über diese von uns apostrophierte "Tübinger Konsequenz" hinaus, traditionelle bzw. modifizierte volkskundliche Vorhaben und Lehrmeinungen weitergeführt wurden, daß es auch das Schaffen von Einzelpersönlichkeiten und Universitätseinrichtungen gab, die dezidiert auf neue Wege der Erkenntnisfindung hinwiesen.

Was ihnen während der Nazizeit so gut wie versagt war, nämlich die Kontakte mit ausländischen Kollegen bzw. der Gedankenaustausch mit ihnen über neue Theorien und die Anwendung vor allem interdisziplinärer Methoden, wurden nun reaktiviert oder neu geknüpft. Kritische Betrachtungsweisen von Soziologen, Anthropologen, Historikern, Ethnologen, Demographen, Psychologen u.a. aus den USA, aus England, Frankreich, aus den skandinavischen Ländern oder der Schweiz prägten oft die Bemühungen um neue Sichtweisen.

Muster sollten es gewissermaßen sein, denen man fürs erste folgen wollte, und da bot sich schon 1946 die "Volkskunde der Schweiz" von Richard Weiss[6] in hervorragender Weise an. Neben all den Vorzügen dieses Buches definierte sein Verfasser aber "Volkskunde [...] als die Wissenschaft vom Volksleben. Das Volksleben besteht aus den zwischen Volk und Volkskultur wirkenden Weschselbeziehungen, soweit sie durch Gemeinschaft und Tradition bestimmt sind."[7] Diese Formulierung kam einer Art Alibifunktion gleich, denn mit ihr wurden zwei Begriffe als Grundkategorien festgeschrieben - Gemeinschaft und Tradition -, die einen Eigenwert volkskundlicher Forschung hervorhoben und die Einbeziehung auch gegenwärtiger Phänomene in volkskundliche Betrachtungsweisen mit der (immer noch) als notwendig erachteten fachlichen Distanz zuließen. Dieses Kompendium einer ausländischen, politisch-ideologisch integren Persönlichkeit war zudem im gleichen Jahr - 1946 - erschienen, in dem Heinz Maus sein Verdikt gegen die deutsche Volkskunde veröffentlicht hatte. Mußte "man" sich ihm gegenüber noch verteidigen, wenn doch ein angesehener schweizerischer Gelehrter bekannte und geläufige Begriffe wieder handhabte, mit denen die ehedem gängige Assoziation "Gemeinschaft - Volksgemeinschaft" unter Umständen sogar zu rechtfertigen war? Thomas Metzen hat immerhin schon früh darauf aufmerksam gemacht, daß die "Volkskunde der Schweiz" zwar stark rezipiert, aber kaum kritisiert worden sei, zumindest nicht in Deutschland.[8] Daß andererseits die Schule von Richard Weiss beim Aufbau einer neu zu strukturierenden deutschen Volkskunde keine geringe Rolle gespielt und Anregungen bis in die Volkskunde der Deutschen Demokratischen Republick vermittelt hat, sei unter Hinweis auf das Schaffen von Arnold Niederer[9] und Rudolf Braun[10] nachdrücklich vermerkt.

Mit dem als Rekurs zu verstehenden Hinweis auf Tradition und Traditionelles war gleichzeitig das oft so vage, keineswegs verpflichtende Moment der Historisierung volkskundlichen Forschens angesprochen. Es gehört mit zu den bedeutendsten Elementen wissenschaftlichen Fortschritts im Fach, daß nun Hans Moser und Karl-Sigismund Kramer mit Anwendung einer "harten" archivalisch-historischen Methode nachweisen konnten, welche Aussagekraft für volkskundliche Zusammenhänge erst eine kritische Quellenüberprüfung und -betrachtung besitzen. Diese "Münchner Schule" trägt in ihren Ergebnissen nach wie vor zum Bild einer anerkannten, exakt historisch arbeitenden Disziplin bei, die sich besonders mit soziokulturellen Entwicklungen und Prozessen in geographisch begrenzten Räumen zu einer bestimmten historisch begründeten Zeit beschäftigt.[11]

In diesem Zusammenhang soll auch die Tatsache Erwähnung finden, daß vor allem Günter Wiegelmann und Matthias Zender sich der Weiterführung und Auswertung der Materialien des "Atlas der deutschen Volkskunde" annahmen, dabei die in Skandinavien ausgebauten Methoden der "Kulturraumforschung" nützten und durch Einbeziehung der zeitlich-historischen Dimension die am jeweiligen Material überprüfbaren Prozesse von Innovation und Diffusion ins Blickfeld der Volkskundler rückten.[12]

Uns scheint aber für die in den 1960er Jahren dennoch recht ungefestigte Position der deutschen Volkskunde charakteristisch, daß eine "Streitschrift" wie die von Hermann Bausinger "Volkskultur in der technischen Welt"[13] keineswegs ungeteilte Zustimmung der Fachwelt erfuhr. Es ist dann Richard Weiss gewesen, der den neuen Sichtweisen aus Tübingen Anerkennung zollte und ihre paradigmatische Bedeutung hervorhob: "Sicher werden volkskundliche Leser dieses Buches fragen: Ist das noch Volkskunde? Und manche werden sagen: Nein, worauf man ihnen nur antworten kann: Um so schlimmer für eure Volkskunde."[14]

Die Volkskunde in Deutschland war trotz nach wie vor vorhandener restriktiver Tendenzen auf erfolgreicher Suche nach einem "Königsweg" aus ihrem Dilemma, das bis dahin vor allem von Heinz Maus und der jungen Generation unmißverständlich angemahnt worden war. Noch nie hatte es so zahlreiche wissenschaftsgeschichtliche Schriften und theorieorientierte Abhandlungen jeglicher Art gegeben, die insgesamt Ausdruck einer Meinungsvielfalt zum Gegenstand der Volkskunde gewesen sind; einer Meinungsvielfalt, die endlich möglich und notwendig war, die aber ebenso mehr und mehr den Volkskundekongressen ihr Gepräge gab:

Das Fach öffnete sich räumlich wie zeitlich den vergessenen oder unterlassenen Problemstellungen. Der Kreis der Träger von "Volkskultur" bezog immer stärker die sozial so differenzierten "Vielen" in ihre Betrachtungen ein. Nicht nur Bauern und Handwerker, sondern vor allem auch Arbeiter, Angestellte und Frauen wurden in ihrer soziokulturellen Bedeutung zu Exponenten vielfältiger Untersuchungen. Das 19./20. Jahrhundert, aber auch die unmittelbare Gegenwart erweiterten sich zu neuen Forschungsfeldern. Volkskunde wurde für die Nachbardisziplinen interessant, und diese selbst nahmen und nehmen sich volkskundlicher Themen an. Die Frage nach dem gesellschaftlichen Nutzen von Volkskunde war aufgeworfen worden[15] und wurde in Tübingen,[16] Marburg,[17] Frankfurt am Main[18] und anderswo[19] konsequent mit dem Paradigmawechsel des Fachs beantwortet.

Diese Entwicklung seit den 1960er Jahren berührte die Volkskunde in der Deutschen Demokratischen Republick zunächst nur mittelbar. Ein dort fast zeitgleich ausgetragener Theorien- und Methodenstreit - letzten Endes zur gleichen Problematik der Bestimmung des volkskundlichen Forschungsgegenstandes - vollzog sich fast ausschließlich auf akademischer Ebene, schloß den studentischen Diskurs aus, nahm offiziell den Weg zu "neuen Ufern" in der BRD-Volkskunde nicht wahr. Doch wirkte dieser dennoch - nicht zuletzt über erhalten gebliebene, meist persönliche Kontakte - in mancherlei Hinsicht stimulierend und erkenntnisfördernd - ergänzend für eine Entwicklung der Disziplin, wie sie bis zur "Wende" erreicht wurde und dann eine offizielle Weiterführung auf gemeinsamer Grundlage hätte erfahren können.[20]

Wie schon im Vorwort vermerkt, sah unsere seinerzeit mit Helmut Paul Fielhauer vereinbarte Konzeption vor, die Aussage des vorliegenden Bandes auf die Zeit zwischen den beiden Weltkriegen zu konzentrieren. Gleichwohl sollte ein als notwendig angesehener, jedoch so knapp wie möglich gehaltener Ausblick zur Entwicklung des Fachs in den damaligen beiden deutschen Staaten sowie in der Republik Österreich zwischen 1945 und den 1970er Jahren die Darstellung beschließen. Von den Herausgebern wurde zu keiner Zeit eine Geschichte der deutschen und österreichischen Volkskunde des 20. Jahrhunderts angestrebt.

Dies vorausgesetzt haben wir uns zu einer Dreigliederung des vierten Kapitels einschließlich dieser hier gleichfalls zur Diskussion gestellten Prolegomena entschlossen - wohl wissend, daß damit die ganze Breite der Entwicklung unserer Disziplin, besonders in der ehemaligen Bundesrepublik Deutschland, nicht berücksichtigt werden konnte.[21]

Anmerkungen

1. Für die Ausarbeitung dieser Prolegomena waren die Beiträge von Nina Hennig und Arne Kapteina aus dem Seminar "Ausgewählte Perioden zur Wissenschaftsgeschichte der deutschen Volkskunde" (Seminar für Volkskunde der Universität Kiel im Wintersemester 1991/92) hilfreich.
2. Maus 1946; Maus 1988.
3. Ausdruck des Bedauerns 1967; Ausdruck des Bedauerns 1988.
4. Abschied 1970.
5. Vgl. u.a. Studienplan 1971.
6. Weiss 1946.
7. Weiss 1946: 11.
8. Metzen 1970.
9. Vgl. Gyr 1980; Niederer 1956; Strübin 1952.
10. Zum bisherigen Gesamtwerk von Rudolf Braun vgl. Brändli, Gugerli, Jaun und Pfister 1990.
11. Vgl. u.a. Kramer 1989; Moser 1954; Moser 1959; Moser 1962; Schindler 1985; Köstlin und Glaser 1987; Kramer 1957; Kramer 1961; Kramer 1967; Kramer 1971.
12. Vgl. neuerdings Wiegelmann 1991.
13. Bausinger 1961c; Bausinger 1986.
14. Weiss 1961: 191.
15. Kramer 1970.
16. Bausinger 1971a; Emmerich 1971.
17. Arbeit 1967; Weber-Kellermann 1969.
18. Greverus 1972b.
19. Lutz 1971; Greverus 1971; Jeggle 1971; Jacobeit 1969; Jacobeit und Nedo 1969.
20. Köstlin 1991; Scholze-Irrlitz und Scholze 1991; Mohrmann 1991a; Scholze 1991a; Alltag und Volkskunde 1991; Jacobeit 1993.
21. Dem Charakter dieser Vorbemerkungen entsprechend wurde der Anmerkungsapparat bewußt knapp gehalten und erhebt keinen Anspruch auf Vollständigkeit; vgl. die Anmerkungen in den folgenden Ausführungen dieses Kapitels.

NATIONALSOZIALISTISCHE VOLKSKUNDE UND VERGANGENHEITSBEWÄLTIGUNG

Je ehrlicher wir uns den geistigen Verbrechen der Vergangenheit stellen, umso geringer ist die Chance, daß sie sich wiederholen.

JAMES R. DOW und HANNJOST LIXFELD

Vor mehr als einem halben Jahrhundert verfiel die deutsche Volkskunde der Pervertierung ihres wissenschaftlichen wie auch ihres ethischen Grundprinzips und begann, in einer nationalsozialistischen Fachwissenschaft aufzugehen, deren ideologische und theoretisch-methodischen Grundlagen sie selbst mitvorbereitet hatte. Aufgabe dieser nationalsozialistischen Volkskunde war es, politische Vorgaben wissenschaftlich zu legitimieren und aufzubereiten, so daß sie in die Herrschaftspraxis des faschistischen Regimes umgesetzt werden konnten. Die deutsche Volkskunde wurde somit zum "Handlanger eines menschenverachtenden Machtwillens."[1]

Die Aufarbeitung dieser politischen Indienstnahme der Volkskunde durch den Nationalsozialismus stieß in der Nachkriegszeit auf eine allgemeine und auch heute noch weitverbreitete Abneigung deutschsprachiger Volkskundler, die das Fach und seine Angehörigen, d.h. sich selbst, vor einer scheinbar nicht enden wollenden Belastung zu bewahren suchten. Die Aufforderung oder der Versuch zur volkskundlichen Vergangenheitsbewältigung riefen stets auch apologetische und revisionistische Tendenzen mit der Zielsetzung hervor, eine kritisch-rationale Fachgeschichtsschreibung zu verhindern, die theoretisch-methodische und sehr praktische, unheilvolle Allianz zwischen deutscher Volkskunde und Nationalsozialismus zu bagatellisieren und zu verschleiern sowie die grundlegende Institutionalisierung der wissenschaftlichen Disziplin an Hochschulen und Forschungseinrichtungen im Dritten Reich mit allen zu befürchtenden Folgen in der Nachkriegszeit vergessen zu lassen.

Gegenüber denen, die in der Erhellung der diskreditierten und doch aufschlußreichen Fachgeschichte im Nationalsozialismus eine wichtige, ja unverzichtbare Aufgabe sehen, werden unterschiedliche und teilweise auch unsägliche, personalisierte Abwehrmechanismen angewandt. Diese verdeutlichen, daß das letztlich nur psychologisch analysierbare "Nestbeschmutzersyndrom"[2] in den deutschsprachigen Ländern noch ungebrochen virulent ist. Seine fachöffentliche und äußerst heftige Diskussion[3] belegt jedoch indirekt, daß volkskundliche Fachhistoriker den langen und steinigen Weg der Vergangenheitsbewältigung[4] weiter beschreiten.

Die volkskundliche Debatte über den Nationalsozialismus erlebte im vergangenen Jahrzehnt einen nicht unbeträchtlichen Aufschwung. Ein vereinzelter Versuch zur

Vergangenheitserhellung war bereits in den Jahren unmittelbar nach dem Zweiten Weltkrieg von einem Außenseiter unternommen worden, aber gescheitert. Wesentliche Ergebnisse erbrachte dann die Zeit um die Mitte der 1960er bis in die frühen 1970er Jahre. In diesen beiden ersten Phasen erlosch jedoch das Interesse an der Geschichtsschreibung über jene dunkle Epoche des Fachs jeweils rasch nach wenigen Jahren, wofür verschiedene Gründe verantwortlich waren, auf die noch zurückzukommen sein wird. Bis zur dritten Phase mußten fast vierzig Jahre nach dem Untergang des Dritten Reichs und der nationalsozialistischen Volkskunde vergehen. Seit 1981 wurde dann auf Fachtagungen über Volkskunde und Nationalsozialismus diskutiert,[5] auch wenn dies nicht das Haupttraktandum war. Im Jahr 1986 fand schließlich die für das Thema zentrale Tagung der Deutschen Gesellschaft für Volkskunde in München statt,[6] die einen bedeutenden Fortschritt darstellte und über die in vielen Periodika ausführlich berichtet wurde.[7] Es scheint, als ob diese dritte und bisher ausgiebigste Phase der Aufarbeitung der nationalsozialistischen Vergangenheit der Volkskunde Impulse für eine Beibehaltung des Forschungsthemas vermitteln wird, zumal das Interesse an ihm die Grenzen der deutschsprachigen Länder inzwischen weit überschritten hat.[8]

Es geht beim Thema der volkskundlichen Vergangenheitsbewältigung indes nicht allein um die Geschichte des Fachs im Dritten oder "Tausendjährigen Reich" der zwölf Jahre von 1933 bis 1945, sondern ebenso um die nicht weniger aufschlußreiche Zeit davor und danach. Die Fachgeschichte der Zeit danach oder - besser gesagt - die Nachwirkungen der nationalsozialistischen Usurpation der Volkskunde reichen von der Periode kurz nach Kriegsende bis in die unmittelbare Gegenwart. Über sie versuchen wir, im chronologischen Überblick zu berichten. Zur Vorgeschichte, die uns die Frage zu beantworten vermag, wie es zur Genese einer nationalsozialistischen Fachrichtung kommen konnte und welche Helferrolle der bürgerlich-nationalen Volkskunde dabei zukam, existieren noch nicht allzu viele Untersuchungen, mehr vereinzelte Pilotstudien, die jedoch einige zentrale Fragen beantworten oder zumindest anreißen.

Das Problem einer weit zurückreichenden Kontinuität zentraler Kriterien[9] und einer weitgehenden theoretisch-methodischen und ideologischen Übereinstimmung der nationalsozialistischen mit der vorangehenden und später gleichzeitigen bürgerlich-nationalen deutschsprachigen Volkskunde[10] ist seit Kriegsende bis heute heftig umstritten. Eine eindeutige Bestätigung dieser in der Tat gegebenen Affinität durch maßgebliche Fachwissenschaftler nach 1945 hätte das Eingeständnis der Mitverantwortung an der nationalsozialistischen Fachrichtung für die deutsche Volkskunde vor 1933 bzw. die österreichische vor 1938 und erst recht für die großdeutsche Volkskunde von 1938 bis 1945 und die folgende Zeit bedeutet. Aus dieser Mitverantwortung und Schuldanerkenntnis, der sich die Fachkollegen der unmittelbaren Nachkriegszeit ebenso entzogen wie die späterer Jahre, hätte sich - wenn nicht gar die endgültige Auflösung der Disziplin an Universitäten und Forschungseinrichtungen der Nachfolgestaaten des Deutschen Reichs - doch zwangsläufig die Notwendigkeit einer alsbaldigen Neuorientierung der deutschen und österreichischen Volkskunde ergeben, verbunden mit einer intensiven Aufarbeitung gerade ihrer als resistent erwiesenen, ominösen theoretisch-methodischen Traditionen und ideologischen Kontinuitäten. Zu dieser fundamentalen Revision der Geschichte und der Theorien des Fachs ist es in den ersten beiden Jahrzehnten nach 1945 bekanntlich nicht gekommen, sondern erst ab Mitte der 1960er Jahre und mitveranlaßt durch die Auseinandersetzung um die nationalsozialistische Vergangenheit.[11]

In dieser grundsätzlich kontrovers geführten Auseinandersetzung geht es ähnlich und doch wieder anders als beim deutschen Historikerstreit[12]

- um die Geschichte der Nazifizierung der deutschen Volkskunde, um die historische Stellung der pervertierten nationalsozialistischen Volkskunde und ihre Bedeutung für die Gegenwart und die Zukunft des Fachs;
- um Versuche neokonservativer Fachwissenschaftler, die nationalsozialistische Volkskunde und ihre Perversionen zu relativieren, die diskreditierende Beteiligung deutscher Volkskundler an ihr zu verharmlosen und andersdenkende Fachhistoriker zu Außenseitern und "Nestbeschmutzern" abzustempeln; um das revisionistische Ziel, die Geschichte des Faches im Dritten Reich zu verschleiern und zu verfälschen und dadurch zu einem mit den politisch-konservativen Trends in den deutschsprachigen Ländern übereinstimmenden "bereinigten" volkskundlichen Identitätsgefühl beizutragen;
- um die Aufdeckung und Widerlegung dieser revisionistischen und apologetischen Tendenzen, die bereits Wirkungen auf das wissenschaftliche Bewußtsein und das Selbstverständnis des Faches Volkskunde ausgelöst haben,[13] um dadurch zu einer kritisch-rationalen Vergangenheitsbewältigung und gleichzeitig Gegenwartsgestaltung beizutragen.[14]

Sehr aufschlußreich erscheint uns in diesem Zusammenhang eine chronologisch vorgehende Behandlung der drei Phasen oder Versuche der Aufarbeitung der nationalsozialistischen Epoche des Fachs durch deutschsprachige Volkskundler. Dieses Vorgehen wird uns auch Gründe dafür sichtbar machen, warum es dreier Anläufe bedurfte, um zu einer relativ breiten, wenn auch noch immer nicht ungehinderten Geschichtsschreibung der Volkskunde im Nationalsozialismus zu gelangen, und warum die weitverbreitete Abneigung gegenüber diesem Thema bis in die Gegenwart fortdauert.

John Meiers Rechtfertigung der deutschen Volkskunde

Noch im Jahre 1987 schließt ein biographischer Artikel mit der apologetischen Würdigung John Meiers als eines "lauteren und gegenüber sich selbst wissenschaftlich kompromißlosen Forschers, der sich auch von den versuchten Zugriffen während des Dritten Reiches nicht korrumpieren ließ."[15] Dem war nicht ganz so, wie es über vierzig Jahre nach Kriegsende noch manchem Volkskundler erscheinen mochte.

John Meier, der Vorsitzende des Verbandes deutscher Vereine für Volkskunde, des vor und wiederum nach der Herrschaftszeit des Nationalsozialismus einzigen Dachverbandes des Fachs in Deutschland, war in viele Zugeständnisse an den Nationalsozialismus und an die nationalsozialistische Volkskunde verstrickt und hatte schon vor und erst recht nach der Machtübernahme des deutschen Faschismus diesem vor allem mit seinen Reichsinstitutsplänen geistig zugearbeitet. Auf dem Volkskundetag im Oktober 1933 in Weimar biederte er sich und seine deutsche Volkskunde mit Lobesreden auf den Nationalsozialismus und dessen "Führer" Adolf Hitler bei den neuen Machthabern nachdrücklich an und unterwarf seinen Verband deutscher Vereine für Volkskunde der Selbstgleichschaltung im Dienst der "nationalsozialistischen Revolution" und dem

"Führerprinzip."[16] Er kollaborierte mit dem "Ahnenerbe" des Reichsführers SS, übersandte Heinrich Himmler sein durchaus in dessen ideologische Vorstellungen sich einfügendes Buch über "Ahnengrab und Brautstein" von 1944 und bot schließlich gar dem SS-Ahnenerbe sein wissenschaftliches Lebenswerk, das Deutsche Volksliedarchiv in Freiburg i. Br. und den Verband deutscher Vereine für Volkskunde, zur Übernahme an.[17] Der Zusammenbruch des faschistischen Regimes in Deutschland bewahrte Meier vor den letzten Konsequenzen seiner Kollaboration und die bürgerlich-nationale deutschsprachige Volkskunde vor der endgültigen Vereinnahmung durch den Nationalsozialismus.

Nach dem Krieg boten die neuen politischen Verhältnisse der tief diskreditierten wissenschaftlichen Disziplin noch einmal die Chance zur Selbstbehauptung und zum Überleben. Hierzu leistete der inzwischen über achtzig Jahre alte John Meier seiner Volkskunde in den ersten Nachkriegsjahren einen letzten gewichtigen, allerdings gleichzeitig höchst zweifelhaften Dienst.

Das zentrale Periodikum des Meierschen Dachverbandes, die Zeitschrift für Volkskunde, war in den Jahren vor Beginn des Zweiten Weltkriegs nicht ohne Zwang an das SS-Ahnenerbe und seinen Verlag in Berlin übergegangen.[18] Hier erschienen noch drei Jahrgänge unter der Herausgeberschaft von Heinrich Harmjanz, Gunther Ipsen und Erich Röhr.[19] Zum fünfzigsten Jahrgang, dem Jubiläumsband der Zeitschrift, reichte John Meier das Manuskript seiner Abhandlung über die "Geschichte des Verbandes deutscher Vereine für Volkskunde" ein.[20] Kriegseinwirkungen verhinderten das Erscheinen des Jubiläumsbandes. Meier mahnte wiederholt die Herstellung der ihm zugesagten 250 Sonderdrucke seiner Abhandlung ein, die er zuletzt noch Anfang Februar 1945 den Mitgliedern des Verbandes als Geschenk zugehen lassen wollte.[21] Dies gelang ihm erst in der Nachkriegszeit, im Jahr 1947, als seine Abhandlung, ergänzt um einige wenige neue Schlußpassagen und im übrigen offensichtlich unverändert,[22] als selbständige Schrift erschien.[23]

In den 1947 hinzugekommenen Schlußpassagen gibt John Meier als eine Art Sprachregelung an die deutschen Volkskundler aus, wie die unmittelbare Vergangenheit des Faches in der Öffentlichkeit zu behandeln sei: Auf dem Weimarer Volkskundetag von 1933 habe der Verband deutscher Vereine für Volkskunde öffentlich darauf hingewiesen, "daß es für ihn notwendig sei, eine gewisse Freizügigkeit und Isolierung gegenüber politisch-organisatorischen Bindungen zu bewahren, um die Eigenständigkeit und Unabhängigkeit der wissenschaftlichen Forschung, die ihre eigenen Gesetze habe, nicht zu gefährden. Gegenüber den Versuchen, diese wissenschaftlichen Aufgaben in den Dienst politischer Ideen der neuen Zeit einzuspannen, hat er dann noch einmal feierlich und ausdrücklich auf der Heidelberger Tagung des Jahres 1934 öffentlich [...] auf die Unvereinbarkeit einer politischen Tendenz mit den immanenten Gesetzen wissenschaftlicher Forschung hingewiesen und durch den Mund seines Vorsitzenden Verwahrung dagegen eingelegt [...]."[24]

Diese Bemerkungen zielen auf den angeblich objektiven, d.h. sogenannt wertneutralen, und völlig unpolitischen Charakter einer Geisteswissenschaft wie der Volkskunde und leiten daraus ihre vermeintliche Nichtbeteiligung an den politischen Tendenzen des Nationalsozialismus ab. Meier fährt dann fort: "Die führenden Kreise der Partei haben trotzdem, und dafür sind wir ihnen dankbar, den Verband seine Arbeiten ungestört und ungehemmt fortsetzen lassen, und er ist wohl auch die einzige größere

Organisation gewesen, die an Haupt und Gliedern unangetastet gelassen ist und weder persönlich noch sachlich gleichgeschaltet wurde. Nur die kleinen Mitläufer und Nutznießer der Bewegung haben immer von neuem uns und unser Tun in der Öffentlichkeit verleumdet und mit Schmutz beworfen."[25]

Dieser Rechtfertigungsversuch klingt nicht nur merkwürdig, sondern vermag auch keinen ernsthaften Fachhistoriker von der grotesken Vorstellung zu überzeugen, "daß die Jahre der Nazi-Herrschaft für den Aristokraten Meier wissenschaftlich gesehen 'belanglos' bis 'kaum erwähnenswert' waren."[26] Meiers abwegige Apologie ist vielmehr schlicht wahrheitswidrig. Es galt, den Verband deutscher Vereine für Volkskunde, der in der Folge der Nazi-Herrschaft und des durch sie angezettelten Weltkriegs mehr als die Hälfte seiner Mitglieder verloren hatte,[27] zu retten, und damit die Existenz der wissenschaftlichen Disziplin Volkskunde, die erst im Dritten Reich an Universitäten und Forschungsinstitutionen voll etabliert worden war.[28] Umso beschämender wirkt Meiers Dank an die "führenden Kreise der Partei," die inzwischen gerichteten hohen Funktionäre der NSDAP, da gerade sie die deutsche Volkskunde zwar voll institutionalisiert, aber auch usurpiert und pervertiert hatten.

Unverständlich erscheint uns heutigen Wissenschaftlern auch, daß John Meier in seinem Rechtfertigungsversuch kein einziges Wort über die geistige Mitverantwortung der Volkskunde und die höchst praktische Mitschuld von Volkskundlern an den menschenverachtenden Unrechtstaten des Nationalsozialismus verliert. Dem fehlenden Schuldanerkenntnis und dem nicht feststellbaren Bedauern dieser Schuld steht die Uneinsichtigkeit, die irreal anmutende Forderung Meiers entgegen, mit der wissenschaftlichen und volkspflegerischen Arbeit - und das heißt, mit den ideologischen Zielvorstellungen - wieder dort fortzufahren, wo der Weg der deutschen Volkskunde in den Nationalsozialismus begonnen hatte: "So treten wir heute aufrechten Hauptes und ungebeugt in das dunkle Tor der Zukunft und werden im Bewußtsein einer unabdingbaren Verpflichtung unsre Arbeit zur Erhaltung und zum Aufbau des niedergebrochenen deutschen Volkstums still, aber unermüdlich fortsetzen, eine Arbeit, die heute notwendiger ist als je zuvor, im tiefen und festen Bewußtsein, damit nicht nur dem deutschen Volke, sondern ebenso dem Weltganzen zu dienen, in dem das deutsche Volkstum seinen gewiesnen und notwendigen Platz hat."[29]

So unwahrscheinlich es sich anhört, diese wahrheitswidrige und makabre Rechtfertigung der deutschen Volkskunde im Dritten Reich durch John Meier bestimmte für die folgenden Jahrzehnte das offizielle Selbstbild des Faches. Die nationalsozialistische Pervertierung setzte sich in diesem Denken fort und verursachte bis heute noch weitere fachwissenschaftliche Skandale, mit denen man nicht fertig wurde, weil man mit dem Nationalsozialismus nicht fertig geworden war.

Will-Erich Peuckert versus Heinz Maus

Bereits 1946 veröffentlichte der damals in Berlin (Ost) lebende und arbeitende Soziologe Heinz Maus seine Abhandlung "Zur Situation der deutschen Volkskunde,"[30] in der er den Gründen für die Pervertierung des Fachs im Nationalsozialismus nachging und zu einer theoretisch-methodischen Neuorientierung in der Nachkriegszeit aufrief.

In einer Zeit der materiellen und moralischen Kriegsvorbereitung sei die Volkskunde sich unklar über sich selbst und ihre Situation in der hochindustrialisierten Gesellschaft gewesen. Ihre bornierte Blindheit habe sich für Zwecke empfohlen, die das Licht zu scheuen hatten, und die eigene innere Geschichte der Volkskunde erweise bereits ihre Brauchbarkeit für Ideologisierung. Sie habe die jeweilige Gegenwart schief und am Ende falsch gezeichnet, sich mehr mit dem Überlieferten beschäftigt und auch hier in weitem Maße eine romantische, nämlich ungeschichtliche Darstellung ausgeübt. Damit sei das Vergangene im gleichen Grade verklärt, wie das jeweils Bestehende in seinem Grund unangetastet gelassen worden.

Die Ideologiehaftigkeit der Volkskunde werde durch die Rolle, die die faschistische Machttechnik ihr zugewiesen habe, ganz offen sichtbar, enthülle aber zugleich den falschen Schein, hinter dem sich die Dämonie der brutalen Gewalt verborgen habe. Die Volkskunde sei vom Nationalsozialismus zur "weltanschaulichen" Bestätigung seines politischen Herrschaftsanspruchs benutzt worden. So unpolitisch sie sich gegeben habe, sei sie doch schon von Wilhelm Heinrich Riehl als "soziale Volkskunde" und damit als politische Wissenschaft proklamiert und nun im Dritten Reich gründlich politisiert worden. Die Unterstützung, die ihrer Forschung so gut wie den kulturpolitischen Bestrebungen demagogisch zuteil geworden sei, habe die Volkskunde den Nationalsozialismus ebenso als Volksbewegung mißverstehen wie sich gläubig neue Impulse von ihm erwarten lassen. Indem der problematischste Kern der Volkskunde, der Begriff des Volkes, in eine scheinhafte Irrationalität gerückt wurde, sei das Fach widerstandslos zu einem Teil der faschistischen Ideologie geworden, welche sich wiederum ebenso umstandslos der ideologischen Bestandteile habe bedienen und wissenschaftlich gebärden können.[31]

Heinz Maus spricht der Volkskunde zwar keineswegs das Lebensrecht ab, wie dies 1967 im berühmten Flugblatt der Tübinger Studenten auf dem Würzburger Kongreß der Deutschen Gesellschaft für Volkskunde behauptet wurde,[32] sondern er mahnt die wissenschaftliche Disziplin in einem eindringlichen Aufruf, sich von ihrer Ideologiehaftigkeit, ihrer ideologischen Komplizenschaft mit dem Nationalsozialismus selbst zu befreien und auf zwei große Forschungsgebiete hin auszurichten, auf Sozialgeschichte und umfassende Gegenwartskunde. Maus verdeutlicht seine Intentionen durch die Umschreibung seines sozialwissenschaftlichen Volksbegriffs und der Aufgabe der Volkskunde als Geschichtsschreibung "von unten her," als soziologische Volksforschung, die praktische Tendenzen mit dem Impuls der Verbesserung der Verhältnisse verfolge. Eine recht gehandhabte, d.h. in diesem Sinne angewandte deutsche Volksforschung könne die Theorie der Gesamtgesellschaft bereichern, auch die außerdeutsche Folklore anregen und zu neuer Arbeit befruchten und damit einen positiven und ihr selbst Nutzen bringenden Beitrag zur Zusammenarbeit der Völker leisten.[33]

Resultat dieses für seine Zeit einzigartigen und der späteren Entwicklung vorausgreifenden Aufrufs zur Neuorientierung der wissenschaftlichen Disziplin war, daß die in der Tat progressiven Anregungen des Soziologen Maus von Will-Erich Peuckert, dem ersten nach dem Krieg wieder eingesetzten Volkskundeprofessor und Lehrstuhlinhaber an der Universität Göttingen, vehement kritisiert und zurückgewiesen wurden. Peuckert betont zwar in seiner Entgegnung von 1948,[34] auf Maus' Aufsatz müsse gerade um der Ernsthaftigkeit willen, die hinter ihm stehe, näher eingegangen werden, aber vor allem deshalb, weil er, von falschen Voraussetzungen ausgehend, zu einigen falschen

Schlußfolgerungen und Ergebnissen gekommen sei, die in ihrem Endeffekt auf ein Nebengleis führten und das Wichtigste aus den Augen zu verlieren drohten.[35]

Peuckert tritt grundsätzlich in die Fußspuren John Meiers, dessen Rechtfertigungsschrift im Jahr zuvor erschienen war. Denn er verteidigt eine seiner Auffassung nach einzig "wirkliche wissenschaftliche" Volkskunde, d.h. die bürgerlich-nationale Fachrichtung, die nach dem Ende der nationalsozialistischen nur mehr fortgesetzt zu werden brauche. Diese eigentliche Volkskunde führe mit ihrer fachlichen Zielsetzung weit über die von Maus gestellten Forderungen oder Anregungen hinaus, welche ohnehin längst angeschnitten worden seien oder erörtert würden. Sie werde freilich nicht so geradewegs, wie Maus dies wohl denke, aktiv ins Sozialleben eingreifen, sondern ihre erste Aufgabe werde sicher die sein, "ihre Objekte, die im Volk vorhandenen Klassen und Kulturen, Stämme und Gemeinschaften zur Durchsichtigkeit zu bringen und aufzuzeigen, welche 'Gesetze' ihnen und ihrer Entstehung, ihrem Wachsen, ihrem Sein und Vergehen zugrunde liegen." Sie werde diese Gesetze als diejenigen einer wahren "Naturgeschichte des Volkes" herausarbeiten - und es werde ihr dabei vielleicht gelingen, das hinter diesen Gesetzen Stehende, sie Treibende ahnend zu ergreifen.[36]

Die von Maus für die Pervertierung des Fachs im Nationalsozialismus angeführten Kronzeugen seien kaum geeignet, für seine Darstellung zu zeugen; zumindest bewiesen sie nichts über die Haltung der deutschen Volkskunde, denn die ernsthafte volkskundliche Forschung in Deutschland könne mit Phantasten wie Spieß oder Nichtvolkskundlern wie Boehm kaum identifiziert werden, zumal sie diese "Richtung" nicht nur abgelehnt, sondern Vorspanndienste für nationalsozialistische Politik - es dürfe hier nur an den Weimarer Volkskundetag 1934 und John Meiers Führung des Verbandes erinnert werden - verweigert habe. Zumal neben den Jasagern dieselbe, wenn nicht noch größere Zahl der Neinsager gestanden habe - Friedrich Ranke, der Märchen- und Sagenforscher, der nach Basel habe gehen müssen, weil für ihn in Deutschland kein Platz gewesen sei, Peuckert, dem nach Ausbruch des "Dritten Reichs" die venia legendi als "politisch Unzuverlässigem" entzogen worden sei, John Meier, Fritz Böhm, die sich vor die Hinausgeworfenen und Verfolgten stellten, usw. Die Volkskunde der Jahre von 1933 bis 1945 sei nicht die Volkskunde der Boehm und Mudrak und v. Spieß; in einem viel ernsthafteren und größeren Maße, als es nach außen sichtbar geworden sei, habe neben der lauten und den Vordergrund beherrschenden "Volkskunde" dieser Namen eine ernste, arbeitende, wissenschaftliche Volkskunde bestanden,[37] die "nicht nur fortbestand, sondern auch fortschritt. Wenn diese ihre Fortschritte naturgemäß auch nur im Fachgespräch des engsten Kreises laut geworden sind."[38]

Die "unterirdischen" Leistungen dieser "wirklichen wissenschaftlichen Volkskunde" hätten bewirkt, daß vieles von dem, was Maus von einer neuen Volkskunde fordere, längst vorhanden sei.[39] Einiges sei allerdings im Dritten Reich unterdrückt und an der Verbreitung oder am Erscheinen verhindert worden. Schuld daran habe nicht die Volkskunde, "zumindest nicht die wissenschaftliche Volkskunde Deutschlands, sondern ein politisches System, das alle Wissenschaften tötete."[40] Die deutsche Volkskunde sei auch durchaus nicht, wie Maus behaupte, "widerstandslos zu einem Teil der faschistischen Ideologie" geworden, sie habe "in ihren wissenschaftlichen Vertretern zum großen Teil sehr ernsthaft und in wechselnden Positionen, - wie sie der Kampf erzwingt, - den Widerstand, zu dem sie fähig war, geleistet."[41]

Die Vermutung liegt nahe, daß der hier in traditionellen Denkkategorien befangen zu scheinende Volkskundler Peuckert die ideologische und die sehr praktische Wegbereitung der bürgerlich-nationalen Volkskunde für den Nationalsozialismus[42] und die theoretisch-methodischen Forderungen des Soziologen Maus für eine gewandelte Volkskunde der Nachkriegszeit in ihrer Tragweite und Notwendigkeit noch nicht erfassen konnte oder wollte. Zumindest dürften Peuckert jedoch die personellen Verstrickungen einer derart großen Zahl bürgerlich-nationaler Volkskundler in den Nationalsozialismus und deren fatale Folgen aus eigenem Miterleben nicht unbekannt geblieben sein, hatte er doch als Gegner des Regimes in den vergangenen zwölf Jahren eine gefährdete Außenseiterposition eingenommen, über die er ja auch berichtet.[43] Sie wird ihm den Blick auf die Wirklichkeit der Volkskunde im Dritten Reich kaum verschlossen, sondern eher noch geschärft haben. Seine die Realität verfremdende und von ihm auch nicht präzise belegte Behauptung, neben den damaligen Jasagern habe eine gleich große, wenn nicht größere Zahl von Neinsagern unter den Volkskundlern gestanden, erscheint deshalb mehr als erstaunlich.

Die methodologischen Forderungen von Maus für eine sozialwissenschaftliche Volkskunde sind uns Heutigen selbstverständlich geworden. Ebenso selbstverständlich ist jedoch auch, daß sie damals keineswegs schon teilweise verwirklicht oder in Angriff genommen waren. Peuckert gibt dies indirekt selbst zu, wenn er Maus' "Darlegungen zu einer neuen Zielsetzung für die Volkskunde" lediglich als "Anregungen" aus "nicht-volkskundlichen Kreisen" betrachtet, die den Volkskundler "zwingen, aus einem umfassenden Erlebnis seiner Wissenschaft selbst neue Ziele zu setzen und zu erwägen."[44] Daß diese aus der eigenen Fachtradition kommenden "neuen" Zielsetzungen keine sozialwissenschaftlichen, wie sie Maus vorschlug, sondern geisteswissenschaftliche zu sein hatten, versteht sich für die damalige Volkskunde von selbst und wird durch Peuckerts übergeordnetes Erkenntnisinteresse für die "Gesetze" einer wahren "Naturgeschichte des Volkes" dokumentiert.

Ein Ergebnis dieser wissenschaftlichen Auseinandersetzung in den unmittelbar auf das Dritte Reich folgenden Jahren war deshalb, daß Maus' Aufruf zur Neuorientierung des Fachs ohne Folgen blieb und von den deutschen und deutschsprachigen Volkskundlern ignoriert wurde, bis Heinz Maus in der zweiten Hälfte der 1960er Jahre von Studenten wiederentdeckt wurde.[45] Ein anderes Ergebnis dieses fehlgeschlagenen interdisziplinären Austauschs der Jahre 1946 bis 1948 war die Verbreitung der "Legende von den zwei Volkskunden" in Deutschland während des Dritten Reichs, der schuldhaften nationalsozialistischen und der schuldlosen "wirklichen wissenschaftlichen" Volkskunde, eine "Legende," welche die meisten, wenn nicht alle deutschsprachigen Volkskundler der Nachkriegszeit zu glauben wünschten.

Peuckert spricht der bürgerlich-nationalen Volkskunde sogar den Charakter des Kampfes und Widerstands gegen den Nationalsozialismus und dessen Volkskunde zu. Er stützt sich dabei - sicher nicht gänzlich zu Unrecht - auf seine eigene Gegnerschaft, unter anderem aber auch ausdrücklich auf den in Wirklichkeit als Kronzeugen untauglichen John Meier. Peuckert bezieht den ernsthaften Widerstand nicht auf die wenigen, die in der Tat wegen ihrer Gegnerschaft im Dritten Reich verfolgt worden waren[46] und denen man einen wie auch immer gearteten Kampf zubilligen kann, sondern generell auf eine nicht genannte Zahl von Wissenschaftsvertretern und damit auf die bürgerlich-nationale, seine angeblich "wirklich wissenschaftliche" Volkskunde schlechthin. Er ist deshalb im

Unrecht und seine Entgegnung auf Maus muß auch aus diesem Grund als desorientierend und verfehlt betrachtet werden.

NS-Vergangenheit und "Zweite Schuld"

Fragen wir nach den tieferen Gründen für angesehene deutsche Gelehrte, mit derartigen Verteidigungsschriften ihren Beitrag zur Fachgeschichte zu leisten, so gelangen wir letztlich zu kollektiven psychischen Syndromen, die selbstredend nur hypothetisch als Lösungsversuche betrachtet werden können.

Die sowohl bei Will-Erich Peuckert als auch bei John Meier anzunehmende Befangenheit in den traditionell-ideologischen Denkstrukturen ihrer wissenschaftlichen Disziplin, ihrer Gesellschaftsschicht und ihrer geschichtlichen Epoche reicht nicht aus, um ihr Schweigen und Ableugnen einer Mitverantwortung und Mitschuld der Volkskunde und der Volkskundler am Nationalsozialismus und seinen Unrechtstaten zu erklären. Für beide Apologeten wird auch der Schutz des Faches und seiner Angehörigen vor zu befürchtenden Anklagen, vor einer öffentlichen Verurteilung und existentiellen Schädigung in der Nachkriegszeit nicht der alleinige Grund für ihr vorbildgebendes Verhalten gewesen sein.

Gemeinsam mit ihren Fachkollegen, den im Dritten Reich belasteten und den unbelasteten, und vielen, wenn nicht den meisten Deutschen litten sie vielmehr unter dem tiefen Schock der im Namen und unter Mithilfe ihres Volkes begangenen Menschheitsverbrechen des Nationalsozialismus und an der nur psychologisch interpretierbaren Unfähigkeit, über das Vergangene zu trauern und es in Trauerarbeit zu bewältigen.[47] In den Jahren nach dem Zweiten Weltkrieg setzten sie der ersten Schuld der Deutschen unter Hitler die zweite Schuld der Verdrängung und Verleugnung der ersten Schuld hinzu. Sie machten ihren "großen Frieden mit den Tätern" des Dritten Reichs und eben auch mit den Tätern der Volkskunde und perpetuierten damit den "Verlust der humanen Orientierung."[48] Statt Trauerarbeit leisteten sie Verleugnungsarbeit, die sofort nach 1945 mit den gleichen Artikulationen auftrat und bis heute auftritt, mit den "kollektiven Aspekten" zur Verschleierung der ersten Schuld,[49] die auf die deutsche Volkskunde übertragen sinngemäß so lauten:

Die Beteiligung von Volkskundlern an den geistigen Verbrechen des Nationalsozialismus war wesentlich geringer, als immer wieder behauptet wird; wir haben von dem Unrecht nichts gewußt und waren auch nicht beteiligt; die Verführung des Faches kam von außen; damals ist nicht nur Schlechtes, sondern auch - bis heute fortwährendes - Gutes für das Fach geschaffen worden; im Dritten Reich bestand unabhängig von der nationalsozialistischen die wirkliche wissenschaftliche Volkskunde weiter; es muß doch endlich einmal vergessen, es muß doch endlich einmal Schluß mit der nationalsozialistischen Vergangenheit des Faches gemacht werden!

Kollektive Aspekte dieser Art finden sich in den besprochenen volkskundlichen Verteidigungs- und Rechtfertigungsschriften bzw. wurden durch diese weitertransportiert und zum Allgemeingut der Volkskundler. Wir werden ihnen auch in der Folgezeit wiederbegegnen.

Zweifelsohne war Peuckerts Entgegnung von 1948 auf Maus durch die im Jahr zuvor erschienene wahrheitswidrige Rechtfertigungsschrift Meiers beeinflußt worden. Der von Meier errichtete und von Peuckert übernommene Schutzschild des Faches war für Außenstehende so undurchdringlich, daß selbst ein Wolfgang Steinitz sich täuschen ließ und in die fingierte Ehrenrettung John Meiers miteinstimmte. Meier hatte Steinitz bei der Suche nach "Deutschen Volksliedern demokratischen Charakters"[50] im Deutschen Volksliedarchiv in Freiburg i. Br. unterstützt und dessen dankbare Anerkennung gefunden. Im Jahre 1950 konnte er daraufhin sein zweites, noch im Dritten Reich geplantes und konzipiertes Buch über "Ahnengrab und Rechtsstein"[51] im Verlag der Deutschen Akademie der Wissenschaften in Berlin (Ost) veröffentlichen. Mit dem ersten Buch dieser Trilogie, mit "Ahnengrab und Brautstein"[52] hatte er noch vor Kriegsende die freudige Zustimmung des Präsidenten des "Ahnenerbes" und Reichsführers SS Heinrich Himmler gefunden.[53] Steinitz setzte sich auch für die Verleihung des Nationalpreises zweiter Klasse der Deutschen Demokratischen Republik an Meier ein und sprach von "seiner dokumentierten Haltung in der schweren Zeit des deutschen Volkes von 1933 bis heute als wahrer Patriot und aufrechter Demokrat."[54] Die Bundesrepublik Deutschland verlieh dem langjährigen Vorsitzenden des Verbandes deutscher Vereine für Volkskunde zusätzlich das Bundesverdienstkreuz.[55]

Durch Spitzenrepräsentanten ihrer Wissenschaft und der deutschen Nachkriegsregierungen scheinbar rehabilitiert, konnten die Fachvertreter nunmehr an den Wiederaufbau der deutschsprachigen Volkskunde an Universitäten und Forschungsinstitutionen der Bundesrepublik und der Republik Österreich gehen und im Laufe der nächsten Jahre auch die meisten der unter dem Nationalsozialismus geschaffenen beruflichen Positionen wieder einnehmen. Lediglich der kleinere Teil derjenigen namhaften Volkskundler, die sich im Dritten Reich allzu nationalsozialistisch exponiert hatten, wanderte in andere Berufe ab. In der Deutschen Demokratischen Republik entwickelte sich unter Wolfgang Steinitz die marxistisch-leninistische Volkskunde,[56] an der jedoch ebenfalls einige frühere NS-Volkskundler beteiligt waren.

Wie zum Beweis des gemeinsamen guten Willens zur Verständigung über Zukunftsfragen trafen sich ehemalige Volkskundler des Amts Rosenberg, des SS-Ahnenerbes und sonstiger NS-Organisationen mit ihren nicht zum Faschismus übergetretenen Fachkollegen, darunter Gegner des Nationalsozialismus und deutschfreundliche Ausländer,[57] trafen sich ehemalige Verfolger und Verfolgte im Jahre 1951 zum "Allgemeinen volkskundlichen Kongreß (7. Deutscher Volkskundetag)" des Verbandes - der späteren Deutschen Gesellschaft für Volkskunde - in Jugenheim an der Bergstraße. Hier legten sie einträchtig die Richtlinien ihrer zukünftigen wissenschaftlichen Arbeit fest, die die Ideologie, die Methodologie und, wie der Tagungsteilnehmer Will-Erich Peuckert drei Jahre zuvor formuliert hatte, die "unterirdischen" Leistungen der "wirklichen wissenschaftlichen" Volkskunde, sprich der bürgerlich-nationalen Fachrichtung fortsetzte.[58]

Der neue Vorsitzende des Verbandes, Helmut Dölker, ließ dazu im "Jubiläumsband" der Zeitschrift für Volkskunde erklären, in der Geschichte der deutschen Volkskunde werde das Jahr 1951 einmal mit besonderer Auszeichnung genannt werden. Der deutsche Volkskundetag in Jugenheim unter dem Patronat des Präsidenten der Bundesrepublik Deutschland und in Anwesenheit so vieler Vertreter der Ministerien wie der Wissenschaften habe "nicht nur die endgültige Rehabilitierung der Volkskunde in der Öffentlichkeit" gebracht, "sondern auch das Versprechen der mehr als 250 versammelten

Wissenschaftler, mit noch größerem Eifer als bisher für den weiteren Aufbau der Volkskunde tätig zu sein."[59]

An diesem Aufbau beteiligte sich in den Jahren von 1949 bis 1961 auch Friedrich Heinz Schmidt-Ebhausen als ehrenamtlicher Geschäftsführer und Vorstandsmitglied des Verbandes der Vereine für Volkskunde.[60] Ebenso wie andere maßgebliche Nachkriegsvolkskundler, etwa der neue Mitherausgeber der Zeitschrift für Volkskunde Bruno Schier,[61] war er zuvor Vertreter und Verfechter der nationalsozialistischen Volkskunde des Amts Rosenberg gewesen. Schmidt-Ebhausens beruflich-politischer Aufstieg war gegen Ende des Dritten Reichs mit der Stelle eines Ministerialreferenten im Berliner Reichsministerium für Volksaufklärung und Propaganda des Dr. Joseph Goebbels gekrönt worden.[62] Die Mauer des Schweigens jener, die das Fach nicht mit "Schmutz" beworfen sehen wollten, umgibt bis heute die beunruhigende Tatsache, daß die bundesdeutsche Volkskunde bzw. ihr Dachverband in der Nachkriegszeit an maßgeblicher Stelle von einem ehemaligen Ministerialbeamten des Hitler-Paladins Goebbels mitaufgebaut wurde.

Die NS-Vergangenheit wurde 1951 in Jugenheim nicht bewältigt. Sie wurde noch nicht einmal öffentlich-kritisch diskutiert, sondern schlicht totgeschwiegen. Als brisantes ungelöstes Problem sollte sie indes die deutschsprachige Volkskunde weiter verfolgen. Anderthalb Jahrzehnte später wurde die Schutzbehauptung von den "zwei Volkskunden" und von der bürgerlich-nationalen Volkskunde "Verführung von außen"[63] wieder aufgegriffen und widerlegt, zuerst durch Hermann Bausinger und darauf durch seinen Doktoranden Wolfgang Emmerich. In dieser zweiten Auseinandersetzungsphase um die Vergangenheitsbewältigung lassen sich sehr gut die im Grunde hilflosen, aber recht wirkungsvollen Argumente oder "kollektiven Aspekte" der Vergangenheitsverteidiger ablesen. Sie fügen der "ersten Schuld" die "zweite Schuld" hinzu und stempeln weniger den im Fach bereits sehr angesehenen Bausinger, als vielmehr stellvertretend den jungen "Neutöner" Emmerich als Außenseiter und Nestbeschmutzer ab.

Hermann Bausinger und Wolfgang Emmerich widerlegen die offizielle "Legende"

Am 7. Januar 1965 hielt Hermann Bausinger im Rahmen einer Ringvorlesung an der Universität Tübingen über "Deutsches Geistesleben und Nationalsozialismus" den Vortrag "Volksideologie und Volksforschung,"[64] dessen stark erweiterte Fassung mit dem Untertitel "Zur nationalsozialistischen Volkskunde" im selben Jahr in der Zeitschrift für Volkskunde erschien.[65] Bausingers aufsehenerregende Abhandlung stellt den Beginn der intensiven Aufarbeitung der nationalsozialistischen Vergangenheit der Volkskunde dar. Die grundsätzlichen Ergebnisse seiner Analyse der wesentlichen Elemente der Volksideologie und Volksforschung im Dritten Reich [66] besitzen auch heute noch Gültigkeit und räumten damals mit der fachoffiziellen Vorstellung auf, im Nationalsozialismus seien zwei getrennte Volkskunden existent gewesen, von denen nur die eine faschistische die Verantwortung für die Pervertierung des Faches trage.

Während in vielen anderen Wissenschaften die nationalsozialistische Wendung sich deutlich als Einbruch von außen präsentiere, sei in der Volkskunde - so Bausinger - zumindest mit der Möglichkeit zu rechnen, daß der Nationalsozialismus nicht etwa fremde Ideen hereintrug, auch nicht etwa nur periphere Elemente verstärkte, sondern durchaus zentrale Gedanken dieser wissenschaftlichen Disziplin herausstrich. Dies mache die Auseinandersetzung mit der nationalsozialistischen Wissenschaft in der Volkskunde unvermeidbarer als in anderen Disziplinen.[67] Wenn die Volkskunde der Ort gewesen sei, an dem sich nationalsozialistische Gedankengänge mit am stärksten austobten, dann sei sie auch der Ort, an dem ideologische Bestandteile aufgedeckt und solide Theorien entwickelt werden müßten. Das bedeute u.a., daß der Wissenschaftsgeschichte in diesem Fach eine besondere Bedeutung zukomme,[68] bedeutete für Hermann Bausinger eine wesentlich von ihm selbst vorangetriebene Neuorientierung der wissenschaftlichen Disziplin Volkskunde.

Bausingers grundlegende Abhandlung wurde in den 1960er Jahren zwar wiederholt zitiert, aber damit schien für die Mehrheit der deutschen Volkskundler die Aufarbeitung und Bewältigung ihrer NS-Vergangenheit abgeschlossen zu sein. Bezeichnender noch und zugleich entlarvender für die damalige Situation und die revisionistischen wie apologetischen Tendenzen der deutschsprachigen Volkskunde war die Resonanz auf die ideologiekritische Dissertation seines Schülers Wolfgang Emmerich von 1968 - "Germanistische Volkstumsideologie. Genese und Kritik der Volksforschung im Dritten Reich"[69] -, in der Bausingers Anregungen aufgegriffen und seine Ergebnisse weiter vertieft wurden. Nach ihrem Erscheinen setzte eine Serie überwiegend scharf ablehnender volkskundlicher Besprechungen ein, die von einigen der namhaftesten Fachwissenschaftler geschrieben wurden und auf die wiederum Utz Jeggle und Wolfgang Emmerich engagiert antworteten.[70] Die Indikatorrolle, die diesem Streit für die mangelnde Bereitschaft deutschsprachiger Volkskundler zur Bewältigung der NS-Vergangenheit zukommt, und die Vehemenz seiner Austragung machen ein Eingehen auf ihn notwendig. Unter den Besprechungen der berühmten und bis heute unentwegt angefochtenen[71] Dissertation Emmerichs wählen wir deshalb drei für den krassen Ablehnungsstil sowie zwei für eine substantielle Kritik beispielhafte aus.

Hans Trümpy (Universität Basel) leitet seine Rezension[72] mit dem Eingeständnis ein, Emmerichs Schrift sei aus einem Unbehagen heraus verfaßt worden; in der Zeit des Hitlerregimes hätten Germanistik und Volkskunde den Weg der Wissenschaftlichkeit so oft verlassen, daß am Ende nicht nur Pseudogelehrte und wirkliche Forscher kompromittiert gewesen seien, sondern die von ihnen vertretenen Wissenschaften selbst. Gewisse Vorstellungen aus dunkler Zeit geisterten weiter, obwohl Emmerich selbst festhalte: "Es ist unbestritten, daß die direkt faßbaren Inhalte der völkischen Ideologie heute die Volkskunde kaum mehr bestimmen; Mythologismus, Nationalismus oder gar Rassismus sind nicht mehr typisch für sie." Daran knüpft Trümpy voreilig und vorurteilsvoll - da ja auch seiner Meinung nach die indirekt faßbaren Inhalte 'weitergeistern' - die rhetorische Frage an. "War es unter diesen Umständen noch nötig, das Buch zu schreiben?" Mit der unmittelbar folgenden Verneinung der eigenen Frage ist für den Basler Volkskundeordinarius die NS-Vergangenheit der deutschen Volkskunde im großen und ganzen bewältigt, zumal Bausinger das Wesentliche bereits gesagt habe.[73]

Trümpy bezweifelt nicht, daß das nun einmal existierende Buch Emmerichs in künftigen Grundsatzdiskussionen immer wieder angeführt wird. Er vermeint jedoch, mehrmals davor warnen zu müssen, daß an die Stelle einer zum Glück überwundenen nationalsozialistischen nun einfach eine neue Ideologie tritt, nämlich die angeblich zeittypische Wolfgang Emmerichs. Dessen Vorschlag, die ideologiebeladenen und deshalb wissenschaftlich unbrauchbar gewordenen Begriffe "Volk" und "Volkskunde" durch andere wie etwa "Kulturanthropologie" oder "Kultursoziologie" zu ersetzen, lehnt Trümpy ebenfalls kategorisch ab. Denn niemand werde ja schließlich die unter Hitler auch schwer kompromittierte Historiographie beschränken oder umbenennen wollen.

Walter Hävernick (Universität Hamburg) wendet eingangs seiner Besprechung[74] eine ähnliche Taktik wie sein Basler Ordinarienkollege an. Er stimmt erst einmal dem Ergebnis Emmerichs bei, daß es niemals gelingen könne, "die - bewußten und unbewußten - ideologischen Assoziationen für alle Zeit vom Volksbegriff fernzuhalten," und daß es deshalb ratsam sei, den Begriff "Volk" zukünftig zu vermeiden. Denn es ließen sich ohne Schwierigkeiten, so Hävernick, gegebenenfalls passende und klare neue Benennungen finden. Emmerichs Vorschlag, den Fachnamen "Volkskunde" durch "Kulturanthropologie" zu ersetzen, widerspricht Hävernick jedoch, da er keine Notwendigkeit sieht, "auf den Betrieb einer 'Deutschen Volkskunde' zu verzichten." Denn "deutsch" heiße hier nichts anderes als die Begrenzung auf den von Deutschen bewohnten Raum. Eine als "Kulturanthropologie" auftretende Wissenschaftssparte hätte dagegen die Pflicht, bei ihren Arbeiten alle Kulturen aller Epochen gleichermaßen zu berücksichtigen. Aber allein die saubere Aufarbeitung der Erscheinungen im eigenen räumlichen Bereich werde die Volkskundler noch für lange Zeit beschäftigen. Dann schließt Hävernick die nur mehr rhetorische Frage an: "Warum bleiben wir nicht bescheiden bei dem eingebürgerten Begriff 'Deutsche Volkskunde' mit dem erklärenden Zusatz 'ethnographie régionale'? [...] Denn bei dem Namen unseres Faches kommt es wohl weniger darauf an, was sich der einzelne assoziativ dabei alles denken kann, sondern wie wir unsere Aufgabe anfassen und was wir dafür planmäßig leisten."

Die Folgerung liegt nahe, daß dem Rezensenten die Verbindung ideologischer Assoziationen mit dem Fachnamen "Volkskunde" oder "Deutsche Volkskunde" in Wirklichkeit völlig belanglos erscheint. Seine Verständnislosigkeit für das wissenschaftsgeschichtliche Anliegen und seine grundsätzliche Ablehnung des Themas der Dissertation zeigen sich auch darin, daß Hävernick so gut wie nichts über die eigentlichen Untersuchungsergebnisse berichtet und nach einer relativ nichtssagenden allgemeinen Anerkennung des Verdienstes des Dissertanten zum Schluß drei aggressiv diffamierende Fragen stellt: Ob man es begrüßen könne, daß ein junger Mensch seine Laufbahn nicht nur mit rücksichtslosem Abholzen, sondern auch mit Ausübung eines Richteramtes beginne? Wie dieser junge Mensch sich dann noch zu der Erkenntnis durchringen könne, daß die Ideologie 1933/45 genau so zeitbedingt war, wie es die ihm als Verfasser heute eigene Ansicht sei: nichts anderes als Zeitmode und Gedankengut der Zeit? Ob der Verfasser überhaupt noch zu voraussetzungsloser Forschung zurückkehren könne?

Auch Leopold Schmidt (Österreichisches Museum für Volkskunde, Wien) zeigt in seiner Besprechung[75] keinerlei Verständnis für Wolfgang Emmerichs Versuch einer volkskundlichen Vergangenheitsbewältigung. Nach Schmidts Worten hat Hermann Bausinger es vor einiger Zeit "für notwendig befunden," sich "Zur nationalsozialistischen Volkskunde" zu äußern. Nun habe ein Schüler von ihm das Thema breiter erfaßt und in dem Geiste, der gegenwärtig an manchen Universitäten der Bundesrepublik herrsche oder doch zu herrschen versuche, behandelt. Alles, was heute an Phrasen und Nomenklaturen da üblich sei, werde auf das ein Vierteljahrhundert zurückliegende Kapitel unserer Fachgeschichte angewendet. Weil irgendeinmal der Ausdruck "Ideologie" in diesem Zusammenhang gefallen sei, würden wir mit einem ganzen Kapitel "Ideologie als Schlüsselbegriff" beglückt. Schmidt prangert öffentlich an, in diesem Kapitel der

Dissertation Emmerichs fehle nun keiner der heute anscheinend viel gelesenen Literaten draußen, von Adorno über Bloch und Horkheimer bis zu Mannheim und Topitsch, die, bei Licht besehen, alle für unser Fach gar nichts besagten. Bei Emmerich regne es überlegen tuende Vorwürfe auf alles: von den Brüdern Grimm über die Mythologie bis zur Rassenideologie. Der Kontinuitätsbegriff werde selbstverständlich unmöglich gemacht, die Symbolforschung einmal mehr verhöhnt.

In den zum Teil sorgfältig gegliederten Kapiteln steckten selbstverständlich viele richtige Hinweise, die aber eigentlich alle durch des Autors Überheblichkeit entwertet würden. Emmerich verteidige nicht etwa das Fach und seine tatsächlichen Vertreter - denen Schmidt die volkskundlichen "Konjunkturritter" des Dritten Reiches gegenüberstellt -, sondern versuche praktisch auch den integersten Persönlichkeiten noch irgendeinen inkriminierbaren Satz anzukreiden. Weil er vom personellen Sektor natürlich recht wenig verstehe, entstünden manche belustigenden Irrtümer und ergötzlichen Verwirrungen, d.h. Verwechslungen von Personen, die aber zeigten, mit wie wenig Kenntnis der tatsächlichen Intentionen hier gearbeitet werde.

Emmerich habe, so die doppelbödige Kritik des gut über die Volkskunde im Dritten Reich unterrichteten Schmidt,[76] die doch einigermaßen kennbaren Leitlinien der verschiedenen Richtungen gar nicht erkannt. Er vermeide ja auch, wie schon Bausinger, jeden Hinweis darauf, "was nun eigentlich an bleibenden Einrichtungen damals geschaffen wurde, und was davon eventuell wieder einmal wirksam werden wird." Unter dem Wenigen, was Schmidt, die eigentliche Institutionalisierung der Volkskunde im Nationalsozialismus verschleiernd, davon aufzählt, findet sich makabrerweise das Sinnbildarchiv des SS-Ahnenerbe-Angehörigen Karl Theodor Weigel.[77]

Leopold Schmidt hat insoweit recht mit seiner Feststellung, Emmerich passe "die ganze Richtung" nicht, als es die traditionelle bürgerlich-nationale, mit der nationalsozialistischen eng verwobene Volkskunde ist, die Emmerich einer aufschlußreichen ideologiekritischen Analyse unterzieht, Schmidt aber verteidigt und vor einer Umbenennung in "Kulturanthropologie" oder "Kultursoziologie" bewahren will. Der österreichische Rezensent - und bedeutende Kulturhistoriker - hat indessen in mehr als einer Hinsicht unrecht mit seinen Emmerich nochmals als Außenseiter und Nestbeschmutzer diskriminierenden skandalösen Schlußsätzen: "Es drängt sich natürlich die Frage auf, ob der Verfasser nicht einfach ein anderes Fach hätte studieren sollen. Wir brauchen keinen Nachwuchs, der sich vorlaut mit Dingen beschäftigt, die ihn gar nichts angehen. Aber umgekehrt sollten eben derartige Stoffe nicht als Themen unseres Faches an Anfänger vergeben werden."

Die als beispielhaft für eine substantielle Kritik ausgewählten zwei Besprechungen stammen von Arnold Niederer und Gerhard Lutz. Arnold Niederer (Universität Zürich)[78] zeichnet verständnisvoll und bündig die Problemansätze, das Vorgehen und die Ergebnisse der Tübinger Dissertation nach. Er erläutert die ideologischen Begriffe - wie den von Emmerich angewandten Marxschen Ideologiebegriff, die Volks- oder Volkstumsideologie und ihre Popularisierung seit der Mitte des 19. Jahrhunderts, die sogenannte Ideologie des Nationalsozialismus - und erklärt damit den ideologischen Prozeß, der von der Genesis der deutschen Volkskunde bei den Brüdern Grimm bis zur Volkskunde des Dritten Reiches führte. Niederer gibt Emmerichs "Typologie des wissenschaftlichen Verhaltens" der damals führenden Volkskundler wieder und erwähnt dessen bedeutende Ausführungen zum germanischen Kontinuitätsmythos.

Einleitend und nochmals am Schluß dieser Besprechung wird die wohl wichtigste Frage nach den Folgerungen aus allen diesen wissenschaftsgeschichtlichen Überlegungen für das gegenwärtige Fachverständnis aufgeworfen, für eine Volkskunde, die sich, wie Emmerich es formuliert, in der Breite als moderne Wissenschaft mit kritischem gesellschaftlichen Bewußtsein darstellt und Kultur als soziales Phänomen erforscht, wie dies einige moderne Volkskundler bereits zu tun begonnen haben.[79] Niederer hofft, daß die bereits vorhandenen fruchtbaren Ansätze einer empirisch-kulturanthropologisch orientierten Forschung ermutigt und weiter verfolgt werden, er hofft jedoch auch, daß mit Emmerichs Werk die Auseinandersetzung mit der Volkskunde des Nationalsozialismus und der Volkstumsideologie zur Ruhe komme.

Gerhard Lutz (Universität Hamburg) verfaßte die ausführlichste Besprechung der Dissertation Emmerichs.[80] Anlaß für diese Untersuchung sei u.a. auch die nach über zwanzig Jahren noch immer nicht erfolgte Analyse der Rolle und des Verhaltens der Volkskunde im Dritten Reich gewesen. Emmerich habe sein Thema jedoch nicht auf dieses Fach und auf die Jahre 1933-1945 eingeengt, sondern betrachte den ganzen Zusammenhang, der sachlich alles miteinbegreife, was in irgendeiner Weise zur "Deutschtumskunde" zu rechnen sei, und der zeitlich einerseits weit zurückreiche, wenn man - wie es nötig sei - die geschichtlichen Voraussetzungen nicht ignorieren wolle, und andererseits 1945 nicht plötzlich ende, sondern vielfach - nicht nur in der Volkskunde - bis heute weiterwirke. Dieses Weiterwirken einer "Ideologie" auf die Wissenschaft kritisch bewußt zu machen, sei eines der Ziele dieser Arbeit.

Eine andere Aufgabe, die Emmerich sich gestellt habe, sei nach seinen eigenen Worten, aber auch, "eine Ablösung von falschen und überlebten Begriffen zu versuchen, womit einer modernen Volkskunde der Weg gebahnt werden kann, welche die wirkliche soziale, politische und kulturelle Lage weder verschleiert noch ihr einfach akklamiert." Damit diente die historische Fragestellung "eher als Mittel zum Zweck. Der Zweck sollte sein, nunmehr schärfer und klarer zu sehen, wo die Volkskunde heute steht und wo sie stehen sollte."

Den Ansatz dazu bildet laut Lutz das Verhältnis volkskundlicher Forschung zur eigenen Gegenwart, welches einer kritischen Überprüfung unterzogen werden müßte. Als zentrales Problem erhebe sich dabei - wie sehr zutreffend von Emmerich erkannt sei - die Frage nach einer seinen historischen Implikationen wirklich gerecht werdenden Verwendung des Traditionbegriffes (die Kontinuitätsfrage bilde einen Teil davon). Neben die Notwendigkeit eines geschichtlichen Bewußtseins, "das dazu bereit ist, seine *ganze* Vergangenheit anzunehmen, zu verarbeiten und nichts Entscheidendes davon zu vergessen," stelle Emmerich Adornos Forderung nach einem "aufgeklärten" Verhältnis zur Tradition.

Dies sind einige der zentralen Aussagen der Rezension von Gerhard Lutz, die ebenso wie die Arnold Niederers mit der im allgemeinen zustimmenden Aufnahme der Untersuchung Emmerichs in germanistischen, kulturkritischen und skandinavischen Zeitschriften übereingeht.[81] Von diesen substantiellen Stellungnahmen heben sich die ablehnenden Trümpys, Hävernicks und Schmidts umso deutlicher als obsolet ab.

Wolfgang Emmerich veröffentlichte 1971 eine nicht zuletzt unter dem Eindruck der seitherigen Entwicklung der Volkskunde konzeptionell stark veränderte Neufassung seiner Untersuchung und ging in deren Schlußkapitel "Ungebrochene Tradition und neue Ansätze in der Volkskunde" auch auf die Kritik an seiner Dissertation ein.[82] Bereits im

Jahr zuvor hatte Hermann Bausingers Schüler Utz Jeggle (Universität Tübingen) unter dem sprechenden Titel "Im Schatten der Vergangenheit" eine polemische Erwiderung auf die volkskundlichen Emmerich-Rezensionen vorgelegt.[83] In dieser ging es vor allem um die Einstellung der gegenwärtigen Volkskunde zur Volkstumsideologie und damit auch zur nationalsozialistischen Vergangenheit. "Man will von der Vergangenheit loskommen und wählt den kürzesten Weg: Alles ist bewältigt! und jene, die diese Lüge nicht wahrhaben wollen, werden bekämpft, als Unruhestifter diskreditiert, sachlich nicht für voll genommen - obwohl es nach Trümpy keinem Zweifel unterliegt, 'daß es [Emmerichs Buch] in künftigen Grundsatzdiskussionen immer wieder angeführt werden wird.' Warum eigentlich?"[84]

Jeggle verdeutlicht Ressentiments der Rezensenten durch die Hervorhebung bezeichnender Wendungen, beispielweise von Leopold Schmidt: Bausinger habe es "für notwendig befunden, sich 'Zur nationalsozialistischen Volkskunde' [...] zu äußern;" Emmerich habe "in dem Geist" erfaßt, der "zu herrschen versucht;" die "anscheinend viel gelesenen Literaten," von "draußen," die, bei Schmidts "Licht besehen, alle für unser Fach gar nichts besagen." Das Verblüffende sei nicht die Ignoranz, mit der wahllos Positivisten und Dialektiker, Marxisten und Liberale zusammengeworfen, sondern die Unverfrorenheit, mit der fünf Soziologen oder Philosophen als Literaten denunziert würden. Dieser Trick und die Kiste, aus der er stamme, seien noch zu gut bekannt: "ich heiße den Kontrahenten einen Literaten und Intellektuellen und Juden, und damit ist die Auseinandersetzung erledigt."[85]

Der Vorwurf impliziere, daß zumindest in Schmidts Rezension faschistische Tendenzen spürbar würden. Obwohl Schmidt wie auch Hans Trümpy niemals Faschisten, sondern Gegner des Nationalsozialismus gewesen und ohne Zweifel integre Persönlichkeiten seien. Aber gerade dies sei auch das Entmutigende. Bestimmte Tendenzen wirkten nach und belasteten das Fach und seine Rolle in der Gesellschaft.[86]

Jeggle behandelt die Frage, wie sich Emmerichs Kontrahenten die Aufarbeitung der Vergangenheit vorstellten. In den Rezensionen von Hävernick und Trümpy zeige sich das beschädigte historische Denkvermögen der Volkskundler, das zu der Forderung nach dem Schlußstrich führe, mit dem man glaube, ein Stück Geschichte durchstreichen zu können. Auch für Schmidt scheine es schlicht überflüssig zu sein, sich mit diesem "ein Vierteljahrhundert" zurückliegenden Kapitel unserer Forschungsgeschichte "auseinanderzusetzen:" Bausinger erhalte eine Rüge, weil er sich geäußert habe, Emmerich gehe es nichts an - "es darf sich nur äußern, wer es erlebt hat, anders ist dieses Tabu wohl kaum zu interpretieren, und darin zeigt sich wieder dieses brüchige Verhältnis zur Geschichte."[87]

Jeggle kritisiert ferner das Faschismusbild der drei Rezensenten. Der Faschismus werde zu einer zufälligen Modeerscheinung, und so entäußere sich die Kritik der rationalen Basis, von der aus die sozioökonomische Entwicklung und die historischen Bedingungen, die den Faschismus ermöglichten, auch nur beschrieben werden könnten. Auf diesem Boden gedeihe - bei allen drei Rezensenten - die Gleichung Rot = Braun [das heißt: Kommunismus = Nationalsozialismus], ein Klischee, mit dem die scheinbare Entlastung gefördert werde. Man erkläre zur Ideologie, was der eigenen Absicht widerstrebe, und verschleiere durch die Verdächtigung Andersdenkender die eigene Ideologie vor sich selbst.[88]

Schmidt gebe vor, das Problem des Faschismus personell begründen und lösen zu können: Den "Konjunkturrittern" stelle er die "tatsächlichen Vertreter" des Faches gegenüber, die "bleibende Einrichtungen" geschaffen hätten, und sehe nicht oder wolle nicht sehen, wie sehr aber gerade die von ihm benannten Einrichtungen in einem engen Kontakt zum Nationalsozialismus standen. Die Reduktion auf Personen, die sich mit der Registrierung der Produkte von "Verblendung" und "Verführung" zufrieden gebe und nie nach dem "Warum" und dem "Wem nützte es" frage, sei typisch für diesen trivialen Positivismus, der einigen Volkskundlern immer noch glaubwürdige wissenschaftliche Basis zu sein scheine.[89]

Die Aufarbeitung der Vergangenheit werde in der Volkskunde intensiver verhindert als beispielsweise in der Germanistik. Zu einem gewissen Teil liegt das für Utz Jeggle in dem Verständnis von Wissenschaft begründet, wie es sich auch in den drei Rezensionen von Trümpy, Hävernick und Schmidt äußere. Vom ihnen eigenen Begriff der Autorität des Gelehrten aus werde Kritik an den Grundlagen als angemaßte Besserwisserei abgetan. Das sei die Folge von "voraussetzungsloser Wissenschaft," die Hävernick als Leitbild angebe. Man wähne, objektiv, neutral zu forschen, wertfreie Schlüsse zu ziehen, unpolitische Wissenschaft zu betreiben, und reproduziere doch nur die herrschenden Werte, die jeweils die Werte der Herrschenden seien.[90]

Einer Erkenntnis, die vom eigenen Standpunkt abweiche, werde prompt die Wissenschaftlichkeit abgesprochen, sie werde als Ideologie angeklagt. Nur so anscheinend lasse sich die eigene Position aufrechterhalten. Keiner der drei Rezensenten habe verstanden, daß die Scheidung des Wahren vom Falschen nicht Voraussetzung, sondern Ziel einer Wissenschaft sei, die sich als kritische verstehe. Nur eine solche Methode erlaube etwas über die objektiven Ursachen des Faschismus auszusagen, und nur wer die Gründe kenne, mache Wiederholungen vermeidbar. "Anders gesagt: die Ideologie einer wertneutralen und voraussetzungslosen Wissenschaft machte es nicht nur den Nazis leicht, sie macht auch heute die Aufarbeitung der Vergangenheit schwer."[91]

Für diese Schlußfolgerung Jeggles stehen beispielhaft die drei polemisch kritisierten Rezensenten. In ihrer Rückschau auf diese zweite Auseinandersetzungsphase um die Bewältigung der nationalsozialistischen Vergangenheit ziehen Utz Jeggle und sein Tübinger Kollege Gottfried Korff deshalb zu Recht das zwar unerfreuliche, die Situation der deutschsprachigen Volkskunde um 1972 jedoch kennzeichnende Resümée: "Auch die Schande verbindet. Schon als Hermann Bausinger 1966 [recte: 1965] versuchte, die nationalsozialistische Volksforschung zu analysieren, wurde das als unnötig empfunden, die Vergangenheit wurde zu einem Trauma, das mit einem Berührungstabu verbunden war. Die Angstreaktionen verschiedener Volkskundler auf das Buch von Wolfgang Emmerich machten die pathologische Grundstruktur unserer Wissenschaft erschreckend deutlich. Die Aggressionen galten nicht dem Befund, sondern dem Diagnostiker, solche Reaktionen gehören eindeutig mit zum Krankheitsbild."[92]

Nach der Erwiderung Jeggles von 1970, der Neuauflage der konzeptionell veränderten Dissertation Emmerichs von 1971, dem Resümée Jeggles und Korffs von 1972 sowie einer ausführlichen Abhandlung zu Emmerichs Faschismuskritik vom marxistischen Standpunkt des Volkskundlers Hermann Strobach[93] verschwand das Thema Volkskunde und Nationalsozialismus wieder von den Seiten volkskundlicher Veröffentlichungen. Es sollten rund zehn Jahre vergehen, bevor es erneut aufgegriffen wurde.

Es muß allerdings noch ein anderes festgehalten werden. Die Auseinandersetzung um die Dissertation Emmerichs und die Pilotstudie Bausingers fielen in die Zeit der methodologischen Neuorientierung der Volkskunde in der Bundesrepublik Deutschland, markiert durch die Tagungen in Detmold 1969 und Falkenstein 1970.[94] Gerade diese zweite Phase der Vergangenheitsbewältigung vermittelte, wofür auch die beiden Besprechungen der Emmerichschen Dissertation durch Arnold Niederer und Gerhard Lutz stehen, wichtige Impulse für den Wandel des Fachs Volkskunde hin zur Sozial- und Kulturwissenschaft und förderte dadurch ganz entscheidend die Gegenwartsgestaltung.[95]

Volkskunde und Nationalsozialismus Redivivus

Seit den frühen 1980er Jahren machte sich ein zunehmendes Interesse bemerkbar, die Ideologien-, Institutionen- und Personengeschichte der Volkskunde im Dritten Reich auf Fachtagungen zu behandeln und den Vorsprung anderer Fächer auf dem Gebiet der volkskundlichen Wissenschaftsgeschichte[96] einzuholen: Die dritte und bisher andauernde Phase volkskundlicher Vergangenheitsbewältigung hatte eingesetzt. Bereits 1980 wurde das Thema "Volkskunde und Faschismus/Antifaschismus" für den 24. Deutschen Volkskunde-Kongreß vorgeschlagen.[97] Dieser fand 1983, fünfzig Jahre nach der nationalsozialistischen Machtergreifung, in der ehemaligen Reichshauptstadt Berlin statt. Obwohl Zeit und Ort für die Behandlung dieser Problematik besonders geeignet waren, entschied sich die Deutsche Gesellschaft für Volkskunde (DGV) für das Kongreßthema "Großstadt"[98] und ebenso beim 25. Deutschen Volkskunde-Kongreß 1985 in Bremen für "Kinderkultur."[99] Dadurch blieb die Chance einer von den offiziellen Repräsentanten des Fachs in der Bundesrepublik Deutschland initiierten größeren Diskussion über Volkskunde und Nationalsozialismus zunächst einmal ungenutzt. In der Zwischenzeit kamen jedoch Initiativen zustande, wurden Abhandlungen und Bücher veröffentlicht, die, auch maßgeblich durch die DGV gefördert, den Boden für eine eigene Tagung zur NS-Vergangenheitsbewältigung vorbereiteten.

So veranstaltete Wolfgang Brückner (Universität Würzburg) 1982 ein wissenschaftsgeschichtliches Symposion in Würzburg, dessen Referate sich zu einem größeren Teil mit der Institutionenausbildung der wissenschaftlichen Disziplin auch in der Zeit von 1933 bis 1945[100] und zu einem kleineren Teil ausschließlich mit der Geschichte des Fachs im Dritten Reich[101] befaßten.

Auf dem Volkskunde-Kongreß 1983 in Berlin ereignete sich dann ein Zwischenfall, der nicht ohne Folgen bleiben sollte. Wolfgang Brückner referierte zum Schluß der Tagung über "Berlin und die Volkskunde - Ein wissenschaftsgeschichtlicher Aufriß."[102] Im Verlauf seines Vortrags wurde ersichtlich, daß er in der Tat einige Fachwissenschaftler "reinwusch," die, wie Mathilde Hain oder Richard Beitl, in nationalsozialistische Weltanschauung und Volkserneuerungsprogramme verstrickt gewesen waren. Brückners Referat wurde auch deshalb mehrfach durch empörte Reaktionen der Zuhörer gestört. Als er sich nach Ende des Vortrags der öffentlichen Diskussion seiner Thesen und Geschichtsinterpretation mit dem Argument entzog, umgehend zu einer anderen auswärtigen Tagung abreisen zu müssen, löste dies fast einen Aufstand der lautstark protestierenden Zuhörerschaft aus.

Wolfgang Brückner zog sein Referat von der Veröffentlichung im Tagungsband zurück,[103] um es dann Jahre später, jedoch ohne die das Mißfallen seiner Berliner Zuhörer erregenden Anspielungen und Zwischenbemerkungen, in seiner eigenen Zeitschrift abzudrucken. Diese "bereinigte" Fassung sollte seine Kritiker um ihre Argumente bringen, sie der Unwahrheit überführen und mundtot machen - allerdings ging diese Rechnung nicht auf.[104]

Von großer Wichtigkeit für den Fortgang der NS-Volkskunde-Diskussion war die Serie einschlägiger wissenschaftsgeschichtlicher Abhandlungen in den beiden Bänden der Zeitschrift für Volkskunde von 1982 und 1985 mit einer Fülle von Forschungsergebnissen auf verschiedenen Problemfeldern.[105]

Im Oktober des Jahres 1986 kam es dann endlich zu der lange geforderten Tagung über "Volkskunde und Nationalsozialismus" in München. Helge Gerndt, der Präsident der DGV, berief sie ein und eröffnete die Referatenfolge mit seinen leitmotivischen "Thesen zu einer notwendigen Auseinandersetzung."[106] Die fachpolitische Bedeutung dieser mehrheitlich von Referenten aus den deutschsprachigen Ländern Mitteleuropas bestrittenen und im In- und Ausland kommentierten Tagung[107] ist unbestritten. Sie regte weitere Untersuchungen an, nicht zuletzt aus der gastgebenden Münchner Schule der Volkskunde,[108] befruchtete verschiedene internationale Veröffentlichungsvorhaben und hatte bisher bereits eine weitere, von Wolfgang Brückner initiierte kleinere Tagung 1988 in Bayreuth zur Folge.[109]

Die gegenwärtige Forschungsarbeit in der dritten Phase volkskundlicher NS-Vergangenheitsbewältigung ist jedoch ebenso wie in den beiden ersten Phasen nicht frei von Gegenströmungen im eigenen Fach, die immer noch von dem Phänomen der "Zweiten Schuld" der Verdrängung und Verleugnung der "Ersten Schuld" geprägt sind und zu erheblichen Kontroversen ähnlich dem Historikerstreit[110] geführt haben. Gegen Ende der 1980er Jahre entstand eine - wie es Vorstand und Hauptausschuß der DGV diplomatisch umschrieben - "neue Streitkultur," in die die beiden Verfasser der vorliegenden Abhandlung und Wolfgang Brückner einbezogen wurden. Wir erwähnen diese in der Fachwelt weit über die Grenzen der deutschsprachigen Länder hinaus bekannt gewordenen Auseinandersetzung als Beteiligte sicher nicht ohne Subjektivität, andererseits jedoch auch in der Überzeugung, daß sie symptomatisch für die gegenwärtige Situation und NS-Vergangenheitsaufarbeitung der Volkskunde ist.

Grund für die erwähnte Auseinandersetzung waren unsere unvereinbaren Positionen in der wissenschaftlichen und persönlichen Einstellung zur NS-Geschichte des Fachs Volkskunde. Wolfgang Brückner, ein weithin anerkannter und geachteter, aber aufgrund seiner Neigung zu scharfen Angriffen auf andersdenkende Kollegen ebenso gefürchteter wie auch teilweise abgelehnter Fachwissenschaftler, ging ganz offensichtlich von der These der zwei Volkskunden im Dritten Reich aus und verteidigte sie engagiert in mehreren Veröffentlichungen. Dabei setzte er als neokonservativer Anhänger der Totalitarismustheorie[111] nach dem Motto Braun = Rot die nationalsozialistischen mit den marxistischen Volkskundlern gleich. Dies brachte ihm den heftigen Vorwurf von Volkskundlern aus der Deutschen Demokratischen Republik ein.[112]

Der eigentliche Streit entzündete sich an einem Referat James R. Dows auf der Tagung der Modern Languages Association im Dezember 1987 in San Francisco, USA, in dem kritisch über Brückners Vortrag "Berlin und die Volkskunde" und seine Begleiterscheinungen auf dem Deutschen Volkskunde-Kongreß 1983 in Berlin berichtet wurde. James Dow behauptete, daß dieser Vortrag revisionistische Tendenzen enthalten habe. Brückner antwortete auf diese Kritik mit zwei knappen Abhandlungen in seiner Zeitschrift "Bayerische Blätter für Volkskunde"[113] und veröffentlichte gleichzeitig seinen lange zurückgehaltenen Berliner Vortrag in unvollständiger, d.h. "bereinigter" Form - ohne seine speziellen Auslassungen, die fünf Jahre zuvor so viel Anstoß erregt hatten.[114]

Brückner erklärte in seinen Abhandlungen, von uns verunglimpft und verleumdet worden zu sein. Er habe in seinem Berliner Vortrag, den er zum Beweis unserer "wahrheitswidrigen Ausmalungen" nunmehr veröffentliche, keine Volkskundler "reingewaschen," die tief in nationalsozialistische Weltanschauung und Volkserneuerungsprogramme verstrickt gewesen seien. Die von ihm 1988 in Bayreuth geplante Tagung der "Sektion Volkskunde" der katholischen "Görres-Gesellschaft" über NS-Volkskunde werde keine revisionistischen Tendenzen aufweisen, wie im Hinblick auf Brückners Versuche einer Uminterpretation der NS-Volkskundegeschichte zu befürchten war. Unsere Kritik an ihm und die Weigerung Hannjost Lixfelds, seiner Einladung zu einem Vortrag in Bayreuth Folge zu leisten, interpretierte Brückner schließlich als eine Art Verfolgung der "Sektion Volkskunde" der "Görres-Gesellschaft" durch uns. In ähnlicher Weise seien diese und ihr Vorsitzender Georg Schreiber - der Vorgänger Brückners - seinerzeit von den Nazis verfolgt worden.[115]

Neben anderen Anwürfen bezog Wolfgang Brückner auch noch das von uns problematisierte "Nestbeschmutzersyndrom" der deutschsprachigen Volkskunde irrtümlich auf sich selbst und antwortete auf diesen angeblich von uns erhobenen Vorwurf mit unsäglichen Gegenanschuldigungen.[116]

Unsere Versuche, eine Gegendarstellung zu veröffentlichen, schlugen fehl.[117] Es war uns lediglich möglich, einen Offenen Brief vom 8. Mai 1988 an Wolfgang Brückner und eine Reihe deutschsprachiger Kolleginnen und Kollegen zu versenden.

Der schon oben gezogene Vergleich mit dem "Historikerstreit" scheint uns umso mehr berechtigt, als die Auseinandersetzungen um die Aufarbeitung der NS-Vergangenheit der Volkskunde sich fortsetzten. In einem Offenen Brief vom 16. Juli 1990 wurde der österreichische Volkskundler Olaf Bockhorn (Universität Wien) wegen des Schlußabschnitts seiner Abhandlung zur Geschichte der NS-Volkskunde in Österreich[118] von Ulrike Kammerhofer, der Leiterin des "Salzburger Landesinstituts für Volkskunde," angegriffen. Dieses Salzburger Fachinstitut nennt sich auch "Richard-Wolfram-Forschungsstelle" und erhielt dessen Nachlaß sowie den anderer in Salzburg hoch geehrter ehemaliger NS-Forscher wie Karl von Spieß' und Karl Haidings vertraglich zugesichert bzw. verwahrt ihn bereits.[119]

Ulrike Kammerhofer verschwieg in ihrem Offenen Brief Bockhorns Forschungsergebnisse über die österreichische NS-Volkskunde, die den inkriminierten Schlußabschnitt mit seiner Kritik am Salzburger Landesinstitut für Volkskunde erst erklären und rechtfertigen, und mündete in die rhetorische Frage, ob Bockhorn ihn "als reißerisches Bonmot" oder als Teil seines "wohl wissenschaftlich gemeinten Artikels" verstehe, um darauf Olaf Bockhorn mit NS-Volkskundlern gleichzusetzen und seine wissenschaftliche Arbeit und ihn selbst zu diskreditieren.

Der Offene Brief Frau Kammerhofers ging an eine Reihe von in Politik und Wissenschaft einflußreiche Persönlichkeiten der Republik Österreich. Seine Zielsetzung war ganz offensichtlich. Olaf Bockhorns NS-Forschungen sollten behindert und die NS-Vergangenheit österreichischer Volkskunde und Volkskundler verschweigen oder zumindest verharmlost werden. Denn deren wissenschaftlichen Nachlaß archiviert das landeseigene Salzburger Landesinstitut für Volkskunde, ohne sich eindeutig von den Perversionen nationalsozialistischer Zeit distanziert zu haben.

Die auch hier festzustellenden revisionistischen und apologetischen Tendenzen neokonservativer Fachangehöriger wirken unentwegt auf das wissenschaftliche Bewußtsein und das Selbstverständnis der Volkskunde ein. Die Erkenntnisziele dieses Faches in den deutschsprachigen Ländern Mitteleuropas haben heute nichts mehr mit denen gemeinsam, die vor rund fünfzig Jahren im Dritten Reich praktiziert wurden und der faschistischen Herrschaftspraxis dienten. Dennoch erinnern manche Einstellungen und Verhaltensweisen von Fachgelehrten an diejenigen ihrer nationalsozialistischen Vorgänger. Denn die Versuche, die NS-Volkskunde und ihre Perversionen zu relativieren, die diskreditierende Beteiligung deutscher und österreichischer Volkskundler an ihnen zu verharmlosen und zu verteidigen, den "großen Frieden mit den Tätern" des Fachs zu schließen und andersdenkende Fachhistoriker im "Volkskundlerstreit" zu Außenseitern und Nestbeschmutzern zu degradieren, verraten noch immer den "Verlust der humanen Orientierung."[120] Tendenzen dieser Art aufzudecken und zu widerlegen muß deshalb Aufgabe einer kritisch-rationalen Fachgeschichtsschreibung sein, so wie auch eine von Andreas Bruck geforderte wirkliche Ethikdiskussion einer Kulturwissenschaft wie der unsrigen in der Tat angemessen wäre.[121]

Die Wissenschaft der deutschen - und österreichischen - Volkskunde ist unter dem nationalsozialistischen Regime unbestreitbar der Pervertierung anheimgefallen, der Pervertierung "des wissenschaftlichen Grundprinzips, daß nur die besseren *Argumente* zählen,"[122] und der des ethischen Grundprinzips, daß die Unterstützung offenkundig inhumaner Handlungen individuell zu verweigern ist. Denn deutsche Volkskundler wurden " - instrumentell - durch wissenschaftliche Legitimierung politischer Ansprüche zum Handlanger eines menschenverachtenden Machtwillens,"[123] dessen ideologische Grundlagen von der akademischen Disziplin teilweise mitvorbereitet wurden und an dessen Umsetzung in die Praxis des Dritten Reichs mitzuwirken allzu viele bereit waren.

Die geistigen Verbrechen des Nationalsozialismus, an denen eben auch deutschsprachige Volkskundler beteiligt waren und Schuld tragen, sind eindeutig und unwiderrufbar. Sie richteten sich gegen die eigene und gegen andere Nationen, deren Angehörige einer totalitären, rassistisch-ideologischen Volkserneuerung unterzogen oder aber als minderwertig disqualifiziert, ausgeschaltet und vernichtet wurden. Die nationalsozialistischen Unrechtstaten scheinen in der gegenwärtigen volkskundlichen Fachgeschichtsschreibung nirgends so unverhüllt auf wie in den Forschungsergebnissen über das Ende der jüdischen Volkskunde und jüdischer Volkskundler unter der geistigen Mitverantwortung nicht-jüdischer deutscher Fachwissenschaftler[124] und über die Mithilfe von deutschen Volkskundlern an den kriminellen Handlungen des SS-Ahnenerbes im Krieg, insbesondere der Verfolgung und Ermordung anti-nationalsozialistischer norwegischer Studenten.[125]

Elitäres "Herrenmenschenbewußtsein" und nationalistischer Überheblichkeitswahn, die nicht eindeutiger vorgezeichnet sein konnten als in des nationalsozialistischen "Chefideologen" Alfred Rosenberg "Mythus des 20. Jahrhunderts,"[126] führten zu diesen inhumanen Verirrungen. Es bleibt uns heute die Verpflichtung, die sich immer klarer abzeichnende Geschichte der Volkskunde in jener erschreckend dunklen Periode der nationalsozialistischen Herrschaft mit Trauer und tiefem Bedauern zur Kenntnis zu nehmen und den Versuch zu ihrer Bewältigung fortzusetzen. Es bleibt uns die Hoffnung, daß sich diese Zeit und ihre geistigen Verbrechen niemals wiederholen werden, weil wir uns ihnen stellen und damit zur Gegenwartsgestaltung beitragen.[127]

Anmerkungen

1. Vgl. Gerndt 1987b: 18; Hannjost Lixfeld: "The Reich Institute for German Volkskunde." In *The Nazification of an Academic Discipline. German Volkskunde of the Third Reich.* Hrsg. und übersetzt von James R. Dow und Hannjost Lixfeld. Bloomington, Indiana: Indiana University Press (im Druck).
2. Vgl. die Marginalie von KAS.: "Bedenkliches. Nestbeschmutzer." In *Neue Zürcher Zeitung* vom 11.10.1986. Fernausgabe Nr. 235, S. 44: "Wenn einer mich einen Nestbeschmutzer schimpft, geht er von der Annahme aus, es gebe ein Nest - vorzüglich meines oder unseres -, das rein und unbefleckt sein könne. Jeder, der schon ein Nest von innen, Flaum und Futterreste, von Läusen und dem Rest zu schweigen, gesehen hat, weiss, dass schon diese Annahme falsch ist."
3. Brückner 1988b; Brückner 1988c; Hannjost Lixfeld und James R. Dow: Offener Brief an Wolfgang Brückner als Antwort auf Polemik und Pamphlet in den Bayerischen Blättern für Volkskunde 15, Heft 1, 1988, vom 8. Mai 1988 (13 hektographierte Seiten; in über 400 Exemplaren versandt).
4. Vgl. Bruck 1990.
5. *DGV-Informationen* 90, 1981: 36-37, 98-100; *DGV-Informationen* 91, 1982: 38-40, 89-90; *DGV-Informationen* 94, 1985: 8, 81-83.
6. Gerndt 1987.
7. Vgl. z.B. *Zeitschrift für Volkskunde* 83, 1987: 74-79 (Helmut Eberhart) und 84, 1988: 107-109 (Martin Scharfe); *Journal of American Folklore* 100, 1987: 300-304 und 101, 1988: 358-360 (James R. Dow); *Rheinisch-westfälische Zeitschrift für Volkskunde* 32/33, 1987/88: 251-253 (Sabine Künsting); *Beiträge zur Volkskunde in Baden-Württemberg* 3, 1989: 359-371 (Regina Giebel, Karin Haist, Gisela Lixfeld); *Jahrbuch für Volkskunde und Kulturgeschichte* 32, 1989: 223-227 (Ute Mohrmann); *Hessische Blätter für Volks- und Kulturforschung* N.F. 24, 1989: 209-213 (Adelhart Zippelius); *Schweizerisches Archiv für Volkskunde* 85, 1989: 443-444 (Albrecht Lehmann); *Jahrbuch für Volksliedforschung* 34, 1989: 141-143 (Eckhard John).
8. Vgl. Stein 1987; Jeggle 1988d; Dow und Lixfeld 1991; Lixfeld 1991a.
9. Vgl. Bausinger 1971b.
10. Vgl. Bausinger 1965b; im vorliegenden Band Kapitel I.1. Einleitung.
11. Vgl. Bruck 1990: 178-179; Dow und Lixfeld 1986: 1-25.
12. Vgl. Historikerstreit 1987.
13. Vgl. Wehler 1988: 7.
14. Vgl. Bruck 1990.
15. Holzapfel 1987a: 204.
16. Vgl. Lixfeld 1989 und zum Begriff "Selbstgleichschaltung" Reimann 1984.
17. Nach Meier 1944a: III und Meier 1944b: 126 sollten dem Buch noch zwei Ergänzungsbände über "Ahnengrab und Rechtsstein" (Meier 1950) und "Ahnengrab und germanischer Tempel" folgen; zu den Kontakten zwischen Meier, Himmler und dessen Ahnenerbe vgl. Heiber 1968: 272, 281-283; Oesterle 1987; Oesterle 1988: 8-24; Holzapfel 1989: 104-108, 111-114; Oesterle 1991a: 158-159.
18. Oesterle 1988: 85-86.
19. *Zeitschrift für Volkskunde* 47, 1938; 48, 1939 und 49, 1940.
20. Bundesarchiv Koblenz (BA) NS 21/579. Brief Erna Andersen vom 20.1.1944 an Ahnenerbe.

21. Bundesarchiv Koblenz (BA) NS 21/579. Briefwechsel Meiers mit dem Ahnenerbe-Stiftung-Verlag vom 1.3., 12.3., 15.3., 17.3., 4.6., 21.6.1943, 8.7.1944, 6.2.1945.
22. Freundliche Auskunft von Wolfgang Jacobeit aus dem Archiv der Humboldt-Universität Berlin.
23. Meier 1947; wiederabgedruckt bei Meier 1954.
24. Meier 1947: 27.
25. Meier 1947: 27.
26. Dies unterstellt der heutige kommissarische Direktor des Deutschen Volksliedarchivs (DVA) in Freiburg i. Br., Holzapfel 1989: 70; unter Bezugnahme auf Lixfeld 1989 und Dow und Lixfeld (wie Anm. 1) glaubt Otto Holzapfel, "nicht denen allein die Darstellung der Wissenschaftsgeschichte über jene Zeit überlassen" zu dürfen, "die - aus welchen Gründen auch immer - ein offenbar doch einseitiges und 'sensationelleres' Bild verzeichnen, als es der Alltag zum Beispiel für das DVA während der Jahre 1933 bis 1945 hergibt," Otto Holzapfel: "Das Deutsche Volksliedarchiv (Freiburg i. Br.) während des Dritten Reiches." Unveröffentlichtes Vortrags-Manuskript 1989. Wir danken Otto Holzapfel für die uns freundlich gewährte Einsicht in sein Manuskript und versichern auch an dieser Stelle nochmals mit Nachdruck, daß wir bei unseren Analysen nach besten Kräften bemüht sind, uns lediglich von kritischer Rationalität leiten zu lassen.
27. Vgl. *Mitteilungen des Verbandes deutscher Vereine für Volkskunde* 57, 1949: 3.
28. Volkskunde an den Hochschulen 1986.
29. Meier 1947: 27.
30. Maus 1946.
31. Maus 1988.
32. Ausdruck des Bedauerns 1988.
33. Maus 1988: 37-40.
34. Peuckert 1948.
35. Peuckert 1988.
36. Peuckert 1988: 50-51; die zeitgenössischen Fachkollegen stimmten Peuckert weitgehend zu, vgl. Moser 1954: 208-209.
37. Peuckert 1988: 42. Die von Peuckert angeführten Wissenschaftler Karl von Spieß und Edmund Mudrak waren Volkskundler des Amts Rosenberg, vgl. Lixfeld 1987b und Bockhorn 1989; Max Hildebert Boehm war Professor für Volkstheorie und Volkstumssoziologie an der Universität Jena, wo er auch die venia legendi für Volkskunde innehatte, dann Direktor des Instituts für Grenz- und Auslandsstudien in Berlin und trat mit mehreren volkskundlich relevanten Veröffentlichungen hervor, vgl. Volkskunde an den Hochschulen 1986; 5, 20, Emmerich 1968: 143-144 und Auskünfte von Wolfgang Jacobeit; zu John Meiers Rolle auf dem Weimarer Volkskundetag von 1933 (und nicht von 1934, wie Peuckert schreibt) vgl. weiter oben in der vorliegenden Abhandlung; Fritz Böhm war zeitweilig Leiter der Berliner Zentralstelle des Atlas der Deutschen Volkskunde und Herausgeber der *Zeitschrift für Volkskunde* bis Band 46, 1936/37 und ab 1937 Mitglied der NSDAP, vgl. Berlin Document Center (BDC) Boehm, Friedrich, geb. 2.9.1880; Friedrich Ranke war bis 1937 Professor für Germanistik und Volkskunde an der Universität Breslau und wechselte wegen seiner nichtarischen Frau und mit John Meiers Hilfe 1938 an die Universität Basel, vgl. Volkskunde an den Hochschulen 1986: 8, 44 und freundliche Mitteilung von Anka Oesterle, Tübingen.
38. Peuckert 1988: 43.
39. Peuckert 1988: 45.
40. Peuckert 1988: 49.
41. Peuckert 1988: 45.
42. Vgl. Lixfeld 1989 und Lixfeld 1991b.
43. Peuckert 1988: 44.
44. Peuckert 1988: 48.
45. Ausdruck des Bedauerns 1988 und Interview 1968.
46. Vgl. Lixfeld 1987a: 80.

47. Mitscherlich 1987. Den Begriff "Trauerarbeit" hat, soweit wir sehen, als erster Volkskundler Helge Gerndt 1987b: 18 gebraucht.
48. Giordano 1987: 11-12.
49. Vgl. Giordano 1987: 29-40.
50. Steinitz 1954-1962.
51. Meier 1950.
52. Meier 1944a; vgl. Anm. 17.
53. Vgl. Heiber 1968: 272, 281-283 und mit gegensätzlicher, apologetischer Interpretation Holzapfel 1989: 42-43, 66-67. Das von John Meier noch 1944 geplante dritte Buch über "Ahnengrab und germanischer Tempel" ist nie erschienen.
54. Steinitz 1955: 20.
55. Vgl. Holzapfel 1989: 14.
56. Vgl. Steinitz 1955 und Jacobeit und Mohrmann 1968/69, wiederabgedruckt in Jacobeit und Mohrmann 1988.
57. Vgl. auch das volkskundliche Standardwerk des schweizerischen Tagungsteilnehmers Richard Weiss 1946, das nicht auf die NS-Vergangenheit der deutschen Volkskunde eingeht und somit zu ihrer "Bewältigung" durch Verschweigen beiträgt.
58. Vgl. Bericht 1952; auch Gerndt 1988b: 9 spricht von "Konsolidierungsbemühungen aus alten Traditionen der Volkskunde heraus, die eine Forschungskontinuität bezeugen, indem nationalsozialistisch beeinflußte Entwicklungen einerseits ausgeklammert und als nicht der 'eigentlichen' Volkskunde zugehörig betrachtet und andererseits in ihren verheerenden Folgen gar nicht erkannt, jedenfalls nichts berücksichtigt werden [...]. Alles in allem bleibt so die volkskundliche Programmatik im ersten Nachkriegsjahrzehnt weitgehend in den Bahnen der älteren Fachtradition."
59. *Zeitschrift für Volkskunde* 50, 1953: 1; auffallend waren auch formale Kontinuitäten des Tagungsablaufs. Wurden auf den Volkskundetagen im Dritten Reich Grußtelegramme mit dem Führer und Reichskanzler Adolf Hitler gewechselt, so 1951 in Jugenheim mit dem Bundespräsidenten Theodor Heuß. Wohl nicht ohne Hintersinn sprach der Demokrat Heuß in dichterisch verklausulierter Form von den heute neuen und schweren Aufgaben der wissenschaftlichen Volkskunde, von der Erforschung und Darstellung des Gewesenen und Überlieferten in "der Erkenntnis einer aus gewandelten Voraussetzungen genährten Entwicklung," und wünschte "realistische Nüchternheit und einfühlsame Phantasie," vgl. Bericht 1952: 3.
60. Vgl. Dölker 1971.
61. Berlin Document Center (BDC) Schier, Bruno, geb. 17.12.1902. Mitglied der Sudetendeutschen Partei Nr. 139 338 seit 15.9.1934. NSDAP-Mitglied Nr. 5 450 848 seit 1.5.1937; vgl. *Zeitschrift für Volkskunde* 50, 1953; 1-6: Zum Geleit.
62. Berlin Document Center (BDC) Schmidt, Friedrich Heinz, geb. 11.10.1902. NSDAP-Mitglied Nr. 515 600 seit 1.4.1931. Akte Parteikorrespondenz; auszugsweise Zusammenfassung eines dreiseitigen Lebenslaufs von ca. 1938 aus der BDC-Akte Reichsschrifttumskammer, nachgedruckt bei Brückner 1989b: 70-71. Schmidt-Ebhausens Funktionsstelle im Reichspropagandaministerium geht aus der oben genannten Akte Parteikorrespondenz hervor und nicht aus einer Interpolation bzw. Erfindung Hannjost Lixfelds, der sich auch keineswegs als "der selbsternannte Anwalt einer volkskundlichen Verbrecherkartei" betrachtet, wie Brückner 1989b: 70 glaubt unterstellen zu dürfen. Zu Schmidts Veröffentlichungen vgl. auch den von Brückner übersehenen Sammelband mit Kleinen Schriften von Schmidt-Ebhausen 1963, besonders 165-168 die Ausgewählte Bibliographie.
63. Vgl. Bruck 1990: 178.
64. Bausinger 1965a.
65. Bausinger 1965b.
66. Bausinger 1965b: 180-198.
67. Bausinger 1965b: 177.
68. Bausinger 1965b: 202.

69. Emmerich 1968.
70. Jeggle 1970a; Emmerich 1971: 170-173.
71. Vgl. beispielsweise Weber-Kellermann und Bimmer 1985: 109 und Brückner 1990a: 132 -133; vgl. dazu Emmerich 1990.
72. Trümpy 1969; zu Trümpy vgl. Burckhardt-Seebass 1989a.
73. Vgl. Bausinger 1965b.
74. Hävernick 1969; zu Hävernick vgl. Lutz 1983b.
75. Schmidt 1969a: zu Leopold Schmidt vgl. Gebhard 1982 und im vorliegenden Band die Abhandlung von G. Liesenfeld und H. Nikitsch.
76. Vgl. Schmidt 1982a.
77. Vgl. hierzu Brednich 1985.
78. Niederer 1970.
79. Vgl. Niederer 1969.
80. Lutz 1970.
81. Vgl. Jeggle 1970a: 6 Anm. 2.
82. Emmerich 1971: 162-182, hier 170-173.
83. Jeggle 1970a.
84. Jeggle 1970a: 7.
85. Jeggle 1970a: 7.
86. Jeggle 1970a: 7.
87. Jeggle 1970a: 8; vgl. auch die Kritik an Emmerich bei Weber-Kellermann und Bimmer 1985: 109.
88. Jeggle 1970a: 8-9.
89. Jeggle 1970a: 9.
90. Jeggle 1970a: 9-10.
91. Jeggle 1970a: 10.
92. Jeggle und Korff 1972: 3.
93. Strobach 1973.
94. Vgl. Gerndt 1971; Brückner 1971.
95. Bruck 1990: 178-179 und zur Neuorientierung Dow und Lixfeld 1986.
96. Vgl. z. B. Heiber 1966: Bollmus 1970; Kater 1974; Baumgärtner 1974; Hunger 1984.
97. Böth 1980 und die polemische Entgegnung Brückner 1981b; zur weiteren Diskussion vgl. *DGV-Informationen* 90, 1981: 36-37, 98-100; *DGV-Informationen* 91, 1982: 38-40, 89-90; *DGV-Informationen* 94, 1985: 8, 81-83.
98. Kohlmann und Bausinger 1985.
99. Vgl. Köstlin, Pohl-Weber und Alsheimer 1987.
100. Brückner und Beitl 1983: 13-142.
101. Schade 1983; Lutz 1983a; Martin 1983.
102. Vgl. die Vortragsankündigung in *DGV-Informationen* 92, 1983: 100 und die teilweise Vorveröffentlichung bei Brückner 1987c.
103. Vgl. Kohlmann und Bausinger 1985: 379 und 391.
104. Vgl. die richtigstellenden Kommentare zu Brückners Berliner Vortrag von Peter Assion 1984b: 85 und Utz Jeggle in Brückner 1984c: 27.
105. *Zeitschrift für Volkskunde* 78, 1982: 169-219; *Zeitschrift für Volkskunde* 81, 1985: 22-75, 220-254.
106. Gerndt 1987b: 11-21.
107. Wie Anm. 7 und Bruck 1990.
108. Gilch, Schramka und Prütting 1986; Volkskunde an den Hochschulen 1986; Volkskunde im Dritten Reich 1986; Reklame-Sammelbilder 1986; Harvolk 1989; Bruckbauer 1989; Gajek 1990; Schier 1990; Harvolk 1990; Harvolk 1991; Bruckbauer 1991.

109. Vgl. die Veröffentlichung der meisten Tagungsreferate in *Jahrbuch für Volkskunde* N.F. 12, 1989: 7-132; zur Hochschullehrertagung der DGV 1990 in Kiel vgl. *DGV-Informationen* 98, 1989: 8 und *DGV-Informationen* 99, 1990: 6 sowie Sievers 1991.
110. Historikerstreit 1987 und Wehler 1988.
111. Brückner 1988g; zur Kritik an der Totalitarismusdebatte vgl. Wippermann 1989: 51-57, 96-101.
112. Jacobeit 1987: 301-302; Mohrmann 1989a.
113. Brückner 1988b; Brückner 1988c.
114. Brückner 1988a.
115. Brückner 1988b.
116. Brückner 1988c.
117. Es gab zwar - ohne unser Zutun - einen Mehrheitsbeschluß von Vorstand und Hauptausschuß der Deutschen Gesellschaft für Volkskunde, durch den der Präsident beauftragt wurde, sich nach einer Veröffentlichungsmöglichkeit für unseren Offenen Brief umzusehen, aber die *Zeitschrift für Volkskunde* lehnte seine Publizierung mehrmals ab. Weitere offizielle Mitteilungen der DGV gingen uns nicht zu. Eine Ausnahme stellte das freundschaftliche Angebot Bernhard Oeschgers, des Leiters der Landesstelle für Volkskunde Freiburg i. Br., dar, den Offenen Brief in den *Beiträgen zur Volkskunde in Baden-Württemberg* zu veröffentlichen. Wir fühlten uns jedoch verpflichtet, das Angebot aus beruflichen und persönlichen Gründen im Interesse Bernhard Oeschgers abzulehnen.
118. Bockhorn 1989: 32.
119. Vgl. Salzburger Landesinstitut 1986; zu den im Salzburger Landesinstitut geehrten NS-Wissenschaftlern Wolfram, Spieß und Haiding und ihrer Bedeutung für die Volkskunde im Dritten Reich vgl. auch Bockhorn 1989; Lixfeld 1987b: Oesterle 1988: 73-97.
120. Vgl. Giordano 1987: 11-12.
121. Bruck 1990: 199.
122. Gerndt 1987b: 18.
123. Gerndt 1987b: 18.
124. Daxelmüller 1987b.
125. Oesterle 1988: 73-97, hier besonders 94-97.
126. Vgl. das einschlägige Kapitel der Abhandlung Hannjost Lixfelds im vorliegenden Band.
127. Vgl. die englische Fassung dieser Abhandlung bei Dow und Lixfeld 1991.

DIE TÜBINGER SCHULE

THOMAS SCHOLZE

"Als ob nichts geschehen sei," schrieb Walter Jens, wurde der Lehrbetrieb auch an der Tübinger Universität nach dem Zweiten Welkrieg im wesentlichen fortgesetzt: "Keine Trauerarbeit, kein Eingeständnis der Schuld, keine Bestandsaufnahme, keine vom Geist der Gewissensforschung bestimmte Selbstreflexion, keine Aufarbeitung einer Geschichte, die längst entschieden war, als sie, 1933, scheinbar begann"; also "Rückfall in den Provinzialismus oder Aufbruch zu neuen Ufern: das war, 1950, die Frage."[1] Zwar erst gegen Ende des Jahrzehnts, an dessen Beginn sich diese Frage knüpfte, doch gerade von Tübingen aus entwickelten sich dann solche längst erhofften Bestrebungen in der Volkskunde. Am "Ludwig-Uhland-Institut für deutsche Altertumswissenschaft, Volkskunde und Mundartenforschung" der Universität begann eine jüngere Wissenschaftlergeneration um Hermann Bausinger allmählich, auf die festgefahrenen Fach-, Universitäts- und Gesellschaftsstrukturen zu reagieren. Die bald stark beachteten Arbeiten der entstehenden Tübinger Schule wurden zum Maßstab für eine theoretisch-methodische Umprofilierung der Disziplin hin zu einer heute in großen Teilen "kritischen Volkskunde."[2]

Drei Kennzeichen bestimmten die Konstituierung der neuen Forschungsrichtung in der frühen Aufbruchsphase westdeutscher Volkskunde: Als erstes vereinte die Tübinger Schule die Absicht, die traditionelle Fach- und Gegenstandsabgrenzung zunächst zur Soziologie vorsichtig zu überschreiten; denn gerade diese Disziplin hatte bereits seit dem 19. Jahrhundert immer wieder Fragen aus dem Bereich der Volkskunde aufgegriffen. Ein Indiz für diese Öffnung war Hermann Bausingers Vortrag 1958 auf dem 18. Internationalen Soziologenkongreß in Nürnberg, wo er in die Diskussion um "Soziologie und empirische Forschung" verschiedene volkskundliche Gesichtspunkte einbrachte.[3] In der Folgezeit beteiligten sich Lehrende und Studierende am Ludwig-Uhland-Institut an der als "Positivismusstreit" in die Geschichte der Soziologie eingegangenen Aussprache. Diese Hinwendung zu allgemeinen Problemen sozialwissenschaftlichen Forschens sollte einer Weiterentwicklung des theoretisch-methodischen Standpunktes der Volkskunde dienlich sein.

Ein zweites markantes Kennzeichen Tübinger Forschungsausrichtung ergab sich aus dem Bestreben, Probleme gerade gegenwärtiger Sozial- und Gesellschaftsentwicklung ernstzunehmen und demgemäße Analysen als entscheidend für die Relevanz volkskundlicher Arbeit zu betrachten. Ein erstes Profil in dieser Hinsicht zeichnete sich im Ergebnis langjähriger empirischer Erhebungen in Städten und Großstädten bzw. deren neuen Siedlungen ab. "Der Gegenstand wurde gewählt," betonte Hermann Bausinger, "weil hier in einer überschaubaren Einheit wesentliche Züge der sozialen und kulturellen

Entwicklung deutlich werden. Das Ineinander von Heimatvertriebenen und Einheimischen, der Abbau von Traditionen und die Entstehung neuer Bindungen, die Dynamisierung des Lebens, der Umbruch in der Sozialstruktur - all dies kennzeichnet durchgängig unsere Gegenwart."[4]

Schließlich läßt sich im Zusammenhang mit dem eben gesagten in dieser Entstehungsphase der Tübinger Schule ein Drittes herausheben: nämlich der Versuch, eine neue Qualität der Forschung durch Beiträge zur "humaneren" Gestaltung des sozialen Lebens zu erweisen. Eine solche Zielstellung bedeutete vor allem, daß gerade den großen und in ihrer Lebenslage beschränkten Sozialgruppen Rechnung getragen werden sollte. Damit wurde an jene demokratische Wissenschaftsperspektive angeknüpft, die in der Fachgeschichte bis dahin nur von wenigen Volkskundlern wie etwa von Will-Erich Peuckert getragen worden war.[5]

Aus all dem wird verständlich, daß die Tübinger Volkskundler zunächst die Frage der Integration und Assimilation derjenigen gesellschaftlichen Gruppen ins Blickfeld der Forschung rückten, die als Flüchtlinge und Ausgesiedelte nach dem Zweiten Weltkrieg ungleich schwierigere Ausgangsbedingungen hatten. Mit dem Projekt "Neue Siedlungen" setzte man an einem auffälligen "sozialen Befund" an, nämlich am diffizilen Verhältnis zwischen Altsiedlern und Zuwandernden. Ihr Zusammenleben schuf nicht selten Spannungsfelder, weil die Neubürger oft lange Jahre benötigten, um im erwünschten Ausmaß an der wachsenden Prosperität der Wirtschaft teilzuhaben. Hinzu kam, daß die neuen Wohn-, Lebens- und Arbeitsverhältnisse häufig als im Gegensatz zu den psychischen Befindlichkeiten und sozialen Bedürfnissen der Betroffenen stehend empfunden wurden. Durch die Offenlegung solcher Widersprüche mit dem Ziel, Vorurteile und soziale Spannungen abzubauen, bemühte sich die junge Volkskunde um die Korrektur einer "öffentlichen Meinung," nach welcher die neuen Wohngebiete beispielsweise als "Zonen minderer Ordnung" bezeichnet wurden, denen mit streng geplanter "Normierung" begegnet werden sollte.[6]

Erkenntnisgewinn im theoretisch-methodischen Bereich der Volkskunde brachte vor allem die Einführung und Erprobung neuer Kategorien. Mit schärferem Blick auf das soziale Beziehungsgefüge wurde die Wechselbeziehung zwischen der Volkskultur und ihren Trägern präzisiert als Verhältnis "sozialer Gruppen" zu bestimmten konsolidierten "Gütern." Vereine beispielsweise, die im Fach bis dahin oft als wandelbare Ausdrucksformen "geistig-seelischer Gemeinschaftsbindungen" betrachtet worden waren, wurden nun konkreter als auf bestimmte Bevölkerungsgruppen ausgerichtete, Beziehungen und Einrichtungen umfassende Organisationen dargestellt.[7] Mit dem Begriff "Güter" ließen sich nämlich sowohl Institutionen, als auch tradierte und neue soziale, kulturelle (etwa sprachliche) oder psychische Objektivationen bzw. Verhaltensweisen von Menschengruppen bezeichnen. Bei der Beschreibung von Alltagsverhältnissen konnte die Volkskunde nun einerseits übergreifende gesellschaftliche und sozioökonomische Rahmenbedingungen sowie andererseits auch veränderbare Traditionen und Beziehungsgefüge in individuellen Lebensprozessen erfassen. Damit hatte man endlich auf den verschwommenen Terminus "Gemeinschaftsbildungen" verzichtet, und das soziale Moment von Traditionen, Organisationen usw. rückte als wichtige Bezugsgröße an eine vordere Stelle im Forschungsansatz.

Insgesamt stand für die Tübinger bereits ausgangs der fünfziger Jahre fest: Volkskunde würde sich nunmehr statt mit vergangenheitsorientierter Motiv- und

Variantenforschung oder Struktur- bzw. Funktionsanalyse am statischen Objekt im Sinne des Kanons mit komplexen gesellschaftlichen Problemstellungen der Gegenwart unter wesentlicher Berücksichtigung sozialer Strukturen befassen müssen.

Bereits Ordinarius in Tübingen, lieferte Hermann Bausinger 1961 dann in seiner "Volkskultur in der technischen Welt"[8] eine Synthese bisheriger Forschungsansätze. Sein Versuch, unter Berücksichtigung geschichtlicher Vorstufen und landschaftlicher Besonderheiten auf der Basis empirischer Arbeitsergebnisse und mit Hilfe zeitgenössischer Quellen neue Wissenschaftskategorien zur Erfassung gegenwärtiger Volkskultur herauszupräparieren, war ein wichtiger Schritt theoretischen Nachdenkens über die Grundlagen einer modernen Volkskunde. Neue Anhaltspunkte für Bewertungsmaßstäbe, Rezeptionsmöglichkeiten und Grenzen traditioneller Forschungen wurden deutlich, und erstmals in der Fachgeschichte offenbarte sich auch eindrucksvoll das große Defizit in der Gegenwartsforschung. Mittels einer Skizzierung "sozialer und geistiger Realitäten" begannen die alten, allzu bequemen Horizonte der Volkskunde zurückzutreten: jene Horizonte, auf deren Grundlage man die Gegenwartsverhältnisse so lange ignoriert bzw. bestenfalls registriert hatte und innerhalb derer die traditionell untersuchten Objektivationen "alter Volkskultur" noch eine gewisse Geltung und Bedeutung hatten. Die noch immer vorherrschende Überbewertung der "geistigen Ausdrucksformen" des Volkslebens, die Fetischisierung "alter Bauernkultur" und auch die "psychologisch" begründete Subjektivierung volkskundlicher Zielstellungen seit der Jahrhundertwende erwiesen sich endgültig als überholt.

Allerdings bedeutete dieses Fazit am Beginn der sechziger Jahre noch keinen qualitativen Neubeginn in der westdeutschen Volkskunde. Es fehlten seitens der Tübinger fundiertere Gegenpositionen, von denen aus sich der theoretisch-konzeptionelle Bruch mit der bisherigen Wissenschaftsentwicklung, das Loslösen aus dem traditionellen Interpretationsrahmen des Faches hätten vollziehen können.[9] Überhaupt sollte es noch einige Jahre dauern, bis auch eine entsprechend breite, gesellschafts- und von daher wissenschaftskritische, organisatorisch-institutionelle und personelle Basis solche Schritte mit absichern konnte. Symptomatisch aber waren bereits damals größere Diskussionen wie auf der Tübinger Tagung "Das Volksleben unserer Zeit," in denen die traditionelle Vernachlässigung politisch-ideologischer und sozialer Wirkungszusammenhänge von der jungen Forschungsrichtung nachdrücklich in Frage gestellt wurde.[10]

Die organisatorisch-institutionelle Ausgangsbasis, von der eine umfassende Revision der volkskundlichen Disziplin getragen werden konnte, entstand in Form einer neuen akademischen Öffentlichkeit dann mit der Studentenbewegung der späten sechziger Jahre. Schon länger hatte sich eine Sensibilisierung von Studenten und Intellektuellen für verschiedene gesellschaftliche Krisenerscheinungen angebahnt, und besonders im universitären Bereich waren Forderungen laut geworden, den bisher vermittelten Studieninhalten ein die Gesellschaft erklärendes und nicht verklärendes Geschichts- und Weltbild zugrunde zu legen, überhaupt das Studiensystem zu reformieren. Mit einer weiteren Schärfung ihres kritischen Bewußtseins in Richtung auf eine wissenschaftstheoretische und gesellschaftliche Neuorientierung kehrte sich nun die studentische Jugend demonstrativ vom etablierten Normen- und Verhaltenskodex der bürgerlich-traditionellen Ordnung ab und wandte sich gegen antidemokratische Einflußnahme im Bildungsbereich.[11]

1967, auf dem Würzburger Kongreß der Deutschen Gesellschaft für Volkskunde (DGV), brach der Konflikt, welcher eng mit den Aktionen der sogenannten 68er Generation verbunden war, erstmals offen in der Disziplin aus. Die Frage wurde aufgeworfen, wie sich das Fach in Zukunft zu engagieren hätte, worin seine Aufgaben zu sehen wären. Tübinger Studenten stellten vor dem Hintergrund der allgemeinen Forderungen nach Studienreform, Vorlesungsboykotten für Wissenschaftler mit antidemokratischen Positionen usw. in einer Flugblattaktion den Stellenwert volkskundlicher Diskussion und Wissenschaftsentwicklung kritisch zur Debatte. Sie wollten zudem eine Beteiligung an der geforderten Kontroverse mit den Vertretern unreflektierter Forschungspraxis und "Provinzialität" erreichen. Dafür war in einem anonymen Tübinger Rundbrief eine Änderung des geplanten Kongreßthemas "Formen, Äußerungen und Wandlungen des Volksglaubens" mit Hinweis auf die aufgeschlossenere Thematik des Marburger Kongresses der DGV von 1965 ("Die Bedeutung der Arbeit für den Menschen") verlangt worden. Jedoch waren in Würzburg weder offizielles Mitspracherecht noch eine stärkere Behandlung sozialwissenschaftlicher und anthropologischer Probleme durch die Referenten durchzusetzen.[12]

Um auf einer Tagung der DGV in Detmold mit dem Thema "Probleme und Techniken volkskundlicher Dokumentation" 1969 erfolgreicher zu sein, bereiteten sich Lehrende und Studierende in Tübingen intensiv vor. Ein Kompaktseminar "Dokumentation und Feldforschung" im April des Jahres diente der Verständigung über eine Volkskunde als Sozialwissenschaft, deren Revision am Verhältnis von Theorie und Empirie bzw. Praxis in Angriff genommen werden sollte. Die Ergebnisse anregender Diskussion wurden 1969 in Detmold vorgetragen, wo jedes Hauptreferat mit einem eigenen Beitrag ergänzt werden konnte. "Die Reaktionen auf die studentischen Korreferate fielen heftig aus: 'Diese reaktionären Volkskundler haben gebrüllt wie die Löwen,'" erinnerten sich damalige Teilnehmer.[13]

Doch die Ausbreitung neuer Vorstellungen von einer "kritischen Volkskunde" war nicht mehr aufzuhalten. Speziell in Tübingen, aber auch an anderen Universitäten führte die zunächst vor allem als "Definitions- und Fachbenennungsdebatte" ausgetragene Grundsatzdiskussion - die mit einer auf der Arbeitstagung der Fachvertreter 1970 in Falkenstein erreichten allgemeinen "Verständigungsformel"[14] recht allgemein blieb - schon 1969 zur institutionellen und nomenklatorischen Trennung von der alten Fachtradition. Das Tübinger Institut wurde dem "Fachbereich Sozial- und Verhaltenswissenschaften, Pädagogik" der Universität, heute "Fakultät für Sozial- und Verhaltenswissenschaften," zugeordnet und 1971 in "Ludwig-Uhland-Institut für Empirische Kulturwissenschaft" umbenannt. Den veränderten Fächerkombinationen - weniger Germanistik und Geschichte, mehr Soziologie und andere Sozialwissenschaften - wurde 1973 mit einem neuen Studienplan Rechnung getragen, in dem die Empirische Kulturwissenschaft als eine den "kulturalen Aspekt" von Gesellschaft betonende Sozialwissenschaft definiert wird.[15] Damit gelangte die Konsolidierung einer "Tübinger Schule" zum Abschluß. Ihre Vertreter standen innerhalb "kritischer Volkskunde" außerdem in Verbindung mit einer wachsenden Anzahl teilweise ebenfalls umbenannter Fachinstitute an Universitäten der deutschsprachigen Länder[16] und anderer Einrichtungen, womit auch ein komparatives Element diese neue Forschungsorientierung kennzeichnete.[17]

Die entstehenden Prinzipien "Empirischer Kulurwissenschaft" erwuchsen aus einer umfassenden Grundsatzkritik. Sie waren nicht an einzelnen Begriffen und Lehrsätzen oder an bestimmten Institutionen und Personen festgemacht, sondern am Verhältnis von Theorie und Empirie bzw. Praxis. Kern der Fachrevision, mit welcher der Grundstein für eine wirklich neue Qualität von Forschungen in allen Teilbereichen gelegt wurde, war das Durchbrechen der bis dahin weitgehend geltenden "psychologischen" Konzeption durch eine Neubestimmung des volkskundlichen Arbeitsziels. In seiner "Begründung eines Standpunktes" formulierte Martin Scharfe 1970: "Ziel der Forschung sind eine kritische Gesellschaftsanalyse, Beiträge zu Problemlösungsversuchen und damit Versuche der Entwicklung einer emanzipatorischen Praxis.[18] Obwohl relativ allgemein gefaßt, war damit doch zum ersten Mal die Möglichkeit gegeben, über bloße methodische oder auf den Gegenstand der Forschungen gerichtete Schwerpunktverlagerungen hinauszugehen und die Neukonzipierung selbst der Wissenschaftstheorie an praktischen Problemen und Konflikten im sozialen, im Bildungsbereich und anderswo auszurichten. Dieses neue Verständnis eines wechselseitigen Zusammenhangs von Theorie und Praxis, Wissenschaft und Gesellschaft mutet mit Blick auf die Prämissen traditioneller Volkskunde noch heute wie eine "Fachrevolution" an, als deren Folge der Disziplin eine spezielle Verantwortung für solche Forschungsergebnisse auferlegt wurde, die in die Gesellschaft "einzugreifen" schienen.[19]

Grundlage dieser Umorientierung war wesentlich die aus den dreißiger Jahren stammende "kritische Theorie" Max Horkheimers,[20] dessen philosophisches Konzept einer "ausbeutungsfreien und vernünftig organisierten Gesellschaft" von den einzelnen Fachwissenschaften und ihren Vertretern eine große intellektuelle Veränderungsbereitschaft verlangte, in welche das Überdenken der eigenen Forschungsspezialisierung eingeschlossen war. Auf Wissenschaftler wie Theodor W. Adorno und Herbert Marcuse aus der auf Horkheimer aufbauenden Frankfurter Schule, zusätzlich auf Karl R. Popper berief sich der geistes- und gesellschaftswissenschaftliche Nachwuchs der meisten westdeutschen Universitäten in seiner kritischen Grundstimmung.[21]

Mit der verstärkten Orientierung der Volkskunde der sechziger Jahre an der Soziologie waren die genannten Fachvertreter für die Tübinger Schule von Interesse. Hier führte das gesellschafts- und wissenschaftskritische Moment in den Konzeptionen der auch "Neue Linke" genannten Richtung zu der längst überfälligen Erkenntnis, daß eine wirklich weiterweisende Bestandsaufnahme der theoretischen und praktischen Leistungen der deutschen Volkskunde gleichzeitig eine Distanzierung von der verhängnisvollen Fachkontinuität erforderte.[22] Die deshalb im Mittelpunkt stehende "Kritik der Tradition" schloß alles bisher Geleistete ein: Sie offenbarte die bis in die Gegenwart wahrgenommene Funktion der Volkskunde als einer ideologischen Wegbereiterin autoritärer Herrschaftsstrukturen nicht nur im Nationalsozialismus; sie legte zugleich nahe, endlich an die vor 1945 geringen, aber doch vorhandenen demokratischen Bestrebungen in der Disziplin anzuknüpfen. Vor allem Hermann Bausingers und Wolfgang Emmerichs Arbeiten zur Wissenschaftsgeschichte sind hervorzuheben, weil in ihnen der Mißbrauch volkskundlicher Gegenstände, Kategorien und Methoden aufgezeigt wird. "Abschied vom Volksleben" wurde in dieser Phase der Entwicklung von der Tübinger Schule verstanden als restlose Verwerfung von Theoremen, Objektbereichen (Kanon) und Grundbegriffen, die sich in der konservativen Fachgeschichte widerspiegelten; verstanden als Abschied von nur positivistisch gehandhabten Sammel- und Rettungsmethoden relikthafter

Bruchstücke einer vergangenen und weiter vergehenden "Volkskultur" zur bloßen Vervollständigung von Museen und Archiven; verstanden letztlich als Bruch mit der erdachten ("Wert-") Freiheit der Volkskunde.[23]

Eine solch vollständige Abrechnung mit der traditionellen Volkskunde erforderte für die beabsichtigte Neukonzipierung des Faches vor allem Überlegungen zur Fixierung anderer, gesellschaftlich relevanter Forschungsprioritäten. So wurde als eine wesentliche Aufgabe angesehen, beispielsweise Gruppennormen oder bestimmte soziale Kontroll- und Sanktionsmechanismen zu analysieren, um einzelne Bereiche der Kultur auf ihrem Entstehungs- bzw. sozialökonomischen Hintergrund abzubilden. Dies sollte die "Spannung zwischen Wirklichem und Möglichem" auf der Ebene der individuellen Vermittlung gesellschaftlicher Potenzen verdeutlichen. Gemessen wurde jetzt die Berechtigung einer Inanspruchnahme bestimmter Gegenstände, Aufgaben und Methoden durch die Volkskunde primär daran, ob sie zur Feststellung wirkender politisch-ideologischer Interessen, wirtschaftlicher Konstellationen sowie von Besitz- und Herrschaftsverhältnissen dienen konnten. Der so mit einbezogene reale gesellschaftliche Hintergrund verschiedener Lebensverhältnisse diente damit erstmals in der Disziplin als dominante Bezugsgröße für das Erstellen eines neuen wissenschaftstheoretischen und methodischen Instrumentariums, bei der Auswahl zu untersuchender Probleme und bei der Interpretation der gewonnenen Sachverhalte. Denn "wer es bei Lippenbekenntnissen zum Sozialwesen Mensch beläßt [...] und nicht auch die methodischen Folgen bedenkt, darf sich nicht wundern, daß die auf Inkonsequenzen beruhenden wissenschaftlichen Leistungen so wenig angesehen sind," schrieb Martin Scharfe.[24]

In den genannten Umrissen festigte sich diese Forschungsstrategie seit der Wende zu den siebziger Jahren und besteht bis heute. Sie enthielt von Anbeginn einen spezifisch volkskundlichen Blickwinkel auf das gesellschaftliche Ganze dadurch, daß die Tübinger Schule den Charakter der Disziplin als eine Kulturwissenschaft betonte. Kultur wurde dabei - ähnlich verschiedenen marxistischen Ansätzen zu einer Kulturtheorie - einerseits als Resultat objektiver Entwicklung menschlicher Gesellschaften und andererseits als fortlaufender Prozeß subjektiver Aneignung neuer Bedingungen und Möglichkeiten begriffen. Historisch konkret erschien Kultur immer als Aktions- und Kristallisationsfeld geschichtlichen Handelns von Subjekten, aber auch als soziales Erbe oder Potential zukünftiger Entwicklung innerhalb eines von den Herrschenden diktierten Weltanschauungs- und Normensystems.[25]

Aufgefaßt als "kultursoziologische Disziplin" hatte die Volkskunde nach Martin Scharfe "kulturale Werte und ihre Vermittlung in Objektivationen (z.B. 'Güter', Normen, Bräuche) und Subjektivationen (Meinungen, Einstellungen, Glauben, Wissen)" aber nicht per se zu untersuchen. Vielmehr diente die hier zugrunde gelegte "weite" Auffassung von Kultur dazu, eine Orientierung zu ermöglichen auf die Massenhaftigkeit und kulturelle Leistung subjektiver, eigenschöpferischer Aneignung von objektiven Verhältnissen durch die "Unterprivilegierten" einer Gesellschaft. Vor allem diese Zielorientierung, das heißt ein sozial gerichtetes Gegenstandsverständnis, drückte den qualitativ neuen Charakter volkskundlicher Arbeitsperspektive Empirischer Kulturwissenschaft aus.[26]

Die demokratische Alternative, welche durch die erbrachten Forschungsergebnisse "kritischer Volkskunde" etwa im Bereich der Arbeiterkulturforschung[27] dann in den folgenden siebziger und achtziger Jahren untermauert wurde, hat heute internationale Geltung, zumal die ursprünglich in Tübingen entwickelten Forschungsprioritäten immer wieder manche Verfeinerungen oder Umarbeitungen[28] erfahren haben. An vielen volkskundlichen Instituten und Seminaren westdeutscher Universitäten, des weiteren in Österreich, der Schweiz und über den deutschsprachigen Raum hinaus vertreten Wissenschaftler eine Volkskunde, deren Aufgabenbereich Wolfgang Kaschuba so verallgemeinert hat: "Alltagskultur- und Lebenswelt-Forschung über historische Zugänge wie an gegenwärtigen Problemstellungen, die Analyse kulureller Prozesse in ihren Ungleichzeitigkeiten, Überlagerungen, Verschränkungen und die Untersuchung sozialer Erfahrungsweisen wie kultureller Aneignungsformen in paradigmatischen Beobachtungsfeldern.[29]

Anmerkungen

1. Jens 1977: 343 und 348.
2. Jacobeit 1985a: 7-12; Niederer 1987: 54-55; Jeggle 1988a: 67-68; Gerndt 1988b: 12-17; Scholze 1990: 141-160.
3. Maus und Fürstenberg 1969; Bausinger 1961b; Bausinger 1961a; vgl. auch *Mitteilungen des Verbandes* 1958 (Rundschreiben o. S.).
4. Bausinger 1961a: 3. Diese Forschungen wurden bewußt von der Methodik der "Vertriebenenvolkskunde" abgesetzt: "Das Leben in der neuen Siedlung erlaubt unter den Aspekten von Tradition und Gemeinschaft nur sehr dürftige und problematische Aussagen," vgl. Bausinger, Braun und Schwedt 1959: 14.
5. Bausinger 1961c: 139.
6. Bausinger, Braun und Schwedt 1959: 9-10; Bausinger 1961c: 139; Vom Aufbruch 1986: 12.
7. Bausinger, Braun und Schwedt 1959: 9 ff., 14-15 und 125; Bausinger 1959: 99 ff.
8. Bausinger 1961c: 10 ff. und 51 ff. Vgl. zu den prinzipiellen Aussagen besonders das Kapitel "Die technische Welt als natürliche Lebenswelt," Bausinger 1961c: 13-53.
9. Auch Hermann Bausinger formulierte 1961c: 10 noch: "Volkskundliche Kategorien suchen nicht in erster Linie die sozialen Grundlagen oder die motivgeschichtlichen Zusammenhänge kultureller Güter zu erfassen, sondern die besonderen Formen der Geistigkeit, welche auf bestimmten sozialen Grundlagen bestimmte kulturelle Güter hervorbringen."
10. Vgl. in der Diskussion des Beitrages von Herbert Freudenthal 1966 den Einwand von Hermann Bausinger in Populus Revisus 1966: 121; Bausinger 1966a; Bausinger 1965b sowie Bausinger 1966a; Schwedt 1966a; Schenda 1966.
11. Gellhardt, Menschik und Wilhelmer 1977: 68-69; Habermas 1969: 155.
12. Vgl. den - kommentierten - Abdruck des Flugblatts neuerdings wieder bei Gerndt 1988b: 1-2; Heilfurth 1967: 1 ff. und 27; zum Marburger Kongreß vgl. Arbeit 1967.
13. Fachschaft EKW ("Empirische Kulturwissenschaft") 1986: 351; Scharfe 1969; Jeggle 1969a; vgl. auch Tagungsprogramm 1969.
14. Die Formel lautet: "'Volkskunde' analysiert die Vermittlung (die sie bedingenden Ursachen und die sie begleitenden Prozesse) von kulturalen Werten in Objektivationen und Subjektivationen. Ziel ist es, an der Lösung sozio-kulturaler Probleme mitzuwirken," Brückner 1971: 196 und 303; zur Falkenstein-Tagung vgl. auch Gerndt 1971.
15. Scharfe 1980: 111-112; *DGV-Informationen* 79, 1970: 22 ff.; Studienplan 1973.
16. Vgl. Scharfe 1977; Dow und Lixfeld 1986: 14-22.
17. Vgl. Gerndt 1988b: 12-17.
18. Scharfe 1970a: 139; vgl. Kramer 1970: 6; Narr 1970.
19. Wenn manche Aspekte der ersten empririsch angelegten Untersuchungen durch die Tübinger später auch relativiert wurden (beispielsweise eine zu funktionsbetonte Forschung, Zugangs-

weisen 1980: 105), ist doch beachtlich, mit welcher Konsequenz man sich den Fragen der Gegenwart zuwandte. So weist schon das Inhaltsverzeichnis des *Württembergischen Jahrbuchs für Volkskunde* 1970 folgende Themen auf: Volksfrömmigkeit, Massenlesestoffe, Volksdichtung oder Volksbräuche. Darüber hinaus wurden bereits seit Ende der sechziger Jahre und dann zunehmend bei Erprobung der neuen Forschungsprioritäten auch Fragen musealer Ausstellungspraxis, des Folklorismus oder aus dem Bereich der Fasnachtsforschung angegangen: Dörfliche Fasnacht 1966; Populus Revisus 1966; Scharfe, Schenda und Schwedt 1967; Bausinger 1968a und Bausinger 1971a; Scharfe 1968 und Scharfe 1974a; Korff 1970; Schenda 1970a und Schenda 1976; Bayer 1971 oder Jeggle 1977 (Auswahl).

20. Horkheimer 1937.
21. Adorno 1969a und Adorno 1969b; Popper 1969; Horkheimer und Adorno 1955; Regenbogen 1986: 140-141 und 147.
22. Bausinger 1971a: 64 vermerkt in diesem Sinne: "Das weitaus meiste aber, das in den ersten Jahrzehnten des 20. Jahrhunderts in der Volkskunde und für die Volkskunde geleistet wurde, verzichtete weitgehend auf theoretische Auseinandersetzung und auf theoretischen Anspruch. Eben dadurch aber blieb es den beherrschenden Theorien verpflichtet;" vgl. auch Bausinger 1970b.
23. Bausinger 1965b; Bausinger 1969a; Bausinger 1982; Emmerich 1968; Emmerich 1971; Abschied 1970.
24. Scharfe 1969: 228; vgl. Bausinger 1971a: 215 und 270 ff.
25. Emmerich 1971: 176-178; Scharfe 1970a: 138; Bausinger 1971a: 240; Korff 1971: 5-8; vgl. Jeggle, Korff und Scharfe 1975.
26. Scharfe 1970a: 138; vgl. Scharfe 1970b; Bausinger 1971a: 259-260; Bausinger 1969a: 243; Emmerich 1971: 182.
27. Vgl. die ersten Diskussionen zur Arbeiterkulturforschung um 1970 bei Schwedt 1968b: 67-70; Korff 1971: 5 ff. bzw. Korff 1974 oder Korff, Jeggle und Ammon 1973. Im Begleitheft zu einer Tübinger Ausstellung heißt es später: "Wir sind der Überzeugung, daß wir die Gegenwart nicht begreifen können, ohne uns mit deren Gewordensein in historischen Prozessen zu beschäftigen; daß also die aktuellen sozialen und politischen Verhältnisse in diesem Lande nur verstehen kann, wer das 19. Jahrhundert ernst nimmt," Arbeiter 1979: 9. Stellvertretend für die vielen vorliegenden Untersuchungen zur Arbeiterkultur seien genannt: Scharfe 1978; Fielhauer und Bockhorn 1982; Kramer 1987 (hier besonders die Bibliographie 338-382); Assion 1988.
28. Die Diskussion von Forschungsprämissen vgl. z.B. in Zugangsweisen 1980; Bausinger 1980a; Gerndt 1980 oder Köstlin 1984.
29. Kaschuba 1986: 474. Diese Forschungsrichtung, wenn anfänglich auch in der damals üblichen Weise offiziell abgewertet, fand in der Wissenschaftspraxis der DDR-Volkskunde zunehmende Anerkennung und hatte ihre Entsprechungen, Jacobeit und Mohrmann 1973; Jacobeit und Nedo 1969; Scholze 1991.

VOLKSKUNDE IN DER DDR WÄHREND DER FÜNFZIGER UND SECHZIGER JAHRE

UTE MOHRMANN

Die "Volkskunde des Neubeginns" Anfang der fünfziger Jahre und die fortan phasenspezifisch widersprüchliche Konsolidierung des Faches sind ein Stück Wissenschaftsgeschichte, das von den gesellschaftlichen Entwicklungen in der DDR beeinflußt und so auch eingebunden war in das Funktionieren von Geisteswissenschaften im politischen System. Dabei vollzog sich in der unmittelbaren Forschungspraxis eine Wissenschaftsentwicklung der Volkskunde, die - durchaus vom internationalen Forschungsstand stimuliert - denselben auch mitzubestimmen vermochte.

Mit den tiefgreifenden gesellschaftlichen Veränderungen in der DDR 1989/90 stellt sich die Frage nach dem sachlich zu bewertenden Gewinn und dem Verlust der DDR-Volkskunde. Volkskunde der DDR ist so insgesamt mehr als nur Fachgeschichte.

Zur Ausgangssituation

Die Standortsuche des Faches in der unmittelbaren Nachkriegszeit charakterisiert Volkskunde zwischen Hinterlassenschaft und Neubeginn. Die durch faschistisch-rassistische Mitwirkung und schändlichsten demagogischen Mißbrauch diskreditierte Disziplin war den "Erinnerungsberg" der Auseinandersetzung mit dem Gestern noch nicht angegangen, als es bereits um die Konzepte für das Kommende ging. So trifft Bertolt Brechts Charakterisierung auch die Ausgangssituation der Volkskunde: "Es ist ein großes Unglück unserer Geschichte, daß wir den Aufbau des Neuen leisten müssen, ohne die Niederreißung des Alten geleistet zu haben."[1] 1946 berief die neu konstituierte Deutsche Akademie der Wissenschaften zu Berlin (DAW) - nicht zuletzt als Akt der Wiedergutmachung nach Verweigerung der Akademiemitgliedschaft durch NS-Institutionen - Adolf Spamer zu ihrem Mitglied. Er begründete 1947 die Kommission für Volkskunde an der Deutschen Akademie der Wissenschaften zu Berlin, die die Konstituierung eines Volkskundeinstituts vorbereiten sollte. Spamer erhielt darüber hinaus Rufe an die Berliner Humboldt-Universität, nach München und Dresden. 1947 folgte er der Berufung zum ordentlichen Professor für germanische Philologie an die Pädagogische Fakultät der Technischen Hochschule Dresden. Er wurde ferner zum Vertreter Deutschlands in der wieder konstituierten "Commission Internationale des Arts et Traditions Populaires" (C.I.A.P.) ernannt. Aber Spamer war durch die persönlich erfahrenen Restriktionen während des Faschismus, insbesondere auch durch den Kriegsverlust großer Teile seiner Bibliothek und seiner wissenschaftlichen Sammlungen, bereits ein gebrochener Mensch.

Dennoch suchte er, der spätbürgerliche Idealist, in individueller Verantwortung eines Humanisten und schließlich im Kontakt mit Antifaschisten und Marxisten, wie Ludwig Renn, vor allem aber Wolfgang Steinitz und Paul Nedo, den neuen Anforderungen einer demokratischen Wissenschaftsentwicklung zu entsprechen. Er plädierte für einen "historischen Arbeitsprozeß" zu dem Zweck, "das gegenwärtige Volksleben als Produkt einer längeren geschichtlich-soziologischen Entwicklung zu erkennen."[2] Allerdings erfolgte dabei seine Konzipierung der Ziele und Forschungsunternehmungen einer künftigen Volkskunde als nahezu ungebrochener Rückgriff auf psychologisch-irrationalistische Erkenntnisinhalte und -ziele, auf den "geistig-seelischen Strukturwandel der Volksgemeinschaft," auf die "geistig-seelischen Lebensprozesse [...] in Erzählgut und Gesang, den Sitten und Bräuchen, Vergnügungen und Spielen, Glaubensvorstellungen und im bildnerischen Werk," also auf vermeintlich volksseelische Kontinuitäten bis zur Gegenwart. Neben der Bearbeitung volkstümlicher Zauberbücher und der Vorbereitung zur Edition des "Corpus der Segen und Beschwörungsformeln" wurden schließlich 1950 Regionalstudien in Sachsen und eine "Volkskunde von Berlin" anvisiert.[3] Die angestrebten wissenschaftlichen Ergebnisse blieben jedoch aus, und die Volkskundler vermochten es auch nicht, an Hilde Thurnwalds bemerkenswerte Arbeit "Gegenwartsprobleme Berliner Familien"[4] anzuknüpfen. Lediglich Reinhard Peesch hatte mit seinem 1957 erschienen Buch "Das Berliner Kinderspiel der Gegenwart" einen Einzelbeitrag verfaßt. Die empirisch-volkskundliche Erforschung des Nachkriegsalltags mit Heimkehrern, Trümmerfrauen, Umsiedlern und Neubauern, ihrer Nöte und Bewältigungsstrategien, sollte noch lange außer Betracht bleiben.

Die von Adolf Spamer repräsentierte Fachvolkskunde in der sowjetischen Besatzungszone (SBZ) stand bis Anfang der fünfziger Jahre - gemessen an der notwendigen geistigen Auseinandersetzung mit der faschistischen Vergangenheit - im gesellschaftlichen Abseits. Auch für diesen Teil Deutschlands war der Soziologe und aufrichtig suchende Antifaschist Heinz Maus der erste - und er blieb der einzige -, der sich unmittelbar nach Kriegsende konsequent mit der "Situation der deutschen Volkskunde" auseinandersetzte.[5] Adolf Spamer und die anderen Fachvertreter schwiegen. Viele hatten bereits die SBZ verlassen.

Die "Volkskunde des Neubeginns" Anfang der fünfziger Jahre

Anfang des neuen Jahrzehnts mehrten sich in der DDR die Zeichen und Voraussetzungen für eine "Volkskunde des Neubeginns." Die "nach 1945 fast totgeglaubte deutsche Volkskunde erwachte aus ihrem Schlaf."[6] Wolfgang Steinitz, der unmittelbar nach der Befreiung vom Faschismus aus dem politischen Exil in die SBZ zurückgekehrt war, seit 1946 ordentlicher Professor für Finno-Ugristik, später Dekan der Philosophischen Fakultät an der Humboldt-Universität zu Berlin und 1951 zum Akademiemitglied gewählt, begann fortan, sich gezielt für die Volkskunde zu engagieren. Er tat es als ein Wissenschaftler, der den Mordmechanismen der "Endlösung" entgangen war und als Marxist die Zukunftserwartungen an den Sozialismus teilte.

Ihm übertrug 1951 Adolf Spamer die Vertretung in der Leitung der volkskundlichen Kommission der Akademie. Spamers schlechter Gesundheitszustand und wissenschaftspolitische Zurückhaltung erklären seine Unentschlossenheit, die ihm zugekommene Verantwortung für die Leitung und Neukonzipierung der Disziplin weiter wahrzunehmen. Wolfgang Steinitz stellte sich der "Vertretung" in der Gewißheit, "dadurch beitragen zu können, daß die Volkskunde, für die [er] seit [seiner] Schülerzeit eine Liebe habe, aus ihrer bei uns noch sehr ungesunden Lage herauskommt."[7] Ein an Wissenschaft, Kulturpolitik und Öffentlichkeit gleichermaßen gerichtetes Programm veröffentlichte er mit seinem Artikel "Die deutsche Volksdichtung - ein wichtiger Teil des nationalen Kulturerbes."[8] Darin setzte er sich für die "Wiederaufrichtung" einer Volkskunde in der DDR ein, die sich über die Auseinandersetzung mit dem "Wissenschaftserbe" neu entwickeln müsse und schrieb: "So wie wir die von den Nazis ebenso mißbrauchte Vorgeschichte in allen Ländern der Deutschen Demokratischen Republik an den Universitäten wieder auf feste Füße gestellt haben, muß dies in nächster Zukunft auch mit der Volkskunde geschehen - in Museen, Universitäten und Hochschulen, im Kulturbund usw. wie auch in der Laienkunstbewegung. Erst dann werden wir alles Wertvolle unseres nationalen Erbes auf diesem Gebiet ausschöpfen und eine neue, mit dem Volke verbundene Kultur entwickeln können."[9] Der Artikel fand ein Echo, löste Diskussionen in der kulturellen Praxis und Stellungnahmen der - wenn auch wenigen - mitdenkenden Fachvertreter aus.

Zu ihnen zählte der sorbische Volkskundler Paul Nedo, damaliger Leiter der Verwaltung für Kunstangelegenheiten der Landesregierung Sachsen und Lehrbeauftragter am sorbischen Institut der Karl-Marx-Universität Leipzig. Paul Nedo war als Kulturpolitiker, in dessen staatlichen Verantwortungsbereich das 1950 gegründete "Landesamt für Denkmalpflege und Volkskunde" in Dresden, das 1951 eröffnete Institut für sorbische Volksforschung in Bautzen und das Dresdner Volkskundeinstitut gehörten, mit den Fachfragen vertraut. Im November 1951 plädierte er gegenüber dem Präsidenten der Sächsischen Akademie der Wissenschaften für eine "Volkskunde als Wissenschaft."[10]

Wolfgang Steinitz und Paul Nedo waren sich fortan einig, unter der "Volkskunde des Neubeginns" die Erforschung der Volkskultur als Teil des "nationalen Kulturerbes" zu verstehen und eine gegenwartsbezogene, mit der damaligen Laienkulturbewegung verbundene Disziplin zu entwickeln.

Während der ersten Nachkriegsjahre wieder aufgelebt, stand "Laienkunst" in einer sehr breiten und widersprüchlichen Tradition, die in ihren Extremen von der faschistischen Volkstumspflege bis zur linken Arbeiterkulturbewegung reichte. Die öffentliche, bald auch inszenierte Repräsentation von Laienkunst in der DDR, besonders seit den III. Weltfestspielen der Jugend und Studenten 1951 in Berlin, war zudem durch die Übernahmen sowjetischer Vorbilder geprägt, einer auf agrarische Kulturtraditionen eingeengten und mit sozialistischem Realismus okulierten "Folklore." Angesichts der "groben Verfälschungen und Verzerrungen" der "Volkskunst" plädierten Wolfgang Steinitz und Paul Nedo vehement für eine wissenschaftliche Untersuchung der "Volkskultur," die sie bereit waren, in den Dienst einer "demokratischen Kulturentwicklung" in der DDR zu stellen.

Doch die angenommene Herausforderung erwies sich als äußerst widersprüchlich. Sie war Bestandteil jenes allgemeinen politischen Prozesses, der bereits Ende der vierziger Jahre eingesetzt hatte und in dem das stalinistische Grundmodell des Sozialismus gegenüber der weiteren wissenschaftlichen Ausarbeitung eines deutschen Weges zum Sozialismus, damit auch einer entsprechenden Kulturpolitik, favorisiert wurde. Dem war ein kontroverses Verständnis von Kultur und nationalem Kulturerbe, schließlich von "Volkskunst" geschuldet, das die Volkskunde dieser Jahre außerordentlich tangierte.

So standen dem von Wolfgang Steinitz mehrfach beklagten Unverständnis der SED hinsichtlich der Erforschung der "Volkskultur" ihr propagandistischer Gebrauch durch die Partei und ihre ideologische Aufwertung im Konzept der SED-Führung gegenüber. Der Ruf nach "Volkskunst und Volkskunde" verband sich mit dem politischen Verständnis von "nationalem Kulturerbe" und war nicht unwesentlicher Bestandteil bzw. Folgerung der prinzipiell angelegten "Formalismusdiskussion" und ihres kulturpraktischen Umfeldes. 1950/51 hatte im Zusammenhang mit der Positionsbestimmung der DDR zur nationalen Frage die "ideologische Offensive" der SED gegen den "Formalismus" in der Kunst, gegen die Moderne, eine dramatische Zuspitzung erfahren. Sie wurde als Kampf gegen eine "volksfremde" und "volksfeindliche Strömung," deren Wurzeln im Kosmopolitismus gesehen wurden, geführt.[11] Nach dem stalinistischen Modell der Schwarz-weiß-Konfiguration war dem "Formalismus" das nationale Kulturerbe als bürgerlich-klassische Kunsttradition, eingeschlossen die Volkskunstüberlieferung, entgegengesetzt worden. Infolgedessen erfuhr "Volkskunst als folkloristische Tradition" eine geradezu anachronistische Überhöhung: Volkskunst sei "eine der Grundlagen allen künstlerischen Schaffens, im besonderen Maße für das Kunsthandwerk und die künstlerische Industrieproduktion." Die Vorbildwirkung des Handwerks und der regionalen Hausindustrien wurde als Kontrastprogramm gegen die Moderne propagiert.[12] Parallel dazu verlief die politische Funktionalisierung des damaligen Laienschaffens[13] als neuer Kulturbewegung vor allem des Jugendverbandes (FDJ) und der Gewerkschaft (FDGB), auch staatlicherseits "gefördert und gelenkt."

Verständlich wird in diesem Kontext der hohe politische Stellenwert, den die anläßlich der "Deutschen Festspiele der Volkskunst" 1952 in Berlin durchgeführte Ausstellung "Deutsche Volkskunst" erfahren hatte.[14] Adolf Spamer, Wolfgang Steinitz, Paul Nedo, Friedrich Sieber und Manfred Bachmann gehörten unter Leitung von Reinhold Langner zu den Ausgestaltern. Die Exposition, in zwanzig Schauräume untergliedert, umfaßte in der Mehrzahl museale Sachzeugen, Trachten, Bauernmöbel und vielerlei ausgeschmückten Hausrat des 18./19. Jahrhunderts. Daneben wurden erste Ergebnisse der neuen laienkünstlerischen Mal- und Zeichenbewegung sowie der an der regionalen Tradition orientierten Schnitzer, Klöpplerinnen und Teppichweberinnen gezeigt. Diese "bunte Volkskunstschau" provozierte jedoch nunmehr die Forderung nach wissenschaftlicher Materialsichtung, historisch-sozialer Wertung und geschichtlicher Einordnung. Der Aufgabe stellten sich 1952 neben Wolfgang Steinitz, Paul Nedo und Manfred Bachmann mit ihren ersten Überlegungen zu "theoretischen Fragen der Forschungsarbeit" am gerade gegründeten Zentralhaus für Laienkunst in Leipzig[15] (seit 1954 Zentralhaus für Volkskunst und später Zentralhaus für Kulturarbeit der DDR), zu dessen volkskundlichen Mitarbeitern auch Alfred Fiedler, Rudolf Weinhold und Liesel Noack gehörten.

In die Zeit und in die politischen Umstände des Jahres 1953 hinein formulierte Wolfgang Steinitz sein Konzept zur "volkskundlichen Arbeit in der DDR."[16] Sein Postulat "Volkskundler sollen helfen beim Aufbau einer neuen demokratischen Kultur des deutschen Volkes, nicht konservieren Aberglauben, Kulaken, Sagen, Mythisches"[17] war umgesetzt in eine Gegenstands- und Aufgabenbestimmung der Volkskunde, die gewonnen war aus der kritischen Analyse der Geschichte des Faches und der Besinnung auf die demokratischen Taditionen in der bürgerlichen Volkskunde. Kompromißlos brach Steinitz mit den reaktionären und faschistischen Strömungen in der spätbürgerlichen Disziplin. Die Steinitzschen Grundprinzipien orientierten auf die Erforschung der demokratischen und revolutionären Traditionen in der deutschen Volkskultur und auf die völkerverbindende Bedeutung volkskundlicher Forschung, eingeschlossen sein Plädoyer für eine marxistische Ethnographie als Einheit von Völkerkunde und deutscher Volkskunde.

Im Konkreten gründete die Programmatik auf den Forschungen von Wolfgang Steinitz zum 1. Band der "Deutsche[n] Volkslieder demokratischen Charakters aus sechs Jahrhunderten," der 1954 erschien.[18] Die damals einzigartige Quellensammlung "revolutionären und oppositionellen Liedgutes" von der Frühbürgerlichen bis zur 1848/49er Revolution führte zu Umbewertungen im Wissenschaftsverständnis von "Volkskultur" und eröffnete eine neue Sichtweise auf die Vielgestaltigkeit des Volksliedes im Herderschen Sinne. Steinitz entwickelte nicht zuletzt daraus seinen wissenschaftlichen Ansatz für die "Erforschung des werktätigen Volkes in seiner materiellen und geistigen Kultur." Setzte er deutlich Akzente auf die "demokratischen und revolutionären Traditionen," so umschrieb sein Wissenschaftsverständnis gleichzeitig - auch gegenüber der kulturpolitisch überhöhten Aufwertung von Volkskunst - die "sehr verschiedenartigen Erscheinungsformen der materiellen und geistigen Kultur" in ihrer Historizität und Widersprüchlichkeit. Daran geknüpft war vor allem eine neue Wertung der Träger der "Volkskultur," die Steinitz entgegen jener psychologistischen Deutung von "Volksgemeinschaft" sozial, "als Klassen und Schichten des werktätigen Volkes" in ihrer historisch-gesellschaftlichen Gebundenheit und in ihrem jeweiligen Verhältnis zu den Herrschenden definierte.

Dieser theoretisch-methodologische Gewinn erfuhr allerdings durch die bis in die siebziger Jahre reichende vulgär-dialektische Interpretation der Zwei-Kulturen-Theorie, durch die Heroisierung der "Volkskultur" als "zweite Kultur," eine entscheidende Einschränkung.

Sie war nicht zuletzt auch Folge jener von dogmatischen Konstruktionen und Versimplifizierungen belasteten Anwendung des historischen Materialismus in der sowjetischen Ethnographie, deren theoretische Prämissen ebenfalls in der DDR-Volkskunde Fortschreibung erfuhren. Somit blieb das Steinitzsche Vordenken bis in die unmittelbare Gegenwart von der Sterilität des marxistischen Klassenmodells belastet.

Das Ringen um Standortfindung zu Beginn der fünfziger Jahre verlief also keineswegs geradlinig und konfliktlos, schließlich blieb es nicht verschont von den komplexen wissenschaftspolitischen Folgen des "Kalten Krieges." Die Ereignisse und Debatten der "gesamtdeutschen Arbeit" griffen zutiefst widersprüchlich ineinander: Als Dank für seine Recherchen im Freiburger Volksliedarchiv initiierte Wolfgang Steinitz die Verleihung des Nationalpreises der DDR an John Meier. Sein Eingebundensein in die Volkskunde der Nazizeit übersehend, würdigte ihn Steinitz als den "Hüter des Schatzes deutscher Volksdichtung."[19] Andererseits war Wolfgang Steinitz mit dem Kontinuitätsanspruch einer damaligen Mehrheit bundesdeutscher Fachvertreter in Konflikt geraten sowie denunziert und Rechtfertigungszwängen ausgesetzt worden. Aber seine Erklärung "Für wissenschaftliche Zusammenarbeit zwischen Ost und West,"[20] der Appell "an eine geistreiche Einstellung [...]," die er schon damals mit "Koexistenz" bezeichnete, blieb im internationalen Rahmen nicht ungehört. Steinitz selbst geriet darüber auch in Widerspruch zur offiziellen Politik im eigenen Land, die gerade Mitte des Jahrzehnts die "nationale Frage" neu gestellt hatte.

Zur Aufarbeitung des Steinitzschen Programms

1953 war die Überführung der 1947 von Adolf Spamer begründeten Kommission für Volkskunde an der Deutschen Akademie der Wissenschaften (DAW) in den Status eines Instituts erfolgt. Dem von Wolfgang Steinitz geleiteten "Institut für deutsche Volkskunde" wurden 1954 die "Forschungsstelle Dresden" (Leitung: Friedrich Sieber) und die "Wossidlo Forschungsstelle" in Rostock (Leitung: Paul Beckmann) angegliedert. Das Institut für Sorbische Volksforschung (Leitung: Paul Nowotny) war bereits 1951 als eine neuartige komplexe Forschungseinrichtung, die eine Abteilung Volkskunde einschloß, gegründet worden. Mitte der fünfziger Jahre begann sich die universitäre Volkskunde zu etablieren in dem 1952 begründeten Institut für Völkerkunde der Humboldt-Universität zu Berlin, das später zum "Institut für Völkerkunde und Deutsche Volkskunde" erweitert wurde. Die Bemühungen, deutsche Volkskunde als Studienfach auch an anderen Universitäten der DDR einzuführen, scheiterten nicht zuletzt an der gesellschaftlichen Marginalisierung des Faches vor allem während der sechziger Jahre und seiner nicht widerspruchsfreien Entwicklung in der Folgezeit. Damit war im wesentlichen in der ersten Hälfte der fünfziger Jahre die Institutionalisierung der DDR-Volkskunde - einschließlich der Wiedereinrichtung des Museums für Volkskunde bei den Staatlichen Museen zu Berlin und einer Reihe volkskundlicher Spezialmuseen im Lande wie der von Paul Nedo geleiteten Abteilung Wissenschaft, später Institut für Volkskunstforschung, beim Zentralhaus für Laienkunst - vollzogen.

Die volkskundliche Forschungsarbeit wurde weitgehend am Akademie-Institut geleistet. Die von Adolf Spamer begonnene Publikationstätigkeit und die von Ingeborg Kellermann inzwischen zusammengetragenen Bibliotheksbestände boten Arbeitsbedingungen, die u.a. mit der Begründung des "Deutschen Jahrbuches für Volkskunde" (1955) durch Wilhelm Fraenger deutlich verbessert werden konnten. In Veröffentlichungen und auf Fachtagungen hat das Steinitzsche Konzept volkskundlicher Arbeit fortan Bestätigung und Anschaulichkeit gewonnen.

Dem sozialkritischen Gehalt und der sozialen Funktion der Folklore galt das Forschungsinteresse von Wolfgang Steinitz, daneben vor allem von Doris und Erich Stockmann, Ingeborg Weber-Kellermann, Waltraud Woeller, Gisela Burde-Schneidewind, Hermann Strobach und Siegfried Neumann.[21]

Zum theoretischen Verständnis von der Geschichtlichkeit der Kultur, der Kulturdynamik und der Entmythologisierung der hehren Bräuche trugen besonders Wilhelm Fraenger, neben ihm Friedrich Sieber und Ingeborg Weber-Kellermann bei.[22]

Die Ergebnisse volkskundlicher Untersuchungen zu dem ebenfalls schwerpunktmäßig geförderten Gebiet der "materiellen Kultur" dokumentierten sich mit den Namen von Alfred Fiedler, Paul Nedo, Manfred Bachmann und Rudolf Weinhold zunächst in der Trachten-, Volkskunst- und Bauernhausforschung.[23] Bereits internationale Beachtung fanden Darstellungen über den agraren Sektor, über das Handwerk, die Fischerei und das Montanwesen von Reinhard Peesch, Wolfgang Jacobeit, Karl Baumgarten und Siegfried Kube.[24] Hier lag der Erkenntnisgewinn - einer allerdings oft zufällig thematisierten

Summe von Arbeiten - in einer sozialdifferenzierten Sicht auf unterschichtliche Kulturen, unter besonderer Berücksichtigung der "Arbeit und Wirtschaft" als eines wichtigen, bis dahin in der Forschung stets vernachlässigten Kulturbereichs. Von 1956 bis zum Beginn der sechziger Jahre erfolgte eine systematische Bestandsaufnahme zur bäuerlichen Wirtschaft, zur Fischerei, zum Weinbau und Transportwesen sowie eine weitflächige Inventarisation dörflicher Altbauten. Insbesondere mit der Fotoarchivierung aller in den Museen der DDR vorhandenen landwirtschaftlichen Produktionsinstrumente war eine Arbeitsgrundlage für eine Kulturgeschichte bäuerlicher Arbeit und Wirtschaft geschaffen. Wolfgang Jacobeit hatte daran entscheidenden Anteil. Die agrarethnographische Forschung konnte schließlich im Laufe der sechziger Jahre, vor allem unter Einschluß der Arbeiten Ulrich Bentziens, von der Geräteforschung zu komplexeren interdisziplinär orientierten Studien zu einer künftigen Geschichte der agraren Produktivkräfte geführt werden.[25]

Unsicherheiten im Umgang mit der "Arbeitervolkskunde"

Ein Verdienst von Wolfgang Steinitz war es ebenso, daß er der mit der "Formalismusdiskussion" verbundenen Einschätzung der "Volkskultur," die die Arbeiterkultur ausschloß, entgegnete. Dabei verfügte aber auch er über kein fertiges Forschungskonzept. Die für ihn wichtige Frage "Ist die Arbeiterklasse Gegenstand der Volkskunde?" beantwortete er wie folgt: "Zu meinem Bedauern muß ich offen erklären, daß ich in dieser Frage selbst noch nicht klar sehe [...]." Aber unmißverständlich postulierte er: "Ich denke, daß wir uns mit der Frage, inwieweit die Untersuchung der Lebensformen der modernen Industriearbeiterschaft - also nicht der mit tausend Fäden mit dem Dorf verbundenen Arbeiterschaft der industriellen Frühzeit - Gegenstand der Volkskunde ist, prinzipiell beschäftigen müssen."[26]

Steinitz führte vor allem die Forschungen zum "revolutionären Liedgut" weiter. 1958 erschien sein Aufsatz über das Leunalied.[27] Er analysierte es als "Arbeitervolkslied," als "folklorisiertes Arbeiterlied." Die in der Studie "theoretisch begründete Sonderstellung der revolutionären Arbeitervolkslieder innerhalb des Arbeiterliedes" hatte Diskussionen über "Arbeiterfolklore" und "Arbeitervolkskunde" angeregt. Auf der Arbeitstagung zu Ehren Richard Wossidlos 1959 entwickelte Wolfgang Steinitz seine Auffassung über die Stellung der Arbeiterklasse zur nationalen Kultur: "[...] als sich die Arbeiterklasse in den verschiedenen Ländern Europas unter schweren Leiden und Kämpfen herausbildete, war es nicht ihre kulturelle Hauptaufgabe, anstelle oder gleich der bäuerlichen Volkskultur eine Arbeitervolkskultur zu schaffen - Arbeitervolkslieder, Arbeitermärchen, Arbeitervolkstrachten usw." Die historisch-kulturelle Aufgabe der Arbeiterklasse bestand vielmehr darin, sich "aus tiefster Unwissenheit und Kulturlosigkeit heraus die Kulturwerte ihrer Nation und der Menschheit anzueignen, sie zu verarbeiten und dann Träger einer neuen Kultur und die führende Kraft der Nation zu werden [...]."[28]

Heute ist die Steinitzsche Vision nochmals zu hinterfragen. Wolfgang Steinitz, der selbst auch im Widerstreit mit seiner Partei, der SED vor allem der Endfünfziger und sechziger Jahre, lebte und arbeitete, verfocht die Utopie von einer sozialistischen Gesellschaft vom Standpunkt eines Menschen aus, "der sich mit dem Freiheitskampf der sozial Unterdrückten identifiziert und an ihm Anteil nimmt. Ohne diese Anteilnahme" - so schreibt Steinitz polemisch auch in der wissenschaftlichen Entgegnung zur kritisierten "Einseitigkeit" der "Deutsche[n] Volkslieder demokratischen Charakters [...]" - wäre "das Buch nie geschrieben worden!"[29] Der zweite Band mit der wissenschaftlichen Präsentation und Kommentierung des Liedgutes der Arbeiterbewegung des 19. und 20. Jahrhunderts bis 1933 ist 1962 erschienen.

Als Vertreter einer Auffassung von der für den Gegenstand der Volkskunde vermeintlich konstitutiven "mündlich-gedächtnismäßigen Tradierungsweise" betrachtete Steinitz den Anteil der Volkskunde an der Erforschung der Arbeiterkultur und ihrer politischen Bewegung als eine "Randerscheinung."[30] Dabei räumte er aber immer wieder ein, diese Fragen weiter diskutieren zu müssen.

Dieser wissenschaftliche Diskurs blieb zunächst jedoch aus. Das konzeptionelle Weiterdenken in der DDR-Volkskunde vollzog sich auf verschiedenen Ebenen und konkreten Forschungsfeldern. Hierzu gehörten die Überlegungen Friedrich Siebers zur volkskundlichen Erforschung der "bergmännischen Lebenswelt."[31] Sieber verwies auf die notwendige Periodisierung der Entwicklungsabläufe einer ganzheitlichen Lebenswelt sozialer Gruppen und beabsichtigte, den Begriff der "epochalen Typik," des "epochalen Typs" einzuführen. Seine Gedanken zielten 1959 in das Zentrum volkskundlichen Umdenkens: "Durch die Kristallisation der Stoffmassen um epochale Typen vermeidet die Untersuchung den geläufigsten Fehler populärer Darstellungen, in denen zeitlich Unverträgliches friedlich nebeneinander auf einer einzigen Projektionsebene steht. Epochale Typik läßt Konstantes und Wandelbares erkennen. Sie schärft das Auge für 'Fiktionen,' die in der Blütezeit des Bergbaus gewisse reale Voraussetzungen haben, die aber im Gruppenbewußtsein noch gelten, als diese Voraussetzungen längst überwunden sind. Gerade in der bergmännischen Lebenswelt klingen solche Fiktionen lange nach und vergolden die Vergangenheit. Formen konservieren solche Funktionen."[32]

Das war am Ende der fünfziger Jahre eine klare Position, eine Absage an ahistorische Kontinuität, Statik und Indifferenz der "Volkskultur." Die Fachentwicklung brauchte nicht wenig Zeit für den Nachvollzug dieses Ansatzes und seiner Umsetzung. Er war mit seiner Nähe zum späteren Kultur- und Lebensweise-Konzept bedeutsam für die seit dem folgenden Jahrzehnt aufgenommenen Forschungen zum 19. und 20. Jahrhundert.

Volkskunde der zweiten Hälfte der fünfziger Jahre "non konform" zum offiziellen Kulturkonzept?

Während der zweiten Hälfte des Jahrzehnts geriet die DDR-Volkskunde - gerade institutionalisiert - verstärkt unter den Druck der Zeitumstände. Mit der Verschärfung des "Kalten Krieges" und der Gründung militärischer Blöcke war eine deutliche Zäsur in der nationalen Frage eingetreten. Noch 1954 hatte Wolfgang Steinitz seine Arbeit zu den "Deutsche[n] Volksliedern [...]" als "ein Zeugnis der Unteilbarkeit der deutschen Wissenschaft und der Zusammenarbeit der deutschen Wissenschaftler über Grenzen und unterschiedliche Weltanschauungen hinweg" bezeichnet.[33] Der komplizierte Prozeß des "Umdenkens" in der nationalen Frage war in seiner politischen Komplexität mit

Widerstand verbunden, dominierte aber schließlich auch in den Gesellschaftswissenschaften ein auf Eigenständigkeit gerichtetes nationales Kulturkonzept der DDR. Die offizielle Strategie und Taktik hinsichtlich einer "sozialistischen Nationalkultur" und ihrer Traditionen[34] tangierte die auf die gesamtnationale deutsche Volkskultur orientierte Volkskunde Steinitzscher Prägung deutlich. In der Kulturpolitik war die Funktion der Kulturtraditionen als Faktor "im Kampf für ein einheitliches friedliebendes und demokratisches Deutschland" deutlich in den Hintergrund getreten. Hingegen wurde nun der "klassenmäßige" Anspruch der DDR auf dieses Erbe erhoben. In der tiefen Widersprüchlichkeit von ideologisiertem Anspruch und der Legitimität der Geschichtsforschung zur Arbeiterbewegung, besonders auch zur Arbeiterkultur, zerrieb und vergab sich Wissenschaft.

Während dieser Zeit charakterisierten in der DDR-Volkskunde allerdings eher die oben beschriebenen Unsicherheiten im Umgang mit der "Arbeitervolkskunde" die Situation. Die Forschungskapazität blieb "besetzt" von der Aufarbeitung des 1953er Programms. Aber noch wesentlicher: Die Verabsolutierungen des proletarischen Erbes und die einseitige, dazu mit massiven Tabus behaftete Sicht auf die politische Geschichte der Arbeiterbewegung hemmten den Zugang zu dem sehr komplexen Forschungsfeld und zur Bestimmung des volkskundlichen Forschungsansatzes - über "Arbeiterfolklore" hinaus - entscheidend. Die Voraussetzungen für eine produktive Annäherung zwischen einer von Legitimationsfunktionen freien Geschichtswissenschaft und einer interdisziplinär offenen, zur Gegenstandserweiterung bereiten Volkskunde waren von beiden Seiten aus nicht gegeben.

War der Aufschwung des Faches Anfang der fünfziger Jahre sehr eng mit der Laienkunstbewegung verbunden, so modifizierte sich unter den neuen gesamtgesellschaftlichen Bedingungen und denen der kulturellen Praxis seit der Mitte des Jahrzehnts auch dieses Verhältnis. Im kulturpolitischen Konzept der SED wurde aufgefordert, den nationalen Charakter von Kunst und Kultur "spezifisch sozialistisch" zu profilieren sowie die "Kunst als Waffe" zu erkennen und zu gebrauchen. Wie in den Künsten setzte auch im Volkskunstschaffen die Anwendung agitatorischer und dokumentarischer Aussageweisen als eine bemerkenswerte Erscheinungsform der Agitpropkunst der Weimarer Republik ein. Die verordnete Pflege der "revolutionären Traditionen der Arbeiterbewegung" (allerdings unter weitgehendem Ausschluß der Rezeption des von Steinitz gesammelten Liedgutes) geriet in Widerspruch zur folkloristischen und vom klassischen Kulturerbe geprägten Laienkunstbewegung. Die dogmatisierte "Überwindung von Rückwärtsgewandtheit"[35] schloß automatisch die Negierung der Geschichtlichkeit von Folklore und eine mangelnde Akzeptanz gegenüber der Erforschung der historischen "Volkskultur" ein. Ausdruck dessen waren politische Restriktionen gegenüber führenden Fachvertretern, schließlich die Reduzierung des volkskundlichen Forschungspotentials am Institut für Volkskunstforschung des Zentralhauses für Volkskunst in Leipzig. Volkskunde war nun weniger gefragt! Noch wurde auch Soziologie als bürgerliche Wissenschaft verteufelt, und so gerieten ebenfalls erste Ansätze einer soziologisch orientierten volkskundlichen Gegenwartsforschung, z.B. am Institut für sorbische Volksforschung, unter Legitimationszwänge.

Öffentlichkeit suchte die Volkskunde unter maßgeblicher Einflußnahme von Paul Nedo im Deutschen Kulturbund, speziell in der Zentralen Kommission Natur- und Heimatfreunde. In der Kulturbundarbeit vor Ort, die in das folgende Jahrzehnt hineinreichte, konnte das Konzept einer Gegenwartsvolkskunde auch als konkreter Forschungsansatz entwickelt werden, dem allerdings mit Skepsis und Zurückhaltung auch im Fach selbst begegnet wurde.

Damit setzt mit dem Übergang in die sechziger Jahre für die DDR-Volkskunde ein neuer Abschnitt ihrer Geschichte ein, in dessen Verlauf sie sich unter sehr komplizierten gesellschaftlichen Bedingungen und im Ergebnis außerordentlich kontroverser fachinterner Diskurse um den Gegenstand der Volkskunde als eine sozial- und kulturgeschichtlich orientierte Disziplin zu profilieren begann.

Die Volkskunde der sechziger Jahre

Auch in diesem Dezennium agierte Volkskunde nicht abgehoben vom Funktionieren der "Gesellschaftswissenschaften" in der DDR. Gesellschafts- und Kulturkonzept zielten auf die Stabilisierung der "sozialistischen Produktionsverhältnisse" und die Förderung der "sozialistischen Nationalkultur."[36] Das Dogma eines auf die "sozialistische Menschengemeinschaft" und die "gebildete Nation" gerichteten "Erziehungsprogramms" war verbunden mit der Sicht auf eine baldige Vollendung des Sozialismus, auf den Kommunismus als ein Nahziel. Dabei tat sich zwischen Anspruch und Alltag - trotz wachsenden Lebensstandards - ein deutlicher Widerspruch auf. Er führte im allgemeinen Kultur- und Wissenschaftsbetrieb zu einem verhängnisvollen Wechsel von Liberalisierung und Restriktionen, der die Volkskunde allerdings im wesentlichen gewähren ließ, sie aber auch zunehmend marginalisierte, jedoch gegen Ende des Jahrzehnts durch ihren institutionalisierten Anschluß an die Geschichtswissenschaft erneut "herausforderte." Die Widersprüchlichkeit des wissenschaftspolitischen Eingriffs und der Eigenentwicklung des Faches schließt den vorhandenen Erkenntnisgewinn der Volkskunde ebenso wie ihre mühsame Suche nach einem modernen Wissenschaftsverständnis Mitte der sechziger Jahre und die weitgehende, dabei ambivalente, Abstinenz gegenüber der volkskundlichen Gegenwartsforschung durch Fachvertreter selbst ein. Insgesamt verlief das Beitragen der Disziplin zu neuen kultur- und sozialgeschichtlichen Erkenntnissen während der sechziger Jahre über einen mehr oder weniger konfliktreichen Diskurs.

Wirken am Forschungsfundament bis zur Hypertrophierung der Spezialisierung

1960 erfuhr die DDR-Volkskunde mit der Wahl von Wolfgang Steinitz als Vizepräsident der "Union Internationale des Sciences Anthropologiques et Ethnologiques" auf deren VI. Internationalen Kongreß in Paris eine internationale Anerkennung. Auch brachte die seit 1960 vom Institut für deutsche Volkskunde der Akademie besorgte Herausgabe des Referateorgans "Demos" mit Informationen aus den Instituten für Ethnographie und Folkloristik in Albanien, Bulgarien, Ungarn, Polen, Rumänien sowie der DDR, ČSSR und Sowjetunion der DDR-Volkskunde eine Öffnung nach außen.

Dabei zielte die Reaktion der Volkskundler der Ostländer u.a. auch auf die Auseinandersetzung mit der nationalistischen Politik von Heimatvertriebenenverbänden und Landsmannschaften in der BRD. Hierzu fand 1962 - verspätet, aber unter deutlichem Zeichen der offiziellen "Abgrenzung" - eine internationale Arbeitstagung statt.[37] Die Verurteilung des politischen Agierens der genannten Institutionen und der Widerspruch gegenüber dem unwissenschaftlichen Charakter der dort betriebenen volkskundlichen "Ostforschung" waren eine Konsequenz der offensiven Kritik, die Wolfgang Steinitz schon auf dem Deutschen Volkskundetag in Passau 1952 und dann eingehend in seinem programmatischen Vortrag 1953 gegen die Volkskunde der "Heimatvertriebenen," gegen "bestimmte Bestrebungen der offziellen westdeutschen Volkskunde, Bestrebungen, die wir schroff ablehnen müssen," gerichtet hatte.[38]

In der nationalen, vor allem aber auch in der internationalen Fachdiskussion spielten die Ergebnisse der von Wolfgang Steinitz initiierten Arbeiten, insbesondere zur Folkloristik, weithin eine tragende Rolle. Sie unterstrichen mit einer Fülle interessanten, historisch aufgearbeiteten Materials das Steinitzsche Konzept der Geschichtlichkeit von Folklore.[39] Im wesentlichen waren um die Mitte der Sechziger nach gut zehn Jahren Forschungsarbeit die ersten von Wolfgang Steinitz gestellten Aufgaben erfüllt und zugleich Vorausetzungen geschaffen, eine historische Gesamtdarstellung der deutschen Volksdichtung in Angriff zu nehmen.

Einen vergleichbaren Forschungsstand hatten die auf dem Gebiet der materiellen Kultur tätigen Wissenschaftler erreicht. Parallel zur Archivierung der landwirtschaftlichen Produktionsinstrumente in allen Museen der DDR verlief die Erarbeitung einer Reihe von Monographien, vor allem von Karl Baumgarten, Wolfgang Jacobeit, Reinhard Peesch, Wolfgang Rudolph und Rudolf Weinhold.[40] Helmut Wilsdorf entwarf seine grundsätzlichen Gedanken zur "Montanethnographie."[41] Die Forschung konnte sich nicht zuletzt durch die internationale Diskussion bestätigen. Wolfgang Jacobeit setzte sich beispielsweise mit Bedenken gegenüber der Erforschung bäuerlicher Produktionsformen, insbesondere der Arbeitsgeräte als einer volkskundlichen Aufgabe auseinander.[42] Entscheidende Vertiefung erfuhr Jacobeits Anliegen schließlich in seiner 1965 erschienenen historiographischen Darstellung volkskundlicher Forschungen zur bäuerlichen Arbeit und Wirtschaft.[43]

Diese Publikation war eine Wissenschaftsgeschichte neuen Stils: Die letzten 150 Jahre Forschungsgeschichte erfuhren hier erstmalig eine umfassende Wertung. Seine Ableitungen für den neu zu bestimmenden Forschungsgegenstand orientierten auf eine "umfassende Kulturgeschichte des werktätigen Volkes" unter den sozialökonomischen Bedingungen der jeweiligen historischen Epoche. Eine so aufgefaßte Volkskunde, konstatierte Jacobeit, könne ihren Augaben nur gerecht werden, wenn sie all den spezifisch gesellschaftlichen Erscheinungen, die sich aus dem "historischen Wechselprozeß zwischen Mensch, Arbeit (und Arbeitsgerät), Wirtschaft und Gesellschaft," also aus "der Geschichte der Produktivkräfte" ergeben, nachspürt, sie untersucht und darstellt. Damit war eine Wissenschaftsauffassung formuliert, die mit der Erforschung der "Volkskultur in ihrer Gesamterscheinung" auf die "Schaffung einer alle Lebensbereiche des Volkes umfassenden Geschichte, also eine[r] Kulturgeschichte" aus war.[44] Jacobeit nutzte den von Steinitz 1953 für die volkskundliche Arbeit erschlossenen soziologischen Volksbegriff, der im Gegensatz zum Spamerschen psychologistisch gedeuteten "Volksmenschen" die werktätigen Klassen und Schichten als Träger der Volkskultur auswies. Die Grundkonzeption Jacobeits schloß auch direkt an die von Friedrich Sieber vertretene Erforschung der "Volkskultur als Ganzes" an. Hier war vom theoretisch-methodologischen Ansatz her eine eindeutige Erweiterung des volkskundlichen Forschungsanliegens - über die kulturell-künstlerischen Objektivationen hinaus - konzipiert worden. Sie erschloß der Volkskunde zunehmend die Aufmerksamkeit von Nachbarwissenschaften, vor allem der Wirtschaftsgeschichte.

So verlangten Mitte der sechziger Jahre der Forschungsstand und die theoretischen Grundlagen des Faches ein Resümee und das Überdenken weiterführender Aufgaben. Folgerichtig war im Perspektivplan des Akademie-Instituts für 1966-1970 eine "Gesamtdarstellung der deutschen Volkskultur auf der Grundlage einer marxistischen Konzeption" vorgesehen.[45] Konnten die bis dahin eingebrachten wissenschaftlichen Ergebnisse als durchaus bedeutsam gewertet werden, so offenbarten sich auch Mängel. Sie bestanden in den nicht ausreichend vertieften und angeeigneten methodologischen Grundlagen, damit in Lücken bei der Erarbeitung historischer Strukturen und Prozesse. Diese Unzulänglichkeiten verzögerten die Arbeit an historischen Gesamtdarstellungen erheblich. Als einziger realisierte Paul Nedo während der sechziger Jahre auf der Grundlage umfangreicher Vor- und Einzelstudien eine zusammenfassende Darstellung, den "Grundriß der sorbischen Volksdichtung."[46]

Die volkskundliche Forschung insgesamt verharrte in der Hypertrophierung und gleichzeitigen Isolierung der einzelnen Spezialgebiete ohne übergreifende Zielsetzung. Das Theoriedefizit sowie verordnete, aber auch selbstgenügsame Autarkie führten bis zu der Konsequenz, daß die entscheidenden Umbrüche innerhalb der westdeutschen Volkskunde seit den oppositionellen Strömungen der Studentenschaft in der Mitte bzw. am Ende der sechziger Jahre kaum wahrgenommen wurden. Die von den dortigen demokratisch-progressiven Fachvertretern provozierte Diskussion mit ihrem Höhepunkt um die Frage "Wem nützt Volkskunde?"[47] erfuhr keine Wertung, wenn sie überhaupt wahrgenommen wurde.

Mehr als ein halbes Jahrzehnt rang die DDR-Volkskunde in einem - auch persönlich ausgetragenen - konfliktreichen, erst an seinem Ende wirklich produktiven Meinungsstreit um neue Positionen. Es erwies sich, daß die Volkskunde an wissenschaftlichem Schrittmaß verloren hatte. Neben ihr hatten sich zuerst Soziologie und dann auch Kulturwissenschaft zu etablieren begonnen. Die Volkskunde war auch im Wissenschaftskonzept der SED deutlich hinter diese Disziplinen zurückgefallen. Mit der Favorisierung von Soziologie und Kulturwissenschaft war die Wahrnehmung ihrer Legitimationsfunktion gegenüber "Partei und Regierung" erwartet worden. Die Einrichtung der kulturwissenschaftlichen Hochschulausbildung nicht mit, sondern neben Volkskunde und Geschichte belegt den einseitigen praktizistischen Ansatz für die Ausbildung von Kulturfunktionären entsprechend dem oben charakterisierten, widersprüchlichen "Erziehungsprogramm" der SED. Aber die Entscheidung widerspiegelt zugleich die nicht zu übersehenden Unzulänglichkeiten in der Wissenschaftsentwicklung der Volkskunde, besonders die von einem nicht unbedeutenden Teil der Wissenschaftler/-innen vertretene Unzuständigkeit gegenüber Fragen der Arbeiterkultur, der Vergangenheitsbewältigung und der Gegenwart.

Niedrige Zulassungskontingente und lange Zwischenräume im Immatrikulationsrhythmus am Institut für Völkerkunde und Deutsche Volkskunde der Humboldt-Universität zu Berlin als einziger Ausbildungsstätte für Volkskunde in der DDR verdeutlichen die Probleme. Seit dem Beginn der fünfziger Jahre war/ist kein institutioneller Ausbau der Volkskunde in der DDR erfolgt! Im Diskurs um den

Gegenstand und das methodische Instrumentarium des Faches spielte das Problem der "Folklorisierung" bzw. "Tradierung" zunehmend eine Rolle. Wolfgang Steinitz hatte 1964 auf dem Internationalen Kongreß für Anthropologie und Ethnologie in Moskau seine Auffassungen über den Unterschied von Arbeiterlied und Arbeiter-Volkslied vorgetragen.[48] Als wesensunterscheidend sah er die "Tradierung" an, die aufgrund verschiedener kultureller Bedingungen beim Volkslied kollektiv-mündlich, beim Arbeiterlied schriftlich erfolgt. Von der unterschiedlichen Tradierung war auch die unterschiedliche Existenzform der Lieder abhängig, die variabel folkloristische beim Arbeitervolkslied und die literarisch festgelegte beim Arbeiterlied. In ihrer Konsequenz führten diese Feststellungen, die Steinitz als Wertung der differenzierten kulturell-künstlerischen Leistungen der Arbeiterklasse verstand, zu Grundfragen des Faches.

1964 setzten zunächst "intern" Diskussionen um theoretische Fragen im Akademie-Institut ein.[49] Aufgrund der Steinitzschen Vorarbeiten und eigener Studien warf Hermann Strobach - ausgehend von Überlegungen zum Thema "Der marxistische Volksbegriff und seine Bedeutung für die Bestimmung des Forschungsgegenstandes der Volkskunde"[50] - die Frage nach einem Kriterium auf, das für alle Erscheinungen der Volkskultur als ein charakeristisches und spezifisches Merkmal gelten könne. Er schlug vor, dieses Kriterium im "Vorgang des Tradierens" in der Volkskultur, wie er in der Volksdichtung mit dem Begriff "Folklorisierung" umschrieben wird, zu sehen. Der Vorschlag erhielt insbesondere seitens einiger auf dem Gebiet der materiellen Kultur tätigen Fachvertreter keine Zustimmung. Nach einer weiteren Debatte ohne einheitlichen Nenner fand 1966 ein DDR-offenes Kolloquium zum "Vorgang des Tradierens" statt. Als Diskussionsentwürfe lagen Beiträge von Reinhard Peesch "Zur Tradierung von Gerät und Arbeitserfahrung" und von Hermann Strobach "Bedingungen und Gesetzmäßigkeiten der Variabilität" vor,[51] die im wesentlichen die folgende Übereinstimmung beinhalteten: Die mündlich-gedächtnismäßige Tradierungsweise sei das spezifische Kriterium der Volkskultur und als Gegenstand der Volkskunde gelte demzufolge der Kulturbereich, für den das mündlich-kollektive Tradieren eine wesentliche Konstituante bildet.[52]

Der Widerspruch äußerte sich differenziert und auf verschiedenen Ebenen. Fortan standen sich zwei Auffassungen gegenüber: 1. die Einschränkung des Gegenstandes der Volkskunde auf diejenigen Objektivationen der materiellen und geistigen Kultur, deren Entstehungs- und Entwicklungsprozeß auf mündlich-gedächtnismäßiger Tradierung beruhten und 2. die Erweiterung des Gegenstandes im Sinne einer historisch orientierten Volkskunde, die auf die Untersuchung von Lebensweise und Kultur des deutschen Volkes in den einzelnen historischen Epochen, einschließlich des 19. und 20. Jahrhunderts, zielte.

Wolfgang Jacobeit, der 1966 dem Konsens des Tradierungskolloquiums nicht folgte und auf der Grundlage des internationalen Forschungsstandes eine Gegenposition einnahm,[53] resümierte 1985 rückblickend die damalige Situation: "Die Gegensätzlichkeit beider Standpunkte war damals unverkennbar. Begrenzung auf das vermeintlich ureigenste Anliegen der Disziplin stand neben einer umfassenderen komplexen Anschauung mit Bezug auf alle Schichten des werktätigen Volkes im Geschichtsverlauf, einer sich als Integrationsdisziplin profilierenden Volkskunde historischen Charakters."[54]

Der unerwartete, zu frühe Tod von Wolfgang Steinitz 1967 fiel in diese Umbruchsphase des Faches. Die DDR-Volkskunde erlitt einen schweren Verlust.

Ansätze einer Gegenwartsvolkskunde

War die DDR-Volkskunde Anfang der fünfziger Jahre geradezu aus der Kulturpraxis heraus neu konzipiert worden, so offenbarte sich während der Sechziger eine nicht unerhebliche Verlustquote der gegenwartsbezogenen Forschung. Der Vorstoß von Wolfgang Steinitz in die Arbeiterkulturforschung hatte keine unmittelbare Nachfolge gefunden. Der Kreis um den Verfechter der Gegenwartsvolkskunde Paul Nedo war klein. Die Forschungsprogrammatik und die Untersuchungsmethoden blieben lange ungenügend ausgearbeitet. So hafteten der Forschungspraxis Experimentiercharakter, aber auch Dilettantismus an. Und dennoch: Die volkskundliche Gegenwartsforschung besitzt ihre Geschichte in der DDR-Volkskunde.

Die ersten Gegenwartsstudien reichen - wie schon ausgeführt - in die Zeit der Institutionalisierung des Faches zurück. Da war es zunächst um die Sammlung und Bewahrung "traditioneller" Volkskultur, um Sachkultur und Folklore im bäuerlich-handwerklichen Bereich gegangen. Um so bemerkenswerter, daß Rudolf Weinhold schon 1953 auf dem Volkskunde-Kongreß in Berlin einen "Bericht über die volkskundliche Erforschung zweier landwirtschaftlicher Produktionsgenossenschaften" vortragen konnte und die sorbischen Volkskundler zwischen 1953 und 1955 Erfahrungen bei empirischen Erhebungen in der ersten Landwirtschaftlichen Produktionsgenossenschaft auf sorbischem Gebiet, in Krakec, sammelten.[55]

Die Zweigleisigkeit der hier angedeuteten Aufgabenstellung blieb auch im folgenden Jahrzehnt aktuell: "1. Untersuchung der Rolle der überlieferten Volkskultur in der Periode der sozialistischen Umwälzung und beim Aufbau einer sozialistischen Nationalkultur. 2. Beiträge zur Erforschung der durch die sozialistische Umwälzung ausgelösten neuen Erscheinungen in Lebensweise und Kultur der werktätigen Massen."[56]

Die Bewahrungsfunktion der Volkskunde gegenüber der historischen Volkskultur als "Erbe für die Gegenwart" wurde von den DDR-Volkskundlern kontinuierlich gesetzt. Diese generelle Sicht ging jedoch in den sechziger Jahren an den Akzentverschiebungen im offiziellen Erbeverständnis der SED und der praktischen Kulturarbeit, die auf die Erschließung des sozialistischen Gegenstandes einseitig orientiert war, vorbei. Zudem verstellte die fast ausschließliche Perspektive auf die "antifeudalen und demokratisch-revolutionären Traditionen der Volkskultur" eine umfassende inhaltliche Auseinandersetzung mit jenem ideologisch beladenen Erbe, das von der agrarromantischen Heimatbewegung bis zur faschistischen Volkstumspflege reicht. Die diesbezüglichen Versäumnisse korrespondierten offensichtlich mit der - wie bereits erwähnt - auch im Fach verbreiteten Heroisierung der Volkskultur als "zweiter Kultur." Hier begann die Forschungspraxis erst zu Beginn der siebziger Jahre mit ersten Korrekturen. Einen bedeutsamen, allerdings von den Fachvertretern wenig verarbeiteten Beitrag zum historisch-materialistischen Theorieverständnis im Umgang mit der Geschichte der Volkskultur initiierte Paul Nedo mit dem Forschungsthema "Marx und Engels über die Volkskunst" von Jürgen Teller.[57] Schon 1955 hatte Günther Voigt den Artikel "Friedrich Engels und die deutschen Volksbücher" veröffentlicht.[58] Teller, dem übrigens Paul Nedo als verfemtem Bloch-Schüler eine Nische im Institut für Volkskunstforschung geboten hatte, griff mit seinem Anliegen breiter. Sein Erkenntnisgewinn bezog sich auf die Geschichtlichkeit der Volkskunst, die gesellschaftliche Arbeitsteilung als Bedingung für die Entwicklung des künstlerischen Schaffens, die Ungleichheit von künstlerischer und sozioökonomischer Entwicklung, das Nebeneinander konservativ-anachronistischer und demokratisch-revolutionärer Ausdrucksformen der Volkskultur und auf die widersprüchliche Stellung der Arbeiterklasse zum diesbezüglichen Erbe. Hier setzten Untersuchungen zur Arbeiterbewegungskultur an, die ebenfalls von Paul Nedo am Institut für Volkskunstforschung angeregt und später in die Proletariatsforschung eingebracht werden konnten.[59]

Die eher auf sozialökonomische Basisentwicklungen ausgerichteten Gegenwartsforschungen gründeten sich noch weniger als die Folkloristik und Volkskunstforschung auf volkskundliche Forschungserfahrungen. Hinzu kam - neben offiziellen Tabus - eine weitverbreitete Skepsis gegenüber der Komplexität gegenwartsbezogener Themen und der Anwendung soziologischer Methoden.[60] Paul Nedo konzipierte nach Rezeption des Forschungsstandes vor allem in der Sowjetunion, der ČSSR und Polens, schließlich auch angeregt durch Hermann Bausingers "Volkskultur in der technischen Welt" und Rudolf Brauns Untersuchungen des sozio-kulturellen Wandels im Zürcher Oberland,[61] mehrmals Entwürfe für eine Gegenwartsforschung in der akademischen und universitären Volkskunde sowie in der vom Kulturbund getragenen Heimatgeschichte.[62] Dabei fand er vor allem in Paul Nowotny, Wolfgang Jacobeit, Manfred Bachmann und Ute Mohrmann sowie in den Studierenden wissenschaftliche und in der kulturellen Praxis engagierte Mitstreiter/innen. Wesentlicher Bestandteil der theoretischen Gedanken war die generelle Ausdehnung des Forschungsgegenstandes über die materielle und geistige Kultur hinaus auf "Lebensweise." In Auswertung der Ethnographie der slawischen Nachbarländer fand der Terminus "Lebensweise" zunehmend Eingang in die volkskundliche Forschung. Paul Nedo präzisierte schließlich Lebensweise als wichtige Determinante der Gegenstandsbestimmung des Faches. Hier gab es offensichtlich auch eine Korrespondenz zu Anregungen, die vom Internationalen ethnologischen Kongreß 1964 in Moskau, speziell von seiner Sektion "Angewandte Ethnographie," ausgegangen waren. Jahre darauf beteiligte sich der Ethnologe Günter Guhr mit der Marx-Rezeption und einer anthropologischen Bestimmung der Komplexität von Kultur, Lebensweise und Ethnos an den theoretischen Diskussionen.[63] Die Volkskunde reflektierte allerdings mehr über die Historisierung der Erforschung des Demos, weniger des Ethnos.

Konzeptionelles Weiterdenken schlug sich in neuen Fragestellungen zum 19. und 20. Jahrhundert nieder. Man begann, die Geschichtlichkeit gegenwärtiger Lebensweisen vor allem auf dem Lande zu untersuchen. Die Aufmerksamkeit galt jenen Auswirkungen, die das Eindringen der Technik in die bäuerliche Kultur zeigte, und den Konsequenzen der sozialen Differenzierung im kapitalistischen Dorf. Längsschnittuntersuchungen reichten mit dem aufbereiteten historischen Vorfeld bis an die Schwelle der Gegenwart heran bzw. konnten der demokratischen Bodenreform und dem Übergang zum Genossenschaftswesen erste volkskundliche Aspekte abgewinnen.[64]

Paul Nedos forschungspraktischer Beitrag richtet sich vor allem auf seine Zusammenarbeit mit dem sorbischen Volkskundler Paul Nowotny bei der ethnographisch-soziologischen Erarbeitung von Dorfmonographien in gemischt-ethnischen Gemeinden sowie auf die Projekte "Alte Bauten im neuen Dorf" und "Wohnweise und Wohnkultur in den Dörfern nach 1945."[65]

1964 war die Berufung Paul Nedos als Professor für deutsche und westslawische Volkskunde an das Berliner Universitätsinstitut erfolgt. Hier begegnete er einer der Gegenwartsforschung aufgeschlossenen Atmosphäre. Er traf auf den engagierten und in der ethnographischen Feldforschung erfahrenen Völkerkundler Frederick Rose sowie auf eine von Waltraud Woeller und Wolfgang Jacobeit gegenwartsnah betriebene volkskundliche Lehre und Nachwuchsförderung.[66] In der zweiten Hälfte der sechziger Jahre bildete Paul Nedo mit diesem Team auf der Grundlage einer komplexen historisch ausgerichteten Lehre vom Gegenstand volkskundlichen Tuns eine Generation von Studentinnen und Studenten aus, die künftighin Volkskunde vor allem in das Museumswesen integrierten. Das von Nedo entworfene und insbesondere in einer Fernstudienausbildung umgesetzte Lehrprogramm schloß Vorlesungen zur Lebensweise und Kultur einzelner sozialer Klassen und Schichten, darunter der Handwerker und Proletarier, sowie zur Gegenwartsvolkskunde ein. Die Vorlesung zur "Kultur und Lebensweise des Proletariats" wurde überhaupt das erste Mal in der volkskundlichen Lehre gelesen. Wolfgang Jacobeit hat damit eine Grundlage geschaffen, die zunächst vor allem die universitäre Forschung inspirierte und bald internationale Aufmerksmkeit seitens der Volkskunde und benachbarter Disziplinen erweckte.[67]

Die Kooperation zwischen Paul Nedo, Wolfgang Jacobeit und Ute Mohrmann half - auch im Widerstreit mit Fachkreisen -, die zunehmende Profilierung der Volkskunde zu einer historischen und zugleich praxisbezogenen Disziplin zu befördern. Die drei Wissenschaftler konstituierten den interdisziplinär offenen "Arbeitskreis zu volkskundlichen Problemen des 19./20. Jahrhunderts," aus dessen anregender Tätigkeit u.a. die internationale Tagung "Probleme und Methoden volkskundlicher Gegenwartsforschung" 1967 in Bad Saarow hervorging.[68] Hier wurde z.B. erstmalig von Wolfgang Jacobeit und Hainer Plaul das Vorhaben einer Geschichte von Kultur und Lebensweise der werktätigen Landbevölkerung der Magdeburger Behörde im 19. und 20. Jahrhundert in einem Fachkreis mit internationaler Beteiligung verteidigt. In der Diskussion vor allem mit Jósef Burszta, Karel Fojtik, Olga Skalniková, Hermann Bausinger, Rudolf Braun, Corneille Jest und Sven B. Ek sowie mit den in der DDR um Gegenwartsuntersuchungen bemühten Volkskundlern erschloß Paul Nedo neue Akzente eines theoretisch-methodologischen Ansatzes für die volkskundliche Forschung allgemein, der seine Gültigkeit auch für die Erforschung der sozialdifferenzierten Geschichte von Kultur und Lebensweise der Werktätigen im 19. und 20. Jahrhundert überhaupt besitzen sollte. Mit Nachdruck verwies Nedo auf die "Wandlungsprozesse" in Kultur und Lebensweise und die dahinter stehenden gesellschaftlichen Triebkräfte. Der Wandel sei unter zwei Aspekten faßbar: Durch den Vergleich mit dem "historischen Vorfeld" und durch die Untersuchung von "Prozessen der Aneignung und Inbesitznahme" von Kulturgütern der Gesamtgesellschaft durch die Werktätigen.[69] In diesem Sinne besaß auch das von Jósef Burszta formulierte Forschungsziel der Gegenwart Bedeutsamkeit: "Es umfaßt nicht nur die ganz neuen Erscheinungen, die nach Zerfall der traditionellen Kultur zutage treten oder diejenigen, die sich aus der Vergangenheit noch bis in die Gegenwart erhalten haben, sondern vor allem den ewig veränderlichen, laufenden Vorgang sozial-kultureller Geschehnisse und Erscheinungen,in welchem sich Elemente der Tradition mit neuen verschmelzen und auf diese Weise die Ganzheit des gegenwärtigen Lebens bilden."[70]

Volkskunde eine historische Spezialdisziplin?

Das theoretische Konzept der Historisierung der Volkskunde entstand in einem langanhaltenden Prozeß sich mühsam entwickelnder und verzögert durchsetzender Erkenntnis. Er war verbunden mit den widersprüchlichen Anforderungen der Zeit, aber im Einzelnen doch geprägt von der speziellen Situation im Fach. Das in mehr als fünfzehn Jahren erarbeitete Forschungspotential provozierte ein Nachdenken über den gesellschaftlichen Gebrauch von Volkskunde, über die "weitere Entwicklung der Volkskunde in der DDR."[71] Das Verständnis von Volkskunde als einer historischen Wissenschaft war nicht zuletzt durch die historische Anlage einer Reihe von Monographien in Ansätzen entwickelt. Mit der Anwendung der Begriffs "Lebensweise" zur Charakterisierung der sozialanthropologischen Seite des Volkslebens, mit der Erweiterung des Forschungsfeldes in seiner sozialen Spannweite und mit der Heranführung des historischen Horizontes bis an die unmittelbare Gegenwart hatte die Umsetzung dieses Wissenschaftsverständnisses eingesetzt. So waren 1968/69, zum Zeitpunkt des institutionellen Anschlusses des Faches in der Humboldt-Universität und der Akademie der Wissenschaften an die Sektion bzw. das Zentralinstitut für Geschichte, die historische Arbeitsweise und die Forschungsorientierung auf das 19. und 20. Jahrhundert von der Volkskunde selbst eingebracht.

In dieser Zeit, die die Emeritierung von Paul Nedo 1968 einschloß, waren zwar neue Sichten im Fach vorhanden, aber der aufgebrochene wissenschaftliche Meinungsstreit war nicht abgeschlossen. Anläßlich des 60. Geburtstages von Paul Nedo faßten Wolfgang Jacobeit und Ute Mohrmann die konzeptionellen Gedanken zu einer konsequent historisch und zugleich gegenwartsnah orientierten Volkskunde zusammen. Mit ihrem Statement "Zum Gegenstand und zur Aufgabenstellung der Volkskunde in der DDR" hatten sie die Volkskunde geöffnet für die Mitarbeit an der "nationalen Geschichtsschreibung."[72] Die vom Zentralinstitut für Geschichte der AdW gestellte Aufgabe, für eine mehrbändige "Deutsche Geschichte" eine "Geschichte der Kultur und Lebensweise der werktätigen Klassen und Schichten des deutschen Volkes" zuzuarbeiten, wurde von den Volkskundlern/innen jedoch unterschiedlich angenommen. Der 1972 vorgelegte "Abriß"[73] war immerhin die erste historisch-volkskundliche Gesamtdarstellung, die die Volkskundler/innen als historisch arbeitende Spezialisten auswies. Das Verhältnis von Volkskunde und Geschichtswissenschaft blieb fortan dennoch ein Nebeneinander und konnte zu keiner produktiven Forschungskooperation führen. Der sozial- und kulturhistorische Ansatz der Volkskunde wurde von DDR-Historikern kaum rezipiert. Dagegen wurden - besonders im Akademiebereich - volkskundliche Forschungsaufgaben und Publikationsvorhaben, u.a. die Einstellung und Neubegründung des Jahrbuchs, von leitenden Historikern dirigistisch bestimmt.

Doch bleibt zu resümieren, daß der "Abriß" hinüberreichte in eine vom theoretischen Erkenntnisgewinn und der Forschungspraxis profitierende Phase volkskundlicher Arbeit in Forschung, Lehre und Museen.[74] Zu den substantiellen Leistungen gehörte das Überwinden der Objektivationsforschung in heterogenen Sachbereichen und die Hinwendung zur historischen Untersuchung des handelnden Menschen, der Kultur und Lebensweise nichthegemonialer Schichten, der "Werktätigen," unter Einschluß vorproletarischer Gruppen sowie des Land- und Industrieproletariats. Dabei bleibt die Fachpräsentation - trotz Öffnung durch einzelne Wissenschaftler -

belastet durch ihre weitgehende Abgrenzung und Isolierung von internationalen Wissenschaftstrends.

Anmerkungen

1. Brecht 1964: 330.
2. Zitiert nach Weber-Kellermann 1956a: 436.
3. Vgl. u.a. Zentrales Archiv der Akademie der Wissenschaften der DDR. Bestand Akademieleitung. Inst. 93 und 95. Adolf Spamer: Planung eines Instituts für Volkskunde im Rahmen der Forschungsinstitute der Deutschen Akademie der Wissenschaften in Berlin vom 23.1.1948; Zentrales Archiv der Akademie der Wissenschaften der DDR. Nachlaß Wolfgang Steinitz. Bd. 62. Adolf Spamer: Fünfjahresplan der Kommission für Volkskunde der Deutschen Akademie der Wissenschaften zu Berlin 1950.
4. Thurnwald 1948/49.
5. Maus 1946.
6. Steinitz 1955: 6.
7. Zitiert nach Jacobeit 1987: 308.
8. Steinitz 1951.
9. Steinitz 1951.
10. Zentrales Archiv der Akademie der Wissenschaften der DDR. Nachlaß Wolfgang Steinitz.B.d. 62. Schreiben Paul Nedos vom 19.11.1951 an den Präsidenten der Sächsischen Akademie der Wissenschaften, Prof. Dr. Dr. Frings.
11. Protokoll 1951. Bd. 1: 60, Bd. 2: 261; Lauter 1951; Tägliche Rundschau 1951; Neues Deutschland 1951.
12. Heisig 1952: 7 und 17; Heisig 1953-1956.
13. Die Sicht auf die widersprüchliche Entwicklung des Laienschaffens in der DDR ist seit den letzten Jahren auch geschärft. Die Autorin hat sich - angeregt vor allem von Paul Nedo - über viele Jahre mit der Geschichte des künstlerischen Laien-/künstlerischen Volksschaffens in der DDR beschäftigt. Vgl. Mohrmann 1983 und Mohrmann 1989c. Das kritische Hinterfragen dieser kulturellen Bewegung in der DDR mit ihrem Sein und Schein im breiten Spannungsfeld zwischen Nische und Repräsentationskultur, mit ihren sinngebenden Motivationen des Einzelnen und ihren künstlerischen Ergebnissen ist allerdings ungenügend geleistet. So blieb die Instrumentalisierung von "Volkskunst" eher legitimiert als thematisiert.
14. Kühn 1952.
15. Dokumentationsstelle des ehemaligen Instituts für Volkskunstforschung beim Zentralhaus für Kulturarbeit der DDR. Paul Nedo und Manfred Bachmann: Studienmaterial zu theoretischen Fragen der Forschungsarbeit. Manuskript vom 12. Dezember 1952.
16. Steinitz 1955: 6.
17. Zitiert nach Jacobeit 1987: 314.
18. Steinitz 1954-1962.
19. Steinitz 1953.
20. Steinitz 1956: 325.
21. Stockmann 1958; Weber-Kellermann 1957; Woeller 1959; Stockmann 1962; Woeller 196-1962; Schneidewind 1960; Schneidewind 1959; Neumann 1964; Strobach 1964.
22. Vgl. unter anderem Fraenger 1955; Fraenger 1957; Fraenger 1963; Sieber 1960; siehe auch Weber-Kellermann 1965.
23. Vgl. unter anderem Fiedler 1954; Lücking und Nedo 1956; Bachmann 1956; Sieber 1955a; Weinhold 1958.
24. Baumgarten 1961; Kube 1959; Jacobeit 1961; Peesch 1961.

25. Vgl. unter anderem Jacobeit 1957; Baumgarten und Bentzien 1963; Peesch 1966a; Peesch 1966b; Rudolph 1966; Weinhold 1966; Quietzsch 1969; Bentzien 1969; siehe auch Jacobeit 1962; Jacobeit 1965b.
26. Steinitz 1955: 31.
27. Steinitz 1958; siehe auch Sieber 1956.
28. Zitiert nach Steinitz 1966: 10-11.
29. Steinitz 1979, Bd.2: XLII.
30. Steinitz 1966: 10.
31. Sieber 1959.
32. Sieber 1959: 242.
33. Steinitz 1979, Bd.1: XLIV.
34. Vgl. unter anderem Protokoll 1956; Für eine sozialistische deutsche Kultur 1957.
35. Vgl. Lange 1960: 394.
36. Programm der SED 1963: 384.
37. Volkskundliche Ostforschung 1962.
38. Steinitz 1955: 32.
39. Vgl. über bereits genannte Arbeiten hinaus Strobach 1965; Strobach 1970; Neumann 1968; Neumann 1966.
40. Vgl. über bereits genannte Arbeiten hinaus Baumgarten 1965; Peesch 1966a; Weinhold 1973.
41. Wilsdorf 1964.
42. Jacobeit 1962: 305.
43. Jacobeit 1965b.
44. Jacobeit 1965b: 14 und 16.
45. Zentrales Archiv der Akademie der Wissenschaften der DDR. Verwaltungsarchiv Nr. 56. Perspektivplan des Instituts für Volkskunde 1966 bis 1970.
46. Nedo 1966.
47. Kramer 1970.
48. Steinitz 1966.
49. Vgl. die Ausführungen zum Verlauf der 1966er Diskussion von Peesch 1967.
50. Strobach 1967. Strobach hat diesen Standpunkt während der 70er und 80er Jahre mehrfach korrigiert.
51. Veröffentlicht unter dem Titel Peesch 1967; Strobach 1966.
52. Peesch 1967: 117.
53. Jacobeit 1969.
54. Jacobeit 1985b: 40.
55. Kunze 1955: 263; Musiat 1957.
56. Nedo 1964: 4.
57. Teller 1964.
58. Voigt 1955.
59. Hoffmann und Hoffmann-Ostwald 1972.
60. Peesch 1967: 115.
61. Bausinger 1961c; Braun 1965.
62. Vgl. unter anderem Nedo 1965; Nedo 1967; Nedo 1969; vgl. auch Jahn 1986.
63. Vgl. unter anderem Guhr 1969; das Heft wurde infolge SED-interner Diskussionen an der Sektion Geschichte/Bereich Ethnographie und Ur- und Frühgeschichte der Humboldt-Universität zu Berlin nicht ausgeliefert.
64. Vgl. unter anderen Bentzien 1961; Peesch 1961; Musiat 1964; Schneidewind 1969.
65. Vgl. unter anderem Nowotny 1965; Autorenkollektiv, Leitung Paul Nowotny 1976; Mohrmann 1969.
66. Vgl. Mohrmann 1966.
67. Jacobeit und Mohrmann 1973.
68. Jacobeit und Nedo 1969.

69. Nedo 1969: 11-12.
70. Burszta 1969: 98.
71. Nedo 1967.
72. Jacobeit und Mohrmann 1968/69: 103.
73. Autorenkollektiv, Leitung Bernhard Weißel, Hermann Strobach und Wolfgang Jacobeit 1972.
74. Vgl. die Literaturberichte Weißel 1980 und Strobach 1991a, Strobach 1991b: 219-223.

Teil II

VOLKSKUNDE IN ÖSTERREICH

EINLEITUNG

OLAF BOCKHORN

"Objektive Geschichtsschreibung von Wissenschaft ist nicht möglich. Zu sehr sind die Forscher selbst in die Dialektik von Geschichte und Gegenwart eingebunden. 'Richtige' Wissenschaftsgeschichte wird es daher niemals geben. Jede Generation muß sich ihr eigenes Bild von der Fachvergangenheit neu erarbeiten."[1] So schließt Kai Detlev Sievers' Einführung des von ihm edierten Sammelbandes, welcher die 1990 auf der Kieler Tagung 'Wissenschaftsgeschichte der Volkskunde im 19. und 20. Jahrhundert' gehaltenen Vorträge vereint.[2] Das 'eigene Bild [...] der Fachvergangenheit' suggeriert fremde, andere, ältere Bilder, wie es sie im Bereich der deutschsprachigen Volkskunde nur in geringer Zahl gibt. Und ihre Maler, um beim bildhaften Vergleich zu bleiben, haben offensichtlich auf die Details wenig Wert gelegt; "unsere Fachgeschichten berichten nur von wenigen [...] Hauptlinien" resümiert Wolfgang Brückner in seinen Überlegungen zur Wissenschaftsgeschichte der Volkskunde.[3]

'Unsere,' das heißt: der österreichischen Volkskunde 'Fachgeschichte' hat Leopold Schmidt verfaßt,[4] 1951, "im Anfang einer neuen Periode [...], hoffentlich einer Periode, die ihrem innersten Wesen nach an die besten Zeiten der Vergangenheit anschließen wird, ohne in den Fehler ihrer weniger guten Zeiten zu verfallen."[5] Diesen 'weniger guten Zeiten' widmet der Autor nur knapp ein Dutzend Seiten, und zwar im Kapitel 'Neuromantik und Nationalismus;'[6] gut die Hälfte des Buches beschäftigt sich mit dem, was an anderer Stelle als 'Vorgeschichte der Volkskunde' in Österreich bezeichnet wurde:[7] mit ihren Anfängen im Zeitalter von Humanismus und Renaissance und ihrer Entwicklung bis in die 2. Hälfte des 19. Jahrhunderts. Mit 'neue Periode' meinte Leopold Schmidt natürlich die seines eigenen Wirkens im Fach, geprägt von 'Historismus und Sachlichkeit,' "eine Epoche des neuen Realismus [...], der sachlich zu urteilen versteht, ohne deshalb die Gewinne der weiten romantischen Schau im besten Sinn preiszugeben"[8] (was diese 'weite romantische Schau im besten Sinn' ist, was ihr die österreichische Volkskunde zu verdanken hat und was von ihr nach dem 2. Weltkrieg noch zu erwarten war, das wird - zumindest einleitend - nicht verraten).

Wichtig für L. Schmidt war "das Gefühl [...], an einem besonderen Punkt der Entwicklung zu stehen," getrieben vom "Gefühl, Rechenschaft ablegen und weiterweisen zu müssen."[9] Dieses Sendungsbewußtsein besitzen die AutorInnen des 'Österreich-Teiles' im vorliegenden Bande nicht, und sie hoffen auch, später einmal nicht des Schmidt'schen "positivistischen Fortschrittdenkens"[10] geziehen zu werden - schließlich haben die folgenden Beiträge nicht jene Ziele, die L. Schmidt 1951 verfolgt und K. D. Sievers vierzig Jahre später durchleuchtet hat;[11] es geht also nicht um Rechenschaftsberichte über 'bisherige Leistungen,' auch nicht um 'neue Horizonte,' vielmehr um ein genaueres

Vermessen der alten. Die Instrumente dazu sind besser, die Blicke schärfer, die Zuordnungen und Begriffe präziser geworden: 'Neuromantik und Nationalismus' heißt hier und heute 'Volkskunde als völkische Wissenschaft,'[12] meint 'Volkskunde und Nationalsozialismus'[13] und schließt die ein Zitat von Christa Wolf benützende Frage nach der präfaschistischen Volkskunde von Hermann Strobach "... aber wann beginnt der Vorkrieg?"[14] mit ein. Die nicht immer geraden Wege der österreichischen Volkskunde in der ersten Hälfte des 20. Jahrhunderts, ihre faschistisch-nationalsozialistischen Verstrickungen bilden, der Konzeption dieses Bandes entsprechend, zwar einen Schwerpunkt der folgenden Untersuchungen, doch ist es insgesamt auch darum zu tun gewesen, das oben angesprochene 'eigene Bild' der jüngeren Fachvergangenheit zu -, nein, nicht zu malen, sondern zu skizzieren, erste Entwürfe zu Papier zu bringen, bereits bestehende zu korrigieren.

Den Plänen des 1987 verstorbenen Mitinitiators des nunmehr abgeschlossenen Vorhabens, Helmut P. Fielhauer, folgend, war zeitlich etwas auszuholen, denn "die Weichen für die österreichische Volkskunde [im 20. Jahrhundert, Anm. d. Vf.] waren schon mit den Tendenzen der Jahrhundertwende weitgehend gestellt."[15] Politischer Katholizismus, bürgerlich-nationale Bildungstraditionen und 'alldeutsche' Ideen kennzeichnen den 'österreichischen Weg,' dessen ab etwa 1850 'markierte' Anfänge ebenso nachzuvollziehen waren wie sein Verlauf nach 1945. Wurden also einerseits die zeitlichen Grenzen schon mit den 'Prologen' gesprengt, so machte andererseits die aus Platzgründen erforderliche umfangmäßige Beschränkung eine Konzentration auf die Hochschulorte notwendig (Graz, Innsbruck, Wien, kurzfristig auch Salzburg boten und bieten der Volkskunde eine universitäre Heimstätte). Das bedeutet natürlich, daß die Leopold Schmidt vorgeworfene "selektive Verengung des Blicks"[16] auch für uns gilt - wir allerdings bekennen uns aus den kurz dargestellten Gründen zur Selektion, denn wir hatten niemals die Absicht, die gesamte jüngere Fachgeschichte, sondern - dem Untertitel gemäß - 'Gestalten und Tendenzen' zu behandeln, darunter so verkannte Gestalten wie Friedrich Salomo Krauss und so widerliche Tendenzen wie Rassismus und Antisemitismus. Daß auch dabei die Beschäftigung mit Personen unerläßlich ist, um deren Position und Strategien aufzuzeigen, ist selbstverständlich: "denn nur in Individuen und ihrem individuell gehaltenen Werk konkretisiert sich ein Abstraktum, ein wissenschaftliches Fach wie die Volkskunde, und wird so der Analyse zugänglich" meint Helge Gerndt, hält aber moralische Urteile für fehl am Platz.[17] Natürlich kann es nicht darum gehen, "einzelne Persönlichkeiten an den Pranger zu stellen;"[18] in den meisten Fällen genügt ohnehin die Erfüllung der Forderung von Leopold Schmidt aus dem Jahre 1951, nämlich "darzustellen wie es eigentlich war, und womöglich auch, warum es so war."[19] Das war auch, bei aller - jeglicher Wissenschaftsgeschichte anhaftender - Subjektivität, unser Ziel, das wir unter anderem durch Einbeziehung umfangreicher und bislang nicht bearbeiteter Archivalien[20] zu erreichen trachteten. Daß die Bestimmungen des - zeithistorische Forschung behindernden - Datenschutzes die Benützung bestimmter Personalakten unmöglich machten,[21] sei hier abschließend und zur Erklärung manch unfreiwilliger Lücken immerhin erwähnt.

Anmerkungen

1. Sievers 1991a: 21.
2. Sievers 1991.
3. Brückner 1983c: 19.
4. Schmidt 1951a.
5. Schmidt 1951a: 6.
6. Schmidt 1951a: 128-143.
7. Bockhorn 1988: 64-65.
8. Schmidt 1951a: 6.
9. Schmidt 1951a: 5.
10. Sievers 1991a: 15.
11. Sievers 1991a: 15-16.
12. "Völkische Wissenschaft" nennt Hermann Bausinger (Bausinger 1971a: 61) das sich aus der Wissenschaftsgeschichte der deutschsprachigen Volkskunde ergebende "konsequente Extrem" nationalsozialistischer Volks(tums)kunde.
13. Spät, aber dennoch früher als manch andere Wissenschaft, welche in der NS-Zeit ebenfalls eine 'braune' Blüte erlebt hatte, beschäftigte sich die Volkskunde 1986 im Rahmen eines Kongresses in München mit diesem Thema (Gerndt 1987).
14. Strobach 1987: 23-38.
15. Fielhauer 1984a: 66.
16. Sievers 1991a: 15.
17. Gerndt 1987b: 18.
18. Sievers 1991a: 21.
19. Schmidt 1951a: 19.
20. Aus den Universitätsarchiven (UA) Graz, Innsbruck und Wien, aus dem Bundesarchiv (BA) Koblenz, dem 'Berlin Document Center' (BDC) sowie diversen Privatarchiven, vor allem dem von Hannjost Lixfeld, welchem für seine nie versiegende Hilfsbereitschaft an dieser Stelle im Namen aller 'österreichischen' Mitarbeiter herzlich gedankt sei.
21. Gemeint sind Unterlagen über noch lebende oder erst jüngst verstorbene Wissenschafter.

PROLOG

VON KARL WEINHOLD BIS RUDOLF MERINGER: ZU DEN ANFÄNGEN DER VOLKSKUNDE IN GRAZ*

HELMUT EBERHART

Als Viktor Geramb sich 1924 an der Karl-Franzens-Universität Graz als erster Österreicher für deutsche Volkskunde habilitierte und seine Lehrtätigkeit aufnahm, war damit der Gründungsakt für eine universitäre Institutionalisierung unseres Faches gesetzt. Geramb selbst nannte jedoch in seinem Habilitationsvortrag das von Karl Weinhold im Wintersemester 1852/53 an der Universität Graz gehaltene Kolleg "Kulturgeschichte Deutschlands" die erste Lehrveranstaltung zur deutschen Volkskunde überhaupt.[1] 1936 wies Geramb der von Weinhold im Sommersemester 1852 abgehaltenen "Deutschen Mythologie" dieses Primat zu.[2] Wenn auch an anderer Stelle nachgewiesen werden konnte, daß diese Feststellung nur für Graz, nicht jedoch für den deutschen Sprachraum Gültigkeit hat,[3] bleibt doch die Tatsache, daß in den gut 70 Jahren zwischen 1852 und 1924 sich an der Universität Graz eine Entwicklung vollzog, an deren Ende sich zahlreiche Ansätze und Bemühungen zu einer universitären Volkskunde verdichteten. Es ist weder möglich noch zielführend, im Rahmen dieses Sammelbandes die Vorgeschichte der Volkskunde auch nur in groben Zügen abzuhandeln.[4] Begnügen wir uns daher damit, auf einige Fakten hinzuweisen, um wichtige Voraussetzungen zum besseren Verständnis des Nachfolgenden sichtbar zu machen.

Die ersten Voraussetzungen wurden 1848 mit der nachrevolutionären Neuorganisation der österreichischen Universitäten und der damit verbundenen Gründung philosophischer Fakultäten geschaffen.[5] 1851 wurde der damals 28jährige Karl Weinhold als ordentlicher Professor für deutsche Philologie auf die im Rahmen der philosophischen Fakultät neu gegründete Lehrkanzel nach Graz berufen.[6] Seine spätere, große Bedeutung für unser Fach ist hinlänglich bekannt und braucht hier nicht weiter erörtert zu werden.[7] Seine Affinität zu den Brüdern Grimm führte Weinhold sehr früh zu einer von der Romantik beeinflußten Volks- bzw. Altertumskunde. Eine Reihe seiner bedeutenden kulturgeschichtlich-volkskundlichen Arbeiten erschien während Weinholds Grazer Zeit, "Die deutschen Frauen in dem Mittelalter,"[8] "Weihnacht-Spiele und Lieder auß Süddeutschland und Schlesien"[9] und "Altnordisches Leben."[10] Obwohl Weinhold nur 10 Jahre in Graz wirkte, ehe er 1861 einem Ruf nach Kiel folgte, reifte die von ihm gelegte "volkskundliche Saat" auch in den folgenden Jahrzehnten.

Sein unmittelbarer Nachfolger Karl Tomaschek[11] lehrte 6 Jahre in Graz, setzte aber die kulturgeschichtliche Tradition nicht im Weinholdschen Ausmaß fort. 1868 begann mit der Berufung Richard Heinzels[12] auf den Lehrstuhl für deutsche Philologie an der Karl-Franzens-Universität Graz das Zeitalter der positivistischen Schule Wilhelm Scherers,[13] was zunächst eine Hinwendung zur ideengeschichtlich orientierten deutschen Altertumskunde verhinderte. 1873 kam mit Anton Emanuel Schönbach einer der bedeutendsten Germanisten des späten 19. und frühen 20. Jahrhunderts nach Graz; obwohl selbst Schüler Wilhelm Scherers, griff er in der Lehre immer wieder auf bereits von Weinhold vertretene Themen zurück. Er begann sogar 1873 seine Lehrtätigkeit mit einem Kolleg zur deutschen Altertumskunde.[14] Zu seinen beliebtesten Vorlesungen gehörte "Über das deutsche Volkslied," 1886/87 erstmals angeboten und mehrmals wiederholt,[15] zuletzt knapp vor seinem Tod im Wintersemester 1910/11. Neben der Affinität der Germanisten zur Altertums- und Volkskunde sind auch Gelehrte anderer Fächer zu nennen; insbesonders sei auf die Vertreter der Slawistik hingewiesen. Gregor Krek las etwa über "Einleitung in die Literatur- und Culturgeschichte der Slawen" (Sommersemester 1867), "Grundzüge der slawischen Mythologie" (Wintersemester 1873/74) und "Einleitung in die slawische Archäologie und Ethnographie" (Sommersemester 1883).[16]

Mit Ausnahme von Weinhold nahm die Volkskunde jedoch bei keinem der Genannten einen entscheidenden Platz im wissenschaftlichen Arbeiten ein. Die Beschäftigung reduzierte sich weitgehend auf die Lehre. Erst 1899 kam mit Rudolf Meringer jener Mann nach Graz, der unser Fach zu einem Schwerpunkt seiner wissenschaftlichen Tätigkeit machte und quasi zum Geburtshelfer der Volkskunde werden sollte. Meringer erhielt in Graz eine Lehrkanzel für Sanskrit und vergleichende Sprachforschung.[17] Bereits die Beurteilung seitens des Professorenkollegiums anläßlich seiner Berufung enthält die Feststellung:

> "Den größten Raum aber in Meringers Publicationen nehmen die Studien zur indogermanischen Volkskunde ein, welche unter verschiedenen Titeln in den Mittheilungen der anthropologischen Gesellschaft, Bd. 21 bis 27, erschienen sind. Ausgehend vom germanischen Haus und seinen Eigenthümlichkeiten behandelt der Verfasser zahlreiche Fragen der indogermanischen Ethnologie und Culturgeschichte [...]."[18]

Bereits Weinhold hatte bewußt die Verbindung "Wörter und Sachen" hergestellt. Über das Wort (sprich über die Literatur) wollte er zu den großen Sachzusammenhängen der deutschen Vergangenheit vorstoßen und die ihm ideal erscheinende germanische Lebensweise erhellen.[19] Rudolf Meringer beschritt den umgekehrten Weg: Er benutzte "Sachen," um zu den etymologischen Wurzeln der "Wörter" vorzustoßen.[20] Er stand damit übrigens in Konkurrenz zum ebenfalls in Graz tätigen Romanisten Hugo Schuchardt.[21] Mit Rudolf Meringer ist der Beginn der "Grazer Schule der Sachvolkskunde" anzusetzen, die unsere Disziplin über die Linie Geramb, Koren, Moser bis in unsere Tage beeinflußte.

Im Wintersemester 1902/03 betritt ein junger Student die Grazer Universität, um dort zunächst zwei Semester bei Anton Emanuel Schönbach, Bernhard Seuffert und Rudolf Meringer deutsche Philologie und Sprachwissenschaften zu inskribieren, um danach, als Schüler von Karl Uhlirz und Robert Sieger, ein Studium der Geschichte und Geographie abzuschließen: Viktor von Geramb.[22] Bereits 1902 hörte er "Über das deutsche Volkslied" bei Schönbach und empfängt dabei seinen "ersten großen volkskundlichen Eindruck."[23] Obwohl Geramb nicht direkt bei Meringer studiert (abgesehen von den ersten beiden Semestern), gerät er im Laufe seines Studiums immer stärker unter den Einfluß dieses herausragenden Indogermanisten. Seine Hausarbeit (begonnen nach seiner Promotion 1907) zur Erlangung der Lehramtsprüfung aus Geographie steht bereits deutlich unter dem Einfluß Meringers. Offiziell approbierte der Anthropogeograph Robert Sieger die Arbeit "Der gegenwärtige Stand der Hausforschung in den Ostalpen;"[24] die Anregung kam jedoch bereits von Meringer.[25] Geramb wandte sich nach seinem Studium zunächst außeruniversitären Aufgaben zu, die ihn sehr rasch vom Umkreis der Volkskunde zum Fach selbst führten. Bereits 1911 erhält er den Auftrag, im Rahmen des Landesmuseums Joanneum ein Volkskundemuseum einzurichten.[26] Wir begegnen ihm erst 1924 wieder an der Universität.

Als Geramb 1902 in die Universität eintrat, hatten sich auch in Graz die Bedürfnisse nach einer wissenschaftlichen Volkskunde bereits zusehends verstärkt: In einem am 30.11.1899 verfaßten offenen Brief an Eduard Richter hatte sich z.B. Anton E. Schönbach vehement für einen "wissenschaftlichen Betrieb der Volkskunde" ausgesprochen.[27] Er verlangte u.a.,

> "[...] daß man behutsamer arbeite und daß eine gewisse Bürgschaft für Richtigkeit und Treue dessen verlangt und geleistet wäre, dem in der Volkskunde die Ehre und Geltung der Publikation widerfährt. Denn zur Zeit bildet die Volkskunde noch einen ziemlich freien Tummelplatz für allerlei Gesellschaft."[28]

Trotz des steigenden Interesses und der verbesserten Voraussetzungen um 1900 vergingen noch mehr als zwei Jahrzehnte, ehe die Geburtswehen der Volkskunde in Graz ihr Ende fanden. Neben dem rasch wachsenden Interesse am Fach bedurfte es dazu noch eines äußeren Anstoßes: 1918 zerfiel die Donaumonarchie, und das verbleibende "Rest"-Österreich hatte mit starken Identitätskrisen zu kämpfen. Wie auch in späteren Jahrzehnten billigte man der Volkskunde nach 1918 eine kulturpolitische und auch eine ideologische Funktion zu. Der Bericht der Habilitationskommission Gerambs nimmt dazu unzweideutig Stellung: Nach der Würdigung der Habilitationsschrift[29] kommt die Kommission zum Schluß, daß "[...] ihre [die Volkskunde, Anmerkung des Verfassers] besondere Pflege [...] den kulturpolitischen Forderungen der Zeit entspricht."[30]

Das Zusammentreffen eines kulturpolitischen Bedürfnisses und das gleichzeitige Auftreten eines Mannes, dem man nicht nur die teilweise Befriedigung dieses Bedürfnisses zutraute, sondern der zu diesem Zeitpunkt bereits mit einer Reihe von Publikationen auf sich und sein Fach aufmerksam gemacht hatte, führten schlußendlich dazu, daß in Graz 1924 die erste volkskundliche Habilitation Österreichs zustande kam.

Es verwundert nicht, daß Rudolf Meringer, der langjährige Förderer Gerambs, als "Habilitationsvater" auftrat. Ihm zur Seite stand nicht nur Robert Sieger, dessen Interesse an der Volkskunde seit langem evident war, sondern auch der Historiker Raimund Friedrich Kaindl, der 1915 von Czernowitz nach Graz berufen worden war und bereits 1903 sein einstmals viel beachtetes Handbuch "Die Volkskunde, ihre Bedeutung, ihre Ziele und ihre Methode"[31] veröffentlicht hatte.[32]

Anmerkungen

* Die Kapitel "Von Karl Weinhold bis Rudolf Meringer: Zu den Anfängen der Volkskunde in Graz," "Die 'gläubige Wissenschaft,'" "Von der 'gläubigen Wissenschaft' zum 'Ahnenerbe' der SS: Salzburg und die nationalsozialistische Volkskunde" und "Viktor Geramb und seine Erben" werden hier als Erstveröffentlichung vorgelegt. Die Kapitel "Nationalgedanke und Heimatpflege: Viktor Geramb und die Institutionalisierung der Volkskunde in Graz" und "'Beurlaubung bis auf weiteres ...': Volkskunde in Graz 1938-1945" liegen ausschnittweise bzw. in stark verkürzter Fassung bereits vor, vgl. Eberhart 1991b; darüber hinaus werden die beiden letztgenannten Teile sowie die sich auf Salzburg beziehenden Kapitel auszugsweise bzw. in verkürzter Fassung auch in englischer Sprache gedruckt, vgl. Eberhart (im Druck).

1. Geramb 1924a: 323.
2. Geramb 1936a: 174.
3. Eberhart 1991a.
4. Vgl. Eberhart 1983; Eberhart 1991a.
5. Vorher war die Philosophische Fakultät nur eine Vorstufe für Studierende der übrigen Fakultäten und führte eine Art "Zwitterdasein" zwischen Gymnasium und Universität; vgl. Leitner 1973: 4-5.
6. Zu Weinhold vgl. Leitner 1973: 10-22; Eberhart 1991a.
7. Vgl. auch Jacobeit 1965b.
8. Weinhold 1851.
9. Weinhold 1853.
10. Weinhold 1856.
11. Vgl. Leitner 1973: 30-37.
12. Leitner 1973: 43-52.
13. Leitner 1973: 38-42 und 49-52.
14. Geramb 1936a: 175.
15. Eberhart 1983: 37; Geramb 1936a: 175.
16. Eberhart 1983: 37.
17. Lochner von Hüttenbach 1976: 25-45.
18. Österreichisches Staatsarchiv. Allgemeines Verwaltungsarchiv (= AVA). Ministerium für Cultus und Unterricht, Zl. 377 ex 1898/99.
19. Vgl. Eberhart 1991a.
20. Vgl. Eberhart 1983: 39-40; Lochner von Hüttenbach 1976: 25-45.
21. Vgl. Eberhart 1983: 9-10
22. Zu Geramb vgl. Koren 1974; Eberhart 1983 und Eberhart 1991b.
23. Geramb 1936a: 175.
24. Geramb 1908.
25. Geramb 1936a: 181.
26. Geramb 1914a.
27. Schönbach 1900.
28. Schönbach 1900: 21.
29. Geramb 1926.
30. Universitätsarchiv Graz (= UA Graz). Personalakt Geramb. Zl. 856a; an dieser Stelle sei Univ.Prof.Dr. Walter Höflechner und seinem Team für die Hilfestellung und für die hervorragende Materialaufbereitung, die mir bei meinen Archivstudien 1982/83 zugute kam, herzlich gedankt.
31. Kaindl 1903.
32. Vgl. Geramb 1936a: 181.

INNSBRUCK: ZUR ENTSTEHUNG VON VOLKSKUNDE AN DER SPRACHGRENZE

REINHARD JOHLER

Vom 24. bis zum 28. April 1894 feierte in Innsbruck die "Deutsche anthropologische Gesellschaft" ihr 25. Stiftungsfest, das gleichzeitig auch die "II. Gemeinsame Versammlung der Deutschen und der Wiener anthropologischen Gesellschaft" war. Der Veranstaltungsort wurde in den einleitenden Festreden mehrfach gepriesen: Innsbruck sei der bevorzugte Platz, um die Zusammengehörigkeit der Wissenschaften der beiden Länder zu demonstrieren, die Universität habe, da sie an der "Südgrenze deutschen Bodens" wirke, eine besondere Aufgabe und schließlich würde kein anderes Land den Gelehrten "ein so reiches Feld für ihre wissenschaftlichen Forschungen," insbesonders für die "hier zum Theil ganz eigenartigen, namentlich volkskundlichen Studienangelegenheiten" bieten. Zwar konnte sich die Volkskunde im Referatsteil (etwa zur Hausforschung) der prominent besetzten Tagung und in der "Festschrift"[1] als Wissenschaft beweisen, wirkliche Bedeutung gewann sie allerdings erst durch das begleitende Festprogramm - als landestypisches Repertoire und als Bühnenbild. Den Besuchern wurden in mehreren Veranstaltungen "Bilder" des "alttirolischen Volkslebens" (Kirchtag und Bauernhochzeit in "Nationaltracht") vorgeführt. Auch beim abschließenden Ausflug nach Meran boten ähnliche Anlässe - quasi im Feld - Gründe genug für vollste Zufriedenheit. Im Schlußtoast hob der Präsident der "Deutschen anthropologischen Gesellschaft," Geheimrat Rudolf Virchow, noch einmal die besondere Bedeutung Tirols hervor:

> "Aber darauf rechnen wir doch sehr, dass das Land hier eine gute Schutzwehr deutschen Wesens bleibt. (Bravo!) Dieses deutsche Wesen ist ja dem Italienerthum gegenüber nicht feindlich; aber wenn wir in die Geschichte zurückblicken, so können wir nicht verhehlen, dass, was gut ist in der jetzigen Kulturwelt, durch das Germanenthum hineingebracht worden ist (Bravo!) und dass, wenn wir nur im Römischen fortgelebt hätten, wir wahrscheinlich auf eine sehr niedrige Kulturstufe zurückgegangen wären."[2]

Die Anthropologen-Versammlung spiegelt beispielhaft das Szenarium Tirols im 19. Jahrhundert wider. Dieses bildete den wissenschaftlichen und politisch-ideologischen Hintergrund, auf dem die Volkskunde ihren akademischen Platzanspruch zu formulieren begann: Tirol war durch die Kriege von 1859 und 1866 bzw. durch den Verlust der Lombardei und Venetiens zu einem "Grenzland" geworden, das sich durch Gebietsansprüche Italiens, besonders durch irredentistische Bewegungen im italienischsprachigen

"Welschtirol" angegriffen fühlte. In das Bedrohungsbild war zudem ein historisch fixiertes Erbfeindschaftsmotiv zu Italien eingelagert.[3] Zur Abwehr wurde die "Tiroler Landeseinheit" beschworen und wissenschaftlich untermauert. Wichtiger aber war die ausschließlich auf die deutschsprachige Bevölkerung Tirols ausgerichtete Etablierung eines ethnisch begründeten Tiroler Landesbewußtseins. Dieser "Tiroler Mythos"[4] bezog seine Elemente aus der Vergangenheit des Landes und wurde um den Topos des Bäuerlichen gruppiert. Der Bauer wurde durch seine besondere Rechtsstellung und seine politische Selbstverwaltungform (Tiroler Freiheiten), durch seine erprobte Verteidigungsfähigkeit (Schützen und Tiroler Freiheitskriege) und durch seine Religiosität zum Prototypen des Tirolers erhoben.[5] Teile dieser Zuschreibungen waren nicht originär in Tirol entstanden, sondern wurden anfänglich von außen herangetragen.[6] Dies hängt auch mit der geographischen Lage des Landes in den Alpen zusammen, die als bedrohtes Reliktgebiet und als nationaler "Jungbrunnen"[7] gesehen, besucht und beschrieben wurden. Nicht unwichtig ist es weiters zu erwähnen, daß auch im benachbarten Vorarlberg ein ethnisch fundiertes Landesbewußtsein formuliert wurde.[8]

Die politische Ausgangslage und die mit ihr korrelierende ideologische Topik, die hier nur kursorisch zusammengefaßt werden konnten, bestimmten ganz wesentlich die Aufgabenfelder der Universität[9] und die Themen der dort tätigen Wissenschaftler. Diese orientierten sich zum überwiegenden Teil am genius loci, an der behaupteten Besonderheit Tirols. Die Universität definierte sich als ***die*** Studienstätte für den Alpenraum, sie verfocht nationale Interessen an der "Südgrenze," sie machte derart Tirol zum gerne aufgegriffenen Anliegen für die gesamte deutschsprachige Wissenschaft[10] und sie verstand sich schließlich als Mittlerin zwischen österreichischer und deutscher Forschung. Die historischen Fächer hatten zudem einerseits die Aufgabe, italienisch-irredentistische Ansprüche wissenschaftlich zu widerlegen und andererseits die skizzierten ethnischen Bewegungen theoretisch zu begründen und materialreich zu belegen. Als Konsequenz daraus ging die Universität zu einer Besetzungspolitik über, die gebürtige "Alpenländler,"[11] also Tiroler und Vorarlberger, protegierte. Und es ist ein weiteres Charakteristikum für Innsbruck, daß viele Wissenschafter ihre Forschungen ausschließlich auf Tirol und/oder Vorarlberg beschränkten. Diese von der Universität selbstauferlegten programmatischen Rahmenbedingungen wurden durch den Ausgang des Ersten Weltkriegs weiter gefestigt und hatten zum Teil bis in die siebziger Jahre Bestand.

In besonderem Maße traf dies auf die Volkskunde zu, die in Innsbruck unter den genannten strukturellen Voraussetzungen ausgesprochen günstige Bedingungen für eine universitäre Berücksichtigung vorfand. Volkskundliche Themen waren zudem in Tiroler Intellektuellenkreisen äußerst populär, da viele durch die romantisch-literarische Verehrung der "Tiroler Heldenzeit" (Andreas Hofer) zur "volkstümlichen Literatur" gestoßen waren.[12] Nur beispielhaft soll hier der wohl bedeutendste Vertreter, der Schriftsteller und Geologieprofessor Adolf Pichler, genannt werden.[13] Diese Lokalspezifik förderte zunächst die Wahrnehmung volkskundlicher Themen im Rahmen der Germanistik. 1859 wurde die neu eingerichtete Lehrkanzel für deutsche Sprache und Literatur mit Ignaz von Zingerle (1825-1892) besetzt. Zingerle gilt gemeinhin als einer der Begründer der "tirolischen Volkskunde"[14] und vor allem als der Initiator der Märchen- und Sagensammlungen bzw. deren Erforschung.[15] Von den Brüdern Grimm und deren "Deutscher Mythologie" maßgeblich beeinflußt, führte er ihr Werk auf "Tiroler Boden"[16] in Forschung und Lehre[17] fort. Zingerles Bedeutung geht allerdings weit über sein wissenschaftliches Schaffen hinaus. Durch seine breitgestreuten Kontakte (so u.a. Wolf, Simrock und Weinhold) gelang es ihm, Tirol im gesamten deutschsprachigen Raum als "Thema" zu verankern.[18] Gleichzeitig nutzte er diese sozialen Netzwerke, um eine wissenschaftlich begründete Sprach- und "Volkstums"-Politik im italienischen Landesteil zu betreiben.[19] Zingerle war für diese Bestrebungen eine entscheidende Integrationsfigur, von dem wesentliche Impulse auf seinen Schüler- und Freundeskreis ausgingen. Zu erwähnen sind vor allem Christian Schneller (1831-1908) und Ludwig von Hörmann (1837-1924). Schneller, der als Gymnalsialprofessor in Rovereto tätig war, betrieb im Trentino Namens- und Sprach- sowie Märchen- und Sagenforschungen. Er galt in Tirol - von italienischer Seite naturgemäß heftig bekämpft - als "deutscher Grenzwächter im Süden"[20] und als "Begründer der welschtirolischen Volkskunde."[21] Ludwig von Hörmann hatte das "Erlebnis von 1866" zur Volkskunde und damit auch in eine thematische Nähe zu Zingerle geführt. Da seine Habilitation von der Universität abgelehnt wurde, war er im Bibliotheksdienst tätig. Durch die Breite seiner Arbeiten zum "Tiroler Volksleben,"[22] die deutlich von Wilhelm Mannhardt beeinflußt waren, zählt auch er zu den "Begründer[n] einer allgemeinen, geographisch und stofflich umfassenden Tiroler Volkskunde."[23]

Zur Jahrhundertwende war die Volkskunde in Tirol als Arbeitsgebiet im näheren Umfeld der Universität mehrfach abgesichert und in die zeithistorischen Umstände eingewoben. Volkskunde hatte für eine nationale Abwehr (gegenüber Italien) ebenso Material zu liefern wie für eine innere Festigung des Landes (Tiroler Mythos). Weiters wurde eine Institutionalisierung im Rahmen eines Volkskunstmuseums[24] angestrebt. Universitär blieb trotz des Todes von Zingerle (1892) eine germanistische Vertretung von volkskundlichen Themen durch Josef Eduard Wackernell bestehen; diese Richtung fand in der Zwischen- und Nachkriegszeit vor allem durch den Bibliotheksbeamten Anton Dörrer (1886-1968)[25] eine Fortsetzung.

Bis zu diesem Zeitpunkt deckte sich die Entwicklung der Volkskunde in Innsbruck - abgesehen von lokal begründeten Besonderheiten - mit jener des deutschsprachigen Raumes. Ab dem ersten Jahrzehnt des 20. Jahrhunderts nahm die universitäre Ausübung des Faches allerdings eine Sonderstellung ein. Verantwortlich dafür waren Impulse aus der Geschichtswissenschaft, die vor allem mit Hermann Wopfner und in der Zwischenkriegszeit mit Adolf Helbok verbunden sind. Wenn Wolfgang Jacobeit bedauernd festgestellt hat, daß innovative Ansätze der Landeskunde in der Tradition von Karl Lamprecht in der deutschen Volkskunde keine Aufnahme gefunden hätten,[26] dann trifft dies auf den Innsbrucker "Sonderweg" eindeutig nicht zu, wohl aber auf dessen Rezeption in der österreichischen Fachöffentlichkeit. 1968 verfaßte Leopold Schmidt einen Nachruf auf Adolf Helbok. Darin wahrte er nicht nur eine gerechtfertigte wissenschaftliche und politische Distanz zum Verstorbenen, sondern er bewertete auch die Innsbrucker Volkskunde als Ganzes. Schmidt grenzt sie aus seinem Fachverständnis schlicht aus:

> "Er gehörte noch zu jenen Persönlichkeiten, ähnlich wie sein Vorgänger Hermann Wopfner in Innsbruck, die gelegentlich einmal eine Professur für Volkskunde erhielten, ohne jemals Volkskunde gelernt zu haben, und ohne sich im weiteren mit dem Fach und den ihm eigenen Methoden usw. zu

beschäftigen, weil sie mit den von der Sozial- und Wirtschaftsgeschichte her mitgebrachten Stoffen ihr Auslangen zu finden glaubten."[27]

Wodurch zeichnet sich der Innsbrucker "Sonderweg" nun aus? Die Geschichtswissenschaft an der Innsbrucker Universität stand in der Tradition von Julius von Ficker, der sie als lebensnahe, auch politische Geschichtsschreibung konzipiert hatte.[28] Ihre Vertreter teilten eine gegen die kleindeutsche gerichtete großdeutsche Geschichtsschreibung. Auch politisch verstanden sie sich im österreichischen Sinne als deutschnational, d.h. sie standen loyal zur Habsburgermonarchie, verlangten aber deren Führung durch die deutschsprachigen Österreicher.[29] An der Innsbrucker Universität waren mehrere reputierte Gelehrte tätig, so etwa bis zu seiner Berufung nach Wien 1891 Oswald Redlich, der als einer der namhaften Begründer der Landeskunde gilt.[30] Sozial prägend und inhaltlich homogenisierend wirkten zudem eine Reihe von wissenschaftlichen Vereinigungen. Zu nennen sind der von Ficker begründete "Akademische Historikerclub" (1872-1933),[31] der eher nationale "Akademische Alpenclub" und der katholische "Akademische Alpine Verein," der neben der Förderung des Alpinismus auch die Pflege der Heimatkunde zum Ziel hatte.[32]

In diesem Umfeld begann 1896/97 Hermann Wopfner (1876-1963)[33] mit seinem Studium, das ihm eine ungewöhnlich schnelle Karriere ermöglichen sollte. Wopfners Leben und sein wissenschaftliches Werk sind durch wenige Motive strukturiert, die in seiner Familiengeschichte und seiner Kindheit begründet liegen.[34] Es sind dies die wesentlichen Stationen des "Tiroler Mythos:" die Liebe zum und die Verwurzelung im Bauernstand, dessen Wehrhaftigkeit, demokratische Verfassung, Religiosität und schließlich dessen Bedrohung durch Technik, Tourismus und Verkehr. Wopfners zahlreiche wissenschaftliche Studien sind auf dieses Thema, auf die Geschichte der bäuerlichen Bevölkerung in Tirol, konzentriert. Er war damit wesentlich an der wissenschaftlichen Fundierung des Tiroler Landesbewußtseins beteiligt. Dieses wiederum formte sein Weltbild und seine politische Haltung.

Durch eine Vorlesung über den Tiroler Bauernrebellen Michael Gaismair angeregt, begann sich Wopfner mit seinem Dissertationsthema "Der Bauernkrieg in Deutschland" zu beschäftigen. Vor allem die Klärung der Hintergründe führte ihn zur Wirtschaftsgeschichte und damit auch zu Karl Lamprecht:

> "Es spukte damals in meinem jungen Kopf etwas von materialistischer Geschichtsauffassung. Allzu einseitig wollte ich die Ursachen der bäuerlichen Erhebung auf wirtschaftlichem Gebiet suchen und richtete dabei zu wenig mein Augenmerk auf das geistige Leben und den geistigen Umschwung, der sich am Übergang vom Mittelalter zur Neuzeit in allen Volksschichten bemerkbar machte und so auch das bäuerliche Volk in seinen Bannkreis zog."[35]

Die beiden folgenden Jahre wurden für Wopfners Werdegang, wenn auch unterschiedlich gewichtet, entscheidend. 1897/98 war er außerordentliches Mitglied des "Instituts für Österreichische Geschichtsforschung" in Wien, welches eine ausgesprochen (quellen-) positivistische Position vertrat, die mit einem hermeneutisch-individualisierenden Zugang zur Geschichte verknüpft war.[36] Eine derartige historische Betrachtungsweise konnte zwar Wopfners wirtschaftshistorisches Interesse nicht befriedigen, dafür aber machte er Bekanntschaft mit den zentralen Persönlichkeiten der österreichischen Geschichtsforschung - im Kreis seiner Lehrer mit Alphons Dopsch und Oswald Redlich, unter den Studenten mit Harold Steinacker -, die in der Folgezeit an der theoretischen Begründung neuer historischer Zugangsweisen maßgeblich beteiligt waren. Gemeint sind damit die landesgeschichtliche Konzeption, die Entwicklung der "inneren Geschichte" zur "Volksgeschichte" und die kritische Behandlung der dafür notwendigen neuen Quellengattungen im Rahmen der historischen Hilfswissenschaften. 1898/99 wechselte Wopfner nach Leipzig, um sich "dem so heiß ersehnten Lehrbetrieb Lamprechts" einzufügen.[37] Nach der Promotion am 12.5.1900 ergänzte er seine wirtschaftsgeschichtliche Ausbildung mit dem Studium der Rechtsgeschichte. Hier kann nicht näher auf den Inhalt der von Wopfner vor dem Ersten Weltkrieg publizierten "Klassiker"[38] zur Tiroler Agrar(rechts)geschichte eingegangen werden; biographisch stellte nahezu jede veröffentliche Studie einen weiteren Schritt in seiner wissenschaftlichen Laufbahn dar: 1903 wurde Wopfner habilitiert und erhielt die Lehrbefugnis für Wirtschaftsgeschichte, 1906 wurde diese auf Österreichische Geschichte erweitert. 1909 folgte die Ernennung zum außerordentlichen und 1914 zum ordentlichen Professor für Österreichische Geschichte.[39]

Die Geradlinigkeit der wissenschaftlichen Laufbahn von Hermann Wopfner muß schon darum erstaunen, weil er als einer der wenigen "Bekenntniskatholiken"[40] der Innsbrucker Universität galt. Trotz dieses weltanschaulichen Unterschiedes teilte Wopfner mit seinen deutschnational gesinnten Historiker-Kollegen innerhalb der Professorenschaft ein gemeinsames Geschichtsbild und auch ähnliche kulturpolitische Vorstellungen. So war gleichzeitig mit Wopfners Ernennung 1909 die Berufung von Harold Steinacker als Extraordinarius nach Innsbruck erfolgt. Steinacker, ein national gesinnter Protestant, war durch seine ungarische Herkunft ein biographisch und theoretisch erprobter "Volkstums"-Kämpfer,[41] der für viele seiner Schüler, u.a. auch für Adolf Helbok,[42] zum nachahmenswerten Vorbild wurde. Wopfner und Steinacker waren freundschaftlich verbunden und verfolgten bereits vor dem Ersten Weltkrieg Ansätze, die später in den Innsbrucker "Sonderweg" der "Landeskunde" und der "Volksgeschichte" münden sollten.

Die behandelten Themen führten Wopfner zunehmend von der Wirtschafts- und Rechts- zur Kulturgeschichte und damit zur "geschichtlichen Volkskunde."[43] Dieser Weg war durchaus konsequent. Einerseits erforderten seine Fragestellungen die Einbeziehung neuer Quellentypen und andererseits war sein Bemühen in eine deutliche Abwehrhaltung gegenüber der Moderne eingebunden:

> "Mehr und mehr trat die Forderung heran, die Eigenart bäuerlichen Fühlens und Denkens kennen zu lernen. Dazu schienen aber bald die geschichtlichen Quellen nicht mehr auszureichen. Die seelische Haltung des Bauern hat sich im Laufe der Jahrhunderte nur langsam geändert; so mochte es angemessen erscheinen und berechtigt, die Art des Bauern von heute kennen zu lernen, um den Bauern der Vergangenheit besser zu verstehen. Ich begann nun meine Wanderungen in Tirol, um durch unmittelbaren Verkehr mit dem Landvolke, namentlich den Bewohnern verkehrsentlegener Landschaften mit ursprünglicheren Lebensformen die Geistigkeit des mittelalterlichen Bauern besser verstehen zu lernen."[44]

Das "Mittelalter" in Tirol bedeutete im Sinne des "Tiroler Mythos" die vermutete, auch von der Germanistik beschworene Blütezeit des Landes, deren Verwalter und Erbe die bäuerliche Bevölkerung war. Geschichte und Gegenwart kurzgeschlossen, ließen das Dahinschwinden der "Ueberreste des älteren Kulturlebens" besonders dramatisch erscheinen. Dieses Konstrukt einer Mentalitäts-Kontinuität entsprach Wopfners durchaus romantischer Grundhaltung;[45] sie unterschied sich freilich von der volkskundlichen durch die mühevolle Quellenarbeit des Historikers, und sie führte ihn früher als andere zur intensiven Behandlung der materiellen Kultur. Aber diese Beschäftigung war nicht ausschließlich wissenschaftlich zu verstehen, sondern verfolgte auch ein bewahrendes kulturpolitisches Ziel, das durch den Einbezug in die Lehre Realisierung fand:

> "Es leuchtete mir die Erkenntnis auf, daß es allerhöchste Zeit sei, diese Denkmäler alter Volkskultur in Hausbau, Wirtschaftsführung und Geräte, in Sitte und Brauch zu beschreiben und dadurch vor dem Versinken in Vergessenheit zu retten. Anderseits schien es mir wertvoll, meinen Schülern an der Universität die Möglichkeit zu geben, die Erscheinungen des ländlichen Kulturlebens von heute geschichtlich verstehen zu lernen, das heißt aus ihrer Entwicklung heraus. So ergaben sich einerseits Forschungen für eine geschichtliche Volkskunde, die mich seit 1910 so ziemlich in alle Täler Nord- und Südtirols führten. An der Universität begann ich die heimatkundlichen Vorlesungen bereits 1910; es dürfte die Innsbrucker Universität wohl eine der ersten deutschen Universitäten gewesen sein, in welcher derartige Vorlesungen im Zusammenhang mit dem Betrieb der Geschichte stattfanden."[46]

Drei Jahrzehnte später sollte auch der bereits genannte Adolf Helbok diesen Zeitpunkt - der Nationalitätenkonflikt in Tirol hatte sich zugespitzt - als den Beginn seiner "volkspolitischen Interessen" nennen, die das Ziel verfolgten "durch organisatorische Einrichtung der Heimat- und Volksforschung und eine mit ihr verbundene aktivistische Volkstumsarbeit die nationale Abwehrkraft der Grenzdeutschen zu steigern [...]."[47] Dies und auch sein wissenschaftlicher Werdegang weisen einige Parallelen zu Hermann Wopfner auf. Adolf Helbok (1883-1968),[48] aus einer großdeutsch gesinnten Vorarlberger Beamtenfamilie stammend, hatte in Innsbruck Geschichte und Klassische Philologie studiert. Seine 1912 in der von Alphons Dopsch herausgegebenen Reihe "Forschungen zur inneren Geschichte Österreichs" publizierte Dissertation "Die Bevölkerung der Stadt Bregenz am Bodensee vom 14. bis zum Beginne des 18. Jahrhunderts"[49] war durch ihre demographische Zugangsweise innovativ und führte zur Abwendung von der damals dominierenden Stadtrechtsgeschichte.[50] Ähnlich wie Wopfner hatte auch Helbok durch die Erschließung einer neuen Quellengattung die Felder in der Geschichtswissenschaft erweitert:

> "Ich erkannte, daß die Geschichtswissenschaft in weiten Räumen neue Methoden der Quellenausschöpfung finden müsse, um das heute herrschende Subjektive der Deutung schriftlicher Quellen zu einem Objektiveren zu machen."[51]

Die Jahre 1911 und 1912 verbrachte Helbok am "Istituto austriaco di studii storici" in Rom. Dort lernte er Hermann Aubin kennen. Diese Bekanntschaft sollte wegweisend werden:

> "Keiner ahnte, daß wir uns erst nach einem großen Kriege wieder begegnen sollten, Aubin und ich auf ganz neuem, aber demselben Boden stehend um unser Volk bemüht. Er war inzwischen ein Bahnbrecher einer neuen wissenschaftlichen Methode geworden, ich rang auf ähnlichem Wege um eine große Zusammenfassung der Volksforschung."[52]

Zwar sind damit Aktivitäten der Zwischenkriegszeit angesprochen, wichtig ist es aber festzuhalten, daß bereits vor dem Ersten Weltkrieg sowohl die personellen als auch die inhaltlichen Voraussetzungen für eine universitäre Institutionalisierung dieser Interessen vorgegeben und der Innsbrucker "Sonderweg" vorgezeichnet waren. Der Ausbruch des Ersten Weltkriegs behinderte zunächst eine Weiterverfolgung, aber der für Tirol folgenreiche Kriegsausgang beschleunigte schlußendlich doch das Vorhaben.

Hermann Wopfner meldete sich freiwillig an die "Südfront," um "eine der schönsten Teile deutschen Landes zu wahren wider dem anschleichenden welschen Räuber." Was zu diesem Zeitpunkt nur befürchtet werden konnte, wurde vier Jahr später Realität: die Annexion Südtirols durch Italien. Was von Wopfner noch als Drohung gedacht war, wurde mit Beendigung des Krieges Strategie. An der Seite Tirols würde die "ganze furchtbare Kraft des deutschen Volkes" stehen: "[...] nicht nur Österreich, sondern ganz Deutschland sieht in Tirol ein heiligstes Besitztum und es gedenkt danach zu handeln."[53]

Anmerkungen

1. Beiträge zur Anthropologie 1894.
2. Johler (im Druck).
3. Gatterer 1972: 10-12.
4. Wolf und Cole 1974: 263-288.
5. Johler 1991: 7-13.
6. Dies traf anfänglich auf die englische, dann auf die deutsche Reiseliteratur, v.a. auf Ludwig Steub und Heinrich Noe zu. Vgl. Meixner 1992: 88-93; zu Steub auch Wackernell 1916.
7. Dies ist ein oft gebrauchter Topos, vgl. Sinwel 1937: 326 und Ilg 1986: 159.
8. Barnay 1988.
9. Zur Geschichte der Innsbrucker Universität vgl. Preglau-Hämmerle 1983.
10. Vgl. die Selbstdarstellung: Universitätsamt Innsbruck (1928), darin besonders Stolz (1928).
11. Kramer 1980: 99.
12. Wackernell 1916: 215.
13. Pichlers Zuwendung zur "volkstümlichen Literatur" drückt sich auch durch seine Beiträge in der "Zeitschrift des Vereins für Volkskunde" aus, Pichler 1894: 197-201.
14. Wopfner 1927a: 67. Otto Stolz meint, daß Ignaz v. Zingerle zusammen mit Hörmann "die Tiroler Volkskunde als eigenes Fach anbahnte," vgl. Stolz 1955: 122.

15. Schmidt 1951a: 99, Suitner 1952, Dörrer 1961, Dörrer 1962, Rogenhofer-Suitner 1987, Petzoldt 1988.
16. Enzinger (1928): 45.
17. Wagner 1962: 40. Ignaz v. Zingerle hielt Vorlesungen über "Deutsche Mythologie" oder über "Deutsche Rechtsgebräuche mit besonderer Berücksichtigung der altdeutschen Dichtung und Tiroler Weistümer."
18. Vgl. die zahlreichen Beiträge von Ignaz v. Zingerle in der "Zeitschrift für Deutsche Mythologie und Sittenkunde;" zu den kulturpolitischen Anliegen s. Egger und Gummerer 1990, Weinhold 1892: 442-443.
19. Ignaz v. Zingerle gehörte mit Steub und Schneller zu den "Entdeckern" der deutschen Sprachinseln im Trentino, vgl. Zingerle 1869 und Stolz 1932: 305.
20. Kramer 1963/64: 94.
21. Prem 1913: 64, vgl. auch Troger 1909, Malfér 1981.
22. Steixner-Keller 1983: 29, Enzinger 1970.
23. Sinwel 1937: 327.
24. Meixner 1989.
25. Zur Biographie von Dörrer s. Dörrer 1951.
26. Jacobeit 1991a: 51.
27. Schmidt 1968a: 177; ähnlich beim Tode von Wopfner: Schmidt 1963d: 194.
28. Oberkofler 1969a: 32; zur Geschichtsschreibung in Tirol vgl. Stolz 1955.
29. Dachs 1974: 11-12.
30. Redlich 1924.
31. Festschrift des Akademischen Historikerklubs 1923. Sowohl Wopfner als auch Helbok waren Mitglieder.
32. Wopfner 1950: 177-179. Wopfner war in diesen 1904 eingetreten. Er scharte dort auch seine Schüler, z.B. Franz Huter um sich.
33. Zur Bibliographie von Hermann Wopfner vgl. Schneider und Dörrer 1947: 317-332, Zingerle 1955: 169-171, Huter 1962: 5-8, Huter 1964a: 458-464.
34. Zur Biographie von Wopfner vgl. Stolz 1936: 214-218, Wopfner 1950: 157-201; zur Familiengeschichte s. Dörrer 1948: 7-14.
35. Wopfner 1950: 167.
36. Ehmer und Müller 1989: 113-114.
37. Wopfner 1950: 170.
38. Zusammenfassend Wopfner 1908.
39. Oberkofler 1969a: 107, 117-122.
40. Huter 1966: 309.
41. Oberkofler 1969a: 122-132, Neumann 1955: 259-267. Steinacker hatte vor dem Ersten Weltkrieg einen Aufsatz zur quellenkritischen Behandlung der "Privaturkunden" im Rahmen der Landesgeschichte verfaßt, Steinacker 1911.
42. Helbok (1963): 7.
43. Wopfner 1936.
44. Stolz 1936: 217.
45. Huter 1964a: 455. Er spricht davon, daß Wopfners Darstellung des Tiroler "Bergbauerntums" in "fast romantischer Liebe" geschrieben sei.
46. Stolz 1936: 217-218.
47. Universitätsarchiv Innsbruck (UAI), Personalakt (PA) Helbok, Beilage 6: "Entgegnung."
48. Zur Biographie von Helbok vgl. Helbok (1963); zur Bibliographie s. Verzeichnis der Schriften Prof. Dr. Adolf Helboks 1933: 34-40, Garschagen 1958: 361-374, Häfele 1970: 151-153.
49. Helbok 1912.
50. Ehmer und Müller 1989: 124.
51. Helbok (1963): 23.

52. Helbok (1963): 17.
53. Wopfner 1915: 67-87.

"VOLKSKUNDLICHE QUELLSTRÖME" IN WIEN: ANTHROPO- UND PHILOLOGIE, ETHNO- UND GEOGRAPHIE

OLAF BOCKHORN

Inwieweit Jacob Grimms' 'Circular, die Sammlung der Volkspoesie betreffend,' das er 1815 von Wien aus versandte (er war - als hessischer Legationssekretär - Teilnehmer des Wiener Kongresses) und in welchem er von der Bildung einer Gesellschaft zur Sammlung von Volksüberlieferungen berichtet,[1] auch die einschlägige Sammel- und Forschungstätigkeit im österreichischen Kaiserreiche anregte, ist bislang nicht untersucht worden. Anzunehmen ist jedenfalls, daß Auswirkungen im Umfeld der Universitäten unterblieben, denn deren 'Philosophische Fakultäten' besaßen damals lediglich eine studienvorbereitende (und nach 1848 von den beiden obersten Gymnasialklassen übernommene) Funktion.[2] Zu wissenschaftlichen Stätten wurden sie erst ab 1849/50, als die nach der Revolution von 1848 durch Minister Graf Leo Thun-Hohenstein ausgearbeitete Universitätsreform wirksam wurde.[3] Sie führte, wie bisherige Aufarbeitungen zeigen, in Prag,[4] Graz[5] und Wien[6] zu ähnlichen und für eine Frühgeschichte der universitären Volkskunde bedeutsamen Entwicklungen im Umfeld von deutscher und slawischer Philologie, von Geographie, Sprachwissenschaft und schließlich 'Ethnographie.'

Bereits 1849 hatte man in Wien einen speziellen Lehrstuhl für slawische Altertumskunde eingerichtet und mit dem Dichter und Slawenführer Jan Kollár (der allerdings schon 1852 starb) besetzt;[7] der im gleichen Jahr ernannte und als Begründer der slawischen Philologie in Wien geltende Franz Miklosich scheint, da Kollárs Professur verwaist blieb, auch die altertumskundlichen Agenden übernommen zu haben.[8] Jedenfalls las er im Wintersemester (= WS) 1857/58 eine 'Erklärung slawischer Rechtsdenkmäler,' im Sommersemester (= SS) 1862 'Slawische Volkspoesie,' im SS 1867 'Über die Quellen slawischer Mythologie.' Im WS 1876/77 beginnt F. Miklosich mit einer 'Slawischen Ethnographie,' die er durch fünf Semester fortsetzt; 1882 folgt eine 'Slawische Altertumskunde.' Miklosich' Nachfolger, Vatroslav Jagic,[9] schloß da direkt an; eine regelmäßig wiederkehrende 'Übersicht der slawischen Ethnographie' trug er erstmals im WS 1887/88 vor. Ethnographisch-altertumskundliche Lehrveranstaltungen hielten auch die 'Privatdocenten für slawische Philologie' Franz Pastrnek (über slawische Volkspoesie) und Karl Strekelj[10] (über das slowenische Volkslied und die russische Volksepik sowie ebenfalls über slawische Ethnographie).

Den beiden slawistischen Lehrkanzeln stand 1850 nur eine Professur für deutsche Sprache und Literatur gegenüber, doch resignierte ihr Inhaber Theodor von Karajan bereits ein Jahr später, so daß sein Interesse für germanische Altertumskunde und kulturhistorisch orientierte (Wiener) Geschichtsforschung auf Universitätsboden keine Wirkung zeigen konnte.[11] Für Karl Weinholds erste volkskundliche Vorlesung an der Universität Graz, die 1852 gehaltene 'Deutsche Mythologie,'[12] findet sich in Wien thematisch erst 1859/60 ein Pendant, doch sollte Franz Stark, Dozent auch für 'Realien (Mythologie),' diese 'Germanische Mythologie' dann wegen seiner Versetzung nach Graz nicht lesen.[13] Im gleichen Jahr kündigte Franz Pfeiffer, Herausgeber der Zeitschrift für deutsche Altertumskunde 'Germania' und seit 1857 Professor in Wien,[14] eine 'Deutsche Sagengeschichte' an. Der auf ihn folgende Wilhelm Scherer[15] beschäftigte sich 1869/70 mit der 'Erklärung der Germania des Tacitus' (welche der klassische Philologe Emanuel Hoffmann bereits 1858 interpretiert hatte); Richard Heinzel (1873-1905 Inhaber der altgermanistischen Lehrkanzel) hatte seit SS 1877 'Germanische Altertümer' im Repertoire, ebenfalls eine Auseinandersetzung mit Tacitus' 'Germania.' Der Neugermanist Erich Schmidt sprach im WS 1882/83 über 'Das deutsche Volkslied' und Joseph Seemüller, von R. Heinzel habilitiert, stellte im SS 1883 der Miklosich'schen 'Slawischen' eine 'Germanische Ethnographie' gegenüber.

Man wird diese slawistisch-germanistischen 'Altertumskunden' in ihrer Bedeutung für die 'Wiener' Volkskunde nicht unter-, aber auch nicht überschätzen dürfen; es ist auch müßig zu überlegen, ob die Entwicklung anders verlaufen wäre, hätte man 1872 den auf der Liste zur Besetzung des Lehrstuhls für Altgermanistik erstgenannten Karl Weinhold von Kiel nach Wien berufen.[16] Festzuhalten bleibt, daß auch anderen Wissenschaften (bzw. in diesen Fächern wirkenden Personen) ein ähnlicher Stellenwert zukommt, so der seit 1851 existierenden Geographie,[17] in Wien nicht nur naturwissenschaftlich, sondern auch stark anthropologisch ausgerichtet. 1858/59 las Professor Friedrich Simony,[18] späterer Mitbegründer des Österreichischen Alpenvereines,[19] 'Natur und Menschen im österreichischen Alpenlande,' im SS 1864 'Die Völker der Erde und deren Cultur-Entwicklung,' im WS 1874/75 'Handel und Verkehr in ihren Beziehungen zur materiellen und geistigen Cultur der Völker und Staaten.' Der Privatdozent für vergleichende Erdkunde, Vincenz F. Klun,[20] hielt im SS 1863 eine Vorlesung, die man aus heutiger Sicht einer 'Ethnologia Europaea' zuordnen könnte, 'Materielle und geistige Kultur des Kaisertums Österreich im Vergleich mit den übrigen europäischen Großstaaten.' Es folgten 'Kulturverhältnisse in den westeuropäischen Staaten' (SS 1864) sowie 'Culturbilder aus Österreich' (WS 1866/67). Daß V. F. Klun hauptberuflich Lehrer an der Wiener Handelsakademie war, und zwar für Geographie und Statistik, verweist wieder einmal auf die engen Verbindungen von Volkskunde und Statistik auch und gerade in Österreich: Karl Freiherr von Czoernig, der 1855/57 sein dreibändiges Werk über die 'Ethnographie der österreichischen Monarchie' edierte[21] und der als einer der "bedeutendsten Grundleger der österreichischen Volkskunde zu betrachten [ist],"[22] war Leiter des 'k.k. statistischen Bureaus' und Begründer der wissenschaftlichen Statistik in Österreich.[23] Daß ihm, wie Leopold Schmidt anmerkt, etwas gefehlt hat, nämlich "jenes Gefühl für das Volksmäßig-Wesentliche, für die Bindung an die Überlieferung in den Volksgütern,"[24] das macht ihn aus heutiger Sicht zu einem der wichtigsten und viel zu unbekannten Vorläufer, zu denen, um wiederum zu den Geographen an der Wiener Universität zurückzukehren, neben dem Dozenten Phillip Paulitschke (er bot ab dem WS 1888/89 regelmäßig 'Die Völkerstämme der österreichisch-ungarischen Monarchie' an) auch Professor Wilhelm Tomaschek gehörte, dessen besondere Interessen einer historisch-ethnographischen Geographie galten.[25]

Noch eine 'Ethnographie' findet sich, und zwar im sprachwissenschaftlichen Bereich: im WS 1866/67 gibt es unter den Vorlesungsankündigungen eine, welche eine Einführung in 'Grundzüge der linguistischen Ethnographie' verspricht. Gehalten hat sie der 1860 habilitierte und 1866 zum a.o. Professor für orientalische Linguistik ernannte Friedrich Müller. Müller wurde 1869 'Ordinarius für Sanskrit und der Sprachvergleichung;'[26] im WS 1871/72 las er erstmals 'Allgemeine Ethnographie.' Sein gleichnamiges Buch erschien zwei Jahre später und erlebte 1879 eine zweite Auflage.[27] Bereits 1883 gilt die nicht nur von ihm vertretene 'linguistische Ethnographie' als "wissenschaftliche Basis der Ethnographie" überhaupt.[28] Auch wenn man den 'Ethnographen' F. Müller, seinen Forschungen und Publikationen entsprechend,[29] primär als Sprachwissenschafter und dann als Völkerkundler bezeichnen würde[30] (wobei, wie noch zu zeigen sein wird, 'Ethnographie' an der Wiener Universität sowohl den europäischen als auch den außereuropäischen Bereich umfaßte, somit ein Überbegriff war), ist er für die Zukunft der akademischen Disziplin 'Volkskunde' über die Generation seiner Schüler von Wichtigkeit gewesen.

Aus den bisher angeführten Daten ist klar ersichtlich geworden, daß das, was da zwischen 1850 und 1890 an der Philosophischen Fakultät der Universität Wien allenfalls als 'volkskundlich' interpretiert werden konnte, fast immer in irgendeiner Weise 'ethnographisch' (wenn auch slawisch, germanisch, historisch-geographisch oder linguistisch) war, daß also das Primat der Ethnographie weder zu übersehen noch - wie anderswo - zu leugnen ist;[31] "die frühzeitig einsetzende Verklärung der Volkskundegenese als einer Pflanze auf germanistisch-philologischer Wurzel durch genau deren Vertreter"[32] blieb in Österreich und Wien aus, auch weil es außerhalb der Alma mater Rudolphina eine für die wissenschaftliche Volkskunde bedeutsame Institution abseits der Philologie gab: die 'Anthropologische Gesellschaft in Wien.'[33] Diese 1870 unter dem Einfluß der Naturwissenschaften gegründete Sozietät vereinigte Prähistoriker, Anthropologen und Ethnographen, verlegte 1877 ihren Sitz an das 'K. u. K. Naturhistorische Hofmuseum' und brachte ihre anthropologischen und prähistorischen Sammlungen in die von ihr vorbereitete 'Anthropologisch-Ethnographische Abteilung' der naturhistorischen Hofsammlungen als Geschenk ein. Daß man "in der von heller Begeisterung für die Sache erfüllten Gründerzeit [...] nicht nur an die Physische Anthropologie, Ethnologie und Urgeschichte, sondern auch an die Volkskunde [dachte]," führte 1884 zur Einsetzung einer 'ethnographischen Kommission,' "die sich zunächst mit jenen Maßnahmen beschäftigte, die zur Pflege der Volkskunde bzw. Ethnographie der alten österreichisch-ungarischen Monarchie und der Balkanländer zu ergreifen waren."[34]

Im Wirkungsbereich des genannten Museums und der Anthropologischen Gesellschaft begannen drei nahezu gleichaltrige junge Doktoren unterschiedlicher Studienfächer etwa zum Zeitpunkt der Gründung der Ethnographie-Kommission mit ihrer wissenschaftlichen Tätigkeit, welche sie in der Folge eng mit einer 'akademischen' Volkskunde in Verbindung bringen sollte: Rudolf Meringer (geb. 1859), Michael Haberlandt (geb. 1860) und Rudolf Much (geb. 1862). Anzumerken ist, daß sie schon durch ihre Studien sowohl Kontakte zueinander als auch zu jener 'protovolkskundlichen' Lehrergeneration geknüpft hatten, welche dazumal an der Universität Wien wirkte. Eine vierte Person ist hier zu erwähnen: Friedrich Salomo Krauss (geb. 1859). Der 1882 promovierte 'klassische Philologe' wurde bald nach Studienabschluß Mitglied der Anthropologischen Gesellschaft (die er allerdings schon 1889 wieder verließ) und trat

1884 auch in deren eben gegründete 'Ethnographische Kommission' ein. Für diese konzipierte er einen umfassenden, 750 Fragen beinhaltenden Katalog für ethnographische Forschungen, welcher in der Folge überdies die Grundlage für Krauss' eigene volkskundliche Erhebungen in den südslawischen Ländern bildete. Ihm war allerdings, im Gegensatz zu den drei anderen Jungwissenschaftern, eine spätere universitäre Karriere nicht vergönnt.[35]

Rudolf Meringer (1859-1931) promovierte 1882 nach dem Studium von Germanistik (vor allem bei R. Heinzel) und vergleichender Sprachwissenschaft, wurde 1885 Privatdozent für indogermanische Sprachen und lehrte von 1892-1899 als außerordentlicher Professor für vergleichende Grammatik der indogermanischen Sprachen an der Wiener Universität. Seine Veröffentlichungen und Forschungen gehörten jedoch, wie 1899 im Zusammenhang mit seiner Berufung an die Grazer Universität festgehalten wurde, großteils dem Umfeld der 'indogermanischen Volkskunde' an.[36] Vor allem Studien zu Haus und Hausrat waren es, die er in seiner Wiener Zeit verfaßt und zumeist in den Mitteilungen der Anthropolgischen Gesellschaft veröffentlicht hatte.[37] Meringer sollte nach seinem Weggang aus Wien für die Entwicklung der Volkskunde an der Universität Graz größte Bedeutung gewinnen,[38] blieb aber persönlich und fachlich seinen Wiener Weggefährten zeitlebens verbunden: Rudolf Much war Mitherausgeber der von R. Meringer 1909 ins Leben gerufenen Zeitschrift für Sprach- und Sachforschung 'Wörter und Sachen;'[39] in dem von Michael Haberlandt gegründeten und später als Präsident geleiteten 'Verein für Volkskunde in Wien' war er Ehrenmitglied. Anläßlich seines Todes erinnerte M. Haberlandt daran, daß er (Meringer) es war, der "den Anstoß gegeben [hat], im Kreise dieser Gesellschaft [der Anthropologischen, Anm. d. Vf.] das Studium der österreichischen Bauernhausformen aufzunehmen. I. R. Bünker, A. Dachler, A. Pecz [sic!], G. Bancalari u. A. haben diese Studien auf Grund eingehender und weitreichender Streckenforschung dann aufs erfolgreichste weiter gefördert."[40] R. Meringer galt somit als der Initiator;[41] Leopold Schmidts Feststellung, daß von dieser Bauernhausforschung die Geräteforschung ausging,[42] ist ebenso zutreffend wie Wolfgang Jacobeits allgemeine und auch auf Österreich bezogene Formulierung von der im Vergleich zu Deutschland "besseren Situation" der volkskundlichen Erforschung von Arbeit und Wirtschaft in anderen Staaten.[43] Daß hierzulande dieses Forschungsfeld schon früh 'bestellt' und eigentlich immer gepflegt wurde, hängt eindeutig mit dem großen Einfluß der Anthropologischen Gesellschaft auf die junge Volkskunde und ihre Wiener Vertreter zusammen.

Zu diesen zählte, wie schon erwähnt, auch Michael Haberlandt (1860-1940),[44] Schüler Friedrich Müllers und des 1881 nach Wien berufenen Indologen Georg Bühler. 1882 erwarb er mit einer Dissertation 'Über einige Personalausgänge bei den thematischen Verben im Indogermanischen' das Doktorat; anschließend beschäftigt er sich mit Sanskrit-Editionen. "Durch meinen Eintritt in die damals erst geplante anthropolog.-ethnographische Abteilung des K.K. naturhistorischen Hofmuseums in Wien im Sommer 1884 erhielt ich nun zum ersten Male den Impuls mich mit Allgemeiner Ethnographie zu befassen. In meinen verschiedenen seitherigen Stellungen[45] [...] hatte ich durch Bestimmung, Aufstellung und wissenschaftliche Bearbeitung der Sammlung die allerbeste Gelegenheit und Nötigung mich mit diesem Fache sowol [sic!] nach seiner allgemeinen Seite, wie im Besondern mit den ethnographischen Verhältnissen sämtlicher ethnischer Gruppen der Erde auf das Eindringlichste zu befassen,"[46] schrieb M. Haberlandt in jenem

'Curriculum vitae,' das er seinem Habilitationsansuchen vom Mai 1892 beifügte. Als Habilitationsschrift reichte er 'Die Cultur der Eingeborenen der Malediven' ein.[47] Nach Kolloquium und Probevorlesung ('Über die Polyandrie')[48] wurde ihm in der Sitzung des Professorenkollegiums vom 17.12.1892 einstimmig die Venia legendi für 'Allgemeine Ethnographie' erteilt.[49] Bereits im SS 1893 nahm er seine Lehrtätigkeit auf, angekündigt im Bereich 'Geographie und Ethnologie': Haberlandt las eine 'Ethnographie Vorderindiens' sowie 'Grundzüge einer allgemeinen Ethnologie.' Mit ihm war, wie Leopold Schmidt betonte, "die akademische Laufbahn der Volkskunde in einem, wenn auch beschränkten, Ausmaß doch eröffnet."[50] Ein Blick in die Vorlesungsverzeichnisse bestätigt dies: Nach Kollegs über malaische und afrikanische Ethnographie, vergleichende Religionswissenschaften, 'Sociologie' (im SS 1894) u.a.[51] kündigte er im SS 1896 unter 'Ethnologie' erstmalig eine Lehrveranstaltung 'Allgemeine Volkskunde' an, welcher ein Jahr später eine 'Österreichische Volkskunde' folgte. Unabhängig davon, ob man Michael Haberlandt primär als Begründer des Faches 'Völkerkunde' anspricht, wie Richard Wolfram dies tut,[52] bleibt festzuhalten, daß erstmals 1896, also zwei Jahre später als in Prag,[53] durch ihn Wort und Fach 'Volkskunde' an der Philosophischen Fakultät der Universität Wien ihre akademische Taufe erhielten. Die weitere Entwicklung vorwegnehmend, kann schon jetzt darauf verwiesen werden, daß M. Haberlandt nach dem SS 1900, in welchem er für Hörer aller Fakultäten 'Ethnologie' anbot, ausschließlich auf Europa, Österreich und Österreich-Ungarn bezogene Vorlesungen und Übungen abhielt, für welche er die Bezeichnungen 'Ethnographie' und 'Volkskunde' nebeneinander und weitgehend synonym gebrauchte.

Niemals hingegen hat in seiner langen akademischen Laufbahn Rudolf Much das Wort 'Volkskunde' in einem Lehrveranstaltungstitel verwendet. Dennoch ist R. Wolframs Einschätzung beizupflichten, daß "der von der Germanistik kommende Ansatz durch das Wirken von [...] Much [...] entscheidend für das Selbständigwerden des Faches und für den Durchbruch zur Vollberechtigung war."[54] R. Much (1862-1936),[55] Sohn des Prähistorikers Matthäus Much (Gründungsmitglied der Anthropologischen Gesellschaft in Wien, später deren Sekretär und Schriftleiter der 'Mitteilungen,' ab 1903 Vizepräsident[56]), war ab 1885 Volontär an der urgeschichtlichen Abteilung des naturhistorischen Hofmuseums und schloß 1887 sein Studium der Germanistik in Verbindung mit alter Geographie nach der Approbation seiner Dissertation 'Zu Deutschlands Vorgeschichte' mit den Rigorosen (u.a. bei R. Heinzel und dem Geographen W. Tomaschek) und der Promotion ab. Eine Studienreise führte R. Much 1888 nach Dänemark und Schweden; er nutzte sie zum Spracherwerb, "auch verschaffte sie mir Gelegenheit an der Universität in Kopenhagen germanistische Vorlesungen zu hören, sowie die reichhaltigen Museen daselbst und in Stockholm zu studieren."[57] In der Folge verfaßte er eine Reihe von "auf die Aufhellung der älteren germanischen Sprach- und Kulturgeschichte hinzielenden Untersuchungen."[58] Seine wissenschaftlichen Bemühungen gipfelten 1892 in der Einleitung des Habilitationsverfahrens (sein Buch 'Deutsche Stammsitze'[59] legte er am 4.11.1892 als Habilitationsschrift vor). Abgeschlossen wurde es am 4.2.1893, bestätigt am 12.4. desselben Jahres; die beantragte und einstimmig zuerkannte Venia lautete 'Germanische Sprachgeschichte und Altertumskunde.' Erst im SS 1894 hielt er seine erste Vorlesung, 'Das ethnographische Verhältnis der Kelten und Germanen.' Es folgten 'Germanische Ethnographie,' 'Altgermanische Ethnographie und Geographie,' Lehrveranstaltungen zur germanischen

Mythologie, zu Runenschriften und 'Urheimat der Germanen' und im WS 1898/99 erstmals 'Die Erklärung der Germania des Tacitus.' 1901 erhält er den Titel eines außerordentlichen Professors,[60] 1904 wird er Extraordinarius, 1906 Ordinarius für die Fächer seiner Lehrbefugnis. Schon 1900 hatte man seine Ernennung zum "Professor extraordinarius der germanischen und keltischen Alterthumskunde" vorgeschlagen und im Bericht an das k. Ministerium für Cultus und Unterricht als Begründung angeführt, daß es um die "Alterthumskunde" jener Völker gehe, "die nach dem Untergang der römisch-griechischen Herrschaft und Cultur für Jahrhunderte die führende Rolle in der europäischen Völkergemeinde übernommen haben, der Germanen und der zum Teil romanisierten Kelten. Es handelt sich auch hier darum, die ursprünglichen Wohnsitze der genannten Völker, ihre Eintheilung in größere und kleinere Stamm- und Gauverbände, ihre Wanderungen und neue Festsetzungen zu ermitteln, ihre staatlichen, militärischen und socialen Einrichtungen zu erforschen, ihr geistiges Leben, wie es sich vor allem in der Mythologie ausgebildet hat, zu erfassen und die Veränderungen zu beobachten, welche sich durch die Berührung mit den Kreisen der südeuropäischen Cultur ergeben haben."[61] Somit waren in den ersten Jahren des 20. Jahrhunderts für R. Much im Rahmen der 'Deutschen Philologie' Voraussetzungen für die Ausbildung einer Schülergeneration geschaffen worden, die M. Haberlandt als Lehrender, der in keinem Dienstverhältnis zur Universität Wien stand, niemals erreichen sollte.

Anmerkungen

1. Jacobeit 1965b: 26; Weber-Kellermann und Bimmer 1985: 30.
2. Zur Geschichte der Universität Wien zwischen 1800 und 1848 vgl. Gürtler 1980; Adamek 1984.
3. Frankfurter 1893.
4. Schroubek 1983: 51-59.
5. Eberhart 1983: 35-40.
6. Bockhorn 1988: 65-67.
7. Die Entwicklung der Wiener Universität nach 1848 schildern Jungwirth 1982; Mayerhofer 1982.
8. Alle folgenden Hinweise, Lehrpersonen und -veranstaltungen betreffend, stammen, sofern nichts anderes angegeben ist, aus den im UA Wien aufliegenden Verzeichnissen, die nach der Universitätsreform gedruckt erschienen und welche auch den Personalstand (mit Hinweisen auf Lehrbefugnis etc.) enthielten.
9. Jungwirth 1982: 211.
10. K. Strekelj war später an der Universität Graz tätig; vgl. Eberhart 1983: 37.
11. Zur Germanistik in Wien vgl. allgemein Fuchs 1967. - Zu Th. v. Karajan's Bedeutung für die Volkskunde siehe Schmidt 1951a: 23, 70, 106.
12. Eberhart 1983: 37.
13. Fuchs 1967: 37-38.
14. Die in der Folge genannten Germanisten sind in der Dissertation von Heide Fuchs (Fuchs 1967) allesamt ausführlich behandelt.
15. W. Scherer war später Professor an der Universität Berlin und dort Lehrer von Rudolf Meringer, welcher bei ihm eine post-akademische Ausbildung absolvierte (Lochner von Hüttenbach 1976: 27) und der uns in diesem Prolog noch begegnen wird.
16. Das Unterrichtsministerium hielt sein Kommen für unwahrscheinlich und nahm keine Verhandlungen mit ihm auf (Fuchs 1967: 129).
17. Jungwirth 1982: 144-148.

18. Zu den im Rahmen der Geographie Lehrenden vgl. auch Mayerhofer 1982.
19. In den ab 1865 erscheinenden Jahrbüchern des Alpenvereines ist eine Fülle von volkskundlich-ethnographischen Aufsätzen erschienen. Eine eingehende Untersuchung der Verbindung Geographie - Alpenverein - Volkskunde steht noch aus.
20. Jungwirth 1982: 148.
21. Czoernig 1855/57.
22. Schmidt 1951a: 103.
23. Zur frühen Verbindung von Statistik, Geographie und Volkskunde/Ethnographie in Deutschland vgl. Lutz 1973; Lutz 1980; Könenkamp 1988a; Könenkamp 1988b.
24. Schmidt 1951a: 103.
25. Vgl. dazu Tomaschek 1881.
26. Mayrhofer 1975: 414-415.
27. Müller 1873.
28. So charakterisiert im 6. Band der 13. Auflage von Brockhaus' Conversations-Lexikon, Leipzig 1883: 397.
29. Mayrhofer 1975: 415. - Ca. 1870 erschien nach F. Müllers Angaben ein 'Ethnologischer Bilderatlas,' was seine 'ethnographische' Seite beweist.
30. Zu den gemeinsamen 'Wurzeln' und der späteren Trennung von Volks- und Völkerkunde, zu 'Ethnographie' und 'Ethnologie' vgl. etwa Lutz 1969; Lutz 1982.
31. Zu diesem Prozeß des 'Totschweigens der Ethnographie' siehe Könenkamp 1991.
32. Könenkamp 1991: 177.
33. Auf die Geschichte der 'Anthropologischen Gesellschaft' kann hier nicht eingegangen werden; zu ihrer Bedeutung für die Volkskunde vgl. Schmidt 1951a: 111-113, auch Hirschberg 1970: 1-10.
34. Hirschberg 1970: 3.
35. Zum Fragebogen Krauss 1884.- Zu F. S. Krauss vgl. den Beitrag von Christoph Daxelmüller in diesem Band.
36. Zu R. Meringer siehe Lochner von Hüttenbach 1976: 25-45; zur Berufung nach Graz vgl. Eberhart 1983: 38-39.
37. Die erste Studie, 'Über das Bauernhaus von Altaussee,' erschien 1884, weitere folgten ab 1891. 1906 faßte R. Meringer seine Ergebnisse zusammen (Meringer 1906).
38. Vgl. dazu Eberhart 1983: 37-44.
39. 'Wörter und Sachen' erschien bis 1944.
40. Haberlandt 1931: 82.
41. Moser 1991.
42. Schmidt 1955b: 14.
43. Jacobeit 1965b: 8.
44. Eine kurze Biographie gibt Wolfram 1959a: 125.
45. M. Haberlandt wurde nach dem Volontariat 1886 Assistent, 1889 Custos-Adjunct der ethnographischen Sammlung.
46. UA Wien, Phil. Dek. Zl. 847 - 1891/92 (die Interpunktion im Zitat entspricht dem Original).
47. Haberlandt 1892.
48. UA Wien, Phil. Dek. Zl. 211 - 1892/93.
49. UA Wien, Phil. Dek. Zl. 217 - 1892/93.
50. Schmidt 1951a: 113.
51. Vgl. Bockhorn 1988: 68.
52. Wolfram 1986: 1.
53. Schroubek 1983: 51.
54. Wolfram 1986: 3.
55. Vgl. die Kurzbiographie von Höfler 1975: 400-401.
56. Kerchler 1975: 400.
57. Angaben aus Rudolf Muchs' 'Curriculum vitae'; UA Wien, Phil. Dek. Zl. 167 - 1891/92.

58. Ebenda.
59. Much 1892.
60. UA Wien, Personalakte Rudolf Much, Personalblatt.
61. UA Wien, Personalakte Rudolf Much, Bericht vom 7.2.1900 (verfaßt von Rudolf Heinzel).

I. ERSTER AKT: VON DER DONAUMONARCHIE ZUM "DRITTEN REICH"

NATIONALGEDANKE UND HEIMATPLEGE: VIKTOR GERAMB UND DIE INSTITUTIONALISIERUNG DER VOLKSKUNDE IN GRAZ

HELMUT EBERHART

Wie bereits angedeutet, ist die Volkskunde an Museum und Universität in Graz in der ersten Hälfte unseres Jahrhunderts untrennbar mit einem Namen verbunden: Viktor (von) Geramb. Es ist kein Zufall, daß Geramb in den 20er Jahren seine Lehrtätigkeit aufnahm, zeitlich gesehen also an der eigentlichen "Startlinie" des vorliegenden Sammelbandes. Damals begannen sich allerorten volkskundliche "Prologe" zu einem ersten Akt zu verdichten. Für das Fach begann die große Phase des Institutionalisierungsprozesses und eine zweite, für lange Zeit entscheidende Welle theoretischer Diskurse.[1]

Das vorliegende Kapitel soll sich mit den formalen und inhaltlichen Kriterien der "Fachwerdung" in Graz befassen, weiters mit dem Anteil Gerambs an den theoretischen Auseinandersetzungen in dieser Zeit und mit seiner Position innerhalb der steirischen Kulturpolitik.[2] Wenngleich hier nicht der Ort für eine ausführliche Biographie Gerambs ist, sei in Stichworten auf einige Eckdaten seiner Herkunft verwiesen. Er kam am 24. März 1884 in Deutschlandsberg in der südwestlichen Steiermark zur Welt. Sein Vater war ein hoher Beamter, seine Mutter Hausfrau. Obwohl sie die Tochter des Bezirksarztes von Deutschlandsberg war, vergaß Geramb nie, mit besonderem Stolz darauf hinzuweisen, daß er mütterlicherseits einem Bergbauerngeschlecht in den Wölzer Tauern entstammte. ("Mein mütterlicher Großvater, Dr. Bartholomäus Knapp, ist noch im Bergbauernhaus der Knapp [...] geboren worden").[3] Auf sein Studium, sein Hineinwachsen in die Volkskunde und die damit verbundene Aufbauarbeit am Steirischen Volkskundemuseum ab 1911 wurde bereits kurz verwiesen (vgl. das Kapitel: "Von Karl Weinhold bis Rudolf Meringer: Zu den Anfängen der Volkskunde in Graz"); ebenso auf die Hintergründe seiner Habilitation, deren Wurzeln exakt in jener Übergangsphase zu suchen sind, in der unser "Prolog" endet und der erste Akt beginnt - in den Jahren nach dem Zusammenbruch der Donaumonarchie.

Die gesellschaftspolitischen Zusammenhänge der Habilitation Gerambs konnten bereits angedeutet werden. Da sie gemeinsam mit den sachlichen Voraussetzungen seinen weiteren wissenschaftlichen Werdegang wesentlich mitbestimmten, sei es erlaubt, abermals und ausführlich auf diese Fragen einzugehen.

Geramb war spätestens seit seiner geographischen Hausarbeit über die Hausforschung in den Ostalpen[4] eng mit Rudolf Meringer und mit der Erforschung des ostalpinen Bauernhauses verbunden. Seine These von einer am Grundriß orientierten landschaftsgebundenen Typologie der ostalpinen Bauernhäuser, hinter der Meringer stand, hatte er nach der Veröffentlichung seiner Hausarbeit vehement gegen die Angriffe der damals renommierten Hausforscher Anton Dachler und Karl Rhamm zu verteidigen,[5] die einer ethnischen Zuordnung der Haustypen den Vorzug gaben.[6] Ein Stipendium der kaiserlichen Akademie der Wissenschaften ermöglichte ihm ab 1908, sich eingehender mit dem Problemkreis Haus zu befassen,[7] insbesonders mit der Erforschung des Rauchstubenhauses. Dieses Thema sollte für ihn zu einem zentralen Bereich seiner lebenslangen Forschungen werden. 1923 überreichte Geramb das Manuskript seiner "Kulturgeschichte der Rauchstuben"[8] seinem Mentor Rudolf Meringer, der es für die Drucklegung in seiner Zeitschrift "Wörter und Sachen" übernahm.

"So, Geramb, alter Esel, jetzt wirst Du Dich sofort für deutsche Volkskunde habilitieren,"[9] lautete Gerambs eigenen Worten gemäß die daraufhin erfolgte Einladung Meringers, ihm zur "venia legendi" für unser Fach an der Universität Graz zu verhelfen.[10] So begegnen wir dem mittlerweile 40jährigen Geramb an der Universität, als er am 16. Jänner 1924 den Antrag auf Erteilung der "venia legendi" für "großdeutsche Volkskunde" stellte.[11] Die Habilitationskommission konstituierte sich am 9. Februar 1924 und zählte neben Meringer sechs weitere Professoren.[12] Die wesentlichsten Punkte der Kommissionsberichte geben deutlich die im "Prolog" angedeutete Tendenz wieder, die für die Einrichtung der Volkskunde in Graz mitbestimmend war. Der Bericht an das Bundesministerium für Unterricht vom 11. März 1924[13] enthält neben einem curriculum vitae auch Würdigungen seiner bisherigen Arbeiten und der Habilitationsschrift "Die Kulturgeschichte der Rauchstube."[14] Das Thema der Habilitationsschrift steht deutlich unter dem Einfluß Meringers.[15] Somit scheint die Volkskunde auf eine Ebene der Sachforschung bzw. der "ideologiefreien Sachlichkeit" verlagert, und man könnte bei oberflächlicher Betrachtung zur Feststellung gelangen, eine Ideologisierung der Volkskunde hätte zu jener Zeit noch nicht stattgefunden.

Die Hinterfragung des Habilitationsaktes zeigt jedoch Ansätze, die in eine andere Richtung weisen. Versuchen wir einmal, diese "andere Richtung" aus den Unterlagen herauszuschälen und die ebenfalls ausgezeichneten sachlichen Kritiken über seine Habilitationsschrift zurückzustellen. Der zitierte Schlußbericht der Kommission berücksichtigte neben Gerambs Habilitationsschrift und seinen übrigen wissenschaftlichen Leistungen abschließend seine volksbildnerische Tätigkeit und spricht den kulturpolitischen Aspekt des Faches expressis verbis an:

> "Die Habilitation Gerambs ist aus Gründen der Ergänzung der wissenschaftlichen Forschung und Lernmöglichkeiten an unserer Universität zu begrüßen. Die deutsche Volkskunde ist in den letzten Dezennien genügend ausgebaut worden, um ihr das Recht zu geben, eine besondere Vertretung an den Universitäten zu erlangen. Sie hat einen fest umrissenen Gegenstand und eine sich immer schärfer herausentwickelnde auf Beobachtung und Vergleichung beruhende Methode. Sie ist auch im akademischen Unterricht - selbst wenn wir von Riehl absehen - kein neuer Gegenstand mehr und ihre besondere Pflege entspricht den kulturpolitische Forderungen der Zeit. Die Schaffung einer Dozentur für Volkskunde ist auch mit Rücksicht auf die neue Entwicklung unseres Elementar= und Mittelschulunterrichtes auf das lebhafteste zu wünschen. Zu der Methodik der Grundschule hat sich der

> Gedanke der Bodenständigkeit des Unterrichts u. des Ausgehens von dem, was dem Kinde das nächste ist, worin es wurzelt, von der Heimat und dem heimatlichen Leben siegreich durchgerungen.
>
> Das dieses Fach zugleich vor einer der schwersten nationalen Aufgaben unseres Volkes steht, der gründlichen und klaren, phrasenfreien Erkenntnis deutscher Eigenart und deutschen Wesens, und daß es außerdem einen Tropfen Volkstümlichkeit in die ehrwürdigen Hallen der Wissenschaft bringt, darf wohl auch zu seinen Gunsten gebucht werden."[16]

Schon zuvor wird im Rahmen der Würdigung seiner Publikationen zur Arbeit "Deutsches Brauchtum in Österreich"[17] festgestellt:

> "Gerade dieses Buch läßt die Erwartung gerechtfertigt erscheinen, daß er als akademischer Lehrer nicht Stückwerk, sondern ein reiches und gereiftes, in den großen Zusammenhang gestelltes Bild des alpendeutschen Volkstums seinen Schülern geben wird."[18]

Die volksbildnerische bzw. kulturpolitische Seite der Habilitation kann wiederum nicht isoliert gesehen werden, sondern ist vor dem Hintergrund weltpolitischer Ereignisse zu betrachten (vgl. auch das Kapitel: "Von Karl Weinhold bis Rudolf Meringer: Zu den Anfängen der Volkskunde in Graz"): 1918 erfolgte mit dem Ende des Ersten Weltkrieges auch der Rücktritt des letzten österreichischen Kaisers und somit der Zusammenbruch der alten Donaumonarchie. Das seither auf einen kleinen Kern zusammengeschrumpfte Österreich litt unter Identitätskrisen; viele bezweifelten seine Existenzfähigkeit.[19] Vor dem Hintergrund einer sich breitmachenden "Weltuntergangsstimmung" suchten viele nach neuen Werten und neuen Identitäten. Bei dieser Suche erwartete man sich unter anderem auch von der Volkskunde Hilfe. Deutlicher noch als im Abschlußbericht der Habilitationskommission wird dies in einem Antrag der philosophischen Fakultät vom 8. Mai 1925 ausgesprochen, mit dem beim Ministerium ein Lehrauftrag für Geramb im Ausmaß von vier Wochenstunden erreicht werden sollte:

> "[...] dessen [= das Fach Volkskunde, Anmerkung des Verfassers] [...] Bedeutung nicht nur für die Studierenden bestimmter Fächer unserer Fakultät und für die künftigen Mittelschullehrer, sondern auch für die Hörer aller Fakultäten und für die nationale Erziehung der akademischen Jugend das Professorenkollegium in seinem Berichte über Gerambs Habilitationsgesuch bereits eingehend gewürdigt hat. Gerade weil Volkskunde und Heimatpflege, deren hohen Wert für die sittliche Erneuerung unseres zerrütteten Volkstums man allgemein erkannt hat, Gegenstände einer tiefgreifenden Bewegung geworden sind und somit die Gefahr besteht, daß sie zu einer äußerlichen Modeströmung verflachen, in der ein wissenschaftlicher Dilettantismus die Führung an sich reißen könnte, schien es um so mehr geboten, die Wissenschaft von unserem Volksleben, Sitte und Brauchtum in den Rahmen regelmäßigen akademischen Unterrichts aufzunehmen. So wird die systematische Pflege ernster volkskundlicher Forschung gesichert, die begeisterte Jugend von Irrwegen abgehalten [...]."[20]

Die vorstehenden Zitate zeigen deutlich Ansätze, der Volkskunde gesellschaftspolitischen Charakter im Sinne einer nationalen Wissenschaft zu verleihen. Wenngleich diese Ansätze noch streng von nationalsozialistischem Gedankengut zu trennen sind, begeben wir uns in ein ideologisches Vorfeld, das mit den Jahren zusehends ebener zu werden begann und somit für die nachfolgenden Nationalsozialisten leichter begehbar war.

Nicht zufällig konnte die Kulturpolitik gerade mit Viktor Geramb so stark in Zusammenhang gebracht werden. Dieser wirkte schon Jahre zuvor auf dem Gebiet der Volksbildung und hatte sich damit um 1924 bereits einen bedeutenden Namen geschaffen.[21] Für ihn war Volkskunde nie Wissenschaft per se, sondern leitete ihre Berechtigung aus der ständigen Beziehung zur Anwendung im Sinne seines großen Vorbildes Wilhelm Heinrich Riehl ab.[22] Diese Vorbildwirkung reicht bis in die Anfänge von Gerambs wissenschaftlichem Wirken zurück und war sehr früh mit deutschnationalem Gedankengut verbunden. Bereits 1913 hielt Geramb einen - obwohl anschließend gedruckten - heute kaum mehr bekannten Vortrag mit dem Titel "Die nationale Bewegung und die Volkskunde"[23] und berief sich dabei auf eine entscheidende Passage in der wissenschaftlichen Zielsetzung W.H. Riehls, die dieser bereits 1858 niedergelegt hatte: "Die Volkskunde ist gar nicht als Wissenschaft denkbar, so lange sie nicht den Mittelpunkt ihrer zerstreuten Untersuchungen in der Idee der Nation gefunden hat."[24] Eine weitere ebenfalls von Geramb zitierte Passage aus Riehls Aufsatz beinhaltet eine noch deutlichere Aussage:

> "Vielleicht ist keines der großen europäischen Kulturvölker langsamer zu dem Begriff seiner gesamten einheitlichen Nationalität gekommen wie das deutsche, aber gerade weil es uns so sauer wurde, das Wort und die Tatsache des 'deutschen Volkes' zu finden, scheinen wir auch vor anderen berufen, unser Volkstum nachgehends um so gründlicher zu erkennen und um so liebevoller zu hegen und zu pflegen."[25]

Man könnte dies auch als frühes, bereits in der Mitte des 19. Jahrhunderts niedergelegtes Bekenntnis eines übersteigerten Nationalgefühls interpretieren, das zu verstärkter Wachsamkeit hätte aufrufen sollen!

Doch die Katastrophe schien 1924 noch fern, und Viktor Geramb war der Mann, der mit seiner Forderung nach stringenter Wissenschaftlichkeit und seiner Volksbildungsarbeit dem Professorenkollegium befähigt schien, gleichsam als Teil einer nationalen Bewegung im Geiste einer nationalen Idee an der Grazer Universität zu wirken. Der Begriff "national" ist dabei durchaus ambivalent zu verstehen: Während Gerambs Weltanschauung vom deutschnationalen Geist des 19. Jahrhunderts geprägt war, ging es den Professoren der philosophischen Fakultät - zumindest vordergründig - um die Identitätsfindung des "kleinen Österreich." Bei näherer Betrachtung ist es auch nicht überraschend, wie einfach sich diese beiden Komponenten auf einen Nenner bringen ließen: Nach dem Ersten Weltkrieg blieb nur das überwiegend deutschsprachige Österreich zurück, was bei der 1918 erfolgten Proklamation der Ersten Republik auch im Namen "Deutsch-Österreich" seinen Ausdruck fand. So war die ausschließliche Hinwendung zum "Deutschtum" für viele nur logische Konsequenz. Ebenso folgerichtig erscheint nach den vorangegangenen Feststellungen, daß die venia legendi für Viktor

Geramb auf "Deutsche Volkskunde" lautete.[26] Geramb hielt an diesem Aspekt in den nächsten fünfzehn Jahren eisern fest. Immer wieder stellte er in Vorträgen und Aufsätzen wie "Die Bedeutung des Österreichers für das deutsche Volk,"[27] "Was ein Volk sei,"[28] "Großdeutsche Kultureinheit im Volksleben,"[29] die Zugehörigkeit der Österreicher zum deutschen Volk heraus. Leopold Kretzenbacher zeigt in einem aufschlußreichen, bis heute von der Wissenschaftsgeschichtsschreibung leider zuwenig beachteten Aufsatz, wie sehr der Volksbegriff auch bei Gerambs Vorlesungen ein zentrales Thema bildete.[30]

Den deutschnationalen Volksbegriff verband Geramb dabei nicht mit dem nationalsozialistischen der NSDAP. Gesellschaftspolitisches Engagement sah er stets abgekoppelt von jeglicher Parteinähe, die dem Romantiker Geramb ferne stand. Er und viele andere mit ihm halfen jedoch mit ihrer einschlägigen Affinität, den Weg für die Nazionalsozialisten zu ebnen: Verstrickung und Schuld liegen eng beisammen. Dies ist einer jener Punkte, der uns einerseits verbietet, Wissenschaftsgeschichte auf die Farben schwarz/weiß zu reduzieren; andererseits aber auch ein Punkt, der sie für uns über die reine Erkenntnis hinaus wichtig werden läßt. Das Erkennen und Aufzeigen von Fehlentwicklungen in Ansätzen sollte uns warnen. Sollte uns sagen, daß nicht erst tragische Konsequenzen gesellschaftspolitischer Fehlentwicklungen zu verurteilen sind, sondern daß wir gleichermaßen den Wurzeln gegenüber wachsam sein müssen, die auch von jenen gegossen werden, die man später nicht in tragische Konsequenzen involviert findet. Dieses Bild gilt für Vergangenheit und Gegenwart, vielleicht dient es in Zukunft, ähnliches vermeiden zu helfen![31]

Geramb gelang es in den folgenden Jahren, seinen Ruf als herausragender Gelehrter zu festigen, und bereits 1928 installierte die philosophische Fakultät eine Kommission, die Gerambs Ernennung zum außerordentlichen Professor betreiben sollte. Die Kommission beschloß am 9. März 1928 einstimmig, dem Ministerium die Ernennung Gerambs zum außerordentlichen Professor vorzuschlagen.[32] Doch diesmal schien nicht alles so problemlos zu verlaufen wie bei der Habilitation. Es war geplant, Geramb ganz in den Personalstand der Universität zu übernehmen. Dieser war damals Leiter des Volkskundemuseums und stand im Dienstverhältnis zum Land Steiermark. Während seine Habilitation an der Universität diesen Zustand nicht beeinträchtigte, hätte eine Übernahme an die Universität einen Wechsel in den Dienst der Republik Österreich bedeutet, und die Schaffung einer neuen Planstelle schien dem Ministerium in Zeiten permanenter Wirtschaftskrisen nicht opportun.

Geramb selbst rechnete zunächst ebenfalls nicht mit seiner Ernennung. Er deutete dies in einem Schreiben vom 10. Dezember 1928 an den damaligen Direktor des Österreichischen Volkskundemuseums in Wien, Arthur Haberlandt, auch an:

> "Kurz, was Sie mir schon vor Jahren sagten, sehe ich heute schon selber ein: Es geht nur über die Politiker! Und dazu habe ich keinen Weg, weil ich mich keiner Partei anschließen kann. So wird wohl mein Extraordinariat, für dass man mich schon im vorigen Maerz vorgeschlagen hat, ein frommer Wunsch und so werde ich als Schubertischer Altösterreicher weiter der brave unentgeltliche Esel sein und ewig, ewig, bleiben."[33]

Aus diesen sarkastisch-bitteren Zeilen klingt eine wichtige Grundhaltung Gerambs durch. Obwohl er zu einer festen ideologischen Position stand, hatte er eine strikte

Abneigung gegen eine parteipolitische Bindung in Form von Mitgliedschaften. Die Parteienlandschaft war dem im nationalen Geist des 19. Jahrhunderts stehenden Gelehrten nicht erst im Nationalsozialismus zu eng, sondern schon in der Ersten Republik.

Wie groß Gerambs Abneigung gegen Parteien bzw. parteipolitisch geprägte Organisationen war, zeigen u.a. die Probleme, die er mit dem Eintritt in die "Vaterländische Front" hatte. Der Historiker Gerhard Jagschitz stellte von der "Vaterländischen Front" fest, sie sei "[...] als mächtigste politische Waffe des Systems [= Österreichischer Ständestaat 1934 bis 1938, Anmerkung des Verfassers] gedacht [...]" und sollte "[...] als Trägerin des österreichischen Staatsgedankens die politische Einheitsorganisation werden."[34] "Die vaterländische Front war in ihrem politischen Alleinvertretungsanspruch eine bewußte Kopie nationalsozialistischer Vorbilder."[35]

Nachdem Karl Maria Stepan noch vor seiner Ernennung zum Landeshauptmann (2. November 1934) am 19. Februar 1934 die Bundesleitung der "Vaterländischen Front" übernommen hatte,[36] war offenbar gerade in der Steiermark unter den Landesbediensteten der Druck, dieser Organisation beizutreten, besonders groß - insbesonders nach dem Juliputsch 1934 schien die "VF"-Mitgliedschaft unerläßlich zu werden. Doch bereits Wochen zuvor gab es kaum mehr Landesbedienstete außerhalb der "VF" ("Wir sind aber [...] unter 850 Landesbeamten nur mehr 5").[37]

Im Juni 1934 schrieb Geramb an den Innsbrucker Historiker und Volkskundler Hermann Wopfner[38] und an einen zweiten, namentlich nicht genannten Kollegen teilweise idente Briefe,[39] in denen er seiner Unsicherheit und Verzweiflung über den Druck von oben Ausdruck verlieh. Das Schreiben an N.N. ist ausführlicher und zeigt wie kaum ein zweiter Brief jener Zeit Gerambs Schwierigkeiten im Umgang mit parteipolitisch motivierten Pressionen. Wozu in diesem Fall noch kommt, daß er als "Deutschnationaler" mit einer austrofaschistischen Organisation auch ideologische Probleme haben mußte. Primär war jedoch sicher seine Angst vorherrschend, sich parteipolitisch zu binden:

> "Ich leide, ob dieser Frage wahre Qualen [...]. Mein Gewissen sagt mir *deutlich*, ich dürfe mich nach *keiner* Seite hin verschreiben. Nun aber [...] macht man uns von beiden Seiten her bange und meint, man werde auch uns, wenn wir nicht beitreten, fristlos und ohne Pension entlassen.
>
> *Warum*, ja *warum befiehlt* denn der Staat das [den Beitritt zur "Vaterländischen Front," Anmerkung des Verfassers] nicht einfach und ausdrücklich!? Wozu martert man denn Tausende redlichster Gewissen - auch solche die *keineswegs* 'braune Mordbuben' sind? Wozu zwingt man denn unzählige ehrliche Menschen, die *immer* redlich ihre Pflicht getan haben, zur Heuchelei aus purer Angst? Das *kann* doch nicht 'christlich' sein!"[40]

So schließt Geramb sein Schreiben in Anspielung auf die hinter der "VF" stehende Christlichsoziale Partei.

Sein Schreiben an Wopfner enthält zusätzlich die Anfrage, ob es stimmt, "[...] daß Sie unter den wenigen Innsbrucker Kollegen seien, die nicht zur VF beitreten konnten."[41] Wopfner ließ sich zunächst mit der Antwort Zeit, bis der Putschversuch der Nationalsozialisten im Juli 1934 die Lage dramatisch zuspitzte. Am 3. August 1934 schreibt Wopfner dann an Geramb:

> "Der Rest der 'nicht Beigetretenen' hat gestern beschlossen, seinen Beitritt anzumelden. Ich war selbst auch dafür und zwar aus folgendem Grund: Das entsetzliche Attentat auf den armen Bundeskanzler hat eine Stimmung hervorgerufen, auf die man Rücksicht nehmen muß: das Nichtbeitreten wird zur Zeit tatsächlich von vielen als ein Sympathisieren mit den Bombenwerfern und Attentätern gewertet. Mit der Logik hat selbstverständlich ein solches Urteil nichts zu tun; aber die Logik hat schon längst ihre Herrschaft im öffentlichen Leben sowie in der öffentlichen Meinung verloren, wenn sie dieselbe je gehabt hat. [...] allerdings hielt ich mich für verpflichtet, meiner Beitrittserklärung eine Erklärung beizugeben, in welcher ich den Beitritt unter Vorbehalt meiner schärfsten Verurteilung jeder Art von Faschismus vollziehe und daß ich nach wie vor Demokrat bleibe."[42]

Geramb folgte dem Rat seines Freundes, zog ebenfalls die wohl unvermeidlichen Konsequenzen und trat im August 1934 der "Vaterländischen Front" bei.[43] Die ausführliche Behandlung dieses oberflächlich gesehen peripher zur Wissenschaftsgeschichte stehenden Vorganges zeigt, wie Wissenschafter bereits vor der Nazi-Diktatur politischem Druck - durch den Austrofaschismus - ausgesetzt waren und ist für den Verfasser darüber hinaus ein indirektes Plädoyer gegen jegliche parteipolitische Einflußnahme auf die Wissenschaft.

Werfen wir nach diesem Exkurs den Blick zurück in das Jahr 1929, als Gerambs Ringen um eine außerordentliche Professur sich dem Höhepunkt näherte. Das Ministerium reagierte auf den Antrag der Fakultät vom 9. März 1928 nicht, daher erneuerte diese am 25. Mai 1929 Ihren Vorschlag[44] - jedoch wieder ohne Erfolg. Nachdem trotz verschiedener Interventionen das Ministerium keine positive Reaktion gezeigt hatte, kam Geramb ein wesentliches Druckmittel zu Hilfe: In Prag gab es mit Adolf Hauffen schon seit 1919 eine Professur für "Deutsche Volkskunde, sowie für Deutsche Sprache und Literatur."[45] 1929 schuf man knapp vor dem Tode Hauffens (2. Februar 1930) ein eigenständiges Seminar für Volkskunde, das auch einen eigenen Lehrstuhl erhalten sollte.[46] Die diesbezüglichen Verhandlungen liefen gerade zu dem Zeitpunkt, als Gerambs Antrag auf Ernennung zum a.o. Professor im Gang waren. Noch bevor endgültige Besetzungsvorschläge in Prag erstellt wurden, brachte man Gerambs Namen ins Spiel, und er selbst überlegte ernsthaft, dieses Angebot anzunehmen. Mit dem Druckmittel, diesen hervorragenden Gelehrten für immer nach Prag zu verlieren, argumentierte eine neu eingesetzte Kommission in einem am 9. März 1931 dem Ministerium übermittelten Bericht:[47]

> "Nicht nur die Grazer Universität, sondern das ganze Österreich liefe Gefahr, diesen mit den Alpenländern so eng verbundenen und in ihnen wurzelnden Forscher zu verlieren und ihn preiszugeben."[48]

Nachdem sich die finanzielle Lage nach wie vor nicht gebessert hatte, kam es zu einem kurios anmutenden Kompromiß: Viktor Geramb wurde mit Entschließung vom 20. November 1931 vom Bundespräsidenten zum *unbesoldeten* außerordentlichen Professor für Volkskunde ernannt.[49] Geramb hatte somit sein Extraordinariat, blieb jedoch weiterhin als Leiter des Volkskundemuseums im Personalstand des Landes Steiermark.

Mit seiner Ernennung zum Professor wurden die Spekulationen um eine Abwanderung hinfällig, und noch bevor Prag die endgültige Liste bekanntgab, lehnte Geramb Anfang 1932 in einem ausführlichen Schreiben eine allfällige Berufung ab.[50] Ein halbes Jahr später reihte ihn die Fakultät dennoch "primo loco;"[51] Geramb blieb jedoch bei seiner Ablehnung.

Mit der Installierung eines Extraordinariats für Volkskunde und der bald darauf erteilten Genehmigung, Rigorosen abnehmen zu dürfen,[52] konnte Geramb seinen Wirkungsbereich entscheidend vergrößern. Die folgenden Jahre sind als Höhepunkt seiner wissenschaftlichen und volksbildnerischen Laufbahn zu bezeichnen. Es entstand nicht nur sein wissenschaftliches Hauptwerk, eine fundamentale Monographie über die steirische Tracht,[53] sondern er bildete gemeinsam mit dem Leiter des Bildungshauses St. Martin, Josef Steinberger,[54] und dem damaligen Landeskonservator, Walter Semetkowski,[55] ein "Triumvirat," dem das steirische Kulturleben entscheidende Impulse zu verdanken hatte.[56]

Geramb vermochte dies primär über drei Institutionen, denen er jeweils von Beginn an aufs engste verbunden war: dem "Deutschen Schulverein Südmark," dem "Verein für Heimatschutz" und dem "Heimatwerk." Die "Südmark" ermöglichte es ihm, über ihr Vereinsorgan mehrfach zu grundsätzlichen Fragen der Volksbildung Stellung zu nehmen.[57] Über den "Verein für Heimatschutz," dem Geramb seit der Gründung (1909) angehörte,[58] versuchte er insbesonders auf die bäuerliche Architektur Einfluß zu nehmen:

> "Dieses so sehr betonte 'Bäuerliche' in Gerambs Volkskunde, selbstverständlich nicht primär als Sozialstand betrachtet, [...] vielmehr gemeint als geistiger Habitus des 'volkhaften Menschen' fand auch seine Vorbildwirksamkeit in Gerambs Bestreben um die Rettung einer ländlich betonten Heimatlandschaft gegen die schon in der Zwischenkriegszeit beginnende, heute überwuchernde wilde Besiedlung in weitgehender 'Stillosigkeit'."[59]

Geschmacksbildend versuchte Geramb nicht nur über den "Heimatschutz" zu wirken, sondern insbesonders auch über das von ihm 1933/34 gegründete "Heimatwerk." Kretzenbacher bringt die ursprüngliche Intention des Heimatwerkes auf den Punkt:

> "Geramb hatte hier, um eine Art Musterwirkung erreichen zu können, unter bedeutenden Schwierigkeiten und zielbewußt [...] die [...] Institution 'Heimatwerk' gegründet: Eine Verkaufs- und Beratungsstelle für Tracht und sogenannte 'Volkskunst', für 'ländlich-bäuerlichen' Gewerbefleiß in Weberei, Walkerei, Stick- und Strickwaren, in Geschnitztem, Ge- und Bemaltem, in ländlicher Töpferei, kurz in jenen Produkten, die von Anfang an eine Art Nebenverdienst für die (als ländlich gedachten) Produzenten sein hätten sollen [...]."[60]

Geramb nahm in allen drei genannten Institutionen eine führende Position ein, die nicht nur seine Einflußmöglichkeiten erklärt, sondern auch seine herausragende Rolle im Kulturschaffen der Steiermark in der Zwischenkriegszeit; wobei sich Kulturarbeit damals viel stärker als heute als "Volkstumspflege" bzw. "Volksbildung" verstand.

Gerambs Einfluß in jenen Tagen auf die Steiermark zu reduzieren, hieße jedoch seine Position bei weitem zu unterschätzen. Er spielte eine nicht unwesentliche Rolle in der wissenschaftstheoretischen Auseinandersetzung in den 20er und 30er Jahren. In zwei aufeinanderfolgenden Jahren waren zu Beginn der 20er Jahre jene beiden Bücher erschienen, die die theoretische Diskussion im Fach für lange Zeit anregen und beleben sollten: "Primitive Gemeinschaftskultur"[61] und "Grundzüge der deutschen Volkskunde;"[62] beide von Hans Naumann.[63] Die darin vertretene These von der Trennung der volkskulturellen Güter in "primitives Gemeinschaftsgut" und "gesunkenes Kulturgut" war nie zuvor so deutlich postuliert worden, wenngleich die Frage spätestens seit John Meiers Volksliedstudien zu Beginn unseres Jahrhunderts im Raum stand.[64]

Geramb schaltete sich bereits 1924 mit seinem Habilitationsvortrag in diese Diskussion ein. In Anlehnung an W.H. Riehl übertitelte er seinen Vortrag: "Die Volkskunde als Wissenschaft."[65] Zunächst befaßte sich Geramb jedoch nicht mit Naumanns Thesen, sondern nahm auf Riehl Bezug und arbeitete die starke Beziehung der Volkskunde zur Romantik heraus. Erst gegen Ende seines Referats setzte er sich mit dem "jungen Frankfurter Germanist[en] Hans Naumann"[66] auseinander. Er stimmte diesem zwar über weite Strecken zu, betonte aber seine Angst vor Fehlinterpretationen des Naumann'schen Ansatzes: Nicht nur "primitives Gemeinschaftsgut," sondern selbstverständlich auch "gesunkenes Kulturgut" müsse Gegenstand der Volkskunde sein.[67] Ablehnend steht Geramb der Kritik an der romantischen Haltung durch Naumann[68] gegenüber. Geramb nimmt dabei erstmals zu seiner Auffassung von Romantik Stellung, die sein wissenschaftliches Denken und Arbeiten wesentlich beeinflußte.

> "Naumann scheidet ferner zwischen einer 'romantischen' und einer 'besonnenen' volkskundlichen Betrachtungsart. So sehr ich verstehe und so sehr ich ihm in dem Recht gebe, was er damit meint, so wenig kann ich seine Bezeichnung 'romantisch' für allen blutigen, verlogenen und süßlichen Dilettantismus gelten lassen. Wir müssen uns endlich davon befreien, alles was albern ist, als 'romantisch' und alles, was romantisch ist, als albern zu bezeichnen. Die ganze deutsche Kultur und die Volkskunde ganz besonders verdankt [...] der Romantik so viel, daß es mir als eine Pflicht erscheint, die Begriffe Romantik und romantisch als Ehrennamen in der deutschen Geistesentwicklung in Ehrfurcht reinzuhalten."[69]

Als Gegenstand der Volkskunde bezeichnet Geramb im Sinne Albrecht Dieterichs[70] den "Mutterboden des Volkes," in Anlehnung an den von Eduard Hoffmann-Krayer geprägten "vulgus"-Begriff.[71] Geramb sieht nun im "Mutterboden" wie Hoffmann-Krayer die "naturnahen Schichten, die Bauern und die Kinder als Hauptgegenstände volkskundlicher Betrachtung hingestellt."[72] Doch deutet er hier bereits an, was er später klarer formulieren sollte:

> "Daß man schließlich mit dem Begriff 'vulgus' nicht für alle Einzelfälle haarscharf operieren kann, daß gelegentlich auch beim gebildetsten Deutschen (wie beim Gebildeten jeder Kulturnation) ein wenig vom vulgus durchschlägt, das halte ich für ein Glück."[73]

Für Geramb war "vulgus" in späteren Jahren kein Stand, sondern ein Zustand.[74] Er verabschiedete sich damit deutlich von seiner ersten Auffassung vom Arbeitsgebiet des Faches, die er bereits 1910 formuliert hatte. Damals schloß er "die Schichte der Gelehrten, der Techniker, der Künstler, aber auch [...] der Städter, der Bureaukraten, der Fabriksarbeiter und zunft- oder berufsmäßigen Handwerker"[75] dezidiert als "Gegenstand" volkskundlicher Betrachtung aus.

Nur wenige Jahre nach dieser Abhandlung sah sich Geramb erneut veranlaßt, in die laufende Theoriediskussion einzugreifen. Anlaß war diesmal Julius Schwieterings Streitschrift "Wesen und Aufgabe der deutschen Volkskunde."[76] Schwietering hatte für die Volkskunde eine Reihe von massiven Vorwürfen parat und reduzierte erstens ihr Forschungsgebiet auf die bäuerliche Bevölkerung und degradierte das Fach zweitens zu einer Hilfswissenschaft von Geschichte und Soziologie. Dies mußte Gerambs Reaktion um so mehr hervorrufen, als er gerade um eine außerordentliche Professur zu kämpfen begann und eine derartige Position nicht unwidersprochen hinnehmen konnte. Geramb geht es im großen und ganzen um einen ähnlichen Ansatz wie 1924, den er insgesamt dichter und reifer formuliert als vier Jahre zuvor. Darüberhinaus versucht er, die Fachabgrenzung zu den Nachbardisziplinen und einen spezifisch volkskundlichen Ansatz herauszuarbeiten, um Schwieterings Vorwürfe zu entkräften. Er differenziert dabei das "Zielgebiet" der Volkskunde stärker als 1924, indem er meint: "Nicht das 'gesunkene', sondern das vom vulgus '*gestaltete*' Kulturgut ist uns nun das Entscheidende."[77] Deutlich erklärt er die Herkunftsfrage (nach "primitivem" oder "gesunkenem Gut") für sekundär[78] und, mit Adolf Spamer,[78] als "sichtende Vorarbeit."[80] Er beendet seine Abhandlung mit einer Zuweisung der "nächsten Aufgabe" für die Volkskunde und stellt fest, daß "[...] die *Besonderungen* innerhalb des deutschen vulgus zu erforschen [seien]." Und weiter:

> "Diese Besonderungen unterscheiden die materiellen und geistigen Lebensäußerungen der deutschen Mutterschicht sowohl von den ethnologischen und völkerpsychologischen Erscheinungen der Primitivkulturen aller 'Naturvölker', wie auch von der individualisierten Kulturwelt ihrer eigenen Tochterschichten. Sie enthalten aber gerade dadurch, daß sie eben 'Besonderungen' sind und daß sie mit der national differenzierten Oberschicht in dauernder Wechselwirkung stehen, die Keime und Quellen 'deutschen Wesens'. Die Bezeichnung 'deutsche Volkskunde' trifft also in jeder Hinsicht zu."[81]

Der Aufsatz von 1928 ist vielleicht Gerambs reifste theoretische Leistung, an die er 1937 mit der "Urverbundenheit"[82] nicht mehr herankommt. Erneut greift er in dieser Abhandlung auf Naumann zurück und deutet bereits in den ersten Sätzen an, worum es ihm geht. Er versucht den seit Naumann in der Diskussion stehenden Begriff "primitiv" zu überwinden.[83] Gerhard Lutz sieht in seiner wissenschaftsgeschichtlichen Anthologie die Bedeutung dieses Aufsatzes darin, daß "[...] gerade er als der letzte große Aufsatz vor der Katastrophe und in einer verwirrten Zeit in seiner nochmaligen Zusammenfassung aller Aspekte zu einer Schau auf die tiefsten Probleme, die sich unserer Wissenschaft stellen, von ganz besonderer Bedeutung [war]."[84]

Unter Bezugnahme auf Georg Koch[85] trat Geramb in dieser Studie für den Begriff "Urverbundenheit" ein, worunter er "jene primären, d.h. urgegebenen Totaleindrücke intuitiv logischer Schau [verstand], die zum Wesen der Urvölker, aber auch des vulgus in populo [...] gehört."[86] Als Hauptproblem der wissenschaftlichen Volkskunde tritt nun zu den Herkunftsfragen das "Loslösen des primären urverbundenen Erscheinungskernes aus seiner primitiven Umhüllung" hinzu.[87] Geramb verpackt dabei lediglich seine 1928 getroffene Feststellung über die "Besonderungen innerhalb des deutschen vulgus"[88] in eine neue Form und bereichert die Diskussion um den Begriff "Urverbundenheit."

Erneut - und deutlich wie nie zuvor - stellte sich Geramb abschließend hinter den Begriff "Romantik," als er unter Bezugnahme auf die vorstehenden Erläuterungen zur "Urverbundenheit" meinte:

> "Wer in diesen Forderungen einen Rückfall in die romantische Volkskunde sieht, den bitten wir, folgendes zu bedenken: Wenn unter 'Romantik' das verstanden wird, was sie im tiefsten Grunde ihres Wesens wirklich gewesen ist, ein Abhorchen des Herzschlages unseres Volkes, ein Heimfliegen des Geistes in die Gründe primärer Urverbundenheiten, *dann können wir diesen 'Rückfall' nur aus ganzem Herzen segnen*"![89]

Die Bedeutung dieser theoretischen Arbeiten für die Diskussion in der Zwischenkriegszeit unterstrich Lutz 1958 dadurch, daß er alle drei in sein Handbuch aufnahm.[90] Für uns bedeuten sie heute Markierungen in einer Phase theoretischer Auseinandersetzungen, die gegenwärtig wieder im Mittelpunkt des wissenschaftsgeschichtlichen Diskurses stehen. Obwohl sie für die Probleme der gegenwärtigen Volkskunde keine ausreichenden Lösungen mehr anbieten können, sind es Beiträge, die u.a. auch die Bedeutung der österreichischen Volkskunde in der Theoriediskussion jener Zeit aufzeigen.

Die "Urverbundenheit" war, wie Lutz feststellte, "der letzte große Aufsatz vor der Katastrophe."[91] Auch für Geramb sollten sich die Voraussetzungen für sein wissenschaftliches Arbeiten bald verändern. Noch ahnte er nichts davon. Seine bürgerlich-konservative Herkunft, seine deutschnationale Einstellung und seine romantische Wissenschaftsauffassung ließen ihn zunächst positiv gestimmt der Katastrophe entgegensteuern. Mit seiner ideologischen Position fühlte er sich dem Nationalsozialismus zumindest nahe, was für sein Verständnis absolut ausreichend war. Er sollte zu spät erkennen, daß die NSDAP nur eine hundertprozentige Gefolgschaft akzeptierte!

Anmerkungen

1. Vgl. Lutz 1958: 102-228.
2. Zur Geschichte und Kulturpolitik der Ersten Republik vgl. Weinzierl und Skalnik 1983.
3. Geramb 1951: 79; vgl. auch Wopfner 1959 und Koren 1974.
4. Geramb 1908.
5. Geramb 1909a und 1909b.
6. Dachler 1908; Dachler 1909a; Rhamm 1909.
7. Geramb 1909c.
8. Vgl. Geramb 1926.
9. Geramb 1951: 85.
10. Laut Gerambs eigenen Angaben fand dieses Gespräch im März 1924 statt (vgl. Geramb 1951: 85). Dies ist mit Sicherheit falsch, da Gerambs Antrag auf Erteilung der venia bereits im Jänner 1924 erfolgte.
11. Universitätsarchiv Graz (= UA Graz). Personalakt Geramb, Zl.582.
12. UA Graz. Personalakt Geramb, Zl.856.

13. UA Graz. Personalakt Geramb, Zl.856a.
14. Geramb 1926.
15. Eberhart 1983: 42-43.
16. UA Graz. Personalakt Geramb, Zl.586a.
17. Geramb 1924b; vgl. Geramb 1948.
18. UA Graz. Personalakt Geramb, Zl.586a.
19. Daß diese Problematik heute immer noch virulent ist, zeigte die Äußerung eines österreichischen Oppositionspolitikers, der in einem Interview die Idee von einer österreichischen Nation als "Mißgeburt" bezeichnete und damit heftige tagespolitische Reaktionen auslöste!
20. UA Graz. Phil. Fak., Zl.1175 ex 1924/25. Antrag auf Zuerkennung eines remunerierten Lehrauftrages für V. Geramb vom 8.5.1925.
21. Vgl. dazu Geramb 1919a; 1919b; 1922b; 1924b.
22. Wilhelm Heinrich Riehl war Professor für Kulturgeschichte und Statistik in München und wurde immer wieder als Begründer der wissenschaftlichen Volkskunde angesprochen, vgl. Geramb 1954a.
23. Geramb 1914b.
24. Riehl 1859b: 216; der Vortrag wurde 1858 gehalten.
25. Riehl 1959b: 214.
26. Viktor Geramb war der erste Volkskundler, der sich in Österreich für dieses Fach habilitierte, und er dürfte nach Gustav Jungbauer an der deutschen Universität in Prag (1922) der zweite an einer deutschsprachigen Universität gewesen sein!
27. Geramb 1933.
28. Geramb 1934.
29. Geramb 1930.
30. Kretzenbacher 1983: 84.
31. Zur Schwierigkeit der Grenzziehung zwischen nationalem Denken zur Identitätsfindung und zur Ausgrenzung vgl. auch Eberhart 1991a.
32. UA Graz. Personalakt Geramb. Zl.789 ex 1927/28. Bericht der Kommission 153 an das Bundesministerium für Unterricht zwecks Ernennung Viktor Gerambs zum a.o. Professor vom 12.3.1928.
33. Privatarchiv Geramb. Schreiben Gerambs an Arthur Haberlandt vom 10.12.1928. Ich möchte an dieser Stelle der Familie Friedl und Dr. Wilhelm Herzog für den oftmaligen und freien Zugang zum Privatarchiv ein besonders herzliches Danke aussprechen. Ohne deren Aufgeschlossenheit wären die vorliegende Untersuchung und die bisher zu diesem Thema publizierten Arbeiten nicht möglich gewesen!
34. Jagschitz 1983: 504; zur "Vaterländischen Front" vgl. auch Bärnthaler 1971.
35. Jagschitz 1983: 500.
36. Pferschy 1983: 957.
37. Privatarchiv Geramb. Schreiben Gerambs an N.N. vom 27.6.1934.
38. Zu Wopfner vgl. die Abhandlungen von Reinhard Johler im vorliegenden Band.
39. Privatarchiv Geramb. Schreiben Gerambs an Wopfner vom 27.6.1934.; Schreiben Gerambs an N.N. vom 27.6.1934.
40. Privatarchiv Geramb. Schreiben Gerambs an N.N. vom 27.6.1934.
41. Privatarchiv Geramb. Schreiben Gerambs an Wopfner vom 27.6.1934.
42. Privatarchiv Geramb. Schreiben Wopfners an Geramb vom 3.8.1934.
43. Privatarchiv Geramb. Fragebogen (zur Erfassung der persönlichen und dienstlichen Verhältnisse) im Auftrag des Reichsstatthalters und des Staatskommissars, ausgefüllt von Viktor Geramb am 27.4.1939.
44. UA Graz. Personalakt Geramb. Zl.1124 ex 1928/29.
45. Hauffen und Jungbauer 1931: XXVIII
46. Ebendort; zu Prag vgl. auch Schroubek 1983.
47. UA Graz. Personalakt Geramb. Zl.923 ex 1930/31.

48. Ebendort.
49. Privatarchiv Geramb. Abschrift einer Mitteilung des Ministeriums an das Dekanat der Phil. Fak. vom 3.12.1931. Zl.36925-I/2 (Geschäftszahl der Abschrift: 406 ex 1931/32). Geramb gibt in seiner Autobiographie irrtümlich 1930 als Ernennungsjahr an: vgl. Geramb 1951: 78-79; das falsche Datum wurde in der Folge von weiteren Biographen übernommen.
50. Privatarchiv Geramb. Schreiben Gerambs an Gierach vom 1.1.1932.
51. Privatarchiv Geramb. Schreiben Gierachs an Geramb vom 20.7.1932.
52. UA Graz. Phil. Fak., Zl.589 ex 1931/32; am 29.1.1932 beschloß das Professorenkollegium die Aufnahme der Volkskunde in das Gruppenschema der Rigorosenordnung. Der Vorschlag wurde am 1.2.1932 dem Ministerium übermittelt und am 5.3.1932 genehmigt (Zl.718. ex 1931/32).
53. Geramb und Mautner 1932-1935.
54. Zu Josef Steinberger (1874-1961) vgl. Kapfhammer 1949 und Kapfhammer 1970.
55. Zu Walter Semetkowski (1886-1965) vgl. Semetkowski 1968.
56. Nach einer Mitteilung von Univ.Prof. Dr. Hanns Koren.
57. Vgl. dazu die programmatischen "Richtworte" bei Geramb 1920.
58. Zu Gerambs Wirken für den "Heimatschutz" vgl. Geramb 1913; Heimatpflege 1958; Hazmuka 1968.
59. Kretzenbacher 1983: 88.
60. Ebendort: 88.
61. Naumann 1921.
62. Naumann 1922.
63. Zu Hans Naumann siehe Schmook 1988.
64. Vgl. Meier 1906b.
65. Geramb 1924a.
66. Geramb 1924a: 338.
67. Geramb 1924a: 339.
68. Vgl. z.B. Naumann 1922: 4-5.
69. Geramb 1924a: 339-340.
70. Dieterich 1902: 176.
71. Hoffmann-Krayer 1902.
72. Geramb 1924a: 337.
73. Geramb 1924a: 337.
74. Vgl. Geramb 1937: 30
75. Geramb 1910: 13.
76. Schwietering 1927.
77. Geramb 1928: 177.
78. Geramb 1928: 179.
79. Spamer 1924: 90f.
80. Geramb 1928: 173.
81. Geramb 1928: 179.
82. Geramb 1937.
83. Geramb 1937:1.
84. Lutz 1958: 202.
85. Koch 1935.
86. Geramb 1937: 27.
87. Geramb 1937: 27.
88. Geramb 1928: 179.
89. Geramb 1928: 27.
90. Vgl. Lutz 1958: 108-126; 158-179; 202-228.
91. Lutz 1958: 202.

DIE "GLÄUBIGE WISSENSCHAFT": SALZBURG

HELMUT EBERHART

Während die Grazer Volkskunde der wissenschaftlichen Tradition des 19. Jahrhunderts entsprang, sind die Bemühungen um das Fach in Salzburg in engem Konnex mit dem Nationalsozialismus zu sehen.[1] Die Salzburger Universität nahm in den 30er Jahren eine absolute Sonderstellung im österreichischen Wissenschaftsgefüge ein; es sei deshalb ein knapper historischer Rückblick erlaubt: Die im 17. Jahrhundert erstmals gegründete Universität wurde am 24. Dezember 1810 - Salzburg war zu diesem Zeitpunkt dem Königreich Bayern einverleibt - zugunsten der damals gegründeten Münchner Universität geschlossen.[2] Es blieb ein königlich-bayerisches Lyzeum mit einer theologisch-philosophischen Sektion und der medizinisch-chirurgischen Lehranstalt.[3] Erst 1850 wurde mit der Wiedererrichtung der theologischen Fakultät ein wesentlicher erster Schritt in Richtung Universitätserneuerung getan. Salzburg verfügte somit zwar weiterhin über keine Volluniversität, war jedoch mit einer katholisch-theologischen Fakultät mit Promotionsrecht ausgestattet. Gemäß Erlaß war auch von der Wahl eines Rektors abzusehen, da die Universität nur aus einer Fakultät bestand, deren Leitung ein jährlich zu wählender Dekan übernehmen sollte.[4]

In diesem Zustand befand sich die "Rumpfuniversität" auch noch um 1930, als der Einfluß nationalsozialistischer Ideologien in Österreich bereits deutlich spürbar war - und erst recht in der nur etwas über 100 km von München entfernten Grenzstadt Salzburg. Insbesonders fürchtete man eine nationalsozialistische Unterwanderung der Studentenschaft, die offenbar bei überwiegend nationaler Gesinnung grundsätzlich dafür empfänglich schien. Daß es beträchtliche Spannungen gab, zeigt z.B. ein Brief der Deutschen Studentenschaft an der katholisch-theologischen Fakultät in Salzburg an den Dekan vom 17. November 1931. Die Studierenden berichteten vom Deutschen Studententag in Graz und beklagten, daß die Deutsche Studentenschaft immer mehr in das Fahrwasser des Nationalsozialismus komme, die Salzburger Studenten verstünden sich jedoch als Nationale innerhalb des katholischen Lagers. In dem Schreiben wird sogar die Bildung einer großdeutsch-katholischen Studentenschaft erwogen.[5]

Der spürbare Einfluß der rasch wachsenden NS-Ideologie bot innerhalb der Professorenkurie Anlaß zu berechtigter Sorge. Die Suche nach einem weltanschaulichen Gegengewicht im Rahmen der Fakultät führte diese u.a. zur Volkskunde, deren ideologisches Potential und Einflußmöglichkeiten genutzt werden sollten - als nationale Disziplin im katholischen Lager im Gegensatz zum Nationalsozialismus. Dies war zumindest mit ein Grund für den Aufbau des Instituts für religiöse Volkskunde.[6]

Neben diesem tiefergehenden Anlaß gab es sachliche Gründe, deren Wurzeln in die 20er Jahre führen. Damals machte Georg Schreiber, der wohl exponierteste Vertreter einer "religiösen Volkskunde" seiner Zeit, dem Präsidenten der "Notgemeinschaft der Deutschen Wissenschaft," Friedrich Schmidt-Ott, "den Vorschlag der Begründung einer Österreichisch-Deutschen Wissenschaftshilfe."[7] Schreiber berief sich dabei auf die zahlreichen Verbindungen einzelner österreichischer Gelehrter mit deutschen Kollegen, und er beabsichtigte offenbar die Schaffung einer institutionalisierten Plattform für diese Zusammenarbeit.[8] Die Gründung dieser "Hilfsgemeinschaft" erfolgte 1928/29.[9] Von Beginn an hatte Schreiber dabei auch die Volkskunde im Auge. Seine ausgezeichneten Kontakte zu Salzburg und die Auffassung, gerade der "Salzburger Raum [sei] charakteristisch für die Eigenart der alpinen Siedlung und des in ihr verwurzelten Bauerntums,"[10] veranlaßten ihn, im Professorenkollegium volkskundliche Forschungen anzuregen, die rasch auf fruchtbaren Boden fielen - nicht zuletzt aus den vorhin genannten Gründen. Vor diesem wissenschaftsgeschichtlichen und politisch-ideologischen Hintergrund müssen die nachstehend diskutierten Aktivitäten gesehen werden, die im Frühjahr 1930 ihren Anfang nahmen. Zunächst schien also die Bemühung um eine Institutsgründung sachlich dominiert zu sein, weltanschauliche Komponenten traten scheinbar in den Hintergrund.

Am 12. März 1930 erhielt der junge Grazer Historiker Wilhelm Herzog ein Schreiben, in dem er gefragt wurde, ob er geneigt wäre "[...] an einem in Salzburg ins Leben zu rufenden volkskundlichen Institute als Assistent zu wirken."[11] Wilhelm Herzog hatte 1928 in Graz sein Geschichtestudium mit einer Dissertation bei Wilhelm Erben abgeschlossen[12] und arbeitete anschließend am Volkskundemuseum bei Viktor Geramb. 1930 war er bereits mit dessen Tochter verlobt (Heirat 1931), sodaß man annehmen sollte, die Kontakte zu Salzburg wären über Geramb gelaufen. Dies war aber nicht der Fall. Herzog wurde ohne vorherige Information seines zukünftigen Schwiegervaters nach Salzburg eingeladen.[13] Ein aus heutiger Sicht glücklicher Zufall wollte es, daß Geramb während dieser Zeit einen längeren Urlaub in Jugoslawien absolvierte; dadurch ist uns ein Briefwechsel zwischen Herzog und Geramb erhalten geblieben, der über die Absichten der Salzburger zumindest ansatzweise Auskunft gibt.[14]

Schon wenige Tage nach der Einladung, am 19. März, erschien Herzog in Salzburg zu einer ersten Besprechung, über die er seinem künftigen Schwiegervater am 20. März in dem erwähnten Brief berichtete. Geplant war demnach ein "Volkskundliches Zentralinstitut für die ganzen Alpenländer."[15] Wie aus dem Bericht Herzogs hervorgeht, dürften die Ideen für Salzburg nicht sehr konkret gewesen sein. Organisation und Aufbau des künftigen Instituts sollten weitgehend ihm überlassen bleiben; resümierend schrieb Herzog:

> "Wenn sie sich von meiner Eignung und (wichtiger glaube ich noch) vom Fehlen jeder volkskämpferischen Absichten überzeugen können, dann hätte ich in Salzburg wohl eine für einen jungen Menschen seltene Wirkungsmöglichkeit und vielleicht auch Zukunft."[16]

Das Antwortschreiben Gerambs vom 28. März drückt zunächst Erstaunen aus, daß er von einem Vorhaben dieser Größenordnung nicht vorher informiert worden ist, und er äußert grundsätzliche Bedenken: zunächst gegen die "Unklarheit der maßgebenden Herren," insbesonders aber gegen die unklar formulierte Zielsetzung des Instituts:

"Ich meine, wenn ich Dir in diesem Zusammenhang Vorsicht rate: Zu einem bloßen klerikalen volkskundlichen 'Pflanz'-[= Renommier] Institut wollen wir uns nicht hergeben. Du mußt Dir darüber klar sein, daß es ohnehin böses Blut genug machen wird, wenn Du Dich [...] doch der klerikalen Hochschulidee auslieferst. Aber Du kannst und sollst Dich über alle diese Bedenken und gewiß nicht ausbleibenden Verstimmungen [...] hinwegsetzen, wenn Du die sichere Gewähr dafür bekommst, daß es sich hier wirklich um die wohl fundierte und gründlich gesicherte Gründung eines wissenschaftlich einwandfreien und mit der Deutschen Notgemeinschaft ebenso eng oder noch enger als mit der Salzburger Hochschule verknüpften alpenländischen Zentralinstitutes für Volkskunde handelt."[17]

Aus diesen Zeilen spricht erneut die Angst Viktor Gerambs, einem ideologischen Lager zu dienen, auch wenn er diesem weitgehend zuzurechnen ist. Die Inanspruchnahme seiner Wissenschaft durch ein politisches Lager schien ihm damals undenkbar. "Wohl fundiert, gründlich gesichert, wissenschaftlich einwandfrei" - Vokabeln, die den Rückzug auf eine Position kennzeichnen, mit der er sich klar von jeder unmittelbaren konfessionell-politischen Zuordnung abgrenzen und somit absichern wollte. In diesem Sinn sind seine Bedenken zu verstehen und auch der Rat zur Vorsicht, der deutlich aus dem Schreiben spricht.

Obwohl, wie erwähnt, politische Hintergründe für eine Institutsgründung im Bericht Herzogs nicht expressis verbis auftauchen und auch später nicht direkt besprochen wurden,[18] schien der erfahrene Geramb ein feines Gespür für diese Aktion gehabt zu haben, das seinem damals noch jungen und unerfahrenen Schwiegersohn in spe wohl noch fehlte. Geramb brachte dies auch recht deutlich zum Ausdruck, indem er die Vermutung aussprach, daß der Schreiber nahestehende Schmidt-Ott[19] "schon seine politischen Gründe haben wird, warum er Schreiber machen läßt und unterstützt."

Gerambs Sorgen schienen zunächst unbegründet und voreilig: Das vorgesehene Engagement Herzogs kam nicht zustande. Mitverantwortlich dafür war vermutlich auch eine unvorhergesehene "Panne": Während der ersten Verhandlung mußte Wilhelm Herzog seinen Gesprächspartnern in Salzburg eingestehen, daß er Protestant sei! Dies führte zwar a priori zu keinem Abbruch der Verhandlungen, dürfte aber doch das Seine dazu beigetragen haben, daß man auf weiterführende Kontakte zu Herzog verzichtete.[20] Aus den nächsten beiden Jahren ist nichts über die weiteren Bemühungen um eine Errichtung eines Salzburger Volkskundeinstitutes bekannt. Sicher ist nur, daß das Interesse daran aufrecht blieb.

Zwei Jahre nach diesen frühen Ansätzen kam jedoch der Durchbruch: Wieder wiesen die Kontakte nach Graz, wieder in die Umgebung Viktor Gerambs. Diesmal übernahm Hanns Koren die Rolle des Interessenten. Koren hatte 1932 gerade sein Studium (Germanistik und Volkskunde) beendet[21] und sich auf die Suche nach einer geeigneten Arbeit begeben, als ihn Geramb auf das in Salzburg geplante Institut aufmerksam machte. Koren befragte dazu auch den St. Lamprechter Benediktinerpater Romuald Pramberger,[22] der ihm mitteilte, er habe gehört, daß ein "gewisser" Rudolf Kriss dieses Institut übernehmen werde. Koren begab sich knapp nach Fronleichnam 1932 nach Salzburg und traf dort zufällig den ihm gut bekannten Max Pietsch - damals Direktor des Salzburger Universitätsvereines -, der ihn ebenfalls auf diese Berufsmöglichkeit hinwies. Nachdem der vor wesentlich besserem materiellen Hintergrund stehende Rudolf Kriss von seinem mittellosen Mitbewerber gehört hatte, zog er sein Interesse zurück, um den Weg für Koren frei zu machen. Die Verhandlungen führten zu einem raschen Ergebnis und bereits am 15. Juni 1932 trat Hanns Koren seinen Dienst an. Über Hintergründe und Verhandlungen gibt es keine schriftlichen Aufzeichnungen. In einem Gespräch mit dem Verfasser betonte Koren jedoch, daß diesmal die politische Absicht der Institutsgründung deutlich zum Ausdruck kam.[23]

Obwohl finanzielle Möglichkeiten und wissenschaftlicher Spielraum für den jungen Koren gering waren, bemühte er sich von Beginn an, durch rege Publikations- und Vortragstätigkeit dem Institut Leben einzuhauchen. Zunächst erschien sein Erstlingswerk "Volksbrauch im Kirchenjahr" in zwei unmittelbar aufeinanderfolgenden Auflagen.[24] Bald danach folgte die programmatische Schrift "Volkskunde als gläubige Wissenschaft," die bereits als Band 1 seiner Institutsreihe erschien.[25] Schon damals verfolgte die nationalsozialistische Volkskunde Korens Aktivitäten, seine Bücher und die vier Folgen der zwischen 1933 und 1935 erschienenen "Mitteilungen des Salzburger Instituts für religiöse Volkskunde"[26] mit entsprechendem Mißtrauen.

Der 1934 in erster Auflage erschienene Band "Volksbrauch im Kirchenjahr" war vor Angriffen seitens der Nationalsozialisten zwar auch nicht gefeit;[27] es gab jedoch zumindest keine einheitliche Ablehnung.[28] Ganz anders jedoch Korens "Volkskunde als gläubige Wissenschaft." Diese als Programmschrift gedachte Studie war von einer wissenschaftlichen Auffassung geprägt, die die Aggression der Nationalsozialisten provozieren mußte. Koren zeigte sich hier einerseits als Geramb-Schüler auf der Suche nach der "Volksseele,"[29] andererseits setzte er Religion und Glauben als kulturprägende Elemente in einer Weise absolut, daß sie kontrapunktischen Charakter zur biologischen Determinierung in der nationalsozialistischen Ideologie erlangten. Koren sah das Religiöse durch "alle Verschiedenheiten rassischer und stammlicher Vergemeinschaftung hindurch als bestimmend für Kultur" an[30] und stand damit in krassem Gegensatz zu den Nazis.

Er ging sogar noch einen Schritt weiter und bezog auch den Volkskundler selbst in seine Überlegungen mit ein, wenn er mit Theodor Hecker[31] die Auffassung vertrat, daß "[...] niemand die letzte Fähigkeit hat, uns eine religiöse Volkskunde zu bieten, der es nie aus innerem Gleichklang gekonnt hat, mit seinem 'Volk' den Schmerzhaften Rosenkranz zu beten."[32] Über die Volkskunde hinaus kommt Koren schließlich in Anlehnung an Josef Dillersbergers Gedanken zum "Logosbegriff"[33] zur Ablehnung jeglicher Wissenschaft, "[...] die nicht aus dem Glauben an den Logos und der gläubigen Liebe zu ihm hervorgeht."[34] Die Reaktion der nationalsozialistischen Zensur im "Deutschen Reich" erfolgte prompt: Noch im Erscheinungsjahr 1936 stellte die "parteiamtliche Prüfungskommission zum Schutze des NS-Schrifttums" den Antrag, das Buch in die Liste des schädlichen und unerwünschten Schrifttums aufzunehmen.[35] Der Präsident der Reichsschrifttumskammer reagierte rasch, und bereits eine Woche nach dem Antrag wurde Korens programmatische Schrift mit einer entsprechenden Weisung an die Geheime Staatspolizei in die Verbotsliste aufgenommen.[36]

Zwischen 1932 und 1935 stand Koren, wie aus einer Bestätigung des Dekans, Matthias Prem, vom 17. Dezember 1936, hervorgeht, in erster Linie dem Lehrstuhlinhaber für Kirchengeschichte, Maurus Schellhorn, zur Seite und unterstützte diesen in Ermangelung einer Lehrbefugnis mit reger Vortragstätigkeit.[37] Koren war in diesen

Jahren von seiner Habilitation noch weit entfernt, und damit war es den damaligen Richtlinien entsprechend nicht möglich, ihn und sein Institut stärker in das Fakultätsgeschehen zu integrieren. Schon die Gründungsverhandlungen verliefen derart peripher zur Fakultät, daß keine Hinweise auf die Volkskunde in den Fakultätsprotokollen aufscheinen; daran änderte sich auch in den folgenden Jahren nicht viel.[38] Für die "Randlage" des Instituts ist ein weiterer Umstand mitverantwortlich. Die Finanzierung des Instituts (Korens Gehalt eingeschlossen) erfolgte durch die "Notgemeinschaft."

Dennoch besitzen wir einen deutlichen Hinweis darauf, daß eine volle Integration des Faches beabsichtigt war. Am 24. Oktober 1935 schrieb der damalige Dekan der theologischen Fakultät, Alois Mager, an Viktor Geramb einen Brief, der sich auf Hanns Koren bezog:

> "Vor einiger Zeit trat Dr. Koren an unsere Fakultät mit dem Ersuchen heran, ermöglichen zu wollen, daß er an unserer Fakultät für religiöse Volkskunde sich habilitiert. Es ist der einmütige Wunsch unseres Professorenkollegiums, daß Dr. Koren sobald wie möglich sich habilitiert, nur scheint es uns fraglich, ob die Regierung die Habilitation eines Laien an der theologischen Fakultät genehmigen wird. Für das öffentliche Ansehen des volkskundlichen Instituts wäre es entschieden vorzuziehen, daß sich Dr. Koren an der philosophischen Fakultät einer der drei Landesuniversitäten habilitierte. In erste Linie käme natürlich Graz in Frage, zumal gerade sie, sehr geehrter Herr Professor, Dr. Koren behilflich sein würden."[39]

Gerambs Antwort erfolgte am 30. Oktober und enthält folgende entscheidende Passage:

> "Eine Habilitierung meines lieben Hörers und Freundes Dr. Koren ist gesetzlich nur in der Form möglich, daß sie an der Universität vollzogen wird, an der er wirken will. Wenn er an der Salzburger Universität lehren will, so muß er sich nach dem strikten Wortlaut des Gesetzes in Salzburg selbst habilitieren. Wenn er sich in Graz habilitiert, so müßte er mindestens eine Zeitlang in Graz dozieren, was natürlich nicht hindern würde, daß er später von Ihnen eine Berufung nach Salzburg erhielte."[40]

Um in Salzburg weiterzukommen, blieb also zunächst nur die Rückkehr nach Graz. Diese Rückkehr wurde für ihn durch mehrere Umstände leicht. Bereits im Oktober 1934 besuchte der damals vor seiner Ernennung zum Landeshauptmann der Steiermark stehende Karl Maria Stepan[41] Koren in Salzburg und fragte ihn, ob er in die Steiermark zurückkehren würde, falls eine Möglichkeit dazu bestünde. Koren, der sich in Graz ohnehin wohler fühlte, sagte zu. Bereits im Jänner 1936 kam er als Mitarbeiter Gerambs an das Volkskundemuseum zurück in die Steiermark. Die Tür nach Salzburg blieb jedoch weit offen. Es wurde für ihn kein Nachfolger bestellt. Das Institut blieb bis zu seiner Auflösung im Frühjahr 1938 unbesetzt. Auch das Erscheinen des ersten Bandes seiner "Texte und Arbeiten zur religiösen Volkskunde" erst im Jahre 1936 - also nach seiner Rückkehr nach Graz - läßt auf eine vorbereitete Rückkehr nach Salzburg schließen. Koren ließ zudem einen Teil seiner Privatbibliothek und seiner privaten wissenschaftlichen Aufzeichnungen in Salzburg zurück. Erst nach der geplanten Rückkehr als Dozent hätte die Chance bestanden, an die Gründung eines regulären Universtitätsinstitutes in Salzburg zu denken.

Auch nach Korens Abgang in die Steiermark blieb Salzburg mit der Grazer Volkskunde eng verbunden. Dies zeigte sich am deutlichsten in der Dominanz des Faches bei den Salzburger Hochschulwochen 1936. Sowohl Geramb als auch Koren nahmen aktiv an dieser Veranstaltung teil. Der Erstgenannte referierte über "Volkskundliche Grundfragen"[42] und sprach dabei nach seinem Vortrag bei den Salzburger Hochschulwochen 1933 zum Thema "Was ein Volk sei"[43] erneut großdeutsche Tendenzen an, für die er, wie er selbst einmal festgestellt hat,[44] sogar als "Schrittmacher des Nationalsozialismus" hingestellt wurde. Für Referate, die im Rahmen der Salzburger Hochschulwochen gehalten wurden, sicher bemerkenswert; wohl nur ein weiterer Hinweis darauf, wie gespannt die ideologische Situation war und wie polarisiert und wachsam sich die jeweiligen Lager bereits gegenüberstanden.

Daß im nationalsozialistischen Deutschland die Aktionen der Katholisch-Theologischen Fakultät genau registriert wurden, zeigte sich auch nach dieser Veranstaltung. Ein anonymer Autor rezensierte die Tagung unter dem Titel "Gläubige Wissenschaft" ebenso ausführlich wie aggressiv, wobei gerade die Volkskunde einen wesentlichen Teil seines Unmutes zu spüren bekam.[45] Einmal mehr wird Hanns Koren als übles Beispiel einer irregeleiteten, katholischen Wissenschaftsauffassung zitiert,[46] und der Autor gelangte zu einem entsprechenden Resümee:

> "Richtig ist, daß das Brauchtum unserer Väter durch eine katholische Mission mit Blut und Schwert ausgerottet wurde; wo es zu fest verwurzelt war, unterschob man den Sitten und Gebräuchen heidnischer Vorzeit einen angeblich christlichen Sinn, wie sich das beim Weihnachts= und beim Osterfest und vielen anderen Dingen einwandfrei nachweisen läßt. Aber: Dogma geht vor Wahrheit! Diese Grundbehauptung von der 'Volkskunde als religiöse Wissenschaft'(!) - Titel eines anderen Buches von Dr. Koren - durchzog nahezu alle Vorlesungen über Volkskunde und zeigte damit klar die Absichten auf diesem Gebiet [...]."[47]

Auf Gerambs Vortrag geht der Berichterstatter nicht ein: Es bleibt somit unklar, ob er ihn damit zu jener Gruppe zählt, von der in der Besprechung behauptet wird: "[...] obgleich bei einigen wenigen die wissenschaftliche Wahrheit sich immerhin wenigstens teilweise durchgesetzt hatte."[48]

Das vorstehende Beispiel zeigt, daß die Ideologisierung der Volkskunde in Deutschland 1936 bereits einen Grad nationalsozialistischer Infiltration erreicht hatte, der kaum noch Spielraum ließ. In Österreich war bei weitgehend einheitlich nationalem Grundkonsens noch eine größere Bandbreite vorhanden, die sich jedoch zusehends verringerte, bis sie sich nach der Gleichschaltung 1938 den deutschen Verhältnissen anpaßte.

Anmerkungen

1. Eberhart 1984.
2. Kaindl-Hönig und Ritschel 1964: 155.
3. Kaindl-Hönig und Ritschel 1964: 156.
4. Hermann 1972: 494.
5. Universitätsarchiv Salzburg (= UA Salzburg). Fakultätsakten LXXXII, Nr.153 ex 1931/32; für die Bereitstellung der Unterlagen danke ich dem Archivar Dr. Richard Apfelauer.
6. Nach einer Mitteilung von Univ.-Prof. Dr. Hanns Koren.
7. Schreiber 1956: 4.
8. Ebendort: 4.
9. Ebendort: 25.
10. Ebendort: 36.
11. Privatarchiv Geramb. Schreiben von Franz Fiala (Professor an der kath.-theol Fakultät in Salzburg) an Wilhelm Herzog vom 28.3.1930.
12. Wilhelm Herzog 1928.
13. Vermutlich kam die Einladung über Vermittlung des Historikers Wilhelm Erben zustande, der selbst aus Salzburg stammte und auch Wilhelm Herzogs Dissertation approbiert hatte.
14. Privatarchiv Geramb. Schreiben Wilhelm Herzogs an Viktor Geramb nach Lopud (Jugoslawien) vom 12.3.1930 und Antwortschreiben Gerambs an Wilhelm Herzog vom 28.3.1930.
15. Privatarchiv Geramb. Schreiben Wilhelm Herzogs vom 12.3.1930 an Geramb.
16. Ebendort.
17. Privatarchiv Geramb. Schreiben Gerambs vom 28.3.1930 an Wilhelm Herzog.
18. Nach einer Mitteilung von Dr. Wilhelm Herzog.
19. Friedrich Schmidt-Ott sollte mit der "Notgemeinschaft der deutschen Wissenschaft" die Finanzierung des Instituts übernehmen.
20. Nach einer Mitteilung von Dr. Wilhelm Herzog.
21. Hanns Koren (1906-1985) legte als erster Kandidat bei V.Geramb sein Nebenrigorosum ab und folgte ihm 1949 als Leiter des Steirischen Volkskundemuseums und 1955 als Ordinarius für Volkskunde an der Universität Graz.
22. Romuald Pramberger (1877-1967), Pater und Heimatforscher; er wandte sich nach 1938 den Nationalsozialisten zu und war während der Nazi-Herrschaft Mitarbeiter der "Lehr- und Forschungsgemeinschaft "Das Ahnenerbe" in Salzburg (vgl. das Kapitel: "Von der 'gläubigen Wissenschaft' zum 'Ahnenerbe' der SS").
23. Nach einer Mitteilung von Univ.-Prof. Dr. Hanns Koren.
24. Koren 1934; Koren 1935.
25. Koren 1936.
26. *Mitteilungen des Salzburger Instituts für religiöse Volkskunde* Nr.1: August 1932; Nr.2: Dezember 1932; Nr.3: Juli 1933; Nr.4: Mai 1934.
27. Vgl. Deutsche Volkskunde im Schrifttum 1938: 43.
28. Bundesarchiv Koblenz (= BA Koblenz). NS 21/242. Aktenvermerk von Adolf Rampf vom 19.10.1938 über den Besuch Karl Springenschmids in der Salzburger Dienststelle des Ahnenerbes; Landesschulrat Springenschmid äußert sich darin sehr positiv über Korens Buch!
29. Koren 1936: 24-25.
30. Koren 1936: 46.
31. Hecker 1935.
32. Koren 1936: 30.
33. Dillersberger 1935.
34. Koren 1936: 26.
35. Privatarchiv Lixfeld. Schreiben der Parteiamtlichen Prüfungskommission zum Schutze des NS-Schrifttums an den Präsidenten der Reichsschrifttumskammer vom 15.10.1936.

36. Privatarchiv Lixfeld. Auftrag des Präsidenten der Reichsschrifttumskammer an die Geheime Staatspolizei vom 21.10.1936.
37. UA Salzburg. FA.LXXXVII, Zl.140 ex 1936/37.
38. Vgl. UA Salzburg. FA.LXXXI bis LXXXVIII; nur zweimal findet sich ein Hinweis auf die Volkskunde: FA.LXXXVII, Zl.140 ex 1936/37 und Zl.115 ex 1935/36.
39. Privatarchiv Geramb. Schreiben des Dekans Alois Mager an Viktor Geramb vom 24.10.1935.
40. UA Salzburg. FA.LXXXVI, Zl.115 ex 1935/36. Schreiben Gerambs an Mager vom 30.10.1935.
41. Zu K. M. Stepan vgl. Binder 1982.
42. Geramb 1936b und 1936c.
43. Geramb 1934.
44. UA Graz. Personalakt Geramb. Fol. 106.
45. Anonymos 1936.
46. Anonymos 1936: 11.
47. Anonymos 1936: 11-12.
48. Anonymos 1936: 11.

GESCHICHTE UND LANDESKUNDE: INNSBRUCK

REINHARD JOHLER

"Der üble Ausgang des ersten Weltkrieges brachte den Untergang des großen alten Österreich, täppische Hände zerbrachen die Ordnung Mitteleuropas."[1]

Diese Beurteilung stammt aus der 1950 verfaßten Autobiographie von Hermann Wopfner. Konsequent kommt er nur wenige Zeilen später auf seinen individuellen und gleichzeitig auf einen kollektiv angestrebten Lösungsansatz zu sprechen: "Auch ich bekannte mich damals zum sogenannten Anschlußgedanken."[2] Für den überwiegenden Teil der österreichischen Bevölkerung, für Österreichs Wissenschaftler und insbesondere für die Historiker, war diese Haltung charakteristisch. Gerade für sie stellte der Zusammenbruch der Habsburgermonarchie ein verheerendes Ereignis dar, das biographische (Karrierechancen), soziale und politische Sicherheiten in Frage stellte. Zu dieser grundlegenden mentalen Verunsicherung kamen materielle Befürchtungen persönlicher und institutioneller Natur, die, kulturell umgemünzt, in ein pessimistisches Klagen über die Geringschätzung des Geistigen mündeten. Nahezu geschlossen lehnte man die österreichische Republik und ihre demokratische Parteienlandschaft als Ergebnis der Friedensverträge und des dort enthaltenen "Anschlußverbotes" ab; kein Historiker glaubte an die Existenzfähigkeit Österreichs bzw. an die Möglichkeit, in diesem klein gewordenen Raum ausreichende Forschungskapazitäten finden zu können. Politisch deutschnational orientiert,[3] suchten die Historiker nun nach materiellen und intellektuellen Orientierungsmustern, die dieser Ausgangssituation unmittelbar nach dem Ersten Weltkrieg gerecht werden konnten.

Damit ist das eigentliche Thema der Historikerzunft in der Zwischenkriegszeit angesprochen, das, inhaltlich nuanciert, doch nur ein Ziel verfolgte: die theoretisch begründete Vorbereitung der staatlichen Vereinigung mit Deutschland, den "inneren Anschluß." Allerdings zeigte das Bemühen der Historiker, das Verständnis zwischen Reichsdeutschen und Österreichern zu fördern, ambivalente Züge. Denn einerseits war ein gewisser "Auslandsdeutschenkomplex" unverkennbar, indem man krampfhaft versuchte, die unverfälschte "Deutschheit" der Österreicher nachzuweisen; andererseits fanden sich ausgesprochen selbstbewußte Argumentationen in bezug auf die österreichische "Sonderart" und in der Betonung des besonderen Charakters der "österreichischen Stämme." Dies traf eine zentrale Intention der "Anschlußbefürworter," denn sie begriffen Österreich in der Vereinigung mit Deutschland nicht nur als den Nehmenden, sondern auch als den Gebenden.[4]

Die "Ordnung Mitteleuropas," das war auch die Ordnung des "alten Tirols," die durch die italienische Besetzung von "Welsch-" und von Südtirol bzw. deren Annexion 1919 zusammengebrochen war. Vor allem die Abtrennung Südtirols wurde als Katastrophe empfunden. Dieser Umstand verlängerte - in der Ausformulierung des Landesbewußtseins, in der Rolle der Innsbrucker Universität und in den politisch-wissenschaftlichen Aufgaben der Historiker - Traditionen der Vorkriegszeit, die freilich eine Adaption und zum Teil eine Neuinterpretation erfuhren. Der "Tiroler Mythos" wurde zunehmend in den "germanischen" eingeschmolzen.[5] Tirol hatte dementsprechend in der Vergangenheit und verstärkt in der Gegenwart eine besondere "Sendung" im gesamten deutschsprachigen Raum zu erfüllen,[6] und das Tiroler "Volk" wurde von Hermann Wopfner - als kulturelle Vorbereitung des "Anschlusses" - in eine einheitliche "Sondergestaltung deutschen Wesens"[7] gehoben. Die Innsbrucker Universität präzisierte analog ihre Rolle und verstand sich dabei als "geistige Führerin"[8] der Bevölkerung. Als "Grenzlanduniversität"[9] verfolgte sie gleichzeitig Strategien, um diese Aufgaben - materiell, personell und institutionell - erfüllen zu können. Dies führte in der Mitte der zwanziger Jahre zur Gründung von zwei Instituten: dem "Institut für Sozialforschung in den Alpenländern" (1925-1933)[10] unter der Leitung des Staatsrechtlers Karl Lamp und dem von Hermann Wopfner initiierten "Institut für geschichtliche Siedlungs- und Heimatkunde der Alpenländer."

In der Besetzungspolitik konnte einerseits eine "Tirolisierung"[11] des Lehrkörpers durchgesetzt werden, andererseits wurden prominente deutsche Professoren berufen, die - inhaltlich und im Zugriff auf materielle Ressourcen - wichtig wurden. Zu nennen sind im volkskundlichen Zusammenhang vor allem der Soziologe Adolf Günther[12] und der Geograph Friedrich Metz,[13] der sich als erprobter "Grenzlanddeutscher"[14] bereits einen Namen gemacht hatte. Beide waren in Innsbruck Schlüsselfiguren, verkörperten sie doch zum einen thematisch und personell die gewollte Integration in den deutschen Wissenschaftsbetrieb, und zum anderen stellten sie die Kontakte zu den deutschen Wissenschaftseinrichtungen her, die Geldmittel für Forschungsprojekte und Publikationsvorhaben gewährten und Verbindungen zu Verlagen in Deutschland vermittelten. Es sei bereits vorweggenommen: Nahezu alle Wissenschaftsprojekte von Hermann Wopfner, Adolf Helbok und Anton Dörrer wurden erst durch die finanzielle Unterstüzung von deutschen Institutionen zur Wissenschaftsförderung - beispielhaft: "Stiftung für Deutsche Volks- und Kulturbodenforschung,"[15] "Österreichisch-Deutsche Wissenschaftshilfe,"[16] "Deutsche Akademie,"[17] "Alpenländische Forschungsgemeinschaft,"[18] "Deutscher und Österreichischer Alpenverein"[19] - ermöglicht. Eine entscheidende Mittlerposition nahm in diesem Zusammenhang Prälat Georg Schreiber ein, dem 1927 die Ehrenbürgerschaft der Universität verliehen wurde.[20] Schreiber, der selbst Studien zu Tirol verfaßt hatte, war mit allen Innsbrucker Volkskundlern bekannt und förderte deren Karriere wesentlich.[21]

Hier konnten nur einige von der Universität Innsbruck in der Zwischenkriegszeit verfolgte Strategien angeführt werden. Gleichzeitig wurde das Studium von reichsdeutschen Studenten in Innsbruck gefördert; ihr Anteil war ausgesprochen hoch.[22] Diese Bemühungen bezweckten schlußendlich die Vorbereitung des "inneren Anschlusses." Begleitet wurden diese strukturellen Maßnahmen von einer Revision des Geschichtsbildes durch Heinrich von Srbik und Harold Steinacker ab Mitte der zwanziger Jahre.[23] Die beiden Historiker, im unmittelbaren Umfeld der Innsbrucker Volkskundler, gingen deutlich vom "Anschlußverbot" aus und betonten daher das verbindende "Volkstum." Sie machten den Gegensatz von "kleindeutscher" und "großdeutscher Geschichtsschreibung" für die behauptete nationale Schwäche verantwortlich und forderten stattdessen eine auf der "volklichen Geschichtsschau" aufbauende "gesamtdeutsche Geschichtsschreibung." Diese sollte die Grundlage für ein "gemeinsames Geschichtsbewußtsein" und damit für ein gemeinsames "deutsches Volksbewußtseins" bilden und eine vereinigende "Heimatliebe" schaffen.[24] Gleichzeitig wurde von einer Parallelität der historischen Aufgaben "Deutschlands" und der Donaumonarchie ausgegangen und die Rolle der Habsburgermonarchie neu bewertet: Zum einen hätte Österreich-Ungarn den "übernationalen Reichsgedanken" verkörpert und sei damit Teil der "universalen Geschichte;" zum anderen sei Österreich (ähnlich wie Deutschland) eine mitteleuropäische Großmacht mit Schutzfunktionen der Grenze und zivilisatorischer Perspektive im Osten gewesen und damit ein "stolzer Teil [...] der deutschen Geschichte."[25]

Diese "deutsche Mitteleuropaidee" war, wie bereits angedeutet, grundlegend mit dem "deutschen Volksgedanken" verbunden, der weit über die eigentlichen Staatsgrenzen in den "Blut- und Geistesraum der deutschen Menschen"[26] und deren behaupteter zivilisatorischer "Sendung" zielte. Dementsprechend zentral war in dieser Geschichtsauffassung die Siedlungsgeschichte positioniert.

Das hier skizzierte universitäre Umfeld prägte ganz wesentlich das Bemühen von Hermann Wopfner und Adolf Helbok zur wissenschaftlichen Fundierung der "Heimatkunde." Es beinhaltete aber auch gleichzeitig Helboks Weiterentwicklung zu einer "Volksgeschichte." Beide Konzepte, die von der Geschichtswissenschaft ausgingen und zur Volkskunde führten, waren nicht wirklich originär. Ähnliche Vorhaben wurden etwa von Theodor Frings und Hermann Aubin in Bonn verfolgt, die bereits 1920 zur Gründung eines eigenen "Instituts für Geschichtliche Landeskunde" führten[27] und Vorbildfunktion für Innsbruck hatten.[28] Die spezifische programmatische Ausformulierung ist allerdings vor dem Hintergrund des Kriegsendes in Tirol zu sehen, der von der italienischen Besetzung Südtirols und der Tiroler sowie Vorarlberger "Anschlußbewegungen" an Deutschland bzw. an die Schweiz bestimmt war.

Es sei, so schrieb Hermann Wopfner als Dekan 1918 in der "Denkschrift des akademischen Senats der Universität Innsbruck," eine "vaterländische und nationale Pflicht, der Annexion Deutsch-Südtirols durch Italien mit den Waffen der Wissenschaft entgegenzutreten."[29] Tatsächlich versuchte die Universität mit allen ihr zur Verfügung stehenden Mitteln, im Vorfeld der Friedensverhandlungen zur "Rettung Südtirols" beizutragen.[30] Der Friedensvertrag von St. Germain 1919 gewichtete die Aufgabenstellung neu, trat doch nun an die Stelle der italienischen eine "deutsche Irredenta,"[31] die in einer deutlichen wissenschaftlichen Arbeitsteilung betrieben wurde:

> "Als einer der Bannerträger ist ihr Hermann Wopfner im Streite vorangeschritten und, während die Kampfgenossen die volklichen, politischen und geistig-kulturellen Bindungen und Leistungen ergründeten [...] hat er den Nachdruck auf die Siedlungsarbeit gelegt."[32]

Für Hermann Wopfner wurde diese Zielsetzung zu einer Lebensaufgabe. Denn es galt, sowohl den italienischen Forschern und ihren Arbeiten über "Alto Adige" entgegenzutreten als auch die "Einheit Tirols" bzw. die "Deutschheit Südtirols" wissenschaftlich zu belegen und die Bedeutung des Landes für ganz Deutschland zu vertreten. Hermann Wopfner entwickelte dabei seine wichtigste These mit Hilfe von siedlungsgeschichtlichen Studien. In diesen begründete er das "deutsche Recht" auf Südtirol durch die erbrachte Kolonisationsleistung, durch die "deutsche Arbeit."[33]

Die Südtirol-Problematik zeitigte auf verschiedenen Ebenen unmittelbare Folgen: Sie bestimmte bis in die sechziger Jahre die Arbeitsgebiete der Innsbrucker Volkskundler;[34] sie schuf an der Universität Koalitionen, wo eigentlich politisch-ideologische Netzwerke hätten wirken müssen; und schließlich wurde die wissenschaftliche Beschäftigung bewußt auf Breitenwirksamkeit angelegt.

Gerade die staatliche "Zerreißung" des Landes stand symbolhaft für andere Felder: Sozialer Wandel, Industrialisierung und Tourismus[35] sowie das politische Ambiente der unmittelbaren Nachkriegszeit führten bei Intellektuellen zu Befürchtungen über eine "innere Zerrissenheit" der Bevölkerung, die von einem selbstdiagnostizierten "Spezialistentum" der Wissenschaften nicht bekämpft werden konnte. Diese Segmente - durchaus auch agitatorisch - wieder zusammenzufügen, waren die wissenschaftlichen und kulturpolitischen Ziele der von Hermann Wopfner begründeten "geschichtlichen Heimatkunde," die vor allem politisch in der Schulausbildung wirksam werden sollte:

> "Mit vermehrtem Eifer wandte ich mich in den Jahren nach dem ersten Weltkrieg der Lehrtätigkeit auf dem Gebiet der Volks- und Heimatkunde zu. Mit ihr glaube ich einem zeitgegebenen Bedürfnis entgegen zu kommen. Wie in andern Zeiten des politischen Elendes und der Not von Volk und Vaterland suchten auch damals viele Trost und Zuversicht in Hinwendung zur Heimat und in innerer Einkehr in ihr."[36]

Diesem Anliegen, das "Wissen um Tirol" mit einer inneren Festigung der Bevölkerung gleichsetzte, ging Wopfner mit viel Energie nach. Ab 1921 gab er die "Tiroler Heimat," das "Zentralorgan unserer heimatkundlichen Bestrebungen,"[37] heraus, leitete Fortbildungskurse für Lehrer und verfaßte 1923 ein "Merkblatt für die Sammlung heimatkundlichen Stoffes,"[38] das an Lehrer und Geistliche gerichtet war. Solche Vorgaben sollten zum einen die "Heimatkunde" - als eine von der Gegenwart ausgehende "Kulturgeschichte der Heimat"[39] - wissenschaftlich fundiert popularisieren; zum anderen - und dies war das persönliche Ziel - sollten die erbrachten Materialsammlungen die Grundlage für eine projektierte "tirolische Heimatkunde"[40] bilden. Inhaltlich intendierte sie freilich noch eine weitere Ausrichtung, die ursprünglich auf Wopfners Einschätzung der Situation von 1918/19 zurückging. In einer Reihe von Artikeln in Tiroler Tageszeitungen hatte er die kulturelle Verwandtschaft zwischen Bayern und Tirol historisch untermauert und einen "Anschluß" an Deutschland in Form "einer unmittelbaren Verbindung mit Bayern"[41] gefordert. Dieser Haltung blieb Wopfner in den zwanziger und dreißiger Jahren treu;[42] sie war seinem ideologischen Verständnis der "geschichtlichen Heimatkunde" unterlegt, die sowohl die "Liebe zur Heimat" als auch das "deutsche [...] Nationalgefühl" zu stärken trachtete.

Ein eigens dafür eingerichtetes Institut stellte Wopfner in einem Aufsatz in der "Tiroler Heimat" 1923 in Aussicht. Es sollte neben der Forschung und Lehre (Lehrerausbildung in "Heimatkunde") vornehmlich auch außeruniversitäre Ziele verfolgen und durch Vorträge und Schulungskurse an der Universität und in den Gemeinden Tirols die "Gründung von heimatkundlichen Arbeitsgemeinschaften" einleiten.[43] Tatsächlich war zu diesem Zeitpunkt das Vorhaben schon weit gediehen, hatte doch Wopfner am 30.6.1923 einen entsprechenden Antrag gestellt, der am 19.7. von der Philosophischen Fakultät einstimmig bestätigt wurde. In der Eingabe präzisierte Wopfner seine Vorstellungen:

> "Die geschichtliche Heimatkunde, der das Institut dienen soll, hat Kulturgeschichte im weitesten Umfang zu pflegen. Die kulturgeschichtliche Forschung, die hier betrieben werden soll, muß jedoch im Vergleich zur allgemeinen Kulturgeschichte einen weiteren Kreis von Quellen für ihre Forschung heranziehen, die das moderne Volksleben darbietet. Sie wird daher der Volkskunde eine besondere Pflege zuzuwenden haben. Andererseits wird der Betrieb der Heimatkunde an den Hochschulen in Forschung und Lehre immer das Ziel im Auge behalten müssen, die kulturelle Entwicklung der Heimat als Teilerscheinung der allgemeinen, insbesondere der deutschen Kulturgeschichte zu erfassen und darzustellen."[44]

Am 26.11.1923 genehmigte das Ministerium für Unterricht das beantragte "Institut für geschichtliche Siedlungs- und Heimatkunde der Alpenländer" als "Annex der Lehrkanzel Prof. Dr. Wopfners und in organischer Verbindung mit derselben." Wopfner wurde zum Vorstand bestellt; zu seiner Entlastung hatte der Privatdozent Adolf Helbok den "Dienst einer wissenschaftlichen Hilfskraft am genannten Institute ohne Anspruch auf ein besonderes Entgelt" wahrzunehmen.[45]

Für Wopfner war die Mitarbeit von Adolf Helbok aus mehreren Gründen erstrebenswert: Die beiden Wissenschaftler unterschieden sich zwar in ihrer politischen Grundhaltung deutlich, aber beide waren sich in dem zentralen Punkt der Zwischenkriegszeit einig: Sie waren für den "Anschluß" von Tirol und Vorarlberg zunächst an Süddeutschland,[46] dann an Deutschland. Davon ausgehend, verfolgten sie idente wissenschaftliche - beide sahen die Volkskunde als historische Hilfswissenschaft - und kulturpolitsche Ziele. Als der eigentliche intellektuelle Urheber des Instituts muß jedoch Adolf Helbok gesehen werden. Er hatte bereits 1922 dessen Gründung vorgeschlagen und inhaltliche Schwerpunkte, ausgehend von seiner "Vorarlberger Heimatforschung"[47] und den Kontakten zu Hermann Aubin,[48] festgelegt. Dies mag mitentscheidend dafür gewesen sein, daß Wopfner die Karriere seines Schülers entscheidend förderte und ihn auch nach dem Zweiten Weltkrieg durch ein "Gutachten" verteidigte.[49]

Helbok, 1919 von Wopfner und Steinacker habilitiert, wurde am 7.4.1919 Privatdozent für Österreichische Geschichte und Wirtschaftsgeschichte. Wissenschaftlich führte er durch die Herausgabe der "Regesten von Vorarlberg und Liechtenstein"[50] landeskundliche Ansätze fort. 1924 folgte die Ernennung zum beamteten außerordentlichen Professor; er erhielt dabei die Verpflichtung, neben Vorlesungen über Geschichte Österreichs im Mittelalter und über Quellenkunde auch heimatkundliche Übungen mit besonderer Berücksichtigung des "schwäbischen Stammes" wahrzunehmen.[51] Diese Anhebung und die gewünschte Schwerpunktsetzung bezogen sich eindeutig auf das zeitgeschichtliche Umfeld und damit verbunden auf Helboks Tätigkeit in Vorarlberg unmittelbar nach dem Ersten Weltkrieg:

"Für die Organisation kulturgeschichtlicher Forschung auf heimatlichem Boden und die Verbreitung heimatkundlicher Kenntnisse hat H. durch Veranstaltung und Leitung des Bludenzer Ferialkurses für Lehrer neuerdings erfolgreich gewirkt."[52]

Die angesprochenen "Ferienkurse für Heimatforschung und Volksbildung" (ab 1920)[53] waren ein wichtiger Bestandteil der von Adolf Helbok ab 1915 geschaffenen Infrastruktur zur gezielten Förderung der Landes- und Heimatkunde. Er hatte im Rahmen des Vorarlberger Landesmuseums mehrere Vereinigungen ("Historische Kommission für Vorarlberg und Liechtenstein," 1915; "Verband Vorarlberger Museums- und Heimatschutzvereine," 1920; "Volkskundlicher Arbeitsausschuß des Landesmuseums") und Publikationsorgane ("Vierteljahrsschrift für Geschichte und Landeskunde," 1915; "Heimat," 1920) ins Leben gerufen.[54] Vor allem die Gründungen nach 1918 waren inhaltlich und ideologisch vom Kriegsausgang geprägt. Helbok versuchte - zeittypisch - ausgehend von Eduard Spranger, seine kulturpolitischen ("Heimatbewegung") und wissenschaftlichen ("Heimatkunde") Aktivitäten "ganzheitlich" auszurichten.[55] Das spezifische Profil erhielten diese Bemühungen allerdings erst durch eine Sonderentwicklung: In Vorarlberg rechtfertigte eine starke Bewegung den versuchten "Anschluß" an die Schweiz 1919 mit gemeinsamen historischen und kulturellen "alemannischen" Wurzeln. Helbok kämpfte politisch und wissenschaftlich aus "nationalen"[56] Gründen gegen die "Anschlußbewegung" an und betonte stattdessen die Zugehörigkeit des Landes zum schwäbischen Raum. In diesem Kontext sind seine vor allem siedlungsgeschichtlichen Arbeiten über Süddeutschland und auch über Vorarlberg zu sehen. Es ging ihm schlußendlich darum, die Vorarlberger Landesgeschichte "in den Rahmen der gesamtdeutschen Geschichte"[57] einzuordnen.

Trotz dieser eindeutigen ideologischen Implikationen beinhalten sowohl die Programme der "Ferienkurse"[58] als auch Helboks wissenschaftliche Werke interessante Ansätze, die frühzeitig Novationen der Geschichtswissenschaft aufnahmen und zum Teil auch mittrugen. Gemeint sind damit die Orientierung auf die landeskundliche Perspektive, die Hinwendung zur Wirtschafts- und Sozialgeschichte sowie die Betonung der historischen Hilfswissenschaften und damit die Erschließung neuer Quellen für die Siedlungsforschung. Helbok hatte diese Ansätze modellhaft in der 1922 veröffentlichten "Geschichte von Vandans"[59] zusammengefügt. Diese Ortsstudie sollte einerseits ein "Schulbeispiel für Lehrer" werden; andererseits war es sein Bestreben, nichtschriftliche Quellen systematisch und methodisch in die Quellenkunde einzuführen und die Geschichte des Dorfes "aus der Flur" zur schreiben. Beides - die Siedlungsgeschichte und die Integration bzw. Interpretation nichtschriftlicher Quellen - sollte für Helbok zu einer "Lebensaufgabe" werden.[60]

Helbok hatte in den frühen zwanziger Jahren - nationale, organisatorische und wissenschaftliche - Leistungen erbracht, die ihm auch zu einiger Bedeutung in Deutschland verhalfen. 1924 konnte er auf dem Historikertag in Frankfurt am Main die "Summe meiner Erfahrungen aus einem Jahrzehnt meiner heimatwissenschaftlichen Arbeit"[61] vortragen und mit der selbstbewußten Forderung verbinden, "daß diese Wege allgemein begangen werden"[62] sollten. Helbok sah in seinem Vortrag "Aufbau einer deutschen Landesgeschichte" die Siedlungs- und nicht die politische Geschichte als die "wahrhaft nationale [...] Wissenschaft der Deutschen"[63] an. Dementsprechend bestimmte er die "deutsche Landesgeschichte" als die "Geschichte jener wundervollen Symbiose zwischen Erde und Volk." Ähnlich wie die "Erde" hätte auch das "Volk nach heutigen rassischen Ansichten [...] offen daliegende und verhüllte Kräfte."[64] Aufgabe der Volkskunde sei es daher, zumal durch Hans Naumann "sichtbar in die Stellung einer historischen Hilfswissenschaft"[65] gehoben, "Kulturgeologie" zu betreiben.[66]

In dem Frankfurter Vortrag, den Helbok selbst als "große innere Wendung"[67] bezeichnete, waren mehrere Punkte eingelagert, die ihn später in einen ungewollten Gegensatz zur nationalsozialistischen Volkskunde bringen sollten und die er mühevoll anzugleichen versuchte:[68] die Überbewertung der "Umweltlehre" gegenüber der Bedeutung der "Rasse"[69] und die positive Beurteilung von Naumann.[70] Helbok sah in zahlreichen "Erwiderungen" der Folgezeit die Sache naturgemäß anders und stilisierte dieses Referat und das Jahr 1924 zu einem Schlüsselerlebnis für seinen weiteren Werdegang. 1924 habe er den "organischen Volksbegriff"[71] und gleichzeitig als einer der ersten den "Rassegedanken"[72] in seine Forschungen einbezogen. Im selben Jahr habe er "einmal nach München geschrieben, um mich anzumelden"[73] - bei der NSDAP. Zwar hatte sich Helbok in seinem Vortrag noch auf Eugen Fehrle bezogen,[74] aber die Lektüre von Hans F. K. Günthers "Rassenkunde" hatte einen "tiefen Eindruck" auf ihn ausgeübt und aus ihm einen "naturwissenschaftlich eingestellte[n] Historiker" gemacht,[75] der schon ein Jahr später Mitherausgeber von "Volk und Rasse" wurde.[76]

Tatsächlich stellte der Vortrag in Frankfurt auch aus anderen Gründen einen wichtigen Karriereschritt für Helbok dar. Er hatte sich im deutschen Wissenschaftsbetrieb plaziert und nützte geschickt seine organisatorischen Fähigkeiten, indem er 1924 den Antrag auf eine "Mittelstelle für deutsche Siedelungsforschung" stellte. Dies brachte ihn in eine unmittelbare Nähe zu dem Historiker Rudolf Kötzschke. Helbok förderte und nutzte diese Bekanntschaft[77] und sah sich schon bald als dessen Nachfolger auf dem Lehrstuhl in Leipzig.[78]

Helbok hat mehrfach das Jahr 1924 als Zäsur beschrieben, in der er aus der "Kleinwelt Vorarlbergs"[79] in den "weiten deutschen Volksraum hinausdrängte."[80] Trotzdem publizierte er weiter über Vorarlberg.[81] Dies kann durchaus als eine Strategie gesehen werden. Immer, wenn Helbok sich angegriffen fühlte, versuchte er, durch einen breitangelegten Hinweis auf seine Tätigkeit in Vorarlberg sicheres Terrain zu erreichen. Je nach politischem Umfeld und gegebener Karrierechance - ein Charakteristikum für Helbok - verwies er ausgesprochen anpassungswillig auf diese Referenz: 1929 bereitete er, unterstützt von Wopfner, Steinacker und Metz, die Ausdehnung seiner Venia legendi auf Allgemeine Geschichte vor,[82] wiewohl er mit Widerstand wegen der parteipolitischen Ausrichtung seines "kulturellen Wirkens" in Vorarlberg rechnen mußte. Helbok argumentierte jedoch damit, daß es sein einziges Ziel gewesen sei, "alle Arbeitsfähigen ohne Unterschied der Parteistellung zu gemeinsamer Arbeit zusammenzubringen. Das hat mir allerdings viel Feindschaft eingetragen, und ist mir restlos nie gelungen."[83] 1933 wurde ihm in Berlin genau diese Haltung vorgeworfen. Helbok nahm erneut, allerdings unter gänzlich anderen Vorzeichen - "Mein Kampf gegen den Klerikalismus in Österreich" - Stellung. Er habe die "Vorarlberger Heimatforschung" so organisiert, daß diese "zu einer Ausgangsebene einer deutschbewußten Heimatbewegung" wurde, "die breite Volkskreise aus dem Banne der Führung durch den katholischen Klerus weg und hin zum großdeutschen Gedanken führte:"

> "In dieser Zeit sind verschiedene einst klerikale Parteigänger, die als Lehrer im Rahmen der landesmusealen Arbeit standen, zu Nationalsozialisten geworden und in meine Gefolgschaft getreten."[84]

1945 erinnerte sich Helbok zur Verteidigung wiederum an seine Position von 1929, um am Lebensende schlußendlich wohl selber zu glauben, daß er nur um die "vaterländische Geschichte bemüht"[85] war.

Dieser eine Lebensausschnitt ist charakteristisch für Helbok. Er war ausgesprochen karrierebewußt und erwies sich dabei inhaltlich wie auch biographisch als stur und anpassungswillig zugleich. Helbok evozierte unzählige Gerüchte und Vorwürfe, die er mit zahllosen "Entgegnungen," "Erwiderungen" und "Richtigstellungen" zu bekämpfen versuchte. Ständig sah er sich im "Ringen," im "Kampf" - vornehmlich für eigene Interessen, war es doch sein mehrfach angedeutetes Ziel, "Führer" der deutschen Volkskunde zu sein.[86]

Helboks wissenschaftliches Werk ist von diesen biographischen Motiven und von eindeutigen ideologischen Implikationen nicht zu trennen. Er war in einem gewissen Rahmen durchaus innovativ und zählte im Umfeld von Otto Brunner zu den bedeutendsten Vertretern der "Volksgeschichte," der nationalsozialistischen Vorläuferin der Sozialgeschichte.[87] Gleichzeitig wurde er zu einem der wichtigsten nationalsozialistischen Volkskundler, der chauvinistische und rassistische Prämissen seinen Forschungen zugrunde legte und vertrat.[88]

Als Helbok 1924 zum a.o. Professor ernannt und dem "Institut für geschichtliche Siedlungs- und Heimatkunde der Alpenländer" zugeordnet wurde, wollte er dessen engerer Zielsetzung nicht mehr folgen. Er hatte zu diesem Zeitpunkt seine "heimatlichen Interessen"[89] beendet und sich auch wissenschaftlich nur wenig mit Südtirol beschäftigt.[90] Helboks Perspektiven waren in diesem Umfeld nur mehr teilweise einlösbar, dementsprechend nüchtern beurteilte er es rückblickend:

> "Lange Zeit hindurch hoffte ich von dem von meinem Kollegen Hermann Wopfner und mir an der Universität Innsbruck gegründeten Institut für geschichtliche Volks- und Landeskunde der Alpenländer aus die Führung der Vorarlberger Heimatforschung nicht nur besorgen zu können, sondern hier auch die geistigen Kräfte zu rüsten für kommende, über den Alpenraum überhaupt reichende Unternehmungen. Aber schon der Umstand, daß dem Institut jede amtliche Dotation versagt blieb und es mit kümmerlichen Auditoriengeldern und durch Spenden seine Arbeit einigermaßen aufrecht zu erhalten suchen mußte, war solchen Plänen nicht gerade förderlich. Im Laufe der Zeit wurden aber alle Versuche, vom Institute aus dem Lande förderliche Unternehmungen in Gang zu bringen, irgendwie immer gehemmt. Schließlich wurde ich selbst aus meinem Lehramte entfernt."[91]

Tatsächlich schränkte das Fehlen einer eigenen Bibliothek, von Räumlichkeiten und nichtwissenschaftlichem Personal die Möglichkeiten des Institutes entscheidend ein. Geplant war lediglich ab Ende der zwanziger Jahre in Zusammenarbeit mit dem "Institut für Sozialforschung in den Alpenländern" die Herausgabe eines "Kulturatlas von Tirol."[92] Dieses einzige Institutsprojekt war von Helboks kartographischen Interessen geleitet. Er und Wopfner ergänzten sich in der Verwirklichung der Institutsziele. Während Helbok immer stärker - theoretisch und inhaltlich - in den deutschsprachigen Raum zielte und damit die gewünschten nationalen Intentionen des Instituts erfüllte, wurde die "Heimatkunde" von Wopfner wahrgenommen, der darüber Vorlesungen hielt und eine Vortragstätigkeit vor Priestern, Lehrern und Jungbauern ausübte. Dabei ging es ihm um die Umsetzung wissenschaftlicher Erkenntnisse in die praktische "Förderung heimatlicher Volkskultur." Genauer: Analog zur agrarischen Subsistenzwirtschaft, versuchte er, den "Wert der bäuerlichen Selbstversorgung auf kulturellem Gebiet" zu behaupten, um damit in der Bevölkerung ein "edles Standesbewußtsein zu wecken und zu vertiefen."[93] Nicht zufällig machte Wopfner Mitte der zwanziger Jahre die Bekanntschaft mit Viktor von Geramb, der sein "Vorbild" und wissenschaftlicher Freund wurde[94] und ihn in das Sozialgefüge der Volkskunde integrierte. Inhalt und Themen von Wopfners Arbeiten wurden von diesem kulturpolitischen Kontext bzw. von der Übereinstimmung von Forschung und Praxis bestimmt. Neben der Siedlungsforschung war er in seinem zweiten Arbeitsfeld, der Ergologie,[95] ausgesprochen innovativ.[96] Gleichzeitig publizierte er mehrfach Zusammenfassungen zur "tirolischen Volkskunde."[97]

Adolf Helbok war über die Flur- und Siedlungsforschung zur kartographischen Methode gelangt und wurde zum maßgeblichen Betreiber der Atlasidee in Österreich.[98] Bei der Gründungsversammlung für den "Atlas der deutschen Volkskunde in Österreich" im April 1929 ernannte man ihn zum geschäftsführenden Vorsitzenden. Helbok konnte sich dabei auf seine ausgezeichneten Kontakte zu Schmidt-Ott,[99] Schreiber,[100] Aubin, Frings, Meier und zum Präsidenten der "Österreichischen Akademie der Wissenschaften," Oswald Redlich, stützen. Er verfolgte durch seine Tätigkeit beim Atlas zwei Ziele: Einerseits sollte die "innere Einigung"[101] zwischen Deutschland und Österreich, also in Wahrheit der "Anschluß,"[102] vorangetrieben werden. Andererseits sah Helbok dadurch auch Karrierechancen gegeben, die er geschickt, etwa durch die Mitarbeit bei mehreren Festschriften,[103] zu realisieren versuchte - mit Erfolg: Am 29. März 1932 bat der Präsident der "Notgemeinschaft der Deutschen Wissenschaft" Schmidt-Ott das "Bundesministerium für Unterricht" in Wien um eine Beurlaubung Helboks für drei Monate, damit dieser die wissenschaftliche Leitung des Atlas der deutschen Volkskunde (ADV) übernehmen könne.[104] Schmidt-Ott erneuerte sein Ansuchen am 1. September desselben Jahres, da, begründet durch die "schwere[n] Kämpfe" mit Wildhagen, "eine große Notlage eintreten würde, wenn Helbok die Leitung nicht beibehält:"

> "Es ist die einstimmige Meinung der Kommission, daß Herr Helbok wie kein Anderer für die wissenschaftliche Leitung des Atlas berufen ist und er würde bereit sein, jeweils das Winter-Semester dafür in Berlin zuzubringen, sofern ihm gestattet würde, seine Pflichten in Innsbruck durch erhöhte Tätigkeit im Sommer-Semester zu erfüllen. Ich darf hoffen, daß man auch in Oesterreich auf diese Verbindung ein gewisses Gewicht legt, die auch für die Oesterreichisch-Deutsche Wissenschaftshilfe durch einen dauernden Vertrauensmann gewisse Vorteile gewähren könnte."

Schmidt-Ott versuchte vorsichtig im selben Schreiben, ein Ordinariat für Helbok in Innsbruck zu begründen, zumal keine Möglichkeit für eine Berufung nach Berlin gegeben sei.[105] Obwohl Helbok den Atlas nur bis 1933 leitete,[106] hatte er eine ideale

Karriereposition erreicht. Er war Referent bei den Volkskundetagungen und schlug für 1932 Innsbruck als Veranstaltungsort vor.[107]

Die Machtübernahme Hitlers am 30. Jänner 1933, die Helbok in Berlin erlebte, sah er als "Aufstieg einer neuen Zeit," hätten doch die "Volksforscher allen Anlaß, zufrieden zu sein, denn es schien nun unsere Zeit zu kommen."[108] Helbok meinte damit wohl die "seine," denn nur wenige Monate später, am 12. April fand er "von der Wissenschaft her also den Weg in die Bewegung"[109] und trat der NSDAP bei.[110] Seine offen gezeigten Sympathien für das faschistische Deutschland und sein Übertritt in die evangelische Kirche brachten Helbok in einen deutlichen - auch von ihm provozierten - Gegensatz zu den katholisch motivierten Austrofaschisten, die im Februar 1934 endgültig die Macht in Österreich an sich gerissen hatten. Schon im Jänner wurde er kurzfristig verhaftet, im April folgten die Beurlaubung und Pensionierung von der Universität Innsbruck. Helbok teilte dieses "Schicksal" mit seinen Professorenkollegen Adolf Günther, Steinacker und Metz.[111]

Das Jahr 1934 bedeutete für Helbok eine zweite Zäsur, denn die bevorstehende Enthebung in Innsbruck begründete die Einladung zu Gastvorlesungen während des Sommersemesters nach Berlin und in der Folge auch die Berufung nach Leipzig.[112] Wiederum wurde - zumindest aus Helboks Sicht - sein wissenschaftlicher Werdegang an einem Tag entschieden:

> "Der eine [Brief] war vom Dekan meiner Innsbrucker Fakultät, der mir mitteilte, daß der damalige Unterrichtsminister Dr. von Schuschnigg mit Erlaß vom 28. März meine Enthebung in Aussicht genommen hätte. Der andere war vom deutschen Generalkonsul, Geheimrat Saller, in Innsbruck, der mir eröffnete, daß der preußische Minister für Wissenschaft, Erziehung und Volksbildung mich mit Entschließung vom 28. März (!) über Antrag der Philosophischen Fakultät der Universität Berlin dorthin berufe und mich einlud, zu Verhandlungen nach Berlin zu erscheinen."[113]

Helbok hatte damit den Höhepunkt seiner Karriere erreicht. 1934 hielt er Gastvorlesungen in Berlin und folgte 1935 einem Ruf nach Leipzig. Allerdings war sein Wechsel nach Deutschland von zahlreichen Mißtönen begleitet, die eindeutige Vorzeichen für die Zukunft darstellten, wurde ihm doch dort eine opportunistische "konjunkturmäßi ge [...] Haltung" in Innsbruck vorgeworfen, mit der er nur eine Berufung nach Berlin erreichen wollte. Helbok reagierte wie üblich: mit "Entgegnungen."[114]

Helboks Enthebung war eine Konsequenz des 1933 beschlossenen "Beamten-abbaugesetzes," mit dem die zunehmend autoritärer regierenden Austrofaschisten Personalpolitik betrieben. Sie förderten bewußt, wenn zunächst auch ohne großen Erfolg, den ihnen nahestehenden wissenschaftlichen Nachwuchs im Rahmen der katholischen Studentenverbindungen des "Cartell-Verbandes."[115] Diese Bemühungen sollten erst nach dem Zweiten Weltkrieg voll zum Tragen kommen.[116]

Es gibt keinen Grund anzunehmen, daß Hermann Wopfner die Entlassung Helboks nicht verurteilt hat, zumal er auch 1945 seinen Schüler erneut verteidigte.[117] Es ist bereits auf mehrere inhaltliche Gemeinsamkeiten der beiden hingewiesen worden. Wopfner arbeitete quellenorientierter und ließ sich wissenschaftlich und politisch auf weniger Spekulationen ein, aber grundsätzlich kannte und akzeptierte er Helboks Ergebnisse. Als sich dieser etwa ab Mitte der zwanziger Jahre mit der "Rassenkunde" zu beschäftigen begann, hatte Wopfner davon Kenntnis.[118] In seinen eigenen Arbeiten allerdings war er weit vorsichtiger[119] und faßte lediglich die allgemein vertretenen "Rassenelemente der Tiroler"[120] zusammen. Wopfner hatte andere Forschungsinteressen, die aber keinen Widerspruch zur "Rassenlehre" beinhalteten. Dies mag durch ein weiteres Beispiel präzisiert werden: 1941 verfaßte er eine ausführliche Besprechung[121] vom "bedeutsame[n] Werke" Hans F.K. Günthers "Das Bauerntum als Lebens- und Gemeinschaftsform." Wopfner betonte ergänzend zur "soziologischen und biologischen Betrachtungsweise" die "Bedeutung der geschichtlichen Vergangenheit für bäuerliches Wesen."[122]

Seine Haltung zum Austrofaschismus war dementsprechend aus mehreren Gründen ambivalent, schlußendlich aber eindeutig ablehnend: Er war zwar katholisch und zudem mit dem damaligen Unterrichtsminister und späteren Bundeskanzler Kurt von Schuschnigg verwandt, hatte sich aber gegen diesen mehrmals öffentlich scharf zu Wort gemeldet. Dabei ging es um die von Wopfner geforderte föderalistische Verfassung und um den vom ihm befürworteten "Anschluß."[123] Ausgesprochen skeptisch sah er die Bemühungen des "Ständestaates," ein Österreich-Bewußtsein zu schaffen. Gleichzeitig leitete er sein Demokratieverständnis von der "tirolische[n] Landesfreiheit"[124] ab und verwahrte sich politisch[125] und wissenschaftlich[126] gegen den autoritären und zentralistischen Kurs der Austrofaschisten. Sein Schüler Nikolaus Grass beurteilte diese Position anläßlich Wopfners Tod kritisch:

> "Merkwürdig empfand man es in den Jahren des Ringens um die politische Selbständigkeit Österreichs gegenüber dem Dritten Reich, daß ausgerechnet der Professor der Österr. Geschichte die Bemühungen von Dr. Dollfuß und Dr. Schuschnigg unfreundlichen Kritiken unterzog. War doch Bundeskanzler Dr. Kurt von Schuschnigg zudem ein Sohn von Wopfners einziger Schwester [...]."[127]

Wopfners politische Haltung war keinesfalls nationalsozialistisch, aber sein wissenschaftliches Umfeld, seine Befürwortung des "Anschlusses" und sein Kampf gegen die Friedensverträge, ließen trotzdem eine vorderhand positive Einschätzung zu:

> "Wenn ich auch nicht Parteipolitiker war, so hat begreiflicher Weise doch der Vorstoß des Nationalsozialismus nach Österreich auch auf mein Leben einen Einfluß ausgeübt. Zu Beginn der nationalsozialistischen Bewegung in Deutschland sah ich in ihr zunächst nur eine Reaktion auf die Behandlung Deutschlands im Versailler Diktat."[128]

Diese Position war symptomatisch für viele Intellektuelle in Österreich, sahen sie doch die nationalsozialistische Machtergreifung und den "Anschluß" als zwingende Konsequenz der Folgen des Ersten Weltkriegs.

Anmerkungen

1. Wopfner 1950: 186.
2. Wopfner 1950: 186.
3. Dachs 1974: 5-16.
4. Dachs 1974: 84-87.
5. Wolf und Cole 1974: 266.
6. Huter 1964a: 456.
7. Wopfner 1933a: 149.
8. Zit. n. Oberkofler 1980: 79.
9. Gehler 1990: 122.
10. Lamp (1933).
11. Kramer 1980: 103.
12. Goller 1990.
13. Metz 1961. Siehe auch die dort enthaltene Bibliographie und die von den Herausgebern verfaßte Biographie.
14. Klebelsberg 1953: 54.
15. Diese förderte etwa das Monumentalwerk von Otto Stolz über "Die Ausbreitung des Deutschtums in Südtirol im Lichte der Urkunden," s. Stolz 1932.
16. Vgl. Klebelsberg 1953: 333.
17. Harvolk 1990: 59 (Dörrer), 78 (Helbok) und 82 (Wopfner).
18. Vgl. Klebelsberg 1953: 335.
19. Klebelsberg 1951: 436. Dessen wissenschaftlicher Unterausschuß stellte 1944 für Wopfners Bergbauernbuch einen Druckkostenbeitrag zur Verfügung.
20. Grass 1962b.
21. Vgl. auch Schreiber 1930: 100-103, Schreiber 1956.
22. Gehler 1990: 73.
23. Huter 1966.
24. Srbik 1951: 346-347; Dachs 1974: 79-81.
25. Srbik 1951: 348.
26. Srbik 1951: 338.
27. Schrutka-Rechtenstamm 1989/90: 71-72.
28. Helbok 1922b.
29. Wopfner 1918: 4.
30. Oberkofler 1980.
31. Wopfner 1918: 39.
32. Huter 1947: 11; ähnlich Wopfner 1950: 186.
33. Wopfner 1922, Wopfner 1926.
34. Vgl. beispielhaft: Dörrer 1961: 271, Ilg 1986: 156, Ilg 1983: 142.
35. Beispielhaft: Dörrer 1952.
36. Wopfner 1950: 187.
37. Wopfner 1923: 85.
38. Wopfner 1923: 85-94, dazu auch: Wopfner 1927b.
39. Wopfner 1924: 5.
40. Wopfner 1923: 84.
41. Dachs 1974: 229.
42. 1928 hatte er wie fast alle Historiker (u.a. auch Redlich und Srbik) für den "Anschluß" unterschrieben, Dachs 1974: 77.
43. Wopfner 1923: 85.
44. Zit. n. Oberkofler 1980: 150.
45. UAI. Ph 234/1923.

46. Diese These der kulturellen Verwandtschaft wurde auch von anderen Wissenschaftlern in Innsbruck vertreten, vgl. Günther, Adolf 1930, Günther, Adolf 1933.
47. Helbok 1922b: 28, Helbok 1922a: 14.
48. Aubin verfaßte mehrere Artikel für die "Vierteljahrsschrift für Geschichte und Landeskunde Vorarlbergs," vgl. Aubin 1922.
49. UAI. PA Helbok: "Gutachten betreffend Prof. Dr. Adolf Helbok erstattet von Prof. Dr. H. Wopfner 14.12.1945."
50. Helbok 1920, Helbok 1923.
51. Oberkofler 1969b: 146-147.
52. UAI. Präs. Nr. 234 v. 22.2.1924.
53. Hochschulkurs für Heimatforschung 1921, Helbok 1922c, Steinacker 1923.
54. Helbok 1922a.
55. Helbok (1963): 34.
56. Helbok (1963): 30.
57. Helbok (1963): 55. Zur Rolle Helboks vgl. Barnay 1988.
58. Steinacker 1923.
59. Helbok 1922d.
60. Helbok (1963): 25-29.
61. Helbok (1963): 36.
62. Helbok 1925: 36.
63. Helbok 1925: 1.
64. Helbok 1925: 3.
65. Helbok 1925: 14.
66. Helbok 1925: 17.
67. Helbok (1963): 53.
68. Meixner 1990: 130.
69. Hier kann nur beispielhaft der Gegensatz zum "Amt Rosenberg" angeführt werden, vgl. Deutsche Volkskunde im Schrifttum. Ein Leitfaden für Schulungs- und Erziehungsarbeit der NSDAP 1938: 115-116.
70. Helbok hatte sich 1938 an Naumann mit der Bitte um Unterstützung gewendet, vgl. Meixner 1990: 129.
71. UAI. PA Helbok: "Entgegnung" 1935.
72. UAI. PA Helbok "Entgegnung" v. 30.6.1938.
73. Privatarchiv Lixfeld. Helbok, Adolf, geb. 2.2.1883. "Parteikorrespondenz." Helbok am 3.11.1934 an Rauter. Ich danke Dr. Hannjost Lixfeld für die Zurverfügungstellung dieses Aktes.
74. Helbok 1925: 3.
75. Helbok (1963): 50.
76. Bausinger 1965b: 183.
77. Helbok 1928b.
78. UAI. PA Helbok: "Vorstellung gegen meine Amtsenthebung" (ca. 1945).
79. Schneider 1933: 22.
80. Helbok (1963): 53.
81. Helbok 1927, Helbok 1928a.
82. Oberkofler 1969b: 147.
83. Helbok 1929: 130.
84. UAI. PA Helbok "Mein Kampf gegen den Klerikalismus in Österreich."
85. Helbok (1963): 8.
86. Helbok hatte dies mehrfach beansprucht, vgl. UAI. PA Helbok "Mein Kampf gegen Intrigen und Mißstände" (ca. 1945).
87. Ehmer und Müller 1989: 115.
88. Emmerich 1971: 117.
89. Helbok (1963): 53.

90. Oberkofler 1980: 87.
91. Helbok 1935: 31.
92. Lamp (1933): 5. Dieser Plan mußte allerdings durch die Auflösung des "Instituts für Sozialforschung" 1933 und Helboks Entlassung aufgegeben werden, vgl. UAI. PA Helbok: "Vorstellung gegen meine Amtsenthebung" (ca. 1945); zur Herausgabe des "Tirol-Atlas" vgl. Huter 1970.
93. Wopfner 1950: 192.
94. Wopfner 1950: 193.
95. Wopfner 1932, Wopfner 1933b.
96. Jacobeit 1965b: 189, 203.
97. Wopfner 1927c, Wopfner 1933a, Wopfner 1937.
98. Vgl. dazu ausführlich Gansohr-Meinel 1991: 64-67.
99. Meixner 1990: 127.
100. Schreiber 1930: 101.
101. Zit. n. Gansohr-Meinel 1991: 66.
102. Schreiber 1956: 26.
103. Helbok 1928b, Helbok 1932, Helbok 1934a, Helbok 1934b.
104. Österreichisches Staatsarchiv, Archiv der Republik. Unterricht-Hochschulen. PA Helbok. Ich danke Dr. Gernot Heiß für die Zurverfügungstellung dieses Aktes.
105. Österreichisches Staatsarchiv, Archiv der Republik. Unterricht-Hochschulen. PA Helbok.
106. Gansohr-Meinel 1991: 106-112.
107. Boehm 1931: 295.
108. Helbok (1963): 93.
109. Privatarchiv Lixfeld. Helbok, Adolf, geb. 2.2.1883. "Parteikorrespondenz." Helbok am 3.11.1934 an Rauter.
110. Meixner 1990: 128.
111. Meixner 1990: 128.
112. Ludwig 1991: 83-88.
113. Helbok (1963): 96-97.
114. UAI. PA Helbok: "Mein Kampf gegen den Klerikalismus in Österreich;" "Entgegnung" v. 30.6.1938.
115. Gehler 1990: 273, 342.
116. Karl Ilg war z.B. von 1935 - 1937 Vorsitzender der Österreichischen Hochschülerschaft, vgl. Ilg 1990: 11.
117. UAI. PA Helbok: "Gutachten betreffend Prof. Dr. Adolf Helbok erstattet von Prof. Dr. H. Wopfner 14.12.1945."
118. "Ich habe mich mit Wopfner oft darüber ausgesprochen," vgl. Helbok (1963): 50.
119. Wopfner 1933a: 144.
120. Stolz 1955: 127.
121. Wopfner 1941.
122. Wopfner 1950: 200.
123. Dachs 1974: 232.
124. Wopfner 1950: 195.
125. Wopfner war erst nach einigem Widerstand in die "Vaterländische Front" eingetreten, vgl. im vorliegenden Band den Beitrag von Helmut Eberhart.
126. Wopfner 1934.
127. Grass 1964: 82.
128. Wopfner 1950: 196.

FRIEDRICH SALOMO KRAUSS (SALOMON FRIEDRICH KRAUS[S]) (1859-1938)

CHRISTOPH DAXELMÜLLER

Wohl kaum ein anderer Volkskundler hinterläßt bei dem Versuch, ihn und sein Werk wissenschafts- und geistesgeschichtlich einzuordnen, so viele Unsicherheiten wie der am 7. Oktober 1859 im slawonischen Pozega als Sohn des Kaufmanns und Bauernwirtes Wilhelm Wolfgang Krauss und seiner Ehefrau Ernestine Eva, geb. Herzog, geborene Friedrich Salomo Krauss. Spätere Kategorisierungen waren in ihrer Einseitigkeit eher Abqualifizierungen denn Würdigungen: Verlogene Prüderie sah in ihm als Pionier in der Erforschung der erotischen und skatologischen Folklore lediglich den Frauenfreund und Pornographen, und als Jude wollte er sich - wie auch die jüdische Volkskunde[1] - so ganz und gar nicht in das Selbstverständnis einer national(istisch)-konfessionalistischen Kulturanalyse einfügen. Die lauten Anfeindungen, denen er zeit seines Lebens ausgesetzt war, passen dennoch zu der Stille, die nach seinem Tod am 29. Mai, so das Sterbebuch der Israelitischen Kultusgemeinde in Wien, oder am 30. Mai 1938, so die Todfallaufnahme in seinem Heim in der Wiener Neustiftgasse, eintrat.[2] Doch trotz der sehr detaillierten Untersuchungen von Michael Martischnig,[3] der jüngst erschienenen Studie von Raymond L. Burt[4] und der unpublizierten Diplomarbeit von Mirjam Morad[5] ranken sich weiterhin Legenden um seine Person; zumindest ist inzwischen geklärt, daß Krauss nie das Judentum verlassen hatte, was immer wieder, nicht zuletzt wegen seines Verhältnisses und der dann 1913 geschlossenen Ehe mit der katholischen Marie Rösler sowie der *Taufe* des gemeinsamen Sohnes Wilhelm Wolfgang in der Pfarre Mariabrunn 1894, vermutet worden war, und daß er auch nicht Selbstmord begangen hatte. Denn bestattet wurde er im Familiengrab in der jüdischen Abteilung des Wiener Zentralfriedhofs.[6]

Wirklichkeit und Legende: die Volkskunde und Krauss

Der Nachhall, den Krauss innerhalb einer Historiographie der Volkskunde erfuhr, blieb bis heute gering und wurde weder der spezifischen Struktur seiner Persönlichkeit noch der seines Werkes gerecht. Man drängte ihn stets in eine Ecke, übersah dadurch die Komplexität seiner Forschungen und spaltete ihn in zahlreiche Wesen. Die Schreibtisch-Slavisten lehnten seine Erhebungen zur südslavischen Folklore ab und warfen ihm das Fehlen jeglicher philologischer und historischer Tiefenschärfe vor, während Krauss als Empiriker stets sein Augenmerk auf *lebendiges* Traditionsmaterial gerichtet hatte; er zog die gegenwärtige Volkskultur den vergangenen, in Bücher gepackten Projektionen vor. Die schonungslose Offenheit, die er andererseits bei der Erfassung erotischer und skatologischer Überlieferungen und Meinungen an den Tag legte, verschreckte die geistige Sterilität akademischer Fachkreise und rief die Staatsanwälte und Sittenwächter auf den Plan. Eine scheinheilige viktorianische Gesellschaft verdrängte die Sexualität, um zugleich in den letzten Jahrzehnten des 19. Jahrhunderts der literarischen und bildlichen Pornographie zu einer später kaum mehr erreichten Blütezeit zu verhelfen.[7] Wie keiner seiner Kollegen verstieß Krauss mit seinen Sammlungen gegen die postromantische Idee von der heilen Volksseele und dem blütenreinen Volksgeist. Adolf Bach etwa bestritt in seiner auch ansonsten nicht allzu rühmlichen "Deutschen Volkskunde" von 1937 gar die "*Bedeutung des Erotischen im Volksleben,*" das "*keineswegs die Rolle spielt, die ihm Psychoanalytiker* [...] *Freudscher Richtung zuschreiben wollten*:"

> *Im deutschen Volksgut spielt Derb-Erotisches vor allem im Lied, im Schwank, im Witz und im Rätsel eine Rolle, aber vorwiegend bei den jungen Männern [...] in den Jahren starker erotischer Spannungen. Daß die Äußerungen natürlicher Sinnlichkeit wie jegliche, nicht nur erotisch betonte Derbheit in den Mutterschichten weniger anstößig sind als in der intellektualisierten Schicht, weiß jedermann.*[8]

Anstelle die Breite seines wissenschaftlichen Werkes *insgesamt* zu würdigen, beließ die deutschsprachige Volkskunde Krauss lüstern-puritanisch im Bordellviertel einer pornographischen Volkskultur. Während zumindest Leopold Schmidt einige wenige lobende Worte über ihn fand,[9] wies Rolf Wilhelm Brednich noch 1979 zwar auf die Bedeutung von Krauss als exponiertem Vertreter einer Gruppe hin, die sich "*in Wien unter dem Einfluß Freuds*" gebildet und "*in der Untersuchung der 'erotischen Folklore' eine Hauptaufgabe*" erblickt hatte,[10] um dann allerdings wiederum vorsichtig zu formulieren:

> *Es ist jedoch bei allen Verdiensten der Krauß, Blümml, Ostwald usw. unverkennbar, daß in dieser Forschungsperiode das Pendel nach der extrem anderen Seite ausgeschlagen ist. Einer langen Zeit der eklatanten Vernachlässigung der Erotik im Lied folgte ihre Überbewertung und Verabsolutierung. Der Wirklichkeit entsprach dieses neue Bild vom Volkslied ebenso wenig wie jenes, das die purifizierten Anthologien des 19. Jhs. entwarfen. Eine Anthologie mit Liedern ohne derberotische Inhalte verfälscht die Realität des Volksgesanges ebenso wie eine Edition von ausschließlich derberotischen Liedern.*[11]

Diese Feststellung ist schon deswegen irreführend, da sie zu Unrecht Krauss Ausschließlichkeit unterstellt und zudem am Sinn themenorientierter Editionen und Reihen wie der "Anthropophyteia" und ihrer Beihefte vorbeizielt. Äußerungen ähnlicher Art aber trugen (und tragen) dazu bei, Krauss der historischen Wirklichkeit zu entziehen. Denn er beschäftigte sich eben nicht ausschließlich mit der erotischen Folklore. Vielmehr redigierte er mit dem "Urquell"[12] ein Periodicum, das sich durch breiteste Thematik auszeichnete und das zu übernehmen ihn sein Vater Wilhelm (1813-1890), ein belesener, kritischer, mit Beiträgen "*über jüdisches Volkstum für die Allgemeine Ztg. des Judentums*" hervorgetretener Mann, bewogen hatte, wie er in dem mit "Fritz S. Krauss" unterzeichneten Nachruf hervorhob.[13] Er sammelte südslavische Volkserzählungen und die Guslarenlieder. Daß er andererseits in der wissenschaftlichen Handhabung der erotischen Folklore vorsichtig und verantwortungsvoll vorging, beweist sein Band über den "Zigeunerhumor:" In ihm verzichtete er bewußt und entgegen seiner sonstigen Prinzipien auf die Darstellung der Sexualität, weil er angesichts einschlägiger kollektiver Stereotypen über und gegen Minderheiten den ewig Unbelehrbaren keine Argumentations- und Handlungshilfe gewähren wollte.[14] Krauss war also keinesfalls nur der Verfasser und Verleger unzüchtiger Schriften in wissenschaftlichem Gewande, wohl aber verstieß er durch die Radikalität seines Denken, seine Auffassung von Wissenschaft und nicht zuletzt durch seine Lebensführung gegen die engen, ja engstirnigen Normen einer Gesellschaft, die mit ihm, dem Juden, zumeist nur in Form von Mißachtung, Distanzierung und Verleumdung umgehen konnte.

Jude, Humanist, Weltbürger: Krauss und die Volkskunde

Immerhin verschafften ihm die zynisch-genialen "Merksprüche für Folkloristen"[15] einen gewissen Nachruhm.[16] So bezog sich Gerhard Heilfurth in seiner Marburger Antrittsvorlesung vom 11. Januar 1961 über "Volkskunde jenseits der Ideologien" auf jene *"kritische Volkskunde,"* die *"schon sehr früh, auf Grund ihrer tieferen Einsichten in die Probleme, ihre warnende Stimme gegen solche ideologischen Auswüchse"* wie die *"hybriden Äußerungen des Chauvinismus, des Rassenwahns und der Irredenta, die ja zuletzt zum furchtbaren Zusammenbruch des geschichtlich gewordenen differenzierten Bevölkerungsgefüges Ostmitteleuropas, insbesondere der deutschsprachigen Teile geführt hat,"* erhoben hatte;[17] er nannte hierfür Krauss beim Namen,[18] ohne das Rätsel zu lösen, warum niemand sich dessen "Merksprüche," in denen bereits 1899 recht modern anmutende Konzepte einer übernationalen Europäischen Ethnologie formuliert worden waren, zu Herzen genommen hatte:

> *Sei dess stets eingedenk, dass du als Folklorist für Fachgelehrte aller Kulturvölker vorarbeitest und lass dich daher im Bemühen, die Wahrheit zu ergründen, weder durch nationale noch politische Beweggründe, weder durch konfessionelle noch ästhetische Rücksichten, weder durch Lob noch Tadel oberflächlicher Beurteiler deines Strebens beirren; denn der Volksforscher muss als ein Weltbürger denken und schreiben.*[19]

Die "Merksprüche," die den Empiriker und Feldforscher Krauss auch als Methodiker ausweisen, helfen, die mit seiner Person verbundenen Widersprüchlichkeiten besser aufzulösen. Als Jude war er Angehöriger einer diskriminierten Minderheit. Von 1891 bis 1901 verdiente er sich seinen Lebensunterhalt als Sekretär der "Israelitischen Allianz" in Wien, einer Filiale der in Paris ansässigen "Alliance Israélite Universelle." Ihre Aktivitäten entsprachen einer von brutalen Pogromen etwa infolge des Hilsner Ritualmordprozesses im böhmischen Polna 1899 geprägten Zeit: Sie errichtete Schulen in Galizien, unterstützte verfolgte und verarmte Ostjuden, versorgte jüdische Auswanderer nach Amerika mit Rat und finanzieller Hilfe[20] und leistete zudem kulturelle Aufklärungsarbeit. Bei der Betreuung der zahlreichen Nebenstellen von Krakau bis Triest kamen Krauss sicherlich die umfangreichen Sprachkenntnisse zugute. Doch als überzeugter Antizionist geriet er in die - nicht nur für die Israelitische Kultusgemeinde in Wien charakteristische - Auseinandersetzung zwischen Anhängern und Gegner des Zionismus und wurde zum Ende des Jahres 1900 aus seiner Stellung gekündigt.

Es wäre naheliegend gewesen, daß sich Krauss als Jude *und* Ethnologe intensiver an der Forschungsarbeit der jüdischen Volkskunde beteiligt hätte. Tatsächlich aber wandte er sich wütend, wenn auch aus seinen Vorstellungen von Volkskunde als einer Wissenschaft vom *Menschen* und nicht von *Nationen* oder *Glaubensüberzeugungen* heraus verständlich, gegen die Gründung einer "Gesellschaft für jüdische Volkskunde" in Hamburg,[21] wobei er allerdings einräumen mußte, daß sie als Reaktion auf die gerade im Schmelztiegel Wien schmerzlich spürbare antisemitische Zeitstimmung entstanden war.[22] Mit seinen Ausfällen aber verunsicherte er Max Grunwald, wie indirekt einem undatierten, am 18. Januar 1904 abgestempelten Brief des Sprachwissenschaftlers, Erzählforschers und Folkloristen Alfred Landau (1850-1935) an Grunwald zu entnehmen ist:

> *Die Daseinsberechtigung der Gesellsch. f. j. V. [Gesellschaft für jüdische Volkskunde; Anm. des Verf.] wird allerdings dadurch nicht in Frage gestellt, gibt es doch Vereine für sächs. hess. bayr. und österr. Volkskunde, ohne dass damit auch ein besonderes sächs. [...] österr. Volkstum postulirt würde. Gerade zur Beantwortung der Frage, ob ein selbständiges Volkstum vorhanden oder nicht, muss erst das Material gesam(m)elt werden, nicht dass man wie K. [Krauss; Anm. des Verf.] a priori darüber abspricht, nur zur Herbeischaffung dieses Materials ist eben die Gesellschaft nothwendig. K. selbst hat übrigens, wen(n) ich nicht irre, in den J. 1897/98 seinen Urquell fleissig in der Öst. Wochenschr. [Österreichische Wochenschrift; Anm. des Verf.] annoncirt; es wäre wichtig nachzusehen, ob er nicht in diesen An(n)oncen die besondere Pflege des Jüdischen im U. [Urquell; Anm. des Verf.] herausgestrichen hat.*[23]

In seiner Kritik an der Hamburger "Gesellschaft für jüdische Volkskunde" hatte Krauss u.a. deren Mitteilungsblatt für überflüssig erklärt, da der "Urquell," "*die älteste unter den bestehenden deutschen Zeitschriften für Volkskunde*"[24] international orientiert sei und Beiträgen zur jüdischen Volkskunde offenstehe. So veröffentlichte der bekannte polnisch-jüdische Publizist und Folklorist Benjamin Segel (1866-1931), der maßgeblich an der von Ignaz (Israel) Bernstein (1836-1909) herausgegebenen zweisprachigen Sammlung "Jidishe Shprikhverter un redensarten"[25] beteiligt war und sich als Ostjude stets nachdrücklich gegen die Bevormundung durch die assimilierten westjüdischen Intellektuellem gewehrt hatte, unter dem Pseudonym "Benjamin Wolf Schiffer" eine Reihe einschlägiger Artikel im "Urquell."[26]

Doch Krauss sah andererseits auch das fehlende Interesse des volkskundlichen Zeitschriftenmarktes an Jüdischem: Die von Karl Weinhold redigierte "Zeitschrift des Vereins für Volkskunde" brächte nur Aufsätze über "*deutsches*" und gelegentlich "*romanisches Volkstum*," während es den romanistischen Journalen "*zum Ruhme*" gereiche, "*dass sie unbefangen auch jüdisches Volkstum zu behandeln wissen.*"[27] Für seine Person brachte Krauss die Situation auf den Punkt:

> *In deutscher Sprache bemühte sich nur der Urquell nach dieser Richtung, nicht deshalb, weil ich der Redakteur bin, wie Prof. E. Mogk in den Mitteilungen des Vereins für Sächsische Volkskunde (1897. H. 1. S. 8) annimmt, sondern richtiger, trotzdem ich das Blatt betreue. Mich, den slavischen Ethnologen, geht ja das judendeutsche und judenspanische Volkstum eigentlich blutwenig an, als Redakteur aber habe ich keinen Grund und keine Veranlassung gerade diese Stoffe aus meiner Zeitschrift auszuschliessen [Interpunktation sic!]. Der Spott und Hohn, der gegen Juden in Mode ist, fällt auf die Spötter zurück.*[28]

Als Jude aber reagierte und agierte Krauss verletzlich auf Vorurteile und auf jegliche Diskriminierung von Minderheiten, was seinen wissenschaftlichen Ethos nachhaltig prägte. Samuel Adalbergs Sammlung polnischer Sprichwörter und Redensarten[29] qualifizierte er z.B. als "*schwach*" ab, da sowohl alles "*obszöne* [...] *ausgeschlossen geblieben*" sei als auch Adalberg, "*der Jude*," an den Juden "*sein Mütchen gekühlt*" habe, "*indem er eine ansehnliche Reihe unbeglaubigter, gegen Juden gerichteter Schmähreden als Volkssprichwörter anführte.*"[30]

Zwischen Gegenwart und Zukunft: der Ethnologe Krauss

Auch wenn die Forderung nach einer gegenwartsbezogenen, übernationalen und überkonfessionellen Kulturanalyse Krauss als Vordenker einer modernen Volkskunde erscheinen läßt, liegen seine geistigen Wurzeln tief im Ideengut der Zeit verankert. Eine eigenständige jüdische Volkskunde bedeutete für ihn nicht nur die Gefahr einer neuen Stigmatisierung, sondern im Zeitalter der Assimilation und des Traditionsverlustes auch die unzulässige Beschwörung der Besonderheit - oder besser: Absonderlichkeit - und des kulturell Trennenden. Folgerichtig dachte er etwa in seinen "Zigeuner"forschungen der Zeit weit voraus.[31] Denn im Gegensatz zu anderen Ethnologen, die sich mit dieser Gruppe beschäftigten, verlor Krauss nie die Folgen interethnischer Kontakte und langwieriger Akkulturationsprozesse aus den Augen, die es erschwerten, ja teilweise unmöglich machten, eine eigenständige "Zigeuner"kultur zu postulieren: Seit mehreren Jahrhunderten seien die Zigeuner so eng mit den Serben und Kroaten verschmolzen, "*daß sie der Folklorist nicht ohne weiteres voneinander trennen*" dürfe;[32] mit dem für ihn typischen Sarkasmus belegte Krauss dies am Beispiel einer Erzählung über das Leichenbegängnis:

> *Wäre der Pope in der serbischen Folklore irgendwie bewandert gewesen, so wäre ihm der Zigeunerbrauch durchaus nicht aufgefallen; denn auch bei den Serben [...] gibt es lustige Leichenschmausereien [...]. Der Brauch ist so ziemlich über die ganze Welt verbreitet.*[33]

Im verstellten Blick des Ethnologen, der auf nichtvorhandene binnenkulturelle Systeme gerichtet ist, sah Krauss einen Ansatzpunkt für die Entstehung von Vorurteilen und Verfolgungen; die späteren Entwicklungen innerhalb der "Zigeuner"forschung und der mit ihnen verbundene politische Mißbrauch sollten ihm Recht geben. Indem er aber sein Augenmerk auf die real existiertende gegenwärtige und nicht auf die am Schreibtisch präfigurierte historische Kultur richtete, mußte er jede Suche nach einer archaischen, am Beispiel der "Zigeuner" "indischen" Herkunft und damit auch alle mythologisch-altertumskundlichen Spekulationen, wie sie in seiner Zeit eine Wissenschaftsdoktrin bildeten, entschieden ablehnen.[34] Seine Warnung kleidete er in die Sprache des Dekalogs:

> *Du sollst keine Götter erfinden. Erfinde und erdichte auch keinerlei Götter- und Mythensysteme, denn damit nützst du der Wissenschaft nicht, schädigst sie vielleicht gar, jedenfalls aber läufst du Gefahr, dich selber verächtlich und lächerlich zu machen.*[35]

Mit solchen Überlegungen mußte Krauss jedoch in Konflikt zu seinen Kollegen an den Universitäten und in den anthropologischen, ethnographischen und volkskundlichen Vereinen geraten. Nach dem Besuch der von Franziskanern aus dem dortigen Kloster geleiteten Volksschule in Pozega und des mit einer ausgezeichneten Abiturleistung 1877 abgeschlossenen Gymnasiums hatte er an der Universität Wien das Studium der klassischen Philologie und Geschichte, u.a. bei Theodor Gomperz, aufgenommen, sich nach der Promotion mit der Arbeit "De praepositionum usu apud sex scriptores historiae Augustae" 1882 mit der mündlichen Tradition der Südslaven beschäftigt und im Biennium 1883/84 eine umfassende zweibändige Märchen- und Sagensammlung ediert.[36] Zur gleichen Zeit wurde er als Mitglied in die von Ferdinand Reichsfreiherr von Andrian-Werburg geleitete "Anthropologische Gesellschaft" in Wien aufgenommen und zu einer Monographie über das Gewohnheitsrecht der Südslawen angeregt.[37] Im Februar 1884 trat Krauss der neu konstitutierten "Ethnographischen Commission" bei, für die er einen 750 Fragen umfassenden Fragebogen entwarf.[38] Dieser stand nicht nur Pate für spätere außereuropäische Forschungsprojekte, sondern bildete auch die Grundlage für die Forschungsarbeit, die Krauss auf Geheiß von Thronfolger Erzherzog Rudolf und mit Unterstützung der "Anthropologischen Gesellschaft" von Mai 1884 bis August 1885 in Bosnien und in der Herzegowina durchführte. Neider und persönliche Gegner vereitelten jedoch seine Mitarbeit an dem von Kronprinz Rudolf geplanten 24-bändigen Werk "Die Österreichisch-Ungarische Monarchie in Wort und Bild"[39] und brachten ihn schließlich dazu, 1889 aus der "Anthropologischen Gesellschaft" auszutreten. So verwundert es nicht, daß er jegliche auf Vereinsgrundlage betriebene Wissenschaft radikal ablehnte:

> *Dräng dich nicht in folkloristische Winkelvereine ein und halt keine populärwissenschaftlichen Vorträge für hysterische Weiblein, denn das ist der Weg, der zur Verflachung führt.*
>
> *Gründe keinen Folklore-Verein und keine Folklore-Zeitschrift; denn damit vertrödelst du kostbare Lebenszeit, die du unter allen Bedingungen fruchtbringender zu deiner Ausbildung in der Fachlitteratur verwenden kannst.*[40]

Doch nicht immer handelte Krauss so konsequent wie er dachte und schrieb. Seine negative Einstellung zu den "*eigentlichen Folklore-Vereinen,*" die man "*in jeder Stadt von mehr als 200 000 Einwohnern*" anträfe, die "*zunächst für ihre Mitglieder Zeitschriften*" herausgäben und "*zum Überfluss,* [Interpunktation sic!] *Museen für volkstümliche Sachen*" gründeten,[41] hinderte ihn z.B. nicht daran, einer Aufforderung der Organisatoren der Ethnologischen Abteilung der Weltausstellung in Chicago 1893 Folge zu leisten und als "*Obmann für Deutschland die hiesigen Volksforscher zu einer Beteiligung mit Beiträgen für ein volkstümliches Sammelwerk*" zusammenzurufen.[42]

Die sich aus Sarkasmus wie aus messerscharfen Anklagen der Zustände speisende "Progressivität" seines Denkens zeigt zwar, daß an der Wende vom 19. zum 20. Jahrhundert innerhalb der Volkskunde Entwicklungen weg von einem bornierten altertumskundlichen Nationalismus möglich gewesen wären; dennoch blieb Krauss durchaus im wissenschaftlichen Rahmen seiner Zeit, indem er die Volkskunde "*als die eingehendste Detailforschung der besonderen Eigenart zunächst einzelner Völker im Rahmen des Völkerlebens*"[43] und als eine Wissenschaft betrachtete, die sich - besinne sie sich auf verbindliche Methoden - nicht nur mit der Völkerkunde verständigen, sondern zusammen mit dieser einen integralen Beitrag zur Erforschung der Kultur insgesamt leisten könnte. Im Nachruf auf den Sprachwissenschaftler Friedrich Müller (1834-1898), mit dem als einzigem seiner Lehrer er auch nach Abschluß seines Universitätsstudiums noch Kontakte unterhielt, legte er sein Programm dar. Es mag für Krauss bezeichnend sein, daß er alle Grundregeln des Nachrufs als eines literarischen Genres verletzend an Müller kaum ein gutes Haar ließ und ihm u.a. Provinzialität ("*Sein Leben bewegte sich nur zwischen Wien und Jemnik*"), Aneignung fremder Forschungsergebnisse ("*Als Folklorist trat er einmal mit der Herausgabe ihm von anderer Seite gelieferter Zigeunermärchen hervor*"), Eitelkeit ("*Er war ein Mann voller Extravaganzen, die man als Originalität auslegte*"), "*übertriebenste Sparsamkeit*" und "*einen ungemein entwickelten Erwerbsinn,*" durch den "*er ein namhaftes Vermögen ansammeln konnte,*" vorwarf, ansonsten aber mehr über sich als über den Verblichenen schrieb, dessen Lieblingsschüler *er* gewesen sei, der *ihn* bestärkt habe, sich "*der Volkskunde als einem Lebensberufe zuzuwenden,*" der aber auch verkannt habe, "*dass seine sprachwissenschaftliche Methode nicht ohne weiteres für die Volkskunde tauge und dass der Wert seiner Systematik der Völker- und Racenkunde für* ***mich*** *rein imaginär sein musste*" und der es *ihm* verübelt habe, daß er "*nicht sein Jünger geworden,*" sondern sich "*der Richtung eines A.H. Post, A. Bastian, Gaidoz, der Engländer und Amerikaner angeschlossen*" habe.[44] Ethnographisches und völkerpsychologisches Gedankengut stehen also hinter der Forschungsarbeit von Krauss.

Daß der offizielle Wissenschaftsbetrieb Krauss ins Abseits stellte, beruhte nicht nur auf seinen spezifischen Forschungsinteressen, sondern wohl auch auf seiner Streitbarkeit. Mit Max Grunwald verband ihn die wissenschaftliche Betätigung als Freizeit"vergnügen:" Er blieb zeit seines Lebens Privatgelehrter, der sich seinen Lebensunterhalt u.a. als Korrespondent der "Neuen Freien Presse," als Gerichtsdolmetscher und während des Ersten Weltkrieges als Direktor der Kriegsinvalidenschule des k.u.k. Kriegsspitals in Grinzing, Wien XIX, verdiente; dort kamen ihm einmal mehr seine Sprachkenntnisse zugute. Vermutlich wegen seines Engagements für die Soldaten und Kriegsflüchtlinge wurde ihm 1916 der Professorentitel verliehen. Einkünfte bezog er ferner aus seinen Veröffentlichungen und Verlagsbeteiligungen; neben all dieser Arbeit fand er sogar die Zeit, um kleine Possen zu verfassen.[45]

Nach der Edition seiner zweibändigen Märchen- und Sagensammlung 1883/84[46] ermunterte ihn die Wiener "Anthropologische Gesellschaft" zur Fortsetzung seiner Studien über Kultur und Gewohnheitsrecht der Südslaven.[47] Die Aufzeichnung und

Edition der "Guslarenlieder," muslimischer, von einer Kniegeige ("gusle") begleiteter Balladen und Heldengesänge,[48] stellen eine weitere Station innerhalb seiner Feldforschungsarbeiten dar, von denen er 1887 dem Senat der Universität Wien siebzehn Schriften zur Erreichung der venia legendi für das "Fach der modernen slavischen Literatur mit besonderer Hervorhebung der Volksliteraturen" vorlegte. Die Philosophische Fakultät lehnte am 16. Juli 1887 sein Habilitationsgesuch und 1889 auch seine Bewerbung um eine Lektorenstelle für südslavische Sprachen ab.[49] Die Universitätskarriere blieb Krauss versperrt: Durch seine spitzzüngigen Ausfälle hatte er sich eine Reihe von Slavisten und Sprachwissenschaftlern zu Feinden gemacht, zudem stießen seine empirischen Erhebungen und das dabei eingesammelte Material als akademisch unwürdig auf Ablehnung. Er vermutete sogar, daß ihm die Universität Wien wegen vermeintlicher Minderwertigkeit seiner Forschungsthematik den Titel eines Doctor philosophiae absprechen wollte. Stellvertretend für die Stimmen seiner Gegner sei hier M. Murko angeführt; in einer Rezension der "Slavischen Volksforschungen" warf er Krauss, "*der auf Philologen und Historiker immer schlecht zu sprechen*" sei, u.a. vor, "*daß er mit der Geschichte umspringt wie seine Guslaren*" und bei der Aufzeichnung der Guslarenlieder "*auffallend schlechte Sänger zur Verfügung gehabt hat.*"[50] Dem Werk insgesamt bescheinigte er "*ungemein viele und schwerwiegende Schattenseiten.*"[51]

Zu Unrecht traten hinter seine Balkanstudien stets die - letztendlich aus diesen heraus erwachsenen - "Zigeuner"forschungen zurück, die 1907 in einer kleinen, weitgehend unkommentierten, jedoch in der Geschichte der Erforschung der "Zigeuner" einzigartigen, da richtungsweisenden Sammlung von "250 Schnurren, Schwänken und Märchen" unter dem Titel "Zigeunerhumor" veröffentlicht wurden.[52] Sie ergaben sich zum einen aus der Erkenntnis, daß die südslavischen erotischen und skatologischen Erzählungen "*ein eigentümliches Wirklichkeitsbild vom Zigeunervölkchen*" ergaben;[53] zum anderen teilte Krauss die Erfahrung der Diskriminierung mit dieser Gruppe, was ihn 1931 nach den Auseinandersetzungen um die längst als "Kraussiaca" bezeichneten Materialien der "Anthropophyteia," nach den antisemitischen Ausschreitungen und Demonstrationen anläßlich des 14. Internationalen Zionistenkongresses in Wien 1925 und den immer mächtiger werdenden Vorboten des Nationalsozialismus fragen ließ, "*warum die Bevorhäuteten auch die Bevorrechtigten der Menschheit*" seien.[54] Im Vorwort zum "Zigeunerhumor," in dem Krauss entgegen seiner sonstigen Gepflogenheiten auf alle erotischen Belege verzichtete, um, so Martin Ruch, den Stereotypen vom vermeintlich "*unmoralischen Lebenswandel der Zigeuner, die von ihnen praktizierte Leichtfertigkeit im Umgang mit der Sexualität*" keinen Vorschub zu leisten,[55] wünschte Krauss, mit seiner Sammlung

> *nichts anderes [...] zu erreichen, als mit ihr eine freundliche Stimmung zugunsten der Zigeuner zu erwecken, meinen Leser zu unterhalten und angenehm aufzuklären. Kommt aber einmal mein Buch den braunen Wandergesellen zu Gesicht, mit denen ich unter Gezelten so manchen Abend gemütlich und vergnügt verbracht, so möge es ihnen vermelden, daß ich sie stets mit der Erinnerung an dahingeschwundene Jugendjahre verbinde und ihrer immer gern gedenke.*[56]

Wer Krauss' Durchhaltevermögen angesichts der Auseinandersetzungen um die pornographischen Phantasien des alles andere als hehren "Volksgeistes" nachvollziehen will, bedarf nur eines kurzen Blicks auf den volkskundlichen Zeitgeist; da wies etwa Karl Helm in einer Rezension der 1908 in vier Bänden erschienenen "Futilitates. Beiträge zur volkskundlichen Erotik" darauf hin, daß, wer "*Volkskunde treibt,*" nicht prüde sein dürfe, doch daß die von Josef Polsterer als Band II herausgegebenen "Schwänke und Bauernerzählungen aus Niederösterreich" nichts anderes enthielten als "*unflätige Schweinereien einer unreifen und verdorbenen Phantasie;*" dagegen, daß "*derartiges unter dem Deckmantel der Volkskunde gedruckt wird,* [...] *muß aufs lebhafteste protestiert werden.*"[57] Noch strenger urteilte Max Höfler über die Krauss gewidmete, unter dem Pseudonym "Dr. Aigremont" von Si(e)gmar Schultze verfaßte und 1908 (1909) in Halle a.S. erschienene Abhandlung "Volkserotik und Pflanzenwelt," daß nämlich mit der "*einfachen Zusammenstellung dieser Erotika* [...] *höchstens der verderblichen Lüsternheit mancher Leser gedient*" sei, nicht aber der Wissenschaft.[58]

Ob, wie Martischnig zur Diskussion stellt, die Einladung zu einem Bordellbesuch 1874 in Pozega, die Krauss ausschlug, während die gesundheitlichen Folgen für seine Klassenkameraden verheerend waren, tatsächlich das Schlüsselerlebnis für die spätere systematische Beschäftigung mit der erotischen Folklore bildete,[59] muß offen bleiben. Denn gerade dieser Forschungsschwerpunkt erklärt sich auch aus der Radikalität des Krauss'schen Ansatzes: Die Komplexität der kulturellen Äußerungen einer Gesellschaft erlaubt es nicht, die moralisch wertenden Maßstäbe von Gut und Böse anzulegen. Doch obwohl er etwa im Abschnitt über den Koitus in seiner Untersuchung über "Sitte und Brauch der Südslaven" mit "*Rücksicht auf den Staatsanwalt über die eigentlichen Arten des Vorganges geschwiegen und im Grund genommen nichts Derbes*" mitgeteilt hatte, geriet er ins Kreuzfeuer der "*Tugendwächter.*"[60] Ihnen aber lieferte Krauss ständigen Anlaß zur sittlichen Entrüstung, so z.B. durch seine Mitarbeit an der in Paris von Henri Gaidoz (1842-1932), Gaston Paris (1839-1903) und Eugéne Rolland (1846-1909) herausgegebenen "Kryptádia," in der er seine dreiteilige Untersuchung "Die Zeugung in Sitte, Brauch und Glauben der Südslaven" publizierte, oder durch seine seit 1902 auf dem Buchmarkt äußerst erfolgreichen Aktbildbände."[61] Zum bekanntesten Streitobjekt aber gerieten die "Anthropophyteia," jene "Jahrbücher für Folkloristische Erhebungen und Forschungen zur Entwicklungsgeschichte der geschlechtlichen Moral," die Krauss 1904 zusammen mit dem Gründer und Direktor des Museums für Völkerkunde in Leipzig, Bernhard Hermann Obst (1837-1906), ins Leben rief. Dem internationalen Mitarbeiterstab des bis 1913 in zehn Bänden erschienenen Werkes gehörten neben dem Herausgeber des "Archivs für Religionswissenschaft," dem Bremer Thomas Achelis, u.a. der Arzt, Sexualwissenschaftler und Medizinhistoriker Iwan Bloch, der Direktor des New Yorker Ethnographischen Museums, Franz Boas, der Lemberger Ethnologe Volodymyr Hnatjuk, Giuseppe Pitrè aus Palermo und - seit 1910 - Sigmund Freud an. Krauss, nach eigenen Aussagen während seiner Balkanstudien "*für die Verlockungen des Romantizismus in der Volkskunde unempfänglich geworden*" und mit einem "*offenen Verstand für die Wirklichkeiten und Möglichkeiten des Volkslebens*" ausgestattet,[62] sah die Ziele der "Anthropophyteia" als Nachfolgeorgan der "Kryptádia" in der Erarbeitung eines folkloristischen und ethnologischen Handbuchs des Sexuallebens auf vergleichender Grundlage und skizzierte sie in Anlehnung an die Sexualphilosophie des Marquis de Sade:

> *Die Einsicht in die außergewöhnliche Bedeutung solcher Stoffe ist nicht neu. Als Lebenserfahrung erzielte sie für sich bereits der wegen seiner geschlechtlichen Ausschreitungen berüchtigte aristokratische Gewaltmensch Marquis de Sade, der in seiner jüngsthin entdeckten Schrift treffend bemerkt: 'Die geschlechtlichen Beziehungen bilden den Kern und sind die Achse alles sozialen Lernens; sie stellen gewissermaßen das älteste, erste und dauerhafteste soziale Grundphänomen dar.'*[63]

Neben und als Ergänzung zu den "Anthropophyteia" sah Krauss mit den "Beiwerken zum Studium der Anthropophyteia," den "Historischen Quellenschriften zum Studium der Anthropophyteia" und mit der Reihe "Der Volksmund. Alte und neue Beiträge zur Volksforschung"[64] drei separate Serien vor, die allerdings von unterschiedlichem Erfolg begleitet waren.

Die "Anthropophyteia" stießen vor allem bei Medizinern und insbesondere bei der Psychoanalyse auf positive Resonanz. Krauss nahm häufig als Gast bei den von Freud ins Leben gerufenen Mittwoch-Abenden der "Wiener Psychoanalytischen Vereinigung" teil.[65] In diesen Jahren kam es zu einer an Intensität später nie mehr erreichten Berührung zwischen Ethnologie und Psychoanalyse,[66] wovon neben den "Anthropophyteia" auch die seit 1912 von Freud unter Mitarbeit von Otto Rank und Hanns Sachs herausgegebene "Imago. Zeitschrift für Anwendung der Psychoanalyse auf die Geisteswissenschaften" mit zahlreichen Abhandlungen zur Märchen- und Symbolforschung zeugt. Obwohl man bei den Treffen über Skatologisches und Pornographisches, über "Masturbation zu Zauberzwecken" oder die "Analerotik bei den Hellenen" in einer Art und Weise diskutierte, daß, so Krauss, "*Prof. Bolte* [...] *vor den Schamlosigkeiten und absichtlichen Unzüchtigkeiten, die man hier als Selbstverständlichkeit enthüllt und ergründet, eiligst die Flucht*" ergriffen hätte,[67] und obwohl sich in einem Vortrag von Krauss über völkerkundliche Aspekte des Mieders der Bogen zu den gerade für Psychologen relevanten Aspekten des sexuellen Fetischismus schlagen ließ, schien Krauss hinsichtlich seiner Forschungen nicht von Beginn an so souverän gewesen zu sein, wie sich aus einem Brief Freuds vom 26. Juni 1910 erschließen läßt:

> *Sie [Krauss; Anm. des Verf.] haben mir die Frage gestellt, auf welchen wissenschaftlichen Wert das Sammeln von erotischen Scherzen, Witzen, Schwänken u. dgl. nach meiner Meinung Anspruch machen könne. Ich weiß, daß sie keineswegs daran irre geworden sind, eine solche Sammeltätigkeit rechtfertigen zu können; Sie wünschen bloß, daß ich vom Standpunkte des Psychologen Zeugnis ablege für die Brauchbarkeit, ja die Unentbehrlichkeit eines solchen Materials.*[68]

Freud hielt den volkskundlichen Beitrag zur Erforschung der Sexualität in jeglicher Hinsicht für bedeutsam: Die erotischen "*Schnurren und Schwänke*" seien produziert und weitererzählt worden, da sie den Hörern und Erzählern Lust bereiteten.[69] Durch ihre Sammelarbeit käme die "Anthropophyteia" der "*Psychoanalyse zu Hilfe, indem sie zeigt, wie ganz allgemein die Menschen mit Lustbetonung bei dieser Körperregion, ihren Verrichtungen, ja dem Produkt ihrer Funktion verweilen. Wäre es anders, so müßten alle diese Geschichten bei denen, die sie anhören, Ekel erregen, oder das Volk müßte in seiner ganzen Masse 'pervers' sein im Sinne einer moralisierenden Psychopathia sexualis.*"[70] Daher verlieh Freud seiner Hoffnung Ausdruck, "*daß der Wert des* [sic!] *Folklore für die Psyche immer deutlicher erkannt und die Beziehungen zwischen dieser Forschung und der Psychoanalyse sich bald inner gestalten*" mögen.[71]

Daß Krauss nach autoritativer Bestätigung suchte, kam nicht von ungefähr. Acht gerichtliche Auseinandersetzungen über den Inhalt der "Anthropophyteia" und über das Verhältnis der Wissenschaft zur Pornographie hatte er erfolgreich, wenn auch mit erheblichen Auflagen für die Verbreitung der einzelnen Bände überstanden. Doch das vom 12. bis 14. Juni und vom 2. bis 16. Oktober 1913 vor der 12. Strafkammer des Königlichen Landgerichts I zu Berlin stattgefundene Verfahren ließ ihm den Kragen platzen und von mittelalterlichen Zauberwahnprozessen sprechen.[72] Johannes Bolte hatte als Sachverständiger eine unrühmliche Rolle gespielt, indem er Krauss Verfälschung der eigenen Aufzeichnungen mündlicher Überlieferungen, absichtlich "unzüchtige" Titelüberschriften seiner Arbeiten und schließlich Blasphemie vorwarf: Mit seinem Portrait habe er Christus verhöhnt. Krauss zeigte daraufhin Bolte und den Mitgutachter, Felix von Luschan, wegen Verleumdung sowie Meineids an und unterlag.

Da Krauss einen Teil seiner sexualwissenschaftlichen Veröffentlichungen selbst verlegte, bedeuteten die Prozesse für ihn auch einen finanziellen Verlust, ganz abgesehen davon, daß die wissenschaftliche Edition erotischer Folklore durch die Konkurrenz von schnell auf den Buchmarkt geworfenen und auf den Lesergeschmack abzielenden Pornographica keinesfalls ein einträgliches Auskommen sicherte. Als sehr viel schwerwiegender aber erwiesen sich die Animositäten gegen die Person Krauss: Wie der Sexualwissenschaftler und -reformer Magnus Hirschfeld (1868-1935), der Kulturhistoriker Leo Schidrowitz (1894-1956) oder der Schriftsteller Hugo Bettauer (1877-1925) paßte er in die wirren antisemitischen Vorstellungen vom Juden als Pornographen. Längst hatte die öffentliche Meinung vorgedacht, was später Theodor Fritsch (1852-1933) in seinem vielfach aufgelegten, den Nationalsozialisten als wichtige Argumentationshilfe dienenden "Handbuch der Judenfrage" über die Sexualität der Juden phantasierte, die eine andere sei als die des "*Germanen,*"[73] und der Freuds psychoanalytischer Schule vorwarf, daß "*für diese der Mensch nur noch aus seinem Geschlechtsorgan bestehe,*"[74] ihr jedoch einräumte, daß dies bei weitem noch nicht das Schlimmste sei: *Weit übler ist, was sich um Magnus Hirschfeld, den Leiter des Instituts für Sexualwissenschaft, um Herrn Marcuse und Konsorten schart.*[75]

Die "*fast ausnahmslos von jüdischer Seite*" herausgegebenen Sittengeschichten liefen alle, so Fritsch, "*nur auf dasselbe Ziel hinaus. Und das Ziel ist Zerstörung des Deutschen Volkes*"[76]; schließlich arbeite "*der jüdische Mediziner planmäßig mit dem Rüstzeug der Wissenschaft und der Volksbelehrung daran, die Geschlechtsmoral der Deutschen in eine andere, in seine Bahn hineinzubringen.*"[77]

So nimmt der Rückzug Krauss' aus der Öffentlichkeit in seinen letzten Lebensjahren ebensowenig wunder wie der Schutz durch Pseudonyme, derer sich die Vertreter einer seriösen, wenn auch in die Grauzone des Pornographievorwurfs abgedrängten Sexualwissenschaft bedienten: So publizierte etwa Iwan Bloch, ein fleißiger Mitarbeiter an der "Anthropophyteia," unter dem Decknamen Eugen Dühren. Man mußte schon wie Gustav Gugitz fest mit einem Bein in der Volksfrömmigkeitsforschung stehen, um in die Annalen der Volkskundegeschichtsschreibung einzugehen[78]; denn unter dem Pseudonym "G. Litschauer," unter dem er Erotisches veröffentlichte, wäre er wie Krauss und alle anderen Buhmännern einer zart-keuschen Volkskultur der Vergessenheit bürgerlich-moralischer Hochanständigkeit anheimgefallen. Von Krauss aber könnte stammen, was ein anderer Outsider, nämlich Georg Queri, im Vorwort seines ebenfalls nur in der "*weniger sympathischen Form des Privatdruckes*" 1911 erschienenen "Bauernerotik und Bauernfehme in Oberbayern" schrieb:

> *Wenn nun das landläufige Volkslied heute schon dringend der erweiterten Aufzeichnung bedarf, so verlangt die erotische Volksdichtung umsomehr nach Festlegung, als sie bisher mit Peinlichkeit aus allen Sammelwerken ausgeschieden wurde. Umsomehr auch, als sie in der Charakteristik altbayrischen Lebens und altbayrischer Art einen markanten Zug bedeutet und der ungeheuren Anzahl blutloser Figuren, die uns der Bauernroman und die typische Bauernbühne zu schauen gaben, Kraft und Leben bringt, indem sie ihnen die fade Süßlichkeit raubt. Wenn es ein Verbrechen an der altbayrischen Rasse war, ihre Vertreter für Roman und Bühne zu entmannen, so mag es zum mindesten entschuldigt sein, wenn die Folklore Äußerungen dieser Rasse aufzeichnet, die in ihrer derben Kraft sexuelles Leben, wenn nicht Volksgesundheit atmen.*[79]

Auch Queri hatte in den "Anthropophyteia" veröffentlicht, die der Realität der Wünsche, Begierden und Nöte des einfachen Volkes näher gekommen waren als so viele akademisch-sterile Abhandlungen von ehrbaren Volkskundlern in Amt und Würden. Letztere aber bestimmten die später wenig salonfähige Geschichte der Volkskunde und nicht Verfehmte wie Friedrich Salomo Krauss, der stets gegen herrschende *Tendenzen* verstieß und vielleicht gerade deswegen zu einer der (wenigen) wirklichen *Gestalten* in der Geschichte der Europäischen Ethnologie wurde.

Anmerkungen

1. Vgl. im vorliegenden Band die Abhandlung "Jüdische Volkskunde in Deutschland."
2. Vgl. hierzu Martischnig 1988: 61, Anm. 199.
3. Martischnig 1988.
4. Burt 1990.
5. Morad 1987.
6. Ein Bild der Grabstätte befindet sich bei Martischnig 1988: 60. Weitere Literatur über Krauss bei Martischnig 1988: 25, Anm. 11.
7. Vgl. hierzu u.a. Marcus 1979.
8. Bach 1937: 380, § 309.
9. Schmidt 1951a: 112.
10. Brednich 1979: 8; vgl. Brednich 1980.
11. Brednich 1979: 9; vgl. Brednich 1980.
12. Die Zeitschrift wurde 1881 mit dem Titel "*Am Urdsbrunnen*" gegründet, und nach der Übernahme durch Krauss in "*Am Ur-Quell. Monat(s)schrift für Volk(s)kunde*" (N.F. I-VI, 1890-1896) und dann "*Der Urquell. Eine Monat(s)schrift für Volkskunde*" (N. F. I-II, 1897-1898) umbenannt. Die Zeitschrift stellte 1898 ihr Erscheinen ein.
13. Krauss 1891: 84.

14. Krauss 1907.
15. Krauss 1899: 133-134.
16. Z.B. bei Schenk 1988: 277, dort sekundär zitiert nach Daxelmüller 1987c: 9. Es handelt sich übrigens um die einzige Nennung von Krauss bei Brednich 1988.
17. Heilfurth 1962: 12.
18. Heilfurth 1962: 24, Anm. 11.
19. Krauss 1899: 133.
20. Vgl. hierzu Rozenblit 1989: 154.
21. Wie Anm. 1.
22. Zum Antisemitismus in Österreich vgl. u.a. Rosensaft 1976.
23. Brief Alfred Landaus vom 17. oder 18. Januar 1904 an Max Grunwald; Jewish National and University Library Jerusalem, Nachlaß Dr. Max Grunwald, Sign. 4° 1182/2-4:7.
24. Krauss 1899: 127.
25. Bernstein 1908.
26. Z.B. Schiffer 1892, 1893a, 1893b und 1894.
27. Krauss 1899: 127.
28. Krauss 1899: 127.
29. Adalberg 1889/1894.
30. Krauss 1899: 114-115.
31. Vgl. hierzu Ruch 1986: 306-315.
32. Krauss 1907: VI.
33. Krauss 1907: 4.
34. Z.B. Krauss 1899: 49; vgl. auch Krauss 1893a.
35. Krauss 1899: 134.
36. Krauss 1883/1884.
37. Krauss 1885b.
38. Krauss 1884.
39. Krauss konnte lediglich den Band über die "Vereinigten Königreiche Kroatien und Slavonien" abschließen; s. Krauss 1889c.
40. Krauss 1899: 133.
41. Krauss 1899. 125.
42. S. hierzu Treichel 1897: 264, Anm. 1.
43. Krauss 1899: 33.
44. Krauss 1898: 189. Bei den genannten Wissenschaftlern handelt es sich um Adolf Bastian (1826-1905), Henri Gaidoz (1842-1932) und Albert Hermann Post (1839-1895).
45. Krauss 1895, 1903a und 1903b.
46. Krauss 1883/1884.
47. Krauss 1885b.
48. Z.B. Krauss 1908: 177-403; s. ferner Krauss 1885a, 1886, 1889a, 1889b, 1893b, 1896, 1935.
49. Vgl. hierzu Martischnig 1988: 34-36.
50. Murko 1909: 52-59; Zitate 56.
51. Murko 1909: 53.
52. Krauss 1907; vgl. hierzu Ruch 1986, hier vor allem 314-315.
53. Krauss 1907: V.
54. Krauss 1931: 8.
55. Ruch 1986: 311.
56. Krauss 1907: VIII.
57. Helm 1909: 142.
58. Höfler 1909: 149-150, Zitat 149.
59. Martischnig 1988: 28.
60. Krauss 1897d: 256.
61. Krauss 1903c und 1904a (u.ö.).

62. Krauss 1904b: XIX.
63. Krauss 1904b: VIII. Krauss zitiert de Sade nach Dühren 1904: 366; cf. auch Dühren 1901.
64. Im "Volksmund" erschienen u.a. 1906 die vom Volksmusikforscher Emil Karl Blümml (1881-1925) und Krauss selbst gesammelten "Ausseer und Ischler Schnaderhüpfel"; s. Blümml und Krauss 1906.
65. S. hierzu Martischnig 1988: 46-51, der die Protokollmitschriften der Jahre 1906 bis 1918 detailliert auswertete; vgl. ferner Burt, Eppensteiner und Reichmayr 1986.
66. Vgl. hierzu Jokerst 1989/90.
67. Krauss 1911: 487.
68. Freud 1955: 224.
69. Freud 1955: 224.
70. Freud 1955: 225.
71. Freud 1955: 225.
72. Krauss 1913; s. auch Krauss 1928.
73. Fritsch 1934: 400.
74. Fritsch 1934: 400-401.
75. Fritsch 1934: 401. Bei dem Angegriffenen handelt es sich um den jüdischen Dermatologen Max Marcuse (1877-1963).
76. Fritsch 1934: 403.
77. Fritsch 1934: 404.
78. Vgl. hierzu Brückner 1981a und 1985a.
79. Queri 1975: 9-10.

VON RITUALEN, MYTHEN UND LEBENSKREISEN: VOLKSKUNDE IM UMFELD DER UNIVERSITÄT WIEN

OLAF BOCKHORN

Schon in der 'Frühgeschichte' der Volkskunde an der Universität Wien hat sich eine gewisse Vielschichtigkeit der Entwicklung angekündigt; zu den beiden "Quellströmen," Völkerkunde und Germanistik, aus denen das Fach laut Richard Wolfram "gespeist" wurde,[1] traten auch noch andere Bächlein, von denen einige lange Zeit neben dem 'Strom' einherflossen, etliche auch versiegten, ohne sich mit ihnen zu vereinigen. In der Zeit zwischen der Jahrhundertwende und 1938, die es in diesem Abschnitt zu behandeln gilt, hat es in Wien keine Institutionalisierung der Volkskunde auf Universitätsboden gegeben, sondern ein Nebeneinander verschiedener Richtungen. Zu den auch personell bereits angedeuteten 'Schulen' der germanistischen Altertumskunde (Rudolf Much)[2] und der Ethnographie (M. Haberlandt) kam auch noch die der "Mythologen;"[3] sie erwuchs aus Religionswissenschaft und Wagnerstudium des Deutschbalten und Wiener Indologen Leopold von Schroeder,[4] welcher, dies sei schon jetzt hinzugefügt, 1899 als ordentlicher Professor für altindische Philologie und Altertumskunde von Innsbruck an die Universität Wien berufen worden war.[5] Weder mit den 'Mythologen,' noch mit den 'Ritualisten' Much'scher Prägung hat sich die Fachgeschichte bislang eingehender beschäftigt,[6] und Michael Haberlandt ist, ebenso wie sein Sohn Arthur, hauptsächlich im Zusammenhang mit den von ihm gegründeten volkskundlichen Einrichtungen (Verein, Zeitschrift, Museum) behandelt worden.[7] Daß diese 'Richtungen' personell wie ideologisch vielfach Berührungspunkte aufwiesen,[8] macht eine Darstellung nicht gerade leicht und beschwört die Gefahr unzulässiger Verkürzungen herauf. Dennoch soll in den folgenden Kapiteln[9] versucht werden, die 'Tendenzen' einmal weitgehend getrennt voneinander herauszuarbeiten; erst in einer abschließenden 'Synthese' werden 'Gestalten' und 'Tendenzen' in ihren Vernetzungen und ihrem 'Kampf um die Ostmark'[10] wieder zusammengeführt.

Germanische Kontinuität: Rudolf Much und seine Schüler

Als Rudolf Much 1936 starb, schrieb sein Schüler Richard Wolfram: "Am 8. März verlor die deutsche Wissenschaft Rudolf Much. Einen Mann, den seine Freunde und Mitstreiter immer nur 'Heerkönig' nannten. Denn der blonde Hüne mit der kühnen Adlernase ging niemals einem Waffengang aus dem Wege, wenn es um seine Hochziele und sein wissenschaftliches Gewissen ging. Ohne Gehässigkeit, rein sachlich, aber von entscheidender Schärfe war dann sein Urteil [...]. Es hat wohl nur wenige Gelehrte gegeben, die so im wahrsten Sinne des Wortes Germanisten gewesen sind, wie Rudolf Much. Die meisterliche Beherrschung aller notwendigen Fächer, von der Vorgeschichte, germanischer Sprachwissenschaft, Altertumskunde, Keltenkunde, Slawenkunde bis zur Volkskunde, stellte er in den Dienst der Erkenntnis germanischer Lebensart, ihrer Entstehung, ihrer Entwicklung und ihres Wesens."[11] Unter den genannten 'Wissenschaften,' die er "zu einer umfassenden Gesamtschau über das Germanentum ausbaute,"[12] nahm die Volkskunde, wie ein anderer 'Mitstreiter' des Dahingeschiedenen, Otto Höfler, anmerkte, eine besondere Stellung ein: "Volkskunde war ihm ein besonders liebes Gebiet und seine reiche Kenntnis zumal der deutschen Alpenländer und ihres Volkstums hat seine Forschung wie seine Lehrtätigkeit erfrischend belebt."[13] Eine Anekdote über diesen Gelehrten mit bemerkenswerter "Treue zum Reich, die das Leben so vieler seiner Heimatgenossen geprägt hat,"[14] ebenfalls aus einem Nachruf stammend, mag diese 'Liebe zur Volkskunde,' aber auch den Zusammenhang mit seiner germanistisch-germanenkundlichen 'Gesamtschau' andeuten: "Als wir bei ihm Gunnlaugs Saga lasen, da improvisierte er die in die Saga zahlreich eingestreuten Verse als bayerische Schnadahüpfln in so köstlicher Weise, daß damit die altisländischen Verse in kongenialer Art übersetzt waren, ohne aber etwa persifliert zu sein"[15] (auf diese 'Schnadahüpfln' wird noch zurückzukommen sein).

Ob derartiges Singen zur 'erfrischenden Belebung' von Muchs akademischer Tätigkeit beitrug, ist nicht überliefert; überliefert ist hingegen sein Lehrangebot aus der Zeit zwischen 1894 und 1934, dem Jahr von Muchs Versetzung in den dauernden Ruhestand:[16] Viel im heutigen Sinne 'Volkskundliches' findet sich da nicht, sieht man einmal von der einstmals im SS 1906 gehaltenen und im SS 1913 wiederholten Vorlesung 'Das deutsche Haus' ab. "Much ließ nicht nur in seine Vorlesungen ständig volkskundlichen Stoff einfließen, er hielt auch selbst rein volkskundliche Vorlesungen. Das Manuskript einer Vorlesung 'Über das Bauernhaus' aus der Zeit vor 1914 befindet sich noch in meinem Besitz,"[17] schreibt R. Wolfram, indirekt bestätigend, daß die obgenannte Lehrveranstaltung samt ihrer zweiten Auflage die einzigen 'rein volkskundlichen' Vorlesungen Muchs waren. Auch wenn man die zu seinem 70. Geburtstag erschienene Bibliographie durchsieht, verstärkt sich für jemanden, der mit der Geschichte der Volkskunde nicht vertraut ist, der Eindruck, Much hätte zur Entwicklung des Faches kaum etwas beigetragen.[18] Der Eindruck trügt natürlich, denn R. Much hat die deutsche Volkskunde als einen Teil der germanischen Altertumskunde gesehen und die meisten seiner Schüler sahen sie ebenso. Worum es ihm und ihnen ging, war 'Kontinuität,' weitgehend ungebrochenes, wenn auch durch das Christentum 'gestörtes' Fortleben germanischen Kulturgutes in Sagen und Märchen, Brauch und Glaube; es galt, wie Otto Höfler es 1937 ausdrückte, 'verlorenes Bewußtsein' wiederzufinden, "das Bewußtsein von der Kontinuität der religiösen Substanz der Germanen und von dem mythischen Gehalt ihrer Lebensformen."[19]

I. Weber-Kellermann und A. C. Bimmer charakterisieren zusammenfassend die Wiener Schule Rudolf Muchs als "Lehre vom statischen Überdauern altgermanisch-heroischer Kultformen und Lebensnormen. Ihre Reste, einst von den Mythologen des 19. Jahrhunderts mühsam aus den historischen Zeitschichten herauspräpariert, dienten den Kontinuitätsforschern der 30er Jahre weniger zur Errichtung eines heilen Sehnsuchtbildes vom germanischen Altertum als vielmehr der Beantwortung der Frage nach der Gültigkeit germanischer Anschauungen in der Gegenwart."[20] Die positive Antwort darauf war selbstverständlich, denn "in dieser germanistischen Schule war Kontinuität in erster Linie Fortdauern der 'völkischen' Substanz, es ging um die *germanische* Kontinuität,"[21] welche, wie H. Bausinger weiter ausführt, spätestens nach dem Erscheinen von Otto Höflers Schrift 'Das germanische Kontinuitätsproblem' im Jahre 1937[22] "im Grunde schon kein Problem mehr [war], sondern ein jeglicher wissenschaftlichen Untersuchung vorgeschobener Glaubenssatz."[23] Im selben Jahr war, wenige Monate nach seinem Tode, R. Muchs Hauptwerk, sein Kommentar von Tacitus 'Germania' erschienen.[24] Immer wieder wurden in den Erklärungen isländische Überlieferungen aus dem 12. und 13. Jahrhundert herangezogen, um die Verhältnisse der 'taciteischen Urgermanen' am Vorabend der Völkerwanderungszeit zu erläutern. Daß "das dazwischenliegende Jahrtausend [...] schließlich keine Kleinigkeit [ist],"[25] das störte 1967 den Bearbeiter der 3. Auflage, Wolfgang Lange, sicherlich aber nicht jene 'gläubige Gemeinschaft,' die ihrem 'Heerführer' Much folgte und in seinen - im Mythologismus und Nationalismus des 19. Jahrhunderts wurzelnden - Arbeiten den einzigartigen germanisch-deutschen Kulturträger und -erzeuger heraufbeschworen sahen.

Es ist nicht Aufgabe dieses Kapitels, Leben und Werk Rudolf Muchs umfassend zu analysieren, es geht vielmehr um seine 'volkskundliche' Schule. Sie findet ihren ersten Niederschlag in einer 1907 approbierten Dissertation von Hans Sperber, 'Beiträge zur Kritik des dänischen Volksliedes;'[26] 1912 reichte Magdalena Horny 'Volkssagen aus dem oberen Mühlviertel' ein, Johann Stroberger gab 'Weihnachtsfeuer im Freien' ab.[27] Sind diese ersten Arbeiten nur als Belege für das breitgestreute volkskundliche Interesse R. Muchs von Bedeutung (weitere einschlägige von ihm betreute Dissertationen[28] aus der Zeit bis 1935 beschäftigten sich mit Mondseer Keramik der Pfahlbaustation,[29] mit 'Wodan auf südgermanischem Gebiet,' mit Bauernregeln und ihren mythologischen Beziehungen, mit Jenseitsvorstellungen, mit Ortsnamen im Waldviertel, mit Untersbergsagen und schließlich mit dänischen landwirtschaftlichen Geräten und ihren Bezeichnungen), deutete eine 1913 im Druck erschienene bereits die künftige Ausrichtung dieser 'Wiener Schule' an: Damals veröffentlichte Viktor Waschnitius seine Studie über 'Perht, Holda und verwandte Gestalten' als 'Beitrag zur deutschen Religionsgeschichte.'[30] Angaben aus der mythologischen Literatur vermehrte der Autor um solche aus Glaube, Brauch und Sage, wobei der gesamte deutsche Sprachraum und Skandinavien in die Untersuchung einbezogen und schließlich Holda als elbischer Vegetationsdämon und Perht als Seelendämon interpretiert wurden,[31] welche in der winterlichen Zeit eines großen Seelenkultfestes eine Rolle spielten, "das im germ. Julfest und weiterhin im Weihnachtsfest seine Spuren bis heute hinterließ."[32]

Um dieses 'Julfest' ging es auch in einer 1922 von Much beurteilten Arbeit mit dem Titel 'Weihnachtsgeschenke und Weihnachtsbaum,' die von der 1898 in Wien geborenen Elisabeth Weiser (genannt Lily W.) eingereicht worden war[33] und 1923 unter dem Haupttitel 'Jul' auch gedruckt erschien.[34] Darin versuchte sie die Fragen zu klären, ob es ein heidnisch-germanisches Fest gab, das vom Christfest aufgesogen wurde und ob die "volkstümlichen Bräuche" zur Weihnachtszeit römisch-antiken, christlichen oder anderen Ursprungs sind.[35] Mit gewissen Vorbehalten, wobei regionale Unterschiede durch machtpolitische Veränderungen (etwa der Reformationszeit) und 'Verschiebungen' innerhalb der verschiedenen gesellschaftlichen Schichten ihre Erklärung finden, sah sie in der christlich geprägten Weihnachtszeit immer noch das germanische Julfest, wobei 'heidnisches Brauchtum' christlich überlagert und unterdrückt worden war. Immerhin klingt in einem Satz ("Ob das wirklich der Fall ist, müßte erst besonders untersucht werden"[36]) noch eine gewisse Unsicherheit an, eine Skepsis, die ihre Kollegen zehn Jahre danach nicht mehr zeigen sollten. Ihr Doktorvater R. Much qualifizierte die Arbeit später als "das Beste, was bisher über diesen Gegenstand geschrieben worden ist. Im Gegensatz zu anderen Behandlungen verfällt sie nie in den Fehler einseitiger Parteistellung, [...] zeigt einleuchtender, als es bisher geschehen war, den heidnischen, altgermanischen Ursprung und die Bedeutung des Julfestes [...]."[37] Aufgrund der Vorzüge sprachgeschichtlicher, religionswissenschaftlicher und volkskundlich-mythologischer Art wäre 'Jul' ein für Gelehrte wie Laien willkommenes Buch, schrieb bereits 1923 Michael Haberlandt in einer Rezension.[38]

Lily Weiser hatte seit ihrem 5. Semester die Seminarübungen bei R. Much besucht und war 1920 erstmals in Schweden, um die Sprache zu erlernen und die wichtigsten Museen (das Nationalmuseum, das nordische Museum und Skansen) zu besuchen. "Von da ab begann sie mit Studien auf dem Gebiet der Volkskunde und Mythologie und versuchte eine Geschichte der Weihnachtsbräuche zu schreiben, aus der ihre Dissertation erwuchs," liest man in einem Lebenslauf aus dem Jahre 1926.[39] Daß alle dem engeren Kreis um Much Angehörigen Beziehungen zu den skandinavischen Ländern hatten, hing eng mit den Neigungen und dem wissenschaftlichen Weltbild ihres Lehrers zusammen, welcher ebenfalls schon als Student seine erste Studienreise nach Dänemark und Schweden angetreten hatte, die ihm unter anderem "die Kenntnis der neunordischen Sprachen eintrug."[40] Diese 'Kenntnis' führte dazu, daß er später offensichtlich auch die Skandinavistik vertrat, weshalb ihn Otto Höfler als Professor für die Fächer seiner Lehrbefugnis "sowie für skandinav. Sprachen und Literaturen" bezeichnet.[41] - Nach ihrer Promotion bereiste Lily Weiser Deutschland und praktizierte im Hamburger Museum; 1923 lehrte sie an einer Wiener Mädchenmittelschule. Weitere Reisen und Studienaufenthalte führten sie abermals nach Schweden, dann nach Italien und Deutschland, wo sie "auf Einladung des Herrn Professors Dr. Eugen Fehrle bei einem volkskundlichen Kurs an der Universität [Heidelberg, Anm. d. Vf.] einen Vortrag über das Bauernhaus im Volksglauben [hielt]."[42] Kontakte zu Viktor Geramb in Graz und Aufnahmen für einen Abriß der Tiroler Volkskunde vervollständigten, neben einer Reihe von eigenen Vorträgen und Tagungsteilnahmen, ihre postakademische Ausbildung.

Zwischenzeitlich arbeitete sie vornehmlich an ihrer Abhandlung 'Altgermanische Männerbünde und Jünglingsweihen,' welche sie, noch im Manuskript, am 6. November 1926 als Habilitationsschrift einreichte. Im Ansuchen an das Professorenkollegium der philosophischen Fakultät der Wiener Universität bat sie "um Erteilung der venia legendi für 'Germanische Altertums- und Volkskunde,'" welche ihr nach Prüfung der Unterlagen, nach Kolloquium und Probevortrag ('Zur Psychologie der mündlichen Tradition') am 5. Juli 1927 erteilt und am 4. August 1927 vom zuständigen Bundesminister Schmitz bestätigt wurde.[43] Noch im selben Jahr lag ihre Arbeit als 1. Band der von Eugen Fehrle herausgegebenen Reihe 'Bausteine zur Volkskunde und Religionswissenschaft' auch in Druck vor.[44] E. Fehrle begrüßte einleitend die Studie, in welcher die Autorin gezeigt hatte, "daß auch die alten Germanen Männerbünde und eine vollentwickelte Jünglingsweihe gehabt haben [...]. Die Gesamterscheinung stammt aus indogermanischer Zeit [...]. Zur Zeit der schriftlichen Nachrichten sind die Bünde zu ausgesprochenen Kriegerverbänden geworden. Diese Umwandlung scheint mit der Einführung und der

Vereinigung mit dem Wodanskult Hand in Hand gegangen zu sein. Der Zusammenhang der Kriegerverbände mit alten religiösen Bünden zeigt sich beim Chattenbunde, den Hariern, den Berserkern und den langobardischen Kynokephalen."[45]

Ähnliches konnte man auch in Rudolf Muchs Kommissionsbericht lesen. In diesem wurde zuerst mit dem Hinweis, daß es in Hamburg eine besondere Lehrkanzel für das in Aussicht genommene Fachgebiet gebe, dieses als auch für eine Dozentur in Wien "in Betracht kommendes" anerkannt; weiters führte der Berichterstatter aus, daß wegen der vielen Hilfswissenschaften die Gefahr des Dilettantismus gegeben sei und nur auf dem Boden "einer älteren, gutausgebauten wissenschaftlichen Disziplin" die notwendige "streng wissenschaftliche Schulung" gewonnen werden könne (was man als Seitenhiebe auf A. Haberlandt und G. Hüsing - dazu später mehr - auffassen kann; Anm. d. Vf.). Zur Habilitationsschrift, die er bemerkenswert kurz auf nur einer Seite abhandelte, merkte er an, daß aufgrund der ethnologischen Feststellungen und Beobachtungen der Autorin zu Männerbünden und Jünglingsweihen ("Absonderung der jungen Männer und Schulung durch Männerbünde, Verbindung mit der Geisterwelt durch Askese, Maskentänze und Tierverkleidung, religiöses Erleben extatischer [sic!] Art, Mut - und Standhaftigkeitsproben [...] bei diesen Initiationsriten") Angaben des Tacitus über Chatten und Harier und spätere Nachrichten über Taifalen, Heruler, langobardische Cynocephali (Hundingas) und nordische Berserker "überraschende Aufklärung" finden. Der Bericht schließt mit der Feststellung, Dr. Lily Weiser stehe "zu ihrem Fach in einer über das rein Verstandesmäßige hinausgehenden Beziehung auf Grund einer Sympathie für das, was tief im Mutterboden der Nation haftet, und für die Volksschichte selbst, die noch die Trägerin altererbter Kultur, noch nicht entwurzelt ist."[46]

Tatsächlich hatte die Autorin immer wieder auf rezente Bräuche und 'alte' Überlieferungen verwiesen, welche das Fortleben von frühen, auch germanischen Initiationsriten bestätigen. Schon in der anfänglichen 'Fragestellung' hatte Lily Weiser, in der die Much'sche 'Männerbundschule' die erste Vertreterin gefunden hatte, derlei Kontinuitäten angedeutet; ein ausführliches Zitat (das in seiner Tendenz wohl generell die Sichtweise der germanistisch-altertumskundlichen Wiener Volkskundler zeigt) möge dies, stellvertretend für viele andere, belegen: "Bei dem Versuch, die geschichtliche Entwicklung der einzelnen Weihnachtsgebräuche zu untersuchen und zu erfassen, stellte sich heraus, daß erstens nur ein kleinster Teil des Brauchtums ausschließlich am Weihnachtsfest haftet; zweitens, daß wesentliche Bestandteile bei Zerlegung der Hauptbräuche vor allem der verschiedenen Weihnachtsumzüge in Totenkult und Fruchtbarkeitszauber unerklärt bleiben mußten, die weder für das Weihnachtsfest noch für andere Jahresfeste bezeichnend sind und doch in ganz Europa bei den Hauptfesten seit alters wiederkehren. Sehr oft sind Kinder, die Jungmannschaft oder Zünfte Träger der angedeuteten Gebräuche. Das gleichzeitige Vorkommen bei Hochzeiten, der Deposition, beim Gesellenmachen, der sich aufdrängende Vergleich mit Initiationsbräuchen (*initium* Anfang) wilder Völker, legte die Vermutung nahe, daß sie ursprünglich zu einem bestimmten Kreis von Sitten gehörten, die sich an Übergänge von einer Lebensstufe oder einem Gesellschaftskreis in den anderen knüpfen, daß es Weiheriten sein könnten. Die nächste Frage war die, ob solche Weiheriten aus dem germanischen Altertum stammen könnten, oder ob sie aus der Antike entlehnt, oder vielleicht jüngere Neubildungen seien."[47]

Frau Weiser hatte sich die Aufgabe gestellt, "jene erwähnte Lücke, die altgermanische Zeit, zu untersuchen,"[48] und sie hat sie - erfolgreich - gelöst: "Für den größten Teil der Initiationsriten konnte gezeigt werden, daß sie aus sehr alter Zeit stammen und auch von den alten Germanen ausgeübt wurden."[49] In seinem Buch 'Altersklassen und Männerbünde' hatte 1902 der Ethnologe Heinrich Schurtz[50] "die Bedeutung der geheimen Knaben- und Männerbünde für die primitiven Gesellschaften entdeckt" und, wie I. Weber-Kellermann und A. C. Bimmer fortsetzen, "deren miltitärisch-aristokratischen Charakter hervorgehoben [...]. Er [...] postulierte aufgrund eines reichen empirischen ethnographischen Materials die These von der gesellschaftsbildenden Kraft des 'Männerhauses,' das die Jungmannschaften zusammenführt [...]. Die männliche Kampflust bilde die notwendige Ergänzung dieses Geselligkeitstriebes [...]. Mit den primitiven Männerverbänden aber hingen alle weiteren sozialen Gruppierungen zusammen wie die Altersklassen mit ihren Initiationsweihen und die Geheimbünde."[51] Lily Weiser berief sich sowohl auf H. Schurtz als auch auf den schon genannten Wiener Indologen Leopold von Schroeder, der 1908 in 'Mysterium und Mimus im Rigveda' gemeinsame Waffentänze der Jungmannschaft des Volkes zu gewissen Festzeiten (Schroeder bringt germanische, griechische und phrygische Beispiele) als Beleg dafür nahm, daß es die Schurtz'schen Altersklassen und Männerbünde ebenso in der "arischen Urzeit"[52] gegeben habe.

Die junge Dozentin, in deren Venia 'Volkskunde' erstmals auch nominell auftaucht (wenngleich es sie personell - Arthur Haberlandt war Prüfer in Rigorosen aus 'Volkskunde' - bereits gab), las im SS 1928 'Deutsche Volkskunde' und 'Volkskundliche Übungen;' insgesamt 140 Hörer hatten die Lehrveranstaltungen belegt.[53] Wegen ihrer Eheschließung mit dem norwegischen Professor A. Aall und der damit verbundenen Übersiedlung nach Oslo sagte sie in den nächsten Semestern bereits angekündigte Vorlesungen ab und ließ sich 1930 beurlauben.[54] Am 12. Juli 1935 teilte ihr das Dekanat mit, daß "Ihre venia docendi [...] erloschen ist."[55] Sie blieb in Oslo, stand in den Kriegsjahren mit dem 'Ahnenerbe' in Verbindung und bekleidete später eine Stelle als Konservatorin am Norsk Folkemuseum; sie starb, ohne in ihren jüngeren Arbeiten nochmals 'männerbündische' Anwandlungen zu zeigen, am 26.2.1987.[56]

Ziemlich genau ein halbes Jahr nach ihrem Tod, in der Nacht vom 24. auf den 25. August 1987, verschied in Wien der wohl bedeutendste und einflußreichste Much-Schüler, Otto Höfler. Im Gegensatz zu Lily Weiser sind Leben und Werk dieses "tiefsinnigen Gelehrten" (so Helmut Birkhan im Nachruf [57]) mehrfach und auch hinsichtlich der Bedeutung für die nationalsozialistische Volkskunde behandelt worden,[58] so daß eine kurze Zusammenstellung genügt: 1901 in Wien geboren, ab WS 1920/21 Studium von Germanistik, Skandinavistik und Philosophie in Wien, Studienaufenthalte in Schweden, Deutschland und der Schweiz, Promotion 1926.[59] In einem Lebenslauf von 1937 schrieb O. Höfler: "Mein Hauptlehrer wurde Rudolf Much, bei dem ich germanische Altertumskunde, germanische und besonders nordische Sprachgeschichte, Religionswissenschaften und Volkskunde trieb [...]. Seit 1921 gehörte ich dem Wiener Akademischen Verein der Germanisten an, der von seinen Mitgliedern schriftlich ehrenwörtliche Erklärungen deutsch-arischer und deutsch-völkischer Gesinnung verlangt."[60] 1928 wurde er Assistent am Deutschen Sprachatlas in Marburg, wechselte jedoch im selben Jahr nach Schweden, wo er bis zum WS 1933/34 ein Lektorat für Deutsche Sprache an der Universität Uppsala wahrnahm. Inzwischen in Wien habilitiert, wurde O. Höfler 1934 auf ein Extraordinariat für Germanistik und Neuere Deutsche Literaturgeschichte an die Universität Kiel berufen. Von dort ging er 1938 als Professor für Germanische Philologie und Volkskunde an die Universität München und hatte in den letzten Kriegsjahren zusätzlich die Leitung des Deutschen wissenschaftlichen Instituts in Kopenhagen inne. Soweit - und mit einem Vorgriff auf die Zeit des Nationalsozialismus - einige Daten zu Höflers Werdegang. Seine Habilitation war - unter tatkräftiger Mithilfe seines Lehrers R. Much - an der philosophischen Fakultät der Universität Wien eingeleitet und 1932 abgeschlossen worden; die Lehrbefugnis lautete 'Germanische Sprachgeschichte und Altertumskunde.'[61]

Lediglich im SS 1933 ging Höfler seiner Lehrtätigkeit sowohl in Uppsala als auch (ab Mai) in Wien nach; hier las er 'Die sakralen Grundlagen des altgermanischen Staates'[62] - es sollte bis 1957 seine einzige Lehrveranstaltung in Wien sein, denn bei der Nachbesetzung der Much'schen Lehrkanzel im Jahre 1934 blieb er, wiewohl an erster Stelle genannt, unberücksichtigt - der aequo loco gereihte Walter Steinhauser erhielt den Ruf.[63] Höfler äußerte 1937 die Vermutung, "das dies nicht aus wissenschaftlichen Gründen geschehen sei, zweifellos waren politische Faktoren mit im Spiel."[64] Zum damaligen Zeitpunkt war in Österreich bereits das katholisch orientierte austrofaschistische Regime an der Macht, das die parlamentarische Demokratie beseitigt hatte[65] und auch keinen Grund mehr dafür sah, die innerhalb der 1919 gegründeten 'Deutschen Gemeinschaft' betriebene Personalpolitik fortzusetzen: Diese Vereinigung hatte zunächst den Zweck, staatliche Posten in Österreich zwischen nationalen und katholischen Bewerbern aufzuteilen; ein Teil der Mitglieder widmete sich intensiv den Universitäten.[66] Auf deutsch-nationaler Seite war Rudolf Much aktiv, "er bildet mit seiner Familie eine frühe Zelle der österreichischen NS-Bewegung."[67]

1934 war endlich Otto Höflers nur als Manuskript eingereichte Habilitationsschrift, die 'Totenheer- Kultbund - Fastnachtspiel' geheißen hatte,[68] gedruckt und unter neuem Titel erschienen - 'Kultische Geheimbünde der Germanen,' 1. Teil;[69] "Rudolf Much in Dankbarkeit zu eigen" lautet die vorangestellte Widmung. Bereits im Vorwort nahm der Autor die Ergebnisse vorweg und berief sich - wiederum - auf Heinrich Schurtz sowie die "ausgezeichnete Wiener Habilitationsschrift von Lily Weiser," die "bei der gelehrten Forschung bisher nur sehr wenig Beachtung gefunden [hat]," wiewohl ihre "Entdeckungen den Weg in ein Kerngebiet der altgermanischen Kultur freigemacht haben, das bisher fast völlig übersehen worden ist."[70] Absicht Höflers war es, einen "heroisch-dämonischen Totenkult" als Mittelpunkt germanischen Lebens freizulegen; dieser von den Mannschaftsverbänden getragene ekstatische Kult war für ihn "eine Quelle religiöser, ethischer und historisch-politischer Kräfte von ungeheurer Macht."[71] Ekstase bedeutete für Höfler nicht Chaos, "nicht schweifenden Genuß, sondern [...] Verpflichtung an die Toten, [...] Aufbau bindender Gemeinschaft mit den Vorfahren."[72] Im zweiten Teil wollte Höfler das Fortleben des Kults in von Verbänden verschiedenster Schichten getragenen Brauchtumsformen zeigen (z.B. in Perchtenläufen, im Haberfeldtreiben, im Schweizer Streggelejagen - wobei er, um sein methodisches Vorgehen anzudeuten, aus neuzeitlichen und mittelalterlichen Belegen erst jene altgermanischen Kultformen und Rituale konstruierte, deren Fortleben er dann als gegeben annahm); der dritte sollte der Entstehungsgeschichte des deutschen Volksdramas aus verschiedenen Zweigen männerbündischen Brauchtums gewidmet sein (diese Arbeit hat ihm dann sein Freund, Weg- und Kampfgefährte gegen

Positivismus, Rationalismus, Ästhetizismus, Materialismus, Robert Stumpfl, abgenommen).

Leopold Schmidt umriß als Charakteristikum von Höflers (und seines Gefolges) Werk "die früher von der englischen Forschung besonders vertretene Annahme, daß Brauchtumszüge älter als Erzählmotive seien; insbesondere der Motivkomplex des 'Wilden Heeres' wird von hier aus ständig umschritten und als Spiegelung von Burschenbräuchen aufgefaßt."[73] Das ist freilich etwas verkürzt interpretiert, weil die Ebene des 'Glaubens' nicht oder zu wenig zum Ausdruck kommt ("Um etwa das Totenheer 'darzustellen,' mußte man gewiß zuerst an ein Totenheer glauben. Nie wird man sich dämonisch maskiert haben, ohne dabei an Dämonen zu denken"[74]). Daß die Auffassung vom Nachwirken germanischer 'Geheimkulte,' erschlossen "aus eben dem Material [...], das ihre kontinuierliche Wirksamkeit beweisen sollte, [...], nicht nur ganz allgemein mit der vagen Germanophilie der Nationalsozialisten harmonierte, sondern daß sie sich auch haltlos den biologistischen, rassistischen und sonstigen weltanschaulichen Vorstellungen des Dritten Reiches verbinden konnte,"[75] dieser Schlußfolgerung Hermann Bausingers wird man sich - auch oder gerade mit dem Blick auf die Karrieren der Much-Schüler im Nationalsozialismus - vollinhaltlich anschließen können.

Der Stellenwert von Otto Höflers 'Kultischen Geheimbünden' für die germanische Religionsgeschichte entzieht sich der Beurteilung des Verfassers und ebenso die 'Höflersche Altertumskunde,' die offenbar nur begreifen kann, "wer die 'Geheimbünde' und die Odinfaszination versteht," wie Helmut Birkhan es ausdrückte.[76] Beurteilt werden kann jedoch dessen Zusammenfassung von Höflers 'Feststellungen,' ehemalige Riten im Bereich des Wodan- und Totenkultes würden sich in Aufzügen "maskierter (junger) Männer, die in vielen Fällen in geheimen Organisationen zusammengeschlossen sind," widerspiegeln und seien "durch die Volkskunde tatsächlich nachweisbar."[77] Spätestens seit den Arbeiten der volkskundlichen 'Münchner Schule' Hans Mosers weiß die Volkskunde nämlich, wie sie methodisch einwandfrei mit historischen Belegen umzugehen hat[78] und wie problematisch der Begriff der 'Kontinuität' für die Volkskunde als analytische Kulturwissenschaft ist.[79] Auf Höflers schon erwähnte Studie zum germanischen Kontinuitätsproblem braucht daher nicht nochmals eingegangen zu werden; die dort vertretene "Kontinuitätsthese vom 'Fortbestehen kultureller Schöpfungen' bei durchaus möglichem 'Wechsel der Träger,' die als 'Material' diesen Kulturströmungen immer neu zuströmten, offenbarte," so I. Weber-Kellermann und A. C. Bimmer, "eine Vorstellungswelt, die nur durch eine voll ideologisierte Wissenschaftsforschung verständlich wird."[80]

Eine solche Vorstellungswelt hat viel mit 'festem Glauben,' Gefühl und wenig mit exakter wissenschaftlicher Analyse zu tun; nicht ohne Grund hatte Höfler bereits in der Einleitung den Anhängern von Rationalismus, Intellektualismus und Materialismus die Fähigkeit abgesprochen, seiner 'Beweisführung' folgen zu können.[81] Folgen konnten ihm hingegen die im Vorwort erwähnten Freunde Richard Wolfram und Robert Stumpfl. Letzterer, auch von seinem Hauptwerk eindeutig der Much-Schule zuzuordnen, veröffentlichte 1936 seine umfangreiche Untersuchung 'Kultspiele der Germanen als Ursprung des mittelalterlichen Dramas,'[82] in welcher er, zurückgreifend auf eine Arbeit aus dem Jahre 1934,[83] den Nachweis zu führen suchte, daß sich im 'Ursprungstyp' des mittelalterlichen Dramas, dem Fastnachtspiel, die Schwänke einer 'phallischen Dämonenschar' im Rahmen 'kultischer Vorfrühlingsfeste' mit 'fruchtbarkeitsmagischer Funktion' erhalten fänden.

Bereits ein Jahr später merkte Leopold Schmidt in einer Rezension an, daß trotz ausgezeichneter Sachkenntnis Stumpfls Quelleninterpretationen nicht mehr als anregende Überlegungen sein könnten und der Einfluß des Christentums völlig entwertet würde.[84] Vierzehn Jahre später wiederholte L. Schmidt seine Kritik, wies auf das Kreisschlußverfahren hin, mit dem "aus den rezenten Formen Altformen abgeleitet [werden], auf denen nun die historisch als alt belegten Dinge fußen sollen; der Beweis, daß das mittelalterliche liturgische Drama auf volkstümlichen germanischen Spielen beruhe, ist Stumpfl nicht geglückt."[85] Es konnte ihm, bei dem "am stärksten von allen Vertretern dieser Schule die Abneigung gegen die katholische Kirche und andererseits die Herleitung aller Werte aus dem Germanischen fühlbar [wird],"[86] auch nicht glücken. Schließlich sind, um ein auch von H. Bausinger angeführtes Argument zu bringen, Fastnachtsspiele erst im Spätmittelalter[87] und, wie hinzugesetzt werden darf, 'uralte' Schwänke spielende germanisch-phallische Dämonenscharen (wobei das Phallische als eine schuldlose Verehrung des 'zeugenden Prinzips' zu verstehen sei [88]) gar nicht belegt.

Der 1904 geborene R. Stumpfl starb 1937 bei einem Unfall; 1939 heiratete Otto Höfler dessen Witwe Hanna, die "als treue Gefährtin und guter Schutzgeist [...] den im Alltag ganz unpraktischen Gelehrten durch alle Wirrnisse [begleitete]."[89] Damals war Otto Höfler bereits Ordinarius in München, eng mit dem 'Ahnenerbe' der SS[90] und dem 'Reichsinstitut für Geschichte des neuen Deutschlands' verbunden,[91] auf dessen 4. Arbeitstagung er seinen antisemitischen Vortrag über den Literaturwissenschafter Fr. Gundolf gehalten hatte,[92] und er erwies sich im Wissenschaftsbetrieb als ganz und gar nicht 'unpraktisch,' sondern als konsequent und erfolgreich: in der Verfolgung seiner Gegner wie in der Förderung seiner Freunde.

Zu diesen zählte in besonderem Maße der gleichaltrige, am 16.9.1901 ebenfalls in Wien geborene Richard Wolfram, mit Höfler seit der Studienzeit und bis zu dessen Tod verbunden, wie er großdeutsch erzogen[93] und Kenner des 'germanischen Nordens.'[94] Wolfram war zwar Hörer, nicht aber Dissertant Rudolf Muchs. Er schloß sein Studium 1926 beim Neugermanisten Walther Brecht ab, mit einer im Dezember 1925 fertiggestellten Doktorarbeit über 'Ernst Moritz Arndt und Schweden,' welche - überarbeitet - 1933 auch in Druck erschien (gefördert vom als Ordinarius nach München abgewanderten Brecht).[95] In ihrem Vorwort wird Otto Höfler gedankt; der "Gedankenaustausch und die Erlebnisgemeinschaft"[96] hätten das Buch bereichert. Zum damaligen Zeitpunkt war Wolfram längst ins Lager der Much'schen Wiener Schule abgewandert und hatte seine ersten volkskundlichen Aufsätze veröffentlicht, insbesondere zu den Themen Volkstanz (Wolfram war sein Leben lang aktiver 'Volkstänzer' und hielt auch einschlägige Kurse ab) und Brauch.[97] Auch 'Männerbünde' in England und Rumänien[98] hatte er, einschließlich ihrer 'geheimen' Seiten, erforscht und - vor allem - persönlich erlebt. Schon damals war Wolfram in Deutschland, Großbritannien, Skandinavien, in den Alpenländern sowie in den ostmitteleuropäischen Regionen mit deutschen 'Sprachinseln' unterwegs gewesen und hatte wissenschaftliche Aufnahmen, vornehmlich zu den obgenannten Kanonbereichen, gemacht; seine Fahrten und Wanderungen sollten ihn schließlich durch alle europäischen Länder mit Ausnahme Rußlands führen.[99]

Spätestens 1932 war auch klar, womit sich eine umfangreichere Untersuchung beschäftigen würde: mit den von Männern getanzten Masken-, Ketten- und Schwerttänzen. Sowohl in der 'Wiener Zeitschrift für Volkskunde'[100] als auch in der Festschrift für Rudolf Much[101] veröffentlichte er einschlägige Aufsätze, Vorstudien zur Habilitationsschrift, die er am 9.3.1934, gemeinsam mit dem Ansuchen, im Manuskript einreichte: 'Schwerttanz und Männerbund.' Durch seine Emeritierung war R. Much nicht Mitglied der Kommission (welcher der Germanist Dietrich Kralik vorstand); er wurde jedoch als 'Experte' beigezogen und war weitgehend für die fachliche Beurteilung und Befürwortung verantwortlich. Am 17.1.1935 fand das Kolloquium, am 15.2.1935 die Probevorlesung statt (Wolfram beschäftigte sich mit der 'Geschichte des Schnaderhüpfels,' und es nimmt nicht wunder, wie in der Druckfassung von 1938 nachzulesen ist, daß des 'Heerführers' Much Versuch, die Verse aus Gunnlaugs Saga als bayerische Schnadahüpfln zu singen, durch Wolframs wissenschaftliche Studie mehr als bestätigt wurde: 'Übereinstimmungen' zwischen oberösterreichischen, mittelalterlichen und skandinavischen Tänzen und Versen ermöglichten es dem Autor, die Verbindung zwischen dem skandinavischen Vierzeilergebiet und dem deutschen Sprachbereich herzustellen und gleichzeitig direkte Zusammenhänge zwischen Kettentänzen, griechischen Werbetänzen und skandinavischen Formen zu beweisen[102]); die ministerielle Bestätigung der Habilitation (in deren Verlauf die beantragte venia docendi 'germanische Volkskunde und Skandinavistik' in ihrem zweiten Teil auf Neuskandinavistik eingeschränkt wurde - Wolfram war seit 1928 Lektor für schwedische Sprache an der Wiener Universität) ließ jedoch auf sich warten; sie erfolgte erst mit Erlaß vom 10.12.1936.[103] Grund war der - zurecht - bestehende Verdacht nationalsozialistischer Betätigung:[104] Wolfram war 1932 der - 1934 durch die austrofaschistische Regierung verbotenen - NSDAP beigetreten, seine spätere Mitgliedschaft bei der 'Vaterländischen Front'[105] (einer klerikal-faschistischen Einheitsorganisation, die als Trägerin des österreichischen Staatsgedankens gedacht war[106]) scheint offensichtlich nicht besonders glaubwürdig gewesen zu sein. Im WS 1937/38 nahm Wolfram mit 'Geschichte des Volkstanzes' seine Lehrtätigkeit an der Wiener Universität auf, welche bis 1945 nicht mehr abreißen sollte.

Im selben Jahr war auch die 3. Lieferung seines Schwerttanzbuches publiziert worden[107] (insgesamt umfaßten die veröffentlichten Teile 304 Seiten; der Rest des auf acht Lieferungen angelegten Werkes ist kriegsbedingt nie erschienen[108]). Die "beträchtliche Höhe der Stoffüberschau und die gründliche Einzeldurchgliederung," welche L. Schmidt noch 1951 lobend hervorhob,[109] beruhte auf der immensen (und großteils durch eigene Anschauung sowie Archivarbeit erworbenen) Kenntnis der rezenten und historisch nachgewiesenen Formen europäischer Männertänze, bei denen Schwerter (auch Stäbe oder Reifen) das Bindeglied zwischen den Tanzenden bilden, so daß ein Kreis oder eine offene Kette entsteht. Die tanzenden Gruppen (bäuerliche 'Jungmannschaften,' Zünfte, andere Vereinigungen) wurden von R. Wolfram als Männerbünde interpretiert; als zentrales Thema sah er die (gespielte) Tötung und Wiedererweckung eines Tänzers in Narrenkleidung an - ursprünglicher Sinn wäre die so vollzogene Jünglingsweihe gewesen. Das Fehlen von Nachrichten zwischen der germanischen 'Schwerttanzschilderung' bei Tacitus und dem 14. Jahrhundert schloß Wolfram durch das Aufgreifen von Höflers 'Erkenntnissen' über die kultischen Geheimbünde der Germanen. Somit waren die Beweise für ein kontinuierliches Fortleben erbracht, ein Fortleben von Kult, Dämonie und Ekstase: "Eine Daseinssteigerung, in der man zu schier übermenschlichen Leistungen fähig ist, kann man [...] bei unserem Volk nicht leugnen."[110] Dieser Satz findet sich allerdings im unvollendet gebliebenen zweiten Hauptstück ('Der Männerbund'), in welchem der Autor seine Kontinuitätsthesen zu Rügegerichten, Narrenzünften, Wilder Jagd, Gespenstertier und Tiervermummung ausbreitete und - wegen des abrupten

Abbrechens - nicht zu Ende führen konnte. Es ist nicht überliefert, warum weder O. Höfler noch R. Wolfram ihre monumentalen Werke (etwa nach dem Kriege) abschlossen - vielleicht war es der nunmehr wehende germanenfeindliche Wind, der sie daran hinderte.

R. Wolfram hat 'Schwerttanz und Männerbund,' dessen Vorwort bereits 1935 geschrieben worden war, Rudolf Much gewidmet und dankte speziell Otto Höfler. Er verwies aber auch auf die Vorstudie Eugen Fehrles, Heidelberger Mitstreiter und Förderer Lily Weisers und der gesamten Much-Schule, welcher 1932 für den "verehrten Meister Rudolf Much" eine Festgabe herausgegeben hatte, "dargebracht von reichsdeutschen Mitforschern."[111] Zu denen sollte - neben Höfler - bald ein weiterer Much-Schüler zählen, der Altgermanist und Dialektologe Eberhard Kranzmayer (1897-1975), der sich 1932 für 'Geschichte der deutschen Sprache und deutschen (sic!) Volkskunde' habilitierte,[112] in Wien u.a. über 'Die Deutschen Sprachinseln im Süden' las, 1938 nach München an die dortige 'Wörterbuchkanzlei' ging, deren Leiter er 1940 wurde. Als Professor lehrte er auch an der Ludwig-Maximilians-Universität; 1942 wurde er auf den Grazer 'Lehrstuhl für Mundartkunde und Grenzlandforschung' berufen und führte ab 1943 zudem das 'Institut für Kärntner Landesforschung.'[113] Als 'echter' Mitstreiter seiner altertums- und volkskundlichen Freunde zeigte sich der Mundartforscher selten aber doch: Noch 1968 widmete er seinem Freund Wolfram einen Beitrag, in dem er sich nicht scheute, "gegenwärtige Namen und Bräuche mit Erscheinungen der altheidnischen Mythologie in Zusammenhang zu bringen."[114] E. Kranzmayer arbeitete auch in seiner Wiener Zeit in der 'Wörterbuchkanzlei,' einer Paralleleinrichtung zur bayrischen, getragen von der Österreichischen Akademie der Wissenschaften und damals geleitet von Anton Pfalz. Auch er stand dem Kreis von Much nahe und war seit 1926 an der Universität mit einem Lehrauftrag 'Deutsche Mundartenforschung und Volkskunde' betraut worden,[115] der anläßlich seiner Ernennung zum Extraordinarius 1931 bestätigt wurde.[116] Sein volkskundliches Lehrangebot war vielseitig; Leopold Schmidt hielt als Student bei ihm Referate, "die dem Professor selbst am merkwürdigsten vorkamen."[117]

In den zwanziger und dreißiger Jahren existierte somit im Umfeld Muchs und der Wiener Altgermanistik ein doch recht beachtliches - wenn auch nicht in allen Fällen fortlaufendes - volkskundliches Lehrangebot durch Anton Pfalz, Lily Weiser, Otto Höfler, Eberhard Kranzmayer, Richard Wolfram und - seit 1933 - Rudolf Kriss (1903-1973). Sein Name steht nicht ohne Grund am Ende dieses Abschnitts und damit auch etwas außerhalb der bisher versuchten Chronologie laufender Ereignisse: Er kann nämlich der Much-Schule wenn überhaupt, so nur im weitesten Sinne zugeordnet werden. Kriss hatte 1928 beim Germanisten (und Volkskundler) Otto Maußer in München promoviert[118] und sich, angeregt durch seine Berchtesgadener 'Landsfrau' und volkskundliche 'Lehrerin,' Marie Andree-Eysn, schon früh und nahezu ausschließlich mit 'religiöser Volkskunde,' katholischer Frömmigkeitsforschung im 'altbayrischen Raum,' beschäftigt; gleichzeitig hatte er mit dem Aufbau einer einschlägigen und umfassenden Privatsammlung begonnen. Es spricht für Rudolf Much (dessen Lehr- und Forschungsthema ja das 'Germanentum' war[119]), daß er, wie R. Wolfram es formulierte, mit seiner "unbestechlichen Geradheit [...] auch eine freie Menschlichkeit und Milde [verband], die jede wirkliche Leistung anerkannte und auch seinen Schülern frei Entfaltung nach ihrer Eigenart gewährte"[120] - und daher auch Rudolf Kriss, den 'Schriftsteller und Privatgelehrten,' zur Habilitation führte, wiewohl er nicht seinem Schülerkreis angehörte.

Im Ansuchen vom 22.1.1932 bat Kriss "um die Erteilung der Venia legendi für deutsche Volks- und Altertumskunde mit besonderer Berücksichtigung der geistigen Kultur," und zwar aufgrund "der vorliegenden Arbeiten: Volkskundliches aus altbayrischen Gnadenstätten (1931) und Altbayrische Wallfahrtsbräuche im Rahmen der religiösen Volkskunde (erscheint 1932) als 1. und 2. Teil einer Bayrischen Wallfahrts-Volkskunde."[121] Der Referent R. Much plädierte für eine 'Vereinfachung' der Venia auf 'Deutsche Volkskunde,' diese schlösse die Altertumskunde ohnehin ein (was seine Sicht der Volkskunde wieder einmal bestätigt). Das Fach wäre 'weit' genug und auch an den Universitäten Graz und Hamburg durch besondere Professuren vertreten. Im Kommissionsbericht wurde weiters auf die notwendige "strenge wissenschaftliche Schulung" von Volkskundlern hingewiesen; eine nicht gerade eingehende Würdigung von Kriss' bisherigen Arbeiten, die den "deutschen Volksglauben, eine unpersönliche, primitive Gemeinschaftsreligion auf der einen Seite und die Hochreligionen des Christentums, der Antike und des germanischen Heidentums auf der anderen" als maßgebliche Faktoren ergeben hätten (in der Vorstellung des Volksglaubens als einer trotz späterer Überlagerungen noch erkennbaren 'Altschicht' hatte Kriss sicherlich Muchs vollste Billigung), beschließt die durchwegs positive Stellungnahme.[122] Nach Kolloquium und Probevortrag ('Typenbildung in der Legende, dargestellt am Gespannwunder') genehmigte das Ministerium am 3.3.1933 das Verfahren, wodurch der neue Dozent schon im SS 1933 in die Lage versetzt wurde, eine 'Einführung in die religiöse Volkskunde I' zu lesen. Kult, Magie, Aber- und immer wieder Volksglaube waren weitere Themen seiner Lehrveranstaltungen, die er bis zum WS 1937/38 hielt.

Mit Schreiben vom 22. April 1938, also knapp sechs Wochen nach der Machtergreifung der Nationalsozialisten in Österreich und dem 'Anschluß' der Ostmark an das Deutsche Reich,[123] wurde Kriss mitgeteilt, daß seine Lehrbefugnis bis auf weiteres zu ruhen habe.[124] Ob jemand aus dem volkskundlichen Lager hinter dieser umgehenden Amtsenthebung stand, läßt sich aufgrund der Aktenlage nicht feststellen; zum Nationalsozialismus bekannten sich sowohl die meisten Much-Schüler als auch deren Wiener 'Erzfeinde,' die 'Mythologen,' und zwar lange vor 1938.

Mythos als Grundlage: die Wiener Mythologen

In Richard Wolframs kurzem Abriß zur Geschichte der Volkskunde an der Universität Wien taucht das Wort 'Mythologie,' scheinen die Namen der Wiener 'Mythologen' nicht auf,[125] wiewohl zumindest die 'Väter' dieser Richtung - der den "Hauptanstoß" gebende Leopold von Schroeder sowie Georg Hüsing, "Begründer der Wiener Mythologenschule im engeren Sinn"[126] - an der Alma mater Rudolphina wirkten. Die 'volkskundlichen' Vertreter dieser "Wiener mythologischen Schule," wie L. Schmidt sie auch bezeichnet[127] (bei I. Weber-Kellermann und A. C. Bimmer liest man vom "andere[n] Strang der Wiener Schule"[128]), Karl von Spieß, Edmund Mudrak (um einmal die zwei wichtigsten zu nennen), sollten tatsächlich keinen direkten Zugang zur universitären Lehre in Wien finden: "Rudolf Much und sein Kreis," so L. Schmidt, "hat [sic!] trotz der auf beiden Seiten vorhandenen germanischen Einstellung und politisch nationalen Gesinnung jeden Einfluß der Schule auf das Hochschulwesen auszuschalten verstanden"[129] (was jedenfalls für Österreich gilt). Auf die Auseinandersetzungen der beiden 'Wiener Schulen' wird noch zurückzukommen sein, das 'Ergebnis' sei jedoch schon vorweggenommen, weil es an anderer Stelle dieses Bandes bereits ausführlich abgehandelt wurde:[130] In der Aera des Nationalsozialismus findet man die Much'schen 'Männerbündler' im Umfeld der Wissenschaftsorganisation der SS, in Heinrich Himmlers 'Ahnenerbe,'[131] die Mythologen im Lager Alfred Rosenbergs, des Beauftragten des Führers für die Überwachung der gesamten geistigen und weltanschaulichen Schulung und Erziehung der NSDAP[132].

Parteizugehörigkeit, großdeutsche Gesinnung, Antisemitismus und Rassismus sowie Kontinuitätsdenken wirkten, wiewohl beiderseits zur Genüge vorhanden, keineswegs einigend; dazu waren die persönlichen Kontroversen allzu erbittert geführt worden, waren die Unterschiede in 'Glaubensfragen' zu groß. Nicht 'Wissenschaftlichkeit' und 'Beweisführung,' sondern 'Glaube' und 'Weltanschauung' lauteten die Schlüsselworte, zu belegen u.a. durch eine Besprechung, die Hans Strobel, politischer Leiter im Amt Rosenberg und Verantwortlicher für das etwa 1941 entstandene 'Amt für Volkskunde und Feiergestaltung,'[133] 1939 verfaßte. Er schrieb sie für das 1. Heft von 'Deutsche Volkskunde,' einer neuen Zeitschrift, welche die 'Arbeitsgemeinschaft für Deutsche Volkskunde' im Amt Rosenberg[134] herausgab, und sie galt dem schon 1937 erschienenen ersten Teil eines den Rezensenten "in jeder Hinsicht" zufriedenstellenden Werkes eines Freundes, Gesinnungsgenossen und Rosenberg-Mitarbeiters, des Wiener 'Mythologen' Karl von Spieß' 'Marksteine der Volkskunst.'[135] Nach Seitenhieben auf jene Volkskundler, welche in ihren Arbeiten "immer noch eine Verbindung alter Lehren mit dem neuen Geiste versuchten," auf solche, "die kühne Wunschbilder nicht recht in Einklang mit wissenschaftlich ergründeter Wirklichkeit brachten" sowie gegen die "konfessionelle Volkskunde," "die den letzten großangelegten Versuch unternahm, ihre endgültig sterbenden Belange zu retten"[136] (womit in etwa die verschiedenen volkskundlichen Gegner des Amtes Rosenberg charakterisiert worden waren), hob Strobel die Verdienste von Spieß hervor: "Daß dies Buch solche Bedeutung erreichte, liegt ganz folgerichtig in der Entwicklung der Spießschen Lebensarbeit, die in mehrfacher Hinsicht bahnbrechend für die nationalsozialistische Volkskunde werden sollte. Wer freilich diese Art der Forschung von vornherein mit dem Hinweis abtun zu können glaubt, daß sie mehr Glaube als Wissenschaft sei, der verrät dabei nicht nur ebensoviel Überheblichkeit wie Unkenntnis, sondern bekundet zugleich, daß er in die Front jenes politischen Gegners gehört, der von einer Verbindung zwischen Weltanschauung und Wissenschaft mit Recht das Ende seiner Tage befürchtet."[137]

Zu diesem Zeitpunkt, 1939, waren die Vertreter einer 'konfessionellen Volkskunde' ebenso längst zum Schweigen gebracht worden wie die 'politisch Unzuverlässigen': Man hatte, um nur zwei Namen von Betroffenen zu nennen, Rudolf Kriss (der ersten Gruppe zuzurechnen) unmittelbar nach dem 'Anschluß' Österreichs an Hitler-Deutschland die 'venia legendi' entzogen[138]; der als 'unzuverlässig' geltende Will-Erich Peuckert verlor sie ebenfalls gleich "nach dem Ausbruch des Dritten Reich Reiches."[139] Ähnlich war es den anderen weltanschaulichen und wissenschaftlichen 'Feinden' des Nazi-Regimes ergangen, so daß Strobel wohl nicht diese Personen, sondern lediglich die Kritiker der Volkskunde im Umfeld des Amtes Rosenberg als 'politischen Gegner' (man beachte den Singular) apostrophiert haben konnte, die 'Kollegen' im 'Ahnenerbe' im allgemeinen, die Vertreter der 'anderen' Wiener Schule im besonderen. Was hier anklingt, ist die Fortsetzung des - in den zwanziger Jahren in Wien begonnenen - Streites zwischen 'Ritualisten' und 'Mythologen' während des Faschismus. Erstere vertraten, wie

Wolfgang Emmerich zusammenfassend und kurz feststellte, die Ansicht, "der ekstatische Kult habe immer die Priorität vor der mythischen Sage," während "die Schule der Mythologen [...] der umgekehrten Überzeugung anhing und alles Brauchtum zum sekundären Abbild vorher ausgebildeter Mythen erklärte."[140] Daß, so Emmerich weiter, "keine der beiden Hypothesen historisch-empirisch zu beweisen war," spielte für die nationalsozialistischen Machthaber letztlich keine Rolle, und ebensowenig der als stimulierend angesehene, erbittert geführte Kampf unter 'Gefolgsleuten': "Entscheidend war, daß grundsätzlich die Möglichkeit bestand, *alle* Spielarten des Kontinuitätsmythos für Herrschaftszwecke einzuspannen."[141]

Auf welche Weise das Gefolge des 'Heerführers' R. Much die Vorstellung von germanischer Kontinuität entwickelt hatte und zu belegen suchte, ist oben dargestellt worden. In ebensolcher umfangbedingter Kürze - und damit manch' Verkürzung riskierend - ist nun auf die 'andere,' die 'Wiener mythologische Schule' einzugehen, die, wie schon angedeutet, zum Teil auf den Indologen Leopold von Schroeder zurückgeht.[142] Dieser, am 12.12.1851 in Dorpat, Livland, geboren, studierte ab 1870 an der Universität seiner Heimatstadt, später als Stipendiat in Leipzig, Jena und Tübingen, wo ihn Rudolf Roth in das Studium des 'Rigveda' einführte. Wiewohl er erst 1879 an der Dorpater Universität das Doktorat in 'vergleichender Sprachkunde (grammatica comparativa)' erwarb, hatte er sich dort offenbar schon 1877 für Indologie habilitiert, welches Fach er bis 1882 als Privatdozent, bis 1894 als 'etatmäßiger Docent' vertrat.[143] Als 1893 im Zuge von Russifizierungsbestrebungen der Übergang zur russischen Unterrichtssprache innerhalb eines Zeitraumes von zwei Jahren verfügt wurde, beschloß der auch literarisch tätige Schroeder, Dorpat zu verlassen und nach Deutschland zu gehen. Der vorgesehene Wechsel nach Marburg, wo er eine Lehrbefugnis erhalten hatte, erübrigte sich jedoch: 1890 hatte er bei einem Aufenthalt in Wien den Indologen Georg Bühler[144] und den Präsidenten der Anthropologischen Gesellschaft, Ferdinand Freiherr von Andrian-Werburg,[145] kennengelernt; deren Einfluß verdankte er im Herbst 1894 eine Berufung als außerordentlicher Professor an die Universität Innsbruck. Die Professur für "Altindische Geschichte und Alterthumskunde" war eigens für Schroeder geschaffen und mit Wirksamkeit vom 1.1.1897 sogar in ein Ordinariat umgewandelt worden. Einem Wunsche Andrians entsprechend, hatte er in Innsbruck auch die "allgemeine Völkerkunde" zu vertreten gehabt; dieser Zusatz entfiel, als man Schroeder nach dem Unfalltod Bühlers mit Rechtswirksamkeit vom 1.4.1899 zum Ordinarius für "altindische Philologie und Alterthumskunde" in Wien ernannte.[146] Hier wirkte er bis zu seinem Tode am 8.2.1920, die eigentliche Indologie vernachlässigend (für welche es ihm an Verständnis gemangelt habe) und sich primär der vergleichenden Mythenforschung und der Völkerkunde widmend, wie Erich Frauwallner 1960 kritisch feststellte (der gleichzeitig aber die vielfältige Anerkennung hervorhob, die Schroeders sonstige reiche Tätigkeit in Wien gefunden hatte).[147] Dieser 'reichen Tätigkeit' (im Rahmen der evangelischen Schul- und Kirchengemeinde, der Anthropologischen Gesellschaft, der Akademie der Wissenschaften; als Verfasser von geistlichen Liedern, als Dramatiker, als Mitarbeiter der 'Neuen Freien Presse' sowie weiterer Zeitungen[148] ...) kann und soll hier nicht im einzelnen nachgegangen werden. Was interessiert, ist seine zumindest teilweise 'Vaterschaft' für die 'andere Wiener Schule,' sowohl in wissenschaftlicher als auch in weltanschaulicher Hinsicht.

Schroeder, der 1899, in seiner Wiener Antrittsvorlesung, meinte, "der indologischen Forschung als solcher [läge] es fern, sich kämpfend einzumischen in das Gewühl des Tages, den Streit der Leidenschaften,"[149] hatte diese vornehm-unpolitische Haltung zwar 'seiner' Wissenschaft, nicht aber sich selbst verordnet, in "fataler Selbsttäuschung," um ein für diesen Vorgang, der Trennung von Forschungsbereich und Person, passendes Zitat von Wolfgang Emmerich zu gebrauchen.[150] Entscheidend für seine persönliche Entwicklung waren: Die Begegnung mit Neomythologismus und Musik Richard Wagners (1878 hatte Schroeder in Weimar erstmals einer Aufführung von 'Thannhäuser' beigewohnt, die für ihn eine Art 'religiöses Erweckungserlebnis' bedeutete); sein dadurch erwachtes und schon in der Dorpater Zeit spürbares Interesse für vergleichend-mythologische Studien[151] - Mythologie war für Schroeder "die älteste Poesie des Menschengeschlechtes"; die steigenden nationalistischen Spannungen in Livland, welche ihn nahezu zwangsläufig und verstärkt dem (groß-)deutschen Lager zuführten; schließlich um das Jahr 1900 die Bekanntschaft und lebenslange Freundschaft mit Houston Stewart Chamberlain, dem in Wien lebenden Engländer und 'Wahldeutschen,' welchem Schroeder 1918 sogar eine Biographie widmete.[152] "Das Buch zeigt," so eine Verlagsankündigung, "wie Chamberlain ein Deutscher geworden ist, welch unvergleichliche Dienste er dem deutschen Volke erwiesen hat und was es dem großen Germanen schuldet. Leopold von Schroeder ist durch seine engen Beziehungen zu H. St. Chamberlain der berufene Schilderer seines Werdeganges."[153]

Der 'große Germane,' in zweiter Ehe mit Eva Wagner verheiratet, der jüngsten Tochter Richard Wagners (wodurch sich für Schroeder unverhofft der Zugang zum Bayreuther Kreis öffnete), hatte 1899 "Die Grundlagen des Neunzehnten Jahrhunderts" vorgelegt.[154] Dieses Werk "aus der Frühzeit völkischer Ideologie"[155] vermochte "dem anspruchsvollen Bürgertum, in doppelter Abwehrstellung gegen Sozialismus und feudal-klerikale Reaktion, den Kulturtraum einer Wiedergeburt Deutschlands aus seinen gesunden rassischen Kräften schmackhaft zu machen."[156] Die 'rassischen Kräfte' waren arisch, germanisch, ihre Konsequenzen rassistisch-antisemitisch, ihre Grundlagen mythisch: Chamberlain baute ebenso auf der Gobineau'schen Rassenlehre (in der die Überlegenheit der 'arischen Rasse' postuliert worden war) auf[157] wie auf indischer und germanischer Mythologie, und von ihm führt eine direkte Linie zu Alfred Rosenberg, dessen Buch 'Der Mythus des 20. Jahrhunderts'[158] nicht nur titelmäßig an die Chamberlain'schen 'Grundlagen' anschließt - und das, so H. Bausinger, "neben Hitlers 'Mein Kampf' [...] die wichtigste weltanschauliche Konzeption des Nationalsozialismus [war]."[159] Mythos war als Begriff im 19. Jahrhundert "zunehmend irrationaler und zugleich verfügbarer geworden",[160] in der mythologischen Forschung begannen religiös-bekenntnishafte Elemente im Dienst national orientierter Werte- und Tugendvermittlung zu dominieren. Anläßlich des 60. Geburtstages von L. v. Schroeder betonte M. Winternitz, daß des Jubilars Leistungen auf dem Gebiet der vergleichenden Mythologie und Religionsgeschichte in dem Versuch bestanden hätten, eine breite ethnologische Basis zu schaffen, daß diese Untersuchungen jedoch weniger zu gesicherten Ergebnissen als zu kühnen, mehr oder weniger annehmbaren Hypothesen geführt hätten[161] - eine Charakterisierung, die sich für die gesamte Mythologenschule als zutreffend erweisen sollte. So spekulativ Schroeders wissenschaftliche 'Erträge' waren, so realitätsnah zeigte er sich als Hochschullehrer: 1909 war er maßgeblich daran beteiligt, den Kunsthistoriker Joseph (auch Josef) Strzygowski (1862-1941) als Ordinarius von Graz nach Wien zu holen, wiewohl dieser von der Kommission in den Besetzungsvorschlägen gar nicht berücksichtigt worden war; 1913 stellte er sich als Dekan, als es anläßlich einer geplanten Feier zu Richard Wagners 100. Geburtstag zu Auseinandersetzungen zwischen jüdischen und deutsch-nationalen Studenten kam, ganz selbstverständlich auf die Seite der letzteren und verteidigte sie gegen die "fast durchweg ungerechten Beschuldigungen"[162]; 1918 war er unter den Antragstellern auf eine außerordentliche Professur für den von ihm vielfach geförderten Privatdozenten Georg Hüsing.[163] Die Verwirklichung dieses keineswegs unumstrittenen Vorschlags sollte Schroeder nicht mehr erleben, er starb am 8. Februar 1920.

Neben einer Vielzahl kleinerer Arbeiten, von denen er die wichtigsten in einen 1913 veröffentlichten Sammelband aufnahm,[164] legte er in seinem letzten Lebensjahrzehnt zwei umfangreiche Werke vor: 'Die Vollendung des arischen Mysteriums in Bayreuth'[165] sowie 'Arische Religion.'[166] Fußend auf Dorpater, Innsbrucker und Wiener Vorlesungen versuchte er darin, eine vergleichende Religionsgeschichte der verschiedenen (alt)arischen Völker zu schreiben. "Mehr und mehr war im Laufe der Jahre für mein Interesse die Religion in den Vordergrund getreten, gegenüber der früher mit Vorliebe behandelten Mythologie," bemerkt L. v. Schroeder im Vorwort des ersten Bandes von 'Arische Religion,'[167] welches Werk "für die weitere Arbeit der Wiener Mythologenschule von grundlegender Bedeutung wurde, weil es mit der bisherigen Göttervorstellung gebrochen hatte und die Möglichkeiten des Wechselns von Namen bei Gleichbleiben der Gestalten in verschiedenen Schichten der Überlieferung darlegte."[168] In seiner vorher erschienen 'Hommage' an den 'Meister von Bayreuth' (wie R. Wagner immer voll Verehrung bezeichnet wird) hatte er nochmals seine Vorstellung von 'arischem Mythos' niedergelegt, bestimmt durch Naturverehrung, Seelenkult und Glaube an ein höchstes Wesen, ausgerichtet auf Lebensbejahung, gekennzeichnet u.a. durch das beherrschende Symbol des Phallus. Die festlichen Tänze und Umzüge der arischen Urzeit wären die Anfänge des Dramas gewesen, jene Tänze und Umzüge von Seelen, Dämonen und Götterscharen, welche von maskierten, bemalten oder sonstwie charakterisierten Menschen aufgeführt worden seien. Dargestellt wurden mythische Begebenheiten, ganz bestimmte mythische und magisch-kultisch wichtige Szenen. Der Mond wirkte als mythisches Vorbild für Tod und Neugeburt, Sonne und Feuer seien besonders im Mittelpunkt gestanden.[169]

Diese Meinung teilte Schroeders mythologischer Mitstreiter, Georg Hüsing, sicherlich nicht. Leopold Schmidt sieht, wie schon erwähnt, in ihm den Begründer der "Wiener Mythologenschule im engeren Sinn,"[170] welcher der von Schroeder verfolgten 'arischen Sonnenreligion' einen älteren - urarischen - Mondglauben gegenüberstellte. G. Hüsing, geboren am 4.6.1869 in Liegnitz (preuß. Schlesien), hatte an den Universitäten Breslau, Berlin und Königsberg studiert (und zwar Alte Geschichte, Altsemitistik, Indogermanistik, Iranistik und Germanistik), war 1897 promoviert worden und lebte in der Folge als Privatgelehrter in den beiden erstgenannten Städten.[171] 1912 reichte er, der sich mit Geschichte und Kulturgeschichte der Meder und Perser, mit iranischen Sprachdenkmälern, mit vergleichender Mythologie sowie mit elamischen Studien beschäftigt hatte ("[...] die Elamier sind die unmittelbaren Vorgänger der Perser in der Geschichte des Irans. Ihre Geschichte erstreckt sich neben derjenigen der Samarier, Babylonier und Aßyrer [sic!] mehrere Jahrtausende vor Chr. hinauf [...]"[172]), an der philosophischen Fakultät der Universität Wien ein Gesuch um Erteilung der venia legendi für 'Geschichte des alten Orients' und um gleichzeitige Nostrifikation seines an der Universität in

Königsberg erworbenen Doktordiploms ein. Die Kommission, der u.a. L. v. Schroeder (als Referent), R. Much und J. Strzygowski angehörten, stellte in der Sitzung des Professorenkollegiums vom 11. Mai 1912 den Antrag, Hüsing zu den "weiteren Stadien" (Kolloquium, Probevortrag) zuzulassen, die er am 13. und 27. Juni absolvierte, so daß bereits am 6. Juli 1912 die Lehrbefugnis im beantragten Wortlaut erteilt und das K.k. Ministerium für Kultus und Unterricht um Bestätigung ersucht wurde.[173] Hüsing entfaltete in der Folge eine rege Tätigkeit[174]: in der Anthropologischen, Geographischen und Prähistorischen Gesellschaft, am Forschungsinstitut für Osten und Orient, im Rahmen des 1919 ins Leben gerufenen Lehrgangs 'Deutsche Bildung.' Natürlich auch an der Universität: "Als Dozent hat Hüsing an unserer Universität seit c. acht Jahren einen so bedeutenden Lehrerfolg, wie dies bei Orientalisten selten ist. Die kraftvoll ausgeprägte Persönlichkeit Hüsings, sein weiter Blick, seine reichen Kenntnisse üben starke Anziehungskraft auf die Hörer aus," heißt es 1919 im Bericht von L. v. Schroeder, in welchem dem Professorenkollegium der mit Mehrheit gefaßte Kommissionsbschluß, "G. Hüsing für die Verleihung einer a.o. Professur für die Geschichte der alten Völker Vorderasiens höheren Orts in Vorschlag [zu] bringen" zur Abstimmung vorgelegt wurde.[175]

Erst nach dem Tode Schroeders, mit Wirksamkeit vom 1. Oktober 1921, erfolgte die Ernennung Hüsings zum Extraordinarius ad personam.[176] Das Verfahren war schon im März 1918 mit dem Antrag, Hüsing als außerordentlichen Professor für 'Geschichte des alten Vorderasiens' vorzuschlagen, eingeleitet worden.[177] Schroeder und Strzygowski, bei der Fortsetzung des Verfahrens mit geänderter Fachumschreibung nachweisbar auch Rudolf Much, stimmten für G. Hüsing, eine Gruppe um den Professor für Allgemeine und Indogermanische Sprachwissenschaft Paul Kretschmer[178] war anfänglich vehement dagegen und enthielt sich schließlich der Stimme. Uns interessieren hier nicht die philologischen und historischen Argumente gegen Hüsing, auch nicht die Vorwürfe fehlender geistiger Disziplinierung und Selbstzucht sowie der Neigung zur Phantasterei, des Mangels an Selbstkritik; wichtig scheinen vielmehr die Äußerungen zu "Hüsings Arbeitsweise in der Mythologie [...], die zwar nicht zur Geschichte im engeren Sinn gehört, die aber Hüsing selbst als geschichtliche Quelle anerkannt wissen will." P. Kretschmer als Verfasser des Minderheitenvotums weiter: "Hüsing ist ein Hauptvertreter der Mondmythologie, jener unglückseligen Theorie, welche alle Mythen und Märchen als symbolische Darstellungen der Mondsphasen deutet. Er hat sich mit der Äusserung (Beiträge zur Kyros-Sage 1906 S. 10), dass er keinen Mythos kenne, der nicht nachweisbar ein Mondmythos wäre, zu dieser fixen Idee in ihrer strengsten Form bekannt. Natürlich leugnet niemand, daß es Mythen und Märchen giebt, in denen der Mond eine gewisse Rolle spielt, aber die ungeheuerliche Einseitigkeit, mit der in der künstlichsten Weise jede mythische Erzählung auf den Mond bezogen wird, kann nur als eine wissenschaftliche Verirrung bezeichnet werden, die geeignet ist, die ganze mythologische Wissenschaft in Misskredit zu bringen."[179] Auf die im selben Bericht angesprochene Gefahr eines schädlichen Einflusses Hüsings "auf unreife Hörer" wird an anderer Stelle noch zurückzukommen sein; vorweggenommen sei, daß eine vehement geführte Auseinandersetzung zwischen R. Much und G. Hüsing im Jahre 1928 letztlich mit der Feststellung des Professorenkollegiums endete, der von Much erhobene Vorwurf der Unwissenschaftlichkeit Hüsing'scher Ansichten und Arbeiten sei gerechtfertigt - auch hier ging es um die 'Mondmythologie.'

Daß man nach dem Tode Hüsings am 1.9.1930 seitens der Fakultät nicht daran dachte, dessen Lehrtätigkeit zu ersetzen,[180] wirft ein bezeichnendes Licht auf den wissenschaftlichen Ruf jenes Mannes, dessen Arbeiten, so L. Schmidt, "durchaus dazu angetan [waren], die mythologische Forschung in neue Bahnen zu lenken. Leider mußten seine und so ziemlich auch alle Arbeiten seiner Anhänger auf beträchtlichen Widerstand stoßen, da sie recht anspruchsvoll auftraten und fast durchwegs ohne den Zusammenhang der gesamten Arbeiten der Schule nicht verständlich waren."[181] L. Schmidt, der noch 1951 den Ausdruck 'Mondmythologie' überspitzt und vereinfachend fand und ihn - fälschlich - mit einem erst posthum veröffentlichten Aufsatz von Rudolf Much[182] in Zusammenhang brachte (während wir ihm ja schon in P. Kretschmers Kritik begegnet sind), konstatierte allerdings eine "oft an der Grenze heuristischer Möglichkeiten stehende Lust, die vorausgesetzten Ergebnisse, beispielsweise Zahlenverhältnisse mit Mondkalendercharakter, überall wiederzufinden."[183] G. Hüsing bestritt jedenfalls vehement die Existenz von Sonnenmythen; das Primat von Mond und Mythos war für ihn unumstößlich: "Wo der erste Mondkalender entstand, das wissen wir nicht [...]. Wo dieses System auch entstand, auf dasselbe gehen die arischen Mythen zurück und sind aus keinem anderen erklärbar."[184] Auch seinen Mentor L. v. Schroeder, der im 2. Band seiner 'Arischen Religion' der Sonne eine hervorragende Rolle in der "Religion der arischen Urzeit"[185] zuerkannt hatte, kritisierte er u.a. wegen dessen Annahme, bestimmte Feste seien eben auf einen Sonnenkult zurückzuführen. Nach neueren Erkenntnissen gelte es als nachgewiesen, daß es bei den Germanen keine Kulte, sondern Festes-Feiern (= 'Hochgezeiten') gegeben habe. Eine Verehrung der Sonne sei den 'Hochgezeiten' erst mit der Einführung der an der Sonne orientierten Zeitrechnung unterlegt worden, sie - die Festes-Feiern - waren jedoch Ausdruck einer viel älteren, ursprünglichen Mondorientierung und einer nach Mondphasen ausgerichteten Zeitordnung.[186]

Diese Kritik äußerte G. Hüsing 1927 in einem für seine 'volkskundlichen' Schüler und seine gesamte Anhängerschaft besonders 'wichtigen' Buch mit dem Titel 'Die deutschen Hochgezeiten.' In ihm legte er großteils bereits früher publizierte Aufsätze erneut und gesammelt vor, mit der Absicht, der Jugend, den völkischen Verbänden und anderen Ortsgruppen unmittelbare Anweisungen zum Feiern von Festen im deutschen Sinn zu geben. Durch wirtschaftlichen Mißbrauch und falsche Ausdeutungen der römischen Kirche sei der Sinn der Feste verloren gegangen, er müsse nun neu erschlossen werden. Feste und mit ihnen verbundenes Brauchtum (Weihnachtszeit, Perchtenwesen, Schützenfest, Feuersprung etc.) seien aus dem erschlossenen Mythos heraus begreiflich zu machen. Hüsings Freund und Mitstreiter Wolfgang Schultz hatte die Bauern als "nichtarische Unterschichte" erkannt,[187] daher formulierte ersterer: "Auf das entschiedenste müssen wir uns dagegen verwahren, daß die deutschen Hochgezeiten aus dem Bauernleben hervorgegangen wären"[188] (daß diese Ansicht lediglich für die 'Ur-Bauern' galt und keine Abwertung des späteren nordisch-germanischen Bauerntums bedeuten sollte, ergibt sich u.a. aus den Arbeiten des von Hüsing und Schultz beeinflußten Karl von Spieß). R. Much hielt dem die Frage entgegen, "womit unsere Feste, soweit sie eben nicht ganz aus dem christlichen Kalender stammen, zusammenhängen sollen, wenn nicht mit dem Bauernleben, dem Wirtschaftsbetrieb. Wir stoßen dabei ja überall auf alte Vegetationsriten."[189] Der Streit 'Ritus contra Mythos' bricht hier - wieder einmal - auf, geschürt von Richard Wolfram, der den nachgelassenen Aufsatz Muchs dem Münchner Indogermanisten Walther Wüst zur Drucklegung übermittelt hatte

(Wüst war ab 1937 Präsident, seit 1939 Kurator des Himmler'schen 'Ahnenerbes'[190]). Dieser nützte die Möglichkeit, "als Auseinandersetzung eines Toten mit Toten [gemeint waren der Autor R. Much sowie die von ihm aufgegriffenen G. Hüsing und W. Schultz, Anm. d. Verf.], als Auseinandersetzung allerdings auf einem Felde, das nach wie vor unsere ungeminderte, klarste Aufmerksamkeit verdient."[191] Much hatte besonders auf germanisch-altertumskundliche und philologische Mängel und Fehler verwiesen und sich an der 'bereinigten' Schreibweise vieler Wörter gestoßen, jener nach L. Schmidt "sehr betonten Eigenart einer selbstgewählten Rechtschreibung, [...] einer oft sehr selbstherrlichen Wortbildung," welche nicht zur "weiteren Bekanntmachung der Ergebnisse der Schule bei[trugen]."[192]

Diese 'Schule' fand ihren Widerhall offenbar bei jenen 'unreifen Hörern' im Umfeld des von Georg Hüsing und Wolfgang Schultz knapp nach Beendigung des ersten Weltkriegs ins Leben gerufenen Lehrgangs 'Deutsche Bildung,' dessen Teilnehmer weniger Orientalisten denn Studierende anderer Studienrichtungen, Altakademiker und Laien aus der 'Jugendbewegung' (insbesondere dem 'Wandervogel') waren. Diese befanden sich mit Georg Hüsing auf der Suche nach der "aine[n] deutsche[n] Kultur" und waren wie er willens, "ain deutsches Volk werden [zu] wollen."[193] Das geschah zusehends in der Abkehr von der österreichischen Volksüberlieferung zugunsten einer "romantisch ersonnenen 'arteigenen' Kultur"[194]; wichtigstes Zeugnis für diese Bestrebungen ist das von Hüsings Witwe Emma 1932 herausgegebene Büchlein über 'Deutsche Laiche und Lieder' mit Anregungen zur Festgestaltung, wozu eben insbesondere das Tanzen von 'Laichen' zählte.[195] "Der Leich" (so Karl von Spieß, der zur gängigen Schreibweise zurückkehrte) "ist eine gespielte, gesungene und getanzte Handlung mit Einzelspielern und Chor, deren Gegenstand aus der mythischen Überlieferung genommen ist"; er besitzt "Heiligkeitswert und Heilswirkungen gehen von ihm aus".[196] Zentrum des 'Heils' war das jugendbewegte Wiener 'Eichendorff-Haus,' in dessen Verlag sowohl die 'Hochgezeiten' als auch die 'Laiche und Lieder' erschienen, nach Meinung des Rezensenten Karl Magnus Klier "eine sehr zweifelhafte Sache."[197] Dort (Wien 1, Stadiongasse 9) hatte auch die 'Gesellschaft Deutsche Bildung' ihren Sitz, welche in ihren ab 1931 erscheinenden 'Mitteilungen' ("Bausteine zur Geschichte, Völkerkunde und Mythenkunde") eine Reihe von hinterlassenen Arbeiten Hüsings abdruckte und generell das Ziel verfolgte, jene Forschung zu pflegen, die der Mythenkunde diente.[198]

Zu den frühen Vermittlungsorganen dieser Glaubenslehre zählte die zwischen 1914 und 1920 veröffentlichte Zeitschrift 'Mitra,' herausgegeben von dem schon mehrfach erwähnten Wolfgang Schultz.[199] Hüsing und Schroeder publizierten in ihr, aber auch die Wiener Völkerkundler Robert Bleichsteiner und Fritz Röck[200] (die man somit ebenfalls der 'Mythologen-Schule' zurechnen kann) sowie weitere in- und ausländische Mitarbeiter: W. Anderson, R. Geyer, H. Lessmann, N. G. Polites, W. H. Roscher, H. Wossidlo u.a. W. Schultz[201] wurde am 28. Juni 1881 in Wien geboren, hatte an der Universität seiner Heimatstadt Philosophie, Mathematik und Klassische Philologie studiert und 1904 mit einer Arbeit über das 'Farbempfinden der Hellenen' das Doktorat erworben. Er war durch die Lektüre Gobineaus mit dessen Rassenlehre vertraut geworden; dann führten ihn "Leopold v. Schroeder und Georg Hüsing in das weite Gebiet der vergleichenden Religions- und Mythenforschungen."[202] Dem "deutschen Stamme des alten Österreichs" angehörend, beschäftigte sich dieser "Vorkämpfer auf den Gebieten der Rassenkunde und Volkskunde" in den Jahren vor dem Ersten Weltkrieg vorwiegend mit "der Geistesgeschichte des frühen Indogermanentums,"[203] aber auch mit Märchen und Rätseln. Kriegsdienst und Gefangenschaft lenkten sein Interesse auf "Schönheit und Bedeutsamkeit der altgermanischen Welt. 1918 übernimmt [er] als 'Sachwalter' das neugegründete 'Forschungsinstitut für Osten und Orient' in Wien. Neben seinen wissenschaftlichen Aufgaben widmet er sich hier besonders der praktischen Jugendarbeit. 'Schulungskurse' für Gymnasiasten und Studenten werden eingerichtet, für die Dietwarte des Turnerbundes und die Führer des 'Schulvereins Südmark' Lehrgänge abgehalten, in denen auch Rassenhygiene gelehrt wird."[204] Der genannte Lehrgang 'Deutsche Bildung,' von ihm wahrscheinlich gemeinsam mit G. Hüsing gegründet,[205] war der Ort, "in dem sich die völkische deutsche Jugend der Bünde und der Studentenschaft die geistigen Waffen für den Weltanschauungskampf schmieden sollte," getragen von dem von W. Schultz vermittelten Wissen, "daß nur das Volk den Anstürmen standhalten werde, das sich seiner rassischen Kraft und seiner völkischen Geschichte ganz bewußt sei."[206]

W. Schultz zu den frühen und führenden Nationalsozialisten in Österreich zu zählen, fällt auch ohne entsprechende Unterlagen leicht: Er, der "Selbstbesinnung und geistige Erneuerung auf rassischer Grundlage" predigte und meinte, daß "zu solcher Erneuerungsarbeit durch sorgfältige Auslese [...] aus der Jugend ein Generalstab gebildet werden [sollte]," mußte 1923 Österreich verlassen - "seine Gegner aus dem liberalistischen und konfessionellen Lager [drängen ihn] aus seiner Heimat."[207] Er zog nach Görlitz, machte die Bekanntschaft von Gustaf Kossinna und lebte bis 1933 als 'Privatgelehrter.' Nach der Machtergreifung Hitlers holte ihn Staatsminister Schemm auf den Lehrstuhl für Philosophie an die Universität München. Als "Professor für germanische Weltanschauungskunde (Philosophie)" war er berufen, "aus nordischer Geisteshaltung heraus jene hohe Schule des artgemäßen Denkens aufzurichten, die jungen werdenden Gelehrten wieder den Mittelpunkt aufzeigt, von dem aus nur jede Forschung fruchtbar sein kann."[208] 'Fruchtbar' sollte sich für den vormaligen 'Privatgelehrten aus Görlitz' jedenfalls seine Verbindung zu Alfred Rosenberg erweisen: Er war in dessen 'Amt' Leiter einer wohl nur auf dem Papier bestehenden Abteilung für 'Arische Weltanschauung und Volkskunde,'[209] Mitglied des ebenfalls Rosenberg unterstehenden 'Reichsbundes für Deutsche Vorgeschichte,'[210] Angehöriger der Reichsleitung der NSDAP[211] und überdies an der Universität darauf angesetzt, seinen Münchner Kollegen Walther Wüst zu bespitzeln und diesen "in den Einflußbereich Rosenbergs zu ziehen" - da Wüst trachtete, "das gewohnte Maß an wissenschaftlicher Freiheit vor dem Totalitätsanspruch der NSDAP zu bewahren, [...] suchte der Gelehrte 'Rückendeckung' beim 'Ahnenerbe' der SS"[212] (was ihm, siehe oben, auch gelungen ist). W. Schultz starb am 24.9.1936 unvermutet an den Folgen einer schweren Operation, womit "die Kohorten Alfred Rosenbergs"[213] einen wichtigen Mann auf den Gebieten der nordischen Geistesgeschichte, der germanischen Frühgeschichte sowie der deutschen Volkskunde, einen Neugestalter "volkstümlichen Kulturgutes," verloren hatten - über sein 'Schaffen' geben u.a. ein (allerdings unvollständiges) Schriftenverzeichnis im Anhang zur dritten Auflage seines Werkes 'Altgermanische Kultur in Wort und Bild' und eine Würdigung von E. Mudrak Auskunft.[214]

Aus einem in seiner Jugend möglicherweise 'unreifen Hörer' war ein gefährlicher Täter geworden: Mitherausgeber der Zeitschrift 'Volk und Rasse,' Verfasser 'volkskundlicher' Beiträge (etwa in den 'NS-Monatsheften'), in welchen er die Verbindung von erschlossenem arischem Mythos zu heutigen Festen zog und Hinweise auf deren völkische Gestaltung gab,[215] 'Miterfinder' vor allem einer mythen- und mondgerechten Zeitrechnung. "Als er 1915 Soldat wird, liegt sein grundlegendes Werk über 'Zeitrechnung und Weltordnung in ihren übereinstimmenden Grundzügen bei den Indern, Iraniern, Helenen [sic!], Italikern, Kelten, Germanen, Litauern und Slaven' der Universität [Wien, Anm. d. Verf.] fertig als Habilitationsschrift vor."[216] Die 'Lehre' wurde verbreitet, das Buch hingegen war 'liegengeblieben' - es erschien erst 1924 über Vermittlung von G. Kossinna in dessen Mannus-Bibliothek.[217] Der Zeitordnung zugrunde lag ein mit rund 30 Tagen angenommener Mondmonat. Die Zählung nach Nächten, die Rechnung nach Monden sowie die "auffallende Häufigkeit der 3 und 9 Zahl im arischen Überlieferungsgute" waren erste Ansätze zur Aufdeckung der "alten arischen Zeiteinheit," deren Nachweis allerdings schwierig war, "weil wir es mit einem urgeschichtlichen Zeitmaße zu tun haben, das nur im geschichtslosen Raume der arischen Völker Geltung hatte und im historischen Raume einer anderen Zeitrechnung weichen mußte."[218] Diese Sätze stammen nun nicht von W. Schultz, sondern von jenem 'Forscher,' "der zum bedeutendsten Mittelsmann zwischen Mythologie und Volkskunde werden sollte"[219]: Karl (auch Carl) (von) Spieß.[220]

Diesen Karl von Spieß, "einen Autor, den kein Volkskundler jemals ernst genommen hat" (so W.-E. Peuckert 1948 in Verkennung oder Verkürzung der Tatsachen)[221] auch nur einigermaßen umfassend abzuhandeln, ist in Anbetracht der Vielzahl seiner Arbeiten hier nicht möglich.[222] Anzudeuten sind wiederum nur Tendenzen, vermehrt um die Angaben zur Person: Zur Welt gekommen am 20. April 1880 (den Geburtstag teilt er mit dem neun Jahre später in Braunau am Inn geborenen Adolf Hitler - sollte an mondmythologischer 'Zeitrechnung und Weltordnung' doch etwas Wahres sein?) im damals noch nicht eingemeindeten Simmering bei Wien, Gymnasiums- und Universitätsbesuch in seiner Heimatstadt, 1903 Promotion (Dissertation auf dem Gebiet der Botanik), 1904 Lehramtsprüfung für Naturgeschichte (Nebenfächer: Mathematik, Physik und Chemie), 1905-1925 Lehrer an Höheren Schulen in Wiener Neustadt und Wien, 1914-1918 Kriegsdienst als Artillerieoffizier, 1925 krankheitsbedingtes Ausscheiden aus dem Schuldienst, danach bis zu seinem Tod am 1. Juli 1957 überwiegend als Privatgelehrter tätig.[223] Als solcher leitete er von 1928-1938 den Lehrgang 'Deutsche Bildung' und stand hinter der von dieser 'Gesellschaft' herausgegebenen Zeitschrift 'Bausteine zur Geschichte, Völkerkunde und Mythenkunde,' Bausteine, "die nur leider fast gar nicht gelesen wurden"[224] (in Jahrgang eins finden sich unter den Besprechungen die ersten Veröffentlichungen eines Mannes, der zum treuesten Vasall von Spieß werden sollte, Edmund Mudrak[225]). Zu diesem Zeitpunkt, 1931, war Karl von Spieß 'Mitarbeiter' von Prof. J. Strzygowski am Kunsthistorischen Institut der Universität Wien. Was genau der Spieß'sche Tätigkeitsbereich dort in den Jahren 1931-1933 war, ist nicht mehr feststellbar. Feststellbar ist, daß zwischen den Wiener Mondmythologen und der Kunstwissenschaft unter Joseph Strzygowski seit dessen Berufung nach Wien enge Verbindungen bestanden,[226] die auch in des Kunsthistorikers Werken, in welchen die 'Volkskunst' in die Betrachtungen miteinbezogen wurde,[227] spürbar war. Spieß als 'Volkskunstforscher' war somit die geeignetste Kontaktperson: "Der Hauptsache nach sind meine Untersuchungen, da meine Veranlagung im 'Erschauen' liegt, kunstwissenschaftliche Arbeiten, aber weil die in Betracht kommende Kunst einer schriftlosen Überlieferungswelt angehört, mußte diese in ihrer ganzen Breite und Tiefe untersucht werden," beschrieb Spieß kurz vor seinem Tode sein Verhältnis zur

Kunstgeschichte.[228] Was J. Strzygowski von dieser Zusammenarbeit profitieren konnte, wird klar, wenn man in den NS-Monatsheften den Nachruf auf den 1941 Verstorbenen liest: "Die Entdeckung der befruchtenden Wirkung des alten nordischen Ostens auf die Kunstentwicklung der zwei letzten europäischen Jahrtausende ist Josef Strzygowskis unvergänglicher Verdienst [...]. Als eigentlicher Begründer der vergleichenden Kunstgeschichte hatte er sich den Weg zur schließlichen Erkenntnis der rassisch bedingten Grundlinie im Kunstschaffen Europas gebahnt."[229]

Diese 'schließliche Erkenntnis' einte nicht nur Strzygowski und Spieß, sondern wohl auch letzteren und den Besitzer der Herbert Stubenrauch Verlagsbuchhandlung in Berlin, Walter Krieg, dessen Bekanntschaft Spieß im Oktober 1933 machte. In diesem Verlag erschien seit 1925 das 'Jahrbuch für historische Volkskunde,' und 1940 heißt es in einer Ankündigung: "Stubenrauch/ seit über 18 Jahren der Verlag für deutsche Volkskunde"; darauf folgen Titel verlegter Werke von Karl von Spieß, Edmund Mudrak und Heinrich Lessmann.[230] 'Deutsche Volkskunde' war bei Stubenrauch dazumals längst die schon erwähnte 'braune' Volkskunde, also jene des 'Amtes Rosenberg,' "das seine vornehmlichen Stützen in Matthes Ziegler, Mudrak und v. Spieß hatte."[231] Die persönlichen Kontakte zum Erstgenannten knüpfte Spieß anläßlich eines Berlinaufenthaltes im Herbst 1934: Neben Matthes Ziegler, damals von Alfred Rosenberg gerade zum verantwortlichen Schriftleiter der NS-Monatshefte sowie zum Leiter der Hauptstelle 'Weltanschauung' innerhalb des Amtes Rosenberg ernannt[232] (zu M. Ziegler vgl. die Beiträge von H. Lixfeld in diesem Band), lernte er auch noch Hans Reinerth kennen, im selben Amt für die Abteilung Vor- und Frühgeschichte verantwortlich.[233]

Bei diesem Treffen mag es bereits konkret um jene Pläne gegangen sein, nach denen Spieß zu einer volkskundlichen Professur an einer deutschen Universität verholfen werden sollte.[234] Die erste Gelegenheit bot sich in Berlin selbst: Man versuchte, Spieß gegen den von der Fakultät als Professor in Aussicht genommenen Adolf Spamer auszuspielen.[235] Trotz etlicher positiver Stimmen (Spieß stelle sich mit der Symbolforschung gegen alles Postivistische, sei Nationalsozialist und unbedingt verläßlich) gewinnt letztlich die Vernunft die Oberhand: Spamer wird 1936 als Professor für deutsche Volkskunde an die Berliner Universität berufen. Für die Ablehnung von Spieß dürfte u.a. auch ein Gutachten Rudolf Muchs ausschlaggebend gewesen sein, in dem Spieß 'monomanische' bzw. 'menomanische' Standpunkte vorgeworfen wurden. "Das Schlimmste ist," setzt Much, auf Spieß'sche Arbeiten eingehend, fort, "daß dabei Dinge ausdrücklich als Tatsachen ausgegeben werden, die im Volksgebrauch nicht zu belegen sind und lediglich in der Einbildung des Verfassers bestehen."[236] Ein weiterer möglicher Ruf scheiterte an W. Wüst, der O. Höfler nach München brachte[237]; auf die Situation in Wien wird noch zurückzukommen sein. Jedenfalls zeichnete sich ab, daß Spieß bei einer akademischen Karriere mit Schwierigkeiten zu rechnen hatte - Schwierigkeiten, die es außerhalb der Universitäten im Umkreis von gläubigen Jüngern (geschlechtsneutral gemeint), von 'Wandervogel' und 'Verein für Volkskunde in Wien' nicht gab: In dieser von Michael Haberlandt 1894 ins Leben gerufenen Institution, Besitzerin des Österreichischen Museum für Volkskunde, war Karl von Spieß jahrzehntelang Ausschußmitglied, zeitweilig sogar Vizepräsident[238]; daneben fungierte er ab 1936 als zweiter Vorsitzender einer 'Arbeitsgemeinschaft für Volkskunde an der Universität Wien,' die allerdings mit der Universität selbst nichts zu tun hatte.[239] Karl von Spieß war dem Museum für Volkskunde und seinem Gründer Michael Haberlandt sowie dessen Sohn Arthur seit 1910 verbunden (und er scheint es auch gewesen zu sein, der des jüngeren Haberlandt' Verbindungen zur Volkskunde im Umfeld des Amtes Rosenberg herstellte). Dazu Spieß retrospektiv: "Und ferner hatte ich das Glück, dass ich als Gereifter das Entstehen eines völlig neuen Museums, eines Volkskundemuseums, in Wien miterleben durfte."[240]

Im selben Jahr hatte er mit seiner ersten Publikation,[241] anknüpfend an seine 'mythologischen' Lehrer Georg Hüsing und Wolfgang Schultz, seine "Grunderkenntnis" dargelegt, "die Anschauung, daß die Volksüberlieferung ungeschichtlich sei, daß es eine ungeschichtliche Volkswelt gegeben habe, [...] auch wenn allmählich die Zuordnung so mancher Erscheinung dieser eigenartigen Welt an bestimmte geschichtliche Gestaltungen recht klar wurde."[242] Bis zu seinem Lebensende sollte Spieß über hundert Veröffentlichungen vorlegen, welche aus der Sicht von W. Jacobeit und U. Mohrmann "zum Verworrensten und Unwissenschaftlichsten gehören, was im faschistischen Deutschland [auch im prä- und postfaschistischen Österreich, Anm. d. Verf.] als Ausweis einer 'wissenschaftlichen' Volkskunde produziert wurde."[243] Spieß ging es um die 'mythische Frühzeit,' das 'Vorindogermanische' und die dort wurzelnden Gemeinsamkeiten - und er fand sie auch: in der 'Bauernkunst' (womit die namenlose Kunst der - der geschichtslosen Welt angehörenden - nordischen Bauern gemeint ist), in Märchen und Balladen, im 'arischen Fest.'[244] Überall dort stellte er der 'geschichtlichen Welt' die erschlossene 'Überlieferungswelt' gegenüber, "umfassend Saggut, Zeitordnung, Brauchtum."[245] An anderer Stelle nennt er sie "drei Heiltümer," welche in der "indogermanischen Heilsordnung der Frühstufe" enthalten gewesen wären: das Saggut als "gesetzmäßig gegliederte Zwei-Welt-Erzählung," das Brauchtum als das 'arische Fest,' geprägt durch 'Vorführung' und 'gemeinsames Mahl,' die Zeitordnung als "Gliederung der durch den Mond bestimmten Zeiteinheit des Mondmonates, in 3 9nächtige, lichterhelle Wochen und einer 3nächtigen dunklen Endfrist."[246] Mit den Deutungsmethoden der Wiener mythologischen Schule und ihres Protagonisten Karl von Spieß hat sich, insbesondere im Hinblick auf die Erzählforschung, Hannjost Lixfeld beschäftigt, auf dessen Analyse hier verwiesen werden kann.[247] Die von Lixfeld gezeigte 'Reinigung von artfremden Veränderungen' führte ganz im Sinne von Alfred Rosenbergs 'Mythus' zur eigentlich nordischen Weltanschauung, um deren Pflege, Erhaltung und Wiedergewinnung es gehen mußte, während die 'heute übliche Volkskunde' (womit Spieß alle außerhalb seiner 'Schule' Wirkenden meinte) "dem Wesen und der Herkunft nach Verschiedenartiges unbedenklich neben einander [stellt]."[248] "Meine Untersuchungen, die einem ursprünglich im Norden beheimateten Kulturgefüge galten, haben eine eigene Welt mit bestimmten Gestalten in der Kunst und einer hinter diesen stehenden Überlieferung aufgeschlossen" - so beschließt K. v. Spieß sein posthum erschienenes wissenschaftliches Credo.[249] Aus eben dieser Überlieferung hatte er sich zeitlebens bemüht, "älteste Bauernkunst [...] zu erfassen,"[250] Leitbilder wie den Lebensbaum, Leitgestalten wie die 'drei Frauen als Darstellung einer dreigeteilten Zeiteinheit' herauszuarbeiten.

"Wieder einmal," konstatieren I. Weber-Kellermann und A. C. Bimmer, "war man wie in Zeiten der romantischen Wissenschaftsschau bei der Suche nach den vermeintlich 'richtigen Urformen' angelangt und hatte alle soziologischen Bezugssysteme vergessen."[251] 'Soziologisch' mag stimmen, ein 'Bezugssystem' war jedoch keineswegs vergessen worden: das der 'Rasse.' Es fehlt zwar in den Rechtfertigungsversuchen von Spieß nach 1945, in den 'Bekenntnissen eines einsamen Forschers,' wie er sich 1953 bezeichnet[252]; auch in den bemerkenswerten 'Verherrlichungen' eines Leopold Schmidt, dessen "Arbeiten [...] zum Teil in innerer Auseinandersetzung mit den Werken von Karl von Spieß erwachsen waren,"[253] findet sich kein Wort über den Rassisten Spieß. Schmidt begnügt sich mit dem verwaschenen Hinweis auf 'politische Gefährdung' des Werkes, 'zeitbedingte Wissenschaftsgestaltung' und "komprimierte Darstellung seiner Anschauungen in dem Büchlein 'Deutsche Volkskunde als Erschließerin deutscher Kultur' (1934)," welche "Außenstehenden den tatsächlichen Reichtum der Erkenntnisse des Forschers nicht erschließen [konnte]."[254] Das 'Büchlein,' zwar in Berlin erschienen, aber vom Österreicher Spieß zu einem Zeitpunkt verfaßt, als Österreich zwar faschistisch, aber keineswegs nationalsozialistisch regiert war, birgt nun - nicht überlesbar - 'Erkenntnisse,' die man schlichtweg als widerlich und letztlich mörderisch bezeichnen muß: Da geht es um den 'Sinn der Volkskunde' und der "dreifachen Verankerung [...], deren wir uns in *Rasse*, *Sprache* und *Überlieferungswelt* gar nicht entschlagen können,"[255] da werden auf vierzig Seiten rassenkundliche 'Feststellungen' verbreitet, 'Rassenpflege' und '*Erbvorsorge* (Eugenik)' empfohlen und die Bedeutung und Überlegenheit der 'nordischen Rasse' entsprechend herausgearbeitet.[256] Speziell auf die '*zielbewußte Rassenpflege*' kommt Spieß im zusammenfassenden 'Ertrag' nochmals zurück:

> "1. Erbkranke sind von der Fortpflanzung unbedingt auszuschließen.
> 2. Es müssen die Möglichkeiten für eine ausreichende Zeugung von gesundem Nachwuchse geschaffen werden. Vorausgesetzt wird, daß beide Eltern erbgesund und rassisch nahestehend sind. Angehörige weit abstehender Rassen können in einem Volkskörper noch ertragen werden, nicht aber Bastarde weit abstehender Rassen, da diese sowohl körperlich als auch seelisch minder wertig sind.
> 3. Die Einwanderung von minderwertigen, rassenfremden Elementen, besonders aus dem Osten, muß unbedingt verhindert werden. Der Schaden, den solche 'Einwanderer' nicht nur in Deutschland, sondern auch in anderen Staaten angerichtet haben, ist in aller Gedächtnis."[257]

Daß Leopold Schmidt angesichts von Millionen Toten den Autor derartiger Widerwärtigkeiten als "wirkliche," ja als "gewaltige Persönlichkeit" bezeichnen konnte,[258] bleibt unverständlich und unverzeihlich.

Geteilt hat die Schmidt'sche Meinung, so ist zumindest anzunehmen, der langjährige Weggefährte und Freund des 'Edelmanns' Karl von Spieß, der am 27.10.1894 in Wien geborene Edmund Mudrak[259] (dem, so ist zu vermuten, auch die Widmung im 1. Teil der 'Marksteine der Volkskunst' von 1937 gilt: "Allen Deutschen, allen uns durch Blut, Sprache und Überlieferungswelt Verwandten und meinem besten Freunde"[260]). An der Wiener Universität studierte der Weltkriegsteilnehmer dann Germanistik, Orientalistik und Urgeschichte; sein Studium schloß er mit einer Dissertation über die Wielandsage ab. Danach war er (bis 1943) Beamter im Kulturamt der Stadt Wien, "um unabhängig von 'Schulmeinungen' seine wissenschaftlichen Wege [zu] gehen."[261] Die 'Unabhängigkeit' bezog sich auf das Umfeld von Rudolf Much; den 'Schulmeinungen' eines Hüsing, Schultz und Spieß war er hingegen mehr als verbunden. Im 1. Heft der 'Bausteine [...]' finden sich, wie schon erwähnt, Rezensionen von ihm, im 2. Jahrgang bereits zwei kleinere Aufsätze, im 3. methodische Überlegungen zu Märchen und Sage, welche mit folgender Erkenntnis schließen: "Mythenhaltige

Überlieferung muß ohne Rücksicht auf die innerhalb derselben bestehenden Grenzen weitgehend zur gegenseitigen Erklärung heran gezogen werden, und dort wo es sich nicht um die Form, sondern um das Wesen handelt, wird man unter dem Begriff des Märchens manches zu verstehen haben, dem die uns geläufige Form des Märchen nicht eigen ist."[262] Es ging, wie bei Spieß, um das 'Wesen,' um zu erarbeitende 'Urfassungen'; vor allem um "Treue gegen den Überlieferungsgehalt" im Gegensatz zur "philologischen Worttreue," wie L. Schmidt unter Bezugnahme auf das von Spieß und Mudrak gemeinsam verfaßte Buch 'Deutsche Märchen - Deutsche Welt' schreibt,[263] eine Arbeit, die "für den Normalgebrauch für Forscher und Lehrende nicht zu verwenden [ist]."[264] Schmidt betont jedoch den Wert der 'Anschauung,' so daß es sinnvoll erscheint, sich von Mudrak als Erzählforscher (größere Werke sind, erst nach 1938 publiziert, 'Die deutsche Heldensage' und 'Die nordischen Heldensagen,'[265] von K. Haiding wegen der notwendigen Vertiefung als schwierig zu verstehen bezeichnet[266]) ab- und seiner Weltanschauung zuzuwenden.

Spieß und Mudrak veröffentlichten 1938, im Jahr des 'Anschlusses' Österreichs an das 'Deutsche Reich' in einem Bändchen mit dem programmatischen Titel 'Deutsche Volkskunde als politische Wissenschaft'[267] zwei Aufsätze. In dem von Spieß findet sich der markige Satz: "Die Bauern sind auf deutschem Boden die Hüter der Erbgüter und somit ist deutsche Volkskunde, von da aus gesehen, Bauernkunde,"[268] und Mudraks vorangestellter Beitrag postuliert 'Deutsche Volkskunde - eine politische Wissenschaft,' und zwar unter der vom Haupttitel abweichenden Überschrift 'Die Aufgaben der Volkskunde als einer lebendigen Wissenschaft.'[269] Mit der Rassenkunde als 'Grundwissenschaft,' W. H. Riehl als Vater der Volkskunde und der Grimm'schen Mythologie und deren Erforschung der Überlieferungswerte seien jene Eckpfeiler gegeben, auf denen aufbauend eine recht verstandene Volkskunde auf rassischer Grundlage politische Bedeutung und Verantwortung erhalte, in dem sie die Voraussetzungen schaffe für eine "von den Eigenwerten des Volkes"[270] ausgehende Kulturpolitik.

Auf die Breitenwirkung der Wiener Mythologenschule ist mehrfach verwiesen worden. Zu den vielen und tätigen Mitarbeitern zählten in den dreißiger Jahren u.a. Karl Haiding (der damals seinen eigentlichen Namen Paganini eindeutschte), Gero Zenker und Elli Starzacher.[271] Wir werden speziell K. Haiding, der schon in seiner (bei Arthur Haberlandt approbierten) Dissertation die mythologische Bearbeitung des Kinderspiels übernommen hatte und vor allem die Zusammenhänge zwischen Spiel, Märchen und Kalenderzahlen aufzeigte,[272] noch begegnen in einer Zeit, in welcher Spieß zufolge "die Machthaber des zusammengebrochenen Systems in Österreich" endlich nicht mehr die Möglichkeit haben sollten, "durch gewissenlose Kreaturen die Mär vom 'österreichischen Menschen,' dem eine besondere Rasse, die 'österreichische,' eine besondere Sprache, die 'österreichische,' eigen seien, in alle Weltrichtungen und besonders in die Deutschland nicht wohlgesinnten Länder auszustreuen."[273]

Ethnographie und Lebenskreise: Michael und Arthur Haberlandt

Karl von Spieß traf mit Michael Haberlandt erstmals 1910 "in dem von ihm geschaffenen Museum zusammen, das in einem einzigen grossen Raume in der Börse untergebracht war und trotz aller angewandter Mühe der Gliederung einer riesigen Rumpelkammer glich."[274] Beide beschäftigten sich damals intensiv mit 'Volkskunst': Haberlandt bereitete seine zweibändige 'Österreichische Volkskunst' und die Herausgabe der Serie 'Werke der Volkskunst' vor,[275] Spieß veröffentlichte 1911 'Der Mythos als Grundlage der Bauernkunst.'[276] Für M. Haberlandt war die Auseinandersetzung mit diesem Thema aus den Sammlungen seines Museums, laufender Ausstellungstätigkeit (so stellte er 1905 im Wiener Kunstgewerbe-Museum anläßlich der Schau 'Österreichische Hausindustrie und Volkskunst' allein zweitausend Objekte aus, um dort "zu beweisen, wie wichtig seine Kollektionen seien"[277]) sowie der Teilnahme an der 'Volkskunst-Bewegung' erwachsen. Anknüpfend an des Kunsthistorikers Alois Riegl 1894[278] versuchte Begriffsbestimmung, nach der Volkskunst (als einer naturwüchsigem Volkstum in allen seinen Gliedern eigenen Übung) die "Summe von traditionellen Kunstformen anspricht, die sämtlichen Angehörigen eines Volkes eigen sind," geprägt durch Tradition, "der fortwährenden unabänderlichen Übung," gekennzeichnet durch allgemeine Kenntnis und Praxis,[279] hat Michael Haberlandt dieses Bild einer in sich geschlossenen Volkskunst "innerlich vielseitiger ausgebaut und stofflich bedeutend angereichert."[280] Er teilt Karl von Spieß' Auffassung von Volkskunst als 'unpersönlicher' und 'überlieferungsgebundener' Kunst und stellt sich wie dieser gegen die Vorstellung des Absinkens städtischer Vorbilder, die durch Verwilderung und künstlerisches Unvermögen zur 'Volkskunst' würden (so R. Forrer 1906).[281] Nicht einig waren sich die beiden in bezug auf die Bedeutung des 'Mythos': M. Haberlandt hielt schon 1911 den Grundgedanken, daß bei der Entstehung und Ausgestaltung der Volkskunst die mythische Überlieferung des Volkes beteiligt gewesen sei, für "vollständig irrig."[282] Auch in späteren Besprechungen äußerte er sich entsprechend, was jedoch die Beziehungen zu Spieß nicht trübte: "Die warme, tiefe Empfindung, mit der der Verfasser seinen Gegenstand [die Bauernkunst, Anm. d. Verf.] behandelt, berührt auf jeden Fall besonders wohltuend."[283]

Daß Michael Haberlandt gerade im und knapp nach dem ersten Dezennium des neuen Jahrhunderts die Volkskunst in den Mittelpunkt seines Schaffens stellte, hing mit dem von ihm und seinem Kollegen an der ethnographischen Abteilung des k.k. Naturhistorischen Hofmuseums, Wilhelm Hein, im Jahre 1895 gegründeten 'Museum für Österreichische Volkskunde' zusammen.[284] Ein Jahr zuvor hatten die beiden den 'Verein für Volkskunde in Wien' ins Leben gerufen und damit eine zentrale Einrichtung für die junge Wissenschaft in der österreichischen Reichshälfte der Donaumonarchie geschaffen. Im 1. Jahrgang 1895 des Vereinsorgans, der 'Zeitschrift für Österreichische Volkskunde,'[285] welche Michael Haberlandt in der Folge durch Jahrzehnte betreuen sollte, legte der Redakteur auch ein Programm vor: "Aufgabe des Vereins wie seiner Zeitschrift ist die vergleichende Erforschung und Darstellung des Volksthums der Bewohner Österreichs. Von den Karpathen bis zur Adria wohnt in dem von Natur und Geschichte gefügten Rahmen des Vaterlandes eine bunte Fülle von Völkerstämmen, welche wie in einem Auszug die ethnographische Mannigfaltigkeit Europas repräsentiert. Germanen, Slaven und Romanen - die Hauptstämme der indo-europäischen Völkerfamilie - setzen in verschiedener historischer Schichtung und nationalen Abschattungen die österreichische Bevölkerung zusammen. Wir bekümmern uns aber nicht um die Nationalitäten selbst, sondern um ihre volksthümliche, urwüchsige Grundlage. Um Erforschung und Darstellung der volksthümlichen Unterschicht ist es uns allein zu thun. Das eigentliche Volk, dessen primitivem Wirtschaftsbetrieb eine primitive Lebensführung, ein urwüchsiger Geisteszustand entspricht, wollen wir in seinen Naturformen erkennen, erklären und darstellen. Ersteres durch die Mittel und Methode der Wissenschaft in unserer Zeitschrift; letzteres - da die volksthümlichen Dinge in raschem Verschwinden begriffen sind, durch die Bergung und Aufsammlung in einem Museum."[286]

Mehrere Ansätze sind hier bemerkenswert: die Propagierung einer 'vergleichenden Methode,' das Herausstellen von Zusammenhängen zwischen Wirtschaftsbetrieb und Kultur (als 'Lebensführung' verstanden), die Abkehr vom wertenden Nationalismus sowie die Konzentration der wissenschaftlichen Bemühungen auf Unterschichten. Michael Haberlandt sollte in den nächsten Jahrzehnten seines Wirkens diese 'Richtlinien' von 1895 teils präzisieren, teils relativieren: Der 'vergleichenden' Betrachtungsweise jedenfalls blieb er treu und gleichzeitig einer ganzheitlichen Sicht. In einer kleinen Einführung für 'Lehrerschaft,' 'studierende Jugend' und 'gebildete Bevölkerung' sieht er 1924 als einen der Gesichtspunkte der volkskundlichen Forschung grundsätzlich die Forderung nach "unablässiger *vergleichender Betrachtung*" ("Man glaube ja nicht an die Singularität irgend welcher volkstümlichen Erscheinung. Nicht nur auf unmittelbar stammverwandtem Volksboden, sondern auch bei den stammfremden Nachbarn kehren die meisten Volksäußerungen in sehr verwandter, oft überraschend gleicher Art wieder"); zum zweiten geht es ihm darum, "daß der Blick des Volksforschers *immer auf das ganze jeder Erscheinung* in seiner vollen Lebensfülle eingestellt sein muß" - vorher hatte Haberlandt auf die volkskundlichen Arbeitsgebiete verwiesen, dann aber betont: "Die genannten Abteilungen der Volkskunde dürfen aber nicht als mehr oder minder selbständige Arbeitsgebiete derselben gesehen werden. Alle Äußerungen und Erscheinungen des Volkslebens hängen [...] innig untereinander zusammen [...]"[287] (die 'vergleichende Betrachtung' hat M. Haberlandt mehrfach, speziell im Umfeld der Volkskunstforschung, als methodischen Ansatz vorgestellt;[288] sein Sohn Arthur hat diese Konzeption weiterentwickelt). Auch der 'Wirtschaftsbetrieb' blieb wichtig, "die *sachliche oder gegenständliche Volkskunde,*" verbunden allerdings mit einem nach rückwärts gewandten Blick: "Die unerläßliche Grundlage für diesen erst in den letzten Jahrzehnten mit vollem Verständnis gepflegten Zweig der Volkskunde sind die Sammlungen der volkskundlichen Museen [...]."[289] 'Sein' Museum, das ja die Aufgabe hatte, die 'volksthümliche Kultur' aller 'Nationalitäten' mit Ausnahme jener der ungarischen Reichshälfte zu dokumentieren, konnte selbstverständlich nicht einseitig nationalistisch sein; auch der seit 1886 mit einer geborenen Kroatin, Carola Malovich, verheiratete Michael Haberlandt war dies ursprünglich nicht. Er glaubte, wie ein Büchlein aus dem letzten Jahr der Monarchie beweist, an eine "Nationale Kultur der österreichischen Volksstämme": "Die Eigenart der buntzusammengesetzten österreichischen Völkerfamilie, die kulturellen Beziehungen, welche ihre Glieder untereinander verbinden, ihr Gemeinsames und ihr Besonderes habe ich mich überall bemüht in den knappsten Umrissen aufzuzeigen. Ebenso klar und unbestreitbar, als hier die deutsche kulturelle Führung der Stämme Österreichs hervortritt, ebenso nachdrücklich ist mit wissenschaftlicher Unparteilichkeit auf selbständige Entwicklung und Eigenzüge der nichtdeutschen Völker, wo sie bestehen, hingewiesen."[290]

Der Zerfall von Österreich-Ungarn, die gebotene Konzentration der Museumsarbeit auf 'Deutsch-Österreich' sowie der unverhohlene Wunsch nach einem (durch den Frieden von St. Germain untersagten) Anschluß an Deutschland haben auch bei Michael Haberlandt die schon 1918 anklingende 'deutsche kulturelle Führung' in den Vordergrund treten lassen. 1927 erscheint, von Michael Haberlandt herausgegeben, ein Prachtband 'unter Mitwirkung zahlreicher Fachmänner': 'Österreich sein Land und Volk und seine Kultur.'[291] In ihm wird - erstmals seit den einschlägigen Beiträgen in den Österreich betreffenden Bänden des Sammelwerks 'Die Österreichisch-Ungarische Monarchie in Wort und Bild'[292] - versucht, eine 'Volkskunde von Österreich' mit einem 'gemeinschaftlichen' Teil und 'Volkskunden' der österreichischen Bundesländer (die von Viktor Geramb, Arthur Haberlandt, Adolf Helbok, Hermann Wopfner u.a. verfaßt wurden) vorzulegen.[293] Die Volkskunde, der eines der sechs Hauptkapitel gewidmet ist, erweist sich als wesentlich für die Erreichung des Ziels dieses Sammelbandes: "Möge dies Werk [...] die österreichische Bevölkerung zu erneuter Liebe und umfassender Würdigung ihres Vaterlandes erwecken [...]. Wir hoffen zuversichtlich, es werde auch [...] in reichsdeutschen Landen zur gerechten und sympathischen Würdigung des deutsch-österreichischen Bruderlandes und seines schwergeprüften Volkes beitragen."[294] -'Primitive Lebensführung' und 'Unterschichte,' vom 'Ethnographen' Haberlandt eingebrachte Begriffe, verwendet der 'Volkskundler' Haberlandt dreißig Jahre später hingegen nicht mehr: "[...] die moderne Volkskunde [faßt] den Begriff des Volkes in jenem weiten Sinn, wo er sich nicht nur auf die untere, halb und halb noch illiterate Schicht der Bevölkerung erstreckt, sondern wo er die ganze Stufenleiter der Volksklassen, vom Handarbeiter bis hinauf zum geistig Schaffenden unter sich begreift."[295] Auch wenn Haberlandt dann doch Bauern und Hirten, Schiffer, Fischer, Flößer, Waldarbeiter, Bergleute und Köhler, somit die 'halb und halb noch illiterate Schicht der Bevölkerung,' als "volkskundlich ergiebig" herausgreift[296]: Die Diskussion um Inhalt, Ziele und Methoden der Volkskunde, seit 1900 verstärkt geführt und nach 1920, angeregt von Hans Naumanns Thesen von der 'primitiven Gemeinschaftskultur' und dem 'gesunkenen Kulturgut,'[297] erneut aufgeflammt, hat M. Haberlandt natürlich beeinflußt, und er hat die 'Gemeinschaftskultur' durchaus als Basis für "individualistische Kulturschöpfung" gesehen.[298]

1895 war diese weitere Entwicklung der Volkskunde natürlich keineswegs absehbar; das Programm des Vereines bot weniger Anlaß zu Debatten (wenn auch deutsch-nationalen Kreisen die 'internationale,' ja 'slawophile' Ausrichtung von Verein und Zeitschrift einigermaßen suspekt war[299]) denn zu Taten. Mangels geeigneter Räumlichkeiten waren die beiden vom 'Verein für Volkskunde in Wien' mit der Museumserrichtung beauftragten Kustoden Michael Haberlandt und Wilhelm Hein gezwungen, die gesammelten Objekte in ihren Wohnungen aufzubewahren. Es galt also, die Unterbringung der Sammlung und eine wissenschaftliche Betreuung zu sichern. Als dann 1898 ein Raum in der Wiener Börse zur Verfügung gestellt und damit eine zumindest provisorische Aufstellung der Gegenstände notwendig wurde, ernannte man M. Haberlandt zum - ehrenamtlichen - Direktor, W. Hein (1861-1903) zu seinem Stellvertreter. Letzterer, Afrikanist, Semitist (Arabist) und germanistisch geschult, war seit 1887 am Naturhistorischen Museum beschäftigt.[300] Für das neue Volkskundemuseum war er, ein hervorragender Sammler und Aufzeichner, insbesondere im Alpenraum tätig,[301] während Michael Haberlandt auf seine Art die Bestände mehrte: Für ihn war "ein Zeitalter des Sammelns, des Erwerbens auf dem Lande, von den vielen kleinen Altertumshändlern, von Privatsammlern und Museumsleuten gekommen."[302] L. Schmidt wirft ihm in diesem Zusammenhang eine gewisse Oberflächlichkeit vor, ein Hasten "nach großen Zahlen."[303] Diese drückten sich in den schnell wachsenden Beständen des Museums aus: 1895 gab es 600 Gegenstände, 1898 bereits 11.000 Nummern, noch vor dem Ersten Weltkrieg 25.000. Kein Wunder, daß der Museumsraum in der Börse einer 'Rumpelkammer' glich, kein Wunder auch, daß, wie oben schon angedeutet, Michael Haberlandt (der nach dem Ausscheiden W. Heins das Museum allein führte) in der Zeit vor und um 1910 verstärkt Aktivitäten setzte, um sich und sein Museum zu präsentieren und aufzuwerten. Mit Erfolg übrigens: Am 1. Oktober 1911 wurde "der Schöpfer und Leiter unseres Museums, Prof. Dr. M. Haberlandt [...] von seinen Dienstverpflichtungen am k.k. Naturhistorischen Hofmuseum entbunden [...] und dadurch in die Lage gesetzt [...], seine Kräfte ganz und voll dem von ihm geschaffenen umfangreichen und bedeutungsvollen Werke zu widmen."[304] Für das Museum, das die anerkennende Auszeichnung erhalten hatte, im Titel die Bezeichnung 'kaiserlich-königlich' und in seinem Siegel den Reichsadler führen zu dürfen, zeichnete sich 1914 auch eine Lösung der Raumfrage ab: Laut Gemeinderatsbeschluß vom 27.3.1914 war das in Besitz der Gemeinde Wien stehende Schönborn-Palais in der Josefstadt per August 1916 dem Museum zugesprochen worden.[305] Trotz des Krieges erfolgte 1917 die Übersiedlung in das Gartenpalais in der Laudongasse und die Umbenennung in 'K.k. Kaiser Karl-Museum für Österreichische Volkskunde.' Mit Kriegsende 1918 verlor man sowohl den 'Kaiser Karl' und das 'österreichische' aus dem Titel als auch große Teile des früheren Sammlungsgebietes; dafür wurde Michael Haberlandts Sohn Arthur, welcher dem väterlichen Direktor als Assistent bzw. Kustos zur Seite gestanden war,[306] als Kustosadjunkt in den Staatsdienst übernommen.[307] "Am 26. Juni 1920 wurde [...] das Museum für Volkskunde in seinem neuen Gebäude in feierlicher Weise eröffnet."[308]

Damit hatten Museum, Verein und Zeitschrift eine bleibende Heimstatt gefunden. Es ist hier nicht der Ort, deren Geschichte fortzuschreiben, einige Hinweise mögen genügen: Mit 1.1.1924 übernimmt Arthur Haberlandt die Direktion von seinem Vater, welcher Ende 1930 auch die Redaktion der Zeitschrift und de facto die Geschäftsführung des 'Vereins für Volkskunde in Wien' an seinen Sohn abgibt. Als 'Ehrenpräsident' stirbt Michael Haberlandt, Hofrat, Professor, Bürger von Wien, korrespondierendes Mitglied der Österreichischen Akademie der Wissenschaften, am 14. Juni 1940.[309] Zehn Jahre später würdigte Leopold Schmidt seinen Vorgänger mit den Worten: "So dankbar wir Erben dieses Lebenswerkes für all das sind, was Haberlandt geleistet hat und als Leistung anregen konnte, so genau wissen wir auch, daß dieses Werk viel zu wenig gewürdigt wurde, daß sein Schöpfer nur einen Bruchteil dessen an Ehren und Erfolgen erreicht hat, was er seiner Arbeit nach hätte erreichen müssen."[310] Abermals zehn Jahre danach hat L. Schmidt M. Haberlandt, 1950 noch "einer der bedeutendsten Bannerträger dieser Wissenschaft in ganz Europa,"[311] schon kritischer betrachtet,[312] und 1982, in 'Curriculum vitae,' bleibt von M. Haberlandt lediglich, daß er "mehr Feuilletonist als Forscher war" und in einem 'düsteren' Haus eine 'verwahrloste' Sammlung aufgebaut hatte.[313] Diese Feststellungen zum Museologen Haberlandt mögen stimmen, hat doch L. Schmidt sowohl die Düsternis als auch die Verwahrlosung auch in seiner Direktionszeit im Österreichischen Museum für Volkskunde bewahrt bzw. erneut gepflegt; bei der Beurteilung des Wissenschafters M. Haberlandt wird man nicht so einfach zustimmen können. Ob seine zahlreichen völkerkundlichen Publikationen (auf die in diesem Aufsatz nicht einzugehen war) "feuilletonistisch" genannt werden können, entzieht sich der Beurteilung des Verfassers dieses Beitrags; hunderte von Zeitungsbeiträgen hat M. Haberlandt selbst als 'Feuilletons' bezeichnet und als 'literarische Arbeiten' eingestuft,[314] darunter auch die Aufsatzsammlung von 1900, 'Cultur im Alltag.'[315] Die darin angestellten 'Betrachtungen' (u.a. über 'Reclame,' 'Fahrrad,' 'Feuerbestattung' und 'Klatsch') hätten tatsächlich das Bild, die Entwicklung der Volkskunde in Österreich ändern, Kultur und Alltag in den Mittelpunkt stellen können. Im Vorwort liest man: "Wir wurzeln alle im Alltage. Seine Gewohnheiten machen für die meisten schlechthin das Leben aus [...]. In diesem Alltag, den bloss der unbesonnene Élegant des Geistes bespöttelt, liegt etwas sehr Grosses [...] liegt unsere Cultur. Cultur: das ist Arbeit der Jahrtausende und ihre Einverleibung in uns. Sie ist hundertfach in ihr legiert [...]."[316]

Haberlandt mag derlei Überlegungen durchaus als volkskundlich angesehen haben, hat sie aber kaum weiter verfolgt, was aus heutiger Sicht zu bedauern ist. Zu bedauern ist auch, daß seine Schüler an der Wiener Universität diese Linie nicht fortsetzten. M. Haberlandt hat in einem posthum erschienenen Bericht über seine 'Lebensarbeit' seine Tätigkeiten auf den Gebieten der Ethnographie, der Indologie und Völkerkunde, der österreichischen und europäischen Volkskunde, der Literatur dargelegt, und auch seine 'Akademische Tätigkeit' hat er nicht vergessen (mit deren Beginn sich bereits der 'Prolog' zum Österreich-Teil dieses Bandes beschäftigt hat).[317] Er schreibt: "Als erster Privatdozent für Ethnographie an der Wiener Universität 1892 habilitiert. Seither habe ich bis 1926 fast in allen Semestern Vorlesungen über allgemeine und spezielle Ethnographie, Primitive Kunst, vergleichende Religionswissenschaft, Ergologie der Primitiven usw. abgehalten; daneben seminaristische Übungen über Völkerkunde und Volkskunde; zahlreiche jüngere Gelehrte von Ruf sind meine Schüler gewesen."[318] Bei Durchsicht der Vorlesungsverzeichnisse ergibt sich allerdings ein etwas detaillierteres Bild (auch wenn die Lehrveranstaltungstitel nicht unbedingt aussagekräftig sind): Nach 1900 finden sich keine Hinweise auf rein außereuropäische, also im eigentlichen Sinne 'völkerkundliche' Kollegien. M. Haberlandt liest 'Österreichische Volkskunde,' 'Ethnographie von Österreich-Ungarn,' 'Volkskunde Europas' (zuletzt im WS 1923/24), 'Entwicklung des Hausrates,' 'Volkskunde' und ab 1919 'Volkskundliche Übungen und Referate.'[319] 1910 verlieh man ihm den Titel eines außerordentlichen Universitätsprofessors.[320] 1934 teilte ihm der Dekan der philosophischen Fakultät mit, daß seine Lehrbefugnis als Privatdozent (die M. Haberlandt seit dem WS 1926/27 nicht mehr wahrgenommen hatte) erloschen sei.[321] Da 'Ethnographie' an der Wiener Universität lange Zeit kein eigenes Studienfach war, finden sich die Haberlandt'schen Ankündigungen unter wechselnden Überschriften: 'Geographie und Ethnologie,' 'Ethnologie,' 'Ethnologie und Prähistorische Archäologie,' ab 1900 wiederum unter 'Ethnologie,' später 'Anthropologie und Ethnographie.' 1910 hatte sich der Mediziner Rudolf Pöch für Anthropologie habilitiert[322]; bald nach Abschluß des Verfahrens urgierte die Kommission die erstmals 1908 beantragte 'Lehrkanzel für Anthropologie und Ethnographie' und die Ernennung von R. Pöch zum Extraordinarius,[323] was am 21. Juli 1913 dann auch geschah (Ordinarius für die genannten Fächer wurde Pöch erst 1919).[324] Damit waren die Voraussetzungen für eine spätere eigenständige Entwicklung sowohl der Anthropologie als auch der Völkerkunde gegeben,[325] nicht jedoch der Haberlandt'schen - ethnographisch ausgerichteten - Volkskunde, die im Umfeld von Ethnographie und später der Völkerkunde verblieb.[326]

Zu M. Haberlandts akademischen Schülern 'von Ruf' zählten u.a. der 1918 freiwillig aus dem Leben geschiedene Rudolf Trebitsch, dem das Museum umfangreiche Sammlungen aus der Bretagne, aus dem Baskenland und Irland sowie ein Legat von 100.000 Kronen verdankt, und weiters Eugenie Goldstern.[327] Beide beschäftigten sich mit verschiedenen 'Restvölkern' Europas, mit "den Siedlern in den einzelnen Hochgebirgen des Kontinents, bei denen er [Michael Haberlandt, Anm. d. Verf.] am ehesten das Fortleben hochaltertümlicher Züge vermutete."[328] E. Goldstern tat dies in den Gebirgstälern Österreichs und der Westalpen; im Gegensatz zu R. Trebitsch hat sie ihre Forschungen auch selbst in den Organen des Vereins für Volkskunde in Wien publiziert[329] (Frau Goldstern starb im Konzentrationslager Auschwitz, ermordet von jenen Nazi-Schergen, die das auch von Volkskundlern 'erarbeitete' Primat des Arischen in eine tödliche 'Praxis' umsetzten).- Der wichtigste Schüler und Mitarbeiter Michael Haberlandts aber war ohne Zweifel sein Sohn Arthur. Ihm und seinen Leistungen auch nur annähernd gerecht zu werden, ist auf wenigen Seiten kaum möglich. Seine Bibliographie weist insgesamt 635 Nummern auf, davon fast 400 bis 1938. Es sei daher auf den umfangreichen Nachruf (mit Schriftenverzeichnis) verwiesen, welchen Leopold Schmidt 1964, im Todesjahr A. Haberlandts, verfaßt hat.[330]

Arthur Haberlandt[331] wurde am 9. März 1889 in Wien geboren und studierte hier ab 1907 Geographie, Ethnographie, Anthropologie, Prähistorie, vergleichende Religionswissenschaft und Kunstgeschichte.[332] Schon als Student war er als 'Volontär' Mitarbeiter seines Vaters im Museum, doch trotz dieser Mehrbelastung beendete er in kürzestmöglicher Zeit sein Studium: 1911 legte er die Rigorosen aus 'Prähistorischer Archäologie,' 'Anthropogeographie' und 'Philosophie' mit ausgezeichnetem Erfolg ab und trat als Assistent in den Dienst des vom Verein für Volkskunde in Wien getragenen Museums. Bereits Ende 1912, am 10.12., ersuchte A. Haberlandt um Verleihung der Lehrbefugnis als Privatdozent für "Allgemeine Ethnographie und Ethnologie sowie der Prähistorie der außereuropäischen Erdteile."[333] Die eingesetzte Kommission (darunter A. Haberlandts Doktorvater, der Prähistoriker M. Hoernes,[334] R. Much und J. Strzygowski) vertagte vorerst das Verfahren, weil seit der Promotion noch keine zwei Jahre vergangen waren, und zog dann die Professoren L. v. Schroeder und R. Pöch, inzwischen ja fachlich zuständig, bei. Am 9.12.1913 setzte man, nachdem der Antrag nur noch auf "Allgemeine Ethnographie und Ethnologie" lautete, die Beratungen fort, beschloß auch, Haberlandt zu den weiteren Schritten zuzulassen, reduzierte jedoch die venia legendi abermals: "Der Zusatz 'Ethnologie' wurde gestrichen [...]; ein Beisatz 'mit besonderer Berücksichtigung der Volkskunde' wurde mit Stimmenmehrheit abgelehnt, da die 'Volkskunde' ohnehin einen Teil der Ethnographie bildet."[335] Berichterstatter war Rudolf Pöch, der sich aufgrund der vorgelegten Arbeiten (der 'ethnographisch-prähistorische Parallelen' behandelnden Dissertation,[336] den 'Beiträgen zur bretonischen Volkskunde'[337] sowie der Habilitationsschrift über 'Die Trinkwasserversorgung primitiver Völker [...]'[338]) für die Fortsetzung des Verfahrens aussprach. Nach Kolloquium und Probevortrag (über 'Die Steinzeit in Afrika') beschloß das Professorenkollegium am 14. März 1914 die Zulassung als Privatdozent für Ethnographie. Die ministerielle Bestätigung erfolgte am 6. Mai 1914, so daß Arthur Haberlandt zwar nicht nominell, aber de facto als der erste eigentliche Vertreter des Faches 'Volkskunde' an der Wiener Universität bezeichnet werden kann. Nach kriegsbedingter Unterbrechung hielt er sowohl völker- als auch volkskundliche Lehrveranstaltungen ab, konzentrierte sich jedoch mehr und mehr auf den europäischen Raum. Das mag mit den um 1920 einsetzenden Bemühungen des Vereins für Volkskunde bzw. dessen Präsidenten, Michael Haberlandt, zusammenhängen, das Fach Volkskunde zu institutionalisieren und durch einen mehrstündigen Lehrauftrag für Arthur Haberlandt abzusichern. 1924 war ihm, der die Nachfolge seines Vaters als

Direktor des Museums für Volkskunde angetreten hatte,[339] der Titel eines außerordentlichen Professors verliehen worden.[340]

Ein Jahr später liest man als Begründung für die erneute Anregung, einen Lehrauftrag "für Volkskunde mit besonderer Berücksichtigung ihrer Realien" zu beschließen, u.a., "dass die Volkskunde in Österreich nunmehr dank der vergleichenden Methode zum Range einer wirklichen Wissenschaft erhoben sei," daß die Forderung auch von den "Heimatschutzvereinen," von "studentischen Kreisen" und von weiteren "sehr beachtenswerten Stellen" geäußert worden war und daß es schließlich sinnvoll wäre, die Einrichtungen und den Lehrapparat des Museums für Volkskunde "dem Hochschulunterricht dauernd nutzbar zu machen." Daß es nicht nur um befristete oder unbefristete Lehraufträge (auf die noch zurückzukommen sein wird), sondern um eine Professur, zumindest ein Extraordinariat ging, wird aus den einleitenden Sätzen des von M. Haberlandt, J. Weninger und Prof. Oberhummer gezeichneten Schreibens an den Rektor klar; da wird auf die eingerichteten Lehrkanzeln für Vorgeschichte, Anthropologie und Ethnologie Bezug genommen und bedauernd festgestellt: "In keiner Weise vorgesorgt ist bisher an der Universität Wien für die VERTRETUNG DES FACHES VOLKSKUNDE."[341] Diese 'Vorsorge' unterblieb in gewisser Hinsicht auch weiterhin: A. Haberlandt kündigte unter 'Anthropologie und Ethnographie,' ab WS 1928/29 unter 'Anthropologie und Völkerkunde,' ab 1934 unter der Abteilung 'B. Völkerkunde' an. Erst im WS 1937/38 finden sich A. Haberlandts Lehrveranstaltungen in den Vorlesungsverzeichnissen unter einer separaten 'Volkskunde.'[342] Das Erstarken der Völkerkunde unter Pater Wilhelm Schmidt, dem Vater der 'Kulturkreislehre,'[343] die Ernennung von W. Koppers zum Professor und die Gründung des Instituts für Völkerkunde im Jahre 1929[344] führten dazu, daß A. Haberlandt dorthin zugeordnet wurde. P. W. Schmidt, der schon, wie L. Schmidt es ausdrückte, Michael Haberlandt "regelrecht abhalfterte," verbaute ihm eine akademische Lehre im Rahmen der Völkerkunde: "[...] man wollte ihn nicht als Ethnologen, es waren wohl auch diesmal wieder die politischen Katholiken, die den Protestanten Haberlandt an die Wand drückten."[345]

Dennoch war es A. Haberlandt ab 1930 möglich, einen eigenen Schülerkreis um sich zu scharen und Dissertationen zu vergeben (bei denen W. Koppers Zweitbegutachter war). Erster Dissertant war Walter Kuhn, der seine bereits gedruckte Arbeit über die galizischen Sprachinseln als Doktorarbeit einreichte.[346] Kuhn, der 'Theoretiker der jungen Sprachinselforschung,'[347] schildert in seinen Erinnerungen A. Haberlandt, seine Lehrveranstaltungen und Schüler, insbesondere jene, die dann von Wien aufbrechen sollten, die "deutschen Sprachinseln im Osten" zu erforschen.[348] Zu ihnen zählten Alfred Karasek, Karl Horak, Egon Lendl, Erna Piffl, später Karl Haiding und Elli Zenker-Starzacher, zeitweise auch Rudolf Kriss und Richard Wolfram.[349] Die Genannten, teils 'Sudetendeutsche,' teils Wiener, beinahe alle aus dem Umfeld der 'Jugendbewegung,' des 'Wandervogels' stammend, standen Karl von Spieß und der 'Deutschen Bildung' entweder nahe oder zumindest neutral gegenüber (Richard Wolfram bildete damals sozusagen die 'Brücke' zwischen dem Much'schen Lager und der 'mythologischen Schule': Immerhin war er mit einem Beitrag in der Festschrift für J. Strzygowski vertreten[350] und hatte als Volkstanzforscher und als aktiver Volkstänzer engste Kontakte zum genannten Wandervogel[351]).

Karl von Spieß verbunden war auch Arthur Haberlandt; des ersteren Kontakte zu Museum und Verein sind schon dargelegt worden. 1928 hatten A. Haberlandt und Karl von Spieß gemeinsam die österreichische Volkskunstforschung auf dem I. Internationalen Volkskunstkongreß in Prag vertreten, aus dem die CIAP ('Commission Internationale des arts et traditions populaires') erwuchs, welcher A. Haberlandt lebenslang als Leitungsmitglied angehören sollte.[352] Auch die Gegnerschaft zu R. Much mag die beiden, abseits fachlicher Übereinstimmungen zwischen vergleichender Volks- und vergleichender Mythenkunde, geeint haben: Jedenfalls treten sie 1936, als es wegen einer 'Arbeitsgemeinschaft für Volkskunde an der Universität Wien' zu einer ministeriellen Anfrage und zur Forderung, aus einem losen Zweckverband eine wissenschaftliche Vereinigung zu machen, kam, als erster und zweiter Vorsitzender auf.[353] Daraufhin wurde die Hörsaalbenutzung wiederum gestattet, die Veranstaltungstätigkeit fortgesetzt. Ein Bericht beweist die Nähe zu Jugendbewegung und Sprachinselforschung, gibt Aufschluß über die Vortragenden und führt unter den Funktionären Rudolf Kriss und Leopold Schmidt auf.[354] Sie hatten, so Schmidt 1982, gemeinsam mit A. Karasek und A. Haberlandts Museumsassistentin Adelgard Perkmann (im Museum vor allem für die Bibliothek zuständig[355]) 1932 die freie Arbeitsgemeinschaft gegründet, "in der sich damals alles versammelte, was um das Museum herum Volkskunde betrieb [...]. Das Unternehmen war im Gegensatz zu Haberlandt gegründet und bedeutete den Aufbruch einer Generation."[356] Es ist anzunehmen, daß der Mitbegründer Schmidt das 'Unternehmen' fünfzig Jahre später etwas zu verklärt sieht; die offenbar problemlose Übernahme der Spitzenfunktion durch A. Haberlandt läßt den 'Gegensatz' zumindest nicht deutlich werden.

Arthur Haberlandt war Mitte der dreißiger Jahre fachlich 'aufgebrochen': Mit seiner 1935 veröffentlichten 'Volkskunde des Burgenlandes'[357] und der im selben Jahr erschienenen 'Deutschen Volkskunde'[358] wandte er sich verstärkt der österreichischen und deutschen Volkskunde zu (die er natürlich auch schon vorher beachtet und in regional ausgerichteten Veröffentlichungen berücksichtigt hatte). Zu Beginn seiner wissenschaftlichen Laufbahn hatte sich A. Haberlandt gleichermaßen als - von seinem Lehrer M. Hoernes prähistorisch geschulter - Volks- und Völkerkundler gezeigt und 'primitive' Kulturformen, 'Rand- und Altbestände' innerhalb und außerhalb Europas zu erfassen versucht. Der 'vergleichenden Ethnographie' seines Vaters verbunden, verfaßte er Beiträge zur afrikanischen und asiatischen Völkerkunde[359] und ging 1926 auch daran, für Buschans Illustrierte Völkerkunde 'Die volkstümliche Kultur Europas in ihrer geschichtlichen Entwicklung' zu beschreiben.[360] Er betrachtete diese Arbeit als einen Brückenschlag zwischen den Wissenschaften, die sich arbeitsteilig mit der "Ergründung der zeitlichen Tiefe der Kulturerscheinungen" beschäftigten; in den Beitrag flossen seine speziellen Arbeitsgebiete (Wirtschaft, Siedlung, Haus mit Hausgerät und Handwerk, Volkskunst und gesellschaftliche Grundlagen) ein. Die sogenannte 'materielle Kultur' war es, die er zu erforschen trachtete: Eine von der Österreichischen Akademie der Wissenschaften erwirkte Frontfreistellung erlaubte es Haberlandt, sich während des Ersten Weltkriegs mit der Volkskunde der Balkanhalbinsel zu beschäftigen und in Serbien, Albanien und Montenegro für das Wiener Museum zu sammeln.[361] Daß A. Haberlandt die Forschungsergebnisse nicht als 'volkskundlich' oder 'ethnographisch,' sondern als 'kulturwissenschaftlich' bezeichnet,[362] verdient aus heutiger Sicht besondere Beachtung. Studienreisen in andere Teile Europas, insbesondere nach Skandinavien, mehrten A. Haberlandts 'vergleichendes' Wissen und führten letztlich auch zu der von ihm entwickelten (und bis zum Lebensende vertretenen) Theorie der 'Lebenskreise' (die er den völkerkundlichen 'Kulturkreisen' gegenüberstellte[363]).

Unter 'Lebenskreis' verstand er den "Inbegriff der stetigen Erlebnisse einer Menschengruppe in Hauswirtschaft, Beschäftigung und geselligem Dasein, aus denen ihre Bräuche, Sitten und Anschauungen erwachsen sind."[364] Er hatte das Konzept bereits 1926 entwickelt[365] und 1933 in der Festschrift für Theodor Siebs weiter ausgebaut.[366] Im Gegensatz zu den weltweiten 'Kulturkreisen' bindet, so L. Schmidt zusammenfassend, die Lebenskreistheorie Kulturgruppen in einen engen Zusammenhang mit dem unmittelbaren 'volkstümlichen' Leben.[367] Der 'enge Zusammenhang' mit der Wirtschaft und die Bedingtheit der Lebenskreise durch die 'naturgegebene Umwelt' lassen einen materialistischen Ansatz erkennen, der allerdings in der Haberlandt'schen Diktion durch eine "Bedingtheit nach [...] Rassenentwicklung"[368] und das Wort "arteigen" geschmälert wird.[369] Derlei Vokabular, einem der Väter einer vergleichenden europäischen Volkskunde schon aus familiären Gründen ursprünglich fremd, tritt, als A. Haberlandt sich Ende der zwanziger Jahre der 'deutschen Volkskunde' annähert (die er als 'Landesleiter für Niederösterreich' des entstehenden 'Atlas der deutschen Volkskunde'[370] auch inhaltlich zu vertreten hat), häufiger zutage. Er war Mitarbeiter des 'Handwörterbuchs des deutschen Aberglaubens' geworden; der Verein für Volkskunde in Wien, dessen Präsidentschaft de jure bis zum Jahre 1938 in den Händen seines Vaters lag, trat John Meiers 'Verband deutscher Vereine für Volkskunde' bei,[371] und in seinen Veröffentlichungen finden sich vermehrt Hinweise auf die Rassenkunde, welche die Volkskunde "vor allem zur Feststellung der 'inneren Mitgift,' die dem Volksverband eigen ist, als Hilfwissenschaft nicht missen kann."[372] Als 1938 die Okkupation Österreichs zur 'Heimkehr ins Reich' führte, war es dennoch "für politisch Unbeteiligte und anders Eingestellte nicht leicht zu verstehen, daß ein Mann wie Arthur Haberlandt diese Entwicklung stürmisch begrüßte [...]."[373] Aus dem Sammler und Komparatisten, der seine Lebenskreise noch im Sinne funktioneller Abhängigkeiten innerhalb von bestimmten (Berufs-)Gruppen definierte, war zumindest ein für sich, den Verein und das Museum Vorteile erhoffender Mitläufer geworden, Mitglied der NSDAP und - wohl über Vermittlung von Spieß - später mit Aufgaben im 'Einsatzstab Rosenberg' betraut, dessen 'Arbeitsgemeinschaft für Deutsche Volkskunde' er angehörte.[374]

1938 waren jedenfalls für A. Haberlandt, für K. Spieß und E. Mudrak, für R. Wolfram und deren Anhängerschaft angesichts der Förderung der Volkskunde im nationalsozialistischen Deutschland die Hoffnungen groß, daß es auch in Wien zu einer gesicherten 'Vertretung des Faches Volkskunde' an der Universität kommen würde. Ungewiß waren nach dem fast zwei Jahrzehnte währenden 'Vorkrieg' lediglich die Sieger.

Der Kampf um die Ostmark (I): der Vorkrieg

Es hat sich als unvermeidbar erwiesen, in den vorangegangenen Unterkapiteln, welche sich - um beim eingangs gewählten Bild zu bleiben - mit den Quell-, Haupt- und Nebenströmen volkskundlicher Aktivitäten im Umfeld der Wiener Universität zwischen 1900 und 1938 beschäftigt haben, immer wieder auf gegensätzliche Lehrmeinungen, auf fachliche Konflikte einzugehen. Auch das Ergebnis ist bereits vorweggenommen worden: Die sich nach 1938 feindlich gegenüberstehenden Auffangbecken einer 'braunen' und 'schwarzen' Volkskunde, ganz wesentlich gespeist aus österreichischen Quellen. Die

'Ursachen' scheinen somit klar, die 'Anlässe' hingegen wurden nur gestreift. Gemeint sind damit weniger wissenschaftliche Scharmützel in Rezensionen und Aufsätzen (da sind die Verletzungen oftmals schwer auszunehmen), sondern direkte Konfrontationen, die bei den Kontrahenten dauernde Wunden hinterlassen haben. Die in der Vorbemerkung angekündigte Synthese besteht somit in einer straffen (und daher keineswegs vollständigen) Chronik laufender Ereignisse, mit welcher auch die Frage nach dem Beginn des 'Vorkriegs' beantwortet werden soll.[375]

Die 1918 einsetzenden Debatten um die Ernennung von Georg Hüsing zum außerordentlichen Professor für 'Geschichte der alten Völker Vorderasiens' sind in gebotener Kürze schon wiedergegeben worden.[376] Befürworter des Antrags waren u.a. die Professoren v. Schroeder, Strzygowski, Oberhummer und Pöch, das Minderheitenvotum vom 4. Juli 1918 zeichnete neben P. Kretschmer auch der Altphilologe Radermacher. Daß es sich keineswegs nur um eine Kontroverse zwischen Philologie und Geschichts- bzw. Kulturwissenschaft handelte, beweist der Tonfall im Bericht der Minorität der Kommission, der den Vorwurf der Phantasterei, mangelnder Selbstkritik, fehlender Disziplinierung enthält, und, es sei hier wiederholt, die 'Mondmythologie' als 'unglückselige Theorie' darstellt. Der Satz vom 'schädlichen Einfluß auf unreife Hörer' mag dem 1919 noch positiv eingestellten R. Much weiter in den Ohren geklungen haben - jedenfalls stand er den Aktivitäten des 1921 zum Professor ernannten Hüsing mit immer größerer Skepsis gegenüber. Zum Eklat[377] ist es allerdings erst geraume Zeit später gekommen, nach dem Erscheinen des Buchs 'Die deutschen Hochgezeiten' (1927).[378] Entsetzt ob der geballten 'Unwissenschaftlichkeit' kündigte Much am 14.2.1928 im Rahmen des 'Akademischen Vereins der Altgermanisten' einen Vortrag mit dem Titel 'G. Hüsing, Die deutschen Hochgezeiten' an, in dem er Hüsings Ansichten korrigierte und nach dessen Beendigung es zu einer kontrovers verlaufenden Diskussion kam. In der Folge tauchten Flugblätter auf, die sich gegen Much richteten und in denen er den Versuch sah, "ihn bei seinen Kollegen und Studierenden im wissenschaftlichen und persönlichen Ansehen herabzusetzen,"[379] weshalb er die Angelegenheit vor das Professorenkollegium brachte (welches prompt eine aus 13 Personen bestehende Kommission einsetzte). Das beanstandete Flugblatt, das an den Dekan und andere Kollegen verschickt sowie in den - Fremden nicht zugänglichen - Räumen des 'Deutschen Seminars' verteilt worden war, ist in seinem vollen Wortlaut vom Verfasser dieses Beitrags an anderer Stelle veröffentlicht worden.[380] Der zweite Teil des Schreibens, verfaßt von langjährigen Teilnehmern "an dem Lehrgange 'Deutsche Bildung,' den Herr Prof. Hüsing seit vielen Jahren in aufopfernder und uneigennütziger Weise leitet," möge daher genügen:

> "Was im 'finsteren' Mittelalter der Scheiterhaufen besorgte, muß heute die Präge 'unwissenschaftlich' besorgen. Die Unterzeichneten vermeiden daher dieses Wort, stellen aber mit allem Nachdrucke fest, daß die Buchbesprechung Herrn Professor Muchs - abgesehen von einigen Einzelheiten - jeder ernsten Sachlichkeit entbehrte. Einen Meinungsaustausch zwar auch über Rechtschreibung und Etymologie, vor allem aber über den sachlichen Inhalt des Buches hätten viele aus ihren Kreisen gern gepflegt, sie müssen es aber mit Entschiedenheit ablehnen, daß durch die Nichtbeachtung der Grundlage, auf der die ganze Arbeit beruht, nämlich der vergleichenden Mythenfor-

schung, von deren Vorhandensein Herr Professor Much noch nichts bemerkt zu haben scheint, der ganze Sinn des Buches verflacht, entstellt und verfälscht wird. Es ist durchaus unmöglich, gerade eine solche Arbeit ohne Beachtung der in ihr aufgezeigten weitreichenden Zusammenhänge nur in die Regeln einer engherzig aufgefaßten, fast ausschließlich mit sprachlichen 'Belegen' arbeitenden Germanistik einzuzwängen.

Man kann sich schwer vorstellen, daß einem aufmerksamen und urteilsfähigen Leser diese Grundlage so ganz entgangen sein sollte. Indes kennzeichnet sich Art und Absicht der Kritik dadurch, daß der gesamte Vortrag von Äußerungen folgender Art gegen einen Professor derselben Universität in einer Weise durchsetzt war, daß die wenigen sachlichen Einwände dahinter verschwinden. Der Verfasser des Buches ist ein 'unheilbarer Dilettant,' ein 'dilettantischer Wirrkopf,' den 'sein Instinkt immer zum Falschen hinzieht,' 'ein Monomane,' der 'zur Erzielung der beabsichtigten Wirkung die Gegengründe verschweigt,' der 'bewiesen hat, daß er für die Wissenschaft nichts taugt,' ein Mann von 'sadistischer Phantasie.' Den Anhängern der von ihm vertretenen Richtung, die der Vortragende mit dem Ausdruck 'Mondmythologen' ebenso lächerlich zu machen suchte wie das von ihm besprochene Buch, gebühre 'ein besonderer Platz auf Brants Narrenschiff.' Ganz unverhüllt aber zeigte sich der Geist dieser 'Kritik,' als der Vortragende auf einen Zuruf, er möge Beleidigungen unterlassen, mit der Bemerkung antwortete: 'In der Wissenschaft gilt sonst der Satz: svaviter in verbis, fortiter in re - hier aber handelt es sich um einen Hinauswurf.'

Der Vortragende hat bisher als deutsch fühlender Mann gegolten und will dies wohl auch jetzt noch, und doch brachte er es über sich, Stellen, die von der ernsten Sorge Hüsings um das Schicksal des deutschen Volkes zeugen, höhnend vorzulesen und dadurch dem Gelächter eines Teils der Zuhörerschaft preiszugeben. Die Unterzeichneten bangen um das Schicksal der deutschen Jugend, die auf solche Weise in die Wissenschaft eingeführt werden soll; denn nach ihrer Überzeugung muß die deutsche Wissenschaft auch von Männern vertreten werden, die durch die Vornehmheit ihres Wesens deutscher Art entsprechen."

Die Unterzeichner, "Akademiker, zum Teil Germanisten," unter ihnen Edmund Mudrak und der 'Verlag Eichendorff Haus Wien gez. Knyrim,' wandten sich mit einem ähnlich lautenden Brief auch an den Akademischen Senat, nicht ohne darauf hinzuweisen, daß in der Einladung zum Vortrag ausdrücklich 'deutsch-arische Gäste' willkommen geheißen wurden, und forderten eine Behandlung ihrer Beschwerde. Dazu kam es dann am 11. Mai; zur Sitzung hatte man auch Much und Hüsing geladen. Das Ergebnis der Kommissionsberatungen war einstimmig und führte zu einem ebenfalls einstimmigen Beschluß in der Plenarsitzung der Philosophischen Fakultät. Sein Kernsatz lautete: "Die Kommission ist insbesondere zur Überzeugung gekommen, daß der Vorwurf der Unwissenschaftlichkeit das Maß berechtigter Kritik nicht überschritten hat und in Wahrnehmung berechtigter Interessen der Wissenschaft und ihrer Geltung in der Öffentlichkeit ausgesprochen wurde." Much hatte, so das stichwortartige Sitzungsprotokoll, die Affäre als "das letzte Stadium eines Konfliktes wissenschaftlicher Natur" betrachtet, Hüsing nochmals Dilettantismus vorgeworfen und den Lehrgang 'Deutsche Bildung' als Störung des Lehrbetriebes bezeichnet. Hüsings Antworten, nicht überliefert, konnten die Meinung seiner gesamten professoralen Kollegenschaft offensichtlich nicht beeinflussen. Damit war ein Urteil gesprochen, das nicht nur Hüsing, sondern alle seine Anhänger zutiefst treffen und persönlich verletzen mußte. Vor diesem Hintergrund wird die spätere, teils erbitterte Gegnerschaft der beiden 'Wiener Schulen' verständlich, eine Gegnerschaft, die auf unterschiedlichen (und in diesem Band an anderer Stelle behandelten) Ebenen ihren Niederschlag fand. Hier sei nur auf die Ablehnung hingewiesen, welche die Arbeiten der Much-Schüler O. Höfler und R. Wolfram 1938 im Leitfaden 'Deutsche Volkskunde im Schrifttum' der Rosenberg'schen 'Arbeitsgemeinschaft für Deutsche Volkskunde' gefunden haben.[381] Und man wird nicht fehlgehen, wenn man in der Veröffentlichung des hinterlassenen Aufsatzes von Much über 'Mondmythologie und Wissenschaft,'[382] deren nähere Umstände ja schon dargelegt wurden, eine Fortsetzung jenes Krieges sieht, der in den zwanziger Jahren in Wien ausgebrochen ist.

Kein offener Krieg, aber auch nicht eitel Wonne herrschte zwischen R. Much und A. Haberlandt. Much mag wohl die Wertschätzung seines Freundes R. Meringer geteilt haben, welche dieser Michael Haberlandt entgegenbrachte[383] (beide gehörten lange Jahre dem Verein für Volkskunde in Wien als hochgeehrte Ausschußmitglieder an), doch seine Äußerung anläßlich der Habilitation von Lily Weiser (deren Dissertation hatte übrigens Arthur Haberlandt, neben Much auch Prüfer im Rigorosum, als Zweitgutachter beurteilt[384]), daß die Volkskunde nur auf dem Boden "einer älteren, gutausgebauten wissenschaftlichen Disziplin" (womit Much die Germanistik meinte) die notwendige "strenge wissenschaftliche Schulung" gewinnen könne,[385] war sicherlich primär gegen A. Haberlandt gemünzt, dessen aus Muchs Sicht mangelnde philologische Kenntnisse die Erteilung des erhofften Lehrauftrags erschwerten bzw. in der Person des Altgermanisten Anton Pfalz einen unliebsamen 'volkskundlichen' Kollegen erwachsen ließen.

Ein Jahr nach der Verleihung des Titels eines außerordentlichen Universitätsprofessors und drei Monate nach Einlangen der um eine 'Vertretung des Faches Volkskunde' ersuchenden 'Eingabe' der Führung des Vereins für Volkskunde beschäftigte sich im Mai 1925 eine Kommission mit der Erteilung eines (dreistündigen) Lehrauftrags für Volkskunde an Arthur Haberlandt.[386] In der Diskussion zeigte sich bald, daß die Betonung auf 'europäischer Volkskunde' liegen müsse; R. Much vertrat die Meinung, daß A. Haberlandt nicht in der Lage wäre, die - für Much offensichtlich wichtigere - 'deutsche Volkskunde' zu vertreten. Außerdem dürfe man nicht einem anderen den Weg versperren. Schließlich beschloß die Kommission, sich Bedenken von P. Kretschmer und R. Much über "die Ansichten des jüngeren Haberlandt" anschließend, den Lehrauftrag mit 'europäische Volkskunde mit besonderer Berücksichtigung ihrer Realien' zu umschreiben und die Verleihung zunächst für zwei Jahre zu beantragen. Der - mehrheitlich gefaßte - Fakultätsbeschluß ist modifiziert 1926 nochmals gestellt und 1927 vom Unterrichtsministerium abgelehnt worden. A. Haberlandt wurde lediglich "zur Förderung seiner Lehrtätigkeit und seiner wissenschaftlichen Arbeiten ein einmaliger Betrag von 500 (fünfhundert) Schilling bewilligt."[387]

Zu diesem Zeitpunkt war bereits klar, wem R. Much nicht den Weg hatte verbauen wollen: dem 1919 für 'Geschichte der deutschen Sprache und der älteren deutschen

Literatur' habilitierten Anton Pfalz (1885-1958).[388] Die Fakultät hatte nämlich einen zweiten Antrag an das Ministerium gerichtet: Um auch der als sehr wichtig erachteten Vertretung der Hauptgebiete der 'deutschen Volkskunde' Rechnung zu tragen, bat man um die Genehmigung eines Lehrauftrags für 'Deutsche Mundartenforschung und Volkskunde,' der an den 1926 mit dem Titel eines a.o. Professors ausgezeichneten Anton Pfalz gehen sollte, hauptberuflich Beamter an der sogenannten 'Wörterbuchkanzlei' der Österreichischen Akademie der Wissenschaften. Diesem Antrag wurde vom Ministerium prompt stattgegeben,[389] was Michael Haberlandt zu einer umgehenden und heftigen Reaktion in der Wiener Zeitschrift für Volkskunde veranlaßte.[390] Nach einem Rückblick auf die Situation der Volkskunde in Österreich und im übrigen Europa wies M. Haberlandt auf die österreichischen Hochschulen, das Fehlen einer gesicherten Pflege der Volkskunde "in befremdenden Maße" sowie auf die Bemühungen des Vereins für Volkskunde in Wien hin, "der seit mehr als dreißig Jahren in einer ebenso im Heimatgedanken verwurzelten wie in vergleichender wissenschaftlicher Methode vertieften Arbeitsleistung die Grundlagen der wissenschaftlichen Volkskunde für Österreich geschaffen hat."[391]

Die Erteilung des Lehrauftrags an Pfalz und die Zurücksetzung seines Sohnes Arthur (der erneuerte Antrag hatte auf 'europäische Volkskunde auf dem Gebiete der materiellen Kultur' gelautet, war also nochmals eingeschränkt worden) führte nun zu einer herben Kritik an Pfalz: "Es muß dazu nun allerdings zunächst festgestellt werden, daß Prof. Dr. Anton Pfalz im eigentlichen Arbeitsbereich der wissenschaftlichen Volkskunde überhaupt und so auch der deutschen Volkskunde [...] bisher mit keinerlei Leistung hervorgetreten ist." Pfalz' Behauptung in einem Vortrag, "nur der Germanist könne im wissenschaftlichen Sinne Volkskunde betreiben," provozierte zwei Fragen M. Haberlandts, eine persönliche und eine allgemeine: "[...] ob Laut- und Wortforschung auf dem Gebiet der österreichischen Mundarten, wie sie der Forscher vertritt, als ein 'Hauptgebiet der Volkskunde' angesehen werden kann. Der persönliche Fall ist ja hier von prinzipieller Bedeutung: deckt sich denn das Arbeitsgebiet der germanischen Philologie auch nur entfernt mit dem Arbeitsgebiet selbst der deutschen Volkskunde, geschweige der Volkskunde überhaupt, die nicht nur auf dem Gebiete der materiellen Kultur methodisch vollkommen auf eigenen Füßen steht und darin eben ein Teil der allgemeinen Völkerkunde ist. Sie ist längst eine selbständige Fachwissenschaft geworden, welche kulturgeschichtliche, ergologische und kunstwissenschaftliche Ausbildung genau so verlangt, wie die von der Germanistik (Romanistik, Slawistik) beizustellenden literaturgeschichtlichen und sprachlich-dialektologischen Fachkenntnisse."[392] Damit war die Germanistik zur Hilfswissenschaft erklärt, Muchs 'Germanische Altertumskunde' nicht einmal erwähnt worden. Much hat in der Folge für A. Haberlandt nichts mehr getan und ihm die Garde der germanistisch ausgebildeten Volkskundler gegenübergestellt.

Dabei war, auch das muß gesagt werden, die schon 1925 anklingende Kritik an den philologischen Fähigkeiten A. Haberlandts gerechtfertigt. Im Zusammenhang mit der Beschäftigung mit ostösterreichischen Bauernhausformen griff er mehrmals die Thesen des Hausforschers Anton Dachler auf. Dieser, ein Ingenieur, hatte die Gehöfte als 'fränkisch' erkannt und in der vermeintlich fränkischen ui-Mundart des südlichen Burgenlandes auch einen 'dialektologischen' Beweis gefunden.[393] L. Schmidts Einschätzung der Situation in Wien (daß Much, Pfalz und Mitarbeiter durch A. Haberlandt 'vergrämt' worden waren, "der sich in völliger Unkenntnis aller sprachlichen

Voraussetzungen die unhaltbaren Mundarttheorien [...] zu eigen gemacht hatte. Er vertrat sie so präpotent, daß er [...] bei der Vergebung von Lehraufträgen fürs erste leer ausging")[394] wird man durchaus beipflichten können. A. Pfalz hatte sich - aufgrund einer im Jänner 1926 gegen ihn gerichteten Polemik A. Haberlandts - im Rahmen eines Vortrags im 'Akademischen Verein der Germanisten,' den er am 24.2.1926 unter dem Titel 'Mundartforschung und Volkskunde' gehalten hatte, mit eben diesen 'Frankenthesen' beschäftigt, "nicht ohne persönlich verletzende Bemerkungen," wie M. Haberlandt konstatiert.[395] In einer 'Erklärung,' welche die Wiener Zeitschrift für Volkskunde daraufhin abdrucken mußte und die u.a. von Rudolf Much unterschrieben worden war, wird auf die Korrektheit der Aussagen von Pfalz verwiesen. "Wenn Dr. Pfalz [...] gegen den Dilettantismus scharf Stellung nahm [...], so war dies alles sachlich gerechtfertigt."[396] M. Haberlandt läßt eine 'Erwiderung auf vorstehende Erklärung' folgen,[397] die nochmals seine Sicht der Dinge vermittelt, "eine verletzende Sache für den Unterzeichneten." Das Fazit: Beide Haberlandts waren verletzt, und Anton Pfalz vertrat die 'Deutsche Volkskunde' an der Wiener Universität, ein Fach - und da ist M. Haberlandt zuzustimmen -, für welches er kaum ausreichend Kompetenz besaß. Als es 1928 um die Ernennung Pfalz' zum Extraordinarius ging, waren die Fronten bereits endgültig verhärtet; Much sprach in der entsprechenden Sitzung von Arthur Haberlandts "mangelnder Eignung zur philologischen Behandlung der Frage der Volkskunde, speziell Folklore."[398] 1931, als Pfalz dann tatsächlich ernannt wurde, ist die Volkskunde auch in seiner Lehrverpflichtung genannt - Pfalz entwickelte dann eine thematisch relativ vielseitige Tätigkeit.[399] Rudolf Much und der Verein für Volkskunde in Wien zogen ihrerseits Konsequenzen: 1932 gehörte Much dem Ausschußrat des Vereins nicht mehr an.[400] Im selben Jahr schlug man die Wahl von Hans F. K. Günther, dem Rasse-Ideologen, damals schon Professor für 'Rassenkunde' auf einem speziell für ihn eingerichteten Lehrstuhl in Jena,[401] zum korrespondierenden Mitglied des Vereins vor. Wiewohl man den Vorschlag erst 1938 zu vollziehen wagte,[402] wirft er ein bezeichnendes Licht auf die gewandelten Einstellungen Arthur Haberlandts.

Der Lehrauftrag für A. Haberlandt ließ auf sich warten: In regelmäßigem Abstand beantragt,[403] erfolgten stets abschlägige Bescheide, die seine 'Zurücksetzung' (gegenüber der Germanistik und innerhalb der Völkerkunde - ein in Aussicht genommenes, aber dann nicht verwirklichtes Extraordinariat wollte W. Koppers mit dem Grazer Viktor Geramb und nicht mit A. Haberlandt besetzt wissen[404]) zu bestätigen schienen. Erst der 1937 erneut gestellten Forderung[405] war der erhoffte Erfolg beschieden: A. Haberlandt erhielt den wöchentlich dreistündigen Lehrauftrag mit Wirkung vom 1.1.1938 zugesprochen.[406]

Die Tatsache, daß A. Pfalz "unstatthafterweise von den Germanisten gegen Haberlandt ausgespielt worden war,"[407] hatte jedenfalls A. Haberlandts universitäre Karriere wesentlich behindert - und so dürfen wir annehmen, daß auch er im erwartungsfrohen Kreise jener zu finden war, die sich im März 1938, zum Zeitpunkt der Heimkehr der 'Ostmark' ins 'Reich,' Hoffnungen auf eine Institutionalisierung der Volkskunde an der Universität Wien, vor allem aber auf eine entsprechende Professur für ihre Person machten. Die 'Voraussetzungen' hatten sie, Spieß und Mudrak, Haberlandt und Wolfram (um einmal die 'Hauptkandidaten' zu nennen), ja allesamt erfüllt. Hermann Bausingers 1965 formulierter Satz paßt haargenau auf die Genannten; lediglich das Wort 'Möglichkeit' darf angesichts der im Österreich der Zwischenkriegszeit gezeigten Gestalten und

Tendenzen durch 'Tatsache' ersetzt werden (und 'zumindest' ist zu streichen): "Während in vielen anderen Wissenschaften die nationalsozialistische Wendung sich deutlich als Einbruch von außen präsentiert, ist hier zumindest mit der Möglichkeit zu rechnen, daß der Nationalsozialismus nicht etwa fremde Ideen hereintrug, auch nicht etwa nur periphere Elemente verstärkte, sondern durchaus zentrale Gedanken dieser wissenschaftlichen Disziplin herausstrich."[408]

Anmerkungen

1. Wolfram 1986: 1.
2. Emmerich 1971: 153 nennt sie die "Schule der Ritualisten," vgl. auch Weber-Kellermann und Bimmer 1985: 97-99.
3. Emmerich 1971: 153.
4. Weber-Kellermann und Bimmer 1985: 95-97.
5. UA Wien, Personalakte Leopold von Schroeder.
6. Schmidt 1951a: 130-138; Weber-Kellermann und Bimmer 1985: 95-99.- In seiner 'Kritik der Volkstumsideologie' beschäftigt sich Wolfgang Emmerich im Kapitel 'Der Mythos germanischer Kontinuität' mehrfach mit den Schulen der 'Ritualisten' und 'Mythologen' (Emmerich 1971: 132-161).
7. Schmidt 1960d.
8. Berührungspunkte auf mehreren Ebenen sind hier zu nennen, so zum Beispiel: Universität, Anthropologische Gesellschaft in Wien, Verein für Volkskunde in Wien, Jugendbewegung, früher und ab 1934 illegaler Nationalsozialismus ...
9. Etliche der Grundlagen für diese Abschnitte sind in einem Seminar des Autors, das im WS 1987/88 am Institut für Volkskunde der Universität Wien unter dem Titel 'Vom Nationalismus zum Nationalsozialismus - Zur Geschichte der österreichischen Volkskunde' abgehalten wurde, erarbeitet worden.
10. So auch der Titel einer Untersuchung des Autors, in welcher dieser 'synthetische Ansatz' im Vordergrund stand (Bockhorn 1989).
11. Wolfram 1936: 476.
12. Franz 1936: 1.
13. Höfler 1937c: VIII.
14. Höfler 1937c: XIV.
15. Franz 1936: 2-3.
16. UA Wien, Phil. Dek. Zl. 1008 - 1933/34.
17. Wolfram 1986: 3.
18. Verzeichnis 1932: 5-16.
19. Höfler 1937a: 25.
20. Weber-Kellermann und Bimmer 1985: 97.
21. Bausinger 1971a: 78.
22. Höfler 1937a.
23. Bausinger 1971a: 78.
24. Much 1937.
25. Lange 1967: 16.
26. UA Wien, Verzeichnis der Dissertationen, Rig. Nr. 2271.
27. Ebenda, Rig. Nr. 3491, 3437.
28. Auf bibliographische Hinweise wird hier verzichtet; von den Autoren der im weiteren nur thematisch umrissenen Doktorarbeiten sind lediglich zwei später auch im Umfeld der Volkskunde tätig gewesen: Kurt Wilvonseder und Gilbert Trathnigg.

29. Mit den Pfahlbauten am Mondsee hat sich R. Much als Mitarbeiter seines Vaters bereits in seiner Studienzeit auseinandergesetzt; Autor der genannten Dissertation war der spätere Professor für Anthropologie an der Universität Wien, Josef Weninger (die Zweitbegutachtung hatte Rudolf Pöch, Anthropologe und Ethnologe, übernommen).
30. Waschnitius 1913.
31. Waschnitius 1913: 140-179.
32. Waschnitius 1913: 141.
33. UA Wien, Verzeichnis der Dissertationen, Rig. Nr. 5387 (Zweitbegutachter war Arthur Haberlandt).
34. Weiser 1923.
35. Weiser 1923: 2.
36. Weiser 1923: 42.
37. UA Wien, Phil. Dek. Zl. 267 - 1926/27, fol. 21 (Zitat aus dem von R. Much verfaßten Kommissionsbericht zum Habilitationsgesuch von Dr. Lily Weiser).
38. Haberlandt 1923: 96.
39. UA Wien, Phil. Dek. Zl. 267 - 1926/27, Curriculum vitae.
40. UA Wien, Phil. Dek. Zl. 167 - 1891/92, Curriculum vitae.
41. Höfler 1975: 400.
42. UA Wien, Phil. Dek. Zl. 267 - 1926/27, Curriculum vitae; ihm sind auch alle weiteren Angaben entnommen.
43. UA Wien, Phil. Dek. Zl. 267 - 1926/27, Habilitationsakte.
44. Weiser 1927.- Gleichzeitig war Lily Weiser Mitherausgeberin von E. Fehrles *Oberdeutscher Zeitschrift für Volkskunde* geworden.
45. Fehrle 1927: 8.
46. UA Wien, Phil. Dek. Zl. 267 - 1926/27, Kommissionsbericht.
47. Weiser 1927: 9.
48. Weiser 1927: 10.
49. Weiser 1927: 85.
50. Schurtz 1902.
51. Weber-Kellermann und Bimmer 1985: 95.
52. Schroeder 1908: 476.
53. UA Wien, Phil. Dek. ohne Zl., Schreiben vom 8. Juni 1935.
54. Ua Wien, Phil. Dek. Zl. 1576 - 1929/30.
55. UA Wien, Phil. Dek., Schreiben vom 12. Juli 1935.
56. Vgl. den Nachruf von Ropeid 1987: 149-150.- Der Jahrgang 1978 der Zeitschrift *Ethnologia Scandinavica* war Lily Weiser zum 80. Geburtstag gewidmet gewesen.
57. Birkhan 1988: 404.
58. Vgl. dazu Schramka 1986: 54-60.
59. Zu O. Höflers Leben siehe Birkhan 1988: 385-387.
60. Gilch und Schramka 1986: 82-83 (Lebenslauf von Otto Höfler, dort auch: "Im Frühsommer 1922, Juni oder Juli, hatte ich Adolf Hitler in Wien sprechen hören. Ich schloß mich der Bewegung an und trat nach den Sommerferien 1922 in Wien der OT, sog. Ordnertruppe der Partei, bei. Aus der OT wurde einige Monate später die SA geschaffen. Ich habe auch dieser, vom ersten Tag ihres Bestehens an, angehört und aktiven Dienst bis zum Aufhören der Versammlungstätigkeit im Winter 1923/24 gemacht").
61. Die Habilitationsakten Höflers waren mir, wie die anderer akademischer Lehrer der Wiener Universität auch, nicht zugänglich, da sie von den Dekanats- zu den Personalakten umgereiht wurden und somit unter die Datenschutzbestimmungen fielen. Die Angaben stammen also aus der Literatur oder aus den gedruckten Personalstandsverzeichnissen im UA Wien.
62. Bockhorn 1988: 71.
63. Birkhan 1988: 386.
64. Gilch und Schramka 1986: 82.

65. Zum Austrofaschismus vgl. Tálos und Neugebauer 1985.
66. Rosar 1971.
67. Meissl 1981: 485.
68. Höfler 1934: XI, Anm. 1.
69. Der 2. Teil ist in der geplanten Form nie veröffentlicht worden.
70. Höfler 1934: VII.
71. Höfler 1934: VIII.
72. Höfler 1934: IX.
73. Schmidt 1951a: 131.
74. Höfler 1934: 322, Anm. 147.
75. Bausinger 1971a: 78.
76. Birkhan 1988: 390.
77. Birkhan 1988: 389.- Es sei ausdrücklich betont, daß Helmut Birkhan keineswegs unterstellt wird, diesen 'Feststellungen' Höflers Glauben zu schenken.
78. Moser 1954.
79. Vgl. dazu Bausinger 1969c; Bausinger 1971a: 74-88.
80. Weber-Kellermann und Bimmer 1985: 96-97.
81. Höfler 1934: VIII-X.
82. Stumpfl 1936.
83. Stumpfl 1934.
84. Schmidt 1937c: 23.
85. Schmidt 1951a: 131.
86. Schmidt 1951a: 131-132.
87. Bausinger 1971a: 79.
88. Stumpfl 1936: 29.
89. Birkhan 1988: 386.
90. Allg. zum Ahnenerbe Kater 1974.- Am 15.10.1937 hatte Walther Wüst, Inhaber des Lehrstuhls für 'indogermanische Kulturbeziehungen' in München, seit März auch Präsident des Ahnenerbes (Bollmus 1970: 180) an Heinrich Himmler geschrieben und Höfler als bestens geeigneten Professor für München gelobt, welcher "mit größtem Erfolg in die vom 'Ahnenerbe' betreute Kulturarbeit der SS eingesetzt werden kann" (BA Koblenz, NS 19/432).
91. Zum 'Reichsinstitut [...]' Heiber 1966.
92. Zum Vortrag, dessen im Jahre 1940 erfolgter und in den Bibliographien Höflers fehlender Veröffentlichung sowie zu Höflers 'Haßliebe' zu den Juden siehe Birkhan 1988: 399-400.
93. Zu Wolframs Kindheit und Jugend vgl. Wolfram 1987c.
94. Wolframs Lebensweg und -werk erfuhr auch eine Selbstdarstellung (Wolfram 1990) in Baltl, Grass und Faußner 1990: 331-342.
95. Wolfram 1933.
96. Aus Erzählungen R. Wolframs ist mir bekannt, daß Höfler und er einem 'Männerbund' in Wien angehörten, einer 'verschworenen Gemeinschaft'.
97. Bibliographien von R. Wolfram finden sich in Fielhauer 1968: 18-29; Bockhorn und Fielhauer 1982: 275-282.
98. Wolfram 1934.
99. Wolfram 1990: 332.
100. Wolfram 1932a.
101. Wolfram 1932b.
102. Wolfram 1939.
103. Zum Habilitationsverfahren Wolfram siehe UA Wien, Phil. Dek. Zl. 548 - 1933/34
104. Meissl 1981: 488 und 495, Anm. 102.
105. BDC Wolfram, Richard, geb. 16.9.1901.
106. Jagschitz 1983.
107. Wolfram 1936/1937.

108. Wolfram 1990: 333.
109. Schmidt 1951a: 131.
110. Wolfram 1936/1937: 290-291.
111. Fehrle 1932.- Zu E. Fehrle siehe Assion 1985.
112. UA Wien, Personalstandverzeichnis; Bockhorn 1988: 71.
113. Gilch 1986: 25.- Zu E. Kranzmayer vgl. auch Hornung 1975.
114. Kranzmayer 1968: 262.
115. UA Wien, Phil. Dek. Zl. 242 - 1925/26.
116. UA Wien, Phil. Dek. Zl. 656 - 1930/31.
117. Schmidt 1982a: 32.
118. Schramka 1986: 54 (1929 war nicht das Jahr der Promotion, sondern das der Drucklegung der Disseration; Kriss 1929).
119. Verzeichnis 1932: 3 (Würdigung von Dietrich Kralik).
120. Wolfram 1936: 476.
121. Zum Habilitationsverfahren siehe UA Wien, Personalakte Kriss, Phil. Dek. Zl. 667 - 1931/32.- Zur zweiteiligen Wallfahrts-Volkskunde vgl. Kriss 1930; Kriss 1933 (allerdings unter anderem als im Ansuchen genannten Titel).
122. UA Wien, Personalakte Kriss, Phil. Dek. Zl. 667 - 1932/33, Kommissionsbericht vom 1.12.1932.
123. Zur Geschichte Österreichs von 1918 bis 1938 vgl. Gulick 1976; Weinzierl und Skalnik 1983.
124. UA Wien, Personalakte Kriss, Phil. Dek. Zl. 695 - 1938/39.
125. Wolfram 1986.
126. Schmidt 1951a: 133-134.
127. Schmidt 1951a: 133.
128. Weber-Kellermann und Bimmer 1985: 97.
129. Schmidt 1951a: 137.
130. Vgl. die Ausführungen von Hannjost Lixfeld über Rosenbergs 'braune' und Himmlers 'schwarze' Volkskunde in diesem Band.
131. Zum 'Ahnenerbe' siehe Kater 1974.
132. Das 'Amt Rosenberg' beschreibt Bollmus 1970.
133. Lixfeld 1987a: 76.
134. Über die Volkskunde im 'Amt Rosenberg' vgl. zuerst Lutz 1983a.
135. Spieß 1937.
136. Strobel 1939h: 81.
137. Strobel 1939h: 81.
138. UA Wien, Personalakte Kriss, Phil. Dek. Zl. 695 - 1938/39.- Vgl. dazu auch Bockhorn 1987: 231, 236/Anm.37; Bockhorn 1989: 26.
139. Peuckert 1948: 130.
140. Emmerich 1971: 153.
141. Emmerich 1971: 153f.
142. Alle Angaben zu Leben und Werk Schroeders stammen, soweit nichts anderes angemerkt wird, aus dessen ein Jahr nach seinem Tod von Felix v. Schroeder (Sohn) herausgegebenen Lebenserinnerungen (Schroeder 1921).
143. UA Wien, Personalakte Schroeder, Personalblatt (von Schroeder selbst ausgefüllt).
144. Georg Bühler, Lehrer und Förderer von Michael Haberlandt, war von 1880-1898 Professor an der Wiener Universität (Österr. Biograph. Lexikon I, 125).
145. Ferdinand Freiherr von Andrian-Werburg (1835-1914), Geologe und Anthropologe, stand der Anthropologischen Gesellschaft von 1882-1902 als Präsident, danach als Ehrenpräsident vor (Österr. Biograph. Lexikon I, 211).
146. UA Wien, Personalakte Schroeder, Schreiben vom 27.2.1899
147. Frauwallner 1961: 84-89 (dort zu L. v. Schroeder).

148. Im Feuilleton der 'Neuen Freien Presse' hatte L. v. Schroeder bis 1907 Aufsätze und Buchbesprechungen veröffentlicht; nach einer Auseinandersetzung mit der Schriftleitung wechselte er zuerst zur 'Zeit' und später zur 'Ostdeutschen Rundschau', einem deutschnationalen Blatt (vgl. Schroeder 1921).
149. Schroeder 1913: 184.
150. Emmerich 1968: 167.
151. 50 seiner Dorpater Vorlesungen, in denen vielfach dieses vergleichend-mythologische Interesse zum Ausdruck kommt, waren schon 1887 in Buchform veröffentlicht worden (Schroeder 1887). - Alle mit Anführungszeichen gekennzeichneten Formulierungen sind Schroeder 1921 entnommen.
152. Schroeder 1918.
153. Das Buch erschien im J. F. Lehmanns Verlag in München, welcher u.a. auch die Zeitschrift *Deutschlands Erneuerung* (1917ff.- Chamberlain war Mitherausgeber, Schroeder Mitarbeiter) publizierte. Der Text stammt aus Heft 7/1918.
154. Chamberlain 1899, ^{2}1900.- Die beiden Bände erschienen 1915 - als 'Volksausgabe' - bereits in 11. Auflage.
155. Emmerich 1971: 137.
156. Emmerich 1971: 85.
157. Joseph Arthur Graf von Gobineau (1816-1882), Schriftsteller und Diplomat mit Beziehungen zum Kreis Richard Wagners, veröffentlichte 1853-1855 seinen vierbändigen 'Versuch über die Ungleichheit der Menschenrassen' (deutsch: Gobineau 1898- 1901).
158. Rosenberg 1932.
159. Bausinger 1971a: 62.
160. Ebenda.
161. Winternitz 1912: 103-104.
162. Schroeder 1921: 243.
163. UA Wien, Personalakte Hüsing, Phil. Dek. Zl. 668 - 1917/18.
164. Schroeder 1913.
165. Schroeder 1911.
166. Schroeder 1914-1916.
167. Schroeder 1914-1916. Bd.1: V.
168. Schmidt 1951a: 133.
169. Schroeder 1911.- Die prägnante Zusammenfassung von Schroeders Vorstellung von Mythos stammt aus der Seminararbeit von Maria Present und Angela Kistenpfennig.
170. Schmidt 1951a: 134.
171. Österreichisches Biographisches Lexikon III: 5.
172. So faßte L. v. Schroeder das Problem 'Elamier' zusammen (UA Wien, Personalakte Hüsing, Phil. Dek. Zl. 1456 - 1918/19).
173. UA Wien, Personalakte Hüsing, Phil. Dek. Zl. 1001 - 1911/12.- Die Habilitationsschrift war 'Die einheimischen Quellen der Geschichte Elams' (veröffentlicht 1916) gewesen, der Probevortrag hatte 'Die Einwanderung der Arier nach Iran' zum Inhalt.
174. Vgl. dazu ÖBL III (wie Anm. 171): 5-6.
175. UA Wien, Personalakte Hüsing, Phil. Dek. Zl. 1456 - 1918/19.
176. UA Wien, Personalakte Hüsing, Phil. Dek. Zl. 668 - 1920/21 fol. 2.
177. UA Wien, Personalakte Hüsing, Phil. Dek. Zl. 668 - 1917/18.
178. Zu P. Kretschmer vgl. Mecenseffy 1967: 167-170.
179. Wie Anm. 177.
180. UA Wien, Phil. Dek. Zl. 368 - 1930/31.
181. Schmidt 1951a: 134.
182. Much 1942.
183. Schmidt 1951a: 134 und 178, Anm. 15.
184. Hüsing 1909: 7.
185. Schroeder 1914-1916. Bd. 2: 3 (et passim).

186. Vgl. dazu insbesondere Hüsing 1927: I-XVI.
187. Schultz 1924: 172.
188. Hüsing 1927: 124.
189. Much 1942: 243.
190. Zu W. Wüst vgl. allgemein: Kater 1974; zur Volkskunde im 'SS-Ahnenerbe' siehe auch Oesterle 1987.
191. W. Wüst, Vorbemerkung, in Much 1942: 231.
192. Schmidt 1951a: 135.
193. Hüsing 1927: XII.
194. Schmidt 1951a: 135.
195. Hüsing und Hüsing 1932.
196. Spieß 1934: 176f.
197. Klier 1933: 37.
198. *Bausteine zur Geschichte, Völkerkunde und Mythenkunde. Mitteilungen der Gesellschaft Deutsche Bildung*, Jg. 1-6 (1931- 1937/38).
199. Schultz 1914-1920.
200. Schmidt 1951a: 135. - Vgl. dazu die Beiträge in Schultz 1914- 1920.
201. Soweit nichts anderes angegeben ist, stammen die Daten zu W. Schultz aus zwei Nachrufen aus dem Jahre 1936 (Vacano 1936; *Volk und Rasse* 11: 442-443: Wolfgang Schultz zum Gedächtnis). Archivalische Unterlagen (die allenfalls in München liegen) waren mir nicht zugänglich.
202. Vacano 1936: 193.
203. Alle Zitate aus *Volk und Rasse* 11: 442-443.
204. Vacano 1936: 193.
205. In *Volk und Rasse* 11: 443 wird W. Schultz als Gründer des Lehrgangs bezeichnet, nach R. Much hatte G. Hüsing ihn eingerichtet (Much 1942: 255).
206. *Volk und Rasse* 11: 443.
207. Die Zitate stammen aus Vacano 1936: 193.
208. *Volk und Rasse* 11: 443f.
209. Bollmus 1970: 308f. (Anm. 70).
210. W. Schultz war bayrischer Landesleiter des 'Reichsbundes'.
211. Der Parteireichsleitung gehörte Schultz als Hauptstellenleiter in der Dienststelle A. Rosenbergs an (*Volk und Rasse* 11: 444).
212. Kater 1974: 45.
213. Wie Anm. 212.
214. Schultz 1935: 130-131; Mudrak 1941.- Schultz' 'Altgermanische Kultur..' erntete keineswegs nur Beifall, was allerdings als "Kampfmittel [...] gegen ihn" interpretiert wurde (Vacano 1936: 193).
215. Deutsche Volkskunde im Schrifttum 1938: 51-52.
216. Vacano 1936: 193.- Von einer Habilitation ist nichts bekannt.
217. Schultz 1924.
218. Spieß 1934.
219. Schmidt 1951a: 135.
220. Wiewohl in Österreich nach dem Ersten Weltkrieg Adelsprädikate abgeschafft worden waren, behielt Spieß das 'von' in den meisten seiner Publikationen bei.- In Artikel und Bibliographie wurde die in frühen Arbeiten verwendete Schreibung Carl vermieden; es steht generell Karl von Spieß.
221. Peuckert 1948: 130.
222. Zu Spieß bzw. seiner Bibliographie vgl. Schmidt 1955c, Schmidt 1957b, Schmidt 1958c.
223. Die Angaben zu Spieß' Leben stammen aus einer im Salzburger Landesinstitut für Volkskunde (wo der Nachlaß von Spieß aufbewahrt wird) archivierten Biographie, die mir - unter Berufung auf den Datenschutz - lediglich in einer 'bereinigten' Kurzfassung zugänglich gemacht wurde (Schreiben vom 11.5.1987).

224. Schmidt 1957b: 337.
225. Zur Bibliographie von E. Mudrak vgl. Gröhsl 1965.
226. Schmidt 1951a: 135.
227. Vgl. dazu etwa Strzygowski 1936.
228. Spieß 1957: 1.
229. Hartmann 1941: 172.
230. Spieß 1940: unpag. Anhang.
231. Emmerich 1968: 156.
232. Zu Matthes Ziegler siehe Lixfeld 1987b.
233. Bollmus 1970: 38 et al.
234. Auch diese Angaben stammen aus der mir zugänglichen, stark verkürzten Biographie von Spieß (vgl. Anm. 223).
235. Zu Spamers Berufungsverfahren vgl. Jacobeit und Mohrmann 1982: 286-289.
236. Zitiert in Jacobeit und Mohrmann 1982: 288.
237. Kater 1974: 138; Schramka 1986: 56.- Die Quellenlage zur Berufung Höflers nach München ist lückenhaft. In beiden zitierten Arbeiten findet sich in diesem Zusammenhang kein Hinweis auf Karl von Spieß.
238. Schmidt 1957b: 336.
239. Schmidt 1982a: 46 et al.; Bockhorn 1988: 75.
240. Spieß 1953: 49.
241. Spieß 1910.
242. Schmidt 1957b: 336.
243. Jacobeit und Mohrmann 1982: 287.
244. Aus der Fülle der Spieß'schen Arbeiten zu den genannten Themen seien herausgegriffen: Zur 'Bauernkunst': Spieß 1911, Spieß 1925, Spieß 1943, Spieß 1937, Spieß 1940, Spieß 1942, Spieß 1955. Zur Erzählforschung: Spieß 1922, Spieß und Mudrak 1939. Zum 'arischen Fest': Spieß 1933a. Eine Synthese von Spieß' Vorstellungen zur 'arischen Überlieferungswelt' bietet Spieß 1934.
245. Spieß 1934: 10 und 81-230.
246. Spieß 1957: 4-6.
247. Lixfeld 1987b: 46-49.
248. Spieß 1934: 10.
249. Spieß 1957.
250. Spieß 1943: X.
251. Weber-Kellermann und Bimmer 1985: 98.
252. Spieß 1953: 49.
253. Schmidt 1982a: 109.
254. Schmidt 1957b: 337.
255. Spieß 1934: 30.
256. Spieß 1934: 31-68.
257. Spieß 1934: 232.
258. Schmidt 1957b: 338.
259. Die Angaben zu Edmund Mudraks Leben stammen zum einen von seiner Tochter Gertrud, zum anderen aus der 'Würdigung' von Karl Haiding zu Mudraks 70. Geburtstag, welcher eine Bibliographie beigegeben ist (Haiding 1965, Gröhsl 1965). Mudrak starb kurz darauf am 12.12.1965.
260. Spieß 1937: Widmung.
261. Haiding 1965: 85.
262. Mudrak 1933.
263. Schmidt 1951a: 136 (unter Bezugnahme auf Spieß und Mudrak 1939).
264. Schmidt 1957b: 337.
265. Mudrak 1939a, Mudrak 1943.

266. Haiding 1965: 85.
267. Spieß und Mudrak 1938.
268. Spieß 1938b: 12.
269. Mudrak 1938a: 3(-11).
270. Mudrak 1938a: 11.
271. Schmidt 1951a: 137.
272. Haiding 1936; daraus erwachsen Haiding 1939c.
273. Spieß 1938a: 148.
274. Spieß 1953: 49.
275. Haberlandt 1911b (in Wirklichkeit scheint das Werk 1910-14 in Lieferungen publiziert worden zu sein); Haberlandt 1914/1917 (erste Hefte dieser vierteljährlich erscheinenden Zeitschrift liegen schon vor 1914 vor).
276. Spieß 1911.
277. Schmidt 1960d: 55.
278. Riegl 1894.
279. Riegl, in der Zusammenfassung und Zitierweise von A. Haberlandt 1926a: 21.
280. A. Haberlandt 1926a: 22.
281. Forrer 1906.
282. M. Haberlandt 1911a.
283. M. Haberlandt 1926a: 24.
284. Zur Gründung von Verein, Zeitschrift und Museum für Volkskunde in Wien vgl. Schmidt 1960d: 18-29.
285. Diese Bezeichnung führte die Zeitschrift bis 1918 (=ZÖV); von 1919-1944 hieß sie *Wiener Zeitschrift für Volkskunde* (=WZV); seit 1947 erscheint sie, bis zu seinem Tod unter der Leitung von Leopold Schmidt stehend, als *Österreichische Zeitschrift für Volkskunde* (=ÖZV).
286. M. Haberlandt 1895: 1.
287. Alle Zitate aus M. Haberlandt 1924: 13.
288. M. Haberlandt 1926b.
289. M. Haberlandt 1924: 11.
290. M. Haberlandt 1918: 5-6.
291. M. Haberlandt 1927, M. Haberlandt 1929.
292. Dieses Sammelwerk erschien ab 1887 in 24 Bänden,- Vgl. dazu Schmidt 1951a: 109-111.
293. M. Haberlandt 1929: 202-366.
294. M. Haberlandt 1929: XII.
295. M. Haberlandt 1924: 7.
296. Wie Anm. 295: 8.
297. Vgl. dazu Weber-Kellermann und Bimmer 1985: 77-85.
298. M. Haberlandt 1924: 15-17.
299. Schmidt 1960d: 28.
300. Zu W. Hein siehe Schmidt 1960d: 21-26.
301. Schmidt 1951a: 113.
302. Schmidt 1960d: 24.
303. Schmidt 1982a: 21.- Zur Geschichte des 'Museums für Österreichische Volkskunde' siehe (außer Schmidt 1960d) die jährlich veröffentlichten Berichte in den Zeitschriften des Vereins für Volkskunde in Wien (Jg. 1 1895ff.).
304. Jahresbericht des Vereines für Österreichische Volkskunde für das Jahr 1911 (ZÖV 18/1912: 60).
305. Tätigkeitsbericht 1914 (ZÖV 21/1915: 26).
306. Zur Ernennung des 'Assistenten' A. Haberlandt zum Kustos vgl. ZÖV 19/1913: 78.
307. Schmidt 1960d: 78.
308. N.N.: 1. Eröffnung des Museums (WZV 26/1920: 64).
309. Zum Tode von M. Haberlandt vgl. WZV 45/1940.

310. Schmidt 1950b: 4.
311. Wie Anm. 310: 3.
312. Schmidt 1960d.
313. Schmidt 1982a: 22.
314. M. Haberlandt 1940: 67.
315. M. Haberlandt 1900.
316. Wie Anm. 315: Vorwort.
317. M. Haberlandt 1940: 66-68.
318. Wie Anm. 317: 67.
319. UA Wien, Vorlesungsverzeichnisse 1893-1926.
320. UA Wien, Personalakte M. Haberlandt, Ministerium für Kultus und Unterricht, Zl. 28.961.
321. UA Wien, Personalakte M. Haberlandt, Phil. Dek. Zl. 874 - 1933/34.
322. UA Wien, Phil. Dek. Zl. 930 - 1910/11.
323. UA Wien, Phil. Dek. Zl. 641 - 1911/12.
324. UA Wien, Phil. Dek. Zl. 289 - 1917/18, fol. 1-9.
325. Zu R. Pöch bzw. zur Entwicklung des Faches 'Völkerkunde' in Wien vgl. Haekel, Hohenwart-Gerlachstein und Slawik 1956; Hirschberg 1970.
326. Nachdem man 1927 eine Lehrkanzel für 'Physische Anthropologie' geschaffen hatte, wurde 1928 auch eine für Völkerkunde etabliert und mit Pater Wilhelm Koppers besetzt. 1929 wurde ein eigenes Institut eingerichtet.
327. Schmidt 1960d: 68-72 et passim.
328. Schmidt 1951a: 120.
329. Vgl. z.B. Goldstern 1922.
330. Schmidt 1964a (Nachruf 218-235, Bibliographie 235-271).
331. Über Arthur Haberlandts Leben und Werk informieren zusammenfassend: Schmidt 1964a, Wolfram 1965, Heine-Geldern 1965, Cermak 1980: 102, Bockhorn 1988: 73-75.
332. UA Wien, Personalakte A. Haberlandt, Phil. Dek. Zl. 656 -1912/13, Curriculum vitae.- Die Akte A. Haberlandt ist überaus umfang- und aufschlußreich. Im folgenden nicht weiter nachgewiesene Angaben stammen aus ihr.
333. UA Wien, Phil. Dek. Zl. 656 - 1912/13.
334. UA Wien, Dissertationsverzeichnis, Rig. Nr. 3136.- Die Dissertation erschien ein Jahr später auch in Druck (A. Haberlandt 1912a).
335. UA Wien, Phil. Dek. Zl. 656 - 1912/13, "Berichterstattung über das Habilitationsgesuch des Herrn Dr. Arthur Haberlandt".
336. A. Haberlandt 1912a.
337. A. Haberlandt 1912b (darin hatte er die von Rudolf Trebitsch dem Museum übergebene bretonische Sammlung bearbeitet).
338. A. Haberlandt 1912c.
339. Schmidt 1960d: 79.
340. UA Wien, Personalakte A. Haberlandt, Phil. Dek. Zl. 378 - 1924/24.
341. UA Wien, Personalakte A. Haberlandt, Phil. Dek. Zl. 607 -1924/25.
342. UA Wien, Vorlesungsverzeichnisse 1914/15 bis 1937/38.
343. Zu P. Wilhelm Schmidt vgl. u.a. Conte 1987.
344. Haekel, Hohenwart-Gerlachstein und Slawik 1956.
345. Schmidt 1982a: 25-26.
346. Kuhn 1930.
347. Kuhn 1934.
348. Kuhn 1982.
349. Schmidt 1951a: 138.
350. Wolfram 1932c.
351. Schmidt 1951a: 135.
352. Schmidt 1964a: 226.

353. UA Wien, Phil. Dek. Zl. 668 - 1935/36.
354. Bericht über die Tätigkeit der Arbeitsgemeinschaft für Volkskunde an der Universität Wien. In: WZV 42/1937: 56-59.
355. A. Perkmann (1897-1945) war seit Ende der 20er Jahre einzige wissenschaftliche Hilfskraft im Museum (Schmidt 1960d: 93).
356. Schmidt 1982: 46; vgl. auch Schmidt 1951a: 154.
357. A. Haberlandt 1935a.
358. A. Haberlandt 1935b.
359. Heine-Geldern 1965.
360. A. Haberlandt 1926b.
361. Schmidt 1964a: 219-220.
362. A. Haberlandt 1917.- Die 'Volkskunst der Balkanländer' hat A. Haberlandt in einem repräsentativen Band dargestellt (A. Haberlandt 1919).
363. Schmidt 1982a: 27.
364. A. Haberlandt 1953/59. Teil 1: 99.
365. A. Haberlandt 1926b: 649ff.
366. A. Haberlandt 1933.
367. Schmidt 1955d.
368. A. Haberlandt 1926b: 649f.
369. A. Haberlandt 1933: 392.
370. Schmidt 1960d: 92-94.
371. Schmidt 1964a: 227.
372. A. Haberlandt 1935b: 148.
373. Schmidt 1964a: 233.
374. Bockhorn 1987: 233-234.
375. Zum 'Vorkrieg' vgl. Strobach 1987.
376. UA Wien, Personalakte Hüsing, Phil. Dek. Zl. 668 - 1917/18, Phil. Dek. Zl. 1456 - 1918/19 und Phil. Dek. Zl. 668 - 1920/21.
377. Dieser 'Eklat' ist an anderer Stelle ausführlich dargestellt worden (Bockhorn 1989: 22-24).
378. Hüsing 1927.
379. UA Wien, Phil. Dek. Zl. 907 - 1927/28, fol. 1ff.- Alle folgenden Zitate stammen daraus.
380. Bockhorn 1989: 22-23.
381. Deutsche Volkskunde im Schrifttum 1938: 42, 94f.
382. Much 1942.
383. Meringer 1925.
384. Bockhorn 1988: 69.
385. UA Wien, Habilitationsakte L. Weiser, Phil. Dek. Zl. 267 - 1926/27.
386. UA Wien, Personalakte A. Haberlandt, Phil. Dek. Zl. 607 -1924/25.
387. UA Wien, Phil. Dek. Zl. 607 - 1926/27.
388. UA Wien, Phil. Dek. Zl. 1392 - 1918/19.
389. UA Wien, Phil. Dek. Zl. 242 - 1925/26.
390. M. Haberlandt 1926c.
391. Wie Anm. 390: 74.
392. Alle Zitate aus M. Haberlandt 1926c: 75f.
393. Vgl. u.a. Dachler 1909b.- A. Haberlandt ist erst relativ spät und auch nur teilweise von der 'Frankenthese' abgerückt (A. Haberlandt 1942). Daß jede derartige 'stammesbezogene' Zuordnung ahistorische Spekulation bleiben muß, ist gerade am Beispiel der frühstens aus dem 18. Jahrhundert stammenden burgenländischen Bauernhäuser mehrfach gezeigt worden.
394. Schmidt 1982a: 27.
395. M. Haberlandt 1926c: 75.
396. Erklärung. In: WZV 32: 14-15.
397. Erwiderung auf vorstehende Erklärung. In: WZV 32: 15-17.

398. UA Wien, Personalakte Pfalz, Phil. Dek. Zl. 656 - 1927/28.
399. Bockhorn 1988: 72.
400. Vgl. dazu die Jahresberichte der Vereines in der WZV.
401. Kater 1974: 98.
402. A. Haberlandt 1938b: 52.
403. So, unter Berufung auf den Antrag von 1926, wiederum am 4.12.1930 (UA Wien, Personalakte A. Haberlandt, Komm.-Protokoll vom 4.12.1930 betr. Remuneration f. Prof. Haberlandt).
404. Schmidt 1964a: 226.
405. Österreichisches Staatsarchiv - Allgemeines Verwaltungsarchiv (=AVA), Unterricht Fasz. 761, Zl. 15018/37.
406. UA Wien, Personalakte A. Haberlandt, Phil. Dek. Zl. 603 -1936/37: Erlaß des Bundesministeriums für Unterricht Zl. 15018-I-1/37 v. 1.1.1938.
407. Schmidt 1982a: 31f.
408. Bausinger 1965b: 177.

II. ZWEITER AKT: VOLKSKUNDE IM NATIONALSOZIALISMUS

"BEURLAUBUNG BIS AUF WEITERES...": VOLKSKUNDE IN GRAZ 1938-1945

HELMUT EBERHART

Am 12. März 1938 begann mit dem Einmarsch der deutschen Truppen für Österreich auch formal das "Dritte Reich."[1] Für Viktor Geramb ging damit zunächst ein lang gehegter Wunsch in Erfüllung: der Anschluß Österreichs an das Deutsche Reich. Geramb hatte insbesonders in den 30er Jahren nie ein Hehl aus seiner großdeutschen Gesinnung gemacht und immer wieder auf die Einheit des "deutschen Volkes" hingewiesen (Vgl. das Kapitel: Nationalgedanke und Heimatpflege). Mit einem gewissen Maß an politischer Naivität[2] stellte Geramb das Faktum des Anschlusses über die dahinterstehende Ideologie des Nationalsozialismus. Geramb hatte bereits einige Monate zuvor ein weltanschauliches Bekenntnis abgelegt, in dem er deutlich machte, zu "50 bis 60, aber nicht zu 100%" mit dem Nationalsozialismus einverstanden zu sein.[3] Für ihn waren diese "50 bis 60%" genug, nicht jedoch für die Nazis, die ihm bald das Fehlen "weltanschaulicher Klarheit"[4] zum Vorwurf machten. Äußeren Anlaß dazu bot ein politischer Nachruf, den Geramb auf den christlich sozialen Landeshauptmann der Steiermark, Karl Maria Stepan,[5] schrieb. Stepan, seit 2. November 1934 in seinem Amt, mußte bereits mehr als eine Woche vor dem Einmarsch seine Funktion auf Druck der Nationalsozialisten zurücklegen. Geramb verdankte ihm sehr viel für sein Museum und war ihm freundschaftlich verbunden; der Nachruf fiel dementsprechend überschwenglich aus.[6]

Über die nachfolgenden Auseinandersetzungen konnte der Verfasser an anderer Stelle bereits ausführlich berichten.[7] Aus Platzgründen soll hier auf eine Gesamtwiederholung der Kämpfe, die sich auf drei Ebenen abspielten, verzichtet werden. Nur soviel: Zunächst mußte Geramb seinen Platz in einer wissenschaftlichen Vereinigung räumen, dann gelang es ihm, einen Teilerfolg zu buchen und zumindest formal die Leitung des Volkskundemuseums zu behalten. Auf der dritten Ebene spiegelt sich die Kompromißlosigkeit der nationalsozialistischen Ideologie wohl am deutlichsten, und sie traf ihn auch am härtesten: Er mußte seine schwer erkämpfte Lehrkanzel an der Universität räumen! Nachdem er am 2. Mai 1938 noch im Überschwang der ersten Begeisterung seine "Antrittsvorlesung nach dem Umbruch"[8] gehalten und am 19. Mai noch optimistisch die Verlängerung bzw. Erhöhung seines am 30. September 1938 auslaufenden Lehrauftrages von vier auf fünf Stunden beantragt hatte,[9] begannen sich Gewitterwolken über ihm zusammenzubrauen.

Wie aus einem Brief Gerambs an Heinrich Harmjanz[10] hervorgeht, stellte im Juni 1938 der damalige Rektor der Universität Graz den Antrag, Geramb von seiner akademischen Lehrtätigkeit zu entheben:

"Ich sei zwar als 'Nationaler im alten Sinne' sehr tätig gewesen und wohl angesehen, hatte mich aber als gläubiger Christ bekannt und sei daher (!) als Lehrer der deutschen Volkskunde im ns. Staat nicht tragbar. Diesem Enthebungsantrag hat der Staatskommissar nicht stattgegeben, ich höre u.a. deswegen, weil man im Wiener Unterrichtsministerium mehrere Anzeigen aus der Systemzeit gegen mich 'wegen meiner betont nationalen Gesinnung' gefunden habe."[11]

Es kam also aufgrund seines hohen Ansehens bzw. seiner nationalsozialistischen Sympathien vorerst zu keinen Maßnahmen, und Staatskommissar Friedrich Plattner (Ministerium für innere und kulturelle Angelegenheiten, Abt. IV: Erziehung, Kultus und Volksbildung) sah keinen Anlaß für eine Entlassung, worauf seine Gegner in Berlin intervenierten.

"Rechtzeitig" zu Semesterbeginn erreichte Plattner ein Schreiben im Auftrag des "Beauftragten des Führers für die gesamte geistige und weltanschauliche Erziehung der NSDAP" ("Amt Rosenberg"), in dem unverblümt die Abberufung Gerambs gefordert wird:

"An der Universität Graz ist die deutsche Volkskunde durch Prof. Viktor v. Geramb vertreten, der sich noch kurz vor der Machtübernahme in Österreich durch einen Aufruf für den Landesleiter der vaterländischen Front [gemeint ist Karl Maria Stepan, Anmerkung des Verfassers] eindeutig auf die Seite unserer weltanschaulichen Gegner gestellt hat. Wenn auch Prof. v. Geramb sachlich um die Volkskunde der Steiermark unbestreitbare Verdienste hat, so fehlt seiner Arbeit doch die weltanschauliche Klarheit.

In seiner Eigenschaft als Leiter des steierischen [sic!] Volkskundemuseums in Graz, beschäftigt Geramb bis zur Stunde als ersten Assistenten Dr. Hanns Koren, den sattsam bekannten Vertreter einer 'Volkskunde als gläubigen Wissenschaft' und engsten Gesinnungsgenossen des Prälaten Schreiber, Münster. Es ist daher nur allzu begreiflich, daß dieses Museum ein Musterbeispiel konfessioneller Methodik darstellt, und die volkstumsbildende und volkstumserhaltende Kraft der römischen Kirche mit Hilfe der reichen, steierischen [sic!] Volksüberlieferung zu erhärten trachtet.

Wenn diese Sachlage auch einen Antrag auf Abberufung von Professor Geramb rechtfertigen würde, so möchte ich mich doch darauf beschränken, in Übereinstimmung mit und auf Bitte von Gauleiter Dr. Sigfried Uiberreither die alsbaldige Beurlaubung von Prof. v. Geramb in seiner Eigenschaft als Hochschullehrer zu beantragen. Ein schweres Augenleiden, daß Prof. v. Geramb nur schwer erlaubt, seinen Verpflichtungen als Hochschullehrer nachzukommen, dürfte die Form der Beurlaubung erleichtern."[12]

Der Hinweis auf Gerambs Augenleiden ist als Ergebnis der Intervention anzusehen, da ein derartiges Detailwissen in Berlin wohl kaum zu vermuten war. Plattner reagierte diesmal prompt und gab "die goldene Brücke" an den Rektor der Universität Graz weiter:

> "Ich ersuche Sie, dem unbesold. a.o. Prof. Dr. Viktor Geramb über Hinweis auf sein Augenleiden die sofortige Einbringung eines schriftlichen Ansuchens um Beurlaubung bis auf weiteres vom Lehramte einschl. der damit verbundenen Obliegenheiten und Befugnisse nahe zu legen. Nötigenfalls bitte ich, ihn nicht im Zweifel darüber zu belassen, daß ansonsten möglicherweise mit seiner vorläufigen Beurlaubung von Amts wegen vorgegangen würde."[13]

Am 17. Oktober 1938 übernahm es der Germanist Karl Polheim, einer der engsten Freunde Gerambs in der Fakultät, ihn von dieser Entscheidung in Kenntnis zu setzen.[14] Geramb reagierte mit Bestürzung und Ernüchterung über die Mechanismen des nationalsozialistischen Wissenschaftsapparates. Er lehnte noch am 20. Oktober in seiner Antwort an Plattner den Vorschlag ab, selbst seine Pensionierung zu beantragen:

> "Wer mein Augenleiden kennt, das mich in der Kriegszeit (1915) überfallen und dann 15 Jahre lang schwer gepeinigt hat, der muß es mir nachfühlen können, daß es frevelhaft von mir wäre, diesen Teufel an die Wand zu malen. Aber auch ohne diese Begründung bringe ich es nicht übers Herz, selber um meine Beurlaubung anzusuchen. Sie wissen nicht und können nicht wissen, was Sie mir (und nicht nur mir) zerstören, wenn Sie mir mein Lehramt nehmen. Sie wissen nicht, gegen welches Heer von Widerständen und unter welchen schweren persönlichen Opfern ich diese Lehrkanzel für Deutsche Volkskunde geschaffen, gehalten und verteidigt habe."[15]

Gerambs Betroffenheit war deshalb so groß, da die Universität und die damit verbundene Möglichkeit, sein Fach zu vermitteln und seine Ideen weiterzugeben, für ihn mehr als alles andere bedeuteten. Die Feststellung, daß für ihn im Oktober 1938 eine Welt zusammenbrach, klingt pathetisch, ist jedoch nicht übertrieben. In der Folge führte Geramb einen von vornherein aussichtslosen Kampf gegen seine Widersacher, der sich das gesamte Studienjahr 1938/39 hinzog. Es folgten mehrere Interventionsversuche von Geramb bei Politikern und Kollegen, u.a. bei Heinrich Harmjanz[16] und Adolf Helbok,[17] der seinerseits ebenfalls an Harmjanz schrieb.[18] Helbok äußerte in einem am 2. November 1938 an Geramb gerichteten Brief die Meinung, er "glaube allerdings nicht, daß Berlin im Spiele ist."[19] Wer war nun "im Spiele"? Wer waren die Gegner Gerambs? Bei genauer Betrachtung fallen zwei Fakten ins Auge: Der zitierte Brief aus Berlin[20] an Friedrich Plattner, der offensichtlich aufgrund einer Intervention aus Graz verfaßt worden war, stammt aus dem "Amt Rosenberg." Gerambs Hilferufe waren, soweit sie Volkskundler betrafen, ausschließlich an Kollegen gerichtet, die dem "Ahnenerbe" entweder angehörten oder zumindest nahestanden.

Die Auseinandersetzungen zwischen diesen Organisationen stellen nun kein wissenschaftliches Neuland dar; sie ziehen sich - einem roten Faden gleich - auch durch die Wissenschaftsgeschichte der Volkskunde der "Ostmark."[21] Ihre Auswirkungen sind vielfach erkennbar, und es drängt sich der Verdacht auf, daß sie auch in unserem Fall spürbar werden. Das "Ahnenerbe" war durchaus bereit, mit Wissenschaftern und interessierten Laien zusammenzuarbeiten, deren nationale Gesinnung zwar nicht zur Diskussion stand, die jedoch auf gewisse Distanz zur NSDAP gingen. Dies war für die Ideologen des "Amtes Rosenberg" undenkbar. Es war daher für Gerambs Gegner nicht schwer, mit verschiedenen Hinweisen auf seine klerikale Einstellung bei Rosenberg oder dessen engstem Mitarbeiterstab zu intervenieren. Es wäre sinnlose Spekulation, Vermutungen darüber anzustellen, wer das größte Interesse hatte, Geramb los zu werden. Sicher scheint, daß die Hauptaktivitäten vom Gauschulungsamt unter der Leitung von Dr. Heinrich Hoffer ausgingen:[22] Ob in eigenem Interesse oder um einem anderen Personenkreis einen Gefallen zu tun, mag dahingestellt bleiben.

Daß die Spannungen zwischen "Ahnenerbe" und "Amt Rosenberg" in diesem Fall auch über den Kopf des Betroffenen hinweg sichtbar wurden, beweist ein Brief Richard Wolframs an den Reichsgeschäftsführer des "Ahnenerbes," Wolfram Sievers, in dem er vor dem "Rosenbergianer" Karl Ruprecht warnt, der beabsichtigt, nach Graz an das Volkskundemuseum zu gehen ("jedenfalls ist höchste Vorsicht und Aufmerksamkeit geboten").[23]

Gerambs Nähe zum "Ahnenerbe" zeigt auch die Tatsache, daß er unter den vergebenen Dissertationen "fünf im Auftrage und mit Stipendien des 'Ahnenerbes'" zugewiesen hatte.[24] Wenn Helbok also die Auffassung vertrat, daß Berlin nicht im Spiele sei,[25] so stimmt das nur zum Teil: Sehr wohl kam die Aufforderung, Geramb zu beurlauben, aus Berlin, jedoch nicht von ministerieller oder universitärer Seite, sondern von der ideologisch bis zum Exzeß überladenen Dienststelle Alfred Rosenbergs, für die das Fehlen "weltanschaulicher Klarheit" ein unverzeihlicher Fehler war. Trotz seiner Weigerung, selbst seine Beurlaubung zu beantragen, blieb Gerambs Situation zunächst in einem Schwebezustand. Seine Hilferufe verhallten zwar ungehört, "von Amts wegen" ging man jedoch vorerst nicht gegen ihn vor. Die Universität legte ihm lediglich nahe, im Studienjahr 1938/39 keine Lehrveranstaltungen abzuhalten.

Da sein Schreiben an Plattner unbeantwortet blieb,[26] richtet Geramb am 15. Dezember 1938 einen Hilferuf an den Rektor der Universität Graz und bittet ihn, über seine Lage zu entscheiden:

> "Da ich bisher nicht beurlaubt oder gar enthoben wurde, bitte ich nun selber zu entscheiden, ob ich mit dem Beginn meiner Lehrtätigkeit länger zuwarten soll. Ich erlaube mir, darauf aufmerksam zu machen, daß ich eine Reihe von Dissertationen [...] gegeben habe, und daß die Hörer, die diese Arbeiten übernahmen, meiner akademischen Tätigkeit dringend bedürfen."[27]

Auch diese Bitte führte zu keiner Entscheidung; diese fiel erst nach Ende des Studienjahres 1938/39: Mit Erlaß vom 26. Juli 1939 wird Geramb an der Universität in den Ruhestand versetzt.[28] Sein Lehrauftrag, den er de facto seit einem Jahr nicht mehr wahrgenommen hatte, wurde mit Ende Juli 1939 endgültig eingestellt.

Seine Pensionierung an der Universität konnte in der Praxis nichts anderes bedeuten, als das Verbot zu lehren und den Entzug der honorierten Lehraufträge im Ausmaß von vier Stunden, da er ohnehin nicht im Personalstand der Universität war. Mit diesem offiziellen Akt schloß das Ministerium das Kapitel Geramb, das erst nach Kriegsende mit seiner Rückkehr an die Universität eine Fortsetzung erlebte. Nicht einmal ein Jahr hatte es gedauert, bis die anfängliche Begeisterung Gerambs über den Einmarsch deutscher Truppen in Österreich der totalen Ernüchterung gewichen war und er den herrschenden Machtapparat mit seinen oft brutalen, manchesmal aber auch subtilen Methoden zur Durchsetzung des Herrschaftsanspruches zu durchschauen begann.

Der weitgehende Rückzug Gerambs in das Privatleben bedeutete jedoch für die Volkskunde in Graz bzw. in der Steiermark kein absolutes Vakuum. Der Lehr- und Forschungsbetrieb wurde auf unterschiedlichen Ebenen zumindest ansatzweise aufrecht erhalten. Zunächst übernahm der Germanist Leo Jutz am 25. Oktober 1939 die kommissarische Leitung des "Volkskundlichen Lehrapparates,"[29] womit das formale Weiterbestehen der Volkskunde gesichert war. Noch im selben Jahr suchte man in Graz einen Volkskundler, der für eine Habilitation in Frage kam. Grundsätzlich boten sich zu dieser Zeit zwei junge Wissenschafter an: Hanns Koren und der später wohl bedeutendste Vertreter einer komparativen Volkskunde, Leopold Kretzenbacher; der Erste seit 1936, der Zweite seit 1938 Mitarbeiter Gerambs am Volkskundemuseum in Graz. Der sechs Jahre ältere Koren kam wegen seiner Affinität zur Volksfrömmigkeit und als ehemaliger Leiter des Instituts für religiöse Volkskunde von vornherein nicht in Frage. Der damals erst siebenundzwanzigjährige Kretzenbacher wurde also aufgefordert, sich ehestmöglich zu habilitieren, was noch im Dezember 1939 geschah.[30] Er lehrte jedoch auch nach dem Erhalt der Venia am 26. Mai 1941[31] und nach seiner Ernennung zum außerplanmäßigen Professor am 5. Mai 1943[32] kaum an der Universität Graz; zum einen war er überwiegend im Fronteinsatz, zum anderen nahm er 1943/44 eine Gastprofessur an der Universität Agram wahr.[33]

Ebenso peripher ist die Ernennung Georg Grabers zum Honorarprofessor für kärntnerische Volkskunde am 24. Juli 1943. Er wurde damit auch zum Leiter der Stelle für Volkskunde am neugegründeten Institut für Kärntner Landesforschung der Universität Graz ernannt,[34] das unter der Leitung des Philologen und Mundartforschers Eberhard Kranzmayer stand. Graber scheint bis 1945 nur mit zwei Lehrveranstaltungen im Vorlesungsverzeichnis auf: Ausgewählte Kapitel aus der Brauchtumskunde I (Sommersemester 1944)[35] und II (Wintersemester 1944/45).[36] Alles in allem ist die Feststellung kaum übertrieben, daß die Volkskunde an der Universität Graz im Gegensatz zu den Jahren vor 1938 in einen Dornröschenschlaf verfiel; im Gegensatz übrigens auch zu den Universitäten Innsbruck und Wien!

Während in diesem Fall die Volkskunde - dem "Amt Rosenberg" sei es gedankt - durch weitgehende Absenz auffiel, startete 1943 in der Nähe von Graz ein anderes volkskundliches Unternehmen - diesmal mit Hilfe Rosenbergs. Der "Beauftragte des Führers für die gesamte geistige und weltanschauliche Erziehung der NSDAP" erhielt mit Führerbefehl vom 29. Jänner 1940 die sogenannte "Hohe Schule der NSDAP" zugesprochen, die nach dem "Endsieg" anstelle der Universitäten treten sollte.[37] Als vorläufig größte Unterabteilung wurde am 5. Juni 1942 das "Institut für deutsche Volkskunde" gegründet, mit dessen Leitung Rosenberg "auf Dauer des Krieges" den "Ostmärker" Karl Haiding beauftragte.[38] Der 1906 als Karl Paganini geborene Haiding[39] gehörte zur "Mythologengruppe" um Karl Spiess, die sich im "Amt Rosenberg" zusammenschloß und einen Gegenpol zur "Much-Schule" bildete, deren Vertreter im "Ahnenerbe" ihre Heimat fanden. (Vgl. die Kapitel: Von Ritualen, Mythen und Lebenskreisen: Volkskunde im Umfeld der Universität Wien; "Mit all seinen völkischen Kräften Deutsch"). Eine der insgesamt sechs bis Kriegsende gegründeten Forschungsstellen des Instituts übernahm Haiding selbst - die Forschungsstelle "Spiel und Spruch" wurde 1942 zunächst am Arbeitssitz des Institutsleiters in Berlin eingerichtet. Die Übersiedlung in die Steiermark war eine Folge der Kriegshandlungen.[40]

"Am 1. März 1943 flogen die Alliierten den ersten 'Teppichangriff' auf Berlin, der den Vorort Schöneberg in Schutt und Asche legte [...]. In dieser Nacht beschloß Haiding, das Archiv der Forschungsstelle "Spiel und Spruch" und damit das Rosenberg'sche Volkskundeinstitut schnellstens in die Steiermark auszulagern."[41]

In den kommenden beiden Jahren bis zum Zusammenbruch "bereicherte" das "Institut für deutsche Volkskunde der Hohen Schule" die volkskundliche Szene in der Steiermark: Haiding übersiedelte in das Stift Rein nordwestlich von Graz. Die Bombenangriffe dürften jedoch nur unmittelbarer Anlaß für eine rasche Übersiedlung gewesen sein; der Plan für eine Auslagerung in das Stift Rein war vermutlich schon 1942 gefaßt worden, als Haiding auf Einladung der "steirischen Gauschule" in Graz Vorträge über "das volkstümliche Kindergut" hielt.[42]

Haiding war primär daran interessiert, die annähernd dreißigtausend Aufzeichnungen über Kinderspiele und Sprüche für insgesamt vier Karteien (Nummern-, Sach-, Ortskartei; eine vierte war für Berlin bestimmt) vorbereiten zu lassen. Die Arbeit seiner Mitarbeiterin Doris Sauer während ihres Aufenthaltes in Rein bestand hauptsächlich darin, Abschriften von Spruchaufzeichnungen für die vorgesehenen Karteien auf Fehler durchzusehen.[43] Im Herbst 1943 wurde Sauer darüber hinaus beauftragt, eine Melodienkartei für Spiel und Spruch aufzubauen. Wieder sollte ein Exemplar jeder Abschrift nach Berlin an das "Amt Rosenberg" geschickt werden. Sauer spricht in diesem Zusammenhang von einem "seltsamen Ehrgeiz des Institutsleiters;" sie stellte bereits 1943 die Vermutung an, "daß die Pakete aus Rein von irgendeiner Büroangestellten ungeöffnet im allgemeinen Aktenkeller der Reichsleitung 'Rosenberg' aufgetürmt werden."[44] Wie sehr Haiding bemüht war, sich im "Amt Rosenberg" unentbehrlich zu machen (Haiding war nur auf Kriegsdauer zum Leiter des Instituts für deutsche Volkskunde bestellt), zeigt auch sein "Jubelaufsatz" anläßlich des 10jährigen Bestehens des "Amtes Rosenberg": "Der Mythus unseres Jahrhunderts und die deutsche Volkskunde" von 1943[45] gehört zum Schlimmsten, was je aus der Feder eines späteren Vertreters der österreichischen Volkskunde floß.

Viktor Geramb war zum Zeitpunkt dieser Geschehnisse weitgehend "kaltgestellt." Aufgrund seines hohen Ansehens in der Öffentlichkeit beließ man ihn formal als Leiter des Volkskundemuseums, legte ihm jedoch nahe, seiner Wirkungsstätte möglichst fernzubleiben.[46] Der noch aus dem Ersten Weltkrieg kriegsversehrte Viktor Theiss übernahm stellvertretend die Geschäftsführung des Museums. Der Rückzug ins Privatleben ermöglichte Geramb, die Arbeiten an seiner nach dem "Steirischen Trachtenbuch"[47] umfangreichsten Publikation voranzutreiben - an der Biographie Wilhelm Heinrich Riehls.[48] In der Abgeschiedenheit seines Wohnsitzes in Gedersberg südlich von Graz versuchte er, mit den ihm unverständlichen Kränkungen fertig zu werden. Er, der keinem der volkskundlichen Blöcke der Nazizeit ("Ahnenerbe" und "Amt Rosenberg") angehörte, wurde dennoch mehrfach mit diesen Organisationen konfrontiert. Geramb mußte erkennen, daß es außerhalb der offiziellen Institutionen praktisch keine Volkskunde zu geben hatte.

An zwei Beispielen sei diese Problematik verdeutlicht: Auf Anregung des steirischen Dichters Paul Anton Keller[49] gab Geramb 1941 seine "Kinder- und Hausmärchen aus der Steiermark" heraus.[50] Geramb selbst deutete einleitend auf das scheinbare Paradoxon hin, in Kriegszeiten ein Märchenbuch herauszugeben und meint dazu:

> "Ei freilich! Unser unsterbliches Vorbild, die Kinder und Hausmärchen der Gebrüder Grimm, haben ja auch im Kriegsjahr 1812 das Licht der Welt erblickt. Und leben doch heute noch in Millionen Kinderstuben und werden weiterleben, 'solange es Kinder und Blumen gibt.'"[51]

Die Märchensammlung bot in Kriegszeiten die Möglichkeit zur Flucht in eine Traumwelt, und ihr kompensativer Charakter fand überaus starken Anklang, sodaß die erste Auflage bereits bald nach dem Erscheinen vergriffen war.

Die Reichskulturkammer wünschte Ende 1943 eine Neuauflage und veranlaßte zu diesem Zweck die Reichswirtschaftskammer, dem Grazer Gauverlag Papier für eine Auflage von zehntausend Stück zu senden.[52] Der steirische Gauleiter Sigfried Uiberreither verhinderte jedoch eine Neuauflage. Geramb wurde auf diese Weise erneut in die Auseinandersetzungen der rivalisierenden Gruppen hineingezogen. Uiberreither verhinderte die Neuauflage angeblich mit dem Hinweis auf das Andenken des inzwischen gefallenen Gauschulungsleiters Heinrich Hoffer! Damit traf Hoffer noch nach seinem Tod den verbitterten Geramb zum zweiten Mal, nachdem er bereits 1938/39 hinter den Aktionen gegen ihn gestanden hatte. Diesmal waren die Verbindungen der Kritiker zum "Amt Rosenberg" jedoch noch offensichtlicher als zu Beginn der Nazizeit. 1944 wandte sich die "Parteiamtliche Prüfungskommission" in Berlin an den Leiter der "Lehr- und Forschungsstätte für germanisch-deutsche Volkskunde" des "SS-Ahnenerbes" und Extraordinarius an der Universität Wien, Richard Wolfram, um ein Gutachten über das umstrittene Buch. Darüber hinaus wollte man von ihm auch ein Gutachten über die Theorien von Karl Spiess, dem Kopf der "Mythologengruppe," die dem "Amt Rosenberg" nahestand. Wolfram schreibt an Geramb im Zusammenhang mit diesem Gutachten, daß "[...] die gegen ihr Werk vorgetragene Kritik sich wesentlich auf die Ansichten von Spiess stützt."[53]

Wolfram nutzte diese Gelegenheit zu einem ausführlichen Gutachten, das für uns aus mehreren Gründen interessant ist: Erstens enthält es eine inhaltliche Auseinandersetzung mit den "Mythologen" und zweitens führt Wolfram auch die gegen Gerambs Buch vorgebrachte Kritik an; wenn auch nur, um sie herunterzuspielen oder zu entkräften. Es zeigt sich, daß die Vorwürfe zunächst an einigen Erzählungen konfessionellen Charakters und an der Tatsache, daß zu den wichtigsten zitierten Sammlern zwei Priester gehörten (Pfarrer Anton Meixner und Pater Romuald Pramberger), festgemacht wurden. Darüberhinaus entsprach die Zusammenstellung der Sammlung nicht den Intentionen der "Mythologen," die "[...] die arische Überlieferungswelt in ihrem Mythengut wiederherzustellen und an die Stelle unserer bisherigen [...] total überfremdeten Kultur zu setzen"[54] beabsichtigten. Da sich der Inhalt des "Arischen Mythos" für Spiess zu einem großen Teil aus dem Märchen erschloß, ist die Abneigung gegen (nach der Auffassung von Spiess) nicht von "arischem Mythos" durchdrungenem Erzählgut verständlich. Im Zusammenhang mit Gerambs Märchenbuch spricht Wolfram übrigens von "geringfügigen Einwänden, die nichts Wesentliches betreffen."[55]

Wolfram benützte dieses Gutachten in einem zweiten Teil zu einer scharfen Kritik an Spiess. Er warf ihm u.a. vor, unwissenschaftliche, zu enge Unterscheidungskriterien bei der Trennung in "arteigen und artfremd" anzuwenden und auf diese Weise den größten Teil des Überlieferungsgutes als "artfremd" auszuscheiden.

> "Nach Karl von Spiess bliebe von unserer geistigen Welt als wirklich arteigen nur ein sehr schmales Gebilde, das weder der Wirklichkeit des Altertums entspricht, noch für uns Heutige als Inhalt unserer Welt ausreichen würde."[56]

Ich möchte mich auf diese wenigen Hinweise zum Streit zwischen den "Mythologen" und den "Ritualisten" (wie sie von Wolfgang Emmerich einmal genannt wurden)[57] beschränken, ohne auf die einzelnen Positionen näher einzugehen.[58] Verfolgt man diesen Streit auf volkskundlicher Ebene, könnte man angesichts der unsinnigen Banalitäten darüber lachen; wenn man jedoch bedenkt, daß die Diskussion über "arteigen" und "artfremd" auf physischer Ebene gleichsam als logische Konsequenz fortgesetzt wurde und zur Ermordung von Millionen führte, dann bleibt einem angesichts der Vorfeldwirkung der Volkskunde und anderer Geisteswissenschaften das Lachen im Hals stecken.

Trotz des positiven Gutachtens von Richard Wolfram erlebte Gerambs Märchenbuch während der NS-Diktatur keine zweite Auflage; sie konnte erst nach dem Krieg realisiert werden.[59] Die seit dem Erscheinen andauernde Diskussion um seine umstrittene Märchensammlung hatte Geramb jedenfalls im April 1944 zur zynischen Feststellung veranlaßt: "Mir verbietet man meine Bücher und andere schreiben seitenweis' daraus ab, darunter sogar Stellen, die an meinem Verbot beteiligt sind."[60]

Doch Geramb sollte noch auf eine andere Art mit dem "Amt Rosenberg" konfrontiert werden: 1944 fand er sich nämlich plötzlich als dessen freier Mitarbeiter wieder! Wie es dazu kam, ist einer jener Wege, die aufzeigen, wie schwer oft der Unterschied zwischen Schuld und Verstrickung zu erkennen ist und wie differenziert die Wissenschaftsgeschichte der NS-Volkskunde von uns beurteilt werden muß: Der "Nationalsozialistische Bund deutscher Technik" bemühte sich in den 30er Jahren um eine Nachfolge des groß angelegten Mappenwerkes "Das Bauernhaus im Deutschen Reiche und in seinen Grenzgebieten" (1906).[61] Das Projekt sah 12 bis 14 Einzelbände vor, die den verschiedenen Landschaften gewidmet werden sollten. Der Projektleiter, Gustav Wolf, eröffnete 1940 die Reihe "Haus und Hof deutscher Bauern" mit dem Band "Schleswig-Holstein."[62] Im Herbst 1942 lud Wolf anläßlich eines Treffens in Salzburg Geramb zur Mitarbeit ein und ersuchte ihn, die Bearbeitung des Bandes "Steiermark und Kärnten" zu übernehmen, der als Nummer XI der Reihe erscheinen sollte.[63] Geramb verfügte aufgrund seiner beruflichen Situation über relativ viel Zeit, zumal er ab 1942 bis Kriegsende seine Publikationstätigkeit nahezu einstellte,[64] und befaßte sich 1943/44 intensiv mit Auswahl und Bearbeitung geeigneter Bauernhöfe.[65]

Am 12. April 1944 erhielt Geramb die telefonische Einladung von Karl Haiding, am 20. April 1944 an einer Arbeitsbesprechung der "Forschungsstelle Deutscher Bauernhof" im "Institut für Deutsche Volkskunde" in Rein teilzunehmen, bei der Fragen des von Wolf geleiteten "Bauernhauswerkes" besprochen werden sollten.[66] Geramb war entsetzt über dieses Ansinnen, ausgerechnet zu seinen größten Gegnern kommen zu sollen, und reagierte heftig. Noch am 13. April schrieb er an Wolf einen Brief, in dem er um Aufklärung bat:

> "Gestern, als ich von Oberwölz heimkam, rief mich Herr Haiding telefonisch an, daß ich am Donnerstag, 20. d. M. nach Rein kommen möge, zu einer Besprechung des Bauerhausbandes "Haus und Hof," da dieser nun von Ihnen und Kulke gemeinsam herausgegeben werde! Wir wurden im Gespräch durch Fliegeralarm unterbrochen. Ich schreibe heute an Haiding, daß ich *nicht* komme, wenn nicht *vorher* Kulke zu mir herauskommt, um die persönlichen und sachlichen Fragen zu bereinigen. Ich bin ein durchaus friedliebender und versöhnungsbereiter Mann. Aber *dieser* Kreis hat mir mein ganzes Lebenswerk, an dem ich 35 Jahre treu gebaut habe, zerstört, ohne mich zu kennen! Das müßte man ja wirklich als eine bodenlose Schwäche meinerseits auslegen, wenn ich nun, wo mich die Herren brauchen, einfach, als ob nichts geschehen wäre, etwa gar aus Angst vor der Macht, mit keiner Wimper zuckte und mit hündischer Unterwürfigkeit als 'guter steirischer Trottel' dienstbeflissen alle Wünsche erfüllte. Nein, da kennen mich die Herren schlecht! *Mindestens müssen* sich die um 30 Jahre jüngeren Zerstörer meines Wirkens *zuerst* zu mir herausbemühen. Da werden wir, wie es deutsche Art war, eben Mann zu Mann Rede und Antwort stehen!"[67]

Dann stellte Geramb die Frage, ob es wahr sei, "daß sie die Leitung des Werkes mit Kulke geteilt haben."[68] Wolf antwortete telegraphisch am 17. April mit der knappen Formulierung "in Vereinbarung begriffen."[69]

Was war nun "in Vereinbarung begriffen"? Auf die sechs Forschungsstellen des 1942 gegründeten "Instituts für deutsche Volkskunde" des "Amtes Rosenberg" wurde bereits hingewiesen. Eine davon war die Forschungsstelle "Deutscher Bauernhof" in Schöneiche bei Berlin unter der Leitung von Erich Kulke.[70] 1944 kam es nun zu einem Zusammenschluß dieser Interessen, daß heißt, das "Amt Rosenberg" übernahm die Patronanz über das Werk "Haus und Hof deutscher Bauern" und Geramb war unfreiwillig fortan Mitarbeiter jener Dienststelle, die ihn 1938/39 praktisch ins Privatleben gezwungen hatte.

Es gehört zu den schwerverständlichen Tatsachen, daß Geramb seine Mitarbeit an diesem Werk aufrecht hielt, doch zieht sich eine Tatsache wie ein roter Faden durch sein Leben: Wissenschaftliche Arbeit und Wissensvermittlung gingen ihm über alles. Dafür war er bereit, einen hohen Preis zu bezahlen; dafür versuchte er sich 1938 mit den Nazis zu arrangieren und "schluckte" 1944 auch seinen berechtigten Zorn gegen das "Amt Rosenberg" hinunter.

Viktor Geramb ist das Beispiel eines bedeutenden Gelehrten, der von einer bürgerlich-konservativen Grundhaltung geprägt war und dessen nationale Einstellung es ihm ermöglichte, eine bestimmte Wegstrecke gemeinsam mit den Nationalsozialisten zurückzulegen. Eines dürfte dieser Gruppe von Wissenschaftern, der Geramb damit zuzurechnen ist, gemeinsam sein: In ihrer Begeisterung für das Fach machten sie es den Nazis nur allzu leicht, sie vor den Karren einer unmenschlichen Ideologie zu spannen und für ihre Zwecke zu benutzen.

Anmerkungen

1. Zu den regionalen und allgemeinen hochschulpolitischen Auswirkungen der NS-Zeit vgl. Karner 1986 und Fischer u.a. 1985.
2. Vgl. Taucher 1973: 184 und Weingand 1991: 44.
3. Privatarchiv Geramb. Schreiben Gerambs an die "Altherren" des "Deutschen Historischen Vereines" vom 14.11.1937.
4. Allgemeines Verwaltungsarchiv (= AVA). RMikA. Schreiben des Stabsleiters an den Staatskommissar Friedrich Plattner vom 6.10.1938.
5. Zu Stepan vgl. Binder 1982.
6. Geramb 1938: 9.
7. Eberhart 1991b; Eberhart (im Druck).
8. Privatarchiv Geramb. Antrittsvorlesung nach dem Umbruch, gehalten am 2.5.1938.
9. Privatarchiv Geramb. Antrag Gerambs an das Dekanat der phil. Fakultät der Universität Graz vom 19.5.1938.
10. Heinrich Harmjanz gehörte zu dieser Zeit als Referent im Reichserziehungsministerium und als Leiter der Lehr- und Forschungsstätte "Volkskunde und Volksforschung" des Ahnenerbes zu den einflußreichsten Fachvertretern des Dritten Reiches, vgl. Oesterle 1987: 89.
11. Privatarchiv Geramb. Schreiben Gerambs an Harmjanz vom 24.2.1939.
12. Wie Anm. 3.
13. AVA. RMikA. Zl.IV-20785-2c. Schreiben Plattners an Rektor Hans Reichelt vom 13.10.1938 (nur im Konzept erhalten).
14. Privatarchiv Geramb. Schreiben Polheims an Geramb vom 17.10.1938.
15. Privatarchiv Geramb. Schreiben Gerambs an Plattner vom 20.10.1938.
16. Privatarchiv Geramb. Schreiben Gerambs an Harmjanz vom 24.2.1939.
17. Privatarchiv Geramb. Schreiben Gerambs an Helbok, o.D. (nur im Konzept erhalten).
18. Privatarchiv Geramb. Helbok teilt dies in einem an Geramb gerichteten Brief vom 2.11.1938 mit.
19. Ebendort.
20. Wie Anm. 3.
21. Vgl. dazu Bollmus 1970, Bollmus 1987, Kater 1974, Lixfeld 1987b, Lixfeld 1987a und Lutz 1983a.
22. Geramb bestätigte diese gezielten Attacken des Gauschulungsamtes noch 1942 anläßlich einer Tagung gegenüber einer Mitarbeiterin des Ahnenerbes, vgl. Privatarchiv Lixfeld. Aktenvermerk von Friederike Prodinger vom 14.11.1942.
23. BA Koblenz. NS 21/80. Schreiben Wolframs an W. Sievers vom 30.4.1939.
24. Privatarchiv Geramb. Schreiben Gerambs an Rektor Hans Reichelt vom 15.12.1938.
25. Wie Anm. 17.
26. Wie Anm. 23.
27. Ebendort.
28. Privatarchiv Geramb. Erlaß des Ministeriums für innere und kulturelle Angelegenheiten vom 26.7.1939 (Zl.IV-2c-333.895); der Erlaß wird in einer Richtigstellung des Ministeriums vom 7.8.1939 zitiert, die Geramb abschriftlich zur Kenntnis gebracht wird.
29. Vgl. Eberhart 1983: 47.
30. Vgl. Gerndt und Schroubek 1977: 6; zu Kretzenbacher vgl. auch Grabner 1987/88.
31. Vgl. Reichsuniversität Graz. Vorlesungsverzeichnis und Universitätsführer WS 1941/42: 19; Gerndt und Schroubek 1977: 6.
32. Vorlesungsverzeichnis WS 1943/44: 8; Gerndt und Schroubek 1977: 6.
33. Vgl. Gerndt und Schroubek 1977: 6.
34. Vgl. Vorlesungsverzeichnis SS 1941: 61; zu Grabers Ernennung vgl. auch Vorlesungsverzeichnis WS 1944/45: 66 und *Das deutsche Volkslied. Zeitschrift für seine Kenntnis und Pflege* 45, 1943: 112.

35. Vorlesungsverzeichnis SS 1944: 17.
36. Vorlesungsverzeichnis WS 1944/45: 19.
37. Vgl. Lixfeld 1987a: 76.
38. Ebendort.
39. Die Namensänderung erfolgte am 8.3.1935, vgl. Privatarchiv Lixfeld. Eidesstattliche Erklärung vom 23.4.1937, verfaßt von Karl Haiding; vgl. dazu auch Brückner 1989c: 39-45.
40. Dem Verfasser lag bereits zur Zeit (Sommer 1991) der Abfassung dieses Beitrags ein Manuskript vor, das die Erinnerungen an einen mehr als einjährigen Einsatz als studentische Hilfskraft bei Haidings Forschungsstelle enthält. Die Autorin, Doris Sauer, behandelt darin nicht nur detailliert die Auswertungsmethoden Haidings, sondern reflektiert darüber hinaus über wissenschaftliches Verantwortungsbewußtsein und versucht, ihre eigene Tätigkeit kritisch in einem größeren Zusammenhang zu sehen. Das Manuskript ist 1993 erschienen: siehe Sauer 1993. Frau Doris Sauer sei für die Genehmigung, mit dem unveröffentlichten Manuskript zu arbeiten, herzlich gedankt!
41. Sauer 1993.
42. Ebendort.
43. Ebendort.
44. Ebendort.
45. Haiding 1943.
46. Geramb hatte zwar eine Dienstwohnung neben dem Museum, die er jedoch mit Fortdauer des Krieges zugunsten seines Wohnsitzes in Gedersberg südlich von Graz immer weniger benutzte.
47. Vgl. Geramb und Mautner 1934-1935.
48. Obwohl das Manuskript 1945 weitgehend abgeschlossen war, gelang es nach vielen vergeblichen Versuchen erst gegen Mitte der 50er Jahre, einen Verlag für das umfangreiche Werk zu finden; vgl. Geramb 1954a.
49. Haiding 1980: 249.
50. Geramb 1941; vgl. auch Weingand 1991: 44.
51. Geramb 1941: 1-2.
52. Privatarchiv Geramb. Schreiben Gerambs an Wolfram vom 26.11.1944.
53. Privatarchiv Geramb. Schreiben Wolframs an Geramb vom 20.11.1944.
54. Privatarchiv Geramb. Gutachten über das Buch "Kinder und Hausmärchen aus der Steiermark" von Viktor von Geramb, o.D. (November 1944).
55. Ebendort.
56. Ebendort.
57. Emmerich 1971: 153.
58. Vgl. Bockhorn 1988.
59. 1980 erschien die fünfte und bisher letzte Auflage, vgl. Geramb 1980.
60. Privatarchiv Geramb. Schreiben Gerambs an den Dichter Werner Bergengruen vom 24.4.1944; vgl. Binder 1982: 293.
61. Vgl. dazu das Flugblatt, das Gustav Wolf zur Information über das Projekt "Haus und Hof deutscher Bauern" vermutlich Ende 1941/Anfang 1942 herausgab; ein Exemplar im Privatarchiv Geramb.
62. Wolf 1940.
63. Privatarchiv Geramb. Gustav Wolf ersuchte am 20.11.1942 schriftlich den Gauleiter Sigfried Uiberreither, Geramb mit der Bearbeitung zu beauftragen. Eine Antwort ist zwar nicht erhalten, jedoch kann eine postive Reaktion vorausgesetzt werden, da Geramb in der Folge tatsächlich an diesem Projekt arbeitete. Die Zustimmung kann allerdings nicht vor dem 13.2.1943 erfolgt sein, da Gustav Wolf an diesem Tag seine Bitte an Uiberreither mangels einer Antwort erneuert!
64. Es erschienen lediglich Geramb 1942 und Geramb 1943.
65. Vgl. dazu die Aufzeichnungen im Privatarchiv Geramb. 2 Mappen über Haus und Hof deutscher Bauern.

66. Die schriftliche Einladung folgte einen Tag später, vgl. Privatarchiv Geramb. Schreiben Haidings an Geramb vom 12.4.1944.
67. Privatarchiv Geramb. Schreiben Gerambs an Gustav Wolf vom 13.4.1944.
68. Ebendort.
69. Privatarchiv Geramb. Telegramm Gustav Wolfs an Geramb vom 17.4.1944.
70. Lixfeld 1987a: 76.

"VOLKSGESCHICHTE": ADOLF HELBOKS RÜCKKEHR NACH INNSBRUCK

REINHARD JOHLER

Der "Anschluß" Österreichs 1938 ließ an der Innsbrucker Universität Professoren in den Vordergrund treten, die schon 1934 im Mittelpunkt gestanden waren. Harold Steinacker erhielt die Rektorenwürde, Friedrich Metz schickte als Rektor der Freiburger Universität an die "nun auch unter nationalsozialistischer Führung stehende Landesuniversität Innsbruck" Grüße,[1] und auch Adolf Helbok rief sich dadurch in Erinnerung, daß er den österreichischen Hochschulen zu ihrer "Heimkehr" im Rahmen der "Festgabe der deutschen Wissenschaft" aus seinem Leipziger Institut eigene Publikationen zukommen ließ.

1938 war auch die "Deutsche Volkskunde im Schrifttum" von der parteiamtlichen "Arbeitsgemeinschaft für Deutsche Volkskunde" durchgemustert worden. Innsbrucker Volkskundler waren darin mehrfach enthalten. Während die Brüder Ignaz und Joseph Zingerle eine positive Beurteilung erfuhren,[2] wurde Adolf Helbok einer scharfen Kritik unterzogen.[3] Aufschlußreich ist die Rezension von Hermann Wopfners 1926 erschienener Schrift "Deutsche Siedungsarbeit in Südtirol." Wopfner wird eine "geschickte Zusammenfassung" des Themas zugestanden, gleichzeitig aber wurden ideologische Bedenken vorgetragen: "Weltanschaulich ist jedoch gegen die Veröffentlichung manches einzuwenden."[4] Diese Beurteilung war für Wopfner durchaus günstig und deckte sich weitgehend mit seiner Selbsteinschätzung. Der gezeigte Respekt war gegenseitig und hatte mehrere Gründe: Die Koinzidenz von "Anschluß" und Kriegsbeginn erschwerte einen nationalsozialistischen Durchgriff auf die Universitäten. Entlassen wurden deklarierte Gegner, zu denen Wopfner nicht gehörte. Er bearbeitete zudem mit der Siedlungsgeschichte und der bäuerlichen Bevölkerung Themen, die auch für die Nationalsozialisten zentral waren. Wopfner war als Forscher unbestritten und von nationalsozialistischen Historikern wie Steinacker gedeckt; ein aufgeworfener Gegensatz zu ihm hätte daher wenig Sinn ergeben. Und Wopfner selbst zeigte keine Anzeichen für politischen Widerstand. Er sah mit der nationalsozialistischen Machtübernahme wohl zunächst seinen "Anschluß"-Wunsch erfüllt und verband damit die Hoffnung auf eine Wiederangliederung Südtirols. Konsequent und relativ ungehindert konnte er seine wissenschaftlichen Ziele weiter verfolgen, ohne selbst nationalsozialistische Vorgaben in seine Arbeiten aufzunehmen. Er war nicht Parteimitglied, teilte aber im "Vorfeld" gemeinsame Interessen. Dies hat ihn neuerdings in den Ruf des "Mitläufers" gebracht,[5] und tatsächlich sah Wopfner etwa zum Heidelberger Volkskundeprofessor und "Chefideologen" Eugen Fehrle[6] keinen inhaltlichen Gegensatz. Dieser hatte ihn im Sommersemester 1938 zu einer Lehrwanderung eingeladen, und umgekehrt war Fehrle für Wopfner ein "Fachkollege" und "hervorragender Forscher."[7] Erst als der von Wopfner behauptete "tirolische [...] Standpunkt," also die Südtirolfrage, der Katholizismus und seine Abneigung gegenüber der zentralistischen Regierungsform, durch die Realpolitik zunehmend in Gefahr geriet, verstärkte er seine "Ablehnung des Nationalsozialismus:"

> "Der Nationalsozialismus stand im unversöhnlichen Gegensatz zu allen demokratischen und freiheitlichen Überlieferungen des Tiroler Volkes und ganz besonders seines Bauernstandes. Dazu kam dann noch der von Hitler geübte Verrat an Südtirol, die kirchenfeindliche Haltung der Partei und vieles andere. Das, was Hitler und die Seinen Österreich zugedacht hatten, war damals noch gar nicht bekannt."[8]

Besonders die im "Hitler-Mussolini-Abkommen" 1939 beschlossene Aufgabe Südtirols und die Einleitung der Umsiedlung der dortigen deutschsprachigen Bevölkerung waren für Wopfner desillusionierend. Er nahm daher nicht an der 1940 vom "Ahnenerbe" eingerichteten "Kulturkommission" teil. Für sein Institut bedeutete diese Absenz einen vorläufigen Verlust der volkskundlichen Südtirol-Kompetenz. Wopfners Lebenswerk war durch dieses Vorhaben bedroht. Umso überraschender ist es, daß er öffentlich dazu nicht Stellung bezog. Zwar wurde seine Vortragstätigkeit eingeschränkt, aber in der Forschung, der Publikationstätigkeit und in der Lehre wurde er durchaus wohlwollend behandelt.[9] Diese Haltung zeigte sich auch bei Wopfners "Entpflichtung:"

> "Im Jahre 1941 - fünf Jahre vor Erreichung der Altersgrenze - suchte ich um meine Versetzung in den Ruhestand an. Zu diesem Schritt bestimmte mich vor allem der Wunsch, meine Zeit ganz dem Abschluß meines Lebenswerkes, dem 'Bergbauernbuch', an dem ich schon seit Jahren arbeitete, zu widmen. Doch wirkten wohl auch die Zeitverhältnisse auf meinen Entschluß ein. Ich muß aber wahrheitsgemäß hervorheben, daß von nationalsozialistischer Seite kein Druck ausgeübt wurde, mich vom Lehramt zurückzuziehen, obwohl meine Gegnerschaft gegenüber dem Nationalsozialismus an führender Stelle gut bekannt war."[10]

In der Tat hatte Wopfner bereits 1940 wegen seiner Krankheit um einen Kuraufenthalt angesucht[11] und um eine Erhöhung seines Gehaltes gebeten.[12] Das "Reichsministerium für Wissenschaft, Erziehung und Volksbildung" genehmigte beide Anträge und hatte ihn darüberhinaus von der Abhaltung der Lehrveranstaltungen für das Sommersemester 1941 befreit.[13] Wopfners Emeritierung war von Anfang an mit einer von Reichserziehungsminister Rust geförderten Berufung Adolf Helboks verbunden. In einem Schreiben vom 4. April 1941 ersuchte der Reichserziehungsminister die Philosophische Fakultät in Innsbruck um einen "umgehenden Bericht," ob eine Beauftragung Helboks mit der vertretungsweisen Wahrnehmung des Lehrstuhls Wopfners gewünscht würde. "Gegebenenfalls," so der Reichserziehungsminister weiter, könnte Helbok nach erfolgter Emeritierung Wopfners bereits am 1. Oktober 1941 in Innsbruck dessen Nachfolge antreten.[14] Die Innsbrucker Universität reagierte sofort und befürwortete wenige Tage später eine Vertretung durch Helbok bzw. seine Berufung.[15] Der angestrebte Wechsel Helboks befriedigte in der Tat unterschiedlichste Interessen. Zwar ist unklar, ob der "Reichsminister für Wissenschaft, Erziehung und Volksbildung" Helboks "letzte Bastion" darstellte oder ob dieser lediglich die Situation in Leipzig entkrampfen wollte.[16]

Die Vorstellungen der Innsbrucker Universität hingegen lassen sich präziser fassen. 1941 wurde diese in "Deutsche Alpenuniversität" umbenannt. In einer programmatischen Arbeitsteilung der deutschen Hochschulen sollte sie eine spezifische "raumgemäße Zielsetzung" an der Grenze verfolgen.[17] Um dieser Aufgabe gerecht zu werden, versuchte Rektor Steinacker die Universitätsstruktur zu verändern und neue Institute zu gründen. Die Emeritierung Wopfners bot dafür eine ideale Möglichkeit. Mit dem 1. Oktober 1941 ging das "Institut für geschichtliche Siedlungs- und Heimatkunde der Alpenländer" im "Institut für Volkskunde" auf. Wopfners Ordinariat wurde der Volkskunde zugewiesen, die von ihm wahrgenommene Lehrkanzel für "Österreichische Geschichte und Wirtschaftsgeschichte" hingegen wurde auf ein Extraordinariat herabgemindert und mit Franz Huter besetzt, der aber bald das "Institut für Geschichte und Landeskunde des Alpenraumes" zugewiesen bekam.[18] Damit war eine Weichenstellung auch für die Nachkriegszeit gegeben: Die Aufwertung der Volkskunde zu einem eigenen Institut brachte zumindest sukzessiv den Verlust der Landeskunde mit sich. Diese Tendenz erfuhr durch Helboks Tätigkeit in Innsbruck noch eine wesentliche Verstärkung.

Dessen Berufung nach Innsbruck wurde von allen wesentlichen Stellen gefordert bzw. unterstützt. Es ist bereits erwähnt worden, daß der Reichserziehungsminister den Wechsel förderte, aber auch der Tiroler "Gauleiter" Hofer und die Philosophische Fakultät legten wiederholt "grösstes Gewicht" darauf, die "Kanzel mit Professor Dr. Adolf Helbok besetzt zu sehen."[19] Auch Hermann Wopfner schloß sich in einem Gutachten dieser einhelligen Meinung an und erstellte einen "Dreiervorschlag." Überraschend ist darin weder der erste, Adolf Helbok zugedachte Listenplatz, noch der dritte, der Richard Wolfram wegen seiner Mitarbeit an der "Kulturkommission" in Südtirol vorsah. Auf den zweiten Platz aber reihte Wopfner mit einer ausführlichen Begründung den 1939 in Graz enthobenen Viktor von Geramb. Dies kam dem Versuch einer mutigen Rehabiltierung Gerambs gleich.

Wopfner betonte in der Beurteilung Helboks dessen organisatorisches Geschick und Innovationsbereitschaft und führte als weiteren Grund eine politische Wiedergutmachung an:

> "Aus diesem Grunde ist Helbok die geeignetste Persönlichkeit zur Einrichtung und Leitung grosser wissenschaftlicher Unternehmungen, die auf der Zusammenarbeit vieler aufbauen. Die Rückberufung Helbok's nach Innsbruck ist insoweit auch eine Forderung der Billigkeit, als Helbok seinerzeit auf Grund seiner parteipolitischen Anschauungen und ihrer Vertretung pensioniert wurde."[20]

Rektor Steinacker schloß sich dem "Dreiervorschlag" an, versuchte allerdings, Schwierigkeiten ahnend, den Lehrauftrag für Helbok auf "Volkskunde" zu beschränken. Dies war mit der inhaltlichen und kulturpolitischen Zielvorgabe des neu gegründeten Instituts verbunden, die Helbok zu erfüllen hatte, nämlich einerseits die Betreuung des

1929 eröffneten "Tiroler Volkskunstmuseums" und andererseits die wissenschaftliche Erfassung der Südtiroler Optanten:

> "Wir haben nichts dagegen einzuwenden, begrüssen es sogar, wenn die Volkskunde im Rahmen der Volksgeschichte und nicht als Archäologie des bric à brac betrieben wird. Es besteht demnach kein Hindernis, dass Professor Helbok auch Siedlungsgeschichte, volksgeschichtliche und volkscharakterologische Themen behandelt. Aber wir möchten vermieden sehen, dass durch einen Lehrauftrag, der Volkskunde und Volksgeschichte zu gleichem Recht nebeneinanderstellt, das Schwergewicht der Lehrtätigkeit der Volkskunde entzogen wird. Die wichtigste Aufgabe ist derzeit die Heranziehung eines möglichst zahlreichen und guten Nachwuchses für volkskundliche Forschung und Arbeit in unserem Gau, wo mannigfaches Kulturgut, namentlich auch der übernommenen Südtiroler, in der nächsten Generation wissenschaftlich aufgenommen und praktisch am Leben erhalten werden soll."[21]

Es war wohl schon vor Helboks Berufung klar, daß dieser nur bedingt die vorgegebene Zielsetzung erfüllen konnte und wollte, zumal seine Forschungsvorhaben von gänzlich anderen, umstrittenen Schwerpunkten bestimmt waren. Darauf hatte vorsichtig bereits Hermann Wopfner in seinem "Dreiervorschlag" hingewiesen:

> "Bei der Fülle der Probleme, die gerade in den letzten Jahren der volkskundlichen Forschung erwuchsen, ist es begreiflich, wenn die eine und andere der Lehrmeinungen Helbok's zur Zeit, da noch keine genügende Klärung der widerstreitenden Meinungen erfolgt ist, Widerspruch findet."[22]

"Bei der Fülle der Probleme" - das waren vornehmlich Helboks eigene. Hier ist weder der Platz, diese zusammenzufassen, noch ist es möglich, Helboks in Berlin und Leipzig entwickelte inhaltliche Vorstellungen wiederzugeben.[23] Er hatte wiederholt seine grundsätzlichen Positionen dargelegt: Helbok sah sich - bis 1945 - als Nationalsozialist, der durch seine Forschungen nationalsozialistische Politik nicht nur unterstützen, sondern auch bestimmen wollte und diese durch eine "aktivistische Volksbildungsarbeit" zu verbreiten versuchte. Dabei habe er "seit jeher den nordischen Gedanken" vertreten und sei durch "eigene Forschungsarbeit zum organischen Volksbegriff" und zur Rassenkonzeption gelangt. Zudem habe er den Standpunkt der "objektiven und voraussetzungslosen Wissenschaft" immer abgelehnt:

> "Aus all dem Gesagten ergibt sich zwangsläufig: meine tiefe und innerliche Verantwortung mit dem Nationalsozialismus sowohl in der Richtung der Rassen- wie der Volksidee, weil es sich hier um eine persönliche und berufliche Verbindung in der ausgewähltesten Form handelt."[24]

Nach 1945 stellte Helbok in mehreren "Vorstellungen" seine Probleme in Leipzig in einen gänzlich anderen Kontext. Er habe dort die "Genialenforschung" entworfen, um damit zusammen mit seinem Schüler und Assistenten Friedrich Ranzi "immer stärker werbend für die Wertschätzung des Österreichertums" einzutreten.[25] Davon war in Innsbruck ebensowenig zu verspüren wie von der Erfüllung der ihm gestellten Aufgaben. Helbok hatte, ohne den Dekan zu informieren, Leipzig verlassen und war ab dem 1. Mai 1941 zunächst vertretungsweise in Innsbruck tätig; am 1. Oktober übernahm er die Leitung des "Instituts für Volkskunde."[26] Wieder begann für Helbok ein "weitsichtiges Planen für die Nachkriegszeit," in dem er seine "österreichische Heimat" zum "Standort eines das ganze Deutschtum umspannenden Reichsinstitutes" machen wollte.[27]

Und neuerlich hatte Helbok seine Möglichkeiten überschätzt. Zwar versuchte er, sofort nach dem Beginn seiner Tätigkeit in Innsbruck, eine Institutsinfrastruktur aufzubauen. So stellte er bereits am 2. Mai 1941 den Antrag, seinen in Südtirol geborenen Leipziger Assistenten Fritz Ranzi nach Innsbruck zu "übertragen."[28] Trotz einer positiven Erledigung veränderte sich für das Institut nur wenig, denn Ranzi war zur Wehrmacht eingezogen; seine Planstelle wurde in der Folgezeit von mehreren weiblichen wissenschaftlichen Hilfskräften wahrgenommen. Kriegsbedingt war auch die Raumfrage nicht zu lösen. Helbok beantragte 1942 den Ausbau des Dachgeschosses der Universität. Stattdessen erhielt er provisorisch lediglich Räumlichkeiten des urgeschichtlichen Seminars zur Verfügung gestellt.[29] Trotzdem machte er im selben Jahr seinem Institut eine umfangreiche Schenkung von Karten, Büchern, Lichtbildern und technischen Geräten.[30]

Die Kriegsfolgen bzw. die Bombenangriffe auf Innsbruck schränkten Helboks Lehrtätigkeit auf einen "immer kleiner werdenden Schülerinnenkreis" ein; er selbst konnte dadurch nur mehr die "eigene, persönlichste wissenschaftliche Arbeit" verfolgen.[31] Trotz dieser wehleidig vorgetragenen Klagen blieb Helbok seinem ideologischen Repertoire treu. Für seine Tätigkeit in Innsbruck hatte er sich den Schwerpunkt "Dorfsippenforschung" vorgenommen, der eine inhaltliche Verlängerung seiner Studien zur "Begabungsforschung" in Leipzig darstellte und das Ziel verfolgte, den "geschichtlichen Ablauf [...] der Begabungszüchtung im Volke" darzustellen und politisch verwertbar zu machen.[32] In diesem Umfeld sind die von Helbok vergebenen Dissertationen[33] anzusiedeln und auch seine Vorlesungen einzuordnen: Im Wintersemester 1941/42 las er für Hörer aller Fakultäten etwa "Rasse und Rassengeschichte des deutschen Volkes," im Sommersemester 1942 "Entwicklungsgeschichte des Deutschen Volkskörpers nach Zahl, Struktur und Aufbau," im Wintersemester 1943/44 "Die rassengeschichtlichen Grundtatsachen der deutschen Volksentwicklung" und im Wintersemester 1944/45 "Biosozioglische Grundlagen des deutschen Volkes." Seine letzte Vorlesungsreihe im Sommersemester 1945 über "Die geschichtlichen Grundlagen des deutschen Wesens" fand durch das Kriegsende keinen Abschluß mehr.[34] Als "unvergängliche Schande der Menschheitsgeschichte"[35] sah er den Zusammenbruch des Dritten Reichs, der für den Nationalsozialisten Adolf Helbok vor allem ein persönlicher war und der seinen rassistischen Forschungen ein vorläufiges Ende setzte:

> "Das waren Pläne! Der Sieg hätte ihre Verwirklichung bringen können, weil die Einsicht der Zuständigen vorhanden war. Es ist mir viel später bekannt geworden, daß Adolf Hitler über die Lage meiner volksgenealogischen Arbeiten unterrichtet worden war, sich lebhaft dafür interessierte und entschlossen war, sie nach dem Kriege großzügig zu fördern."[36]

Diese Beurteilung hatte Helbok nicht während der nationalsozialistischen Zeit verfaßt, sondern sie stammt aus seiner 1963 veröffentlichten Autobiographie.

Anmerkungen

1. Gehler 1990: 411.
2. Deutsche Volkskunde im Schrifttum 1938: 71.
3. Besprochen wurden die Bücher "Was ist deutsche Volksgeschichte?" sowie "Siedlungsgeschichte und Volkskunde" und "Haus und Siedlung im Wandel der Jahrtausende," vgl. Deutsche Volkskunde im Schrifttum 1938: 13, 115-116. Siehe auch Helboks diesbezügliche "Entgegnung" im UAI. PA Helbok.
4. Deutsche Volkskunde im Schrifttum 1938: 35.
5. Deutsch ist der Forscher 1990: 91.
6. Vgl. Assion 1985.
7. Wopfner 1950: 198.
8. Wopfner 1950: 196.
9. Wopfner 1950: 198.
10. Wopfner 1950: 199.
11. UAI. Akten des Rektorats. Zl. 2339 aus 1940.
12. UAI. Akten des Rektorats. Zl. 2662 aus 1940.
13. Allerdings hielt Wopfner bis 1945 - mit Unterbrechungen - Vorlesungen und Übungen ab.
14. UAI. Akten des Rektorats: "Antwort des Reichsministeriums für Wissenschaft, Erziehung und Volksbildung."
15. UAI. Phil. Dek. Zl. 866 aus 1941.
16. Ludwig 1991: 88.
17. Klebelsberg 1942: 35.
18. Vgl. Keller 1979b: 17; Leidlmair 1990.
19. UAI. Akten des Rektorats. Zl. 1041 aus 1941.
20. UAI. Akten des Rektorats. Zl. 1041 aus 1941.
21. UAI. Akten des Rektorats. Zl. 1041 aus 1941.
22. UAI. Akten des Rektorats. Zl. 1041 aus 1941.
23. Vgl. dazu umfassend: Ludwig 1991.
24. UAI. PA Helbok: "Entgegnung."
25. UAI. PA Helbok: "Vorstellung gegen meine Amtsenthebung," "Arbeit im Geiste der Wissenschaft" (ca. 1945).
26. Ludwig 1991: 88.
27. Helbok (1963): 165.
28. Schreiben Adolf Helboks an den Kurator der Deutschen Alpenuniversität Innsbruck vom 2.5.1941, UAI. Darin hatte Helbok seinen Schüler folgendermaßen beurteilt: "Ranzi ist am 21. Februar 1909 in Kaltern/Südtirol geboren, ist verheiratet und hat ein Kind. In den Jahren des politischen Kampfes in Oesterreich war er SA-Brigadeschulungsleiter und örtlicher Studentenbundführer in Innsbruck. Er war schon dort mein Schüler."
29. Schreiben des Kurators der Universität an den Dekan der Phil. Fakultät vom 12.5.1942; Schreiben des Dekans an den Kurator der Universität vom 19.6.1942, UAI.
30. Schreiben Helboks an den Dekan der Phil. Fakultät, UAI; vgl. auch Helbok (1963): 172. Diese Schenkung versuchte Helbok nach 1945 als Faustpfand für seine Rehabilitierung einzusetzen.
31. Helbok (1963): 166.
32. Helbok (1963): 168.
33. Meixner 1990: 131.

34. Vgl. dazu die vom "Akademischen Senat" der Leopold-Franzens-Universität Innsbruck herausgegebenen Vorlesungsverzeichnisse.
35. Helbok (1963): 177.
36. Helbok (1963): 166.

VON DER "GLÄUBIGEN WISSENSCHAFT" ZUM "AHNENERBE" DER SS: SALZBURG UND DIE NATIONALSOZIALISTISCHE VOLKSKUNDE

HELMUT EBERHART

Hanns Koren entfaltete im Laufe seiner Dienstzeit an der theologischen Fakultät eine rege, an das Institut gebundene Publikations- und Vortragstätigkeit; im Gegensatz dazu spielte die Volkskunde in Salzburg ab 1938 eine eher untergeordnete Rolle, wenngleich zunächst große Pläne und konkrete Arbeitsvorhaben bestanden hatten: Am 27. April 1938 übernahm SS-Obersturmführer Herbert Menz das Institut für die "Forschungs- und Lehrgemeinschaft 'Das Ahnenerbe'" des Reichsführers-SS Heinrich Himmler.[1] Zunächst war die Absprache mit dem Sicherheitsdienst erforderlich, und Menz setzte sich dazu mit Walther Habersetzer (SD-Unterabschnitt Salzburg, Abteilung II/2: Kultur) in Verbindung, der davon sprach, "[...] daß er vom SD den Auftrag habe, das Institut für Volkskunde SD-mäßig auszuwerten."[2] Menz schlug Habersetzer vor, "[...] nach außen hin als Beauftragter der Gestapo bzw. des SD die Sichtung des Materials im Institut für religiöse Volkskunde vor[zu]nehmen, solange nicht die offizielle Beschlagnahme durchgeführt ist."[3] Menz stellte in seinem Bericht sogar die Überlegung an, Habersetzer in das "Ahnenerbe" zu übernehmen,[4] was in der Folge durch seine eigens für diese Arbeit erwirkte Beurlaubung beim SD auch geschah.[5] Habersetzer wurde somit zur Schlüsselfigur bei der Auflösung des Instituts für religiöse Volkskunde. Er arbeitete zunächst im Auftrag der Außenstelle Süd-Ost des "Ahnenerbes" unter der Leitung des SS-Scharführers Adolf Rampf mit Sitz in München.

Habersetzer äußerte nach Durchsicht der Bestände gegenüber dem Reichsgeschäftsführer des "SS-Ahnenerbes," Wolfram Sievers, die Meinung, "[...] daß sie [die Sammlung, Anmerkung des Verfassers] keinerlei wertvolle Einzelheiten enthält" und drängte aus räumlichen Gründen auf Übergabe an das Salzburger Museum.[6] Die Entscheidung, zuvor interessantes Material für das "Ahnenerbe" zu sichern, überließ man dem Münchner Hans Seidlmayer, der zu diesem Zweck am 9. Juni nach Salzburg kam.[7] Seidlmayer sortierte 60 Objekte aus, darunter etliche Votivtafeln, Hinterglasbilder, Wachsvotive und sonstige Kultgegenstände;[8] "[...] die übrigen Gegenstände waren rein religiöser Natur."[9]

Was im einzelnen mit der Sammlung geschah, ist den Akten nicht zu entnehmen, jedoch existierte für den ausgesuchten "volkskundlichen" Teil und für andere Bereiche bereits vor dem Stichtag eine Verfügung des "Ahnenerbe-Präsidenten" Walther Wüst:[10]

> "1.) Die volkskundlichen Gegenstände werden als Leihgabe dem Städt. Museum, Carolino Augusteum, Abt. für Volks- und Heimatkunde, zu Salzburg, überreicht [...]
> 2.) Gebetbücher
> Dem Vorschlag Habersetzers, die Gebetbücher dem SD zwecks Weiterleitung an den Verband katholischer Auslandsdeutscher zu übergeben, wird im Ganzen wie im Einzelnen zugestimmt.
> 3.) Schreiber-Serie
> Die vorhandenen Schreiber-Serien werden auf die einzelnen Abteilungen des 'Ahnenerbes' verteilt. Die Abteilungsleiter sind anzuweisen, diese Reihe geeignet zu sekretieren und sie nur geeigneten Mitarbeitern zugänglich zu machen."[11]

Vermutlich wurden schon vor oder zumindest unmittelbar nach dem Einmarsch am 12. März 1938 Überlegungen hinsichtlich einer Nachfolgeinstitution für das Institut für religiöse Volkskunde angestellt. Wir hören davon erstmals am 24. Mai 1938 in einem Schreiben Habersetzers an den Königsberger Professor Otto Mausser:

> "Nach unserer letzten Besprechung in Salzburg sagte mir Herr Professor Wüst, daß hier mit der wissenschaftlichen Arbeit erst begonnen werden soll, wenn die organisatorischen Vorarbeiten erledigt sind und der neue, noch zu bestimmende Abteilungsleiter des 'Ahnenerbes' in Salzburg sitzt. Als Termin wurde dafür Pfingsten vereinbart. Professor Wüst sagte mir auch, daß ich von mir aus dem neuen Abteilungsleiter mit einem wissenschaftlichen Programm nicht vorgreifen möge."[12]

Der "noch zu bestimmende Abteilungsleiter" der hier namentlich nicht genannten Institution ("Lehr- und Forschungsstätte für germanisch-deutsche Volkskunde") sollte der Wiener Volkskundler Richard Wolfram sein, der im Auftrage des Reichsführers-SS, Heinrich Himmler, mit Schreiben vom 13. Juli 1938 sein Ernennungsdekret erhielt.[13] Wolframs "Lehr- und Forschungsstätte" war de facto zwar Nachfolgerin des ehemaligen Koren-Instituts, übernahm jedoch nicht dessen Räume, sondern übersiedelte in die Dreifaltigkeitsgasse 15, wo der Außenstelle Süd-Ost insgesamt acht Räume zur Verfügung standen.[14]

An dieser Stelle ist auch eine wissenschaftsgeschichtliche Korrektur anzubringen: Die Feststellung Richard Wolframs, die Hitlerjugend habe die Sammlung aus den Räumen in der Franziskanergasse verschleppt, ist nach Durchsicht der vorliegenden Akten nicht mehr zu halten.[15] Das "Ahnenerbe" hat sehr wohl den gesamten Bestand übernommen, die Sammlung allerdings bereits vor dem Dienstantritt Wolframs ausgelagert.

Der Name Hanns Koren wird in den Übernahmeakten seines ehemaligen Instituts nicht erwähnt. Erst im August 1938 geht ein von Habersetzer verfaßter Bericht an den SD-Führer im SD-Unterabschnitt Salzburg, in dem Korens Tätigkeit in Salzburg als nicht sehr bedeutend geschildert wird:[16]

> "Koren war in Salzburg vom Universitätsverein sehr schlecht besoldet und seinem Institut standen nur sehr geringe Mittel zur Verfügung. Außerdem war Koren wegen seines Lehrauftrages für religiöse Volkskunde in Graz meist ortsabwesend und kümmerte sich äußert wenig um seine Arbeiten in Salzburg."[17]

Von Habersetzer abgesehen wußten die übrigen Mitarbeiter der Außenstelle Süd-Ost zu diesem Zeitpunkt offensichtlich nicht, wo sich Koren aufhielt. Dies erfuhr man erst zufällig am 30. Oktober 1938[18] und teilte es sofort dem Chef des Sicherheitshauptamtes des Reichsführers-SS mit.[19] Dieser bestätigte den dort offenbar ohnehin bekannten Aufenthalt Korens und sandte am 5. Jänner 1939 einen Bericht über ihn an das "Ahnenerbe,"[20] in dem er eigenartigerweise fast wörtlich jene Argumente verwendet, die Habersetzer als Mitarbeiter des "Ahnenerbes" in seinem Bericht vom 2. August 1938 vorgegeben hatte.[21] Damit scheint klar, daß Habersetzer doppeltes Spiel trieb, er hatte seinen Bericht anscheinend nur für den SD verfaßt, das "Ahnenerbe" jedoch nicht informiert![22] Obwohl nähere Angaben fehlen, wird zu dieser Zeit innerhalb des Ahnenerbes von einem "Fall Habersetzer" gesprochen,[23] der mit 31. August 1938 durch die Entlassung des Genannten "gelöst" wurde.[24] Ob die Unstimmigkeiten mit seinem Doppelspiel zwischen SD und "Ahnenerbe" in Zusammenhang standen, ist den vorliegenden Akten nicht eindeutig zu entnehmen.

Doch nun zurück zur "Lehr- und Forschungsstätte," zurück zu Richard Wolfram. Obwohl sein Wirken an anderer Stelle dieses Bandes ausführlich besprochen wird,[25] seien seine Pläne und der Beginn seiner Tätigkeit in groben Zügen skizziert, um den Bruch mit dem Vorläuferinstitut in der wissenschaftlichen und ideologischen Ausgangssituation zu veranschaulichen. Wolfram wurde von Sievers bereits im Gratulationsschreiben vom 13. Juli 1938[26] aufgefordert, möglichst rasch einen Arbeitsplan vorzulegen. In diesem stellte Wolfram fest, daß die Arbeiten nach zwei Hauptgesichtspunkten ausgerichtet werden sollten:

> "I. Wie weit ist die Ostmark in den Grundlagen ihres Volkstums germanisch bestimmt?
> II. Welche germanisch-deutsche Ausstrahlung läßt sich im nahen Südosten nachweisen?"[27]

Ging es Koren darum, die religiösen Grundlagen kulturellen Schaffens herauszuarbeiten, so versuchte Wolfram im Gegensatz dazu, die vermeintlichen germanischen Wurzeln unserer Vergangenheit freizulegen.

Aus dieser Gegenposition wird nun sichtbar, warum das "Ahnenerbe" gerade in Salzburg die "Lehr- und Forschungsstätte für germanisch-deutsche Volkskunde" gründete:

> "[...] weil es galt, der in Salzburg gepflegten katholischen Tradition bewußt die nationalsozialistische Wissenschaft entgegenzustellen. Es trat an die Stelle des bis zur Angliederung der Ostmark an das Reich tätig gewesene Institut [sic!] für religiöse Volkskunde die Lehr- und Forschungsstätte für germanisch-deutsche Volkskunde."[28]

Die Dringlichkeit volkskundlicher Arbeit als Gegenpol zur katholischen Aktion wurde auch von kulturpolitischen Funktionären betont.[29] Wolfram plante von vornherein, dieser "Dringlichkeit" mit einem entsprechend großen Stab freier Mitarbeiter Rechnung zu tragen und bezifferte allein die Kosten der wissenschaftlichen Arbeit seines Instituts mit ca. 8.600,-- Reichsmark jährlich.[30] Das zunächst materiell und personell großzügig angelegte Vorhaben scheiterte nicht nur am bevorstehenden Krieg, sondern auch an der 1939 erfolgten Ernennung Richard Wolframs zum Extraordinarius für germanisch-deutsche Volkskunde an der Universität Wien, wodurch sein Interessensschwerpunkt eine beträchtliche Ausweitung erfuhr.[31]

Wolfram schlägt am 8. September 1939 vor, die Lehr- und Forschungsstätte nach Wien zu verlegen und seine damalige Mitarbeiterin Friederike Prodinger als Außenposten in Salzburg zu belassen.[32] Bald darauf erhielt er die gewünschte Zustimmung:

> "Aufgrund der Verfügung des Präsidenten vom 20. Oktober 1939 über die Fortführung der Arbeit im 'Ahnenerbe' und die dabei zu beachtenden Sparmaßnahmen wird mit Wirkung mit 1. November 1939 vorläufig (während der Kriegsdauer) die Lehr- und Forschungsstätte [...] von Salzburg nach Wien verlegt [...]."[33]

Mit dieser Verfügung fand die Arbeit der Nachfolgeinstitution des früheren Instituts für religiöse Volkskunde ein weitgehendes Ende; in Salzburg hielt Friederike Prodinger fortan mehr oder minder nur einen Notbetrieb aufrecht.[34]

Nur knapp 16 Monate konzentrierte sich in Salzburg ein volkskundlicher Arbeitsschwerpunkt. Für die erste Zeit nach dem Dienstantritt Richard Wolframs im Juli 1938 gab es noch sehr konkrete Vorstellungen: Wolfram nannte als Voraussetzung eine "umfassende Feldarbeit und Sammeltätigkeit"[35] und listete Arbeitsvorhaben auf, mit denen seiner Auffassung nach zu beginnen gewesen wäre: "Erforschung des Jahreslaufbrauchtums," Erforschung der "volklichen Gemeinschaftsordnungen," der "rassischen und volklichen Bedingtheiten von Musik, Lied, Tanz, Hausformen, Gefäßformen und anderer Sachgüter."[36]

Daneben legte Wolfram bereits am 12. August 1938 eine Liste von Namen vor, die seiner Ansicht nach als freie Mitarbeiter der "Außenstelle Süd-Ost" in Frage kamen, um bei der Bewältigung der gestellten Aufgaben mitzuhelfen: Die Namen der Genannten beweisen einmal mehr die These von der pragmatischen Einstellung des "Ahnenerbes" im Gegensatz zur unbedingten Programmatik des "Amtes Rosenberg."[37] Die Vertreter des "Ahnenerbes" scheuten sich nicht, Mitarbeiter aus dem Randbereich oder (mit gewissen Einschränkungen) von außerhalb ihrer ideologischen Position zu rekrutieren, wenn von ihnen Ergebnisse in ihrem Sinne zu erwarten waren. So reicht die Spannweite der Namen von Erna Piffl, Kuno Brandauer (beide von Wolfram als "verläßliche Nationalsozialisten" bezeichnet),[38] Gertrud Pesendorfer ("illegal hervorragend tätige Nationalsozialistin")[39] über Adalbert Klaar ("war immer national"; die Begründung für seine Mitarbeit ist jedoch sachlich bestimmt),[40] Oswin Moro, Georg Graber (in beiden Fällen kannte Wolfram die politische Haltung nicht)[41] bis zu Leopold Schmidt, mit dem er sich besonders ausführlich befaßte. Wolfram bezeichnet ihn als besondere Begabung. "Leider ist er politisch nicht in unserer Linie. Er hatte rote Sympathien und wurde in der letzten Zeit durch seine Assistententätigkeit bei Kriss auch in etwas katholisch-vaterländische

Bahnen gelenkt."[42] Wolfram sah sich deshalb auch nicht in der Lage, ihn unmittelbar als Mitarbeiter vozuschlagen, nahm ihn aber offenbar pro futuro für alle Fälle in seine Liste auf. Ebenso wie die potentiellen Mitarbeiter sind auch diejenigen, die für Wolfram nicht in Frage kamen, in keinen gemeinsamen ideologischen Topf zu werfen: Karl von Spiess, Edmund Mudrak ("übler Phantast"),[43] Rudolf Kriss, Hanns Koren und Adelgard Perkmann.

Die in einem Atemzug genannten Personen umfassen das Spektrum von der bis ins extremste nationalsozialistisch ideologisierten Volkskunde des "Amtes Rosenberg" bis hin zur "Volkskunde als gläubige Wissenschaft" im Sinne Korens! Ein größerer Teil der vorgeschlagenen Wissenschafter und Heimatforscher wurde in der Folge auch eingesetzt, wobei die Intensität des Einsatzes unklar ist, jedoch nur in einzelnen Fällen ein größeres Ausmaß erreicht haben dürfte, so z.B. bei dem ehemaligen Benediktinerpater aus St. Lamprecht in der Steiermark, Romuald Pramberger, der dem "Ahnenerbe" auch seine gesamten, äußerst umfangreichen Aufzeichnungen zur Verfügung stellte.[44] Die tatsächlich geleistete Arbeit blieb jedoch weit hinter den Erwartungen zurück: Wie aus den wenigen erhalten gebliebenen Arbeitsberichten zwischen Juli 1938 und Oktober 1939 hervorgeht, begannen die Aufnahmearbeiten zunächst recht intensiv. Im Februar/März 1939 war jedenfalls schon eine Reihe von Berichten der freien Mitarbeiter eingelangt. Auch Wolframs eigene Tätigkeit konzentrierte sich in dieser Zeit auf verschiedenste Kundfahrten primär zum Zwecke von Brauchaufzeichnungen. Des weiteren war er in dieser Anfangsphase bemüht, das Netz seiner freien Mitarbeiter in der ganzen "Ostmark" und in Bayern zu verdichten.[45]

Nach dem Wechsel Wolframs von Salzburg nach Wien wurden die freien Mitarbeiter von dort aus geführt. In Folge der Ausweitung der Aktivitäten Richard Wolframs dürfte jedoch die Betreuung des Mitarbeiterstabes in der ursprünglich geplanten Intensität nicht mehr möglich gewesen sein. Dazu kam eine Verlagerung des Schwergewichtes der Aufnahmearbeiten, die Richard Wolfram selbst durchzuführen hatte: Neben seiner Tätigkeit als Extraordinarius war er ab 1940 auch in Südtirol und 1941 in der Gottschee als Mitarbeiter der jeweiligen Kulturkommission tätig.[46] In den Arbeitsberichten Wolframs ab 1940 ist primär über diese Aktionen zu lesen; Mitarbeitertätigkeiten im ursprünglich geplanten Sinn scheinen nicht mehr auf.

Die Aktivitäten in Salzburg waren im Herbst 1939 auf einen "Eine-Frau-Betrieb" geschrumpft. Über Friederike Prodingers Wirken in den folgenden Jahren geben uns zwei vorhandene Arbeitsberichte aus den Jahren 1940 und 1941 genauere Hinweise:[47] Als Schwerpunkt ist die Auswertung des umfangreichen Materials anzusehen, das Romuald Pramberger dem "Ahnenerbe" zur Verfügung gestellt hatte.[48] Daneben ist noch die auf ein Minimum reduzierte Durchführung des ursprünglichen Planes im Hinblick auf Brauchtums- und Hausaufnahmen zu erwähnen. Als dritter Schwerpunkt ist die Aufrechterhaltung der Präsenz des "Ahnenerbes" in Salzburg zu nennen; damit verbunden die Wahrung der Interessen dieser Institution auf volkskundlichem und volkskulturellem Gebiet. Wie andernorts machte sich auch in Salzburg das Ringen um die Vorherrschaft auf dem Gebiet der Volkskunde und "Volkstumspflege" zwischen "Ahnenerbe" und "Amt Rosenberg" bemerkbar.[49]

Zunächst konnte das "Ahnenerbe" seinen Startvorteil in Salzburg nützen und eine Reihe von "Erfolgen" zu seinen Gunsten buchen. So berichtete Wolfram aus den letzten Monaten seiner Salzburger Zeit, daß die Arbeit Prodingers einen schönen Erfolg gezeitigt hatte: "Es kam zum Abschluß mit den Volkstumsgruppen des Landes Salzburg, die sich unter die Schutzherrschaft des 'Ahnenerbes' begeben."[50] In der Folge bemühte sich die "Arbeitsgemeinschaft für deutsche Volkskunde" des "Amtes Rosenberg" offenbar, verlorenes Terrain aufzuholen.[51] Die Abwesenheit Wolframs begann sich für das "Ahnenerbe" negativ auszuwirken; Prodinger allein war zu schwach, um die Vorherrschaft des "Ahnenerbes" für die Volkskunde in Salzburg zu gewährleisten. Zwar konnte Wolfram nach einem Besuch seiner Salzburger "Lehr- und Forschungsstätte" am 22./23. August 1942 noch triumphierend berichten, daß sich "ohne daß ein Eingreifen unsererseits nötig gewesen wäre, [...] in Salzburg auf volkskundlichem Gebiet ein völliger Umsturz vollzogen" hatte.[52] Zuvor hatten Landesschulrat und Gauschulungsleiter Karl Springenschmid und der Leiter der "Arbeitsgemeinschaft" in Salzburg, Helmut Amanshauser, die "Volkstumspflege" in der Hand, nun seien beide eingerückt und der dem "Ahnenerbe" nahestehende Kuno Brandauer habe diese Agenden wieder übernommen.[53] Doch der Triumph währte nur kurz; sowohl Springenschmid als auch Amanshauser dürften bald darauf wieder auf ihren Plätzen gesessen sein und versucht haben, mit aller Kraft ihren Einfluß zurückzugewinnen.[54] Darüberhinaus gründete die "Arbeitsgemeinschaft" in Salzburg die Forschungsstelle "Bäuerliche Lebensformen" des "Instituts für deutsche Volkskunde,"[55] mit deren Leitung Karl Ruprecht beauftragt wurde.[56] Wenn auch diese Forschungsstelle kaum wissenschaftliche Aktivitäten aufwies, so war doch ihr Einfluß auf die "Volkstumspflege" und allein schon ihre Existenz dem "Ahnenerbe" ein Dorn im Auge.

Im Frühjahr 1943 hatte sich die Lage soweit verschärft, daß sich Wolfram zu einer neunseitigen Stellungnahme über "Die Entwicklung der Lage in Salzburg" veranlaßt sah.[57] Bereits im Untertitel des Berichtes kommt klar zum Ausdruck, daß es um "ein Sofortprogramm zur Behauptung unserer Stellung" ging. Wolfram attackierte darin die "Gerissenheit und Skrupellosigkeit der Gegenkräfte," zu denen er neben Ruprecht noch Karl Springenschmid, Helmut Amanshauser und Karl Fiala zählte.[58] Grundsätzlich hielt Wolfram zur Salzburger Situation folgendes fest:

> "Unsere Lage in Salzburg ist durchaus günstig. Wir sind bereits seit Jahren dort tätig und besitzen alle Voraussetzungen, eine führende Stellung einzunehmen. Dass sich nunmehr ein Konkurrenzunternehmen auftut ist unangenehm und eine üble Kraftvergeudung: Doppelarbeit, Zersplitterung, die Gewährsleute werden von beiden Seiten angegangen und der Eindruck ist natürlich alles eher als der einer zielstrebigen germanisch-deutschen Erneuerung. Solange die Dinge aber grundsätzlich nicht gelöst sind, muss dieser Dualismus hingenommen werden und es gilt, den richtigen Grundsätzen zum Durchbruch zu verhelfen."[59]

Zur Lösung dieser Probleme schlug Wolfram eine stärkere Einbindung der "Lehr- und Forschungsstätte" in das Salzburger Museum, eine Aufstockung des Personals und der Bibliotheksdotation ("Mit Nachdruck führt Dr. Ruprecht die Beschaffung einer volkskundlichen Bücherei durch"), verstärkte öffentliche Präsenz durch Ausstellungstätigkeiten sowie Interventionen bei maßgeblichen Entscheidungsträgern vor.[60]

Wenn auch auf die Auswirkungen dieser Vorschläge konkrete Hinweise fehlen, so ist die Annahme in jedem Fall berechtigt, daß die Auseinandersetzungen zwischen diesen beiden Organisationen andauerten. Der Einfluß der "Arbeitsgemeinschaft" dürfte kaum geringer geworden sein. So beklagte Wolfram in einem Aktenvermerk noch im Mai 1944 (!), daß ihm der befreundete Leiter der "Graphischen Lehr- und Versuchsanstalt," Professor Stiegler, mitgeteilt hätte, die "Volkskundeinstitute der Arbeitsgemeinschaft" (Haiding in Graz, Ruprecht in Salzburg, Spiess in Wien) würden ihm die besten Fotografinnen wegengagieren.[61] Dabei zeigte sich Wolfram insbesonders über die bessere finanzielle Ausstattung der "Arbeitsgemeinschaft" verbittert.

Bemerkenswert ist in diesem Zusammenhang die Tatsache, daß dem "Amt Rosenberg" auf unterer Ebene überhaupt Detailerfolge gegen das an sich übermächtige "SS-Ahnenerbe" Heinrich Himmlers gelingen konnten. Eine Erklärung dafür wäre der Umstand, daß Rosenberg seine Kräfte in all den Jahren auf die ideologische Basis des Nationalsozialismus konzentrieren konnte, wozu die Volkskunde zweifellos "gute Dienste" zu leisten vermochte. Das "Ahnenerbe" war hingegen eine Teilorganisation der SS und somit insbesonders während der Kriegszeit sicher nicht an vorderster Stelle in der Interessensskala Himmlers. Daraus erklärt sich vermutlich, warum es der Arbeitsgemeinschaft immer wieder gelang, die "Lehr- und Forschungsstätte" in Salzburg auszubooten bzw. zumindest in Zugzwang zu bringen, was ihnen zudem durch die Absenz des Leiters, Richard Wolfram, erleichtert wurde.

Abschließend sei noch eine Bemerkung zur Publikationstätigkeit Wolframs bzw. seiner Mitarbeiter für das "Ahnenerbe" angefügt. Von Beginn an bestanden Pläne, eine eigene Publikationsreihe ins Leben zu rufen. Aus den schon andiskutierten Gründen (Krieg, Wolframs Professur an der Wiener Universität) zerschlug sich die Realisierung dieser Pläne. Wolfram selbst publizierte eine Reihe von Arbeiten in der vom "Ahnenerbe" herausgegebenen Zeitschrift "Germanien." Von den Arbeiten der freien Mitarbeiter waren zwei Projekte für eine Veröffentlichung vorgesehen: einerseits die Brauchaufnahmen von Heinrich Winter und andererseits die Volkstanzstudien von Ernst Hamza.[62] Über Winters Material ist m.W. nichts bekannt; Hamzas Arbeit erschien jedoch - quasi als späte "Frucht" des "Ahnenerbes" - 1957 unter dem Titel "Der Ländler"![63]

Anmerkungen

1. Bundesarchiv Koblenz (= BA Koblenz). NS 21/762. Geheimbericht von SS-Obersturmführer Herbert Menz; Übernahme des Instituts für religiöse Volkskunde am 27.4.1938.
2. Ebendort.
3. Ebendort.
4. Ebendort.
5. BA Koblenz. NS 21/242. Arbeitsbericht vom 5.8.1938.
6. BA Koblenz. NS 21/82. Schreiben Habersetzers an W. Sievers vom 24.5.1938.
7. BA Koblenz. NS 21/242. Schreiben Menz an W. Sievers vom 24.5.1938.
8. Ebendort. Verzeichnis im Anhang.
9. Ebendort.
10. Walther Wüst war zu diesem Zeitpunkt noch Präsident des Ahnenerbe, ab 1939 dann Kurator, vgl. Oesterle 1987: 90-91.
11. Privatarchiv Lixfeld. Aktenvermerk vom 15.5.1938, gez. Walther Wüst; an dieser Stelle sei Dr. Hannjost Lixfeld (Freiburg/ Breisgau) für die Überlassung zahlreicher Unterlagen herzlich gedankt!

12. BA Koblenz. NS 21/82, Schreiben Habersetzers an Otto Maußer vom 24.5.1938.
13. Privatarchiv Lixfeld. Schreiben W. Sievers an Wolfram vom 13.7.1938; da Sievers am 13.7.38 ausdrücklich zur Ernennung zum Abteilungsleiter der "Lehr- und Forschungsstätte für germanisch-deutsche Volkskunde" gratuliert, ist die Angabe von Rampf, wonach die Abteilung erst am 7.9.1938 errichtet worden sei, falsch (vgl.: BA Koblenz. NS 21 106, Schreiben vom 13.1.1942). Vielleicht handelte es sich dabei um eine verspätete offizielle Eröffnungsfeier.
14. Eberhart 1984: 107.
15. Nach einer schriftlichen Mitteilung Wolframs an den Verfasser vom 21.7.1983, vgl. Eberhart 1984: 107.
16. Privatarchiv Lixfeld. Bericht an den SD-Führer im SD-Unterabschnitt Salzburg, verfaßt von Walther Habersetzer am 2.8.1938.
17. Ebendort.
18. BA Koblenz. NS 21/37. Geheime Aktennotiz vom 2.11.1938.
19. BA Koblenz. NS 21/37. Schreiben von W. Sievers an den Chef des Sicherheitshauptamtes des Reichsführers SS vom 9.11.1938.
20. Privatarchiv Lixfeld. Bericht des Sicherheitshauptamtes an das Ahnenerbe vom 5.1.1938.
21. Wie Anm. 16.
22. Die entsprechenden Berichte hatten für Koren keine unmittelbar negativen Folgen; er war offenbar noch zu unbedeutend! Die Aktionen in Graz dürften kaum in direktem Zusammenhang mit den Dossiers in Salzburg stehen.
23. BA Koblenz. NS 21/242. Arbeitsbericht der Außenstellen Süd Ost für August 1938, verfaßt am 2.9.1938.
24. Ebendort.
25. Vgl. die Abhandlungen Olaf Bockhorns im vorliegenden Band.
26. Wie Anm. 13.
27. Privatarchiv Lixfeld. Arbeitsplan der "Lehr- und Forschungsstätte für germanisch-deutsche Volkskunde innerhalb der Aussenstelle Süd Ost der Forschungsgemeinschaft Ahnenerbe," verfaßt von Richard Wolfram, o.D. (Sommer 1938).
28. Privatarchiv Lixfeld. Arbeitsbericht zur Verfügung des Kulturbeirates in Salzburg vom 25.9.1942.
29. BA Koblenz. NS 21/242. Aktenvermerk vom 19.10.1938.
30. Privatarchiv Lixfeld. Entwurf eines Kostenvoranschlages für die "Lehr- und Forschungsstätte" in Salzburg vom 12.8.1938.
31. Vgl. auch Bockhorn 1988: 75-77.
32. Privatarchiv Lixfeld. Schreiben W. Sievers an Wolfram vom 8.9.1938.
33. BA Koblenz. NS 21/80. Schreiben W. Sievers an Wolfram vom 25.10.1939.
34. Zur weiteren Tätigkeit Wolframs für das Ahnenerbe vgl. auch die Abhandlungen Olaf Bockhorns im vorliegenden Band.
35. Wie Anm. 27.
36. Wie Anm. 27.
37. Vgl. auch das Kapitel: "Beurlaubung bis auf weiteres ...": Volkskunde in Graz 1938-1945.
38. Privatarchiv Lixfeld. "Volkskundler, die für eine Mitarbeit in Frage kommen;" verfaßt von Richard Wolfram, o.D., vermutlich gleichzeitig mit dem Kostenvoranschlag am 12.8.1938, wie Anm. 30.
39. Wie Anm. 38.
40. Wie Anm. 38.
41. Wie Anm. 38.
42. Wie Anm. 38.
43. Wie Anm. 38.
44. Zu Pramberger vgl. Drusowitsch 1978 und Eberhart 1984: 107.
45. Vgl. dazu Privatarchiv Lixfeld. Tätigkeitsberichte für Februar bis März 1939 (o.D.), April 1939 (o.D.), September bis Dezember 1939 vom 27.12.1939, verfaßt von Richard Wolfram.

46. Privatarchiv Lixfeld. Arbeitsbericht Juli bis September 1942, verfaßt von Richard Wolfram.
47. BA Koblenz. NS 21/106. Arbeitsbericht 1940/41 vom 18.4.1941, Arbeitsbericht über das letzte Viertel des Jahres 1941 vom 31.12 1941.
48. Vgl. dazu Drusowitsch 1978.
49. Vgl. dazu Bollmus 1970; Bollmus 1987; Kater 1974; Lixfeld 1987b; Lixfeld 1987a; Lutz 1983a.
50. Privatarchiv Lixfeld. Tätigkeitsbericht September bis Dezember 1939 vom 27.12.1939, verfaßt von Richard Wolfram.
51. Vgl. Amanshauser 1941.
52. Privatarchiv Lixfeld. Bericht der Lage in Salzburg und mein Besuch dortselbst am 22. und 23. August (1942), verfaßt von Richard Wolfram (o.D.).
53. Ebendort.
54. Vgl. dazu Privatarchiv Lixfeld. Aktenvermerk von Prodinger vom 23.1.1943.
55. Wolfram spricht in diesem Zusammenhang nicht von einer Forschungsstelle, sondern von einem "Institut für deutsche Volkskunde." Es ist jedoch offensichtlich, daß hier lediglich eine Forschungsstelle des genannten Instituts gemeint war, vgl. Lixfeld 1987a: 76.
56. Privatarchiv Lixfeld. "Die Entwicklung der Lage in Salzburg. Sofortprogramm in Behauptung unserer Stellung und Lösung der vordringlichen Aufgaben" vom 6.6.1943, verfaßt von Richard Wolfram.
57. Ebendort.
58. Ebendort.
59. Ebendort: 2
60. Ebendort: 5-9.
61. Privatarchiv Lixfeld. Aktenvermerk zum "Ausbau der Volkskundearbeit in der Ostmark an den Instituten der Arbeitsgemeinschaft für Volkskunde (Amt Rosenberg)" vom 18.5.1944, verfaßt von Richard Wolfram.
62. Briefliche Mitteilung von Richard Wolfram an den Verfasser vom 22.7.1983.
63. Hamza 1957.

"MIT ALL SEINEN VÖLKISCHEN KRÄFTEN DEUTSCH": GERMANISCH-DEUTSCHE VOLKSKUNDE IN WIEN

OLAF BOCKHORN

1988, fünfzig Jahre nach dem Verlust der Eigenstaatlichkeit im März 1938, als Hitlers Truppen unbehelligt - und großteils freudig begrüßt - in Österreich einmarschieren konnten, versuchten demokratische Kreise durch ein sogenanntes 'Bedenkjahr' die Öffentlichkeit für die Vorgänge in den Jahren 1938-1945 zu sensibilisieren; man ging allenthalben an die Aufarbeitung der NS-Vergangenheit[1] (und stieß bald auf die bedauerlicherweise mangelnde Akzeptanz solchen Tuns). Eine von Historikern organisierte Ringveranstaltung nahm sich der Universität Wien an; immerhin verlor diese nach dem März 38 "während bloß zwei Monaten der 'administrativen Umgestaltung' 264 Hochschullehrer"[2] aus politischen und/oder rassischen Gründen - für 'Ersatz' war zu sorgen. Hand in Hand damit galt es, auch jene Wissenschaftsdisziplinen zu institutionalisieren, die den politischen Machthabern aus unterschiedlichen Motiven wichtig waren. Daß sich unter den sechs Instituten, welche an der Philosophischen Fakultät der Wiener Universität während der siebenjährigen Nazi-Herrschaft eingerichtet wurden,[3] auch die Volkskunde befand, verwundert nicht. Gleich nach 1933 war es in Deutschland zur Gründung neuer volkskundlicher Lehrkanzeln gekommen. Wien als die zweitälteste deutschsprachige Universität sollte, das war zu erwarten, da nicht zurückstehen müssen, und an geeigneten, auf den völkisch-germanischen Kulturbegriff eingeschworenen[4] Kandidaten für eine Professur herrschte, wie schon gezeigt werden konnte, wahrlich kein Mangel. Anzunehmen war auch, daß die Interessen von Himmlers 'Ahnenerbe' und des 'Amtes Rosenberg' aufeinanderprallen würden: Der 'Vorkrieg' war beendet, der 'Krieg' konnte beginnen.

Der Kampf um die Ostmark (II): Sieger und Besiegte[5]

'Österreich - deutsches Land' war der Untertitel des als 'Sonderausgabe' deklarierten Aprilheftes der Zeitschrift 'Germanien,' des offiziellen Organes des 'Ahnenerbes E.V., Berlin.'[6] "Der hohe Schwung dieser Tage machte es möglich, in einem halben Monat einen Stab von Mitarbeitern aus dem Altreich und aus der befreiten Ostmark aufzubieten, die [...] in einer Reihe von Aufsätzen das Bild jenes deutschen Österreich zeichneten, das nun wieder mit all seinen völkischen Kräften und seinem völkischen Sehnen deutsch sein durfte, wie seit tausend Jahren,"[7] erinnern sich ein Jahr später der Herausgeber, Joseph Otto Plaßmann,[8] und Gilbert Trathnigg in einer Jubelschrift anläßlich der Heimkehr von

'Ostmark' und 'Sudetenland.'[9] Der retrospektive Blick sieht die Tatsache doch einigermaßen verklärt, denn die besagten Mitarbeiter aus der Ostmark standen wohl von vornherein fest. Es waren dies u.a. Viktor von Geramb (Graz), Georg Graber (Klagenfurt), der ins 'Altreich' abgewanderte Much-Dissertant Gilbert Trathnigg und Richard Wolfram (Wien). Viktor Geramb sollte schon bald zu den Verlierern,[10] Richard Wolfram zu den Siegern zählen.

Mit Wirkung vom 13. Juli 1938 wird Wolfram zum Leiter der 'Lehr- und Forschungsstätte für germanisch-deutsche Volkskunde' ernannt, welche die Außenstelle Süd-Ost der Forschungs- und Lehrgemeinschaft 'Das Ahnenerbe' des Reichsführers-SS Heinrich Himmler in Salzburg errichtete.[11] Die Gründung und das Anlaufen der Arbeitstätigkeit interessieren hier nicht; sie werden an anderer Stelle dieses Bandes abgehandelt;[12] was interessiert ist vor allem, daß man diese Position durchaus mit einer Professur in Wien vereinbar hielt. In einem geheimen Aktenvermerk über eine Arbeitssitzung des 'Ahnenerbes,' welche am 24.11.1938 unter Anwesenheit Wolframs in München stattfand, liest man unter anderem: "Zur Besprechung kamen darauf die Angelegenheit Dr. Wolfram, Wien und Prof. Geramb, Graz [...]. Die Entscheidung bezüglich des Lehrstuhles für Germanistik und Volkskunde in Wien muß in nächster Zeit fallen; sobald Herr Dr. Wolfram den Lehrstuhl in Wien innehabe, müssen die Arbeiten der Außenstelle Süd-Ost mit Energie vorwärts getrieben werden [...]. Die Angelegenheit Dr. Wolfram ergab im Laufe der Besprechungen noch Sonderaufträge für Dr. Lindner, Dr. Trathnigg und Rampf" (die im stilistisch und orthographisch bemerkenswerten und hier bereinigten Protokoll für angebracht gehaltene Vorsicht und Zurückhaltung sollte wohl Verzögerungen verhindern).[13]

Die Sonderaufträge galten der bereits am 11. Juli 1938 erstellten Besetzungsliste für die - als Ordinariat geplante - volkskundliche Professur in Wien. Sie hatte gelautet: "[...] an erster und gleicher Stelle: Bruno Schier, ao. Professor der Universität Leipzig und Richard Wolfram, Priv. Dozent an der Universität Wien; an zweiter Stelle: Josef Hanika, Priv. Dozent an der Deutschen Universität in Prag."[14] Damit war umgehend verwirklicht worden, was in besagter April-Nummer von 'Germanien' schon angeklungen war: "Für uns Freunde der Germanenkunde aber ist es von besonderer Bedeutung, daß von Wien, das heute wieder zum Vorort der deutschen Universitäten geworden ist, die neue Germanenkunde und damit das germanische Wiedererwachen in unserer Zeit seinen Ausgang genommen hat. Im Jahre 1500 las der Humanist Conrad Celtis an der Wiener Universität zum ersten Male über die Germania des Tacitus - über dasselbe Werk, dessen Künder und Deuter am gleichen Ort in unseren Tagen Rudolf Much geworden ist. Ein kleiner Zug von sinnbildhafter Bedeutung! [...] Plaßmann."[15]

Das 'Sinnbild Much' hatten auch die Gefolgsleute Alfred Rosenbergs zu deuten gewußt. Am 2.11.1938 wandte sich der kommissarische Dekan der Fakultät, der Orientalist Viktor Christian, mit einem Schreiben an den Rektor Fritz Knoll: "Wie Ihnen in Erinnerung sein wird, hat Bereichsstudentenführer Dr. Freisleben in einer Besprechung [...] mitgeteilt, daß Reichsamtleiter Dr. Rosenberg die Einladung der Studentenschaft, bei dem Eröffnungsappell zu sprechen, mit dem Hinweis darauf abgelehnt hat, daß die philosophische Fakultät seinem Wunsche nicht Rechnung getragen hat, Prof. von Spieß auf die zu errichtende Lehrkanzel für Volkskunde vorzuschlagen [...]." Rosenberg wolle, so der Dekan weiter, so lange nicht in Wien sprechen, "bis nicht die Verhältnisse an der philosophischen Fakultät geklärt seien [...]. Über die mir am 6. Juli 1938 von

Staatskommissär Prof. Plattner zugegangene Anregung, Prof. von Spieß für die Lehrkanzel für Volkskunde vorzuschlagen, stellte ich [...] ein eingehendes Gutachten in Aussicht [...]. Diese Stellungnahme habe ich am 21. Juli 1938 vorgelegt [...]."[16]

In diesem Schriftstück hatte der Dekan das oberwähnte Ansinnen abgelehnt, "würde es jedoch als vertretbar erachten, wenn er [Karl von Spieß, Anm. d. Verf.] nach Bestellung eines ordentlichen Professors zum Honorar-Professor der deutschen Volkskunde an unserer Fakultät ernannt würde. [...] Daß mein zum Teil ablehnender Standpunkt sachlich durchaus nicht vereinzelt dasteht, ergibt sich daraus, daß schon in einem früheren Zeitpunkt die Universitäten Berlin und München die Anregung, Prof. von Spieß eine Professur für deutsche Volkskunde zu verleihen, völlig ablehnend beantwortet hatten."[17] Zur angedeuteten Honorarprofessur kam es in der Folge nicht; Muchs Bemühungen, "philologisch nicht mehr begründbare völkische Mythologien als Sektierertum von der Universität fernzuhalten,"[18] hatten späte Früchte getragen. Darüber gibt auch ein Bericht Aufschluß, der Rosenberg von Karl Haiding, Haberlandt- und Spieß-Schüler, am 19. Mai 1939 übermittelt worden war. Dieser hatte als Leiter der 'Mittelstelle für Spielforschung' in der 'Arbeitsgemeinschaft für Deutsche Volkskunde' sowie als Abteilungsleiter im Kulturamt der Reichsjugendführung eine Dienstreise in die Ostmark durchgeführt und dabei unliebsame Aktivitäten des 'Ahnenerbes' registriert:

> "Indessen ist eine wenig erfreuliche Rivalität des 'Ahnenerbes' gegenüber der Arbeitsgemeinschaft für deutsche Volkskunde zu beobachten, da im Ahnenerbe Kräfte wirken, die niemals Eingang in unsere Arbeitsgemeinschaft finden würden. Rudolf Much, dem verstorbenen Germanisten der Wiener Universität ist Menghins 'Weltgeschichte der Steinzeit' gewidmet, womit bereits dessen Stellung ersichtlich wird. Sein Schüler Otto Höfler ist durch die von der Arbeitsgemeinschaft abgelehnte These von den kultischen Geheimbünden bei den Germanen bekannt geworden. Höfler schreibt noch 1934 in seiner Arbeit, in der er u.a. Pater Wilhelm Koppers, dem Vertreter der sattsam bekannten völkerkundlichen Richtung von St. Gabriel (S.V.D.) dankt: 'Ich habe den Vorzug gehabt, in Wien eine Reihe von Semestern hindurch Vorlesungen und Übungen O. Spanns, des Überwinders des soziologischen Atomismus, besuchen zu dürfen [...].' Höflers Freund Wolfram, der von anderen Gebieten her die gleichen Theorien zu beweisen sucht, ist mit der Leitung der Außenstelle Salzburg des 'Ahnenerbes' betraut worden. Entgegen den einmal Reichsamtsleiter Dr. Ziegler gegebenen Zusicherungen wird hier volkskundliche Forschung in großem Ausmaße angestellt, und zwar außerhalb der parteiamtlichen Arbeitsgemeinschaft für deutsche Volkskunde. Wolfram hat sich selbst gegenüber Dr. Ernst Otto Thiele geäußert, daß er nur von uns Konkurrenz zu erwarten hätte. [...]
>
> Von dieser Lage ist die Universität Wien deutlich beeinflußt, da sie, mit verschwindenden Ausnahmen, völlig über die Arbeitsgemeinschaft für deutsche Volkskunde hinweg geht und in Wien die aufrechten Vertreter einer deutschen Volkskunde in unserem Sinne, Prof. Haberlandt, Prof. Spieß und Dr. Mudrak, nach Möglichkeit an die Wand gedrückt werden. In der

> Ostmark hat sich die Ungeklärtheit der kulturpolitischen Verhältnisse binnen einem Jahr schärfstens ausgewirkt."[19]

Spätestens am 29.6.1939 war klar, daß Haidings Befürchtungen Realität geworden waren: Mit diesem Tag wurde Richard Wolfram zum planmäßigen, allerdings nur außerordentlichen 'Professor für germanische und deutsche Volkskunde' und somit zum ersten hauptamtlichen Vertreter dieser Wissenschaft an der Universität Wien ernannt.[20]

Für den damals fast sechzigjährigen Karl von Spieß fand sich auch an anderen deutschen Universitäten keine Betätigungsmöglichkeit. Das von Leopold Schmidt erwähnte 'Institut für Mythenforschung' mit "einer sehr bemerkenswerten Bibliothek," welches Spieß in Wien geschaffen habe,[21] lag tatsächlich "abseits der Universität"[22] und war auch kein 'Institut' im eigentlichen Sinn. Unter den von Alfred Rosenberg (seit 1936/37 mit der Vorbereitung einer 'Hohen Schule' der NSDAP beschäftigt) in diesem Rahmen gegründeten Instituten war das am 5. Juni 1942 ins Leben gerufene 'Institut für deutsche Volkskunde' das an Abteilungen größte.[23] Die Leitung sollte, so seine Erinnerungen, Spieß erhalten, doch wurde ihm dann lediglich einer der Teilbereiche, die 'Forschungsstelle Mythenkunde' in Wien zugesprochen, welchen er ab 1942, zuerst gemeinsam mit Edmund Mudrak, leitete.[24] Kriegsbedingt scheinen sich die Aktivitäten in Grenzen gehalten zu haben; außer Spieß, der über einen Forschungsauftrag bezahlt wurde, war ständig nur eine Schreibkraft beschäftigt. Die 'Forschungsstelle Mythenkunde' dürfte nicht erst bei Kriegsende,[25] sondern bereits mit 30.11.1944 stillgelegt worden sein.[26] Der oberwähnte Karl Haiding hatte im Rahmen dieses Rosenberg-Instituts nicht nur die Forschungsstelle 'Spiel und Spruch,' sondern "auf Dauer des Krieges" auch die Gesamtleitung übernommen.[27] 1943 mußte er auch die Verlegung von Berlin nach Stift Rein bei Graz in die Wege leiten; an der 'Eröffnung' in Rein nahm u.a. Arthur Haberlandt teil.[28]

Karl von Spieß war also ebenfalls, wenn auch in gewissen außeruniversitären 'Ehren,' unterlegen, und Arthur Haberlandt muß Mitte 1939 ebenfalls gewußt haben, daß seine Möglichkeiten in der Universität Wien beschränkt sein würden. 1938 hatte er die 'Heimkehr ins Reich' frenetisch begrüßt und ausgeführt, daß es in der nunmehr von ihm geleiteten 'Wiener Zeitschrift für Volkskunde' "heute wie ehedem" auch "um die Untersuchung der gestaltenden Kräfte gegenwartsnahen Volkstums und um die Herausarbeitung der schöpferischen Leistungen, die ihm entspringen und sein Wirken kennzeichnen [gehe]. Unsere Zeitschrift dient damit in Treue dem Willen und den Worten unseres Führers *Adolf Hitler: Wir wollen wahren die ewigen Fundamente unseres Lebens, unser Volkstum und die ihm gegebenen Kräfte und Werte*. Der Schriftleiter: *Arthur Haberlandt*."[29] A. Haberlandt war in diesem Jahr endlich Präsident des Vereins für Volkskunde in Wien geworden (Karl von Spieß stand ihm als Generalsekretär zur Seite) und hatte die Statuten, "dem Führergedanken entsprechend," umgestaltet.[30] Sein Hauptaugenmerk galt dementsprechend in den nächsten Jahren Zeitschrift (1944 eingestellt), Verein und Museum. Diesem war eine wertvolle Arbeitskraft verloren gegangen: Die seit 1927 hauptsächlich in der Bibliothek tätige Adelgard Perkmann war 'aus rassischen Gründen' außer Dienst gestellt worden[31] - was in den 'Jahresberichten' mit keinem Wort erwähnt wurde. Mehrfach herausgestrichen wurden hingegen die Bemühungen, das (Vereins-)Museum unter staatliche Verwaltung zu stellen; trotz kriegsbedingter Geldnöte gelang es schließlich, daß die Museumsbediensteten in den

Staatsdienst übernommen wurden.[32] Da die meisten zum Heer eingezogen worden waren, stand das Haus in der Laudongasse einigermaßen verwaist da: Auch A. Haberlandt war als Offizier der Reserve zumindest zeitweise 'abkommandiert' und mußte dem Museum monatelang fernbleiben. "Dann kam es wieder zu mehr oder minder wissenschaftlichen Aktivitäten in besetzten Gebieten, an denen er beteiligt war, diesmal in den baltischen Staaten."[33] "Seine Aufgabe war hiebei keine politische, sondern eine wissenschaftliche," erinnert sich Haberlandts Tochter. Er war in den 'Einsatzstab Reichsleiter Rosenberg' berufen worden, um "die volkskundlichen Sammlungen in den Städten Kauen, Schaulen, Riga und Dorpat/ Litauen bis Estland/ zu begutachten und die Gegenstände, die er für wichtig hielt, zu photographieren."[34] Haberlandt, dem es gelungen war, einen Großteil der Museumsobjekte vor der Auslagerung zu bewahren, hat es bei Kriegsende durch persönlichen Einsatz verstanden, die Bestände in die 'neue Zeit' hinüberzuretten. Diese hielt für ihn allerdings keinen Dank, sondern die sofortige Dienstenthebung bereit.

An der Universität war A. Haberlandt zwar am 2.9.1939 zum außerplanmäßigen Universitätsprofessor für Volkskunde ernannt worden,[35] doch las er regelmäßig nur bis zum SS 1941, dann erst wieder ab dem SS 1943.[36] Zwischenzeitlich wird er als 'im Felde' geführt. Daß er sich keiner sonderlichen Förderung von Wolfram erfreuen durfte, kommt mehrfach zum Ausdruck, schließlich war er ja im Rahmen des 'Instituts für germanisch-deutsche Volkskunde' dessen einziger Konkurrent. Rudolf Kriss wird zwar bis SS 1944 als beurlaubt vermerkt, doch war er nach März 1938 nicht mehr als Lehrender tätig gewesen.[37]

Im Jahre 1936 hatte Rudolf Kriss seine große private "Sammlung für deutsche religiöse Volkskunde"[38] nach Wien gebracht, wo sie - die Eröffnung nahm der Wiener Kardinal Innitzer vor - als Teil des Dom- und Diözesanmuseums in Räumen der Hofburg öffentlich zugänglich war. Sein Freund und Kollege Leopold Schmidt übernahm die Betreuung, da ihm ein Eintritt ins Volkskunde-Museum ohne die Zustimmung A. Haberlandts nicht möglich war.[39] Schmidt erhielt dort nach März 1938 Besuch von Richard Wolfram, der kam, um ihm "mitzuteilen, daß er weder an der Universität noch an den Museen irgendeine Aussicht habe, er hätte sich eigens darüber erkundigt. Es war jedenfalls von ihm etwas unvorsichtig gewesen, denn ich habe mir die zuckersüß vorgetragene Erklärung lebenslänglich gut gemerkt."[40] Bezüglich Kriss hatte sich Wolfram nicht mehr erkundigen müssen: Diesem war mit Ministerialerlaß vom 22. April 1938 mitgeteilt worden, daß seine Lehrbefugnis bis auf weiteres zu ruhen habe. Die Verfügung wurde allerdings im März 1939 außer Kraft gesetzt, "der Wiederaufnahme Ihrer Lehrtätigkeit an der Wiener Universität im Rahmen der Befugnisse eines Privatdozenten steht somit nichts mehr im Wege."[41] Ende Februar 1940 wurde Kriss zum Dozenten neuer Ordnung ernannt, ohne der 'Verpflichtung,' "die Deutsche Volkskunde in Vorlesungen und Übungen zu vertreten,"[42] an der Wiener Universität jemals wieder nachzukommen. Als 1941 der Dekan routinemäßig bei R. Wolfram wegen der nach sechs Jahren Vorlesungstätigkeit üblichen Verleihung des Titels eines a.o. Professors an den Dozenten Rudolf Kriss anfrägt, antwortet dieser unter Verweis auf Kriss' ausgesetzte Lehrtätigkeit ablehnend - "sein Vortrag [soll] sehr trocken und im Tone eines Landpfarrers gehalten gewesen sein," er hatte "viel mit der katholischen Kirche zu tun" und seit der Habilitation kaum größere Arbeiten publiziert, und überdies: "Ein positives Verhältnis zum Nationalsozialismus konnte ich in der Zeit, die ich Kriss kenne, bei ihm nicht feststellen."[43] Dies konnten auch andere nicht: Als einer der wenigen Volkskundler war Kriss aktiver Gegner des NS-Regimes, was ihm zuerst die Todesstrafe und dann, 'begnadigt,' KZ-Haft einbrachte.[44] Nach dem Krieg hat Kriss seine Sammlung nach Salzburg, dann zurück nach Bayern gebracht;[45] seine Lehrtätigkeit in Wien hat er niemals wieder aufgenommen.

Wie sich gezeigt hat, gab es in Wien viele Besiegte und nur einen Sieger: Richard Wolfram. Durch die kriegsbedingte Verlegung seiner Salzburger Lehr- und Forschungsstelle nach Wien[46] verfügte er, zumindest hinsichtlich volkskundlicher Aktivitäten im Rahmen des 'Ahnenerbes,' auch über Mitarbeiterinnen. Diese Tatsache nahm er zum Anlaß, seine Ernennung zum Professor gleichzeitg als solche zum Institutsdirektor zu interpretieren und ein 'Institut für germanisch-deutsche Volkskunde' einzurichten sowie Umbauten in den ihm zugewiesenen Räumen vornehmen zu lassen. Ein erbostes ministerielles Schreiben frägt um die Grundlagen solchen Tuns;[47] Wolfram bittet daraufhin, unter Umgehung des Dienstweges, Wolfram Sievers um Intervention, auch wegen der schlechten Räumlichkeiten, die ihm in der Liebiggasse zugewiesen worden waren: "Neben dem urgeschichtlichen Institut wird eine sehr schön gelegene und geeignete Judenwohnung frei. Wenn die Zustimmung des Ministeriums in den nächsten Wochen eintreffen würde, könnten wir diese Wohnung als Institut erhalten."[48] Die Genehmigung trifft ein, eine Übersiedlung in das Haus Universitätsstraße 10 - und nicht neben das urgeschichtliche Institut - erfolgt im SS 1941; mit WS 1942/43 erhält das Institut auch eine Assistentin, Dr. Inge Lang. Ein planmäßig aufgebauter Vorlesungszyklus (z.B. Volkstanz, Brauchtum des Jahres- und Lebenslaufes, Volkskunde der Nordgermanen, Tracht, Sprachforschung, Sage, Märchen und Volkslied ...), vermehrt um Übungen, setzt ein.[49] Viele seiner Lehrveranstaltungen finden sich zudem unter 'Weltanschauliche Vorlesungen für Hörer aller Fakultäten': 'Gemeinschaftsformen der Germanen,' 'Sinnbildforschung' - mit welcher sich Wolfram schon 1939 auf der Kieler Tagung des 'Ahnenerbes' beschäftigt hatte.[50]

Die nur kriegsbedingt etwas beeinträchtigte Universitätsidylle schien vollkommen; und in einem Brief an den Dekan, in welchem es um eine Kohlenzuteilung geht, werden "rund 100 Hörer und zahlreiche Institutsmitglieder und Dissertanten" erwähnt[51] (von denen allerdings zwischen 1941-1945 lediglich fünf ihr Studium abschließen konnten[52]).

Doch auch 'Rückschläge' und Irritationen gab es in dieser Zeit des Aufbaus; sie seien hier zumindest kurz erwähnt. Da war zum einen die 'Spieß-Gruppe,' die Wolframs "Doppelbelastung durch 'Südtirol - Professur'" ausnützte und ihm (der im Gau Wien 'Sachwalter für Volkskunde' im NS-Lehrerbund war) 1942 die Schulungskurse abnehmen wollte, was Wolfram zu einem 41seitigen vernichtenden "Gutachten über Karl von Spieß und Edmund Mudrak" veranlaßte, welches er seinem Beschwerdeschreiben an Wolfram Sievers beifügt.[53] Diesen Brief benützte er auch, um Heinrich Harmjanz zu diskriminieren, welchem er bezüglich der von Wolfram ins Gutachten aufgenommenen negativen Meinung über die "jüdische Schule der Völkerpsychologie (Lévy-Brühl, Durkheim)" eine "günstigere Auffassung" unterstellt.[54]

Heinrich Harmjanz, Herausgeber der Zeitschrift für Volkskunde und wichtigster Volkskundler im Ahnenerbe, Professor an der Universität Frankfurt,[55] hatte Wolfram mehrfach zur Mitarbeit an dem von ihm geleiteten Berliner Fachorgan ersucht; Wolfram, dessen Publikationstätigkeit vor allem zwischen 1940 und 1944 ausgesprochen bescheiden war,[56] scheint seine Zusagen nicht oder nur zum Teil eingehalten zu haben. Ein Briefwechsel, fallweise über Wolframs 'Mentor' Sievers geführt, gipfelt 1944 in der

Bemerkung Wolframs, Harmjanz hätte ihm 1940 mitgeteilt, er habe "die Lade voll von Manuskripten." Der jetzt erneut aufkommende Vorwurf mangelnder Kooperation gehört für Wolfram "in die Reihe von Ungerechtigkeiten und Gehässigkeiten [...], mit denen er [Harmjanz, Anm. d. Verf.] seine Kollegen und darunter auch mich zu bedenken pflegt."[57] Zu diesem Zeitpunkt war Harmjanz bereits zur Wehrmacht eingezogen worden, und bis zum Sommer 1944 ging er auch seiner sämtlichen SS-Ämter verlustig[58] - ein SS-Ehrengericht hatte sich schon im Frühjahr 1943 mit dem Vorwurf beschäftigt, bei zwei von Harmjanz' Schriften handle es sich um Plagiate. Daß Otto Höfler (hinter den sich wohl auch Richard Wolfram als Informant gestellt hatte) in diesem Verfahren[59] gegen Harmjanz Stellung nahm, läßt die Wolfram'schen Anschuldigungen (im Jahre 1944) in einem besonderen Licht erscheinen. Zudem scheint Wolfram seine Bestrebungen, das ihm in Wien wegen der Zurückstufung des Dienstpostens entgangene Ordinariat durch eine Berufung an eine andere Universität doch noch zu erhalten (oder die Anhebung in Wien zu erwirken), mit der fehlenden Unterstützung Harmjanz' in Zusammenhang gebracht zu haben. In Innsbruck war er 1941 lediglich an dritter Stelle gereiht,[60] in Frankfurt war ihm Harmjanz selbst vorgezogen worden, und bei der Besetzung der volkskundlichen Professur in Posen hatte er, hatte das 'Ahnenerbe,' eine peinliche Niederlage erlitten. Nach vielfachen Interventionen sowohl des 'Amtes Rosenberg'[61] als auch des 'Ahnenerbes' siegte schließlich ersteres (die Reihung lautete: 1. Dr. Mudrak, Wien, 2. a.o. Prof. Richard Wolfram, Wien, 3. Ing. Alfred Karasek, Wien und Dr. phil. habil. Gerhard Friedrich Heilfurth, Leipzig[62]). In einem Schreiben an den 'Reichsleiter' Rosenberg äußert sich Hans Strobel befriedigt: "Dass es - vor allem dank der tatkräftigen Unterstützung des Hauptamtes Wissenschaft - gelungen ist, die Berufung des Pg. Dr. Mudrak durchzusetzen, dürfte nicht nur als ein Plus für die nationalsozialistische Volkskunde, sondern gleichfalls als ein beachtlicher Erfolg der Dienststelle gebucht werden."[63] Edmund Mudrak, seit 1939 im Kulturamt der Stadt Wien Leiter des Referates 'Volkskundeforschung,' "Reichsstellenleiter für germanische Volkskunde im Amte Volkskunde und Feiergestaltung der Dienststelle Rosenberg, Lektor der Parteiamtlichen Prüfungskommission zum Schutze des NS-Schrifttumes, Lektor des Hauptamtes Schrifttumpflege der Dienststelle Rosenberg," Gutachter "für die Reichswaltung des NS-Lehrerbundes,"[64] hatte mit dem Ruf an die Universität Posen, wo er bis Kriegsende wirkte, einen unverhofften Sieg über den Wiener 'Kollegen' gefeiert.

Ein 'Schlag' für Wolfram war auch die unerwartete Einberufung zur Wehrmacht am 23.2.1943 gewesen. Wieder heißt die Lösung W. Sievers. Unter Bezug auf Wolframs Herzkrankheit, seine Ischias- und Meniskusbeschwerden schreibt dieser am 13. April an Dr. Brandt, Persönlicher Stab des Reichsführers-SS, und ersucht um eine entsprechende Intervention bzw. Lösung: Das 'Ahnenerbe' brauche Wolfram sowohl für die Abschlußarbeiten in Südtirol als auch für einen Einsatz in Norwegen dringend; Wolfram wäre überdies den Belastungen als Soldat nicht gewachsen, "und wir können dann eines Tages den Verlust eines unserer wertvollsten Volksforscher beklagen [...]."[65] Mit 18. August 1943 wird daraufhin der Ers. Res. SS-Schütze Prof. Dr. Wolfram, Wien "zur Stabsabteilung der Waffen-SS beim Persönlichen Stab, Reichsführer-SS," einberufen und "gleichzeitig mit seiner Abstellung zum Amt Ahnenerbe zur Abteilung Germanischer Wissenschaftseinsatz kommandiert."[66] Damit war für Wolfram die Gefahr des Militärdienstes gebannt, und er hoffte wohl, sich weiterhin gleichermaßen der vom Ahnenerbe bezahlten Forschung, vor allem aber der Universität widmen zu können.

Unter ständiger Berufung auf Überlastung, Krankheit und Lehrverpflichtungen versuchte er, sich zumindest gewisser Auslandstätigkeit zu entziehen. Ein ungewöhnlich harsches Schreiben von Sievers erinnert ihn an die "dienstliche Abhängigkeit" von Waffen-SS (der Wolfram angehört), Stabsabteilung im Persönlichen Stab des Reichsführers-SS bzw. 'Ahnenerbe.' "Sie [müssen] jederzeit für den Reichsführer-SS zur Verfügung stehen ohne Rücksicht darauf, ob Sie Vorlesungen angesagt haben oder nicht."[67]

"Wir haben Sie nämlich nicht deshalb von der Truppe zurückgeholt, damit Sie nun für unseren Einsatz ausfallen..."

Dieser Passus findet sich in einem Brief, den Wolfram Sievers am 20.7.1944 an Richard Wolfram nach Wien richtete und welcher dem vorangegangenen vom Februar desselben Jahres an Schärfe nicht nachsteht: "Daß Sie Vorlesungen halten und dann, wenn Ihr Einsatz erforderlich ist, durch aufopfernde Universitätstätigkeit erschöpft und krank sind," das war nicht im Sinne von Sievers, der mit obzitiertem Satz fortsetzt.[68] Spätestens zu diesem Zeitpunkt mußte Wolfram endgültig klargeworden sein, daß seine Tätigkeit *im* auch eine *für* das 'Ahnenerbe' war, daß es also neben dem von Kriegsnöten einigermaßen unbehelligten Leben als Wissenschafter, der im Sammeln und späteren Auswerten von volkskundlichem Material seine eigentliche Aufgabe sah, auch Verpflichtungen gab, Befehle, denen man nachzukommen hatte. Ob Wolfram dadurch seine persönliche Einstellung zum Nationalsozialismus überprüft oder gar geändert hat, ist nicht überliefert; überliefert ist hingegen, an welchen wissenschaftlichen (besser: wissenschaftspolitischen) Aktivitäten er im Verlaufe des Krieges beteiligt war: in den für die Umsiedlung der deutschsprachigen Bevölkerung Südtirols und der Gottschee eingerichteten 'Kulturkommissionen' sowie im Rahmen des 'Germanischen Wissenschaftseinsatzes,' der für ihn 'Aufgaben' in Norwegen, Flandern und im Deutschen Reich erbrachte. Die Fülle der Materialien[69] macht es notwendig, im folgenden auf Detailangaben zu verzichten. Zu Südtirol können sie in den Publikationen von P. Assion, M. Kater, A. Oesterle, P. Schwinn und K. Stuhlpfarrer nachgelesen werden,[70] zur Gottschee ist eine umfangreiche Veröffentlichung des Verfassers geplant.

In einem Memorandum vom 30. Mai 1939 hatte der Reichsführer-SS Heinrich Himmler festgehalten: "Die Festsetzung des Führers über die Grenze zwischen Italien und Südtirol ist eine endgültige. Damit ist unwiderruflich klar ausgesprochen, daß Südtirol als volksdeutsches Territorium aufgegeben ist. Nicht ist damit ausgesprochen, daß Deutschland die rund 200.000 Südtiroler, die Deutsche sein wollen, aufgibt [...] Deutschland schafft irgendwo in seinem Machtgebiet, z.B. im Osten, Raum für 200.000 Menschen in Städten und Dörfern. Diese Landschaft ist möglichst in einem rein fremdstämmigen Gebiet zu wählen und wird von allen Bewohnern geräumt [...]."[71] Damit war bereits vorgegeben, was nach den Berliner Vereinbarungen zwischen Hitler und Mussolini vom 21. Oktober 1939 geschehen sollte: "ein geschichtlich vielleicht einmaliges großzügiges Verfahren," wie H. Himmler die geplante Umsiedlung euphorisch beschreibt[72] (zu der es - kriegsbedingt - dann nur in Ansätzen gekommen ist). Bis zum 31.12.1939 hatten 80 Prozent der 235.000 Südtiroler 'optiert,' d.h. sich für die Abwanderung entschieden. Zu den begleitenden Maßnahmen zählte die Einrichtung einer

'Kulturkommission;' mit Erlaß vom 2.1.1940 beauftragte H. Himmler das 'Ahnenerbe' "mit der Aufnahme und Bearbeitung des gesamten dinglichen und geistigen Kulturgutes aller umzusiedelnden Volksdeutschen."[73] Wolfram Sievers, der Reichsgeschäftsführer des 'Ahnenerbes,' wurde mit ihrer Leitung beauftragt und machte sich unverzüglich daran, geeignete Mitarbeiter zu finden.

"In voller Verzweiflung," so erinnert sich Richard Wolfram 1987, "suchte ich - soweit ich dazu beitragen konnte - auf meinem Wissensgebiet vom Südtiroler Kulturerbe zu retten, was möglich war [...]. Es gelang mir, Aufnahme in die Kulturkommission für Südtirol zu finden."[74] Erinnerungen sind manchmal trügerisch; daß Wolfram als Leiter einer volkskundlichen Forschungsstelle einer der wichtigsten Mitarbeiter sein würde, stand zu diesem Zeitpunkt fest, hatte er doch bereits im November 1939 in einem Brief an W. Sievers empfohlen, "daß die gesamten Kulturgüter (einschließlich des Hausrates) mitgenommen werden, soweit dies nur irgend möglich ist." Für die neu zu errichtenden Bauernhöfe in den zuzuweisenden Siedlungsgebieten (Himmler hatte an den "böhmisch-mährischen Raum - am besten [...] Nordböhmen" gedacht[75]) seien erfahrene Berater einzusetzen, "die beim Wiederaufbau für eine möglichst artgemäße Gestaltung zu sorgen hätten."[76]

Verständlich, daß P. Assion und P. Schwinn Wolfram als den 'wichtigsten Ratgeber' bezeichnen, der sich unter jenen findet, welche mit der Ausarbeitung von Richtlinien für die zu bildenden Arbeitsgruppen der Kulturkommission betraut wurden.[77] Ende Juni 1940 reiste er erstmals nach Bozen; am 1. Juli fand dann die 1. Arbeitssitzung der 'Kulturkommission zur Bergung der Kulturgüter für Südtirol' (so die volle Bezeichnung) im Lesesaal des Bozner Hotels 'Bristol' statt.[78] Wolfram übernahm die Leitung der 1. Sondergruppe 'Brauchtum und Volkstanz'[79] (die Namen wechseln bis 1942 öfters; 1942 liest man: 1. Volkskunde - Volksforschung[80]) und begann, fallweise unterstützt von Hans Seidlmayer (der uns 1938 schon in Salzburg begegnet ist), Karl Horak (einem Bekannten aus der Sprachinselforschung der dreißiger Jahre),[81] Luise Hess, seiner Mitarbeiterin im 'Ahnenerbe,' sowie Südtiroler Helfern, mit der planmäßigen Aufnahmearbeit: "Innerhalb eines Zeitraumes von 2 Jahren arbeitete ich ungefähr 12 Monate lang 1940/41 und führte eine Ort für Ort erfassende Brauchtumsaufnahme des Landes durch. 4 Fragebogen, die in jede Gemeinde verschickt wurden, dienten als Tastorgan, eine direkte Befragung im Ort brachte dann den hauptsächlichsten Stoff [...]. Zusätzlich versuchte ich ferner das Brauchtum so weit als möglich selbst mitzuerleben [...]. Die systematisch durchgeführte Verbindung dieser 3 Methoden des Sammelns war damals noch nicht allgemein und ergab eine gesicherte Grundlage."[82] Die Präzision des methodischen Zugriffs läßt beinahe vergessen, daß der Gesichtspunkt der 'artgemäßen Gestaltung' des Brauchtums in der neuen Heimat dahinterstand - Wolfram hat das jedenfalls später vergessen. In einem Bericht auf der 2. Arbeitstagung über Fragen des Atlas der deutschen Volkskunde in Bonn 1959 erwähnt er nicht einmal die 'Kulturkommission': "Meine eigenen Forschungen versuchten eine Bestandsaufnahme von Brauchtum und Volksglaube, die sich von vornherein das Ziel setzte, auch kartographisch auswertbare Ergebnisse zu bringen" (durch, wie Wolfram fortfährt, 5 Fragebogen und direkte Befragung in 200 Orten).[83]

In einem undatierten 'Arbeitsbericht Südtirol,' in dem seine Abteilung nunmehr den Titel 'Volksbrauch, Volksglaube, Volkstanz, Volksschauspiel' führt, geschrieben wahrscheinlich Ende 1941, faßte Wolfram seine 'Ergebnisse' und 'Erkenntnisse' zusammen: Heilszeichen als indogermanisches Erbe, altertümliche Segenshandlungen, prachtvolles Brauchtum, das immer wieder auch gefilmt wurde,[84] ein ansehnlicher Volkstanzschatz und 39 noch ungedruckte Volksschauspiele, das alles kam in rund eineinhalb Jahren zusammen. "Ich glaube demnach, in meinem Arbeitsbereich auf zufriedenstellende Ergebnisse hinweisen zu können" schließt Wolfram.[85] Ob er da wirklich schon an kartographische Auswertung dachte statt an die in einem seiner monatlichen Berichte erwähnten "wesentlichen Gesichtspunkte völkischen Ahnenerbes?"[86]

Anzumerken bleibt, daß bis 1945 keinerlei Veröffentlichungen des Südtiroler Materials erfolgten und daß Wolfram in den Jahren 1956-1982 weitere Befragungen, diesmal in Nord- und Osttirol sowie im Trentino durchführte, um die "Zusammenhänge [zu] überschauen."[87] Die Südtiroler Aufnahmen flossen dann in die Karten und Kommentare des Österreichischen Volkskundeatlas,[88] aber auch in eine Reihe von Aufsätzen und Einzelpublikationen ein[89]; seine 'privaten' Filmaufnahmen wurden veröffentlicht.[90]

Standen Wolfram für Südtirol beinahe zwei Jahre zur Verfügung, so mußte die nächste Aktion in wenigen Wochen abgeschlossen sein: "Nach der Niederwerfung Südslawiens im April 1941 durch die Streitkräfte der Achsenmächte wurde das slowenische Draubanat unter Deutschland und Italien aufgeteilt," beginnt der 'Bericht über die Tätigkeit der Kulturkommission' (der Forschungs- und Lehrgemeinschaft 'Das Ahnenerbe') beim Deutschen Umsiedlungsbevollmächtigten der Provinz Laibach, "erstattet durch: Prof. Dr. Hans Schwalm."[91] Die ehemalige Südsteiermark (mit Maribor/Marburg) sowie das alte Oberkrain nördlich von Laibach kamen an das Deutsche Reich, das restliche Slowenien an Italien. Damit fiel das Gebiet unter das Hitler-Mussolini-Abkommen, und man ging daran, vor allem die gut 12.000 deutschsprachigen Bewohner der im Südosten liegenden Gottschee, einer mittelalterlichen 'deutschen Sprachinsel,' 860 km² groß, in das nunmehr an Deutschland gefallene Gebiet umzusiedeln. "Durch Anordnung [...] des Reichsführers-SS - Reichskommissar für die Festigung deutschen Volkstums - vom 14.7.1941 wurde der Reichsgeschäftsführer [...] Sievers mit der Sicherstellung und Überführung des geistigen und dinglichen Kulturgutes, sowie der Kunst- und Archivgüter aus der Gottscheer Volksinsel und anderen zu Italien gekommenen Gebieten des ehemaligen Jugoslawien beauftragt [...]. Auf Grund dieser Anordnung berief SS-Obersturmbannführer Sievers den Universitätsprofessor Dr. Hans Schwalm zum Leiter der Arbeiten in der Provinz Laibach."[92] Schwalm, einst Sekretär der Leipziger Stiftung für Volks- und Kulturbodenforschung, zur damaligen Zeit Professor für Geographie an der 'Reichsuniversität Posen,'[93] wurde eine Reihe von Personen zugeordnet, die Sievers großteils in seiner Südtiroler Kulturkommission beschäftigte und daher leicht 'umdirigieren' konnte. Die Arbeitsgruppe 2 ('Brauchtum und Volksglauben'), auf dem Papier von R. Wolfram geleitet, bestand lediglich aus ihm selbst.[94]

Schwalm war (da das Umsiedlungsabkommen erst im Frühherbst unterzeichnet worden war) am 2.10. im Umsiedlungsgebiet eingetroffen, die meisten der 35 Mitglieder der 'Kulturkommission Gottschee' folgten wegen ständiger Verzögerungen bei der Einreise im November. Die Zeit drängte, da die Umsiedlung zu Jahresbeginn 1942 abgeschlossen sein sollte - unter dem Druck der Behörden gelang es, den Termin einzuhalten und einen Großteil der Gottscheer in die nordöstlichen Provinzen des nicht mehr existierenden Slowenien zu verfrachten.[95] Wolfram hatte, auch durch das laufende Semester bedingt, lediglich die Zeit vom 7. - 16.11. zur Verfügung. Er nutzte sie, um in sieben Ortschaften vollständige, in drei weiteren ergänzende Brauchtumsaufnahmen zu machen. Ein Fragebogen ("Gottscheer! Bei Euch leben viele Bräuche, die aus uralter Zeit stammen. Sie sind uns wertvoll als Zeugnisse deutschen Volkstums, dass [sic!] sich durch die Jahrhunderte echt erhalten hat [...]. Wir können aus ihnen für die gesamtdeutsche Wissenschaft lernen; sie geben uns aber auch die Erkenntnisse für die zukünftige Volkstumspflege"[96]), vorbereitend verteilt, sollte zusätzliche Angaben einbringen. Die 'Ausbeute' war dennoch groß; in einem kurzen 'Bericht Gottschee' klagt Wolfram zwar über die Kürze des Aufenthaltes, regt aber eine Fortsetzung an: "Die weitere Arbeit muß in der neuen Heimat geschehen. Eine Fortführung der Aufzeichnungen ist höchst wichtig, da bei den wenigen Aufnahmen auf Anhieb die sensationellsten Dinge herauskamen, die bisher in der Literatur noch nicht zu finden sind. Ich entdeckte z.B. das Radkreuz und die Man-Rune, die mit Bohnen als Segenszeichen in den Acker gesetzt werden. Ferner fand ich die 'Schöpfarlein,' die bei der Geburt über dem Haus schweben und das Los des Kindes bestimmen, offenbar Nachfahren der Nornen [...]."[97] Am 28.3.1942 richtet Wolfram von Wien aus an Schwalm 'Tätigkeitsbericht und Arbeitsvorschläge': Dazu zählen die Notwendigkeit, die Arbeit fortzusetzen (was "2-3 Monate" in Anspruch nehmen würde) sowie die Veröffentlichung von Volksbrauch und Volksglaube, "die erstmalig unter Berücksichtigung der neuen Gesichtspunkte ein Gesamtbild ergeben wird. Dabei ist ebenso die germanische Dauerüberlieferung herauszuarbeiten wie die Wechselbeziehungen zur slawischen Umwelt. Letzteres erfordert noch besondere Studien [...]."[98]

Die Möglichkeit, die Gottscheer nach der Umsiedlung zu befragen, ergab sich für Wolfram allerdings erst nach 1945 - und da nicht in Oberkrain und der Untersteiermark, sondern in jenen österreichischen Lagern, in welchen die aus der 'Zweitheimat' Geflohenen Unterkunft gefunden hatten. Zwischen 1955 und 1977 sind dann zehn Arbeiten entstanden, die Wolfram 1980 auch gesammelt vorgelegt hat.[99] In dieser Gesamtausgabe ist von 'Volkstumspflege' ebensowenig die Rede wie vom 'Ahnenerbe' bzw. dessen 'Kulturkommission Gottschee.' Wolfram erscheint vielmehr als Einzelforscher bei einem 'Außenposten,' der "im Zuge der großen Umwälzungen des Zweiten Weltkrieges an das deutsche Gebiet herangeholt werden [sollte]" und der, da in den vierziger Jahren an eine weitere Aufnahmetätigkeit nicht zu denken gewesen war ("Mich riefen Wiener Pflichten"), abermals drohte, verloren zu gehen: Die in Flüchtlingsunterkünften lebenden Gottscheer gedachten in den fünfziger Jahren, nach Amerika auszuwandern. "Wollte man von ihrer Volkskultur noch festhalten, was festzuhalten war, galt es keine Minute zu verlieren,"[100] und die 'Kommission für die Volkskunde der Heimatvertriebenen' machte es - finanziell - möglich, daß der dazumals noch durch keinerlei neues Arbeitsverhältnis gebundene Wolfram seine Sammlungs- und Rettungsaktion zu einem guten Abschluß bringen konnte.

Im Herbst 1941 hatten ihn 'Wiener Pflichten' gerufen, 1943 rief der 'Germanische Wissenschaftseinsatz' des 'Ahnenerbes.' Er war "eine Konsequenz nationalsozialistischer Großraumpolitik in Europa, im engeren Sinn war er eine Auswirkung der Volkstumspolitik, die der Reichsführer-SS Heinrich Himmler im 'germanischen Norden' [...] verfolgte," wie Kater ihn charakterisiert, der Versuch, unter Einbeziehung von Skandinavien und des nördlichen Westeuropa ein noch größeres 'neu-germanisches Reich' zu schaffen.[101] Dazu waren Einsätze notwendig, Tagungen wie die in Hannover, welche im Mai 1943 mit wenigen Gästen aus Schweden, Flandern und Holland (von 'deutscher' Seite waren u.a. Sievers, Jankuhn, Plaßmann, Schwalm und Wolfram vertreten) stattfand und bei der "die Frage des Herrschaftsanspruchs der SS auf kulturellem und wirtschaftlichem Gebiet in den germanischen Ländern [zur Debatte stand]."[102] In diesem Zusammenhang ist wohl auch das Auftreten deutscher Volkskundler in Norwegen unter der Leitung von Hans Schwalm zu sehen. Von 12. August bis 20. Oktober 1943 hielten sich H. Phleps, K. Th. Weigel und R. Wolfram im von den Nationalsozialisten besetzten skandinavischen Staat auf, machten Kundfahrten und führten Erhebungen durch: Phleps zur Hausforschung, Karl Theodor Weigel suchte seine 1943 nach Göttingen verlegte 'Hauptstelle für Sinnbildforschung'[103] um weitere Aufnahmen zu vermehren, und Wolfram wurde, so Schwalm in einem langen und die Schwierigkeiten mit den drei Genannten beschreibenden Brief vom 1.10. an Dr. Hans Schneider, von Weigel ins Schlepptau genommen. "Praktisch hat Wolfram nämlich genau das gleiche wie Weigel gemacht [...]. So dürften z.B. 95 v. H. aller Aufnahmen, die die beiden Herren gemacht haben, die gleichen sein."[104] Schwalm hoffte, daß ein längerer Aufenthalt Wolframs diesen zu eigenen Forschungen veranlassen würde - was offensichtlich auch eintrat. Ein 'Arbeitsbericht Norwegen,' am 14. April 1944 geschrieben, zeigt Wolframs Aktivitäten, aber auch seine Animositäten (gegen Weigel und Phleps). Dennoch war das Ergebnis "befriedigend," der Zweck erfüllt, nämlich "die Untersuchung des Materials nach Fragestellungen, die sich während der letzten Jahre ergeben haben, insbesondere a) der gesamtgermanischen Gemeinsamkeiten, b) der speziellen Zusammenhänge zwischen Nord- und Südgermanen, zusammengefaßt in 25 Punkten, c) von Einzelfragen: Rolle der Sonne in Glauben und Brauch; Brauchtumshandlungen in Sinnbildform; Erscheinungsformen der Wilden Jagd; Tanzformen usw."[105] Man ersieht daraus Wolframs gleichgebliebene männerbündisch-ritualistische Interessen, aus den Punkten a und b aber auch, daß er den Sinn des 'Germanischen Wissenschaftseinsatzes' erfaßt hatte.

In Oslo mag Wolfram wohl seiner einstigen Mitstreiterin aus Studientagen, Lily Weiser-Aall begegnet sein, seit 1943 norwegische Mitarbeiterin des 'Ahnenerbes' und dem 'Religionswissenschaftlichen Seminar der Reichsuniversität Straßburg' zugeordnet, das Otto Huth[106] leitete, für den sie zunächst Abhandlungen von A. Olrik übersetzen sollte.[107] Eine Aufstellung der Aufwendungen des 'Ahnenerbes' in Norwegen zeigt, daß Frau Weiser-Aall vom Juli an jeweils 100 Reichsmark bezog.[108]

Angesichts wachsender Schwierigkeiten in den besetzten Staaten Belgien, Holland und Norwegen schien ein weiterer Ausbau des 'Germanischen Wissenschaftseinsatzes' vordringlich. Schließlich ging es sowohl "um die kulturpolitische Arbeit hinsichtlich der Ausrichtung auf den germanischen Gedanken sowie die Erforschung und die Entwicklung des Germanentums in diesen Ländern" als auch um "die Unterstützung der landeseigenen an der friedlichen Durchdringung ihrer Heimat mit dem großgermanischen Gedanken interessierten Verbände," weshalb - so fährt W. Sievers in seinem Antrag vom Dezember 1943 an den Reichsführer-SS, Persönlicher Stab, fort - "die Ernennung des SS-Schützen Wolfram zum Fachführer der Waffen-SS (SS-Untersturmführer (F)), da er erst als Führer der SS den für die Durchdringung der Aufgaben notwendigen Rückhalt und die erforderliche Anerkennung genießen kann,"[109] notwendig wäre. Ob der Antrag genehmigt wurde, ist den Akten nicht zu entnehmen; Wolfram dürfte aber auf die 'Durchdringung der Aufgaben' nicht allzu viel Wert gelegt haben, wie die zu Anfang dieses Abschnitts zitierten Briefe aus dem Jahre 1944 gezeigt haben. Ende Dezember 1943 waren die Universität Oslo geschlossen und 650 Studenten sofort nach Deutschland deportiert worden. An die 300 kamen zur 'Umerziehung' in das Lager Sennheim bei Straßburg. Himmler beauftragte daraufhin Sievers, "Männer zu bestimmen, die im Rahmen des Germanischen Wissenschaftseinsatzes bei den Sennheimer Studenten Schulungsvorträge halten könnten, um sie zur großgermanischen Reichsidee zu bekehren und zur aktiven Mitarbeit in der SS zu bewegen".[110] Die Vorträge sollten streng wissenschaftlich sein; doch gab Wolfram in einem Brief an Sievers zu bedenken, daß etwa bei der Erörterung von Sinnbildern damit zu rechnen sei, "daß die Leute innerlich widerstreben, wenn z.B. vom Hakenkreuz die Rede ist."[111] Die Übereinstimmung der Daten läßt vermuten, daß Wolfram der Aufforderung Sievers, solche Vorträge in Sennheim zu halten, wegen Krankheit und "aufopfernder Universitätstätigkeit" nicht nachkommen wollte.

Während sich die norwegischen Studenten als nicht 'umerziehungsfähig' erwiesen, zu einer 'Kompanie' zusammengefaßt, zur Zwangsarbeit gezwungen, ins KZ gesteckt und zum Teil ermordet wurden,[112] plagten Wolfram in Wien andere 'Sorgen': daß ihm von Dr. Haiding, Rein, Dr. Ruprecht, Salzburg und Dr. Spieß, Wien ausgebildete Photographinnen "wegengagiert" würden, woraus zu ersehen wäre, "mit welcher Zielstrebigkeit, aber auch mit welchem geldlichen und organisatorischem Aufwand von der Gegenseite gearbeitet wird";[113] daß er, wenn er "als Militärangehöriger" seine Vorlesungen einstellte, Gefahr liefe, Lehrveranstaltungen an "2 eifersüchtige Konkurrenten" zu verlieren: "Haberlandt und Pfalz;"[114] daß er (Wolfram schreibt aus Oslo, wo er den im Vorjahr angeregten zweiten Studienaufenthalt beginnt), wenn sich die Kriegsfront Wien nähere, sofort heimreisen würde, um die Bestände des 'Ahnenerbes' sowie sein eigenes Material in Sicherheit zu bringen (die Hilfe von Sievers bei einer allfälligen Evakuierung wird erbeten);[115] daß er einen Serben gefunden habe, "der am aktiven Kampf gegen die Banden an unserer Seite teilgenommen hat," und welcher bereit wäre, vom Einsatzstab Rosenberg zum 'Ahnenerbe' überzuwechseln.[116] In einem letzten Brief an Sievers, undatiert, am 3. April 1945 in Berlin eingelangt, gibt Wolfram "Meldung über die Lage, Bombenschäden, Arbeitsfortgang usf." und schließt, nachdem er die fast völlige Aufbereitung des skandinavischen und Südtiroler Materials - "sodaß man den Stoff dann in Buchform gestalten kann" - angekündigt hat, mit den Worten: "Hoffentlich ist es uns möglich, eine Wendung der Gesamtlage zu unseren Gunsten herbeizuführen, wenn wir diesen Tiefpunkt überwunden haben. In dieser Hoffnung grüßt Sie herzlichst Heil Hitler! Ihr R. Wolfram."[117]

Die 'Hoffnung' sollte sich nicht erfüllen. Millionen hatten ihr Leben auf den Schlachtfeldern und in den Konzentrationslagern verloren, Wolfram (Mitläufer, Mittäter, Karrierist?) verlor zwar nach Kriegsende, erstmals, auch etwas, nämlich Institute und Funktionen, behielt aber ein - von niemandem mehr beanspruchtes - (Ahnen-)Erbe:

> "1.) Ahnenerbe: Die wissenschaftlichen Karteien in Wien (rund 20 Pappkartons). Die Südtiroler Fragebogen (7 Pappkartons). Das Südtiroler Aufzeichnungsmaterial. Das Gottscheer Aufzeichnungsmaterial. Die Aufzeichnungen von Dr. Winter, Seidlmayer usf. Die Aufzeichnungen von Frl. Dr. Hess. Die Schreibmaschine. Rund 3 Kisten voll Bücher aus der Salzburger Bibliothek (darunter sehr wichtige, vergriffene Werke) [...]. Das Ahnenerbe-Volkstanzarchiv. Die Leica-Negative und Bilder.

Eine Anzahl von Schmalfilmen. Das norwegische Aufzeichnungsmaterial.

2.) Material Dr. Wolfram: 18.000 Photonegative. Die Bildkartei. Tausende von Diapositiven (darunter viele Farbdias). Die wissenschaftlichen Karteien. Rund 200 Aufzeichnungshefte. Mehrere Kisten Manuskripte. Das Volkstanzarchiv (privat). Rund 250 wissenschaftliche Schallplatten."[118]

Es - das Erbe - sollte sich in Zukunft noch als überaus wertvoll und gewinnbringend erweisen.

Anmerkungen

1. Die Wiener Volkskunde hatte da schon vorgearbeitet; vgl. Bockhorn 1987.
2. Heiß, Mattl, Meissl, Saurer und Stuhlpfarrer 1989: 1.
3. Saurer 1989: 303.
4. Der Satz von der 'Einschwörung auf den völkisch-germanischen Kulturbegriff' stammt von Martin Scharfe (Scharfe 1984: 105).
5. In diesem und dem folgenden Unterkapitel wird im wesentlichen auf Vorarbeiten des Autors zurückgegriffen, auch der Titel ist schon einmal verwendet worden. Vgl. Bockhorn 1987; Bockhorn 1989; Bockhorn 1991.
6. *Germanien. Monatshefte für Germanenkunde zur Erkenntnis deutschen Wesens* 10, Heft 4 (April 1938).
7. Plaßmann und Trathnigg 1939: 7f.
8. Zu Plaßmann vgl. Kater 1974; Gajek 1991; Gisela Lixfeld in diesem Band.
9. Plaßmann und Trathnigg (Hrsg.) 1939.
10. Vgl. den Abschnitt "'Beurlaubung bis auf weiteres...': Volkskunde in Graz 1938-1945" von H. Eberhart.
11. BDC, Wolfram, Richard, geb. 16.9.1901/ Schreiben von Wolfram Sievers an Richard Wolfram vom 13.7.1938.- In einem direkt an H. Himmler gerichteten Schreiben vom 18.7.1938 dankt Wolfram für "die nun durch Sie geschaffene großzügige Arbeitsmöglichkeit" (ebendort).
12. Vgl. "Von der 'gläubigen Wissenschaft' zum 'Ahnenerbe' der SS: Salzburg und die nationalsozialistische Volkskunde" (H. Eberhart).
13. BA Koblenz, NS 21/242, Aktenvermerk vom 26.11.1938.
14. Österreichisches Staatsarchiv - Allgemeines Verwaltungsarchiv (AVA), Unterricht Fasz. 761, Zl. 41852 aus 1938.
15. Plaßmann 1938a: 102.
16. AVA, Unterricht, Fasz. 761, Zl. 41852 aus 1938.
17. Wie Anm. 16.
18. Meissl 1981: 485.
19. BA Koblenz, NS 8/245, fol. 2-6.
20. UA Wien, Personalstandsverzeichnis.
21. Schmidt 1957b: 337.
22. Schmidt 1951a: 137.
23. Lixfeld 1987a: 76.
24. BA Koblenz, NS 8/264, fol. 52, NS 8/206, fol. 38.- Weitere Angaben stammen aus dem Salzburger Landesinstitut für Volkskunde.
25. Schmidt 1957b: 337f.

26. Wie Anm. 24.
27. Lixfeld 1987a: 76.
28. WZV 49: 32.
29. WZV 43 (1938): Tafel I.
30. WZV 43: 50-52.
31. Schmidt 1947c.
32. Schmidt 1964b: 233.
33. Wie Anm. 32: 234.
34. Schriftlicher Bericht von Gertrud Heß-Haberlandt (Archiv des Instituts für Volkskunde, Wien).
35. Personal- und Vorlesungsverzeichnis für das 2. Trimester 1940: 39.
36. Vgl. die Vorlesungsverzeichnisse WS 1939/40 - SS 1944 (das vom WS 1944/45 ist nicht im Druck erschienen; im SS 1945 scheint 'Volkskunde' nicht mehr auf).
37. Wie Anm. 36.
38. So lautete die offizielle Bezeichnung (Schmidt 1951a: 149).
39. Schmidt 1982a: 43.
40. Schmidt 1982a: 48.
41. UA Wien, Personalakte Kriss, Phil. Dek. Zl. 695 - 1938/39.
42. Ernennungsurkunde vom 28. Februar 1940, UA Wien, Personalakte Kriss.
43. UA Wien, Phil. Dek. Zl. 247 - 1941/42.
44. Kriss 1948; Meissl 1981: 495, Anm. 106.
45. Schmidt 1960d: 99.
46. BA Koblenz, NS 21/80, Schreiben von W. Sievers an R. Wolfram vom 25.10.1939.
47. UA Wien, Phil. Dek. Zl. 348 - 1939/40.
48. BA Koblenz, NS 21/80, Schreiben von R. Wolfram an W. Sievers vom 5.6.1940.
49. Vgl. die Personal- und Vorlesungsverzeichnisse 1939-1944. Diesen Vorlesungszyklus hat R. Wolfram auch in den sechziger Jahren wieder gelesen.
50. Wolfram 1944.
51. UA Wien, Phil. Dek. Zl. 730 - 1942/43.
52. Bockhorn und Fielhauer 1982: 283.
53. BDC, Wolfram, Richard, geb. 16.9.1901, Schreiben an W. Sievers vom 6.11.1942.
54. Wie Anm. 53.
55. Zu H. Harmjanz vgl. u.a. Kater 1974, Lixfeld 1987.
56. Fielhauer 1968b: 22f.
57. BA Koblenz, NS 21/389, Schreiben an W. Sievers vom 20.2.1944. - Zu diesen 'Gehässigkeiten' zählte auch die schon 1940 gefallene Bemerkung, Wolfram wäre an der Universität ein Versager, worüber sich Wolfram in einem Brief aus Südtirol, wohl an W. Sievers, bitter beschwert (BDC, Wolfram, Richard, geb. 16.9.1901. Brief v. 12.12.1940).
58. Kater 1974: 289.
59. Heiber 1966: 650-653.
60. UA Innsbruck, Rektoratsakten Zl. 1041 aus 1941.
61. Vgl. z.B. BA Koblenz, NS 15/243, fol. 252 (Schreiben von Hans Strobel vom 10. Juni 1943).
62. BDC, Heilfurth, Gerhard, geb. 11.7.1909. Vermerk ohne Datum (1944).
63. BA Koblenz, NS 8/245, fol. 114.
64. BDC, Mudrak, Edmund, geb. 27.10.1894. Lebenslauf.
65. BDC, Wolfram, Richard, geb. 16.9.1901. Brief W. Sievers' vom 13.4.1943.
66. BDC, Wolfram, Richard, geb. 16.9.1901. Schreiben W. Sievers' vom 15.12.1943.
67. BDC, Wolfram, Richard, geb. 16.9.1901. Schreiben von W. Sievers an R. Wolfram vom 15. Februar 1944.
68. Kater 1974: 189 und 408, Anm. 382.
69. Sie liegen großteils im Bundesarchiv Koblenz und wurden vom Verfasser 1987 dort eingesehen. Wertvolle Hinweise und weitere Angaben stammen von Gisela und Hannjost Lixfeld, denen an dieser Stelle für ihre Hilfsbereitschaft zu danken ist.

70. Assion und Schwinn 1988; Kater 1974; Oesterle 1991b; Schwinn 1989; Schwinn 1991; Stuhlpfarrer 1985; vgl. auch den Beitrag von Gisela Lixfeld in diesem Band.
71. Gruber 1978: 226f.
72. Wie Anm. 71.
73. Kater 1974: 160.
74. Wolfram 1987b: 5f.
75. Gruber 1978: 226f.
76. BDC, Wolfram, Richard, geb. 16.9.1901. Plan für die Umsiedlung der Südtiroler vom 18.11.1939.
77. Assion und Schwinn 1988: 222f.
78. BA Koblenz, NS 21/433.
79. Wie Anm. 78, Protokoll der ersten Sitzung.
80. Schwinn 1989: 89, Anm. 16.
81. Sowohl mit Seidlmayer als auch mit Horak kam es im Laufe der Arbeit zu Problemen, über die R. Wolfram jeweils schriftlich an W. Sievers berichtet.
82. Wolfram 1987b: 6.
83. Wolfram 1959b: 19.
84. Die Filmarbeit von R. Wolfram in Südtirol wurde in einem Aufsatz bereits abgehandelt und kann hier nicht nochmals dargelegt werden (Bockhorn 1991).- Die 'Großfilme' scheinen bei Kriegsende in Berlin verloren gegangen zu sein.
85. BDC, Wolfram, Richard, geb. 16.9.1901, undatierter 'Arbeitsbericht Südtirol: Abteilung: Volksbrauch, Volksglaube, Volkstanz, Volksschauspiel.'
86. Schwinn 1989: 91 (zitiert nach einem Arbeitsbericht Wolframs vom Februar 1941).
87. Wolfram 1990: 339.
88. Wolfram und Kretschmer 1959-1979.
89. Zu den Veröffentlichungen vgl. Fielhauer 1968; Liesenfeld 1982; Kammerhofer 1987.
90. Waltner 1986.
91. BA Koblenz, NS 21/164, Tätigkeitsbericht der Kulturkommission.
92. BA Koblenz, NS 21/164, Organisation der Kulturkommission.
93. Kater 1974: 169.
94. BA Koblenz, NS 21/164, Verzeichnis der Mitarbeiter.
95. Kater 1974: 169.
96. BA Koblenz, NS 21/148, Fragebogen zur Erfassung der Volksbräuche.
97. BDC, Wolfram, Richard, geb. 16.9.1901. Bericht Gottschee vom 16.11.1941.
98. BDC, Wolfram, Richard, geb. 16.9.1901. Tätigkeitsbericht und Arbeitsvorschläge vom 28.3.1942.
99. Wolfram 1980.
100. Wie Anm. 99: 11f.
101. Kater 1974: 170.
102. Kater 1974: 182 und 407, Anm 334.
103. Brednich 1985; Brednich 1987a: 114.
104. BA Koblenz, NS 21/806.
105. BDC, Wolfram, Richard, geb. 16.9.1901, Arbeitsbericht Norwegen vom 14. April 1944.
106. Zu Huth vgl. Kater 1974.
107. BA Koblenz, NS 21/229, Brief von O. Huth an das 'Ahnenerbe' (29.5.1943).
108. BA Koblenz, NS 21/775, Germanische Leitstelle Norwegen - Zusammenstellung der Kosten für Ahnenerbe.
109. BDC, Wolfram, Richard, geb. 16.9.1901. Schreiben von W. Sievers vom 15.12.1943.
110. Kater 1974: 185.
111. Brief Wolframs an W. Sievers vom 2.2.1944 (zitiert bei Kater 1974: 185).
112. Kater 1974: 186.
113. BDC, Wolfram, Richard, geb. 16.9.1901. Aktenvermerk vom 18.5.1944.

114. BDC, Wolfram, Richard, geb. 16.9.1901. Schreiben von Wolfram an W. Sievers vom 11.8.1944.
115. BDC, Wolfram, Richard, geb. 16.9.1901. Schreiben von Wolfram an W. Sievers vom 31.8.1944.
116. BDC, Wolfram, Richard, geb. 16.9.1901. Schreiben von Wolfram an W. Sievers vom 6.12.1944.
117. BDC, Wolfram, Richard, geb. 16.9.1901. Schreiben von Wolfram an W. Sievers (Eingang Ahnenerbe am 3.4.1945).
118. BDC, Wolfram, Richard, geb. 16.9.1901. Schreiben von Wolfram an W. Sievers vom 31.8.1944.

III. DRITTER AKT: ZWISCHEN GEIST UND MATERIE - VOLKSKUNDE NACH 1945

VIKTOR GERAMB UND SEINE ERBEN

HELMUT EBERHART

"Der unvergessliche Jubel, mit dem ich im Juni 1945 bei meiner neuerlichen Antrittsvorlesung begrüßt wurde, tat mir aufrichtig wohl."[1] schrieb Viktor Geramb in seiner Autobiographie. Nach Kriegsende erwies sich der "Dornröschenschlaf" der Volkskunde an der Universität Graz zwischen 1938 und 1945 als glückliche Fügung. Während die Nationalsozialisten in Innsbruck und Wien volkskundliche Lehrkanzeln eingerichtet hatten, blieb dies den Grazern erspart. Nach Kriegsende war daher an den beiden erstgenannten Universitäten eine institutionalisierte Volkskunde auf Jahre hinaus undenkbar geworden, obwohl in Wien mit Leopold Schmidt ein unbelasteter Gelehrter von hohem Ansehen zur Verfügung gestanden wäre. In Graz hingegen konnte Geramb auf seine 1939 erfolgte Vertreibung von der Universität verweisen; außerdem war die Lehrkanzel bis 1945 nicht wieder besetzt worden. Diese Faktoren wirkten sich nach dem Zusammenbruch der NS-Diktatur positiv aus und ermöglichten Geramb und damit der Volkskunde eine rasche Rückkehr an die Hochschule.

Auch im Volkskundemuseum nahm Geramb unmittelbar nach Kriegsende die Arbeit wieder auf. Am 12. Juni 1945 wies Geramb in einer Rede "zur Wiederaufnahme der Arbeit am Volkskundemuseum" auf die für ihn wichtigsten Probleme volkskundlicher Arbeit hin: "Nicht der vernichtete Staat, nicht die zertrümmerten Städte, nicht der verlorene Krieg [...] das größte Unglück ist die vergiftete Volksseele [...] hier muß vor allem die Rettungsarbeit beginnen, u[nd] zw[ar] sofort."[2]

Geramb greift damit wieder auf seinen praxisbezogenen bzw. in Richtung Pflege orientierten Ansatz aus den 30er Jahren zurück. Er - für den Volkskunde niemals Wissenschaft per se war - sah sich gerade jetzt verpflichtet, seinen Teil zur "Rettung der Volksseele" beizutragen. Während Geramb in der NS-Zeit gesellschaftspolitische Äußerungen unterlassen hatte, wozu weniger eine dezidierte Gegenposition als vielmehr seine Frustration über die nationalsozialistische Realpolitik beigetragen hatte, forciert er diesen Bereich ab 1945 wieder sehr stark. In Zeitungen und Zeitschriften meldet er sich immer wieder zu Wort.[3] Einer der markantesten Beiträge aus jenen Nachkriegstagen ist die "Entpolitisierung des Lebens."[4] Geramb trennt hier scharf zwischen einer "gesunde[n] und notwendige[n], lebensschaffende[n] und dem Leben dienende[n] Politik" die er befürwortet, und einer "alles Leben überwuchernde[n] und also lebensfeindliche[n] Politisiererei."[5] Dabei ist er auf der Suche nach einem Ausgleich und bemüht sich um eine liberale Haltung ("Politisches Denken aber, sei es nach dieser oder jener Richtung hin, müßte endlich wieder frei und erlaubt sein").[6]

Ohne auf sich selbst direkt Bezug zu nehmen, klingt in diesem "Nachkriegs-Glaubensbekenntnis" auch Apologetik an, wenn er meint, daß "nicht jeder ein Staatsfeind oder gar ein Verbrecher [ist], der sich nicht stark genug zum Märtyrer gefühlt hat, um einer Diktatur und Tyrannei Widerstand leisten zu können."[7]

"Entpolitisierung" bedeutete für ihn nicht Abschied von gesellschaftspolitischer bzw. spezifisch kulturpolitischer Aktivität, sondern Abschied von parteipolitischen und/oder ideologisch motivierten Auseinandersetzungen, die unversöhnliche Wunden aufreißen könnten. So gut gemeint dieser Ansatz war, so problematisch war er: Konnten doch aktive Nationalsozialisten im Fach unter diesen "Schutzmantel" fliehen, ohne jemals Rechenschaft über ihr Handeln ablegen zu müssen![8]

Geramb wurde nach 1945 als Doyen der österreichischen Volkskunde und als Mann des Ausgleichs Ansprechpartner für Fachkollegen aller Generationen und unterschiedlicher politischer Lager. Die größten Gegenpole dabei waren wohl die beiden Wiener Leopold Schmidt[9] und Richard Wolfram. Schmidt, der sich nach dem Krieg als liberale Alternative zu Wolfram anbot, wollte mit diesem nichts zu tun haben. Geramb versuchte zu vermitteln;[10] er wußte Schmidts Fähigkeiten zwar zu schätzen, stand ihm aber persönlich eher distanziert gegenüber. Die unbestrittene Führungsrolle des Grazer Gelehrten ließ es naheliegen, die erste Volkskundetagung in der Steiermark zu veranstalten. Sie fand auf seine Anregung hin im Oktober 1946 in St. Martin bei Graz statt und bot die Chance zu einer neuerlichen fachlichen Konsolidierung.[11] Leopold Schmidt hatte schon zuvor verlangt, zu dieser Tagung "keine belasteten Nationalsozialisten heranzuziehen, sondern eben nur die am Aufbau der österreichischen Volkskunde wirklich beteiligten, maßgebenden Männer." Schmidt weiter: "Das bedeutet übrigens, daß es sich um eine ziemlich kleine Schar handeln wird. Von Wien kommen meiner Ansicht nach nur Prof. Zoder[12] und ich in Betracht [...]."[13] Wolfram war von dieser Tagung noch ausgeschlossen. Die von Schmidt betriebene Ausgrenzung war aus heutiger Sicht keine glückliche Lösung und verhinderte erst recht den Zwang zur Reflexion über eigenes wissenschaftliches Handeln. Diese Reflexion erfolgte allerdings auch nach der Reintegration der im nationalsozialistischen Sinn aktiv gewesenen Volkskundler (vor allem Haiding, Spiess und Wolfram) nicht.

Wie wenig erfolgreich die Versuche waren, die unterschiedlichen Positionen unter einen Hut zu bringen, beweisen jene Zeilen, die Geramb nur wenige Wochen nach der Tagung an Richard Wolfram schrieb: "Aber bitte, macht das alles untereinander aus und laßt mich gütig mit weiteren Zuschriften aus dem Spiel [...]."[14] Die Verärgerung, die aus diesen Worten spricht, zeigt auch die Belastung, der Geramb als Drehscheibe für Vermittlungsversuche ausgesetzt war.

Neben diesen Bemühungen begann Geramb erneut um ein Ordinariat für Volkskunde an der Universität Graz zu kämpfen. Er war ja seit 1931 Extraordinarius; bereits 1935 hatten die Bemühungen der philosophischen Fakultät, die Ernennung Gerambs zum "ordentlichen Professor" durchzusetzen, begonnen,[15] die 1938 durch die politischen Umstände nicht mehr weiter betrieben werden konnten. Am 22. Dezember 1946 stellte die Fakultät den Antrag, die "[...] schon wiederholt vorgeschlagene Ernennung des a.o. Prof. der Volkskunde, Dr. Viktor von Geramb zum ordentlichen Professor [...] als Wiedergutmachung vorzuschlagen."[16] Auch der Hinweis auf einen Wiedergutmachungsakt fruchtete zunächst nichts. Erst vier Jahre nach Kriegsende, am 21. Juli 1949, wurde Geramb zum ersten ordentlichen Professor für Volkskunde in der zweiten Republik ernannt.[17] Geramb war damit am Ziel seines Lebens. Er war gerade

65 Jahre alt geworden und hatte die Leitung des Volkskundemuseums an Hanns Koren abgegeben.

Von dieser Verpflichtung entbunden, konzentrierte er sich fortan auf den Auf- bzw. Ausbau der Lehrkanzel. Die Voraussetzungen dafür waren nicht ungünstig: Noch im Dezember 1945 hatte sich sein Lieblingsschüler Hanns Koren habilitiert und im Sommersemester 1946 seine Lehrtätigkeit als Privatdozent aufgenommen.[18] 1950 kam mit Leopold Kretzenbacher auch der zweite Habilitierte an die Universität zurück,[19] womit der Grazer Volkskunde in den 50er Jahren drei bedeutende Wissenschafter zur Verfügung standen. Alle drei fallen in den frühen 50er Jahren durch eine bemerkenswert intensive Publikationstätigkeit auf.[20] Geramb legte noch 1946 ein programmatisches "Österreich-Bekenntnis" vor: "Um Österreichs Volkskultur."[21] Kurz darauf erschien seine "Brauchsammlung" von 1924[22] in einer Neuauflage unter dem - einem neuen Österreich-Bewußtsein adäquaten - Titel "Sitte und Brauch in Österreich."[23] Beide Schriften waren von einem kulturpolitischen Sendungsbewußtsein geleitet und verstanden sich nicht als wissenschaftliche Publikation. Die "pflegerische" Seite hatte in Gerambs Schaffen schon vor 1938 einen bedeutenden Platz eingenommen, der nach 1945 erneut deutlich wird. Insbesonders die Aufsatzsammlung "Um Österreichs Volkskultur"[24] ist ein bemerkenswertes Beispiel für das Gefühl, aktiv in die Entwicklung der Volkskultur eingreifen zu müssen. Wir finden die "Entpolitisierung des Lebens" hier zum zweiten Mal im selben Jahr abgedruckt. Daneben befaßt sich Geramb noch mit Grundbegriffen wie "Volk," "Kultur," "Volkskultur" und "Hochkultur;" weiters ausführlich mit der Kulturarbeit: "Heimatpflege," "Seelen=Sanierung," "Volksbildung" geraten zu Metaphern für das letzte Ziel wissenschaftlicher Forschung.

Geramb stand mit diesen Gedanken in krassem Gegensatz zu Leopold Schmidt, der 1947 (also nur ein Jahr später) seine Ideen über "die Volkskunde als Geisteswissenschaft"[25] vorlegte und der gleich zu Beginn sein Urteil über Gerambs Buch fällt: "Hier verschwindet die Grenze der Wissenschaft [...]."[26] Er sieht Geramb gleichsam als Mitverantwortlichen dafür, daß

> "außer romantischen bzw. pseudoromantischen Vorstellungen, welche sehr stark von gänzlich anderen Begriffen wie Volksbildung, Volkstumspflege usw., die also in ihren Namen unserer Disziplin verwandt klingen, mitgeschaffen werden, [...] der größte Teil der Allgemeinheit überhaupt keine Vorstellung von ihr [hat]."[27]

In den "gänzlich anderen Begriffen" liegt nun der große Widerspruch zwischen den beiden Auffassungen: Für Geramb waren sie logische Konsequenz seines wissenschaftlichen Tuns, gehörten also eng zum Fach - für Leopold Schmidt waren sie eben expressis verbis "gänzlich andere Begriffe." Auf der einen Seite stand ein romantischer, bei aller Wissenschaftlichkeit oft intuitiver Geramb, der ständig bereit war, aktiv in das kulturelle Geschehen einzugreifen; auf der anderen Seite ein distanzierter, überaus intellektueller Leopold Schmidt, der als Beobachter und kritischer Analytiker gleichsam außerhalb kultureller Prozesse stand.

Schmidts Wirken auf die Nachkriegs-Volkskunde blieb schließlich größer; sein Aufsatz erlangte im Fach überaus große Popularität, nicht zuletzt durch die griffige Bemerkung, die "Volkskunde [als] [...] Wissenschaft vom Leben in überlieferten

Ordnungen"[28] definiert. Geramb stand mit seiner Position noch in der Neoromantik der Zwischenkriegszeit und kämpfte nach 1945 gleichsam gegen die "Windflügeln der Industriegesellschaft."[29] Trotz der persönlichen Distanz herrschte zwischen Geramb und Schmidt durchaus ein bestimmtes Maß an gegenseitiger Wertschätzung, die sich in der Aufbauarbeit für die österreichische Nachkriegs-Volkskunde niederschlug. So trat Geramb mit Anton Dörrer als Mitherausgeber der von Leopold Schmidt geleiteten "Österreichischen Zeitschrift für Volkskunde" auf.[30]

Für den Band I der Neuen Serie (1947) verfaßte Geramb darüber hinaus gleichsam das Programm der Zeitschrift, in dem er die spezifischen Aufgaben einer österreichischen Volkskunde umriß.[31] Geramb reduzierte zunächst den geographischen Bereich des Haberlandtschen, auf die ganze Donaumonarchie bezogenen Ansatzes auf das gegenwärtige Staatsgebiet, ohne jedoch deshalb die vergleichende Forschung völlig hintanzustellen.

> "Bei aller Betonung der völkervergleichenden Aufgabe und ihrer Unerläßlichkeit möchten wir sie heute doch nicht mehr als unsere *erste* bezeichnen. Diese wird vielmehr im verkleinerten Österreich die *Erforschung* unserer *eigenen österreichischen Volkskultur* sein müssen. Das heißt: Alle Erscheinungen - in 'Wörtern und Sachen,' in Dingen, Tätigkeiten und im Geistigen - müssen, soweit sie dem 'vulgus in populo,' dem '*Mutterboden*' der Österreicher angehören oder entkeimen, unser vornehmlichstes Forschungsziel darstellen."[32]

Geramb greift damit deutlich auf seine in der Zwischenkriegszeit festgelegten Forschungsziele zurück; es geht ihm um die Erkenntnis des "vulgus," in dem er keinen Stand sondern vielmehr einen Zustand sah. Er versucht weiters, auf vergangene Leistungen der österreichischen Volkskunde hinzuweisen[33] und ruft alle Kollegen zur Zusammenarbeit auf.

Auch in diesem programmatischen Artikel zeigt sich jedoch eine Schwäche der deutschsprachigen Nachkriegs-Volkskunde: Geramb nahm kaum zu den Problemen einer nationalsozialistisch orientierten Volkskunde Stellung; aus damaliger Sicht verständlich, aus wissenschaftsgeschichtlicher Perspektive problematisch: Geramb reduziert seine Kritik auf einen Satz: "Mit der 'Volkskunde auf rassischer Grundlage' haben wir schlimme Erfahrungen gemacht."[34] Vielleicht ließ sich Geramb auch in diesem Fall von Idealvorstellungen leiten; von hohen Ansprüchen an Verzeihen und Vergessen, die jedoch einer wirklichen Aufarbeitung der NS-Volkskunde nicht dienlich waren.

Seine romantische Seite, die er bewußt nie verleugnete, kommt auch in den beiden Teilen seiner Exkursionsbeschreibung zum Ausdruck, die er 1949/50 vorlegte: Mit großem organisatorischem Aufwand hatte Geramb mitten in der Besatzungszeit zwei Exkursionen durchgeführt, die "einen erlebnisstarken *Überblick* über die Mannigfaltigkeit und Schönheit der österreichischen Landschaften und volkskulturellen Eigenheiten"[35] bieten sollten. Im Juli 1949 fuhr die Gruppe zehn Tage durch Westösterreich und im Oktober fünf Tage durch den Norden und Osten des Landes. Der Exkursionsbericht Gerambs ist ein Beispiel für seine Bemühungen, kulturelle Wertvorstellungen der Romantik in das problembeladene österreichische Nachkriegszeitalter zu transportieren - nicht zuletzt zur "Rettung der vergifteten Seelen." Romantik und traditionelle Gebundenheit in Wertvorstellung und Alltag waren für ihn Angebote der Kulturwissenschaften an den Menschen der Nachkriegszeit; angesichts der Lebenswirklichkeit konnte Geramb kaum Erfolg beschieden sein.

Wenn auch im letzten Lebensjahrzehnt Gerambs seine essayistischen Arbeiten überwiegen, so vernachlässigte er die wissenschaftliche Tätigkeit nicht gänzlich. Er führte 1950[36] und 1954[37] seine Rauchstubenstudien fort; 1954 konnte endlich auch seine umfangreiche Riehl-Biographie erscheinen.[38] Ein Jahr zuvor hatte er erneut versucht, seinen Volksbegriff innerhalb des Faches zu bestimmen.[39] Er lehnt sich zwar an seine früheren Ausführungen an,[40] definiert jedoch den Begriff Nation differenzierter, wenn er von "Kultur-, Sprach- oder Staatsnation" spricht.[41] Für ihn leitet sich nun die Berechtigung einer spezifisch "österreichischen Volkskunde" von der "Staatsnation" Österreich ab. Obwohl Geramb bemüht ist, die Legitimität einer spezifisch österreichischen Volkskunde als selbstverständlich herauszustreichen, sind seine Schwierigkeiten mit dem "österreichischen Volk" unverkennbar. Er ist sich auch der Belastung des Begriffes "Volk" durch die Nationalsozialisten bewußt,[42] plädiert jedoch für ein Beibehalten. Mit dieser Diskussion problematisiert Geramb Themen der wissenschaftlichen Auseinandersetzung um 1970, ohne sich jedoch zu einer kritischen Distanz zum wissenschaftlichen Begriffsinstrumentarium der Volkskunde durchringen zu können.

Ähnlich wie Geramb war auch Koren von einem kulturpolitischen Sendungsbewußtsein erfüllt; noch konsequenter als dieser ging er seinen Weg: 1953 kam er als Vertreter der "Österreichischen Volkspartei" in den Nationalrat nach Wien; 1955 übernahm Koren nach dem Museum auch noch die Lehrkanzel aus den Händen Gerambs, dessen Ziel es offenbar war, den ihm sehr nahestehenden Freund und Kollegen zum "Universalerben" einzusetzen. Koren war jedoch zu diesem Zeitpunkt bereits zu sehr der Politik verbunden, sodaß man diese Entscheidung nachträglich sicher kritisch beurteilen muß.[43] Vom Standpunkt des Faches aus gesehen, wäre eine Nominierung Leopold Kretzenbachers oder Leopold Schmidts günstiger gewesen. Beide wollte Geramb nicht als Nachfolger einsetzen. Auch für einen "Dreiervorschlag" wollte er eher den ihm freundschaftlich verbundenen Richard Wolfram als Leopold Schmidt neben Koren sehen. Er schrieb am 2. März 1955 diesbezüglich an Richard Wolfram:

> "Ich bin von der Fakultät beauftragt, einen Dreiervorschlag für meine Nachfolge auf der volkskundlichen Lehrkanzel in Graz zu erstellen. Und in diesen Vorschlag möchte ich auch DICH hineinnehmen [...].
>
> Gib dich derohalb keinen Illusionen hin, kriegen wirds ja mit 80 % Wahrscheinlichkeit KOREN, bei dem ich allerdings bestehen *muss*, daß er nur dann dafür in Betracht kommt, wenn er sich verpflichtet seine Nationalratswürde aufzugeben. Und auch das Museum. Diese Lehrkanzel verlangt einen Mann *ganz* für sich [...].
>
> Man sieht ein, daß ich, solang ich noch was zu reden habe, unter allen Umständen darauf bestehen muß, daß die Lehrkanzel in MERINGERS und in meinem Sinn und Geist weitergeführt werde, also boden- und volksverbunden, und daß da nicht nur der reine wissenschaftliche Verstand allein sondern daß auch das HERZ mitklingen muß. Mit Gelehrten, denen das Volk eben lediglich ein wissenschaftliches OBJEKT ist, kann ich mich nicht einverstanden erklären. Niemand weiß besser als du, daß dazu

unbedingt auch wirklich LIEBE zum gemeinen Mann aus dem Volk gehört."[44]

Die letzten Worte waren besonders gegen Leopold Schmidt gerichtet, mit dessen kühler, intellektueller Ausstrahlung der gefühlsbetonte Geramb nichts anfangen konnte. Schmidt äußerte sich dementsprechend verbittert über die Berufung Korens:

"Daß die Grazer Lehrkanzel niemand anderem als Koren zufallen könne, stand wohl von vornherein fest. Die Entscheidung, fußend auf der Abneigung Gerambs gegen mich und auf der Unterschätzung Kretzenbachers durch ihn, war zweifellos falsch."[45]

Koren erfüllte zwar die Forderung, sich als Nationalrat zurückzuziehen, wandte sich in der Folge jedoch der steirischen Politik zu: Er wurde Kulturlandesrat, Landeshauptmannstellvertreter und schließlich Präsident des Steiermärkischen Landtages.[46] Er übte diese Funktionen immer parallel zu seiner Tätigkeit als Lehrkanzelinhaber aus. So ist es verständlich, daß in seinem Schaffen ab Mitte der 50er Jahre fachliche Aspekte zugunsten kulturpolitischer Essays immer stärker zurücktraten; paradoxerweise ab dem Jahr seiner Ernennung zum ordentlichen Professor für Volkskunde.

Aus heutiger Sicht ist dies sicher zu bedauern, da Koren bereits früh neue Zeichen setzte: Es sei hier nur an seine Lehrveranstaltung "Bauer und Arbeiter in Gesellschaft und Wirtschaft" erinnert, die er im Sommersemester 1949 interdisziplinär gemeinsam mit dem Rechtsphilosophen Johann Mokre und dem Volkswirtschaftler Anton Tautscher durchführte![47] Koren lieferte damit sehr früh einen Beweis für die Bedeutung der Interdisziplinarität in Forschung und Lehre und fand bei seinen Hörern auch begeisterte Aufnahme.[48]

Als erster Österreicher nach Leopold Schmidt[49] befaßte er sich 1946 in einem eigenen Aufsatz mit dem Thema "Zur Volkskunde der Stadt."[50] Wenn Koren auch - ähnlich wie Schmidt[51] - traditionell volkskundliche Kategorien in der Großstadt suchte, so ist dieser Essay doch als interessanter Versuch zu werten, das Fach aus dem ländlichen Raum herauszulösen. Aufgabe einer Volkskunde der Stadt sei es nach Koren, "in ihr [der Stadt, Anmerkung des Verfassers] alle Äußerungen des kulturellen Lebens (kulturell im weitesten Sinn) auf ihre Gemeinschaftsgebundenheit hin anzusehen."[52] Mit der Hinwendung zur "Gemeinschaftsgebundenheit" griff Koren einen Gedanken auf, der für ihn zusehends ins Zentrum seiner theoretischen Überlegungen rückte und der 1952 im Mittelpunkt seiner Vorstellungen über "Volkskunde in der Gegenwart" stehen sollte.[53]

Die größeren wissenschaftlichen Studien Korens liegen von wenigen Ausnahmen abgesehen[54] vor seiner Ernennung zum Ordinarius. Von bleibendem Wert und im besten Sinne in der Tradition der Grazer Schule der Sachvolkskunde stehend ist sicher seine Studie "Pflug und Arl,"[55] von der Ulrich Bentzien sagte, sie sei eine gelungene Synthese zwischen terminologischem Befund und Typologie/Technologie.[56] Seinen beiden übrigen größeren Publikationen[57] der frühen 50er Jahre war nicht diese Dauer beschieden, obwohl "Die Volkskunde in der Gegenwart" durch lange Jahre hindurch theoretisches Gerüst für die Grazer Volkskunde blieb.

Anders als die beiden Genannten sieht sich der Dritte im Bunde, Leopold Kretzenbacher, bis heute in jeder Hinsicht der Wissenschaft verbunden. Er steht außerhalb der Grazer Sachvolkskunde und ging stärker von der Tradition seines Lehrers Karl Polheim aus. Mit wesentlichen Arbeiten zum Volksschauspiel[58] machte er sich anfangs der 50er Jahre einen Namen, der es ihm 1961 ermöglichte, einem Ruf nach Kiel zu folgen.[59] Es ist zwar bedauerlich, daß die Steiermark diesen bedeutenden Gelehrten ziehen ließ, doch ermöglichte ihm die Übersiedlung nach Norden eine entscheidende Ausweitung seines komparativen Ansatzes; er konnte seine ausgeprägte Affinität zu Südosteuropa durch Studien in Norddeutschland und Skandinavien ergänzen und so zu einem der wichtigsten Vertreter einer "Ethnologia Europaea" werden.

In einem Sammelband, der die Volkskunde der ersten Hälfte unseres Jahrhunderts in das Zentrum seiner Betrachtungen zu rücken hat, verstehen sich die Gedanken über die Nachkriegsvolkskunde gleichsam als Appendix. Die Entwicklung des Faches in Graz soll daher nicht weiter bewertet und diskutiert werden. Zu erwähnen waren jedoch - wenigstens in gebotener Kürze - jene Gelehrten, die die ersten 10 bis 15 Jahre nach dem Krieg prägten - eine Zeit, die man mit den Worten Helge Gerndts auch in Graz als Epoche "gegenstandsbezogener Kontinuitäten"[60] bezeichnen könnte, wenn auch mit Akzentverschiebungen.

Über die weiteren Entwicklungen zu urteilen, ist sicher verfrüht; dies soll späteren Untersuchungen vorbehalten bleiben. Eine These wird wohl Bestand haben: Koren ging Mitte der 50er Jahre praktisch an die Politik verloren, Geramb starb 1958[61] und Kretzenbacher verließ Graz 1961. Damit erlitt die Grazer Volkskunde innerhalb weniger Jahre einen Aderlaß, von dem sie sich erst wieder zu erholen begann, als Oskar Moser 1972 das Erbe Korens antrat.

Anmerkungen

1. Geramb 1951: 86.
2. Privatarchiv Geramb. "Zur Wiederaufnahme der Arbeit am Volkskundemuseum." Konzept einer Rede vom 12.6.1945, verfaßt von Viktor Geramb.
3. Aus der Fülle der Artikel und Rezensionen, die Geramb nach 1945 überwiegend für die *Furche* (Wien) und die *Kleine Zeitung* (Graz) verfaßte, seien zwei für seine Intention charakteristische herausgegriffen: "Heimaterhaltung - Heimatgestaltung." *Furche* vom 17.5.1947, und "Wege zum Sinn des Lebens." *Kleine Zeitung* vom 28.1.1951; vgl. auch Privatarchiv Geramb. Unveröffentlichte Bibliographie.
4. Geramb 1946a.
5. Geramb 1946a: 15.
6. Geramb 1946a: 16.
7. Geramb 1946a: 17.
8. Darunter auch Richard Wolfram, dem Geramb nicht vergaß, daß er sich während der NS-Zeit für ihn eingesetzt hatte. Nach 1945 war Geramb umgekehrt bemüht, ihm zu helfen; vgl. dazu Privatarchiv Geramb. Briefwechsel Geramb - Wolfram 1942-1957.
9. Vgl. die Abhandlung von Liesenfeld und Nikitsch im vorliegenden Band.
10. Privatarchiv Geramb. Der umfangreichen Korrespondenz mit Fachkollegen ist Gerambs Nachkriegsposition in der österreichischen Volkskunde deutlich zu entnehmen. Die Korrespon-

denz wurde von mir erfaßt und teilweise bereits ausgewertet. Sie soll zu einem späteren Zeitpunkt veröffentlicht werden, weshalb sie hier nur punktuell herangezogen wird.

11. Vgl. Schmidt 1947e: 121-122.
12. Zu Raimund Zoder vgl. Schmidt 1963b.
13. Privatarchiv Geramb. Schreiben L. Schmidts an Geramb vom 30.7.1946.
14. Privatarchiv Geramb. Schreiben Gerambs an Wolfram vom 11.11.1946, zitiert in einem Schreiben Wolframs an Geramb vom 16.1.1947. Geramb bezog sich in diesem Fall auf eine Auseinandersetzung zwischen Wolfram und dem Innsbrucker Anton Dörrer.
15. Eberhart 1983: 44-45; vgl. auch das Kapitel "Nationalgedanke und Heimatpflege: Viktor Geramb und die Institutionalisierung der Volkskunde in Graz" im vorliegenden Band.
16. Universitätsarchiv Graz (= UA Graz). Personalakt Geramb; da mir aus rechtlichen Gründen die Einsicht in den Akt für die Zeit nach 1945 nicht möglich war, danke ich dem Leiter des Archives, Univ.-Prof.Dr. Walter Höflechner, für die auszugsweisen Informationen.
17. Eberhart 1983: 48.
18. Universitätsdirektion Graz. Personalakt Koren, Grundbuchblatt für Prof. Dr. Hanns Koren. Ich danke dem Rektor der Universität Graz, Univ.-Prof. Dr. Christian Brünner, für die Genehmigung der Einsichtnahme in den noch nicht archivierten Akt.
19. Gerndt und Schroubek 1977: 6.
20. Vgl. dazu Kundegraber 1974; Gerndt und Schroubek 1977; Schuller 1986.
21. Geramb 1946b.
22. Geramb 1924b.
23. Geramb 1948.
24. Geramb 1946b.
25. Schmidt 1947a; in der Folge zitiert nach dem Wiederabdruck in Gerndt 1988b: 55-91.
26. Gerndt 1988b: 55.
27. Gerndt 1988b: 55.
28. Gerndt 1988b: 61.
29. Deutlich wird Gerambs wissenschaftliche Intention auch in der umfangreichen Rezension zu Richard Weiss, vgl. Geramb 1950a.
30. Vgl. *Österreichische Zeitschrift für Volkskunde* 50 (Neue Serie I) (1947) - 55 (Neue Serie V) (1952).
31. Geramb 1947.
32. Geramb 1947: 9.
33. Geramb 1947: 11.
34. Geramb 1947: 11.
35. Geramb 1949 und 1950a, hier Geramb 1949: 2.
36. Geramb 1950c.
37. Geramb 1954b.
38. Geramb 1954a.
39. Geramb 1953.
40. Vgl. das Kapitel "Nationalgedanke und Heimatpflege: Viktor Geramb und die Institutionalisierung der Volkskunde in Graz"
41. Geramb 1953: 8.
42. Geramb 1953: 9.
43. Koren selbst war sich dieser Problematik immer bewußt und sprach in den letzten Jahren seines Lebens († 1985) mehrfach selbstkritisch und ein wenig ironisch von seinem "schlampigen Verhältnis zur Volkskunde;" so auch in mehreren Gesprächen über sein Leben mit der Volkskunde, die der Verfasser 1982/83 mit ihm führte.
44. Privatarchiv Geramb. Schreiben Gerambs an Wolfram vom 2.3.1955.
45. Schmidt 1982a: 111.
46. Vgl. dazu die zahlreichen Würdigungen und Nachrufe, Schuller 1986: 43-52.
47. Eberhart 1985: 19-20.

48. Nach einer freundlichen Mitteilung von Dr. Maria Kundegraber.
49. Vgl. Schmidt 1940b.
50. Koren 1946.
51. Vgl. Scholze 1990: 58-64.
52. Koren 1946: 31.
53. Koren 1952.
54. Vgl. z.B. Koren 1972b.
55. Koren 1950.
56. Bentzien 1969: 4
57. Koren 1952 und 1954. "Die Spende" (Koren 1954) legte Koren bereits 1945 als Habilitationsschrift vor.
58. Kretzenbacher 1951; Kretzenbacher 1952a; Kretzenbacher 1952b.
59. Vgl. Gerndt und Schroubek 1977: 7.
60. Gerndt 1988b: 7-9.
61. Vgl. Koren 1974: 19; Wopfner 1959.

"TRADITION UND GEMEINSCHAFT": DER INNSBRUCKER WEG

REINHARD JOHLER

"Humbug als Wissenschaft" titelte am 12. September 1945 die "Tiroler Tageszeitung." Davon angesprochen mußte sich neben anderen Adolf Helbok fühlen, gemeint war aber auch das "Kliquenwesen," das durch eine "fortdauernde Verschwörung" eine Entnazifizierung der Innsbrucker Universität verhindern wollte und sich nach anfänglichen Schwierigkeiten auch durchsetzte. Adolf Helbok reagierte unverzüglich und verfaßte eine "Richtigstellung."[1] Für ihn waren solche Anwürfe Teil einer "Haßpolitik nach 1945,"[2] die ihm "regelmäßige Gänge nach Innsbruck zur Erkämpfung meiner wohlverdienten Rechte"[3] abnötigte. Helboks "Kampf" hatte dabei unmittelbar nach Kriegsende begonnen: Da deutsche Staatsbürger, die während der nationalsozialistischen Herrschaft nach Innsbruck berufen wurden, von der Entlassung bedroht waren, versuchte Helbok in mehreren Schreiben bereits ab dem 8. Juni 1945, seine österreichische Staatsbürgerschaft zu behaupten.[4] Tatsächlich war ihm diese anläßlich seiner Übersiedlung nach Deutschland 1934 aus politischen Gründen aberkannt worden.[5] Helbok hatte vorderhand noch Glück[6] und wurde am 28. Juni 1945 vom Dekan der rechts- und staatswissenschaftlichen Fakultät als "nicht blos im soziologischen, sondern auch im juristischen Sinne als Österreicher" betrachtet;[7] er konnte daher am 23. Juli 1945[8] von der "provisorischen Landesregierung für Tirol mit sofortiger Wirksamkeit aus dem Dienste ausgeschieden" werden.

Am 19. Juli 1946 wurde sein Ruhegenuß allerdings um 30% gekürzt. Helboks Versetzung in den Ruhestand und die gewährte Pension wurden dann aber am 3. August 1947 von der Tiroler Landeshauptmannschaft mit der Begründung aufgehoben, daß Helbok deutscher Staatsbürger sei. Dasselbe Amt stellte am 30. September 1949 bescheidmäßig Helboks östereichische Staatsbürgerschaft endgültig fest und versetzte ihn schließlich bei vollem Ruhegenuß in den Ruhestand.[9] Helbok jedoch ging in dieser Causa noch zweimal in die Offensive: 1950 ersuchte er um die Anerkennung seiner Innsbrucker Dienstzeit von 1941 bis 1945[10] und 1955 stellte er den Antrag, "mir anstelle der Pension als Extraordinarius eine solche des Ordinarius gütigst genehmigen zu wollen."[11] Damit wurde seine materielle Situation, trotz anfänglicher behördlicher Widerstände, ausgesprochen günstig geregelt. Diese wohlwollende Behandlung[12] war allerdings erst durch zahlreiche Interventionen möglich geworden. Helbok konnte sich auf die Wirksamkeit von politischen,[13] landsmannschaftlichen und wissenschaftlichen Netzwerken verlassen sowie mit persönlichen Verbundenheiten rechnen.

Mit der Entnazifizierung ist ein zentrales Kapitel österreichischer Nachkriegskultur angesprochen, das hier nur insoweit behandelt werden kann, als Volkskundler darin eingriffen. Ein anderer "Belasteter," der Geologe und Landeskundler Raimund von Klebelsberg, der von 1943 bis 1945 Rektor war, nannte für die Entnazifizierung zwei strategische Ebenen: Zum einen sei in Innsbruck der "Zusammenhalt der 'Verfolgten'" besonders "symptomatisch" gewesen, zum anderen hätten aber auch unbelastete "Rufer in der Wüste" gewirkt: der Salzburger Erzbischof Rohracher, der konservative Vorarlberger Unterrichtsminister Kolb und der sozialdemokratische Linzer Bürgermeister Koref.[14] Die beiden letzteren waren wichtige Förderer des "Österreichischen Volkskundeatlas," der für Helbok zu einem letzten bedeutenden Wirkungsfeld werden sollte. Damit ist ein wesentlicher Punkt bereits angedeutet: Zwar hatte Helbok als einer der wenigen "Belasteten" kein Ordinariat mehr erhalten und er blieb auch als Forscher umstritten,[15] aber es gelang ihm trotzdem eine erstaunliche Rehabilitierung und Reintegration in die österreichische Volkskunde. Dies war möglich, weil Helbok dabei erstens von mehreren Fachkollegen tatkräftig unterstützt wurde. Zum Zweiten gelang es ihm, seine Schwierigkeiten in Leipzig durch einen österreichischen Patriotismus zu begründen und seine rassenkundlichen Studien in einem Österreich-Bezug darzustellen. Davon und von seinen Erfahrungen beim "Atlas der Deutschen Volkskunde" ausgehend, vermochte er sich drittens als idealer Leiter des österreichischen Pendants darzustellen.

Unmittelbar nach Kriegsende versuchte Helbok durch eine Vielzahl von an die Dienststellen der Universität gerichteten Schreiben,[16] eine Verteidigungsstrategie aufzubauen. Er spielte darin seine NSDAP-Mitgliedschaft herunter und stellte seine "Arbeit im Geiste der Wissenschaft" dar, die er selbst vom "Kampf gegen das Amt Rosenberg" bzw. vom "Kampf um den Atlas" geprägt sah. Diese, dem nationalsozialistischen System immanenten Konflikte, wollte er nun als Beleg für seinen politischen und wissenschaftlichen Widerstand sehen. Helbok drehte dabei seine Positionen schlicht um. Beispielhaft sah er sich nach 1945 als jener Wissenschaftler, der die "Alleingeltung der Rasse" bestritten und die "Alleingeltung der Nordrasse" geleugnet habe.[17] Inhaltlich gab Helbok, anpassungsfähig genug, seinen alten, unveränderten Ideen neue Namen - "Volkscharakterkunde," "Genialenforschung" - und neue Ziele: Mit taktischem Gespür wollte er nun dem Bedürfnis nach der Schaffung eines Österreich-Bewußtseins in der unmittelbaren Nachkriegszeit entsprechen und stellte seine Forschungen - "Die staatspolitische Bedeutung wissenschaftlicher Arbeiten über die genialen Oesterreicher"[18] - in diesen Zusammenhang. Ein Einsatz für das "Vaterland Oesterreich" sei, so erkannte Helbok 1945, "wie nie zuvor Pflicht jedes anständigen Oesterreichers."[19] Tatsächlich waren Helboks Vorhaben von weniger edlen Zielen geleitet. So versuchte er 1945 und Anfang 1946 noch seinen Lehrstuhl zu retten:

> "Ich hätte überhaupt auf unserem Boden noch viel mehr gearbeitet, wenn es bei meiner Arbeitsweise im Institutsbetrieb möglich gewesen wäre, grössere Mittel im Inlande zu erhalten. Die Genialenforschung ist etwas, was man ohne solche, mit einer Schule, also durch Dissertationen und kleinere Arbeiten, wunderbar kann. Deshalb würde es mich glücklich machen, alle meine Kraft dem Oesterreichgedanken hingeben zu können, bliebe ich im Amte."[20]

"Für ein Verbleiben Helboks im Lehramt" sprach sich in einem "Gutachten" vom 4. Dezember 1945, das einem "Persilschein" nahekam, auch sein Lehrer Hermann

Wopfner aus. Helbok habe zwar stets "neue Ideen auf dem Gebiet der Wissenschaft wie auf dem der Politik lebhaft" erfaßt und habe es dabei "manchmal an der nötigen Kritik [...] fehlen lassen." Insgesamt aber sei er durch ein "höheres Ausmaß an Duldsamkeit" gegenüber Andersgesinnten in Erscheinung getreten. Schon vor dem "Eindruck des Zusammenbruches des Nationalsozialismus" habe Helbok seine Genialenforschung begonnen, welche "die Bedeutung der Österreicher und [...] ihre ganz überragende Stellung in der Führung des geistigen, wirtschaftlichen und politischen Lebens Deutschlands" beleuchten würde:

> "In Kreisen der NS. Partei hat sich H. allerdings mit diesen Arbeiten zu Ehren Österreichs keine gnädigen Herren gemacht. [...] Es ist nicht daran zu denken, daß irgendein Nachfolger Helbok's auf dem Lehrstuhl der Volkskunde diese Arbeiten Helboks in ähnlich erfolgverheißender Weise weiterführe. [...] Es schiene mir also - vom Standpunkt des Österreichers aus betrachtet - sehr unklug, H. wegen der ihm vorgeworfenen politischen Entgleisungen aus dem Lehramt zu verdrängen und damit die Vollendung einer für Österreich in der Tat wichtigen Arbeit zu verhindern. Es schiene mir aber auch ungerecht, einen Mann, der zur Zeit, da solches gar nicht ungefährlich war, die Bedeutung österreichischen Wesens so nachdrücklich betonte, aus dem Amt, in welchem er für Österreich wirkte, zu entfernen."[21]

Noch ein zweites Mal wurde Hermann Wopfner indirekt für Helbok wichtig: Dieser war von den Herausgebern der "Wopfner-Festschrift" zur Mitarbeit eingeladen worden und verfaßte 1948 einen Beitrag "Zur Methodik der Volkscharakterkunde."[22] Im gleichen Jahr hatte sich Helbok zum selben Thema in der katholischen Zeitung "Die Furche" geäußert.[23] Politisch nun mit den neuen Verhältnissen in Einklang, verstand er es, sich - zunächst durch Rezensionen[24] - erneut im Innsbrucker Wissenschaftsbetrieb zu etablieren.

Wie bereits erwähnt, war zu diesem Zeitpunkt Helboks Versetzung in den Ruhestand aufgehoben worden.[25] Er wandte sich daher am 4. Juli 1948 an einen weiteren Bekannten, an den prominenten Historiker Heinrich von Srbik, und bat ihn, "mit Rat und vielleicht auch mit Tat" zu helfen.[26] Srbik intervenierte unverzüglich.[27] Helboks Argumentation in diesem Zusammenhang erwies sich als ausgesprochen zukunftsweisend. Da klar war, daß ein Ordinariat zu diesem Zeitpunkt nicht mehr in Frage kam, versuchte Helbok eine Reaktivierung als ordentlicher Professor mit gleichzeitiger Beurlaubung von der Lehrtätigkeit zu erreichen. Er griff dabei eine Idee auf, die er bereits 1945 vorgeschlagen hatte.[28] Gegen eine "kleine Remuneration" und eine folgende Pensionierung wäre er bereit, "den ganzen Apparat griffbereit" zu machen.[29] Gemeint war damit die von Helbok 1942 getätigte Schenkung an die Universität Innsbruck. Diese "Stiftung Prof. Helbok an das Institut für Volkskunde" enthielt nun allerdings einen neuen Punkt: das "Archiv d. Österr. Volkskundeatlas." Dieses bestand aus den Österreich betreffenden, beantworteten Fragebogen des "Atlas der Deutschen Volkskunde," die Helbok in Innsbruck zentralisiert hatte:

> "1936 sollte es an die Berliner Zentrale eingezogen werden. Als Mitbegründer des Volkskundeatlas und vor allem als Leipziger Professor gelang es mir, dieses Material für Österreich zu retten."[30]

Helbok setzte das Atlasmaterial unverblümt für eigene Interessen ein und koppelte die längst vollzogene Schenkung mit seiner Staatsbürgerschaft:

> "Es ist aber wohl auch unbestreitbar, dass das ganze Stiftungsgut meiner Person insolange deutsches Eigentum ist, als meine Staatsbürgerschaftsfrage im österr. Sinne nicht gelöst ist und die formelle Übergabe nach erfolgter Aufstellung nicht restlos vollzogen ist."[31]

Das Atlasmaterial sollte noch ein weiteres Mal eine wichtige Rolle für Helboks Rehabilitierung spielen. "Neue Tatsachen" waren dafür ausschlaggebend, daß der von ihm 1950 gestellte Antrag auf Anrechnung seiner Dienstzeit von 1941 bis 1945 eine positive Erledigung erfuhr. Tatsächlich hatte für diese neue Sichtweise hauptsächlich eine persönliche Intervention des aus Vorarlberg stammenden Ministers Kolb[32] den Ausschlag gegeben:[33]

> "Wie aus einem Schreiben des H. BM f. Handel und Wiederaufbau hervorgeht, wäre nach Aussage des H. Ass. Dr. Karl Ilg, der dieses Institut dzt. leitet, ohne diese Stiftung die wissenschaftl. Arbeit am Institut kaum möglich."[34]

Karl Ilg, ebenfalls ein Vorarlberger, sorgte auch in der Folgezeit für ein Nahverhältnis von Helbok zum Institut und zur Innsbrucker Universität. Am 3. Februar 1958 veranstaltete er am Institut eine Feier zum fünfundsiebzigsten Geburtstag Helboks. 1963 wurde dem nunmehr Achtzigjährigen erneut eine "kleine [...] Feier" bereitet, zu der "Vertreter der Universität, Freunde und Schüler des Jubilars" geladen waren. Zu diesem Anlaß wurden auch Helboks "Erinnerungen"[35] vorgestellt.[36] Helbok selbst war noch weiter publizistisch tätig und veröffentlichte 1964 den ersten und 1967, ein Jahr vor seinem Tode, den zweiten Band der "Deutsche[n] Volksgeschichte."[37]

Helboks wissenschaftliche Rehabilitierung mag durchaus erstaunen. Er begründete diese damit, daß die in der Bundesrepublik Deutschland nach 1945 herrschende "scharfe Abneigung" gegen die Volkskunde "in dem toleranter denkenden Österreich als abwegig erkannt" wurde.[38] "Abneigung" und "Toleranz" bezogen sich allerdings auf dasselbe, nämlich auf die auch von Adolf Helbok vertretene nationalsozialistische Volkskunde. Verwundernswert ist es aber, daß es ihm gelang, im Rahmen des "Österreichischen Volkskundeatlas" die Leitung zu übernehmen und daß er ein weiteres Mal die Möglichkeit erhielt, national und international[39] - als "Führer des Atlaswerkes"[40] - in Erscheinung treten zu können.

Hier ist nicht der Platz, um detailliert auf die Geschichte des "Österreichischen Volkskundeatlas" eingehen zu können, aber Helboks Teilhabe soll doch kurz skizziert werden. Nach einem Referat Helboks über den "Atlas der Deutschen Volkskunde" und dessen Bedeutung für die volkskundliche Kartographie in Europa bei der Volkskundetagung 1953 in Graz stellten Ernst Burgstaller und Karl Ilg den Antrag, einen

Volkskundeatlas auch in Österreich herauszugeben. Adolf Helbok, Arthur Haberlandt, Richard Wolfram und Karl Ilg bildeten die vorbereitende Kommission.[41] Aber bereits im Herbst desselben Jahres wurde Helbok zum Präsidenten der "Kommission für den Volkskundeatlas in Österreich" gewählt. 1956 wurde er zudem Obmann des Vorstandes der zur finanziellen Unterstützung des Projektes gegründeten "Gesellschaft für den Volkskundeatlas in Österreich."[42]

Daß Helbok diese Positionen erreichen konnte, verdankte er nicht allein seiner Qualifikation und dem Vertrauen seiner Mitstreiter, sondern wohl auch der maßgeblichen Förderung des Geldgebers in der Person des Unterrichtsministers Kolb. Helbok hatte wiederholt und ohne öffentlich dokumentierten Widerspruch seine inhaltlichen Vorstellungen für den Atlas dargelegt.[43] Er strebte eine "kulturell-morphologische Forschungsweise" mit "biologische[m] Einschlag"[44] an. Diese Vorgaben finden sich deutlich im Editionsplan, der etwa auch eine Karte über die Verbreitung der "Genialen" vorsah.[45] Diese war von Helbok vorbereitet worden und lag 1957 - dem angekündigten Erscheinungsjahr der ersten Lieferung - bereits als Probedruck vor.[46] Inhaltliche und persönliche Auseinandersetzungen der Editorengruppe mit Helbok verzögerten allerdings ein Erscheinen.[47] Helbok schied im Frühjahr 1959 aus seinen Funktionen aus,[48] seine Karten fehlten in der ersten und auch in den folgenden Lieferungen. Einem derart genauen Rezensenten und Kenner der österreichischen Volkskunde wie Richard Weiss blieb dieser Umstand nicht verborgen:

> "A. Helbok hat zwar, m.E. in Verkennung der realen Möglichkeiten, eine Art 'Idealplan' entworfen und diesen in einer Programmschrift über die 'wissenschaftliche, volks- und staatspolitische Bedeutung' des AÖV begründet [...]. Zum Glück bestärkt das, was vom Atlas nun vorliegt, die Zuversicht, dass der Herausgeber des Werkes, E. Burgstaller, den Atlas aus dem Bereich der Schlagworte in den sachlicher und solider Arbeit zu lenken vermöge. Nur das Numerierungssystem auf den Kartenblättern rechts oben weist mit römischen Ziffern und zwei (zum Glück leergebliebenen) Feldern auf den Plan Helboks hin [...]."[49]

Die "leergebliebenen Felder" - ist dies eine Metapher für die Wirkungsgeschichte des Volkskundlers Adolf Helbok? Leopold Schmidt stellte zu Helboks Tod 1968 die Frage, "was von seinen Leistungen nachlebt" bzw. ob diese nicht schon "Vergangenheit, Wissenschaftsgeschichte" seien. Keine Vergangenheit hingegen sei der von Helbok verursachte Schaden für die Volkskunde, dieser sei allerdings weniger ihm als jenen "Männern und Mächten" zuzuschreiben, die Helboks Karriere ermöglicht hätten.[50] Unausgesprochen war damit auch Hermann Wopfner gemeint.

Leopold Schmidt und Anton Dörrer hatten in der "Widmung" in der von ihnen herausgegebenen "Festschrift" für den siebzigjährigen Hermann Wopfner auf einen zentralen Punkt der österreichischen Nachkriegsvolkskunde hingewiesen. Die "neuen Verhältnisse in Österreich" würden eine "Konzentration auf die gesamte Volkskultur und auf das gesamte Volkstum" erfordern.[51] Hermann Wopfner verstand wohl den Hinweis: Nach der nationalsozialistischen Herrschaft und dem "Anschluß" Österreichs an Deutschland verlangte ein zu etablierendes Österreich-Bewußtsein die Mithilfe von Volkskundlern. Genau diesen Zusammenhang sprach Hans Moser 1954 an:

"Zweckmäßig ist hier auch schon von der Nachkriegsvolkskunde in Österreich zu sprechen. Ihr kam es zugute, daß man von Staatswegen die Vorkriegsauffassung, es habe weder eine eigene österreichische Volkskultur noch den österreichischen Menschen als eigenen Volkstyp gegeben, zu widerlegen bestrebt war. [...] So wartete Österreich bald und anhaltend mit einer imponierenden Fülle von vorzüglichen Veröffentlichungen auf."[52]

Moser hatte mehrere österreichische Volkskundler namentlich angeführt, nicht jedoch Hermann Wopfner. Wopfner war aber ohne Zweifel diesem Umfeld zuzurechnen. Im Wintersemester 1945/46 hatte er seine nur kurz unterbrochenen Vorlesungen an der Universität Innsbruck wieder aufgenommen. Als Honorarprofessor war er gebeten worden, die "Versehung der Lehrkanzel für Volkskunde" und die Leitung des Instituts zu übernehmen.[53] Zwar blieb dadurch das Institut weiter bestehen, die Planstelle eines ordentlichen Professors hingegen war eingezogen worden. Erneut wurden Wopfners Hoffnungen auf eine mögliche Erreichung der "Landeseinheit" nach dem Zweiten Weltkrieg enttäuscht.[54] Die Südtirol-Problematik blieb daher für die Innsbrucker Volkskunde ein zentrales Anliegen.[55]

Im Sommersemester 1949 empfahl Wopfner der Fakultät, dem Unterrichtsministerium die "Berufung einer jüngeren Lehrkraft auf diese Lehrkanzel"[56] vorzuschlagen. Wopfner hatte schon 1947 sein Buch "Tiroler Bauer und Tiroler Landesfreiheit"[57] publiziert. Vor allem ging es ihm aber um die Veröffentlichung seines Lebenswerkes, um das 1951 im ersten und 1962 im zweiten Teil erschienene "Bergbauernbuch."[58] Dieses ist bis heute - wie Richard Weiss in seiner Rezension voraussah - eine "bleibende [...] Grundlage für die Erkenntnis des homo alpinus."[59] Wopfner hatte bereits zu Lebzeiten von seinen Schülern Ehrentitel zugesprochen bekommen. Für den Historiker Franz Huter war er der "Geschichtsschreiber des Bergbauerntums,"[60] für Nikolaus Grass der "Geschichtsschreiber des Tiroler Bauernstandes"[61] und für Karl Ilg schlicht "Vater Wopfner."[62] Letzteres bedeutet, um im Bild zu bleiben, auch eine anzutretende Erbschaft: Huter übernahm in seinem Institut die Landeskunde, Grass wurde zum "wissenschaftlichen Testamentexekutor"[63] von Wopfners unveröffentlichtem Werk und Ilg erhielt die Professorenstelle am Institut für Volkskunde. Tatsächlich aber war diese umstritten, zumal sich drei Forscher berechtigte Hoffnungen machen konnten. Folgen wir dabei der Darstellung von Karl Ilg:

"Gewiss, es gab neben mir noch sehr würdige Anwärter: Nikolaus Grass und Anton Dörrer. Wenn letzten Endes die Wahl auf mich fiel, dann, weil Wopfner der Ansicht war, ich würde eine weit gestreute, nicht auf Tirol allein bezogene Lehre und Forschung betreiben und der Krieg hätte mich auch vieles schauen und erfahren gelehrt."[64]

Bevor auf die genannten Wissenschaftler eingegangen wird, sollen mehrere Gemeinsamkeiten hervorgehoben werden: Karl Ilg, Nikolaus Grass und Anton Dörrer ordneten sich selbst dem katholisch-konservativen Lager zu. Sie hatten sich unmittelbar nach dem Zweiten Weltkrieg bei Hermann Wopfner habilitiert und verstanden sich als dessen Schüler. Ilg, Grass[65] und Dörrer[66] teilten eine tiefe Bewunderung für Richard Weiss, dessen 1946 publizierte "Volkskunde der Schweiz" für Karl Ilg sogar ein

"Morgenrot"[67] bedeutete. Und schlußendlich erreichten sie mit anderen österreichischen Fachvertretern in den fünfziger und frühen sechziger Jahren eine erstaunliche Präsenz im deutschsprachigen Raum.[68]

Der Tiroler Nikolaus Grass[69] wurde 1913 in eine Rechtsanwaltsfamilie hinein geboren. 1931 begann er mit dem Studium der Geschichte und Geographie in Innsbruck und promovierte 1936. Im Nationalsozialismus blieb ihm zunächst, da "österreichischer Patriot,"[70] eine akademische Laufbahn versperrt. Er besuchte daher von 1939-1941 den Kurs des "Instituts für Geschichtsforschung und Archivwesen"[71] in Wien und war dort besonders von Heinrich von Srbik und Otto Brunner beeindruckt. 1946 habilitierte sich Grass mit dem Thema "Rechts- und Wirtschaftsgeschichte der Almen" bei Otto Stolz und Hermann Wopfner und erhielt die Lehrbefugnis für "Österreichische Geschichte, Allgemeine Wirtschaftsgeschichte und Deutsche Rechtsgeschichte." 1948 wechselte er an die juristische Fakultät, wurde dort 1949 außerordentlicher Professor für Rechts- und Staatswissenschaften und 1959 ordentlicher Professor. Es war ein Innsbrucker Charakteristikum, daß volkskundliche Themen auch auf anderen Fakultäten - etwa auf der juristischen von Franz Gschnitzer oder auf der theologischen - vertreten wurden. Diese Möglichkeit nutzte Nikolaus Grass in seinen Vorlesungen, Forschungen und vergebenen Dissertationen.[72] Grass emeritierte 1983.

Sein wissenschaftliches Werk ist ausgesprochen umfassend. Als "Polyhistor"[73] bezeichnet, beschäftigte sich Grass mit der Kirchen-, Kunst-, Wirtschafts- und Sozialgeschichte sowie mit der Landes- und Volkskunde Tirols. Er gilt als Begründer der "Innsbrucker Schule der Almwirtschaft."[74] Volkskundlich beerbte er nicht nur Hermann Wopfner, sondern auch Prälat Georg Schreiber.[75] Grass war Leiter der volkskundlichen Sektion der "Görres-Gesellschaft"[76] und Mitherausgeber des 1978 begründeten "Jahrbuchs für Volkskunde."

Eine derartig erfolgreiche akademische Karriere blieb Anton Dörrer[77] verwehrt. Er hatte sich 1945 als Neunundfünfzigjähriger mit einigen Hoffnungen für "Brauchtümliche und Literarische Volkskunde"[78] habilitiert:

> "Um der Sache und der Heimat willen verschiedentlich gedrängt, daß mir auf Grund meiner Lebensarbeit die neuzubesetzende volkskundliche Lehrstelle an der Universität zukomme, glaubte ich, der Wissenschaft und dem Lande zuliebe auch noch diese Mühe auf mich nehmen zu sollen; ich unterzog mich im Wintersemester 1945 der Habilitierung und begann im Sommersemester 1946 die ersten Vorlesungen über 'schrifttümliche Volkskunde' [...]."[79]

Die ungenannten wissenschaftlichen Förderer waren Leopold Schmidt[80] und Hans Moser. Letzterer hatte jedenfalls davon gesprochen, daß Dörrers "Entwicklungsgang durch äußere Behinderungen und Verzögerungen an entscheidenden Punkten gekennzeichnet"[81] war. Dörrer, Schmidt und Moser hatten sich bereits in der Zwischenkriegszeit durch ein gemeinsames Arbeitsfeld kennengelernt. Sie planten die Herausgabe einer Schriftenreihe von Texten und Untersuchungen zu österreichischen und bayerischen Volksschauspielen.[82] Damit ist der Schwerpunkt des wissenschaftlichen Werks von Dörrer, aber auch seine eigentliche intellektuelle Herkunft angedeutet: Anton Dörrer war wesentlich von der "volkszugekehrten Literaturgeschichte,"[83] also dem "Tiroler

Historismus"[84] um Adolf Pichler und Josef E. Wackernell beeinflußt. Er hatte sich bereits als Schüler mit der Geschichte der Tiroler Passionsspiele zu beschäftigen begonnen und verfolgte dieses Interesse während des 1907 begonnenen Philologiestudiums weiter. Aber Dörrers Beschäftigung mit den bäuerlichen Großspielen war nicht nur wissenschaftlicher Art, er setzte sich als Spielleiter im Tiroler Passionsspieldorf Erl auch für eine Weiterführung ein. Eine derartige Verbindung von Wissenschaft und kulturpolitischer Praxis ließen Dörrer zum Verfechter der "angewandten Volkskunde"[85] werden, die mit der Abtrennung Südtirols eine weitere Zielrichtung bekam.

Dörrer kann durchaus als Fortführer der philologisch ausgerichteten Anfänge der Innsbrucker Volkskunde um Ignaz von Zingerle und Ludwig von Hörmann gesehen werden. Wie Hörmann war auch Dörrer im Bibliotheksdienst tätig. Als Mitglied und Aktivist einer katholischen Verbindung wurde er unmittelbar nach der nationalsozialistischen Machtergreifung in den Ruhestand versetzt.[86] 1945 nahm Dörrer diese Tätigkeit wieder auf. Im selben Jahr habilitiert, konnte er sich berechtigte Hoffnungen auf die Nachfolge von Hermann Wopfner machen: Sein umfangreiches Oeuvre beinhaltete die in Tirol als zentral angesehenen Themen. Dörrer hatte sich zudem im deutschsprachigen Raum einen wissenschaftlichen Ruf erworben, und er stand schlußendlich politisch auf der richtigen Seite. Warum sich Wopfner trotzdem nicht für ihn einsetzte, kann aus dem vorliegenden Material nur vermutet werden.[87] Obwohl Anton Dörrer vom Sommersemester 1946 bis zum Wintersemester 1957/58 regelmäßig Vorlesungen zur rechtlichen und religiösen Volkskunde sowie über Brauchtum hielt,[88] ging sein Wunsch nach der Begründung einer eigenen wissenschaftlichen "Schule" für "geistige Volkskunde"[89] nicht in Erfüllung.

"Vater Wopfner," so Karl Ilg 1983, "drängte in mich," die freigewordene Assistentenstelle "Ende 1945, vom Krieg heimgekehrt, zu übernehmen."[90] Damit hatte Hermann Wopfner die Weichen für seine Nachfolge gestellt. Die endgültige Entscheidung sollte aber durch andere Gegebenheiten bestimmt werden.

Karl Ilg,[91] 1913 in Dornbirn in Vorarlberg geboren, studierte in Innsbruck Geschichte, Geographie, Volkskunde und Philosophie. 1937 promovierte er mit einer Arbeit über "Die Reformen der Verwaltung für Vorarlberg während der Regierungszeit der Kaiserin Maria Theresia 1740 bis 1780." Von Oktober 1935 bis 1937 war Ilg, der der CV-Verbindung "Leopoldina" angehörte, Vorsitzender der "Katholischen Deutschen Hochschülerschaft Innsbruck" und machte diese zu einem politischen "Machtfaktor."[92] Nach einem Studienaufenthalt in Rom wurde Ilg am 1. Mai 1939 erster Assistent am von Friedrich Metz in Freiburg i. Br. begründeten "Alemannischen Institut."[93] Metz war, wie bereits erwähnt, Professor in Innsbruck, wurde aber 1934 aus politischen Gründen entlassen. 1945 kehrte Ilg nach Innsbruck zurück, erhielt die Assistenstelle am "Institut für Volkskunde" und habilitierte sich 1946 mit dem ersten Band über "Die Walser in Vorarlberg."[94] Tatsächlich dürfte dieses Thema über das "Volkstum an der Grenze"[95] Wopfner entsprochen haben. Als Metz-Schüler[96] ließ Ilg zudem ein von Wopfner geteiltes Interesse für das "Auslandsdeutschtum" und ein auf Riehl fußendes Verständnis von Volkskunde[97] erwarten.

Für Ilgs weitere Karriere waren aber auch andere Umstände entscheidend: Er hatte sich wissenschaftlich in Innsbruck etabliert, übernahm 1949 die Leitung des Instituts und organisierte im selben Jahr die "Vierte Österreichische Volkskundetagung."[98] Darüber hinaus dürften genauso seine familiäre Herkunft[99] und das politische Umfeld der

Nachkriegszeit in Österreich entscheidend gewesen sein,[100] denn Ilg erreichte seine universitäre Positionen nicht durch Ausschreibungen, sondern durch Ernennungen:[101] 1952 wurde er zum tit. a.o. Professor, 1954 zum außerordentlichen und 1961 zum ordentlichen Professor ernannt. 1954, also fünfundneunzig Jahre nachdem Ignaz von Zingerle seine Lehrkanzel erhalten und dreißig Jahre nachdem Hermann Wopfner das "Institut für geschichtliche Siedlungs- und Heimatkunde der Alpenländer" begründet hatte, hielt Karl Ilg zur Wiedererrichtung der Lehrkanzel für Volkskunde seine Antrittsvorlesung über "Die Gegenwartsaufgabe von Sitte und Brauch."[102] Darin rekurrierte er einerseits auf Wilhelm Heinrich Riehl und andererseits auf Richard Weiss.[103] Beide sollten zu Bausteinen der "Innsbrucker Schule"[104] werden.[105]

Anmerkungen

1. UAI. PA Helbok: "Richtigstellung."
2. Helbok (1963): 171.
3. Helbok (1963): 186. Wesentliche Teile des PA Helbok im UAI wurden von Helbok selbst verfertigt, indem er zahlreiche "Abschriften" seines Briefwechsels den Rechtfertigungen beifügte.
4. UAI. PA Helbok: Schreiben von Helbok vom 8., 12. und 28.6.1945, sowie "Argumente betr. Staatsbürgerschaft."
5. Österreichisches Staatsarchiv, Archiv der Republik. Unterricht-Hochschulen. PA Helbok: Schreiben der Landeshauptmannschaft Tirol an das Bunderkanzleramt vom 6.6.1935. Darin heißt es: "Hiebei ist auch das Bedenken massgebend, dass die doppelte Staatsangehörigkeit das Mittel liefert, um ungehindert durch die Grenzübertrittsbestimmungen jederzeit die Grenze passieren zu können, was aus polizeilichen Gründen nicht erwünscht erscheint."
6. Unter anderem auch darum, weil die betreffenden Unterlagen in Leipzig, also in der "Ostzone," waren.
7. UAI. PA Helbok: Schreiben vom 28.6.1945.
8. Die hier gegebenen Daten entsprechen einer Zusammenfassung des Aktes durch das Bundesministerium für Unterricht von 1950, Österreichisches Staatsarchiv, Archiv der Republik. Unterricht-Hochschulen. PA Helbok; die Tagesangaben variieren ein wenig, vgl. Oberkofler 1969a: 150.
9. Österreichisches Staatsarchiv, Archiv der Republik. Unterricht-Hochschulen. PA Helbok: Bundesministerium für Unterricht von 1950 und Bescheid der Tiroler Landesregierung vom 30.9.1949.
10. Dieses Ansuchen wurde 1951 genehmigt, vgl. Österreichisches Staatsarchiv, Archiv der Republik. Unterricht-Hochschulen. PA Helbok: Bundeskanzleramt vom 11.5.1951.
11. Österreichisches Staatsarchiv, Archiv der Republik. Unterricht-Hochschulen. PA Helbok: Schreiben vom 15.5.1945.
12. Der zentrale Punkt war dabei, wie erwähnt, die österreichische Staatsbürgerschaft. Die Tiroler Landesregierung schloß sich 1949 Helboks Darstellung an, der behauptet hatte, daß er die Aberkennung derselben in Leipzig nie erhalten hätte. Vgl. Österreichisches Staatsarchiv, Archiv der Republik. Unterricht-Hochschule. PA Helbok: Bescheid vom 30.9.1949.
13. Bereits in seinem Brief vom 12.6.1945 an den Dekan der Philosophischen Fakultät Brunner hatte Helbok auf ein gemeinsames, konservative und nationale Wissenschaftler verbindendes Feindbild hingewiesen: auf den sozialdemokratischen Einfluß an den Universitäten. Vgl. UAI. PA Helbok.
14. Klebelsberg 1953: 252, 256.
15. Erstaunlich ist es etwa, wie Adolf Bach Helboks Auffassungen teilte, vgl. Bach 1960: 127. Wolfgang Brückner hingegen berichtet von einer "Meidung" Helboks durch deutsche

Volkskundler anläßlich einer Vorarlberg-Exkursion im Rahmen des Volkskunde-Kongresses in Konstanz 1961: "[..] als im Schulhaus auf dem Bartholomäberg der damals achtundsiebzigjährige Helbok [...] auf ein Auditorium wartete und unsere Professoren sich in der Mehrzahl weigerten, dort hineinzugehen, weil sie diese Idee des Veranstalters Ilg als eine Zumutung empfanden." Vgl. Brückner 1988a: 7.

16. Helbok hatte 1945/46 folgende Darstellungen verfaßt: "Vorstellung gegen meine Amtsenthebung," "Arbeit im Geiste der Wissenschaft," "Mein Kampf gegen Intrigen und Mißstände," "Stellungnahme zu den Vorhaltungen," "Meine beruflichen und politischen Erlebnisse," "Zusammenfassung meiner Verteidigung," "Nachtrag zu meiner Verteidigungsschrift," alle im UAI. PA Helbok.
17. UAI. PA Helbok: "Vorstellung gegen meine Amtsenthebung."
18. UAI. PA Helbok: "Denkschrift. Die staatspolitische Bedeutung wissenschaftlicher Arbeiten über die genialen Oesterreicher."
19. UAI. PA Helbok: Brief Helboks vom 26.11.1945 an das Staatskommissariat für unmittelbare Bundesangelegenheiten in Innsbruck.
20. UAI. PA Helbok: Brief Helboks an den Verwaltungsdirektor Dr. Pokorny, Universität Innsbruck vom 22.1.1946.
21. UAI. PA Helbok: "Gutachten betreffend Prof. Dr. Adolf Helbok, erstattet von Prof. Dr. H. Wopfner" vom 4.12.1945.
22. Helbok 1948. Vgl. auch die kritische Rezension von Richard Weiss: "Gibt aber eine Volkskunde, welche statt mit den ihr eigenen Erhebungen (für den Atlas z.B.) mit den Testergebnissen der Arbeitsämter arbeitet, nicht schliesslich sich selber auf, indem sie zur Sozial- oder zur Rassenpsychologie wird?" Weiss 1949: 63.
23. "Volkstum und Genialität," vgl. Garschagen 1958: 369.
24. Helbok hatte Hermann Wopfners "Bergbauernbuch" und Karl Ilgs "Die Walser in Vorarlberg" besprochen, vgl. Garschagen 1958: 374.
25. Helbok selbst vermutete, daß hinter der Ablehnung durch die Tiroler Landesregierung die "politische Gegnerschaft" von Anton Dörrer stand.
26. Österreichisches Staatsarchiv, Archiv der Republik. Unterricht-Hochschulen. PA Helbok: Schreiben von Helbok an von Srbik vom 4.7.1948.
27. Österreichisches Staatsarchiv, Archiv der Republik. Unterricht-Hochschulen. PA Helbok: Schreiben von H. v. Srbik vom 13.7.1948. Srbik beschäftigte sich 1951 mit Helboks Forschungen und meinte, daß von diesem "die berechtigten Grenzen überschritten" wurden, Srbik 1951: 342.
28. UAI. PA Helbok: "Vorstellung gegen meine Amtsenthebung."
29. Österreichisches Staatsarchiv, Archiv der Republik. PA Helbok: Schreiben von Helbok an von Srbik vom 4.7.1948.
30. Österreichisches Staatsarchiv, Archiv der Republik. Unterricht-Hochschulen. PA Helbok: "Die Stiftung Prof. Helbok an das Institut für Volkskunde. (Vorschläge zur Ordnung, Aufstellung und Übergabe)." Dieses Schriftstück war dem Brief Helboks an von Srbik beigefügt. Dort hatte Helbok die "Rettung" dieses Atlas-Materials als Sicherung seines "Rückzuges" nach Innsbruck dargestellt.
31. "Die Stiftung Prof. Helbok an das Institut für Volkskunde" (wie Anmerkung 30).
32. Helbok sah sein Verhältnis zu Kolb folgendermaßen: "Dafür war die innere Einstellung vor allem im Unterrichtsministerium sehr gut, allerdings weil der damalige Unterrichtsminister Dr. Kolb, ein Vorarlberger, mir persönlich sehr gewogen war." - Helbok (1963): 215.
33. Nur teilweise richtig ist die Darstellung des Ilg-Schülers Michael Becker: "Durch die Übernahme der Privatbibliothek Helboks, von Apparaten und sogar Einrichtungsgegenständen für das Institut, konnte Helbok von seinen ärgsten finanziellen Sorgen befreit werden und es gelang Ilg sogar, über die Landesregierung Vorarlbergs, eine Pension für Helbok zu erwirken." Becker, Michael 1990: 27.

34. Österreichisches Staatsarchiv, Archiv der Republik. Unterricht-Hochschulen. PA Helbok: Bundesministerium für Unterricht aus 1950; Schreiben des Bundesminister für Handel und Wiederaufbau, Kolb an Min. Rat. Jäger vom 21.3.1950.
35. Einer der wenigen, die sich kritisch mit Helboks "Erinnerungen" auseinandersetzte, war Wolfgang Jacobeit, vgl. Jacobeit 1965a.
36. Ilg 1963: 46.
37. Helbok 1964-1967. Vgl. auch die kritische Rezension von Leopold Schmidt, Schmidt 1965a.
38. Helbok (1963): 215.
39. Helbok 1955b, Helbok 1955c, Helbok 1959.
40. Helbok 1959: 17.
41. Schmidt 1954c: 72.
42. Burgstaller 1959.
43. Helbok 1955a.
44. Helbok (1963): 214.
45. Helbok 1957.
46. Hornung 1957: 334.
47. Hier existieren lediglich Andeutungen, vgl. Schmidt 1960c, Burgstaller 1961.
48. Burgstaller 1959: 124.
49. Weiss 1959: 283.
50. Schmidt 1968a: 178-179.
51. Dörrer und Schmidt 1947a: 9.
52. Moser 1954: 209-210.
53. Wopfner 1950: 201.
54. Wie emotional diese Thematik gesehen wurde, zeigt der Wopfner-Schüler Franz Huter: "Vielleicht noch mehr als in dieser Frage schwingt das Herz H. Wopfners mit im Streite um die Landeseinheit, in der Frage, die gerade in diesen Tagen wieder aufs tiefste unser aller Herzen bekümmert, im Ringen um Südtirol. Wenn uns dieses Schmerzkind, das heißgeliebte, jetzt neuerdings geraubt werden sollte, wider aller Versprechungen und wider alles Recht, wider alle Bande des Geistes und des Blutes, dann trifft diesmal die Historikergeneration Tirols kaum eine Schuld daran." - Huter 1947: 11.
55. Karl Ilg etwa stellte sich wegen Südtirol gegen die von Leopold Schmidt vertretene Ablehnung der "angewandten Volkskunde:" "Wären wir Leopold Schmidts Definition gefolgt, dann hatte dieses für uns in Innsbruck nichts anderes, z.B. in Bezug auf Südtirol, bedeutet, als daß sich der hier wirkende Volkskundler an der Erhaltung und Pflege des volkstümlichen Gutes zum Schutze der gefährdeten Volksgruppe nicht beteiligen durfte [...]." - Ilg 1983: 138. Ilg war einleitend zu seiner Antrittsvorlesung 1954 ebenfalls auf Südtirol eingegangen, Ilg 1956b: 123.
56. Wopfner 1950: 201.
57. Wopfner 1947.
58. Wopfner 1951-1960.
59. Weiss, Richard 1954: 115.
60. Huter 1964b: 67.
61. Grass 1964: 79.
62. Ilg 1983: 136.
63. Carlen 1974: 18.
64. Ilg 1990: 12.
65. Grass 1962a, Grass 1990b: 93.
66. Dörrer 1951: 24.
67. Ilg 1990: 17.
68. Weiss sprach von der "fast bedrängenden und beschämenden Fülle der volkskundlich bedeutsamen Neuerscheinungen, die uns Österreich in den letzten Jahren beschert" hatte. - Weiss 1954: 114. Auffallend ist aber, daß die angesprochenen österreichischen Volkskundler in den späten sechziger Jahren nur mehr wenig Innovationsbereitschaft zeigten.

69. Zur Biographie von Grass vgl. Grass 1990b, zur Bibliographie s. Greiffenhagen und Auer 1975.
70. Grass 1990b: 91.
71. Das war das während des Nationalsozialismus umbenannte "Institut für Österreichische Geschichtsforschung."
72. Grass 1990b: 93-95.
73. Carlen 1990: 1.
74. Klein-Bruckschwaiger 1967.
75. Grass 1962b.
76. Carlen 1974: 18.
77. Zur Biographie und Bibliographie von Anton Dörrer vgl. Dörrer 1951.
78. Grass 1960: 156.
79. Dörrer 1951: 28.
80. L. Schmidt hatte neben Viktor Geramb auch Anton Dörrer zum Herausgeber der "Neuen Serie" der "Österreichischen Zeitschrift für Volkskunde" sowie der Buchreihe "Österreichische Volkskultur" gemacht. Vgl. auch die von L. Schmidt verfaßte kritische Würdigung von Dörrer: "Dörrer war eine überaus bedeutende Gestalt innerhalb der alpenländischen Volkskunde, aber er machte es niemand leicht, dies anzuerkennen." - Schmidt 1968b: 116.
81. Moser 1958: 156.
82. Dörrer 1951: 24.
83. Dörrer 1951: 9.
84. Moser 1958: 157.
85. Dörrer 1951: 25.
86. Dörrer 1951: 27.
87. Dörrer war lediglich zehn Jahr jünger als Wopfner und konnte daher einen Neuanfang des Instituts nicht mehr gewährleisten. Obwohl beide katholisch waren, dürfte sie doch wissenschaftlich und weltanschaulich einiges getrennt haben. Und zudem war Dörrer in einen langandauernden Konflikt mit dem Wopfner-Schüler Helbok verwickelt. Helbok hatte darauf in einem Brief an Heinrich von Srbik vom 4.7.1948 hingewiesen: "Früher dachte ich, es sei vielleicht politische Gegnerschaft, denn Dr. Dörrer hetzt gegen mich seit jeher, er ist aber in seinen eigenen Kreisen entlarvt, wenn er auch hier und sicher auch in Wien allerhand angestellt hat, nicht immer direkt, er pflegt Leute vorzuschieben. Er ist mein persönlicher Gegner aus einer Disziplinaruntersuchung, die ich vor Jahrzehnten gegen ihn als Bibliotheksbeamten zu führen hatte und wo er in allen Instanzen durchfiel. Aber Dörrers Kredit ist hier ziemlich aus [...]." - Österreichisches Staatsarchiv, Archiv der Republik. Unterricht-Hochschulen. PA Helbok.
88. Grass 1960: 155, Grass 1961.
89. Dörrer 1951: 29.
90. Ilg 1983: 136-137.
91. Zur Biographie von Karl Ilg vgl. Ilg 1990, zu seiner Bibliographie Stürz, Rachbauer und Becker 1979; Stürz 1984.
92. Gehler 1990: 330. Es ist bereits darauf hingewiesen worden, daß die universitäre Personalpolitik im "Ständestaat" erst nach dem Zweiten Weltkrieg voll zum Tragen kam.
93. Ilg schildert die Zeit des "Anschlusses" unklar: "Ich mußte Rom und in der Folge Österreich verlassen. Es folgten bittere Jahre im 'Reich.' Nach München, wo ich zum Schluß nur noch von Wasser und Brot lebte, fuhr ich mit dem Fahrrad nach Freiburg im Breisgau, wo mich endlich Prof. Friedrich Metz, der mich noch von Innsbruck her kannte, am 1. Mai 1939 zum ersten Assistenten am neugegründeten 'Alemannischen Institut' in Freiburg machte." - Ilg 1990: 11.
94. Ilg 1949.
95. Ilg 1983: 137.
96. Siehe dazu die Bibliographie von Friedrich Metz - Metz 1961: 1079-1094.
97. Wopfner 1950: 181.
98. Schmidt 1950a.

99. Ilg war der Cousin des Langzeit-Landeshauptmanns von Vorarlberg Ulrich Ilg.
100. Leopold Schmidt vermutet in seinem "Curriculum vitae," daß der "klerikale Unterrichtsminister Kolb" seine "Protektionskinder, darunter in unserem Fach sein[en] Vorarlberger Landsmann Karl Ilg" förderte, "der die Lehrkanzel bekam." - Schmidt 1982a: 111.
101. Tatsächlich war Ernst Kolb von 1952 bis 1954 Unterrichtsminister. Ilg hatte Kolb auch zur Mitarbeit an der "Landes- und Volkskunde Vorarlbergs" eingeladen, welcher dort den Beitrag über "Die Entwicklung von Handel, Gewerbe und Industrie" übernahm. - Kolb 1964.
102. Ilg 1956b.
103. Weiss hatte den 2. Band der "Walser in Vorarlberg" als eine "höchst ansprechende und lebendige Lokalmonographie, eine im besten und eigentlichsten Sinne dilettantische Volkskunde" charakterisiert. - Weiss 1956: 236.
104. Ilg 1983: 140.
105. Mein Dank gilt den Mitarbeitern des Universitätsarchivs in Innsbruck sowie Wolfgang Meixner, der mir wesentliches Material zur Verfügung stellte.

NEUBEGINN UND VERFEHLTE SACHLICHKEIT - ZUR VOLKSKUNDE LEOPOLD SCHMIDTS

GERTRAUD LIESENFELD und HERBERT NIKITSCH

Der Bankrott regimetreuer Forschung im Jahre 1945 bedeutete in Österreich keineswegs einen endgültigen Abschied ihrer Vertreter von den Universitäten des Landes. Ein Großteil all jener vorerst zwangsemeritierten und ihrer Posten enthobenen Allzeitgetreuen kehrte nach kürzerer oder längerer Anstandspause auf ihre alten Stellen zurück,[1] und diesem Trend folgte auch die Volkskunde.[2] Die Bemerkung Utz Jeggles, daß die Entnazifizierung des Faches meist jenseits behördlich approbierter Institutionalisierung und "ohne großen Aplomb durch emsige Arbeit"[3] vor sich gegangen sei, hat auch für Wien seine Richtigkeit. Hier ist es Leopold Schmidt (1912-1981), dessen Person gewöhnlich mit einem fachlichen Neubeginn assoziiert wird.[4] Tatsächlich besorgte er unermüdlich die Fortführung bzw. Gründung zentraler publizistischer Einrichtungen,[5] und seine Versuche zu zeigen, "daß die Volkskunde ein anderes Gesicht [...] gewinnen konnte, [...] daß sich der nationalsozialistische Spuk [...] durch ehrliche Gelehrtenarbeit mühelos entlarven ließ,"[6] förderten gewiß auch die Reputation des Faches.

In der heimischen Fachwelt wurden Leopold Schmidts Bemühungen um eine von nazistischen Prämissen gereinigte Wissenschaftsauffassung allerdings nicht sonderlich unterstützt. Wenn auf ihn "die ersten rotweißroten Fahnen der neuen Republik wie ein Lebenselixier gewirkt"[7] hatten, so war das ein politisches Gefühl, das von manchem seiner Kollegen nicht geteilt wurde. Der ausblendende Umgang Österreichs mit den Vertretern seiner faschistischen Vergangenheit trug ein Übriges dazu bei, die fachliche Diskussion durch politische und persönliche Ressentiments zu belasten.

So haben die folgenden Überlegungen zur Stellung Leopold Schmidts in der österreichischen Nachkriegsvolkskunde auch das wissenschaftspolitische Klima jener Jahre zu berücksichtigen und - dem Untertitel des Bandes entsprechend - nicht nur das Selbstverständnis Schmidts als Volkskundler, sondern auch seine Person in ihrer Zeit und in ihrem geistesgeschichtlichen und gesellschaftlichen Umfeld zu konturieren - ein Vorhaben freilich, dem weder seine Arbeitsweise noch seine Mentalität entgegenkommen. Denn zum einen finden sich in seinem umfangreichen[8] wissenschaftlichen Œuvre nur wenige dezidiert theoretische Abhandlungen,[9] und tatsächlich sind, wie Lutz Röhrich einmal sagt, "viele wichtige Gedanken oft nur in einem Satz oder auch nur in einem Nebensatz angedeutet;"[10] zum anderen durchzieht - von streitbaren Launen abgesehen, wie sie ihn als Rezensenten zuweilen heimsuchten - ein recht distanzierter Tenor, einmal mißtrauisch, einmal ironisch getönt, seine wissenschaftlichen wie persönlichen Dokumente; und nur zu konsequent hat Schmidt etwa auch sein in vorsichtig-angriffslustigem Ton gehaltenes biographisches Testament[11] knapp vor seinem Tod wieder zurückgenommen.[12]

Diese Haltung mag nicht zuletzt in der Tatsache begründet sein, daß ihm, obwohl er bis zu Richard Wolframs Ernennung und der Wiederbegründung des Wiener Universitätsinstitutes[13] der einzige Garant für eine universitäre volkskundliche Ausbildung gewesen war,[14] die schon früh angestrebte[15] Laufbahn eines Ordentlichen Universitätsprofessors und Lehrkanzelinhabers zeitlebens versagt blieb[16] und er, der 1946 den wissenschaftlichen Dienst am Österreichischen Museum für Volkskunde angetreten hatte, "noch Jahre lang der Sammlungsbeamte [bleiben sollte]," dem man, wie er in larmoyantem Ton vermerkte, "die Treppe der Dienstlaufbahn von ganz, ganz unten zu kehren zumutete."[17] Und wenngleich ihn seine Karriere später zu hochrangiger Position und zahlreichen Ehrungen führte,[18] blieb ihm stets in Erinnerung, daß seine "Art der unparteiischen Sachlichkeit an vielen Stellen unerwünscht war."[19]

In dieser Stimmung und geleitet von der nicht ganz unberechtigten Meinung, bestimmten Auffassungen nur durch Ignorieren adäquat begegnen zu können, quittierte er auch die Beiträge jener heimischen Fachkollegen, die in ihren Diskussionen zu Stand und Aufgaben der Disziplin unbeirrbar an einem theoretisch obsoleten und politisch kompromittierten Volksbegriff festhielten und diesen bei ihm vermißten. So waren die fachterminologischen Zirkeldefinitionen etwa eines Karl Ilg oder Viktor Geramb[20] für Schmidt lediglich "unklare spätromantische Redereien,"[21] die eine weitere Auseinandersetzung nicht lohnten. Dieser in den genannten Fällen durchaus plausiblen Abstinenz muß jedoch auf der anderen Seite entgegengehalten werden, daß er in dem Bestreben, den "Weg der Volkskunde zur Geisteswissenschaft rein und offen zu halten,"[22] auch Ansätze umging, deren frühere Rezeption die österreichische Volkskunde bereichert und wohl auch rascher vorangetrieben hätte. So fanden etwa in dem Vereinsorgan, der "Österreichischen Zeitschrift für Volkskunde," das nicht zuletzt durch Schmidts überbordende Rezensionstätigkeit immer mehr zu seinem Sprachrohr wurde, die Diskussionen vor und um Falkenstein in den späten sechziger und frühen siebziger Jahren kaum Resonanz. Soweit neuere Strömungen überhaupt Beachtung erfuhren, geschah dies oftmals in einem Ton, der den wissenschaftlichen Diskurs von vornherein unterband: Manche seiner Rezensionen verweisen den Verfasser des besprochenen Buches in die Rolle eines Lehrbuben, "der sich vorlaut mit Dingen beschäftigt, die ihn gar nichts angehen,"[23] oder enthalten, oft nur in Nebensätzen, abweisende Formulierungen der Art, daß es sich "doch eher um historisch-soziologische, vielleicht auch sozialpsychologische Fragestellungen,"[24] um "Literatursoziologie,"[25] um "Cultural Anthropology [...], die mit unseren Verhältnissen kaum etwas zu tun haben" oder schlicht "um angelesene Soziologie"[26] handle, aber nicht "um echte volkskundliche Probleme."[27] Den Zugang zu diesen fand Schmidt für sich in seinem Begreifen der Disziplin als "Volksüberlieferungskunde,"[28] die die Erscheinungen in weite kulturhistorische Zusammenhänge stellt und sie, über Epochen und Kulturräume hinweg, in ein System "überlieferter Ordnungen" zu bringen sucht - eine Konzeption, die nicht zuletzt auch in seiner Biographie angelegt ist.

Führte doch, wie er selbst von sich sagt, "die Veranlagung des geborenen Idealisten"[29] bereits den Gymnasiasten aus der Enge eines kleinbürgerlichen Elternhauses nicht nur in Bibliotheken und Museen, sondern auch "an die Gestade der Romantik," deren gelebter Ausdruck die Verbindung zur Jugendbewegung, zum Österreichischen Wandervogel und zur "Deutschen Gemeinschaft für alkoholfreie Kultur," einem gemäßigt deutsch-nationalen Abstinentenbund,[30] war. In diesem geistigen Umfeld kam er nicht nur über seine Beteiligung in Volkslied-, Laienspiel- und Volkstanzgruppen erstmals mit einigen seiner späteren Forschungsschwerpunkte in Berührung, sondern auch mit dem Gedankengut der Wiener Mythologischen Schule, das über Georg Hüsing und dessen praktischem Leitfaden "Deutsche Lieder und Laiche" (1932 posthum erschienen) Eingang in die Jugendbewegung gefunden hatte.[31] Allerdings waren ihm die ideologischen Implikationen dieser Fachrichtung, nicht zuletzt wegen der "Abkehr dieser ganzen Forschung [...] von der österreichischen Volksüberlieferung zugunsten einer romantisch ersonnenen 'arteigenen' Kultur,"[32] suspekt; und so sehr ihn auch die Wandervogel-Bewegung faszinierte, vertraut wurde er in ihr wegen der immer spürbarer werdenden Verpolitisierung, ihrer Verbindung mit "der kleinen nationalen Politik der Dreißigerjahre, die mir von frühester Jugend an fremd und unsympathisch war,"[33] nie.

Leopold Schmidt kann solcherart nicht im Zusammenhang mit jener Politisierung der Intelligenz der Vorkriegsjahre in einer mit Deutschland konkurrierenden Diktatur österreichischen Zuschnitts gesehen werden. Als Germanistikstudent, der sich für die einseitigen Interpretationen etwa Josef Nadlers oder für die national gefärbten Ideen Rudolf Muchs kaum erwärmen konnte,[34] wurde er weniger vom zeitpolitisch vereinnahmten universitären Lehrbetrieb als vielmehr von dem "wunderlichen, menschenleeren Museum in der Laudongasse"[35] angezogen. Hier vertrauten ihm bald Michael und Arthur Haberlandt, die Gründer bzw. Leiter des "Österreichischen Museums für Volkskunde," die Handschriftenbestände an und ermöglichten ihm erste Publikationstätigkeiten in der "Wiener Zeitschrift für Volkskunde;"[36] hier konnte er, mit dem "die hohe Politik ein Einsehen [hatte, indem sie] soviele nationale Studentenkrawalle stattfinden [ließ], daß die Semester jeweils nur wenige Wochen dauerten,"[37] Tag für Tag in der Bibliothek sitzen und den Grundstock seiner fachlichen Belesenheit erwerben. Auch als die nach dem Studium[38] sich ankündigende Laufbahn als Privatgelehrter[39] durch den Anschluß Österreichs an Hitlerdeutschland und die weitere politische Entwicklung jäh unterbrochen wurde, verstand er es, die nahezu siebenjährige Lebenszäsur von Militärzeit, Krieg und Gefangenschaft innerlich eher unbeteiligt zu überstehen und seine "bescheidene Eigenform des Lebens"[40] zu behaupten. Er verlebte "diesen seltsamen Zeitabschnitt"[41] als Antimilitarist, der seinen Obliegenheiten als Kompanieschreiber gewissenhaft nachkam und im übrigen den ganzen Feldzug, der ihn quer durch Europa führte, zu einer Art privater Bildungsreise, die "meinen Gesichtskreis wirklich nachhaltig erweiterte,"[42] umfunktionierte: Beim Besuch von Museen, Schlössern und Kirchen in der Umgebung seiner jeweiligen Stationierungsorte werden ihm etwa "verschiedene Probleme der Flügelaltarforschung klar,"[43] und während endloser Wochen und Monate in den Winterquartieren findet er Zeit, in innerer Emigration und Resistance seine "Wiener Briefe," Essays und Feuilletons[44] abzufassen, die er als seine "Waffe gegen die Unterdrücker Österreichs"[45] begriff.

So repräsentiert Schmidt jene seinerzeit für bestimmte Kreise österreichischer Akademiker konstitutive, ihrem Selbstverständnis nach unpolitische Haltung, die sich mit Berufung auf eine Reihe erlauchter, in der Regel humanistisch[46] gefärbter Traditionen der deutschen Geistes- und Bildungsgeschichte in der rigorosen Abtrennung der historischen Erfahrung vom Reich der Ideen[47] gefiel. Diese Haltung spiegelt auf pragmatisch-lebensphilosophischem Niveau ein den deutschsprachigen akademischen Betrieb prägendes wissenschaftsgeschichtliches Phänomen wider, nämlich die hauptsächlich von

Wilhelm Dilthey formulierte Festlegung der Eigenart und des besonderen Erkenntnischarakters der als "Geisteswissenschaften" apostrophierten Disziplinen, die diesen eine über die bloße Erklärung der äußeren Beziehungen der Phänomene hinausgehende Einsicht in deren "eigentliche innere Natur" konzedierte. In solcher Tradition des "Verstehens" wird, auf fachmethodischer Ebene, übrigens auch Schmidts spätere Ablehnung sozialwissenschaftlicher Tendenzen in der Volkskunde begreifbar; sie stammen, unter geisteswissenschaftlicher Perspektive beurteilt, von jenen akademischen Richtungen, die ihre Schlüssigkeit, Sicherheit und praktische Bedeutung damit erkauften, im Sinne eines bloß "erklärenden" Vorgehens "unwesentlich" zu bleiben.[48]

Diese erkenntnistheoretisch begründete Abschottung von der historischen Erfahrung führte ihn auf wissenschaftlichem Felde zur Eingliederung in jene fachhistorische Tradition, der nicht zu Unrecht der Vorwurf gemacht wurde, das Wesen ihres Gegenstandes in theoretisch-methodischer Verlegenheit nur erahnen zu können,[49] und im persönlichen Bereich zur Verweigerung jedweder Auseinandersetzung mit dem zeitgenössischen Ungeist. Und nur unter diesen Vorzeichen ist (vielleicht) zu verstehen, daß Schmidt etwa einem Mann wie Karl Spieß, der seine "Deutsche Volkskunde als Erschließerin deutscher Kultur" im Sinne einer, der Nürnberger Gesetzgebung verpflichteten "zielbewußten Rassenpflege" konzipiert hatte,[50] bis zuletzt ein ehrendes Andenken bewahrte und in ihm einen "gewaltigen Anreger unserer Forschung" sah, dessen Werk seine Bedeutung "nicht in dieser letzten Endes weltanschaulich bedingten Einordnung, sondern in der Fülle der Anschauung"[51] hätte.

In der Tat hat Leopold Schmidt die Frage nach der Werturteilsfreiheit lange, bevor sie in der Volkskunde gestellt wurde,[52] eindeutig und endgültig bereits für sich entschieden - und an der späteren Diskussion nicht oder nur in prononcierter Abweisung teilgenommen und sie als "Hyperkritik und fachliche Selbstzerfleischung"[53] abqualifiziert. Er, der sich an der Schwelle einer "Epoche des neuen Realismus" sah, in der es darum ginge, "sachlich zu urteilen, ohne deshalb die Gewinne der weiten romantischen Schau im besten Sinn preiszugeben,"[54] nahm jeden "realen Kenntnisbeitrag" zu der von ihm selbstbewußt in den Rang einer "geisteswissenschaftlichen Grunddisziplin"[55] erhobenen Volkskunde ungeachtet seiner politischen Herkunft und Funktion mit ideologischer Unbekümmertheit dankbar entgegen.

Dies umso mehr, wenn damit jenem "eigenen Anschauungssystem" entsprochen wurde, das er etwas undeutlich der Volkskunde stets attestierte und in seinem programmatischen Aufsatz über "Die Volkskunde als Geisteswissenschaft" auf den Begriff zu bringen suchte. Das Ergebnis war jene bekannte, damals von einigen als "erlösendes Wort"[56] empfundene und auch heute zuweilen noch immer zitierte Definition der Volkskunde als "Wissenschaft vom Leben in überlieferten Ordnungen."[57] Ihr zufolge sei es Aufgabe der Volkskunde, aus dem Komplex der ineinandergreifenden Einzelüberlieferungen "Leittraditionen" herauszuarbeiten und, angesichts der Tatsache, daß "das Bleibende, das Beharrende als das Wesentliche im Kulturgeschehen anzusehen" sei, "die geschichtlich verfolgbaren Überlieferungen von den gewissermaßen ungeschichtlichen deutlich zu trennen und diese in die ihnen eigentümlichen Zusammenhänge einzuordnen."[58] Darin spiegelt sich seine kulturgeschichtliche Orientierung, in der er sich dem von ihm verehrten Jacob Burckhardt verpflichtet und wesensverwandt fühlte, und damit traf er sich - neben etwa dem von ihm nicht sonderlich geschätzten Wilhelm Heinrich Riehl - auch wieder mit dem bereits genannten und von Schmidt auch als "bedeutenden

Theoretiker"[59] apostrophierten Karl Spieß, aus dessen Werk - einer "Hauptlektüre meiner jungen Jahre"[60] - seine Arbeiten "in innerer Auseinandersetzung [...] erwachsen"[61] waren: die mythischen "Leitgestalten" einer "unpersönlichen Kunst,"[62] die "Anschauung, daß die Volksüberlieferung ungeschichtlich sei,"[63] hatten ihn nachhaltig in ihren Bann gezogen.

Für Schmidt ergab sich allerdings - und damit sprengte er die angedeuteten fachhistorischen Traditionsketten - aus dem Konzept seiner "Volksüberlieferungskunde" die Notwendigkeit einer Erweiterung der Forschungsbasis, "welche künftig alle Teile der in Überlieferungen gestalteten Volkskultur umfassen müßte."[64] So entspricht der eingangs angesprochenen quantitativen Fülle seiner Arbeiten auch eine Breite des thematischen Spektrums, das den Fachkanon von Erzähl- und Liedforschung über Schauspiel- und Masken-, Volksglaubens- und Brauchforschung bis hin zu ergologischen Fragestellungen abdeckt und ihm nicht zu Unrecht den Ruf eines letzten Universalisten seines Faches[65] eintrug; und darüber hinaus hatte er bereits in seiner Großstadtvolkskunde[66] die Beachtung von "Zivilisationsgütern, welche heute niemandem als volkskundliche Objekte auffallen"[67] - Kino, Schlager, populäre Lesestoffe etwa -, angeregt und auch späterhin der Volkskunde immer wieder neue thematische Bezüge genannt. Die "Beobachtung des Selbstverständlichen"[68] ließ sich Schmidt tatsächlich stets angelegen sein, und in dieser Begabung, selbst in den unbeachtetsten und scheinbar belanglosesten Phänomenen das Sujet einer fachlichen Erörterung zu erkennen und - unabhängig vom jeweils gerade aufbereiteten Thema - am Rande seiner Abhandlungen und in Nebensätzen eine Fülle von Anregungen und fachlichen Assoziationen zu wenngleich oft nicht weiter ausgeführten Details zu bieten, liegt u.E. die Stärke seiner Produktivität. Auf der Ebene seines Erkenntnisinteresses fand diese thematische Ausweitung freilich keine Entsprechung.

Auf den ersten Blick wirkt Schmidts wissenschaftlicher Nachlaß uneinheitlich: Arbeiten streng positivistischen Tenors, die als Beiträge zu seiner "Herkunfts- und Verbreitungsforschung" deutlich den sammelnden und sichtenden Museumsmann spiegeln, stehen neben solchen, in denen er seiner schon von Elfriede Moser-Rath kritisch angemerkten "Lust zur weitausholenden, große zeitliche und geographische Räume überspannenden Hypothese"[69] frönt. Doch ob er nun von hoher kulturgeschichtlicher Warte bis zu frühesten vorgeschichtlichen Kulturstufen Ausschau hielt oder ob er, ganz im Sinne jener "neuen Sachlichkeit,"[70] die er für sich reklamierte, die behandelten Phänomene typologisch festzulegen[71] und ihren Platz in räumlicher und zeitlicher Verbreitung zu bestimmen[72] suchte: Stets sah er den behandelten Stoff unter dem Blickwinkel seiner Theorie, seiner Betrachtungsweise von Kultur als tradiertem geordnetem System,[73] und im Bestreben ihrer Verifikation. Und selbst der konkrete Gegenstand, von dem Schmidt ja gerne und anregenderweise ausgeht, erhält bei ihm seine wissenschaftliche Weihe erst, wenn er ihn als letztes Glied in die Kette einer tief ins Weite des historischen Raumes reichenden Kontinuität der Erscheinungen einzugliedern vermag. Aus den Wandlungen der Sachzeugnisse über Epochen und Kulturräume hinweg versucht er eine "Leitgestalt" zu destillieren, die ihm ermöglicht, einen großen Bogen oft bis in die Antike zu ziehen, um so die Wesensverwandtschaft von disparatesten Phänomenen aufzuzeigen: Der Pokal des Sportlers "vor dem Spiegel [...] in der Zweizimmerwohnung der ausrangierten Europameister" findet sich etwa so als "Gefäßgeschenk" verwandt mit der "Amphore im Grab eines Siegers bei den Panathenäen in Tarent."[74]

Seinem Vorsatz, über das "rein Zweckmäßig-Gegenständliche" hinaus zu Interpretationen im Sinne seiner "überlieferten Ordnungen" - ob nun in bestimmten "Glaubensmeinungen" oder "Gestalt-Gesetzen"[75] sich manifestierend - zu kommen, folgte er u.a. auch in seiner Geräteforschung, in der er die Beziehung Mensch - Ding durchaus auch als "spekulatives und symbolisches Verhältnis"[76] begriff. In solche (auch wissenschaftstheoretische) Grenzbereiche eines "bäuerlichen Arbeitsmythos"[77] führen beispielsweise auch jene Abhandlungen, denen die von ihm initiierten sachvolkskundlichen Umfragen und Erhebungen im Rahmen des "Archivs der österreichischen Volkskunde" bzw. des geplanten "Atlas' der burgenländischen Volkskunde"[78] zugrunde lagen. Diese Unternehmen, am Österreichischen Museum für Volkskunde beheimatet, waren übrigens bewußter- und artikuliertermaßen als Pendant zum gleichzeitig entstehenden "Österreichischen Volkskundeatlas" und in Konkurrenz zu dessen Trägern in Angriff genommen worden und spiegeln nicht nur seinen von vornherein wenig aussichtsreichen Versuch, die österreichische Volkskunde in der Institution des Museums zu zentralisieren,[79] sondern auch jene Rolle, die Schmidt auf der Bühne der Disziplin zu spielen gedachte und als wohl einer der letzten des Faches auch tatsächlich verkörperte: den Gelehrtentypus des 19. Jahrhunderts, der allein sein Forschungsfeld beackert und, dem Rüstzeug einer weit gespannten systematischen Lektüre vertrauend, der Forderung nach unmittelbarer Konfrontation mit den realen Korrelaten seiner Forschungen sich kaum verpflichtet fühlt.

Dieser Attitüde blieb Schmidt auch in engerer methodischer Hinsicht treu. Er war der typische "Lehnstuhlethnologe," der Land und Leute nur von seinem Schreibtisch aus und im Schlagschatten eines stetig anschwellenden Zettelkastens studierte; und wenn er auch des öfteren aus theoretischer Vogelschau den funktionellen Aspekt im Fache herausstrich und zuweilen expressis verbis betonte, daß es sich als dem letzten Ziel volkskundlicher Forschung "um die Beziehung des Menschen zum Ding, um die Stellung [...] jeder Überlieferung zum Menschen"[80] handle: Den Zugang zu diesen "Überlieferungsträgern" hat er - überzeugt, daß die "tiefliegenden Schichten" der Volkskultur durch "meist doch oberflächliche Befragungen kaum je fündig zu machen"[81] wären - nie gesucht. Und für ihn, der stets seiner "Erkenntnisregel" folgte, wonach Traditionen in einem "eigentümlichen Zustand der Unbewußtheit empfangen und gelebt würden,"[82] lag auch eine gewisse Konsequenz in der ironischen Weigerung, "den geistigen Letztverbraucher als Orakel anzusehen:"[83] Als Vertreter der "psychologistischen Richtung" im Fach,[84] der Adolf Spamer in der verschwommenen Diktion seiner Zeit die "Kernsubstanz des geistig-seelischen Menschenlebens," die "geistig-seelischen Lebensprozesse innerhalb der breiten Volksmasse"[85] zum Thema gestellt hatte, konnte es Schmidt nicht darum gehen, die Meinung "jedes zufällig in den Weg laufenden Menschen"[86] einzuholen; war es ihm doch um die Erfassung des bleibenden Substrates einer allgemeinen seelischen Verfassung zu tun, die sich nicht in "Modewellen, also Kurzformen der Überlieferungsbindung"[87] manifestiert, sondern in einem traditionellen Ordnungsgefüge, das mit der "einsichtlosen Bemühung [...] rationalistische[r] Befragungsmethoden"[88] nicht auszuloten ist.

Daß die "Volkskunde eine historische Wissenschaft mit psychologischer Zielsetzung"[89] sei, dieses Credo Spamers nahm er "geradezu als methodische Richtlinie,"[90] die sein gesamtes Werk durchzieht. Spamer spielte übrigens auch in Schmidts persönlichem Werdegang eine nicht unwesentliche Rolle; ihm, der für ihn "das Vorbild des bedeutenden Fachmannes"[91] war, schickte er aus dem Rußlandfeldzug seine "Wiener Volkskunde" als Habilitationsschrift[92] nach Berlin, nachdem sein erster Versuch, sich, als Parteiloser, noch vor Kriegsausbruch bei dem regimetreuen Germanisten Anton Pfalz zu habilitieren, fehlgeschlagen war.[93] Allerdings fand auch das Habilitationsverfahren bei Spamer, trotz positiver Annahme der Habilitationsschrift, wegen der fehlenden "Wissenschaftlichen Aussprache" keinen Abschluß,[94] und erst nach Kriegsende erhielt er in Wien nach Wiederaufnahme des Verfahrens unter der Ägide seines Doktorvaters, des Literaturhistorikers Eduard Castle, mit ministeriellem Beschluß vom 7. Juni 1946 die venia legendi.[95]

Auf seine "Wiener Volkskunde,"[96] die bereits 1940 - allerdings, wie er moniert, "von den national-sozialistischen Zensoren verstümmelt" und "sehr schlecht ediert"[97] - veröffentlicht worden war, hat sich Schmidt zeitlebens viel zugute gehalten und nicht verabsäumt, sie zum Standard für andere und spätere Entwürfe zu großstadt- und gegenwartsvolkskundlichen Fragestellungen zu nehmen. So hält er sie auch Hermann Bausinger in seiner ablehnenden Beurteilung der "Volkskultur in der technischen Welt" - einer seiner größten Fehleinschätzungen zeitgenössischer Fachliteratur - als weitaus geglückteren Versuch entgegen, "volkskundlich unbetretenes Gebiet gangbar zu machen."[98] Das hatte freilich seinerzeit schon Julius Schwietering anders gesehen, der als Gutachter im Berliner Verfahren der Annahme der "Wiener Volkskunde" als Habilitationsschrift zwar schließlich zugestimmt, im übrigen aber an ihr kritisiert hatte, daß hier nur eine "Aufreihung von Volksgütern (nach üblichem Schema) verbrämt mit Kulturgeschichte, aber keine Volkskunde"[99] vorläge. Und tatsächlich war Schmidt in seiner breit gefächerten Beschreibung von "Erbe und Neuwuchs" des "Großstadtvolkes"[100] der Schwietering'schen Prämisse, daß "Volksgüter sich nur aus dem Bezug zu den jeweiligen Sozialgebilden denken und verstehen [lassen],"[101] nicht gefolgt; er sah die behandelten Phänomene in seiner, wie Bausinger es treffend nennt, "Fetischierung der Gegenstände"[102] nie als bloße Indikatoren oder "objektivierte Vorgaben gesellschaftlichen Handelns"[103] und stellte sie so auch nie in einen sozialhistorischen Kontext.

Immerhin kann der "Wiener Volkskunde" aus fachhistorischer Sicht das Verdienst nicht abgesprochen werden, "Großstadt" als volkskundliches Problemfeld hierzulande erstmals thematisiert zu haben; und sie hat ihren Autor denn auch in den bis heute nachwehenden - auf organisatorischer Ebene wohl auch nicht unberechtigten[104] - Ruf gebracht, der Doyen einer österreichischen Gegenwartsvolkskunde zu sein. Als solcher hat er sich dann freilich darum, was diese (seine und unsere) Gegenwart tatsächlich und eigentlich bewegt, recht wenig gekümmert: Daß man "ja vielleicht alle jene Dinge, von denen die Illustrierten überquellen, nicht unbedingt in unsere Wissenschaft unterzubringen suchen [muß],"[105] galt ihm als ausgemacht, und daß es sich etwa bei jenen "Schwellformen der Erzählforschung, wie beispielsweise das probeweise Aufzeichnen des 'alltäglichen Erzählens' [...] um in Wahrheit Unnötiges"[106] handle, davon zeigte er sich ebenfalls überzeugt. Und dieser selektiven Haltung zur volkskundlichen Problemrelevanz ist er schließlich auch in der zuweilen recht eigenwilligen Art der Auswahl seiner Belege und Quellen gefolgt.

Schmidt hat sich stets einer großzügigen methodischen und quellenkundlichen Palette bedient, aus der allerdings mit der Verweigerung empirischer Erhebungsverfahren vor Ort auch das "ethnologische Basisverhalten"[107] einer teilnehmenden und beobachtenden Feldforschung ausgespart war. Er suchte und fand seine Gewährsleute lieber und vor allem in den Verfassern literarischer Lebenszeugnisse[108] oder in den Vertretern einer "malerischen Volkskunde"[109] und zog neben branchenüblicher Fachliteratur gern und vorrangig Zeitungen und andere massenmediale Quellen als Belege heran.[110] Und wenn ihm aus persönlicher Reminiszenz an seine Jugendjahre wie auch als Fachhistoriker wohl bekannt gewesen sein mußte, daß Feldforschung oder das "Erwandern," wie Helmut P. Fielhauer es ausgedrückt hat, "von den reisenden 'Statistikern' über die unsteten Romantiker bis zu den zivilisationsmüden Wandervögeln [...] nahezu ein Kennzeichen der Volkstumswissenschaften" war,[111] die vielzitierte "Angst des Forschers vor dem Feld,"[112] über deren Gründe wir uns aller psychologistischer Vermutungen enthalten wollen, scheint ihn stets verfolgt zu haben. Wo aber solches "Erwandern" zur akademischen "Begehung"[113] reduziert, die Kommunikation mit den Menschen nur über Fragebögen gesucht und die Sicht der gesellschaftlichen Realität oft auf die Sichtung von Zeitungsausschnitten verengt wird, dort laufen schließlich Forschung und Wissenschaft Gefahr, zur privatphilosophischen Wirklichkeitskorrektur zu gerinnen, wird empirische Erkenntnis beinah naturgemäß durch hermeneutische Deutung ersetzt.

Und folgerichtig kam Schmidt, der ja Mut zu gewagter Kombinatorik stets bewiesen hat, zu Studien, in denen er, seinen interpretativen Spekulationen ungezügelten Lauf lassend, jene Seite seiner Interessen zur Geltung bringen konnte, die "im engeren Fach niemals ganz verstanden wurde"[114] - Untersuchungen, jeweils "von den Heimischen wieder einmal als 'echt Schmidt' bezeichnet,"[115] die er erstmals in der "um die Erkenntnis innerer Gesetzlichkeiten, Strukturen und Spannungsverhältnisse im Geistigen"[116] bemühten, von Mircea Eliade und Ernst Jünger herausgegebenen Zeitschrift "Antaios" veröffentlichte, später allerdings auch in seine gern als volkskundliche "Handbücher" deklarierten Sammelbände zu einschlägigen Kanonbereichen aufgenommen hat. In ihnen widmete er sich Themen wie dem "Niemandsland"[117] oder der Farbsymbolik,[118] hier verfolgte er etwa die "Sitzgebärde" in ihrer Abhängigkeit von "Bank und Stuhl und Thron"[119] oder beschäftigte sich mit jenen Bauten, die "ihre Kraft aus ihrem durch die Gestalt geweihten Grundriß" bezögen.[120] Letztgenannter Aufsatz variiert dabei mit der Behandlung der "Gestaltheiligkeit" (diesfalls eines Bauwerkes), ein Schmidt'sches Leitmotiv, das er bereits früher am Beispiel der Ernteschnittgeräte voll zum Ertönen gebracht[121] und mit dem er sich keinen geringen Widerspruch in der Disziplin eingehandelt hatte.[122] Doch sind in diesem Zusammenhang für uns weniger die seinerzeitigen Befürchtungen über eine "neue mythologische Richtung in der Volkskunde," wie sie etwa Karl Meisen 1953 auf der Frankfurter Arbeitstagung gehegt hatte,[123] von Belang; vielmehr scheint uns von Bedeutung, daß sich in diesen Arbeiten Schmidts Abstinenz vor jedwedem Falsifikationsversuch, seine Manier, "das vorgefundene Material [...] an die Idee heran[zu]tragen," wie Wolfgang Brückner in einer frühen Rezension schreibt,[124] deutlich manifestiert und er sich solcherart, um einen Satz W. H. Riehls zu erweitern, als Meister in der "feineren Kunst" erweist, das zu finden, womit man beweisen will.[125]

Das, was es für Schmidt zu beweisen galt, war die Existenz "quasi geschlossener," als geschichtslos begriffener und so absolut gesetzter kultureller Ordnungssysteme, damit auch die "These von der kulturellen Totaldeterminiertheit des Menschen"[126] und die Überzeugung, daß die geschichtliche Einmaligkeit des Individuums vor dem konservativen Zwang tradierter Kulturmechanismen mit Notwendigkeit kapituliert. Und indem er jene "kulturellen Ressourcen,"[127] die in den kreativen und innovatorischen

Potentialen der Menschen, aber auch in der Möglichkeit zu Konflikt und Verweigerung bestehen, geflissentlich übersieht, demonstriert er - wenn wir uns zum Schluß doch noch einen Ausritt aufs Glatteis psychologischer Deutungen gestatten - eine zutiefst resignative Weltsicht: Fast bildhaft konturiert sich die Lebenshaltung Leopold Schmidts als eines aus konfessions- und traditionslosem Elternhaus stammenden und "aus Veranlagung und Erziehung heraus einsamen Menschen,"[128] der in eine Zeit des gesellschaftlichen Umbruchs hineingeboren wird, seine frühe Kindheit und späte Jugend in den Wirren zweier Weltkriege verlebt und, zum angesehenen Gelehrten avanciert, als solcher schließlich in einem "Leben in überlieferten Ordnungen" Sicherheit und sein, wenngleich nur in "geisteswissenschaftlichen" Sphären greifbares Zuhause findet.

Doch dieses sein Postulat eines statischen und geschichtsüberdauernden Ordnungsgefüges verfehlt nicht nur mit der Realität der gesellschaftlichen Komplexität unserer Gegenwart jenen Anspruch auf Wirklichkeitsadäquanz, dem jede wissenschaftliche Theorie unterworfen ist - es ignoriert in eben dieser Abstinenz von Empirie auch alle Forderungen, wie sie dem Wissenschaftler auf ethischer Ebene gestellt sind. Denn: "Keine Wissenschaft kann auf die Dauer der von der Gesellschaft an sie gestellten Frage 'Knowledge for what' ausweichen, wenn sie nicht als Marotte extravaganter oder egoistischer Einzelgänger gelten will."[129] Diesem Ceterum censeo Arnold Niederers möchten wir uns anschließen und damit auch jene Frage beantwortet wissen, die Torsten Gebhard in seinem Nachruf auf Leopold Schmidt fast beschwörend einer "kommenden Generation" gestellt hat: Wir sind uns wohl "darüber im klaren, daß der Verstorbene ein ganzes Kapitel der österreichischen Volkskunde abgeschlossen hat, das in seiner Art keine Fortsetzung finden wird,"[130] und wir glauben auch, daß das Lebenswerk dieser sicher "überdurchschnittlichen wissenschaftlichen und organisatorischen Begabung"[131] als anspruchsvolle und originelle Leistung nicht nur stets seinen Platz in der hiesigen Fachgeschichte beanspruchen, sondern künftigen Forschergenerationen in manchen Bereichen immer wieder Anregungen zu Anknüpfung und Weiterführung bieten wird.[132] Doch sind wir ebenso davon überzeugt, daß eine kulturwissenschaftliche Forschung, die über wie immer geistreichen und tiefschürfenden Thesen und Interpretationen ihr eigentliches Thema, die Menschen und ihre Bedürfnisse, übersieht, daß "Wissenschaft im Sinne des l'art pour l'art,"[133] wie sie Leopold Schmidt vorexerziert hat, ihrer gesellschaftlichen Verantwortung nicht gerecht wird und so, in dieser ihrer Art, auch keine Fortsetzung finden soll. Wie sagt doch ein Fachfremder: "Man muß viel öfter zu den Menschen gehen, um zu hören, was sie zu sagen haben, und nicht, damit sie hören, was wir sagen."[134] Sind Sätze wie dieser wirklich, wie Schmidt gern nicht genehmer Rhetorik entgegenhielt, "gar nicht für uns geschrieben?"[135]

Anmerkungen

1. Im WS 1945/46 waren 70 % der ordentlichen Professoren an der philosophischen Fakultät in Wien ihrer Ämter enthobenen worden; im Studienjahr 1949/50 jedoch waren von diesen bereits wieder 60 %, im Studienjahr 1956/57 sogar 66 % an ihre Wirkungsstätten zurückgekehrt, vgl. Weinert 1986: 262.

2. So erhielt etwa Richard Wolfram bereits 1954 seine Venia legendi zurück und wurde 1959 zum außerordentlichen, 1963 zum ordentlichen Universitätsprofessor ernannt, vgl. Liesenfeld 1989: 300.
3. Jeggle 1988a: 66.
4. Bockhorn 1987: 229.
5. Hier ist vor allem an das von Leopold Schmidt als *Österreichische Zeitschrift für Volkskunde* wiederbegründete Fachorgan, dessen erstes Heft 1947 erschien, zu denken; daneben etablierte er weitere neue wissenschaftliche Reihen wie die "Buchreihe der Österreichischen Zeitschrift für Volkskunde" (ab 1951), die "Veröffentlichungen des Österreichischen Museums für Volkskunde" (ab 1952), die "Sonderschriften des Vereines für Volkskunde in Wien" (ab 1955), die "Raabser Märchen-Reihe" (ab 1972) und die "Mitteilungen des Instituts für Gegenwartsvolkskunde" (ab 1973); auch für das monatlich erscheinende Nachrichtenblatt des Vereines für Volkskunde *Volkskunde in Österreich* (ab 1966) gab er sein Placet.
6. Schmidt 1982a: 104.
7. Schmidt 1982a: 102.
8. Die Leopold Schmidt-Bibliographie verzeichnet von 1930 bis 1982 rund 1450 Einzelpublikationen und hält einschließlich der extensiven Rezensionstätigkeit Schmidts bei 4115 Veröffentlichungen, Beitl 1977; Beitl 1982.
9. Schmidt 1947a; Schmidt 1940a; Schmidt 1948b; Schmidt 1955b; Schmidt 1955a; Schmidt 1962c; Schmidt 1981a; siehe auch die Einleitung zu Schmidt 1951a.
10. Röhrich 1963: 105.
11. Sein "Curriculum vitae" (Wien 1982), in den letzten Lebensjahren geschrieben, ermöglicht einen detailreichen Einblick in diverse Stationen seines Lebens und dokumentiert zudem - erhellend wie jede Autobiographie auch und gerade, wo sie verschweigt - sein Selbstverständnis als Wissenschaftler. Schmidt hat den Band noch vor der öffentlichen Auslieferung wieder eingezogen und auch diverse Vorausexemplare von den Empfängern zurückgefordert; so existiert sein "Lebenslauf" zwar in einigen meuchlings produzierten Kopien, offiziell jedoch nicht.
12. Die Frage, ob eine derartige Quelle, wie sie in dieser Ausführlichkeit wohl nur für wenige Vertreter unserer Disziplin vorliegt, nicht nur de jure, sondern auch anstandshalber zitierbar ist, haben wir für uns auch deshalb bejaht, weil Schmidt selbst in einem privaten Schreiben sich davon überzeugt zeigte, "nur die reine Wahrheit geschrieben zu haben" (Brief an G. Liesenfeld vom 27.VII.1981).
13. Die Wiederbegründung des Instituts für Volkskunde erfolgte 1961, die Aufnahme der Lehr- und Forschungstätigkeit in diesem mit beginnendem WS 1964/65, vgl. Bockhorn und Liesenfeld 1989: 7.
14. Schmidt habilitierte sich 1946 und begann seine Lehrtätigkeit mit dem WS 1946/47; bis inklusive SS 1975 las er jedes Semester, ab dem SS 1977 bis SS 1981 mit Unterbrechungen, Universitätsarchiv Wien. Vorlesungsverzeichnisse 1946-1981; abgedruckte Zusammenstellung der Vorlesungen, vgl. Beitl 1982a: 15-19; Auflistung der von Schmidt betreuten Dissertationen vgl. Martischnig 1982: 125-127.
15. Zwar nicht expressis verbis, aber immer wieder zwischen den Zeilen seiner Autobiographie herauszulesen, vgl. Schmidt 1982a: 15, 110, 243; vgl. auch Brückner 1982a: 10.
16. Schmidt mußte sich mit der Ernennung zum titl. ao. Univ. Prof. 1959 begnügen.
17. Schmidt 1982a: 109-110; an dieser Empfindung vermochte auch das kurze Zwischenspiel als Kommissarischer Leiter des Wiener Völkerkundemuseums nichts zu ändern (1.1.1954 - 31.3.1955), vgl. Beitl 1982a: 1. In dieser Funktion gestaltete Schmidt auch die Ausstellung "Bauernwerk der Alten Welt," Schmidt 1954a; sie stieß allerdings im ethnologisch-fachinternen Kreis auf vehemente Kritik, Heine-Geldern 1954.
18. Schmidt war Direktor des "Österreichischen Museums für Volkskunde" und des "Instituts für Gegenwartsvolkskunde," Präsident des "Vereins für Volkskunde," Hauptausschußmitglied des "Österreichischen Volksliedwerkes," Vizepräsident des "Österreichischen Nationalkomitees des International Council of Museums (ICOM)" und wirkl. Mitglied der "Österreichischen Akademie

der Wissenschaften;" von den zahlreichen Ehrungen seien genannt: Ehrenmitgliedschaft der "Griechischen Gesellschaft für Volkskunde" in Athen, Großes Ehrenzeichen des Landes Burgenland (1962), Kulturpreis des Bundeslandes Niederösterreich (1965), Ausländisches Mitglied der "Finnischen Altertumsgesellschaft" (1968), Ausländisches Mitglied der "Gustav-Adolf-Akademie för Folkslivsforskning" Uppsala (1972), Brüder-Grimm-Preis (1977), korrespondierendes Mitglied der "Bayerischen Akademie der Wissenschaften" (1977), Österreichisches Ehrenkreuz I. Klasse für Wissenschaft und Kunst (1978), Wilhelm-Hartel-Preis der "Österreichischen Akademie der Wissenschaften" (1978).

19. Schmidt 1982a: 111.
20. Vgl. Ilg 1951: 108; Geramb 1953: 31.
21. Schmidt 1982a: 109.
22. Schmidt 1947a: 137.
23. So bei seiner Rezension von Wolfgang Emmerichs "Germanistischer Volkstumsideologie," Schmidt 1969a: 193.
24. So im Zusammenhang mit Migrations- und Akkulturationsforschung, die auf dem 18. DGV-Kongreß 1971 problematisiert wurden, Schmidt 1973b: 256.
25. Hier gegenüber Rudolf Schenda über dessen "Volk ohne Buch," Schmidt 1971b: 193.
26. Vgl. die Besprechung des Einführungsbandes "Volkskunde" von Günter Wiegelmann, Matthias Zender und Gerhard Heilfurth, Schmidt 1977b: 309-310.
27. Schmidt 1973b: 256.
28. Schmidt 1971a: 103.
29. Schmidt 1982a: 6.
30. Vgl. Schmidt 1982a: 13; die primäre Forderung dieser Vereinigung nach einer "rauschgiftfreien Lebenshaltung" verband sich mit jener der Volkstumspflege im Sinne der Jugendbewegung. In ihrer Schriftenreihe "Deutsche Feste aus alter Art und neuem Geist" publizierte Schmidt die "Deutsche Fastnacht," die, eine Anleitung zur Gestaltung von Geselligkeiten beinhaltend, eine seiner wenigen Beiträge zur angewandten Volkskunde darstellt, Schmidt 1937a.
31. Vgl. Schmidt 1951a: 133; vgl. Bockhorn 1989: 25.
32. Schmidt 1951a: 135.
33. Schmidt 1982a: 7.
34. Vgl. Schmidt 1982a: 29-31.
35. Schmidt 1982a: 15.
36. Die frühen Aufsätze des knapp Neunzehnjährigen spiegeln die germanistische Ausbildung Schmidts deutlich wider und behandeln Eingangsformeln von Weihnachts- und Volksschauspielen, die hinsichtlich ihrer etymologischen Herkunft und ihrer volksetymologischen Umdeutungen betrachtet werden, siehe etwa Schmidt 1930; Schmidt 1931.
37. Schmidt 1982a: 17.
38. Schmidt belegt Lehrveranstaltungen in den Fächern Germanistik, Klassische Philologie, Vor- und Frühgeschichte, Geschichte, Kunstgeschichte sowie Volks- und Völkerkunde. Sein ursprüngliches Vorhaben, bei A. Haberlandt zu dissertieren, scheiterte an ideologischen Dissonanzen, vgl. Schmidt 1982a: 31; die über die Attribute der Engel geplante Doktorarbeit erschien später im Druck, Schmidt 1933. Schließlich reichte er eine Arbeit über stil- und formgeschichtliche Probleme der deutschen Weihnachtsspiele bei Eduard Castle ein; sie wurde am 21.6.1934 von der phil. Fak. der Universität Wien approbiert, Schmidt 1934; geringfügig überarbeitet wurde sie 1937 veröffentlicht, Schmidt 1937b; seine germanistischen Rigorosen legte er bei E. Castle und Josef Nadler, das Nebenfachrigorosum in Völkerkunde bei Wilhelm Koppers ab, vgl. Schmidt 1982a: 31.
39. Sein erstes Arbeitsverhältnis trat Schmidt "im glänzenden Elend der Privatanstellung" als Bearbeiter der Kriss'schen "Sammlung für deutsche religiöse Volkskunde" an, die Rudolf Kriss im Zuge seiner Habilitation, aber auch aus politischen Gründen, von Berchtesgaden nach Wien transferiert hatte, vgl. Schmidt 1982a: 34-38, 100.
40. Schmidt 1982a: 53.

41. Schmidt 1982a: 52.
42. Schmidt 1982a: 67.
43. Schmidt 1982a: 79; publiziert als Schmidt 1948a.
44. Schmidt 1946a; Schmidt 1947a; Schmidt 1948a.
45. Schmidt 1982a: 51.
46. Auch als Rekrut antwortet L. Schmidt auf die Frage nach seinen Fremdsprachenkenntnissen "prompt 'Latein und Altgriechisch,'" Schmidt 1982a: 51.
47. Vgl. Lenk 1971: 77; Meissl 1981: 484.
48. Vgl. Patzig 1980b: 45-47.
49. Vgl. Fielhauer 1984a: 70.
50. Vgl. Spieß 1934: 231-232.
51. Schmidt 1957b: 335, 336.
52. Vgl. etwa Jeggle 1970b.
53. Schmidt 1981a: 39.
54. Schmidt 1951a: 6.
55. Schmidt 1951a: 7.
56. Koren 1972a: 1.
57. Schmidt 1947a: 119.
58. Schmidt 1947a: 121, 119, 123.
59. Schmidt 1952b: 1.
60. Schmidt 1982a: 193.
61. Schmidt 1982a: 109.
62. Spieß 1925.
63. Schmidt 1957b: 335.
64. Schmidt 1947a: 128.
65. Vgl. Beitl 1982a: 1.
66. Schmidt 1940b.
67. Schmidt 1940b: 100.
68. Schmidt 1973a: 270.
69. Moser-Rath 1964: 231.
70. Schmidt 1951a: 155.
71. Siehe etwa Schmidt 1960b.
72. Z.B. Schmidt 1957a.
73. Vgl. dazu Greverus 1972a.
74. Schmidt 1966a: 292.
75. Vgl. Schmidt 1962b.
76. Schmidt 1977a: 351.
77. Schmidt 1952b.
78. Das "Archiv der österreichischen Volkskunde" im Österreichischen Museum für Volkskunde ist aus den von 1951-1953 im Burgenland durchgeführten Umfrage-Erhebungen für einen von Schmidt geplanten "Atlas der österreichischen Volkskunde" hervorgegangen; als erster Teil des gesamtösterreichischen Projektes war der "Atlas der burgenländischen Volkskunde" geplant. Der Burgenlandatlas blieb ein nie publizierter Torso - zu groß war schließlich für das von Schmidt initiierte Großprojekt die Konkurrenz des in der Hauptsache von Adolf Helbok, Ernst Burgstaller und R. Wolfram vorangetriebenen "Österreichischen Volkskundeatlas," von dem sich Schmidt sogar im deutschen Kollegenkreis deutlichst distanzierte, vgl. Schmidt 1958a; vgl. Schmidt 1954b; vgl. Martischnig 1984; vgl. Martischnig 1989; zur Konzeption des "Atlas der burgenländischen Volkskunde" vgl. Schmidt 1967a.
79. Schmidt hatte bereits 1948 ein zentrales "Bundesamt für Volkskunde" gefordert, das die gesamte Sammelarbeit und die Bewahrung der Archivstoffe organisieren und von den in den Ländern zu situierenden Landesstellen künftig gespeist werden sollte; in dieses sollten auch die österreichischen Bestände des "Atlas für Deutsche Volkskunde" einfließen, vgl. Schmidt 1948b: 1-7.

80. Schmidt 1955b: 15.
81. Schmidt 1962b: 360.
82. Schmidt 1947a: 125.
83. Schmidt 1966a: 298.
84. Vgl. Jacobeit 1965b: 112-125.
85. Spamer 1934a: 4; zu Spamer vgl. auch Scholze 1990: 31-47.
86. Schmidt 1962a: 194.
87. Schmidt 1947a: 125.
88. Schmidt 1966c: 47.
89. Schmidt 1951a: 15.
90. Schmidt 1951a: 15.
91. Schmidt 1982a: 78.
92. Zu diesem Zeitpunkt war die "Wiener Volkskunde" bereits veröffentlicht; im "Curriculum" allerdings schreibt Schmidt von der Absendung einer stilisierten Fassung, vgl. Schmidt 1982a: 65; an anderer Stelle ist von einem positiven Bescheid des damaligen Unterrichtsministeriums in Berlin, die Habilitationsschrift in gedruckter Form vorlegen zu dürfen, die Rede, vgl. Lebenslauf. 26.10.1945. Universitätsarchiv Wien. Phil. Dek. 375 - 1945/46: 4.
93. Vgl. Schmidt 1982a: 50.
94. Zu der "Wissenschaftlichen Aussprache" kam es infolge der Erkrankung Spamers, der zudem Berlin verließ, nicht, vgl. Lebenslauf. 26.10.1945. Universitätsarchiv Wien. Phil. Dek. 375 - 1945/46: 4; Spamer war seit 1936 Inhaber des Berliner Lehrstuhles für Volkskunde, zog sich jedoch 1942 nach Dresden zurück, vgl. Jacobeit 1987: 302-303.
95. Universitätsarchiv Wien. Phil. Dek. 375 - 1945/46: 26; die Abhaltung des Probevortrages zu "Die Bedeutung der Aufklärung für die österreichische Volkskunde" fand am 11. Mai 1946 statt, Universitätsarchiv Wien. Phil. Dek. 375 - 1945/46; die Erweiterung seiner Lehrbefugnis von "Volkskunde" auf "Volkskunde einschließlich der einschlägigen Museumskunde" erfolgte 1959, *Österreichische Zeitschrift für Volkskunde* 62/13, 1959: 60.
96. Schmidt hatte seine "Wiener Volkskunde" bereits als Dreiundzwanzigjähriger verfaßt und für sie 1937 den von der "Herbert Stubenrauch Verlagsbuchhandlung" in Berlin gestifteten, von Adolf Spamer angeregten Wilhelm-Heinrich-Riehl-Preis erhalten, siehe dazu die Ausschreibung in der *Zeitschrift für Volkskunde* 5, 1935: 306; ebenso Riehl und Spamer 1935: 91-93.
97. Schmidt 1982a: 46.
98. Schmidt 1961b: 293.
99. Gutachten vom 27.8.1942, zit. nach Scholze 1990: 64.
100. Schmidt 1940b: 31.
101. Gutachten vom 27.8.1942, zit. nach Scholze 1990: 64.
102. Bausinger 1979a: 87.
103. Bausinger 1980a: 10.
104. Er begründete 1973 das "Institut für Gegenwartsvolkskunde" der "Österreichischen Akademie der Wissenschaften" in Wien.
105. Schmidt 1961b: 294.
106. Schmidt 1981a: 19-20.
107. Brednich 1988: 88.
108. Siehe z.B. Schmidt 1969b: 407.
109. Siehe z.B. Schmidt 1952a: 92.
110. Siehe Anm. 1 in Schmidt 1966a: 383.
111. Fielhauer 1984a: 71; vgl. auch Jeggle 1984a.
112. Lindner 1981.
113. Schmidt 1959a: 225.
114. Schmidt 1982a: 138.
115. Schmidt 1982a: 138.

116. Siehe den Klappentext des ersten Bandes der 1971 eingestellten Reihe, in dem auch Schmidts "Gordischer Knoten" erschienen ist, Schmidt 1960a.
117. Schmidt 1966b.
118. Schmidt 1963a.
119. Schmidt 1970a.
120. Schmidt 1961a.
121. Mit seiner "Gestaltheiligkeit im bäuerlichen Arbeitsmythos" eröffnete Schmidt die von ihm ins Leben gerufenen "Veröffentlichungen des Österreichischen Museums für Volkskunde," Schmidt 1952b.
122. Dazu etwa Moser 1954; zu rezenter Kritik auch Korff 1988.
123. Vgl. dazu Moser 1954: 213; sehr deutlich auch in Meisen 1954: 18.
124. Brückner 1959a: 47.
125. Vgl. Riehl 1892: 12-13.
126. Greverus 1972a: 7.
127. Greverus 1972a: 11.
128. Schmidt 1982a: 7.
129. Niederer 1969: 3.
130. Gebhard 1982: 63.
131. Moser 1954: 210.
132. Etwa im Bereich der Brauchforschung, Schmidt 1966a, wo der Ansatz, gegenwärtige Erscheinungen unter den Vorzeichen einer "Säkularisierung" als "Brauch ohne Glaube" zu begreifen, von Christine Burckhardt-Seebass mit Gewinn aufgegriffen wurde, Burckhardt-Seebass 1989b; Burckhardt-Seebass 1990.
133. Niederer 1969: 3.
134. Otto Bauer, zit. nach Fielhauer 1984a: 76.
135. Schmidt 1977b: 310.

VOM "GESTALTHAFTEN SEHEN" ZUR "DEMOKRATISCHEN KULTURGESCHICHTSSCHREIBUNG"

OLAF BOCKHORN

1990 liest man in einem Band, in welchem zwanzig Historiker und Juristen aus ihrem Leben berichten,[1] in Richard Wolframs Erinnerungen einen bemerkenswerten und unbestreitbar richtigen Satz, in dem er auf seine universitäre Laufbahn anspielt: "In den Dreißigerjahren [sic!] habilitierte ich mich [...] und las dann in der Folge mit einer Unterbrechung als ao. Professor und schließlich als Ordinarius. Als solcher begründete ich das Institut für Volkskunde, auch die Lehrkanzel in diesem Fach gab es vor mir nicht."[2] Was hier interessiert, ist der Passus 'mit einer Unterbrechung;' diese Unterbrechung erklärt er an anderer Stelle so: "1939 [...] Begründung des Instituts für Volkskunde an der Wiener Universität [...], das sich aber wegen des Krieges nur langsam entfalten konnte. 1945 wurden alle Gründungen dieser Periode ungültig, die Bestände des Instituts nahm das Germanistische Institut in Verwahrung. 1954 Wiederbeginn [der] Vorlesungstätigkeit als Dozent [...]."[3] Hinter der, wie nunmehr klargestellt ist, neunjährigen Pause verbirgt sich die wegen der Zugehörigkeit zur NSDAP 1945 unmittelbar nach Kriegsschluß bzw. Wiedererrichtung der Republik Österreich erfolgte Außerdienststellung Wolframs. Nicht die 'Gründungen' waren ungültig geworden, die Personen waren es, die man aus öffentlichen Positionen entfernte: Die Entnazifizierung hatte begonnen. Unter dem vielsagenden Titel 'Verdrängte Schuld, verfehlte Sühne' ist das Scheitern dieses an sich demokratischen Prozesses (erst) 1986 dargelegt, die 'Wiedereingliederung' betroffener Personen in das 'neue' Österreich beschrieben worden.[4] "Das vitale und berechtigte Interesse der Zweiten Republik an einer nationalen Identitätsfindung im Zusammenhang mit der Entnazifizierung [kam] rasch als Rechtfertigungsdenken in Gebrauch und Mißbrauch [...], als ein Verfahren des 'Österreicher-Machens,' bei dem fast niemand mehr Nazi, sondern jedermann ein 'guter Österreicher' gewesen sein wollte."[5]

Ein kurzer Blick auf die in den vorangegangenen Wien-Kapiteln dieses Buches behandelten Personen bestätigt dies, zeigt aber auch, wie richtig die Überschrift von der "verdrängten Schuld" gewählt war: Die Auseinandersetzung mit der jüngeren Geschichte der Volkskunde in Österreich, vor allem zwischen 1938 und 1945, blieb unter anderem deshalb aus, weil diejenigen, welche diese Geschichte geprägt hatten, sie - mit 'Unterbrechungen' zwar - erneut bestimmen sollten. Sie alle hatten, um einen Satz aus dem Umfeld der Wahl von Kurt Waldheim zum österreichischen Bundespräsidenten im Jahre 1986 zu verwenden, 'nur ihre Pflicht erfüllt.' Als Wissenschafter den Zielen der Volkskunde verpflichtet, setzten sie fort, was sie 1945 kurzfristig - und aus uneinsichtigen Gründen - hatten lassen müssen: ihre Arbeit für Volkstum und Heimat,

Gemeinschaft und Tradition. Das einte sie auch mit etlichen, die aus unterschiedlichen Gründen die Zeit des 'Tausendjährigen Reichs' nicht in führenden oder zumindest unangefochtenen Positionen erlebt hatten oder die abseits des Wissenschaftsbetriebes auf dem 'Felde der Ehre' dem Nazi-Regime ihren Tribut zollten. Einzig Leopold Schmidt hat sich unmittelbar nach Kriegsende mehrfach zu Wort gemeldet: bedauernd, daß "nach der Entfernung der nationalsozialistischen Vertreter der Volkskunde [...] bisher kaum ein andersgesinnter Nachwuchs aufkommen [konnte]";[6] befriedigt, weil "die durch ihre politische Einstellung belasteten Persönlichkeiten [...] zum grössten Teil entlassen, bzw. enthoben oder zumindest einstweilen von der aktiven Mitarbeit in Institutionen und von der Veröffentlichungsmöglichkeit ausgeschlossen [wurden];"[7] selbstgefällig, was seine eigene Person, seine Definition der Volkskunde als der 'Wissenschaft vom Leben in überlieferten Ordnungen'[8] und die damit angebrochene "Epoche der Sachlichkeit" betrifft, in welcher sich die "Volkskunde auf Grund ihrer immer deutlicher zu erkennenden eigenen Anschauungsweise [...] zu einer Grunddisziplin der Geisteswissenschaften" aufschwingen würde, "die das kulturelle Antlitz Österreichs entscheidend mitbestimmen wird. Es sind in der österreichischen Volkskunde wahrhaftig 'neue Ufer,' zu denen nach dem Wort Goethes der 'neue Tag' ruft."[9]

Auf Leopold Schmidt ist, da ihm in diesem Band ein eigener Abschnitt gewidmet ist,[10] nicht weiter einzugehen; zu konstatieren bleibt, daß sein Blick an den 'neuen Ufern' sehr wohl auch Persönlichkeiten wahrgenommen hat, deren 'Belastung' zu verschweigen oder zu vergessen ihm angelegen war. Nur so ist zu verstehen, daß er etwa dem 'Privatgelehrten' Karl von Spieß, für den mit dem Ende des Zweiten Weltkriegs "eine Welt zusammenbrach,"[11] im Wiener Verein und Museum für Volkskunde und dessen Veröffentlichungsreihen erneut eine wissenschaftliche Heimstätte für die Fortsetzung vor allem seiner 'Volkskunststudien' gab,[12] und daß Schmidt selbst Arbeiten 'erwuchsen,' welche der (mond-) mythologischen Schule zuzurechnen sind.[13] Auch die Kontakte zu Edmund Mudrak rissen nicht ab. Er wirkte, nachdem seine Posener Professur 'ungültig' geworden war, als Lehrer an Höheren Schulen und als Konsulent der Altkatholischen Kirche in Wien, verfaßte Märchen-, Sagen- und Jugendbücher und ließ sich (in den 'Wiener Sprachblättern') die Pflege der deutschen Muttersprache angelegen sein. Karl Haiding, der Mudrak zu dessen 70. Geburtstag die schon erwähnte, in Leopold Schmidts 'Österreichischer Zeitschrift für Volkskunde' erschienene 'Würdigung' dargebracht hat, bestätigt dem Jubilar (zu unrecht, wie wir wissen) "gegenüber den wechselnden wissenschaftlichen Richtungen und der sie beeinflussenden Alltagspolitik [...] maßvolle Zurückhaltung [...]."[14] Haiding selbst war, nachdem dem von ihm (auf Kriegsdauer) geleiteten 'Institut für Deutsche Volkskunde' der Rosenberg'schen 'Hohen Schule (in Vorbereitung)' in Rein bei Graz 1945 die Pforten geschlossen wurden,[15] zehn Jahre lang "teilweise berufsfremd und teilweise wieder in seinem zuerst erlernten Beruf, wie etwa im Seilbahnbau" tätig, bevor er das Landschaftsmuseum Schloß Trautenfels im steirischen Ennstal aufbauen konnte.[16] Die Berufsfremdheit wird 1981 nicht weiter erklärt, der Grund verschwiegen - aus den 'Tätern' sind längst 'Opfer' geworden.

Ein 'Opfer' war auch Arthur Haberlandt. Bei und nach Kriegsende hatte er erfolgreich und unter großem persönlichen Einsatz die - teils ausgelagerten - Museumsbestände wieder in der Laudongasse zusammengeführt; dann wurde er vom neuen Staatssekretär für Unterricht mit Ende 1945 vom Dienst enthoben, kurz darauf vorzeitig pensioniert.[17] Mit der ihm eigenen Beharrlichkeit betrieb er seine Rehabilitierung und die

Wiederverleihung der ihm aberkannten venia legendi.[18] 1949 war er Ehrenmitglied des Vereins für Volkskunde geworden, 1950 erfolgte die Wiederverleihung der Lehrbefugnis[19] und in der Folge wurde ihm auch der Titel eines außerordentlichen Universitätsprofessors erneut zugesprochen. Was er nicht erreichte, war die abermalige Einsetzung als Leiter des Volkskundemuseums, "dieses Lebenswerkes der Familie Haberlandt." Daß er, wie R. Wolfram fortfährt, "1945 als Direktor [...] verdrängt wurde und nie mehr dorthin zurückkehren durfte," machte u.a. "die tiefe Tragik der beiden letzten Jahrzehnte von Arthur Haberlandt's Leben" aus.[20] Dennoch waren die Leistungen dieses "verbitterten, kranken Mannes, der sich in vieler Hinsicht vom Leben schlecht behandelt vorkommen mochte" (so L. Schmidt),[21] auch gegen sein Lebensende durchaus beachtenswert und vielseitig.

Haus-, Volkskunst- und Realienforschung beschäftigten ihn, den - nicht gerade zahlreichen - Studierenden der Volkskunde hielt er bis Ende der fünfziger Jahre erkenntnisreiche und wie in der Vorkriegszeit nicht immer leicht verständliche Vorlesungen,[22] und mit dem zweibändigen 'Taschenwörterbuch der Volkskunde Österreichs' schuf er ein zwar von seinen persönlichen Vorlieben geprägtes, aber doch recht brauchbares Nachschlagewerk.[23] Vor allem aber betätigte er sich im Rahmen des 'Österreichischen Volkskundeatlas' (= ÖVA), der auf A. Helboks Betreiben 1953 gegründet worden war[24] und dessen vorbereitender Kommission A. Haberlandt (neben A. Helbok, K. Ilg und R. Wolfram) angehörte. Es nimmt nicht wunder, in diesem Kreise, der es verstand, Leopold Schmidt von jeglicher Mitarbeit auszuschließen (war er doch durch die Infragestellung von 'Grundbegriffen' wie 'Volk' und 'Volkstum'[25] zum *neuen* Gegner der die Volkskunde - noch immer, schon wieder? - als 'konservative Soziallehre' auffassenden österreichischen Kollegenschaft geworden), auch Richard Wolfram[26] zu finden.

Seit 1945 von den Aktivitäten der institutionalisierten Nachkriegsvolkskunde ausgeschlossen, hatte R. Wolfram in Salzburg, wie Spieß als 'Privatgelehrter,' seine planmäßigen Erhebungen zum 'Brauchtum' des Alpenraumes, insbesondere des Bundeslandes Salzburg wieder aufgenommen,[27] war darangegangen, die unter dem Schutz des 'SS-Ahnenerbes' begonnene Ernte einzubringen, indem er erstmals Aufnahmen aus Südtirol[28] und der Gottschee[29] veröffentlichte (letztere ergänzte er durch Umfragen in den Lagern der aus den wieder an Jugoslawien gefallenen Gebieten nach Österreich Geflohenen[30]), und hatte seine österreichischen und europäischen Volkstanzforschungen und -kenntnisse in einem Buch zusammengefaßt.[31] Auf dem ersten deutschen Volkskundekongreß nach 1945, 1951 in Jugenheim, "auf dem nicht *ein* Wort darüber gesprochen wurde, daß wir nun die Sache hinter uns gebracht haben," war auch Wolfram anwesend, der "mit seiner Gattin sehr schön in Tracht nicht nur Lieder sang, sondern auch auf der Bühne tanzte," erinnert sich Wolfgang Jacobeit[32] (dort hatte Wolfram übrigens nicht nur gesungen und getanzt, sondern auch über seine Brauchtumsaufnahme in Südtirol während des Krieges referiert). Die 'Bühne' der Volkskunde stand ihm jedenfalls wieder zur Verfügung, und er nutzte sie: als Teilnehmer an einem europäischen Volkskundekongreß in Stockholm etwa (den Leopold Schmidt ausließ; "ich hatte keine Lust, an der Seite der abgetakelten Herrschaften Haberlandt und Wolfram aufzutreten," mit den "Herren Nationalsozialisten"[33]), als Autor im neubegründeten 'Jahrbuch der Volkskunde der Heimatvertriebenen,'[34] vor allem aber bei der Vorbereitung des ÖVA, dessen wissenschaftliche Leitung er nach der 1. Lieferung übernehmen und den er 1979/80 zu einem erfolgreichen Abschluß führen sollte[35] ("Ich darf erwähnen, daß der österreichische [Volkskundeatlas] nach internationalem Urteil als führend in Europa gilt, inhaltlich wie in der Ausgestaltung. Es ist das größte zusammenhängende Werk auf dem Gebiete der Volkskunde in Österreich," faßt Wolfram 1990 zusammen[36]). 1954 war ihm endlich (die lange Dauer entspricht dem Grad der 'Belastetheit' durch die NS-Vergangenheit) die venia legendi erneuert, 1956 auch die Titularprofessur wiederverliehen worden.[37] 1959 wurde Wolfram zum Extraordinarius ad personam an der Universität Wien ernannt, womit er in den Staats- und Universitätsdienst zurückkehrte. Der Dienstposten wurde 1961 systematisiert; im gleichen Jahr faßte die Philosophische Fakultät auch den Beschluß, das Wiener 'Institut für Volkskunde' (wieder) zu errichten. Dessen Leitung hatte Wolfram, als Inhaber der 'Lehrkanzel für österreichische und europäische Volkskunde' 1963 auch zum ordentlichen Professor befördert, bis zu seiner Emeritierung im Jahre 1971 über.[38] Seit 1963 stand ihm beim Aufbau des Instituts und der Bibliothek sowie im Lehrbetrieb ein Assistent zur Seite, Helmut Paul Fielhauer; gleichzeitig war in den Räumen des Instituts die von Wolfram geleitete 'Arbeitsstelle' für den ÖVA untergebracht.

Man wird nicht fehlgehen, wenn man Wolframs zweite universitäre Laufbahn in Zusammenhang mit der 1957 erfolgten Berufung von Otto Höfler nach Wien sieht.[39] Dessen Durchschlagskraft mag auch seinem Freund Wolfram zur erneuten Karriere verholfen haben; jedenfalls waren Ende der fünfziger Jahre die Much-Schüler Kranzmayer, Höfler und Wolfram wieder im Professorenkollegium der Philosophischen Fakultät vereint, jener Universität, welcher sie ein Vierteljahrhundert zuvor ihre höheren akademischen Weihen zu verdanken hatten.

Leopold Schmidt, der auch ohne dienstliche Bindung an die Universität durch eineinhalb Jahrzehnte für die akademische Ausbildung der NachkriegsvolkskundlerInnen Sorge getragen hatte,[40] verlor Einfluß und Hörerschaft, welche Wolfram ans neue Institut und an seine Person band - die Generation der in den sechziger Jahren Studierenden war - zumindest zeitweise - durch Wolfram, sein aus eigener Anschauung erarbeitetes Wissen, sein Sendungsbewußtsein, seine Anregungen zur Feldforschung und seine didaktischen Fähigkeiten geprägt. Die Wolfram'schen Lehrveranstaltungen schlossen zwar, ein Vergleich mit den Vorlesungsverzeichnissen der Jahre 1939-1945 zeigt es, titel- und wohl auch inhaltsmäßig an diese früheren Zeiten an,[41] doch waren in der Zwischenzeit gewonnene Erkenntnisse und Ergebnisse, vor allem der deutsch- und skandinavischsprachigen Forschung, sehr wohl in sie eingeflossen. Begriffe wie 'Volkstum' und 'Kontinuität,' 'Tradition' und 'Gemeinschaft' galten dennoch - oder gerade deshalb - als grundlegend, 'Bauern-' und 'Germanentum' als Wert, 'Soziologie' bzw. 'Sozialwissenschaft' als Feindbild.[42] Ein Abrücken von früheren Standpunkten ist im wesentlichen nicht zu erkennen; die Schmidt'sche Bezeichnung für Otto Höfler und Richard Wolfram (mit denen er durch die wirkliche Mitgliedschaft in der philosophisch-historischen Klasse der österreichischen Akademie der Wissenschaften 'verbunden' war) als "die bereits recht alt gewordenen Männerbund-Zwillinge"[43] trifft im Hinblick auf deren Festhalten an überkommenen Lehrmeinungen durchaus zu - Höfler hatte mit seinem 1973 erschienenen Buch 'Verwandlungskulte, Volkssagen und Mythen' der Schule ein letztes und von der Volkskunde kaum noch wahrgenommenes Denkmal gesetzt.[44]

Es kann nicht Zweck dieses Abschnitts sein, die Geschichte der Wiener Volkskunde von 1945 bis heute zu schreiben, und es besteht auch nicht die Absicht,

Richard Wolfram umfassend abzuhandeln. Einige wenige - keineswegs willkürlich ausgewählte - Zitate mögen genügen, um sein Verständnis von Volkskunde und seine 'intuitive Schau' anzudeuten, auch klarzulegen, wie wenig er, wie wenig 'seine' Volkskunde nach 1945 sich geändert haben (aus Wolframs Sicht: ändern mußten). Begonnen sei mit einer Marginalie, die im Schriftenverzeichnis fehlt und die 1957 erschienen ist. In ihr beschäftigt sich Wolfram mit dem Rock'n Roll, den er mit dem Rauschtanz der Naturvölker vergleicht und gegen den es nur ein Mittel gibt, "innere Wiedergesundung [...]. Innerlich unsicher und maßlos gewordene Menschen, an deren Nerven ohnedies so vieles zerrt, brauchen alle Kräfte, die Halt verleihen, nicht aber 'Entfesselung.'"[45] Diese 'Entfesselung' war schon 1951 ein Wolfram'scher Kritikpunkt des 'Moderntanzes' gewesen, wobei in totaler Unkenntnis eine Gleichsetzung mit dem Jazz erfolgt, mit "gewisser Berechtigung" als "Negermusik" bezeichnet, die sich "mit mannigfachen Einflüssen eines Kulturverfalls der weißen Menschheit in höchst unerfreulicher Weise [vermählt]."[46] Der Volkstanz hingegen ist Volkskunst: "Volkskunst heißt Andeuten, Stilisieren, Sinnerfülltheit in uralt gewachsenen, überlieferten Formen."[47] Diese sah er auch in bestimmten Bräuchen: Da sind etwa, um nur ein Beispiel zu bringen, die winterlichen 'Anklöckler' im Salzburgischen - unter Berufung auf Otto Höflers 'Kultische Geheimbünde der Germanen'[48] - immer noch die Verwandelten, "deren Tun mit außermenschlichen Kräften Berührung birgt."[49]

Ich breche hier einigermaßen abrupt ab, weil es primär darum geht, die 'Tendenz' herauszuarbeiten, die bei vielen der späteren Arbeiten zu Brauch, Volksschauspiel, Volkstanz und Sinnbildforschung, wenn auch abgeschwächt, sichtbar, manchmal auch nur spürbar wird. Dabei sei keineswegs der Wert Wolfram'scher Aufzeichnungen zu diesen Themen für künftige Forschungen und Interpretationen verkannt oder gar sein flächendeckendes Befragungssystem kritisiert; es geht vielmehr darum, was "ein Wissenschaftler mit großer gesamteuropäischer Materialkenntnis," wie Ingeborg Weber-Kellermann Wolfram genannt hat,[50] daraus gemacht hat. In einer kurzen Kritik von Wolframs 1972 erschienenen Bändchen 'Prinzipien und Probleme der Brauchforschung'[51] hat die Marburger Volkskundlerin herausgestrichen, daß sich in ihm "die alten Bestrebungen um 'Wesensbestimmung' und 'Brauchdeutung' nochmals voll mobilisiert [finden]. Die genüßliche Ausbreitung des Natürlichen und 'Urhaften,' die Deutungsangebote im Bereich von Ahnenverehrung, Fruchtbarkeitskult und männerbündisch-sozialem Brauchtum [...] zeigen trotz einiger Bemühungen um moderneres Vokabular das Fach im vollen Gepräge einer 'konservativen Heilslehre.'"[52] Dieses Wortpaar von H. Bausinger[53] läßt sich auch auf einen Beitrag anwenden, den R. Wolfram zur Diskussion von Dieter Kramers programmatischem und provokantem Aufsatz 'Wem nützt Volkskunde'[54] verfaßt hat und der den Titel 'Plädoyer für gestalthaftes Sehen'[55] trägt. 'Gestalthaftes Sehen' ist das Bekenntnis zum Irrationalen, das "dem bloß Rationalen nicht zugänglich [ist]. [...] Der Mensch ist nicht nur Verstandeswesen. Gefühl, Glaube, intuitive Schau gehören zu seinem Wesen ebenso wie der Intellekt. Ohne sie wird es auch kein erfülltes und glückliches Leben geben, aber auch viele Erkenntnisse nicht. In unserem Zusammenhang ist ferner zu betonen, daß die Volkskultur aller Zeiten stärkstens von den seelischen Kräften geprägt wurde [...]. Wertet man das ab, so verbiegt man die Wirklichkeit in folgenschwerer Weise. Eine Wissenschaft dieser Art zeigt sich in hohem Maße ideologiegeprägt [...]." Daraufhin folgt ein Plädoyer für 'ideologiefreie' Begriffe wie 'Gemeinschaft,' 'Volk,' 'Sitte,' welche von einer "vorwiegend sehr junge[n] Gruppe von Stürmern und Drängern unseres Faches" geleugnet würden. "In diesem heutigen Hauptstreitpunkt melde ich grundsätzliche Gegenauffassung an. Das Leugnen größerer echter Einheiten zeigt die Unfähigkeit zum 'gestalthaften Sehen' und damit zum Wesentlichen des Erkennens."[56]

Die Aufzeichnungen dreier 'gestalthafter Seher,' die uns in diesem Kapitel schon begegnet sind, haben im 1983 gegründeten 'Salzburger Landesinstitut für Volkskunde' eine späte Heimstatt gefunden: Es beherbergt den Nachlaß von Karl von Spieß, die Sammlung 'Spiel und Spruch' Karl Haidings und wird durch Schenkung Bibliothek, Photosammlung und sämtliche Forschungsunterlagen Richard Wolframs erhalten. Über dessen Vermittlung wurden dem Institut auch die Materialien des ÖVA zugesprochen; seit 1985 führt es die Zusatzbenennung 'Richard-Wolfram-Forschungsstelle.'[57] Die damalige Institutsleitung sowie die bei der Gründung versammelte politische und wissenschaftliche Prominenz sahen jedenfalls keine Notwendigkeit, auf die 'nationalsozialistische Vergangenheit' sowohl der Spender als auch der Nachlässe zu verweisen. Erst als Fachhistoriker[58] und Journalisten[59] auf die Rolle hinwiesen, die insbesondere Richard Wolfram im nationalsozialistischen Wissenschaftsbetrieb gespielt hatte, ist selbst im diesbezüglich wenig sensiblen Bundesland Salzburg so etwas wie ein 'Umdenken' zu verspüren, welches sich nunmehr in den Versuchen zeigt, das ungeliebte Kind 'Salzburger Landesinstitut für Volkskunde' einfach wegzulegen. Unabhängig von der noch zu findenden neuen Rechts- und Organisationsform darf hier die Schaffung einer Arbeitsstätte über faschistische Volkskunde angeregt werden - von den Beständen her sind dafür beste Voraussetzungen gegeben, und selbst die Bezeichnung 'Richard-Wolfram-Forschungsstelle' könnte beibehalten werden.

Das wäre sicher auch im Sinne von Helmut P. Fielhauer. 1970 wird man Wolframs Universitätsmitarbeiter getrost jener "junge[n] Reformergruppe"[60] zuzählen dürfen, deren hartnäckiges Leugnen Wolfram'scher Grundbegriffe dessen Unmut erregt hatte. Fielhauer, 1937 in Wien geboren, war nach dem Studium von Germanistik, Anglistik und Volkskunde[61] 1963 Assistent am eben erst gegründeten Institut für Volkskunde geworden. Anfänglich noch unter der Schirmherrschaft Wolframs stehend, setzte er seine Feldforschungen in Ostösterreich, vor allem zu den Themen 'Brauch' und 'Volksmedizin' systematisch fort, um bald, nicht zuletzt durch den Einfluß Hermann Bausingers und seiner Tübinger Schule, zu jenen 'neuen Ufern' zu gelangen, die auch Leopold Schmidt 1951 gesehen hatte - allerdings war der Fluß ein anderer. Er hieß zwar auch bei Fielhauer 'Volkskunde' - nicht ohne daß ihm dies, wie in seinen Arbeiten nachzulesen ist,[62] immer wieder Probleme bereitet hätte -, aber er floß eben durch ein anderes Land: 'Heilkulturwissenschaft' statt 'Volksmedizin,'[63] Gruppe statt Gemeinschaft,[64] Arbeiterschaft, Industrie statt 'bäuerlicher Urgesellschaft'[65] waren die Markierungen der beschrittenen Wege; die Stationen hießen: Minderheiten,[66] Bräuche als soziale Phänomene,[67] Großstadt[68] und 'proletarische Provinz.'[69]

Die Habilitiation im Jahre 1974[70] und die 1977 erfolgte Ernennung zum außerordentlichen Professor erleichterten den Gang durch das die Pfade überwuchernde und das Voranschreiten immer wieder behindernde volkskundliche Unterholz österreichischer Provenienz. Die Wahl zum Institutsvorstand (welche Funktion er bis zu seinem frühen Tod am 5.2.1987 beibehielt[71]) eröffnete neue Möglichkeiten im Studienbetrieb, eine Gastprofessur an der Berliner Humboldt-Universität zeigte Fielhauer auch die andere Seite von 'Kultur und Lebensweise.' 1980 hat sich Helmut P. Fielhauer in einem

Zeitungsartikel mit der "Schwierigkeit, ein 'Volkskundler' zu sein"[72] auseinandergesetzt und seinen Weg durch die Wissenschaft dargelegt. Der Weg war das Ziel. Fielhauer hat dies auch formuliert und so etwas wie ein Vermächtnis hinterlassen, dem sich viele seiner Wiener, seiner österreichischen, seiner ausländischen Freunde und Kollegen (geschlechtsneutral gemeint) verpflichtet fühlen mögen. In seinem Aufsatz 'Volkskunde als demokratische Kulturgeschichtsschreibung'[73] (der nicht nur eine kurzgefaßte 'Geschichte' der österreichischen Volkskunde und eine kritische Beleuchtung ihrer nationalsozialistischen Vergangenheit enthält, sondern auch die Probleme in der Gegenwart und ihre Aufgaben für die Zukunft umreißt) liest man den Satz: "Von der Theorie und Empirie zur Praxis. Wir haben mit unserer Erfahrung im Umgang mit Menschen und ihrer Dingwelt auch gelernt, daß 'die da unten' ihre ihnen immer wieder vorenthaltene Identität finden können, wenn wir sie auf die Beurteilung des eigenen Lebenszusammenhangs ansprechen."[74] Und an anderer Stelle schrieb er, schärfer noch: "Volkskunde als kritische Kulturwissenschaft mit vorsätzlich gesellschaftspolitischer Stellungnahme zugunsten der Benachteiligten, Hilflosen und Unmündigen; Demokratie im Lebenszusammenhang beim Wort nehmen."[75] Dem ist nichts hinzuzufügen.

Anmerkungen

1. Baltl, Grass und Faußner 1990.
2. Wolfram 1990: 331.
3. Wolfram 1986: 4.
4. Meissl, Mulley und Rathkolb 1986.
5. Wie Anm. 4: 8.
6. Schmidt 1951b: 2.
7. Schmidt 1947b: 166.
8. Schmidt 1947a.
9. Schmidt 1951a: 155.
10. Vgl. den Beitrag von G. Liesenfeld und H. Nikitsch im vorliegenden Band.
11. Schmidt 1957b: 337.
12. Vgl. Spieß 1955.
13. Schmidt 1952b.
14. Haiding 1965: 86.
15. Schmidt 1947b: 165; vgl. auch den Aufsatz "'Beurlaubung bis auf weiteres...': Volkskunde in Graz 1938-1945" von Helmut Eberhart in diesem Band.
16. Walter 1981: 11.
17. Schmidt 1964a: 234.
18. UA Wien, Personalakte A. Haberlandt, Phil. Dek. Zl. 2236 - 1948/49.
19. Vgl. ÖZV 4/53: 179.
20. Wolfram 1965: 270 (in seinem Nekrolog auf den am 28. Mai 1964 verstorbenen A. Haberlandt).
21. Schmidt 1964a: 235.
22. Schmidt 1982a: 30f.
23. Haberlandt 1953/1959.
24. Die Geschichte des 'Österreichischen Volkskundeatlas' ist noch nicht geschrieben; zu seinen Anfängen vgl. in diesem Band den Beitrag von Reinhard Johler: "Tradition und Gemeinschaft: Der Innsbrucker Weg."
25. Vgl. Schmidt 1947a.

26. Die Tatsache, daß Richard Wolfram, zum Zeitpunkt der Abfassung dieses Kapitels im einundneunzigsten Lebensjahr stehend, eine Einsichtnahme in seine Personalakten zwar nicht dezidiert abgelehnt, aber auch nicht genehmigt hat, läßt im Hinblick auf die in Österreich bestehenden Datenschutzbestimmungen und die - unterschiedlich ausgelegte - Archivsperre eine intensive Auseinandersetzung mit seiner Person nach 1945 nicht zu. Die nachstehenden Angaben stammen daher aus offiziellen Quellen, wie dem Archiv des Instituts für Volkskunde der Universität Wien, beruhen aber auch auf persönlichen Erinnerungen sowie Gesprächen, die der Verfasser mit Wolfram und diversen Zeitzeugen seit geraumer Zeit geführt hat. Über Wolframs zahlreiche Arbeiten geben mehrere Bibliographien Aufschluß: Fielhauer 1968, Liesenfeld 1982, Kammerhofer 1987. Zu seinem Leben und Werdegang sei u.a. auf Wolfram 1987a und Wolfram 1990 verwiesen.- Ein aufschlußreiches Verzeichnis der von Richard Wolfram betreuten Dissertationen bietet Bockhorn 1982.
27. Vgl. dazu allg. Wolfram 1952.
28. Seine ersten Veröffentlichungen nach 1945 beschäftigten sich 1947 mit Südtiroler und norwegischen Materialien (Fielhauer 1968: 23).
29. Wolfram 1955a.
30. Vgl. dazu Wolfram 1980: 12-13.
31. Wolfram 1951.
32. Wortmeldung in der Diskussion IX der Tagung 'Volkskunde und Nationalsozialismus' (Gerndt 1987: 239).
33. Schmidt 1982a: 116.
34. Wolfram 1955a.
35. Wolfram und Kretschmer 1959-1979.
36. Wolfram 1990: 338.
37. ÖZV 8/57: 148, ÖZV 10/59: 62.
38. Archiv des Instituts für Volkskunde der Universität Wien; vgl. auch Bockhorn und Liesenfeld 1989: 7-11.
39. Birkhan 1988.
40. Siehe die ab ÖZV 1/50 (1947) regelmäßig erscheinenden Kurzberichte aus österreichischen Hochschulen in dieser Zeitschrift.
41. Vgl. die Vorlesungsverzeichnisse der Universität Wien 1959-1971.
42. Diese Einstellungen flossen weniger in seine Veröffentlichungen und mehr in seine Lehrveranstaltungen ein (welche der Verfasser von 1964-1971 regelmäßig besucht hat).- Vgl. aber auch Wolfram 1970.
43. Schmidt 1982a: 223.
44. Höfler 1973.
45. Wolfram 1957: 10.
46. Wolfram 1951: 15.
47. Wie Anm. 46: 21.
48. Höfler 1934.
49. Wolfram 1955b: 207.
50. Weber-Kellermann 1973: II.
51. Wolfram 1972.
52. Weber-Kellermann 1973: II.
53. Bausinger 1969a: 232.
54. Kramer 1970.
55. Wolfram 1970.
56. Alle Zitate aus Wolfram 1970: 28-32.
57. Vgl. dazu Salzburger Landesinstitut für Volkskunde 1986.
58. Lixfeld 1987b: 55; Bockhorn 1989: 32.
59. Tichy 1990: 41-42.
60. Wolfram 1970.

61. H. P. Fielhauer hatte nicht bei Wolfram, sondern beim Altgermanisten und Dialektologen E. Kranzmayer dissertiert, aber bereits als Student für Wolfram bzw. dessen ÖVA (Brauch-) Aunahmen in Niederösterreich durchgeführt.
62. Die wichtigsten Arbeiten von Helmut P. Fielhauer sind im Jahre 1987, kurz nach seinem Tod, in einem Sammelband erschienen (Fielhauer 1987; die meisten der im folgenden erwähnten Aufsätze sind darin enthalten).- Angesichts der Zahl der thematisch einschlägigen Veröffentlichungen Fielhauers ist es nur möglich, zu seinen Forschungsthemen jeweils einen Literaturhinweis zu geben.- Eine Würdigung von H. P. Fielhauers Lebenswerk gibt Dieter Kramer 1989.
63. Fielhauer 1972.
64. Fielhauer 1973a.- R. Wolfram verteidigt daraufhin umgehend den Begriff 'Gemeinschaft' (Wolfram 1974).
65. Fielhauer 1982; Fielhauer 1983.- Fielhauer war Mitbegründer der 'Kommission Arbeiterkultur' in der Deutschen Gesellschaft für Volkskunde und richtete 1980 deren erste Tagung in Wien aus (Fielhauer und Bockhorn 1982).
66. Fielhauer 1978.
67. Fielhauer 1981.
68. Fielhauer war seit 1965 Leiter eines Wiener Bezirksmuseums (Wien XVIII). Aufsätze, die er in zwanzigjähriger Tätigkeit über 'sein' Währing geschrieben hat, enthält Fielhauer 1988.
69. Fielhauer hat seine 'Reise durch die proletarische Provinz' nicht beenden können; seine Forschungen (über Bergarbeiter in Grünbach/Schneeberg, Arbeiter in der Kleineisenindustrie der niederösterreichischen Eisenwurzen, Arbeiterschaft in burgenländischen und niederösterreichischen Zuckerfabriken, Saison- und Gutshofarbeiter in Ostösterreich) sind nur ansatzweise in Publikationen eingeflossen. Vgl. dazu Fielhauer 1989.
70. Die Habilitationsschrift (Fielhauer 1973b) blieb bislang ungedruckt.
71. Diese demokratische Wahl erfolgt an österreichischen Universitäten seit Ende der siebziger Jahre in zweijährigem Rhythmus. Fielhauer übernahm die Vorstandschaft von Károly Gaál, welcher 1975 vom zuständigen Ministerium zum Nachfolger Wolframs als Ordinarius und gleichzeitig zum Vorstand ernannt worden war.
72. Fielhauer 1980.
73. Fielhauer 1984a.
74. Fielhauer 1984a: 76.
75. Fielhauer 1980: 78.

EPILOG

OLAF BOCKHORN

Epiloge sind, so ist einschlägigen Lexika zu entnehmen, in Theaterstücken Schlußworte nach Beendigung der Handlung, meist mit Bitte um Beifall und Nachsicht, auch mit moralisierender Nutzanwendung. Nun, was den Beifall betrifft, so gilt es einmal, die Reaktionen abzuwarten; zumindest einer der österreichischen Autoren hat da in jüngster Zeit im Anschluß an eine Studie, die sich mit der nationalsozialistischen Volkskunde in Österreich und ihrem 'Nachleben' beschäftigt hat,[1] seine (schlechten) Erfahrungen gemacht.[2] Die Bitte um Nachsicht scheint da schon angebrachter: Die 'außeruniversitäre Volkskunde' - Personen wie Forschungen (in Museen, in den österreichischen Bundesländern) - ist in diesem Band zwar bewußt, aber dennoch sträflich vernachlässigt worden, desgleichen jener Bereich, den Franz Lipp 1949 mit 'Angewandter Volkskunde' umriß[3] und der die Pflege von Volkskultur auf wissenschaftlicher, von der Volkskunde zu erarbeitender und von ihr beizusteuernder Grundlage meinte. Nur wenige FachkollegInnen der Vorkriegsgeneration haben sich dieser Aufgabe entzogen oder sie nicht zumindest als eine mit der 'Volkskunde als Wissenschaft' verbundene anerkannt. Lediglich Leopold Schmidt hat die Volkstums- oder wie auch immer -pflege nicht als Verpflichtung, sondern allenfalls als Untersuchungsgegenstand der Volkskunde gesehen.[4] Man wird jedoch, abseits von Wertungen und Wertigkeiten, sagen können, daß so etwas wie die Herausbildung von 'Schulen' im Umfeld der Universitäten erfolgt ist - und diesen Richtungen galt es primär nachzugehen. Die Wege in den und aus dem Nationalsozialismus haben sich in vielen Fällen als weniger verschlungen dargestellt, als man dies gerne annehmen möchte; mit den akademischen Nachwehen irrationaler germanisch-indogermanisch-arischer Kontinuitäten mußten auch nach 1945 viele Studierende einer noch nicht zur Europäischen Ethnologie mutierten Volkskunde umgehen lernen - und manche haben der Fleißaufgaben zu viele gemacht und darob die Lektüre der 'Kritik der Grundbegriffe'[5] versäumt.

Da also, um zum Schluß zu kommen, zur 'moralisierenden Nutzanwendung,' in 'Analysen' und 'Beschreibungen' von 'Brauch' und 'Glaube' der Gegenwart noch immer (schon wieder?) alte Germanen, Kelten, Heiden fröhliche Urständ feiern, tut Aufklärung not. Im April 1992 fand sich in Österreichs meistgelesener Tageszeitung unter dem Titel 'Die Verleugnung' ein Angriff auf diejenigen, welche "braune Flecken auf unserer [der Österreicher, Anm. d. Vf.] Ehre" (schon dieser Ausdruck ist entlarvend genug) aufzeigen, 'Flecken' in Form von SS-Gedenkstätten, Platz- und Straßennamen. Für den Autor geht es dieser "Minderheit von Selbstgerechten" um einen "Akt der kollektiven Verleugnung unserer eigenen Biographie, eines Teiles der Vergangenheit, die wir [...] zu ächten oder überhaupt zu vergessen haben [...]. Nur weil es ein paar selbstgerechte

Besserwisser so wollen, [...] werden aus harmlosen Nationalisten (und Idealisten) mörderische Wegbereiter Hitlers gemacht."[6]

'Germanisch-heidnische Faschingsbräuche' im öffentlichen Rundfunk, Wodans 'Wilde Jagd' als Grundlage für einen (nach 1945 im Kopfe eines nazistischen Heimatpflegers entstandenen) Salzburger Maskenbrauch (der Burschen), wobei der Urheber nicht als Erfinder gesehen, sondern als Wiederbeleber, Erneuerer gepriesen wird,[7] 'harmlose' Nationalisten und Idealisten, die mit den Greueltaten der Nazi-Zeit nichts zu tun hatten - allein diese drei Beispiele rechtfertigen die Beschäftigung mit der Geschichte unseres Faches hier und anderswo in deutschsprachigen Ländern.

Natürlich ist es in diesem Band und in seiner österreichischen 'Sektion' nicht nur um 'Volkskunde und Nationalsozialismus' gegangen, nicht um, wie Helge Gerndt es ausdrückte, "ein isolierbares historisches Thema im engeren Sinne, sondern um die gewichtige Frage über unser heutiges wissenschaftliches Selbstverständnis vor dem Reflexionsspiegel der Geschichte."[8]

Die Frage haben wir gestellt, manche Antwort versucht, wohl auch gezeigt, daß die Entwicklung der Volkskunde nach 1945 vielfach zu erfreulicheren Gestalten, zu neuen Tendenzen geführt hat. Utz Jeggle beginnt seinen Abriß der Geschichte der Volkskunde im 20. Jahrhundert mit folgenden Sätzen: "In jeder Gegenwart steckt ihre Vergangenheit, auch da, wo dies so unangenehm ist, daß wir es nicht eingestehen können. Umgekehrt prägt aber auch die jeweilige Gegenwart das Bild von ihrer Vergangenheit. In hundert Jahren wird man die Geschichte der Volkskunde anders sehen müssen und dürfen."[9] Wollen wir hoffen, daß wir dazu beigetragen haben, daß in einer 'Geschichte der Volkskunde im 21. Jahrhundert' der zweite Teil des ersten Satzes nicht mehr geschrieben werden muß.

Anmerkungen

1. Bockhorn 1989.
2. Sie fanden ihren Ausdruck in einem 'offenen' Briefwechsel und ihren Niederschlag in Dow und Lixfeld 1991: 142-143 und 148, Anm. 15.
3. Lipp 1949.
4. Schmidt 1947a: 127; Schmidt 1965b: 18-20.
5. Bausinger 1971a: 74-140.
6. *Neue Kronen Zeitung*, Nr. 11457, 9.4.1992: 12.
7. So in 'wissenschaftlichen' Veröffentlichungen aus dem Lande Salzburg.
8. Gerndt 1987b: 19.
9. Jeggle 1988a: 51.

ANHANG

ABKÜRZUNGSVERZEICHNIS

ADERST, ADEuRSt	Amtliche Deutsche Ein- und Rückwanderungsstelle
AdW	Akademie der Wissenschaften der Deutschen Demokratischen Republik
AdO	Arbeitsgemeinschaft der Optanten für Deutschland
ADV	Atlas der Deutschen Volkskunde
AE	Ahnenerbe
AR	Amt Rosenberg
Archiv LA	Archiv der Landesstelle für Volkskunde, Freiburg i. Br.
Archiv PH	Archiv der Philosophischen Fakultäten der Universität Freiburg i.Br.
AVA	Allgemeines Verwaltungsarchiv, Wien
BA	Bundesarchiv Koblenz
BDC	Berlin Document Center, United States Mission, Berlin
BDO	Bund Deutscher Osten
BRD	Bundesrepublik Deutschland
C.I.A.P.	Commission Internationale des Arts et Traditions Populaires
ČSSR	Tschechoslowakische Sozialistische Republik
DAI	Deutsches Ausland-Institut
DAW	Deutsche Akademie der Wissenschaften, Berlin
DDR	Deutsche Demokratische Republik
DFG	Deutsche Forschungsgesellschaft
DGV	Deutsche Gesellschaft für Volkskunde
DGV-Akten im DVA	Akten der Deutschen Gesellschaft für Volkskunde im Deutschen Volksliedarchiv, Freiburg i.Br.
DtSB	Deutscher Schutzbund
DVA	Deutsches Volksliedarchiv, Freiburg i.Br.
FDGB	Freier Deutscher Gewerkschaftsbund
FDJ	Freie Deutsche Jugend
Gestapo	Geheime Staatspolizei
HTO	Haupttreuhandstelle Ost
IfZ	Institut für Zeitgeschichte, München
JNUL	The Jewish National and University Library, Jerusalem
KfdK	Kampfbund für Deutsche Kultur
LuF	Lehr- und Forschungsstätte
LUI	Ludwig-Uhland-Institut für Empirische Kulturwissenschaft, Tübingen, Zeitungsarchiv
MEW	Marx-Engels-Werke
Ms.	Maschinenschriftliches Manuskript
NS	Nationalsozialismus, nationalsozialistisch
NSDAP	Nationalsozialistische Deutsche Arbeiterpartei
NSDoB	Nationalsozialistischer Dozentenbund
NSLB	Nationalsozialistischer Lehrerbund
ÖBL	Österreichisches Biographisches Lexikon
ÖVA	Österreichischer Volkskundeatlas
ÖZV	Österreichische Zeitschrift für Volkskunde

PAG	Privatarchiv Geramb, Graz
PAL	Privatarchiv Lixfeld, Freiburg i.Br.
RA	Rasseamt der SS
REM	Reichsministerium für Wissenschaft, Erziehung und Volksbildung (Reichserziehungsministerium)
RFSS	Reichsführer SS
RMdI	Reichsministerium des Inneren
RSHA	Reichssicherheitshauptamt der SS
RuS	Rasse- und Siedlungsamt der SS
RuSHA	Rasse- und Siedlungshauptamt der SS
SBZ	Sowjetische Besatzungszone
SD	Sicherheitsdienst der SS
SED	Sozialistische Einheitspartei Deutschlands
SS	Schutzstaffel
StA Schwerin	Staatsarchiv Schwerin
StAD	Staatsarchiv Dresden
UA	Universitätsarchiv
UA Berlin	Universitätsarchiv der Humboldt-Universität, Berlin
UA Freiburg	Universitätsarchiv Freiburg i.Br.
UA Frankfurt	Universitätsarchiv Frankfurt am Main
UA Göttingen	Universitätsarchiv Göttingen
UA Graz	Universitätsarchiv Graz
UA Greifswald	Universitätsarchiv Greifswald
UA Halle	Universitätsarchiv Halle-Wittenberg
UA Heidelberg	Universitätsarchiv Heidelberg
UA Jena	Universitätsarchiv Jena
UA Salzburg	Universitätsarchiv Salzburg
UA Wien	Universitätsarchiv Wien
VF	Vaterländische Front
WZV	Wiener Zeitschrift für Volkskunde
ZA	Zentralarchiv der Deutschen Volkserzählung
ZA-AdW-DDR	Zentrales Archiv der Akademie der Wissenschaften der Deutschen Demokratischen Republik, Berlin
ZStA Merseburg	Zentrales Staatsarchiv der Deutschen Demokratischen Republik, Abteilung Merseburg
ZStAP	Zentrales Staatsarchiv der Deutschen Demokratischen Republik, Potsdam
ZÖV	Zeitschrift für Österreichische Volkskunde

BIBLIOGRAPHIE

Die Erstellung der Gesamtbibliographie mittels EDV machte eine Vereinheitlichung der fallweise unterschiedlichen Schreibweisen von Vor- und Familiennamen sowie bei der Verwendung von - in den Originalveröffentlichungen nicht immer aufscheinenden - Adelsprädikaten erforderlich.

Abendroth, Wolfgang. 1984. "Die deutschen Professoren und die Weimarer Republik." In Tröger 1984: 11-25.

Abschied. 1970. *Abschied vom Volksleben*. Untersuchungen des Ludwig-Uhland-Instituts der Universität Tübingen. Bd. 27. Tübingen.

Achterberg, Eberhard. 1938. "Deutsche Volkskunde im Schrifttum." *Nationalsozialistische Monatshefte* 9, Heft 99: 538-540.

Acker-Sutter, Rotraut. 1986. "Zum Geleit." In Salzburger Landesinstitut 1986: 7.

Acker-Sutter, Rotraut (Hrsg.). 1984. *Heimat als Erbe und Auftrag. Festschrift für Kurt Conrad, Direktor des Salzburger Freilichtmuseums, zum 65. Geburtstag*. Salzburg.

Ackermann, Anton. 1983. "Unsere kulturpolitische Sendung. Rede auf der Ersten Zentralen Kulturtagung der KPD in Berlin, 4. Februar 1946." In Um die Erneuerung 1983: 122-143.

Ackermann, Josef. 1970. *Heinrich Himmler als Ideologe*. Göttingen.

Ackermann, Josef. 1989. "Heinrich Himmler - 'Reichsführer SS.'" In Smelser und Zitelmann 1989: 115-133.

Actes du congrès. 1955. *Actes du congrès international d'ethnologie régionale*. Arnhem.

Adalberg, Samuel. 1889-1894. *Księga przyslów prrypowieści i wyrażen przyslwiowych polśkich*. [Buch der Sprichwörter, Schlagwörter und sprichwörtlichen Redensarten der Polen]. Warschau.

Adamek, Silvia. 1984. *Der Lehrkörper der Philosophischen Fakultät von 1800-1848*. Phil. Diss. Wien.

Adorno, Theodor. 1969a. Soziologie und empirische Forschung." In Maus und Fürstenberg 1969: 81-101.

Adorno, Theodor. 1969b. "Zur Logik der Sozialwissenschaften." In Maus und Fürstenberg 1969: 125-143.

Aigner, Josef Christian; Rolf Gindorf (Hrsg.). 1986. *Von der Last der Lust. Sexualität zwischen Liberalisierung und Entfremdung*. Festschrift Ernest Bornemann zum 80. Geburtstag. Wien.

Aigremont, Dr. (i.e.: Si(e)gmar Schultze). 1908-1909. *Volkserotik und Pflanzenwelt. Eine Darstellung alter wie moderner erotischer und sexueller Gebräuche, Vergleiche, Benennungen, Rätsel, Volkslieder, erotischen Zaubers und Aberglaubens, sexueller Heilkunde, die sich auf Pflanzen beziehen*. Bd. 1-2. Halle a.S.

Akten. 1961. *Akten des 18. Internationalen Soziologenkongresses (Nürnberg vom 10. bis 17.9.1958)*. Bd. 2 und 4. Meisenheim am Glan.

Alltag und Volkskunde. 1991. "'Alltag und Volkskunde. Sichtweisen - Methoden - Ergebnisse.' Ehrenkolloquium für Prof. em. Dr. habil. Wolfgang Jacobeit, veranstaltet am 8.6.1991 im Bereich Ethnographie der Humboldt-Universität zu Berlin." In *Info-Blatt der Gesellschaft für Ethnographie* 3: 1-92.

Althaus, Hans-Joachim; Hildegard Cancik-Lindemaier; Kathrin Hoffmann-Curtius; und Ulrich Rebstock (Hrsg.). 1988. *Der Krieg in den Köpfen. Beiträge zum Tübinger Friedenskongreß "Krieg-Kultur-Wissenschaft."* Untersuchungen des Ludwig-Uhland-Instituts der Universität Tübingen. Bd. 73. Tübingen.

Altmann, Alexander. 1974. "The German Rabbi: 1910-1939." *Publications of the Leo Baeck Institute, Year Book* 19: 31-49.

Alzheimer, Heidrun. 1989. "Georg Fischer - ein Nationalökonom und Lehrerbildner als Volkskundler. Oder: Über die Schwierigkeiten, etwas von gestern zu erfahren." *Jahrbuch für Volkskunde* N.F. 12: 51-65.

Amanshauser. Helmut. 1941. "Tätigkeitsbericht der Gauarbeitsgemeinschaft Salzburg für deutsche Volkskunde." *Deutsche Volkskunde* 3: 194-195.

Andree, Richard. 1881. *Zur Volkskunde der Juden.* Bielefeld und Leipzig.

Anonymos. 1936. "Gläubige Wissenschaft." *Wille und Macht* 4, Heft 22: 8-12.

Anthropophyteia. 1904-1913. *Anthropophyteia. Jahrbücher für folkloristische Erhebungen und Forschungen zur Entwicklungsgeschichte der geschlechtlichen Moral.* Bd. 1-10. Leipzig.

Arbeit. 1967. *Arbeit und Volksleben. Deutscher Volkskundekongreß 1965 in Marburg.* Veröffentlichungen des Instituts für mitteleuropäische Volksforschung an der Philipps-Universität Marburg-Lahn. Reihe A. Bd. 4. Göttingen.

Arbeiter. 1979. *Arbeiter. Kultur und Lebensweise im Königreich Württemberg. Materialien zur Wanderausstellung.* Redaktion: Jörg Haspel, Karl-Heinz Rueß, Conny E. Voester, Angela Wagner. Tübingen: Ludwig-Uhland-Institut für empirische Kulturwissenschaft.

Art. 1986. *Art, Folklore, Theatre, Music.* Proceedings of The Ninth World Congress of Jewish Studies. Division D. Vol. 2. Jerusalem.

Assion, Peter. 1982. "Fehrle, Eugen." In Ottnad 1982: 112-114.

Assion, Peter. 1984a. "Volkskunde in Baden. Versuch einer Standortbestimmung." *Badische Heimat* 64: 463-490.

Assion, Peter. 1984b. "Großstadt. Aspekte empirischer Kulturforschung. 24. Deutscher Volkskunde-Kongreß in Berlin (26.-30. September 1983)." *Zeitschrift für Volkskunde* 80: 81-86.

Assion, Peter. 1985. "'Was Mythos unseres Volkes ist.' Zum Werden und Wirken des NS-Volkskundlers Eugen Fehrle." *Zeitschrift für Volkskunde* 81: 220-244.

Assion, Peter. 1987a. "Von der Volksforschung zur volkskundlichen Kultursoziologie. Klassen-, Schichten- und Gruppenkultur als Forschungsobjekt der Volkskunde." In Chiva und Jeggle 1987: 153-177.

Assion, Peter. 1987b. "Künzig, Johannes." In Ottnad 1987: 174-177.

Assion, Peter. 1988. "Arbeiterforschung." In Brednich 1988: 185-213.

Assion, Peter; und Peter Schwinn. 1988. "Migration, Politik und Volkskunde 1940/43. Zur Tätigkeit des SS-Ahnenerbes in Südtirol." In Greverus, Köstlin und Schilling 1988: 221-226.

Assion, Peter (Hrsg.). 1986. *Transformationen der Arbeiterkultur. Beiträge der 3. Arbeitstagung der Kommission "Arbeiterkultur" in der Deutschen Gesellschaft für Volkskunde in Marburg vom 3. bis 6. Juni 1985.* Marburg.

Assmann, Dietmar (Bearb.). 1964. *Volkskundliche Studien. Aus dem Institut für Volkskunde der Universität Innsbruck. Zum 50. Geburtstag von Karl Ilg.* Schlern-Schriften, Bd. 237. Innsbruck.

Aubin, Hermann. 1922. "Die Fortbildungskurse in rheinischer Geschichte des Instituts für geschichtliche Landeskunde an der Universität Bonn." *Vierteljahrsschrift für Geschichte und Landeskunde Vorarlbergs* 6: 28-31.

Aufbau der Landesstelle. 1936. "Aufbau der Landesstelle für Volksforschung und Volkstumspflege Sachsen." *Mitteldeutsche Blätter für Volkskunde* 11: 23-26.

Ausdruck des Bedauerns. 1967. "Ausdruck des Bedauerns." *Volkskunde-Forum Marburg* 1: 13.

Ausdruck des Bedauerns. 1988. "Ausdruck des Bedauerns. Tübinger Flugblatt." In Gerndt 1988b: 1-2.

Auslanddeutsche Rundschau. 1936. "Auslanddeutsche Rundschau." *Nationalsozialistische Monatshefte* 7, Heft 79: 939-945.

Autorenkollektiv. Leitung Bernhard Weißel; Hermann Strobach; und Wolfgang Jacobeit. 1972. *Zur Geschichte der Kultur und Lebensweise der werktätigen Klassen und Schichten des deutschen Volkes vom 11. Jahrhundert bis 1945. Ein Abriß.* Wissenschaftliche Mitteilungen der Deutschen Historiker-Gesellschaft I-III. Berlin.

Autorenkollektiv. Leitung Martin Kasper. 1981. *30 Jahre Institut für sorbische Volksforschung 1951-1981*. Bautzen.

Autorenkollektiv. Leitung Paul Nowotny. 1976. *Groß Partwitz. Wandlungen eines Lausitzer Heidedorfes*. Bautzen.

Bach, Adolf. 1937. *Deutsche Volkskunde. Ihre Wege, Ergebnisse und Aufgaben. Eine Einführung*. Leipzig.

Bach, Adolf. 1960. *Deutsche Volkskunde. Wege und Organisation, Probleme, System, Methoden, Ergebnisse und Aufgaben, Schrifttum*. 3. Aufl. Heidelberg.

Bachmann, Manfred. 1956. *Seiffener Spielzeugschnitzer. Leben und Werk der Volkskünstler Auguste Müller und Karl Müller*. Leipzig.

Bachmann, Manfred. 1983. "Ein Brief aus dem 'anderen Deutschland.' Zur Erinnerung an den Volkskundler Adolf Spamer - Forscher, Lehrer, Humanist." *Union* (Dresden) vom 14.4.1983.

Bachmann, Manfred (Hrsg.). 1959. *Volks- und Heimatfeste - gestern, heute, morgen. Referat und Diskussionsbeiträge einer Beratung, die der Deutsche Kulturbund - Zentrale Kommission Natur- und Heimatfreunde - am 25. und 26. Oktober 1958 in Magdeburg veranstaltete*. Berlin.

Bächthold, Hanns. 1917. *Deutscher Soldatenbrauch und Soldatenglaube*. Trübners Bibliothek. Bd. 7. Straßburg.

Bächthold-Stäubli, Hanns; und Eduard Hoffmann-Krayer (Hrsg.). 1927-1942. *Handwörterbuch des deutschen Aberglaubens*. Bd. 1-10. Berlin und Leipzig.

Bächthold-Stäubli, Hanns; und Eduard Hoffmann-Krayer (Hrsg.). 1987. *Handwörterbuch des deutschen Aberglaubens*. Mit einem Vorwort von Christoph Daxelmüller. Bd. 1. Unveränderter photomechanischer Nachdruck der Ausgabe 1927-1942. Berlin.

Bärnthaler, I. 1971. *Die Vaterländische Front. Geschichte und Organisation*. Wien.

Baltl, Hermann; Nikolaus Grass; und Hans Constantin Faußner (Hrsg.). 1990. *Recht und Geschichte. Ein Beitrag zur österreichischen Gesellschafts- und Geistesgeschichte unserer Zeit*. Studien zur Rechts-, Wirtschafts- und Kulturgeschichte. Bd. 14. Sigmaringen.

Barbisch, Hans. 1922. *Vandans. Eine Heimatkunde aus dem Tale Montafon in Vorarlberg*. Innsbruck.

Bargheer, Ernst; und Herbert Freudenthal (Hrsg.). 1934. *Volkskunde-Arbeit. Zielsetzungen und Gehalte. Otto Lauffer zum 70. Geburtstage*. Berlin und Leipzig.

Barnay, Markus. 1988. *Die Erfindung des Vorarlbergers. Ethnizitätsbildung und Landesbewußtsein im 19. und 20. Jahrhundert*. Studien zur Geschichte und Gesellschaft Vorarlbergs. Bd. 3. Bregenz.

Barta, Erwin; und Karl Bell. (1930). *Geschichte der Schutzarbeit am deutschen Volkstum*. Dresden o.J.

Bartel, Horst. 1983. "Ein humanistischer Volkskundler. Zum 100. Geburtstag von Adolf Spamer." *Spektrum. Monatszeitschrift der Akademie der Wissenschaften der DDR* 1983, Heft 3: 29.

Bastian, Adolf. 1892. *Wie das Volk denkt. Ein Beitrag zur Beantwortung socialer Fragen auf der Grundlage ethnischer Elementargedanken in der Lehre vom Menschen*. Berlin.

Bauer, Ingolf; und Nina Gockerell (Hrsg.). 1976. *Museumsdidaktik und Dokumentationspraxis. Zur Typologie von Ausstellungen in kulturhistorischen Museen*. Veröffentlichungen zur Volkskunde und Kulturgeschichte. Bd. 2. München.

Bauer, Ingolf; Edgar Harvolk; und Wolfgang A. Mayer (Hrsg.). 1989. *Forschungen zur historischen Volkskultur. Festschrift für Torsten Gebhard zum 80. Geburtstag*. München.

Baumgarten, Karl. 1961. *Zimmermanswerk in Mecklenburg. Die Scheune*. Berlin.

Baumgarten, Karl. 1965. *Das Bauernhaus in Mecklenburg*. Berlin.

Baumgarten, Karl; und Ulrich Bentzien. 1963. *Hof und Wirtschaft der Ribnitzer Bauern*. Berlin.

Baumgartner, Georg (Hrsg.). 1936. *Die sechsten Salzburger Hochschulwochen*. Salzburg.

Baumgärtner, Raimund. 1977. *Weltanschauungskampf im Dritten Reich. Die Auseinandersetzung der Kirchen mit Alfred Rosenberg*. Veröffentlichungen der Kommission für Zeitgeschichte. Reihe B: Forschungen. Bd. 22. Mainz.

Baumhauer, Joachim Friedrich. 1988. "Regional - national - nationalsozialistisch. Wandlungen des Nationalgefühls in einem niedersächsischen Dorf." In Lehmann und Kuntz 1988: 197-218.

Bausinger, Hermann. 1956. "Beharrung und Einfügung. Zur Typik des Einlebens der Flüchtlinge." *Jahrbuch für Volkskunde der Heitmatvertriebenen* 2: 9-16.

Bausinger, Hermann. 1959. "Vereine als Gegenstand der volkskundlichen Forschung." *Zeitschrift für Volkskunde* 55: 98-104.
Bausinger, Hermann. 1961a. "Einige Ergebnisse aus Untersuchungen in neuen Siedlungen." In Akten 1961, Bd. 4: 3-9.
Bausinger, Hermann. 1961b. "Über die Ergänzung soziologischer durch volkskundliche Erhebungen." In Akten 1961, Bd. 2: 195-200.
Bausinger, Hermann. 1961c. *Volkskultur in der technischen Welt*. Stuttgart.
Bausinger, Hermann. 1965a. "Volksideologie und Volksforschung." In Flitner 1965: 125-143.
Bausinger, Hermann. 1965b. "Volksideologie und Volksforschung. Zur nationalsozialistischen Volkskunde." *Zeitschrift für Volkskunde* 61: 177-204.
Bausinger, Hermann. 1966a. "Zur Kritik der Folklorismuskritik." In Populus Revisus 1966: 61-72.
Bausinger, Hermann. 1966b. "Das ungeschminkte Volksleben. Aus der Arbeit des Ludwig-Uhland-Instituts der Universität Tübingen." *Tübinger Blätter* 63: 58-62.
Bausinger, Hermann. 1968a. *Formen der Volkspoesie*.. Grundlagen der Germanistik. Bd. 6. Berlin.
Bausinger, Hermann. 1968b. "Wege zur Erforschung der trivialen Literatur." In Burger 1968: 1-33.
Bausinger, Hermann. 1969a. "Kritik der Tradition. Anmerkungen zur Situation der Volkskunde." *Zeitschrift für Volkskunde* 65: 232-250.
Bausinger, Hermann. 1969b. "Kontakthorizont und Überlieferung." In Kontakte und Grenzen 1969: 49-56.
Bausinger, Hermann. 1969c. "Zur Algebra der Kontinuität." In Bausinger und Brückner 1969: 9-30.
Bausinger, Hermann. 1970a. "Zur Problematik historischer Volkskunde." In Abschied 1970: 155-172.
Bausinger, Hermann. 1970b. "Zur Theoriefeindlichkeit in der Volkskunde." *Ethnologia Europaea* 2-3 (1968/69): 55-58.
Bausinger, Hermann. 1971a. *Volkskunde. Von der Altertumsforschung zur Kulturanalyse*. Das Wissen der Gegenwart. Geisteswissenschaften. Berlin und Darmstadt.
Bausinger, Hermann. 1971b. "Konsequentes Extrem. Völkische Wissenschaft." In Bausinger 1971a: 61-73.
Bausinger, Hermann. 1973. "Verbürgerlichung - Folgen eines Interpretaments. In Wiegelmann und Sauermann 1973: 24-49.
Bausinger, Hermann. 1979a. *Volkskunde. Von der Altertumsforschung zur Kulturanalyse*. Untersuchungen des Ludwig-Uhland-Instituts der Universität Tübingen. Sonderband. Tübingen.
Bausinger, Hermann. 1979b. "Konsequentes Extrem: Völkische Wissenschaft." In Bausinger 1979a: 61-73.
Bausinger, Hermann. 1980a. "Zur Spezifik volkskundlicher Arbeit." *Zeitschrift für Volkskunde* 76: 1-21.
Bausinger, Hermann. 1980b. "Heimat und Identität." In Köstlin und Bausinger 1980: 9-24.
Bausinger, Hermann. 1982. "Zwischen Grün und Braun. Volkstumsideologie und Heimatpflege nach dem Ersten Weltkrieg." In Cancik 1982b: 215-229.
Bausinger, Hermann. 1985. "Schlußwort." In Kohlmann und Bausinger 1985: 387-389.
Bausinger, Hermann. 1986. *Volkskultur in der technischen Welt*. 2. Aufl. Reihe Campus. Bd. 1008. Frankfurt am Main und New York.
Bausinger, Hermann. 1987a. "Volkskunde und Volkstumsarbeit im Nationalsozialismus." In Gerndt 1987: 131-141.
Bausinger, Hermann. 1987b. "Bürgerlichkeit und Kultur." In Kocka 1987: 121-142.
Bausinger, Hermann. 1988a. "Volkskunde in den Vorlesungsverzeichnissen der Universität Tübingen. Anmerkungen zur Vor-Geschichte des LUI." Tübinger Korrespondenzblatt 33: 35-38.
Bausinger, Hermann. 1989a. "Ungleichzeitigkeiten. Von der Volkskunde zur empirischen Kulturwissenschaft." In Berking und Faber 1989: 267-285.
Bausinger, Hermann; Gottfried Korff; Ulrich Ammon; Klaus F. Geiger; und Martin Scharfe. 1974. "Von der Volkskunde zur empirischen Kulturwissenschaft." *Attempto. Nachrichten für die Freunde der Universität Tübingen e.V.* 49/50: 60-99.

Bausinger, Hermann; Markus Braun; und Herbert Schwedt. 1959. *Neue Siedlungen. Volkskundlich-soziologische Untersuchungen des Ludwig-Uhland-Instituts Tübingen*. Tübingen.

Bausinger, Hermann; Utz Jeggle; Gottfried Korff; und Martin Scharfe. 1978. *Grundzüge der Volkskunde*. Grundzüge. Bd. 34. Darmstadt.

Bausinger, Hermann; und Wolfgang Brückner (Hrsg.). 1969. *Kontinuität? Geschichtlichkeit und Dauer als volkskundliches Problem*. Berlin.

Bayer, Dorothee. 1971. *Der triviale Familien- und Liebesroman im 20. Jahrhundert*. Untersuchungen des Ludwig-Uhland-Instituts. Bd. 1. 2. Aufl. Tübingen.

Becker, Michael. 1990. "Leben und Wirken Prof. Ilg's am Institut." In Regner, Tiefenthaler und Fleisch 1990: 22-33.

Becker, Siegfried. 1990. "Zur Geschichte und Perspektive der Erzählforschung. Ein Bericht über Bestand und Aufgaben des Zentralarchivs der Deutschen Volkserzählung." *Zeitschrift für Volkskunde* 86: 203-215.

Becker, Winfried. 1989. "Begriffe und Erscheinungsformen des Widerstands gegen den Nationalsozialismus." *Jahrbuch für Volkskunde* N.S. 12: 11-41.

Behrens Fritz. 1979a. "Die Historische Schule der bürgerlichen Ökonomie." In Behrens 1979 b: 107-184.

Behrens, Fritz (Hrsg.). 1979b. *Die bürgerliche Ökonomie bis zur allgemeinen Krise des Kapitalismus*. Grundriß der Geschichte der politischen Ökonomie. Bd. 3. Berlin.

Beitl, Klaus. 1982a. "Leopold Schmidt †." *Österreichische Zeitschrift für Volkskunde* 36/85: 1-4.

Beitl, Klaus. 1986. "Karl Haiding †." *Österreichische Zeitschrift für Volkskunde* 89: 47.

Beitl, Klaus (Hrsg.). 1972. *Volkskunde. Fakten und Analysen. Festgabe für Leopold Schmidt zum 60. Geburtstag*. Sonderschriften des Vereines für Volkskunde in Wien. Bd. 2. Wien.

Beitl, Klaus (Hrsg.). 1977. *Leopold Schmidt-Bibliographie. Verzeichnis der wissenschaftlichen Veröffentlichungen 1930-1977*. Buchreihe der Österreichischen Zeitschrift für Volkskunde. Neue Serie. Bd. 3. Wien.

Beitl. Klaus (Hrsg.). 1982. *Gedenkschrift für Leopold Schmidt (1912-1981) zum 70. Geburtstag*. Buchreihe der Österreichischen Zeitschrift für Volkskunde. Neue Serie. Bd. 4. Wien.

Beitl, Klaus (Hrsg.). 1990. *Atlas der deutschen Volkskunde. Kleine Geschichten eines großen Forschungsunternehmens. Aus den "Erinnerungen eines Westpreußen" (1968) von Reinhold Knopf und aus dem Nachlaßarchiv von Richard Beitl*. Veröffentlichungen zur Volkskunde und Kulturgeschichte. Bd. 41. Würzburg.

Beitl, Richard. 1934. "Die volkserzieherische Bedeutung des Atlas der deutschen Volkskunde." *Deutsche Volkserziehung* 3: 112-118.

Beitl, Richard. 1955. *Wörterbuch der deutschen Volkskunde. Begründet von Oswald A. Erich und Richard Beitl*. 2. Aufl. Kröners Taschenausgabe. Bd. 127. Stuttgart.

Beitl, Richard; und Klaus Beitl. 1974. *Wörterbuch der deutschen Volkskunde*. Begründet von Oswald A. Erich und Richard Beitl. 3. Aufl. Kröners Taschenausgabe. Bd. 127. Stuttgart.

Beitl, Richard; und Klaus Beitl. 1982. "Lebenslauf von Richard Beitl. Verfaßt von Richard Beitl (1952) mit Nachträgen von Klaus Beitl." *Österreichische Zeitschrift für Volkskunde* 85: 166-172.

Beiträge zur Anthropologie. 1894. *Beiträge zur Anthropologie, Ethnologie und Urgeschichte von Tirol. Festschrift zur Feier des 25jährigen Jubiläums der Deutschen Anthropologischen Gesellschaft 24.-28. August 1894 in Innsbruck*. Innsbruck.

Beiträge zur Geschichte. 1947. *Beiträge zur Geschichte und Heimatkunde Tirols. Festschrift zu Ehren Hermann Wopfners*. Bd. 1. Schlern-Schriften. Bd. 52. Innsbruck.

Beiträge zur Geschichte der Volkskunde. 1991. *Beiträge zur Geschichte der Volkskunde. Eine Wissenschaft im Widerspruch zwischen Leistung und Versagen*. Wissenschaftliche Zeitschrift der Humboldt-Universität zu Berlin. Geistes- und Sozialwissenschaften. Jahrgang 40. Heft 11. Berlin.

Beiträge zur sprachlichen Volksüberlieferung. 1953. *Beiträge zur sprachlichen Volksüberlieferung*. Deutsche Akademie der Wissenschaften zu Berlin. Veröffentlichungen der Kommission für Volkskunde. Bd. 2. Berlin.

Beiträge zur Volkskunde. 1948. *Beiträge zur Volkskunde Tirols. Festschrift zu Ehren Hermann Wopfners*. Bd. 2. Schlern-Schriften. Bd. 53. Innsbruck.

Bellmann, Herbert. 1937. "Deutsche Volkskundliche Organisationen." *Folk. Zeitschrift des Internationalen Verbandes für Volksforschung* 1: 205-210.

Bellmann, Herbert. 1953. "Was Adolf Spamer bisher schrieb." In Beiträge zur sprachlichen Volksüberlieferung 1953: 292-296.

Ben-Ami, Issachar (Hrsg.). 1982. *The Sephardi and Oriental Heritage*. Jerusalem.

Ben-Amos, Dan. 1963. "Folklore in Israel." *Schweizerisches Archiv für Volkskunde* 59: 14-24.

Benetka, Gerhard; und Werner Kienreich. 1989. "Der Einmarsch in die akademische Seelenlehre." In Heiß, Mattl, Saurer und Stuhlpfarrer 1989: 115-132.

Bentzien, Ulrich. 1961. *Das Eindringen der Technik in die Lebenswelt der mecklenburgischen Landbevölkerung*. Maschinenschrift. Phil. Diss. Berlin.

Bentzien, Ulrich. 1969. *Haken und Pflug. Eine volkskundliche Untersuchung zur Geschichte der Produktionsinstrumente im Gebiet zwischen unterer Elbe und Oder*. Berlin.

Bergmann, Klaus. 1970. *Agrarromantik und Großstadtfeindschaft*. Marburger Abhandlungen zur Politischen Wissenschaft. Bd. 20. Meisenheim am Glan.

Bericht. 1937. *Bericht. Weltkongress für Freizeit und Erholung Hamburg / Vom 23. bis 30. Juli 1936 / Berlin*. Bearbeitet im Internationalen Zentral-Büro "Freude und Arbeit" Berlin, Hamburg.

Bericht. 1952. *Bericht über den Allgemeinen volkskundlichen Kongreß (7. Deutscher Volkskundetag) des Verbandes deutscher Vereine für Volkskunde in Jugenheim an der Bergstraße 28. bis 31. März 1951*. Stuttgart.

Bericht. 1987. *Bericht über das 16. Seminar für Volksmusikforschung "Die musikalische Volkskultur in Südtirol" (vom 7. bis 12. September 1987 in Bozen)*. Hochschule für Musik und Darstellende Kunst in Wien. Maschinenschriftliche Vervielfältigung. Wien.

Bericht der Notgemeinschaft. 1930-1950. *Bericht der Notgemeinschaft der Deutschen Wissenschaft (Deutsche Forschungsgemeinschaft)* umfassend ihre Tätigkeit (9.) vom 1.4.1929 bis zum 31.3.1930; (10) vom 1.4.1930 bis zum 31.3.1931; (11.) vom 1.4.1931 bis zum 31.3.1932; (12.) vom 1.4.1932 bis zum 31.3.1933; vom 1.3.1949 bis zum 31.3.1950. Berlin.

Berking, Helmuth; und Richard Faber (Hrsg.). 1989. *Kultursoziologie - Symptom des Zeitgeistes?* Würzburg.

Berning, Cornelia. 1960. 1961. 1962. 1963. "Die Sprache des Nationalsozialismus." *Zeitschrift für deutsche Wortforschung* 16: 71-118, 178-188; 17: 83-121, 171-182; 18: 108-118, 160-172; 19: 92-112.

Bernstein, Ignaz. 1908. *Yidishe shprikhverter un redensarten / Jüdische Sprichwörter und Redensarten*. 2. Auflage. Warschau. [Nachdrucke: New York o.J.; Wiesbaden 1988].

Besch, Werner; Ulrich Knoop; Wolfgang Putschke; und Herbert Ernst Wiegand (Hrsg.). 1983. *Dialektologie. Ein Handbuch zur deutschen und allgemeinen Dialektforschung*. Bd. 2. Berlin und New York.

Betz, Werner. 1936. "Hans Naumann zum 50. Geburtstag." *Westdeutscher Beobachter* Nr. 221 vom 13.5.1936.

Biedermann, Otto. 1944a. "Der Auftrag des Reichsleiters Rosenberg." *Nationalsozialistische Monatshefte* 15, Heft 161: 1-6.

Biedermann, Otto. 1944b. "Idee und Tat. 10 Jahre Kampf und Arbeit der Dienststelle Rosenberg." *Der deutsche Erzieher* 1944: 8-10.

Bimmer, Andreas C.; Gitta Böth; Annemie Schenk; Harald Schäfer; und Dorothea Zeh (Hrsg.). 1978. *Brauch, Familie, Arbeitsleben. Schriften von Ingeborg Weber-Kellermann*. Marburger Studien zur vergleichenden Ethnosoziologie. Bd. 10. Marburg.

Binder, Dieter A. 1982. "Karl Maria Stepan. Versuch einer Biographie." *Zeitschrift des Historischen Vereins für Steiermark* 73: 161-181.

Birkhan, Helmut. 1988. "Otto Höfler. Nachruf." *Almanach der Österreichischen Akademie der Wissenschaften* 138: 384-406.

Birnbaum, Salomo A. 1918. *Praktische Grammatik der Jiddischen Sprache für den Selbstunterricht. Mit Lesestücken und einem Wörterbuch.* Bibliothek der Sprachenkunde: Die Kunst der Polyglottie. Teil 128. Wien und Leipzig.

Birnbaum, Salomo A. 1966. *Grammatik der Jiddischen Sprache. Mit einem Wörterbuch und Lesestücken.* 2. Auflage. Hamburg.

Birnbaum, Salomo A. 1972. "Institutum Ascenezicum." *Publications of the Leo Baeck Institute, Year Book* 17: 243-249.

Bischoff, Karl; und Lutz Röhrich (Hrsg.). 1960. *Volk, Sprache, Dichtung. Festgabe für Kurt Wagner.* Beiträge zur deutschen Philologie. Bd. 28. Gießen.

Blessing, Werner K. 1979. "Umwelt und Mentalität im ländlichen Bayern. Eine Skizze zum Alltagswandel im 19. Jahrhundert." *Archiv für Sozialgeschichte* 19: 1-42.

Blümml, Emil Karl; und Friedrich Salomo Krauss. 1906. *Ausseer und Ischler Schnaderhüpfel. Als Anhang: Vierzeiler aus dem bayrisch-österreichischen Sprachgebiet.* Der Volksmund. Alte und neue Beiträge zur Volksforschung. 3. Leipzig.

Boberach, Heinz (Hrsg.). 1984. *Meldungen aus dem Reich 1938-1945. Die geheimen Lageberichte des Sicherheitsdienstes der SS.* Bd. 1-17. Herrsching.

Bockhorn, Olaf. 1982. "Verzeichnis der bei Richard Wolfram in den Jahren 1941-1976 an der Universität Wien erarbeiteten Dissertationen." In Bockhorn und Fielhauer 1982: 283-286.

Bockhorn, Olaf. 1987. "Wiener Volkskunde 1938-1945." In Gerndt 1987: 229-237.

Bockhorn, Olaf. 1988. "Zur Geschichte der Volkskunde an der Universität Wien. Von den Anfängen bis 1939." In Lehmann und Kuntz 1988: 63-83.

Bockhorn, Olaf. 1989. "Der Kampf um die 'Ostmark.' Ein Beitrag zur Geschichte der nationalsozialistischen Volkskunde in Österreich." In Heiß, Mattl, Meissl, Saurer und Stuhlpfarrer 1989: 17-38.

Bockhorn, Olaf. 1991. "Volkskundliche Filme des 'SS-Ahnenerbes' in Südtirol." In Johler, Paulmichl und Plankensteiner 1991: 105-135.

Bockhorn, Olaf; und Helmut P. Fielhauer (Hrsg.) 1982. *Kulturelles Erbe und Aneignung. Festschrift für Richard Wolfram zum 80. Geburtstag.* Veröffentlichungen des Instituts für Volkskunde der Universität Wien. Bd. 9. Wien.

Bockhorn, Olaf; Eberhart, Helmut; und Wolfdieter Zupfer (Hrsg.). 1989. *Auf der Suche nach der verlorenen Kultur. Arbeiterkultur zwischen Museum und Realität. Beiträge der 4. Arbeitstagung der Kommission "Arbeiterkultur" in der Deutschen Gesellschaft für Volkskunde in Steyr vom 30.4.-2.5.1987.* Beiträge zur Volkskunde und Kulturanalyse. Bd. 3. Wien.

Bockhorn, Olaf; und Gertraud Liesenfeld (Hrsg.). 1989. *Volkskunde in der Hanuschgasse. Forschung - Lehre - Praxis. 25 Jahre Institut für Volkskunde der Universität Wien.* Veröffentlichungen des Instituts für Volkskunde der Universität Wien. Bd. 13. Wien.

Bodenschatz, Johann Christoph Georg. 1756. *Aufrichtig Teutsch Redender Hebräer, Welcher Gründlich zeiget den Ursprung und die Schicksaale des Jüdischen Volcks.* Frankfurt am Main, Leipzig und Bamberg.

Böckenförde, Ernst Wolfgang. 1962. "Der deutsche Katholizismus 1933." *Hochland* 54: 217-245.

Boehlich, Walter (Hrsg.). 1965. *Der Berliner Antisemitismusstreit.* Frankfurt am Main.

Boehm, Fritz. 1931. "Erster Deutscher Volkskundetag in Würzburg." *Zeitschrift für Volkskunde N.F.* 2: 295.

Boehm, Fritz. 1936. Besprechung von Hübner 1934. *Zeitschrift für Volkskunde* 44: 74.

Boehm, Max Hildebert 1932. *Das eigenständige Volk.* Göttingen.

Boehm, Max Hildebert 1937. *Volkskunde.* Berlin.

Bönisch, Brigitte; Asta Gloistein; Claudia Gohde; Ulrike Weinitschke; und Magret Wiese. 1986. "Die Göttinger Sieben." In Brednich 1986: 67-82.

Bönisch-Brednich, Brigitte; Rolf W. Brednich; und Helge Gerndt (Hrsg.). 1991. *Erinnern und vergessen. Vorträge des 27. Deutschen Volkskundekongresses Göttingen 1989.* Beiträge zur Volkskunde in Niedersachsen. Bd. 5. Schriftenreihe der Volkskundlichen Kommission für Niedersachsen e.V. Bd. 6. Göttingen.

Böth, Gitta. 1980. "Themenvorschlag 'Die Darstellung von Faschismus und Antifaschismus im volkskundlich-kulturhistorischen Museum.'" *DGV-Informationen* 89: 61-62.
Bollmus, Reinhard. 1970. *Das Amt Rosenberg und seine Gegner. Zum Machtkampf im nationalsozialistischen Herrschaftssystem.* Studien zur Zeitgeschichte. Stuttgart.
Bollmus, Reinhard. 1980. "Zum Projekt einer nationalsozialistischen Alternativ-Universität. Alfred Rosenbergs 'Hohe Schule.'" In Heinemann 1980, Teil 2: 125-152.
Bollmus, Reinhard. 1987. "Zwei Volkskunden im Dritten Reich. Überlegungen eines Historikers." In Gerndt 1987: 49-60.
Bollmus, Reinhard. 1989. "Alfred Rosenberg - 'Chefideologe' des Nationalsozialismus?" In Smelser und Zitelmann 1989: 223-235.
Borst, Otto (Hrsg.). 1988. *Das Dritte Reich in Baden und Württemberg.* Stuttgarter Symposion. Bd. 1. Stuttgart.
Bracher, Karl Dietrich. 1966. "Die Gleichschaltung der deutschen Universität." In Nationalsozialismus und die deutsche Universität 1966: 126-142.
Bracher, Karl Dietrich. 1971. *Die Auflösung der Weimarer Republik.* 5. Aufl. Villingen.
Brändli, Sebastian; David Gugerli; Rudolf Jaun; und Ulrich Pfister (Hrsg.). 1990. *Schweiz im Wandel. Studien zur neueren Gesellschaftsgeschichte. Festschrift für Rudolf Braun zum 60. Geburtstag.* Basel und Frankfurt am Main.
Brafmann, Jacob. 1928. *Das Buch vom Kahal.* Bd. 1: *Materialien zur Erforschung der jüdischen Sitten.* Bd. 2: *Das Buch von der Verwaltung der jüdischen Gemeinde.* Hrsg. von Siegfried Passarge. Leipzig.
Bratanic, B.; und E. Burgstaller (Hrsg.). 1959. *Konferenz für volkskundliche Kartographie in Linz a.d.D. 11. - 13. Dezember 1958. Tagungsbericht.* Linz.
Brauch und seine Rolle. 1973. *Brauch und seine Rolle im Verhaltenscode sozialer Gruppen. Eine Bibliographie deutschsprachiger Titel zwischen 1945-1970.* Marburger Studien zur vergleichenden Ethnosoziologie. Bd. 1. Marburg.
Braun, Rudolf. 1965. *Sozialer und kultureller Wandel in einem ländlichen Industriegebiet (Zürcher Oberland) unter Einwirkung des Maschinen- und Fabrikwesens im 19. und 20. Jahrhundert.* Erlenbach, Zürich und Stuttgart.
Brecht, Bertold. 1964. *Schriften zum Theater.* Bd. 6. Berlin und Weimar.
Brednich, Rolf Wilhelm. 1981. "Sonnensymbolik?" *Anno-Journal* Juli 1981: 48-50.
Brednich, Rolf Wilhelm. 1983. "Die volkskundliche Forschung an der Universität Göttingen 1782-1982." In Brückner und Beitl 1983: 77-94.
Brednich, Rolf Wilhelm. 1985. "Das Weigelsche Sinnbildarchiv in Göttingen. Ein Beitrag zur Geschichte und Ideologiekritik der nationalsozialistischen Volkskunde." *Zeitschrift für Volkskunde* 81: 22-38.
Brednich, Rolf Wilhelm. 1987a. "Die Volkskunde an der Universität Göttingen 1938-1945." In Gerndt 1987: 109-117.
Brednich, Rolf Wilhelm. 1987b. "Volkskunde - die völkische Wissenschaft von Blut und Boden." In Die Universität Göttingen 1987: 313-320.
Brednich, Rolf Wilhelm. 1988. "Quellen und Methoden." In Brednich (Hrsg.) 1988: 73-93.
Brednich, Rolf Wilhelm (Hrsg.). 1979. *Erotische Lieder aus 500 Jahren.* Frankfurt am Main.
Brednich, Rolf Wilhelm (Hrsg.). 1980. *Erotische Lieder aus 500 Jahren.* 2. Auflage. Frankfurt am Main.
Brednich, Rolf Wilhelm (Hrsg.). 1986. *Die Brüder Grimm in Göttingen 1829-1837.* Schriftenreihe der Volkskundlichen Kommission für Niedersachsen e.V. Bd. 1. Göttingen.
Brednich, Rolf Wilhelm (Hrsg.). 1988. *Grundriss der Volkskunde. Einführung in die Forschungsfelder der Europäischen Ethnologie.* Ethnologische Paperbacks. Berlin.
Breier, Alois; Max Eisler; und Max Grunwald. 1934. *Holzsynagogen in Polen.* Wien.
Brenke, Annemarie. 1938. "Trachtenpflege und Trachtenerneuerung in Deutschland." In Thiele 1938: 64-75.

Brenner, Hildegard. 1963. *Die Kunstpolitik des Nationalsozialismus*. Rowohlts deutsche Enzyklopädie. Bd. 167/168. Reinbek bei Hamburg.
Brepohl, Wilhelm. 1953. "Das Soziologische in der Volkskunde." *Rheinisches Jahrbuch für Volkskunde* 4: 245-275.
Bringemeier, Martha. 1931. *Gemeinschaft und Volkslied. Ein Beitrag zur Dorfkultur des Münsterlandes*. Veröffentlichungen der volkskundlichen Kommission des Provinzialinstituts für westfälische Landes- und Volkskunde. Reihe 1. Heft 1. Münster.
Bringemeier, Martha. 1934. "Die soziologische Methode in der Volkskunde." In Peßler 1934-1938. Bd. 1: 20-24.
Bringemeier, Martha. 1962. "Julius Schwietering, 25.5.1894 - 21.7.1962." *Hessische Blätter für Volkskunde* 53: 214-216.
Bringéus, Nils-Arvid; Uwe Meiners; Ruth E. Mohrmann; Dietmar Sauermann; und Hinrich Siuts (Hrsg.). 1988. *Wandel der Volkskultur in Europa. Festschrift für Günter Wiegelmann zum 60. Geburtstag*. Bd. 1. Beiträge zur Volkskultur in Nordwestdeutschland. Bd. 60/I. Münster.
Brinkmann, Otto. 1933. *Das Erzählen in einer Dorfgemeinschaft*. Münster.
Brode, Heinrich. 1924. "Auslandsdeutsche." In Handwörterbuch 1924: 40-47.
Broszat, Martin. 1958. "Die völkische Ideologie und der Nationalsozialismus." *Deutsche Rundschau* 84: 53-68.
Broszat, Martin. 1960. *Der Nationalsozialismus. Weltanschauung, Programmatik und Wirklichkeit*. Schriftenreihe der Niedersächsischen Landeszentrale für politische Bildung. Zeitgeschichte. Bd. 8. Hannover.
Broszat, Martin. 1984. "Nationalsozialistische Konzentrationslager 1933-1945. Schriftliches Sachverständigen-Gutachten für den Auschwitz-Prozeß, vor dem Schwurgericht Frankfurt a.M. am 21. Februar 1964 mündlich vorgetragen." In Buchheim, Broszat, Jacobsen und Krausnick 1984. Bd. 2: 9-133.
Broszat, Martin; und Klaus Schwabe (Hrsg.). 1989. *Die deutschen Eliten und der Weg in den Zweiten Weltkrieg*. München.
Bruck, Andreas. 1990. "Vergangenehitsbewältigung?! Kritische Anmerkungen zur Aufarbeitung der nationalsozialistischen Vergangenheit in der Volkskunde." *Zeitschrift für Volkskunde* 86: 177-202.
Bruckbauer, Maria. 1989. "Verordnete Kultur - Überlegungen zur Volksmusik in Bayern während der NS-Zeit." *Bayerisches Jahrbuch für Volkskunde* 1989: 82-91.
Bruckbauer, Maria. 1991. *"... und sei es gegen eine Welt von Feinden." Kurt Hubers Volksliedsammlung und -pflege in Bayern*. Bayerische Schriften zur Volkskunde. Bd. 2 . München.
Brückner, Wolfgang. 1959a. Besprechung von Schmidt 1958b *Hessische Blätter für Volkskunde* 49/50: 45-49.
Brückner, Wolfgang. 1966. "Vereinswesen und Folklorismus. Eine Bestandsaufnahme in Südhessen." In Populus Revisus 1966: 77-98.
Brückner, Wolfgang. 1977. "Das Museumswesen und die Entwicklung der Volkskunde als Wissenschaft um die Jahre 1902/1904." In Deneke und Kashnitz 1977: 133-142.
Brückner, Wolfgang. 1981a. "Der Leib und die Körperlichkeit als kulturwissenschaftliches Problem. Plädoyer für ein Kongreßthema." *Bayerische Blätter für Volkskunde* 8, Heft 3: 147-153.
Brückner, Wolfgang. 1981b. "Begriffsvernebelungen. Diesmal: 'Faschismus/Antifaschismus.'" *Bayerische Blätter für Volkskunde* 8: 47-49.
Brückner, Wolfgang. 1982a. "Leopold Schmidt 1912-1981." *Bayerische Blätter für Volkskunde* 9: 7-15.
Brückner, Wolfgang. 1983a. "Grabrede auf Mathilde Hain am 18.1.83." *Bayerische Blätter für Volkskunde* 10: 23-24.
Brückner, Wolfgang. 1983b. "Mathilde Hain 1901-1983." *Bayerische Blätter für Volkskunde* 10: 19-23.
Brückner, Wolfgang. 1984a. "Volkskunde als Sozialgeschichte regionaler Kultur." In Lipp 1984: 71-88.
Brückner, Wolfgang. 1984b. "Mystifikationen. Vertrackte Privatmythologien und gelehrte Kollektivmythen." *Bayerische Blätter für Volkskunde* 11: 70-72.
Brückner, Wolfgang. 1984c. "Berliner Nachlese." *Bayerische Blätter für Volkskunde* 11: 27-28.

Brückner, Wolfgang. 1984d. "Notizen zur Geschichte der Volkskunde in Frankfurt." In Kulturanthropologie 1984: 25-37.
Brückner, Wolfgang. 1985a. "Edel-Porno in der Laudongasse." *Bayerische Blätter für Volkskunde* 12, Heft 2: 131-139.
Brückner, Wolfgang. 1986a. "Frömmigkeitsforschung im Schnittpunkt der Disziplinen. Über methodische Vorteile und ideologische Vor-Urteile in den Kulturwissenschaften." In Brückner, Korff und Scharfe 1986: 5-37.
Brückner, Wolfgang. 1986b. "'Volkskunde und Nationalsozialismus.' Zum Beispiel Matthes Ziegler." *Bayerische Blätter für Volkskunde* 13: 189-192.
Brückner, Wolfgang. 1987a. "Geschichte der Volkskunde. Versuch einer Annäherung für Franzosen." In Chiva und Jeggle 1987: 105-127.
Brückner, Wolfgang. 1987b. "Nachträge und Anfragen zum Nationalsozialismus." *Bayerische Blätter für Volkskunde* 14: 28-32.
Brückner, Wolfgang. 1987c. "Volkskunde." In Buddensieg, Düwell und Sembach 1987: 123-127.
Brückner, Wolfgang. 1987d. "Volkskunst und Realienforschung." In Harvolk 1987: 113-139.
Brückner, Wolfgang. 1987e. "Volkskunde in Bayern als gegenwärtige Aufgabe." In Harvolk 1987: 549-559.
Brückner, Wolfgang. 1988a. "Berlin und die Volkskunde." *Bayerische Blätter für Volkskunde* 15: 1-18.
Brückner, Wolfgang. 1988b. "1988: Ein Jahr der NS-Forschung." *Bayerische Blätter für Volkskunde* 15: 19-23.
Brückner, Wolfgang. 1988c. "Volkskunde-Syndrome. Von Nestbeschmutzern und Fakelore-Fabrikanten." *Bayerische Blätter für Volkskunde* 15: 23-25.
Brückner, Wolfgang. 1988d. "Volkskunde als gläubige Wissenschaft. Zum protestantischen Aspekt der ideologischen Wurzeln deutscher Volkskultur-Konzepte." In Bringéus, Meiners, Mohrmann, Sauermann und Siuts 1988: 17-42.
Brückner, Wolfgang. 1988e. "Bildgebrauch und Kreuzzug gegen Bauern im 13. Jahrhundert. Oder die Nazis in Stedingen." *Bayerische Blätter für Volkskunde* 15: 91-97.
Brückner, Wolfgang. 1988f. "Görres-Tagung in Bayreuth 1988." *Bayerische Blätter für Volkskunde* 15: 207-213.
Brückner, Wolfgang. 1988g. "Notizen über aufgeklärte Moral. Zu den Grundlagen der Totalitarismusdebatte." *Bayerische Blätter für Volkskunde* 15: 26-29.
Brückner, Wolfgang. 1989a. "Fünfzig Jahre nach der Unterdrückung des Jahrbuchs. Zur Geschichte der Sektion Volkskunde." *Jahrbuch für Volkskunde* N.S. 12: 7-8.
Brückner, Wolfgang. 1989b. "Friedrich Heinz Schmidt-Ebhausen. Volkskundedozent der Hochschule für Lehrerbildung Bayreuth im Dritten Reich." *Jahrbuch für Volkskunde* N.S. 12: 67-84.
Brückner, Wolfgang. 1989c. "Bildgebrauch und Kreuzzug gegen Bauern im 13. Jahrhundert. Oder die Nazis in Stedingen." In Kunt 1989: 39-45.
Brückner, Wolfgang. 1990a. "Stichworte und Lesefrüchte." *Bayerische Blätter für Volkskunde* 17: 129-134.
Brückner, Wolfgang. 1990b. "Volkskundler in der DDR." *Bayerische Blätter für Volkskunde* 17: 84-111.
Brückner, Wolfgang. (Hrsg.). 1971. *Falkensteiner Protokolle*. Frankfurt am Main.
Brückner, Wolfgang (Hrsg.). 1985. *Fränkisches Volksleben im 19. Jahrhundert. Wunschbilder und Wirklichkeit. Möbel - Kermik - Textil in Unterfranken 1814 bis 1914.* Land und Leute. Veröffentlichungen zur Volkskunde. Würzburg.
Brückner, Wolfgang; Gottfried Korff; und Martin Scharfe. 1986. *Volksfrömmigkeitsforschung*. Ethnologia Bavarica. Bd. 13. Würzburg und München.
Brückner, Wolfgang; und Bernward Deneke (Hrsg.). 1976. *Volkskunde im Museum*. Veröffentlichungen zur Volkskunde und Kulturgeschichte. Bd. 1. Würzburg.
Brückner, Wolfgang; und Klaus Beitl (Hrsg.). 1983. *Volkskunde als akademische Disziplin. Studien zur Institutionenausbildung. Referate eines wissenschaftsgeschichtlichen Symposions vom 8.-10. Oktober 1982 in Würzburg.* Österreichische Akademie der Wissenschaften. Philosophisch-

Historische Klasse. Sitzungsberichte. Bd. 414. Mitteilungen des Instituts für Gegenwartskunde. Nr. 12. Wien.

Bublitz, Ernst. 1932. "Der Laich." *Die Sonne* 9: 526.

Buchenwald. o.J. *Buchenwald. Mahnung und Verpflichtung. Dokumente und Berichte*. Redaktion Walter Bartel u.a. 3. Aufl. Berlin (DDR).

Buchheim, Hans; Martin Broszat; Hans-Adolf Jacobsen; und Helmut Krausnick (Hrsg.). 1984. *Anatomie des SS-Staates. Gutachten des Instituts für Zeitgeschichte*. Bd. 1-2. Deutscher Taschenbuch Verlag. Bd. 2915-2916. 4. Aufl. München.

Buddensieg, Tilmann; Kurt Düwell; Klaus-Jürgen Sembach (Hrsg.). 1987. *Wissenschaften in Berlin: Begleitband zur Ausstellung "Der Kongress Denkt" vom 14. Juni - 1. November 1987 in der wiedereröffneten Kongresshalle Berlin*. Bd. 2. Disziplinen. Berlin.

Bunis, David. 1981. *Sephardic Studies. A Research Bibliography*. New York und London.

Burckhardt-Seebass, Christine. 1988. "Echt - gepflegt - organisiert? Hoffmann-Krayers Gedanken zur Volkskultur." *Kieler Blätter zur Volkskunde* 20: 49-60.

Burckhardt-Seebass, Christine. 1989a. "Zum Tode von Hans Trümpy." *Zeitschrift für Volkskunde* 85: 276-278.

Burckhardt-Seebass, Christine. 1989b. "Zwischen McDonald's und weißem Brautkleid. Brauch und Ritual in einer offenen, säkularisierten Gesellschaft." *Österreichische Zeitschrift für Volkskunde* 43/92: 97-110.

Burckhardt-Seebass, Christine. 1990. "Lücken in den Ritualen des Lebenslaufs. Gedanken zu den 'passages sans rites.'" *Ethnologia Europaea* 20: 141-148.

Burde-Schneidewind, Gisela; und Friedemar Geissler. 1984. "Erinnerungen an den Hochschullehrer Adolf Spamer anläßlich seines 100. Geburtstages am 10.4.1983." *Jahrbuch für Volkskunde und Kulturgeschichte* 27: 156-160.

Burger, Otto (Hrsg.). 1968. *Studien zur Trivialliteratur*. Frankfurt am Main.

Burgstaller, Ernst. 1959. "Der österreichische Volkskundeatlas." *Österreichische Zeitschrift für Volkskunde* 13/62: 123-130.

Burgstaller, Ernst. 1961. "Erwiderung." *Österreichische Zeitschrift für Volkskunde* 15/64: 74.

Burszta, Józef. 1969. "Traditionelle Volkskunde und Gegenwartsforschung, dargestellt am Beispiel der kulturellen Umwandlung in Dörfern der polnischen Westgebiete." In Jacobeit und Nedo 1969: 93-105.

Burt, Raymond L. 1990. *Friedrich Salomo Krauss (1859-1938). Selbstzeugnis und Materialien zur Biobibliographie des Volkskundlers, Literaten und Sexualforschers mit einem Nachlaßverzeichnis. Mit einem Beitrag von Michael Martischnig, "Zum 50. Todestag von Friedrich Salomo Krauss. Eine Nachlese."* Österreichische Akademie der Wissenschaften. Philsosphisch-Historische Klasse. Sitzungsberichte. 549. Mitteilungen des Instituts für Gegenwartsvolkskunde. Sonderband 3. Wien.

Burt, Raymond L.; Barbara Eppensteiner; und Johannes Reichmayr. 1986. "Sexualforschung Psychoanalyse. Friedrich Salomon Krauss und Sigmund Freud - gelehrte Zuhörer von unten." In Aigner und Gindorf 1986: 47-74.

Busch, Ralf (Red.). 1982. *Danzig 1939: Schätze einer zerstörten Gemeinde. Ausstellungskatalog Braunschweig, 5.9. bis 21.11. 1982*. Braunschweig.

Buschan, Georg (Hrsg.). 1926. *Illustrierte Völkerkunde*. Bd. II/2. Stuttgart.

Busse, Hermann Eris. 1936. Besprechung von Spamer 1936b. *Badische Heimat* 23: 389.

Campbell, Åke. 1937. "Bemerkungen zur Entstehung des Internationalen Verbandes für Volksforschung." In *Folk. Zeitschrift des Internationalen Verbandes für Volksforschung* 1: 7-11.

Cancik, Hubert. 1982a. "Antike Volkskunde 1936." *Der altsprachliche Unterricht* 24: 80-99.

Cancik, Hubert (Hrsg.). 1982b. *Religions- und Geistesgeschichte der Weimarer Republik*. Düsseldorf.

Carlen, Louis. 1974. "Zum Geleit." In Carlen und Steinegger 1974: 13-19.

Carlen, Louis. 1990. "Vorrede". In Grass 1990a: 1-4.

Carlen, Louis; und Fritz Steinegger (Hrsg.). 1974-1975. *Festschrift Nikolaus Grass zum 60. Geburtstag dargebracht von Fachgenossen, Freunden und Schülern*. Bd. 1-2. Innsbruck, München.

Cavazza, Stefano. 1987. "Volkskunde und Faschismus in Italien." In Gerndt 1987: 39-48.
Cavazza, Stefano. 1991. "Die italienische Volkskunde und Südtirol während des Faschismus." In: Johler, Paulmichl und Plankensteiner 1991: 170-192.
Cecil, Robert. 1972. *The Myth of the Master Race: Alfred Rosenberg and Nazi Ideology*. London.
Cermak, Erich. 1980. *Beiträge zur Geschichte des Lehrkörpers der philosophischen Fakultät der Universität Wien zwischen 1938 und 1945*. Geisteswiss. Diss. Wien.
Chamberlain, Houston Stewart. 1899. *Die Grundlagen des neunzehnten Jahrhunderts*. Bd. 1-2. München.
Chamberlain, Houston Stewart. 1901. *Die Grundlagen des neunzehnten Jahrhunderts*. 3. Aufl. Bd. 1-2. München.
Chamberlain, Houston Stewart. 1909. *Immanuel Kant. Die Persönlichkeit als Einführung in das Werk*. 2. Aufl. München.
Chiva, Isac; und Utz Jeggle (Hrsg.). 1987. *Deutsche Volkskunde - Französische Ethnologie. Zwei Standortbestimmungen*. Frankfurt am Main, New York und Paris.
Conte, Edouard. 1987. "Wilhelm Schmidt: Des letzten Kaisers Beichtvater und das 'neudeutsche Heidentum.'" In Gerndt 1987: 261-278.
Corni, Gustavo. 1989. "Richard Walther Darré - Der 'Blut- und Boden'-Ideologe." In Smelser und Zitelmann 1989: 15-27.
Cox, Heinrich L. 1983. "Wechselseitige Beziehungen zwischen Dialektologie und thematischer Kartographie in der deutschen Volkskunde." In Besch, Knoop, Putschke und Wiegand 1983: 1579-1597.
Cox, Heinrich L. 1988. "Adolf Spamers Versuch, Stereotypen sowie geschlechts-, alters- und berufsspezifische Verhaltensmuster mittels Fernbefragung zu erkunden." In Gerndt 1988a: 114-120.
Czoernig, Karl Freiherr von. 1855/57. *Ethnographie der österreichischen Monarchie*. Bd. 1-3. Wien.
Dachler, Anton. 1908. Besprechung von Geramb 1908. *Österreichische Zeitschrift für Volkskunde* 14: 216-218.
Dachler, Anton. 1909a. "Replik." *Österreichische Zeitschrift für Volkskunde* 15: 140-144.
Dachler, Anton. 1909b. *Karte der österreichischen Bauernhausformen*. Zeitschrift für Österreichische Volkskunde. Supplementheft 6. Wien.
Dachs, Herbert. 1974. *Österreichische Geschichtswissenschaft und Anschluß 1918 - 1930*. Wien und Salzburg.
Dahle, Wendula. 1969. *Der Einsatz einer Wissenschaft. Eine sprachinhaltliche Analyse militärischer Terminologie in der Germanistik 1933-1945*. Bonn.
Darré, R. Walter. o.J. *80 Merksätze und Leitsprüche über Zucht und Sitte aus Schriften und Reden*. 2. Aufl. Goslar.
Darré, R. Walter. 1928. *Das Bauerntum als Lebensquell der Nordischen Rasse*. München.
Darré, R. Walter. 1929. Das Bauerntum als Lebensquell der Nordischen Rasse. München.
Darré, R. Walter. 1933. *Das Bauerntum als Lebensquell der Nordischen Rasse*. 2. Aufl. München.
Das Auslanddeutschtum. 1933. "Das Auslanddeutschtum und die Erneuerungsbewegung." *Der Auslanddeutsche* 6: 141-142.
Das Lied im Kampf geboren. 1957-1967. *Das Lied im Kampf geboren*. Publikationsreihe der Abteilung Arbeiterlied der Deutschen Akademie der Künste zu Berlin. Heft 1-10. Leipzig.
Davidovicz, David. 1969. *Wandmalereien in alten Synagogen. Das Wirken des Malers Elieser Sussmann in Deutschland*. Hameln und Hannover.
Dawidowicz, Boris. 1914. "Aus der Gefangenschaft. Von einem russisch-jüdischen Soldaten." *Ost und West. Illustrierte Monatsschrift für das gesamte Judentum* 14, Heft 9-12: 667-672.
Daxelmüller, Christoph. 1979. *Disputationes Curiosae. Zum "volkskundlichen" Polyhistorismus an den Universitäten des 17. und 18. Jahrhunderts*. Veröffentlichungen zur Volkskunde und Kulturgeschichte. Bd. 5. Würzburg.
Daxelmüller, Christoph. 1983. "Jüdische Volkskunde in Deutschland vor 1933." In Brückner und Beitl 1983: 117-142.

Daxelmüller, Christoph. 1985/86. "Die Entdeckung der jüdischen Erzählliteratur. Rezeption und Bewertung populärer jüdischer Erzählstoffe in der Gesellschaft des 17. und 18. Jahrhunderts." *Rheinisches Jahrbuch für Volkskunde* 26: 7-36.

Daxelmüller, Christoph. 1986a. "Jewish Popular Culture in the Research Perspective of European Ethnology." *Ethnologia Europaea* 16: 97-116.

Daxelmüller, Christoph. 1986b. "Max Grunwald and the Origin and Conditions of Jewish Folklore at Hamburg." In Art 1986: 73-80.

Daxelmüller, Christoph. 1987a. "Die deutschsprachige Volkskunde und die Juden. Zur Geschichte und den Folgen einer kulturellen Ausklammerung." *Zeitschrift für Volkskunde* 83: 1-20.

Daxelmüller, Christoph. 1987b. "Nationalsozialistisches Kulturverständnis und das Ende der jüdischen Volkskunde." In Gerndt 1987: 149-167.

Daxelmüller, Christoph. 1987c. "Wiener jüdische Volkskunde." Österreichische Zeitschrift für Volkskunde 90 (N.S. 41): 209-230.

Daxelmüller, Christoph. 1987d. "Vorwort." In Bächthold-Stäubli und Hoffmann-Krayer 1987: V-XL.

Daxelmüller, Christoph. 1988a. "Folklore vor dem Staatsanwalt. Anmerkungen zu antijüdischen Stereotypen und ihren Opfern." In Gerndt 1988a: 20-32.

Daxelmüller, Christoph. 1988b. "Max Grunwald." In *Enzyklopädie des Märchens* 6, Lieferung 1: 271-273.

Daxelmüller, Christoph. 1988c. "Vergessene Geschichte. Die 'Gesellschaft für jüdische Volkskunde' in Hamburg." In Lehman und Kuntz 1988: 11-31.

Daxelmüller, Christoph. 1989a. "Volkskultur und nationales Bewußtsein. Jüdische Volkskunde und ihr Einfluß auf die Gesellschaft der Jahrhundertwende." *Jahrbuch für Volkskunde* N.F. 12: 133-146.

Daxelmüller, Christoph. 1989b. "Jüdische Museen - Jüdisches in Museen. Anmerkungen zur Geschichte der jüdischen Museologie." *Anzeiger des Germanischen Nationalmuseums* 1989: 15-26.

Daxelmüller, Christoph. 1991a. "Die 'Gesellschaft für jüdische Volkskunde' in Hamburg." In Herzig und Rohde 1991: 361-382.

Daxelmüller, Christoph. 1991b. "Wissenschaft im Ghetto. Jüdische Volkskunde in Deutschland." In Beiträge zur Geschichte der Volkskunde 1991: 93-102.

Dégh, Linda. 1979. "Grimm's Household Tales and Its Place in the Household: The Social Relevance of a Controversial Classic." *Western Folklore*. 38: 83-103.

Degreif, Uwe. 1990. "Das Hakenkreuz. Zur Geschichte und Gegenwart eines Symbols." *Tübinger Korrespondenzblatt* 37: 36-46.

Dehnert, Walter. 1987. "Volkskundlicher Film und Filmanalyse. Ansätze zur Annäherung." In Husmann 1987: 201-227.

Dehnert, Walter. 1989. "Volkskunde an der Albert-Ludwigs-Universität bis 1945." *Beiträge zur Volkskunde in Baden-Württemberg* 3: 145-165.

Deneke, Bernward; und Rainer Kashnitz (Hrsg.). 1977. *Das kunst- und kulturgeschichtliche Museum im 19. Jahrhundert. Vorträge des Symposions im Germanischen Nationalmuseum Nürnberg*. Studien zur Kunst des 19. Jahrhunderts. Bd. 39. München.

Denkschrift. 1918. *Denkschrift des akademischen Senats der Universität Innsbruck*. Innsbruck.

Deppe, Frank (Hrsg.). 1977. *2. Juni und die Studentenbewegung heute*. Dortmund.

Der deutsche Mensch. 1935. *Der deutsche Mensch. Fünf Vorträge von Hans Naumann, Willy Andreas, Adolf Feulner, Gerhard Fricke, Erich Rothacker*. Stuttgart und Berlin.

Der Fall. 1929. *Der Fall Herman Wirth oder Das Schicksal des Schöpfertums*. Jena.

Der Reichsorganisationsleiter der NSDAP. 1943. *Organisationsbuch der NSDAP*. 7. Aufl. München: Zentralverlag der NSDAP., Franz Eher Nachf.

Der Reichsverband. 1932. "Der Reichsverband für die katholischen Auslanddeutschen (Bericht der Geschäftsstelle über die Zeit vom 1. April 1930 bis zum 1. April 1932)." *Jahrbuch des Reichsverbandes für die katholischen Auslanddeutschen 1031/1932* 1932: 7-16.

Deutsche Akademie. 1956. *Deutsche Akademie der Wissenschaften zu Berlin 1946-1956*. Berlin.

Deutsche Forschung. 1928a. *Deutsche Forschung. Aus der Arbeit der Notgemeinschaft der Deutschen Wissenschaft*. Heft 2: Deutsche Volkskunde. Berlin.

Deutsche Forschung. 1928b. *Deutsche Forschung. Aus der Arbeit der Notgemeinschaft der Deutschen Wissenschaft (Deutsche Forschungsgemeinschaft).* Heft 6: Deutsche Volkskunde. Berlin.
'Deutsch ist der Forscher.' 1990. "Deutsch ist der Forscher und deutsch ist seine Wissenschaft." *Skolast* 34: 70-92.
Deutsche Jüdische Soldaten. 1984. *Deutsche Jüdische Soldaten 1914-1918.* Im Auftrage des Bundesministeriums zur Verteidigung hrsg. vom Militärgeschichtlichen Forschungsamt. Herford und Bonn.
Deutsche Jüdische Soldaten. 1987. *Deutsche Jüdische Soldaten 1914-1918.* Im Auftrage des Bundesministeriums zur Verteidigung hrsg. vom Militärgeschichtlichen Forschungsamt. 3. erweiterte und überarbeitete Auflage. Herford und Bonn.
Deutsche Volkskunde. 1939-1944. *Deutsche Volkskunde.* Vierteljahresschrift der "Arbeitsgemeinschaft für Deutsche Volkskunde." Hauptschriftleiter: Reichsamtsleiter Dr. Matthes Ziegler und Prof. Dr. Georg Fischer. Verantwortlicher Schriftleiter: Dr. Ernst Otto Thiele. [Ab 3. Jahrgang, 3./4. Heft 1941: Kriegsschriftleiter: Dr. Karl Haiding]. München: Hoheneichen-Verlag. 1. Jahrgang - 6. Jahrgang, Heft 1./2.
Deutsche Volkskunde im Schrifttum. 1938. *Deutsche Volkskunde im Schrifttum. Ein Leitfaden für die Schulungs- und Erziehungsarbeit der NSDAP.* Herausgegeben von der parteiamtlichen "Arbeitsgemeinschaft für Deutsche Volkskunde" in Verbindung mit dem Amt Schrifttumspflege beim Beauftragten des Führers für die gesamte geistige und weltanschauliche Erziehung der NSDAP. Berlin.
Deutsche Volkskunst. 1952. *Deutsche Volkskunst. Ausstellungskatalog.* Hrsg. Staatliche Kommission für Kunstangelegenheiten. Dresden.
Deutschmann, Eberhard. 1959. *Lausitzer Holzbaukunst unter besonderer Berücksichtigung des sorbischen Anteils.* Bautzen.
Die bürgerlichen Parteien. 1968. *Die bürgerlichen Parteien in Deutschland.* Bd. 1. Leipzig.
Die erste Reichsarbeitstagung. 1934. "Die erste Reichsarbeitstagung der nationalsozialistischen Volkstumsarbeit." *Volkstum und Heimat* 1: 76-82.
Die Gestaltung der Lebensfeiern. 1942. *Die Gestaltung der Lebensfeiern. Richtlinien. Nur für den Dienstgebrauch.* Hrsg. vom Beauftragten des Führers für die Überwachung der gesamtem geistigen und weltanschaulichen Schulung und Erziehung der NSDAP. Bearbeitat vom Amt Volkskunde und Feiergestaltung. Berlin. 26 S.
Die Universität Göttingen. 1987. *Die Universität Göttingen unter dem Nationalsozialismus. Das verdrängte Kapitel ihrer 250jährigen Geschichte.* München.
Die Verwaltungsakademie. 1935. *Die Verwaltungsakademie. Ein Handbuch für den Beamten im nationalsozialistischen Staat.* Bd. 1. Berlin.
Dieterich, Albrecht. 1902. Über Wesen und Ziele der Volkskunde." *Hessische Blätter für Volkskunde* 1: 169-194.
Dieterich, Albrecht. 1905. "Sommertag." *Archiv für Religionswissenschaft* 8: 82-117.
Dieterich, Albrecht. 1958. "Über Wesen und Ziele der Volkskunde." In Lutz 1958: 78-88.
Diewerge, Heinz. 1936. Besprechung von Harmjanz 1936a. *Nationalsozialistische Monatshefte* 7, Heft 79: 963-966.
Dillersberger, Josef. 1935. *Das Wort vom Logos.* Salzburg.
Dirks, Walter. 1988. "Die beiden Kriege und die deutsche Identität." In Althaus, Cancik-Lindemaier, Hoffmann-Curtius und Rebstock 1988: 173-183.
Dittmar, Jürgen. 1987. "Seemann, Erich." In Ottnad 1987: 256-257.
Dodwell, C. R. (Hrsg.). 1980. *Jewish Art Treasures from Prague. The State Jewish Museum in Prague and its Collections.* London.
Dölker, Helmut. 1971. "Nachruf Friedrich Heinz Schmidt-Ebhausen 1902-1971." *Zeitschrift für Volkskunde* 67: 84-85.
Dörfliche Fasnacht. 1966. *Dörfliche Fasnacht zwischen Neckar und Bodensee. Beiträge des Tübinger Arbeitskreises für Fasnachtsforschung.* Volksleben. Bd. 12. Tübingen.
Dörrer, Anton. 1951. "Autoergographie." In Grass 1950-1951. Bd. 2: 9-46.

Dörrer, Anton. 1952. "Gehalts- und Gestaltswandel der alpinen Volkskultur. Funktionsabschwächung der Gebirgswelt." *Der Schlern* 26: 163-168, 367-375.

Dörrer, Anton. 1961. "Wie steht es um die Ausgaben der Märchen, Sagen und Legenden aus Tirol?" *Der Schlern* 35: 271-272.

Dörrer, Anton. 1962. "Märchen und Märchenforschung in Tirol." *Der Schlern* 37: 104-111.

Dörrer, Anton; und Leopold Schmidt. 1947a. "Widmung an Hermann Wopfner." In Dörrer und Schmidt 1947b: 7-10.

Dörrer, Anton; und Leopold Schmidt (Hrsg.). 1947b. *Volkskundliches aus Österreich und Südtirol. Hermann Wopfner zum 70. Geburtstag dargebracht.* Österreichische Volkskultur. Bd. 1. Wien.

Dörrer, Karl. 1948. "Zur Familiengeschichte der Wopfner." In Beiträge zur Volkskunde. 1948: 7-14.

Dokumente der SED. 1956. *Dokumente der SED.* Bd. 5. Berlin.

Dow, James R. 1987. "German *Volkskunde* and National Socialism." *Journal of American Folklore* 100 (397): 300-304.

Dow, James R. 1988. Besprechung von Gerndt 1987. *Journal of American Folklore* 101: 358-360.

Dow, James R. 1989. "Zur amerikanischen Volkskunde. Standortbestimmung der heutigen Theorie und Praxis. Mit einem Beispiel aus der Feldforschung bei deutschsprechenden Amerikanern (Amisch Alter Ordnung)." *Österreichische Zeitschrift für Volkskunde* 92: 1-23.

Dow, James R. 1990. Besprechung von Gerndt 1988b. *The German Quarterly* 63: 293-295.

Dow, James R.; und Hannjost Lixfeld. 1991. "National Socialist Folklore and Overcoming the Past in the Federal Republic of Germany." *Asian Folklore Studies* 50/1: 117-153.

Dow, James R.; und Hannjost Lixfeld (Hrsg.) 1986. *German Volkskunde. A Decade of Theoretical Confrontation, Debate, and Reorientation (1967-1977).* Folklore Studies in Translation. Bloomington.

Dow, James R.; und Hannjost Lixfeld (Hrsg.). Im Druck. *The Nazification of an Academic Discipline. German Volkskunde of the Third Reich.* Bloomington, Indiana.

Drexel, Sabine; Klaus Heinzle; und Angela Koch (Hrsg.). 1988 *Interaktion 2. Das Nackte - Der Hintergrund. Das Wiener Sommer Symposium, 29.8-1.10.1988.* Ohne Ort.

Drusowitsch, Helga. 1978. *Romuald Pramberger. Leben und Wirken.* Bd. 1-2. Phil. Diss. Graz.

Dühren, Eugen (i.e.: Iwan Bloch). 1901. *Der Marquis de Sade und seine Zeit. Ein Beitrag zur Kultur- und Sittengeschichte des 18. Jahrhunderts. Mit besonderer Beziehung auf die Lehre von der Psychopathia sexualis.* Studien zur Geschichte des menschlichen Geschlechtslebens. 3. verm. Auflage. Berlin-Barsdorf.

Dühren, Eugen (i.e.: Iwan Bloch). 1904. *Neue Forschungen über den Marquis de Sade und seine Zeit. Mit besonderer Berücksichtigung der Sexualphilosophie De Sades auf Grund des neuentdeckten Original-Manuskriptes seines Hauptwerkes: "Die 120 Tage von Sodom." Mit mehreren bisher unveröffentlichten Briefen und Fragmenten.* Berlin.

Dühring, Eugen Karl. 1881. *Die Judenfrage als Racen-, Sitten und Culturfrage. Mit einer weltgeschichtlichen Antwort.* Karlsruhe.

Dühring, Eugen Karl. 1881-1901. *Antichebraica.* Teil 1-4. Karlsruhe.

Dühring, Eugen Karl. 1886. *Die Judenfrage als Frage der Racenschädlichkeit für Existenz, Sitte und Cultur der Völker. Mit einer weltgeschichtlichen Antwort.* 3. verbesserte Auflage. Karlsruhe.

Dülmen, Richard van; und Norbert Schindler (Hrsg.). 1984. *Volkskultur. Zur Wiederentdeckung des vergessenen Alltags (16.-20. Jahrhundert).* Fischer Taschenbuch. Bd. 3460. Frankfurt am Main.

Dümling, Albrecht; und Peter Girth (Hrsg.). 1988. *Entartete Musik. Zur Düsseldorfer Ausstellung von 1938. Eine kommentierte Rekonstruktion.* Düsseldorf.

Dünninger, Josef. 1937. *Volkswelt und geschichtliche Welt. Gesetz und Wege des deutschen Volkstums.* Essen.

Düwell, Kurt. 1976. *Deutschlands auswärtige Kulturpolitik 1918-1932.* Köln und Wien.

Eberhart, Helmut. 1983. "Die Entwicklung des Faches Volkskunde an der Karl-Franzens-Universität Graz." In Brückner und Beitl 1983: 35-50.

Eberhart, Helmut. 1984. "Die Volkskunde an der Universität Salzburg. Ein Beitrag zur Institutionengeschichte." In Acker-Sutter 1985: 99-119.

Eberhart, Helmut. 1985. "Zwischen Realität und Romantik. Die Viktor-Geramb-Fotosammlung am Institut für Volkskunde in Graz." *Zeitschrift für Volkskunde* 81: 1-21.

Eberhart, Helmut. 1987. "Volkskunde und Nationalsozialismus. Arbeitstagung der Deutschen Gesellschaft für Volkskunde in München vom 22.-25.10.1986." *Zeitschrift für Volkskunde* 83: 74-79.

Eberhart, Helmut. 1991a. "Karl Weinhold in Graz. Ein Beitrag zur Wissenschaftsgeschichte im 19. Jahrhundert. In Sievers 1991: 23-40.

Eberhart, Helmut. 1991b. "Viktor Geramb und die Volkskunde in Graz zur Zeit der nationalsozialistischen Machtergreifung." *Historisches Jahrbuch der Stadt Graz* 21/22: 123-145.

Eberhart, Helmut. Im Druck. "'... missing in his work is a clarity of world view.' *Volkskunde* at the Universities of Graz and Salzburg at the Time of the National Socialist Seizure of Power." In Dow and Lixfeld im Druck.

Egger, Oswald; und Hermann Gummerer (Hrsg.). 1990. Walther, Dichter und Denkmal. Wien, Lana.

Ehalt, Hubert Ch. (Hrsg.). 1984. *Geschichte von unten. Fragestellungen, Methoden und Projekte einer Geschichte des Alltags.* Kulturstudien. Bd. 1. Wien.

Ehmer, Josef; und Albert Müller. 1989. "Sozialgeschichte in Österreich. Traditionen, Entwicklungsstränge und Innovationspotential." In Kocka 1989: 109-140.

Eichberg, Henning; Michael Dultz et alii. 1977. *Massenspiele, NS-Thingspiel, Arbeiterweihespiel und olympisches Zeremoniell.* Stuttgart und Bad Cannstadt.

Eisenmenger, Johann Andreas. 1711. *Entdecktes Judenthum, oder Gründlicher und Wahrhafftiger Bericht, welchergestalt die verstockte Juden die Hochheilige Drey-Einigkeit, Gott Vater, Sohn und Heil. Geist, erschrecklicher Weise lästern und verunehren.* Teil 1-2. Königsberg.

Eley, Guoff. 1991. *Wilhelminismus, Nationalismus, Faschismus. Zur historischen Kontinuität in Deutschland.* Theorie und Geschichte der bürgerlichen Gesellschaft. Bd. 3. Münster.

Emmerich, Wolfgang. 1968. *Germanistische Volkstumsideologie. Genese und Kritik der Volksforschung im Dritten Reich.* Volksleben. Bd. 20. Tübingen.

Emmerich, Wolfgang. 1971. *Zur Kritik der Volkstumsideologie.* Edition Suhrkamp. Bd. 502. Frankfurt am Main.

Emmerich, Wolfgang. 1977a. "'Massenfaschismus' und die Rolle des Ästhetischen. Faschismustheorie bei Ernst Bloch, Walter Benjamin, Bertolt Brecht." In Winckler 1977: 223-290.

Emmerich, Wolfgang. 1977b. Besprechung von Kater 1974. *Zeitschrift für Volkskunde* 73: 67-70.

Emmerich, Wolfgang. 1990. "Berichtigung." *Bayerische Blätter für Volkskunde* 17: 129-134.

Engelhardt, Ingeborg. 1938. "Neuer deutscher Schmuck." In Thiele 1938: 185-191.

Engels, Friedrich. 1845. *Die Lage der arbeitenden Klasse in England. Nach eigner Anschauung und authentischen Quellen.* Leipzig.

Engels, Friedrich. 1865. *Die preußische Militärfrage und die deutsche Arbeiterpartei.* Hamburg.

Engels, Friedrich. 1964. "Zur Wohnungsfrage." In Marx und Engels 1957-1968. Bd. 18: 200-287.

Engels, Friedrich. 1965. "Preußischer Schnaps im deutschen Reichstag." In Marx und Engels 1957-1968. Bd. 19: 37-51.

Enzinger, Moriz. (1928). "Die Innsbrucker Universität und die deutsche Literatur." In Universitätsamt Innsbruck (1928): 33-50.

Enzinger, Moritz. 1970. "Der Volkskundler Ludwig von Hörmann zu Hörbach (geb. Feldkirch in Vorarlberg 12. Oktober 1837, gest. 14. Februar 1924)." *Tiroler Heimat* 34: 109-113.

Erb, Rainer; und Michael Schmidt (Hrsg.). 1987. *Antisemitismus und Jüdische Geschichte. Studien zu Ehren von Herbert A. Strauss.* Berlin.

Erich, Oswald A.; und Richard Beitl. 1936. Wörterbuch der deutschen Volkskunde. Unter besonderer Mitarbeit von Otto Bramm, Anneliese Bretschneider, Wilhelm Hansen, Nikola Michailow und Wolfgang Schuchardt. Kröners Taschenausgabe. Bd. 127/128. Leipzig.

Ericksen, Robert P. 1968. *Theologen unter Hitler. Das Bündnis zwischen evangelischer Dogmatik und Nationalsozialismus. Aus dem Amerikanischen von Annegret Lösch.* München und Wien.

Erinnerungen. 1980. "Erinnerungen. Selbstbewußtsein und Selbstkritik. Ein Gespräch zwischen Utz Jeggle, Martin Scharfe und Bernd Jürgen Warneken." *Ästhetik und Kommunikation* 11/42: 116-119.

Erixon, Sigurd. 1937. "Geschichte und heutige Aufgaben der Bauernhausforschung." In Thiele 1937: 1-20.

Fachschaft EKW. 1986. "Fachschaft EKW. Legenden und Wirklichkeiten. Institutsgeschichte aus studentischer Sicht." In Jeggle, Kaschuba, Korff, Scharfe und Warneken 1986: 348-373.

Faust, Anselm. 1980. "Professoren für die NSDAP. Zum politischen Verhalten der Hochschullehrer 1932/33." In Heinemann 1980, Bd. 2: 31-49.

Fehrle, Eugen. 1916. *Deutsche Feste und Volksbräuche*. Aus Natur und Geisteswelt. Bd. 518. Leipzig und Berlin.

Fehrle, Eugen. 1920. *Heimat- und Volkskunde in der Schule*. Vom Bodensee zum Main. Bd. 8. Karlsruhe.

Fehrle, Eugen. 1924. *Badische Volkskunde*. Leipzig.

Fehrle, Eugen. 1927. "Zur Einführung." In Weiser 1927: 7-8.

Fehrle, Eugen. 1930. "Grundfragen der Volkskunde." *Oberdeutsche Zeitschrift für Volkskunde* 4: 81-88.

Fehrle, Eugen. 1932. "Bemerkungen über Ziele und Grenzen der Volkskunde." *Oberdeutsche Zeitschrift für Volkskunde* 6: 85-92.

Fehrle, Eugen. 1933. "Die Volkskunde im neuen Deutschland." *Oberdeutsche Zeitschrift für Volkskunde* 7: 1-2.

Fehrle, Eugen. 1934a. "Ziele der Deutschen Volkskunde." In Spamer 1934-1935b: 623-626.

Fehrle, Eugen. 1934b. "Vom Sinn der Volkskunde." *Mein Heimatland* 21: 313-314.

Fehrle, Eugen. 1934c. "Die Volkskunde im neuen Staat." *Mein Heimatland* 21: 380-390.

Fehrle, Eugen. 1934d. "Ultramontane oder deutsche Volkskunde?" *Völkischer Beobachter* Nr. 161: Beiblatt.

Fehrle, Eugen. 1934e. "Das Hakenkreuz. Von seinem Sinn und seiner Geschichte." *Oberdeutsche Zeitschrift für Volkskunde* 8: 5-38.

Fehrle, Eugen. 1935a. "Die Staatsführung ist angewandte Volkskunde." *Mein Heimatland* 22: 61-64.

Fehrle, Eukgen. 1935b. "Das Wesen des Volkes." In Die Verwaltungsakademie 1935: 1-11.

Fehrle, Eugen. 1936. "Volkstum und Staat." *Oberdeutsche Zeitschrift für Volkskunde* 10: 1-10.

Fehrle. Eugen. 1937a. *Deutsche Hochzeitsbräuche*. Jena.

Fehrle, Eugen. 1937b. "Die volkskundliche Lehrschau der Universität Heidelberg." *Oberdeutsche Zeitschrift für Volkskunde* 11: 113-114.

Fehrle, Eugen. 1938a. "Zur Entwicklung des Sinnbildes." *Oberdeutsche Zeitschrift für Volkskunde* 12: 165.

Fehrle, Eugen. 1938b. "Sudetenland - Deutsches Land." *Oberdeutsche Zeitschrift für Volkskunde* 12: 73.

Fehrle, Eugen. 1938c. "Die Brautkrone." In Thiele 1938: 76-81.

Fehrle, Eugen. 1939a. "Die volkskundliche Lehrschau der Universität Heidelberg." *Badische Heimat* 26: 293-312.

Fehrle, Eugen. 1939b. "Böhmen und Mähren." *Oberdeutsche Zeitschrift für Volkskunde* 13: 1-2.

Fehrle, Eugen. 1940. *Die Eligiussage*. Frankfurt am Main.

Fehrle, Eugen. 1941a. Besprechung von Rudolf 1940. *Oberdeutsche Zeitschrift für Volkskunde* 15: 188.

Fehrle, Eugen. 1941b. *Deutsches Volkstum im Elsaß*. Berlin.

Fehrle, Eugen. 1942. Besprechung von Dünninger 1937. *Oberdeutsche Zeitschrift für Volkskunde* 16: 189.

Fehrle, Eugen (Hrsg.). 1932. *Ernte auf dem Gebiete der Volkskunde als Festgabe dem verehrten Meister Rudolf Much zum 70. Geburtstag am 7. Oktober 1932 dargebrachtt von reichsdeutschen Mitforschern*. Bühl/Baden.

Fél, Edit; und Tamás Hofer. 1972. *Bäuerliche Denkweise in Wirtschaft und Haushalt. Eine ethnographische Untersuchung über das ungarische Dorf Atány*. Veröffentlichungen des Instituts für mitteleuropäische Volksforschung an der Philipps-Universität Marburg an der Lahn. Bd. 7. Göttingen.

Fél, Edit; und Tamás Hofer. 1974. *Geräte der Atányer Bauern.* Kommission der Königlich Dänischen Akademie der Wissenschaften zur Erforschung der Geschichte der Ackerbaugeräte und der Feldstrukturen. Bd. 2. Kopenhagen.

Fénelon, Fania. 1976. *Suris pour l'Orchestre.* Paris.

Fénelon, Fania. 1988. *Das Mädchenorchester in Auschwitz.* 7. Auflage. München.

Fensch, Dorothea. 1968. "Deutscher Schutzbund (DtSB) 1919 bis 1933/34." In Die bürgerlichen Parteien 1968: 554-570, FN 23.

Fest, Joachim C. 1963a. *Das Gesicht des Dritten Reiches. Profile einer totalitären Herrschaft.* München.

Fest, Joachim C. 1963b. "Heinrich Himmler. Kleinbürger und Großinquisitor." In Fest 1963a: 156-174.

Festschrift des Akademischen Historikerklubs. 1923. *Festschrift des Akademischen Historikerklubs in Innsbruck, herausgegeben anläßlich seines fünfzigsten Stiftungsfestes 1923.* Innsbruck.

Festschrift zur Feier. 1936. *Festschrift zur Feier des 350jährigen Bestandes der Karl-Franzens-Universität zu Graz.* Graz.

Fiedler, Alfred. 1954. *Deutsche Volkstrachten.* Leipzig.

Fielhauer, Helmut P. 1968. "Verzeichnis der Schriften Richard Wolframs." In Fielhauer (Hrsg.) 1968: 18-30.

Fielhauer, Helmut P. 1972. "Volksmedizin - Heilkulturwissenschaft. Grundsätzliche Erhebungen anhand von Beispielen aus Niederösterreich." *Mitteilungen der Anthropologischen Gesellschaft in Wien* 102: 114-136.

Fielhauer, Helmut P. 1973a. "'Maulgabe' und 'Mahlgemeinschaft,' Darstellung und Deutung eines Brauches am Beispiel Niederösterreich." *Österreichische Zeitschrift für Volkskunde* 27/76: 173-213.

Fielhauer, Helmut P. 1973b. *Mittwintermasken in Niederösterreich.* Unveröffentlichtes Manuskript. Habilschrift. Wien.

Fielhauer, Helmut P. 1978. "Das Ende einer Minderheit. Zuwanderung und Eingliederung slowakischer Landarbeiter in einer niederösterreichischen Grenzgemeinde." *Rheinisches Jahrbuch für Volkskunde* 22/2: 97-151.

Fielhauer, Helmut P. 1980. "Die Schwierigkeit, ein 'Volkskundler' zu sein." *Extrablatt* 4/7: 78.

Fielhauer, Helmut P. 1981. "Allerheiligenstriezel aus Stroh - Ein Burschenbrauch im Weinviertel, Niederösterreich." *Wissenschaftlicher Film* 27 (Oktober 1981): 43-53.

Fielhauer, Helmut P. 1982. "Arbeiterkultur und Museum in Österreich. Der Versuch eines Lageberichts." In Fielhauer und Bockhorn 1982: 295-309.

Fielhauer, Helmut P. 1983. "Industrielle Arbeitsmittel und Kultur." In Köstlin und Bausinger 1983: 191-210.

Fielhauer, Helmut P. 1984a. "Volkskunde als demokratische Kulturgeschichtsschreibung." In Ehalt 1984: 59-79.

Fielhauer, Helmut P. 1987. *Volkskunde als demokratische Kulturgeschichtsschreibung. Ausgewählte Aufsätze aus zwei Jahrzehnten.* Beiträge zur Volkskunde und Kulturanalyse. Bd. 1. Wien.

Fielhauer, Helmut P. 1988. *Von der Heimatkunde zur Alltagsforschung. Beiträge zur Währinger Kulturgeschichte.* Eingeleitet und herausgegeben von Herbert Nikitsch. Beiträge zur Volkskunde und Kulturanalyse. Bd. 2. Wien.

Fielhauer, Helmut P. 1989. "Zwischen Landwirtschaft und Fabrik. Die ländliche Arbeiterschaft Niederösterreichs während der Ersten Republik." In Bockhorn und Liesenfeld 1989: 59-100.

Fielhauer, Helmut P. (Hrsg.). 1968. *Volkskunde und Volkskultur. Festschrift für Richard Wolfram.* Veröffentlichungen des Instituts für Volkskunde der Universität Wien. Bd. 2. Wien.

Fielhauer, Helmut P.; und Olaf Bockhorn (Hrsg.). 1982. *Die andere Kultur. Volkskunde, Sozialwissenschaften und Arbeiterkultur. Ein Tagungsbericht.* Wien, München und Zürich.

Fischer, Eugen. 1935. "Hans F.K. Günther. Der Rassen-Günther." *Mein Heimatland* 22: 219-221.

Fischer, Georg. 1934. *Geschichte der deutschen Volkskunde. Bd. 1. 2. Auflage.* Leipzig.

Fischer, Hanns. 1936. *Aberglaube und Volksweisheit. Der wahre Sinn der Bauernbräuche.* Leipzig.

Fischer, Heinz; und Susanne Preglau-Hämmerle (Hrsg.). 1983. *Heile Welt in der Provinz.* Bregenz.

Fischer, Jechiel. 1936. *Das Jiddische und sein Verhältnis zu den deutschen Mundarten unter besonderer Berücksichtigung der ostgalizischen Mundart.* Erster Teil: *Allgemeiner Teil - Lautlehre (einschließlich Phonetik der ostgalizischen Mundart).* Erste Hälfte: *Allgemeiner Teil (alles Erschienene).* Phil. Diss. Heidelberg und Leipzig.

Fischer, Walter; et alii. 1985. *Grenzfeste deutscher Wissenschaft. Über Vergangenheitsbewältigung an der Universität Graz.* Ohne Ort.

Fishman, Joshua A. (Hrsg.). 1981. *Never Say Die! A Thousands Years of Yiddish in Jewish Life and Letters.* Contributions to the Sociology of Language. Bd. 30. The Hague, Paris and New York.

Flitner, Andreas (Hrsg.). 1965. *Deutsches Geistesleben und Nationalsozialismus. Eine Vortragsreihe der Universität Tübingen mit einem Nachwort von Hermann Diem.* Tübingen.

Forrer, Robert. 1906. *Von alter und ältester Bauernkunst.* Führer zur Kunst. Heft 5. Eßlingen.

Fraenger, Wilhelm. 1926. "Deutsche Vorlagen zu russischen Volksbilderbogen des 18. Jahrhunderts." *Jahrbuch für historische Volkskunde* 2: 126-173.

Fraenger, Wilhelm. 1955. "Der Teppich von Michelfeld." *Deutsches Jahrbuch für Volkskunde* 1: 183-211.

Fraenger, Wilhelm. 1957. "Der vierte König des Madrider Epiphanias-Altars von Hieronymus Bosch." *Deutsches Jahrbuch für Volkskunde* 3: 169-198.

Fraenger, Wilhelm. 1963. "Ein Leitwort Jacob Grimms zur Auslegung der Lissaboner 'Versuchung des Antonius von Hieronymus Bosch.'" *Deutsches Jahrbuch für Volkskunde* 9: 240-290.

Fraenger, Wilhelm. 1972. *Jörg Ratgeb. Ein Maler und Märtyrer des Bauernkrieges.* Dresden.

Fraenkel, Josef (Hrsg.). 1967. *The Jews of Austria. Essays on their Life, History and Destruction.* London.

Frankfurter, Salomon. 1893. *Graf Leo Thun-Hohenstein, Franz Exner und Hermann Bonitz.* Wien.

Franz, Leonhard. 1936. "Rudolf Much zum Gedächtnis." *Nachrichtenblatt für Deutsche Vorzeit* 12: 1-3.

Frauberger. Heinrich. 1900. *Zweck und Ziel der Gesellschaft zur Erforschung Jüdischer Kunstdenkmäler.* Mittheilungen der Gesellschaft zur Erforschung jüdischer Kunstdenkmäler. Bd. 1. Frankfurt am Main.

Frauwallner, Erich. 1961. "Geschichte und Aufgaben der Wiener Indologie." *Anzeiger der phil-hist. Klasse der Österreichischen Akademie der Wissenschaften* 98: 77-95.

Freckmann, Klaus. 1982. "Hausforschung im Dritten Reich." *Zeitschrift für Volkskunde* 78: 169-186.

Freckmann, Klaus. 1985. "Zur Foto- und Plandokumentation in der Hausforschung der 30er und 40er Jahre. Das Beispiel des ehemaligen 'Bauernhofbüros' Berlin/Münster." *Zeitschrift für Volkskunde* 81: 40-50.

Freckmann, Klaus. 1987. "Aufklärung und Verklärung - Positionen im Werk Georg Schreibers." In Gerndt 1987: 283-295.

Freitag, Egon. 1980. "Zum Alltagsleben des deutschen Volkes in der Darstellung Johann Wolfgang von Goethes." *Forschungen und Berichte* 20/21: 566-591.

Freitag, Egon. 1987. *Volkskundliche Bestrebungen in der zweiten Hälfte des 18. Jahrhunderts, dargestellt am Schaffen Wielands, Herders, Goethes und Schillers. Ein Beitrag zur Wissenschaftsgeschichte der ethnographischen Disziplin.* Phil. Diss. Humboldt-Universität zu Berlin, Sektion Geschichte, Bereich Ethnographie. Berlin.

Frenzel, Walter; Fritz Karg; und Adolf Spamer (Hrsg.). 1933. *Grundriss der Sächsischen Volkskunde.* Bd. 1-2. Leipzig.

Freud, Sigmund. 1905. *Der Witz und seine Beziehung zum Unbewußten.* Leipzig und Wien.

Freud, Sigmund. 1955. *Werke aus den Jahren 1909-1913.* Gesammelte Werke, chronologisch geordnet. Bd. 8. London.

Freud, Sigmund. 1960. *Briefe 1873-1939.* Hrsg. von Ernst L. Freud. Frankfurt am Main.

Freudenthal, Herbert. 1934. "Volkskunde und Nationalerziehung. Zur Geschichte ihrer Beziehungen." In Bargheer und Freudenthal 1934: 7-22.

Freudenthal. Herbert. 1935. *Deutsche Wissenschaft im Kampf um das Volk. Zur volkserzieherischen Sendung der Volkskunde.* Berlin und Leipzig.
Freudenthal, Herbert. 1955. *Die Wissenschaftstheorie der deutschen Volkskunde.* Schriften des Niedersächischen Heimatbundes e.V. Neue Folge. Bd. 25. Hannover.
Freudenthal, Herbert. 1966. "Vereine in Hamburg." In Populus Revisus 1966: 107-120.
Freyer, Hans. 1928. *Theorie des objektiven Geistes.* Leipzig.
Freyer, Hans. 1930. *Soziologie der Wirklichkeitswissenschaft.* Leipzig und Berlin.
Freytag, Martin. 1922. "Prof. Dr. Hans Naumann zum Abschied gewidmet." *Blätter für Thüringer Volkskunde* Nr. 1 vom 1.3.1922 (Beilage zur *Jenaischen Zeitung*, Zweites Blatt).
Friedrich, Carl Joachim. 1957. *Totalitäre Diktatur. Unter Mitarbeit von Zbigniew K. Brzezinski.* Stuttgart.
Frings, Theodor. 1951. *Auszug aus einem Schreiben gerichtet an Prof. Wolfgang Steinitz.* Zentrales Archiv der Akademie der Wissenschaften der DDR. Nachlaß Wolfgang Steinitz. Bd. 62.
Fritsch, Theodor. 1934. *Handbuch der Judenfrage. Die wichtigsten Tatsachen zur Beurteilung des jüdischen Volkes.* 37. Auflage. Leipzig.
Fritzsch, Karl Ewald. 1934. "Die Landesstelle für Volksforschung und Volkstumspflege im NSLB. Sachsen. Ihr Aufbau, ihre Arbeitsweise und ersten Ergebnisse." *Mitteldeutsche Blätter für Volkskunde* 9: 148-154.
Fritzsch, Karl Ewald. 1935. "An die Erforscher, Pfleger und Künder des deutschen Volkstums!" *Mitteldeutsche Blätter für Volkskunde* 10: 1-3.
Fritzsch, Karl Ewald. 1936. "Adolf Spamer - zehn Jahre in Dresden (1926-1936)." *Mitteldeutsche Blätter für Volkskunde* 11: 87-95.
Fritzsch, Karl-Ewald. 1956a. "Vom Bergmann zum Spielzeugmacher." *Deutsches Jahrbuch für Volkskunde* 2: 179-211.
Fritzsch, Karl-Ewald. 1956b. "Volkskundliche Staatsarbeiten, vergeben durch Adolf Spamer 1926-1935 an der kulturwissenschaftlichen Abteilung der Technischen Hochschule Dresden." *Deutsches Jahrbuch für Volkskunde* 2: 245-251.
Fritzsch, Karl-Ewald; und Friedrich Sieber. 1957. *Bergmännische Trachten des achtzehnten Jahrhunderts im Erzgebirge und im Mansfeldischen.* Berlin
Fuchs, Heide. 1967. *Die Geschichte der germanistischen Lehrkanzel von ihrer Gründung im Jahre 1850 bis zum Jahre 1912. (Ein Beitrag zur Geschichte der Wiener Universität).* Phil. Diss. Wien.
Fünfzig Jahre Verband. 1954. *Fünfzig Jahre Verband der Vereine für Volkskunde 1904-1954.* Stuttgart.
Für eine sozialistische deutsche Kultur. 1957. *Für eine sozialistische deutsche Kultur. Die Entwicklung der sozialistischen Kultur in der Zeit des zweiten Fünfjahrplanes. Thesen der Kulturkonferenz der SED, 23. bis 24. Oktober 1957 in Berlin.* Berlin
Futilitates. 1908. *Futilitates. Beiträge zur volkskundlichen Erotik.* Bd. 1-4. Wien.
G., M. (i.e.: Max Grunwald oder Moritz Güdemann). 1905. "Das Judentum und das Wesen des Christentums." *Ost und West. Illustrierte Monatsschrift für modernes Judentum* 5, Heft 2: 73-84.
Gajek, Esther. 1986. "Die Inszenierung von 'Volksgemeinschaft.' Zum volkskundlichen Beitrag zur nationalsozialistischen Feiergestaltung." In Volkskunde im Dritten Reich 1986: 17-23.
Gajek, Esther. 1990. "Weihnachten im Dritten Reich. Der Beitrag von Volkskundlern an den Veränderungen des Weihnachtsfestes." *Ethnologia Europaea* 20: 121-140.
Gajek, Esther. 1991. "Joseph Otto Plassmann. Eine akademische Laufbahn im Nationalsozialismus." In Sievers 1991: 121-155.
Gansohr-Meinel, Heidrun. 1991. *Der Atlas der deutschen Volkskunde 1928-1945. Ein Beitrag zur Geschichte einer Institution.* Maschinenschrift. Phil. Diss. Bonn.
Garschagen, Anneliese. 1958. "Univ.-Prof. Dr. Adolf Helbok." *Jahrbuch des Vorarlberger Landesmuseums* 1958: 360-374.
Gasser, Christoph. 1991. "Das *Comitato Nazionale Italiano per le Arti Populari* und der III. Volkskunst- und Volkskundekongress in Trient von 1934. Volkskunde und Faschismus in Südtirol." In Johler, Paulmichl und Plankensteiner 1991: 194-211.

Gaster, Moses. 1904. "Herzl ... und weiter!" *Ost und West. Illustrierte Monatsschrift für modernes Judentum* 4, Heft 8/9: 523-530.

Gaster, Moses. 1925-1928. *Studies and Texts in Folklore, Magic, Medieval Romance, Hebrew Apocrypha and Samaritan Archaeology.* Bd. 1-3. London.

Gaster, Theodor H. 1950. "Semitic Folklore." In Leach 1949-1950. Vol. 2: 981-989.

Gatterer, Claus. 1972. *Erbfeindschaft. Italien - Österreich.* Wien u.a.

Gauß, Paul (Hrsg.). 1935. *Das Buch vom deutschen Volkstum.* Leipzig.

Gebauer, Gunter (Hrsg.). 1988. *Körper- und Einbildungskraft. Inszenierungen des Helden im Sport.* Reihe Historische Anthropologie. Bd. 2. Berlin.

Gebhard, Torsten. 1982. "In memoriam Leopold Schmidt." *Zeitschrift für Volkskunde* 78: 61-63.

Gebhardt, Winfried. 1987a. *Fest, Feier und Alltag. Über die gesellschaftliche Wirklichkeit des Menschen und ihre Deutung.* Europäische Hochschulschriften. Reihe 22. Bd. 143. Frankfurt am Main, Bern, New York und Paris.

Gebhardt, Winfried. 1987b. "Nationalsozialistische Feiern." In Gebhardt 1987a: 146-155.

Gedenkbuch. 1965. *Gedenkbuch für die jüdischen Opfer des Nationalsozialismus in Hamburg. Mit einem "Bericht über die Deportationsmaßnahmen der Geheimen Staatspolizei in Hamburg" von Dr. Max Plaut, Vorsitzender der Jüdischen Gemeinde in Hamburg 1938-1943.* Hamburg.

Gehler, Michael. 1990. *Studenten und Politik. Der Kampf um die Vorherrschaft an der Universität Innsbruck 1918-1938.* Innsbrucker Forschungen zur Zeitgeschichte. Bd. 6. Innsbruck.

Geiger, Klaus; Utz Jeggle; und Gottfried Korff. 1970. "Vorwort." In Abschied 1970: 7-10.

Gellhardt, Hans; Jutta Menschik; und Bernhard Wilhelmer. 1977. "Anatomie eines Datums. Vorgeschichte und Auswirkungen des 2. Juni 1967 in Westberlin. Drei Interviews." In Deppe 1977: 61-87.

Georg, Enno 1963. Die wirtschaftlichen Unternehmungen der SS. Stuttgart.

Geramb, Viktor. 1908. "Der gegenwärtige Stand der Hausforschung in den Ostalpen; mit besonderer Berücksichtigung der Grundrißformen. *Mitteilungen der anthropologischen Gesellschaft* 38: 96-135.

Geramb, Viktor. 1909a. "Eine Betrachtung der ostalpinen Bauernhaustypen nach den Grundrissen der Wohnraumlage." *Österreichische Zeitschrift für Volkskunde* 15: 138-140.

Geramb, Viktor. 1909b. "Ein Nachwort zu meiner im Vorjahre in diesen Mitteilungen erschienenen Arbeit." *Mitteilungen der anthropologischen Gesellschaft* 39: 282-285.

Geramb, Viktor. 1909c. *Vorläufiger Reisebericht über die geographische Verbreitung und die Formen des Rauchstubenhauses in den Ostalpen.* Kaiserliche Akademie der Wissenschaften. Anzeiger der philosophisch-historischen Klasse 18. Separatum. Wien.

Geramb, Viktor. 1910. "Volkskunde I und II." *Blätter zur Geschichte und Heimatkunde der Alpenländer. Beilage zu Nr. 44 des Grazer Tagblattes* vom 13. Februar 1910: 13-14, 19-20.

Geramb, Viktor. 1913. "Gedanken über Volkskunde und Heimatschutz." *Deutsch-Österreich* 1: 332-338.

Geramb, Viktor. 1914a. "Volkskundliche Abteilung. Zur Geschichte der neuen Sammlung." *Jahresberichte des Steiermärkischen Landesmuseums 'Joanneum' über das Jahr 1913:* 58-73.

Geramb, Viktor. 1914b. *Die nationale Bewegung und die Volkskunde. Vortrag gehalten im Verein "Deutsche Heimat" in Wien am 1.10.1913.* Wien.

Geramb, Viktor. 1917. "Verlorenes Bauernland." *Tagespost (Graz)* vom 29. April 1917: 15.

Geramb, Viktor. 1919a. *Von Volkstum und Heimat. Gedanken zum Neuaufbau.* Graz.

Geramb, Viktor. 1919b. "Die Volkskunde im Neuaufbau des Staates." *Heimgarten* 43: 399-406.

Geramb, Viktor. 1920. "Der Heimweg. Richtworte für unsere Schreiber und Leser." *Die Südmark* 1: 6-11.

Geramb, Viktor. 1922a. *Von Volkstum und Heimat. Gedanken zum Neuaufbau.* 2. Auflage. Graz.

Geramb, Viktor. 1922b. *Von ländlicher Volksbildungsarbeit.* Führer für Volksbildner. Österreichisches Volksbildungswerk (Hrsg.). Bd. 1. Wien.

Geramb, Viktor. 1924a. "Die Volkskunde als Wissenschaft." *Zeitschrift für Deutschkunde* 38: 323-341.

Geramb, Viktor. 1924b. *Deutsches Brauchtum in Österreich.* Graz.

Geramb, Viktor. 1926. "Die Kulturgeschichte der Rauchstuben. Ein Beitrag zur Hausforschung." *Wörter und Sachen* 9: 1-67.
Geramb, Viktor. 1928. "Zur Frage nach den Grenzen, Aufgaben und Methoden der deutschen Volkskunde." *Zeitschrift des Vereins für Volkskunde* 38: 163-181.
Geramb, Viktor. 1930. "Großdeutsche Kultureinheit im Volksleben." In Leinwaechter und Paller 1930: 31-32.
Geramb, Viktor. 1933. "Die Bedeutung des Österreichers für das deutsche Volk." *Deutscher Volkskalender* 1933: 124-128.
Geramb, Viktor. 1934. "Was ein Volk sei." In Mager 1934: 126-127.
Geramb, Viktor. 1936a. "Die Volkskunde an der Grazer Universität." In Festschrift zur Feier 1936: 169-185.
Geramb, Viktor. 1936b. "Volkskundliche Grundfragen." In Baumgartner 1936: 125-132.
Geramb, Viktor. 1936c. "Zu den volkskundlichen Grundfragen." *Niederdeutsche Zeitschrift für Volkskunde* 14: 155-164.
Geramb, Viktor. 1937. "Urverbundenheit." *Hessische Blätter für Volkskunde* 36: 1-31.
Geramb, Viktor. 1938. "Karl Maria Stepan." *Tagespost (Graz)* vom 6. März 1938: 9.
Geramb, Viktor. 1941. *Kinder- und Hausmärchen aus der Steiermark.* Der Kranz. Bd. 1. Graz.
Geramb, Viktor. 1942. "Zur Volkskunde des Savetales." *Zeitschrift des Historischen Vereines für Steiermark* 35: 78-84.
Geramb, Viktor. 1943. "Über den Kummetkamm." *Volkswerk* 3: 227-238.
Geramb, Viktor. 1946a. "Entpolitisierung des Lebens." *Austria* 1, Heft 1: 15-18.
Geramb, Viktor. 1946b. *Um Österreichs Volkskultur.* Graz.
Geramb, Viktor. 1947. "Zu unseren Aufgaben." *Österreichische Zeitschrift für Volkskunde* 50/1: 8-14.
Geramb, Viktor. 1948. *Sitte und Brauch in Österreich.* Graz.
Geramb, Viktor. 1949. Österreich, Land und Leute." *Unser Weg* 4: 1-9.
Geramb, Viktor. 1950a. Österreich, Land und Leute. 2. Teil." *Unser Weg* 5: 2-12.
Geramb, Viktor. 1950b. Besprechung von Weiss 1946. *Österreichische Zeitschrift für Volkskunde* 53: 180-187.
Geramb, Viktor. 1950c. *Die Rauchstuben im Lande Salzburg.* Salzburg.
Geramb, Viktor. 1951. "Autobiographie." In Grass 1950-1951, Bd. 2: 78-92.
Geramb, Viktor. 1953. "Der Volksbegriff in der Geistesgeschichte und in der Volkskunde." *Zeitschrift für Volkskunde* 50: 7-34.
Geramb, Viktor. 1954a. *Wilhelm Heinrich Riehl. Leben und Wirken.* Salzburg.
Geramb, Viktor. 1954b. "Kärntner Rauchstuben." *Carinthia* I/144: 663-732.
Geramb, Viktor. 1958. "Urverbundenheit." In Lutz 1958: 202-228.
Geramb, Viktor. 1980. *Kinder- und Hausmärchen aus der Steiermark.* 5. Auflage. Graz.
Geramb, Viktor; und Konrad Mautner. 1932-1935. *Steirisches Trachtenbuch.* Bd. 1-2. Graz.
Gerndt, Helge. 1971. "Volkskundliche Arbeitstagung in Falkenstein." *Zeitschrift für Volkskunde* 67: 161-168.
Gerndt, Helge. 1979. "Abschied von Riehl - in allen Ehren." *Jahrbuch für Volkskunde* 2: 77-88.
Gerndt, Helge. 1980. "Zur Perspektive volkskundlicher Forschung." *Zeitschrift für Volkskunde* 76: 22-36.
Gerndt, Helge. 1985. "Volkskunde und Nationalsozialismus." *DGV-Informationen* 94: 81-83.
Gerndt, Helge. 1986. "Vorwort." In Gilch, Schramka und Prütting 1986: 5-6.
Gerndt, Helge. 1987a. "Vorwort." In Gerndt 1987: 8.
Gerndt 1987b. "Volkskunde und Nationalsozialismus. Thesen zu einer notwendigen Auseinandersetzung." In Gerndt 1987: 11-21.
Gerndt, Helge; und Georg R. Schroubek. 1977. *Vergleichende Volkskunde. Bibliographie Leopold Kretzenbacher.* Veröffentlichungen zur Volkskunde und Kulturgeschichte. Bd. 3. München und Würzburg.

Gerndt, Helge (Hrsg.). 1987. *Volkskunde und Nationalsozialismus. Referate und Diskussionen einer Tagung der Deutschen Gesellschaft für Volkskunde. München, 23. bis 25. Oktober 1986.* Münchner Beiträge zur Volkskunde. Bd. 7. München.

Gerndt, Helge (Hrsg.). 1988a. *Stereotypvorstellungen im Alltagsleben. Beiträge zum Themenkreis Fremdbilder - Selbstbilder - Identität. Festschrift für Georg R. Schroubek zum 65. Geburtstag.* Münchner Beiträge zur Volkskunde. Bd. 8. München.

Gerndt, Helge (Hrsg.). 1988b. *Fach und Begriff "Volkskunde" in der Diskussion.* Wege der Forschung. Bd. 641. Darmstadt.

Geschichte der Völkerkunde und Volkskunde. 1991. *Geschichte der Völkerkunde und Volkskunde an der Berliner Universität. Zur Aufarbeitung des Wissenschaftserbes.* Beiträge zur Geschichte der Humboldt-Universität zu Berlin. Nr. 28. Berlin.

Ghirarini, Claudia. 1986. "'Heim ins Reich.' Untersuchungen über das Deutschtum im Ausland - Volkskunde im Dienst der Machtpolitik." In Volkskunde im Dritten Reich 1986: 31-36.

Giebel, Regina; Karin Haist; und Gisela Lixfeld. 1989. "Volkskunde und Nationalsozialismus. Arbeitstagung der Deutschen Gesellschaft für Volkskunde in München vom 23.-25.10.1986." *Beiträge zur Volkskunde in Baden-Württemberg* 3: 359-371.

Giese, Norbert. 1961. "Die Lehrsammlung des Ludwig-Uhland-Instituts." In Ausstellungsheft Schwäbisch-Alemannische Fasnacht. Tübingen: 11-12.

Gilbert, G.M. 1962. *Nürnberger Tagebuch.* Fischer Bücherei. Bd. 447/448. Frankfurt am Main.

Gilch, Eva. 1986. "'Volkskunde' an der Ludwig-Maximilians-Universität in den Jahren 1933-1945." In Gilch, Schramka und Prütting 1986: 11-39.

Gilch, Eva; Carmen Schramka; und Hildegunde Prütting. 1986. *Volkskunde an der Münchner Universität 1933-1945.* Münchner Beiträge zur Volkskunde. Bd. 6. München.

Giordano, Ralph. 1987. *Die zweite Schuld oder von der Last Deutscher zu sein.* Hamburg.

Giordano. Ralph. 1989. *Wenn Hitler den Krieg gewonnen hätte. Die Pläne der Nazis nach dem Endsieg.* Hamburg.

Girnus, Wilhelm. 1951. "Wo stehen die Feinde der deutschen Kunst?" *Neues Deutschland* vom 13. und 18.2.1951.

Gläubige Wissenschaft. 1936. "Gläubige Wissenschaft." *Wille und Macht* 4/22: 8-12.

Gobineau, Joseph Arthur. 1898-1901. *Versuch über die Ungleichheit der Menschenracen.* Bd. 1-4. Stuttgart.

Goethe, Johann Wolfgang. 1887-1919. *Werke. Weimarer Ausgabe.* Weimar.

Goethe, Johann Wolfgang. 1959. *Goethes Werke. Hamburger Ausgabe.* Bd. 9. 3. Aufl. Hamburg.

Goethe, Johann Wolfgang. o.J. *Sprüche in Prosa. Kunst. Aphorismen in 6 Abteilungen. Hempel-Ausgabe.* Berlin.

Göttsch, Silke; und Kai Detlev Sievers (Hrsg.). 1988. *Forschungsfeld Museum. Festschrift für Arnold Lühning zum 65. Geburtstag.* Kieler Blätter zur Volkskunde. Bd. 20. Kiel.

Goetze, Alfred; Wilhelm Horn; und Friedrich Maurer (Hrsg.). 1934. *Germanische Philologie. Festschrift für Otto Behagel.* Germanische Bibliothek. 1. Abteilung. 1. Reihe. Bd. 19. Heidelberg.

Goldstern, Eugenie. 1922. *Hochgebirgsvolk in Savoyen und Graubünden. Ein Beitrag zur romanischen Volkskunde.* Wiener Zeitschrift für Volkskunde. Ergänzungsheft 14. Wien.

Goller, Peter. 1990. "Nationalökonomie und Soziologie an der Rechts- und Staatswissenschaftlichen Fakultät Innsbruck (1914-1945)." *Tiroler Heimat* 54: 124-146.

Goltz, Theodor Freiherr von der. 1875. *Die Lage der ländlichen Arbeiter im Deutschen Reich. Bericht an die vom Congress deutscher Landwirthe niedergesetzte Commission zur Ermittlung der Lage der ländlichen Arbeiter im Deutschen Reich.* Berlin.

Gotto, Klaus; und Konrad Repgen (Hrsg.). 1980. *Kirche, Katholiken und Nationalsozialismus.* Topos-Taschenbücher. Bd. 96. Mainz.

Grabert, Herbert. 1939. *Der Glaube des deutschen Bauerntums. Bd. 1: Bauerntum und Christentum.* Stuttgart und Berlin.

Grabner, Elfriede. 1987/88. "Leopold Kretzenbacher zum 75. Geburtstag." *Südostdeutsches Archiv* 30/31: 193-196.

Grass, Nikolaus. 1960. "Zu Anton Dörrers Eintritt ins 75. Lebensjahr." *Der Schlern* 34: 155-156.

Grass, Nikolaus. 1961. "Anton Dörrer und die Rechtliche Volkskunde Tirols." *Der Schlern* 35: 14-15.

Grass, Nikolaus. 1962a. "Professor Richard Weiß † und die Almforschung in Tirol." *Der Schlern* 36: 79-80.

Grass, Nikolaus. 1962b. "Prälat Georg Schreiber und Tirol." *Der Schlern* 36: 342-344.

Grass, Nikolaus. 1964. "Professor Dr. Hermann Wopfner †, der Geschichtsschreiber des Tiroler Bauernstandes." *Der Schlern* 38: 79-84.

Grass, Nikolaus. 1990a. *Alm und Wein. Aufsätze aus Rechts- und Wirtschaftsgeschichte*. Hildesheim.

Grass, Nikolaus. 1990b. "Autoergographie." In Baltl, Grass und Faußner. 1990.

Grass, Nikolaus (Hrsg.). 1950-1951. *Österreichische Geschichtswissenschaft der Gegenwart in Selbstdarstellungen*. Bd. 1-2. Schlern-Schriften. Bd. 68. Innsbruck.

Grebing, Helga. 1960. "Die Ideologie des Nationalsozialimus." *Politische Studien* 11: 165-172.

Greenbaum, Alfred Abraham. 1978. *Jewish Scholarship and Scholarly Institutions in Soviet Russia, 1918-1953*. Jerusalem.

Greif zur Feder. 1959. *Greif zur Feder, Kumpel. Protokoll der Autorenkonferenz des Mitteldeutschen Verlages Halle (Saale) am 24. April 1959 im Kulturpalast des Elektro-Chemischen Kombinates Bitterfeld*. Halle.

Greiffenhagen, Karin; und Karin Auer. 1975. "Verzeichnis der Veröffentlichungen von Nikolaus Grass." In Carlen und Steinegger 1974-75. Bd. 2: 586-608.

Greverus, Ina-Maria. 1971. "Kulturanthropologie und Kulturethnologie: 'Wende zur Lebenswelt' und 'Wende zur Natur.'" *Zeitschrift für Volkskunde* 67: 13-26.

Greverus, Ina-Maria. 1972a. "Kulturelle Ordnung." In Beitl 1972: 6-13.

Greverus, Ina-Maria. 1972b. *Der territoriale Mensch. Ein literaturanthropologischer Versuch zum Heimatphänomen*. Frankfurt am Main.

Greverus, Ina-Maria; Konrad Köstlin; und Heinz Schilling (Hrsg.). 1988. *Kulturkontakt, Kulturkonflikt. Zur Erfahrung des Fremden. 26. Deutscher Volkskundekongreß in Frankfurt vom 28. September bis 2. Oktober 1987*. Bd. 1-2. Notizen. Bd. 28. Frankfurt am Main.

Grießmair, Hans. 1988. "Die Option in Südtirol 1939. Volkskunde als Hilfswissenschaft zur Umsiedlung." In Greverus, Köstlin und Schilling 1988: 219-220.

Grimm, Jacob. 1848. *Geschichte der deutschen Sprache*. Leipzig.

Grimm, Jacob. 1864a. "Über meine Entlassung." In Grimm 1864b: 25-52.

Grimm, Jacob. 1864b. *Kleinere Schriften*. Bd. 1. Berlin.

Grimm, Jacob. 1953. *Briefe der Brüder Grimm an Savigny*. Veröffentlichungen der Historischen Kommission für Hessen und Waldeck. Bd. 23. Berlin und Bielefeld.

Grimm, Jacob. 1966. *Teutonic Mythology*. Bd. 1. New York.

Grimm, Wilhelm. 1881-1887. *Kleinere Schriften*. Bd. 1-4. Hrsg. von G. Hinrichs. Berlin.

Grober-Glück, Gerda. 1988. "Zum Abschluß des Atlas der deutschen Volkskunde - Neue Folge. Ein Beitrag zur Wissenschaftsgeschichte der Volkskunde." In Bringéus et al. 1988: 53-70.

Gröhsl, Margit. 1957. "Wissenschaftliche Arbeiten von Prof. Karl von Spieß." *Mitteilungen der Anthropologischen Gesellschaft in Wien* 87: 78-82.

Gröhsl, Margit. 1965. "Edmund Mudrak Bibliographie." *Österreichische Zeitschrift für Volkskunde* 19/68: 86-92.

Grube, Joachim; und Carl Ingwer Johannsen (Hrsg.). 1977. *Eine Zukunft für das Bauen auf dem Lande. Festschrift für Erich Kulke zum 70. Geburtstag am 3. Januar 1978*. Kuratorium für Technik und Bauswesen in der Landwirtschaft-Schrift 228. Darmstadt.

Gruber, Alfons. 1978. *Südtirol unter dem Faschismus*. Schriftenreihe des Südtiroler Kulturinstituts. Bd. 1. 3. Auflage. Bozen.

Grunsky-Peper, Konrad. 1985. "Der volkskundliche Film: ein wissenschaftliches Stiefkind?" *Zeitschrift für Volkskunde* 81: 245-254.

Grunwald, Max. 1892. *Das Verhältnis Malebranches zu Spinoza*. Breslau.

Grunwald, Max. 1894. *Dibre Mordechaj; contiene: I. Curta historia de la Comunidad Judeo-Espagnola de Vidin.* II. *Sermon pronunciado a la occasion del erstrenamiento de la nueva synagoga de Vidin.* III. *Una parte del livro Ha-Chosch ve-ha-muchash de Averroes ... .* Publicado y tresladado por M Grunwald. Sofia.

Grunwald, Max. 1895. *Die Eigennamen des Alten Testamentes in ihrer Bedeutung für die Kenntnis des hebräischen Volksglaubens.* Breslau.

Grunwald, Max. 1897a. "Die hebräischen Frauennamen." *Monatsschrift für Geschichte und Wissenschaft des Judentums* 41 (N.F. 5): 667-671.

Grunwald, Max. 1897b. *Spinoza in Deutschland. Gekrönte Preisschrift.* Berlin.

Grunwald, Max. 1898. "Einleitung." *Mitteilungen der Gesellschaft für Jüdische Volkskunde* 1, Heft 1: 3-16.

Grunwald, Max. 1902a. *Juden als Rheder und Seefahrer.* Berlin.

Grunwald, Max. 1902b. *Portugiesengräber auf deutscher Erde. Beiträge zur Kultur- und Kunstgeschichte.* Hamburg.

Grunwald, Max. 1902c. "Die Portugiesisch-Jüdische Gemeinde zu Hamburg. Zur Feier ihres 250jährigen Bestehens, am 3. September." *Hamburgischer Correspondent* Nr. 411, 3. September 1902; Nr. 412, 3. September 1902.

Grunwald, Max. 1904. *Hamburgs deutsche Juden bis zur Auflösung der Dreigemeinden 1811.* Hamburg.

Grunwald, Max. 1911. *Bericht über die Gruppe "Hygiene der Juden" in der Internationalen Hygiene-Ausstellung Dresden 1911.* Wien.

Grunwald, Max. 1913a. "Das neue Palaestina." *Ost und West. Illustrierte Monatsschrift für das gesamte Judentum* 13, Heft 6: 457-488.

Grunwald, Max. 1913b. "An biblischen Staetten auf den Spuren Maimonis." *Ost und West. Illustrierte Monatsschrift für das gesamte Judentum* 13, Heft 8: 621-630.

Grunwald, Max. 1923. "Fünfundzwanzig Jahre jüdische Volkskunde." *Jahrbuch für jüdische Volkskunde* 1923: 1-22.

Grunwald, Max. 1924/1925. "Rasse, Volk, Nation." *Jahrbuch für jüdische Volkskunde* 1924/1925: 307-343.

Grunwald, Max. 1926. *Geschichte der Wiener Juden bis 1914.* Wien.

Grunwald, Max. 1934. *Holzsynagogen in Polen.* In Zusammenarbeit mit Max Eisler und Alois Breier. Wien.

Grunwald, Max. 1936. *Vienna.* Jewish Community Series. Philadelphia.

Grunwald, Max. 1952. "Kapitlekh fun an Oytobiografiye." *Yivo Bleter* 36: 241-251.

Grunwald, Max. 1982. *Tales, Songs and Folkways of Sephardic Jews. Texts and Studies.* Hrsg. von Dov Noy. Folklore Research Center Studies. Bd. 6. Jerusalem.

Grunwald, Max (Hrsg.). 1911 (1912). *Die Hygiene der Juden. Im Anschluß an die Internationale Hygiene-Ausstellung Dresden 1911.* Dresden.

Güdemann, Moritz. 1880-1884-1888. *Geschichte des Erziehungswesens und der Cultur der abendländischen Juden während des Mittelalters und der neueren Zeit.* Bd. 1-3. Wien.

Günther, Adolf. 1930. *Die Alpenländische Gesellschaft als sozialer und politischer, wirtschaftlicher und kultureller Lebenskreis.* Jena.

Günther, Adolf. 1933. *Südbayern und Westösterreich zu Beginn des 19. Jahrhunderts. Eine bevölkerungs- und sozialstatistische Darstellung.* Schriften des Instituts für Sozialforschung in den Alpenländern an der Universität Innsbruck. Bd. 10. Innsbruck.

Günther, Hans F. K. 1922. *Rassenkunde des deutschen Volkes.* München.

Günther, Hans F. K. 1924. *Deutsche Rassenbilder.* München.

Günther, Hans F. K. 1929. *Rassenkunde Europas.* 3. Auflage. München.

Günther, Hans F. K. 1930. *Rassenkunde des jüdischen Volkes.* 2. Auflage. München.

Günther, Hans F. K. 1933 *Kleine Rassenkunde des deutschen Volkes.* 3. Auflage. München.

Günther, Hans F. K. 1934. *Die Verstädterung. Ihre Gefahren für Volk und Staat vom Standpunkt der Lebenserforschung und Geschichtswissenschaft.* Leipzig und Berlin.

Gürtler, Elisabeth. 1980. *Das Studium an den Gymnasien und an der philosophischen Fakultät der Alma mater Rudolphina in der Zeit von 1800 bis zur Revolution 1848*. Phil. Diss. Wien.
Guggenberger, Eduard. 1985/1986. "Ariosophie: Wandlungen und Verkleidungen." *Zeitgeschichte* 13, Heft 9/10: 303-310.
Guggenheim-Grünberg, Florence. 1964. "Eduard Hoffmann-Krayer und die jüdische Volkskunde." *Schweizerisches Archiv für Volkskunde* 60: 133-140.
Guhr, Günter. 1969. "Karl Marx und theoretische Probleme der Ethnographie." *Beiheft Jahrbuch des Museums für Völkerkunde zu Leipzig*. Bd. 26. Berlin.
Gulick, Charles A. 1976. *Österreich von Habsburg zu Hitler*. Wien.
Gyr, Ueli (Hrsg.). 1980. *Opera Concordi. Festschrift für Arnold Niederer zum 65. Geburtstag*. Schweizerisches Archiv für Volkskunde. Jahrgang 76. Heft 1-2. Basel.
Haam, Achad (i.e.: Ascher Ginzberg). 1913-1916. *Am Scheidewege*. Bd. 1-2. 2. Auflage. Berlin.
Haberlandt, Arthur. 1912a. *Prähistorisch-ethnographische Parallelen*. Braunschweig.
Haberlandt, Arthur. 1912b. *Beiträge zur bretonischen Volkskunde. Erläuterungen zur bretonischen Sammlung des k.k. Museums für österreichische Volkskunde in Wien*. Zeitschrift für Österreichische Volkskunde. Supplementheft 8. Wien.
Haberlandt, Arthur. 1912c. *Die Trinkwasserversorgung primitver Völker*. Petermanns Mitteilungen. Ergänzungsheft 174. Gotha.
Haberlandt, Arthur. 1917. *Kulturwissenschaftliche Beiträge zur Volkskunde von Montenegro, Albanien und Serbien. Ergebnisse einer Forschungsreise in den von den k.k. Truppen besetzten Gebieten. Sommer 1916*. Zeitschrift für Österreichische Volkskunde. Ergänzungsheft 12. Wien.
Haberlandt, Arthur. 1919. *Die Volkskunst der Balkanländer, in ihren Grundlagen erläutert*. Wien.
Haberlandt, Arthur. 1926a. "Begriff und Wesen der Volkskunst." *Jahrbuch für historische Volkskunde* 2 (Vom Wesen der Volkskunst): 20-32.
Haberlandt, Arthur. 1926b. "Die volkstümliche Kultur Europas in ihrer geschichtlichen Entwicklung." In Buschan 1926: 305-658.
Haberlandt, Arthur. 1933. "Lebenskreise als ein Forschungsziel der Volkskunde. Ein Beitrag zur Methodenlehre." In Steller 1933: 377-392.
Haberlandt, Arthur. 1935a. *Volkskunde des Burgenlandes. Hauskultur und Volkskunst*. Österreichische Kunsttopographie. Bd. 26. Baden bei Wien.
Haberlandt, Arthur. 1935b. *Die deutsche Volkskunde. Eine Grundlegung nach Geschichte und Methode im Rahmen der Geisteswissenschaften*. Volk. Bd. 1. Halle/Saale.
Haberlandt, Arthur. 1938a. "Textilkunst bei Germanen und Indogermanen." In Thiele 1938: 117-125.
Haberlandt, Arthur. 1938b. "Der Verein für Volkskunde an der Zeitenwende." *Wiener Zeitschrift für Volkskunde* 43: 50-52.
Haberlandt, Arthur. 1939. "Germanisches Erbe im Donauraum." In Thiele 1939: 84-90.
Haberlandt, Arthur. 1942. "Zur Frage nach Herkunft und Geltung der Benennung 'fränkisches Haus,' 'fränkisches Gehöft.'" *Wiener Zeitschrift für Volkskunde* 47: 44-50.
Haberlandt, Arthur. 1953/1959. *Taschenwörterbuch der Volkskunde Österreichs*. Teile 1-2. Wien.
Haberlandt, Michael. 1892. *Die Cultur der Eingeborenen der Malediven*. Wien.
Haberlandt, Michael. 1895. "Zum Beginn." *Zeitschrift für Österreichische Volkskunde* 1: 1-3.
Haberlandt, Michael. 1900. *Cultur im Alltag*. Wien.
Haberlandt, Michael. 1911a. Besprechung von Spieß 1911. *Zeitschrift für Österreichische Volkskunde* 17: 279.
Haberlandt, Michael. 1911b. *Österreichische Volkskunst. Aus den Sammlungen des Museums für österreichische Volkskunde in Wien*. Bd. 1-2. Wien.
Haberlandt, Michael. 1918. *Die nationale Kultur der österreichischen Völkerstämme*. Österreichische Bücherei. Bd. 2. Wien und Leipzig.
Haberlandt, Michael. 1923. Besprechung von Weiser 1923. *Wiener Zeitschrift für Volkskunde* 28: 96.
Haberlandt, Michael. 1924. *Einführung in die Volkskunde mit besonderer Berücksichtigung Österreichs*. Wien.
Haberlandt, Michael. 1926a. Besprechung von Spieß 1925. *Wiener Zeitschrift für Volkskunde* 31: 23-24

Haberlandt, Michael. 1926b. "Die europäische Volkskunst in vergleichender Betrachtung." *Jahrbuch für historische Volkskunde* 2 (Vom Wesen der Volkskunst): 33-43.
Haberlandt, Michael. 1926c. "Zur Stellung der Volkskunde im akademischen Unterricht." *Wiener Zeitschrift für Volkskunde* 31: 73-76.
Haberlandt, Michael. 1927. *Österreich. Sein Land und Volk und seine Kultur*. Wien und Weimar.
Haberlandt, Michael. 1929. *Österreich sein Land und Volk und seine Kultur*. 2. Aufl. Wien und Weimar.
Haberlandt, Michael. 1931. "Hofrat Prof. Dr. Rudolf Meringer †." *Wiener Zeitschrift für Volkskunde* 36: 82-83.
Haberlandt, Michael. 1940. "Meine Lebensarbeit." *Wiener Zeitschrift für Volkskunde* 45: 66-68.
Haberlandt, Michael (Hrsg.). 1914/17. *Werke der Volkskunst. Mit besonderer Berücksichtigung Österreichs*. Bd. 1-3. Wien.
Habermas, Jürgen. 1969. *Protestbewegung und Hochschulreform*. Edition Suhrkamp. Bd. 354. Frankfurt am Main.
Haboucha, Reginetta. 1982. "The Folklore and Traditional Literature of the Judeo-Spanish Speakers." In Ben-Ami 1982: 571-588.
Häfele, Arnulf. 1970. "Univ.-Prof. Dr. Adolf Helbok †." *Jahrbuch des Vorarlberger Landesmuseumsvereins* 1970: 149-153.
Haekel, J(osef); A(nna) Hohenwart-Gerlachstein; und A(lexander) Slawik. 1956. *Wiener Schule der Völkerkunde*. Horn und Wien.
Hänsel, Volker; und Sepp Walter (Hrsg.). 1981. *Volkskundliches aus dem steirischen Ennsbereich. Festschrift für Karl Haiding zum 75. Geburtstag*. Schriftenreihe des Landschaftsmuseums Schloß Trautenfels am Steiermärkischen Landesmuseum Joanneum. Bd. 1. Liezen.
Hävernick, Walter. 1969. Besprechung von Emmerich 1968. *Beiträge zur deutschen Volks- und Altertumskunde* 13: 108-109.
Hagemann, Gustav. 1931. *Bäuerliche Gemeinschaftskultur in Nordravensberg*. Münster.
Hagemeyer, Hans (Hrsg.). 1938. *Europas Schicksal im Osten. 12 Vorträge der vierten Reichsarbeitstagung der Dienststelle für Schrifttumspflege bei dem Beauftragten des Führers für die gesamte geistige und weltanschauliche Erziehung der NSDAP und der Reichsstelle zur Förderung des deutschen Schrifttums*. Schriftenreihe der "Bücherkunde." 4. Breslau.
Haiding, Karl. 1936. *Beiträge zur Quellen- und Wesenserschließung des volkstümlichen Kindergutes*. Bd. 1-2. Phil. Diss. Wien.
Haiding, Karl. 1939a. "Erzähler des Dorfes." *Deutsche Volkskunde* 1: 48-57.
Haiding, Karl. 1939b. "Germanisches Erbe in Volkstanz und Volksspiel." In Thiele 1939: 138-163.
Haiding, Karl. 1939c. *Kinderspiel und Volksüberlieferung*. Deutsche Volkskunde. Schriftenreihe der Arbeitsgemeinschaft für deutsche Volkskunde. Gruppe: Spiel, Lied und Tanz. München.
Haiding, Karl. 1943. "Der Mythus unseres Jahrhunderts und die deutsche Volkskunde." *Deutsche Volkskunde* 5: 169-170.
Haiding, Karl. 1965. "Edmund Mudrak, ein Siebziger." *Österreichische Zeitschrift für Volkskunde* 19/68: 85-86.
Haiding, Karl. 1980. "Vom steirischen Volksmärchen und von seinen Erzählern." In Geramb 1980: 249-258.
Hain, Mathilde. 1936. *Das Lebensbild eines oberhessischen Trachtendorfes. Von bäuerlicher Tracht und Gemeinschaft*. Jena.
Hain, Mathilde. 1942. *Sitte und Brauch in volkskundlicher Forschung. Ein Literaturbericht (etwa 1920 - 1941)*. Deutsche Vierteljahrsschrift für Literaturwissenschaft und Geistesgeschichte. Bd. 20. Referatenheft.
Hain, Mathilde. 1951. *Sprichwort und Volkssprache. Eine volkskundlich-soziologische Dorfuntersuchung*. Gießen.
Hain, Mathilde. 1959. "Julius Schwietering zum 75. Geburtstag." *Zeitschrift für Volkskunde* 55: 276-277.

Hallo, Rudolf. 1928. *Jüdische Volkskunst in Hessen. Festschrift der Sinai-Loge zu Kassel, hrsg. anläßlich ihres 40jährigen Bestehens*. Kassel. Nachgedruckt in Hallo 1983: 319-393.

Hallo, Rudolf. 1983. *Schriften zur Kunstgeschichte in Kassel. Sammlungen - Denkmäler - Judaica*. Im Auftrag der Gesamthochschule Kassel und des Vereins für Hessische Geschichte und Landeskunde hrsg. von Gunter Schweikhart. Kassel.

Hammerstein, Notker. 1989. *Die Johann Wolfgang Goethe-Universität Frankfurt am Main. Von der Stiftungsuniversität zur staatlichen Hochschule*. Bd. 1: 1914-1950. Neuwied und Frankfurt am Main.

Hampp, Irmgard. 1972. "Die Württembergische Landesstelle für Volkskunde in Stuttgart." *Denkmalpflege in Baden-Württemberg* 1: 19-20.

Hamza, Ernst. 1957. *Der Ländler*. Wien.

Handwörterbuch. 1924. *Handwörterbuch der Staatswissenschaften*. Bd. 2. Jena.

Hanika, Josef. 1938. "Gestalttypen in den europäischen Kopftrachten." In Thiele 1938: 53-63.

Hanika, Josef. 1939. "Neugestaltung der Trachten im Sudetengau." *Deutsche Volkskunde* 1: 234-240.

Harmening, Dieter. 1989. "Himmlers Hexenkartei. Ein Lagebericht zu ihrer Erforschung." *Jahrbuch für Volkskunde* N.S. 12: 99-112.

Harmjanz, Heinrich. 1932. *Die deutschen Feuersegen und ihre Varianten in Nord- und Osteuropa. Ein Beitrag zur vergleichenden Segensforschung*. Folklore Fellows Communications. Bd. 103. Helsinki.

Harmjanz, Heinrich. 1936a. *Volk, Mensch, Ding. Erkenntniskritische Untersuchungen zur volkskundlichen Begriffsbildung*. Schriften der Albertus-Universität. Geisteswissenschaftliche Reihe. Bd. 1. Königsberg in Ostpreußen und Berlin.

Harmjanz, Heinrich. 1936b. *Volkskunde und Siedlungsgeschichte Altpreußens*. Berlin.

Harmjanz, Heinrich. 1937. "Der Atlas der deutschen Volkskunde." *Deutsche Wissenschaft, Erziehung und Volksbildung* 23: 225-228.

Harmjanz, Heinrich. 1939. Besprechung von Kaiser 1939. *Germanien* 11: 380-381.

Harmjanz, Heinrich. 1943. "Erich Röhr zum Gedächtnis." *Volkswerk. Jahrbuch des Staatlichen Museums für Deutsche Volkskunde* 1943: 231-234.

Harmjanz, Heinrich. 1944. "Die Aufgaben unserer wissenschaftlichen Gemeinschaftswerke." In Jankuhn 1944: 9-15.

Harmjanz, Heinrich; und Erich Röhr (Hrsg.). 1937-1939. *Atlas der deutschen Volkskunde. Lieferung 1-5 (Karte 1-99)*. Herausgegeben mit Unterstützung der Deutschen Forschungsgemeinschaft. Leipzig.

Harnack, Adolf. 1900. *Geschichte der Königlich Preußischen Akademie der Wissenschaften zu Berlin*. Berlin.

Hart, Franz Theoder. 1939. *Alfred Rosenberg. Der Mann und sein Werk*. 4. Auflage. München und Berlin.

Hartmann, Andreas. 1988. "Die Anfänge der Volkskunde." In Brednich 1988: 9-30.

Hartmann, Waldemar. 1941. "Josef Strzygowski zum Gedächtnis." *Nationalsozialistische Monatshefte* 12, Heft 131: 171-173.

Harvolk, Edgar. 1989. "'Volkserziehung' durch 'Volkserkenntnis.' Zur 'angewandten Volkskunde' der Jahre 1934-1938." In Bauer, Harvolk und Mayer 1989: 339-354.

Harvolk, Edgar. 1990. *Eichenzweig und Hakenkreuz. Die Deutsche Akademie in München (1924-1962) und ihre volkskundliche Sektion*. Münchner Beiträge zur Volkskunde. Bd. 11. München.

Harvolk, Edgar. 1991. "Die Bayerische Landesstelle für Volkskunde von ihren Anfängen bis zum Ende des Zweiten Weltkriegs." *Bayerisches Jahrbuch für Volkskunde* 1991: 11-23.

Harvolk, Edgar (Hrsg.). 1987. *Wege der Volkskunde in Bayern. Ein Handbuch*. Veröffentlichungen zur Volkskunde und Kulturgeschichte. Bd. 25. Beiträge zur Volkstumsforschung. Bd. 23. München und Würzburg.

Hauffen, Adolf. 1931. *Bibliographie der deutschen Volkskunde in Böhmen*. Beiträge zur sudetendeutschen Volkskunde. Bd. 20. Hrsg. von Gustav Jungbauer. Reichenberg.

Hauffen, Adolf; und Gustav Jungbauer. 1931. *Bibliographie der deutschen Volkskunde in Böhmen.* Beiträge zur sudetendeutschen Volkskunde. Bd. 20. Reichenberg.
Haug, Wolfgang Fritz. 1967. *Der hilflose Antifaschismus. Zur Kritik der Vorlesungsreihen über Wissenschaft und NS an deutschen Universitäten.* 1. Auflage. Edition Suhrkamp. Bd. 236. Frankfurt am Main.
Haug, Wolfgang Fritz. 1977. *Der hilflose Antifaschismus. Zur Kritik der Vorlesungsreihen über Wissenschaft und NS an deutschen Universitäten.* 4. Auflage. Kleine Bibliothek. Bd. 79. Köln.
Hauptausschuß des Deutschen und Österreichischen Alpenvereins (Hrsg.). 1933. *Tirol. Land und Natur, Volk und Geschichte. Geistiges Leben.* Bd. 1. München.
Hauschild, Thomas. 1987. "Völkerkunde im 'Dritten Reich.'" In Gerndt 1987: 245-259.
Hazmuka, Paul. 1968. *Geramb und der Verein für Heimatschutz (Heimatpflege) in Steiermark.* Faltblatt. Graz.
Hecker, Theodor. 1935. *Vergil. Vater des Abendlandes.* Leipzig.
Heiber, Helmut. 1966. *Walter Frank und sein Reichsinstitut für Geschichte des neuen Deutschlands.* Quellen und Darstellungen zur Zeitgeschichte. Bd. 13. Stuttgart.
Heiber, Helmut (Hrsg.). 1968. *Reichsführer! ... Briefe an und von Himmler.* Stuttgart.
Heilfurth, Gerhard. 1937. "Die Arbeitsgemeinschaft für deutsche Volkskunde." *Mitteldeutsche Blätter für Volkskunde* 12: 110-111.
Heilfurth, Gerhard. 1961. *Volkskunde jenseits der Ideologien. Zum Problemstand des Faches im Blickfeld empirischer Forschung.* Schriften der Philipps-Universität Marburg. Bd. 9. Marburg.
Heilfurth, Gerhard. 1962. "Volkskunde jenseits der Ideologien. Zum Problemstand des Faches im Blickfeld empirischer Forschung. Antrittsvorlesung an der Universität Marburg im Rahmen des Studium Generale am 11.1.1961." *Hessische Blätter für Volkskunde* 53: 9-28.
Heilfurth, Gerhard. 1967. "An die Mitglieder der Deutschen Gesellschaft für Volkskunde." *Mitteilungen der Deutschen Gesellschaft für Volkskunde e.V.* 74: 1-3.
Heilfurth, Gerhard. 1989. ["Erinnerungen 1936"]. In Holzapfel 1989: 161-167.
Heimatpflege. 1958. *Heimatpflege. Mitteilungen des Vereins für Heimatschutz in Steiermark* 5, Nummer 24 vom 18. Mai 1958 (gewidmet dem Andenken an Dr. Viktor von Geramb).
Heine-Geldern, Robert. 1954. "Die Ausstellung 'Bauernwerk der Alten Welt' im Museum für Völkerkunde, Wien." *Mitteilungen der Anthropologischen Gesellschaft in Wien* 83: 141-149.
Heine-Geldern, Robert. 1965. "Arthur Haberlandt als Ethnolog." *Mitteilungen der Anthropologischen Gesellschaft in Wien* 95: 271-272.
Heinemann, Manfred (Hrsg.). 1980. *Erziehung und Schulung im Dritten Reich. Teil 1: Kindergarten, Schule, Jugend, Berufserziehung. Teil 2: Hochschule, Erwachsenenbildung.* Veröffentlichungen der Historischen Kommission der Deutschen Gesellschaft für Erziehungswissenschaft. Bd. 4, 1-2. Stuttgart.
Heisig, Walter. 1952. *Volkskunst in der Sowjetunion.* Berlin.
Heisig, Walter. 1953-1956. *Deutsches Kunsthandwerk.* Veröffentlichung des Instituts für angewandte Kunst. Dresden.
Heiß, Gernot; Siegfried Mattl; Sebastian Meissl; Edith Saurer; und Karl Stuhlpfarrer (Hrsg.). 1989. *Willfährige Wissenschaft. Die Universität Wien 1938-1945.* Österreichische Texte zur Gesellschaftskritik. Bd. 43. Wien.
Helbok, Adolf. 1912. *Die Bevölkerung der Stadt Bregenz am Bodensee vom 14. bis zum Beginne des 18. Jahrhundert.* Forschungen zur inneren Geschichte Österreichs. Bd. 7. Innsbruck.
Helbok, Adolf. 1920. *Regesten für Vorarlberg und Liechtenstein. 1. Lieferung bis zum Jahre 1000.* Quellen zur Geschichte Vorarlbergs und Liechtensteins. Bd. 1. Bregenz u.a.
Helbok, Adolf. 1922a. *Heimatforschung und Heimatschutz in Vorarlberg.* Volkschriften der "Heimat." Bd. 5. Innsbruck.
Helbok, Adolf. 1922b. "Ueber heimatliche Kulturpflege in deutschen Ländern." *Vierteljahrsschrift für Geschichte und Landeskunde Vorarlbergs* 6: 25-28.
Helbok, Adolf. 1922c. "Der diesjährige Ferienkurs für Heimatforschung und Volksbildung in Vorarlberg." *Vierteljahrsschrift für Geschichte und Landeskunde Vorarlbergs* 6: 14-19.

Helbok Adolf. 1922d. "Die Geschichte des Dorfes." In Barbisch 1922: 59-122.
Helbok, Adolf. 1923. *Regesten von Vorarlberg und Liechtenstein bis zum Jahre 1260. 2. Lieferung bis 1186.* Innsbruck.
Helbok, Adolf. 1925. *Aufbau einer deutschen Landesgeschichte aus einer gesamtdeutschen Siedelungsforschung.* Schriften zur deutschen Siedelungsforschung. Bd. 1. Dresden.
Helbok, Adolf. 1927. "Volkskunde von Vorarlberg." In Haberlandt 1927: 355-372.
Helbok, Adolf. 1928a. *Volkskunde Vorarlbergs.* Vorarlberger Heimatkunde. Bd. 8. Wien.
Helbok, Adolf. 1928b. *Siedelungsgeschichte und Volkskunde. Rudolf Kötzschke zu seinem 60. Geburtstag dargebracht.* Schriften zur deutschen Siedelungsforschung. Bd. 2. Dresden.
Helbok, Adolf. 1929. "In eigener Sache." *Heimat* 10: 128-130.
Helbok, Adolf. 1932. "Durch Volksgeschichte zur Neuform unserer Staatsgeschichte." In Konen und Steffes 1932: 327-357.
Helbok, Adolf. 1934a. "Die volksgeschichtliche Bedeutung des alten Ausbreitungsfeldes der germanischen Steinsetzung in Südwestdeutschland." In Bargheer und Freudenthal 1934: 64-82.
Helbok, Adolf. 1934b. "Die deutschen Stämme und die moderne Volksforschung." In Volkskundliche Gaben 1934: 54-67.
Helbok, Adolf. 1935. *Vorarlberger Heimatforschung. Ihre Aufrichtung und ihr Sinn.* Heimatkunde von Vorarlberg. Bd. 12. Wien, Leipzig.
Helbok, Adolf. 1948. "Zur Methodik der Volkscharakterkunde." In Beiträge zur Volkskunde 1948: 101-118.
Helbok, Adolf. 1955a. *Der Österreichische Volkskunde-Atlas, seine wissenschaftliche, volks- und staatspolitische Bedeutung.* Veröffentlichungen der Kommission für den Volkskundeatlas in Österreich. Bd. 1. Linz.
Helbok, Adolf. 1955b. "Volkskunde-Atlas." In Verband Österreichischer Geschichtsvereine 1955: 94-95.
Helbok, Adolf. 1955c. "Der österreichische Volkskundeatlas." *Zeitschrift für Volkskunde* 52: 282-283.
Helbok, Adolf. 1957. "Editionsplan des österreichischen Volkskundeatlasses." *Österreichische Zeitschrift für Volkskunde* 11/60: 69-74.
Helbok, Adolf. 1959. "Zur Geschichte des Österreichischen Volkskundeatlas." In Bratanic und Burgstaller 1959: 17-20.
Helbok, Adolf. (1963). *Erinnerungen. Ein lebenslanges Ringen um volksnahe Geschichtsforschung.* Im Auftrag seiner Innsbrucker, Berliner und Leipziger Schüler hrsg. von Fritz Ranzi und Margit Gröhsl. Innsbruck o. J.
Helbok Adolf. (1964). *Erinnerungen. Ein lebenslanges Ringen um volksnahe Geschichtsforschung.* Im Auftrag seiner Innsbrucker, Berliner und Leipziger Schüler hrsg. von Fritz Ranzi und Margit Gröhsl. Innsbruck o. J.
Helbok, Adolf. 1964-1967. *Deutsche Volksgeschichte. Wesenszüge und Leistungen des deutschen Volkes.* Veröffentlichungen aus Hochschule, Wissenschaft und Forschung. Bd. 1-2. Tübingen.
Heller, Eva (Bearb.). 1985. *Volkskundler in und aus Bayern heute nach den Unterlagen des bio-bibliographischen Lexikons der Volkskundler im deutschsprachigen Raum des Instituts für Gegenwartsvolkskunde der Österreichischen Akademie der Wissenschaften Wien.* Ethnologia Bavarica. Studienhefte zur allgemeinen und regionalen Volkskunde. Bd. 14. Würzburg, München und Wien.
Helm, Karl 1909. Rezension von Futilitates 1908. *Hessische Blätter für Volkskunde* 8: 142.
Helm, Rolf. 1937. *Deutsche Erntebräuche.* Leipzig.
Helm, Rudolf. 1938. "Germanische Schmuckformen in der deutschen Bauerntracht." In Thiele 1938: 135-144.
Hepding, Hugo. 1940. "Karl Kaiser †." *Hessische Blätter für Volkskunde* 27: 134-139.
Herder, Johann Gottfried. 1877-1913. *Herders Sämmtliche Werke. Hrsg. von Bernhard Suphan.* Bd. 1-33. Berlin.
Hermann, Friedrich. 1972. *Salzburgs Hohe Schule zwischen den Volluniversitäten 1810-1962.* Studien und Mitteilungen zur Geschichte des Benediktiner Ordens. Bd. 83. Ottobeuren.

Herrmann, Ferdinand; und Wolfgang Treutlein (Hrsg.). 1940. *Brauch und Sinnbild. Eugen Fehrle zum 60. Geburtstag gewidmet von seinen Schülern und Freunden.* Karlsruhe.

Herrmann, Hans Peter. 1991. "Germanistik - auch in Freiburg eine 'Deutsche Wissenschaft?'" In John, Martin, Mück und Ott 1991: 115-149.

Herter, Balduin. 1968. "Fünfzig Jahre Institut für Auslandbeziehungen in Stuttgart." *Mitteilungen der Südosteuropa-Gesellschaft* 8, Heft 1-2: 59-64.

Herzig, Arno; und Saskia Rohde (Hrsg.). 1991. *Die Juden in Hamburg 1590 bis 1990. Wissenschaftliche Beiträge der Universität Hamburg zur Ausstellung "Vierhundert Jahre Juden in Hamburg."* Die Geschichte der Juden in Hamburg 1590-1990. Bd. 2. Hamburg.

Herzog, Wilhelm. 1928. *Die Handschriften der Untersbergsage.* Phil. Diss. Graz.

Hesse, Wolfgang; und Christian Schröter. 1985. "Sammeln als Wissenschaft. Fotografie und Film im 'Institut für deutsche Volkskunde Tübingen' 1933-1945." *Zeitschrift für Volkskunde* 81: 51-75.

Hirschberg, Walter. 1970. "100 Jahre Anthropologische Gesellschaft in Wien." *Mitteilungen der Anthropologischen Gesellschaft in Wien* 100: 1-10.

Historikerstreit. 1987. *"Historikerstreit." Die Dokumentation der Kontroverse um die Einzigartigkeit der nationalsozialistischen Judenvernichtung.* Serie Piper. Bd. 816. 5. Aufl. München und Zürich.

Hitler, Adolf. 1933. *Mein Kampf.* 17. Auflage. München.

Hochschulkurs. 1921. "Hochschulkurs für Heimatforschung." *Vierteljahrsschrift für Geschichte und Landeskunde Vorarlbergs.* 5: 83-85.

Höck, Alfred. 1976. "Aus der Frühzeit der 'Hessischen Vereinigung für Volkskunde.'" *Hessische Blätter für Volks- und Kulturforschung* N.F. 1: 7-11.

Höck, Alfred. 1983. "Zur Geschichte der Volkskunde in Hessen, vornehmlich an den Universitäten Giessen und Marburg." In Brückner und Beitl 1983: 95-106.

Höfler, Max. 1909. Rezension von Aigremont 1908-1909. *Hessische Blätter für Volkskunde* 8: 149-150.

Höfler, Otto. 1934. *Kultische Geheimbünde der Germanen.* Bd. 1. Frankfurt am Main.

Höfler, Otto. 1937a. *Das germanische Kontinuitätsproblem.* Schriften des Reichsinstituts für Geschichte des neuen Deutschlands. Hamburg.

Höfler, Otto. 1937b. "Antwort." *Oberdeutsche Zeitschrift für Volkskunde* 11: 97-102.

Höfler, Otto. 1937c. "Rudolf Much †." *Wörter und Sachen* 18: VII-XV.

Höfler, Otto. 1973. *Verwandlungskulte, Volkssagen und Mythen.* Österreichische Akademie der Wissenschaften. Philosophisch-Historische Klasse. Sitzungsberichte. Bd. 279/2. Wien.

Höfler, Otto. 1975. "Much Rudolf, Germanist." *Österreichisches Biographisches Lexikon 1815-1950.* Bd. 6: 400-401.

Hoffer, Heinrich. 1942. "Standesamtliche Lebensfeiern." *Deutsche Volkskunde* 4: 114-117.

Hoffmann, Ludwig; und Daniel Hoffmann-Ostwald. 1972. *Deutsches Arbeitertheater 1918-1933.* Bd. 1-2. Berlin.

Hoffmann-Krayer, Eduard. 1902. *Die Volkskunde als Wissenschaft.* Zürich.

Hoffmann-Krayer, Eduard. 1946a. *Kleine Schriften zur Volkskunde. Mit einem Lebensbild.* Hrsg. von Paul Geiger. Schriften der Schweizerischen Gesellschaft für Volkskunde. Bd. 30. Basel.

Hoffmann-Krayer, Eduard. 1946b. "Die Volkskunde als Wissenschaft." In Hoffmann-Krayer 1946 a: 1-23.

Hoffmann-Krayer, Eduard. 1946c. "Individuelle Triebkräfte im Volksleben." In Hoffmann-Krayer 1946a: 223-236.

Hofstaetter, Walther; und Franz Schnabel (Hrsg.). 1929. *Grundzüge der Deutschkunde.* Bd. 2. Leipzig.

Holzapfel, Otto. 1987a. "John Meier." In Ottnad 1987: 203-204.

Holzapfel, Otto. 1987b. "Das Deutsche Volksliedarchiv im Dritten Reich." In Gerndt 1987: 95-102.

Holzapfel, Otto. 1989. *Das Deutsche Volksliedarchiv Freiburg i. Br.* Studien zur Volksliedforschung. Bd. 3. Bern, Frankfurt am Main, New York und Paris.

Holzapfel, Otto. 1990a. "Fünfter Volkskundetag in Basel und Freiburg 1938." *Jahrbuch für Volksliedforschung* 35: 113-117.

Holzapfel, Otto. 1990b. "Vorwort." In Stief 1990: 7-11.

Holzapfel, Otto. 1991a. "The German Folk Song Archive Freiburg i. Br. in the Third Reich." *The Journal of Musicological Research* 11/No. 3: 189-200.

Holzapfel, Otto. 1991b. "Vergangenheitsbewältigung gegen den Strich: John Meier und das Ahnenerbe." *Jahrbuch für Volkskunde* N.F. 14: 101-114.

Horak, Karl. 1990. "Ergänzungen zur 'Sammlung Quellmalz' aus der Feldforschung (Vortrag in Bozen 1987)." In Stief 1990: 151-165.

Horkheimer, Max. 1937. "Traditionelle und kritische Theorie." *Zeitschrift für Sozialforschung* 6: 245-294.

Horkheimer, Max; und Theodor W. Adorno. 1955. *Dialektik der Aufklärung*. Amsterdam.

Hornung, Maria. 1957. "Die 8. Österreichische Volkskundetagung in Bregenz vom 14. bis 20. Juni 1957." *Österreichische Zeitschrift für Volkskunde* 11/60: 332-335.

Hornung, Maria. 1975. "Eberhard Kranzmayer - Nachruf." *Wörterbuch der bairischen Mundarten in Österreich*. 13. Lieferung: Beilage (2 S.).

Huber, Kurt. 1959. *Volkslied und Volkstanz. Aufsätze zur Volksliedkunde des bajuwarischen Raumes*. Ettal.

Huck, Gerhard (Hrsg.). 1980. *Sozialgeschichte der Freizeit. Untersuchungen zum Wandel der Alltagskultur in Deutschland*. Wuppertal.

Hübinger, Paul Egon. 1974. *Thomas Mann, die Universität Bonn und die Zeitgeschichte. Drei Kapitel deutscher Vergangenheit aus dem Leben des Dichters 1905-1955*. München und Wien.

Hübner, Arthur. 1930. "Der Atlas der deutschen Volkskunde." *Zeitschrift für Volkskunde* 39: 1-16.

Hübner, Arthur. 1934. *Herman Wirth und die Ura-Linda-Chronik*. Berlin und Leipzig.

Hüsing, Georg. 1906. *Beiträge zur Kyros-Sage*. Berlin.

Hüsing, Georg. 1909. *Die Iranische Überlieferung und das Arische System*. Mythologische Bibliothek II, 2. Leipzig.

Hüsing, Georg. 1927. *Die deutschen Hochgezeiten*. Wien.

Hüsing, Georg. 1931. "Einführung in die Weltgeschichte." *Bausteine zur Geschichte, Völkerkunde und Mythenkunde* 1: 3-56.

Hüsing, Georg; und Emma Hüsing. 1932. *Deutsche Laiche und Lieder*. Wien: Eichendorff-Haus. Knyrim, Schier und Stöhr.

Hütter, Joachim; Reinhard Mayers; und Dietrich Papenfuss (Hrsg.). 1975. *Tradition und Neubeginn. Internationale Forschungen zur Geschichte im 20. Jahrhundert*. Köln, Bonn und München.

Hunger, Ulrich. 1984. *Die Runenkunde im Dritten Reich. Ein Beitrag zur Wissenschafts- und Ideologiegeschichte des Nationalsozialismus*. Europäische Hochschulschriften. Reihe 3. Bd. 227. Frankfurt am Main, Bern, New York und Nancy.

Husmann, Rolf (Hrsg.). 1987. *Mit der Kamera in fremde Kulturen. Aspekte des Films in Ethnologie und Volkskunde*. Interdisziplinäre Reihe. Bd. 1. Emsdetten.

Huter, Franz. 1947. "Geburtstagsansprache." In Beiträge zur Geschichte. 1947: 7-11.

Huter, Franz. 1962. "Univ.-Prof. Dr.phil.,Dr.jur.,Dr.rer.oec.h.c. Hermann Wopfner zum Gedenken." *Tiroler Heimat* 26: 5-8.

Huter, Franz. 1964a. "Hermann Wopfner." *Almanach der Akademie der Wissenschaften* 113: 449-464.

Huter, Franz. 1964b. "Hermann Wopfner †." *Zeitschrift für Agrargeschichte und Agrarsoziologie* 12: 66-67.

Huter, Franz. 1966. "Harold Steinacker." *Almanach der Akademie der Wissenschaften* 115: 306-355.

Huter, Franz. 1970. "Ansprache des Vorsitzenden der Atlas-Kommission." *Tiroler Heimat* 34: 115-116.

Huth, Otto. (1937). *Die Fällung des Lebensbaumes. Die Bekehrung der Germanen in völkischer Sicht*. Berlin-Lichterfelde.

Huth, Otto. 1938. Besprechung von Schreiber 1937. *Germanien* 10: 174.

Ilg, Karl. 1949. *Die Walser in Vorarlberg. 1. Teil*. Schriften zur Vorarlberger Landeskunde. Bd. 3. Dornbirn.

Ilg, Karl. 1951. "Um die Ziele und den Betrachtungsgegenstand der Volkskunde." *Burgenländische Heimatblätter* 13: 99-108.

Ilg, Karl. 1956a. *Die Walser in Vorarlberg. 2. Teil.* Schriften zur Vorarlberger Landeskunde. Bd. 6. Dornbirn.

Ilg, Karl. 1956b. "Die Gegenwartsaufgabe von Sitte und Brauch." *Tiroler Heimat* 20: 123-131.

Ilg, Karl. 1963. "Adolf Helbok 80 Jahre alt." *Österreichische Zeitschrift für Volkskunde* 17/66: 46.

Ilg, Karl. 1979. *Volk und Wissenschaft. Beiträge zur Volkskunde Westösterreichs.* Hrsg. von Peter Stürz, Paul Rachbauer und Michael Becker. Innsbruck.

Ilg, Karl. 1983. "Volkskunde an der Universität Innsbruck. Ihre Entstehung und unsere Ziele." In Krömer und Menghin 1983: 135-144.

Ilg, Karl. 1986. "Die Anfänge der volkskundlichen Studien in Tirol." In Kühebacher 1986: 153-162.

Ilg, Karl. 1990. "40 Jahre Volkskunde - bis nach Südamerika." In Regner, Tiefenthaler und Fleisch 1990: 9-21.

Immer, Karl. 1936. *Entchristlichung der Jugend. Eine Materialsammlung. Der Bekenntnissynode der Deutschen Evengelischen Kirche vorgelegt.* Wuppertal-Barmen: Verlag "Unter dem Wort" e.V.

Interview. 1968. "Interview Marburger Volkskundestudenten mit Prof. Heinz Maus." *Volkskunde-Forum* 2: 5-17.

Ipsen, Gunther. 1933a. *Programm einer Soziologie des deutschen Volkstums.* Das politische Volk. Bd. 1. Berlin.

Ipsen, Gunther. 1933b. *Das Landvolk. Ein soziologischer Versuch.* Hamburg.

Jacobeit, Sigrid. 1991. "Die 'Anthropologie der nichtsbesitzenden Klassen' von Alfredo Niceforo (1910) als wissenschaftsgeschichtliche Quelle für eine Ethnographie/Volkskunde des Proletariats." In Sievers 1991: 195-205.

Jacobeit, Wolfgang. 1956. "Tagung für Agrarethnographie vom 29. September bis 1. Oktober 1955 in Berlin." *Deutsches Jahrbuch für Volkskunde* 2: 266-268.

Jacobeit, Wolfgang. 1957. "Jochgeschirr und Spanntiergrenze." *Deutsches Jahrbuch für Volkskunde* 3: 119-144.

Jacobeit, Wolfgang. 1961. *Schafhaltung und Schäfer in Zentraleuropa bis zum Beginn des 20. Jahrhunderts.* Berlin.

Jacobeit, Wolfgang. 1962. "Zur Erforschung der bäuerlichen Arbeit und Wirtschaft in der deutschen Volkskunde." *Deutsches Jahrbuch für Volkskunde* 8: 303-311.

Jacobeit, Wolfgang. 1965a. Rezension über Helbok (1964). *Deutsches Jahrbuch für Volkskunde* 11: 399-401.

Jacobeit, Wolfgang. 1965b. *Bäuerliche Arbeit und Wirtschaft. Ein Beitrag zur Wissenschaftsgeschichte der deutschen Volkskunde.* Veröffentlichungen des Instituts für deutsche Volkskunde. Bd. 39. Berlin.

Jacobeit, Wolfgang. 1969. "'Traditionelle' Verhaltensweisen und konservative Ideologie. Marginalien aus dem Bereich der bäuerlichen Arbeit und Wirtschaft." In Bausinger und Brückner 1969: 67-75.

Jacobeit, Wolfgang. 1974. "Zum Gedenken an Adolf Reichwein (1898-1944)." *Neue Museumskunde* 17: 299-303.

Jacobeit, Wolfgang. 1985a. "Zur Situation der Volkskunde in der BRD." *Mitteilungen aus der kulturwissenschaftlichen Forschung: Kulturgeschichtsschreibung* 15: 7-12.

Jacobeit, Wolfgang. 1985b. "Wege und Ziele der Volkskunde in der DDR." *Blätter für Heimatgeschichte (Kulturbund der DDR Berlin)* 1985/1: 37-58.

Jacobeit, Wolfgang. 1986. "Dreißig Jahre Ethnographie an der Humboldt-Universität zu Berlin 1952-1982." *Ethnographisch-Archäologische Zeitschrift* 27: 13-26.

Jacobeit, Wolfgang. 1987. "Die Auseinandersetzung mit der NS-Zeit in der DDR-Volkskunde." In Gerndt 1987: 301-318.

Jacobeit, Wolfgang. 1991a. "Regionalwissenschaften, Landesgeschichte und Volkskunde unter besonderer Berücksichtigung von Karl Lamprecht (1856-1915)." *Wissenschaftliche Zeitschrift der Humboldt-Universität zu Berlin. Reihe Geistes- und Sozialwissenschaften.* 11: 47-53.

Jacobeit, Wolfgang. 1991b. "Concerning the Traditional Understanding of 'Folk Culture' in the German Democratic Republic. A Scholarly-Historical Retrospective." *Asian Folklore Studies* 50/1: 67-94.

Jacobeit, Wolfgang. 1993. Besprechung von Sievers (Hrsg.) 1991. *Schweizerisches Archiv für Volkskunde* 89: 234-236.

Jacobeit, Wolfgang; und Ute Mohrmann. 1968/69. "Zum Gegenstand und zur Aufgabenstellung der Volkskunde in der DDR." *Lětopis: Reihe C, Volkskunde* 11/12: 94-103.

Jacobeit, Wolfgang; und Ute Mohrmann. 1982. "Zur Geschichte der volkskundlichen Lehre unter Adolf Spamer an der Berliner Universität (1933-1945)." *Ethnographisch-Archäologische Zeitschrift* 23: 283-298.

Jacobeit, Wolfgang; und Ute Mohrmann. 1988. "Zum Gegenstand und zur Aufgabenstellung der Volkskunde in der DDR." In Gerndt 1988b: 209-222.

Jacobeit, Wolfgang; und Paul Nedo (Hrsg.). 1969. *Probleme und Methoden volkskundlicher Gegenwartsforschung. Vorträge und Diskussionen einer internationalen Arbeitstagung in Bad Saarow 1967.* Veröffentlichungen des Instituts für deutsche Volkskunde. Bd. 51. Berlin.

Jacobeit, Wolfgang; und Ute Mohrmann (Hrsg.). 1973. *Kultur und Lebensweise des Proletariats. Kulturhistorische-volkskundliche Studien und Materialien.* Berlin.

Jacobeit, Wolfgang; Josef Mooser; und Bo Stråth (Hrsg.). 1990. *Idylle oder Aufbruch? Das Dorf im bürgerlichen 19. Jahrhundert. Ein europäischer Vergleich.* Berlin.

Jacobsen, Hans-Adolf. 1968. *Nationalsozialistische Außenpolitik 1933-38.* Frankfurt am Main und Berlin.

Jagschitz, Gerhard. 1983. "Der österreichische Ständestaat 1934-1938." In Weinzierl und Skalnik 1983: 497-515.

Jahn, Peter. 1986. *Der Volkskundler Paul Nedo. Seine Entwicklung und sein theoretisches und praktisches Lebenswerk.* Maschinenschriftliche Jahresarbeit am Bereich Ethnographie, Sektion Geschichte, der Humboldt-Universität zu Berlin. Berlin.

Jahresbericht. 1933. "Jahresbericht des DAI für 1932/33." *Der Auslanddeutsche* 19-20: 481-488.

Jankuhn, Herbert (Hrsg.). 1944. *Forschungs- und Lehrgemeinschaft "Das Ahnenerbe." Jahrestagungen. Bericht über die Kieler Tagung 1939.* Neumünster.

Jeggle, Utz. 1966. "Soziale Grundlagen." In Dörfliche Fasnacht 1966: 14-81.

Jeggle, Utz. 1969a. "Dokumentation und Feldforschung. Kompaktseminar des Ludwig-Uhland-Instituts in Tübingen." *Hessische Blätter für Volkskunde* 60: 250-253.

Jeggle, Utz. 1969b. *Judendörfer in Württemberg.* Tübingen.

Jeggle, Utz. 1970a. "Im Schatten der Vergangenheit. Eine Erwiderung auf die volkskundlichen Emmerich-Rezensionen." *Tübinger Korrespondenzblatt* 1: 5-10.

Jeggle, Utz. 1970b. "Wertbedingungen der Volkskunde." In Abschied vom Volksleben 1970: 11-36.

Jeggle, Utz. 1971. "Beharrung oder Wandel? Fragen an eine kulturanthropologisch ausgerichtete Ethnologie." *Zeitschrift für Volkskunde* 67: 26-37.

Jeggle, Utz. 1974. "Wandervorschläge in Richtung Heimat." *Attempto. Nachrichten für die Freunde der Universität Tübingen e.V.* 49/50: 11-15.

Jeggle, Utz. 1977. *Kiebingen. Eine Heimatgeschichte. Zum Prozeß der Zivilisation in einem schwäbischen Dorf.* Untersuchungen des Ludwig-Uhland-Instituts der Universität Tübingen. Bd. 44. Tübingen.

Jeggle, Utz. 1984a. "Zur Geschichte der Feldforschung in der Volkskunde." In Jeggle 1984: 11-46.

Jeggle, Utz. 1984b. "Das Bild der Forschung. Anmerkungen zu einigen Darstellungen aus dem volkskundlichen Feld." In Jeggle 1984: 47-58.

Jeggle, Utz. 1986. "In stolzer Trauer. Umgangsformen mit dem Kriegstod während des 2. Weltkriegs." In Jeggle, Kaschuba, Korff, Scharfe und Warneken 1986: 242-259.

Jeggle, Utz. 1987. "Nationalsozialismus." In Erb und Schmidt 1987: 495-514.

Jeggle, Utz. 1988a. "Volkskunde im 20. Jahrhundert." In Brednich 1988: 51-71.

Jeggle, Utz. 1988b. "Kontinuität in der Lebensgeschichte von Nazis." *Schweizerisches Archiv für Volkskunde* 84: 201-211.

Jeggle, Utz. 1988c. "Bebermeyer. Institutsdirektor. Eine persönliche Vignette." In Nationalsozialismus im Landkreis Tübingen 1988: 61-62.

Jeggle, Utz. 1988d. "L'ethnolgie d l'Allemagne sous le régime nazi. Un regard sur la Volkskunde deux générations aprés." *Ethnologie français* 18/2: 114-119.

Jeggle, Utz; und Gottfried Korff. 1972. "Zur Sendung Wolfgang Brückners." *Tübinger Korrespondenzblatt* 6: 1-8.

Jeggle, Utz; und Gottfried Korff. 1974. "Zur Entwicklung des Zillertaler Regionalcharakters. Ein Beitrag zur Kulturökonomie." *Zeitschrift für Volkskunde* 70: 39-57.

Jeggle, Utz; Gottfried Korff; und Martin Scharfe. 1975. "Hinweise zur kommunalen Kulturpolitik." *Tübinger Korrespondenzblatt* 15: 1-9.

Jeggle, Utz (Hrsg.). 1984. *Feldforschung. Qualitative Methoden in der Kulturanalyse.* Untersuchungen des Ludwig-Uhland-Instituts der Universität Tübingen. Bd. 62. Tübingen.

Jeggle, Utz; Gottfried Korff; Martin Scharfe; und Bernd Jürgen Warneken (Hrsg.). 1986. *Volkskultur in der Moderne. Probleme und Perspektiven empirischer Kulturforschung.* Rowohlts Enzyklopädie. Bd. 431. Reinbek bei Hamburg.

Jeggle, Utz; Wolfgang Kaschuba; Gottfried Korff; Martin Scharfe; und Bernd Jürgen Warneken (Hrsg.). 1986. *Tübinger Beiträge zur Volkskultur.* Untersuchungen des Ludwig-Uhland-Instituts der Universität Tübingen. Bd. 69. Tübingen.

Jens, Walter. 1977. *Eine deutsche Universität. 500 Jahre Tübinger Gelehrtenrepublik* 4. Aufl. München.

Johler, Reinhard. 1991. "Einleitung." In Johler, Paulmichl und Plankensteiner 1991: 7-14.

Johler, Reinhard. (im Druck). "Ein Kongreß und sein Ort: Die 'II. Gemeinsame Versammlung der Deutschen und der Wiener anthropologischen Gesellschaft' in Innsbruck 1894."

Johler, Reinhard; Ludwig Paulmichl; und Barbara Plankensteiner (Hrsg.). 1991. *Südtirol. Im Auge der Ethnographen.* Wien und Lana: Der Prokurist.

John, Eckhard. 1984. "Vom Deutschtum in der Musik." *Zwischentöne* 2 (Der diskrete Charm der Theorie. Musikwissenschaft in Freiburg 1919-1984): 5-33.

John, Eckhard. 1987. "Die andere Seite der Freiburger Musikwissenschaft." *Zwischentöne* 10 (Musik im NS-Staat und Exil): 5-12.

John, Eckhard. 1988. "Vom Deutschtum in der Musik." In Dümling und Girth 1988: 49-55.

John, Eckhard. 1989. Besprechung von Gerndt 1987. *Jahrbuch für Volksliedforschung* 34: 141-143.

John, Eckhard. 1991. "Der Mythos vom Deutschen in der deutschen Musik: Musikwissenschaft und Nationalsozialismus." In John, Martin, Mück und Ott 1991: 163-190.

John, Eckhard; Bernd Martin; Marc Mück; und Hugo Ott (Hrsg.). 1991. *Die Freiburger Universität in der Zeit des Nationalsozialismus.* Freiburg im Breisgau, Würzburg.

Jokerst, Wolfgang. 1989/90. *Freud als Kulturanalytiker.* Maschinenschriftliche Magisterarbeit. Freiburg i.Br.

Josef Strzygowski - Festschrift. 1932. *Josef Strzygowski-Festschrift. Zum 70. Geburtstag dagebracht von seinen Schülern.* Klagenfurt.

Jürgensen, Harald (Hrsg.). 1967. *Entzifferung. Bevölkerung als Gesellschaft in Raum und Zeit. Gunther Ipsen gewidmet.* Jahrbuch für Sozialwissenschaft. Bd. 18. Göttingen.

Jungwirth, Eveline. 1982. *Die philosophische Fakultät der Universität Wien von 1848 bis 1873 unter Berücksichtigung der Thun-Hohensteinschen Universitätsreform.* Phil. Diss. Wien.

K.G. 1952. "Kritisches zur Volkskunstausstellung in Berlin." *Neues Deutschland* vom 1.8.1952.

Kadrnoska, Franz (Hrsg.). 1981. *Aufbruch und Untergang. Österreichische Kultur zwischen 1918 und 1938.* Wien, München und Zürich.

Kaindl, Raimund Friedrich. 1903. *Die Volkskunde, ihre Bedeutung, ihre Ziele und ihre Methode.* Die Erdkunde. Bd. 17. Leipzig und Wien.

Kaindl-Hönig, Max; und Karl Heinz Ritschel. 1964. *Die Salzburger Universität 1622-1964.* Salzburg.

Kaiser, Karl. 1936. *Atlas der pommerschen Volkskunde. Textband. Kartenmappe: 5 + 44 Karten in doppelter Ausführung.* Veröffentlichungen des Volkskundlichen Archivs für Pommern. Bd. 4-5. Greifswald.

Kaiser, Karl. 1937. "Pommern im Lichte der volkstumsgeographischen Forschung." *Folk. Zeitschrift des Internationalen Verbandes für Volksforschung* 1, Heft 2: 147-167.

Kaiser, Karl (Hrsg.). 1939. *Lesebuch zur Geschichte der Deutschen Volkskunde*. Volkskundliche Texte. Bd. 10. Dresden.
Kamenetzky, Christa. 1972. "Folklore as a Political Tool in Nazi Germany." *Journal of American Folklore* 85: 221-235.
Kamenetzky, Christa. 1977. "Folktale and Ideology in the Third Reich." *Journal of American Folklore* 90: 168-178.
Kammerhofer, Ulrike. 1987. "Schriftenverzeichnis Richard Wolfram 1982-1987." In Wolfram 1987a: 158-159.
Kapfhammer, Franz Maria. 1970. *Josef Steinberger, der Gründer von St. Martin*. Graz.
Kapfhammer, Franz Maria (Hrsg.). 1949. *St. Martin. Festgabe für Josef Steinberger*. Graz.
Karasek, Erika. 1989. "Ein Jahrhundert Engagement für die Volkskunde 1889-1989." In Museum für Volkskunde 1989: 5-29.
Karner, Stefan. 1986. *Die Steiermark im Dritten Reich 1938-1945*. Graz.
Kaschuba, Wolfgang. 1986. "Mythos oder Eigen-Sinn? 'Volkskultur' zwischen Volkskunde und Sozialgeschichte." In Jeggle, Korff, Scharfe und Warneken 1986: 496-507.
Kater, Michael. 1971. "Die Artamanen - Völkische Jugend in der Weimarer Republik." *Historische Zeitschrift* 213: 577-638.
Kater, Michael H. 1974. *Das "Ahnenerbe" der SS 1935-1945. Ein Beitrag zur Kulturpolitik des Dritten Reiches*. Stuttgart.
Kater, Michael H. 1975. *Studentenschaft und Rechtsradikalismus in Deutschland 1918-1933. Eine sozialgeschichtliche Studie zur Bildungskrise in der Weimarer Republik*. Hamburg.
Kater, Michael H. 1981. "Die nationalsozialistische Machtergreifung an den deutschen Hochschulen. Zum politischen Verhalten akademischer Lehrer bis 1939." In Vogel, Simon und Podlech 1981: 49-75.
Kater, Michael H. 1984. "Die Studenten auf dem Weg in den Nationalsozialismus." In Tröger 1984: 26-37.
Katz, Jacob. 1978. "Die Anfänge der Judenemanzipation." *Bulletin des Leo Baeck Institutes* N.F. 13: 12-31.
Katz, Jacob. 1982a. *Zur Assimilation und Emanzipation der Juden. Ausgewählte Schriften*. Darmstadt.
Katz, Jacob. 1982b. "Die Anfänge der Judenemanzipation." In Katz 1982a: 83-98.
Kaufmann, David. 1898. "Zu den jüdischen Namen." *Mitteilungen der Gesellschaft für Jüdische Volkskunde* 1, Heft 1: 116-118.
Keller, Wilfried (Red.). 1979a. *Studien zur Landeskunde Tirols und angrenzender Gebiete. Festschrift des Instituts für Landeskunde zum 60. Geburtstag von Adolf Leidlmair*. Innsbrucker Geografische Studien. Bd. 6. Innsbruck.
Keller, Wilfried. 1979b. "Entstehung und Aufgaben des Instituts für Landeskunde." In Keller 1979a: 17-21.
Kerchler, Helga. 1975. "Much Matthäus, Prähistoriker." *Österreichisches Biographisches Lexikon 1815-1950*. 6: 400.
Kettenacker, Lothar. 1973. *Nationalsozialistische Volkstumspolitik im Elsaß*. Stuttgart.
Kinkelin, Wilhelm. 1939. "Der Bauernhof als Gesittungsgrundlage des Volkes." In Kulke 1939: 9-16.
Kisch, Guido (Hrsg.). 1963. *Das Breslauer Seminar. Jüdisch-Theologisches Seminar (Fraenkelscher Stiftung) in Breslau 1854-1938*. Tübingen.
Klagges, Dietrich. 1939. "Zum deutschen Volkskundetag in Braunschweig." In Thiele 1939: 10-13.
Klebelsberg, Raimund von 1942. "Die 'Deutsche Alpenuniversität' Innsbruck." *Deutschlands Erneuerung* 26: 35-39.
Klebelsberg, Raimund. 1951. "Der Alpenverein und die Erforschung Tirols." *Veröffentlichungen des Museums Ferdinandeum in Innsbruck*, 31: 413-439.
Klebelsberg, Raimund. 1953. *Innsbrucker Erinnerungen 1902 - 1952*. Schlern-Schriften. Bd. 100. Innsbruck.
Klein-Bruckschwaiger, Franz. 1967. "Almstudien in Österreich und die Innsbrucker Schule der Almforschung." *Zeitschrift für Agrargeschichte und Agrarsoziologie* 15: 23-32.

Klemperer, Victor. 1987. *LTI. Notizbuch eines Philologen.* Röderberg-Taschenbuch. Bd. 35. 4. Auflage. Köln.

Klessmann, Christoph. 1985. "Osteuropaforschung und Lebensraumpolitik im Dritten Reich." In Lundgreen 1985: 350-383.

Kley, Hans. 1937. "Errichtung einer Arbeitsgemeinschaft für deutsche Volkskunde." *Nationalsozialistische Monatshefte* 8, Heft 83: 164.

Klier, K. M. 1933. "Besprechung von Hüsing 1932." *Wiener Zeitschrift für Volkskunde* 38: 37.

Knoch, Peter; und Thomas Leeb (Hrsg.). 1984. *Heimat oder Region? Grundzüge einer Didaktik der Regionalgeschichte.* Geschichte lehren und lernen. Frankfurt am Main, Berlin und München.

Koch,Georg. 1935. *Die bäuerliche Seele. Eine Einführung in die religiöse Volkskunde.* Berlin.

Kocka, Jürgen (Hrsg.). 1987. *Bürger und Bürgerlichkeit im 19. Jahrhundert.* Göttingen.

Kocka, Jürgen (Hrsg.). 1989. *Sozialgeschichte im internationalen Überblick. Ergebnisse und Tendenzen der Forschung.* Darmstadt.

Könenkamp, Wolf-Dieter. 1988a. "Volkskunde und Statistik. Eine wissenschaftsgeschichtliche Korrektur." *Zeitschrift für Volkskunde* 84: 1-25.

Könenkamp, Wolf-Dieter. 1988b. "Natur und Nationalcharakter. Die Entwicklung der Ethnographie und die frühe Volkskunde." *Ethnologia Europaea* 18: 25-52.

Könenkamp, Wolf. 1991. "Gescheitert und vergessen: Folgenloses aus der Geschichte der Volkskunde." In Sievers 1991: 171-193.

König, René. 1955. "Die Begriffe Gemeinschaft und Gesellschaft bei Ferdinand Tönnies." *Kölner Zeitschrift für Soziologie und Sozialpathologie* 7: 348-420.

Köstlin, Konrad. 1973. "Relikte: Die Gleichzeitigkeit des Ungleichzeitigen." *Kieler Blätter zur Volkskunde* 5: 135-157.

Köstlin, Konrad. 1984. "Die Wiederkehr der Volkskultur. Der neue Umgang mit einem alten Begriff." *Ethnologia Europaea* 14: 25-31.

Köstlin, Konrad. 1991. "DDR-Volkskunde: die Entdeckung einer fernen Welt?" *Zeitschrift für Volkskunde* 87: 225-243.

Köstlin, Konrad; Karl-Sigismund Kramer; und Kai Detlev Sievers (Hrsg.). 1968. *Volkskunde im 19. Jahrhundert. Ansätze, Ausprägungen, Nachwirkungen. Arbeitstagung der Vertreter des Faches Volkskunde an den deutschen Universitäten in Kiel (9.-11.10.1968).* Kiel.

Köstlin, Konrad; und Hermann Bausinger (Hrsg.). 1980. *Heimat und Identität. Probleme regionaler Kultur. 22. Deutscher Volkskunde-Krongreß in Kiel vom 16. bis 21. Juni 1979.* Studien zur Volkskunde und Kulturgeschichte Schleswig-Holsteins. Bd. 7. Neumünster.

Köstlin, Konrad; und Hermann Bausinger (Hrsg.). 1983. *Umgang mit Sachen. Zur Kulturgeschichte des Dinggebrauchs. 23. Deutscher Volkskundekongreß in Regensburg vom 6.-11. Oktober 1981.* Regensburger Schriften zur Volkskunde. Bd. 1. Regensburg.

Köstlin, Konrad; Rosemarie Pohl-Weber; und Rainer Alsheimer (Hrsg.). 1987. *Kinderkultur. 25. Deutscher Volkskundekrogreß in Bremen vom 7. bis 12. Oktober 1985.* Hefte des Focke-Museums. Nr. 73. Bremen.

Köstlin, Konrad; und Renate Glaser (Hrsg.). 1987. *Historische Methode und regionale Kultur. Karl-S. Kramer zum 70. Geburtstag.* Regensburger Schriften zur Volkskunde. Bd. 4. Berlin und Vilseck.

Kogon, Eugen. 1989. *Der SS-Staat. Das System der deutschen Konzentrationslager.* Heyne Sachbuch. Bd. 19/9. München.

Kohlmann, Theodor; und Hermann Bausinger (Hrsg.). 1985. *Großstadt. Aspekte empirischer Kulturforschung. 24. Deutscher Volkskunde-Kongreß in Berlin vom 26. bis 30. September 1983.* Staatliche Museen Preussischer Kulturbesitz. Schriften des Museums für Deutsche Volkskunde in Berlin. Bd. 13. Berlin.

Kolb, Ernst. 1964. "Vorwort." In Assmann 1964: 5-8.

Kolb, Leon. 1967. "The Vienna Jewish Museum." In Fraenkel 1967: 147-159.

Konen, Heinrich; und Johann Peter Steffes (Hrsg.). 1932. *Volkstum und Kulturpolitik. Eine Sammlung von Aufsätzen. Gewidmet Georg Schreiber zum fünfzigsten Geburtstage.* Köln.

Konopath, Marie Adelheid. 1930. "Neunter Bundestag der 'Adler und Falken' in Koblenz." *Die Sonne* 7: 425-426.

Kontakte und Grenzen. 1969. *Kontakte und Grenzen. Probleme der Volks-, Kultur- und Sozialforschung. Festschrift für Gerhard Heilfurth.* Göttingen.

Koren, Hanns. 1934. *Volksbrauch im Kirchenjahr.* 1. Aufl. Salzburg.

Koren, Hanns. 1935. *Volksbrauch im Kirchenjahr.* 2. Aufl. Salzburg.

Koren, Hanns. 1936. *Volkskunde als gläubige Wissenschaft.* 2. Auflage. Texte und Arbeiten zur religiösen Volkskunde. Bd. 1. Salzburg und Leipzig.

Koren, Hanns. 1946. "Zur Volkskunde der Stadt." *Austria* 1: 30-33.

Koren, Hanns. 1950. *Pflug und Arl. Ein Beitrag zur Volkskunde der Ackergeräte.* Salzburg.

Koren, Hanns. 1952. *Volkskunde in der Gegenwart.* Graz.

Koren, Hanns. 1954. *Die Spende. Eine volkskundliche Studie über die Beziehung "Arme Seelen-arme Leute."* Graz.

Koren, Hanns. 1972a. "Geleitwort." In Beitl 1972: 1-5.

Koren, Hanns. 1972b. "Die steirischen Eggen." In Beitl 1972: 61-98.

Koren, Hanns. 1974. *Viktor von Geramb. Ein Lebensbild.* Zeitschrift des Historischen Vereins für Steiermark. Sonderband 5. Graz.

Koren, Hanns; und Leopold Kretzenbacher (Hrsg.). 1949. *Volk und Heimat. Festschrift für Viktor von Geramb.* Graz, Salzburg, Wien.

Korff, Gottfried. 1970. *Heiligenverehrung in der Gegenwart. Empirische Untersuchungen in der Diözese Rottenburg.* Untersuchungen des Ludwig-Uhland-Instituts der Universität Tübingen. Bd. 29. Tübingen.

Korff, Gottfried. 1971. "Bemerkungen zur Arbeitervolkskunde." *Tübinger Korrespondenzblatt* 2: 3-8.

Korff, Gottfried. 1974. "Arbeiterkultur als Forschungsgegenstand. Ein wissenschaftshistorischer Exkurs am Beispiel der Arbeitervolkskunde." *Attempto. Nachrichten für die Freunde der Universität Tübingen e.V.* 49/50: 73-80.

Korff, Gottfried. 1978. "Didaktik des Alltags. Hinweise zur Geschichte der Bildungskonzeption kulturhistorischer Museen." In Kuhn und Schneider 1978: 32-48.

Korff, Gottfried. 1988. "Notizen zur Symbolbedeutung der Sichel im 20. Jahrhundert." In Göttsch und Sievers 1988: 195-225.

Korff, Gottfried; Utz Jeggle; und Ulrich Ammon. 1973. "Unterhausen (Kreis Reutlingen). Volkskundlich-soziologische Beobachtungen an einer alten Siedlung (auf der Suche nach dem Proletariat)." *Forschungen und Berichte zur Volkskunde in Baden-Württemberg 1971-1973*: 215-243.

Korn, Karl. 1979. *Lange Lehrzeit. Ein deutsches Leben.* München.

Kramer, Dieter. 1970. "Wem nützt Volkskunde?" *Zeitschrift für Volkskunde* 66: 1-16.

Kramer, Dieter. 1980. "80 Jahre Hessische Blätter." *Hessische Blätter für Volks- und Kulturforschung* N.F. 10: 129-143.

Kramer, Dieter. 1987. *Theorien zur historischen Arbeiterkultur.* Schriftenreihe der Studiengesellschaft für Sozialgeschichte und Arbeiterbewegung. Bd. 57. Marburg.

Kramer, Dieter. 1989. "Lebensgeschichte und Wissenschaft. Zum wissenschaftlichen Erbe von Helmut Paul Fielhauer." *Schweizerisches Archiv für Volkskunde* 85: 415-419.

Kramer, Hans. 1963/64. "Die Erforschung des Trentino durch deutsche Historiker und Publizisten (seit dem Beginn des 19. Jahrhunderts)." *Tiroler Heimat* 27/28: 91-102.

Kramer, Hans. 1980. "Über die Tiroler Geschichtsforschung und -schreibung (seit ungefähr 1860). Studienstätten und Forschungsmöglichkeiten." *Veröffentlichungen des Tiroler Landesmuseums Ferdinandeum* 60: 85-105.

Kramer, Karl-Sigismund. 1957. *Bauern und Bürger im nachmittelalterlichen Unterfranken. Eine Volkskunde auf Grund archivalischer Quellen.* Beiträge zur Volkstumsforschung. Bd. 11. Veröffentlichungen der Gesellschaft für fränkische Geschichte. Reihe 9. Bd. 12. Würzburg.

Kramer, Karl-Sigismund. 1961. *Volksleben im Fürstentum Ansbach und seinen Nachbargebieten (1500-1800). Eine Volkskunde auf Grund archivalischer Quellen.* Beiträge zur Volkstumsforschung.

Bd. 13. Veröffentlichungen der Gesellschaft für fränkische Geschichte. Reihe 9. Bd. 15. Würzburg.

Kramer, Karl-Sigismund. 1967. *Volksleben im Hochstift Bamberg und im Fürstentum Coburg (1500-1800). Eine Volkskunde auf Grund archivalischer Quellen.* Beiträge zur Volkstumsforschung. Bd. 15. Veröffentlichungen der Gesellschaft für fränkische Geschichte. Reihe 9. Bd. 24. Würzburg.

Kramer, Karl-Sigismund. 1971. "Zur Problematik historischer Volkskunde. Einige Bemerkungen zu Hermann Bausingers gleichnamigem Aufsatz im 'Abschied vom Volksleben.'" *Zeitschrift für Volkskunde* 67: 51-62.

Kramer, Karl-Sigismund. 1989. *Beschreibung des Volkslebens. Zur Entwicklung der "Münchner Schule."* München.

Kranzmayer, Eberhard. 1968. "Der alte Gott von Tischelwang am Plöckenpaß. Eine religionsgeschichtliche Studie auf namenskundlicher Grundlage." In Fielhauer (Hrsg.) 1968: 257-279.

Krauss, Friedrich Salomo. 1883-1884. *Sagen und Märchen der Südslaven. Zum großen Teil aus ungedruckten Quellen.* Bd. 1-2. Leipzig.

Krauss, Friedrich Salomo. 1884. *Ethnographische Fragebögen der Anthropologischen Gesellschaft in Wien.* 1: *Südslaven.* Wien.

Krauss, Friedrich Salomo. 1885a. *Pandzic Huso i Pavecić Luka pobra. Pjesan nasih muhamedovaca.* Mostraru (Mostar).

Krauss, Friedrich Salomo. 1885b. *Sitte und Brauch der Südslaven. Nach heimischen gedruckten und ungedruckten Quellen.* Wien.

Krauss, Friedrich Salomo. 1889a. *La fin du roi Bonaparte. Chanson des Guslars orthdoxes de la Bosnie et Hercegovine.* Paris.

Krauss, Friedrich Salomo. 1889b. *Orlović, der Burggraf von Raab. Ein mohammedanisch-slavisches Guslarenlied aus der Hercegovina.* Freiburg i.Br.

Krauss, Friedrich Salomo. 1889c. *Die vereinigten Königreiche Kroatien und Slavonien.* Die Länder Österreich-Ungarns in Wort und Bild. Bd. 14. Wien.

Krauss, Friedrich Salomo. 1891. "Wilhelm Krauss." (Nachruf). *Am Ur-Quell. Monatsschrift für Volkkunde* [sic!] 2: 84.

Krauss, Friedrich Salomo. 1893a. *Böhmische Korallen aus der Götterwelt. Folkloristische Börse(n)berichte vom Götter- und Mythenmarkte.* Wien.

Krauss, Friedrich Salomo. 1893b. *Warum Volkepen* [sic!] *gedichtet werden. Eine Betrachtung an der Hand eines bosnisch-herzögischen Guslarenliedes.* Wien.

Krauss, Friedrich Salomo. 1895. *Billige Bräute. Lustspiel.* Wien.

Krauss, Friedrich Salomo. 1896. *Bojagić Alile's Glück und Grab. Zwei moslimische Guslarenlieder.* Leiden.

Krauss, Friedrich Salomo. 1897a. "Beiträge zur Geschichte der Volkskunde." *Der Urquell. Eine Monatsschrift für Volkskunde* N.F. 1: 284-285.

Krauss, Friedrich Salomo. 1897b. "Ein Folklore-Comité." *Der Urquell. Eine Monatsschrift für Volkskunde* N.F. 1: 27.

Krauss, Friedrich Salomo. 1897c. *Böhmische Korallen aus der Götterwelt. Folkloristische Börse(n)berichte vom Götter- und Mythenmarkte.* 2. Auflage. Wien.

Krauss, Friedrich Salomo. 1897d. "Eine Einladung." *Der Urquell* N.F. 1: 256.

Krauss, Friedrich Salomo. 1898. "Friedrich Müller." (Nachruf). *Der Urquell. Eine Monatsschrift für Volkskunde* N.F. 2: 189.

Krauss, Friedrich Salomo. 1899. "Allgemeine Methodik der Volkskunde, 1891-1897." In Schermann und Krauss 1899: 21-134.

Krauss, Friedrich Salomo. 1903a. *Die Braut muss billig sein! Ein bosnisch Singspiel.* Leipzig.

Krauss, Friedrich Salomo. 1903b. *Künstlerblut. Ein Schauspiel in vier Aufzügen.* Leipzig.

Krauss, Friedrich Salomo. 1903c. *Streifzüge im Reiche der Frauenschönheit.* Leipzig.

Krauss, Friedrich Salomo. 1904a. *Die Anmut des Frauenleibes.* Leipzig.

Krauss, Friedrich Salomo. 1904b. "Vorwort." *Anthropophyteia. Jahrbücher für Folkloristische Erhebungen und Forschungen zur Entwicklungsgeschichte der geschlechtlichen Moral* 1: V-XXI.

Krauss, Friedrich Salomo. 1904c. *Streifzüge im Reiche der Frauenschönheit.* 2. Auflage. Leipzig.

Krauss, Friedrich Salomo. 1907. *Zigeunerhumor. 250 Schnurren, Schwänke und Märchen.* Der Volksmund. Alte und neue Beiträge zur Volksforschung. 9-10. Leipzig.

Krauss, Friedrich Salomo. 1908. *Slavische Volksforschungen. Abhandlungen über Glauben, Gewohnheitsrechte, Sitten, Bräuche, und die Guslarenlieder der Südslaven. Vorwiegend auf Grund eigener Erhebungen.* Leipzig.

Krauss, Friedrich Salomo. 1911. Rezension von Zentralblatt für Psychoanalyse 1911. *Anthropophyteia. Jahrbücher für Folkloristische Erhebungen und Forschungen zur Entwicklungsgeschichte der geschlechtlichen Moral* 8: 487.

Krauss, Friedrich Salomo. 1913. *Erotische Zauberwahnprozesse zu Berlin im Jahre 1913. Beiträge zur Geschichte der Anthropophyteia-Studien in Deutschland, nach den Gerichtakten* [sic!] *dargestellt.* Beilage zu Anthropophyteia. Bd. 10. Leipzig.

Krauss, Friedrich Salomo. (1928). *Wider die Unzuchtschnüffler der deutschen Justiz. Ein Haró-Rufen durch die deutschen Lande.* Basel.

Krauss, Friedrich Salomo. 1931. *Das Geschlechtsleben in Sitte, Brauch, Glauben und Gewohnheitsrecht des japanischen Volkes. Allgemeine Einführung in das Studium des japanischen Geschlechtslebens.* Japanisches Geschlechtsleben. 1. Beiwerke zum Studium der Anthropophyteia. N.F. 1. Leipzig.

Krauss, Friedrich Salomo. 1935. "Theseus im Guslarenlied. Ein herzogländisches Guslarenlied." *Laographia* 11: 337-386.

Krauss, Friedrich Salomo (Hrsg.). 1886. *Smailagić Meho. Pjesan naših muhamedovaca.* Dubrovnik.

Krekeler, Norbert. 1973. *Revisionsanspruch und geheime Ostpolitik der Weimarer Republik.* Stuttgart.

Kretzenbacher, Leopold. 1951. *Lebendiges Volksschauspiel in Steiermark.* Österreichische Volkskultur. Forschungen zur Volkskunde. Bd. 6. Wien.

Kretzenbacher, Leopold. 1952a. *Frühbarockes Weihnachtsspiel in Kärnten und Steiermark.* Archiv für vaterländische Geschichte und Topographie. Bd. 40. Klagenfurt.

Kretzenbacher, Leopold. 1952b. *Passionsbrauch und Christi-Leidenspiel in den Südostalpenländern.* Salzburg.

Kretzenbacher, Leopold. 1983. "Volkskunde als Faktor der Kulturprägung im Österreich der Zwischenkriegszeit." *Internationales Symposion Mogersdorf* 12: 83-93.

Krieck, Ernst. 1937. "Die rassische Herabsetzung der 'Schwarzwaldbewohner.'" *Oberdeutsche Zeitschrift für Volkskunde* 11: 172-173.

Kriss, Rudolf. 1929. *Das Gebärmuttervotiv. Ein Beitrag zur Volkskunde nebst einer Einleitung über Arten und Bedeutung der deutschen Opfergebräuche der Gegenwart.* Das Volkswerk. Augsburg.

Kriss, Rudolf. 1930. *Volkskundliches aus altbayrischen Gnadenstätten. Beiträge zu einer Geographie des Wallfahrtsbrauchtums.* Das Volkswerk. Augsburg.

Kriss, Rudolf. 1933. *Die religiöse Volkskunde Altbayerns. Dargestellt an den Wallfahrtsbräuchen.* Das Volkswerk. Baden bei Wien.

Kriss, Rudolf. 1948. *Im Zeichen des Ungeistes. Erinnerungen an die Jahre 1933-1945.* München-Pasing.

Krömer, Wolfram; und Osmund Menghin (Hrsg.). 1983. *Die Geisteswissenschaften stellen sich vor.* Veröffentlichungen der Universität Innsbruck. Bd. 137. Innsbruck.

Krohn, Helga. 1974. *Die Juden in Hamburg. Die politische, soziale und kulturelle Entwicklung einer jüdischen Großstadtgemeinde nach der Emanzipation 1848-1918.* Hamburger Beiträge zur Geschichte der deutschen Juden. 4. Hamburg.

Kroner, (Theodor). 1914a. "Das Judentum in der Cölner Werkbundausstellung." *Ost und West. Illustrierte Monatsschrift für das gesamte Judentum* 14, Heft 7: 501-504.

Kroner, (Theodor). 1914b. "Die Jüdische Abteilung auf der Stuttgarter Ausstellung für Gesundheitspflege." *Ost und West. Illustrierte Monatsschrift für das gesamte Judentum* 14, Heft 8: 569-572.

Kronfeld, Ernst Moritz. 1915. *Der Krieg im Aberglauben und im Volksglauben.* München.
Kryptádia. 1883-1911. *Kryptádia. Recueil de documents pour servir à l'étude des traditions populaires.* Bd. 1-12. Heilbronn und Paris.
Kube, Siegfried. 1958. "Bergmännisches Familienleben in Genrebildern des 19. Jahrhunderts." *Deutsches Jahrbuch für Volkskunde* 4: 327-365.
Kube, Siegfried. 1959. "Hausen, Wohnen und Siedeln der Bergleute im sächsischen Erzgebirge und seinem Vorland." *Deutsches Jahrbuch für Volkskunde* 5: 307-332.
Kuczynski, Jürgen. 1982a. *Geschichte des Alltags des deutschen Volkes.* Bd. 5: 1918-1945. Köln.
Kuczynski, Jürgen. 1982b. "Die faschistische Diktatur." In Kuczynski 1982a: 48-85.
Kuczynski, Jürgen. 1982c. "Terror und Ideologien." In Kuczynski 1982a: 78-85.
Kühebacher, Egon (Hrsg.). 1986. *Tirol im Jahrhundert nach Anno Neun.* Schlern-Schriften. Bd. 279. Innsbruck.
Kühn, Werner. 1952. "Die Volkskunstausstellung - ein Beitrag im Kampf um nationale Einheit und Frieden." In Deutsche Volkskunst 1952: 5-7.
Künneth, Walter. 1935. *Antwort auf den Mythus. Die Entscheidung zwischen dem nordischen Mythus und dem biblischen Christus.* 3. Auflage. Berlin.
Künneth, Walter. 1947. *Der große Abfall. Eine geschichtstheologische Untersuchung der Begegnung zwischen Nationalsozialismus und Christentum.* Hamburg.
Künsting, Sabine. 1987/1988. Besprechung von Gerndt 1987. *Rheinisch-westfälische Zeitschrift für Volkskunde* 32/33: 251-253.
Künzig, Johannes. 1927. *Lieder der badischen Soldaten.* Hrsg. im Auftrage des Badischen Volksliedausschusses. Ausgabe B. (mit Anmerkungen). Leipzig.
Künzig, Johannes. 1933. "Deutsche Volkskunde und Nationalerziehung." *Der Alemanne* Nr. 311 A vom 8.11.1933: 6.
Künzig, Johannes. 1934. "Verzeichnis der von John Meier 1886-1934 veröffentlichten Schriften." In Seemann und Schewe 1934: 307-314.
Kuhn, Annette; und Gerhard Schneider (Hrsg.). 1978. *Geschichte lernen im Museum.* Geschichtsdidaktik. Bd. 4. Düsseldorf.
Kuhn, Walter. 1930. *Die jungen deutschen Sprachinseln in Galizien.* Deutschtum und Ausland. Bd. 26/27. Münster.
Kuhn, Walter. 1934. *Deutsche Sprachinsel-Forschung. Geschichte - Aufgaben - Verfahren.* Ostdeutsche Forschungen. Bd. 2. Plauen.
Kuhn, Walter. 1982. "Eine Jugend für die Sprachinselforschung. Erinnerungen." *Jahrbuch der Schlesischen Friedrich-Wilhelms-Universität zu Breslau* 23: 225-278.
Kulke, Erich. 1938a. "Haus und Hof des deutschen Bauern." In Lindner, Kulke und Gutsmiedl (1938): 7-11.
Kulke, Erich. 1938b. "Das neue, heimatgebundene Bauen." In Lindner, Kulke und Gutsmiedl (1938): 216-231.
Kulke, Erich. 1938c. "Das Dorfhaus. Eine Zukunftsaufgabe des dörflichen Gemeinschaftslebens." *Odal* 7: 186-192 (einschließlich 8 Abbildungen).
Kulke, Erich. 1939a. "Die Arbeitsgrundlagen der 'Mittelstelle deutscher Bauernhof.' (Auszug aus dem am 17. März 1938 anläßlich der Bauernhofforschertagung gehaltenen Vortrag)." In Kulke 1939: 17-26.
Kulke, Erich. 1939b. "Bauernhofformen in der Mark Brandenburg." In Kulke 1939: 140-141.
Kulke, Erich. 1939c. "Die Laubenhäuser des Oderranddorfes Zäckerick." In Kulke 1939: 142-153.
Kulke, Erich. 1939d. "Vorwort." In Kulke 1939: 7.
Kulke, Erich. 1939e. *Die Laube als ostgermanisches Baumerkmal unter besonderer Berücksichtigung der Bauernhöfe an der unteren Oder.* Deutsche Volkskunde. Schriftenreihe der Arbeitsgemeinschaft für Deutsche Volkskunde. Gruppe: Haus und Hof. München: Hoheneichen-Verlag.
Kulke, Erich. 1939f. "Baupflege gegen Landflucht. Zur 2. Reichsarbeitstagung der 'Mittelstelle deutscher Bauernhof.'" *Neues Bauerntum* 31: 102-103.

Kulke, Erich. (1941a). *Die Land-Baufibel.* Hrsg. vom Arbeitskreis Baugestaltung in der Fachgruppe Bauwesen des NSBDT mit der Arbeitsgemeinschaft Heimat und Haus und dem Reichsamt für das Landvolk. München und Berlin: Verlag Georg D. W. Callwey / Alfred Metzner Verlag.

Kulke, Erich. 1941b. "Deutsches Siedlungsgut im Osten." *Odal* 10: 125-129.

Kulke, Erich (Hrsg.). (1939). *Vom deutschen Bauernhof. Vorträge der ersten Arbeitstagung der "Mittelstelle deutscher Bauernhof" in der Arbeitsgemeinschaft für Deutsche Volkskunde.* Deutsche Volkskunde. Schriftenreihe der Arbeitsgemeinschaft für Deutsche Volkskunde. Gruppe: Haus und Hof. München: Hoheneichen-Verlag.

Kulturanthropologie. 1984. *Kulturanthropologie und Europäische Ethnologie in Frankfurt. Eine Zwischenbilanz forschenden Lernens nach 10. Jahren.* Redaktion Heinz Schilling. Notizen. Bd. 20. Frankfurt am Main.

Kulturgeschichtliche Perspektiven. 1971. *Kulturgeschichtliche Perspektiven. Jahrbuch für Österreichische Kulturgeschichte* I/1. Eisenstadt.

Kummer, Bernhard. 1935. *Midgards Untergang. Germanischer Kult und Glaube in den letzten heidnischen Jahrhunderten.* Leipzig.

Kundegraber, Maria. 1974. "Viktor-Geramb-Bibliographie." In Koren 1974: 77-84.

Kunt, Ernö (Hrsg.). 1989. *Bildkunde - Volkskunde.* Miskolc.

Kuntz, Andreas. 1982. "Anmerkungen zum Handwerk im Nationalsozialismus." *Zeitschrift für Volkskunde* 78: 187-199.

Kunze, Horst. 1955. "Bericht über den Volkskunde-Kongreß der Deutschen Akademie der Wissenschaften zu Berlin vom 4. bis 6. September 1953." *Deutsches Jahrbuch für Volkskunde* 1: 260-269.

L.,H. 1937. "2. Nordischer wissenschaftlicher Kongreß 'Tracht und Schmuck' in Lübeck 30. August bis 4. September 1937." *Rasse* 4: 438-439.

Lämmle, August. 1925. *Unser Volkstum.* Stuttgart.

Lämmle, August. 1934. "Der Regenbogen." In Seemann und Schewe 1934: I-II.

Lamp, Karl. (1933). *Bericht über die Arbeiten des Instituts für Sozialforschung an der Innsbrucker Universität während seines achtjährigen Bestandes.* Innsbruck.

Lange, Marianne. 1960. *Zur sozialistischen Kulturrevolution. Dokumente 1957-1959.* Bd. 2. Berlin.

Lange, Wolfgang (Hrsg.). 1967. *Die Germania des Tacitus. Erläutert von Rudolf Much 7. V. 1862 - 8. III. 1936.* 3. Auflage. Heidelberg.

Langewiesche, Friedrich. 1935. *Sinnbilder germanischen Glaubens im Wittekindsland.* Eberswalde.

Langewiesche, Friedrich. 1937. "Hakenkreuz, Speichenrad, Scheibe und Tupf als Sinnbilder und Heilszeichen. Eine Entgegnung. *Zeitschrift für Volkskunde.* 45: 330-333.

Lauffer, Otto. 1918. *Deutsche Altertümer im Rahmen deutscher Sitte. Eine Einführung in die deutsche Altertumswissenschaft.* Wissenschaft und Bildung. Einzeldarstellungen aus allen Gebieten des Wissens. 148. Leipzig.

Lauffer, Otto. 1920. *Deutsche Sitte.* Deutschkundliche Bücherei. Leipzig.

Lauffer, Otto. 1926. "Die Entwicklungsstufen der germanischen Kultur. Umwelt und Volksbrauch in altgermanischer Zeit." In Nollau 1926: 17-155.

Lauffer, Otto. 1934. "Die Volkskunde und der deutsche Osten." *Geistige Arbeit* 1/Nr. 6: 1-3.

Lauffer, Otto. 1937a. Besprechung von Langewiesche 1935. *Zeitschrift für Volkskunde* 45: 179-181.

Lauffer, Otto. 1937b. Besprechung von Zaborsky-Wahlstätten 1936. *Zeitschrift für Volkskunde* 45: 326.

Lauffer, Otto. 1937c. "Schlußwort." *Zeitschrift für Volkskunde* 45: 333.

Lauffer, Otto. 1940. "Wunderbäume und Wunschbäume im Schrifttum und in der bildenden Kunst." In Herrmann und Treutlein 1940: 161-178.

Lauffer, Otto. 1951. "Symbolforschung." In Peuckert und Lauffer 1951: 331-335.

Lauter, Hans. 1951. *Der Kampf gegen den Formalismus in Kunst und Literatur, für eine fortschrittliche deutsche Kultur: Referat von Hans Lauter, Diskussion und Entschließung von der 5. Tagung des Zentralkomitees der SED vom 15.-17. März 1951.* Berlin.

Lauterbach, Burkhart. 1986. "Schlußgedanken: Ungereimtheiten - Fragen." In Volkskunde im Dritten Reich 1986: 37-39.

Lauterbach, Burkhart. 1986/87. Rezension über Heller 1985. *Bayerisches Jahrbuch für Volkskunde* 1986/87: 189.

Leach, Maria (Hrsg.). 1949-1950. *Funk & Wagnalls Standard Dictionary of Folklore, Mythology and Legend.* Bd. 1-2. New York.

Lehmann, Albrecht. 1988. "Volkskundliche Feldforschung und Riehl-Kritik. Methodologische Anmerkungen zur neueren Riehl-Diskussion." In Lehmann und Kuntz 1988: 85-101.

Lehmann, Albrecht. 1989. Besprechung von Gerndt 1987. *Schweizerisches Archiv für Volkskunde* 85: 443-444.

Lehmann, Albrecht; und Andreas Kuntz (Hrsg.). 1988. *Sichtweisen der Volkskunde. Zur Geschichte und Forschungspraxis einer Disziplin. Gerhard Lutz zum 60. Geburtstag.* Lebensformen. Bd. 3. Berlin und Hamburg.

Lehmann, Emil. 1937. "Tracht und Schmuck (Der zweite Nordische wissenschaftliche Kongreß in Lübeck 1937)." *Mitteldeutsche Blätter für Volkskunde* 12: 224-228.

Lehmann, Otto. 1932. "Die Volkskunst in der Internationalität." In Konen und Steffes 1932: 100-117.

Lehmann, Otto. 1934. "Volkskunde und Großstadt." In Bargheer und Freudenthal 1934: 23-36.

Lehmann, Siegfried. 1936. "Der Kampf um die Sinnbildforschung." *Nationalsozialistische Monatshefte* 7, Heft 78: 832-835.

Lehmann, Siegfried. 1937. "Zur Lage der Sinnbildforschung." *Die Kunde* 5: 51-53.

Lehmann, Siegfried. 1938. "Sinnbild an Tracht und Schmuck." In Thiele 1938: 192-200.

Lehmann, Siegfried. 1943. *Deutsche Volkskunst. Wesen, Ausmaß und Weite der stillen Schaffenskräfte im deutschen Volk.* Berlin-Dahlem.

Lehmann, Siegfried. 1968. "Bäuerliche Symbolik. Versuch einer Genese und Systematik." *Symbolon. Jahrbuch für Symbolforschung* 6: 72-106.

Leidlmair, Adolf. 1990. "Landeskunde als Verpflichtung. Franz Huter zum 90. Geburtstag." *Der Schlern* 64: 5-16.

Leinwaechter, Friedrich; und Heinz von Paller. 1930. *Die Anschlußfrage in ihrer kulturellen, politischen und wirtschaftlichen Bedeutung.* Wien.

Leitner, Erich. 1973. *Die neuere deutsche Philologie an der Universität Graz.* Publikationen aus dem Archiv der Universität Graz. Bd. 1. Graz.

Lembke, Friedrich. 1936. "Einige Grundfragen deutschen Volkstums." *Volkstum und Heimat* 3: 310-313.

Lengerke, Alexander von. 1849. *Die ländliche Arbeiterfrage. Beantwortet durch die bei dem Königl. Landes-Oeconomie-Collegium aus allen Gegenden der preußischen Monarchie eingegangenen Berichte landwirtschaftlicher Vereine über die materiellen Zustände der arbeitenden Classen auf dem platten Lande.* Berlin.

Lenin, Wladimir Iljitsch. 1961a. *Werke.* Bd. 1. Berlin.

Lenin, Wladimir Iljitsch. 1961b. "Was sind die 'Volksfreunde' und wie kämpfen sie gegen die Sozialdemokraten?" In Lenin 1961 a: 119-338.

Lenk, Kurt. 1971. *Volk und Staat. Strukturwandel politischer Ideologien im 19. und 20. Jahrhundert.* Stuttgart.

Lévy-Bruhl, Lucien. 1910. *Le fonctions mentales dans les sociétés inférieures.* Paris.

Lévy-Bruhl, Lucien. 1921. *Das Denken der Naturvölker.* Herausgegeben und eingeleitet von Wilhelm Jerusalem. Wien und Leipzig.

Leyen, Friedrich von der. 1933. *Volkstum und Dichtung. Studien zum Ursprung und zum Leben der Dichtung.* Jena.

Leyen, Friedrich von der. 1936/37. "Über das Germanische und Deutsche im deutschen Märchen." *Zeitschrift für Volkskunde* 46: 83-87.

Leyen, Friedrich von der. 1937. "Erwiderung auf Otto Höfler: 'Der germanische Totenkult und die Sagen vom Wilden Heer.'" *Oberdeutsche Zeitschrift für Volkskunde* 11: 94-97.

Liebe, Georg. 1903. *Das Judentum.* Monographien zur deutschen Kulturgeschichte. Bd. 11. Leipzig.

Lienert, Matthias. 1989. *Zur Geschichte des Deutschen Ausland-Instituts (DAI) in der Zeit von 1917-33. Eine Studie über die "Deutschtumspolitik" in der Weimarer Republik.* Bd. 1-2. Diss. A. Berlin.

Liesenfeld, Gertraud. 1982. "Richard Wolfram Bibliographie 1968-1982." In Bockhorn und Fielhauer 1982: 275-282.

Liesenfeld, Gertraud. 1989. "Zwischen Volksmedizin und Folkmusic-Bewegung." In Bockhorn und Liesenfeld 1989: 277-309.

Lincke, Werner. 1937. "Deutsche Volkskunde als politische Wissenschaft." *Der Auslanddeutsche* 8: 554-555.

Linder-Beroud, Waltraud. 1989. *Von der Mündlichkeit zur Schriftlichkeit? Untersuchungen zur Interdependenz von Individualdichtung und Kollektivlied.* Artes Populares. Bd. 18. Frankfurt am Main, Bern, New York und Paris.

Lindner, Rolf. 1981. "Die Angst des Forschers vor dem Feld. Überlegungen zur teilnehmenden Beoachtung als Interaktionsprozeß." *Zeitschrift für Volkskunde* 77: 51-66.

Lindner, Werner. 1938. "Heimatpflege." In Lindner, Kulke und Gutsmiedl (1938): 25-89.

Lindner, Werner; Erich Kulke; und Franz Gutsmiedl (Hrsg.). (1938). *Das Dorf. Seine Pflege und Gestaltung.* Die landschaftlichen Grundlagen des deutschen Bauschaffens. Buchreihe der Arbeitsgemeinschaft Heimat und Haus. Bd. 1. München.

Lipp, Franz. 1949. "Angewandte Volkskunde als Wissenschaft." In Koren und Kretzenbacher 1949: 307-317.

Lipp, Wolfgang (Hrsg.). 1984. *Industriegesellschaft und Regionalkultur.* Schriftenreihe der Hochschule für Politik München. Bd. 6. Köln, Berlin, Bonn und München.

Lixfeld, Hannjost. 1987a. "Die Deutsche Forschungsgemeinschaft und die Dachverbände der deutschen Volkskunde im Dritten Reich." In Gerndt 1987: 69-82.

Lixfeld, Hannjost. 1987b. "Matthes Ziegler und die Erzählforschung des Amts Rosenberg. Ein Beitrag zur Ideologie der nationalsozialistischen Volkskunde." *Rheinisches Jahrbuch für Volkskunde* 26[1985/1986; erschienen 1987]: 37-59.

Lixfeld, Hannjost. 1989. "John Meier und sein 'Reichsinstitut für deutsche Volkskunde.' Zur volkskundlichen Fachgeschichte zwischen Monarchie und Faschismus." *Beiträge zur Volkskunde in Baden-Württemberg* 3: 102-144.

Lixfeld, Hannjost. 1991a. "The Deutsche Forschungsgemeinschaft and the Umbrella Organizations of German *Volkskunde* during the Third Reich." *Asian Folklore Studies* 50: 95-116.

Lixfeld, Hannjost. 1991b. "Adolf Spamers Rolle als Wegbereiter einer nationalsozialistischen Volkskundewissenschaft." In Sievers 1991: 91-119.

Lochner, Rudolf. 1934. "Volkswissenschaft. Eine Forderung an die gegenwärtige Forschung." *Der Ackermann aus Böhmen* 1934: 12-23.

Lochner von Hüttenbach, Fritz. 1976. *Das Fach Vergleichende Sprachwissenschaft an der Universität Graz.* Publikationen aus dem Archiv der Universität Graz. Bd. 5. Graz.

Löwenthal. Abraham. 1905. "Die Holzsynagoge in Czieschowa." *Mitteilungen zur Jüdischen Volkskunde* 8 (N.F. 1), Heft 2 (Heft 16): 109-110.

Lorenz, Ina. 1987. *Die Juden in Hamburg zur Zeit der Weimarer Republik. Eine Dokumentation.* Teil 1-2. Hamburger Beiträge zur Geschichte der deutschen Juden. 13. Hamburg.

Lorenzen, Hans. 1942. "Zur bolschewistischen Volkskunde." *Deutsche Volkskunde* 4: 51-53.

Losemann, Volker. 1977a. *Nationalsozialismus und Antike. Studien zur Entwicklung des Faches Alte Geschichte 1933-1945.* Historische Perspektiven. Bd. 7. 1. Auflage. Hamburg.

Losemann, Volker. 1977b. "Richard Harder und die 'Hohe Schule' Alfred Rosenbergs." In Losemann 1977a: 139-174.

Losemann, Volker. 1980. "Programme deutscher Althistoriker in der Machtergreifungsphase." *Quaderni di Storia* 11: 35-105.

Ludwig, Esther. 1991. "Adolf Helbok (1883-1968) und die 'Gleichschaltung' des Seminars für Landesgeschichte und Siedlungskunde an der Leipziger Universität (1935-1941)." *Wissenschaftliche Zeitschrift der Humboldt-Universität zu Berlin. Reihe Geistes- und Sozialwissenschaften* 11: 81-91.

Lücking, Wolf; und Paul Nedo. 1956. *Die Lausitz - Sorbische Trachten.* Trachtenleben in Deutschland. Bd. 2. Berlin.

Lüthi, Max. 1979. *Märchen*. 7. Auflage. Sammlung Metzler. Bd. 16. Stuttgart.

Lundgreen, Peter (Hrsg.). 1985. *Wissenschaft im Dritten Reich*. Edition Suhrkamp. Bd. 1306. Frankfurt am Main.

Lustiger, Arno. 1988a. "Gesellschaft zur Erforschung jüdischer Kunstdenkmäler - Jüdisches Museum." In Lustiger 1988b: 345-347.

Lustiger, Arno (Hrsg.). 1988b. *Jüdische Stiftungen in Frankfurt am Main. Stiftungen, Schenkungen, Organisationen und Vereine mit Kurzbiographien jüdischer Bürger,* dargestellt von Gerhard Schiebler. Frankfurt am Main.

Lutz, Gerhard. 1969. "Volkskunde und Ethnologie." *Zeitschrift für Volkskunde* 65: 65-80.

Lutz, Gerhard. 1970. Besprechung von Emmerich 1968. *Zeitschrift für Volkskunde* 66: 193-198.

Lutz, Gerhard. 1971. "Volkskunde und Kulturanthropologie. Zur Frage der Ortsbestimmung unseres Faches." *Zeitschrift für Volkskunde* 67: 1-13.

Lutz, Gerhard. 1973. "Johann Ernst Fabri und die Anfänge der Volksforschung im ausgehenden 18. Jahrhundert." *Zeitschrift für Volkskunde* 69: 19-42.

Lutz, Gerhard. 1980. "Geographie und Statistik im 18. Jahrhundert. Zu Neugliederung und Inhalten von 'Fächern' im Bereich der historischen Wissenschaften." In Rassem und Stagl 1980: 249-263.

Lutz, Gerhard. 1982. "Die Entstehung der Ethnologie und das spätere Nebeneinander der Fächer Volkskunde und Völkerkunde in Deutschland." In Nixdorff und Hauschild 1982: 29-46.

Lutz, Gerhard. 1983a. "Das Amt Rosenberg und die Volkskunde." In Brückner und Beitl 1983: 161-171.

Lutz, Gerhard. 1983b. "Walter Hävernick. 23. Februar 1905 - 23. Februar 1983." *Zeitschrift für Volkskunde* 79: 114-115.

Lutz, Gerhard (Hrsg.). 1958. *Volkskunde. Ein Handbuch zur Geschichte ihrer Probleme*. Berlin.

Mackensen, Lutz. 1937a. *Volkskunde in der Entscheidung. Versuch einer Standortbestimmung*. Philosophie und Geschichte. Eine Sammlung von Vorträgen und Schriften aus dem Gebiet der Philosophie und Geschichte. Bd. 63. Tübingen.

Mackensen, Lutz. 1937b. *Volkskunde der deutschen Frühzeit*. Leipzig.

Mackensen, Lutz. 1937c. Besprechung von Kaiser 1936. *Folk* 1: 224-225.

Mackensen, Lutz. (Hrsg.). 1930-1933. *Handwörterbuch des deutschen Märchens*. Hrsg. unter besonderer Mitwirkung von Johannes Bolte und Mitarbeit zahlreicher Fachgenossen. Bd. 1. Handwörterbücher zur deutschen Volkskunde. Abteilung II. Märchen. Berlin und Leipzig.

Mackensen, Lutz (Hrsg.). 1934-1940. *Handwörterbuch des deutschen Märchens*. Herausgegeben unter Mitarbeit zahlreicher Fachgenossen. Bd. 2. Handwörterbuch zur deutschen Volkskunde. Abteilung. Märchen. Berlin.

Mader, Josef. 1787. *Materialien zur alten und neuen Statistik von Böhmen*. Prag.

Mager, Alois (Hrsg.). 1934. *Die dritten Salzburger Hochschulwochen*. Salzburg.

Mahlberg, Joseph. 1937. "In unveränderter Neuauflage." *Volkstum und Heimat* 4: 37-40.

Mahr, Otto. 1939. *Das Volkslied im bäuerlichen Jahr der Rhön*. Frankfurt am Main.

Malfér, Viktor. 1981. "Christian Schneller 1831 - 1988." *Der Schlern* 55: 626-631.

Marcus, Steven. 1979. *Umkehrung der Moral. Sexualität und Pornographie im viktorianischen England*. Frankfurt am Main.

Markmiller, Fritz. 1984. "Beobachtungen zum Fest- und Brauchwesen während der NS-Zeit. Teil I: Dokumentation des Fallbeispiels Stadt Dingolfing und Umgebung im Jahr 1933. Aufgrund und im Spiegel der Lokalpresse." *Der Storchenturm. Geschichtsblätter für die Landkreise um Dingolfing, Landau und Vilsbiburg* 19, Heft 38: 1-114.

Markmiller, Fritz. 1986/1987. "Beobachtungen zum Fest- und Brauchwesen während der NS-Zeit. Teil 2: Fest- und Feiergestaltung während der NS-Zeit. Im Spiegel der Lokalpresse Dingolfing 1933-1937." *Der Storchenturm. Geschichtsblätter für die Landkreise um Dingolfing, Landau und Vilsbiburg* 21/22, Doppelheft 42/43: 1-262.

Martin, Bernhard. 1961. "Karl Helm, 19.5.1871 - 9.9.1960." *Hessische Blätter für Volkskunde* 51/52: 158-159.

Martin, Peter. 1983. "Volkskundliches im Reichsberufswettkampf der deutschen Studenten 1935-1941." In Brückner und Beitl 1983: 173-186.

Martischnig, Michael. 1982. "Verzeichnis der bei Leopold Schmidt erarbeiteten Wiener volkskundlichen Dissertationen von 1948-1979." *Österreichische Zeitschrift für Volkskunde* 36/85: 125-127.

Martischnig, Michael. 1984. "Burgenlands Volkskultur im Kartenbild. Der Österreichische Volkskundeatlas und sein Vorläufer im Burgenland." *Volk und Heimat* 4: 38-41.

Martischnig, Michael. 1988. "Erotik und Sexualität der unteren Volksschichten. Zum 50. Todestag von Friedrich Salomo Krauss (Salomon Friedrich Krauss) (1859-1938)." In Drexel, Heinzle und Koch 1988: 23-82.

Martischnig, Michael. 1989. "Der 'Atlas der Burgenländischen Volkskunde.'" *Veröffentlichungen des Verbandes Österreichischer Geschichtsvereine* 26: 226-230.

Marx, Karl. 1962a. "Instruktionen für die Delegierten des Provisorischen Zentralrats zu den einzelnen Fragen." In Marx und Engels 1957-1968. Bd. 16: 190-199.

Marx, Karl. 1962b. "Allgemeine Statuten und Verwaltungs-Verordnungen der Internationalen Arbeiterassoziation." In Marx und Engels 1957-1968. Bd. 17: 440-455.

Marx, Karl; und Friedrich Engels. 1957-1968. *Werke*. Hrsg. vom Institut für Marxismus-Leninismus beim ZK der SED. Bd. 1-39. Berlin.

Marx, Karl; und Friedrich Engels. 1962. "Beschlüsse der Delegiertenkonferenz der Internationalen Arbeiterassoziation, abgehalten zu London vom 17. bis 23. September 1871." In Marx und Engels 1957-1968. Bd. 17: 418-426.

Mattl, Siegfried; und Karl Stuhlpfarrer. 1989. "Angewandte Wissenschaft im Nationalsozialismus. Großraumphantasien, Geopolitik, Wissenschaftspolitik. In Heiß, Mattl, Meissl, Saurer und Stuhlpfarrer 1989: 283-301.

Maurer, Trude. 1986. *Ostjuden in Deutschland 1918-1933*. Hamburger Beiträge zur Geschichte der deutschen Juden. 12. Hamburg.

Maus, Heinz. 1946. "Zur Situation der deutschen Volkskunde." *Die Umschau. Internationale Revue* 1: 349-359.

Maus, Heinz. 1988. "Zur Situation der deutschen Volkskunde." In Gerndt 1988b: 25-40.

Maus, Heinz; und Friedrich Fürstenberg (Hrsg.). 1969. *Der Positivismusstreit in der Deutschen Gesellschaft für Soziologie*. Soziologische Texte. Bd. 58. Neuwied und Berlin.

Maußer, Otto. 1917. *Deutsche Soldatensprache*. Trübners Bibliothek. Bd. 9. Straßburg.

Mayerhofer, Theresia. 1982. *Der Lehrkörper der philosophischen Fakultät von 1848 bis 1873*. Phil. Diss. Wien.

Mayrhofer, Manfred. 1975. "Müller Friedrich, Linguist und Ethnograph." *Österreichisches Biographisches Lexikon 1815-1950* 6: 414-415.

Mecenseffy, Grete. 1967. *Evangelische Lehrer an der Universität Wien*. Graz, Wien, Köln.

Meier, John. 1906a. *Kunstlieder im Volksmunde. Materialien und Untersuchungen*. Halle/Saale.

Meier, John. 1906b. *Kunstlied und Volkslied in Deutschland*. Halle/Saale.

Meier, John. 1916. *Das deutsche Soldatenlied im Felde*. Trübners Bibliothek. Bd. 4. Straßburg.

Meier, John. 1917. *Volksliedstudien*. Trübners Bibliothek. Bd. 8. Straßburg.

Meier, John. 1926. "Goethe, Freiherr vom Stein und die deutsche Volkskunde. Vergangenheit, Gegenwart und Zukunft." *Mitteillungen der Akademie zur wissenschaftlichen Erforschung und zur Pflege des Deutschtums/Deutsche Akademie* 4: 129-144.

Meier, John. 1928a. "Wege und Ziele der deutschen Volkskundeforschung." In Deutsche Forschung 1928a: 7-35.

Meier, John. 1928b. "Wege und Ziele der deutschen Volkskundeforschung." In Deutsche Forschung 1928b: 15-43.

Meier, John. 1940. "Volksliedsammlung und Volksliedforschung in Deutschland." *Deutsche Kultur im Leben der Völker* 15: 190-210.

Meier, John. 1944a. *Ahnengrab und Brautstein*. Untersuchungen zur deutschen Volkskunde und Rechtsgeschichte. Bd. 1. Halle (Saale).

Meier, John. 1944b. "Das Ahnengrab in Kult und Recht." *Forschungen und Fortschritte* 20: 126-129.

Meier, John. 1947. *Der Verband deutscher Vereine für Volkskunde. Sein Werden und Wirken 1904-1944.* Lahr (Baden).
Meier, John. 1950. *Untersuchungen zur deutschen Volkskunde und Rechtsgeschichte. Ahnengrab und Rechtsstein.* Deutsche Akademie der Wissenschaften zu Berlin. Veröffentlichungen der Kommission für Volkskunde. Bd. 1. Berlin.
Meier, John. 1954. "Der Verband deutscher Vereine für Volkskunde. Sein Werden und Wirken 1904-1944." In Fünfzig Jahre Verband 1954: 3-27.
Meier, John. 1958. "Wege und Ziele der deutschen Volkskundeforschung." In Lutz 1958: 180-185.
Meier, John (Hrsg.). 1927. *Nordische Volkskundeforschung. Vier Vorträge von Kaarle Krohn, Reider Th. Christiansen, C.W. von Sydow, Henrik Ussing.* Im Auftrage des Verbandes deutscher Vereine für Volkskunde herausgegeben. Leipzig.
Meisen, Karl. 1954. "Der gegenwärtige Stand der wissenschaftlichen Volkskunde." *Rheinisch-westfälische Zeitschrift für Volkskunde* 1: 1-19.
Meissl, Sebastian. 1981. "Germanistik in Österreich. Zu ihrer Geschichte und Politik 1918-1938." In Kadrnoska 1981: 475-496.
Meissl, Sebastian. 1989. "Wiener Ostmark-Germanistik." In Heiß, Mattl, Meissl, Saurer und Stuhlpfarrer 1989: 133-154.
Meissl, Sebastian; Klaus-Dieter Mulley; und Oliver Rathkolb (Hrsg.). 1986. *Verdrängte Schuld, verfehlte Sühne. Entnazifizierung in Österreich 1945-1955. Symposion des Instituts für Wissenschaft und Kunst. Wien, März 1985.* Wien.
Meixner, Wolfgang. 1989. *Zur Entstehung des "Tiroler Volkskunstmuseums" in Innsbruck aus gewerbe- und fremdenverkehrsfördernden sowie heimatschützerischen Intentionen.* Dipl. Arbeit. Innsbruck.
Meixner, Wolfgang. 1990. "'...eine wahrhaft nationale Wissenschaft der Deutschen...' Der Historiker und Volkskundler Adolf Helbok (1883-1968)." *Skolast* 34: 126-133.
Meixner, Wolfgang. 1992. "Mythos Tirol. Zur Tiroler Ethnizitätsbildung und Heimatschutzbewegung im 19. Jahrhundert." *Geschichte und Region* 1: 88-106.
Meringer, Rudolf. 1906. *Das deutsche Haus und sein Hausrat.* Aus Natur und Geisteswelt. Bd. 116. Leipzig.
Meringer, Rudolf. 1909. "Wörter und Sachen." *Germanisch-Romanische Monatsschrift* 1: 593-598.
Meringer, Rudolf. 1925. "Michael Haberlandt." *Wiener Zeitschrift für Volkskunde* 25: I-II.
Metken, Sigrid. 1978. *Geschnittenes Papier. Eine Geschichte des Ausschneidens in Europa von 1500 bis heute.* München.
Metz, Friedrich. 1961. *Land und Leute. Gesammelte Beiträge zur deutschen Landes- und Volksforschung. Aus Anlaß seines 70. Geburtstages im Auftrage von Freunden und Schülern zusammengestellt und herausgegeben von L. Meynen u. R. Oehme.* Stuttgart.
Metzen, Thomas, 1970. "Anmerkungen zur 'Volkskunde der Schweiz' von Richard Weiss." In Abschied 1970: 173-190.
Metzner, Erwin. 1934. *Die deutschen Vornamen. Mit einem Vorwort von Reichsbauernführer Walther Darré.* Goslar: Blut und Boden Verlag.
Metzner, Erwin. 1939. *Die deutschen Vornamen. Mit einem Vorwort von Reichsbauernführer Walther Darré.* 2. Auflage. Goslar: Blut und Boden Verlag.
Mieder, Wolfgang. 1982. "Proverbs in Nazi Germany. The Promulgation of Anti-Semitism and Stereotypes through Folklore." *Journal of American Folklore* 95: 435-464.
Mieder, Wolfgang. 1983. "Sprichwörter unterm Hakenkreuz." *Muttersprache. Zeitschrift zur Pflege und Erforschung der deutschen Sprache.* 93: 1-30.
Miege, Wolfgang. 1972. *Das Dritte Reich und die deutsche Volksgruppe in Rumänien 1933-38.* Bern und Frankfurt am Main.
Minden, Georg. 1898. Rezension von Mitteilungen der Gesellschaft für jüdische Volkskunde 1898. *Zeitschrift des Vereins für Volkskunde* 8: 100-101.
Mitscherlich, Alexander und Margarete. 1987. *Die Unfähigkeit zu trauern. Grundlagen kollektiven Verhaltens.* Serie Piper. Bd. 168. 19. Aufl. München und Zürich.

Mitteilungen der Gesellschaft für jüdische Volkskunde. 1898. *Mitteilungen der Gesellschaft für jüdische Volkskunde* Heft 1. Hamburg 1898.

Mitteilungen der Volkskundekommission. 1930-1933. *Mitteilungen der Volkskundekommission* (Notgemeinschaft der Deutschen Wissenschaft - Deutsche Gemeinschaft zur Erhaltung und Föderung der Forschung) 1-4. Berlin.

Mitteilungen des Atlas der deutschen Volkskunde. 1935. *Mitteilungen des Atlas der deutschen Volkskunde zum V. Fragebogen.* Deutsche Forschungsgemeinschaft - Notgemeinschaft der Deutschen Wissenschaft 5. Berlin.

Mitteilungen des Verbandes. 1958. *Mitteilungen des Verbandes der Vereine für Volkskunde e.V.* 64. Stuttgart.

Mlotek, Eleanor Gordon. 1977/78. "Soviet-Yiddish Folklore Scholarship." *Musica Judaica* 2, no. 1: 73-90.

Möhler, Gerda. 1987. "Volkskunde in Bayern. Abriß einer Wissenschaftsgeschichte." In Harvolk 1987: 9-46.

Möller, Helmut. 1964. "Aus den Anfängen der Volkskunde als Wissenschaft. A. Volkskunde, Statistik, Völkerkunde 1787." *Zeitschrift für Volkskunde* 60: 218-233.

Mohr, Klaus. 1986. "Der deutsche Arbeiter: 'Pfeiler des Volkstums' oder 'Biologischer Flugsand.' Der Beitrag der Volkskunde zur NS-Arbeiterpolitik." In Volkskunde im Dritten Reich 1986: 26-30.

Mohrmann, Ute. 1966. *Zur Entwicklung des bildnerischen Volksschaffens in Berlin von 1945 bis zur Gegenwart.* Maschinenschriftliche Phil. Diss. Berlin.

Mohrmann, Ute. 1969. "Untersuchungen zur Entwicklung der Wohnweise und Wohnkultur in den Dörfern der DDR." In Jacobeit und Nedo 1969: 145-154.

Mohrmann, Ute. 1983. *Engagierte Freizeitkunst. Werdegang und Entwicklungsprobleme des bildnerischen Volksschaffens in der DDR.* Berlin.

Mohrmann, Ute. 1989a. Besprechung von Gerndt 1987. *Jahrbuch für Volkskunde und Kulturgeschichte* 32: 223-227.

Mohrmann, Ute. 1989b. "Volkskunde an der Humboldt-Universität zu Berlin von 1952 - 1986." In Bockhorn und Liesenfeld 1989: 153-169.

Mohrmann, Ute. 1989c. "Vom konfliktreichen Werden. Vier Jahrzehnte Entwicklung des bildnerischen Volksschaffens betrachtet." *Bildnerisches Volksschaffen* 3: 66-70.

Mohrmann, Ute. 1991a. "Die 'Volkskunde des Neubeginns' während der fünfziger Jahre in der DDR im Kontext damaliger Kulturpolitik." *Zeitschrift für Volkskunde* 87: 196-206.

Mohrmann, Ute. 1991b. "Die 'Volkskunde des Neubeginns' während der fünfziger Jahre in der DDR im Kontext damaliger Kulturpolitik." In Sievers 1991: 217-229.

Moore, Barrington. 1974. *Soziale Ursprünge von Diktatur und Demokratie. Die Rolle der Grundbesitzer und Bauern bei der Entstehung der modernen Welt.* Franfurt am Main.

Morad, Mirjam. 1987. *Friedrich Salomo Krauss. Ein biographischer Entwurf.* Maschinenschriftliche Diplomarbeit. Wien.

Moser, Dietz-Rüdiger. 1982. "Nationalsozialistische Fastnachtsdeutung. Die Bestreitung der Christlichkeit des Fastnachtsfestes als zeitgeschichtliches Phänomen." *Zeitschrift für Volkskunde* 78: 200-219.

Moser, Hans. 1954. "Gedanken zur heutigen Volkskunde. Ihre Situation, ihre Problematik, ihre Aufgaben." *Bayerisches Jahrbuch für Volkskunde* 1954: 208-234.

Moser, Hans. 1958. "Anton Dörrer zum 70. Geburtstag." *Zeitschrift für Volkskunde* 54: 156-158.

Moser, Hans. 1959. *Chronik von Kiefersfelden.* Rosenheim.

Moser, Hans. 1962. "Vom Folklorismus in unserer Zeit." *Zeitschrift für Volkskunde* 58: 177-209.

Moser, Hans. 1964. "Der Folklorismus als Forschungsaufgabe der Volkskunde." *Hessische Blätter für Volkskunde* 55: 9-57.

Moser, Hans. 1978. "Wilhelm Heinrich Riehl und die Volkskunde. Eine wissenschaftsgeschichtliche Korrektur." *Jahrbuch für Volkskunde* N.F. 1: 9-66.

Moser, Hans. 1988. "Gedanken zur heutigen Volkskunde. Ihre Situation, Ihre Problematik, ihre Aufgaben." In Gerndt 1988b: 92-157.

Moser, Hugo. 1937. *Schwäbische Mundart und Sitte in Sathmar*. Schriften der Deutschen Akademie in München. Bd. 30. München.

Moser, Hugo. 1950. *Uhlands Schwäbische Sagenkunde und die germanistisch-volkskundliche Forschung der Romantik*. Schwäbische Beiträge zur Philologie und Volkskunde. Bd. 1. Tübingen.

Moser, Josef. 1989. "Arbeit im Faschismus. Aspekte nationalsozialistischer Herrschaft in der industriellen Arbeitswelt unter besonderer Berücksichtigung Oberösterreichs." In Bockhorn, Eberhart und Zupfer 1989: 247-274.

Moser, Oskar. 1991. "Hundert Jahre Hausforschung in Österreich." *Österreichische Zeitschrift für Volkskunde* 45/94: 329-350.

Moser-Rath, Elfriede. 1964. Besprechung von Schmidt 1963c. *Hessische Blätter für Volkskunde* 55: 230-231.

Moser-Rath, Elfriede. 1981. "Märcheninterpretation im Dritten Reich." In Ranke 1981: 551-553.

Moser-Rath, Elfriede. 1985a. "Zum Gedenken an Prof. Dr. Kurt Ranke." *Österreichische Zeitschrift für Volkskunde* 88: 271-272.

Moser-Rath, Elfriede. 1985b. "Zum Gedenken an Kurt Ranke." *Fabula* 26: 1-2.

Moser-Rath, Elfriede. 1985c. "Karl Haiding (1906-1985)." *Fabula* 26: 342-343.

Moser-Rath, Elfriede. 1990. "Haiding, Karl." *Enzyklopädie des Märchens* 6: 383-386.

Much, Rudolf. 1892. *Deutsche Stammsitze*. Halle.

Much, Rudolf. 1937. *Die Germania des Tacitus*. Germanische Bibliothek. 1. Abt., 5. Reihe, 3. Bd. Heidelberg.

Much, Rudolf. 1942. "Mondmythologie und Wissenschaft." *Archiv für Religionswissenschaft* 37: 231-261.

Mudrak, Edmund. 1933. "Märchen und Sage." *Bausteine zur Geschichte, Völkerkunde und Mythenkunde* 3: 65-80.

Mudrak, Edmund. 1938a. "Deutsche Volkskunde - eine politische Wissenschaft." In Spieß und Mudrak 1938: 3-11.

Mudrak, Edmund. 1938b. "Deutsche Volkskunde - eine politische Wissenschaft." *Geist der Zeit* 16: 371-379.

Mudrak, Edmund. 1939a. *Die deutsche Heldensage*. Jahrbuch für historische Volkskunde. Bd. 7. Berlin.

Mudrak, Edmund. 1939b. "Berchta." *Deutsche Volkskunde* 1: 178-181.

Mudrak, Edmund. 1941. "Zur Erinnerung an Wolfgang Schultz." *Nationalsozialistische Monatshefte* 12, Heft 136: 65-67.

Mudrak, Edmund. 1942a. Besprechung von Viergutz 1942. *Deutsche Volkskunde* 4: 143-144.

Mudrak, Edmund. 1942b. "Tod und Unsterblichkeit bei den Germanen." *Die Neue Gemeinschaft* 8: 304-305.

Mudrak, Edmund. 1943. *Die nordische Heldensage*. Jahrbuch für historische Volkskunde. Bd. 10. Berlin.

Mühlberg, Dietrich. 1984. "Herders Theorie der Kulturgeschichte in ihrer Bedeutung für die Begründung der Kulturwissenschaft." *Jahrbuch für Volkskunde und Kulturgeschichte* N.F. 12: 9-26.

Müller, Friedrich. 1873. *Allgemeine Ethnographie*. Wien.

Müller, Hans. 1963. *Katholische Kirche und Nationalsozialismus. Dokumente 1930-1935. Mit einer Einleitung von Kurt Sontheimer*. München.

Müller, Heinrich. 1938a. "Das deutsche Volkstum im Angriff der Katholischen Aktion der Gegenwart." *Nationalsozialistische Monatshefte* 9, Heft 95: 98-112.

Müller, Heinrich. 1938b. "Die katholische Aktion in der praktischen Volkstumsarbeit." *Nationalsozialistische Monatshefte* 9, Heft 105: 1094-1095.

Müller-Salget, Klaus. 1984. *Erzählungen für das Volk. Evangelische Pfarrer als Volksschriftsteller im Deutschland des 19. Jahrhunderts*. Berlin.

Muller, Jerry Z. 1986. "Enttäuschung und Zweideutigkeit. Zur Geschichte rechter Sozialwissenschaftler im 'Dritten Reich.'" *Geschichte und Gesellschaft* 12: 289-316.

Murko, M. 1909. Rezension über Krauss 1908. *Hessische Blätter für Volkskunde* 8: 52-59.

Museum für Volkskunde. Staatliche Museen zu Berlin. 1989. *Kleidung zwischen Tracht und Mode. Aus der Geschichte des Museums 1889-1989*. Berlin.

Musiat, Siegmund. 1957. "Wjesne Sledzenje w Krakecach." *Lětopis* Reihe C 2: 191.

Musiat, Siegmund. 1964. *Zur Lebensweise des landwirtschaftlichen Gesindes in der Oberlausitz*. Bautzen.

Myrdal, Gunnar. 1971. *Objektivität in der Sozialforschung*. Edition Suhrkamp. Bd. 508. Frankfurt am Main.

Narkiss, M. 1941. "Dr. Max Grunwald." [In Hebräischer Sprache, mit Bibliographie Grunwalds]. *Omanuth. Quarterly Bulletin of the Jewish National Museum Bezalel* 2, num. 2-3: 5-21.

Narr, Roland. 1970. "Volkskunde als kritische Sozialwissenschaft." In Abschied 1970: 37-73.

Nathan, Nathan Max. 1910. "Jüdische Bräuche am Oberrhein." *Mitteilungen zur Jüdischen Volkskunde* 13, Heft 4 (Heft 36): 149-150.

Nathan, Nathan Max. 1911. "Jüdische Bräuche am Oberrhein." *Mitteilungen zur Jüdischen Volkskunde* 14, Heft 2 (Heft 38): 80.

Nathan, Nathan Max. 1918a. "Bericht der Gesellschaft für jüdische Volkskunde in Hamburg." *Mitteilungen zur jüdischen Volkskunde* 18-20, Heft 53-60: 30-32.

Nathan, Nathan Max. 1918b. "Hebräische Worte in der Frickhöfer Krämersprache." *Mitteilungen zur Jüdischen Volkskunde* 19: 71.

Nationalsozialismus im Landkreis Tübingen. 1988. *Nationalsozialismus im Landkreis Tübingen. Eine Heimatkunde*. Hrsg. durch die Projektgruppe "Heimatkunde des Nationalsozialismus." Ludwig-Uhland-Institut für Empirische Kulturwissenschaft der Universität Tübingen. Tübingen: Tübinger Vereinigung für Volkskunde.

Nationalsozialismus und die deutsche Universität. 1966. *Nationalsozialismus und die deutsche Universität. Universitätstage 1966*. Veröffentlichung der Freien Universität Berlin. Berlin.

Nationalsozialistische Bibliographie. 1936-1943. *Nationalsozialistische Bibliographie. Monatshefte der Parteiamtlichen Prüfungskommission zum Schutze des NS. Schrifttums*. Reichsleiter Philipp Bouhler (Hrsg.). Berlin: Zentralverlag der NSDAP., Franz Eher Nachf. GmbH. Jahrgang 1 - Jahrgang 8.

Naumann, Hans. 1920. *Jüngste deutsche Dichtung*. Jena.

Naumann, Hans. 1921. *Primitive Gemeinschaftskultur. Beiträge Volkskunde und Mythologie*. Jena.

Naumann, Hans. 1922. *Grundzüge der deutschen Volkskunde*. Wissenschaft und Bildung. Einzeldarstellungen aus allen Gebieten des Wissens. Bd. 181. Leipzig.

Naumann, Hans. 1923. *Die deutsche Dichtung der Gegenwart. 1885-1923*. Epochen der deutschen Literatur. Bd. 6. Stuttgart.

Naumann, Hans. 1925. "Elsässische Volkskunde. Ein erster Versuch." In Preitz 1925: 128-140.

Naumann, Hans. 1929a. *Grundzüge der deutschen Volkskunde*. 2. Auflage. Leipzig.

Naumann, Hans. 1929b. "Deutschkunde und Volkskunde. Vortrag gehalten auf der Münchner Tagung der Gesellschaft für Deutsche Bildung am 2. Oktober 1929." *Zeitschrift für deutsche Bildung* 5: 635-645.

Naumann, Hans. 1931. *Der Mythos vom Gotte Balder und das altgermanische Lebensgefühl. Rede zur Feier des 18. Januar 1931*. Frankfurt am Main.

Naumann, Hans. 1932. *Deutsche Nation in Gefahr*. Stuttgart.

Naumann, Hans. 1933. *Wandlung und Erfüllung. Reden und Aufsätze germanischen-deutschen Geistesgeschichte*. Stuttgart.

Naumann, Hans. 1934. *Der Hohe Mut und das Freie Gemüte. Rede beim Antritt des Rektorats 1934/35*. Bonner akademische Reden. Bd. 22. Bonn.

Naumann, Hans. 1935a. *Deutsche Volkskunde in Grundzügen*. 3. Auflage. Leipzig.

Naumann, Hans. 1935b. "Der germanisch-deutsche Mensch des frühen Mittelalters." In Der deutsche Mensch 1935: 9-34.

Naumann, Hans. 1937. *Rede zum Geburtstag des Führers. (Germanische Götterlieder)*. Bonner akademische Reden. Bd. 27. Bonn.

Naumann, Hans; und Eugen Lüthgen. 1933. *Kampf wider den undeutschen Geist. Reden, gehalten bei der von der Bonner Studentenschaft veranstalteten Kundgebung wider den undeutschen Geist auf dem Marktplatz zu Bonn am 10. Mai 1933*. Bonner akademische Reden. Bd. 17. Bonn.

Nedo, Paul. 1952. "Forschungsarbeit im Dienste der Weiterentwicklung unseres Volksschaffens." *Volkskunst* Heft 7: 20-23.

Nedo, Paul. 1953. "Der erste Plan der Forschungsarbeit." *Volkskunst* 4: 12-13.

Nedo, Paul. 1954. "Geschichte und Grundlagen der sorbischen volkskundlichen Forschung." In Völkerforschung 1954: 101-106.

Nedo, Paul. 1964. *Fragen volkskundlicher Gegenwartsforschung*. Als Manuskript gedruckt. Hrsg. vom Kulturbund der DDR. Berlin.

Nedo, Paul. 1965. "Volkskunde und Regionalgeschichte." *Jahrbuch für Regionalgeschichte 1965*. 44-48.

Nedo, Paul. 1966. *Grundriß der sorbischen Volksdichtung*. Bautzen.

Nedo, Paul. 1967. "Zum gegenwärtigen Stand und der weiteren Entwicklung der Volkskunde in der DDR." In Volkskundliche Informationen 1967: 4-10.

Nedo, Paul. 1969. "Zur Einführung." In Jacobeit und Nedo 1969: 9-16.

Neubacher, Hermann. 1956. *Sonderauftrag Südost*. Berlin und Frankfurt am Main.

Neue Gesellschaft für Bildende Kunst und Kunstamt Kreuzberg Berlin (Hrsg.). 1976. *Faschismus. Renzo Vespignani*. Berlin: Elefanten Press bei Zweitausendeins.

Neues Deutschland. 1951. *Neues Deutschland* vom 13. und 18. Februar und 14. März 1951.

Neumann, Siegfried. 1964. *Der mecklenburgische Volksschwank. Sein sozialer Gehalt und seine soziale Funktion*. Berlin.

Neumann, Siegfried. 1966. "Arbeitserinnerungen als Erzählinhalt." *Deutsches Jahrbuch für Volkskunde* 12: 177-190.

Neumann, Siegfried. 1968. *Ein mecklenburgischer Volkserzähler. Die Geschichten des August Rust*. Berlin.

Neumann, Wilhelm. 1955. "Verzeichnis der Arbeiten von Harold Steinacker." *Südost-Forschungen* 14: 259-267.

Neumeister, Andreas. 1986. "'Der neue deutsche Lehrer will die Jugend ganz!' (Freudenthal). Der Beitrag der Volkskunde zur nationalpolitischen Schulerziehung." In Volkskunde im Dritten Reich 1986: 10-16.

Neuss, Wilhelm. 1947. *Kampf gegen den Mythus des 20. Jahrhunderts. Ein Gedenkblatt an Clemens August Kardinal Graf Galen*. Dokumente zur Zeitgeschichte. Bd. 4. Neuss.

Niederer, Arnold. 1956. *Gemeinwerk im Wallis. Bäuerliche Gemeinschaftsarbeit in Vergangenheit und Gegenwart*. Schriften der Schweizerischen Gesellschaft für Volkskunde. Bd. 37. Basel.

Niederer, Arnold. 1969. "Zur gesellschaftlichen Verantwortung der gegenwärtigen Volksforschung." In Kontakte und Grenzen 1969: 1-10.

Niederer, Arnold. 1970. Besprechung von Emmerich 1968: *Hessische Blätter* 61: 135-137.

Niederer, Arnold. 1987. "Volkskundliche Forschungsrichtungen in den deutschsprachigen Ländern." In Chiva und Jeggle 1987: 44-67.

Niemann, August Christian Heinrich. 1802a. *Schleswig-Holsteinische Vaterlandskunde. Verhandlungen, Bemerkungen, Nachrichten zur näheren Kentnis der Herzogthümer Schleswig und Holstein und zum gemeinsamen Nutzen ihrer Bewohner*. Erstes Stück. Hamburg.

Niemann, August Christian Heinrich. 1802b. "Skizze zur Beschreibung eines Landdistrikts, eines Amtes, einer größeren oder kleineren Landschaft oder Landgemeinde, eines Kirchspiels." In Niemann 1802 a: IX-LII.

Niemann, August Christian Heinrich. 1807. *Abriß der Statistik und der Statenkunde*. Altona.

Nierhaus, Rolf. 1940. "Abschied vom 'Königssprung.'" *Volk und Vorzeit. Volkstümliche Hefte für oberrheinische Ur- und Frühgeschichte* 2: 87-89.

Nixdorff, Heide; und Thomas Hauschild (Hrsg.). 1982. *Europäische Ethnologie. Theorie- und Methodendiskussion aus ethnologischer und volkskundlicher Sicht*. Ethnologische Paperbacks. Berlin.

Nollau, Hermann (Hrsg.). 1926. *Germanische Wiedererstehung. Ein Werk über die germanischen Grundlagen unserer Gesittung. Unter Mitwirkung von Klaudium Bojunga, Albrecht Haupt, Karl Helm, Andreas Heusler, Otto Lauffer, Friedrich von der Leyen, Josef Müller-Blattau, Claudius Freiherr von Schwerin.* Heidelberg.

Nowotny, Paul. 1965. "Einige Ergebnisse volkskundlicher Gegenwartsforschung in Radibor, Kreis Bautzen." *Lětopis* Reihe C 8: 116-122.

Noy, Dov. 1980. "Eighty Years of Jewish Folkloristics." In Talmage 1980: 1-11.

Noy, Dov. 1982. "Dr. Max Grunwald - The Founder of Jewish Folkloristics." In Grunwald 1982: IX-XIV.

Oberkofler, Gerhard. 1969a. *Die geschichtlichen Fächer an der Philosophischen Fakultät der Universität Innsbruck 1850-1945.* Forschungen zur Innsbrucker Universitätsgeschichte. Bd. 4. Innsbruck.

Oberkofler, Gerhard. 1969b. "In memoriam Adolf Helbok." *Tiroler Heimat* 33: 144-149.

Oberkofler, Gerhard. 1980. "Der Kampf der Universität Innsbruck um die Einheit des Landes Tirol (1918-1920)." *Tiroler Heimatblätter* 55: 78-89.

ÖBL. 1965. *Österreichisches Biographisches Lexikon 1815-1950.* Bd. 3. Graz und Köln.

Oesterle, Anka. 1987. "John Meier und das SS-Ahnenerbe." In Gerndt 1987: 83-93.

Oesterle, Angelika. 1988. *John Meier - Eine Biographie im Schatten des Nationalsozialismus.* Maschinenschriftliche Magisterarbeit. Tübingen: Ludwig-Uhland-Institut für Empirische Kulturwissenschaft.

Oesterle, Anka. 1991a. "Letzte Autonomieversuche: Der Volkskundler John Meier. Strategie und Taktik des Verbandes deutscher Vereine für Volkskunde 1933-1945." In John, Martin, Mück und Ott 1991: 151-162.

Oesterle, Anka. 1991b. "Die volkskundlichen Forschungen des 'SS-Ahnenerbes' mit Berücksichtigung der 'Kulturkommission Südtirol.'" In Johler, Paulmichl und Plankensteiner 1991: 76-89.

Österreichische Geschichtswissenschaft. 1950. *Österreichische Geschichtswissenschaft der Gegenwart in Selbstdarstellungen.* Bd. 1. Schlern-Schriften. Bd. 68. Innsbruck.

Österreichischer Volkskundeatlas. 1959. *Österreichischer Volkskundeatlas.* 1. Lieferung. Hrsg. von Ernst Burgstaller und Adolf Helbok. Linz. a.D.

Ohly, Friedrich. 1960. "Vom Sprichwort im Leben eines Dorfes." In Bischoff und Röhrich 1960: 276-293.

Ohly, Friedrich. 1969. "Julius Schwietering." In Schwietering 1969: I-XXV.

Olszewski, Henryk. 1975. "Das Geschichtsbild: ein Bestandteil der NS-Ideologie." In Hütter, Mayers und Papenfuß 1975.

Omgus. 1985. *OMGUS. Ermittlungen gegen die Deutsche Bank - 1946/47.* Übersetzt und bearbeitet von der Dokumentationsstelle zur NS-Politik. Hamburg und Nördlingen.

Opitz, Kurt. 1973. *Die Deutsche Stiftung und ihre Tätigkeit bei der Vorbereitung des 2. Weltkrieges.* Diss. A. Potsdam.

Orend, Misch. 1938a. "Der Schmuck der Siebenbürger Sachsen." In Thiele 1938: 166-184.

Orend, Misch. 1938b. "Der 'Maiskorb' der Siebenbürger Sachsen." *Germanen-Erbe* 3: 242-245.

Orlow, N. 1951. "Wege und Irrwege der modernen Kunst." *Tägliche Rundschau* vom 21. und 23.1.1951.

Ott, Hugo. 1985. "Martin Heidegger und die Universität Freiburg nach 1945. Ein Beispiel für die Auseinandersetzung mit der politischen Vergangenheit." *Historisches Jahrbuch im Auftrag der Görres-Gesellschaft* 105: 95-128.

Ott, Hugo. 1987. "Alfred Rosenbergs Großkundgebung auf dem Freiburger Münsterplatz am 16. Oktober 1937. Ein Beitrag zum nationalsozialistischen Alltag." *Freiburger Diözesan-Archiv* 107/3. Folge 39: 303-319.

Ottnad, Bernd (Hrsg.). 1982-1987. *Badische Biographien.* Neue Folge. Im Auftrag der Kommission für geschichtliche Landeskunde in Baden-Württemberg herausgegeben. Bd. 1-2. Stuttgart.

Passarge, Siegfried. 1929. *Das Judentum als landschaftskundlich-ethnologisches Problem.* München.

Patai, Raphael. 1946/1947a. "Bibliographie Dr. Max Grunwald." [In hebräischer Sprache]. In Patai 1946/1947b: 13-16.

Patai, Raphael (Hrsg.). 1946/1947b. *Grunwald Anniversary Issue. Edoth.* 2. Jerusalem.

Patzig, Günther. 1980a. *Tatsachen, Normen, Sätze.* Stuttgart.

Patzig, Günther. 1980b. "Erklären und Verstehen. Bemerkungen zum Verhältnis von Natur- und Geisteswissenschaften." In Patzig 1980a: 45-75.

Peesch, Reinhard. 1957. *Das Berliner Kinderspiel der Gegenwart.* Berlin.

Peesch, Reinhard. 1961. *Die Fischerkommunen auf Rügen und Hiddensee.* Berlin.

Peesch, Reinhard. 1966a. *Holzgerät in seinen Urformen.* Berlin.

Peesch, Reinhard. 1966b. "Das Gerät in der Arbeitswelt des Fischers." *Deutsches Jahrbuch für Volkskunde* 12: 26-36.

Peesch, Reinhard. 1967. "Der Vorgang des Tradierens. Bericht über das Kolloquium des Instituts für deutsche Volkskunde der Deutschen Akademie der Wissenschaften vom 17. bis 18.3.1966 in Berlin." *Deutsches Jahrbuch für Volkskunde* 13: 115-117.

Pesendorfer, Gertrud. 1940. "Zur Trachtenarbeit." *Deutsche Volkskunde* 2: 90-97. Mit 4 Abbildungen.

Peßler, Wilhelm. 1927. *Das Heimat-Museum im deutschen Sprachgebiet als Spiegel deutscher Kultur.* Veröffentlichungen des Werkbundes für Deutsche Volkstums- und Rassenforschung. München.

Peßler, Wilhelm. 1934a. "Der Volkskunde Wert und Wesen, Wirkung und Weite." In Peßler 1934-1938. Bd. 1: 3-7.

Peßler, Wilhlem. 1937. "Das niedersächsische Bauernhaus, ein Denkmal germanischer Kultur." In Thiele 1937: 52-57.

Peßler, Wilhelm. 1938. "Von den neuen Räumen des Niedersächsischen Volkstumsmuseums der Hauptstadt Hannover." *Die Kunde* 6: 166-172.

Pessler, Wilhelm (Hrsg.). 1934-1938. *Handbuch der deutschen Volkskunde.* Bd. 1-3 Potsdam.

Pestel, Josef. 1938. *Märchen als Lebensdichtung. Das Werk der Brüder Grimm.* München.

Petzold, Joachim. 1978. *Konservative Theoretiker des deutschen Faschismus. Jungkonservative Ideologen in der Weimarer Republik als geistige Wegbereiter der faschistischen Diktatur.* Berlin.

Petzold, Joachim. 1982a. *Die Demagogie des Hitlerfaschismus. Die politische Funktion der Naziideologie auf dem Wege zur faschistischen Diktatur.* Berlin.

Petzold, Joachim. 1982b. "Alfred Rosenbergs 'Mythus des 20. Jahrhunderts.'" In Petzold 1982a: 192-216.

Petzoldt, Leander (Hrsg.). 1988. *"Und wenn sie nicht gestorben sind..." Historische und gegenwärtige Aspekte der Volkserzählung in Tirol.* Innsbruck.

Peuckert, Will-Erich. 1931. *Volkskunde des Proletariats. Aufgang der proletarischen Kultur.* Teil 1. Frankfurt am Main.

Peuckert, Will-Erich. 1931/1932. "Jude, Jüdin." In Bächthold-Stäubli und Hoffmann-Krayer 1927-1942. Bd. 6: 809.

Peuckert, Will-Erich. 1935. *Die Brüder Grimm. Ewiges Deutschland. Ihr Werk im Grundriß.* Kröners Taschenausgabe. Bd. 139. Stuttgart.

Peuckert, Will-Erich. 1948. "Zur Situation der Volkskunde." *Die Nachbarn. Jahrbuch für vergleichende Volkskunde* 1: 130-135.

Peuckert, Will-Erich. 1953. "Volkskundliche Symbole." *Studium Generale* 6: 322-324.

Peuckert, Will-Erich. 1971. *Die schlesischen Weber.* Bd. 1: *Vom rohen Flachs bis zum Fabrikensturm.* Bd. 2: *Aufgang der proletarischen Kultur.* Darmstadt.

Peuckert, Will-Erich. 1988. "Zur Situation der Volkskunde." In Gerndt 1988b: 41-52.

Peuckert, Will-Erich; und Otto Lauffer. 1951. *Volkskunde. Quellen und Forschungen seit 1930.* Wissenschaftliche Forschungsberichte. Bd. 14. Bern.

Pferschy, Gerhard. 1983. "Steiermark." In Weinzierl und Skalnik 1983: 939-960.

Pfister, Friedrich. 1940. "Bild und Sinnbild." In Herrmann und Treutlein 1940: 34-49.

Pfister, Friedrich. 1989. *Erinnerungen aus meinem Leben bis 1945. Mit einem Verzeichnis der volkskundlichen und religionswissenschaftlichen Schriften.* Veröffentlichungen zur Volkskunde und Kulturgeschichte. Bd. 40. Würzburg.

Phleps, Hermann. 1937. "Handwerk und Hausbau." In Thiele 1937: 77-91.

Pichler, Adolf. 1894. "Tirolische Volksdichtung." *Zeitschrift des Vereins für Volkskunde* 4: 197-201.

Plaßmann, Josef Otto. 1936a. "Vereint marschieren." *Germanien* 8: 66-67.

Plaßmann, [Josef] Otto. 1936b. "Völkisches Wollen und exaktes Forschen." *Germanien* 8: 130-133.

Plaßmann, Josef Otto. 1936c. "Eröffnung der Pflegstätte für Germanenkunde in Detmold am 5.10.1936." *Germanien* 8: 328-331.

Plaßmann, Josef Otto. 1937a. "Das verschüttete Erbe." *Germanien* 9: 1-4.

Plaßmann, Josef Otto. 1937b. Besprechung von Huth (1937). *Germanien* 9: 95.

Plaßmann, Josef Otto. 1937c. "'Nu wil ich mich des scharpfen sanges ouch genieten!'" *Germanien* 9: 282-283.

Plaßmann, Josef Otto. 1937d. "Der dürre Baum grünt." *Germanien* 9: 353-357.

Plaßmann, Josef Otto. 1938a. "Deutschösterreichs germanische Sendung." *Germanien* 10: 99-102.

Plaßmann, Josef Otto. 1938b. "Dauerhaftigkeit oder Überfremdung." *Germanien* 10: 305-308.

Plaßmann, Josef Otto. 1938c. "10 Jahre 'Germanien.'" *Germanien* 10: 385-387.

Plaßmann, Josef Otto. 1938d. "Der Schmuck im nordischen Volksglauben." In Thiele 1938: 201-211.

Plaßmann, Joseph Otto. (1939). "Germanenkunde als europäischer Beitrag." In Salzburger Wissenschaftswochen 1939: 3 Seiten ohne Seitenzählung.

Plaßmann, Josef Otto. 1939a. "Mehr sein als scheinen." *Germanien* 11: 1-4.

Plaßmann, Josef Otto. 1939b. "Die Göttlichen sind bei den Kämpfenden." *Germanien* 11: 327-330.

Plaßmann, Josef Otto. 1940a. "Landgestaltung durch volkhafte Siedlung." *Neues Bauerntum*. 32: 1-3.

Plaßmann, Josef Otto. 1940b. "Der Erneuerungskraft des deutschen Ostens." *Neues Bauerntum* 32: 124-127.

Plaßmann, Josef Otto. 1940c. "Deutsches Bauerntum im Westen und Osten des Reiches." *Neues Bauerntum*. 32: 395-398.

Plaßmann, Josef Otto. 1940d. "Germaniens europäische Sendung." *Germanien* 12: 1-4.

Plaßmann, Josef Otto. 1940e. "Germaniens Sendung und ihre Erfüllung." *Germanien* 12: 361-364.

Plaßmann, Josef Otto. 1941a. "Ehre ist Zwang genug." *Germanien* 13: 1-4.

Plaßmann, Josef Otto. 1941b. Besprechung von Riemann 1939. *Germanien* 13: 119-120.

Plaßmann, Josef Otto. 1942a. "Freudig wie ein Held zum Siegen." *Germanien* 14: 1-4.

Plaßmann, Joseph Otto; und Gilbert Trathnigg. 1939. "Vorwort." In Plaßmann und Trathnigg (Hrsg.) 1939: 7-8.

Plaßmann, Josef Otto; und Gilbert Trathnigg (Hrsg.). 1939. *Deutsches Land kehrt heim. Ostmark und Sudetenland als germanischer Volksboden*. Deutsches Ahnenerbe. Reihe C: Volkstümliche Schriften. Bd. 3. Berlin.

Plaul, Hainer. 1966. *Eugen Mogk und seine Stellung in der deutschen Volkskunde*. Diplom-Arbeit am Institut für Völkerkunde und deutsche Volkskunde der Humboldt-Universität zu Berlin. Maschinenschrift. Berlin.

Plaul, Hainer. 1981. "Eugen Mogk als Theoretiker der psychologistischen deutschen Volkskunde und einige Schlußfolgerungen." *Kultur und Lebensweise. Arbeitsmaterial des Zentralen Fachausschusses Kulturgeschichte/Volkskunde in der Gesellschaft für Heimatgeschichte im Kulturbund der DDR* 1: 37-44.

Pleśniarski, Boleslaw. 1980. "Die Vernichtung der polnischen Bildung und Erziehung in den Jahren 1939-1945." In Heinemann 1980. Teil 1: 160-175.

Plessner, Helmut. 1959. *Die verspätete Nation. Über die politische Verführbarkeit bürgerlichen Geistes*. Stuttgart.

Poliakov, Léon. 1977-1988. *Geschichte des Antisemitismus*. Bd. 1-8. Worms und Königstein im Taunus.

Poliakov, Léon; und Josef Wulf. 1959. *Das Dritte Reich und seine Denker*. Berlin.

Poliakov, Léon; und Joseph Wulf. 1983. *Das Dritte Reich und seine Denker*. Ullstein-Buch. Bd. 33038. Frankfurt am Main, Berlin und Wien.

Ponti, Zita. 1950. *Critical Analysis of the Implementation of Rosenbergian National Socialism in the Field of the History of Culture by Professor Hans Naumann*. Ph.D. Dissertation. University of Maryland.

Popper, Karl R. 1969: "Die Logik der Sozialwissenschaften." In Maus und Fürstenberg 1969: 103-123.

Populus Revisus. 1966. *Populus Revisus. Beiträge zur Erforschung der Gegenwart*. Untersuchungen des Ludwig-Uhland-Instituts der Universität Tübingen. Bd. 14. Tübingen.

Possekel, Kurt. 1967. *Studien zur Politik des Vereins für das Deutschtum im Ausland (VDA) in der Weimarer Republik*. Phil. Diss. Rostock.

Preglau-Hämmerle, Susanne. 1983. "Die Universität Innsbruck in der Geschichte Tirols." In Fischer und Preglau-Hämmerle 1983: 108-146.

Preitz, Max (Hrsg.). 1925. *Von deutscher Sprache und Art. Beiträge zur Geschichte der neueren deutschen Sprache, zur Sprachkunst, Sprachpflege und zur Volkskunde. Der 22. Hauptversammlung des Deutschen Sprachvereins im Auftrage des Zweiges Frankfurt a.M. als Festgabe gewidmet*. Frankfurt am Main.

Prem, S. M. 1913. *Christian Schneller. Ein Beitrag zur tirolischen Literatur- und Geistesgeschichte des 19. Jahrhunderts*. Halle a. S.

Prinz, Michael; und Rainer Zitelmann (Hrsg.). 1991. *Nationalsozialismus und Modernisierung*. Darmstadt.

Programm der SED. 1963. *Programm der SED. Protokoll der Verhandlungen des 6. Parteitages der SED, 15. bis 21. Januar 1963 in der Werner-Seelenbinder-Halle zu Berlin*. Bd. 4. Berlin.

Protokoll. 1951. *Protokoll des 3. Parteitages der SED, 20. bis 24. Juli 1950 in der Werner-Seelenbinder-Halle in Berlin*. Bd. 1-2. Berlin.

Protokoll. 1956. *Protokoll der Verhandlungen der 3. Parteikonferenz der SED*. Berlin.

Prütting, Hildegunde. 1986. "Die Zerstörung des volkskundlichen Seminars. Zwei kommentierte Briefe vom Juli 1944." In Gilch, Schramka und Prütting 1986: 65-76.

Quellmalz, Alfred. 1990a. "Bericht über den Abschluß der Arbeiten der Gruppe Volksmusik in der Deutschen Kulturkommission Südtirol." In Stief 1990: 119-132.

Quellmalz, Alfred. 1990b. "Entwurf zum Kommentar Südtiroler Volkslieder Bd. 4." In Stief 1990: 138-150.

Quellmalz, Alfred (Hrsg.). 1968-1976. *Südtiroler Volkslieder*. Bd. 1-3. Kassel, Basel, Paris und London.

Queri, Georg. 1975. *Bauernerotik und Bauernfehme in Oberbayern*. München [1. Auflage. 1911].

Quietzsch, Rudolf. 1969. "Zur Verbreitung und Geschichte des Dreschflegels." *Deutsches Jahrbuch für Volkskunde* 15: 84-115.

Rammstedt, Otthein. 1985. "Theorie und Empirie des Volksfeindes. Zur Entwicklung einer 'deutschen Soziologie.'" In Lundgreen 1985: 253-313.

Rammstedt, Otthein. 1986. *Deutsche Soziologie 1933-1945. Die Normalität einer Anpassung*. Frankfurt am Main.

Ranke, Friedrich. 1936. "Märchenforschung. Ein Literaturbericht (1920-1934)." *Deutsche Vierteljahrsschrift für Literaturwissenschaft und Geistesgeschichte* 14: 246-304.

Ranke, Kurt. 1938. *Auszug aus "Indogermanische Totenverehrung."* Bd. 1: *Der dreißigste Tag im Totenkult der Indogermanen*. Kiel.

Ranke, Kurt. 1939. "Der dreißigste Tag im Totenkult der Indogermanen." *Zeitschrift für Deutschkunde* 53: 5-17.

Ranke, Kurt. 1944. "Die Toten in Recht und Brauch der Lebenden." In Jankuhn 1944: 35-44.

Ranke, Kurt. 1951. *Indogermanische Totenverehrung*. Bd. 1: *Der dreißigste und vierzigste Tag im Totenkult der Indogermanen*. Folklore Fellows Communications. Bd. 140. Helsinki.

Ranke, Kurt (Hrsg.). 1981. *Enzyklopädie des Märchens. Handwörterbuch zur historischen und vergleichenden Erzählforschung*. Bd. 3. Berlin und New York.

Rassem, Mohammed; und Justin Stagl (Hrsg.). 1980. *Statistik und Staatsbeschreibung in der Neuzeit vornehmlich im 16. - 18. Jahrhundert*. Quellen und Abhandlungen zur Geschichte der Staatsbeschreibung und Statistik. Bd. 1. Paderborn.

Redlich, Friedrich Alexander. 1942. "Volkskunst und Brauchtum der Völker im Ostland." *Nationalsozialistische Monatshefte* 13, Heft 142: 40-45.
Redlich, Oswald. 1924. "Landeskunde und Geschichtswissenschaft." *Jahrbuch für Landeskunde von Niederösterreich* 1924: 1-9.
Regenbogen, Armin. 1986. "Das 'Kritische' in der Philosophie der Frankfurter Schule: Zur Kritik ihrer theoretischen Praxis und zur Theorie ihrer praktischen Kritik." In Sandkühler und Holz 1986: 134-150.
Regner, Hubert; Eberhard Tiefenthaler; und Elmar Fleisch (Red.). 1990. *Em. Univ.-Prof. Dr. Karl Ilg. "Zur Summe eines Lebens."* Lochau.
Reich, Wilhelm. 1971. *Die Massenpsychologie des Faschismus*. Köln und Berlin.
Reif, Sieglinde. 1986. "Irrationales Argumentieren. Das Beispiel nationalsozialistischer Sinnbildforschung." In Volkskunde im Dritten Reich 1986: 4-9.
Reimann, Bruno W. 1984. "Die 'Selbstgleichschaltung' der Universitäten 1933." In Tröger 1984: 38-52.
Reimers, Karl Friedrich. 1979. "Der Reichsparteitag als Instrument totaler Propaganda. Appell, Feier, Kult, Magie." *Zeitschrift für Volkskunde* 75: 216-228.
Reimers, Karl Friedrich. 1987. "'Hände am Werk - ein Lied von deutscher Arbeit' (1935). Volkskundliche 'Ästhetikreferenzen' im nationalsozialistischen Dokumentarfilm. Ein Hinweis." In Gerndt 1987: 219-224.
Reinerth, Hans. 1932a. "Die deutsche Vorgeschichte im Dritten Reich." *Nationalsozialistische Monatshefte*. 3, Heft 27: 256-259.
Reinerth, Hans. 1932b. "Gustav Kosinna †." *Nationalsozialistische Monatshefte*. 3, Heft 27: 259-261.
Reinert, Hans (Hrsg.). 1937. *Haus und Hof der Germanen in vor- und frühgeschichtlicher Zeit*. Haus und Hof im nordischen Raum. Im Auftrage der Nordischen Gesellschaft hrsg. von Alexander Funkenberg. Bd. 1. Leipzig.
Reischle, Hermann. 1936a. "Eine Burg des deutschen Geistes." *Germanien* 8: 331-334.
Reischle, Hermann 1936b. "Was will das deutsche Ahnenerbe?" *Germanien* 8: 337-338.
Reischle, Hermann 1936c. "Volkstum als Erbe. Vortrag auf der Reichstagung der NS-Kulturgemeinde München." *Nationalsozialistische Monatshefte* 7, Heft 77: 683-694.
Reischle, Hermann. 1939a. "Das germanische Erbe im deutschen Bauerntum." In Thiele 1939: 14-33.
Reischle, Hermann 1939b. "Die germanischen Grundlagen des sudetendeutschen Bauerntums." *Nationalsozialistische Monatshefte* 10, Heft 113: 698-704.
Reklame-Sammelbilder. 1986. *Reklame-Sammelbilder. Massenmedium der NS-Zeit. Materialien zur volkstumsideologischen Durchdringung des Alltags 1933-1945. Begleitheft zu einer Ausstellung anläßlich der Tagung "Volkskunde und Nationalsozialismus" im Institut für deutsche und vergleichende Volkskunde an der Ludwig-Maximilians-Universität München, 23.-25. Oktober 1986. Text von Evamaria Ciolina*. München: Institut für deutsche und vergleichende Volkskunde.
Rhamm, Karl. 1909. Besprechung von Geramb 1908. *Mitteilungen der anthropologischen Gesellschaft* 39: 280-281.
Richthofen, Bolko Freiherr von. 1937. "Deutsche und italienische Volkskunde in bolschewistischer Verzerrung." *Oberdeutsche Zeitschrift für Volkskunde* 11: 150-155.
Rieck, Heinz. 1937. *Volkstum und Wissenschaft*. Leipzig und Wien.
Rieger, Paul. 1907. "Ueber jüdische Miniaturkunst." *Mitteilungen zur jüdischen Volkskunde. Organ der Gesellschaft für jüdische Volkskunde in Hamburg und der Gesellschaft für Sammlung und Konservierung von Kunst- und historischen Denkmälern des Judentums in Wien* 10 (N.F. 3), Heft 4 (Heft 24): 97-103.
Riegl, Alois. 1894. *Volkskunst, Hausfleiß und Hausindustrie*. Berlin.
Riehl, Wilhelm Heinrich. 1859a. "Die Volkskunde als Wissenschaft. Ein Vortrag." In Riehl 1859b: 205-229.
Riehl, Wilhelm Heinrich. 1859b. *Culturstudien aus drei Jahrhunderten*. Stuttgart.
Riehl, Wilhelm Heinrich. 1892. *Wanderbuch*. 3. Auflage. Stuttgart.
Riehl, Wilhelm Heinrich. 1958. "Die Volkskunde als Wissenschaft." In Lutz 1958: 23-37.

Riehl, Wilhelm Heinrich; und Adolf Spamer. 1935. *Die Volkskunde als Wissenschaft. Mit einem Verlagsbericht: "Zwölf Jahre Arbeit für die deutsche Volkskunde" und einem Anhang: "Der Wilhelm-Heinrich-Riehl-Preis der Deutschen Volkskunde."* Berlin und Leipzig.

Riemann, Erhard. 1939. *Germanen erobern Britannien. Die Ergebnisse der Vorgeschichte und der Sprachwissenschaft über die Einwanderung der Sachsen, Angeln und Jüten nach England.* Schriften der Albertus-Universität. Geisteswissenschaftliche Reihe. Bd. 27. Königsberg.

Riffel, Maria. 1939. "Volkskunde und völkisch-politische Anthropologie." *Oberdeutsche Zeitschrift für Volkskunde* 13: 104-116.

Rimscha, Hans von. 1957. "Zur Gleichschaltung der deutschen Volksgruppen durch das Dritte Reich." *Historische Zeitschrift* 182: 29-63.

Ringer, Fritz K. 1969. *The Decline of the German Mandarins. The German Academic Community, 1890-1933.* Cambridge, Mass.: Harvard University Press.

Ringer, Fritz K. 1983. *Die Gelehrten. Der Niedergang der deutschen Mandarine 1890-1933.* Stuttgart.

Ringshausen, Friedrich. 1938. "Geleitwort." *Volk und Scholle* 16: 1.

Ritter, Ernst. 1976. *Das Deutsche Ausland-Institut in Stuttgart 1917-45. Ein Beispiel deutscher Volkstumsarbeit zwischen den Weltkriegen.* Wiesbaden.

Ritz, Joseph Maria. 1953. "Adolf Spamer (1883-1953)." *Zeitschrift für Volkskunde* 50: 303-305.

Röhr, Erich. 1938. "Das Schrifttum über den Atlas der deutschen Volkskunde (Von der Aussendung der ersten Fragebogen bis zum Erscheinen der ersten Kartenlieferung)." *Zeitschrift für Volkskunde* 47: 52-86.

Röhr, Erich. 1939. "Deutsche Volkskunstforschung. Zum Schrifttum der Jahre 1937 und 1938." *Zeitschrift für Volkskunde* 48: 228-232.

Röhr, Erich. 1942. *Montigny. Bevölkerung und Volkstum eines burgundischen Dorfes im 19. und 20. Jahrhundert.* Volksforschung. Beihefte zur Zeitschrift für Volkskunde. Bd. 3. Berlin-Dahlem: Ahnenerbe-Stiftung Verlag.

Röhrich, Lutz. 1963. Besprechung von Schmidt 1962d. *Schweizerisches Archiv für Volkskunde* 59: 104-105.

Röhrich, Lutz. 1973. *Lexikon der sprichwörtlichen Redensarten.* Bd. 1-2. Freiburg, Basel und Wien.

Rogenhofer-Suitner, Helga. 1987. "Bemerkungen zu den Märchen- und Sagensammlungen der Brüder Zingerle." *Der Schlern* 1987: 395-401.

Rohling, August. 1871. *Der Talmud-Jude. Zur Beherzigung für Juden und Christen aller Stände.* Münster.

Roller, Hans-Ulrich. 1964. "August Lämmle 1876-1962." In Zur Geschichte von Volkskunde 1964: 277-292.

Ropeid, Andreas. 1987. "Lily Weiser-Aall 1898-1987." *Ethnologia Scandinavica* 1987: 149-150.

Rosar, Wolfgang. 1971. *Deutsche Gemeinschaft. Seyss-Inquart und der Anschluß.* Wien.

Rosenberg, Alfred. 1930a. *Wege, Grundsätze und Ziele der NSDAP. Das Programm der Bewegung, erweitert durch das Agrarprogramm.* München.

Rosenberg, Alfred. 1930b. *Der Sumpf. Querschnitte durch das "Geistes"-Leben der November-Demokratie.* München.

Rosenberg, Alfred. 1932. *Der Mythus des 20. Jahrhunderts. Eine Wertung der seelisch-geistigen Gestaltenkämpfe unserer Zeit.* 4. Auflage. München.

Rosenberg, Alfred. 1934a. *Der Mythus des 20. Jahrhunderts. Eine Wertung der seelisch-geistigen Gestaltenkämpfe unserer Zeit.* 27.-28. Auflage. München.

Rosenberg, Alfred. 1934b. *Revolution in der bildenden Kunst.* München.

Rosenberg, Alfred. 1935a. *Der Bolschewismus als Aktion einer fremden Rasse.* München.

Rosenberg, Alfred. 1935b. "Freiheit der Wissenschaft." *Volk im Werden.* 3: 69-80.

Rosenberg, Alfred. 1937a. *Pest in Rußland. Der Bolschewismus, seine Häupter, Handlanger und Opfer.* Gekürzte Ausgabe. Georg Leibbrandt (Hrsg.). München.

Rosenberg, Alfred. 1937b. "Die Freiheit der wissenschaftlichen Forschung." *Die Sonne* 14: 284-286.

Rosenberg, Alfred. 1938a. *Der Kampf um die Freiheit der Forschung.* Schriften der Hallischen Wissenschaftlichen Gesellschaft. Bd. 1. Halle/Saale.

Rosenberg, Alfred. 1938b. *Europa und sein Todfeind*. München.
Rosenberg, Alfred. 1939a. "Zum Geleit." *Deutsche Volkskunde* 1: 3.
Rosenberg, Alfred. 1939b. "Die Hohe Schule am Chiemsee." *Die Kunst im Dritten Reich* 3: 17-19.
Rosenberg, Alfred (Hrsg.). 1940. *Handbuch der Romfrage. Unter Mitwirkung einer Arbeitsgemeinschaft von Forschern und Politikern*. Bd. 1. A-K. München.
Rosensaft, Menachem Z. 1976. "Jews and Antisemites in Austria at the End of the Nineteenth Century." *Publications of the Leo Baeck Institute. Year Book* 21: 57-86.
Roth, Martin. 1987. "Heimatmuseum und nationalpolitische Erziehung." In Gerndt 1987: 185-199.
Roth, Martin. 1989. "Xenophobie und Rassismus in Museen und Ausstellungen." *Zeitschrift für Volkskunde* 85: 48-66.
Roth, Martin. 1990. *Heimatmuseum. Zur Geschichte einer deutschen Institution*. Berliner Schriften zur Museumskunde. Bd. 7. Berlin.
Rothert, L. 1937. "2. Nordischer Wissenschaftlicher Kongreß 'Tracht und Schmuck' in Lübeck vom 30. August bis 4. September 1937." *Germanen-Erbe* 2: 292-296.
Rothfeder, Herbert Phillips. 1963. *A Study of Alfred Rosenberg's Organisation for National Socialist Ideology*. Ph.D. Thesis. Michigan (Microfilm).
Rozenblit, Marsha L. 1989. *Die Juden Wiens 1867-1914. Assimilation und Identität*. Forschungen zur Geschichte des Donauraumes. 11. Wien, Köln und Graz.
Ruch, Martin. 1986. *Zur Wissenschaftsgeschichte der deutschsprachigen "Zigeunerforschung" von den Anfängen bis 1900*. Phil. Diss. Freiburg i.Br.
Ruch, Martin; Michael Dauskardt; et alii. 1981. "Plädoyer für eine Auseinandersetzung mit dem Faschismus im Fach." *DGV-Informationen* 90: 99-100.
Rudolf, E.V. 1940. *Martin Luther, Wider die Jüden. 400 Jahre deutschen Ringens gegen jüdische Fremdherrschaft*. München.
Rudolf, Wolfgang. 1966. *Handbuch der volkstümlichen Boote im östlichen Niederdeutschland*. Berlin.
Rüdiger, Karlheinz. 1938a. "Die fünfte Reichstagung für deutsche Vorgeschichte." *Nationalsozialistische Monatshefte* 9, Heft 104: 1011-1012.
Rüdiger, Karlheinz. 1938b. " Der erste nationalsozialistische deutsche Volkskundetag in Braunschweig." *Nationalsozialistische Monatshefte* 9, Heft 104: 1012-1013.
Rüdiger, Karlheinz. 1939a. "Politische Wissenschaft im Aufbau. Zum Ausbau des Hoheneichen-Verlages als weltanschaulich-wissenschaftlicher Verlag der NSDAP." *Nationalsozialistische Monatshefte* 10, Heft 113: 722-724.
Rüdiger, Karlheinz. 1939b. "Institut der NSDAP zur Erforschung der Judenfrage." *Nationalsozialistische Monatshefte* 10, Heft 114: 74.
Ruge, Arnold. 1940. *Völkische Wissenschaft*. Berlin.
Rumpf, Max. 1931. *Deutsche Volkssoziologie im Rahmen einer sozialen Lebenslehre*. Nürnberg.
Ruprecht, Karl. 1937a. "Deutsches Volkstum und konfessionelle Volkskunde." *Nationalsozialistische Monatshefte* 8, Heft 92: 962-969.
Ruprecht, Karl. 1937b. "Nationalsozialistische oder liberale Volkskunde?" *Nationalsozialistische Monatshefte* 8, Heft 88: 632-634.
Ruprecht, Karl. 1943a. "Bolschewismus und Volkstum im Spiegel der 'Sowjetlore.'" *Deutsche Volkskunde* 5: 1-4.
Ruprecht, Karl. 1943b. "Bolschewismus und Volkskultur." *Nationalsozialistische Monatshefte* 14, Heft 158: 370-376.
Salzburger Landesinstitut. 1986. *Das Salzburger Landesinstitut für Volkskunde. Richard-Wolfram-Forschungsstelle. Ein Institut stellt sich vor*. Salzburger Beiträge zur Volkskunde. Bd. 1. Salzburg.
Salzburger Wissenschaftswochen. 1939. *Salzburger Wissenschaftswochen 23. August bis 2. September 1939. Veranstaltet vom Reichsministerium für Wissenschaft, Erziehung und Volksbildung sowie von der Forschungs- und Lehrgemeinschaft "Das Ahnenerbe." Festschrift. Verzeichnis der Vorlesungen. Verzeichnis der Dozenten*. Hrsg. vom Generalsekretariat der "Salzburger Wissenschaftswochen." Leipzig.

Sandkühler, Hans Jörg; und Hans Heinz Holz (Hrsg.). 1986. *Wahrheiten und Geschichten - Philosophie nach '45*. Dialektik. Beiträge zu Philosophie und Wissenschaften. Bd. 11. Köln.
Sauer, Doris. 1993. *Erinnerungen: Karl Haiding und die Forschungsstelle "Spiel und Spruch."* Redaktion: Helmut Eberhart, Elke Maria Hammer. Beiträge zur Volkskunde und Kulturanalyse. Bd. 6. Wien.
Sauermann, Dietmar. 1986. *Volkskundliche Forschung in Westfalen 1770-1970. Geschichte der Volkskundlichen Kommission und ihrer Vorläufer*. Bd. 1: *Historische Entwicklung*. Beiträge zur Volkskunde in Nordwestdeutschland. Heft 16/I. Münster.
Sauermann, Dietmar. 1991. "Martha Bringemeier 15.2.1900-18.3.1991." *Zeitschrift für Volkskunde* 87: 269-271. Münster.
Saurer, Edith. 1989. "Institutsneugründungen." In Heiß, Mattl, Meissl, Saurer und Stuhlpfarrer 1989: 303-328.
Schade, Heidemarie. 1983. "De Gruyter und die Volkskunde bis 1945. Ein Verlagsarchiv als wissenschaftsgeschichtliche Quelle." In Brückner und Beitl 1983: 145-159.
Schadt, Jörg. 1988. "Verfolgung und Widerstand." In Borst 1988: 96-120.
Schadt, Jörg; und Michael Caroli (Hrsg.). 1985. *Heidelberg unter dem Nationalsozialismus*. Motive, Texte, Materialien. Bd. 26. Heidelberg.
Scharf, Helmut. 1985. "Die Feldherrenhalle in München. Ein Beitrag zur Rezeption durch die Nationalsozialisten." In Schuchard und Claussen 1985: 151-156.
Scharfe, Martin. 1966. "Rügebräuche." In Dörfliche Fasnacht 1966: 196-266.
Scharfe, Martin. 1968. *Evangelische Andachtsbilder. Studien zur Intention und Funktion des Bildes in der Frömmigkeitsgeschichte vornehmlich des schwäbischen Raumes*. Stuttgart.
Scharfe, Martin. 1969. "Dokumentation und Feldforschung." *Zeitschrift für Volkskunde* 65: 224-231.
Scharfe, Martin. 1970a. "Notizen zur Volkskunde. Versuch der Begründung eines Standpunktes." *Württembergisches Jahrbuch für Volkskunde* 1970: 124-139.
Scharfe, Martin. 1970b. "Attitüde, Objektivation, Funktion." *Zeitschrift für Volkskunde* 66: 110-116.
Scharfe, Martin. 1970c. "Zum Rügebrauch." *Hessische Blätter für Volkskunde* 61: 45-68.
Scharfe, Martin. 1970d. "Probleme einer Soziologie des Wandschmucks." *Zeitschrift für Volkskunde* 66: 87-99.
Scharfe, Martin. 1970e. "Kritik des Kanons." In Abschied 1970: 74-84.
Scharfe, Martin. 1974a. "Wissenschaft visualisiert. Zu den Ausstellungen des Ludwig-Uhland-Instituts." *Attempto. Nachrichten für die Freunde der Universität Tübingen e.V.* 49/50: 94-99.
Scharfe, Martin. 1974b. "Die Volkskunst und ihre Metamorphose." *Zeitschrift für Volkskunde* 70: 215-245.
Scharfe, Martin. 1976a. "Die Tübinger Lernausstellungen und ihr Publikum. Konzept - Evaluation - Konsequenzen." In Bauer und Gockerell 1976: 56-126.
Scharfe, Martin. 1976b. "Zum Konzept der Lernausstellung." In Brückner und Deneke 1976: 218-236.
Scharfe, Martin. 1977. "Auf dem Wege zur Kulturgeschichtsschreibung. Notizen zum Stand der Volkskunde in den deutschsprachigen Ländern." *Blätter für Württembergische Kirchengeschichte* 77: 185-200.
Scharfe, Martin mit einem Autorenkollektiv. 1978. *Das andere Tübingen. Kultur und Lebensweise der Unteren Stadt im 19. Jahrhundert*. Untersuchungen des Ludwig-Uhland-Instituts der Universität Tübingen. Sonderband. Tübingen.
Scharfe, Martin. 1980. "Das Tübinger Ludwig-Uhland-Institut: Institutionsgeschichte, Institutionsgegenwart." *Ästhetik und Kommunikation* 11: 108-115.
Scharfe, Martin. 1984. "Einschwörung auf den völkisch-germanischen Kulturbegriff." In Tröger 1984: 105-115.
Scharfe, Martin. 1986. "A Critique of the Canon." In Dow and Lixfeld 1986: 54-61.
Scharfe, Martin. 1987. "Der Spiegel-'Analytiker' Wolfgang Brückner als Fachhistoriker? Ein Polemik gegen den Würzburger Polemiker." *Hessische Blätter für Volks- und Kulturforschung* 21: 146-148.
Scharfe, Martin. 1988. Besprechung von Gerndt 1987. *Zeitschrift für Volkskunde* 84: 107-108.

Scharfe, Martin; Rudolf Schenda; und Herbert Schwedt. 1967. *Volksfrömmigkeit. Bildzeugnisse aus Vergangenheit und Gegenwart. Mit einer Einführung von Hermann Bausinger*. Stuttgart.

Scheel, Klaus. 1979. "Faschistische Kulturpropaganda im zweiten Weltkrieg. Ihr Einsatz zur Irreführung des deutschen Volkes während der ersten Kriegsjahre (1939-1941)." *Jahrbuch für Volkskunde und Kulturgeschichte* 22: 99-119.

Scheffler, Jürgen. 1989. "'Lemgo, das Hexennest.' Folkloristik, NS-Vermarktung und lokale Geschichtsdarstellung." *Jahrbuch für Volkskunde* N.F. 12: 113-132.

Scheidt, Walter. 1926. "Volk und Rasse. Einführung in den Arbeitsplan der Zeitschrift." *Volk und Rasse* 1: 1-6.

Scheidt-Lämke, Dora. 1942. "Karl Kaiser zum Gedächtnis." *Deutsche Volkskunde* 4: 3-9.

Scheller, Thilo. 1939a. "Die Heimholung des Feuers. Ein neues Weihnachtsbrauchtum." *Deutsche Volkskunde* 1: 293-297.

Scheller, Thilo. 1939b. "Das nationalsozialistische Feierjahr." *Deutsche Volkskunde* 1: 155-157.

Scheller, Thilo; und Hans Strobel 1939. "Gedanken zur Feiergestaltung." *Deutsche Volkskunde* 1: 16-19, 91-92.

Schenda, Rudolf. 1966. "Massenlesestoffe im kirchlichen Schriftenstand." In Populus Revisus 1966: 157-165.

Schenda, Rudolf. 1970a. *Volk ohne Buch. Studien zur Sozialgeschichte der populären Lesestoffe 1770-1910*. Studien zur Philosophie und Literatur des 19. Jahrhunderts. Bd. 5. Frankfurt am Main.

Schenda, Rudolf. 1970b. "Einheitlich - urtümlich - noch heute. Probleme der volkskundlichen Befragung." In Abschied 1970: 124-154.

Schenda, Rudolf. 1970c. "Populäre Wandschmuck und Kommunikationsprozeß." ZV 66: 99-109.

Schenda, Rudolf. 1970d. "Die Zeitung als Quelle volkskundlicher Forschung. Ein Leitfaden." *Württembergisches Jahrbuch für Volkskunde* 1970: 156-168.

Schenda, Rudolf. 1971. "Die Lesestoffe der Beherrschten sind die herrschende Literatur." In Bayer 1971: 187-230.

Schenda, Rudolf. 1972. *Das Elend der alten Leute. Informationen zur Sozialgerontologie für die Jüngeren*. Düsseldorf.

Schenda, Rudolf. 1973. "Volksmedizin - was ist das heute?" *Zeitschrift für Volkskunde* 69: 189-210.

Schenda, Rudolf. 1975. Besprechung von Beitl und Beitl 1974. *Tribus* (Stuttgart) 24: 188-189.

Schenda, Rudolf. 1976. *Die Lesestoffe der Kleinen Leute. Studien zur populären Literatur im 19. und 20. Jahrhundert*. Beck'sche Schwarze Reihe. Bd. 146. München.

Schenk, Annemie. 1988. "Interethnische Forschung." In Brednich 1988: 273-289.

Schermann, Lucian; und Friedrich S. Krauss. 1899. *Allgemeine Methodik der Volkskunde. Berichte über Erscheinungen in den Jahren 1890-1897*. Sonderabdruck aus: Kritischer Jahresbericht über die Fortschritte der Romanischen Philologie 4, Heft 3. Erlangen.

Schier, Barbara. 1988. "Volkskundliche Verlage im Dritten Reich vor dem Hintergrund nationalsozialistischer Kulturpolitik." *Bayerisches Jahrbuch für Volkskunde* 1988: 138-173.

Schier, Barbara. 1989a. "Konrad Hahm, Josef Maria Ritz und die Deutsche Volkskunstkommission 1932-1938." *Jahrbuch für Volkskunde* N.S. 12: 43-50.

Schier, Barbara. 1989b. "Konfessionelle Kreise versuchen Zielsetzung und Fragestellung der deutschen Volkskunde zu beeinflussen." *Jahrbuch für Volkskunde* N.S. 12: 9-10.

Schier, Barbara. 1990. "Hexenwahn und Hexenverfolgung. Rezeption und politische Zurichtung eines kulturwissenschaftlichen Themas im Dritten Reich." *Bayerisches Jahrbuch für Volkskunde* 1990: 43-115.

Schier, Bruno. 1932. *Hauslandschaften und Kulturbewegungen im östlichen Mitteleuropa*. Beiträge zur sudetendeutschen Volkskunde. Bd. 21. Reichenberg.

Schier, Bruno. 1934a. "Das deutsche Haus." In Spamer 1934-1935. Bd. 1: 477-534.

Schier, Bruno. 1934b. "Zur Lösung der Speicherfrage." In Bargheer und Freudenthal 1934: 133-157.

Schier, Bruno. 1937a. "Die germanischen Grundlagen der deutschen Volkskultur." *Mitteilungen des Verbandes deutscher Vereine für Volkskunde* 50, August 1937: 19-20.

Schier, Bruno. 1937b. "Vorgeschichtliche Elemente in den Europäischen Volkstrachten." *Nationalsozialistische Monatshefte* 8, Heft 92: 985-995.

Schier, Bruno. 1937c. "Der germanischer Einfluß auf den Hausbau Osteuropas." In Thiele 1937: 21-34.

Schier, Bruno. 1938a. "Vorgeschichtliche Elemente in den europäischen Volkstrachten." In Thiele 1938: 1-17.

Schier, Bruno. 1938b. "Die Auseinandersetzung zwischen Deutschen und Slawen in volkskundlicher Sicht." In Hagemeyer 1938: 132-150.

Schier, Bruno. 1939a. "Die Gliederung der deutschen Haus- und Hofformen." In Kulke 1939: 27-44.

Schier, Bruno. 1939b. "Von der bäuerlichen Baukunst des Egerlandes." In Kulke 1939: 114-120.

Schier, Bruno. 1939c. "Germanisches Erbe in Siedlung und Hausbau." In Thiele 1939: 57-83.

Schiffer, Benjamin Wolf. 1892. "Abderiten von heute unter den Juden." *Am Ur-Quell. Monatschrift für Volkkunde* [sic!] 3: 27-29.

Schiffer, Benjamin Wolf. 1893a. "Alltagglauben [sic!] und volktümliche Heilkunde galizischer Juden." *Am Ur-Quell. Monatschrift für Volkkunde* [sic!] 4: 73-75, 94-95, 118-119, 141-142, 170-171, 187-189, 210-211, 272-273.

Schiffer, Benjamin Wolf. 1893b. "Eliah der Prophet.": *Am Ur-Quell. Monatschrift für Volkkunde.* [sic!] 4: 11-14, 42-45.

Schiffer, Benjamin Wolf, 1894. "Zur Volkkunde [sic!] palästinensischer Juden. Ein Bericht." *Am Ur-Quell. Monatschrift für Volkkunde* [sic!] 5: 159-160, 186-188, 224-225, 264-265.

Schindler, Norbert. 1984. "Spuren in der Geschichte der 'anderen' Zivilisation. Probleme und Perspektiven einer historischen Volkskulturforschung." In Dülmen und Schindler 1984: 13-77.

Schindler, Norbert. 1985. "Brauchforschung zwischen Volkskunde und Geschichte. Zur Neuausgabe der brauchgeschichtlichen Aufsätze Hans Mosers." *Bayerische Blätter für Volkskunde* 12: 81-95.

Schlenger, Herbert. 1934. "Die Volkskunde als Grundwissenschaft der Kulturgeographie." *Zeitschrift für Volkskunde* 44: 186-197.

Schlicker, Wolfgang. 1977. "Die 'Akademie zur wissenschaftlichen Erforschung und Pflege des Deutschtums (Deutsche Akademie).' Eine Institution imperialistischer Auslandskulturpolitik in der Zeit der Weimarer Republik und des Faschismus." *Jahrbuch für Volkskunde und Kulturgeschichte* 20 (NS. 5): 43-66.

Schliephacke, Bruno P. 1942. *Märchen, Seele und Kosmos. Weltschau und Sinndeutung der deutschen Volksmärchen.* Prag-Weinberge.

Schmidt, Friedrich Heinz. 1954. "Der Verband der Vereine für Volkskunde bis 1954." In Fünfzig Jahre Verband 1954: 27-31.

Schmidt, Leopold. 1930. "On allen spot - Am Abend spät. Eine alte Eintrittsformel." *Das deutsche Volkslied* 32: 128-129.

Schmidt, Leopold. 1931. "Ich tritt herein ganz knödelfest." *Wiener Zeitschrift für Volkskunde.* 36: 101-102.

Schmidt, Leopold. 1933. "Die Attribute der Engel in der deutschen Volksauffassung." *Zeitschrift für Volkskunde* 5: 151-176, 250-273.

Schmidt, Leopold. 1934. *Untersuchungen zur Formgeschichte der deutschen Weihnachtsspiele.* Phil. Diss. Wien.

Schmidt, Leopold. 1937a. *Deutsche Fastnacht.* Deutsche Feste aus alter Art und neuem Geist. Bd. 1. Wien.

Schmidt, Leopold. 1937b. "Formprobleme der deutschen Weihnachtsspiele." *Die Schaubühne* 20 (Emsdetten).

Schmidt, Leopold. 1937c. Besprechung von Stumpfl 1936. *Wiener Zeitschrift für Volkskunde* 42: 23.

Schmidt, Leopold. 1940a. "Forschungsaufgaben der volkskundlichen Sammlungen." *Hessische Blätter für Volkskunde* 38: 36-72.

Schmidt, Leopold. 1940b. *Wiener Volkskunde. Ein Aufriß.* Wiener Zeitschrift für Volkskunde. Ergänzungsband 16. Wien.

Schmidt, Leopold. 1946a. *Zwischen Bastei und Linienwall. Wiener Vorstädte und ihre Gäste.* Wien.

Schmidt, Leopold. 1947a. "Die Volkskunde als Geisteswissenschaft." *Mitteilungen der Österreichischen Gesellschaft für Anthropologie, Ethnologie und Prähistorie* 73-77: 115-137.
Schmidt, Leopold. 1947b. "Volkskunde in Österreich 1945-47." *Schweizerisches Archiv für Volkskunde* 44: 164-169.
Schmidt, Leopold. 1947c. "Adelgard Perkmann †." *Österreichische Zeitschrift für Volkskunde* 50: 124-125.
Schmidt, Leopold. 1947d. *Geliebte Stadt.* Briefe an Wien. Wien.
Schmidt, Leopold. 1947e. Besprechung der österreichischen Volkskundetagung 1946. *Österreichische Zeitschrift für Volkskunde* 50: 121-122.
Schmidt, Leopold. 1948a. *Vor gotischen Flügelaltären.* Wien.
Schmidt, Leopold. 1948b. "Stand und Aufgaben der österreichischen Volkskunde." *Österreichische Zeitschrift für Volkskunde* 2/51: 1-12.
Schmidt, Leopold. 1950a. "Vierte Österreichische Volkskundetagung." *Österreichische Zeitschrift für Volkskunde* 4/53: 66-67.
Schmidt, Leopold. 1950b. "Burgenländische Porträts: Michael Haberlandt." *Volk und Heimat* 3/13: 3-4.
Schmidt, Leopold. 1951a. *Geschichte der Österreichischen Volkskunde.* Buchreihe der Österreichischen Zeitschrift für Volkskunde. N.S. Bd. 2. Wien.
Schmidt, Leopold. 1951b. "Volkskunde zwischen Diktatur und Demokratie." *Die Warte. Blätter für Forschung, Kunst und Wissenschaft.* Beilage zu 'Die Österreichische Furche' 7, Nr. 29 vom 14. Juli 1951: 1-2.
Schmidt, Leopold. 1952a. "Volkskundliche Beobachtungen an den Werken Adalbert Stifters." *Adalbert Stifter Almanach für 1953*: 87-108.
Schmidt, Leopold. 1952b. *Gestaltheiligkeit im bäuerlichen Arbeitsmythos. Studien zu den Ernteschnittgeräten und ihrer Stellung im europäischen Volksglauben und Volksbrauch.* Veröffentlichungen des Österreichischen Museums für Volkskunde. Bd. 1. Wien.
Schmidt, Leopold. 1954a. *Bauernwerk der Alten Welt. Europa - Asien - Afrika. Katalog.* Veröffentlichungen zum Archiv für Völkerkunde. Bd. 2. Wien.
Schmidt, Leopold. 1954b. "Archiv der österreichischen Volkskunde." *Österreichische Zeitschrift für Volkskunde* 8/57: 87-108.
Schmidt, Leopold. 1954c. "Ein Österreichischer Volkskundeatlas." *Österreichische Zeitschrift für Volkskunde* 8/57: 71-72.
Schmidt, Leopold. 1955a. "Die Stellung der Volkskunde im Gefüge der Geisteswissenschaften." In Actes du congrès 1955: 21-31.
Schmidt, Leopold. 1955b. "Volkskunde zwischen Wirtschaftsgeschichte und Kulturgeographie." *Österreichische Zeitschrift für Volkskunde* 9/58: 1-17.
Schmidt, Leopold. 1955c. "Karl Spieß-Bibliographie. Verzeichnis der wissenschaftlichen Veröffentlichungen von 1910-1955." In Spieß 1955: 117-122.
Schmidt, Leopold. 1955d. "Arthur Haberlandt und die Lebenskreise als Forschungsziel der Volkskunde." *Notring Almanach* 1955: 124-125.
Schmidt, Leopold. 1957a. "Geschichtliche Grundlagen der Gerätekultur. Zu den Aufgaben der Erforschung des bäuerlichen Arbeitsgeräts, dargetan an den Säegeräten in Kärnten." *Carinthia* I/147: 773-802.
Schmidt, Leopold. 1957b. "Karl Spieß †." *Österreichische Zeitschrift für Volkskunde* 11/60: 335-338.
Schmidt, Leopold. 1958a. "Zum volkskundlichen Kartenwesen in Österreich." *Zeitschrift für Volkskunde* 54: 129-130.
Schmidt, Leopold. 1958b. *Heiliges Blei in Amuletten, Votiven und anderen Gegenständen des Volksglaubens in Europa und im Orient.* Leobener Grüne Hefte. Bd. 32. Wien.
Schmidt, Leopold. 1958c. "Karl Spieß und die Volksliedforschung." *Jahrbuch des Österreichischen Volksliedwerkes* 7: 95-97.
Schmidt, Leopold. 1959a. "Nachrichten aus dem Archiv der österreichischen Volkskunde. 12. Ergebnisse der Ringstock-Umfrage." *Österreichische Zeitschrift für Volkskunde* 13/62: 224-226.
Schmidt, Leopold. 1960a. "Der Gordische Knoten und seine Lösung." *Antaios* 1: 305-318.

Schmidt, Leopold. 1960b. "Das Stachelhalsband des Hirtenhundes." *Deutsches Jahrbuch für Volkskunde* 6: 154-181.
Schmidt, Leopold. 1960c. Rezension über den Österreichischen Volkskundeatlas. *Österreichische Zeitschrift für Volkskunde* 14/63: 58-60.
Schmidt, Leopold. 1960d. *Das österreichische Museum für Volkskunde. Werden und Wesen eines Wiener Museums*. Österreich-Reihe. Bd. 98/100. Wien.
Schmidt, Leopold. 1961a. "Häuser auf heiligem Grundriß." *Antaios* 2: 204-217.
Schmidt, Leopold. 1961b. Besprechung von Bausinger 1961c. *Österreichische Zeitschrift für Volkskunde* 15/64: 293-295.
Schmidt, Leopold. 1962a. Besprechung von Bausinger 1961c. *Anthropos* 57: 193-195.
Schmidt, Leopold. 1962b. "Der Heubogen im südlichen Burgenland." *Deutsches Jahrbuch für Volkskunde* 8: 351-360.
Schmidt, Leopold. 1962c. "Die mitteleuropäischen Volkskundemuseen und ihre Aufgaben in der Mitte des 20. Jahrhunderts." *Österreichische Zeitschrift für Volkskunde* 16/65: 129-146.
Schmidt, Leopold. 1962d. *Das deutsche Volksschauspiel. Ein Handbuch*. Berlin.
Schmidt, Leopold. 1963a. "Rot und Blau. Zur Symbolik eines Farbenpaares." *Antaios* 4: 168-177.
Schmidt, Leopold. 1963b. "Raimund Zoder. Nachruf." *Österreichische Zeitschrift für Volkskunde* 66: 46-48.
Schmidt, Leopold. 1963c. *Die Volkserzählung. Märchen, Sage, Legende, Schwank*. Berlin.
Schmidt, Leopold. 1963d. "Hermann Wopfner †." *Österreichische Zeitschrift für Volkskunde* 17/66: 193-194.
Schmidt, Leopold. 1964a. "Arthur Haberlandt zum Gedächtnis. Nachruf und Bibliographie." *Österreichische Zeitschrift für Volkskunde* 18/67: 217-271.
Schmidt, Leopold. 1964b. "Arthur Haberlandt †." *Mitteilungsblatt der Museen Österreichs* 13: 101-104.
Schmidt, Leopold. 1965a. Besprechung von Helbok 1964-1967. Bd. 1. *Österreichische Zeitschrift für Volkskunde* 19/68: 198-199.
Schmidt, Leopold. 1965b. "Ist die Pflege bäuerlicher Kultur sinnvoll?" *Kulturberichte aus Niederösterreich. Beilage der Amtlichen Nachrichten der NÖ Landesregierung* 1965/3: 18-20.
Schmidt, Leopold. 1966a. "Brauch ohne Glaube. Die öffentlichen Bildgebärden im Wandel der Interpretationen." In Schmidt 1966d: 289-312, 383-388.
Schmidt, Leopold. 1966b. "Niemandsland. Die spielhafte Gestaltung des Weges durch das Unbetretbare." *Antaios* 8: 72-96.
Schmidt, Leopold. 1966c. "Lebendiges Licht im Volksglauben und Volksbrauch Mitteleuropas." In Schmidt 1966d: 19-55, 315-325.
Schmidt, Leopold. 1966d. *Volksglaube und Volksbrauch. Gestalten. Gebilde. Gebärden*. Berlin.
Schmidt, Leopold. 1967a. "Aus der Arbeit am Atlas der burgenländischen Volkskunde." *Rheinisches Jahrbuch für Volkskunde* 17/18: 185-208.
Schmidt, Leopold. 1968a. "Adolf Helbok †." *Österreichische Zeitschrift für Volkskunde* 22/71: 177-179.
Schmidt, Leopold. 1968b. "Anton Dörrer †." *Österreichische Zeitschrift für Volkskunde* 22/71: 115-116.
Schmidt, Leopold. 1969a. Besprechung von Emmerich 1968. *Österreichische Zeitschrift für Volkskunde* 23/72: 191-193.
Schmidt, Leopold. 1969b. "Erinnerte Jahresfeuer. 'Erlesenes' aus deutschen Lebenszeugnissen." In Kontakte und Grenzen 1969: 404-424.
Schmidt, Leopold. 1970a. "Bank und Stuhl und Thron." *Antaios* 12: 85-103.
Schmidt, Leopold. 1971a. "Kulturgeschichtliche Aspekte in der österreichischen Volkskunde." In Kulturgeschichtliche Perspektiven 1971: 103-114.
Schmidt, Leopold. 1971b. Besprechung von Schenda 1970a. *Österreichische Zeitschrift für Volkskunde* 25/74: 191-193.
Schmidt, Leopold. 1973a. *Probleme der Gegenwartsvolkskunde*. Mitteilungen des Instituts für Gegenwartsvolkskunde. Bd. 1. Wien.
Schmidt, Leopold. 1973b. "Bericht über die Tagung 'Kultureller Wandel im 19. Jahrhundert' 1971 in Trier." *Österreichische Zeitschrift für Volkskunde* 27/76: 255-257.

Schmidt, Leopold. 1973c. "Probleme der Gegenwartsvolkskunde." *Anzeiger der philosophisch-historischen Klasse der Österreichischen Akademie der Wissenschaften* 110: 262-282.
Schmidt, Leopold. 1977a. Besprechung von Fél und Hofer 1972, Fél und Hofer 1974. *Österreichische Zeitschrift für Volkskunde* 31/80: 350-351.
Schmidt, Leopold. 1977b. Besprechung von Wiegelmann, Zender und Heilfurth 1977. *Österreichische Zeitschrift für Volkskunde* 31/80: 308-311.
Schmidt, Leopold. 1981a. "Volkskunde in der Gegenwart. Hinweise und Randbemerkungen." *Österreichische Zeitschrift für Volkskunde* 35/84: 1-40.
Schmidt, Leopold. 1982a. *Curriculum Vitae. Mein Leben mit der Volkskunde.* Wien: Selbstverlag des Vereines für Volkskunde in Wien.
Schmidt, Otto. 1940 "Ueberlieferung-Neuschöpfung." *Volkstum und Heimat* 7: 95-99.
Schmidt-Ebhausen, Friedrich-Heinz. 1963. *Forschungen zur Volkskunde im deutschen Südwesten.* Veröffentlichungen des Staatl. Amtes für Denkmalspflege Stuttgart. Reihe C: Volkskunde. Bd. 2. Stuttgart.
Schmitt, Heinz. 1987. "Theorie und Praxis der nationalsozialistischen Trachtenpflege." In Gerndt 1987: 205-213.
Schmitt, Heinz. 1988. *Volkstracht in Baden: Ihre Rolle in Kunst, Staat, Wirtschaft und Gesellschaft seit zwei Jahrhunderten.* Bildbände Heimatkunde/Landesgeschichte. Karlsruhe.
Schmitthenner, Paul. 1935. *Vom Ersten zum Dritten Reich.* Freiburger Universitätsreden. Bd. 16. Freiburg.
Schmook, Reinhard. 1983. *Anmerkungen zur Bedeutung Hans Naumanns und seiner Schriften in der Wissenschaftsgeschichte der deutschen Volkskunde.* Maschinenschriftliche Diplomarbeit. Fachrichtung Ethnographie der Sektion Geschichte der Humboldt-Universität zu Berlin. Berlin.
Schmook, Reinhard. 1988. *Der Germanist Hans Naumann in seiner Bedeutung für die Volkskunde.* Phil. Diss. Humboldt-Universität zu Berlin, Sektion Geschichte, Bereich Ethnographie. Berlin.
Schmook, Reinhard. 1991a. "Zu den Quellen der volkskundlichen Sichtweise Hans Naumanns und zu den Reaktionen der Fachwelt auf dessen 'Grundzüge der deutschen Volkskunde' in den 20er und 30er Jahren." In Sievers 1991: 73-90.
Schmook, Reinhard. 1991b. "Der Germanist Hans Naumann (1886-1951) in seiner Bedeutung für die Volkskunde. Ein Beitrag zum kritischen Erinnern an eine umstrittene Wissenschaftlerpersönlichkeit." In Bönisch-Brednich, Brednich und Gerndt 1991: 535-542.
Schneider, Anton. 1933. "Professor Dr. Adolf Helbok fünfzig Jahre alt." *Heimat* 14: 17-24.
Schneider, Liselotte; und Anton Dörrer. 1947. "Verzeichnis der Veröffentlichungen Hermann Wopfners aus der Zeit von 1900 bis Ende 1946." In Dörrer und Schmidt 1947: 317-332.
Schneidewind, Gisela. 1959. "Der Sagenkreis um den mecklenburgischen Gutsherrn Georg Haberlandt." *Deutsches Jahrbuch für Volkskunde* 5: 8-43.
Schneidewind, Gisela. 1969. "Damshagen. Vom Gutsarbeiterdorf zum sozialistischen Dorf." In Jacobeit und Nedo 1969: 33-41.
Schneidewind, Gisela (Hrsg.). 1960. *Herr und Knecht. Antifeudale Sagen aus Mecklenburg.* Berlin.
Schnöller, Andrea; und Hannes Stekl (Hrsg.). 1987. *Es war eine Welt der 'Geborgenheit' ... Bürgerliche Kindheit in Monarchie und Republik.* Damit es nicht verloren geht ... Bd. 12. Wien.
Schochow, Werner. 1969. *Deutsch-jüdische Geschichtswissenschaft. Eine Geschichte ihrer Organisationsformen unter besonderer Berücksichtigung der Fachbibliographie.* Einzelveröffentlichungen der Historischen Kommission zu Berlin beim Friedrich-Meinecke-Institut der Freien Universität Berlin. Bd. 3. Berlin.
Schöck, Gustav. 1970. "Sammeln und Retten. Anmerkungen zu zwei Prinzipien volkskundlicher Empirie." In Abschied 1970: 85-104.
Schönbach, Anton. 1900. "Über den wissenschaftlichen Betrieb der Volkskunde in den Alpen." *Zeitschrift des deutschen und österreichischen Alpenvereines* 31: 15-24.
Schönberger, Guido. 1961. "Das ehemalige Jüdische Museum in Frankfurt am Main." In Synagoga 1961: unpaginiert.

Schöne, Hubert. 1981. *Deutsche Forschungsgemeinschaft.* Ämter und Organisationen der Bundesrepublik Deutschland. Bd. 49. Düsseldorf.
Schönfeld, Baruch. 1825. "Anthropologisches." *Bikkure ha-Ittim* 6: 85-87 [In hebräischer Sprache].
Schönfeld. Baruch. 1826. "Über den Gesang. Eine ethnologische Betrachtung mit Proben Nadowessischer Lieder." *Bikkure ha-Ittim* 6: 139-144 [In hebräischer Sprache].
Scholze, Thomas. 1988. *Die Großstadt als Problemfeld volkskundlicher Gegenwartsforschung. Studien zur Wissenschaftsgeschichte der bürgerlich-deutschen Volkskunde im 20. Jahrhundert (1918-1988).* Phil. Diss. Humboldt-Universität zu Berlin, Sektion Geschichte, Bereich Ethnographie. Berlin.
Scholze, Thomas. 1990. *Im Lichte der Großstadt. Volkskundliche Erforschung metropolitaner Lebensformen. Neue Aspekte in Kultur- und Kommunikationswissenschaft.* Bd. 2. Wien und St. Johann/Pongau.
Scholze, Thomas. 1991a. "Thesen für einen Abriß zur Geschichte der Volkskunde in der DDR." In Sievers 1991: 231-243.
Scholze, Thomas. 1991b. "Adolf Spamer (1883-1953): Wissenschaftsgrundsätze." In Geschichte der Volkskunde und Völkerkunde 1991: 53-60.
Scholze-Irrlitz, Leonore; und Thomas Scholze. 1991. "Vom wissenschaftlichen Alltag des Wolfgang Jacobeit. Ein Gespräch nach der 'Wende.'" In *Info-Blatt der Gesellschaft für Ethnographie e. V.* 2: 11-44.
Schramka, Carmen. 1986. "Mundartenkunde und Germanische Religionsgeschichte. Zur Tätigkeit von Otto Maußer und Otto Höfler." In Gilch, Schramka und Prütting 1986: 41-64.
Schreiber, Georg. 1929. *Das Auslanddeutschtum als Kulturfrage.* Deutschtum und Ausland. Heft 17/18. Münster.
Schreiber, Georg. 1930. *Nationale und internationale Volkskunde.* Forschungen zur Volkskunde. Bd. 4/5. Düsseldorf.
Schreiber, Georg. 1932. "Das Auslanddeutschtum als Totalität." *Jahrbuch des Reichsverbandes für die katholischen Auslanddeutschen 1931/1932* 1932: 16-31.
Schreiber, Georg. 1937. *Die Sakrallandschaft des Abendlandes.* Mitteilungen des Deutschen Instituts für Volkskunde. Heft 4. Düsseldorf.
Schreiber, Georg. 1949. Zwischen Demokratie und Diktatur. Persönliche Erinnerungen an die Politik und Kultur des Reiches (1919-1944). Regensberg-Münster.
Schreiber, Georg. 1950. "Volkskunde einst und jetzt. Zur literarischen Widerstandsbewegung." In Tack 1950: 275-317.
Schreiber, Georg. 1956. *Deutschland und Österreich. Deutsche Begegnungen mit Österreichs Wissenschaft und Kultur.* Köln.
Schroeder, Leopold von. 1887. *Indiens Literatur und Cultur in historischer Entwicklung.* Leipzig.
Schroeder, Leopold von. 1908. *Mysterium und Mimus im Rigveda.* Leipzig.
Schroeder, Leopold von. 1911. *Die Vollendung des arischen Mysteriums in Bayreuth.* München.
Schroeder, Leopold von. 1913. *Reden und Aufsätze.* Leipzig.
Schroeder, Leopold von. 1914-1916. *Arische Religion.* Bd. 1: *Einleitung. Der Altarische Himmelsgott. Das Höchste Gute Wesen.* Bd. 2: *Naturverehrung und Lebensfeste.* Leipzig.
Schroeder, Leopold von. 1918. *Houston Stewart Chamberlain. Ein Abriß seines Lebens, auf Grund eigener Mitteilungen.* München.
Schroeder, Leopold von. 1921. *Lebenserinnerungen.* Hrsg. von Felix von Schroeder. Leipzig.
Schroubek, Georg. 1983. "Wissenschaftsgeschichte und regionale Besonderheiten der Volkskunde an der Deutschen Prager Universität bis 1934." In Brückner und Beitl 1983: 51-62.
Schrutka-Rechtenstamm, Adelheid. 1989/90. "Die Volkskunde an der Universität Bonn von 1900 bis 1950. Ein Beitrag zur Institutionengeschichte im Rheinland." *Rheinisches Jahrbuch für Volkskunde* 28: 69-87.
Schubert, Günter. 1961. *Die Anfänge der nationalsozialistischen Außenpolitik 1919-1923.* Phil. Diss. Berlin (West).

Schuchard, Jutta; und Horst Claussen (Hrsg.). 1985. *Vergänglichkeit und Denkmal. Beiträge zur Sepulkralkultur*. Schriften des Arbeitskreises selbständiger Kulturinstitute. Bd. 4. Bonn.
Schuchardt, Hugo. 1912. "Sachen und Wörter." *Anthropos* 7: 827-839.
Schudt, Johann Jakob. 1714-1718. *Jüdische Merckwürdigkeiten vorstellende was sich Curieuses und denckwürdiges in den neuern Zeiten bey einigen Jahrhunderten mit denen in alle IV. Theile der Welt sonderlich durch Teutschland verstreuten Juden zugetragen.* Teil 1-4. Frankfurt am Main und Leipzig.
Schuller, Anton. 1986. *Hanns Koren. Bibliographischer Schlüssel*. Steirische Bibliographie. Sonderband 2. Graz.
Schultz, Wolfgang. 1924. *Zeitrechnung und Weltordnung in ihren übereinstimmenden Grundzügen bei den Indern, Iraniern, Hellenen, Ithalikern, Kelten, Germanen, Litauern, Slawen.* Mannus-Bibliothek. Bd. 35, Leipzig.
Schultz, Wolfgang. 1935. *Altgermanische Kultur in Wort und Bild*. 3. Auflage. München.
Schultz, Wolfgang (Hrsg.). 1914-1920. *Mitra*. Monatsschrift für vergleichende Mythenforschung. Heft 1-12. Wien und Leipzig.
Schulungsarbeit. 1940. "Schulungsarbeit im Osten." *Volkstum und Heimat* 7: 118.
Schurtz, Heinrich. 1902. *Altersklassen und Männerbünde. Eine Darstellung der Grundformen der Gesellschaft*. Berlin.
Schwab, Hermann. 1931. "Die Wiederaufrichtung des Schwäbisch-Deutschen Kulturbundes in Südslawien." *Der Auslanddeutsche* 13: 420-423.
Schwebe, Joachim. 1985. "Das Zentralarchiv der deutschen Volkserzählung in Marburg." *Hessische Blätter für Volks- und Kulterforschung* N.F. 18: 187-190.
Schwedt, Herbert. 1958. "Die Groß-Siedlung Giebel bei Stuttgart. Fragen und Ergebnisse einer neuen Feldforschung." *Jahrbuch für Volkskunde der Heimatvertriebenen* 4: 190-205.
Schwedt, Herbert. 1963. "Heimatvertriebene in Großstadtsiedlungen. Untersuchungen zur Gruppenbildung in Stuttgarter Wohngebieten." *Jahrbuch für ostdeutsche Volkskunde* 7: 11-65.
Schwedt, Herbert. 1966a. "Industrialisierung und Brauchtum. Zu den Determinanten der Volkskultur." In Populus Revisus 1966: 29-40.
Schwedt, Herbert. 1966b. "Brauchpflege und angewandte Volkskunde." *Beiträge zur deutschen Volks- und Altertumskunde* 10: 85-92.
Schwedt, Herbert. 1968a. *Kulturstile kleiner Gemeinden*. Volksleben. Bd. 21. Tübingen.
Schwedt, Herbert. 1968b. "Volkskundliche Aspekte der deutschen Arbeiterbewegung im 19. Jahrhundert." In Köstlin, Kramer und Sievers 1968: 67-70.
Schwietering, Julius. 1927. "Wesen und Aufgaben der deutschen Volkskunde." *Deutsche Vierteljahrsschrift für Literaturwissenschaft und Geistesgeschichte* 5: 748-765.
Schwietering, Julius. 1929. "Das Volkslied als Gemeinschaftslied." *Euphorion. Zeitschrift für Literaturgeschichte* 30: 236-244.
Schwietering, Julius. (1932/1941). *Die deutsche Dichtung des Mittelalters*. Handbuch der Literaturwissenschaft. Hrsg. von Oskar Walzel. Potsdam o.J.
Schwietering, Julius. 1933a. "Vom zeichenhaften Sinn der Volkskunst." *Niederdeutsche Zeitschrift für Volkskunde* 11: 56-67.
Schwietering, Julius. 1933b. "Die sozialpolitische Aufgabe der deutschen Volkskunde." *Oberdeutsche Zeitschrift für Volkskunde* 7: 3-11.
Schwietering, Julius. 1935. "Volksmärchen und Volksglaube." *Dichtung und Volkstum. Neue Folge des Euphorion* 36: 68-78.
Schwietering, Julius. 1957. *Die deutsche Dichtung des Mittelalters*. Handbuch der Literaturwissenschaft. Hrsg. von Oskar Walzel. Neudruck. Darmstadt.
Schwietering, Julius. 1969. *Philologische Schriften*. Herausgegeben von Friedrich Ohly und Max Wehrli. München.
Schwinn, Peter. 1989. "Auf Germanensuche in Südtirol. Zu einer volkskundlichen Enquête des SS-Ahnenerbes." *Jahrbuch für Volkskunde* N.F. 12: 85-98.

Schwinn, Peter. 1990. "Alfred Quellmalz und seine Tätigkeit in der Kulturkommission des SS-Ahnenerbes 1940-42." In Stief 1990: 167-177.

Schwinn, Peter. 1991. "'SS-Ahnenerbe' und 'Volkstumsarbeit' in Südtirol 1940-1943." In Johler, Paulmichl und Plankensteiner 1991: 91-104.

Seckendorf, Martin. 1980. *Südosteuropakonzeptionen des deutschen Imperialismus in der Zeit 1918-1933/34 unter besonderer Berücksichtigung der nach dem Scheitern der deutsch-österreichischen Zollunion von 1931 entwickelten Konzeption.* Diss. A. Berlin.

See, Klaus von. 1970. *Deutsche Germanen-Ideologie. Vom Humanismus bis zur Gegenwart.* Frankfurt am Main.

Seemann, Erich. 1954. *John Meier (1864-1953). Sein Leben, Forschen und Wirken.* Freiburger Universitätsreden. Neue Folge. Bd. 17. Freiburg im Breisgau.

Seemann, Erich; und Harry Schewe (Hrsg.). 1934. *Volkskundliche Gaben. John Meier zum siebzigsten Geburtstage dargebracht.* Berlin und Leipzig.

Seifert, Adolf. 1940. *Volkslied und Rasse. Ein Beitrag zur Rassenkunde.* Reichenberg und Berlin-Lichterfelde.

Seiffert, August. 1957. *Funktion und Hypertrophie des Sinnbildes.* Meisenheim.

Semetkowski, Reinhild von. 1968. "Lebensbild." In Semetkowski, Walter von 1968: 11-30.

Semetkowski, Walter von. 1968. *Aufsätze und Aufzeichnungen aus sechs Jahrzehnten.* Graz.

Seraphim, Hans-Günther (Hrsg.). 1956. *Das politische Tagebuch Alfred Rosenbergs aus den Jahren 1934/35 und 1939/40.* Göttingen.

Seraphim, Peter-Heinz. 1938. *Das Judentum im osteuropäischen Raum.* Essen.

Sieber, Friedrich. 1955a. *Bunte Möbel der Oberlausitz.* Berlin.

Sieber, Friedrich. 1955b. "Adolf Spamer †." *Deutsches Jahrbuch für Volkskunde* 1: 249-251.

Sieber, Friedrich. 1956. *Zwei bergmännische Kampflieder aus dem ersten Viertel des 18. Jahrhunderts.* Kleine Beiträge zur Volkskunstforschung. Heft 4. Leipzig.

Sieber, Friedrich. 1959. "Die bergmännische Lebenswelt als Forschungsgegenstand der Volkskunde." *Deutsches Jahrbuch für Volkskunde* 5: 237-242.

Sieber, Friedrich. 1960. *Volk und volkstümliche Motivik im Festwerk des Barocks. Dargestellt an Dresdner Bildwerken.* Deutsche Akademie der Wissenschaften zu Berlin. Veröffentlichungen des Instituts für deutsche Volkskunde. Bd. 21. Berlin.

Siebert, Erich. 1971. *Die Rolle der Kultur- und Wissenschaftspolitik bei der Expansion des deutschen Imperialismus nach Bulgarien, Jugoslawien, Rumänien und Ungarn in den Jahren 1938-1941.* Diss. A. Humboldt-Universität zu Berlin. Berlin.

Sievers, Kai Detlev. 1970. *Volkskultur und Aufklärung im Spiegel der Schleswig-Holsteinischen Provinzialberichte.* Quellen und Forschungen zur Geschichte Schleswig-Holsteins. Bd. 58. Neumünster.

Sievers, Kai Detlev. 1988. "Fragestellungen der Volkskunde im 19. Jahrhundert." In Brednich 1988: 31-50.

Sievers, Kai Detlev. 1991a. "Einführung." In Sievers 1991: 9-21.

Sievers, Kai Detlev. 1991b. "Die Historischen Schulen der deutschen Nationalökonomie und ihr Bezug zu volkskundlichen Fragestellungen." In Sievers 1991: 157-170.

Sievers, Kai Detlev (Hrsg.). 1991. *Beiträge zur Wissenschaftsgeschichte der Volkskunde im 19. und 20. Jahrhundert.* Studien zur Volkskunde und Kulturgeschichte Schleswig-Holsteins. Bd. 26. Neumünster.

Sievers, Wolfram. 1936. "Wer hat Teil am Deutschen Ahnenerbe?" *Germanien* 8: 338-341.

Simon, Ernst. 1935. *Chajjim Nachman Bialik. Eine Einführung in sein Leben und sein Werk.* Berlin.

Simon, Hermann. 1983. *Das Berliner Jüdische Museum in der Oranienburger Straße. Geschichte einer zerstörten Kulturstätte.* Stadtgeschichtliche Publikationen. 2. Hrsg. vom Berlin Museum. Berlin.

Sinwel, R. 1937. "Luwig von Hörmann. Zur hundertsten Jährung seines Geburtstages." *Tiroler Heimatblätter* 15: 322-326.

Sippenkunde. 1937. "Sippenkunde im Dienste der Neugestaltung auslanddeutscher Arbeit." *Der Auslanddeutsche* 8: 564-566.

Smelser, Ronald; und Rainer Zitelmann (Hrsg.). 1989. *Die braune Elite. 22 biographische Skizzen.* Darmstadt.

Söhrnsen-Petersen. 1937. "Die Bedeutung des 'Hermann-Göring-Kooges' für die Pflege der Hausbautradition in der Gegenwart." In Thiele 1937: 102-105.

Soifer, Paul 1978. *Soviet Jewish Folklorists and Ethnography. An Institutional History, 1918-1948.* Working Papers in Yiddish and East European Jewish Studies. 30. New York.

Sokol, Kristin. 1985a. *Vorstudie zur Diplomarbeit* Sokol 1985b. Maschinenschrift. Berlin.

Sokol, Kristin. 1985b. *Zum wissenschaftlichen Werk Adolf Spamers.* Ein Beitrag zur Wissenschaftsgeschichte der deutschen Volkskunde. Diplomarbeit zur Erlangung des akademischen Grades für Ethnographie (Diplomethnograph) vorlegt der Sektion Geschichte der Humboldt-Universität zu Berlin, Bereich Ethnographie. Maschinenschrift. Berlin.

Sokol, Kristin. 1985c. *Thesen zur Diplomarbeit* Sokol 1985b. Maschinenschrift. Berlin.

Sommer, Antje. 1985. "Der Aufstieg der NSDAP in Heidelberg." In Schadt und Caroli 1985: 1-49.

Sontheimer, Kurt. 1962. *Antidemokratisches Denken in der Weimarer Republik. Die politischen Ideen des deutschen Nationalismus zwischen 1918 und 1933.* München.

Sontheimer, Kurt. 1964. *Antidemokratisches Denken in der Weimarer Republik. Die politischen Ideen des deutschen Nationalismus zwischen 1918 und 1933.* 2. Auflage. München.

Spamer, Adolf. 1908. *Über die Zersetzung und Vererbung in den deutschen Mystikertexten.* Phil. Diss. Gießen.

Spamer, Adolf. 1910. *Über die Zersetzung und Vererbung in den deutschen Mystikertexten.* Gießen.

Spamer, Adolf. 1914. "Die volkskundliche Forschung in Bayern." *Bayerische Hefte für Volkskunde* 1: 61-64.

Spamer, Adolf. 1915. "Der Krieg, unser Archiv und unsere Freunde. Ein Aufruf des Volkskundearchivs des Bayerischen Vereins für Volkskunst und Volkskunde in München. *Bayerische Hefte für Volkskunde* 2: 1-52.

Spamer, Adolf. 1924. "Um die Prinzipien der Volkskunde. Anmerkungen zu Hans Naumanns Grundzügen der deutschen Volkskunde." *Hessische Blätter für Volkskunde* 23: 67-108.

Spamer, Adolf. 1927. "Die Bedeutung der Volkskunde für die Gegenwart." *Bayerischer Heimatschutz* 23: 4-10.

Spamer, Adolf. 1928a. *Wesen, Wege und Ziele der Volkskunde.* Sächsisches Volkstum. Bd. 1. Leipzig.

Spamer, Adolf. 1928b. "Volkskunst und Volkskunde." *Oberdeutsche Zeitschrift für Volkskunde* 2: 1-30.

Spamer, Adolf. 1929. "Die Volkskunde." In Hofstaetter und Schnabel 1929. Bd. 2: 250-304.

Spamer, Adolf. 1930. *Das kleine Andachtsbild vom 14. bis 20. Jahrhundert.* München.

Spamer, Adolf. 1933a. *Die Volkskunde als Wissenschaft.* Festvortrag aus Anlaß des 25jährigen Bestehens des Verbandes deustscher Vereine für Volkskunde in der Aula der Berliner Universität 1929. Stuttgart.

Spamer, Adolf. 1933b. *Deutsche Volkskunde als Lebenswissenschaft vom deutschen Volkstum.* Leipzig und Berlin (Sonderausgabe von Spamer 1929).

Spamer, Adolf. 1933c. "Kunst." In Frenzel, Karg und Spamer 1933. Bd. 2: 9-49, 104-105.

Spamer, Adolf. 1933d. "Volkskunde als Gegenwartswissenschaft." *Niedersachsen* 38: 1-8.

Spamer, Adolf. 1933e. "Friedrich von der Leyen." *Bayerischer Heimatschutz* 29: 84-85.

Spamer, Adolf. 1933f. "Die Tätowierung in den deutschen Hafenstädten. Ein Versuch zur Erfassung ihrer Formen und ihres Bildgutes." *Niederdeutsche Zeitschrift für Volkskunde* 11: 1-55, 129-182.

Spamer, Adolf. 1934a. "Die Lehrerschaft und die Volkskunde." *Mitteldeutsche Blätter für Volkskunde* 9: 145-148.

Spamer, Adolf. 1934b. "Sitte und Brauch." In Pessler 1934-1938. Bd. 2: 33-256.

Spamer, Adolf. 1934c. "Wesen und Aufgabe der Volkskunde." In Spamer 1934-1935 a. Bd. 1: 1-16.

Spamer, Adolf. 1934d. "Volkskunde. Allgemeines - Volkssage - Volkserzählung - Volkslied - Volkssprache - Volkskunst." In Goetze, Horn und Maurer 1934: 435-481.

Spamer, Adolf. 1934e. "Vorwort." In Spamer 1934-1935b. Bd. 1: V-VI.

Spamer, Adolf. 1934f. *Die Tätowierung in den deutschen Hafenstädten. Ein Versuch zur Erfassung ihrer Formen und ihres Bildgutes.* Bremen.

Spamer, Adolf, 1934g. "Aufgaben unserer Volksforschung. Vortrag zur Tagung der Kreisvolkstumswarte in Kamenz." *Mitteilungsblatt des Nationalsozialistischen Lehrerbundes/Gau Sachsen* 2: 1-6.

Spamer, Adolf. 1935a. "Die Volkskunde als Gegenwartswissenschaft. Ein Vortrag 1932." In Riehl und Spamer 1935: 77-85.

Spamer, Adolf. 1935b. "Stand und Aufgaben der deutschen Volksforschung." *Mitteldeutsche Blätter für Volkskunde* 10: 97-105.

Spamer, Adolf. 1936a "Aufgaben und Arbeiten der 'Abteilung Volkskunde" in der 'Reichsgemeinschaft der deutschen Volksforschung.'" *Niederdeutsche Zeitschrift für Volkskunde* 14: 145-154.

Spamer, Adolf. 1936b. *Deutsche Fastnachtsbräuche*. Jena.

Spamer, Adolf. 1937. "Die soziale Bedeutung der Volkskunde." In Bericht 1937: 582-584.

Spamer, Adolf. 1939. *Hessische Volkskunst*. Jena.

Spamer, Adolf. 1943. *Sachsen. Text- und Bildersammlung*. Deutsche Volkskunst. N.F. Weimar.

Spamer, Adolf. 1958. "Um die Prinzipien der Volkskunde. Anmerkungen zu Hans Naumanns Grundzügen der deutschen Volkskunde." In Lutz 1958: 126-143.

Spamer, Adolf. 1970. *Der Bilderbogen von der "Geistlichen Hausmagd." Ein Beitrag zur Geschichte des religiösen Bilderbogens und der Erbauungsliteratur im populären Verlagsweses Mitteleuropas*. Bearbeitet und mit einem Nachwort versehen von Mathilde Hain. Veröffentlichungen des Instituts für mitteleuropäische Volksforschung an der Philipps-Universität Marburg-Lahn. A. Allgemeine Reihe. Bd. 6. Göttingen.

Spamer, Adolf. o.J. *Sachsen. Text- und Bildersammlung*. Deutsche Volkskunst. N.F. 2. neu bearbeitete Aufl. Weimar [nach 1952].

Spamer, Adolf (Hrsg.). 1934-1935a. *Die deutsche Volkskunde*. Bd. 1-2. 1. Aufl. Leipzig und Berlin.

Spamer, Adolf (Hrsg.). 1934-1935b. *Die deutsche Volkskunde*. Bd. 1-2. 2. Aufl. Das Deutsche Volk. Bd. 3-4. Leipzig und Berlin.

Spieß, Karl von. 1910. "Prähistorie und Mythos." *Programm des k.k. Staats-Ober-Gymnasiums zu Wiener Neustadt* 1909/10: 3-29.

Spieß, Karl von. 1911. "Der Mythos als Grundlage der Bauernkunst." *Program des k.k. Staats-Ober-Gymnasiums zu Wiener Neustadt* 1910/1911: 3-28.

Spieß, Karl von. 1922. "Die deutschen Balladen von Wassermanns Braut und Wassermanns Frau." *Archiv für das Studium der neueren Sprachen und Literatur* 1922: 1-16.

Spieß, Karl von. 1925. *Bauernkunst, ihre Art und ihr Sinn. Grundlinien einer Geschichte der unpersönlichen Kunst*. 1. Auflage. Wien.

Spieß, Karl von. 1933a. "Das arische Fest." *Bausteine zur Geschichte, Völkerkunde und Mythenkunde* 3: 1-64.

Spieß, Karl von. 1933b. "Der goldene Zweig." *Bausteine zur Geschichte, Völkerkunde und Mythenkunde* 3: 81-85.

Spieß, Karl von. 1934. *Deutsche Volkskunde als Erschließerin deutscher Kultur*. Berlin.

Spieß, Karl von. 1935. *Bauernkunst, ihre Art und ihr Sinn*. Wien.

Spieß, Karl von. 1937. *Marksteine der Volkskunde*. 1. Teil. Jahrbuch für historische Volkskunde. Bd. 5-6. Berlin.

Spieß, Karl von. 1938a. "Deutsche Volkskunde - Deutsche Bildung - Deutsche Erneuerung." *Geist der Zeit* 16: 379-388.

Spieß, Karl von. 1938b. "Deutsche Volkskunde - Deutsche Bildung - Deutsche Erneuerung." In Spieß und Mudrak 1938: 11-20.

Spieß, Karl von. 1938c. "Totenbretter. Zeugnisse volkseigener Weltanschauung in Österreich." *Germanen-Erbe* 3: 148-155.

Spieß, Karl von. 1939a. "Germanisches Erbe in der deutschen Volkskunst." In Thiele 1939: 34-56.

Spieß, Karl von. 1939b. "Der Osterhase." *Volkstum und Heimat* 6: 88-91.

Spieß, Karl von. 1940. *Deutsche Volkskunst*. Stubenrauchs Deutsche Grundrisse. Die Schwarze Reihe: Deutsche Kultur. Bd. 3/4. Berlin.

Spieß, Karl von. 1941a. Besprechung von Fehrle 1940. *Deutsche Volkskunde* 3: 215-216.

Spieß, Karl von. 1941b. "Arteigene Erbgüter als Grundlage einer deutschen Volkskunde." *Zeitschrift für deutsche Bildung* 17: 65-71.

Spieß, Karl von. 1942. *Marksteine der Volkskunst*. 2. Teil. Jahrbuch für historische Volkskunde. Bd. 8-9. Berlin.

Spieß, Karl von. 1943. *Bauernkunst, ihre Art und ihr Sinn*. 3. Aufl. Berlin.

Spieß, Karl von. 1953. "Die Museen als Lehrmeister." *Mitteilungsblatt der Museen Österreichs* 2: 48-50.

Spieß, Karl von. 1955. *Neue Marksteine. Drei Abhandlungen aus dem Gebiete der überlieferungsgebundenen Kunst*. Veröffentlichungen des Österreichischen Museums für Volkskunde. Bd. 7. Wien.

Spieß, Karl von. 1957. "Das Werden eines Werkes." *Forschungsfragen unserer Zeit. Blätter des Wissens*. Lieferung 1/2: 1-10.

Spieß, Karl; und Edmund Mudrak. 1938. *Deutsche Volkskunde als politische Wissenschaft. Zwei Aufsätze*. Berlin.

Spieß, Karl von; und Edmund Mudrak. 1939. *Deutsche Märchen - Deutsche Welt. Zeugnisse nordischer Weltanschauung in volkstümlicher Überlieferung*. Berlin.

Spode, Hasso. 1980. "Der deutsche Arbeiter reist. Massentourismus im Dritten Reich." In Huck 1980: 281-306.

Spranger, Eduard. 1923. *Der Bildungswert der Heimatkunde. Rede zur Eröffnungssitzung der Studiengemeinschaft für wissenschaftliche Heimatkunde am 21.4.1923*. Berlin.

Srbik, Heinrich Ritter von. 1951. *Geist und Geschichte vom deutschen Humanismus bis zur Gegenwart*. Bd. 2. München, Salzburg.

Stadelmann, R.: und Wolfram Fischer. 1955. *Die Bildungswelt des deutschen Handwerkers um 1800. Studien zur Soziologie des Kleinbürgers im Zeitalter Goethes*. Berlin

Stapel, Wilhelm. 1928. *Antisemitismus und Antigermanismus. Über das seelische Problem der Symbiose des deutschen und des jüdischen Volkes*. Hamburg, Berlin und Leipzig.

Stark, Gary D. 1981. *Entrepreneurs of Ideology. Neoconservative Publishers in Germany, 1890-1933*. Chapel Hill, NC.

Stasiewski, B. 1962. "Nationalsozialismus." *Lexikon für Theologie und Kirche* 7: 802-805.

Staubach, Nikolaus. 1974. Besprechung von Höfler 1973. *Fabula* 15: 268-272.

Steglich, Hans. 1934. "Von der Volksforschung zur praktischen Volkstumspflege." *Mitteldeutsche Blätter für Volkskunde* 9: 154-160.

Steig, Reinhold. 1892. *Goethe und die Brüder Grimm*. Berlin.

Stein, Mary Beth. 1987. "Coming to Terms with the Past: The Depiction of *Volkskunde* in the Third Reich since 1945." *Journal of Folklore Research* 24: 157-185.

Steinacher, Hans. 1970. *Erinnerungen und Dokumente*. Hrsg. von Hans-Adolf Jacobsen. Boppard am Rhein.

Steinacker, Harold. 1911. "Diplomatik und Landeskunde." *Mitteilungen des Instituts für Österreichische Geschichtsforschung* 32: 385-435.

Steinacker, Harold. 1923. "Bericht über den Ferienkurs für Heimatforschung und Volksbildung in Bludenz vom 19. bis 21. Juli 1923." *Vierteljahrsschrift für Geschichte und Landeskunde Vorarlbergs* 7: 96-108.

Steinitz, Wolfgang. 1947. Schreiben vom 22.7.1947 an die Zentralverwaltung für Volksbildung, die Rückberufung Adolf Spamers nach Berlin betreffend. Zentrales Archiv der Akademie der Wissenschaften der DDR. Nachlaß Wolfgang Steinitz. Bd. 62.

Steinitz, Wolfgang. 1951. "Die deutsche Volksdichtung - ein wichtiger Teil des nationalen Kulturerbes." *Neues Deutschland* vom 16./17.11.1951.

Steinitz, Wolfgang. 1953. "Hüter des Schatzes deutscher Volksdichtung." *Volkskunst* 7: 11-12.

Steinitz, Wolfgang. 1954-1962. *Deutsche Volkslieder demokratischen Charakters aus sechs Jahrhunderten*. Bd. 1-2. Deutsche Akademie der Wissenschaften zu Berlin. Veröffentlichungen des Instituts für deutsche Volkskunde. Bd. 4, I-II. Berlin.

Steinitz, Wolfgang. 1955. *Die volkskundliche Arbeit in der Deutschen Demokratischen Republik*. 2. Aufl. Kleine Beiträge zur Volkskunstforschung. Bd. 1. Leipzig.

Steinitz, Wolfgang. 1956. "Für wissenschaftliche Zusammenarbeit zwischen Ost und West. Eine notwendige Erklärung." *Deutsches Jahrbuch für Volkskunde* 2: 325-326.

Steinitz, Wolfgang. 1958. "Das Leunalied. Zu Geschichte und Wesen des Arbeitervolksliedes." *Deutsches Jahrbuch für Volkskunde* 4: 1-52.

Steinitz, Wolfgang. 1959. "Zum 100. Geburtstag Richard Wossidlos." *Deutsches Jahrbuch für Volkskunde* 5: 3-7.

Steinitz, Wolfgang. 1966. "Arbeiterlied und Volkslied." *Deutsches Jahrbuch für Volkskunde* 12: 1-14.

Steinitz, Wolfgang. 1979. *Deutsche Volkslieder demokratischen Charakters aus sechs Jahrhunderten.* Bd. 1 und Bd. 2 reprinted und zusammengebunden. Berlin.

Steinmann, Ulrich. 1960. "Zur Ausstellung des Museums für Volkskunde in Berlin: 'Textilkunst in der überlieferten Volkskultur.' Mit den von der Sowjetunion übergebenen Trachten und Volkstextilien." *Jahrbuch für Volkskunde* 6: 438-442.

Steinschneider, Moritz. 1872. "Ueber die Volkslitteratur der Juden." *Archiv für Litteraturgeschichte* 2: 1-21.

Steixner-Keller, Hannelore. 1983. *Ludwig von Hörmann. Leben und Werk.* Phil. Diss. Innsbruck.

Steller, Walther. 1934a. "Nationalsozialismus und Volkskunde." *Mitteilungen der Schlesischen Gesellschaft für Volkskunde* 34: 68-85.

Steller, Walther. 1934b. "Volkskundliche Arbeit im Lichte des Nationalsozialismus." In Seemann und Schewe 1934: 244-252.

Steller, Walther, 1935a. *Volkskunde als nationalsozialistische Wissenschaft. Eine Neuordnung der Volkskunde.* Breslau.

Steller, Walther. 1935b. "Deutsche Volkskunde als Wissenschaft." *Mitteilungen der Schlesischen Gesellschaft für Volkskunde* 35: 25-56.

Steller, Walther (Hrsg.). 1933. *Festschrift Theodor Siebs zum 70. Geburtstag 26. August 1932.* Breslau.

Stemmermann, Paul Hans. 1939. "War der sog. 'Königssprung' der Germanen möglich?" *Volk und Vorzeit. Volkstümliche Hefte für oberrheinische Ur- und Frühgeschichte* 1: 86-88.

Stengel-von Rutkowski, Lothar. 1935a. "Hans F. K. Günther, der Programmatiker des Nordischen Gedankens." *Nationalsozialistische Monatshefte* 6, Heft 68: 962-998.

Stengel-von Rutkowski, Lothar. 1935b. "Hans F.K. Günther, der Programmatiker des Nordischen Gedankens." *Nationalsozialistische Monatshefte* 6, Heft 69: 1099-1114.

Stengel-von Rutkowski, Lothar. 1941. "Hans F.K. Günther 50 Jahre alt." *Nationalsozialistische Monatshefte* 12, Heft 132: 263-265.

Stern, Moritz. 1917. "Zur Eroeffnung der Kunstsammlung der Juedischen Gemeinde zu Berlin." *Ost und West. Illustrierte Monatsschrift für das gesamte Judentum* 17, Heft 3-4: 89-96.

Stief, Werner. 1938. *Heidnische Sinnbilder an christlichen Kirchen und an Werken der Volkskunst. Der "Lebensbaum" und sein Gestaltwandwel im Jahreslauf.* Deutsches Ahnenerbe. Reihe C. Bd. 8. Leipzig.

Stief, Wiegand. 1990. *Register zu Alfred Quellmalz. Südtiroler Volkslieder, 3 Bände. Kassel: Bärenreiter 1968, 1972 und 1976.* Studien zur Volksliedforschung. Bd. 4. Bern, Frankfurt am Main, New York und Paris.

Stockmann, Doris. 1962. *Der Volksgesang in der Altmark von der Mitte des 19. bis zur Mitte des 20. Jahrhunderts.* Berlin.

Stockmann, Erich. 1958. *Des Knaben Wunderhorn in den Weisen seiner Zeit.* Berlin.

Stölting, Erhard. 1986. *Akademische Soziologie in der Weimarer Republik.* Berlin.

Stoklund, Bjarne; und Bengt Holbek. 1981. *Europäische Ethnologie. Folkloristik.* Übersetzt und mit einem Nachwort versehen von Christoph Daxelmüller. Ethnologia Bavarica. Bd. 9. Würzburg und München.

Stolz, Otto. (1928). "Die Innsbrucker Universität im Strome der Geschichte." In Universitätsamt Innsbruck (1928): 7-16.

Stolz, Otto. 1932. *Die Ausbreitung des Deutschtums in Südtirol im Lichte der Urkunden.* Bd. 3. München u.a.

Stolz, Otto: 1936. "Aus dem Werdegang eines Meisters der Geschichte und Volkskunde Tirols: Hermann Wopfner." *Tiroler Heimatblätter* 14: 214-218.
Stolz, Otto. 1955. *Geschichte des Landes Tirol*. Bd. 1. Innsbruck.
Stonner. Anton. 1934. *Germanentum und Christentum. Bilder aus der deutschen Frühzeit zur Erkenntnis deutschen Wesens*. 3. Aufl. Regensburg.
Strack, Adolf. 1902a. Besprechung von Hoffmann-Krayer 1902. *Hessische Blätter für Volkskunde* 1: 160-166.
Strack, Adolf. 1902b. "Volkskunde." *Hessische Blätter für Volkskunde* 1: 149-156.
Strack, Hermann L. 1917. *Jüdischdeutsche Texte. Lesebuch zur Einführung in Denken, Leben und Sprache der osteuropäischen Juden*. Leipzig.
Strobach, Hermann. 1960. "Arbeitstagung des Instituts für deutsche Volkskunde an der Deutschen Akademie der Wissenschaften, Berlin, zu Ehren Richard Wossidlos in Rostock 1959." *Deutsches Jahrbuch für Volkskunde* 6, Teil 2: 423-433.
Strobach, Hermann. 1964. *Bauernklagen. Untersuchungen zum sozialkritischen deutschen Volkslied*. Berlin.
Strobach, Hermann. 1965. "Variierungstendenzen im deutschen Volkslied." *Deutsches Jahrbuch für Volkskunde* 11: 183-191.
Strobach, Hermann. 1966. "Bedingungen und Gesetzmäßigkeiten der Variabilität." *Jahrbuch für Volksliedforschung* 11: 1-9.
Strobach, Hermann. 1967. "Pojem Lidu a jeho Vjznam pro Vymezeni Badatelského Predmétu Národopisu." *Národopisné aktuality*. Strásnice 3-4: 25-33.
Strobach, Hermann. 1970. "Entstehung und Quellen des frühen deutschen Arbeiterliedes." *Lětopis* Reihe C 13: 127-134.
Strobach, Hermann. 1973. "Positionen und Grenzen der 'kritischen Volkskunde' in der BRD. Bemerkungen zu Wolfgang Emmerichs Faschismuskritik." *Jahrbuch für Volkskunde und Kulturgeschichte* 16: 45-91.
Strobach, Hermann. 1981a. "Mißbrauch der Volksdichtung durch den deutschen Faschismus." In Strobach 1981: 159-166.
Strobach, Hermann. 1987. "'... aber wann beginnt der Vorkrieg?' Anmerkungen zum Thema Volkskunde und Faschismus (vor und um 1933)." In Gerndt 1987: 23-38.
Strobach, Hermann. 1991a. "Forschungen in den achtziger Jahren zur Geschichte von Kultur und Lebensweise des deutschen Volkes." *Zeitschrift für Geschichtswissenschaft* 5: 462-479.
Strobach, Hermann. 1991b. "Volkskundliche Forschung an der ehemaligen Akademie der Wissenschaften zu Berlin." *Zeitschrift für Volkskunde* 87: 207-224.
Strobach, Hermann; Rudolf Weinhold; und Bernhard Weißel. 1974. "Volkskundliche Forschungen in der Deutschen Demokratischen Republik. Bilanz und Ausblick." *Jahrbuch für Volkskunde und Kulturgeschichte* 17: 9-39.
Strobach, Hermann (Hrsg.). 1981. *Geschichte der deutschen Volksdichtung*. Berlin.
Strobel, Hans. 1933-1934. "Lebendiges Erbe." *Der Türmer* 36/2: 505-511.
Strobel, Hans. 1934a. *Die Flurnamen von Heinersreuth. Ein Beitrag zur ostfränkischen Volkskunde*. Fränkische Forschungen. Bd. 4. Erlangen.
Strobel, Hans. 1934b. "Sitte als Recht." *Völkische Kultur* 2: 425-428.
Strobel, Hans. 1934c. "Östliche Agrarrevolution und Bauernpolitik." *Völkische Kultur* 2: 333-335.
Strobel, Hans. 1934d. "Deutsches Bauernschicksal im Spiegel der deutschen Dichtung." *Nationalsozialistische Monatshefte* 5, Heft 49: 369-371.
Strobel Hans. 1934e. "Eine ostfränkische Kirchweih und ihre Sinndeutung." *Nationalsozialistische Monatshefte* 5, Heft 53: 729-734.
Strobel, Hans. 1934-1935a. "Eindruck vom 2. Reichsbauerntag." *Der Türmer* 37/1: 361-364.
Strobel, Hans. 1934-1935b. "Der Baum als Sinnbild des Lebens." *Der Türmer* 37/2: 260.
Strobel, Hans. 1935b. "Der Bückeberg." *Der Schulungsbrief* 2: 332-334.
Strobel, Hans. 1936a. "Weihnachtsbrauchtum." *Nationalsozialistische Monatshefte* 7, Heft 81: 1078-1088.

Strobel, Hans. 1936b. "Atlas der deutschen Volkskunde. Gedanken zur ersten Kartenlieferung." *Nationalsozialistische Monatshefte* 7, Heft 79: 917-920.
Strobel, Hans. 1936c. "Neue Brauchtumskunde." *Das Thüringer Fähnlein. Monatshefte für die mitteldeutsche Heimat* 5: 589-593.
Strobel, Hans. 1936d. *Brauchtum und Sitte des deutschen Volkes.* Schriften zur politischen Bildung. Reihe 7. Heft 16. Langensalza.
Strobel, Hans. 1936e. "Weihnachtsbrauchtum." *Nationalsozialistische Monatshefte* 7, Heft 81: 1078-1088.
Strobel, Hans (Pseudonym: Hasso Volker). 1936f. "Germanisches Erbe im deutschen Weihnachtsbrauchtum." *Wille und Macht* 4, Heft 1: 33-38.
Strobel, Hans. 1936/1937. "Die bäuerliche Hausweberei." *Odal* 5: 126-130.
Strobel, Hans. 1937a. "Tracht und Mode. (Nach einem Vortrag des Verfassers auf dem 2. Nordischen Wissenschaftlichen Kongreß 'Tracht und Schmuck,' Lübeck 1937)." *Nationalsozialistische Monatshefte* 8, Heft 92: 970-984.
Strobel, Hans. 1937b. "Volksbrauch und Kirchen." *Volk im Werden* 5: 519-535.
Strobel, Hans. 1937c. "Brauchtum der Fasnächte." *Nationalsozialistische Monatshefte* 8, Heft 83: 132-144.
Strobel, Hans. 1937d. "Fasnächte - Gestalten und Gestaltung." *Die Spielschar* 2: 52-57.
Strobel, Hans. 1937e. "Jahr und Leben." *Die Spielschar* 2: 373-376.
Strobel, Hans. 1937/1938. "Der 'primitive' Bauer." *Odal* 6: 169-170.
Strobel, Hans. 1938a. *Bauernbrauch im Jahreslauf.* Deutsches Ahnenerbe. Hrsg. von der Gemeinschaft "Das Ahnenerbe" e.V., Berlin. Abteilung 2: Fachwissenschaftliche Untersuchungen. Bd. 1. Leipzig.
Strobel, Hans. 1938b. "Tracht und Mode." In Thiele 1938: 28-43.
Strobel, Hans. 1938c. "Zur Erforschung des germanischen Erbgutes im deutschen Volksbrauch." *Rasse* 5: 401-408.
Strobel, Hans. 1938d. *Volksbrauch und Weltanschauung.* Forschungen zur deutschen Weltanschauungskunde und Glaubensgeschichte. Bd. 2. Stuttgart und Berlin.
Strobel, Hans. 1938e. "Ganz Frankreich an der Seine! Ein Gang durch das 'Centre regional' der Pariser Weltausstellung." *Odal* 7: 26-35.
Strobel, Hans. 1938f. Besprechung von Ziegler 1937a. *Odal* 7: 249-250.
Strobel, Hans. 1939a. "Altes Brauchtum in unseren Feiern. Auszug aus einem Vortrag auf der 1. Arbeitswoche für Feiergestaltung der Arbeitsgemeinschaft für Deutsche Volkskunde vom 13. bis 18. März in Berlin." *Deutsche Volkskunde* 1: 87-90.
Strobel, Hans. 1939b. "Germanisches Erbe im deutschen Brauchtum." In Thiele 1939: 112-137.
Strobel, Hans. 1939c. "Wohngesittung aus bäuerlicher Haltung." *Odal* 8: 101-106.
Strobel, Hans. 1939d. "Erntezeit - Erntedank." *Odal* 8: 709-711.
Strobel, Hans. 1939e. "Wie die letzten Indianer?" *Deutsche Volkskunde* 1: 182-185.
Strobel, Hans. 1939f. "Volkskunde im Dienste der Volkstumsarbeit." *Mitteldeutsche Blätter für Volkskunde* 14: 1-9.
Strobel, Hans. 1939g. "Volkstumsarbeit ohne Wissenschaft?" *Nationalsozialistische Monatshefte* 10, Heft 106: 69-72.
Strobel, Hans. 1939h. Besprechung von Spieß 1937. *Deutsche Volkskunde* 1: 81.
Strobel, Hans. 1943a. *Erbe und Erneuerung. Volkskundliche Beiträge zu weltanschaulichen Fragen unserer Zeit.* Schriftenreihe zur weltanschaulichen Schulunmgsarbeit der NSDAP. Bd. 36. Nur für den Dienstgebrauch! München: Zentralverlag der NSDAP., Franz Eher Nachf. GmbH.
Strobel, Hans. 1943b. "Bauerntumskunde als Grundlage deutscher Volkskunde." In Strobel 1943 a: 3-11.
Strobel, Hans. 1943c. "Volkskunde und Volkskultur." In Strobel 1943a: 12-22.
Strobel, Hans. 1943d. "Volkstumswerte in der nationalsozialistischen Feiergestaltung." In Strobel 1943a: 22-41.
Strobel, Hans. 1943e. "Zur deutschen Lebensgestaltung." In Strobel 1943a: 41-62.

Strobel, Hans. 1943f. "Gefallenenehrung in der Familie." *Die neue Gemeinschaft* 9: 184-185.
Strobel, Hans. 1943g. "Volkskunde und Volkskultur." *Deutsche Volkskunde* 5: 172-176.
Strobel, Hans. 1943h. "Volkstum und nationalsozialistische Feiergestaltung." *Nationalsozialistische Monatshefte* 14, Heft 157: 220-231.
Strobel, Hans. 1943i. "Dr. Claus Padel zum Gedenken." *Deutsche Volkskunde* 5: 113-114.
Strobel, Hans. 1943k. "Haltung und Handlung." *Idee und Tat* 1: 32-33.
Strobel, Hans. 1943l. "Partei oder Familie." *Idee und Tat* 1: 33-36.
Strobel, Hans. 1943m. "Verordnung oder Erziehung?" *Idee und Tat* 1: 41-42.
Strobel, Hans. 1943n. "Feiergut - Feiergerät." *Die neue Gemeinschaft* 9: 240-243.
Strobel, Hans. 1944a. "Die Hochzeitsfeier als nationalsozialistische 'Lebensfeier.'" *Deutsche Volkskunde* 6: 12-15.
Strobel, Hans. 1944b. "Bauernglaube." *Nationalsozialistische Monatshefte* 15, 2. Doppelheft: 173-175.
Strobel, Hans. 1944c. "Über die Tiefenangst." *Idee und Tat* 2: 22-24.
Strobel, Hans. 1944d. "Die Verpflichtungsfeier." *Idee und Tat* 2: 25-28.
Strobel, Hans. 1944e. "Märchen in unserer Zeit?" *Idee und Tat* 2: 28-35.
Strobel, Hans. 1944f. "Kult oder Brauchtum?" *Idee und Tat* 2: 35.
Strobel, Hans. 1944g. "Zur Sprachregelung in der Volkskunde." *Idee und Tat* 5: 56-58.
Strobel, Hans. 1944h. "Weihnachten unter Waffen, Weihnachten der Bewährung." *Idee und Tat* 6: 5-7.
Strobel, Hans. 1944i. "Alte oder neue Weihnachtslieder?" *Idee und Tat* 6: 14-19.
Strobel, Hans. 1944k. "Weihnachten oder Julfest?" *Idee und Tat* 6: 32.
Strübin, Eduard. 1952. *Baselbieter Volksleben. Sitte und Brauch im Kulturwandel der Gegenwart.* Volkstum der Schweiz. Bd. 8. Basel.
Strzygowski, Josef. 1936. *Spuren indogermanischen Glaubens in der bildenden Kunst.* Heidelberg.
Strzygowski, Josef. 1938. *Spuren indogermanischen Glaubens in der Bildenden Kunst.* Heidelberg.
Studien. 1934 und 1935. "Studien zum Mythus des 20. Jahrhunderts." [Von Wilhelm Neuss und einer Anzahl von Mitarbeitern]. *Kirchlicher Anzeiger für die Erzdiözese Köln. Amtliche Beilage.* Köln (1. August 1934; 4.-5. Neudruck "August" bzw. "Herbst" 1935).
Studienplan. 1971. "Studienplan für das Fach Empirische Kulturwissenschaft (Universität Tübingen)." *Tübinger Korrespondenzblatt* 4: 11-16.
Studienplan. 1973. *Studienplan für das Fach Empirische Kulturwissenschaft (Universität Tübingen).* Tübingen.
Stürz, Peter. 1984. "Verzeichnis der wissenschaftlichen Veröffentlichungen von Karl Ilg (1979 bis 1983) / Verzeichnis der von Karl Ilg begutachteten Dissertationen." *Österreichische Zeitschrift für Volkskunde* 38/87: 330-335.
Stürz, Peter; Paul Rachbauer; und Michael Becker. 1979. "Verzeichnis der wissenschaftlichen Veröffentlichungen von Karl Ilg." In Ilg 1979: 312-322.
Stuhlpfarrer, Karl. 1985. *Umsiedlung Südtirol 1939-1940.* Bd. 1-2. Wien und München.
Stumpfl, Robert. 1934. *Der Ursprung des Fastnachtsspiels und die kultischen Männerbünde der Germanen.* Leipzig.
Stumpfl, Robert. 1936. *Kultspiele der Germanen als Ursprung des mittelalterlichen Dramas.* Berlin.
Suitner, Helga. 1952. *Die Geschichte der Tiroler Sagen- und Märchensammlungen.* Phil. Diss. Innsbruck.
Svensson, Sigfrid. 1935. Rezension über Spamer 1934-1935b. *Stockholmstidningen* vom 31.10.1935.
Synagoga. 1961. *Synagoga. Jüdische Altertümer, Handschriften und Kultgeräte. Ausstellungskatalog Historisches Museum Frankfurt am Main, 17. Mai - 16. Juli 1961.* Frankfurt am Main.
Tacitus, Publius Cornelius. 1959. *Germania.* Hrsg., übersetzt und mit Erläuterungen versehen von Eugen Fehrle. Fünfte überarbeitete Aufl. besorgt von Richard Hünnerkopf. Heidelberg.
Tack, Wilhelm (Hrsg.). 1950. *Festgabe für Alois Fuchs zum 70. Geburtstag.* Paderborn.
Tägliche Rundschau. 1951. *Tägliche Rundschau* vom 21. und 23. Januar 1951.
Tagung. 1934. "Tagung der Kreisvolkstumswarte des Gaues Sachsen in Kamenz." *Mitteldeutsche Blätter für Volkskunde* 9: 99-102.

Tagungsprogramm. 1969. "Programm der Tagung 'Probleme und Techniken volkskundlicher Dokumentation, 1969 in Detmold." *Mitteilungen der Deutschen Gesellschaft für Volkskunde e. V.* 77: 1-7.

Talmage, Frank (Hrsg.). 1980. *Studies in Jewish Folklore*. Cambridge, Mass.

Tálos, Emmerich; und Wolfgang Neugebauer (Hrsg.). 1985. *"Austrofaschismus." Beiträge über Politik, Ökonomie und Kultur 1934-1938*. Österreichische Texte zur Gesellschaftskritik. Bd. 18. Wien.

Taucher, Franz. 1973. *Schattenreise. Von Landsleuten und anderen Menschen*. Wien.

Teller, Jürgen. 1964. Marx und Engels über die Volkskunst. Studienmaterial für das Fernstudium. Hrsg. von der Hochschule der Deutschen Gewerkschaften "Fritz Heckert" und dem Institut für Volkskunstforschung beim Zentralhaus für Kulturarbeit. Leipzig.

Tendlau, Abraham M. 1845. *Das Buch der Sagen und Legenden Jüdischer Vorzeit. Nach den Quellen bearbeitet*. 2. vermehrte Auflage. Stuttgart.

Tendlau, Abraham M. 1860. *Sprichwörter und Redensarten deutsch-jüdischer Vorzeit. Als Beitrag zur Volks-, Sprach- und Sprichwörter-Kunde. Aufgezeichnet aus dem Munde des Volkes und nach Wort und Sinn erläutert*. Frankfurt am Main.

Teudt, Wilhelm. 1936. "Die Aufgaben der Pflegstätte für Germanenkunde." *Germanien* 8: 334-336.

Thiele, Ernst-Otto. 1937a. "Das märkische Vorhallenhaus." In Thiele 1937: 58-68.

Thiele, Ernst-Otto. 1937b. "Das Osterwasser im märkischen Brauchtum." *Germanen-Erbe* 2: 84-88.

Thiele, Ernst-Otto. 1938a. "Der Wocken, ein nordisch-germanisches Spinngerät." In Thiele 1938: 94-116.

Thiele, Ernst-Otto. 1939a. "Germanisches Erbe in Darstellungen auf bäuerlichem Sachgut." In Thiele 1939: 91-102.

Thiele, Ernst-Otto. 1940. "Der Brixentaler Flurritt." *Deutsche Volkskunde* 2: 134-144.

Thiele, Ernst-Otto (Hrsg.). 1937. *Haus und Hof der Germanen in geschichtlicher Zeit*. Haus und Hof im nordischen Raum. Im Auftrage der Nordischen Gesellschaft hrsg. von Alexander Funkenberg. Bd. 2. Leipzig.

Thiele, Ernst-Otto (Hrsg.). 1938. *Tracht und Schmuck der Germanen in Geschichte und Gegenwart*. Tracht und Schmuck im nordischen Raum. Im Auftrage der Nordischen Gesellschaft hrsg. von Alexander Funkenberg. Bd. 2. Leipzig.

Thiele, Ernst-Otto (Hrsg.). 1939. *Das germanische Erbe in der deutschen Volkskultur. Die Vorträge des 1. Deutschen Volkskundetages zu Braunschweig, Herbst 1938*. Deutsche Volkskunde. Schriftenreihe der Arbeitsgemeinschaft für Deutsche Volkskunde. Bd. 1. München.

Thompson, Stith. 1967. *The Folktale*. New York, San Franzisco, Toronto und London.

Thurnwald, Hilde. 1948/49. *Gegenwartsprobleme Berliner Familien*.

Tichy, Frank. 1990. "Salzburger Sümpfe. Ehren, Bürger, Kameraden, Blätter." Forum 37/436-438: 39-47.

Tönnies, Ferdinand. 1920. Gemeinschaft und Gesellschaft. Grundbegriffe der reinen Soziologie. 3. Auflage. Berlin.

Tolksdorf, Ulrich. 1991. "Geschichte der 'Ostdeutschen Volkskunde.'" In Sievers 1991: 207-216.

Tomaschek, Wilhelm. 1881. *Die Goten in Taurien*. Ethnologische Forschungen über Ost-Europa und Nord-Asien. Bd. 1. Wien.

Tréfois, Clemens. 1937a. "Der Hausbau am Westrand des germanischen Siedlungsraumes." In Thiele 1937: 35-51.

Treichel, A. 1897. "Was giebt's zu Mittag? Eine Umfrage." *Der Urquell. Eine Monatsschrift für Volkskunde* N.F. 1: 264.

Tröger, Jörg (Hrsg.). 1984. *Hochschule und Wissenschaft im Dritten Reich*. Frankfurt am Main und New York.

Troger, P. Adjunt. 1909. "Christian Schneller †." *Forschungen und Mitteilungen zur Geschichte Tirols und Vorarlbergs* 6: 72-79.

Trümpy, Hans. 1969. Besprechung von Emmerich 1968. *Schweizerisches Archiv für Volkskunde* 65: 98-99.

Trümpy, Hans. 1987. "'Volkscharakter' und 'Rasse.' Zwei fatale Schlagworte der NS-Volkskunde." In Gerndt 1987: 169-177.

Um Die Erneuerung. 1983. *Um die Erneuerung der Deutschen Kultur 1945-1949.* Zusammengestellt und eingeleitet von Gerd Dietrich. Berlin.

Universitätsamt Innsbruck (Hrsg.). (1928). *Die Universität Innsbruck. Aus Geschichte und Gegenwart.* Innsbruck.

Vacano, O. W. von. 1936. "Wolfgang Schultz." *Germanen-Erbe* 1: 193.

Veit, Ulrich. 1984. "Gustav Kosinna und V. Gordon Childe. Ansätze zu einer theoretischen Grundlegung der Vorgeschichte." *Saeculum* 35: 326-364.

Verband Österreichischer Geschichtsvereine (Hrsg.). 1955. *Bericht über die aus Anlaß der Hundertjahrfeier des Instituts für österreichische Geschichtsforschung als Arbeitstagung in der Zeit vom 27. bis 29. September 1954 in Wien abgehaltene Hauptversammlung des Verbandes Österreichischer Geschichtsvereine.* Veröffentlichungen des Verbandes Österreichischer Geschichtsvereine. Bd. 8. Wien.

Verein zur Förderung des Jiddischen Wissenschaftlichen Instituts (Hrsg.). 1929. *Das jiddische wissenschaftliche Institut (1925-1928).* Berlin.

Verhey, Hans. 1950. "Wilhelm Peßler, 70 Jahre." *Neues Archiv für Niedersachsen* 4, Heft 15: 1-8.

Verzeichnis. 1932. *Verzeichnis der Schriften von Rudolf Much. Als Festgabe zu seinem siebzigsten Geburtstag dargebracht von Freunden, Kollegen und Schülern.* Wien.

Verzeichnis. 1933. "Verzeichnis der Schriften Prof. Dr. Adolf Helboks." *Heimat* 14: 34-40.

Vester, Frederic. 1978. *Unsere Welt - ein vernetztes System. Eine internationale Wanderausstellung.* Stuttgart.

Vetter, Helmuth. 1989. "Die katholisch-theologische Fakultät 1938-1945." In Heiß, Mattl, Meissl, Saurer und Stuhlpfarrer 1989: 179-196.

Vezina, Birgit. 1982. *Die "Gleichschaltung" der Universität Heidelberg im Zuge der nationalsozialistischen Machtergreifung.* Heidelberg.

Viergutz, Rudolf F. 1942. *Von der Weisheit unserer Volksmärchen.* Berlin.

Vierkandt, Alfred. 1908. *Die Stetigkeit im Kulturwandel. Eine soziologische Studie.* Leipzig.

Vierkandt, Alfred. 1928. *Gesellschaftslehre.* 2. völlig umgearbeitete Auflage. Stuttgart.

Voegelin, Eric. 1933. *Die Rassenidee in der Geistesgeschichte von Ray bis Carus.* Berlin.

Völkerforschung. 1954. *Völkerforschung. Vorträge der Tagung für Völkerkunde an der Humboldt-Universität Berlin vom 25. -27. April 1952.* Berlin.

Vogel, Hans Jochen; Helmut Simon; und Adalbert Podlech (Hrsg.). 1981. *Die Freiheit des Anderen. Festschrift für Martin Hirsch.* Baden-Baden.

Voigt, Günther. 1955. "Friedrich Engels und die deutschen Volksbücher." *Deutsches Jahrbuch ür Volkskunde* 1-2: 65-108.

Volk und Gesundheit. 1982. *Volk und Gesundheit. Heilen und Vernichten im Nationalsozialismus. Begleitbuch zur gleichnamigen Ausstellung im Ludwig-Uhland-Institut für Empirische Kulterwissenschaft der Universität Tübingen.* Hrsg. durch die Projektgruppe "Volk und Gesundheit." Tübingen: Tübinger Vereinigung für Volkskunde.

Volker, Hasso (Pseudonym für Strobel, Hans).

Volkskunde an den Hochschulen. 1986. *Volkskunde an den Hochschulen im Dritten Reich. Eine vorläufige Datensammlung.* Bearbeitet von Esther Gajek. Als Manuskript vervielfältigt. München: Institut für deutsche und vergleichende Volkskunde.

Volkskunde im Dritten Reich. 1986. *Volkskunde im Dritten Reich. Diskussionsanstöße. Begleitheft zu einer Ausstellung anläßlich der Tagung "Volkskunde und Nationalsozialismus" im Institut für deutsche und vergleichende Volkskunde an der Ludwig-Maximilians-Universität München, 23.-25. Oktober 1986.* Als Manuskript vervielfältigt. München: Institut für deutsche und vergleichende Volkskunde.

Volkskunde und Nationalsozialismus. 1986. *Volkskunde und Nationalsozialismus. Tagungshinweise. Programm. Kurzfassungen der Referate.* Vervielfältigtes Manuskript. Institut für deutsche und vergleichende Volkskunde. München.

Volkskundliche Gaben. 1934. *Volkskundliche Gaben. John Meier zum 70. Geburtstag dargebacht.* Berlin und Leipzig.

Volkskundliche Informationen. 1967. *Volkskundliche Informationen.* Hrsg. vom Kulturbund der DDR. Berlin.

Volkskundliche Ostforschung. 1962. *Volkskundliche Ostforschung in Westdeutschland. Referate und Diskussionsbeiträge der Arbeitstagung in Berlin vom 27. und 28. Februar 1962.* Manuskript zur internen Information. Hrsg. vom Institut für deutsche Volkskunde an der Deutschen Akademie der Wissenschaften und des Instituts für Völkerkunde und deutsche Volkskunde der Humboldt-Universität zu Berlin. Berlin.

Vom Aufbruch. 1986. "Vom Aufbruch der Volkskunde. Ein Gespräch." In Jeggle, Korff, Scharfe und Warneken 1986: 9-20.

Vondung, Klaus. 1971. *Magie und Manipulation. Ideologischer Kult und politische Religion des Nationalsozialismus.* Göttingen.

Vorländer, Herwart. 1984. "Heimat und Heimaterziehung im Nationalsozialismus." In Knoch und Leeb 1984: 30-43.

Vorländer, Herwart. 1986. "NS-Volkswohlfahrt und Winterhilfswerk des deutschen Volkes." *Vierteljahrshefte für Zeitgeschichte* 34: 341-380.

Vorschläge. 1933. *Vorschläge für 150 Fragen zum Abschluß des Frageplanes des Atlas der Deutschen Volkskunde.* Deutsche Forschung. Aus der Arbeit der Notgemeinschaft der Deutschen Wissenschaft. Heft 19. Berlin.

Voßkamp, Wilhelm. 1985. "Kontinuität und Diskontinuität. Zur deutschen Literaturwissenschaft im Dritten Reich." In Lundgreen 1985: 140-162.

Wackernell, J. E. 1916. "Ludwig Steub, Adolf Pichler und der Tiroler Sängerkrieg." *Forschungen und Mitteilungen zur Geschichte Tirols und Vorarlbergs* 13: 189-221.

Wähler, Martin (Hrsg.). 1937. *Der deutsche Volkscharakter. Eine Wesenskunde der deutschen Volksstämme und Volksschläge.* Jena.

Wagner, Leopold. 1962. *Ignaz Vinzenz Zingerle.* Phil. Diss. Innsbruck.

Waibl, Gunther. 1985. *Photographie und Geschichte. Sozialgeschichte der Photographie in Südtirol 1919-1945.* Diss. phil. Wien.

Waibl, Gunther. 1991. "Photographie in Südtirol während des Faschismus." In Johler, Paulmichl und Plankensteiner 1991: 137-152.

Waitz, Georg. 1863. *Zum Gedächtnis an Jacob Grimm.* Göttingen.

Walter, Sepp. 1981. "Karl Haiding 75 Jahre." In Hänsel und Walter 1981: 11-18.

Waltner, Lisl. 1986. "Die Filme von Richard Wolfram aus den Jahren 1939-1942 und 1959." *Wissenschaftlicher Film* 34/35: 89-90.

Walz, Arno. 1934. "Volkskunde und Schule." *Mitteldeutsche Blätter für Volkskunde* 9: 160-163.

Warneken, Bernd Jürgen. 1980. "Nachsätze eines später Hinzugekommenen." In Zugangsweisen 1980: 106-107.

Waschnitius, Viktor. 1913. *Percht, Holda und verwandte Gestalten. Ein Beitrag zur deutschen Religionsgeschichte.* Sitzungsberichte der Kais. Akademie der Wissenschaften in Wien, Phil.-Hist. Klasse, Bd. 174, Abh. 2. Wien.

Weber-Kellermann, Ingeborg. 1953. "Adolf Spamer zum Gedächtnis." *Forschungen und Fortschritte* 27: 94.

Weber-Kellermann, Ingeborg. 1956a. "Zehn Jahre Institut für Deutsche Volkskunde." In Deutsche Akademie 1956: 435-447.

Weber-Kellermann, Ingeborg. 1956b. "Internationaler Volkskundekongreß vom 20. bis 24. September 1955 in Arnhem/Holland." *Deutsches Jahrbuch für Volkskunde* 2: 264-266.

Weber-Kellermann, Ingeborg. 1957. *Ludolf Parisius und seine altmärkischen Volkslieder. Herausgabe der Melodien von Erich Stockmann.* Berlin.

Weber-Kellermann, Ingeborg. 1959. "Zur Frage der interethnischen Beziehungen in der 'Sprachinsel-volkskunde.'" *Österreichische Zeitschrift für Volkskunde* 62: 19-47.

Weber-Kellermann, Ingeborg. 1965. *Erntebrauch in der ländlichen Arbeitswelt des 19. Jahrhunderts auf Grund der Mannhardtbefragung in Deutschland von 1865*. Veröffentlichungen des Instituts für mitteleuropäische Volksforschung an der Philips-Universität Marburg-Lahn. A. Bd. 2. Marburg.

Weber-Kellermann, Ingeborg. 1969. *Deutsche Volkskunde zwischen Germanistik und Sozialwissenschaften*. Sammlung Metzler. Bd. 79. Stuttgart.

Weber-Kellermann, Ingeborg. 1973. "Vorwort. Brauch und seine Rolle im Verhaltenscode sozialer Gruppen." In Brauch und seine Rolle 1973: I-V.

Weber-Kellermann, Ingeborg. 1984. "Zum Gedenken an Adolf Spamer zu seinem 100. Geburtstag am 10. April 1983." *Hessische Blätter für Volks- und Kulturforschung* 16: 197-206.

Weber-Kellermann, Ingeborg. 1986. "Problems of Interethnic Research in Southeast Europe. A Consideration of Method." In Dow und Lixfeld 1986: 172-183.

Weber-Kellermann, Ingeborg; und Andreas C. Bimmer. 1985. *Einführung in die Volkskunde / Europäische Ethnologie. Eine Wissenschaftsgeschichte*. 2., erweiterte und ergänzte Auflage von "Deutsche Volkskunde zwischen Germanistik und Sozialwissenschaften." Sammlung Metzler. Bd. 79. Stuttgart.

Wehler, Hans-Ulrich. 1988. *Entsorgung der deutschen Vergangenheit? Ein polemischer Essay zum "Historikerstreit."* Beck'sche Reihe. Bd. 360. München.

Weigel, Karl Theodor. 1934a. *Lebendige Vorzeit rechts und links der Landstraße*. Berlin.

Weigel, Karl Theodor. 1935a. *Runen und Sinnbilder*. Berlin.

Weigel, Karl Theodor. 1936a. "Runen am deutschen Hause." *Nationalsozialistische Monatshefte* 7, Hefte 71 und 79: 163-165, 900-904.

Weigel, Karl Theodor. 1937. "Sinnbilder am Hause." In Thiele 1937: 111-123.

Weigel, Karl Theodor. 1939a. *Germanisches Glaubensgut in Runen und Sinnbildern*. München.

Weigel, Karl Theodor. 1939b. "Sinnbilder als germanisches Erbgut." In Thiele 1939: 103-111.

Weigel, Karl Theodor. 1941a. *Sinnbilder in Niedersachsen*. Hildesheim.

Weigel, Karl Theodor. 1943a. *Beiträge zur Sinnbildforschung*. Berlin.

Weinert, Willi. 1986. "Die Entnazifizierung an den österreichischen Hochschulen." In Meissl, Mulley und Rathkolb 1986: 254-280.

Weingand, Hans-Peter. 1991. "Schlaglichter auf die Vergangenheit." *Kuckuck. Sonderheft 1: Krise und Aufbruch*: 42-47.

Weinhold, Karl. 1851. *Die deutschen Frauen in dem Mittelalter*. Wien.

Weinhold, Karl. 1853. *Weihnacht-Spiele und Lieder aus Süddeutschland und Schlesien*. Graz.

Weinhold, Karl. 1856. *Altnordisches Leben*. Berlin.

Weinhold, Karl. 1890. "Was soll die Volkskunde leisten?" *Zeitschrift für Völkerpsychologie und Sprachwissenschaft* 20: 1-5.

Weinhold, Karl. 1891. "Zur Einleitung. Was soll die Volkskunde leisten?" *Zeitschrift des Vereins für Volkskunde* 1: 1-10.

Weinhold Karl. 1892. "Ignaz Zingerle von Summersberg." *Zeitschrift des Vereins für Volkskunde* 2: 442-443.

Weinhold, Rudolf. 1958. *Töpferhandwerk in der Oberlausitz. Beiträge zur Geschichte des Oberlausitzer Töpferhandwerks*. Berlin.

Weinhold, Rudolf. 1966. "Rebmesser und Kelter." *Deutsches Jahrbuch für Volkskunde* 12: 37-48.

Weinhold, Rudolf. 1973. *Winzerarbeit an Elbe, Saale und Unstrut. Eine historisch-ethnographische Untersuchung der Produktivkräfte des Weinbaus auf dem Gebiet der DDR*. Berlin.

Weinreich, Max. 1946. *Hitler's Professors.The Part of Scholarship in Germany's Crimes Against the Jewish People*. New York.

Weinreich, Uriel und Beatrice. 1959. *Yiddish Language and Folklore. A Selective Bibliography for Research*. Jana Linguarum. 10. 'S-Gravenhage.

Weinzierl, Erika; und Kurt Skalnik (Hrsg.). 1983. *Österreich 1918-1938. Geschichte der ersten Republik*. Bd. 1-2. Graz, Köln, Wien.

Weiser, Lily. 1923. *Jul. Weihnachtsgeschenke und Weihnachtsbaum. Eine volkskundliche Untersuchung ihrer Geschichte*. Stuttgart und Gotha.

Weiser, Lily. 1927. *Altgermanische Jünglingsweihen und Männerbünde. Ein Beitrag zur deutschen und nordischen Altertums- und Volkskunde*. Bausteine zur Volkskunde und Religionswissenschaft. Bd. 1. Bühl.

Weiser-Aal, Lily. 1959. "Eugen Fehrle 1880-1957." *Hessische Blätter für Volkskunde* 49/50: 9-10.

Weiss, Richard. 1946. *Volkskunde der Schweiz. Grundriss*. Erlenbach-Zürich.

Weiss, Richard. 1949. Besprechung von Beiträge zur Volkskunde 1948. *Schweizerisches Archiv für Volkskunde* 46: 62-63.

Weiss, Richard. 1954. Besprechung von Wopfner 1951-1960. Bd. 1. Lief. 1. *Schweizerisches Archiv für Volkskunde* 50: 114-115.

Weiss, Richard. 1956. Besprechung von Ilg 1956a. *Schweizerisches Archiv für Volkskunde* 52: 236.

Weiss, Richard. 1957. "Alpiner Mensch und alpines Leben in der Krise der Gegenwart." *Die Alpen* 1957: 209-224.

Weiss, Richard. 1959. Besprechung von Österreichischer Volkskundeatlas 1959. *Schweizerisches Archiv für Volkskunde* 55: 283-284.

Weiss, Richard. 1961. Besprechung von Bausinger 1961c. *Schweizerisches Archiv für Volkskunde* 57: 191-192.

Weißel, Bernhard. 1980. "Forschungen zur Geschichte von Kultur und Lebensweise des deutschen Volkes." *Zeitschrift für Geschichtswissenschaft. Sonderheft Historische Forschungen in der DDR 1970-1980. Analysen und Berichte. Zum XV. internationalen Historiker-Kongreß in Bukarest 1980:* 666-672.

Werner-Künzig, Waltraut. 1977. *Johannes Künzig zum 80. Geburtstag*. Freiburg.

Weyer, Johannes. 1984. "Die Forschungsstelle für das Volkstum im Ruhrgebiet (1935-1941): Ein Beispiel für Soziologie im Faschismus." *Soziale Welt* 35: 124-145.

Whisker, James Biser. 1982. *The Social, Political and Religious Thought of Alfred Rosenberg. An Interpretative Essay*. (Washington).

Wiegelmann, Günter. 1959. *2. Arbeitstagung über Fragen des Atlas der deutschen Volkskunde. Protokollmanuskript*. Bonn.

Wiegelmann, Günter. 1979a. "Gemeindestudien in Deutschland. Trends - Probleme - Aufgaben." In Wiegelmann 1979: 67-86.

Wiegelmann, Günter. 1979b. "Riehls Stellung in der Wissenschaftsgeschichte der Volkskunde." *Jahrbuch für Volkskunde* N.F. 2: 89-100.

Wiegelmann, Günter. 1991. *Theoretische Konzepte der Europäischen Ethnologie. Diskussionen um Regeln und Modelle*. Grundlagen der Europäischen Ethnologie. Bd. 1. Münster.

Wiegelmann, Günter; Matthias Zender; und Gerhard Heilfurth. 1977. *Volkskunde. Eine Einführung*. Grundlagen der Germanistik. Bd. 12. Berlin.

Wiegelmann, Günter; und Dietmar Sauermann (Hrsg.). 1973. *Kultureller Wandel im 19. Jahrhundert. Verhandlungen des 18. Deutschen Volkskunde-Kongresses in Trier vom 13. bix 18. September 1971*. Studien zum Wandel von Gesellschaft und Bildung im 19. Jahrhundert. Bd. 5. Göttingen.

Wiegelmann, Günter (Hrsg.). 1979. *Gemeinde im Wandel. Volkskundliche Gemeindestudien in Europa. Beiträge des 21. Deutschen Volkskundekongresses in Braunschweig (5.-9. September 1977)*. Beiträge zur Volkskultur in Nordwestdeutschland. Heft 13. Münster.

Wildhagen, Eduard. 1938. *Der Atlas der deutschen Volkskunde. I. Grundlagen*. Als Manuskript gedruckt. Berlin.

Wilhelm, Kurt (Hrsg.). 1967. *Wissenschaft des Judentums im deutschen Sprachbereich. Ein Querschnitt*. Bd. 1-2. Tübingen.

Wilsdorf, Helmut. 1959. "Arbeit und Arbeitsgerät im sächsischen Erzbergbau des 16. Jahrhunderts." *Deutsches Jahrbuch für Volkskunde* 5: 255-300.

Wilsdorf, Helmut. 1964. "Aspekte der Montanethnographie." *Deutsches Jahrbuch für Volkskunde* 10: 54-71.

Wimmer, Erich. 1983. "Zur 'volkskunde an bayerischen Universitäten." In Brückner und Beitl 1983: 107-115.
Wimmer, Erich. 1987a. "Die Errichrung der Volkskundlichen Abteilung am Seminar für deutsche Philologie (1936) und die Volkskunde an der Hochschule für Lehrerbildung in Würzburg." In Gerndt 1987: 119-126.
Wimmer, Erich. 1987b. *Organisationsformen volkskundlicher Sammlung und Forschung und volkskundliche Institutionen in Bayern.* Augsburger Reader. Bd. 5. Augsburg.
Wimmer, Erich. 1987c. "Volkskunde und Nationalsozialismus. Arbeitstagung der Deutsche Gesellschaft für Volkskunde vom 23.-25. Oktober 1986 in München." *Bayerische Blätter für Volkskunde* 14: 26-28.
Wimmer, Erich. 1987d. "Organisationsformen volkskundlicher Sammlung und Forschung und volkskundliche Institutionen in Bayern." *Verhandlungen des Historischen Vereins für Oberpfalz und Regensburg* 127: 121-138.
Winckler, Lutz. (Hrsg.). 1977. *Antifasschistische Literatur. Programme, Autoren, Werke.* Bd. 1. Kronberg.
Winschuh, Josef. 1932. *Der Verein mit dem langen Namen.* Berlin.
Winter, Heinrich. 1936. "Winterliche Schreckgestalten. Ein Versuch zu ihrer Deutung aus dem Brauchtum des Odenwaldes." *Volk und Scholle* 14: 6-10.
Winter, Heinrich. 1937. *Das Sonnenjahr. Das Brauchtum des Jahreslaufes.* Schriften der Volks- und Heimatforschung für die NS-Kulturgemeinde, Landschaftsbund Volkstum und Heimat Gau Hessen-Nassau e.V. Bd. 1. Darmstadt.
Winter, Heinrich. 1938a. "Dämonie oder Sinnbild. Ein volkskundlicher Versuch zur Wertung des Mittwinterbrauches im Odenwald." *Oberdeutsche Zeitschrift für Volkskunde* 12: 145-164.
Winter, Heinrich. 1938b. "Brauchtumsschichtung. Ein Weg zur Neubewertung brauchtümlicher Erscheinungen des Odenwaldes an Fasnacht und im Mittwinter auf rassischer Grundlage." *Jahrbuch des Bayerischen Heimatbundes* 1938: 42-48.
Winternitz, M. 1912. "Leopold von Schroeder. Zum sechzigsten Geburtstage." *Mittheilungen der Anthropologischen Gesellschaft in Wien* 42: 103-104.
Wippermann, Wolfgang. 1989. *Faschismustheorien. Zum Stand der gegenwärtigen Diskussion.* Erträge der Forschung. Bd. 17. 5. völlig neu bearbeitete Aufl. Darmstadt.
Wirth, Herman. 1931-1936. *Die Heilige Urschrift der Menschheit.* Bd. 1-2. Leipzig.
Wirth, Herman. 1933. *Die Ura Linda Chronik.* Leipzig.
Wischnitzer-Bernstein, Rahel. 1967. "Jüdische Kunstgeschichtsschreibung. Bibliographische Skizze." In Wilhelm 1967. Bd. 2: 635-639.
Wölfling, Christian. 1796. *Briefe eines reisenden Franzosen über die Deutschen, ihre Verfassung, Sitten und Gebräuche. Nebst Berichtigungen und Bemerkungen von einem Deutschen.* Ohne Ort.
Woeller, Waltraud. 1959/60. "Geschichte der Deutschen Volkskunde an der Berliner Universität." *Wissenschaftliche Zeitschrift der Humboldt-Universität zu Berlin. Beiheft zum Jubiläumsjahrgang* 9: 63-65.
Woeller, Waltraud. 1961-1962. "Der soziale Gehalt und die soziale Funktion der deutschen Volksmärchen." *Wissenschaftliche Zeitschrift der Humboldt-Universität zu Berlin. Gesellschaftswissenschaftlich-Sprachwissenschaftliche Reihe* 10: 395-459 und 11: 281-307.
Woeller, Waltraud (Hrsg.). 1959. *Deutsche Volksmärchen von arm und reich.* Berlin.
Wolf, Albert. 1900. "Jüdische Medaillen." *Mitteilungen der Gesellschaft für jüdische Volkskunde* 3, Heft 2 (Heft 6): 135-136.
Wolf, Albert. 1902. "Etwas über jüdische Kunst und ältere jüdische Künstler." *Mitteilungen der Gesellschaft für jüdische Volkskunde* 5, Heft 1 (Heft 9): 12-74.
Wolf, Albert. 1904. "Die Hamburger auf oder von Juden geprägten Medaillen." *Mitteilungen der Gesellschaft für jüdische Volkskunde* 7, Heft 1 (Heft 13): 51-62.
Wolf, Eric R.; und John W. Cole. 1974. *The Hidden Frontier. Ecology and Ethnicity in an Alpine Valley.* New York u.a.
Wolf, Gustav. 1940. *Schleswig-Holstein. Haus und Hof deutscher Bauern.* Bd. 1. Berlin.

Wolfgramm, Eberhard. 1943. "Kaukasische Sagen in sowjetischer Umbildung." *Deutsche Volkskunde* 5: 114-122.

Wolfgramm, Eberhard. 1944a. "Verwandelte Volkssänger. Ein Beitrag zur sowjetischen Kulturpolitik." *Deutsche Volkskunde* 6: 1-6.

Wolfgramm, Eberhard. 1944b. "Verwandelte Volkssänger. Ein Beitrag zur sowjetischen Kulturpolitik." *Deutsche Volksforschung in Böhmen und Mähren* 3: 42-51.

Wolfram, Richard. 1932a. "Schwerttanz und Schwerttanzspiel." *Wiener Zeitschrift für Volkskunde* 37: 1-6.

Wolfram, Richard. 1932b. "Robin Hood und Hobby Horse." *Wiener Prähistorische Zeitschrift (Festschrift für Rudolf Much)* 19: 357-374.

Wolfram, Richard. 1932c. "Gesunkenes Kulturgut und gehobenes Primitvgut." In Josef Strzygowski-Festschrift: 85-89.

Wolfram, Richard. 1933. *Ernst Moritz Arndt und Schweden. Zur Geschichte der deutschen Nordsehnsucht*. Forschungen zur neueren Literaturgeschichte. Bd. 45. Weimar.

Wolfram, Richard. 1934. "Altersklassen und Männerbünde in Rumänien." *Mitteilungen der Anthropologischen Gesellschaft in Wien* 64: 112-128.

Wolfram, Richard. 1936. "Rudolf Much †." *Rasse. Monatsschrift der Nordischen Bewegung* 3: 476-477.

Wolfram, Richard. 1936/1937. *Schwerttanz und Männerbund*. Lieferung 1-3. Kassel.

Wolfram, Richard. 1939. "Das Alter des Schnaderhüpfels." In Plaßmann und Trathnigg (Hrsg.) 1939: 51-62.

Wolfram, Richard. 1944. "Die Sinnbilder in der Volkskunde." In Jankuhn 1944: 17-34.

Wolfram, Richard. 1951. *Die Volkstänze in Österreich und verwandte Tänze in Europa*. Salzburg.

Wolfram, Richard. 1952. "Von der Brauchtumsaufnahme im Lande Salzburg." *Mitteilungen der Gesellschaft für Salzburger Landeskunde* 92: 161-180.

Wolfram, Richard. 1955a. "Die Schöpferlein. Gottscheer Volksglaube von den Schicksalsgestalten." *Jahrbuch für Volkskunde der Heimatvertriebenen* 1: 77-92.

Wolfram, Richard. 1955b. "Das Anklöckeln im Salzburgischen. Gegenwartsform und Brauchdeutung." *Mitteilungen der Gesellschaft für Salzburger Landeskunde* 95: 203-234.

Wolfram, Richard. 1957. "Die Tanzkrankheit des Mittelalters wieder ausgebrochen?" *Kärntner Landsmannschaft* 1957/1: 9-10.

Wolfram, Richard. 1959a. "Haberlandt Michael, Indologe, Völkerkundler und Volkskundler." *Österreichisches Biographisches Lexikon 1815-1950* 2: 125.

Wolfram, Richard. 1959b. "Beiträge zur Volkskunde Südtirols." In Wiegelmann 1959: 18-19.

Wolfram, Richard. 1965. "Arthur Haberlandt †." *Mitteilungen der Anthropologischen Gesellschaft in Wien* 95: 269-270.

Wolfram, Richard. 1970. "Plädoyer für gestalthaftes Sehen." *Zeitschrift für Volkskunde* 66: 28-32.

Wolfram, Richard. 1972. *Prinzipien und Probleme der Brauchtumsforschung*. Österreichische Akademie der Wissenschaften, Phil.-hist. Klasse, Sitzungsberichte. Bd. 278/2. Wien.

Wolfram, Richard. 1974. "Um den Begriff der 'Gemeinschaft.' Bemerkungen zu der Arbeit von H. Fielhauer 'Maulgabe' und 'Mahlgemeinschaft.'" *Österreichische Zeitschrift für Volkskunde* 28/77: 143-152.

Wolfram, Richard. 1980. *Brauchtum und Volksglaube in der Gottschee*. Veröffentlichungen des Österreichischen Museums für Volkskunde. Bd. 19. Wien.

Wolfram, Richard. 1986. *Die Geschichte des Faches 'Volkskunde' an der Wiener Universität*. Unveröff. Manuskript. Wien.

Wolfram, Richard. 1987a. *Das Wagreiner und Großarler Jahr in Glaube und Brauch*. Salzburger Beiträge zur Volkskunde. Bd. 2. Salzburg.

Wolfram, Richard. 1987b. *Südtiroler Volksschauspiel und Spielbräuche*. Österreichische Akademie der Wissenschaften. Philosophisch-Historische Klasse. Sitzungsberichte. Bd. 480. Wien.

Wolfram, Richard. 1987c. "Die Verbindung zwischen Kind und Mutter ist etwas Wunderbares." In Schnöller und Stekl 1987: 289-302.

Wolfram, Richard. 1990. "Richard Wolfram." In Baltl, Grass und Faußner 1990: 331-342.
Wolfram, Richard; und Ingrid Kretschmer (Wissenschaftliche und kartographische Leitung). 1959-1979. *Österreichischer Volkskundeatlas*. Graz, Wien, Köln.
Wopfner, Hermann. 1908. *Die Lage Tirols zu Ausgang des Mittelalters*. Abhandlungen zur mittleren und neueren Geschichte. Bd. 4. Berlin und Leipzig.
Wopfner, Hermann. 1915. "Sonnenwende 1915 an der Grenze Südtirols." *Mitteilungen des Deutschen und Österreichischen Alpenvereins* 31/41: 67-81.
Wopfner, Hermann. 1918. "Die Einheit Deutschtirols." In Denkschrift 1918: 1-38.
Wopfner, Hermann. 1922. "Tirols Eroberung durch deutsche Arbeit." *Tiroler Heimat* 1: 5-38.
Wopfner, Hermann. 1923. "Tiroler Heimatkunde." *Tiroler Heimat* 3/4: 84-94.
Wopfner, Hermann. 1924. "Geschichtliche Heimatkunde. Eine Anleitung zur Erarbeitung heimatkundlicher Kenntnisse." *Tiroler Heimat* 5/6: 5-57.
Wopfner, Hermann. 1926. *Deutsche Siedlungsarbeit in Südtirol. Eine volkskundliche Studie*. Schriften des Instituts für Sozialforschung in den Alpenländern an der Universität Innsbruck. Bd. 1. Innsbruck.
Wopfner, Hermann. 1927a. "Oswald von Zingerle." *Tiroler Heimat* 1927: 67-70.
Wopfner, Hermann. 1927b. *Anleitung zu volkskundlichen Beobachtungen auf Bergfahrten*. Beiträge zur Jugend- und Heimatkunde. Bd. 4. Innsbruck.
Wopfner, Hermann. 1927c. "Tirolische Volkskunde." In Haberlandt 1927: 332-354.
Wopfner, Hermann. 1932. "Die Bedeutung der Volkskunde für die Wirtschaftsgeschichte dargestellt an Beispielen der tirolischen Volkskunde." *Veröffentlichungen des Museums Ferdinandeum* 1932: 1-26.
Wopfner, Hermann. 1933a. "Entstehung und Wesen des tirolischen Volkstums." In Hauptausschuß des Deutschen und Österreichischen Alpenvereins 1933: 139-206.
Wopfner, Hermann. 1933b. "Volkskunde als Arbeitskunde." *Der Schlern* 1933: 414-423, 464-475, 521-532.
Wopfner, Hermann. 1934. *Von der Ehre und Freiheit des Tiroler Bauernstandes*. Innsbruck.
Wopfner, Hermann. 1936. "Die Forschung nach den Ursachen des Bauernkrieges und ihre Förderung durch die geschichtliche Volkskunde." *Historisches Jahrbuch* 153: 89-106.
Wopfner, Hermann. 1937. "Die Tiroler." In Wähler 1937: 356-375.
Wopfner, Hermann. 1941. "Bauerntum, Stadt und Staat." *Historische Zeitschrift* 164: 229-260 und 472-495.
Wopfner, Hermann. 1947. *Tiroler Bauer und Tiroler Landesfreiheit*. Tiroler Heimatschriften. Bd. 1. Innsbruck.
Wopfner, Hermann. 1950. "Autoergographie." In Grass 1950-1951, Bd. 1: 157-201.
Wopfner, Hermann. 1951. "Viktor von Geramb. Nachruf." *Almanach der Österreichischen Akademie der Wissenschaften* 108: 362-374.
Wopfner, Hermann. 1951-1960. *Bergbauernbuch. Von Arbeit und Leben des Tiroler Bergbauern in Vergangenheit und Gegenwart*. Lfg. 1-4. Innsbruck u.a.
Wopfner, Hermann. 1959. "Viktor von Geramb. Nachruf." *Almanach der Österreichischen Akademie der Wissenschaften* 108: 362-374.
Wrede, Adam. 1936. *Deutsche Volkskunde auf germanischer Grundlage*. Osterwieck/Harz und Berlin.
Wüst, Walther. 1936a. "Zur Germanenkunde. Festansprache bei der Eröffnung der 'Pflegstätte für Germanenkunde' in Detmold am 5.10.1936." *Odal. Monatsschrift für Blut und Boden* 5: 366-373.
Wüst, Walther. 1936b. "Germanenkunde - Frage und Verpflichtung. Festansprache, gehalten bei der Eröffnung der 'Pflegstätte für Germanenkunde' zu Detmold am 5.10.1936." *Germanien* 8: 321-327.
Wüst, Walther. 1942a. *Indogermanisches Bekenntnis. Sechs Reden*. Berlin-Dahlem: Ahnenerbe-Stiftung Verlag.
Wüst, Walther. 1942b. "Von indogermanischer Religiosität - Sinn und Sendung." In Wüst 1942a: 53-91.

Wüst, Walther. 1942c. "Germanenkunde - Frage und Verpflichtung. Festansprache bei der Eröffnung der 'Pflegstätte für Germanenkunde' in Detmold am 5.10.1936." In Wüst 1942a: 3-12.

Wuttke, Walter. 1988. "Medizin, Ärzte, Gesundheitspolitik." In Borst 1988: 211-235.

Wuttke-Groneberg, Walter. 1981. "Das Elend der 'Volksmedizin' im Nationalsozialismus." *Tübinger Korrespondenzblatt* 22: 1-7.

Yassif, Eli. 1986. *Jewish Folklore. An Annotated Bibliography.* Garland Folklore Bibliographies. 10. New York und London.

Zaborsky-Wahlstätten, Oskar von. 1936. *Urväter-Erbe in deutscher Volkskunst.* Deutsches Ahnenerbe. 3. Abteilung. Bd. 1. Leipzig.

Zaunert, Paul (Hrsg.). 1922. *Wilhelm Heinrich Riehl. Vom deutschen Land und Volke. Eine Auswahl.* Jena.

Zender, Matthias. 1977. "Geschichte der Forschung im 20. Jahrhundert." In Wiegelmann, Zender und Heilfurth 1977: 26-38.

Zenker-Starzacher, Elli. 1941. *Eine deutsche Mächenerzählerin aus Ungarn.* München.

Zentner, Kurt. 1966. *Illustrierte Geschichte des Widerstandes in Deutschland und Europa, 1933-1945.* (Mitarbeit Gerd Schreiber). München.

Zentralblatt für Psychoanalyse. 1911. *Zentralblatt für Psychoanalyse. Medizinische Monatsschrift für Seelenkunde* 1. Wiesbaden.

Ziegler, Matthäus. 1957. *Engel und Dämon im Lichte der Bibel mit Einschluß des ausserkanonischen Schrifttums.* Lehre und Symbol. Bd. 7. Zürich.

Ziegler, Matthes. 1933. *Kirche und Reich im Ringen der jungen Generation.* Reden und Aufsätze zum nordischen Gedanken. Bd. 6. Leipzig.

Ziegler, Matthes. 1934a. "Volkskunde auf rassischer Grundlage." *Nationalsozialistische Monatshefte* 5, Heft 53: 711-717.

Ziegler, Matthes. 1934b. "Die 1. Tagung des Reichsbundes für deutsche Vorgeschichte." *Nationalsozialistische Monatshefte* 5, Heft 56: 1067-1068.

Ziegler, Matthes. 1934c. "Deutsche Volkskunde" [Sammelrezension]. *Nationalsozialistische Monatshefte* 5, Heft 57: 1165-1168.

Ziegler, Matthes. 1934d. "Friedrich Hölderlin. Sein Künstlertum und seine Frömmigkeit." *Nationalsozialistische Monatshefte* 5, Heft 47: 155-163.

Ziegler, Matthes. 1934-1940a. "Familienleben." In Mackensen 1934-1940: 47-51.

Ziegler, Matthes. 1934-1940b. "Frau." In Mackensen 1934-1940: 211-215.

Ziegler, Matthes. 1934-1940c. "Geschwister." In Mackensen 1934-1940: 588-596.

Ziegler, Matthes. 1935a. "Kirchliche oder religiöse Volkskunde?" *Nationalsozialistische Monatshefte* 6, Heft 65: 674-685.

Ziegler, Matthes. 1935b. "Volkskunde" [Sammelbesprechung]. *Nationalsozialistische Monatshefte* 6, Heft 69: 1156-1159.

Ziegler, Matthes. 1935c. "Bedenkliche Theologie." *Nationalsozialistische Monatshefte* 6, Heft 59: 177-181.

Ziegler, Matthes. 1935d. "Aus der Arbeit der katholischen Aktion." *Nationalsozialistische Monatshefte* 6, Heft 60: 276-278.

Ziegler, Matthes. 1935e. "Christentum und Judentum." *Nationalsozialistische Monatshefte* 6, Heft 60: 279-281.

Ziegler, Matthes. 1935f. "Alfred Rosenberg antwortet!" *Nationalsozialistische Monatshefte* 6, Heft 61: 290-297.

Ziegler, Matthes. 1936a. *Volkskunde auf rassischer Grundlage. Voraussetzungen und Aufgaben.* Nationalsozialistische Wissenschaft. Schriftenreihe der N.S. Monatshefte. Bd. 4. München.

Ziegler, Matthes. 1936b. "Germanische Religionsforschung im Weltanschauungskampf. Bemerkungen zum neuesten germanenkundlichen Schrifttum." *Nationalsozialistische Monatshefte* 7, Heft 78: 819-824.

Ziegler, Matthes. 1937a. *Die Frau im Märchen.* Deutsches Ahnenerbe. 2. Abteilung: Fachwissenschaftliche Untersuchungen. Bd. 2. Leipzig.

Ziegler, Matthes. 1937b. "Zur Weltkirchenkonferenz in Oxford, Juli 1937." *Nationalsozialistische Monatshefte* 8, Heft 87: 506-514.
Ziegler, Matthes. 1937c. *Der Protestantismus zwischen Rom und Moskau.* 2. Auflage. München.
Ziegler, Matthes. 1938a. "Zur Einführung." In Deutsche Volkskunde im Schrifttum 1938: 5-8.
Ziegler, Matthes. 1938b. "Von den inneren Kräften der deutschen Geschichte." *Nationalsozialistische Monatshefte* 9, Heft 100: 592-595.
Ziegler, Matthes. 1938c. "Weltanschauung und Staatstreue." *Nationalsozialistische Monatshefte* 9, Heft 102: 754-756.
Ziegler, Matthes. 1939a. *Volkskunde auf rassischer Grundlage. Voraussetzungen und Aufgaben.* Deutsches Volkstum. Eine Schriftenreihe über deutsche Volkskunde für die Schulungs- und Erziehungsarbeit der NSDAP. Herausgegeben vom Beauftragten des Führers für die Überwachung der gesamten geistigen und weltanschaulichen Schulung und Erziehung der NSDAP in Verbindung mit der "Arbeitsgemeinschaft für Deutsche Volkskunde." München.
Ziegler, Matthes. 1939b. "Die Aufgaben der Arbeitsgemeinschaft für Deutsche Volkskunde. Eröffnungsrede zum 1. Deutschen Volkskundetag in Braunschweig, Sept. 1938." In Thiele 1939: 7-10.
Ziegler, Matthes. 1939c. *Illusion oder Wirklichkeit? Offenbarungsdenken und mythischer Glaube.* München.
Ziegler, Matthes. 1939d. *Soldatenglaube, Soldatenehre. Ein deutsches Brevier für Hitler-Soldaten.* Nordland-Bücherei. Bd. 10. Berlin.
Ziegler, Matthes. 1939e. "Einführung." *Deutsche Volkskunde* 1: 5.
Ziegler, Matthes. 1940a. "Die Aufgaben des Handbuches." In Rosenberg 1940: VIII-XI.
Ziegler, Matthes. 1940b. *Aberglaube. Eine volkskundliche Wert- und Begriffsbestimmung.* Stubenrauchs deutsche Grundrisse. Die Schwarze Reihe: Deutsche Kultur. Bd. 3/4. Berlin.
Zimmermann, Harm-Peer. 1991. "Annäherung an Ferdinand Tönnies." In Sievers 1991: 41-72.
Zingerle, Berthold. 1955. "Verzeichnis der Veröffentlichungen Hermann Wopfners aus der Zeit von Ende 1946 bis Ende 1955." *Tiroler Heimat* 19: 169-171.
Zingerle, Iganz von. 1869. *Lusernisches Wörterbuch.* Innsbruck.
Zipfel, Friedrich. 1965. *Kirchenkampf in Deutschland 1933-1945. Religionsverfolgung und Selbstbehauptung der Kirchen in der nationalsozialistischen Zeit. Mit einer Einleitung von Hans Herzfeld.* Veröffentlichungen der Historischen Kommission zu Berlin beim Friedrich-Meinecke-Institut der Freien Universität Berlin. Bd. 11. Publikationen der Forschungsgruppe Berliner Widerstand beim Senator für Inneres von Berlin. Bd. 1. Berlin.
Zippelius, Adelhart. 1978. "Ingeborg Weber-Kellermann zum 26.6.1978." In Bimmer, Böth et alii 1978: 199-207.
Zippelius, Adelhart. 1989. Besprechung von Gerndt 1987. *Hessische Blätter für Volks- und Kulturforschung* N.F. 24: 209-213.
Zischka, Johannes. 1986. *Die NS-Rassenideologie. Machttaktisches Instrument oder handungsbestimmendes Ideal?* Europäische Hochschulschriften. Reihe 3. Bd. 274. Frankfurt am Main.
Zitelmann, Rainer. 1987. *Hitler. Selbstverständnis eines Revolutionärs.* Hamburg, Leamington Spa und New York.
Zmarzlick, Hans Günther. 1963. "Der Sozialdarwinismus in Deutschland." *Vierteljahreshefte für Zeitgeschichte* 11: 246-273.
Zmarzlik, Hans Günther. 1970a. *Wieviel Zukunft hat unsere Vergangenheit?* München.
Zmarzlik, Hans Günther. 1970b. "Der Sozialdarwinismus in Deutschland als geschichtliches Problem." In Zmarzlik 1970a: 56-85.
Zugangsweisen. 1980. "Zugangsweisen: Kultur und Gesellschaft. Diskussion zwischen Hermann Bausinger, Utz Jeggle und Martin Scharfe sowie Eberhard Knödler-Bunte und Rolf Lindner vom 12.9.1980 in Tübingen." *Ästhetik und Kommunikation* 11/42: 99-105.
Zur Geschichte von Volkskunde. 1964. *Zur Geschichte von Volkskunde und Mundartforschung in Württemberg. Helmut Dölker zum 60. Geburtstag.* Volksleben. Bd. 5. Tübingen.

Zweite Bitterfelder Konferenz. 1964. *Zweite Bitterfelder Konferenz. Protokoll der von der Ideologischen Kommission beim Politbüro des ZK der SED und dem Ministerium für Kultur am 24. und 25. April im Kulturpalast des Elektro-Chemischen Kombinats Bitterfeld abgehaltenen Konferenz.* Berlin.

Zwernemann, Jürgen. 1980. *Hundert Jahre Hamburgisches Museum für Völkerkunde.* Hamburg.

Zwischen Kunstgeschichte und Volkskunde. 1960. *Zwischen Kunstgeschichte und Volkskunde. Festschrift für Wilhelm Fraenger.* Hrsg. vom Institut für deutsche Volkskunde durch Reinhard Peesch. Berlin.

PERSONENREGISTER

VERZEICHNIS DER AUTORINNEN UND AUTOREN

Peter *Assion*, Dr. phil., ordentlicher Professor am Institut für Volkskunde der Universität Freiburg.

Olaf *Bockhorn*, Dr. phil., Universitäts-Dozent und Assistenzprofessor am Institut für Volkskunde der Universität Wien.

Christoph *Daxelmüller*, Dr. phil., ordentlicher Professor am Institut für Volkskunde der Universität Regensburg.

James R. *Dow*, Ph.D., Professor für Deutsch und Volkskunde sowie Chairman am Department of Foreign Languages and Literatures der Iowa State University in Ames, Iowa/USA.

Helmut *Eberhart*, Dr. phil., Assistenzprofessor am Institut für Volkskunde der Universität Graz.

Wolfgang *Jacobeit*, Dr. phil., emeritierter ordentlicher Professor am Bereich Ethnographie/Volkskunde der Humboldt-Universität zu Berlin.

Reinhard *Johler*, Mag. phil., Universitätsassistent und Lektor am Institut für Volkskunde der Universität Wien.

Gertraud *Liesenfeld*, Dr. phil., Oberrätin und Lektorin am Institut für Volkskunde der Universität Wien.

Gisela *Lixfeld*, M.A., Leiterin des Stadtmuseums Schramberg.

Hannjost *Lixfeld*, Dr. phil., Akademischer Oberrat am Institut für Volkskunde der Universität Freiburg.

Ute *Mohrmann*, Dr. phil. sc., bis 1992/93 ordentliche Professorin am Bereich Ethnographie/Volkskunde der Humboldt-Universität zu Berlin.

Herbert *Nikitsch*, Mag. phil., bis Ende 1992 Wissenschaftlicher Mitarbeiter am Institut für Gegenwartsvolkskunde der Österreichischen Akademie der Wissenschaften.

Reinhard *Schmook*, Dr. phil., Leiter des Oderlandmuseums Bad Freienwalde.

Thomas *Scholze*, Dr. phil., Lehrbeauftragter am Institut für Europäische Ethnologie der Humboldt-Universität zu Berlin und ehemaliger Wissenschaftlicher Mitarbeiter am Wissenschaftsbereich Kulturgeschichte/Volkskunde der Akademie der Wissenschaften der DDR.

Martin *Seckendorf*, Dr. phil., bis Ende 1990 stellvertretender Leiter der Staatlichen Archivverwaltung der DDR.